CONSTITUIÇÃO
FEDERAL

16ª
EDIÇÃO
revisada e atualizada
2024

manole
editora

ORGANIZAÇÃO Editoria Jurídica da Editora Manole
PRODUÇÃO EDITORIAL: Sônia Midori Fujiyoshi
PROJETO GRÁFICO Departamento Editorial da Editora Manole
CAPA Ricardo Yoshiaki Nitta Rodrigues
IMAGEM DA CAPA iStock.com

CIP-BRASIL. CATALOGAÇÃO NA PUBLICAÇÃO
SINDICATO NACIONAL DOS EDITORES DE LIVROS, RJ

C775
16. ed.

Constituição Federal / [organização Editoria Jurídica da Editora Manole]. – 16. ed., rev. e atual. – Santana de Parnaíba [SP] : Manole, 2024.

Inclui índice
ISBN 978-85-204-6351-2

1. Brasil. [Constituição (1988)]. 2. Direito constitucional – Brasil. I. Editoria Jurídica da Editora Manole.

23-87403 CDU-342.4(81)

Meri Gleice Rodrigues de Souza – Bibliotecária – CRB-7/6439

1ª edição – 2004; 2ª edição – 2005; 3ª edição – 2006;
4ª edição – 2007; 5ª edição – 2008; 6ª edição – 2009;
7ª edição – 2015; 8ª edição – 2016; 9ª edição – 2017;
10ª edição – 2018; 11ª edição – 2019; 12ª edição – 2020;
13ª edição – 2021; 14ª edição – 2022; 1ª reimpressão – 2022;
15ª edição – 2023; 16ª edição – 2024

Editora Manole Ltda.
Alameda América, 876 – Tamboré
06543-315 – Santana de Parnaíba – SP – Brasil
Fone: (11) 4196-6000
www.manole.com.br | http://atendimento.manole.com.br/

Impresso no Brasil
Printed in Brazil

APRESENTAÇÃO

A Editora Manole traz novamente à comunidade jurídica – estudantes e profissionais –, bem como ao público em geral, este texto fundamental para a cidadania: a *Constituição Federal*.

Esta nova edição, a décima sexta, incorpora as atualizações decorrentes das publicações de todas as emendas até a Emenda Constitucional n. 132/2023 – a Reforma Tributária.

Um criterioso índice alfabético-remissivo facilita a pesquisa e a localização dos principais tópicos da Constituição Federal.

A legislação desta edição está atualizada até o dia 22.12.2023, e o leitor poderá manter-se informado sobre as mudanças na legislação até 31.10.2024 no site **manoleeducacao.com.br/codigosmanole** (acesse pelo *QR code*).

EDITORIA JURÍDICA DA EDITORA MANOLE

LISTA DE ABREVIATURAS E SIGLAS

ADC: Ação Declaratória de Constitucionalidade
ADCT: Ato das Disposições Constitucionais Transitórias
ADIn: Ação Direta de Inconstitucionalidade
ADPF: Arguição de Descumprimento de Preceito Fundamental
AGU: Advocacia-Geral da União
CC: Código Civil
CC/1916: Código Civil de 1916 (Lei n. 3.071/1916)
CC/2002: Código Civil de 2002 (Lei n. 10.406/2002)
CCom: Código Comercial (Lei n. 556/1850)
CDC: Código de Defesa do Consumidor (Lei n. 8.078/90)
CF: Constituição Federal
CNJ: Conselho Nacional de Justiça
CP: Código Penal (Decreto-lei n. 2.848/40)
CPC/2015: Código de Processo Civil (Lei n. 13.105/2015)
CPI: Comissão Parlamentar de Inquérito
CPM: Código Penal Militar (Decreto-lei n. 1.001/69)
CPP: Código de Processo Penal (Decreto-lei n. 3.689/41)
CPPM: Código de Processo Penal Militar (Decreto-lei n. 1.002/69)
CR: Constituição da República
CTB: Código de Trânsito Brasileiro (Lei n. 9.503/97)
CTN: Código Tributário Nacional (Lei n. 5.172/66)
DJ: Diário da Justiça
EAOAB: Estatuto da Advocacia e a Ordem dos Advogados do Brasil
EC: Emenda Constitucional
ECA: Estatuto da Criança e do Adolescente (Lei n. 8.069/90)
ECR: Emenda Constitucional de Revisão
LC: Lei Complementar
LDO: Lei de Diretrizes Orçamentárias
LINDB: Lei de introdução às normas do Direito Brasileiro (Decreto-lei n. 4.657/42)
MP n.: Medida Provisória n.

MPF: Ministério Público Federal
n.: número
OAB: Ordem dos Advogados do Brasil
ONU: Organização das Nações Unidas
PEC: Proposta de Emenda Constitucional
STF: Supremo Tribunal Federal
STJ: Superior Tribunal de Justiça
STM: Superior Tribunal Militar
TRE: Tribunal Regional Eleitoral
TRF: Tribunal Regional Federal
TRT: Tribunal Regional do Trabalho
TSE: Tribunal Superior Eleitoral
TST: Tribunal Superior do Trabalho
Ufir: Unidade Fiscal de Referência

SUMÁRIO

ÍNDICE SISTEMÁTICO DA CONSTITUIÇÃO FEDERAL

Título IV
Da Organização dos Poderes

Título V
Da Defesa do Estado e das Instituições Democráticas

Título VI
Da Tributação e do Orçamento

Título VII
Da Ordem Econômica e Financeira

Título VIII
Da Ordem Social

Título IX
Das Disposições Constitucionais Gerais

ATO DAS DISPOSIÇÕES CONSTITUCIONAIS TRANSITÓRIAS

ÍNDICE CRONOLÓGICO DAS EMENDAS CONSTITUCIONAIS

ÍNDICE CRONOLÓGICO DAS EMENDAS CONSTITUCIONAIS DE REVISÃO

CONSTITUIÇÃO DA REPÚBLICA FEDERATIVA DO BRASIL 1988

PREÂMBULO

Nós, representantes do povo brasileiro, reunidos em Assembleia Nacional Constituinte para instituir um Estado Democrático, destinado a assegurar o exercício dos direitos sociais e individuais, a liberdade, a segurança, o bem-estar, o desenvolvimento, a igualdade e a justiça como valores supremos de uma sociedade fraterna, pluralista e sem preconceitos, fundada na harmonia social e comprometida, na ordem interna e internacional, com a solução pacífica das controvérsias, promulgamos, sob a proteção de Deus, a seguinte CONSTITUIÇÃO DA REPÚBLICA FEDERATIVA DO BRASIL.

TÍTULO I
DOS PRINCÍPIOS FUNDAMENTAIS

Art. 1º A República Federativa do Brasil, formada pela união indissolúvel dos Estados e Municípios e do Distrito Federal, constitui-se em Estado Democrático de Direito e tem como fundamentos:

Veja arts. 18, *caput*, 34, I, e 60, § 4º, I e II, CF.

Veja Decreto n. 678, de 06.11.1992 (Convenção Americana sobre Direitos Humanos).

I – a soberania;

Veja arts. 5º, LXXI, 14, 20, VI, 21, I e III, 84, VII, VIII, XIX e XX, 137, II, e 170, I, CF.

II – a cidadania;

Veja arts. 5º, XXXIV, LIV, LXXI, LXXIII e LXXVII, 14, 22, 60, § 4º, IV, e 236, § 2º, CF.

Veja art. 2º, ADCT.

III – a dignidade da pessoa humana;

Veja arts. 5º, XIII, XLII, XLIII, XLVIII, XLIX e L, 6º a 8º, 34, VII, *b*, 194 a 204, 226, § 7º, 227 e 230, CF.

Veja Lei n. 10.835, de 08.01.2004 (renda básica de cidadania).

Veja art. 8º, III, Lei n. 11.340, de 07.08.2006 (violência doméstica e familiar contra a mulher).

Veja art. 24, II, Decreto n. 10.854, de 10.11.2021.

Veja Súmulas vinculantes ns. 6, 11, 14 e 56, STF.

Veja Súmula n. 647, STJ.

IV – os valores sociais do trabalho e da livre-iniciativa;

Veja arts. 6º a 11, 21, XXIV, 170, 193, 194, 203, III, 204, 214, IV, e 227, § 3º, I, CF.

Veja Lei n. 13.874, de 20.09.2019.

Veja art. 24, II, Decreto n. 10.854, de 10.11.2021.

V – o pluralismo político.

Veja art. 17, CF.

Veja art. 6º, ADCT.

Veja Lei n. 9.096, de 19.09.1995 (Lei Orgânica dos Partidos Políticos).

Parágrafo único. Todo o poder emana do povo, que o exerce por meio de representantes eleitos ou diretamente, nos termos desta Constituição.

Veja arts. 5º, LXXIII, 14, 27, § 4º, 29, I a IV e XIII, 45, 46, 60, § 4º, II e III, e 61, § 2º, CF.

Veja LC n. 78, de 30.12.1993 (fixa número de deputados federais).

Veja Lei n. 9.709, de 18.11.1998 (plebiscitos, referendos e iniciativa popular de leis).

Art. 2º São Poderes da União, independentes e harmônicos entre si, o Legislativo, o Executivo e o Judiciário.

Veja arts. 44 a 126 e, especialmente, 60, § 4º, III, CF.

Veja Súmula n. 649, STF.

Veja Súmulas vinculantes ns. 37 e 42, STF.

Art. 3º Constituem objetivos fundamentais da República Federativa do Brasil:

Veja art. 1º, Lei n. 14.620, de 13.07.2023.

I – construir uma sociedade livre, justa e solidária;

Veja art. 29, 1, *d*, Decreto n. 99.710, de 21.11.1990 (promulga a Convenção sobre os Direitos da Criança).

Veja art. 10, 1, Decreto n. 591, de 06.07.1992 (Pacto Internacional sobre Direitos Econômicos, Sociais e Culturais).

II – garantir o desenvolvimento nacional;

Veja arts. 21, IX e XX, 23, parágrafo único, 43, 48, IV, 151, I, 159, I, *c*, e 174, § 1º, CF.

Veja arts. 12, 34, § 1º, e 42, ADCT.

Veja Lei n. 10.689, de 13.06.2003 (Programa Nacional de Acesso à Alimentação).

Veja Lei n. 10.835, de 08.01.2004 (renda básica de cidadania).

III – erradicar a pobreza e a marginalização e reduzir as desigualdades sociais e regionais;

Veja arts. 23, X, 159-A, *caput*, 170, VI, e 214, CF.

Veja arts. 79 a 81, ADCT.

Veja EC n. 31, de 14.12.2000.

Veja LC n. 111, de 06.07.2001 (Fundo de Combate e Erradicação da Pobreza).

Veja Lei n. 10.689, de 13.06.2003 (Programa Nacional de Acesso à Alimentação).

IV – promover o bem de todos, sem preconceitos de origem, raça, sexo, cor, idade e quaisquer outras formas de discriminação.

Veja arts. 4º, VIII, 5º, *caput*, I, XLI e XLII, e 7º, XXX, CF.

Veja Leis n. 1.390, de 03.07.1951, e n. 7.437, de 20.12.1985 (contravenções penais decorrentes de discriminação).

Veja Leis n. 7.716, de 05.01.1989, e n. 9.459, de 13.05.1997 (crimes resultantes de preconceito de raça ou de cor).

Veja Lei n. 8.081, de 21.09.1990 (penas aplicáveis aos atos discriminatórios ou de preconceito de raça, cor, religião, etnia ou procedência nacional, praticados pelos meios de comunicação ou por publicação de qualquer natureza).
Veja Decreto n. 3.956, de 08.10.2001 (Convenção Interamericana para Eliminação de Todas as Formas de Discriminação contra Pessoas Portadoras de Deficiência).
Veja Decreto n. 4.377, de 13.09.2002 (Convenção sobre a Eliminação de Todas as Formas de Discriminação contra a Mulher).
Veja Decreto n. 4.886, de 20.11.2003 (Política Nacional de Promoção da Igualdade Racial).
Veja Decreto n. 5.397, de 22.03.2005 (composição, competência e funcionamento do Conselho Nacional de Combate à Discriminação).
Veja art. 8º, III, Lei n. 11.340, de 07.08.2006 (violência doméstica e familiar contra a mulher).
Veja Lei n. 12.288, de 20.07.2010 (Estatuto da Igualdade Racial).
Veja art. 24, II, Decreto n. 10.854, de 10.11.2021.
Veja Decreto n. 10.932, de 10.01.2022.

Art. 4º A República Federativa do Brasil rege-se nas suas relações internacionais pelos seguintes princípios:

Veja arts. 5º, § 2º, 21, I, 49, I, e 84, VII e VIII, CF.

I – independência nacional;

Veja arts. 1º, *caput*, 34, I, 78, *caput*, 91, § 1º, III e IV, e 137, II, CF.
Veja Lei n. 8.183, de 11.04.1991 (Conselho de Defesa Nacional).

II – prevalência dos direitos humanos;

Veja art. 5º, § 2º, CF.
Veja Decreto n. 678, de 06.11.1992 (Convenção Americana sobre Direitos Humanos – Pacto de São José da Costa Rica).
Veja Decreto n. 4.463, de 08.11.2002 (Declaração de Reconhecimento da Competência Obrigatória da Corte Interamericana, relativa à Convenção Americana sobre Direitos Humanos).
Veja Decreto n. 4.671, de 10.04.2003 (Estrutura Regimental da Secretaria Especial de Direitos Humanos).

III – autodeterminação dos povos;

Veja Súmula vinculante n. 11, STF.

IV – não intervenção;

Veja arts. 21, II, 49, II, e 84, XIX, CF.

V – igualdade entre os Estados;

Veja art. 4º, parágrafo único, CF.

VI – defesa da paz;

Veja arts. 84, XX, 136, 137 e 142, *caput*, CF.

VII – solução pacífica dos conflitos;

VIII – repúdio ao terrorismo e ao racismo;

Veja art. 5º, XLII a XLIV, CF.
Veja Leis n. 7.716, de 05.01.1989, e n. 9.459, de 13.05.1997 (crimes resultantes de preconceito de raça ou de cor).
Veja Lei n. 8.072, de 25.07.1990, e alterações posteriores (crimes hediondos).

Veja Lei n. 8.081, de 21.09.1990 (penas aplicáveis aos atos discriminatórios ou de preconceito de raça, cor, religião, etnia ou procedência nacional praticados pelos meios de comunicação ou por publicação de qualquer natureza).

Veja Decreto n. 5.639, de 26.12.2005 (Convenção Interamericana contra o Terrorismo).

Veja Decreto n. 10.932, de 10.01.2022.

IX – cooperação entre os povos para o progresso da humanidade;

Veja art. 21, IV, CF.

X – concessão de asilo político.

Veja art. 5º, LII, CF.

Veja Decreto n. 55.929, de 14.04.1965 (Convenção sobre Asilo Territorial).

Veja Decreto n. 678, de 06.11.1992 (Convenção Americana sobre Direitos Humanos).

Veja Lei n. 9.474, de 22.07.1997 (Estatuto dos Refugiados).

Veja Lei n. 13.445, de 24.05.2017 (Lei de Migração).

Veja Súmula vinculante n. 11, STF.

Parágrafo único. A República Federativa do Brasil buscará a integração econômica, política, social e cultural dos povos da América Latina, visando à formação de uma comunidade latino-americana de nações.

Veja Decreto n. 350, de 21.11.1991 (Tratado para a Constituição de um Mercado Comum – Mercosul).

Veja Decreto n. 922, de 10.09.1993 (Protocolo para a Solução de Controvérsias – Mercosul).

TÍTULO II
DOS DIREITOS E GARANTIAS FUNDAMENTAIS

CAPÍTULO I
DOS DIREITOS E DEVERES INDIVIDUAIS E COLETIVOS

Art. 5º Todos são iguais perante a lei, sem distinção de qualquer natureza, garantindo-se aos brasileiros e aos estrangeiros residentes no País a inviolabilidade do direito à vida, à liberdade, à igualdade, à segurança e à propriedade, nos termos seguintes:

Veja arts. 3º, IV, 5º, §§ 1º e 2º, 7º, 14, *caput*, 60, § 4º, IV, e 170, parágrafo único, CF.

Veja art. 53, ADCT.

Veja EC n. 31, de 14.12.2000.

Veja Leis n. 7.716, de 05.01.1989, e n. 9.459, de 13.05.1997 (crimes resultantes de preconceito de raça ou de cor).

Veja Lei n. 8.081, de 21.09.1990 (penas aplicáveis aos atos discriminatórios ou de preconceito de raça, cor, religião, etnia ou procedência nacional, praticados pelos meios de comunicação ou por publicação de qualquer natureza).

Veja Lei n. 10.689, de 13.06.2003 (Programa Nacional de Acesso à Alimentação).

Veja Lei n. 10.835, de 08.01.2004 (renda básica de cidadania).

Veja Lei n. 13.445, de 24.05.2017 (Lei de Migração).

Veja LC n. 111, de 06.07.2001 (Fundo de Combate e Erradicação da Pobreza).

Veja Decreto n. 99.710, de 21.11.1990 (promulga a Convenção sobre os Direitos da Criança).

Veja Decreto n. 591, de 06.07.1992 (Pacto Internacional sobre Direitos Econômicos, Sociais e Culturais).

Veja Decreto n. 678, de 06.11.1992 (Convenção Americana sobre Direitos Humanos).

Veja Decreto n. 3.956, de 08.10.2001 (Convenção Interamericana para Eliminação de Todas as Formas de Discriminação contra Pessoas Portadoras de Deficiência).

Veja Decreto n. 4.377, de 13.09.2002 (Convenção sobre a Eliminação de Todas as Formas de Discriminação contra a Mulher).

Veja Decreto n. 4.886, de 20.11.2003 (Política Nacional de Promoção da Igualdade Racial).

Veja Súmulas vinculantes ns. 6, 34 e 37, STF.

I – homens e mulheres são iguais em direitos e obrigações, nos termos desta Constituição;

Veja arts. 3º, IV, 7º, XVIII e XIX, 40, § 1º, III, 143, § 2º, 201, § 7º, e 226, § 5º, CF.

Veja Leis n. 1.390, de 03.07.1951, e n. 7.437, de 20.12.1985 (contravenções penais decorrentes de discriminação).

Veja Lei n. 9.029, de 13.04.1995 (proibição de exigência de atestados de gravidez e esterilização).

Veja Decreto n. 3.956, de 08.10.2001 (Convenção Interamericana para Eliminação de Todas as Formas de Discriminação contra Pessoas Portadoras de Deficiência).

Veja Decreto n. 4.377, de 13.09.2002 (Convenção sobre a Eliminação de Todas as Formas de Discriminação contra a Mulher).

Veja Decreto n. 5.397, de 22.03.2005 (composição, competência e funcionamento do Conselho Nacional de Combate à Discriminação).

II – ninguém será obrigado a fazer ou deixar de fazer alguma coisa senão em virtude de lei;

Veja arts. 14, § 1º, I, e 143, CF.

Veja Súmula n. 686, STF.

Veja Súmulas vinculantes ns. 37 e 44, STF.

III – ninguém será submetido a tortura nem a tratamento desumano ou degradante;

Veja arts. 5º, XLIII, XLVII, XLIX e LVI, 136, § 3º, e 139, CF.

Veja ECA.

Veja Lei n. 8.072, de 25.07.1990, e alterações posteriores (crimes hediondos).

Veja Lei n. 13.869, de 05.09.2019 (abuso de autoridade).

Veja Decreto n. 40, de 15.02.1991 (ratifica a Convenção contra a Tortura e Outros Tratamentos ou Penas Cruéis, Desumanos ou Degradantes).

Veja Decreto n. 678, de 06.11.1992 (Convenção Americana sobre Direitos Humanos).

Veja Lei n. 9.455, de 07.04.1997 (crime de tortura).

Veja Súmulas vinculantes ns. 11 e 59, STF.

Veja Súmula n. 647, STJ.

IV – é livre a manifestação do pensamento, sendo vedado o anonimato;

Veja arts. 5º, V e IX, 139, III, e 220, § 1º, CF.

Veja arts. 2º, § 1º, e 65, ADCT.

Veja Lei n. 7.524, de 17.07.1986 (manifestação de pensamento e opinião política por militar inativo).

Veja Lei n. 8.389, de 30.12.1991 (institui o Conselho de Comunicação Social).
Veja art. 13, Pacto de São José da Costa Rica.
Veja Súmula n. 342, STJ.

V – é assegurado o direito de resposta, proporcional ao agravo, além da indenização por dano material, moral ou à imagem;

Veja art. 220, § 1º, CF.
Veja art. 949, CC.
Veja Lei n. 8.159, de 08.01.1991 (Política Nacional de Arquivos Públicos e Privados).
Veja Lei n. 9.507, de 12.11.1997 (*habeas data*).
Veja art. 14, Pacto de São José da Costa Rica.
Veja Súmulas ns. 37, 227 e 403, STJ.

VI – é inviolável a liberdade de consciência e de crença, sendo assegurado o livre exercício dos cultos religiosos e garantida, na forma da lei, a proteção aos locais de culto e a suas liturgias;

Veja arts. 19, I, 210, § 1º, e 215, § 2º, CF.
Veja arts. 208 a 212, CP.
Veja art. 24, LEP.
Veja art. 124, XIV, ECA.
Veja Lei n. 8.313, de 23.12.1991 (institui o Programa Nacional de Apoio à Cultura – Pronac).
Veja Lei n. 13.869, de 05.09.2019 (abuso de autoridade).
Veja Decreto n. 678, de 06.11.1992 (Convenção Americana sobre Direitos Humanos).

VII – é assegurada, nos termos da lei, a prestação de assistência religiosa nas entidades civis e militares de internação coletiva;

Veja art. 143, § 2º, CF.
Veja Lei n. 6.923, de 29.06.1981 (assistência religiosa nas Forças Armadas).
Veja art. 24, LEP.
Veja art. 124, XIV, ECA.
Veja art. 12, Pacto de São José da Costa Rica.

VIII – ninguém será privado de direitos por motivo de crença religiosa ou de convicção filosófica ou política, salvo se as invocar para eximir-se de obrigação legal a todos imposta e recusar-se a cumprir prestação alternativa, fixada em lei;

Veja arts. 15, IV, 53, § 6º, e 143, §§ 1º e 2º, CF.
Veja CPPM.
Veja LEP.
Veja Lei n. 8.239, de 04.10.1991 (prestação alternativa ao serviço militar obrigatório).
Veja Lei n. 9.982, de 14.07.2000 (assistência religiosa em hospitais e prisões).

IX – é livre a expressão da atividade intelectual, artística, científica e de comunicação, independentemente de censura ou licença;

Veja arts. 5º, IV e V, 139, III, 220, §§ 2º e 3º, e 221, CF.
Veja Lei n. 7.524, de 17.07.1986 (manifestação de pensamento e opinião política por militar inativo).
Veja Lei n. 8.313, de 23.12.1991 (institui o Programa Nacional de Apoio à Cultura – Pronac).
Veja Lei n. 8.389, de 30.12.1991 (institui o Conselho de Comunicação Social).

Veja Lei n. 9.456, de 25.04.1997 (Lei de Proteção de Cultivares).

Veja Lei n. 9.609, de 19.02.1998 (propriedade intelectual de programas de computador).

Veja Lei n. 9.610, de 19.02.1998 (direitos autorais).

X – são invioláveis a intimidade, a vida privada, a honra e a imagem das pessoas, assegurado o direito a indenização pelo dano material ou moral decorrente de sua violação;

Veja arts. 5º, V, VI, IX e XXXVII, 37, § 3º, II, 114, VI, e 220, § 1º, CF.

Veja art. 212, § 2º, CPC.

Veja Lei n. 8.159, de 08.01.1991 (Política Nacional de Arquivos Públicos e Privados).

Veja Decreto n. 678, de 06.11.1992 (Convenção Americana sobre Direitos Humanos).

Veja Lei n. 9.507, de 12.11.1997 (*habeas data*).

Veja LC n. 105, de 10.01.2001 (sigilo das operações de instituições financeiras).

Veja art. 6º, III, Lei n. 13.460, de 26.06.2017.

Veja Súmula vinculante n. 11, STF.

Veja Súmula n. 227, STJ.

XI – a casa é asilo inviolável do indivíduo, ninguém nela podendo penetrar sem consentimento do morador, salvo em caso de flagrante delito ou desastre, ou para prestar socorro, ou, durante o dia, por determinação judicial;

Veja art. 139, V, CF.

Veja arts. 212 a 217, CPC.

Veja art. 150, CP.

Veja arts. 283, § 2º, e 301, CPP.

Veja art. 11, Pacto de São José da Costa Rica.

XII – é inviolável o sigilo da correspondência e das comunicações telegráficas, de dados e das comunicações telefônicas, salvo, no último caso, por ordem judicial, nas hipóteses e na forma que a lei estabelecer para fins de investigação criminal ou instrução processual penal;

Veja arts. 58, § 3º, 136, § 1º, I, *b* e *c*, e 139, III, CF.

Veja arts. 151 e 152, CP.

Veja Lei n. 4.117, de 27.08.1962 (Código Brasileiro de Telecomunicações).

Veja Lei n. 6.538, de 22.06.1978 (serviços postais).

Veja EAOAB.

Veja Lei n. 9.295, de 19.07.1996 (Lei de Telecomunicações).

Veja Lei n. 9.296, de 24.07.1996 (regulamenta o inciso XII, parte final, do art. 5º da CF).

Veja Lei n. 13.869, de 05.09.2019 (abuso de autoridade).

XIII – é livre o exercício de qualquer trabalho, ofício ou profissão, atendidas as qualificações profissionais que a lei estabelecer;

Veja arts. 6º a 11, 21, XXIV, 170, 193, 203, III, 204, 214, IV, e 220, § 1º, CF.

Veja art. 6º, Pacto de São José da Costa Rica.

XIV – é assegurado a todos o acesso à informação e resguardado o sigilo da fonte, quando necessário ao exercício profissional;

Veja art. 220, § 1º, CF.

Veja art. 154, CP.

Veja Lei n. 8.394, de 30.12.1991 (preservação, organização e proteção dos acervos documentais privados dos Presidentes da República).

XV – é livre a locomoção no território nacional em tempo de paz, podendo qualquer pessoa, nos termos da lei, nele entrar, permanecer ou dele sair com seus bens;

Veja arts. 109, X, e 139, I, CF.

Veja Lei n. 7.685, de 02.12.1988 (registro provisório para o estrangeiro em situação ilegal no território nacional).

Veja Lei n. 13.445, de 24.05.2017 (Lei de Migração).

Veja Lei n. 13.869, de 05.09.2019 (abuso de autoridade).

XVI – todos podem reunir-se pacificamente, sem armas, em locais abertos ao público, independentemente de autorização, desde que não frustrem outra reunião anteriormente convocada para o mesmo local, sendo apenas exigido prévio aviso à autoridade competente;

Veja arts. 136, § 1º, I, *a*, e 139, IV, CF.

Veja Decreto n. 592, de 06.07.1992 (Pacto Internacional sobre Direitos Civis e Políticos).

Veja Decreto n. 678, de 06.11.1992 (Convenção Americana sobre Direitos Humanos).

Veja Lei n. 13.869, de 05.09.2019 (abuso de autoridade).

XVII – é plena a liberdade de associação para fins lícitos, vedada a de caráter paramilitar;

Veja arts. 8º, 17, § 4º, 37, VI, e 142, IV, CF.

Veja art. 199, CP.

Veja art. 16, Pacto de São José da Costa Rica.

Veja Lei n. 13.869, de 05.09.2019 (abuso de autoridade).

XVIII – a criação de associações e, na forma da lei, a de cooperativas independem de autorização, sendo vedada a interferência estatal em seu funcionamento;

Veja arts. 5º, LXX, 8º, I, e 37, VI, CF.

Veja Lei n. 5.764, de 16.12.1971 (regime jurídico das sociedades cooperativas).

Veja Lei n. 9.867, de 10.11.1999 (criação e funcionamento de cooperativas sociais).

XIX – as associações só poderão ser compulsoriamente dissolvidas ou ter suas atividades suspensas por decisão judicial, exigindo-se, no primeiro caso, o trânsito em julgado;

Veja DL n. 41, de 18.11.1966 (dissolução de sociedades civis).

XX – ninguém poderá ser compelido a associar-se ou a permanecer associado;

Veja art. 8º, V, CF.

Veja art. 199, CP.

Veja arts. 4º, II, e 5º, V, CDC.

Veja art. 16, Pacto de São José da Costa Rica.

XXI – as entidades associativas, quando expressamente autorizadas, têm legitimidade para representar seus filiados judicial ou extrajudicialmente;

Veja arts. 5º, LXX, e 232, CF.

Veja art. 18, CPC.

Veja Lei n. 7.347, de 24.07.1985 (ação civil pública).
Veja art. 210, III, ECA.
Veja art. 82, III, CDC.

XXII – é garantido o direito de propriedade;

Veja arts. 22, II, 24, VI, 30, VIII, 136, § 1º, II, 139, VIII, 231 e 243, CF.
Veja arts. 1.228 a 1.368-B, CC.
Veja Lei n. 4.504, de 30.11.1964 (Estatuto da Terra).
Veja Lei n. 8.257, de 26.11.1991 (expropriação das glebas nas quais se localizem culturas ilegais de plantas psicotrópicas).

XXIII – a propriedade atenderá a sua função social;

Veja arts. 156, § 1º, 170, II e III, 182, § 2º, e 184 a 186, CF.
Veja art. 5º, LINDB.
Veja Lei n. 4.504, de 30.11.1964 (Estatuto da Terra).
Veja Lei n. 8.171, de 17.01.1991 (política agrícola).

XXIV – a lei estabelecerá o procedimento para desapropriação por necessidade ou utilidade pública, ou por interesse social, mediante justa e prévia indenização em dinheiro, ressalvados os casos previstos nesta Constituição;

Veja arts. 22, II, 30, VIII, 100, § 1º, 170, II, 182, § 3º, e 184 a 186, CF.
Veja DL n. 3.365, de 21.06.1941 (desapropriação por utilidade pública).
Veja Lei n. 4.132, de 10.09.1962 (desapropriação por interesse social).
Veja Lei n. 4.504, de 30.11.1964 (Estatuto da Terra).
Veja Lei n. 6.602, de 07.12.1978 (desapropriação por utilidade pública – alterações).
Veja LC n. 76, de 06.07.1993 (procedimento contraditório especial para o processo de desapropriação de imóvel rural por interesse social).
Veja Lei n. 8.629, de 25.02.1993 (regulamentação dos dispositivos constitucionais relativos à reforma agrária).
Veja Súmulas ns. 23, 111, 157, 164, 218, 345, 378, 416, 561, 618 e 652, STF.
Veja Súmulas ns. 69, 70, 113, 114 e 119, STJ.

XXV – no caso de iminente perigo público, a autoridade competente poderá usar de propriedade particular, assegurada ao proprietário indenização ulterior, se houver dano;

Veja art. 139, VII, CF.

XXVI – a pequena propriedade rural, assim definida em lei, desde que trabalhada pela família, não será objeto de penhora para pagamento de débitos decorrentes de sua atividade produtiva, dispondo a lei sobre os meios de financiar o seu desenvolvimento;

Veja arts. 185 e 186, CF.
Veja Lei n. 4.504, de 30.11.1964 (Estatuto da Terra).
Veja Lei n. 8.009, de 29.03.1990 (impenhorabilidade do bem de família).
Veja Lei n. 8.629, de 25.02.1993 (regulamentação dos dispositivos constitucionais relativos à reforma agrária).
Veja LC n. 76, de 06.07.1993 (procedimento contraditório especial para o processo de desapropriação de imóvel rural por interesse social).

XXVII – aos autores pertence o direito exclusivo de utilização, publicação ou reprodução de suas obras, transmissível aos herdeiros pelo tempo que a lei fixar;

Veja art. 184, CP.

Veja Lei n. 8.977, de 06.01.1995 (serviço de TV a cabo).

Veja Lei n. 9.279, de 14.05.1996 (Código de Propriedade Industrial).

Veja Lei n. 9.609, de 19.02.1998 (proteção da propriedade intelectual de programas de computador).

Veja Lei n. 9.610, de 19.02.1998 (direitos autorais).

Veja Súmula n. 386, STF.

XXVIII – são assegurados, nos termos da lei:

Veja art. 5º, V e X, CF.

Veja art. 205, CC.

Veja Lei n. 9.609, de 19.02.1998 (proteção da propriedade intelectual de programas de computador).

Veja Lei n. 9.610, de 19.02.1998 (direitos autorais).

a) a proteção às participações individuais em obras coletivas e à reprodução da imagem e voz humanas, inclusive nas atividades desportivas;

Veja Lei n. 6.533, de 24.07.1978.

b) o direito de fiscalização do aproveitamento econômico das obras que criarem ou de que participarem aos criadores, aos intérpretes e às respectivas representações sindicais e associativas;

XXIX – a lei assegurará aos autores de inventos industriais privilégio temporário para sua utilização, bem como proteção às criações industriais, à propriedade das marcas, aos nomes de empresas e a outros signos distintivos, tendo em vista o interesse social e o desenvolvimento tecnológico e econômico do País;

Veja art. 4º, III, CDC.

Veja Lei n. 9.279, de 14.05.1996 (Código de Propriedade Industrial).

Veja Lei n. 9.456, de 25.04.1997 (Lei de Proteção de Cultivares).

XXX – é garantido o direito de herança;

Veja arts. 226, § 4º, e 227, § 6º, CF.

Veja arts. 1.784 a 2.027, CC.

Veja art. 743, § 2º, CPC.

Veja Lei n. 8.971, de 29.12.1994 (direitos dos companheiros).

Veja Lei n. 9.278, de 10.05.1996 (união estável).

XXXI – a sucessão de bens de estrangeiros situados no País será regulada pela lei brasileira em benefício do cônjuge ou dos filhos brasileiros, sempre que não lhes seja mais favorável a lei pessoal do *de cujus*;

Veja art. 10, §§ 1º e 2º, LINDB.

Veja Lei n. 9.047, de 18.05.1995 (sucessão de bens de estrangeiros no Brasil).

XXXII – o Estado promoverá, na forma da lei, a defesa do consumidor;

Veja arts. 129, III, e 170, V, CF.

Veja art. 48, ADCT.

Veja CDC.

Veja Lei n. 8.137, de 27.12.1990 (crimes contra as relações de consumo).

Veja também Leis ns. 8.176, de 08.02.1991, 8.178, de 01.03.1991, 8.656, de 21.05.1993, 8.703, de 06.09.1993, 8.979, de 13.01.1995, 9.008, de 21.03.1995, e 9.298, de 01.08.1996.

Veja Lei n. 12.529, de 30.11.2011 (Sistema Brasileiro de Defesa da Concorrência).

XXXIII – todos têm direito a receber dos órgãos públicos informações de seu interesse particular, ou de interesse coletivo ou geral, que serão prestadas no prazo da lei, sob pena de responsabilidade, ressalvadas aquelas cujo sigilo seja imprescindível à segurança da sociedade e do Estado;

Veja arts. 5º, LXXII, 37, § 3º, II, e 139, III, CF.

Veja Lei n. 9.051, de 18.05.1995 (direito de certidão).

Veja Lei n. 12.527, de 18.11.2011 (regulamentação).

Veja Súmula vinculante n. 14, STF.

Veja Súmula n. 2, STJ.

XXXIV – são a todos assegurados, independentemente do pagamento de taxas:

Veja art. 5º, LXXIV, LXXVI e LXXVII, CF.

a) o direito de petição aos Poderes Públicos em defesa de direitos ou contra ilegalidade ou abuso de poder;

Veja Lei n. 13.869, de 05.09.2019 (abuso de autoridade).

Veja Súmula vinculante n. 21, STF.

Veja Súmula n. 373, STJ.

b) a obtenção de certidões em repartições públicas, para defesa de direitos e esclarecimento de situações de interesse pessoal;

Veja Lei n. 9.051, de 18.05.1995 (direito de certidão).

XXXV – a lei não excluirá da apreciação do Poder Judiciário lesão ou ameaça a direito;

Veja arts. 5º, LXXIV, 92 a 126, 136, § 3º, I, e 217, CF.

Veja arts. 7º, § 15, 54, XX, e 58, XVIII, EAOAB.

Veja Lei n. 9.307, de 23.09.1996 (arbitragem).

Veja Súmula vinculante n. 28, STF.

Veja Súmula n. 533, STJ.

XXXVI – a lei não prejudicará o direito adquirido, o ato jurídico perfeito e a coisa julgada;

Veja art. 17, ADCT.

Veja LINDB.

Veja Súmulas vinculantes ns. 1, 9 e 35, STF.

Veja Súmula n. 487, STJ.

XXXVII – não haverá juízo ou tribunal de exceção;

Veja arts. 5º, LIII, 92, 95, II, e 128, § 5º, I, *b*, CF.

Veja CPP e CPPM.

XXXVIII – é reconhecida a instituição do júri, com a organização que lhe der a lei, assegurados:

Veja arts. 5º, LV, 68, § 1º, I, e 93, IX, CF.

Veja arts. 74, § 1º, e 406 a 497, CPP.
Veja Lei n. 11.697, de 13.06.2008 (organização judiciária do Distrito Federal e Territórios).

a) a plenitude de defesa;

Veja Súmula n. 156, STF.

b) o sigilo das votações;

c) a soberania dos veredictos;

d) a competência para o julgamento dos crimes dolosos contra a vida;

Veja Súmulas ns. 603 e 721, STF.
Veja Súmula vinculante n. 45, STF.

XXXIX – não há crime sem lei anterior que o defina, nem pena sem prévia cominação legal;

Veja arts. 22, I, e 68, § 1º, II, CF.
Veja art. 1º, CP.
Veja art. 1º, CPM.
Veja Súmula vinculante n. 59, STF.

XL – a lei penal não retroagirá, salvo para beneficiar o réu;

Veja art. 2º, CP.
Veja art. 2º, CPM.
Veja LEP.

XLI – a lei punirá qualquer discriminação atentatória dos direitos e liberdades fundamentais;

Veja arts. 1º, III, 3º, I, 34, VII, *b*, e 102, § 1º, CF.
Veja Leis n. 7.716, de 05.01.1989, e n. 9.459, de 13.05.1997 (crimes resultantes de preconceito de raça ou de cor).
Veja Lei n. 8.081, de 21.09.1990 (penas aplicáveis aos atos discriminatórios ou de preconceito de raça, cor, religião, etnia ou procedência nacional, praticados pelos meios de comunicação ou por publicação de qualquer natureza).
Veja Decreto n. 3.956, de 08.10.2001 (Convenção Interamericana para Eliminação de Todas as Formas de Discriminação contra Pessoas Portadoras de Deficiência).
Veja Decreto n. 4.377, de 13.09.2002 (Convenção sobre a Eliminação de Todas as Formas de Discriminação contra a Mulher).
Veja Decreto n. 4.886, de 20.11.2003 (Política Nacional de Promoção da Igualdade Racial).
Veja Decreto n. 5.397, de 22.03.2005 (composição, competência e funcionamento do Conselho Nacional de Combate à Discriminação).

XLII – a prática do racismo constitui crime inafiançável e imprescritível, sujeito à pena de reclusão, nos termos da lei;

Veja arts. 1º, III, 3º, IV, 4º, VIII, e 19, III, CF.
Veja Leis n. 7.716, de 05.01.1989, e n. 9.459, de 13.05.1997 (crimes resultantes de preconceito de raça ou de cor).
Veja Lei n. 8.081, de 21.09.1990 (penas aplicáveis aos atos discriminatórios ou de preconceito de raça, cor, religião, etnia ou procedência nacional, praticados pelos meios de comunicação ou por publicação de qualquer natureza).
Veja Decreto n. 4.886, de 20.11.2003 (Política Nacional de Promoção da Igualdade Racial).

Veja Decreto n. 5.397, de 22.03.2005 (composição, competência e funcionamento do Conselho Nacional de Combate à Discriminação).
Veja Lei n. 12.288, de 20.07.2010.
Veja Súmula vinculante n. 59, STF.

XLIII – a lei considerará crimes inafiançáveis e insuscetíveis de graça ou anistia a prática da tortura, o tráfico ilícito de entorpecentes e drogas afins, o terrorismo e os definidos como crimes hediondos, por eles respondendo os mandantes, os executores e os que, podendo evitá-los, se omitirem;

Veja arts. 48, VIII, e 84, XII, CF.
Veja Lei n. 2.889, de 01.10.1956 (genocídio).
Veja Leis n. 8.072, de 25.07.1990 (Lei dos Crimes Hediondos), n. 8.930, de 06.09.1994, e n. 11.464, de 28.03.2007.
Veja Lei n. 9.455, de 07.04.1997 (tortura).
Veja Lei n. 11.343, de 23.08.2006 (institui o Sistema Nacional de Políticas Públicas sobre Drogas).
Veja art. 1º, Lei n. 12.015, de 07.08.2009.
Veja Lei n. 13.260, de 16.03.2016 (regulamentação).
Veja Súmula vinculante n. 26, STF.

XLIV – constitui crime inafiançável e imprescritível a ação de grupos armados, civis ou militares, contra a ordem constitucional e o Estado Democrático;

Veja arts. 34, III, 136 e 137, CF.
Veja Lei n. 12.850, de 02.08.2013 (organizações criminosas).

XLV – nenhuma pena passará da pessoa do condenado, podendo a obrigação de reparar o dano e a decretação do perdimento de bens ser, nos termos da lei, estendidas aos sucessores e contra eles executadas, até o limite do valor do patrimônio transferido;

Veja art. 37, § 5º, CF.
Veja arts. 932 e 935, CC.
Veja arts. 32 a 95, CP.
Veja arts. 55 a 109, CPM.
Veja Lei n. 8.429, de 02.06.1992 (improbidade administrativa).
Veja art. 5º, 3, Pacto de São José da Costa Rica.

XLVI – a lei regulará a individualização da pena e adotará, entre outras, as seguintes:

Veja arts. 5º, XXXIX, e 37, § 4º, CF.
Veja LEP.
Veja Súmulas vinculantes ns. 9, 26, 56 e 59, STF.

a) privação ou restrição da liberdade;

Veja arts. 33 a 42, CP.

b) perda de bens;

Veja Lei n. 8.429, de 02.06.1992 (improbidade administrativa).
Veja art. 43, II, CP.

c) multa;

Veja arts. 49 a 52, CP.

d) prestação social alternativa;

Veja arts. 42 a 46, CP.

e) suspensão ou interdição de direitos;

Veja arts. 47 e 48, CP.

XLVII – não haverá penas:

Veja arts. 1º, III, 4º, II, e 5º, III, CF.

Veja LEP.

Veja Súmula vinculante n. 26, STF.

a) de morte, salvo em caso de guerra declarada, nos termos do art. 84, XIX;

Veja arts. 55 a 57, CPM.

b) de caráter perpétuo;

Veja art. 75, CP.

Veja Súmula n. 527, STJ.

c) de trabalhos forçados;

Veja art. 5º, III, CF.

d) de banimento;

e) cruéis;

Veja art. 5º, III, CF.

XLVIII – a pena será cumprida em estabelecimentos distintos, de acordo com a natureza do delito, a idade e o sexo do apenado;

Veja arts. 32 a 52, CP.

Veja LEP.

XLIX – é assegurado aos presos o respeito à integridade física e moral;

Veja arts. 1º, III, e 5º, III, CF.

Veja art. 38, CP.

Veja art. 40, LEP.

Veja Súmula vinculante n. 11, STF.

L – às presidiárias serão asseguradas condições para que possam permanecer com seus filhos durante o período de amamentação;

Veja arts. 5º, XLV, e 227, CF.

Veja arts. 83 e 89, LEP.

LI – nenhum brasileiro será extraditado, salvo o naturalizado, em caso de crime comum, praticado antes da naturalização, ou de comprovado envolvimento em tráfico ilícito de entorpecentes e drogas afins, na forma da lei;

Veja art. 12, II, CF.

Veja Lei n. 13.445, de 24.05.2017 (Lei de Migração).

LII – não será concedida extradição de estrangeiro por crime político ou de opinião;

Veja arts. 4º, X, e 12, I e II, CF.

Veja Lei n. 13.445, de 24.05.2017 (Lei de Migração).

LIII – ninguém será processado nem sentenciado senão pela autoridade competente;

Veja arts. 5º, XXXVII, 29, X, 31, 52, I e II, 55, § 2º, e 92 a 126, CF.

LIV – ninguém será privado da liberdade ou de seus bens sem o devido processo legal;

Veja Súmulas vinculantes ns. 3, 14, 35 e 59, STF.

Veja Súmula n. 347, STJ.

LV – aos litigantes, em processo judicial ou administrativo, e aos acusados em geral são assegurados o contraditório e ampla defesa, com os meios e recursos a ela inerentes;

Veja Lei n. 8.112, de 11.12.1990 (Estatuto dos Servidores Públicos da União).

Veja Lei n. 9.784, de 29.01.1999 (processo administrativo).

Veja Súmulas vinculantes ns. 3, 5, 14, 21, 24 e 28, STF.

Veja Súmulas ns. 312, 347 e 373, STJ.

LVI – são inadmissíveis, no processo, as provas obtidas por meios ilícitos;

Veja art. 5º, X a XII, CF.

Veja arts. 369 a 484, CPC.

Veja arts. 155 a 250, CPP.

LVII – ninguém será considerado culpado até o trânsito em julgado de sentença penal condenatória;

Veja art. 15, III, CF.

Veja Súmulas ns. 9 e 643, STJ.

LVIII – o civilmente identificado não será submetido a identificação criminal, salvo nas hipóteses previstas em lei;

Veja art. 6º, CPP.

Veja Lei n. 6.015, de 31.12.1973 (registros públicos).

Veja Lei n. 12.037, de 01.10.2009 (identificação criminal).

Veja Lei n. 12.850, de 02.08.2013 (organizações criminosas).

Veja Súmula n. 568, STF.

LIX – será admitida ação privada nos crimes de ação pública, se esta não for intentada no prazo legal;

Veja arts. 127, § 1º, e 129, I, CF.

Veja art. 100, § 3º, CP.

Veja art. 29, CPP.

LX – a lei só poderá restringir a publicidade dos atos processuais quando a defesa da intimidade ou o interesse social o exigirem;

Veja art. 93, IX, CF.

Veja arts. 189 e 368, CPC.

Veja art. 20, CPP.

Veja Lei n. 9.800, de 26.05.1999 (transmissão de dados para atos processuais).

LXI – ninguém será preso senão em flagrante delito ou por ordem escrita e fundamentada de autoridade judiciária competente, salvo nos casos de transgressão militar ou crime propriamente militar, definidos em lei;

Veja arts. 5º, LVII, e 142, § 2º, CF.

Veja arts. 301 e segs., CPP.

Veja arts. 243 a 253, CPPM.

Veja Lei n. 7.960, de 21.12.1989 (prisão temporária).

LXII – a prisão de qualquer pessoa e o local onde se encontre serão comunicados imediatamente ao juiz competente e à família do preso ou à pessoa por ele indicada;

Veja arts. 136, § 3º, IV, e 139, II, CF.

Veja art. 3º-B, I, CPP.

LXIII – o preso será informado de seus direitos, entre os quais o de permanecer calado, sendo-lhe assegurada a assistência da família e de advogado;

Veja art. 133, CF.

Veja art. 289-A, CPP.

Veja EAOAB.

LXIV – o preso tem direito à identificação dos responsáveis por sua prisão ou por seu interrogatório policial;

Veja art. 136, § 3º, I e II, CF.

Veja art. 306, CPP.

Veja Lei n. 13.869, de 05.09.2019 (abuso de autoridade).

LXV – a prisão ilegal será imediatamente relaxada pela autoridade judiciária;

Veja art. 136, § 3º, I, CF.

Veja arts. 307 a 310, CPP.

Veja Lei n. 13.869, de 05.09.2019 (abuso de autoridade).

Veja Súmula n. 697, STF.

LXVI – ninguém será levado à prisão ou nela mantido, quando a lei admitir a liberdade provisória, com ou sem fiança;

Veja arts. 321 a 350, CPP.

Veja Lei n. 9.099, de 26.09.1995 (juizados especiais).

LXVII – não haverá prisão civil por dívida, salvo a do responsável pelo inadimplemento voluntário e inescusável de obrigação alimentícia e a do depositário infiel;

Veja arts. 226, § 7º, e 229, CF.

Veja arts. 627 a 652, CC.

Veja art. 528, § 3º, CPC.

Veja Lei n. 5.478, de 25.07.1968 (ação de alimentos).

Veja DL n. 911, de 01.10.1969 (alienação fiduciária).

Veja art. 11, Decreto n. 592, de 06.07.1992 (Pacto Internacional sobre Direitos Civis e Políticos).

Veja art. 7º, § 7º, Decreto n. 678, de 06.11.1992 (Convenção Americana sobre Direitos Humanos – Pacto de São José da Costa Rica).

Veja Súmula vinculante n. 25, STF.

Veja Súmula n. 419, STJ.

LXVIII – conceder-se-á *habeas corpus* sempre que alguém sofrer ou se achar ameaçado de sofrer violência ou coação em sua liberdade de locomoção, por ilegalidade ou abuso de poder;

Veja arts. 5º, LXXVII, 42, § 1º, 102, I, *d* e *i*, e II, *a*, 105, I, *c*, 108, I, *d*, 109, VII, 121, §§ 3º e 4º, V, 136, § 3º, 139, I, e 142, § 2º, CF.

Veja arts. 647 a 667, CPP.
Veja arts. 568 e 569, CPPM.
Veja Lei n. 9.289, de 04.07.1996 (custas na Justiça Federal).
Veja Súmula n. 695, STF.

LXIX – conceder-se-á mandado de segurança para proteger direito líquido e certo, não amparado por *habeas corpus* ou *habeas data*, quando o responsável pela ilegalidade ou abuso de poder for autoridade pública ou agente de pessoa jurídica no exercício de atribuições do Poder Público;

Veja arts. 102, I, *d*, e II, *a*, 105, I, *b*, e II, *b*, 108, I, *c*, e 109, VIII, CF.
Veja Lei n. 9.507, de 12.11.1997 (disciplina o rito processual do *habeas data*).
Veja Lei n. 12.016, de 07.08.2009 (mandado de segurança individual e coletivo).
Veja Súmulas ns. 606 e 625, STF.

LXX – o mandado de segurança coletivo pode ser impetrado por:

Veja arts. 102, I, *d*, e II, *a*, 105, I, *b*, e II, *b*, 108, I, *c*, 109, VIII, e 232, CF.
Veja Súmula n. 630, STF.

a) partido político com representação no Congresso Nacional;

Veja art. 17, CF.

b) organização sindical, entidade de classe ou associação legalmente constituída e em funcionamento há pelo menos um ano, em defesa dos interesses de seus membros ou associados;

Veja Lei n. 7.347, de 24.07.1985 (ação civil pública).

LXXI – conceder-se-á mandado de injunção sempre que a falta de norma regulamentadora torne inviável o exercício dos direitos e liberdades constitucionais e das prerrogativas inerentes à nacionalidade, à soberania e à cidadania;

Veja arts. 102, I, *q*, 105, I, *h*, e 121, § 4º, V, CF.
Veja Lei n. 13.300, de 23.06.2016.

LXXII – conceder-se-á *habeas data*:

a) para assegurar o conhecimento de informações relativas à pessoa do impetrante, constantes de registros ou bancos de dados de entidades governamentais ou de caráter público;

Veja Súmula n. 2, STJ.

b) para a retificação de dados, quando não se prefira fazê-lo por processo sigiloso, judicial ou administrativo;

Veja arts. 5º, XXX e LXXVII, 102, I, *d*, 105, I, *b*, 108, I, *c*, 109, VIII, e 121, § 4º, V, CF.
Veja Lei n. 9.507, de 12.11.1997 (*habeas data*).

LXXIII – qualquer cidadão é parte legítima para propor ação popular que vise a anular ato lesivo ao patrimônio público ou de entidade de que o Estado participe, à moralidade administrativa, ao meio ambiente e ao patrimônio histórico e cultural, ficando o autor, salvo comprovada má-fé, isento de custas judiciais e do ônus da sucumbência;

Veja Lei n. 4.717, de 29.06.1965 (ação popular).
Veja Súmula n. 365, STF.

LXXIV – o Estado prestará assistência jurídica integral e gratuita aos que comprovarem insuficiência de recursos;

Veja art. 134, CF.

Veja Lei n. 1.060, de 05.02.1950 (assistência judiciária).

Veja LC n. 80, de 12.01.1994 (Lei Orgânica da Defensoria Pública da União).

LXXV – o Estado indenizará o condenado por erro judiciário, assim como o que ficar preso além do tempo fixado na sentença;

Veja art. 630, CPP.

LXXVI – são gratuitos para os reconhecidamente pobres, na forma da lei:

Veja Leis n. 6.015, de 31.12.1973 (LRP), n. 7.844, de 18.10.1989 (altera a LRP), n. 8.935, de 18.11.1994 (serviços notariais e de registro), n. 9.534, de 10.12.1997, e n. 9.812, de 10.08.1999 (alteram a LRP e a Lei n. 8.935/94).

Veja Lei n. 9.265, de 12.02.1996 (regulamentação).

a) o registro civil de nascimento;

Veja art. 46, LRP.

b) a certidão de óbito;

LXXVII – são gratuitas as ações de *habeas corpus* e *habeas data*, e, na forma da lei, os atos necessários ao exercício da cidadania;

Veja Leis n. 9.265, de 12.02.1996 (gratuidade dos atos necessários ao exercício da cidadania), e n. 9.534, de 10.12.1997 (altera a Lei n. 9.265/96).

Veja Lei n. 9.507, de 12.11.1997 (*habeas data*).

LXXVIII – a todos, no âmbito judicial e administrativo, são assegurados a razoável duração do processo e os meios que garantam a celeridade de sua tramitação;

Inciso acrescentado pela EC n. 45, de 08.12.2004.

Veja ADIn n. 3.392.

LXXIX – é assegurado, nos termos da lei, o direito à proteção dos dados pessoais, inclusive nos meios digitais.

Inciso acrescentado pela EC n. 115, de 10.02.2022.

§ 1º As normas definidoras dos direitos e garantias fundamentais têm aplicação imediata.

Veja arts. 5º, LXXI, 61, § 2º, e 102, § 1º, CF.

§ 2º Os direitos e garantias expressos nesta Constituição não excluem outros decorrentes do regime e dos princípios por ela adotados, ou dos tratados internacionais em que a República Federativa do Brasil seja parte.

Veja arts. 49, I, 84, VIII, e 102, III, *b*, CF.

Veja Decreto n. 678, de 06.11.1992 (Convenção Americana sobre Direitos Humanos).

Veja Súmula vinculante n. 25, STF.

§ 3º Os tratados e convenções internacionais sobre direitos humanos que forem aprovados, em cada Casa do Congresso Nacional, em dois turnos, por três quintos dos votos dos respectivos membros, serão equivalentes às emendas constitucionais.

Parágrafo acrescentado pela EC n. 45, de 08.12.2004.

Veja art. 84, VIII, CF.

§ 4º O Brasil se submete à jurisdição de Tribunal Penal Internacional a cuja criação tenha manifestado adesão.

Parágrafo acrescentado pela EC n. 45, de 08.12.2004.

CAPÍTULO II
DOS DIREITOS SOCIAIS

Art. 6º São direitos sociais a educação, a saúde, a alimentação, o trabalho, a moradia, o transporte, o lazer, a segurança, a previdência social, a proteção à maternidade e à infância, a assistência aos desamparados, na forma desta Constituição.

Artigo com redação dada pela EC n. 90, de 15.09.2015.

Veja Título VIII da CF (Da Ordem Social).

Veja art. 8º, *caput*, EC n. 132, de 20.12.2023. Veja Lei n. 10.216, de 06.04.2001 (proteção das pessoas portadoras de transtornos mentais).

Veja art. 1º, Lei n. 14.620, de 13.07.2023.

Parágrafo único. Todo brasileiro em situação de vulnerabilidade social terá direito a uma renda básica familiar, garantida pelo poder público em programa permanente de transferência de renda, cujas normas e requisitos de acesso serão determinados em lei, observada a legislação fiscal e orçamentária.

Parágrafo acrescentado pela EC n. 114, de 16.12.2021.

Veja arts. 107-A, *caput* e I, e 118, ADCT.

Veja art. 4º, § 6º, EC n. 113, de 08.12.2021.

Art. 7º São direitos dos trabalhadores urbanos e rurais, além de outros que visem à melhoria de sua condição social:

Veja Lei n. 9.799, de 26.05.1999 (regras de acesso da mulher ao mercado de trabalho).

I – relação de emprego protegida contra despedida arbitrária ou sem justa causa, nos termos de lei complementar, que preverá indenização compensatória, dentre outros direitos;

Veja parágrafo único deste artigo.

Veja art. 10, ADCT.

II – seguro-desemprego, em caso de desemprego involuntário;

Veja parágrafo único deste artigo.

Veja art. 201, IV, CF.

Veja art. 12, CLT.

Veja Lei n. 7.998, de 11.01.1990 (Fundo de Amparo ao Trabalhador – FAT), regulamentado pelo Decreto n. 99.684, de 08.11.1990.

Veja Lei n. 10.779, de 25.11.2003 (concessão de seguro-desemprego a pescadores artesanais durante o período de defeso).

Veja Lei n. 13.134, de 16.06.2015.

III – fundo de garantia do tempo de serviço;

Veja parágrafo único deste artigo.

Veja arts. 7º, 477, 478 e 492, CLT.

Veja Lei n. 8.036, de 11.05.1990 (FGTS), regulamentada pelo Decreto n. 99.684, de 08.11.1990.

Veja Lei n. 10.208, de 23.03.2001 (empregado doméstico).

Veja Súmulas ns. 353 e 578, STJ.

IV – salário mínimo, fixado em lei, nacionalmente unificado, capaz de atender a suas necessidades vitais básicas e às de sua família com moradia, alimentação, educação, saúde, lazer, vestuário, higiene, transporte e previdência social, com reajustes periódicos que lhe preservem o poder aquisitivo, sendo vedada sua vinculação para qualquer fim;

Veja parágrafo único deste artigo.

Veja arts. 39, § 3º, 167-A, VIII e § 7º, e 201, § 2º, CF.

Veja EC n. 31, de 14.12.2000.

Veja Lei n. 6.205, de 29.04.1975 (descaracterização do salário mínimo como fator de correção monetária).

Veja Lei n. 8.716, de 11.10.1993 (garantia do salário mínimo).

Veja também Leis n. 7.789, de 03.07.1989, n. 8.542, de 23.12.1992, e n. 8.880, de 27.05.1994.

Veja Súmulas vinculantes ns. 4, 6, 15 e 16, STF.

V – piso salarial proporcional à extensão e à complexidade do trabalho;

Veja LC n. 103, de 14.07.2000 (piso salarial estadual).

Veja OJ n. 358, SBDI-TST.

VI – irredutibilidade do salário, salvo o disposto em convenção ou acordo coletivo;

Veja parágrafo único deste artigo.

Veja arts. 37, XV, 95, III, 128, § 5º, I, *c*, e 167, § 7º, CF.

VII – garantia de salário, nunca inferior ao mínimo, para os que percebem remuneração variável;

Veja parágrafo único deste artigo.

Veja arts. 39, § 3º, e 201, § 2º, CF.

Veja arts. 76 a 126, CLT.

Veja Lei n. 8.716, de 11.10.1993 (garantia do salário mínimo).

Veja também Leis n. 7.789, de 03.07.1989, n. 8.542, de 23.12.1992, e n. 8.880, de 27.05.1994.

VIII – décimo terceiro salário com base na remuneração integral ou no valor da aposentadoria;

Veja parágrafo único deste artigo.

Veja arts. 39, § 3º, e 142, § 3º, CF.

Sobre o décimo terceiro salário veja Leis n. 4.090, de 13.07.1962, e n. 4.749, de 12.08.1965, e Decretos n. 57.155, de 03.11.1965, e n. 63.912, de 26.12.1968.

IX – remuneração do trabalho noturno superior à do diurno;

Veja parágrafo único deste artigo.

Veja arts. 7º, XXXIII, e 39, § 3º, CF.

Veja art. 73, CLT.

Veja Súmula n. 60, TST.

X – proteção do salário na forma da lei, constituindo crime sua retenção dolosa;

Veja parágrafo único deste artigo.

Veja Lei n. 8.716, de 11.10.1993 (garantia de salário mínimo).

XI – participação nos lucros, ou resultados, desvinculada da remuneração, e, excepcionalmente, participação na gestão da empresa, conforme definido em lei;

Sobre participação nos lucros veja Leis n. 8.019, de 11.04.1990, n. 9.365, de 16.12.1996, e n. 10.101, de 19.12.2000.

Veja Lei n. 12.353, de 28.12.2010 (participação de empregados no conselho).

XII – salário-família pago em razão do dependente do trabalhador de baixa renda nos termos da lei;

Inciso com redação dada pela EC n. 20, de 15.12.1998.

Veja parágrafo único deste artigo.

Veja arts. 39, § 3º, e 142, § 3º, VIII, CF.

Veja art. 13, EC n. 20, de 15.12.1998.

Veja art. 12, CLT.

Sobre salário-família veja Leis n. 4.266, de 03.10.1963, e n. 8.213, de 24.07.1991, e Decreto n. 3.048, de 06.05.1999.

XIII – duração do trabalho normal não superior a oito horas diárias e quarenta e quatro semanais, facultada a compensação de horários e a redução da jornada, mediante acordo ou convenção coletiva de trabalho;

Veja parágrafo único deste artigo.

Veja art. 39, § 3º, CF.

Veja arts. 57 a 75 e 224 a 351, CLT.

Veja Súmula vinculante n. 4, STF.

XIV – jornada de seis horas para o trabalho realizado em turnos ininterruptos de revezamento, salvo negociação coletiva;

Veja art. 58, CLT.

Veja Súmula n. 675, STF.

XV – repouso semanal remunerado, preferencialmente aos domingos;

Veja parágrafo único deste artigo.

Veja art. 39, § 3º, CF.

Veja art. 67, CLT.

Sobre repouso semanal veja Lei n. 605, de 05.01.1949, e Decreto n. 27.048, de 12.08.1949.

Veja Súmula n. 27, TST.

XVI – remuneração do serviço extraordinário superior, no mínimo, em cinquenta por cento à do normal;

Veja parágrafo único deste artigo.

Veja art. 39, § 3º, CF.

Veja arts. 59, 61, 142, § 5º, e 227, CLT.

XVII – gozo de férias anuais remuneradas com, pelo menos, um terço a mais do que o salário normal;

Veja parágrafo único deste artigo.

Veja arts. 39, § 3º, e 142, § 3º, VIII, CF.

Veja arts. 129 a 153, CLT.

Veja Súmula n. 386, STJ.

XVIII – licença à gestante, sem prejuízo do emprego e do salário, com a duração de cento e vinte dias;

Veja parágrafo único deste artigo.

Veja arts. 39, § 3º, e 142, § 3º, VIII, CF.

Veja art. 10, II, *b*, ADCT.

Veja Lei n. 8.213, de 24.07.1991 (Lei de Benefícios), regulamentada pelo Decreto n. 3.048, de 06.05.1999.

Veja Lei n. 10.421, de 15.04.2002 (licença-gestante à mãe adotiva).

Veja art. 1º, I e § 1º, I, Lei n. 11.770, de 09.09.2008.

Veja art. 137, I e § 1º, I, Decreto n. 10.854, de 10.11.2021.

Veja Súmula n. 244, TST.

XIX – licença-paternidade, nos termos fixados em lei;

Veja parágrafo único deste artigo.

Veja arts. 39, § 3º, e 142, § 3º, VIII, CF.

Veja art. 10, § 1º, ADCT.

XX – proteção do mercado de trabalho da mulher, mediante incentivos específicos, nos termos da lei;

Veja art. 39, § 3º, CF.

Veja arts. 372 a 401, CLT.

Veja Lei n. 9.799, de 26.05.1999 (regras de acesso da mulher ao mercado de trabalho).

Veja Decreto n. 4.377, de 13.09.2002 (Convenção sobre a Eliminação de Todas as Formas de Discriminação contra a Mulher).

XXI – aviso-prévio proporcional ao tempo de serviço, sendo no mínimo de trinta dias, nos termos da lei;

Veja parágrafo único deste artigo.

Veja arts. 7º e 487 a 491, CLT.

Veja Lei n. 12.506, de 11.10.2011 (aviso-prévio).

XXII – redução dos riscos inerentes ao trabalho, por meio de normas de saúde, higiene e segurança;

Veja parágrafo único deste artigo.

Veja art. 39, § 3º, CF.

Veja arts. 154 a 201, CLT.

Veja Súmula n. 736, STF.

XXIII – adicional de remuneração para as atividades penosas, insalubres ou perigosas, na forma da lei;

Veja art. 39, § 3º, CF.

Veja arts. 189 a 197, CLT.

Veja Súmula vinculante n. 4, STF.

XXIV – aposentadoria;

Veja parágrafo único deste artigo.

Veja Lei n. 8.213, de 24.07.1991 (Lei de Benefícios), regulamentada pelo Decreto n. 3.048, de 06.05.1999.

Veja Lei n. 9.477, de 24.07.1997 (Fundo de Aposentadoria Programada Individual – Fapi).

XXV – assistência gratuita aos filhos e dependentes desde o nascimento até 5 (cinco) anos de idade em creches e pré-escolas;

Inciso com redação dada pela EC n. 53, de 19.12.2006.

Veja parágrafo único deste artigo.

Veja arts. 142, § 3º, VIII, e 205 a 208, CF.

XXVI – reconhecimento das convenções e acordos coletivos de trabalho;

Veja parágrafo único deste artigo.

Veja arts. 611 a 625, CLT.

XXVII – proteção em face da automação, na forma da lei;

Veja art. 1º, IV, CF.

XXVIII – seguro contra acidentes de trabalho, a cargo do empregador, sem excluir a indenização a que este está obrigado, quando incorrer em dolo ou culpa;

Veja parágrafo único deste artigo.

Veja arts. 12 e 154 a 201, CLT.

Sobre acidentes do trabalho veja Leis n. 6.338, de 07.06.1976, n. 8.212, de 24.07.1991, e n. 8.213, de 24.07.1991, e Decreto n. 3.048, de 06.05.1999.

Veja Súmula vinculante n. 22, STF.

Veja Súmula n. 378, TST.

XXIX – ação, quanto aos créditos resultantes das relações de trabalho, com prazo prescricional de cinco anos para os trabalhadores urbanos e rurais, até o limite de dois anos após a extinção do contrato de trabalho;

Inciso com redação dada pela EC n. 28, de 25.05.2000.

Veja arts. 7º e 11, CLT.

a) *(Revogada pela EC n. 28, de 25.05.2000.)*

b) *(Revogada pela EC n. 28, de 25.05.2000.)*

XXX – proibição de diferença de salários, de exercício de funções e de critério de admissão por motivo de sexo, idade, cor ou estado civil;

Veja parágrafo único deste artigo.

Veja arts. 5º, *caput* e I, e 39, § 3º, CF.

Veja Lei n. 9.029, de 13.04.1995 (proíbe a exigência de atestados de gravidez e esterilidade).

Veja Decreto n. 4.377, de 13.09.2002 (Convenção sobre a Eliminação de Todas as Formas de Discriminação contra a Mulher).

XXXI – proibição de qualquer discriminação no tocante a salário e critérios de admissão do trabalhador portador de deficiência;

Veja parágrafo único deste artigo.

Veja arts. 23, II, 24, XIV, 203, IV e V, 208, III, e 227, § 2º, CF.

Veja Decreto n. 3.298, de 20.12.1999 (normas de proteção às pessoas portadoras de deficiência).

XXXII – proibição de distinção entre trabalho manual, técnico e intelectual ou entre os profissionais respectivos;

XXXIII – proibição de trabalho noturno, perigoso ou insalubre a menores de 18 (dezoito) e de qualquer trabalho a menores de 16 (dezesseis) anos, salvo na condição de aprendiz, a partir de 14 (quatorze) anos;

Veja parágrafo único deste artigo.
Inciso com redação dada pela EC n. 20, de 15.12.1998.
Veja art. 227, § 3º, I, CF.
Veja arts. 402 a 441, CLT.
Veja arts. 60 a 69, ECA.
Veja art. 4º-F, Lei n. 13.979, de 06.02.2020.

XXXIV – igualdade de direitos entre o trabalhador com vínculo empregatício permanente e o trabalhador avulso.

Parágrafo único. São assegurados à categoria dos trabalhadores domésticos os direitos previstos nos incisos IV, VI, VII, VIII, X, XIII, XV, XVI, XVII, XVIII, XIX, XXI, XXII, XXIV, XXVI, XXX, XXXI e XXXIII e, atendidas as condições estabelecidas em lei e observada a simplificação do cumprimento das obrigações tributárias, principais e acessórias, decorrentes da relação de trabalho e suas peculiaridades, os previstos nos incisos I, II, III, IX, XII, XXV e XXVIII, bem como a sua integração à previdência social.

Parágrafo com redação dada pela EC n. 72, de 02.04.2013.
Sobre empregado doméstico veja Lei n. 7.195, de 12.06.1984.

Art. 8º É livre a associação profissional ou sindical, observado o seguinte:

Veja arts. 511 a 566, CLT.

I – a lei não poderá exigir autorização do Estado para a fundação de sindicato, ressalvado o registro no órgão competente, vedadas ao Poder Público a interferência e a intervenção na organização sindical;

II – é vedada a criação de mais de uma organização sindical, em qualquer grau, representativa de categoria profissional ou econômica, na mesma base territorial, que será definida pelos trabalhadores ou empregadores interessados, não podendo ser inferior à área de um Município;

III – ao sindicato cabe a defesa dos direitos e interesses coletivos ou individuais da categoria, inclusive em questões judiciais ou administrativas;

IV – a assembleia geral fixará a contribuição que, em se tratando de categoria profissional, será descontada em folha, para custeio do sistema confederativo da representação sindical respectiva, independentemente da contribuição prevista em lei;

Veja Súmula n. 666, STF.
Veja Súmula vinculante n. 40, STF.
Veja Súmula n. 396, STJ.

V – ninguém será obrigado a filiar-se ou a manter-se filiado a sindicato;

Veja art. 5º, XX, CF.
Veja art. 199, CP.

VI – é obrigatória a participação dos sindicatos nas negociações coletivas de trabalho;

VII – o aposentado filiado tem direito a votar e ser votado nas organizações sindicais;

VIII – é vedada a dispensa do empregado sindicalizado a partir do registro da candidatura a cargo de direção ou representação sindical e, se eleito, ainda que suplente, até um ano após o final do mandato, salvo se cometer falta grave nos termos da lei.

Veja art. 543, CLT.

Veja Súmula n. 197, STF.

Parágrafo único. As disposições deste artigo aplicam-se à organização de sindicatos rurais e de colônias de pescadores, atendidas as condições que a lei estabelecer.

Veja Lei n. 11.699, de 13.06.2008 (colônias, federações e confederações dos pescadores).

Art. 9º É assegurado o direito de greve, competindo aos trabalhadores decidir sobre a oportunidade de exercê-lo e sobre os interesses que devam por meio dele defender.

Veja arts. 37, VII, e 142, § 3º, IV, CF.

Veja Lei n. 7.783, de 28.06.1989 (Lei de Greve).

§ 1º A lei definirá os serviços ou atividades essenciais e disporá sobre o atendimento das necessidades inadiáveis da comunidade.

§ 2º Os abusos cometidos sujeitam os responsáveis às penas da lei.

Veja Súmula n. 316, STF.

Art. 10. É assegurada a participação dos trabalhadores e empregadores nos colegiados dos órgãos públicos em que seus interesses profissionais ou previdenciários sejam objeto de discussão e deliberação.

Art. 11. Nas empresas de mais de duzentos empregados, é assegurada a eleição de um representante destes com a finalidade exclusiva de promover-lhes o entendimento direto com os empregadores.

Veja art. 543, CLT.

CAPÍTULO III
DA NACIONALIDADE

Veja art. 5º, LXXI, CF.

Veja Decreto n. 4.246, de 22.05.2002 (Convenção sobre o Estatuto dos Apátridas).

Art. 12. São brasileiros:

I – natos:

a) os nascidos na República Federativa do Brasil, ainda que de pais estrangeiros, desde que estes não estejam a serviço de seu país;

b) os nascidos no estrangeiro, de pai brasileiro ou mãe brasileira, desde que qualquer deles esteja a serviço da República Federativa do Brasil;

c) os nascidos no estrangeiro de pai brasileiro ou de mãe brasileira, desde que sejam registrados em repartição brasileira competente ou venham a residir na República Federativa do Brasil e optem, em qualquer tempo, depois de atingida a maioridade, pela nacionalidade brasileira;

Alínea com redação dada pela EC n. 54, de 20.09.2007.

II – naturalizados:

a) os que, na forma da lei, adquiram a nacionalidade brasileira, exigidas aos originários de países de língua portuguesa apenas residência por um ano ininterrupto e idoneidade moral;

b) os estrangeiros de qualquer nacionalidade residentes na República Federativa do Brasil há mais de quinze anos ininterruptos e sem condenação penal, desde que requeiram a nacionalidade brasileira.

Alínea com redação dada pela ECR n. 3, de 07.06.1994.

§ 1º Aos portugueses com residência permanente no País, se houver reciprocidade em favor de brasileiros, serão atribuídos os direitos inerentes ao brasileiro, salvo os casos previstos nesta Constituição.

Parágrafo com redação dada pela ECR n. 3, de 07.06.1994.

Veja Decreto n. 70.391, de 12.04.1972 (Convenção sobre Igualdade de Direitos e Deveres entre Brasileiros e Portugueses).

§ 2º A lei não poderá estabelecer distinção entre brasileiros natos e naturalizados, salvo nos casos previstos nesta Constituição.

Veja art. 325, § 2º, CLT.

§ 3º São privativos de brasileiro nato os cargos:

I – de Presidente e Vice-Presidente da República;

II – de Presidente da Câmara dos Deputados;

III – de Presidente do Senado Federal;

IV – de Ministro do Supremo Tribunal Federal;

V – da carreira diplomática;

VI – de oficial das Forças Armadas;

Veja LC n. 97, de 09.06.1999 (Forças Armadas).

VII – de Ministro de Estado da Defesa.

Inciso acrescentado pela EC n. 23, de 02.09.1999.

§ 4º Será declarada a perda da nacionalidade do brasileiro que:

I – tiver cancelada sua naturalização, por sentença judicial, em virtude de fraude relacionada ao processo de naturalização ou de atentado contra a ordem constitucional e o Estado Democrático;

Inciso com redação dada pela EC n. 131, de 03.10.2023.

II – fizer pedido expresso de perda da nacionalidade brasileira perante autoridade brasileira competente, ressalvadas situações que acarretem apatridia.

Inciso com redação dada pela EC n. 131, de 03.10.2023.

Veja art. 76, Lei n. 13.445, de 24.05.2017 (Lei de Migração).

a) (*Revogada pela EC n. 131, de 03.10.2023.*)

b) (*Revogada pela EC n. 131, de 03.10.2023.*)

§ 5º A renúncia da nacionalidade, nos termos do inciso II do § 4º deste artigo, não impede o interessado de readquirir sua nacionalidade brasileira originária, nos termos da lei.

Parágrafo acrescentado pela EC n. 131, de 03.10.2023.

Art. 13. A língua portuguesa é o idioma oficial da República Federativa do Brasil.

Veja arts. 210, § 2º, e 231, CF.

§ 1º São símbolos da República Federativa do Brasil a bandeira, o hino, as armas e o selo nacionais.

Veja Lei n. 5.700, de 01.09.1971 (símbolos nacionais).

Veja Decreto n. 98.068, de 18.08.1989 (hasteamento da bandeira nacional).

§ 2º Os Estados, o Distrito Federal e os Municípios poderão ter símbolos próprios.

CAPÍTULO IV
DOS DIREITOS POLÍTICOS

Veja art. 5º, LXXI, CF.

Art. 14. A soberania popular será exercida pelo sufrágio universal e pelo voto direto e secreto, com valor igual para todos, e, nos termos da lei, mediante:

Veja art. 1º, CF.

Veja CE.

Veja Lei n. 9.709, de 18.11.1998 (regulamenta o art. 14, CF).

I – plebiscito;

Veja arts. 18, §§ 3º e 4º, e 49, XV, CF.

Veja art. 2º, ADCT.

II – referendo;

Veja art. 49, XV, CF.

III – iniciativa popular.

Veja arts. 27, § 4º, e 61, § 2º, CF.

§ 1º O alistamento eleitoral e o voto são:

Veja art. 60, § 4º, II, CF.

Veja arts. 42 a 81 e 133 a 156, CE.

Veja Súmula vinculante n. 18, STF.

I – obrigatórios para os maiores de dezoito anos;

II – facultativos para:

a) os analfabetos;

b) os maiores de setenta anos;

c) os maiores de dezesseis e menores de dezoito anos.

§ 2º Não podem alistar-se como eleitores os estrangeiros e, durante o período do serviço militar obrigatório, os conscritos.

§ 3º São condições de elegibilidade, na forma da lei:

Veja Leis n. 9.096, de 19.09.1995 (Lei Orgânica dos Partidos Políticos), e n. 9.259, de 09.01.1996 (altera a Lei n. 9.096/95).

I – a nacionalidade brasileira;

II – o pleno exercício dos direitos políticos;

Veja art. 47, I, CP.

III – o alistamento eleitoral;

IV – o domicílio eleitoral na circunscrição;

V – a filiação partidária;

Veja Lei n. 9.096, de 19.09.1995 (Lei Orgânica dos Partidos Políticos).

VI – a idade mínima de:

a) trinta e cinco anos para Presidente e Vice-Presidente da República e Senador;

b) trinta anos para Governador e Vice-Governador de Estado e do Distrito Federal;

c) vinte e um anos para Deputado Federal, Deputado Estadual ou Distrital, Prefeito, Vice-Prefeito e juiz de paz;

Veja DL n. 201, de 27.02.1967 (responsabilidade de prefeitos e vereadores).

d) dezoito anos para Vereador.

Veja DL n. 201, de 27.02.1967 (responsabilidade de prefeitos e vereadores).

§ 4º São inelegíveis os inalistáveis e os analfabetos.

§ 5º O Presidente da República, os Governadores de Estado e do Distrito Federal, os Prefeitos e quem os houver sucedido ou substituído no curso dos mandatos poderão ser reeleitos para um único período subsequente.

Parágrafo com redação dada pela EC n. 16, de 04.06.1997.

Veja arts. 76 e 77, CF.

§ 6º Para concorrerem a outros cargos, o Presidente da República, os Governadores de Estado e do Distrito Federal e os Prefeitos devem renunciar aos respectivos mandatos até seis meses antes do pleito.

§ 7º São inelegíveis, no território de jurisdição do titular, o cônjuge e os parentes consanguíneos ou afins, até o segundo grau ou por adoção, do Presidente da República, de Governador de Estado ou Território, do Distrito Federal, de Prefeito ou de quem os haja substituído dentro dos seis meses anteriores ao pleito, salvo se já titular de mandato eletivo e candidato à reeleição.

Veja Súmula vinculante n. 18, STF.

Veja Súmula n. 6, TSE.

§ 8º O militar alistável é elegível, atendidas as seguintes condições:

Veja arts. 42, § 1º, e 142, § 3º, V, CF.

I – se contar menos de dez anos de serviço, deverá afastar-se da atividade;

II – se contar mais de dez anos de serviço, será agregado pela autoridade superior e, se eleito, passará automaticamente, no ato da diplomação, para a inatividade.

§ 9º Lei complementar estabelecerá outros casos de inelegibilidade e os prazos de sua cessação, a fim de proteger a probidade administrativa, a moralidade para o exercício do mandato, considerada a vida pregressa do candidato, e a normalidade e legitimidade das eleições contra a influência do poder econômico ou o abuso do exercício de função, cargo ou emprego na administração direta ou indireta.

Parágrafo com redação dada pela ECR n. 4, de 07.06.1994.

Veja art. 37, § 4º, CF.

Veja LC n. 64, de 18.05.1990 (Lei de Inelegibilidades).

Veja Súmula n. 13, TSE.

§ 10. O mandato eletivo poderá ser impugnado ante a Justiça Eleitoral no prazo de quinze dias contados da diplomação, instruída a ação com provas de abuso do poder econômico, corrupção ou fraude.

§ 11. A ação de impugnação de mandato tramitará em segredo de justiça, respondendo o autor, na forma da lei, se temerária ou de manifesta má-fé.

Veja LC n. 64, de 18.05.1990 (Lei de Inelegibilidades).

§ 12. Serão realizadas concomitantemente às eleições municipais as consultas populares sobre questões locais aprovadas pelas Câmaras Municipais e encaminhadas à Justiça Eleitoral até 90 (noventa) dias antes da data das eleições, observados os limites operacionais relativos ao número de quesitos.

Parágrafo acrescentado pela EC n. 111, de 28.09.2021.

§ 13. As manifestações favoráveis e contrárias às questões submetidas às consultas populares nos termos do § 12 ocorrerão durante as campanhas eleitorais, sem a utilização de propaganda gratuita no rádio e na televisão.

Parágrafo acrescentado pela EC n. 111, de 28.09.2021.

Art. 15. É vedada a cassação de direitos políticos, cuja perda ou suspensão só se dará nos casos de:

Veja Lei n. 9.096, de 19.09.1995 (Lei Orgânica dos Partidos Políticos).

I – cancelamento da naturalização por sentença transitada em julgado;

II – incapacidade civil absoluta;

III – condenação criminal transitada em julgado, enquanto durarem seus efeitos;

Veja art. 92, I, CP.

Veja Súmula n. 9, TSE.

IV – recusa de cumprir obrigação a todos imposta ou prestação alternativa, nos termos do art. 5º, VIII;

Veja art. 143, CF.

Veja Lei n. 8.239, de 04.10.1991 (prestação de serviço alternativo ao serviço militar obrigatório).

V – improbidade administrativa, nos termos do art. 37, § 4º.

Art. 16. A lei que alterar o processo eleitoral entrará em vigor na data de sua publicação, não se aplicando à eleição que ocorra até 1 (um) ano da data de sua vigência.

Artigo com redação dada pela EC n. 4, de 14.09.1993.

Veja arts. 4º, § 1º, e 5º, ADCT.

Veja art. 2º, EC n. 107, de 02.07.2020.

CAPÍTULO V
DOS PARTIDOS POLÍTICOS

Art. 17. É livre a criação, fusão, incorporação e extinção de partidos políticos, resguardados a soberania nacional, o regime democrático, o pluripartidarismo, os direitos fundamentais da pessoa humana e observados os seguintes preceitos:

Veja arts. 1º e 3º, CF.

Veja Lei n. 9.096, de 19.09.1995 (Lei Orgânica dos Partidos Políticos).

I – caráter nacional;

II – proibição de recebimento de recursos financeiros de entidade ou governo estrangeiros ou de subordinação a estes;

III – prestação de contas à Justiça Eleitoral;

Veja Lei n. 9.259, de 09.01.1996 (prestação de contas).

IV – funcionamento parlamentar de acordo com a lei.

Veja Lei n. 9.096, de 19.09.1995 (Lei Orgânica dos Partidos Políticos).

§ 1º É assegurada aos partidos políticos autonomia para definir sua estrutura interna e estabelecer regras sobre escolha, formação e duração de seus órgãos permanentes e provisórios e sobre sua organização e funcionamento e para adotar os critérios de escolha e o regime de suas coligações nas eleições majoritárias, vedada a sua celebração nas eleições proporcionais, sem obrigatoriedade de vinculação entre as candidaturas em âmbito nacional, estadual, distrital ou municipal, devendo seus estatutos estabelecer normas de disciplina e fidelidade partidária.

Parágrafo com redação dada pela EC n. 97, de 04.10.2017.

Veja art. 2º, EC n. 97, de 04.10.2017.

§ 2º Os partidos políticos, após adquirirem personalidade jurídica, na forma da lei civil, registrarão seus estatutos no Tribunal Superior Eleitoral.

§ 3º Somente terão direito a recursos do fundo partidário e acesso gratuito ao rádio e à televisão, na forma da lei, os partidos políticos que alternativamente:

Parágrafo com redação dada pela EC n. 97, de 04.10.2017.

Veja art. 3º, EC n. 97, de 04.10.2017.

Veja art. 50-B, Lei n. 9.096, de 19.09.1995.

I – obtiverem, nas eleições para a Câmara dos Deputados, no mínimo, 3% (três por cento) dos votos válidos, distribuídos em pelo menos um terço das unidades da Federação, com um mínimo de 2% (dois por cento) dos votos válidos em cada uma delas; ou

Inciso acrescentado pela EC n. 97, de 04.10.2017.

II – tiverem elegido pelo menos quinze Deputados Federais distribuídos em pelo menos um terço das unidades da Federação.

Inciso acrescentado pela EC n. 97, de 04.10.2017.

§ 4º É vedada a utilização pelos partidos políticos de organização paramilitar.

§ 5º Ao eleito por partido que não preencher os requisitos previstos no § 3º deste artigo é assegurado o mandato e facultada a filiação, sem perda do mandato, a outro partido que os tenha atingido, não sendo essa filiação considerada para fins de distribuição dos recursos do fundo partidário e de acesso gratuito ao tempo de rádio e de televisão.

Parágrafo acrescentado pela EC n. 97, de 04.10.2017.

§ 6º Os Deputados Federais, os Deputados Estaduais, os Deputados Distritais e os Vereadores que se desligarem do partido pelo qual tenham sido eleitos perderão o mandato, salvo nos casos de anuência do partido ou de outras hipóteses de justa causa estabelecidas em lei, não computada, em qualquer caso, a migração de partido para fins de distribuição de recursos do fundo partidário ou de outros fundos públicos e de acesso gratuito ao rádio e à televisão.

Parágrafo acrescentado pela EC n. 111, de 28.09.2021.

§ 7º Os partidos políticos devem aplicar no mínimo 5% (cinco por cento) dos recursos do fundo partidário na criação e na manutenção de programas de promoção e difusão da participação política das mulheres, de acordo com os interesses intrapartidários.

Parágrafo acrescentado pela EC n. 117, de 05.04.2022.

§ 8º O montante do Fundo Especial de Financiamento de Campanha e da parcela do fundo partidário destinada a campanhas eleitorais, bem como o tempo de propaganda gratuita no rádio e na televisão a ser distribuído pelos partidos às respectivas candidatas, deverão ser de no mínimo 30% (trinta por cento), proporcional ao número de candidatas, e a distribuição deverá ser realizada conforme critérios definidos pelos respectivos órgãos de direção e pelas normas estatutárias, considerados a autonomia e o interesse partidário.

Parágrafo acrescentado pela EC n. 117, de 05.04.2022.

TÍTULO III
DA ORGANIZAÇÃO DO ESTADO

CAPÍTULO I
DA ORGANIZAÇÃO POLÍTICO-ADMINISTRATIVA

Art. 18. A organização político-administrativa da República Federativa do Brasil compreende a União, os Estados, o Distrito Federal e os Municípios, todos autônomos, nos termos desta Constituição.

§ 1º Brasília é a Capital Federal.

§ 2º Os Territórios Federais integram a União, e sua criação, transformação em Estado ou reintegração ao Estado de origem serão reguladas em lei complementar.

§ 3º Os Estados podem incorporar-se entre si, subdividir-se ou desmembrar-se para se anexarem a outros, ou formarem novos Estados ou Territórios Federais, mediante aprovação da população diretamente interessada, através de plebiscito, e do Congresso Nacional, por lei complementar.

Veja LCs n. 20, de 01.07.1974 (criação de Estados e Territórios), n. 31, de 11.10.1977 (cria o Estado de Mato Grosso do Sul), e n. 41, de 22.12.1981 (cria o Estado de Rondônia).

Veja Lei n. 9.709, de 18.11.1998 (plebiscito).

§ 4º A criação, a incorporação, a fusão e o desmembramento de Municípios far-se-ão por lei estadual, dentro do período determinado por lei complementar federal, e dependerão de consulta prévia, mediante plebiscito, às populações dos Municípios envolvidos, após divulgação dos Estudos de Viabilidade Municipal, apresentados e publicados na forma da lei.

Parágrafo com redação dada pela EC n. 15, de 12.09.1996.

Veja LCs n. 1, de 09.11.1967 (requisitos para a criação de Municípios), n. 28, de 18.11.1975, n. 32, de 26.12.1977, e n. 46, de 21.08.1984 (alteram a LC n. 1/67), n. 39, de 10.12.1980 (altera a LC n. 28/75), e n. 49, de 27.06.1985 (instalação de Municípios).

Veja Lei n. 9.709, de 18.11.1998 (plebiscito).

Veja Lei n. 10.521, de 18.07.2002 (instalação de Municípios).

Art. 19. É vedado à União, aos Estados, ao Distrito Federal e aos Municípios:

I – estabelecer cultos religiosos ou igrejas, subvencioná-los, embaraçar-lhes o funcionamento ou manter com eles ou seus representantes relações de dependência ou aliança, ressalvada, na forma da lei, a colaboração de interesse público;

Veja arts. 5º, VI, 210, § 1º, e 215, § 2º, CF.

II – recusar fé aos documentos públicos;

III – criar distinções entre brasileiros ou preferências entre si.

Veja arts. 5º, *caput* e I, e 12, § 2º, CF.

Veja art. 325, § 3º, CLT.

CAPÍTULO II
DA UNIÃO

Art. 20. São bens da União:

Veja art. 176, §§ 1º a 4º, CF.

Veja art. 99, CC.

Veja DL n. 9.760, de 05.09.1946 (bens imóveis da União).

Veja art. 4º, § 1º, Lei n. 11.952, de 25.06.2009.

I – os que atualmente lhe pertencem e os que lhe vierem a ser atribuídos;

Veja Súmula n. 650, STF.

II – as terras devolutas indispensáveis à defesa das fronteiras, das fortificações e construções militares, das vias federais de comunicação e à preservação ambiental, definidas em lei;

Veja Lei n. 4.504, de 30.11.1964 (Estatuto da Terra).

Veja Lei n. 5.130, de 01.10.1966 (zonas indispensáveis à defesa do país).

Veja Lei n. 6.383, de 07.12.1976 (processo discriminatório de terras devolutas).

Veja Lei n. 6.938, de 31.08.1981 (Política Nacional de Meio Ambiente).

Veja Súmula n. 477, STF.

III – os lagos, rios e quaisquer correntes de água em terrenos de seu domínio, ou que banhem mais de um Estado, sirvam de limites com outros países, ou se estendam a território estrangeiro ou dele provenham, bem como os terrenos marginais e as praias fluviais;

Veja Decreto n. 1.265, de 11.10.1994 (Política Marinha Nacional).

IV – as ilhas fluviais e lacustres nas zonas limítrofes com outros países; as praias marítimas; as ilhas oceânicas e as costeiras, excluídas, destas, as que contenham a sede de Municípios, exceto aquelas áreas afetadas ao serviço público e a unidade ambiental federal, e as referidas no art. 26, II;

Inciso com redação dada pela EC n. 46, de 05.05.2005.

Veja Lei n. 6.634, de 02.05.1979 (faixa de fronteira).

Veja Decreto n. 1.265, de 11.10.1994 (Política Marítima Nacional).

V – os recursos naturais da plataforma continental e da zona econômica exclusiva;

Veja Lei n. 8.617, de 04.01.1993 (mar territorial, zona contígua, zona econômica exclusiva e plataforma continental).

Veja Decreto n. 1.265, de 11.10.1994 (Política Marítima Nacional).

VI – o mar territorial;

Veja Lei n. 8.617, de 04.01.1993 (mar territorial, zona contígua, zona econômica exclusiva e plataforma continental).

Veja Decreto n. 1.265, de 11.10.1994 (Política Marítima Nacional).

VII – os terrenos de marinha e seus acrescidos;

Veja Súmula n. 496, STJ.

VIII – os potenciais de energia hidráulica;

IX – os recursos minerais, inclusive os do subsolo;

X – as cavidades naturais subterrâneas e os sítios arqueológicos e pré-históricos;

XI – as terras tradicionalmente ocupadas pelos índios.

Veja art. 231, CF.

Veja Súmula n. 650, STF.

§ 1º É assegurada, nos termos da lei, à União, aos Estados, ao Distrito Federal e aos Municípios a participação no resultado da exploração de petróleo ou gás natural, de recursos hídricos para fins de geração de energia elétrica e de outros recursos minerais no respectivo território, plataforma continental, mar territorial ou zona econômica exclusiva, ou compensação financeira por essa exploração.

Parágrafo com redação dada pela EC n. 102, de 26.09.2019.

Veja arts. 100, § 18, e 198, § 2º, I, CF.

Veja arts. 97, § 3º, e 101, § 1º, ADCT.

Veja art. 3º, EC n. 86, de 17.03.2015.

Sobre geração de energia elétrica veja Leis n. 7.990, de 28.12.1989, n. 8.001, de 13.03.1990, n. 9.427, de 26.12.1996, e n. 9.993, de 24.07.2000.

Sobre Política Energética Nacional e petróleo veja Lei n. 9.478, de 01.08.1997.

Sobre recursos hídricos veja Leis n. 9.984, de 17.07.2000, e n. 9.993, de 24.07.2000.

Veja art. 3º, § 2º, I, LC n. 200, de 30.08.2023.

§ 2º A faixa de até cento e cinquenta quilômetros de largura, ao longo das fronteiras terrestres, designada como faixa de fronteira, é considerada fundamental para defesa do território nacional, e sua ocupação e utilização serão reguladas em lei.

Veja Lei n. 6.634, de 02.05.1979 (faixa de fronteira).

Art. 21. Compete à União:

Veja arts. 49 e 84, CF.

I – manter relações com Estados estrangeiros e participar de organizações internacionais;

Veja arts. 4º e 84, VII, CF.

II – declarar a guerra e celebrar a paz;

Veja arts. 49, II, e 84, X, CF.

III – assegurar a defesa nacional;

Veja arts. 142 e 143, CF.

IV – permitir, nos casos previstos em lei complementar, que forças estrangeiras transitem pelo território nacional ou nele permaneçam temporariamente;

Veja art. 49, II, CF.

Veja art. 5º, *caput*, EC n. 103, de 12.11.2019.

Veja LC n. 90, de 01.10.1997 (regula o inciso IV do art. 21, CF).

V – decretar o estado de sítio, o estado de defesa e a intervenção federal;

Veja arts. 49, IV, e 136 a 139, CF.

VI – autorizar e fiscalizar a produção e o comércio de material bélico;

VII – emitir moeda;

VIII – administrar as reservas cambiais do País e fiscalizar as operações de natureza financeira, especialmente as de crédito, câmbio e capitalização, bem como as de seguros e de previdência privada;

Veja Lei n. 4.595, de 31.12.1964 (Política Monetária e Conselho Monetário Nacional).

Veja Lei n. 4.728, de 14.07.1965 (mercado de capitais).

Sobre seguros privados veja DL n. 73, de 21.11.1966, regulamentado pelo Decreto n. 60.459, de 13.03.1967.

Sobre previdência complementar veja LCs n. 108, de 29.05.2001, e n. 109, de 29.05.2001 (previdências social e privada).

IX – elaborar e executar planos nacionais e regionais de ordenação do território e de desenvolvimento econômico e social;

Veja LCs n. 94, de 19.02.1998 (região integrada de desenvolvimento do Distrito Federal e entorno), n. 112, de 19.09.2001 (região integrada de desenvolvimento da Grande Teresina), e n. 113, de 19.09.2001 (região integrada de desenvolvimento de Petrolina e Juazeiro).

X – manter o serviço postal e o correio aéreo nacional;

Veja Lei n. 6.538, de 22.06.1978 (Lei Postal).

XI – explorar, diretamente ou mediante autorização, concessão ou permissão, os serviços de telecomunicações, nos termos da lei, que disporá sobre a organização dos serviços, a criação de um órgão regulador e outros aspectos institucionais;

Inciso com redação dada pela EC n. 8, de 15.08.1995.

Veja art. 2º, EC n. 8, de 15.08.1995.

Veja LC n. 94, de 19.02.1998 (região integrada de desenvolvimento do Distrito Federal e entorno).

Sobre concessão de serviços públicos de telecomunicações veja Leis n. 8.987, de 13.02.1995, e n. 9.295, de 19.07.1996, e Decreto n. 3.896, de 23.08.2001.

Veja Lei n. 9.472, de 16.07.1997 (Lei de Telecomunicações).

Veja Lei n. 10.052, de 28.11.2000, regulamentada pelo Decreto n. 3.737, de 30.01.2001 (Fundo para o Desenvolvimento Tecnológico das Telecomunicações).

Veja Súmula n. 606, STJ.

XII – explorar, diretamente ou mediante autorização, concessão ou permissão:

a) os serviços de radiodifusão sonora e de sons e imagens;

Alínea com redação dada pela EC n. 8, de 15.08.1995.

Veja art. 246, CF.

Veja Lei n. 4.117, de 27.08.1962 (Código Brasileiro de Telecomunicações).

Veja Lei n. 9.472, de 16.07.1997 (Lei de Telecomunicações).

Veja Lei n. 11.652, de 07.04.2008 (serviços de radiodifusão pública, constituição da Empresa Brasil de Comunicação – ECB).

b) os serviços e instalações de energia elétrica e o aproveitamento energético dos cursos de água, em articulação com os Estados onde se situam os potenciais hidroenergéticos;

Veja Lei n. 9.427, de 26.12.1996 (Agência Nacional de Energia Elétrica – Aneel).

Veja Lei n. 9.648, de 27.05.1998, regulamentada pelo Decreto n. 2.655, de 02.07.1998 (reestruturação da Eletrobrás).

c) a navegação aérea, aeroespacial e a infraestrutura aeroportuária;

Veja Lei n. 7.565, de 19.12.1986 (Código Brasileiro de Aeronáutica).

Veja Lei n. 9.994, de 24.07.2000, regulamentada pelo Decreto n. 3.915, de 12.09.2001 (Programa Aeroespacial).

d) os serviços de transporte ferroviário e aquaviário entre portos brasileiros e fronteiras nacionais, ou que transponham os limites de Estado ou Território;

Veja Lei n. 9.432, de 08.01.1997 (transporte aquaviário).

e) os serviços de transporte rodoviário interestadual e internacional de passageiros;

Veja Lei n. 9.277, de 10.05.1996 (delegação da administração de portos e rodovias).

f) os portos marítimos, fluviais e lacustres;

Veja Lei n. 9.277, de 10.05.1996 (delegação da administração de portos e rodovias).

Veja Decreto n. 1.265, de 11.10.1994 (Política Marítima Nacional).

XIII – organizar e manter o Poder Judiciário, o Ministério Público do Distrito Federal e dos Territórios e a Defensoria Pública dos Territórios;

Inciso com redação dada pela EC n. 69, de 29.03.2012.

Veja arts. 22, XVII, e 134, CF.

XIV – organizar e manter a polícia civil, a polícia penal, a polícia militar e o corpo de bombeiros militar do Distrito Federal, bem como prestar assistência financeira ao Distrito Federal para a execução de serviços públicos, por meio de fundo próprio;

Inciso com redação dada pela EC n. 104, de 04.12.2019.

Veja arts. 22, XXIII, e 144, § 6º, CF.

Veja art. 25, EC n. 19, de 04.06.1998.

Veja art. 10, §§ 2º, I, e 6º, EC n. 103, de 12.11.2019.

Veja Lei n. 10.633, de 27.12.2002 (institui o Fundo Constitucional do DF).

Veja art. 35, XV, Lei n. 14.600, de 19.06.2023.

Veja art. 3º, § 2º, I, LC n. 200, de 30.08.2023.

Veja Súmula n. 647, STF.

Veja Súmula vinculante n. 39, STF.

XV – organizar e manter os serviços oficiais de estatística, geografia, geologia e cartografia de âmbito nacional;

Veja DL n. 243, de 28.02.1967 (diretrizes e bases da cartografia nacional).

XVI – exercer a classificação, para efeito indicativo, de diversões públicas e de programas de rádio e televisão;

Veja art. 23, ADCT.

XVII – conceder anistia;

XVIII – planejar e promover a defesa permanente contra as calamidades públicas, especialmente as secas e as inundações;

XIX – instituir sistema nacional de gerenciamento de recursos hídricos e definir critérios de outorga de direitos de seu uso;

Sobre recursos hídricos veja Leis n. 7.803, de 18.07.1989, n. 7.990, de 28.12.1989, n. 9.433, de 08.01.1997, e n. 9.984, de 17.07.2000.

XX – instituir diretrizes para o desenvolvimento urbano, inclusive habitação, saneamento básico e transportes urbanos;

Veja Lei n. 5.318, de 26.09.1967 (Política Nacional de Saneamento).

Veja Lei n. 7.196, de 13.06.1984 (Plano Nacional de Moradia).

Veja Lei n. 10.390, de 28.12.2001 (saneamento básico).

Veja Lei n. 11.445, de 05.01.2007 (diretrizes nacionais para o saneamento básico).

XXI – estabelecer princípios e diretrizes para o sistema nacional de viação;

Veja Lei n. 12.379, de 06.01.2011 (Sistema Nacional de Viação – SNV).

XXII – executar os serviços de polícia marítima, aeroportuária e de fronteiras;

Inciso com redação dada pela EC n. 19, de 04.06.1998.

Veja Súmula vinculante n. 36, STF.

XXIII – explorar os serviços e instalações nucleares de qualquer natureza e exercer monopólio estatal sobre a pesquisa, a lavra, o enriquecimento e reprocessamento, a industrialização e o comércio de minérios nucleares e seus derivados, atendidos os seguintes princípios e condições:

Veja DL n. 1.982, de 28.12.1982 (atividades nucleares).

Veja Lei n. 10.308, de 20.11.2001 (rejeitos radioativos).

a) toda atividade nuclear em território nacional somente será admitida para fins pacíficos e mediante aprovação do Congresso Nacional;

b) sob regime de permissão, são autorizadas a comercialização e a utilização de radioisótopos para pesquisa e uso agrícolas e industriais;

Alínea com redação dada pela EC n. 118, de 26.04.2022.

Veja art. 177, V, CF.

c) sob regime de permissão, são autorizadas a produção, a comercialização e a utilização de radioisótopos para pesquisa e uso médicos;

Alínea acrescentada dada pela EC n. 49, de 08.02.2006, e com redação dada pela EC n. 118, de 26.04.2022.

Veja art. 177, V, CF.

Veja Lei n. 6.453, de 17.10.1977 (responsabilidade civil e criminal por acidentes nucleares).

Veja Decreto n. 911, de 03.03.1993 (Convenção de Viena sobre Responsabilidade Civil por Acidentes Nucleares).

d) a responsabilidade civil por danos nucleares independe da existência de culpa;

Antiga alínea *c* renumerada pela EC n. 49, de 08.02.2006.

XXIV – organizar, manter e executar a inspeção do trabalho;

XXV – estabelecer as áreas e as condições para o exercício da atividade de garimpagem, em forma associativa;

Veja art. 174, § 4º, CF.

Veja Lei n. 7.805, de 18.07.1989, regulamentada pelo Decreto n. 9.406, de 12.06.2018 (lavra garimpeira).

XXVI – organizar e fiscalizar a proteção e o tratamento de dados pessoais, nos termos da lei.

Inciso acrescentado pela EC n. 115, de 10.02.2022.

Art. 22. Compete privativamente à União legislar sobre:

I – direito civil, comercial, penal, processual, eleitoral, agrário, marítimo, aeronáutico, espacial e do trabalho;

Veja CC, CCom, CP, CPP, CPC, CE e CLT.

Veja Lei n. 4.504, de 30.11.1964 (Estatuto da Terra).

Veja Lei n. 4.947, de 06.04.1966 (normas gerais de direito agrário).

Veja Lei n. 7.565, de 19.12.1986 (Código Brasileiro de Aeronáutica).

Veja Súmula vinculante n. 46, STF.

II – desapropriação;

Veja arts. 5º, XXIV, 184 e 185, I e II, CF.

Veja arts. 1.228, § 3º, e 1.275, V, CC.

Veja DL n. 3.365, de 21.06.1941, e Lei n. 6.602, de 07.12.1978 (desapropriação por utilidade pública).

Veja Lei n. 4.132, de 10.09.1962, e LC n. 76, de 06.07.1993 (desapropriação por interesse social).

Veja DL n. 1.075, de 22.01.1970, e Lei n. 9.785, de 29.01.1999.

III – requisições civis e militares, em caso de iminente perigo e em tempo de guerra;

IV – águas, energia, informática, telecomunicações e radiodifusão;

Veja Decreto n. 24.643, de 10.07.1934 (Código de Águas).

Veja Lei n. 9.433, de 08.01.1997 (recursos hídricos).

Veja Lei n. 9.427, de 26.12.1996 (Agência Nacional de Energia Elétrica – Aneel).

Veja Lei n. 4.117, de 27.08.1962 (Código Brasileiro de Telecomunicações).

Veja Lei n. 9.472, de 16.07.1997 (Lei de Telecomunicações).

V – serviço postal;

Veja Lei n. 6.538, de 22.06.1978 (serviços postais).

VI – sistema monetário e de medidas, títulos e garantias dos metais;

Veja Lei n. 4.595, de 31.12.1964 (Política Monetária e Conselho Monetário Nacional).

Veja Lei n. 4.728, de 14.07.1965 (mercado de capitais).

VII – política de crédito, câmbio, seguros e transferência de valores;

Veja Lei n. 4.595, de 31.12.1964 (Política Monetária e Conselho Monetário Nacional).

Veja Súmula vinculante n. 32, STF.

VIII – comércio exterior e interestadual;

IX – diretrizes da política nacional de transportes;

Veja Lei n. 10.233, de 05.06.2001, regulamentada pelos Decretos n. 4.122 e n. 4.130, ambos de 13.02.2002 (Conselho Nacional de Integração de Políticas de Transportes).

X – regime dos portos, navegação lacustre, fluvial, marítima, aérea e aeroespacial;

Veja Decreto n. 1.265, de 11.10.1994 (Política Marítima Nacional).

Veja Lei n. 9.277, de 10.05.1996 (administração e exploração de rodovias e portos).

Veja Lei n. 9.994, de 24.07.2000 (Programa de Desenvolvimento Aeroespacial).

Veja Lei n. 12.815, de 05.06.2013 (exploração de portos).

XI – trânsito e transporte;

Veja Lei n. 9.503, de 23.09.1997 (CTB).

Veja Lei n. 10.233, de 05.06.2001 (Conselho Nacional de Integração de Políticas de Transporte e Agências Nacionais de Transportes Terrestres e Aquaviários).

XII – jazidas, minas, outros recursos minerais e metalurgia;

Veja DL n. 227, de 28.02.1967 (Código de Minas).

XIII – nacionalidade, cidadania e naturalização;

Veja art. 12, CF.

Veja Lei n. 13.445, de 24.05.2017 (Lei de Migração), e Decreto n. 9.199, de 20.11.2017 (regulamentação).

XIV – populações indígenas;

Veja art. 231, CF.

Veja Lei n. 6.001, de 19.12.1973 (Estatuto do Índio).

XV – emigração e imigração, entrada, extradição e expulsão de estrangeiros;

Veja art. 5º, XLVII, *d*, LI e LII.

Veja Lei n. 13.445, de 24.05.2017 (Lei de Migração), e Decreto n. 9.199, de 20.11.2017 (regulamentação).

XVI – organização do sistema nacional de emprego e condições para o exercício de profissões;

Veja art. 1º, Lei n. 13.667, de 17.05.2018.

XVII – organização judiciária, do Ministério Público do Distrito Federal e dos Territórios e da Defensoria Pública dos Territórios, bem como organização administrativa destes;

Inciso com redação dada pela EC n. 69, de 29.03.2012.

Veja arts. 21, XIII, 61, § 1º, II, *d*, 93 e 128, § 5º, CF.

Veja LC n. 35, de 14.03.1979 (Lei Orgânica da Magistratura).

Veja LC n. 75, de 20.05.1993 (Lei Orgânica do MP).

Veja LC n. 80, de 12.01.1994 (Defensoria Pública).

XVIII – sistema estatístico, sistema cartográfico e de geologia nacionais;

XIX – sistemas de poupança, captação e garantia da poupança popular;

Sobre poupança veja DL n. 70, de 21.11.1966, Leis n. 8.177, de 01.03.1991, n. 9.069, de 29.06.1995, e n. 10.192, de 14.02.2001.

XX – sistemas de consórcios e sorteios;

Sobre sorteios veja Lei n. 5.768, de 20.12.1971, regulamentada pelo Decreto n. 70.951, de 09.08.1972.

Veja Súmula vinculante n. 2, STF.

XXI – normas gerais de organização, efetivos, material bélico, garantias, convocação, mobilização, inatividades e pensões das polícias militares e dos corpos de bombeiros militares;

Inciso com redação dada pela EC n. 103, de 12.11.2019.

XXII – competência da polícia federal e das polícias rodoviária e ferroviária federais;

Veja Lei n. 9.654, de 02.06.1998 (policial rodoviário federal).

XXIII – seguridade social;

Veja Lei n. 8.212, de 24.07.1991 (Lei Orgânica da Seguridade Social).

Veja Lei n. 8.213, de 24.07.1991 (Lei de Benefícios e Custeio da Seguridade Social).

XXIV – diretrizes e bases da educação nacional;

Veja Lei n. 9.394, de 20.12.1996 (Lei de Diretrizes e Bases da Educação).

XXV – registros públicos;

Veja Lei n. 6.015, de 31.12.1973 (Lei de Registros Públicos).

XXVI – atividades nucleares de qualquer natureza;

Veja art. 21, XXIII, CF.

Veja Lei n. 10.308, de 20.11.2001.

XXVII – normas gerais de licitação e contratação, em todas as modalidades, para as administrações públicas diretas, autárquicas e fundacionais da União, Estados, Distrito Federal e Municípios, obedecido o disposto no art. 37, XXI, e para as empresas públicas e sociedades de economia mista, nos termos do art. 173, § 1°, III;

Inciso com redação dada pela EC n. 19, de 04.06.1998.

Veja art. 1.048, IV, CPC.

Veja Lei n. 14.133, de 01.04.2021 (licitações e contratos administrativos).

XXVIII – defesa territorial, defesa aeroespacial, defesa marítima, defesa civil e mobilização nacional;

Veja Decreto n. 11.219, de 05.10.2022 (Sistema Nacional de Proteção e Defesa Civil).

XXIX – propaganda comercial;

XXX – proteção e tratamento de dados pessoais.

Inciso acrescentado pela EC n. 115, de 10.02.2022.

Parágrafo único. Lei complementar poderá autorizar os Estados a legislar sobre questões específicas das matérias relacionadas neste artigo.

Veja LC n. 103, de 14.07.2000 (piso salarial estadual).

Art. 23. É competência comum da União, dos Estados, do Distrito Federal e dos Municípios:

I – zelar pela guarda da Constituição, das leis e das instituições democráticas e conservar o patrimônio público;

Veja arts. 34, VII, 85, 136, 137 e 211, § 7º, CF.

II – cuidar da saúde e assistência pública, da proteção e garantia das pessoas portadoras de deficiência;

Veja arts. 7º, XXXI, 24, XIV, 37, VIII, 203, IV e V, 208, III, e 227, § 2º, CF.

Veja Lei n. 7.853, de 24.10.1989, regulamentada pelo Decreto n. 3.298, de 20.12.1999 (proteção à pessoa portadora de deficiência).

III – proteger os documentos, as obras e outros bens de valor histórico, artístico e cultural, os monumentos, as paisagens naturais notáveis e os sítios arqueológicos;

Veja art. 216, CF.

Veja DL n. 25, de 30.11.1937 (proteção do patrimônio histórico e artístico nacional).

Veja LC n. 140, de 08.12.2011 (cooperação entre a União, os Estados, o Distrito Federal e os Municípios nas ações administrativas decorrentes do exercício da competência comum relativas à proteção das paisagens naturais notáveis, à proteção do meio ambiente, ao combate à poluição em qualquer de suas formas e à preservação das florestas, da fauna e da flora).

IV – impedir a evasão, a destruição e a descaracterização de obras de arte e de outros bens de valor histórico, artístico ou cultural;

V – proporcionar os meios de acesso à cultura, à educação, à ciência, à tecnologia, à pesquisa e à inovação;

Inciso com redação dada pela EC n. 85, de 26.02.2015.

Veja arts. 212, 215 e 218, CF.

VI – proteger o meio ambiente e combater a poluição em qualquer de suas formas;

Veja arts. 170, VI, e 225, CF.

Veja Lei n. 6.803, de 02.07.1980 (zoneamento industrial nas áreas críticas de poluição).

Veja Lei n. 6.938, de 31.08.1981, regulamentada pelo Decreto n. 4.297, de 10.07.2002 (Política Nacional do Meio Ambiente).

Veja Lei n. 7.347, de 24.07.1985 (ação civil pública).

Veja Lei n. 8.723, de 28.10.1993 (redução da emissão de poluentes por veículos automotores).

Veja Lei n. 9.966, de 28.04.2000 (prevenção, controle e fiscalização da poluição em águas nacionais).

Veja LC n. 140, de 08.12.2011 (cooperação entre a União, os Estados, o Distrito Federal e os Municípios nas ações administrativas decorrentes do exercício da competência comum relativas à proteção das paisagens naturais notáveis, à proteção do meio ambiente, ao combate à poluição em qualquer de suas formas e à preservação das florestas, da fauna e da flora).

VII – preservar as florestas, a fauna e a flora;

Veja Lei n. 5.197, de 03.01.1967 (Código de Caça).

Veja Lei n. 11.959, de 29.06.2009 (Código de Pesca).

Veja LC n. 140, de 08.12.2011.

Veja Lei n. 12.651, de 25.05.2012 (Código Florestal).

VIII – fomentar a produção agropecuária e organizar o abastecimento alimentar;

Veja Lei n. 10.689, de 13.06.2003 (Programa Nacional de Acesso à Alimentação).

Veja Lei n. 10.835, de 08.01.2004 (renda básica de cidadania).

IX – promover programas de construção de moradias e a melhoria das condições habitacionais e de saneamento básico;

X – combater as causas da pobreza e os fatores de marginalização, promovendo a integração social dos setores desfavorecidos;

Veja LC n. 111, de 06.07.2001 (Fundo de Combate e Erradicação da Pobreza).

Veja Lei n. 10.835, de 08.01.2004 (renda básica de cidadania).

XI – registrar, acompanhar e fiscalizar as concessões de direitos de pesquisa e exploração de recursos hídricos e minerais em seus territórios;

Veja Lei n. 9.433, de 08.01.1997 (Política Nacional de Recursos Hídricos).

XII – estabelecer e implantar política de educação para a segurança do trânsito.

Parágrafo único. Leis complementares fixarão normas para a cooperação entre a União e os Estados, o Distrito Federal e os Municípios, tendo em vista o equilíbrio do desenvolvimento e do bem-estar em âmbito nacional.

Parágrafo com redação dada pela EC n. 53, de 19.12.2006.

Veja art. 211, § 7º, CF.

Veja LC n. 140, de 08.12.2011 (cooperação entre a União, os Estados, o Distrito Federal e os Municípios nas ações administrativas decorrentes do exercício da competência comum relativas à proteção das paisagens naturais notáveis, à proteção do meio ambiente, ao combate à poluição em qualquer de suas formas e à preservação das florestas, da fauna e da flora).

Art. 24. Compete à União, aos Estados e ao Distrito Federal legislar concorrentemente sobre:

I – direito tributário, financeiro, penitenciário, econômico e urbanístico;

Veja Lei n. 4.320, de 17.03.1964 (normas de direito financeiro).

Veja CTN.

Veja LEP.

Veja Lei n. 12.529, de 30.11.2011 (Sistema Brasileiro de Defesa da Concorrência).

Veja Lei n. 13.874, de 20.09.2019.

II – orçamento;

Veja Lei n. 4.320, de 17.03.1964 (Lei de Orçamento).

III – juntas comerciais;

Veja Lei n. 8.934, de 18.11.1994, regulamentada pelo Decreto n. 1.800, de 30.01.1996 (registro do comércio e juntas comerciais).

IV – custas dos serviços forenses;

Veja Lei n. 9.289, de 04.07.1996 (custas na Justiça Federal).

V – produção e consumo;

VI – florestas, caça, pesca, fauna, conservação da natureza, defesa do solo e dos recursos naturais, proteção do meio ambiente e controle da poluição;

Veja arts. 23, VI e VII, 170, VI, e 225, CF.

Veja Lei n. 5.197, de 03.01.1967 (Código de Caça).

Veja Lei n. 6.803, de 02.07.1980 (zoneamento industrial nas áreas críticas de poluição).
Veja Lei n. 6.938, de 31.08.1981, regulamentada pelo Decreto n. 4.297, de 10.07.2002 (Política Nacional do Meio Ambiente).
Veja Lei n. 8.723, de 28.10.1993 (redução da emissão de poluentes por veículos automotores).
Veja Lei n. 9.966, de 28.04.2000 (prevenção, controle e fiscalização da poluição em águas nacionais).
Veja Lei n. 11.959, de 29.06.2009 (Código de Pesca).
Veja Lei n. 12.651, de 25.05.2012 (Código Florestal).

VII – proteção ao patrimônio histórico, cultural, artístico, turístico e paisagístico;

Veja DL n. 25, de 30.11.1937 (proteção do patrimônio histórico e artístico nacional).

VIII – responsabilidade por dano ao meio ambiente, ao consumidor, a bens e direitos de valor artístico, estético, histórico, turístico e paisagístico;

Veja arts. 5º, XXXII e LXXIII, 129, III, 150, § 5º, 175, II, e 225, CF.
Veja art. 48, ADCT.
Veja Lei n. 4.717, de 29.06.1965 (ação popular).
Veja Lei n. 7.347, de 24.07.1985 (ação civil pública).
Veja CDC.
Veja Lei n. 9.605, de 12.02.1998, regulamentada pelo Decreto n. 6.514, de 22.07.2008 (sanções penais e administrativas por condutas e atividades lesivas ao meio ambiente).

IX – educação, cultura, ensino, desporto, ciência, tecnologia, pesquisa, desenvolvimento e inovação;

Inciso com redação dada pela EC n. 85, de 26.02.2015.
Veja arts. 205 a 217, CF.
Veja Lei n. 9.394, de 20.12.1996 (Lei de Diretrizes e Bases da Educação).
Veja Lei n. 9.615, de 24.03.1998 (Lei Pelé).

X – criação, funcionamento e processo do juizado de pequenas causas;

Veja art. 98, I e parágrafo único, CF.
Veja Lei n. 9.099, de 26.09.1995 (juizados especiais cíveis e criminais).
Veja Lei n. 10.259, de 12.07.2001.

XI – procedimentos em matéria processual;

XII – previdência social, proteção e defesa da saúde;

Veja Lei n. 8.080, de 19.09.1990 (Lei Orgânica da Saúde).
Veja Lei n. 8.142, de 28.12.1990 (gestão do SUS).
Veja Lei n. 8.212, de 24.07.1991 (Lei Orgânica da Seguridade Social).
Veja Lei n. 8.213, de 24.07.1991 (Lei de Benefícios e Custeio da Seguridade Social).

XIII – assistência jurídica e defensoria pública;

Veja art. 5º, LXXIV e LXXVII, CF.
Veja Lei n. 1.060, de 05.02.1950 (assistência judiciária).
Veja LC n. 80, de 12.01.1994 (defensoria pública).

XIV – proteção e integração social das pessoas portadoras de deficiência;

Veja arts. 7º, XXXI, 24, XIV, 37, VIII, 203, IV e V, 208, III, e 227, § 2º, CF.
Veja Lei n. 7.853, de 24.10.1989, regulamentada pelo Decreto n. 3.298, de 20.12.1999 (proteção à pessoa portadora de deficiência).

XV – proteção à infância e à juventude;

Veja ECA.

XVI – organização, garantias, direitos e deveres das polícias civis.

Veja arts. 21, XIV, 32, § 4º, e 144, § 4º, CF.

§ 1º No âmbito da legislação concorrente, a competência da União limitar-se-á a estabelecer normas gerais.

Veja Lei n. 13.874, de 20.09.2019.

§ 2º A competência da União para legislar sobre normas gerais não exclui a competência suplementar dos Estados.

Veja Lei n. 13.874, de 20.09.2019.

§ 3º Inexistindo lei federal sobre normas gerais, os Estados exercerão a competência legislativa plena, para atender a suas peculiaridades.

Veja Lei n. 13.874, de 20.09.2019.

§ 4º A superveniência de lei federal sobre normas gerais suspende a eficácia da lei estadual, no que lhe for contrário.

Veja Lei n. 13.874, de 20.09.2019.

CAPÍTULO III
DOS ESTADOS FEDERADOS

Art. 25. Os Estados organizam-se e regem-se pelas Constituições e leis que adotarem, observados os princípios desta Constituição.

Veja Súmula vinculante n. 42, STF.

§ 1º São reservadas aos Estados as competências que não lhes sejam vedadas por esta Constituição.

Veja art. 19, CF.

§ 2º Cabe aos Estados explorar diretamente, ou mediante concessão, os serviços locais de gás canalizado, na forma da lei, vedada a edição de medida provisória para a sua regulamentação.

Parágrafo com redação dada pela EC n. 5, de 15.08.1995.

Veja Lei n. 9.478, de 06.08.1997 (Política Energética Nacional).

§ 3º Os Estados poderão, mediante lei complementar, instituir regiões metropolitanas, aglomerações urbanas e microrregiões, constituídas por agrupamentos de Municípios limítrofes, para integrar a organização, o planejamento e a execução de funções públicas de interesse comum.

Veja LCs n. 14, de 08.06.1973 (estabelece regiões metropolitanas), n. 20, de 01.07.1974 (criação de Estados e Territórios), n. 52, de 16.04.1986 (altera a LC n. 14/73), e n. 94, de 19.02.1998 (região integrada de desenvolvimento do Distrito Federal e entorno).

Art. 26. Incluem-se entre os bens dos Estados:

I – as águas superficiais ou subterrâneas, fluentes, emergentes e em depósito, ressalvadas, neste caso, na forma da lei, as decorrentes de obras da União;

Veja Decreto n. 24.643, de 10.07.1934 (Código de Águas).

Veja Lei n. 9.984, de 17.07.2000 (Agência Nacional de Águas).

II – as áreas, nas ilhas oceânicas e costeiras, que estiverem no seu domínio, excluídas aquelas sob domínio da União, Municípios ou terceiros;

Veja art. 20, IV, CF.

III – as ilhas fluviais e lacustres não pertencentes à União;

IV – as terras devolutas não compreendidas entre as da União.

Art. 27. O número de Deputados à Assembleia Legislativa corresponderá ao triplo da representação do Estado na Câmara dos Deputados e, atingido o número de trinta e seis, será acrescido de tantos quantos forem os Deputados Federais acima de doze.

Veja art. 32, § 3º, CF.

§ 1º Será de quatro anos o mandato dos Deputados Estaduais, aplicando-se-lhes as regras desta Constituição sobre sistema eleitoral, inviolabilidade, imunidades, remuneração, perda de mandato, licença, impedimentos e incorporação às Forças Armadas.

Veja arts. 53 a 56, CF.

§ 2º O subsídio dos Deputados Estaduais será fixado por lei de iniciativa da Assembleia Legislativa, na razão de, no máximo, 75% (setenta e cinco por cento) daquele estabelecido, em espécie, para os Deputados Federais, observado o que dispõem os arts. 39, § 4º, 57, § 7º, 150, II, 153, III, e 153, § 2º, I.

Parágrafo com redação dada pela EC n. 19, de 04.06.1998.

§ 3º Compete às Assembleias Legislativas dispor sobre seu regimento interno, polícia e serviços administrativos de sua secretaria, e prover os respectivos cargos.

Veja art. 48, VI, CF.

§ 4º A lei disporá sobre a iniciativa popular no processo legislativo estadual.

Veja art. 61, § 2º, CF.

Veja art. 6º, Lei n. 9.709, de 18.11.1998 (plebiscito, referendo e iniciativa popular).

Art. 28. A eleição do Governador e do Vice-Governador de Estado, para mandato de 4 (quatro) anos, realizar-se-á no primeiro domingo de outubro, em primeiro turno, e no último domingo de outubro, em segundo turno, se houver, do ano anterior ao do término do mandato de seus antecessores, e a posse ocorrerá em 6 de janeiro do ano subsequente, observado, quanto ao mais, o disposto no art. 77 desta Constituição.

Caput com redação dada pela EC n. 111, de 28.09.2021.

Veja art. 5º, EC n. 111, de 28.09.2021, que assim dispõe:

Art. 5º As alterações efetuadas nos arts. 28 e 82 da Constituição Federal constantes do art. 1º desta Emenda Constitucional, relativas às datas de posse de Governadores, de Vice-Governadores, do Presidente e do Vice-Presidente da República, serão aplicadas somente a partir das eleições de 2026.

Veja art. 14, § 5º, CF.

Veja Lei n. 9.504, de 30.09.1997.

§ 1º Perderá o mandato o Governador que assumir outro cargo ou função na administração pública direta ou indireta, ressalvada a posse em virtude de concurso público e observado o disposto no art. 38, I, IV e V.

Antigo parágrafo único renumerado pela EC n. 19, de 04.06.1998.

Veja art. 29, XIV, CF.

§ 2º Os subsídios do Governador, do Vice-Governador e dos Secretários de Estado serão fixados por lei de iniciativa da Assembleia Legislativa, observado o que dispõem os arts. 37, XI, 39, § 4º, 150, II, 153, III, e 153, § 2º, I.

Parágrafo acrescentado pela EC n. 19, de 04.06.1998.

CAPÍTULO IV
DOS MUNICÍPIOS

Veja art. 96, ADCT.

Art. 29. O Município reger-se-á por lei orgânica, votada em dois turnos, com o interstício mínimo de dez dias, e aprovada por dois terços dos membros da Câmara Municipal, que a promulgará, atendidos os princípios estabelecidos nesta Constituição, na Constituição do respectivo Estado e os seguintes preceitos:

Veja Súmula vinculante n. 42, STF.

I – eleição do Prefeito, do Vice-Prefeito e dos Vereadores, para mandato de quatro anos, mediante pleito direto e simultâneo realizado em todo o País;

Veja art. 14, § 5º, CF.

Veja Lei n. 9.504, de 30.09.1997 (normas gerais para eleições).

II – eleição do Prefeito e do Vice-Prefeito realizada no primeiro domingo de outubro do ano anterior ao término do mandato dos que devam suceder, aplicadas as regras do art. 77 no caso de Municípios com mais de duzentos mil eleitores;

Inciso com redação dada pela EC n. 16, de 04.06.1997.

III – posse do Prefeito e do Vice-Prefeito no dia 1º de janeiro do ano subsequente ao da eleição;

IV – para a composição das Câmaras Municipais, será observado o limite máximo de:

Inciso com redação dada pela EC n. 58, de 23.09.2009.

Veja ADIn n. 4.307, em que o STJ deferiu medida cautelar (02.10.2009), com eficácia *ex tunc*, para sustar os efeitos do inciso I do art. 3º da EC n. 58/2009, que determinava que as alterações deste art. 29 produziriam efeitos a partir do processo eleitoral de 2008.

Veja art. 5º, § 4º, ADCT.

Veja art. 3º, I, EC n. 58, de 23.09.2009 (produção de efeitos).

a) 9 (nove) Vereadores, nos Municípios de até 15.000 (quinze mil) habitantes;

Alínea com redação dada pela EC n. 58, de 23.09.2009.

b) 11 (onze) Vereadores, nos Municípios de mais de 15.000 (quinze mil) habitantes e de até 30.000 (trinta mil) habitantes;

Alínea com redação dada pela EC n. 58, de 23.09.2009.

c) 13 (treze) Vereadores, nos Municípios com mais de 30.000 (trinta mil) habitantes e de até 50.000 (cinquenta mil) habitantes;

Alínea com redação dada pela EC n. 58, de 23.09.2009.

d) 15 (quinze) Vereadores, nos Municípios de mais de 50.000 (cinquenta mil) habitantes e de até 80.000 (oitenta mil) habitantes;

Alínea acrescentada pela EC n. 58, de 23.09.2009.

e) 17 (dezessete) Vereadores, nos Municípios de mais de 80.000 (oitenta mil) habitantes e de até 120.000 (cento e vinte mil) habitantes;

Alínea acrescentada pela EC n. 58, de 23.09.2009.

f) 19 (dezenove) Vereadores, nos Municípios de mais de 120.000 (cento e vinte mil) habitantes e de até 160.000 (cento sessenta mil) habitantes;

Alínea acrescentada pela EC n. 58, de 23.09.2009.

g) 21 (vinte e um) Vereadores, nos Municípios de mais de 160.000 (cento e sessenta mil) habitantes e de até 300.000 (trezentos mil) habitantes;

Alínea acrescentada pela EC n. 58, de 23.09.2009.

h) 23 (vinte e três) Vereadores, nos Municípios de mais de 300.000 (trezentos mil) habitantes e de até 450.000 (quatrocentos e cinquenta mil) habitantes;

Alínea acrescentada pela EC n. 58, de 23.09.2009.

i) 25 (vinte e cinco) Vereadores, nos Municípios de mais de 450.000 (quatrocentos e cinquenta mil) habitantes e de até 600.000 (seiscentos mil) habitantes;

Alínea acrescentada pela EC n. 58, de 23.09.2009.

j) 27 (vinte e sete) Vereadores, nos Municípios de mais de 600.000 (seiscentos mil) habitantes e de até 750.000 (setecentos cinquenta mil) habitantes;

Alínea acrescentada pela EC n. 58, de 23.09.2009.

k) 29 (vinte e nove) Vereadores, nos Municípios de mais de 750.000 (setecentos e cinquenta mil) habitantes e de até 900.000 (novecentos mil) habitantes;

Alínea acrescentada pela EC n. 58, de 23.09.2009.

l) 31 (trinta e um) Vereadores, nos Municípios de mais de 900.000 (novecentos mil) habitantes e de até 1.050.000 (um milhão e cinquenta mil) habitantes;

Alínea acrescentada pela EC n. 58, de 23.09.2009.

m) 33 (trinta e três) Vereadores, nos Municípios de mais de 1.050.000 (um milhão e cinquenta mil) habitantes e de até 1.200.000 (um milhão e duzentos mil) habitantes;

Alínea acrescentada pela EC n. 58, de 23.09.2009.

n) 35 (trinta e cinco) Vereadores, nos Municípios de mais de 1.200.000 (um milhão e duzentos mil) habitantes e de até 1.350.000 (um milhão e trezentos e cinquenta mil) habitantes;

Alínea acrescentada pela EC n. 58, de 23.09.2009.

o) 37 (trinta e sete) Vereadores, nos Municípios de 1.350.000 (um milhão e trezentos e cinquenta mil) habitantes e de até 1.500.000 (um milhão e quinhentos mil) habitantes;

Alínea acrescentada pela EC n. 58, de 23.09.2009.

p) 39 (trinta e nove) Vereadores, nos Municípios de mais de 1.500.000 (um milhão e quinhentos mil) habitantes e de até 1.800.000 (um milhão e oitocentos mil) habitantes;

Alínea acrescentada pela EC n. 58, de 23.09.2009.

q) 41 (quarenta e um) Vereadores, nos Municípios de mais de 1.800.000 (um milhão e oitocentos mil) habitantes e de até 2.400.000 (dois milhões e quatrocentos mil) habitantes;

Alínea acrescentada pela EC n. 58, de 23.09.2009.

r) 43 (quarenta e três) Vereadores, nos Municípios de mais de 2.400.000 (dois milhões e quatrocentos mil) habitantes e de até 3.000.000 (três milhões) de habitantes;

Alínea acrescentada pela EC n. 58, de 23.09.2009.

s) 45 (quarenta e cinco) Vereadores, nos Municípios de mais de 3.000.000 (três milhões) de habitantes e de até 4.000.000 (quatro milhões) de habitantes;

Alínea acrescentada pela EC n. 58, de 23.09.2009.

t) 47 (quarenta e sete) Vereadores, nos Municípios de mais de 4.000.000 (quatro milhões) de habitantes e de até 5.000.000 (cinco milhões) de habitantes;

Alínea acrescentada pela EC n. 58, de 23.09.2009.

u) 49 (quarenta e nove) Vereadores, nos Municípios de mais de 5.000.000 (cinco milhões) de habitantes e de até 6.000.000 (seis milhões) de habitantes;

Alínea acrescentada pela EC n. 58, de 23.09.2009.

v) 51 (cinquenta e um) Vereadores, nos Municípios de mais de 6.000.000 (seis milhões) de habitantes e de até 7.000.000 (sete milhões) de habitantes;

Alínea acrescentada pela EC n. 58, de 23.09.2009.

w) 53 (cinquenta e três) Vereadores, nos Municípios de mais de 7.000.000 (sete milhões) de habitantes e de até 8.000.000 (oito milhões) de habitantes; e

Alínea acrescentada pela EC n. 58, de 23.09.2009.

x) 55 (cinquenta e cinco) Vereadores, nos Municípios de mais de 8.000.000 (oito milhões) de habitantes;

Alínea acrescentada pela EC n. 58, de 23.09.2009.

V – subsídios do Prefeito, do Vice-Prefeito e dos Secretários Municipais fixados por lei de iniciativa da Câmara Municipal, observado o que dispõem os arts. 37, XI, 39, § 4º, 150, II, 153, III, e 153, § 2º, I;

Inciso com redação dada pela EC n. 19, de 04.06.1998.

VI – o subsídio dos Vereadores será fixado pelas respectivas Câmaras Municipais em cada legislatura para a subsequente, observado o que dispõe esta Constituição, observados os critérios estabelecidos na respectiva Lei Orgânica e os seguintes limites máximos:

Inciso acrescentado pela EC n. 1, de 31.03.1992, e com redação dada pela EC n. 25, de 14.02.2000.

Sobre remuneração de vereadores veja LCs n. 23, de 19.12.1974, n. 25, de 02.07.1975, n. 38, de 13.11.1979, n. 45, de 14.12.1983, e n. 50, de 19.12.1985.

a) em Municípios de até 10.000 (dez mil) habitantes, o subsídio máximo dos Vereadores corresponderá a 20% (vinte por cento) do subsídio dos Deputados Estaduais;

Alínea acrescentada pela EC n. 25, de 14.02.2000.

b) em Municípios de 10.001 (dez mil e um) e um a 50.000 (cinquenta mil) habitantes, o subsídio máximo dos Vereadores corresponderá a 30% (trinta por cento) do subsídio dos Deputados Estaduais;

Alínea acrescentada pela EC n. 25, de 14.02.2000.

c) em Municípios de 50.001 (cinquenta mil e um) a 100.000 (cem mil) habitantes, o subsídio máximo dos Vereadores corresponderá a 40% (quarenta por cento) do subsídio dos Deputados Estaduais;

Alínea acrescentada pela EC n. 25, de 14.02.2000.

d) em Municípios de 100.001 (cem mil e um) a 300.000 (trezentos mil) habitantes, o subsídio máximo dos Vereadores corresponderá a 50% (cinquenta por cento) do subsídio dos Deputados Estaduais;

Alínea acrescentada pela EC n. 25, de 14.02.2000.

e) em Municípios de 300.001 (trezentos mil e um) a 500.000 (quinhentos mil) habitantes, o subsídio máximo dos Vereadores corresponderá a 60% (sessenta por cento) do subsídio dos Deputados Estaduais;

Alínea acrescentada pela EC n. 25, de 14.02.2000.

f) em Municípios de mais de 500.000 (quinhentos mil) habitantes, o subsídio máximo dos Vereadores corresponderá a 75% (setenta e cinco por cento) do subsídio dos Deputados Estaduais;

Alínea acrescentada pela EC n. 25, de 14.02.2000.

VII – o total da despesa com a remuneração dos Vereadores não poderá ultrapassar o montante de 5% (cinco por cento) da receita do município;

Inciso acrescentado pela EC n. 1, de 31.03.1992.

Veja art. 29-A, CF.

VIII – inviolabilidade dos Vereadores por suas opiniões, palavras e votos no exercício do mandato e na circunscrição do Município;

Inciso renumerado pela EC n. 1, de 31.03.1992.

IX – proibições e incompatibilidades, no exercício da vereança, similares, no que couber, ao disposto nesta Constituição para os membros do Congresso Nacional e, na Constituição do respectivo Estado, para os membros da Assembleia Legislativa;

Inciso renumerado pela EC n. 1, de 31.03.1992.

X – julgamento do Prefeito perante o Tribunal de Justiça;

Inciso renumerado pela EC n. 1, de 31.03.1992.

Veja DL n. 201, de 27.02.1967 (responsabilidade de prefeitos e vereadores).

Veja Súmula n. 702, STF.

Veja Súmula n. 209, STJ.

XI – organização das funções legislativas e fiscalizadoras da Câmara Municipal;

Inciso renumerado pela EC n. 1, de 31.03.1992.

XII – cooperação das associações representativas no planejamento municipal;

Inciso renumerado pela EC n. 1, de 31.03.1992.

XIII – iniciativa popular de projetos de lei de interesse específico do Município, da cidade ou de bairros, através de manifestação de, pelo menos, cinco por cento do eleitorado;

Inciso renumerado pela EC n. 1, de 31.03.1992.

XIV – perda do mandato do Prefeito, nos termos do art. 28, parágrafo único.

Inciso renumerado pela EC n. 1, de 31.03.1992.

A referência atual deve ser feita ao art. 28, § 1º.

Art. 29-A. O total da despesa do Poder Legislativo Municipal, incluídos os subsídios dos Vereadores e os demais gastos com pessoal inativo e pensionistas, não poderá ultrapassar os seguintes percentuais, relativos ao somatório da receita tributária e das transferências previstas no § 5º do art. 153 e nos arts. 158 e 159 desta Constituição, efetivamente realizado no exercício anterior:

Caput com redação dada pela EC n. 109, de 15.03.2021.

Veja art. 156-A, § 12, CF.

Veja art. 131, § 5º, II, ADCT.

I – 7% (sete por cento) para Municípios com população de até 100.000 (cem mil) habitantes;

Inciso com redação dada pela EC n. 58, de 23.09.2009.

Veja art. 3º, II, EC n. 58, de 23.09.2009 (produção de efeitos).

II – 6% (seis por cento) para Municípios com população entre 100.000 (cem mil) e 300.000 (trezentos mil) habitantes;

Inciso com redação dada pela EC n. 58, de 23.09.2009.

Veja art. 3º, II, EC n. 58, de 23.09.2009 (produção de efeitos).

III – 5% (cinco por cento) para Municípios com população entre 300.001 (trezentos mil e um) e 500.000 (quinhentos mil) habitantes;

Inciso com redação dada pela EC n. 58, de 23.09.2009.

Veja art. 3º, II, EC n. 58, de 23.09.2009 (produção de efeitos).

IV – 4,5% (quatro inteiros e cinco décimos por cento) para Municípios com população entre 500.001 (quinhentos mil e um) e 3.000.000 (três milhões) de habitantes;

Inciso com redação dada pela EC n. 58, de 23.09.2009.

Veja art. 3º, II, EC n. 58, de 23.09.2009 (produção de efeitos).

V – 4% (quatro por cento) para Municípios com população entre 3.000.001 (três milhões e um) e 8.000.000 (oito milhões) de habitantes;

Inciso acrescentado pela EC n. 58, de 23.09.2009.

Veja art. 3º, II, EC n. 58, de 23.09.2009 (produção de efeitos).

VI – 3,5% (três inteiros e cinco décimos por cento) para Municípios com população acima de 8.000.001 (oito milhões e um) habitantes.

Inciso acrescentado pela EC n. 58, de 23.09.2009.

Veja art. 3º, II, EC n. 58, de 23.09.2009 (produção de efeitos).

§ 1º A Câmara Municipal não gastará mais de 70% (setenta por cento) de sua receita com folha de pagamento, incluído o gasto com o subsídio de seus Vereadores.

§ 2º Constitui crime de responsabilidade do Prefeito Municipal:

Veja DL n. 201, de 27.02.1967 (responsabilidade de prefeitos e vereadores).

I – efetuar repasse que supere os limites definidos neste artigo;

II – não enviar o repasse até o dia 20 (vinte) de cada mês; ou

III – enviá-lo a menor em relação à proporção fixada na Lei Orçamentária.

Veja Lei n. 8.429, de 02.06.1992 (Lei de Improbidade Administrativa).

Veja LC n. 101, de 04.05.2000 (Lei de Responsabilidade Fiscal).

§ 3º Constitui crime de responsabilidade do Presidente da Câmara Municipal o desrespeito ao § 1º deste artigo.

Art. 30. Compete aos Municípios:

I – legislar sobre assuntos de interesse local;

Veja Súmulas vinculantes ns. 38 e 42, STF.

II – suplementar a legislação federal e a estadual no que couber;

III – instituir e arrecadar os tributos de sua competência, bem como aplicar suas rendas, sem prejuízo da obrigatoriedade de prestar contas e publicar balancetes nos prazos fixados em lei;

IV – criar, organizar e suprimir distritos, observada a legislação estadual;

V – organizar e prestar, diretamente ou sob regime de concessão ou permissão, os serviços públicos de interesse local, incluído o de transporte coletivo, que tem caráter essencial;

VI – manter, com a cooperação técnica e financeira da União e do Estado, programas de educação infantil e de ensino fundamental;

Inciso com redação dada pela EC n. 53, de 19.12.2006.

VII – prestar, com a cooperação técnica e financeira da União e do Estado, serviços de atendimento à saúde da população;

Veja Decreto n. 3.964, de 10.10.2001 (Fundo Nacional de Saúde).

VIII – promover, no que couber, adequado ordenamento territorial, mediante planejamento e controle do uso, do parcelamento e da ocupação do solo urbano;

Veja art.182, CF.

IX – promover a proteção do patrimônio histórico-cultural local, observada a legislação e a ação fiscalizadora federal e estadual.

Art. 31. A fiscalização do Município será exercida pelo Poder Legislativo Municipal, mediante controle externo, e pelos sistemas de controle interno do Poder Executivo Municipal, na forma da lei.

Veja arts. 71 e 75, CF.

§ 1º O controle externo da Câmara Municipal será exercido com o auxílio dos Tribunais de Contas dos Estados ou do Município ou dos Conselhos ou Tribunais de Contas dos Municípios, onde houver.

§ 2º O parecer prévio, emitido pelo órgão competente sobre as contas que o Prefeito deve anualmente prestar, só deixará de prevalecer por decisão de dois terços dos membros da Câmara Municipal.

§ 3º As contas dos Municípios ficarão, durante 60 (sessenta) dias, anualmente, à disposição de qualquer contribuinte, para exame e apreciação, o qual poderá questionar-lhes a legitimidade, nos termos da lei.

§ 4º É vedada a criação de Tribunais, Conselhos ou órgãos de Contas Municipais.

CAPÍTULO V
DO DISTRITO FEDERAL E DOS TERRITÓRIOS

Seção I
Do Distrito Federal

Art. 32. O Distrito Federal, vedada sua divisão em Municípios, reger-se-á por lei orgânica, votada em dois turnos com interstício mínimo de dez dias, e aprovada por dois terços da Câmara Legislativa, que a promulgará, atendidos os princípios estabelecidos nesta Constituição.

Veja Lei Orgânica do Distrito Federal (*Diário da Câmara Legislativa do Distrito Federal*, de 08.06.1993).

§ 1º Ao Distrito Federal são atribuídas as competências legislativas reservadas aos Estados e Municípios.

Veja arts. 22, XVII e parágrafo único, 24, 25, § 1º, 30 e 147, CF.
Veja Súmula n. 642, STF.

§ 2º A eleição do Governador e do Vice-Governador, observadas as regras do art. 77, e dos Deputados Distritais coincidirá com a dos Governadores e Deputados Estaduais, para mandato de igual duração.

Veja art. 16, ADCT.

§ 3º Aos Deputados Distritais e à Câmara Legislativa aplica-se o disposto no art. 27.

Veja arts. 27, § 1º, e 53 a 56, CF.

§ 4º Lei federal disporá sobre a utilização, pelo Governo do Distrito Federal, da polícia civil, da polícia penal, da polícia militar e do corpo de bombeiros militar.

Parágrafo com redação dada pela EC n. 104, de 04.12.2019.
Veja art. 144, § 4º, CF.
Veja Leis n. 6.450, de 14.10.1977, e n. 7.289, de 18.12.1984 (polícia militar do Distrito Federal).
Veja Lei n. 7.479, de 02.06.1986 (corpo de bombeiros do Distrito Federal).
Veja Lei n. 12.086, de 06.11.2009.

Seção II
Dos Territórios

Art. 33. A lei disporá sobre a organização administrativa e judiciária dos Territórios.

Veja art. 125, CF.

Veja Lei n. 11.697, de 13.06.2008 (organização judiciária dos Territórios).

§ 1º Os Territórios poderão ser divididos em Municípios, aos quais se aplicará, no que couber, o disposto no Capítulo IV deste Título.

§ 2º As contas do Governo do Território serão submetidas ao Congresso Nacional, com parecer prévio do Tribunal de Contas da União.

§ 3º Nos Territórios Federais com mais de cem mil habitantes, além do Governador nomeado na forma desta Constituição, haverá órgãos judiciários de primeira e segunda instância, membros do Ministério Público e defensores públicos federais; a lei disporá sobre as eleições para a Câmara Territorial e sua competência deliberativa.

CAPÍTULO VI
DA INTERVENÇÃO

Art. 34. A União não intervirá nos Estados nem no Distrito Federal, exceto para:

Veja arts. 21, V, 36, 49, IV, 57, § 6º, I, 84, X, 90, I, e 91, II, CF.

I – manter a integridade nacional;

Veja art. 1º, CF.

II – repelir invasão estrangeira ou de uma unidade da Federação em outra;

Veja arts. 21, II, 49, II, e 84, XIX, CF.

III – pôr termo a grave comprometimento da ordem pública;

IV – garantir o livre exercício de qualquer dos Poderes nas unidades da Federação;

Veja art. 36, I, CF.

V – reorganizar as finanças da unidade da Federação que:

a) suspender o pagamento da dívida fundada por mais de dois anos consecutivos, salvo motivo de força maior;

b) deixar de entregar aos Municípios receitas tributárias fixadas nesta Constituição, dentro dos prazos estabelecidos em lei;

Veja LC n. 63, de 11.01.1990 (transferência de recursos).

VI – prover a execução de lei federal, ordem ou decisão judicial;

Veja art. 36, II e § 3º, CF.

VII – assegurar a observância dos seguintes princípios constitucionais:

Veja art. 36, III e § 3º, CF.

a) forma republicana, sistema representativo e regime democrático;

b) direitos da pessoa humana;

c) autonomia municipal;

d) prestação de contas da administração pública, direta e indireta;

e) aplicação do mínimo exigido da receita resultante de impostos estaduais, compreendida a proveniente de transferências, na manutenção e desenvolvimento do ensino e nas ações e serviços públicos de saúde.

Alínea com redação dada pela EC n. 29, de 13.09.2000.

Veja art. 212, CF.

Art. 35. O Estado não intervirá em seus Municípios, nem a União nos Municípios localizados em Território Federal, exceto quando:

I – deixar de ser paga, sem motivo de força maior, por dois anos consecutivos, a dívida fundada;

II – não forem prestadas contas devidas, na forma da lei;

III – não tiver sido aplicado o mínimo exigido da receita municipal na manutenção e desenvolvimento do ensino e nas ações e serviços públicos de saúde;

Inciso com redação dada pela EC n. 29, de 13.09.2000.

Veja art. 2º, EC n. 119, de 27.04.2022.

IV – o Tribunal de Justiça der provimento a representação para assegurar a observância de princípios indicados na Constituição Estadual, ou para prover a execução de lei, de ordem ou de decisão judicial.

Veja art. 36, § 3º, CF.

Art. 36. A decretação da intervenção dependerá:

I – no caso do art. 34, IV, de solicitação do Poder Legislativo ou do Poder Executivo coacto ou impedido, ou de requisição do Supremo Tribunal Federal, se a coação for exercida contra o Poder Judiciário;

II – no caso de desobediência a ordem ou decisão judiciária, de requisição do Supremo Tribunal Federal, do Superior Tribunal de Justiça ou do Tribunal Superior Eleitoral;

Veja Lei n. 8.038, de 28.05.1990.

III – de provimento, pelo Supremo Tribunal Federal, de representação do Procurador-Geral da República, na hipótese do art. 34, VII, e no caso de recusa à execução de lei federal.

Inciso com redação dada pela EC n. 45, de 08.12.2004.

Veja Lei n. 12.562, de 23.12.2011 (processo e julgamento da representação interventiva perante o STF).

IV – (*Revogado pela EC n. 45, de 08.12.2004.*)

§ 1º O decreto de intervenção, que especificará a amplitude, o prazo e as condições de execução e que, se couber, nomeará o interventor, será submetido à apreciação do Congresso Nacional ou da Assembleia Legislativa do Estado, no prazo de vinte e quatro horas.

§ 2º Se não estiver funcionando o Congresso Nacional ou a Assembleia Legislativa, far-se-á convocação extraordinária, no mesmo prazo de vinte e quatro horas.

§ 3º Nos casos do art. 34, VI e VII, ou do art. 35, IV, dispensada a apreciação pelo Congresso Nacional ou pela Assembleia Legislativa, o decreto limitar-se-á a suspender a execução do ato impugnado, se essa medida bastar ao restabelecimento da normalidade.

§ 4º Cessados os motivos da intervenção, as autoridades afastadas de seus cargos a estes voltarão, salvo impedimento legal.

CAPÍTULO VII
DA ADMINISTRAÇÃO PÚBLICA

Seção I
Disposições Gerais

Veja Lei n. 8.112, de 11.12.1990 (regime jurídico dos servidores públicos civis da União).

Veja Lei n. 8.727, de 05.11.1993 (consolidação e reescalonamento das dívidas da administração dos Estados, do Distrito Federal e dos Municípios).

Veja Lei n. 9.784, de 29.01.1999 (processo administrativo).

Art. 37. A administração pública direta e indireta de qualquer dos Poderes da União, dos Estados, do Distrito Federal e dos Municípios obedecerá aos princípios de legalidade, impessoalidade, moralidade, publicidade e eficiência e, também, ao seguinte:

Caput com redação dada pela EC n. 19, de 04.06.1998.

Veja arts. 42, § 3º, 74, II, 103-B, § 4º, II, e 130-A, § 2º, II, CF.

Veja art. 19, ADCT.

Veja art. 24, *caput*, EC n. 103, de 12.11.2019.

Veja Súmula n. 473, STF.

Veja Súmula vinculante n. 13, STF.

I – os cargos, empregos e funções públicas são acessíveis aos brasileiros que preencham os requisitos estabelecidos em lei, assim como aos estrangeiros, na forma da lei;

Inciso com redação dada pela EC n. 19, de 04.06.1998.

Veja art. 207, § 1º, CF.

Veja arts. 3º e 5º, Lei n. 8.112, de 11.12.1990 (Estatuto dos Servidores Públicos Civis da União).

Veja Lei n. 8.730, de 10.11.1993 (declaração de bens e rendas do servidor público).

Veja Lei n. 9.962, de 22.02.2000 (regime de emprego público da administração direta).

Veja Súmula vinculante n. 44, STF.

Veja Súmula n. 266, STJ.

II – a investidura em cargo ou emprego público depende de aprovação prévia em concurso público de provas ou de provas e títulos, de acordo com a natureza e a complexidade do cargo ou emprego, na forma prevista em lei, ressalvadas as nomeações para cargo em comissão declarado em lei de livre nomeação e exoneração;

Inciso com redação dada pela EC n. 19, de 04.06.1998.

Veja arts. 11 e 12, Lei n. 8.112, de 11.12.1990 (Estatuto dos Servidores Públicos Civis da União).

Veja Súmula vinculante n. 43, STF.

III – o prazo de validade do concurso público será de até dois anos, prorrogável uma vez, por igual período;

Veja Lei n. 8.112, de 11.12.1990 (Estatuto dos Servidores Públicos Civis da União).

IV – durante o prazo improrrogável previsto no edital de convocação, aquele aprovado em concurso público de provas ou de provas e títulos será convocado com prioridade sobre novos concursados para assumir cargo ou emprego, na carreira;

V – as funções de confiança, exercidas exclusivamente por servidores ocupantes de cargo efetivo, e os cargos em comissão, a serem preenchidos por servidores de carreira nos casos, condições e percentuais mínimos previstos em lei, destinam-se apenas às atribuições de direção, chefia e assessoramento;

Inciso com redação dada pela EC n. 19, de 04.06.1998.

Veja art. 9º, parágrafo único, Lei n. 8.112, de 11.12.1990 (Estatuto dos Servidores Públicos Civis da União). Veja também Lei n. 8.116, de 13.12.1990, e n. 8.168, de 16.01.1991 (função de confiança), n. 8.460, de 17.09.1992, e n. 9.527, de 10.12.1997 (altera a Lei n. 8.112/90).

VI – é garantido ao servidor público civil o direito à livre associação sindical;

VII – o direito de greve será exercido nos termos e nos limites definidos em lei específica;

Inciso com redação dada pela EC n. 19, de 04.06.1998.

Veja Decreto n. 1.480, de 03.05.1995 (paralisações do serviço público federal).

VIII – a lei reservará percentual dos cargos e empregos públicos para as pessoas portadoras de deficiência e definirá os critérios de sua admissão;

Veja arts. 7º, XXXI, 23, II, 24, XIV, 203, IV e V, 208, III, e 227, § 3º, I a IV, CF.

Veja Lei n. 7.853, de 24.10.1989, regulamentada pelo Decreto n. 3.298, de 20.12.1999 (proteção à pessoa portadora de deficiência).

Veja art. 5º, § 2º, Lei n. 8.112, de 11.12.1990 (servidores públicos civis da União).

Veja Súmulas ns. 377 e 552, STJ.

IX – a lei estabelecerá os casos de contratação por tempo determinado para atender a necessidade temporária de excepcional interesse público;

Veja art. 167-C, CF.

Veja art. 2º, EC n. 106, de 07.05.2020.

Veja Leis n. 8.745, de 09.12.1993, e n. 9.849, de 26.10.1999 (contratação por tempo determinado).

Veja Lei n. 10.871, de 20.05.2004.

X – a remuneração dos servidores públicos e o subsídio de que trata o § 4º do art. 39 somente poderão ser fixados ou alterados por lei específica, observada a iniciativa privativa em cada caso, assegurada revisão geral anual, sempre na mesma data e sem distinção de índices;

Inciso com redação dada pela EC n. 19, de 04.06.1998.

Veja arts. 39, § 4º, 95, II, e 128, § 5º, I, *c*, CF.

Veja art. 109, § 3º, ADCT.

Veja Lei n. 10.331, de 18.12.2001 (revisão geral de remuneração e subsídios de servidores públicos).

Veja Súmulas vinculantes ns. 37 e 51, STF.

XI – a remuneração e o subsídio dos ocupantes de cargos, funções e empregos públicos da administração direta, autárquica e fundacional, dos membros de qualquer dos Poderes da União, dos Estados, do Distrito Federal e dos Municípios, dos detentores de mandato eletivo e dos demais agentes políticos e os proventos, pensões ou outra espécie remuneratória, percebidos cumulativamente ou não, incluídas as vantagens pessoais ou de qualquer outra natureza, não poderão exceder o subsídio mensal, em espécie, dos Ministros do Supremo Tribunal Federal, aplicando-se como limite, nos Municípios, o subsídio do Prefeito, e nos Estados e no Distrito Federal, o subsídio mensal do Governador no âmbito do Poder Executivo, o subsídio dos Deputados Estaduais e Distritais no âmbito do Poder Legislativo e o subsídio dos Desembargadores do Tribunal de Justiça, limitado a noventa inteiros e vinte e cinco centésimos por cento do subsídio mensal, em espécie, dos Ministros do Supremo Tribunal Federal, no âmbito do Poder Judiciário, aplicável este limite aos membros do Ministério Público, aos Procuradores e aos Defensores Públicos;

Inciso com redação dada pela EC n. 41, de 19.12.2003.

Veja ADIn n. 3.854-1, de 28.02.2007, STF, que exclui a submissão dos membros da magistratura estadual ao subteto de remuneração.

Veja arts. 28, § 2º, 29, V, 39, §§ 4º e 5º, 40, §§ 8º e 11, 48, XV, 49, VII e VIII, 93, V, 95, III, 128, § 5º, I, *c*, 142, § 3º, VIII, e 248, CF.

Veja art. 8º, EC n. 41, de 19.12.2003.

Veja art. 12, *caput*, EC n. 103, de 12.11.2019.

Veja Leis n. 8.448, de 21.07.1992, n. 8.460, de 17.09.1992, n. 8.852, de 04.02.1994, n. 9.367, de 16.12.1996, n. 9.624, de 02.04.1998, e n. 10.593, de 06.12.2002.

Veja Lei n. 12.042, de 08.10.2009 (revisão do subsídio do Procurador-Geral da República).

XII – os vencimentos dos cargos do Poder Legislativo e do Poder Judiciário não poderão ser superiores aos pagos pelo Poder Executivo;

Veja Lei n. 8.852, de 04.02.1994.

XIII – é vedada a vinculação ou equiparação de quaisquer espécies remuneratórias para o efeito de remuneração de pessoal do serviço público;

Inciso com redação dada pela EC n. 19, de 04.06.1998.

Veja art. 142, § 3º, VIII, CF.

Veja Súmula vinculante n. 42, STF.

XIV – os acréscimos pecuniários percebidos por servidor público não serão computados nem acumulados para fim de concessão de acréscimos ulteriores;

Inciso com redação dada pela EC n. 19, de 04.06.1998.

Veja art. 142, § 3º, VIII, CF.

XV – o subsídio e os vencimentos dos ocupantes de cargos e empregos públicos são irredutíveis, ressalvado o disposto nos incisos XI e XIV deste artigo e nos arts. 39, § 4º, 150, II, 153, III, e 153, § 2º, I;

Inciso com redação dada pela EC n. 19, de 04.06.1998.

Veja art. 142, § 3º, VIII, CF.

XVI – é vedada a acumulação remunerada de cargos públicos, exceto quando houver compatibilidade de horários, observado em qualquer caso o disposto no inciso XI:

Inciso com redação dada pela EC n. 19, de 04.06.1998.

Veja art. 42, § 3º, CF.

Veja art. 12, *caput*, EC n. 103, de 12.11.2019.

a) a de dois cargos de professor;

Alínea acrescentada pela EC n. 19, de 04.06.1998.

b) a de um cargo de professor com outro técnico ou científico;

Alínea acrescentada pela EC n. 19, de 04.06.1998.

c) a de dois cargos ou empregos privativos de profissionais de saúde, com profissões regulamentadas;

Alínea com redação dada pela EC n. 34, de 13.12.2001.

Veja Lei n. 8.112, de 11.12.1990.

XVII – a proibição de acumular estende-se a empregos e funções e abrange autarquias, fundações, empresas públicas, sociedades de economia mista, suas subsidiárias, e sociedades controladas, direta ou indiretamente, pelo poder público;

Inciso com redação dada pela EC n. 19, de 04.06.1998.

XVIII – a administração fazendária e seus servidores fiscais terão, dentro de suas áreas de competência e jurisdição, precedência sobre os demais setores administrativos, na forma da lei;

XIX – somente por lei específica poderá ser criada autarquia e autorizada a instituição de empresa pública, de sociedade de economia mista e de fundação, cabendo à lei complementar, neste último caso, definir as áreas de sua atuação;

Inciso com redação dada pela EC n. 19, de 04.06.1998.

Veja LCs n. 124, de 03.01.2007 (Conselho Deliberativo da Sudam), n. 125, de 03.01.2007 (Conselho Deliberativo da Sudene) e n. 134, de 14.01.2010 (Conselho de Administração da Suframa).

XX – depende de autorização legislativa, em cada caso, a criação de subsidiárias das entidades mencionadas no inciso anterior, assim como a participação de qualquer delas em empresa privada;

Veja Lei n. 13.303, de 30.06.2016.

XXI – ressalvados os casos especificados na legislação, as obras, serviços, compras e alienações serão contratados mediante processo de licitação pública que assegure igualdade de condições a todos os concorrentes, com cláusulas que estabeleçam obrigações de pagamento, mantidas as condições efetivas da proposta, nos termos da lei, o qual somente permitirá as exigências de qualificação técnica e econômica indispensáveis à garantia do cumprimento das obrigações;

Veja art. 22, XXVII, CF.

Veja Leis n. 11.763, de 01.08.2008, e n. 11.783, de 17.09.2008 (normas para licitações e contratos da administração pública).

Veja Lei n. 14.133, de 01.04.2021 (licitações e contratos administrativos).

Veja Súmula n. 333, STJ.

XXII – as administrações tributárias da União, dos Estados, do Distrito Federal e dos Municípios, atividades essenciais ao funcionamento do Estado, exercidas por servidores de carreiras específicas, terão recursos prioritários para a realização de suas atividades e atuarão de forma integrada, inclusive com o compartilhamento de cadastros e de informações fiscais, na forma da lei ou convênio.

Inciso acrescentado pela EC n. 42, de 19.12.2003.

Veja arts. 52, XIV, e 167, IV, CF.

§ 1º A publicidade dos atos, programas, obras, serviços e campanhas dos órgãos públicos deverá ter caráter educativo, informativo ou de orientação social, dela não podendo constar nomes, símbolos ou imagens que caracterizem promoção pessoal de autoridades ou servidores públicos.

Veja Lei n. 8.389, de 30.12.1991.

Veja Decreto n. 6.555, de 08.09.2008 (ações de comunicação do Poder Federal).

§ 2º A não observância do disposto nos incisos II e III implicará a nulidade do ato e a punição da autoridade responsável, nos termos da lei.

Veja Súmula n. 466, STJ.

§ 3º A Lei disciplinará as formas de participação do usuário na administração pública direta e indireta, regulando especialmente:

Parágrafo com redação dada pela EC n. 19, de 04.06.1998.

I – as reclamações relativas à prestação dos serviços públicos em geral, asseguradas a manutenção de serviço de atendimento ao usuário e a avaliação periódica, externa e interna, da qualidade dos serviços;

Inciso acrescentado pela EC n. 19, de 04.06.1998.

Veja art. 1º, § 1º, Lei n. 13.460, de 26.06.2017.

II – o acesso dos usuários a registros administrativos e a informações sobre atos de governo, observado o disposto no art. 5º, X e XXXIII;

Inciso acrescentado pela EC n. 19, de 04.06.1998.

Veja Lei n. 12.527, de 18.11.2011 (regula acesso a informações previsto neste inciso).

III – a disciplina da representação contra o exercício negligente ou abusivo de cargo, emprego ou função na administração pública.

Inciso acrescentado pela EC n. 19, de 04.06.1998.

§ 4º Os atos de improbidade administrativa importarão a suspensão dos direitos políticos, a perda da função pública, a indisponibilidade dos bens e o ressarcimento ao erário, na forma e gradação previstas em lei, sem prejuízo da ação penal cabível.

Veja art. 15, V, CF.

Veja Leis n. 8.429, de 02.06.1992 (Lei de Improbidade), e 14.133, de 01.04.2021 (licitações e contratos administrativos).

Veja Decreto n. 4.410, de 07.10.2002 (Convenção Interamericana contra a Corrupção).

§ 5º A lei estabelecerá os prazos de prescrição para ilícitos praticados por qualquer agente, servidor ou não, que causem prejuízos ao erário, ressalvadas as respectivas ações de ressarcimento.

Veja art. 5º, XLV, CF.
Veja Lei n. 8.429, de 02.06.1992 (Lei de Improbidade).

§ 6º As pessoas jurídicas de direito público e as de direito privado prestadoras de serviços públicos responderão pelos danos que seus agentes, nessa qualidade, causarem a terceiros, assegurado o direito de regresso contra o responsável nos casos de dolo ou culpa.

Veja Lei n. 6.453, de 17.10.1997 (responsabilidade civil e criminal por danos nucleares).
Veja Leis n. 10.309, de 22.11.2001, e n. 10.744, de 09.10.2003 (responsabilidade por atentados terroristas).

§ 7º A lei disporá sobre os requisitos e as restrições ao ocupante de cargo ou emprego da administração direta e indireta que possibilite o acesso a informações privilegiadas.

Parágrafo acrescentado pela EC n. 19, de 04.06.1998.

§ 8º A autonomia gerencial, orçamentária e financeira dos órgãos e entidades da administração direta e indireta poderá ser ampliada mediante contrato, a ser firmado entre seus administradores e o poder público, que tenha por objeto a fixação de metas de desempenho para o órgão ou entidade, cabendo à lei dispor sobre:

Parágrafo e incisos acrescentados pela EC n. 19, de 04.06.1998.
Veja Lei n. 13.964, de 13.11.2019.

I – o prazo de duração do contrato;

II – os controles e critérios de avaliação de desempenho, direitos, obrigações e responsabilidade dos dirigentes;

III – a remuneração do pessoal.

§ 9º O disposto no inciso XI aplica-se às empresas públicas e às sociedades de economia mista, e suas subsidiárias, que receberem recursos da União, dos Estados, do Distrito Federal ou dos Municípios para pagamento de despesas de pessoal ou de custeio em geral.

Parágrafo acrescentado pela EC n. 19, de 04.06.1998.

§ 10. É vedada a percepção simultânea de proventos de aposentadoria decorrentes do art. 40 ou dos arts. 42 e 142 com a remuneração de cargo, emprego ou função pública, ressalvados os cargos acumuláveis na forma desta Constituição, os cargos eletivos e os cargos em comissão declarados em lei de livre nomeação e exoneração.

Parágrafo acrescentado pela EC n. 20, de 15.12.1998.
Veja art. 11, EC n. 20, de 15.12.1998.

§ 11. Não serão computadas, para efeito dos limites remuneratórios de que trata o inciso XI do *caput* deste artigo, as parcelas de caráter indenizatório previstas em lei.

Parágrafo acrescentado pela EC n. 47, de 05.07.2005.

§ 12. Para os fins do disposto no inciso XI do *caput* deste artigo, fica facultado aos Estados e ao Distrito Federal fixar, em seu âmbito, mediante emenda às respectivas Constituições e Lei Orgânica, como limite único, o subsídio mensal dos Desembargadores do respectivo Tribunal de Justiça, limitado a noventa inteiros e vinte e cinco centésimos por cento do subsídio mensal dos Ministros do Supremo Tribunal Federal, não se aplicando o disposto neste parágrafo aos subsídios dos Deputados Estaduais e Distritais e dos Vereadores.

Parágrafo acrescentado pela EC n. 47, de 05.07.2005.

Veja ADIn n. 3.854-1, de 28.02.2007, STF, que exclui a submissão dos membros da magistratura ao subteto de remuneração.

§ 13. O servidor público titular de cargo efetivo poderá ser readaptado para exercício de cargo cujas atribuições e responsabilidades sejam compatíveis com a limitação que tenha sofrido em sua capacidade física ou mental, enquanto permanecer nesta condição, desde que possua a habilitação e o nível de escolaridade exigidos para o cargo de destino, mantida a remuneração do cargo de origem.

Parágrafo acrescentado pela EC n. 103, de 12.11.2019.

§ 14. A aposentadoria concedida com a utilização de tempo de contribuição decorrente de cargo, emprego ou função pública, inclusive do Regime Geral de Previdência Social, acarretará o rompimento do vínculo que gerou o referido tempo de contribuição.

Parágrafo acrescentado pela EC n. 103, de 12.11.2019.

Veja art. 6º, EC n. 103, de 12.11.2019.

§ 15. É vedada a complementação de aposentadorias de servidores públicos e de pensões por morte a seus dependentes que não seja decorrente do disposto nos §§ 14 a 16 do art. 40 ou que não seja prevista em lei que extinga regime próprio de previdência social.

Parágrafo acrescentado pela EC n. 103, de 12.11.2019.

Veja art. 7º, EC n. 103, de 12.11.2019.

§ 16. Os órgãos e entidades da administração pública, individual ou conjuntamente, devem realizar avaliação das políticas públicas, inclusive com divulgação do objeto a ser avaliado e dos resultados alcançados, na forma da lei.

Parágrafo acrescentado pela EC n. 109, de 15.03.2021.

Veja art. 165, § 16, CF.

Veja art. 4º, § 5º, VI, LC n. 101, de 04.05.2000.

§ 17. Lei complementar estabelecerá normas gerais aplicáveis às administrações tributárias da União, dos Estados, do Distrito Federal e dos Municípios, dispondo sobre deveres, direitos e garantias dos servidores das carreiras de que trata o inciso XXII do *caput*.

➤ **Parágrafo acrescentado pela EC n. 132, de 20.12.2023. O parágrafo entrará em vigor em 2027, conforme o art. 23, I.**

§ 18. Para os fins do disposto no inciso XI do *caput* deste artigo, os servidores de carreira das administrações tributárias dos Estados, do Distrito Federal e dos Municípios sujeitam-se ao limite aplicável aos servidores da União.

➤ **Parágrafo acrescentado pela EC n. 132, de 20.12.2023. O parágrafo entrará em vigor em 2027, conforme o art. 23, I.**

Art. 38. Ao servidor público da administração direta, autárquica e fundacional, no exercício de mandato eletivo, aplicam-se as seguintes disposições:

Caput com redação dada pela EC n. 19, de 04.06.1998.

Veja art. 28, CF.

I – tratando-se de mandato eletivo federal, estadual ou distrital, ficará afastado de seu cargo, emprego ou função;

Veja art. 28, § 1º, CF.

II – investido no mandato de Prefeito, será afastado do cargo, emprego ou função, sendo-lhe facultado optar pela sua remuneração;

III – investido no mandato de Vereador, havendo compatibilidade de horários, perceberá as vantagens de seu cargo, emprego ou função, sem prejuízo da remuneração do cargo eletivo, e, não havendo compatibilidade, será aplicada a norma do inciso anterior;

IV – em qualquer caso que exija o afastamento para o exercício de mandato eletivo, seu tempo de serviço será contado para todos os efeitos legais, exceto para promoção por merecimento;

Veja art. 28, § 1º, CF.

V – na hipótese de ser segurado de regime próprio de previdência social, permanecerá filiado a esse regime, no ente federativo de origem.

Inciso com redação dada pela EC n. 103, de 12.11.2019.

Veja art. 28, § 1º, CF.

Seção II
Dos Servidores Públicos

Seção com denominação dada pela EC n. 18, de 05.02.1998.

Art. 39. A União, os Estados, o Distrito Federal e os Municípios instituirão conselho de política de administração e remuneração de pessoal, integrado por servidores designados pelos respectivos Poderes.

Caput com redação dada pela EC n. 19, de 04.06.1998.

Veja ADIn n. 2.135-4, de 02.08.2007, STF, que suspendeu a eficácia do *caput* deste artigo, em razão do que continuará em vigor a redação original da Constituição, que dispõe: "A União, os Estados, o Distrito Federal e os Municípios instituirão, no âmbito de sua competência, regime jurídico único e planos de carreira para os servidores da administração pública direta, das autarquias e das fundações públicas".

Veja art. 24, ADCT.

Veja Lei n. 8.026, de 12.04.1990 (pena de demissão a funcionário público).

Veja Lei n. 8.027, de 12.04.1990 (normas de conduta dos servidores públicos).

Veja Lei n. 8.112, de 11.12.1990 (Estatuto dos Servidores Públicos Civis da União).

§ 1º A fixação dos padrões de vencimento e dos demais componentes do sistema remuneratório observará:

Parágrafo com redação dada pela EC n. 19, de 04.06.1998.

Veja Lei n. 8.112, de 11.12.1990 (Estatuto dos Servidores Públicos Civis da União).

Veja Lei n. 8.852, de 04.02.1994 (dispõe sobre a aplicação deste dispositivo).

Veja Súmula n. 339, STF.

Veja Súmula vinculante n. 4, STF.

I – a natureza, o grau de responsabilidade e a complexidade dos cargos componentes de cada carreira;

Inciso acrescentado pela EC n. 19, de 04.06.1998.

II – os requisitos para a investidura;

Inciso acrescentado pela EC n. 19, de 04.06.1998.

III – as peculiaridades dos cargos.

Inciso acrescentado pela EC n. 19, de 04.06.1998.

§ 2º A União, os Estados e o Distrito Federal manterão escolas de governo para a formação e o aperfeiçoamento dos servidores públicos, constituindo-se a participação nos cursos um dos requisitos para a promoção na carreira, facultada, para isso, a celebração de convênios ou contratos entre os entes federados.

Parágrafo com redação dada pela EC n. 19, de 04.06.1998.

§ 3º Aplica-se aos servidores ocupantes de cargo público o disposto no art. 7º, IV, VII, VIII, IX, XII, XIII, XV, XVI, XVII, XVIII, XIX, XX, XXII e XXX, podendo a lei estabelecer requisitos diferenciados de admissão quando a natureza do cargo o exigir.

Parágrafo acrescentado pela EC n. 19, de 04.06.1998.

Veja Súmulas vinculantes ns. 4 e 16, STF.

§ 4º O membro de Poder, o detentor de mandato eletivo, os Ministros de Estado e os Secretários Estaduais e Municipais serão remunerados exclusivamente por subsídio fixado em parcela única, vedado o acréscimo de qualquer gratificação, adicional, abono, prêmio, verba de representação ou outra espécie remuneratória, obedecido, em qualquer caso, o disposto no art. 37, X e XI.

Parágrafo acrescentado pela EC n. 19, de 04.06.1998.

Veja arts. 27, § 2º, 28, § 2º, 29, V, 37, XV, 48, XV, 49, VII e VIII, 93, V, 95, III, 128, § 5º, I, *c*, 135 e 144, § 9º, CF.

Veja Lei n. 12.042, de 08.10.2009 (revisão do subsídio do Procurador-Geral da República).

Veja Lei n. 12.770, de 28.12.2012.

§ 5º Lei da União, dos Estados, do Distrito Federal e dos Municípios poderá estabelecer a relação entre a maior e a menor remuneração dos servidores públicos, obedecido, em qualquer caso, o disposto no art. 37, XI.

Parágrafo acrescentado pela EC n. 19, de 04.06.1998.

§ 6º Os Poderes Executivo, Legislativo e Judiciário publicarão anualmente os valores do subsídio e da remuneração dos cargos e empregos públicos.

Parágrafo acrescentado pela EC n. 19, de 04.06.1998.

§ 7º Lei da União, dos Estados, do Distrito Federal e dos Municípios disciplinará a aplicação de recursos orçamentários provenientes da economia com despesas correntes em cada órgão, autarquia e fundação, para aplicação no desenvolvimento de programas de qualidade e produtividade, treinamento e desenvolvimento, modernização, reaparelhamento e racionalização do serviço público, inclusive sob a forma de adicional ou prêmio de produtividade.

Parágrafo acrescentado pela EC n. 19, de 04.06.1998.

§ 8º A remuneração dos servidores públicos organizados em carreira poderá ser fixada nos termos do § 4º.

Parágrafo acrescentado pela EC n. 19, de 04.06.1998.

§ 9º É vedada a incorporação de vantagens de caráter temporário ou vinculadas ao exercício de função de confiança ou de cargo em comissão à remuneração do cargo efetivo.

Parágrafo acrescentado pela EC n. 103, de 12.11.2019.

Veja art. 13, EC n. 103, de 12.11.2019.

Art. 40. O regime próprio de previdência social dos servidores titulares de cargos efetivos terá caráter contributivo e solidário, mediante contribuição do respectivo ente federativo, de servidores ativos, de aposentados e de pensionistas, observados critérios que preservem o equilíbrio financeiro e atuarial.

Caput com redação dada pela EC n. 103, de 12.11.2019.

Veja arts. 37, § 10, 73, § 3º, e 93, VI, CF.

Veja art. 12, *caput*, EC n. 103, de 12.11.2019.

§ 1º O servidor abrangido por regime próprio de previdência social será aposentado:

Parágrafo com redação dada pela EC n. 103, de 12.11.2019.

Veja art. 2º, EC n. 70, de 29.03.2012.

Veja Leis n. 8.448, de 21.07.1992, n. 8.460, de 17.09.1992, n. 9.624, de 02.04.1998, e n. 10.593, de 06.12.2002.

Veja Súmula n. 726, STF.

I – por incapacidade permanente para o trabalho, no cargo em que estiver investido, quando insuscetível de readaptação, hipótese em que será obrigatória a realização de avaliações periódicas para verificação da continuidade das condições que ensejaram a concessão da aposentadoria, na forma de lei do respectivo ente federativo;

Inciso com redação dada pela EC n. 103, de 12.11.2019.

Veja art. 115, I, ADCT.

II – compulsoriamente, com proventos proporcionais ao tempo de contribuição, aos 70 (setenta) anos de idade, ou aos 75 (setenta e cinco) anos de idade, na forma de lei complementar;

Inciso com redação dada pela EC n. 88, de 07.05.2015.

Veja art. 201, § 16, CF.

Veja art. 100, ADCT.

Veja art. 10, § 1º, III, EC n. 103, de 12.11.2019.

Veja LC n. 152, de 03.12.2015.

III – no âmbito da União, aos 62 (sessenta e dois) anos de idade, se mulher, e aos 65 (sessenta e cinco) anos de idade, se homem, e, no âmbito dos Estados, do Distrito Federal e dos Municípios, na idade mínima estabelecida mediante emenda às respectivas Constituições e Leis Orgânicas, observados o tempo de contribuição e os demais requisitos estabelecidos em lei complementar do respectivo ente federativo.

Inciso com redação dada pela EC n. 103, de 12.11.2019.

Veja art. 115, I, ADCT.

a) e *b)* (*Suprimidas pela EC n. 103, de 12.11.2019.*)

§ 2º Os proventos de aposentadoria não poderão ser inferiores ao valor mínimo a que se refere o § 2º do art. 201 ou superiores ao limite máximo estabelecido para o Regime Geral de Previdência Social, observado o disposto nos §§ 14 a 16.

Parágrafo com redação dada pela EC n. 103, de 12.11.2019.

Veja Lei n. 8.647, de 13.04.1993 (vinculação de servidores públicos ao regime previdenciário).

§ 3º As regras para cálculo de proventos de aposentadoria serão disciplinadas em lei do respectivo ente federativo.

Parágrafo com redação dada pela EC n. 103, de 12.11.2019.

Veja § 17 deste artigo.

Veja art. 115, I, ADCT.

Veja Lei n. 10.887, de 18.06.2004.

§ 4º É vedada a adoção de requisitos ou critérios diferenciados para concessão de benefícios em regime próprio de previdência social, ressalvado o disposto nos §§ 4º-A, 4º-B, 4º-C e 5º.

Parágrafo com redação dada pela EC n. 103, de 12.11.2019.

Veja art. 115, I, ADCT.

Veja art. 4º, § 10, EC n. 103, de 12.11.2019.

Veja Súmula vinculante n. 55, STF.

§ 4º-A. Poderão ser estabelecidos por lei complementar do respectivo ente federativo idade e tempo de contribuição diferenciados para aposentadoria de servidores com deficiência, previamente submetidos a avaliação biopsicossocial realizada por equipe multiprofissional e interdisciplinar.

Parágrafo acrescentado pela EC n. 103, de 12.11.2019.

Veja art. 115, I, ADCT.

Veja arts. 4º, § 10, e 22, *caput*, EC n. 103, de 12.11.2019.

§ 4º-B. Poderão ser estabelecidos por lei complementar do respectivo ente federativo idade e tempo de contribuição diferenciados para aposentadoria de ocupantes do cargo de agente penitenciário, de agente socioeducativo ou de policial dos órgãos de que tratam o inciso IV do *caput* do art. 51, o inciso XIII do *caput* do art. 52 e os incisos I a IV do *caput* do art. 144.

Parágrafo acrescentado pela EC n. 103, de 12.11.2019.

Veja art. 115, I, ADCT.

Veja arts. 4º, § 10, 5º, § 2º, e 10, § 2º, EC n. 103, de 12.11.2019.

§ 4º-C. Poderão ser estabelecidos por lei complementar do respectivo ente federativo idade e tempo de contribuição diferenciados para aposentadoria de servidores cujas atividades sejam exercidas com efetiva exposição a agentes químicos, físicos e biológicos prejudiciais à saúde, ou associação desses agentes, vedada a caracterização por categoria profissional ou ocupação.

Parágrafo acrescentado pela EC n. 103, de 12.11.2019.

Veja art. 115, I, ADCT.

Veja arts. 4º, § 10, 10, §§ 2º e 3º, e 21, § 3º, EC n. 103, de 12.11.2019.

§ 5º Os ocupantes do cargo de professor terão idade mínima reduzida em 5 (cinco) anos em relação às idades decorrentes da aplicação do disposto no inciso III do § 1º, desde que comprovem tempo de efetivo exercício das funções de magistério na educação infantil e no ensino fundamental e médio fixado em lei complementar do respectivo ente federativo.

Parágrafo com redação dada pela EC n. 103, de 12.11.2019.

Veja art. 115, I, ADCT.

Veja art. 10, § 2º, EC n. 103, de 12.11.2019.

Veja Lei n. 8.112, de 11.12.1990 (Estatuto dos Servidores Públicos Civis da União).

§ 6º Ressalvadas as aposentadorias decorrentes dos cargos acumuláveis na forma desta Constituição, é vedada a percepção de mais de uma aposentadoria à conta de regime próprio de previdência social, aplicando-se outras vedações, regras e condições para a acumulação de benefícios previdenciários estabelecidas no Regime Geral de Previdência Social.

Parágrafo com redação dada pela EC n. 103, de 12.11.2019.

Veja art. 24, § 5º, EC n. 103, de 12.11.2019.

§ 7º Observado o disposto no § 2º do art. 201, quando se tratar da única fonte de renda formal auferida pelo dependente, o benefício de pensão por morte será concedido nos termos de lei do respectivo ente federativo, a qual tratará de forma diferenciada a hipótese de morte dos servidores de que trata o § 4º-B decorrente de agressão sofrida no exercício ou em razão da função.

Parágrafo com redação dada pela EC n. 103, de 12.11.2019.

Veja art. 42, § 2º, CF.

Veja art. 115, I, ADCT.

Veja Lei n. 8.112, de 11.12.1990 (Estatuto dos Servidores Públicos Civis da União).

I e II – (*Suprimidos pela EC n. 103, de 12.11.2019.*)

§ 8º É assegurado o reajustamento dos benefícios para preservar-lhes, em caráter permanente, o valor real, conforme critérios estabelecidos em lei.

Parágrafo com redação dada pela EC n. 41, de 19.12.2003.

Veja art. 42, § 2º, CF.

Veja art. 115, I, ADCT.

Veja Súmulas vinculantes ns. 20 e 34, STF.

§ 9º O tempo de contribuição federal, estadual, distrital ou municipal será contado para fins de aposentadoria, observado o disposto nos §§ 9º e 9º-A do art. 201, e o tempo de serviço correspondente será contado para fins de disponibilidade.

Parágrafo com redação dada pela EC n. 103, de 12.11.2019.

Veja art. 42, § 1º, CF.

§ 10. A lei não poderá estabelecer qualquer forma de contagem de tempo de contribuição fictício.

Parágrafo acrescentado pela EC n. 20, de 15.12.1998.

Veja art. 4º, EC n. 20, de 15.12.1998.

§ 11. Aplica-se o limite fixado no art. 37, XI, à soma total dos proventos de inatividade, inclusive quando decorrentes da acumulação de cargos ou empregos públicos, bem como de outras atividades sujeitas a contribuição para o regime geral de previdência social, e ao montante resultante da adição de proventos de inatividade com remuneração de cargo acumulável na forma desta Constituição, cargo em comissão declarado em lei de livre nomeação e exoneração, e de cargo eletivo.

Parágrafo acrescentado pela EC n. 20, de 15.12.1998.

§ 12. Além do disposto neste artigo, serão observados, em regime próprio de previdência social, no que couber, os requisitos e critérios fixados para o Regime Geral de Previdência Social.

Parágrafo com redação dada pela EC n. 103, de 12.11.2019.

§ 13. Aplica-se ao agente público ocupante, exclusivamente, de cargo em comissão declarado em lei de livre nomeação e exoneração, de outro cargo temporário, inclusive mandato eletivo, ou de emprego público, o Regime Geral de Previdência Social.

Parágrafo com redação dada pela EC n. 103, de 12.11.2019.

§ 14. A União, os Estados, o Distrito Federal e os Municípios instituirão, por lei de iniciativa do respectivo Poder Executivo, regime de previdência complementar para servidores públicos ocupantes de cargo efetivo, observado o limite máximo dos benefícios do Regime Geral de Previdência Social para o valor das aposentadorias e das pensões em regime próprio de previdência social, ressalvado o disposto no § 16.

Parágrafo com redação dada pela EC n. 103, de 12.11.2019.

Veja art. 37, § 15, CF.

Veja arts. 9º, § 6º, e 26, § 1º, EC n. 103, de 12.11.2019.

Veja LCs n. 108, de 29.05.2001, e n. 109, de 29.05.2001 (previdências social e privada).

Veja Lei n. 12.618, de 30.04.2012 (regime de previdência complementar para os servidores públicos federais titulares de cargo efetivo).

§ 15. O regime de previdência complementar de que trata o § 14 oferecerá plano de benefícios somente na modalidade contribuição definida, observará o disposto no art. 202 e será efetivado por intermédio de entidade fechada de previdência complementar ou de entidade aberta de previdência complementar.

Parágrafo com redação dada pela EC n. 103, de 12.11.2019.

Veja art. 37, § 15, CF.

Veja arts. 9º, § 6º, e 26, § 1º, EC n. 103, de 12.11.2019.

Veja LCs n. 108, de 29.05.2001, e n. 109, de 29.05.2001 (previdências social e privada).

Veja Lei n. 12.618, de 30.04.2012 (regime de previdência complementar para os servidores públicos federais titulares de cargo efetivo).

§ 16. Somente mediante sua prévia e expressa opção, o disposto nos §§ 14 e 15 poderá ser aplicado ao servidor que tiver ingressado no serviço público até a data da publicação do ato de instituição do correspondente regime de previdência complementar.

Parágrafo acrescentado pela EC n. 20, de 15.12.1998.

Veja art. 37, § 15, CF.

Veja arts. 4º, § 6º, I, 9º, § 6º, 20, § 2º, II, e 26, § 1º, EC n. 103, de 12.11.2019.

Veja LCs n. 108, de 29.05.2001, e n. 109, de 29.05.2001 (previdências social e privada).

Veja Lei n. 12.618, de 30.04.2012 (regime de previdência complementar para os servidores públicos federais titulares de cargo efetivo).

§ 17. Todos os valores de remuneração considerados para o cálculo do benefício previsto no § 3º serão devidamente atualizados, na forma da lei.

Parágrafo acrescentado pela EC n. 41, de 19.12.2003.

Veja § 1º deste artigo.

§ 18. Incidirá contribuição sobre os proventos de aposentadorias e pensões concedidas pelo regime de que trata este artigo que superem o limite máximo estabelecido para os benefícios do regime geral de previdência social de que trata o art. 201, com percentual igual ao estabelecido para os servidores titulares de cargos efetivos.

Parágrafo acrescentado pela EC n. 41, de 19.12.2003.

§ 19. Observados critérios a serem estabelecidos em lei do respectivo ente federativo, o servidor titular de cargo efetivo que tenha completado as exigências para a aposentadoria voluntária e que opte por permanecer em atividade poderá fazer jus a um abono de permanência equivalente, no máximo, ao valor da sua contribuição previdenciária, até completar a idade para aposentadoria compulsória.

Parágrafo com redação dada pela EC n. 103, de 12.11.2019.

Veja arts. 8º e 10, § 5º, EC n. 103, de 12.11.2019.

Veja art. 3º, § 6º, X, Lei n. 13.681, de 18.06.2018.

§ 20. É vedada a existência de mais de um regime próprio de previdência social e de mais de um órgão ou entidade gestora desse regime em cada ente federativo, abrangidos todos os poderes, órgãos e entidades autárquicas e fundacionais, que serão responsáveis pelo seu financiamento, observados os critérios, os parâmetros e a natureza jurídica definidos na lei complementar de que trata o § 22.

Parágrafo com redação dada pela EC n. 103, de 12.11.2019.

Veja art. 9º, § 6º, EC n. 103, de 12.11.2019.

§ 21. (*Revogado pela EC n. 103, de 12.11.2019.*)

§ 22. Vedada a instituição de novos regimes próprios de previdência social, lei complementar federal estabelecerá, para os que já existam, normas gerais de organização, de funcionamento e de responsabilidade em sua gestão, dispondo, entre outros aspectos, sobre:

Parágrafo e incisos acrescentados pela EC n. 103, de 12.11.2019.

Veja art. 167, XII, V, CF.

Veja art. 9º, EC n. 103, de 12.11.2019.

I – requisitos para sua extinção e consequente migração para o Regime Geral de Previdência Social;

II – modelo de arrecadação, de aplicação e de utilização dos recursos;

III – fiscalização pela União e controle externo e social;

IV – definição de equilíbrio financeiro e atuarial;

V – condições para instituição do fundo com finalidade previdenciária de que trata o art. 249 e para vinculação a ele dos recursos provenientes de contribuições e dos bens, direitos e ativos de qualquer natureza;

VI – mecanismos de equacionamento do *deficit* atuarial;

VII – estruturação do órgão ou entidade gestora do regime, observados os princípios relacionados com governança, controle interno e transparência;

VIII – condições e hipóteses para responsabilização daqueles que desempenhem atribuições relacionadas, direta ou indiretamente, com a gestão do regime;

IX – condições para adesão a consórcio público;

X – parâmetros para apuração da base de cálculo e definição de alíquota de contribuições ordinárias e extraordinárias.

Art. 41. São estáveis após 3 (três) anos de efetivo exercício os servidores nomeados para cargo de provimento efetivo em virtude de concurso público.

Caput com redação dada pela EC n. 19, de 04.06.1998.

Veja art. 132, parágrafo único, CF.

Veja art. 28, EC n. 19, de 04.06.1998.

Veja art. 12-B, Lei n. 9.264, de 07.02.1996.

§ 1º O servidor público estável só perderá o cargo:

Parágrafo com redação dada e incisos acrescentados pela EC n. 19, de 04.06.1998.

Veja art. 198, § 6º, CF.

I – em virtude de sentença judicial transitada em julgado;

II – mediante processo administrativo em que lhe seja assegurada ampla defesa;

Veja Súmulas vinculantes ns. 20 e 21, STF.

III – mediante procedimento de avaliação periódica de desempenho, na forma de lei complementar, assegurada ampla defesa.

Veja arts. 198, § 6º, e 247, CF.

Veja Lei n. 9.801, de 14.06.1999 (normas gerais de perda do cargo por excesso de despesa).

§ 2º Invalidada por sentença judicial a demissão do servidor estável, será ele reintegrado, e o eventual ocupante da vaga, se estável, reconduzido ao cargo de origem, sem direito a indenização, aproveitado em outro cargo ou posto em disponibilidade com remuneração proporcional ao tempo de serviço.

Parágrafo com redação dada pela EC n. 19, de 04.06.1998.

§ 3º Extinto o cargo ou declarada sua desnecessidade, o servidor estável ficará em disponibilidade, com remuneração proporcional ao tempo de serviço, até seu adequado aproveitamento em outro cargo.

Parágrafo com redação dada pela EC n. 19, de 04.06.1998.

§ 4º Como condição para a aquisição da estabilidade, é obrigatória a avaliação especial de desempenho por comissão instituída para essa finalidade.

Parágrafo acrescentado pela EC n. 19, de 04.06.1998.

Veja art. 28, EC n. 19, de 04.06.1998.

Seção III
Dos Militares dos Estados, do Distrito Federal e dos Territórios

Seção com denominação dada pela EC n. 18, de 05.02.1998.

Art. 42. Os membros das Polícias Militares e Corpos de Bombeiros Militares, instituições organizadas com base na hierarquia e disciplina, são militares dos Estados, do Distrito Federal e dos Territórios.

Caput com redação dada pela EC n. 18, de 05.02.1998.

Veja arts. 142, 144, § 6º, e 201, § 9º-A, CF.

Veja art. 89, ADCT.

Veja arts. 12, *caput*, 14, § 4º, 24, § 1º, I a III, e 26, *caput* e § 6º, EC n. 103, de 12.11.2019.

Veja Lei n. 10.029, de 20.10.2000 (prestação voluntária de serviços administrativos nas Polícias Militares).

§ 1º Aplicam-se aos militares dos Estados, do Distrito Federal e dos Territórios, além do que vier a ser fixado em lei, as disposições do art. 14, § 8º; do art. 40, § 9º; e do art. 142, §§ 2º e 3º, cabendo a lei estadual específica dispor sobre as matérias do art. 142, § 3º, X, sendo as patentes dos oficiais conferidas pelos respectivos governadores.

Parágrafo com redação dada pela EC n. 20, de 15.12.1998.

Veja Súmula vinculante n. 4, STF.

§ 2º Aos pensionistas dos militares dos Estados, do Distrito Federal e dos Territórios aplica-se o que for fixado em lei específica do respectivo ente estatal.

Parágrafo com redação dada pela EC n. 41, de 19.12.2003.

Veja art. 37, § 10, CF.

§ 3º Aplica-se aos militares dos Estados, do Distrito Federal e dos Territórios o disposto no art. 37, inciso XVI, com prevalência da atividade militar.

Parágrafo acrescentado pela EC n. 101, de 03.07.2019.

Seção IV
Das Regiões

Art. 43. Para efeitos administrativos, a União poderá articular sua ação em um mesmo complexo geoeconômico e social, visando a seu desenvolvimento e à redução das desigualdades regionais.

§ 1º Lei complementar disporá sobre:

Veja LCs n. 94, de 19.02.1998 (região integrada de desenvolvimento do Distrito Federal e entorno), n. 112, de 19.09.2001 (região integrada de desenvolvimento da Grande Teresina), n. 113, de 19.09.2001 (região integrada de desenvolvimento de Petrolina e Juazeiro), n. 124, de 03.01.2007 (institui a Sudam), n. 125, de 03.01.2007 (institui a Sudene), e n. 134, de 14.01.2010 (Conselho de Administração da Suframa).

Veja LC n. 129, de 08.01.2009 (institui a Sudeco).

I – as condições para integração de regiões em desenvolvimento;

II – a composição dos organismos regionais que executarão, na forma da lei, os planos regionais, integrantes dos planos nacionais de desenvolvimento econômico e social, aprovados juntamente com estes.

§ 2º Os incentivos regionais compreenderão, além de outros, na forma da lei:

Veja Lei n. 9.808, de 20.07.1999 (diretrizes e incentivos para planos de desenvolvimento regional).

Veja art. 4º, XII, LC n. 129, de 08.01.2009 (institui a Sudeco).

I – igualdade de tarifas, fretes, seguros e outros itens de custos e preços de responsabilidade do Poder Público;

II – juros favorecidos para financiamento de atividades prioritárias;

III – isenções, reduções ou diferimento temporário de tributos federais devidos por pessoas físicas ou jurídicas;

IV – prioridade para o aproveitamento econômico e social dos rios e das massas de água represadas ou represáveis nas regiões de baixa renda, sujeitas a secas periódicas.

§ 3º Nas áreas a que se refere o § 2º, IV, a União incentivará a recuperação de terras áridas e cooperará com os pequenos e médios proprietários rurais para o estabelecimento, em suas glebas, de fontes de água e de pequena irrigação.

§ 4º Sempre que possível, a concessão dos incentivos regionais a que se refere o § 2º, III, considerará critérios de sustentabilidade ambiental e redução das emissões de carbono.

Parágrafo acrescentado pela EC n. 132, de 20.12.2023.

TÍTULO IV
DA ORGANIZAÇÃO DOS PODERES

CAPÍTULO I
DO PODER LEGISLATIVO

Seção I
Do Congresso Nacional

Art. 44. O Poder Legislativo é exercido pelo Congresso Nacional, que se compõe da Câmara dos Deputados e do Senado Federal.

Parágrafo único. Cada legislatura terá a duração de quatro anos.

Veja arts. 27, 29, *caput*, I e IV, e 32, *caput* e § 3º, CF.

Art. 45. A Câmara dos Deputados compõe-se de representantes do povo, eleitos, pelo sistema proporcional, em cada Estado, em cada Território e no Distrito Federal.

Veja art. 1º, parágrafo único, CF.

§ 1º O número total de Deputados, bem como a representação por Estado e pelo Distrito Federal, será estabelecido por lei complementar, proporcionalmente à população, procedendo-se aos ajustes necessários, no ano anterior às eleições, para que nenhuma daquelas unidades da Federação tenha menos de oito ou mais de setenta Deputados.

Veja art. 14, § 3º, VI, *c*, CF.

Veja arts. 5º, § 3º, e 13, § 3º, ADCT.

Veja arts. 1º a 3º, LC n. 78, de 30.12.1993 (fixa o número de deputados federais).

§ 2º Cada Território elegerá quatro Deputados.

Art. 46. O Senado Federal compõe-se de representantes dos Estados e do Distrito Federal, eleitos segundo o princípio majoritário.

Veja art. 1º, parágrafo único, CF.

§ 1º Cada Estado e o Distrito Federal elegerão três Senadores, com mandato de oito anos.

Veja art. 14, § 3º, VI, *a*, CF.

Veja art. 13, § 3º, ADCT.

§ 2º A representação de cada Estado e do Distrito Federal será renovada de quatro em quatro anos, alternadamente, por um e dois terços.

§ 3º Cada Senador será eleito com dois suplentes.

Art. 47. Salvo disposição constitucional em contrário, as deliberações de cada Casa e de suas Comissões serão tomadas por maioria dos votos, presente a maioria absoluta de seus membros.

Seção II
Das Atribuições do Congresso Nacional

Art. 48. Cabe ao Congresso Nacional, com a sanção do Presidente da República, não exigida esta para o especificado nos arts. 49, 51 e 52, dispor sobre todas as matérias de competência da União, especialmente sobre:

I – sistema tributário, arrecadação e distribuição de rendas;

II – plano plurianual, diretrizes orçamentárias, orçamento anual, operações de crédito, dívida pública e emissões de curso forçado;

III – fixação e modificação do efetivo das Forças Armadas;

IV – planos e programas nacionais, regionais e setoriais de desenvolvimento;

Veja LCs n. 94, de 19.02.1998 (região integrada de desenvolvimento do Distrito Federal e entorno), n. 112, de 19.09.2001 (região integrada de desenvolvimento da Grande Teresina), e n. 113, de 19.09.2001 (região integrada de desenvolvimento de Petrolina e Juazeiro).

Veja art. 13, § 1º, LC n. 129, de 08.01.2009 (institui a Sudeco).

V – limites do território nacional, espaço aéreo e marítimo e bens do domínio da União;

VI – incorporação, subdivisão ou desmembramento de áreas de Territórios ou Estados, ouvidas as respectivas Assembleias Legislativas;

Veja arts. 14 e 18, § 3º, CF.

Veja Lei n. 9.709, de 18.11.1998 (plebiscito, referendo e iniciativa popular).

VII – transferência temporária da sede do Governo Federal;

VIII – concessão de anistia;

IX – organização administrativa, judiciária, do Ministério Público e da Defensoria Pública da União e dos Territórios e organização judiciária e do Ministério Público do Distrito Federal;

Inciso com redação dada pela EC n. 69, de 29.03.2012.

X – criação, transformação e extinção de cargos, empregos e funções públicas, observado o que estabelece o art. 84, VI, *b*;

Inciso com redação dada pela EC n. 32, de 11.09.2001.

XI – criação e extinção de Ministérios e órgãos da administração pública;

Inciso com redação dada pela EC n. 32, de 11.09.2001.

XII – telecomunicações e radiodifusão;

Veja Lei n. 9.472, de 16.07.1997.

XIII – matéria financeira, cambial e monetária, instituições financeiras e suas operações;

XIV – moeda, seus limites de emissão, e montante da dívida mobiliária federal;

Veja LC n. 101, de 04.05.2000 (Lei de Responsabilidade Fiscal).

XV – fixação do subsídio dos Ministros do Supremo Tribunal Federal, observado o que dispõem os arts. 39, § 4º; 150, II; 153, III; e 153, § 2º, I.

Inciso acrescentado pela EC n. 19, de 04.06.1998, e com redação dada pela EC n. 41, de 19.12.2003.

Veja art. 96, II, *b*, CF.

Veja Lei n. 10.474, de 27.06.2002 (remuneração da magistratura da União).

Veja Lei n. 12.041, de 08.10.2009 (revisão do subsídio de Ministro do STF).

Veja Lei n. 12.771, de 28.12.2012.

Art. 49. É da competência exclusiva do Congresso Nacional:

Veja art. 48, CF.

I – resolver definitivamente sobre tratados, acordos ou atos internacionais que acarretem encargos ou compromissos gravosos ao patrimônio nacional;

Veja arts. 5º, § 2º, 84, VIII, e 102, III, *b*, CF.

II – autorizar o Presidente da República a declarar guerra, a celebrar a paz, a permitir que forças estrangeiras transitem pelo território nacional ou nele permaneçam temporariamente, ressalvados os casos previstos em lei complementar;

Veja arts. 21, II e IV, e 84, XIX, XX e XXVII, CF.

Veja LC n. 90, de 01.10.1997 (regula o inciso IV do art. 21, CF).

III – autorizar o Presidente e o Vice-Presidente da República a se ausentarem do País, quando a ausência exceder a quinze dias;

IV – aprovar o estado de defesa e a intervenção federal, autorizar o estado de sítio, ou suspender qualquer uma dessas medidas;

V – sustar os atos normativos do Poder Executivo que exorbitem do poder regulamentar ou dos limites de delegação legislativa;

VI – mudar temporariamente sua sede;

VII – fixar idêntico subsídio para os Deputados Federais e os Senadores, observado o que dispõem os arts. 37, XI, 39, § 4º, 150, II, 153, III, e 153, § 2º, I;

Inciso com redação dada pela EC n. 19, de 04.06.1998.

VIII – fixar os subsídios do Presidente e do Vice-Presidente da República e dos Ministros de Estado, observado o que dispõem os arts. 37, XI, 39, § 4º, 150, II, 153, III, e 153, § 2º, I;

Inciso com redação dada pela EC n. 19, de 04.06.1998.

IX – julgar anualmente as contas prestadas pelo Presidente da República e apreciar os relatórios sobre a execução dos planos de governo;

X – fiscalizar e controlar, diretamente, ou por qualquer de suas Casas, os atos do Poder Executivo, incluídos os da administração indireta;

XI – zelar pela preservação de sua competência legislativa em face da atribuição normativa dos outros Poderes;

XII – apreciar os atos de concessão e renovação de concessão de emissoras de rádio e televisão;

XIII – escolher dois terços dos membros do Tribunal de Contas da União;

Veja Decreto Legislativo n. 6, de 22.04.1993 (regulamenta a escolha de Ministros do Tribunal de Contas pelo Congresso Nacional).

XIV – aprovar iniciativas do Poder Executivo referentes a atividades nucleares;

XV – autorizar referendo e convocar plebiscito;

Veja arts. 1º a 12, Lei n. 9.709, de 18.11.1998.

XVI – autorizar, em terras indígenas, a exploração e o aproveitamento de recursos hídricos e a pesquisa e lavra de riquezas minerais;

XVII – aprovar, previamente, a alienação ou concessão de terras públicas com área superior a dois mil e quinhentos hectares;

XVIII – decretar o estado de calamidade pública de âmbito nacional previsto nos arts. 167-B, 167-C, 167-D, 167-E, 167-F e 167-G desta Constituição.

Inciso acrescentado pela EC n. 109, de 15.03.2021.

Art. 50. A Câmara dos Deputados e o Senado Federal, ou qualquer de suas Comissões, poderão convocar Ministro de Estado, quaisquer titulares de órgãos diretamente subordinados à Presidência da República ou o Presidente do Comitê Gestor do Imposto sobre Bens e Serviços para prestarem, pessoalmente, informações sobre assunto previamente determinado, importando crime de responsabilidade a ausência sem justificação adequada.

Caput com redação dada pela EC n. 132, de 20.12.2023.

Veja art. 48, CF.

§ 1º Os Ministros de Estado poderão comparecer ao Senado Federal, à Câmara dos Deputados, ou a qualquer de suas Comissões, por sua iniciativa e mediante entendimentos com a Mesa respectiva, para expor assunto de relevância de seu Ministério.

§ 2º As Mesas da Câmara dos Deputados e do Senado Federal poderão encaminhar pedidos escritos de informação a Ministros de Estado ou a qualquer das pessoas referidas no *caput* deste artigo, importando em crime de responsabilidade a recusa, ou o não atendimento, no prazo de trinta dias, bem como a prestação de informações falsas.

Parágrafo com redação dada pela ECR n. 2, de 07.06.1994.

Seção III
Da Câmara dos Deputados

Art. 51. Compete privativamente à Câmara dos Deputados:

Veja arts. 48 e 86, CF.

I – autorizar, por dois terços de seus membros, a instauração de processo contra o Presidente e o Vice-Presidente da República e os Ministros de Estado;

II – proceder à tomada de contas do Presidente da República, quando não apresentadas ao Congresso Nacional dentro de sessenta dias após a abertura da sessão legislativa;

III – elaborar seu regimento interno;

IV – dispor sobre sua organização, funcionamento, polícia, criação, transformação ou extinção dos cargos, empregos e funções de seus serviços, e a iniciativa de lei para fixação da respectiva remuneração, observados os parâmetros estabelecidos na lei de diretrizes orçamentárias;

Inciso com redação dada pela EC n. 19, de 04.06.1998.

Veja art. 40, § 4º-B, CF.

Veja arts. 5º, *caput*, e 10, §§ 2º, I, e 6º, EC n. 103, de 12.11.2019.

Veja art. 25-A, CTB.

Veja art. 3º, § 3º, LC n. 200, de 30.08.2023.

V – eleger membros do Conselho da República, nos termos do art. 89, VII.

Seção IV
Do Senado Federal

Art. 52. Compete privativamente ao Senado Federal:

Veja art. 48, CF.

Veja art. 100, ADCT.

I – processar e julgar o Presidente e o Vice-Presidente da República nos crimes de responsabilidade, bem como os Ministros de Estado e os Comandantes da Marinha, do Exército e da Aeronáutica nos crimes da mesma natureza conexos com aqueles;

Inciso com redação dada pela EC n. 23, de 02.09.1999.

Veja arts. 86, *caput*, e 102, I, *c*, CF.

Veja Lei n. 1.079, de 10.04.1950 (crimes de responsabilidade).

II – processar e julgar os Ministros do Supremo Tribunal Federal, os membros do Conselho Nacional de Justiça e do Conselho Nacional do Ministério Público, o Procurador-Geral da República e o Advogado-Geral da União nos crimes de responsabilidade;

Inciso com redação dada pela EC n. 45, de 08.12.2004.

Veja arts. 128, § 2º, e 130-A, CF.

III – aprovar previamente, por voto secreto, após arguição pública, a escolha de:

a) magistrados, nos casos estabelecidos nesta Constituição;

b) Ministros do Tribunal de Contas da União indicados pelo Presidente da República;

c) Governador de Território;

d) presidente e diretores do banco central;

e) Procurador-Geral da República;

f) titulares de outros cargos que a lei determinar;

Veja art. 55-D, Lei n. 13.709, de 14.08.2018.

IV – aprovar previamente, por voto secreto, após arguição em sessão secreta, a escolha dos chefes de missão diplomática de caráter permanente;

V – autorizar operações externas de natureza financeira, de interesse da União, dos Estados, do Distrito Federal, dos Territórios e dos Municípios;

VI – fixar, por proposta do Presidente da República, limites globais para o montante da dívida consolidada da União, dos Estados, do Distrito Federal e dos Municípios;

Veja arts. 100, § 19, e 101, § 2º, III, ADCT.

Veja LC n. 101, de 04.05.2000 (Lei de Responsabilidade Fiscal).

VII – dispor sobre limites globais e condições para as operações de crédito externo e interno da União, dos Estados, do Distrito Federal e dos Municípios, de suas autarquias e demais entidades controladas pelo Poder Público federal;

Veja arts. 100, § 19, e 101, § 2º, III, ADCT.

VIII – dispor sobre limites e condições para a concessão de garantia da União em operações de crédito externo e interno;

IX – estabelecer limites globais e condições para o montante da dívida mobiliária dos Estados, do Distrito Federal e dos Municípios;

X – suspender a execução, no todo ou em parte, de lei declarada inconstitucional por decisão definitiva do Supremo Tribunal Federal;

XI – aprovar, por maioria absoluta e por voto secreto, a exoneração, de ofício, do Procurador-Geral da República antes do término de seu mandato;

XII – elaborar seu regimento interno;

XIII – dispor sobre sua organização, funcionamento, polícia, criação, transformação ou extinção dos cargos, empregos e funções de seus serviços, e a iniciativa de lei para fixação da respectiva remuneração, observados os parâmetros estabelecidos na lei de diretrizes orçamentárias;

Inciso com redação dada pela EC n. 19, de 04.06.1998.

Veja art. 40, § 4º-B, CF.

Veja arts. 5º, *caput*, e 10, §§ 2º, I, e 6º, EC n. 103, de 12.11.2019.

Veja art. 25-A, CTB.

Veja art. 3º, § 3º, LC n. 200, de 30.08.2023.

XIV – eleger membros do Conselho da República, nos termos do art. 89, VII;

XV – avaliar periodicamente a funcionalidade do Sistema Tributário Nacional, em sua estrutura e seus componentes, e o desempenho das administrações tributárias da União, dos Estados e do Distrito Federal e dos Municípios.

Inciso acrescentado pela EC n. 42, de 19.12.2003.

Parágrafo único. Nos casos previstos nos incisos I e II, funcionará como Presidente o do Supremo Tribunal Federal, limitando-se a condenação, que somente será proferida por dois terços dos votos do Senado Federal, à perda do cargo, com inabilitação, por oito anos, para o exercício de função pública, sem prejuízo das demais sanções judiciais cabíveis.

Veja Lei n. 9.504, de 30.09.1997.

Seção V
Dos Deputados e dos Senadores

Art. 53. Os Deputados e Senadores são invioláveis, civil e penalmente, por quaisquer de suas opiniões, palavras e votos.

Caput com redação dada pela EC n. 35, de 20.12.2001.

Veja arts. 27, § 1º, e 32, § 3º, CF.

Veja Súmula n. 245, STF.

§ 1º Os Deputados e Senadores, desde a expedição do diploma, serão submetidos a julgamento perante o Supremo Tribunal Federal.

Parágrafo com redação dada pela EC n. 35, de 20.12.2001.

Veja art. 102, I, *b*, CF.

§ 2º Desde a expedição do diploma, os membros do Congresso Nacional não poderão ser presos, salvo em flagrante de crime inafiançável. Nesse caso, os autos serão remetidos dentro de vinte e quatro horas à Casa respectiva, para que, pelo voto da maioria de seus membros, resolva sobre a prisão.

Parágrafo com redação dada pela EC n. 35, de 20.12.2001.

Veja art. 301, CPP.

§ 3º Recebida a denúncia contra o Senador ou Deputado, por crime ocorrido após a diplomação, o Supremo Tribunal Federal dará ciência à Casa respectiva, que, por iniciativa de partido político nela representado e pelo voto da maioria de seus membros, poderá, até a decisão final, sustar o andamento da ação.

Parágrafo com redação dada pela EC n. 35, de 20.12.2001.

§ 4º O pedido de sustação será apreciado pela Casa respectiva no prazo improrrogável de quarenta e cinco dias do seu recebimento pela Mesa Diretora.

Parágrafo com redação dada pela EC n. 35, de 20.12.2001.

§ 5º A sustação do processo suspende a prescrição, enquanto durar o mandato.

Parágrafo com redação dada pela EC n. 35, de 20.12.2001.

§ 6º Os Deputados e Senadores não serão obrigados a testemunhar sobre informações recebidas ou prestadas em razão do exercício do mandato, nem sobre as pessoas que lhes confiaram ou deles receberam informações.

Parágrafo com redação dada pela EC n. 35, de 20.12.2001.

§ 7º A incorporação às Forças Armadas de Deputados e Senadores, embora militares e ainda que em tempo de guerra, dependerá de prévia licença da Casa respectiva.

Parágrafo com redação dada pela EC n. 35, de 20.12.2001.

§ 8º As imunidades de Deputados ou Senadores subsistirão durante o estado de sítio, só podendo ser suspensas mediante o voto de dois terços dos membros da Casa respectiva, nos casos de atos praticados fora do recinto do Congresso Nacional, que sejam incompatíveis com a execução da medida.

Parágrafo acrescentado pela EC n. 35, de 20.12.2001.

Veja arts. 137 a 141, CF.

Art. 54. Os Deputados e Senadores não poderão:

I – desde a expedição do diploma:

a) firmar ou manter contrato com pessoa jurídica de direito público, autarquia, empresa pública, sociedade de economia mista ou empresa concessionária de serviço público, salvo quando o contrato obedecer a cláusulas uniformes;

b) aceitar ou exercer cargo, função ou emprego remunerado, inclusive os de que sejam demissíveis *ad nutum*, nas entidades constantes da alínea anterior;

II – desde a posse:

a) ser proprietários, controladores ou diretores de empresa que goze de favor decorrente de contrato com pessoa jurídica de direito público, ou nela exercer função remunerada;

b) ocupar cargo ou função de que sejam demissíveis *ad nutum*, nas entidades referidas no inciso I, *a*;

c) patrocinar causa em que seja interessada qualquer das entidades a que se refere o inciso I, *a*;

d) ser titulares de mais de um cargo ou mandato público eletivo.

Art. 55. Perderá o mandato o Deputado ou Senador:

I – que infringir qualquer das proibições estabelecidas no artigo anterior;

II – cujo procedimento for declarado incompatível com o decoro parlamentar;

III – que deixar de comparecer, em cada sessão legislativa, à terça parte das sessões ordinárias da Casa a que pertencer, salvo licença ou missão por esta autorizada;

IV – que perder ou tiver suspensos os direitos políticos;

V – quando o decretar a Justiça Eleitoral, nos casos previstos nesta Constituição;

VI – que sofrer condenação criminal em sentença transitada em julgado.

Veja art. 92, I, CP.

§ 1º É incompatível com o decoro parlamentar, além dos casos definidos no regimento interno, o abuso das prerrogativas asseguradas a membro do Congresso Nacional ou a percepção de vantagens indevidas.

§ 2º Nos casos dos incisos I, II e VI, a perda do mandato será decidida pela Câmara dos Deputados ou pelo Senado Federal, por maioria absoluta, mediante provocação da respectiva Mesa ou de partido político representado no Congresso Nacional, assegurada ampla defesa.

Parágrafo com redação dada pela EC n. 76, de 28.11.2013.

§ 3º Nos casos previstos nos incisos III a V, a perda será declarada pela Mesa da Casa respectiva, de ofício ou mediante provocação de qualquer de seus membros, ou de partido político representado no Congresso Nacional, assegurada ampla defesa.

§ 4º A renúncia de parlamentar submetido a processo que vise ou possa levar à perda do mandato, nos termos deste artigo, terá seus efeitos suspensos até as deliberações finais de que tratam os §§ 2º e 3º.

Parágrafo acrescentado pela ECR n. 6, de 07.06.1994.

Veja LC n. 64, de 18.05.1990 (Lei de Inelegibilidade).

Art. 56. Não perderá o mandato o Deputado ou Senador:

I – investido no cargo de Ministro de Estado, Governador de Território, Secretário de Estado, do Distrito Federal, de Território, de Prefeitura de Capital ou chefe de missão diplomática temporária;

II – licenciado pela respectiva Casa por motivo de doença, ou para tratar, sem remuneração, de interesse particular, desde que, neste caso, o afastamento não ultrapasse cento e vinte dias por sessão legislativa.

§ 1º O suplente será convocado nos casos de vaga, de investidura em funções previstas neste artigo ou de licença superior a cento e vinte dias.

§ 2º Ocorrendo vaga e não havendo suplente, far-se-á eleição para preenchê-la se faltarem mais de quinze meses para o término do mandato.

§ 3º Na hipótese do inciso I, o Deputado ou Senador poderá optar pela remuneração do mandato.

Seção VI
Das Reuniões

Art. 57. O Congresso Nacional reunir-se-á, anualmente, na Capital Federal, de 02 de fevereiro a 17 de julho e de 1º de agosto a 22 de dezembro.

Caput com redação dada pela EC n. 50, de 14.02.2006.

§ 1º As reuniões marcadas para essas datas serão transferidas para o primeiro dia útil subsequente, quando recaírem em sábados, domingos ou feriados.

§ 2º A sessão legislativa não será interrompida sem a aprovação do projeto de lei de diretrizes orçamentárias.

§ 3º Além de outros casos previstos nesta Constituição, a Câmara dos Deputados e o Senado Federal reunir-se-ão em sessão conjunta para:

I – inaugurar a sessão legislativa;

II – elaborar o regimento comum e regular a criação de serviços comuns às duas Casas;

III – receber o compromisso do Presidente e do Vice-Presidente da República;

IV – conhecer do veto e sobre ele deliberar.

§ 4º Cada uma das Casas reunir-se-á em sessões preparatórias, a partir de 1º de fevereiro, no primeiro ano da legislatura, para a posse de seus membros e eleição das respectivas Mesas, para mandato de 2 (dois) anos, vedada a recondução para o mesmo cargo na eleição imediatamente subsequente.

Parágrafo com redação dada pela EC n. 50, de 14.02.2006.

§ 5º A Mesa do Congresso Nacional será presidida pelo Presidente do Senado Federal, e os demais cargos serão exercidos, alternadamente, pelos ocupantes de cargos equivalentes na Câmara dos Deputados e no Senado Federal.

§ 6º A convocação extraordinária do Congresso Nacional far-se-á:

I – pelo Presidente do Senado Federal, em caso de decretação de estado de defesa ou de intervenção federal, de pedido de autorização para a decretação de estado de sítio e para o compromisso e a posse do Presidente e do Vice-Presidente da República;

II – pelo Presidente da República, pelos Presidentes da Câmara dos Deputados e do Senado Federal ou a requerimento da maioria dos membros de ambas as Casas, em caso de urgência ou interesse público relevante, em todas as hipóteses deste inciso com a aprovação da maioria absoluta de cada uma das Casas do Congresso Nacional.

Inciso com redação dada pela EC n. 50, de 14.02.2006.

Veja arts. 19, III, e 22, parágrafo único, V, LC n. 101, de 04.05.2000 (Lei de Responsabilidade Fiscal).

§ 7º Na sessão legislativa extraordinária, o Congresso Nacional somente deliberará sobre a matéria para a qual foi convocado, ressalvada a hipótese do § 8º deste artigo, vedado o pagamento de parcela indenizatória, em razão da convocação.

Parágrafo com redação dada pela EC n. 50, de 14.02.2006.

Veja arts. 27, § 2º, e 29, VI, CF.

§ 8º Havendo medidas provisórias em vigor na data de convocação extraordinária do Congresso Nacional, serão elas automaticamente incluídas na pauta da convocação.

Parágrafo acrescentado pela EC n. 32, de 11.09.2001.

Seção VII
Das Comissões

Art. 58. O Congresso Nacional e suas Casas terão comissões permanentes e temporárias, constituídas na forma e com as atribuições previstas no respectivo regimento ou no ato de que resultar sua criação.

Veja art. 166, § 1º, CF.

§ 1º Na constituição das Mesas e de cada Comissão, é assegurada, tanto quanto possível, a representação proporcional dos partidos ou dos blocos parlamentares que participam da respectiva Casa.

§ 2º Às comissões, em razão da matéria de sua competência, cabe:

I – discutir e votar projeto de lei que dispensar, na forma do regimento, a competência do Plenário, salvo se houver recurso de um décimo dos membros da Casa;

II – realizar audiências públicas com entidades da sociedade civil;

III – convocar Ministros de Estado para prestar informações sobre assuntos inerentes a suas atribuições;

IV – receber petições, reclamações, representações ou queixas de qualquer pessoa contra atos ou omissões das autoridades ou entidades públicas;

V – solicitar depoimento de qualquer autoridade ou cidadão;

VI – apreciar programas de obras, planos nacionais, regionais e setoriais de desenvolvimento e sobre eles emitir parecer.

§ 3º As comissões parlamentares de inquérito, que terão poderes de investigação próprios das autoridades judiciais, além de outros previstos nos regimentos das respectivas Casas, serão criadas pela Câmara dos Deputados e pelo Senado Federal, em conjunto ou separadamente, mediante requerimento de um terço de seus membros, para a apuração de fato determinado e por prazo certo, sendo suas conclusões, se for o caso, encaminhadas ao Ministério Público, para que promova a responsabilidade civil ou criminal dos infratores.

Veja art. 129, CF.

Veja art. 1º, Lei n. 1.579, de 18.03.1952 (CPI).

Veja Lei n. 10.001, de 04.09.2000 (prioridade nos procedimentos pelo MP por conclusões de CPI).

§ 4º Durante o recesso, haverá uma Comissão representativa do Congresso Nacional, eleita por suas Casas na última sessão ordinária do período legislativo, com atribuições definidas no regimento comum, cuja composição reproduzirá, quanto possível, a proporcionalidade da representação partidária.

Seção VIII
Do Processo Legislativo

Subseção I
Disposição Geral

Art. 59. O processo legislativo compreende a elaboração de:

I – emendas à Constituição;

II – leis complementares;

III – leis ordinárias;

IV – leis delegadas;

V – medidas provisórias;

Veja art. 73, ADCT.

VI – decretos legislativos;

Veja art. 3º, Lei n. 9.709, de 18.11.1998 (plebiscito, referendo e iniciativa popular).

VII – resoluções.

Parágrafo único. Lei complementar disporá sobre a elaboração, redação, alteração e consolidação das leis.

Veja LCs n. 95, de 26.02.1998, e n. 107, de 26.04.2001.

Subseção II
Da Emenda à Constituição

Art. 60. A Constituição poderá ser emendada mediante proposta:

Veja art. 3º, ADCT.

I – de um terço, no mínimo, dos membros da Câmara dos Deputados ou do Senado Federal;

II – do Presidente da República;

III – de mais da metade das Assembleias Legislativas das unidades da Federação, manifestando-se, cada uma delas, pela maioria relativa de seus membros.

§ 1º A Constituição não poderá ser emendada na vigência de intervenção federal, de estado de defesa ou de estado de sítio.

Veja arts. 34 a 36 e 136 a 141, CF.

§ 2º A proposta será discutida e votada em cada Casa do Congresso Nacional, em dois turnos, considerando-se aprovada se obtiver, em ambos, três quintos dos votos dos respectivos membros.

§ 3º A emenda à Constituição será promulgada pelas Mesas da Câmara dos Deputados e do Senado Federal, com o respectivo número de ordem.

§ 4º Não será objeto de deliberação a proposta de emenda tendente a abolir:

I – a forma federativa de Estado;

Veja arts. 1º e 18, CF.

II – o voto direto, secreto, universal e periódico;

Veja arts. 1º, I e II, 14 e 81, § 1º, CF.

Veja Lei n. 9.709, de 18.11.1998 (plebiscito, referendo e iniciativa popular).

III – a separação dos Poderes;

Veja art. 2º, CF.

IV – os direitos e garantias individuais.

§ 5º A matéria constante de proposta de emenda rejeitada ou havida por prejudicada não pode ser objeto de nova proposta na mesma sessão legislativa.

Subseção III
Das Leis

Art. 61. A iniciativa das leis complementares e ordinárias cabe a qualquer membro ou Comissão da Câmara dos Deputados, do Senado Federal ou do

Congresso Nacional, ao Presidente da República, ao Supremo Tribunal Federal, aos Tribunais Superiores, ao Procurador-Geral da República e aos cidadãos, na forma e nos casos previstos nesta Constituição.

§ 1º São de iniciativa privativa do Presidente da República as leis que:

I – fixem ou modifiquem os efetivos das Forças Armadas;

II – disponham sobre:

a) criação de cargos, funções ou empregos públicos na administração direta e autárquica ou aumento de sua remuneração;

Veja Súmula n. 679, STF.

b) organização administrativa e judiciária, matéria tributária e orçamentária, serviços públicos e pessoal da administração dos Territórios;

c) servidores públicos da União e Territórios, seu regime jurídico, provimento de cargos, estabilidade e aposentadoria;

Alínea com redação dada pela EC n. 18, de 05.02.1998.

d) organização do Ministério Público e da Defensoria Pública da União, bem como normas gerais para a organização do Ministério Público e da Defensoria Pública dos Estados, do Distrito Federal e dos Territórios;

e) criação e extinção de Ministérios e órgãos da administração pública, observado o disposto no art. 84, VI;

Alínea com redação dada pela EC n. 32, de 11.09.2001.

f) militares das Forças Armadas, seu regime jurídico, provimento de cargos, promoções, estabilidade, remuneração, reforma e transferência para a reserva.

Alínea acrescentada pela EC n. 18, de 05.02.1998.

§ 2º A iniciativa popular pode ser exercida pela apresentação à Câmara dos Deputados de projeto de lei subscrito por, no mínimo, um por cento do eleitorado nacional, distribuído pelo menos por cinco Estados, com não menos de três décimos por cento dos eleitores de cada um deles.

Veja art. 27, § 4º, CF.

Veja Lei n. 9.709, de 18.11.1998 (plebiscito, referendo e iniciativa popular).

Art. 62. Em caso de relevância e urgência, o Presidente da República poderá adotar medidas provisórias, com força de lei, devendo submetê-las de imediato ao Congresso Nacional.

Caput com redação dada pela EC n. 32, de 11.09.2001.

Veja arts. 84, XXVI, 167, § 3º, e 246, CF.

Veja arts. 25, § 2º, e 73, ADCT.

Veja art. 2º, EC n. 32, de 11.09.2001.

Veja Res. n. 1, de 08.05.2002 (apreciação do Congresso Nacional das medidas provisórias).

Veja Súmula n. 651, STF.

Veja Súmula vinculante n. 54, STF.

§ 1º É vedada a edição de medidas provisórias sobre matéria:

Parágrafo acrescentado pela EC n. 32, de 11.09.2001.

I – relativa a:

Inciso e alíneas acrescentados pela EC n. 32, de 11.09.2001.

a) nacionalidade, cidadania, direitos políticos, partidos políticos e direito eleitoral;

b) direito penal, processual penal e processual civil;

c) organização do Poder Judiciário e do Ministério Público, a carreira e a garantia de seus membros;

d) planos plurianuais, diretrizes orçamentárias, orçamento e créditos adicionais e suplementares, ressalvado o previsto no art. 167, § 3º;

Veja LC n. 3, de 07.12.1967 (planos plurianuais de investimento).

II – que vise a detenção ou sequestro de bens, de poupança popular ou qualquer outro ativo financeiro;

Inciso acrescentado pela EC n. 32, de 11.09.2001.

III – reservada a lei complementar;

Inciso acrescentado pela EC n. 32, de 11.09.2001.

IV – já disciplinada em projeto de lei aprovado pelo Congresso Nacional e pendente de sanção ou veto do Presidente da República.

Inciso acrescentado pela EC n. 32, de 11.09.2001.

§ 2º Medida provisória que implique instituição ou majoração de impostos, exceto os previstos nos arts. 153, I, II, IV, V, e 154, II, só produzirá efeitos no exercício financeiro seguinte se houver sido convertida em lei até o último dia daquele em que foi editada.

Parágrafo acrescentado pela EC n. 32, de 11.09.2001.

§ 3º As medidas provisórias, ressalvado o disposto nos §§ 11 e 12 perderão eficácia, desde a edição, se não forem convertidas em lei no prazo de sessenta dias, prorrogável, nos termos do § 7º, uma vez por igual período, devendo o Congresso Nacional disciplinar, por decreto legislativo, as relações jurídicas delas decorrentes.

Parágrafo acrescentado pela EC n. 32, de 11.09.2001.

§ 4º O prazo a que se refere o § 3º contar-se-á da publicação da medida provisória, suspendendo-se durante os períodos de recesso do Congresso Nacional.

Parágrafo acrescentado pela EC n. 32, de 11.09.2001.

§ 5º A deliberação de cada uma das Casas do Congresso Nacional sobre o mérito das medidas provisórias dependerá de juízo prévio sobre o atendimento de seus pressupostos constitucionais.

Parágrafo acrescentado pela EC n. 32, de 11.09.2001.

§ 6º Se a medida provisória não for apreciada em até quarenta e cinco dias contados de sua publicação, entrará em regime de urgência, subsequentemente, em cada uma das Casas do Congresso Nacional, ficando sobrestadas, até que se ultime a votação, todas as demais deliberações legislativas da Casa em que estiver tramitando.

Parágrafo acrescentado pela EC n. 32, de 11.09.2001.

§ 7º Prorrogar-se-á uma única vez por igual período a vigência de medida provisória que, no prazo de sessenta dias, contado de sua publicação, não tiver a sua votação encerrada nas duas Casas do Congresso Nacional.

Parágrafo acrescentado pela EC n. 32, de 11.09.2001.

§ 8º As medidas provisórias terão sua votação iniciada na Câmara dos Deputados.

Parágrafo acrescentado pela EC n. 32, de 11.09.2001.

§ 9º Caberá à comissão mista de Deputados e Senadores examinar as medidas provisórias e sobre elas emitir parecer, antes de serem apreciadas, em sessão separada, pelo plenário de cada uma das Casas do Congresso Nacional.

Parágrafo acrescentado pela EC n. 32, de 11.09.2001.

§ 10. É vedada a reedição, na mesma sessão legislativa, de medida provisória que tenha sido rejeitada ou que tenha perdido sua eficácia por decurso de prazo.

Parágrafo acrescentado pela EC n. 32, de 11.09.2001.

§ 11. Não editado o decreto legislativo a que se refere o § 3º até sessenta dias após a rejeição ou perda de eficácia de medida provisória, as relações jurídicas constituídas e decorrentes de atos praticados durante sua vigência conservar-se-ão por ela regidas.

Parágrafo acrescentado pela EC n. 32, de 11.09.2001.

§ 12. Aprovado projeto de lei de conversão alterando o texto original da medida provisória, esta manter-se-á integralmente em vigor até que seja sancionado ou vetado o projeto.

Parágrafo acrescentado pela EC n. 32, de 11.09.2001.

Art. 63. Não será admitido aumento da despesa prevista:

I – nos projetos de iniciativa exclusiva do Presidente da República, ressalvado o disposto no art. 166, §§ 3º e 4º;

II – nos projetos sobre organização dos serviços administrativos da Câmara dos Deputados, do Senado Federal, dos Tribunais Federais e do Ministério Público.

Art. 64. A discussão e votação dos projetos de lei de iniciativa do Presidente da República, do Supremo Tribunal Federal e dos Tribunais Superiores terão início na Câmara dos Deputados.

§ 1º O Presidente da República poderá solicitar urgência para apreciação de projetos de sua iniciativa.

§ 2º Se, no caso do § 1º, a Câmara dos Deputados e o Senado Federal não se manifestarem sobre a proposição, cada qual sucessivamente, em até quarenta e cinco dias, sobrestar-se-ão todas as demais deliberações legislativas da respectiva Casa, com exceção das que tenham prazo constitucional determinado, até que se ultime a votação.

Parágrafo com redação dada pela EC n. 32, de 11.09.2001.

Veja art. 223, § 1º, CF.

§ 3º A apreciação das emendas do Senado Federal pela Câmara dos Deputados far-se-á no prazo de dez dias, observado quanto ao mais o disposto no parágrafo anterior.

§ 4º Os prazos do § 2º não correm nos períodos de recesso do Congresso Nacional, nem se aplicam aos projetos de código.

Veja art. 223, § 1º, CF.

Art. 65. O projeto de lei aprovado por uma Casa será revisto pela outra, em um só turno de discussão e votação, e enviado à sanção ou promulgação, se a Casa revisora o aprovar, ou arquivado, se o rejeitar.

Parágrafo único. Sendo o projeto emendado, voltará à Casa iniciadora.

Art. 66. A Casa na qual tenha sido concluída a votação enviará o projeto de lei ao Presidente da República, que, aquiescendo, o sancionará.

§ 1º Se o Presidente da República considerar o projeto, no todo ou em parte, inconstitucional ou contrário ao interesse público, vetá-lo-á total ou parcialmente, no prazo de quinze dias úteis, contados da data do recebimento, e comunicará, dentro de quarenta e oito horas, ao Presidente do Senado Federal os motivos do veto.

§ 2º O veto parcial somente abrangerá texto integral de artigo, de parágrafo, de inciso ou de alínea.

§ 3º Decorrido o prazo de quinze dias, o silêncio do Presidente da República importará sanção.

§ 4º O veto será apreciado em sessão conjunta, dentro de trinta dias a contar de seu recebimento, só podendo ser rejeitado pelo voto da maioria absoluta dos Deputados e Senadores.

Parágrafo com redação dada pela EC n. 76, de 28.11.2013.

§ 5º Se o veto não for mantido, será o projeto enviado, para promulgação, ao Presidente da República.

§ 6º Esgotado sem deliberação o prazo estabelecido no § 4º, o veto será colocado na ordem do dia da sessão imediata, sobrestadas as demais proposições, até sua votação final.

Parágrafo com redação dada pela EC n. 32, de 11.09.2001.

§ 7º Se a lei não for promulgada dentro de quarenta e oito horas pelo Presidente da República, nos casos dos §§ 3º e 5º, o Presidente do Senado a promulgará, e, se este não o fizer em igual prazo, caberá ao Vice-Presidente do Senado fazê-lo.

Art. 67. A matéria constante de projeto de lei rejeitado somente poderá constituir objeto de novo projeto, na mesma sessão legislativa, mediante proposta da maioria absoluta dos membros de qualquer das Casas do Congresso Nacional.

Art. 68. As leis delegadas serão elaboradas pelo Presidente da República, que deverá solicitar a delegação ao Congresso Nacional.

§ 1º Não serão objeto de delegação os atos de competência exclusiva do Congresso Nacional, os de competência privativa da Câmara dos Deputados ou do Senado Federal, a matéria reservada à lei complementar, nem a legislação sobre:

I – organização do Poder Judiciário e do Ministério Público, a carreira e a garantia de seus membros;

II – nacionalidade, cidadania, direitos individuais, políticos e eleitorais;

III – planos plurianuais, diretrizes orçamentárias e orçamentos.

Veja LC n. 3, de 07.12.1967 (planos plurianuais de investimento).

§ 2º A delegação ao Presidente da República terá a forma de resolução do Congresso Nacional, que especificará seu conteúdo e os termos de seu exercício.

§ 3º Se a resolução determinar a apreciação do projeto pelo Congresso Nacional, este a fará em votação única, vedada qualquer emenda.

Art. 69. As leis complementares serão aprovadas por maioria absoluta.

Seção IX
Da Fiscalização Contábil, Financeira e Orçamentária

Veja Decretos n. 3.590, de 06.09.2000, n. 3.591, de 06.09.2000, e n. 6.976, de 07.10.2009.

Art. 70. A fiscalização contábil, financeira, orçamentária, operacional e patrimonial da União e das entidades da administração direta e indireta, quanto à legalidade, legitimidade, economicidade, aplicação das subvenções e renúncia de receitas, será exercida pelo Congresso Nacional, mediante controle externo, e pelo sistema de controle interno de cada Poder.

Parágrafo único. Prestará contas qualquer pessoa física ou jurídica, pública ou privada, que utilize, arrecade, guarde, gerencie ou administre dinheiros, bens e valores públicos ou pelos quais a União responda, ou que, em nome desta, assuma obrigações de natureza pecuniária.

Parágrafo com redação dada pela EC n. 19, de 04.06.1998.

Art. 71. O controle externo, a cargo do Congresso Nacional, será exercido com o auxílio do Tribunal de Contas da União, ao qual compete:

I – apreciar as contas prestadas anualmente pelo Presidente da República, mediante parecer prévio que deverá ser elaborado em sessenta dias a contar de seu recebimento;

II – julgar as contas dos administradores e demais responsáveis por dinheiros, bens e valores públicos da administração direta e indireta, incluídas as fundações e sociedades instituídas e mantidas pelo Poder Público federal, e as contas daqueles que derem causa a perda, extravio ou outra irregularidade de que resulte prejuízo ao erário público;

III – apreciar, para fins de registro, a legalidade dos atos de admissão de pessoal, a qualquer título, na administração direta e indireta, incluídas as fundações instituídas e mantidas pelo Poder Público, excetuadas as nomeações para cargo de provimento em comissão, bem como a das concessões de aposentadorias, reformas e pensões, ressalvadas as melhorias posteriores que não alterem o fundamento legal do ato concessório;

Veja Súmula vinculante n. 3, STF.

IV – realizar, por iniciativa própria, da Câmara dos Deputados, do Senado Federal, de Comissão técnica ou de inquérito, inspeções e auditorias de natureza contábil, financeira, orçamentária, operacional e patrimonial, nas unidades administrativas dos Poderes Legislativo, Executivo e Judiciário, e demais entidades referidas no inciso II;

V – fiscalizar as contas nacionais das empresas supranacionais de cujo capital social a União participe, de forma direta ou indireta, nos termos do tratado constitutivo;

VI – fiscalizar a aplicação de quaisquer recursos repassados pela União mediante convênio, acordo, ajuste ou outros instrumentos congêneres, a Estado, ao Distrito Federal ou a Município;

VII – prestar as informações solicitadas pelo Congresso Nacional, por qualquer de suas Casas, ou por qualquer das respectivas Comissões, sobre a fiscalização contábil, financeira, orçamentária, operacional e patrimonial e sobre resultados de auditorias e inspeções realizadas;

VIII – aplicar aos responsáveis, em caso de ilegalidade de despesa ou irregularidade de contas, as sanções previstas em lei, que estabelecerá, entre outras cominações, multa proporcional ao dano causado ao erário;

Veja Leis n. 8.443, de 16.07.1992 (Lei Orgânica do Tribunal de Contas da União), e n. 9.165, de 19.12.1995.

IX – assinar prazo para que o órgão ou entidade adote as providências necessárias ao exato cumprimento da lei, se verificada ilegalidade;

X – sustar, se não atendido, a execução do ato impugnado, comunicando a decisão à Câmara dos Deputados e ao Senado Federal;

XI – representar ao Poder competente sobre irregularidades ou abusos apurados.

§ 1º No caso de contrato, o ato de sustação será adotado diretamente pelo Congresso Nacional, que solicitará, de imediato, ao Poder Executivo as medidas cabíveis.

§ 2º Se o Congresso Nacional ou o Poder Executivo, no prazo de noventa dias, não efetivar as medidas previstas no parágrafo anterior, o Tribunal decidirá a respeito.

§ 3º As decisões do Tribunal de que resulte imputação de débito ou multa terão eficácia de título executivo.

§ 4º O Tribunal encaminhará ao Congresso Nacional, trimestral e anualmente, relatório de suas atividades.

Art. 72. A Comissão mista permanente a que se refere o art. 166, § 1º, diante de indícios de despesas não autorizadas, ainda que sob a forma de investimentos não programados ou de subsídios não aprovados, poderá solicitar à autoridade governamental responsável que, no prazo de cinco dias, preste os esclarecimentos necessários.

Veja art. 16, § 2º, ADCT.

§ 1º Não prestados os esclarecimentos, ou considerados estes insuficientes, a Comissão solicitará ao Tribunal pronunciamento conclusivo sobre a matéria, no prazo de trinta dias.

§ 2º Entendendo o Tribunal irregular a despesa, a Comissão, se julgar que o gasto possa causar dano irreparável ou grave lesão à economia pública, proporá ao Congresso Nacional sua sustação.

Art. 73. O Tribunal de Contas da União, integrado por nove Ministros, tem sede no Distrito Federal, quadro próprio de pessoal e jurisdição em todo o território nacional, exercendo, no que couber, as atribuições previstas no art. 96.

Veja art. 84, XV, CF.

Veja Lei n. 8.443, de 16.07.1992 (Lei Orgânica do Tribunal de Contas da União).

§ 1º Os Ministros do Tribunal de Contas da União serão nomeados dentre brasileiros que satisfaçam os seguintes requisitos:

I – mais de trinta e cinco e menos de setenta anos de idade;

Inciso com redação dada pela EC n. 122, de 17.05.2022.

II – idoneidade moral e reputação ilibada;

III – notórios conhecimentos jurídicos, contábeis, econômicos e financeiros ou de administração pública;

IV – mais de dez anos de exercício de função ou de efetiva atividade profissional que exija os conhecimentos mencionados no inciso anterior.

Veja Decreto Legislativo 6, de 22.04.1993.

§ 2º Os Ministros do Tribunal de Contas da União serão escolhidos:

Veja Lei n. 8.443, de 16.07.1992 (Lei Orgânica do Tribunal de Contas da União).

I – um terço pelo Presidente da República, com aprovação do Senado Federal, sendo dois alternadamente dentre auditores e membros do Ministério Público junto ao Tribunal, indicados em lista tríplice pelo Tribunal, segundo os critérios de antiguidade e merecimento;

II – dois terços pelo Congresso Nacional.

Veja Decreto Legislativo n. 6, de 22.04.1993 (regulamenta a escolha de ministros do Tribunal de Contas pelo Congresso Nacional).

§ 3º Os Ministros do Tribunal de Contas da União terão as mesmas garantias, prerrogativas, impedimentos, vencimentos e vantagens dos Ministros do Superior Tribunal de Justiça, aplicando-se-lhes, quanto à aposentadoria e pensão, as normas constantes do art. 40.

Parágrafo com redação dada pela EC n. 20, de 15.12.1998.

§ 4º O auditor, quando em substituição a Ministro, terá as mesmas garantias e impedimentos do titular e, quando no exercício das demais atribuições da judicatura, as de juiz de Tribunal Regional Federal.

Art. 74. Os Poderes Legislativo, Executivo e Judiciário manterão, de forma integrada, sistema de controle interno com a finalidade de:

Veja art. 77, § 3º, ADCT.

I – avaliar o cumprimento das metas previstas no plano plurianual, a execução dos programas de governo e dos orçamentos da União;

II – comprovar a legalidade e avaliar os resultados, quanto à eficácia e eficiência, da gestão orçamentária, financeira e patrimonial nos órgãos e entidades da administração federal, bem como da aplicação de recursos públicos por entidades de direito privado;

III – exercer o controle das operações de crédito, avais e garantias, bem como dos direitos e haveres da União;

IV – apoiar o controle externo no exercício de sua missão institucional.

§ 1º Os responsáveis pelo controle interno, ao tomarem conhecimento de qualquer irregularidade ou ilegalidade, dela darão ciência ao Tribunal de Contas da União, sob pena de responsabilidade solidária.

§ 2º Qualquer cidadão, partido político, associação ou sindicato é parte legítima para, na forma da lei, denunciar irregularidades ou ilegalidades perante o Tribunal de Contas da União.

Veja Lei n. 8.443, de 16.07.1992 (Lei Orgânica do Tribunal de Contas da União).

Art. 75. As normas estabelecidas nesta seção aplicam-se, no que couber, à organização, composição e fiscalização dos Tribunais de Contas dos Estados e do Distrito Federal, bem como dos Tribunais e Conselhos de Contas dos Municípios.

Veja Súmula n. 653, STF.

Parágrafo único. As Constituições estaduais disporão sobre os Tribunais de Contas respectivos, que serão integrados por sete Conselheiros.

CAPÍTULO II
DO PODER EXECUTIVO

Seção I
Do Presidente e do Vice-Presidente da República

Art. 76. O Poder Executivo é exercido pelo Presidente da República, auxiliado pelos Ministros de Estado.

Art. 77. A eleição do Presidente e do Vice-Presidente da República realizar-se-á, simultaneamente, no primeiro domingo de outubro, em primeiro turno, e no último domingo de outubro, em segundo turno, se houver, do ano anterior ao do término do mandato presidencial vigente.

Caput com redação dada pela EC n. 16, de 04.06.1997.

Veja arts. 28, 29, *caput* e II, e 32, § 2º, CF.

Veja art. 5º, ADCT.

Veja Lei n. 9.504, de 30.09.1997.

§ 1º A eleição do Presidente da República importará a do Vice-Presidente com ele registrado.

§ 2º Será considerado eleito Presidente o candidato que, registrado por partido político, obtiver a maioria absoluta de votos, não computados os em branco e os nulos.

§ 3º Se nenhum candidato alcançar maioria absoluta na primeira votação, far-se-á nova eleição em até vinte dias após a proclamação do resultado, concorrendo os dois candidatos mais votados e considerando-se eleito aquele que obtiver a maioria dos votos válidos.

§ 4º Se, antes de realizado o segundo turno, ocorrer morte, desistência ou impedimento legal de candidato, convocar-se-á, dentre os remanescentes, o de maior votação.

§ 5º Se, na hipótese dos parágrafos anteriores, remanescer, em segundo lugar, mais de um candidato com a mesma votação, qualificar-se-á o mais idoso.

Art. 78. O Presidente e o Vice-Presidente da República tomarão posse em sessão do Congresso Nacional, prestando o compromisso de manter, defender e cumprir a Constituição, observar as leis, promover o bem geral do povo brasileiro, sustentar a união, a integridade e a independência do Brasil.

Parágrafo único. Se, decorridos dez dias da data fixada para a posse, o Presidente ou o Vice-Presidente, salvo motivo de força maior, não tiver assumido o cargo, este será declarado vago.

Art. 79. Substituirá o Presidente, no caso de impedimento, e suceder-lhe-á, no de vaga, o Vice-Presidente.

Parágrafo único. O Vice-Presidente da República, além de outras atribuições que lhe forem conferidas por lei complementar, auxiliará o Presidente, sempre que por ele convocado para missões especiais.

Art. 80. Em caso de impedimento do Presidente e do Vice-Presidente, ou vacância dos respectivos cargos, serão sucessivamente chamados ao exercício da Presidência o Presidente da Câmara dos Deputados, o do Senado Federal e o do Supremo Tribunal Federal.

Art. 81. Vagando os cargos de Presidente e Vice-Presidente da República, far-se-á eleição noventa dias depois de aberta a última vaga.

§ 1º Ocorrendo a vacância nos últimos dois anos do período presidencial, a eleição para ambos os cargos será feita trinta dias depois da última vaga, pelo Congresso Nacional, na forma da lei.

§ 2º Em qualquer dos casos, os eleitos deverão completar o período de seus antecessores.

Art. 82. O mandato do Presidente da República é de 4 (quatro) anos e terá início em 5 de janeiro do ano seguinte ao de sua eleição.

Artigo com redação dada pela EC n. 111, de 28.09.2021.

Veja art. 5º, EC n. 111, de 28.09.2021, que assim dispõe:

Art. 5º As alterações efetuadas nos arts. 28 e 82 da Constituição Federal constantes do art. 1º desta Emenda Constitucional, relativas às datas de posse de Governadores, de Vice-Governadores, do Presidente e do Vice-Presidente da República, serão aplicadas somente a partir das eleições de 2026.

Art. 83. O Presidente e o Vice-Presidente da República não poderão, sem licença do Congresso Nacional, ausentar-se do País por período superior a quinze dias, sob pena de perda do cargo.

Seção II
Das Atribuições do Presidente da República

Art. 84. Compete privativamente ao Presidente da República:

I – nomear e exonerar os Ministros de Estado;

II – exercer, com o auxílio dos Ministros de Estado, a direção superior da administração federal;

III – iniciar o processo legislativo, na forma e nos casos previstos nesta Constituição;

IV – sancionar, promulgar e fazer publicar as leis, bem como expedir decretos e regulamentos para sua fiel execução;

V – vetar projetos de lei, total ou parcialmente;

Veja art. 66, §§ 1º a 7º, CF.

VI – dispor, mediante decreto, sobre:

Inciso com redação dada pela EC n. 32, de 11.09.2001.

Veja art. 48, CF.

Veja art. 5º, LC n. 109, de 29.05.2001.

a) organização e funcionamento da administração federal, quando não implicar aumento de despesa nem criação ou extinção de órgãos públicos;

Alínea acrescentada pela EC n. 32, de 11.09.2001.

b) extinção de funções ou cargos públicos, quando vagos;

Alínea acrescentada pela EC n. 32, de 11.09.2001.

Veja arts. 48, X, e 61, § 1º, II, *e*, CF.

VII – manter relações com Estados estrangeiros e acreditar seus representantes diplomáticos;

VIII – celebrar tratados, convenções e atos internacionais, sujeitos a referendo do Congresso Nacional;

IX – decretar o estado de defesa e o estado de sítio;

X – decretar e executar a intervenção federal;

XI – remeter mensagem e plano de governo ao Congresso Nacional por ocasião da abertura da sessão legislativa, expondo a situação do País e solicitando as providências que julgar necessárias;

Veja art. 130-A, § 2º, V, CF.

XII – conceder indulto e comutar penas, com audiência, se necessário, dos órgãos instituídos em lei;

Veja Decreto n. 2.002, de 09.09.1996.

XIII – exercer o comando supremo das Forças Armadas, nomear os Comandantes da Marinha, do Exército e da Aeronáutica, promover seus oficiais-generais e nomeá-los para os cargos que lhes são privativos;

Inciso com redação dada pela EC n. 23, de 02.09.1999.

Veja art. 49, I, CF.

Veja LC n. 97, de 09.06.1999 (Forças Armadas).

XIV – nomear, após aprovação pelo Senado Federal, os Ministros do Supremo Tribunal Federal e dos Tribunais Superiores, os Governadores de Territórios, o Procurador-Geral da República, o presidente e os diretores do banco central e outros servidores, quando determinado em lei;

XV – nomear, observado o disposto no art. 73, os Ministros do Tribunal de Contas da União;

XVI – nomear os magistrados, nos casos previstos nesta Constituição, e o Advogado-Geral da União;

XVII – nomear membros do Conselho da República, nos termos do art. 89, VII;

XVIII – convocar e presidir o Conselho da República e o Conselho de Defesa Nacional;

XIX – declarar guerra, no caso de agressão estrangeira, autorizado pelo Congresso Nacional ou referendado por ele, quando ocorrida no intervalo das sessões legislativas, e, nas mesmas condições, decretar, total ou parcialmente, a mobilização nacional;

Veja art. 5º, XLVII, *a*, CF.

Veja art. 1º, Lei n. 11.631, de 27.12.2007 (mobilização nacional e criação do Sinamob).

XX – celebrar a paz, autorizado ou com o referendo do Congresso Nacional;

XXI – conferir condecorações e distinções honoríficas;

XXII – permitir, nos casos previstos em lei complementar, que forças estrangeiras transitem pelo território nacional ou nele permaneçam temporariamente;

Veja LC n. 90, de 01.10.1997 (trânsito de pessoas estrangeiras pelo território nacional).

XXIII – enviar ao Congresso Nacional o plano plurianual, o projeto de lei de diretrizes orçamentárias e as propostas de orçamento previstos nesta Constituição;

XXIV – prestar, anualmente, ao Congresso Nacional, dentro de sessenta dias após a abertura da sessão legislativa, as contas referentes ao exercício anterior;

XXV – prover e extinguir os cargos públicos federais, na forma da lei;

XXVI – editar medidas provisórias com força de lei, nos termos do art. 62;

XXVII – exercer outras atribuições previstas nesta Constituição;

XXVIII – propor ao Congresso Nacional a decretação do estado de calamidade pública de âmbito nacional previsto nos arts. 167-B, 167-C, 167-D, 167-E, 167-F e 167-G desta Constituição.

Inciso acrescentado pela EC n. 109, de 15.03.2021.

Parágrafo único. O Presidente da República poderá delegar as atribuições mencionadas nos incisos VI, XII e XXV, primeira parte, aos Ministros de Estado, ao Procurador-Geral da República ou ao Advogado-Geral da União, que observarão os limites traçados nas respectivas delegações.

Seção III
Da Responsabilidade do Presidente da República

Art. 85. São crimes de responsabilidade os atos do Presidente da República que atentem contra a Constituição Federal e, especialmente, contra:

Veja Lei n. 8.429, de 02.06.1992 (Lei de Improbidade Administrativa).

I – a existência da União;

II – o livre exercício do Poder Legislativo, do Poder Judiciário, do Ministério Público e dos Poderes constitucionais das unidades da Federação;

III – o exercício dos direitos políticos, individuais e sociais;

IV – a segurança interna do País;

Veja LC n. 90, de 01.10.1997 (regula o inciso IV do art. 21, CF).

V – a probidade na administração;

Veja art. 37, § 4º, CF.

Veja Lei n. 8.429, de 02.06.1992 (Lei de Improbidade Administrativa).

VI – a lei orçamentária;

VII – o cumprimento das leis e das decisões judiciais.

Parágrafo único. Esses crimes serão definidos em lei especial, que estabelecerá as normas de processo e julgamento.

Veja arts. 51, I, e 52, I e parágrafo único, CF.

Veja Lei n. 1.079, de 10.04.1950 (crimes de responsabilidade).

Veja Súmula n. 722, STF.

Veja Súmula vinculante n. 46, STF.

Art. 86. Admitida a acusação contra o Presidente da República, por dois terços da Câmara dos Deputados, será ele submetido a julgamento perante o Supremo Tribunal Federal, nas infrações penais comuns, ou perante o Senado Federal, nos crimes de responsabilidade.

§ 1º O Presidente ficará suspenso de suas funções:

I – nas infrações penais comuns, se recebida a denúncia ou queixa-crime pelo Supremo Tribunal Federal;

II – nos crimes de responsabilidade, após a instauração do processo pelo Senado Federal.

§ 2º Se, decorrido o prazo de cento e oitenta dias, o julgamento não estiver concluído, cessará o afastamento do Presidente, sem prejuízo do regular prosseguimento do processo.

§ 3º Enquanto não sobrevier sentença condenatória, nas infrações comuns, o Presidente da República não estará sujeito a prisão.

§ 4º O Presidente da República, na vigência de seu mandato, não pode ser responsabilizado por atos estranhos ao exercício de suas funções.

Seção IV
Dos Ministros de Estado

Art. 87. Os Ministros de Estado serão escolhidos dentre brasileiros maiores de vinte e um anos e no exercício dos direitos políticos.

Veja art. 12, § 3º, VII, CF.

Parágrafo único. Compete ao Ministro de Estado, além de outras atribuições estabelecidas nesta Constituição e na lei:

I – exercer a orientação, coordenação e supervisão dos órgãos e entidades da administração federal na área de sua competência e referendar os atos e decretos assinados pelo Presidente da República;

II – expedir instruções para a execução das leis, decretos e regulamentos;

III – apresentar ao Presidente da República relatório anual de sua gestão no Ministério;

IV – praticar os atos pertinentes às atribuições que lhe forem outorgadas ou delegadas pelo Presidente da República.

Art. 88. A lei disporá sobre a criação e extinção de Ministérios e órgãos da administração pública.

Artigo com redação dada pela EC n. 32, de 11.09.2001.

Seção V
Do Conselho da República e do Conselho de Defesa Nacional

Subseção I
Do Conselho da República

Veja Lei n. 8.041, de 05.06.1990 (Conselho da República).

Art. 89. O Conselho da República é órgão superior de consulta do Presidente da República, e dele participam:

Veja Lei n. 8.041, de 05.06.1990 (organização e funcionamento do Conselho da República).

I – o Vice-Presidente da República;

II – o Presidente da Câmara dos Deputados;

III – o Presidente do Senado Federal;

IV – os líderes da maioria e da minoria na Câmara dos Deputados;

V – os líderes da maioria e da minoria no Senado Federal;

VI – o Ministro da Justiça;

VII – seis cidadãos brasileiros natos, com mais de trinta e cinco anos de idade, sendo dois nomeados pelo Presidente da República, dois eleitos pelo Senado Federal e dois eleitos pela Câmara dos Deputados, todos com mandato de três anos, vedada a recondução.

Veja arts. 51, V, 52, XIV, e 84, XVII, CF.

Art. 90. Compete ao Conselho da República pronunciar-se sobre:

I – intervenção federal, estado de defesa e estado de sítio;

II – as questões relevantes para a estabilidade das instituições democráticas.

§ 1º O Presidente da República poderá convocar Ministro de Estado para participar da reunião do Conselho, quando constar da pauta questão relacionada com o respectivo Ministério.

§ 2º A lei regulará a organização e o funcionamento do Conselho da República.

Veja Lei n. 8.041, de 05.06.1990 (organização e funcionamento do Conselho da República).

Subseção II
Do Conselho de Defesa Nacional

Veja Lei n. 8.183, de 11.04.1991 (Conselho de Defesa Nacional).

Art. 91. O Conselho de Defesa Nacional é órgão de consulta do Presidente da República nos assuntos relacionados com a soberania nacional e a defesa do Estado democrático, e dele participam como membros natos:

I – o Vice-Presidente da República;

II – o Presidente da Câmara dos Deputados;

III – o Presidente do Senado Federal;

IV – o Ministro da Justiça;

V – o Ministro de Estado da Defesa;

Inciso com redação dada pela EC n. 23, de 02.09.1999.

VI – o Ministro das Relações Exteriores;

VII – o Ministro do Planejamento;

VIII – os Comandantes da Marinha, do Exército e da Aeronáutica.

Inciso acrescentado pela EC n. 23, de 02.09.1999.

§ 1º Compete ao Conselho de Defesa Nacional:

I – opinar nas hipóteses de declaração de guerra e de celebração da paz, nos termos desta Constituição;

II – opinar sobre a decretação do estado de defesa, do estado de sítio e da intervenção federal;

III – propor os critérios e condições de utilização de áreas indispensáveis à segurança do território nacional e opinar sobre seu efetivo uso, especialmente na faixa de fronteira e nas relacionadas com a preservação e a exploração dos recursos naturais de qualquer tipo;

IV – estudar, propor e acompanhar o desenvolvimento de iniciativas necessárias a garantir a independência nacional e a defesa do Estado democrático.

§ 2º A lei regulará a organização e o funcionamento do Conselho de Defesa Nacional.

Veja Lei n. 8.183, de 11.04.1991 (Conselho de Defesa Nacional).

Veja Decreto n. 893, de 12.08.1993.

CAPÍTULO III
DO PODER JUDICIÁRIO

Seção I
Disposições Gerais

Art. 92. São órgãos do Poder Judiciário:

I – o Supremo Tribunal Federal;

I-A – o Conselho Nacional de Justiça;

Inciso acrescentado pela EC n. 45, de 08.12.2004.

Veja art. 5º, EC n. 45, de 08.12.2004.

Veja ADIn n. 3.367.

II – o Superior Tribunal de Justiça;

II-A – o Tribunal Superior do Trabalho;

Inciso acrescentado pela EC n. 92, de 12.07.2016.

III – os Tribunais Regionais Federais e Juízes Federais;

IV – os Tribunais e Juízes do Trabalho;

V – os Tribunais e Juízes Eleitorais;

VI – os Tribunais e Juízes Militares;

VII – os Tribunais e Juízes dos Estados e do Distrito Federal e Territórios.

§ 1º O Supremo Tribunal Federal, o Conselho Nacional de Justiça e os Tribunais Superiores têm sede na Capital Federal.

Antigo parágrafo único renumerado e com redação dada pela EC n. 45, de 08.12.2004.

§ 2º O Supremo Tribunal Federal e os Tribunais Superiores têm jurisdição em todo o território nacional.

Parágrafo acrescentado pela EC n. 45, de 08.12.2004.

Art. 93. Lei complementar, de iniciativa do Supremo Tribunal Federal, disporá sobre o Estatuto da Magistratura, observados os seguintes princípios:

Veja arts. 128, § 5º, e 129, § 4º, CF.

Veja LCs n. 35, de 14.03.1979 (Lei Orgânica da Magistratura Nacional), n. 37, de 13.11.1979, n. 54, de 22.12.1986, e n. 60, de 06.10.1989 (afastamento de magistrados dirigentes de órgão de classe).

I – ingresso na carreira, cujo cargo inicial será o de juiz substituto, mediante concurso público de provas e títulos, com a participação da Ordem dos Advogados do Brasil em todas as fases, exigindo-se do bacharel em direito, no mínimo, três anos de atividade jurídica e obedecendo-se, nas nomeações, à ordem de classificação;

Inciso com redação dada pela EC n. 45, de 08.12.2004.

II – promoção de entrância para entrância, alternadamente, por antiguidade e merecimento, atendidas as seguintes normas:

Veja art. 129, § 4º, CF.

a) é obrigatória a promoção do juiz que figure por três vezes consecutivas ou cinco alternadas em lista de merecimento;

b) a promoção por merecimento pressupõe dois anos de exercício na respectiva entrância e integrar o juiz a primeira quinta parte da lista de antiguidade desta, salvo se não houver com tais requisitos quem aceite o lugar vago;

c) aferição do merecimento conforme o desempenho e pelos critérios objetivos de produtividade e presteza no exercício da jurisdição e pela frequência e aproveitamento em cursos oficiais ou reconhecidos de aperfeiçoamento;

Alínea com redação dada pela EC n. 45, de 08.12.2004.

d) na apuração de antiguidade, o tribunal somente poderá recusar o juiz mais antigo pelo voto fundamentado de dois terços de seus membros, conforme procedimento próprio, e assegurada ampla defesa, repetindo-se a votação até fixar-se a indicação;

Alínea com redação dada pela EC n. 45, de 08.12.2004.

e) não será promovido o juiz que, injustificadamente, retiver autos em seu poder além do prazo legal, não podendo devolvê-los ao cartório sem o devido despacho ou decisão;

Alínea acrescentada pela EC n. 45, de 08.12.2004.

III – o acesso aos tribunais de segundo grau far-se-á por antiguidade e merecimento, alternadamente, apurados na última ou única entrância;

Inciso com redação dada pela EC n. 45, de 08.12.2004.

IV – previsão de cursos oficiais de preparação, aperfeiçoamento e promoção de magistrados, constituindo etapa obrigatória do processo de vitaliciamento a participação em curso oficial ou reconhecido por escola nacional de formação e aperfeiçoamento de magistrados;

Inciso com redação dada pela EC n. 45, de 08.12.2004.

V – o subsídio dos Ministros dos Tribunais Superiores corresponderá a 95% (noventa e cinco por cento) do subsídio mensal fixado para os Ministros do Supremo Tribunal Federal e os subsídios dos demais magistrados serão fixados em lei e escalonados, em nível federal e estadual, conforme as respectivas categorias da estrutura judiciária nacional, não podendo a diferença entre uma e outra ser superior a 10% (dez por cento) ou inferior a 5% (cinco por cento), nem exceder a 95% (noventa e cinco por cento) do subsídio mensal dos Ministros dos Tribunais Superiores, obedecido, em qualquer caso, o disposto nos arts. 37, XI, e 39, § 4º;

Inciso com redação dada pela EC n. 19, de 04.06.1998.

Veja Lei n. 9.655, de 02.06.1998 (altera o percentual de remuneração da magistratura).

VI – a aposentadoria dos magistrados e a pensão de seus dependentes observarão o disposto no art. 40;

Inciso com redação dada pela EC n. 20, de 15.12.1998.

Veja art. 129, § 4º, CF.

VII – o juiz titular residirá na respectiva comarca, salvo autorização do tribunal;

Inciso com redação dada pela EC n. 45, de 08.12.2004.

VIII – o ato de remoção ou de disponibilidade do magistrado, por interesse público, fundar-se-á em decisão por voto da maioria absoluta do respectivo tribunal ou do Conselho Nacional de Justiça, assegurada ampla defesa;

Inciso com redação dada pela EC n. 103, de 12.11.2019.

Veja arts. 95, II, e 103-B, CF.

VIII-A – a remoção a pedido de magistrados de comarca de igual entrância atenderá, no que couber, ao disposto nas alíneas *a*, *b*, *c* e *e* do inciso II do *caput* deste artigo e no art. 94 desta Constituição;

Inciso com redação dada pela EC n. 130, de 03.10.2023.

VIII-B – a permuta de magistrados de comarca de igual entrância, quando for o caso, e dentro do mesmo segmento de justiça, inclusive entre os juízes de segundo grau, vinculados a diferentes tribunais, na esfera da justiça estadual, federal ou do trabalho, atenderá, no que couber, ao disposto nas alíneas *a*, *b*, *c* e *e* do inciso II do *caput* deste artigo e no art. 94 desta Constituição;

Inciso acrescentado pela EC n. 130, de 03.10.2023.

IX – todos os julgamentos dos órgãos do Poder Judiciário serão públicos, e fundamentadas todas as decisões, sob pena de nulidade, podendo a lei limitar a presença, em determinados atos, às próprias partes e a seus advogados, ou somente a estes, em casos nos quais a preservação do direito à intimidade do interessado no sigilo não prejudique o interesse público à informação;

Inciso com redação dada pela EC n. 45, de 08.12.2004.
Veja arts. 381, III e IV, e 564, III, *m*, CPP.
Veja Súmula n. 123, STJ.
Veja Súmula n. 459, TST.

X – as decisões administrativas dos tribunais serão motivadas e em sessão pública, sendo as disciplinares tomadas pelo voto da maioria absoluta de seus membros;

Inciso com redação dada pela EC n. 45, de 08.12.2004.

XI – nos tribunais com número superior a vinte e cinco julgadores, poderá ser constituído órgão especial, com o mínimo de onze e o máximo de vinte e cinco membros, para o exercício das atribuições administrativas e jurisdicionais delegadas da competência do tribunal pleno, provendo-se metade das vagas por antiguidade e a outra metade por eleição pelo tribunal pleno;

Inciso com redação dada pela EC n. 45, de 08.12.2004.

XII – a atividade jurisdicional será ininterrupta, sendo vedado férias coletivas nos juízos e tribunais de segundo grau, funcionando, nos dias em que não houver expediente forense normal, juízes em plantão permanente;

Inciso acrescentado pela EC n. 45, de 08.12.2004.

XIII – o número de juízes na unidade jurisdicional será proporcional à efetiva demanda judicial e à respectiva população;

Inciso acrescentado pela EC n. 45, de 08.12.2004.

XIV – os servidores receberão delegação para a prática de atos de administração e atos de mero expediente sem caráter decisório;

Inciso acrescentado pela EC n. 45, de 08.12.2004.

XV – a distribuição de processos será imediata, em todos os graus de jurisdição.

Inciso acrescentado pela EC n. 45, de 08.12.2004.

Art. 94. Um quinto dos lugares dos Tribunais Regionais Federais, dos Tribunais dos Estados, e do Distrito Federal e Territórios será composto de membros, do Ministério Público, com mais de dez anos de carreira, e de advogados de notório saber jurídico e de reputação ilibada, com mais de dez anos de efetiva atividade profissional, indicados em lista sêxtupla pelos órgãos de representação das respectivas classes.

Veja arts. 93, VIII-B, 104, parágrafo único, II, 111-A, I, 115 e 123, parágrafo único, II, CF.
Veja Lei n. 8.625, de 12.02.1993 (Lei Orgânica Nacional do MP).
Veja EAOAB.

Parágrafo único. Recebidas as indicações, o tribunal formará lista tríplice, enviando-a ao Poder Executivo, que, nos vinte dias subsequentes, escolherá um de seus integrantes para nomeação.

Art. 95. Os juízes gozam das seguintes garantias:

I – vitaliciedade, que, no primeiro grau, só será adquirida após dois anos de exercício, dependendo a perda do cargo, nesse período, de deliberação do tribunal a que o juiz estiver vinculado, e, nos demais casos, de sentença judicial transitada em julgado;

Veja Súmula n. 36, STF.

II – inamovibilidade, salvo por motivo de interesse público, na forma do art. 93, VIII;

III – irredutibilidade de subsídio, ressalvado o disposto nos arts. 37, X e XI, 39, § 4º, 150, II, 153, III, e 153, § 2º, I.

Inciso com redação dada pela EC n. 19, de 04.06.1998

Parágrafo único. Aos juízes é vedado:

I – exercer, ainda que em disponibilidade, outro cargo ou função, salvo uma de magistério;

II – receber, a qualquer título ou pretexto, custas ou participação em processo;

III – dedicar-se à atividade político-partidária;

IV – receber, a qualquer título ou pretexto, auxílios ou contribuições de pessoas físicas, entidades públicas ou privadas, ressalvadas as exceções previstas em lei;

Inciso acrescentado pela EC n. 45, de 08.12.2004.

V – exercer a advocacia no juízo ou tribunal do qual se afastou, antes de decorridos três anos do afastamento do cargo por aposentadoria ou exoneração.

Inciso acrescentado pela EC n. 45, de 08.12.2004.

Veja art. 128, § 6º, CF.

Art. 96. Compete privativamente:

Veja art. 73, CF.

I – aos tribunais:

a) eleger seus órgãos diretivos e elaborar seus regimentos internos, com observância das normas de processo e das garantias processuais das partes, dispondo sobre a competência e o funcionamento dos respectivos órgãos jurisdicionais e administrativos;

b) organizar suas secretarias e serviços auxiliares e os dos juízos que lhes forem vinculados, velando pelo exercício da atividade correicional respectiva;

c) prover, na forma prevista nesta Constituição, os cargos de juiz de carreira da respectiva jurisdição;

d) propor a criação de novas varas judiciárias;

e) prover, por concurso público de provas, ou de provas e títulos, obedecido o disposto no art. 169, parágrafo único, os cargos necessários à administração da Justiça, exceto os de confiança assim definidos em lei;

A referência atual deve ser feita ao art. 169, § 1º.

f) conceder licença, férias e outros afastamentos a seus membros e aos juízes e servidores que lhes forem imediatamente vinculados;

II – ao Supremo Tribunal Federal, aos Tribunais Superiores e aos Tribunais de Justiça propor ao Poder Legislativo respectivo, observado o disposto no art. 169:

a) a alteração do número de membros dos tribunais inferiores;

b) a criação e a extinção de cargos e a remuneração dos seus serviços auxiliares e dos juízos que lhes forem vinculados, bem como a fixação do subsídio de seus membros e dos juízes, inclusive dos tribunais inferiores, onde houver;

Alínea com redação dada pela EC n. 41, de 19.12.2003.

Veja Lei n. 11.416, de 15.12.2006 (reestruturação da carreira dos servidores do Poder Judiciário).

c) a criação ou extinção dos tribunais inferiores;

d) a alteração da organização e da divisão judiciárias;

III – aos Tribunais de Justiça julgar os juízes estaduais e do Distrito Federal e Territórios, bem como os membros do Ministério Público, nos crimes comuns e de responsabilidade, ressalvada a competência da Justiça Eleitoral.

Art. 97. Somente pelo voto da maioria absoluta de seus membros ou dos membros do respectivo órgão especial poderão os tribunais declarar a inconstitucionalidade de lei ou ato normativo do Poder Público.

Veja art. 1.035, § 3º, III, CPC.

Veja Súmula vinculante n. 10, STF.

Art. 98. A União, no Distrito Federal e nos Territórios, e os Estados criarão:

I – juizados especiais, providos por juízes togados, ou togados e leigos, competentes para a conciliação, o julgamento e a execução de causas cíveis de menor complexidade e infrações penais de menor potencial ofensivo, mediante os procedimentos oral e sumariíssimo, permitidos, nas hipóteses previstas em lei, a transação e o julgamento de recursos por turmas de juízes de primeiro grau;

Veja art. 24, X, CF.

Veja Leis n. 8.245, de 18.10.1991 (Lei do Inquilinato, art. 80), n. 8.640, de 31.03.1993, n. 9.099, de 26.09.1995 (Lei dos Juizados Especiais), e n. 10.259, de 12.07.2001 (Juizados Especiais Federais).

Veja Lei n. 12.153, de 22.12.2009.

Veja Súmulas vinculantes ns. 27 e 35, STF.

Veja Súmula n. 376, STJ.

II – justiça de paz, remunerada, composta de cidadãos eleitos pelo voto direto, universal e secreto, com mandato de quatro anos e competência para, na forma da lei, celebrar casamentos, verificar, de ofício ou em face de impugnação apresentada, o processo de habilitação e exercer atribuições conciliatórias, sem caráter jurisdicional, além de outras previstas na legislação.

Veja art. 30, ADCT.

§ 1º Lei federal disporá sobre a criação de juizados especiais no âmbito da Justiça Federal.

Antigo parágrafo único acrescentado pela EC n. 22, de 18.03.1999, e renumerado pela EC n. 45, de 08.12.2004.

Veja Lei n. 10.259, de 12.07.2001 (Juizados Especiais Federais).

Veja Súmula n. 428, STJ.

§ 2º As custas e emolumentos serão destinados exclusivamente ao custeio dos serviços afetos às atividades específicas da Justiça.

Parágrafo acrescentado pela EC n. 45, de 08.12.2004.

Art. 99. Ao Poder Judiciário é assegurada autonomia administrativa e financeira.

§ 1º Os tribunais elaborarão suas propostas orçamentárias dentro dos limites estipulados conjuntamente com os demais Poderes na lei de diretrizes orçamentárias.

Veja art. 88, parágrafo único, Lei n. 11.697, de 13.06.2008 (organização judiciária do Distrito Federal e dos Territórios).

Veja art. 3º, § 3º, LC n. 200, de 30.08.2023.

§ 2º O encaminhamento da proposta, ouvidos os outros tribunais interessados, compete:

Veja art. 134, § 2º, CF.

I – no âmbito da União, aos Presidentes do Supremo Tribunal Federal e dos Tribunais Superiores, com a aprovação dos respectivos tribunais;

II – no âmbito dos Estados e no do Distrito Federal e Territórios, aos Presidentes dos Tribunais de Justiça, com a aprovação dos respectivos tribunais.

§ 3º Se os órgãos referidos no § 2º não encaminharem as respectivas propostas orçamentárias dentro do prazo estabelecido na lei de diretrizes orçamentárias, o Poder Executivo considerará, para fins de consolidação da proposta orçamentária anual, os valores aprovados na lei orçamentária vigente, ajustados de acordo com os limites estipulados na forma do § 1º deste artigo.

Parágrafo acrescentado pela EC n. 45, de 08.12.2004.

§ 4º Se as propostas orçamentárias de que trata este artigo forem encaminhadas em desacordo com os limites estipulados na forma do § 1º, o Poder Executivo procederá aos ajustes necessários para fins de consolidação da proposta orçamentária anual.

Parágrafo acrescentado pela EC n. 45, de 08.12.2004.

§ 5º Durante a execução orçamentária do exercício, não poderá haver a realização de despesas ou a assunção de obrigações que extrapolem os limites estabelecidos na lei de diretrizes orçamentárias, exceto se previamente autorizadas, mediante a abertura de créditos suplementares ou especiais.

Parágrafo acrescentado pela EC n. 45, de 08.12.2004.

Art. 100. Os pagamentos devidos pelas Fazendas Públicas Federal, Estaduais, Distrital e Municipais, em virtude de sentença judiciária, far-se-ão exclusivamente na ordem cronológica de apresentação dos precatórios e à conta dos créditos respectivos, proibida a designação de casos ou de pessoas nas dotações orçamentárias e nos créditos adicionais abertos para este fim.

Caput com redação dada pela EC n. 62, de 09.12.2009.

Veja arts. 33, 86, 102, *caput*, e 107-A, *caput* e § 8º, ADCT.

Veja art. 4º, EC n. 62, de 09.12.2009.

Veja LC n. 101, de 04.05.2000 (Lei de Responsabilidade Fiscal).
Veja Súmula n. 655, STF.
Veja Súmulas ns. 144 e 339, STJ.

§ 1º Os débitos de natureza alimentícia compreendem aqueles decorrentes de salários, vencimentos, proventos, pensões e suas complementações, benefícios previdenciários e indenizações por morte ou por invalidez, fundadas em responsabilidade civil, em virtude de sentença judicial transitada em julgado, e serão pagos com preferência sobre todos os demais débitos, exceto sobre aqueles referidos no § 2º deste artigo.

Parágrafo com redação dada pela EC n. 62, de 09.12.2009.
Veja art. 97, § 6º, ADCT.
Veja Súmula vinculante n. 47, STF.

§ 2º Os débitos de natureza alimentícia cujos titulares, originários ou por sucessão hereditária, tenham 60 (sessenta) anos de idade, ou sejam portadores de doença grave, ou pessoas com deficiência, assim definidos na forma da lei, serão pagos com preferência sobre todos os demais débitos, até o valor equivalente ao triplo fixado em lei para os fins do disposto no § 3º deste artigo, admitido o fracionamento para essa finalidade, sendo que o restante será pago na ordem cronológica de apresentação do precatório.

Parágrafo com redação dada pela EC n. 94, de 15.12.2016.
Veja art. 102, ADCT.

§ 3º O disposto no *caput* deste artigo relativamente à expedição de precatórios não se aplica aos pagamentos de obrigações definidas em leis como de pequeno valor que as Fazendas referidas devam fazer em virtude de sentença judicial transitada em julgado.

Parágrafo com redação dada pela EC n. 62, de 09.12.2009.
Veja arts. 86, II, 87, parágrafo único, 97, *caput* e § 11, 102, § 2º, e 107-A, § 8º, I, ADCT.
Veja Leis ns. 8.213, de 24.07.1991, 10.099, de 19.12.2000, e 11.429, de 26.12.2006.

§ 4º Para os fins do disposto no § 3º, poderão ser fixados, por leis próprias, valores distintos às entidades de direito público, segundo as diferentes capacidades econômicas, sendo o mínimo igual ao valor do maior benefício do regime geral de previdência social.

Parágrafo com redação dada pela EC n. 62, de 09.12.2009.
Veja arts. 87 e 97, § 12, ADCT.

§ 5º É obrigatória a inclusão no orçamento das entidades de direito público de verba necessária ao pagamento de seus débitos oriundos de sentenças transitadas em julgado constantes de precatórios judiciários apresentados até 2 de abril, fazendo-se o pagamento até o final do exercício seguinte, quando terão seus valores atualizados monetariamente.

Parágrafo com redação dada pela EC n. 114, de 16.12.2021.
Veja Súmula vinculante n. 17, STF.

§ 6º As dotações orçamentárias e os créditos abertos serão consignados diretamente ao Poder Judiciário, cabendo ao Presidente do Tribunal que proferir a decisão exequenda determinar o pagamento integral e autorizar, a requerimento do credor e exclusivamente para os casos de preterimento de seu direito de precedência ou de não alocação orçamentária do valor necessário à satisfação do seu débito, o sequestro da quantia respectiva.

Parágrafo com redação dada pela EC n. 62, de 09.12.2009.

Veja Súmula n. 733, STF.

§ 7º O Presidente do Tribunal competente que, por ato comissivo ou omissivo, retardar ou tentar frustrar a liquidação regular de precatórios incorrerá em crime de responsabilidade e responderá, também, perante o Conselho Nacional de Justiça.

Parágrafo acrescentado pela EC n. 62, de 09.12.2009.

§ 8º É vedada a expedição de precatórios complementares ou suplementares de valor pago, bem como o fracionamento, repartição ou quebra do valor da execução para fins de enquadramento de parcela do total ao que dispõe o § 3º deste artigo.

Parágrafo acrescentado pela EC n. 62, de 09.12.2009.

§ 9º Sem que haja interrupção no pagamento do precatório e mediante comunicação da Fazenda Pública ao Tribunal, o valor correspondente aos eventuais débitos inscritos em dívida ativa contra o credor do requisitório e seus substituídos deverá ser depositado à conta do juízo responsável pela ação de cobrança, que decidirá pelo seu destino definitivo.

Parágrafo com redação dada pela EC n. 113, de 08.12.2021.

Veja arts. 97, *caput* e § 9º, II, e 107-A, § 3º, ADCT.

Veja art. 170, CTN.

Veja Orientação Normativa n. 4, de 08.06.2010, da Corregedoria-Geral da Justiça Federal (estabelece regra de transição para os procedimentos de compensação previstos nos §§ 9º e 10 deste artigo).

Veja Lei n. 12.431, de 24.06.2011 (regula a compensação de débitos perante a Fazenda Pública Federal com créditos provenientes de precatórios).

§ 10. Antes da expedição dos precatórios, o Tribunal solicitará à Fazenda Pública devedora, para resposta em até 30 (trinta) dias, sob pena de perda do direito de abatimento, informação sobre os débitos que preencham as condições estabelecidas no § 9º, para os fins nele previstos.

Parágrafo acrescentado pela EC n. 62, de 09.12.2009.

Veja ADIn n. 4.357, de 25.09.2014, que julgou procedente a ação para declarar a inconstitucionalidade deste parágrafo.

Veja art. 97, ADCT.

§ 11. É facultada ao credor, conforme estabelecido em lei do ente federativo devedor, com auto aplicabilidade para a União, a oferta de créditos líquidos e certos que originalmente lhe são próprios ou adquiridos de terceiros reconhecidos pelo ente federativo ou por decisão judicial transitada em julgado para:

Parágrafo com redação dada e incisos acrescentados pela EC n. 113, de 08.12.2021.

Veja arts. 97 e 107-A, §§ 3º, 5º e 6º, ADCT.

Veja art. 3º, § 2º, VII, LC n. 200, de 30.08.2023.

I – quitação de débitos parcelados ou débitos inscritos em dívida ativa do ente federativo devedor, inclusive em transação resolutiva de litígio, e, subsidiariamente, débitos com a administração autárquica e fundacional do mesmo ente;

II – compra de imóveis públicos de propriedade do mesmo ente disponibilizados para venda;

III – pagamento de outorga de delegações de serviços públicos e demais espécies de concessão negocial promovidas pelo mesmo ente;

IV – aquisição, inclusive minoritária, de participação societária, disponibilizada para venda, do respectivo ente federativo; ou

V – compra de direitos, disponibilizados para cessão, do respectivo ente federativo, inclusive, no caso da União, da antecipação de valores a serem recebidos a título do excedente em óleo em contratos de partilha de petróleo.

§ 12. A partir da promulgação desta Emenda Constitucional, a atualização de valores de requisitórios, após sua expedição, até o efetivo pagamento, independentemente de sua natureza, será feita pelo índice oficial de remuneração básica da caderneta de poupança, e, para fins de compensação da mora, incidirão juros simples no mesmo percentual de juros incidentes sobre a caderneta de poupança, ficando excluída a incidência de juros compensatórios.

Parágrafo acrescentado pela EC n. 62, de 09.12.2009.

Veja ADIn n. 4.357, de 25.09.2014, STF, que julgou procedente a ação para declarar a inconstitucionalidade das expressões "índice oficial de remuneração básica da caderneta de poupança", e "independentemente de sua natureza", contidas na redação deste parágrafo.

Veja art. 97, ADCT.

§ 13. O credor poderá ceder, total ou parcialmente, seus créditos em precatórios a terceiros, independentemente da concordância do devedor, não se aplicando ao cessionário o disposto nos §§ 2º e 3º.

Parágrafo acrescentado pela EC n. 62, de 09.12.2009.

Veja art. 97, ADCT.

Veja arts. 286 a 298, CC.

§ 14. A cessão de precatórios, observado o disposto no § 9º deste artigo, somente produzirá efeitos após comunicação, por meio de petição protocolizada, ao Tribunal de origem e ao ente federativo devedor.

Parágrafo com redação dada pela EC n. 113, de 08.12.2021.

Veja art. 97, ADCT.

§ 15. Sem prejuízo do disposto neste artigo, lei complementar a esta Constituição Federal poderá estabelecer regime especial para pagamento de crédito de precatórios de Estados, Distrito Federal e Municípios, dispondo sobre vinculações à receita corrente líquida e forma e prazo de liquidação.

Parágrafo acrescentado pela EC n. 62, de 09.12.2009.

Veja ADIn n. 4.357, de 25.09.2014, que julgou procedente a ação para declarar a inconstitucionalidade deste parágrafo.

Veja art. 195, § 19 e I, CF.
Veja art. 97, ADCT.

§ 16. A seu critério exclusivo e na forma de lei, a União poderá assumir débitos, oriundos de precatórios, de Estados, Distrito Federal e Municípios, refinanciando-os diretamente.

Parágrafo acrescentado pela EC n. 62, de 09.12.2009.

§ 17. A União, os Estados, o Distrito Federal e os Municípios aferirão mensalmente, em base anual, o comprometimento de suas respectivas receitas correntes líquidas com o pagamento de precatórios e obrigações de pequeno valor.

Parágrafo acrescentado pela EC n. 94, de 15.12.2016.

§ 18. Entende-se como receita corrente líquida, para os fins de que trata o § 17, o somatório das receitas tributárias, patrimoniais, industriais, agropecuárias, de contribuições e de serviços, de transferências correntes e outras receitas correntes, incluindo as oriundas do § 1º do art. 20 da Constituição Federal, verificado no período compreendido pelo segundo mês imediatamente anterior ao de referência e os 11 (onze) meses precedentes, excluídas as duplicidades, e deduzidas:

Parágrafo e incisos acrescentados pela EC n. 94, de 15.12.2016.

I – na União, as parcelas entregues aos Estados, ao Distrito Federal e aos Municípios por determinação constitucional;

II – nos Estados, as parcelas entregues aos Municípios por determinação constitucional;

III – na União, nos Estados, no Distrito Federal e nos Municípios, a contribuição dos servidores para custeio de seu sistema de previdência e assistência social e as receitas provenientes da compensação financeira referida no § 9º do art. 201 da Constituição Federal.

§ 19. Caso o montante total de débitos decorrentes de condenações judiciais em precatórios e obrigações de pequeno valor, em período de 12 (doze) meses, ultrapasse a média do comprometimento percentual da receita corrente líquida nos 5 (cinco) anos imediatamente anteriores, a parcela que exceder esse percentual poderá ser financiada, excetuada dos limites de endividamento de que tratam os incisos VI e VII do art. 52 da Constituição Federal e de quaisquer outros limites de endividamento previstos, não se aplicando a esse financiamento a vedação de vinculação de receita prevista no inciso IV do art. 167 da Constituição Federal.

Parágrafo acrescentado pela EC n. 94, de 15.12.2016.

§ 20. Caso haja precatório com valor superior a 15% (quinze por cento) do montante dos precatórios apresentados nos termos do § 5º deste artigo, 15% (quinze por cento) do valor deste precatório serão pagos até o final do exercício seguinte e o restante em parcelas iguais nos cinco exercícios subsequentes, acrescidas de juros de mora e correção monetária, ou mediante acordos diretos, perante Juízos Auxiliares de Conciliação de Precatórios, com redução máxima de 40% (quarenta por cento) do valor do crédito atualizado, desde que em relação ao crédito não penda recurso ou defesa judicial e que sejam observados os requisitos definidos na regulamentação editada pelo ente federado.

Parágrafo acrescentado pela EC n. 94, de 15.12.2016.

Veja art. 107-A, §§ 3º, 5º e 6º, ADCT.

Veja art. 3º, § 2º, VI, LC n. 200, de 30.08.2023.

§ 21. Ficam a União e os demais entes federativos, nos montantes que lhes são próprios, desde que aceito por ambas as partes, autorizados a utilizar valores objeto de sentenças transitadas em julgado devidos a pessoa jurídica de direito público para amortizar dívidas, vencidas ou vincendas:

Parágrafo e incisos acrescentados pela EC n. 113, de 08.12.2021.

Veja art. 107-A, §§ 3º, 5º e 6º, ADCT.

Veja art. 3º, § 2º, VII, LC n. 200, de 30.08.2023.

I – nos contratos de refinanciamento cujos créditos sejam detidos pelo ente federativo que figure como devedor na sentença de que trata o *caput* deste artigo;

II – nos contratos em que houve prestação de garantia a outro ente federativo;

III – nos parcelamentos de tributos ou de contribuições sociais; e

IV – nas obrigações decorrentes do descumprimento de prestação de contas ou de desvio de recursos.

§ 22. A amortização de que trata o § 21 deste artigo:

Parágrafo e incisos acrescentados pela EC n. 113, de 08.12.2021.

I – nas obrigações vencidas, será imputada primeiramente às parcelas mais antigas;

II – nas obrigações vincendas, reduzirá uniformemente o valor de cada parcela devida, mantida a duração original do respectivo contrato ou parcelamento.

Seção II
Do Supremo Tribunal Federal

Art. 101. O Supremo Tribunal Federal compõe-se de onze Ministros, escolhidos dentre cidadãos com mais de trinta e cinco e menos de setenta anos de idade, de notável saber jurídico e reputação ilibada.

Caput com redação dada pela EC n. 122, de 17.05.2022.

Parágrafo único. Os Ministros do Supremo Tribunal Federal serão nomeados pelo Presidente da República, depois de aprovada a escolha pela maioria absoluta do Senado Federal.

Art. 102. Compete ao Supremo Tribunal Federal, precipuamente, a guarda da Constituição, cabendo-lhe:

Veja Lei n. 8.038, de 28.05.1990 (processos perante o STF e o STJ).

I – processar e julgar, originariamente:

a) a ação direta de inconstitucionalidade de lei ou ato normativo federal ou estadual e a ação declaratória de constitucionalidade de lei ou ato normativo federal;

Alínea com redação dada pela EC n. 3, de 17.03.1993.

Veja arts. 36, III, e 97, CF.

Veja Lei n. 9.868, de 10.11.1999 (ação direta de inconstitucionalidade e ação declaratória de constitucionalidade).

Veja Súmula n. 642, STF.

b) nas infrações penais comuns, o Presidente da República, o Vice-Presidente, os membros do Congresso Nacional, seus próprios Ministros e o Procurador-Geral da República;

c) nas infrações penais comuns e nos crimes de responsabilidade, os Ministros de Estado e os Comandantes da Marinha, do Exército e da Aeronáutica, ressalvado o disposto no art. 52, I, os membros dos Tribunais Superiores, os do Tribunal de Contas da União e os chefes de missão diplomática de caráter permanente;

Alínea com redação dada pela EC n. 23, de 02.09.1999.

d) o *habeas corpus*, sendo paciente qualquer das pessoas referidas nas alíneas anteriores; o mandado de segurança e o *habeas data* contra atos do Presidente da República, das Mesas da Câmara dos Deputados e do Senado Federal, do Tribunal de Contas da União, do Procurador-Geral da República e do próprio Supremo Tribunal Federal;

Veja Lei n. 9.507, de 12.11.1997 (*habeas data*).

Veja Súmula n. 624, STF.

e) o litígio entre Estado estrangeiro ou organismo internacional e a União, o Estado, o Distrito Federal ou o Território;

f) as causas e os conflitos entre a União e os Estados, a União e o Distrito Federal, ou entre uns e outros, inclusive as respectivas entidades da administração indireta;

g) a extradição solicitada por Estado estrangeiro;

Veja Súmulas ns. 367, 421 e 692, STF.

h) (Revogada pela EC n. 45, de 08.12.2004.)

i) o *habeas corpus*, quando o coator for Tribunal Superior ou quando o coator ou o paciente for autoridade ou funcionário cujos atos estejam sujeitos diretamente à jurisdição do Supremo Tribunal Federal, ou se trate de crime sujeito à mesma jurisdição em uma única instância;

Alínea com redação dada pela EC n. 22, de 18.03.1999.

Veja Súmula n. 606, STF.

j) a revisão criminal e a ação rescisória de seus julgados;

Veja arts. 966 a 975, CPC.

Veja arts. 621 a 631, CPP.

l) a reclamação para a preservação de sua competência e garantia da autoridade de suas decisões;

Veja Lei n. 8.038, de 28.05.1990 (processos perante o STF e o STJ).

m) a execução de sentença nas causas de sua competência originária, facultada a delegação de atribuições para a prática de atos processuais;

n) a ação em que todos os membros da magistratura sejam direta ou indiretamente interessados, e aquela em que mais da metade dos membros do tribunal de origem estejam impedidos ou sejam direta ou indiretamente interessados;

Veja Súmula n. 623, STF.

o) os conflitos de competência entre o Superior Tribunal de Justiça e quaisquer tribunais, entre Tribunais Superiores, ou entre estes e qualquer outro tribunal;

Veja arts. 105, I, *d*, 108, I, *e*, e 114, V, CF.

p) o pedido de medida cautelar das ações diretas de inconstitucionalidade;

q) o mandado de injunção, quando a elaboração da norma regulamentadora for atribuição do Presidente da República, do Congresso Nacional, da Câmara dos Deputados, do Senado Federal, das Mesas de uma dessas Casas Legislativas, do Tribunal de Contas da União, de um dos Tribunais Superiores, ou do próprio Supremo Tribunal Federal;

r) as ações contra o Conselho Nacional de Justiça e contra o Conselho Nacional do Ministério Público;

Alínea acrescentada pela EC n. 45, de 08.12.2004.

Veja arts. 103-A e 103-B, CF.

II – julgar, em recurso ordinário:

a) o *habeas corpus*, o mandado de segurança, o *habeas data* e o mandado de injunção decididos em única instância pelos Tribunais Superiores, se denegatória a decisão;

Veja Lei n. 9.507, de 12.11.1997 (*habeas data*).

Veja Lei n. 12.016, de 07.08.2009 (mandado de segurança individual e coletivo).

b) o crime político;

III – julgar, mediante recurso extraordinário, as causas decididas em única ou última instância, quando a decisão recorrida:

Veja Lei n. 8.038, de 28.05.1990 (processos perante o STF e o STJ).

Veja Lei n. 8.658, de 26.05.1993 (aplicação aos Tribunais de Justiça da Lei n. 8.038/90).

a) contrariar dispositivo desta Constituição;

b) declarar a inconstitucionalidade de tratado ou lei federal;

c) julgar válida lei ou ato de governo local contestado em face desta Constituição;

d) julgar válida lei local contestada em face de lei federal.

Alínea acrescentada pela EC n. 45, de 08.12.2004.

§ 1º A arguição de descumprimento de preceito fundamental, decorrente desta Constituição, será apreciada pelo Supremo Tribunal Federal, na forma da lei.

Antigo parágrafo único renumerado pela EC n. 3, de 17.03.1993.

Veja Leis n. 9.868, de 10.11.1999 (ação direta de inconstitucionalidade e de constitucionalidade), e n. 9.882, de 03.12.1999 (arguição de descumprimento de preceito fundamental).

§ 2º As decisões definitivas de mérito, proferidas pelo Supremo Tribunal Federal, nas ações diretas de inconstitucionalidade e nas ações declaratórias de constitucionalidade produzirão eficácia contra todos e efeito vinculante, relativamente aos demais órgãos do Poder Judiciário e à administração pública direta e indireta, nas esferas federal, estadual e municipal.

Parágrafo com redação dada pela EC n. 45, de 08.12.2004.

§ 3º No recurso extraordinário o recorrente deverá demonstrar a repercussão geral das questões constitucionais discutidas no caso, nos termos da lei, a fim de que o Tribunal examine a admissão do recurso, somente podendo recusá-lo pela manifestação de dois terços de seus membros.

Parágrafo acrescentado pela EC n. 45, de 08.12.2004.

Veja arts. 1.035 e 1.036, CPC.

Veja Lei n. 11.418, de 19.12.2006 (repercussão geral).

Art. 103. Podem propor a ação direta de inconstitucionalidade e a ação declaratória de constitucionalidade:

Caput com redação dada pela EC n. 45, de 08.12.2004.

Veja art. 950, § 2º, CPC.

Veja arts. 2º, 12-A e 13, Lei n. 9.868, de 10.11.1999 (ação direta de inconstitucionalidade e de constitucionalidade).

I – o Presidente da República;

II – a Mesa do Senado Federal;

III – a Mesa da Câmara dos Deputados;

IV – a Mesa de Assembleia Legislativa ou da Câmara Legislativa do Distrito Federal;

Inciso com redação dada pela EC n. 45, de 08.12.2004.

V – o Governador de Estado ou do Distrito Federal;

Inciso com redação dada pela EC n. 45, de 08.12.2004.

VI – o Procurador-Geral da República;

VII – o Conselho Federal da Ordem dos Advogados do Brasil;

VIII – partido político com representação no Congresso Nacional;

IX – confederação sindical ou entidade de classe de âmbito nacional.

§ 1º O Procurador-Geral da República deverá ser previamente ouvido nas ações de inconstitucionalidade e em todos os processos de competência do Supremo Tribunal Federal.

§ 2º Declarada a inconstitucionalidade por omissão de medida para tornar efetiva norma constitucional, será dada ciência ao Poder competente para a adoção das providências necessárias e, em se tratando de órgão administrativo, para fazê-lo em trinta dias.

Veja art. 12-H, Lei n. 9.868, de 10.11.1999 (ação direta de inconstitucionalidade e de constitucionalidade).

§ 3º Quando o Supremo Tribunal Federal apreciar a inconstitucionalidade, em tese, de norma legal ou ato normativo, citará, previamente, o Advogado-Geral da União, que defenderá o ato ou texto impugnado.

§ 4º (*Revogado pela EC n. 45, de 08.12.2004.*)

Art. 103-A. O Supremo Tribunal Federal poderá, de ofício ou por provocação, mediante decisão de dois terços dos seus membros, após reiteradas decisões sobre matéria constitucional, aprovar súmula que, a partir de sua publicação na imprensa oficial, terá efeito vinculante em relação aos demais órgãos do Poder Judiciário e à administração pública direta e indireta, nas esferas federal, estadual e municipal, bem como proceder à sua revisão ou cancelamento, na forma estabelecida em lei.

Artigo acrescentado pela EC n. 45, de 08.12.2004.

Veja Lei n. 11.417, de 19.12.2006 (súmula vinculante).

§ 1º A súmula terá por objetivo a validade, a interpretação e a eficácia de normas determinadas, acerca das quais haja controvérsia atual entre órgãos judiciários ou entre esses e a administração pública que acarrete grave insegurança jurídica e relevante multiplicação de processos sobre questão idêntica.

§ 2º Sem prejuízo do que vier a ser estabelecido em lei, a aprovação, revisão ou cancelamento de súmula poderá ser provocada por aqueles que podem propor a ação direta de inconstitucionalidade.

§ 3º Do ato administrativo ou decisão judicial que contrariar a súmula aplicável ou que indevidamente a aplicar, caberá reclamação ao Supremo Tribunal Federal que, julgando-a procedente, anulará o ato administrativo ou cassará a decisão judicial reclamada, e determinará que outra seja proferida com ou sem a aplicação da súmula, conforme o caso.

Art. 103-B. O Conselho Nacional de Justiça compõe-se de 15 (quinze) membros com mandato de 2 (dois) anos, admitida 1 (uma) recondução, sendo:

Caput acrescentado pela EC n. 45, de 08.12.2004, e com redação dada pela EC n. 61, de 11.11.2009.

Veja art. 5º, EC n. 45, de 08.12.2004.

Veja Lei n. 11.364, de 26.10.2006.

I – o Presidente do Supremo Tribunal Federal;

Inciso com redação dada pela EC n. 61, de 11.11.2009.

II – um Ministro do Superior Tribunal de Justiça, indicado pelo respectivo tribunal;

Inciso acrescentado pela EC n. 45, de 08.12.2004.

III – um Ministro do Tribunal Superior do Trabalho, indicado pelo respectivo tribunal;

Inciso acrescentado pela EC n. 45, de 08.12.2004.

IV – um desembargador de Tribunal de Justiça, indicado pelo Supremo Tribunal Federal;

Inciso acrescentado pela EC n. 45, de 08.12.2004.

V – um juiz estadual, indicado pelo Supremo Tribunal Federal;

Inciso acrescentado pela EC n. 45, de 08.12.2004.

VI – um juiz de Tribunal Regional Federal, indicado pelo Superior Tribunal de Justiça;

Inciso acrescentado pela EC n. 45, de 08.12.2004.

VII – um juiz federal, indicado pelo Superior Tribunal de Justiça;

Inciso acrescentado pela EC n. 45, de 08.12.2004.

VIII – um juiz de Tribunal Regional do Trabalho, indicado pelo Tribunal Superior do Trabalho;

Inciso acrescentado pela EC n. 45, de 08.12.2004.

IX – um juiz do trabalho, indicado pelo Tribunal Superior do Trabalho;

Inciso acrescentado pela EC n. 45, de 08.12.2004.

X – um membro do Ministério Público da União, indicado pelo Procurador-Geral da República;

Inciso acrescentado pela EC n. 45, de 08.12.2004.

XI – um membro do Ministério Público estadual, escolhido pelo Procurador-Geral da República dentre os nomes indicados pelo órgão competente de cada instituição estadual;

Inciso acrescentado pela EC n. 45, de 08.12.2004.

XII – dois advogados, indicados pelo Conselho Federal da Ordem dos Advogados do Brasil;

Inciso acrescentado pela EC n. 45, de 08.12.2004.

XIII – dois cidadãos, de notável saber jurídico e reputação ilibada, indicados um pela Câmara dos Deputados e outro pelo Senado Federal.

Inciso acrescentado pela EC n. 45, de 08.12.2004.

§ 1º O Conselho será presidido pelo Presidente do Supremo Tribunal Federal e, nas suas ausências e impedimentos, pelo Vice-Presidente do Supremo Tribunal Federal.

Parágrafo com redação dada pela EC n. 61, de 11.11.2009.

§ 2º Os demais membros do Conselho serão nomeados pelo Presidente da República, depois de aprovada a escolha pela maioria absoluta do Senado Federal.

Parágrafo com redação dada pela EC n. 61, de 11.11.2009.

§ 3º Não efetuadas, no prazo legal, as indicações previstas neste artigo, caberá a escolha ao Supremo Tribunal Federal.

Parágrafo acrescentado pela EC n. 45, de 08.12.2004.

§ 4º Compete ao Conselho o controle da atuação administrativa e financeira do Poder Judiciário e do cumprimento dos deveres funcionais dos juízes, cabendo-lhe, além de outras atribuições que lhe forem conferidas pelo Estatuto da Magistratura:

Parágrafo acrescentado pela EC n. 45, de 08.12.2004.

I – zelar pela autonomia do Poder Judiciário e pelo cumprimento do Estatuto da Magistratura, podendo expedir atos regulamentares, no âmbito de sua competência, ou recomendar providências;

Inciso acrescentado pela EC n. 45, de 08.12.2004.

II – zelar pela observância do art. 37 e apreciar, de ofício ou mediante provocação, a legalidade dos atos administrativos praticados por membros ou órgãos do Poder Judiciário, podendo desconstituí-los, revê-los ou fixar prazo para que se adotem as providências necessárias ao exato cumprimento da lei, sem prejuízo da competência do Tribunal de Contas da União;

Inciso acrescentado pela EC n. 45, de 08.12.2004.

III – receber e conhecer das reclamações contra membros ou órgãos do Poder Judiciário, inclusive contra seus serviços auxiliares, serventias e órgãos prestadores de serviços notariais e de registro que atuem por delegação do poder público ou oficializados, sem prejuízo da competência disciplinar e correicional dos tribunais, podendo avocar processos disciplinares em curso, determinar a remoção ou a disponibilidade e aplicar outras sanções administrativas, assegurada ampla defesa;

Inciso com redação dada pela EC n. 103, de 12.11.2019.

IV – representar ao Ministério Público, no caso de crime contra a administração pública ou de abuso de autoridade;

Inciso acrescentado pela EC n. 45, de 08.12.2004.

V – rever, de ofício ou mediante provocação, os processos disciplinares de juízes e membros de tribunais julgados há menos de um ano;

Inciso acrescentado pela EC n. 45, de 08.12.2004.

VI – elaborar semestralmente relatório estatístico sobre processos e sentenças prolatadas, por unidade da Federação, nos diferentes órgãos do Poder Judiciário;

Inciso acrescentado pela EC n. 45, de 08.12.2004.

VII – elaborar relatório anual, propondo as providências que julgar necessárias, sobre a situação do Poder Judiciário no País e as atividades do Conselho, o qual deve integrar mensagem do Presidente do Supremo Tribunal Federal a ser remetida ao Congresso Nacional, por ocasião da abertura da sessão legislativa.

Inciso acrescentado pela EC n. 45, de 08.12.2004.

§ 5º O Ministro do Superior Tribunal de Justiça exercerá a função de Ministro-Corregedor e ficará excluído da distribuição de processos no Tribunal, competindo-lhe, além das atribuições que lhe forem conferidas pelo Estatuto da Magistratura, as seguintes:

Parágrafo acrescentado pela EC n. 45, de 08.12.2004.

I – receber as reclamações e denúncias, de qualquer interessado, relativas aos magistrados e aos serviços judiciários;

Inciso acrescentado pela EC n. 45, de 08.12.2004.

II – exercer funções executivas do Conselho, de inspeção e de correição geral;

Inciso acrescentado pela EC n. 45, de 08.12.2004.

III – requisitar e designar magistrados, delegando-lhes atribuições, e requisitar servidores de juízos ou tribunais, inclusive nos Estados, Distrito Federal e Territórios.

Inciso acrescentado pela EC n. 45, de 08.12.2004.

§ 6º Junto ao Conselho oficiarão o Procurador-Geral da República e o Presidente do Conselho Federal da Ordem dos Advogados do Brasil.

Parágrafo acrescentado pela EC n. 45, de 08.12.2004.

§ 7º A União, inclusive no Distrito Federal e nos Territórios, criará ouvidorias de justiça, competentes para receber reclamações e denúncias de qualquer interessado contra membros ou órgãos do Poder Judiciário, ou contra seus serviços auxiliares, representando diretamente ao Conselho Nacional de Justiça.

Parágrafo acrescentado pela EC n. 45, de 08.12.2004.

Seção III
Do Superior Tribunal de Justiça

Art. 104. O Superior Tribunal de Justiça compõe-se de, no mínimo, trinta e três Ministros.

Parágrafo único. Os Ministros do Superior Tribunal de Justiça serão nomeados pelo Presidente da República, dentre brasileiros com mais de trinta e cinco e menos de setenta anos de idade, de notável saber jurídico e reputação ilibada, depois de aprovada a escolha pela maioria absoluta do Senado Federal, sendo:

Parágrafo com redação dada pela EC n. 122, de 17.05.2022.

Veja art. 27, § 5º, ADCT.

I – um terço dentre juízes dos Tribunais Regionais Federais e um terço dentre desembargadores dos Tribunais de Justiça, indicados em lista tríplice elaborada pelo próprio Tribunal;

II – um terço, em partes iguais, dentre advogados e membros do Ministério Público Federal, Estadual, do Distrito Federal e Territórios, alternadamente, indicados na forma do art. 94.

Art. 105. Compete ao Superior Tribunal de Justiça:

Veja Lei n. 8.038, de 28.05.1990 (processos perante o STF e o STJ).

I – processar e julgar, originariamente:

a) nos crimes comuns, os Governadores dos Estados e do Distrito Federal, e, nestes e nos de responsabilidade, os desembargadores dos Tribunais de Justiça dos Estados e do Distrito Federal, os membros dos Tribunais de Contas dos Estados e do Distrito Federal, os dos Tribunais Regionais Federais, dos Tribunais Regionais Eleitorais e do Trabalho, os membros dos Conselhos ou Tribunais de Contas dos Municípios e os do Ministério Público da União que oficiem perante tribunais;

b) os mandados de segurança e os *habeas data* contra ato de Ministro de Estado, dos Comandantes da Marinha, do Exército e da Aeronáutica ou do próprio Tribunal;

Alínea com redação dada pela EC n. 23, de 02.09.1999.

Veja Lei n. 12.016, de 07.08.2009 (mandado de segurança individual e coletivo).

c) os *habeas corpus*, quando o coator ou paciente for qualquer das pessoas mencionadas na alínea *a*, ou quando o coator for tribunal sujeito à sua jurisdição, Ministro de Estado ou Comandante da Marinha, do Exército ou da Aeronáutica, ressalvada a competência da Justiça Eleitoral;

Alínea com redação dada pela EC n. 23, de 02.09.1999.

d) os conflitos de competência entre quaisquer tribunais, ressalvado o disposto no art. 102, I, *o*, bem como entre tribunal e juízes a ele não vinculados e entre juízes vinculados a tribunais diversos;

e) as revisões criminais e as ações rescisórias de seus julgados;

Veja arts. 966 a 975, CPC.

Veja arts. 621 a 631, CPP.

f) a reclamação para a preservação de sua competência e garantia da autoridade de suas decisões;

g) os conflitos de atribuições entre autoridades administrativas e judiciárias da União, ou entre autoridades judiciárias de um Estado e administrativas de outro ou do Distrito Federal, ou entre as deste e da União;

h) o mandado de injunção, quando a elaboração da norma regulamentadora for atribuição de órgão, entidade ou autoridade federal, da administração direta ou indireta, excetuados os casos de competência do Supremo Tribunal Federal e dos órgãos da Justiça Militar, da Justiça Eleitoral, da Justiça do Trabalho e da Justiça Federal;

Veja arts. 961 e 965, parágrafo único, CPC.

i) a homologação de sentenças estrangeiras e a concessão de *exequatur* às cartas rogatórias;

Alínea acrescentada pela EC n. 45, de 08.12.2004.

Veja arts. 260 a 268, 961 e 965, parágrafo único, CPC.

Veja arts. 781 e 784 a 790, CPP.

Veja art. 167-A, § 6º, Lei n. 11.101, de 09.02.2005.

Veja Decreto n. 4.311, de 23.07.2002 (Convenção sobre o Reconhecimento e a Execução de Sentenças Arbitrais Estrangeiras).

j) os conflitos entre entes federativos, ou entre estes e o Comitê Gestor do Imposto sobre Bens e Serviços, relacionados aos tributos previstos nos arts. 156-A e 195, V;

Alínea acrescentada pela EC n. 132, de 20.12.2023.

II – julgar, em recurso ordinário:

a) os *habeas corpus* decididos em única ou última instância pelos Tribunais Regionais Federais ou pelos tribunais dos Estados, do Distrito Federal e Territórios, quando a decisão for denegatória;

b) os mandados de segurança decididos em única instância pelos Tribunais Regionais Federais ou pelos tribunais dos Estados, do Distrito Federal e Territórios, quando denegatória a decisão;

Veja Lei n. 12.016, de 07.08.2009 (mandado de segurança individual e coletivo).

c) as causas em que forem partes Estado estrangeiro ou organismo internacional, de um lado, e, do outro, Município ou pessoa residente ou domiciliada no País;

III – julgar, em recurso especial, as causas decididas, em única ou última instância, pelos Tribunais Regionais Federais ou pelos tribunais dos Estados, do Distrito Federal e Territórios, quando a decisão recorrida:

Veja Lei n. 8.038, de 28.05.1990 (processos perante o STF e o STJ).

Veja Lei n. 8.658, de 26.05.1993 (aplicação aos Tribunais de Justiça da Lei n. 8.038/90).

a) contrariar tratado ou lei federal, ou negar-lhes vigência;

Veja Súmulas ns. 518 e 568, STJ.

b) julgar válido ato de governo local contestado em face de lei federal;

Alínea com redação dada pela EC n. 45, de 08.12.2004.

c) der a lei federal interpretação divergente da que lhe haja atribuído outro tribunal.

Veja Súmulas ns. 13 e 568, STJ.

§ 1º Funcionarão junto ao Superior Tribunal de Justiça:

Antigo parágrafo único renumerado pela EC n. 125, de 14.07.2022.

I – a Escola Nacional de Formação e Aperfeiçoamento de Magistrados, cabendo-lhe, dentre outras funções, regulamentar os cursos oficiais para o ingresso e promoção na carreira;

Inciso acrescentado pela EC n. 45, de 08.12.2004.

II – o Conselho da Justiça Federal, cabendo-lhe exercer, na forma da lei, a supervisão administrativa e orçamentária da Justiça Federal de primeiro e segundo graus, como órgão central do sistema e com poderes correicionais, cujas decisões terão caráter vinculante.

Inciso acrescentado pela EC n. 45, de 08.12.2004.

§ 2º No recurso especial, o recorrente deve demonstrar a relevância das questões de direito federal infraconstitucional discutidas no caso, nos termos da lei, a fim de que a admissão do recurso seja examinada pelo Tribunal, o qual somente pode dele não conhecer com base nesse motivo pela manifestação de 2/3 (dois terços) dos membros do órgão competente para o julgamento.

Parágrafo acrescentado pela EC n. 125, de 14.07.2022.

Veja art. 2º, EC n. 125, de 14.07.2022.

§ 3º Haverá a relevância de que trata o § 2º deste artigo nos seguintes casos:

Parágrafo acrescentado pela EC n. 125, de 14.07.2022.

I – ações penais;

Inciso acrescentado pela EC n. 125, de 14.07.2022.

II – ações de improbidade administrativa;

Inciso acrescentado pela EC n. 125, de 14.07.2022.

III – ações cujo valor da causa ultrapasse 500 (quinhentos) salários mínimos;

Inciso acrescentado pela EC n. 125, de 14.07.2022.

IV – ações que possam gerar inelegibilidade;

Inciso acrescentado pela EC n. 125, de 14.07.2022.

V – hipóteses em que o acórdão recorrido contrariar jurisprudência dominante do Superior Tribunal de Justiça;

Inciso acrescentado pela EC n. 125, de 14.07.2022.

VI – outras hipóteses previstas em lei.

Inciso acrescentado pela EC n. 125, de 14.07.2022.

Seção IV
Dos Tribunais Regionais Federais e dos Juízes Federais

Art. 106. São órgãos da Justiça Federal:

I – os Tribunais Regionais Federais;

Veja Lei n. 7.727, de 09.01.1989 (composição e instalação dos Tribunais Regionais Federais).

II – os Juízes Federais.

Art. 107. Os Tribunais Regionais Federais compõem-se de, no mínimo, sete juízes, recrutados, quando possível, na respectiva região e nomeados pelo Presidente da República dentre brasileiros com mais de trinta e menos de setenta anos de idade, sendo:

Caput com redação dada pela EC n. 122, de 17.05.2022.

I – um quinto dentre advogados com mais de dez anos de efetiva atividade profissional e membros do Ministério Público Federal com mais de dez anos de carreira;

Veja art. 27, § 9º, ADCT.

II – os demais, mediante promoção de juízes federais com mais de cinco anos de exercício, por antiguidade e merecimento, alternadamente.

Veja art. 27, § 9º, ADCT.

§ 1º A lei disciplinará a remoção ou a permuta de juízes dos Tribunais Regionais Federais e determinará sua jurisdição e sede.

Antigo parágrafo único renumerado pela EC n. 45, de 08.12.2004.

§ 2º Os Tribunais Regionais Federais instalarão a justiça itinerante, com a realização de audiências e demais funções da atividade jurisdicional, nos limites territoriais da respectiva jurisdição, servindo-se de equipamentos públicos e comunitários.

Parágrafo acrescentado pela EC n. 45, de 08.12.2004.

§ 3º Os Tribunais Regionais Federais poderão funcionar descentralizadamente, constituindo Câmaras regionais, a fim de assegurar o pleno acesso do jurisdicionado à justiça em todas as fases do processo.

Parágrafo acrescentado pela EC n. 45, de 08.12.2004.

Art. 108. Compete aos Tribunais Regionais Federais:

Veja Leis n. 8.658, de 26.05.1993, n. 9.967, de 10.05.2000, e n. 9.968, de 10.05.2000.

I – processar e julgar, originariamente:

a) os juízes federais da área de sua jurisdição, incluídos os da Justiça Militar e da Justiça do Trabalho, nos crimes comuns e de responsabilidade, e os membros do Ministério Público da União, ressalvada a competência da Justiça Eleitoral;

b) as revisões criminais e as ações rescisórias de julgados seus ou dos juízes federais da região;

Veja arts. 966 a 975, CPC.

Veja arts. 621 a 631, CPP.

c) os mandados de segurança e os *habeas data* contra ato do próprio Tribunal ou de juiz federal;

d) os *habeas corpus*, quando a autoridade coatora for juiz federal;

Veja Leis n. 9.507, de 12.11.1997 (*habeas data*), e n. 12.016, de 07.08.2009 (mandado de segurança individual e coletivo).

e) os conflitos de competência entre juízes federais vinculados ao Tribunal;

Veja Súmula n. 428, STJ.

II – julgar, em grau de recurso, as causas decididas pelos juízes federais e pelos juízes estaduais no exercício da competência federal da área de sua jurisdição.

Art. 109. Aos juízes federais compete processar e julgar:

I – as causas em que a União, entidade autárquica ou empresa pública federal forem interessadas na condição de autoras, rés, assistentes ou oponentes, exceto as de falência, as de acidentes de trabalho e as sujeitas à Justiça Eleitoral e à Justiça do Trabalho;

Veja Súmulas vinculantes ns. 22 e 27, STF.

Veja Súmulas ns. 324, 365, 374, 489 e 570, STJ.

II – as causas entre Estado estrangeiro ou organismo internacional e Município ou pessoa domiciliada ou residente no País;

III – as causas fundadas em tratado ou contrato da União com Estado estrangeiro ou organismo internacional;

IV – os crimes políticos e as infrações penais praticadas em detrimento de bens, serviços ou interesse da União ou de suas entidades autárquicas ou empresas públicas, excluídas as contravenções e ressalvada a competência da Justiça Militar e da Justiça Eleitoral;

Veja art. 102, II, *b*, CF.

Veja Súmula vinculante n. 36, STF.

Veja Súmula n. 546, STJ.

V – os crimes previstos em tratado ou convenção internacional, quando, iniciada a execução no País, o resultado tenha ou devesse ter ocorrido no estrangeiro, ou reciprocamente;

V-A – as causas relativas a direitos humanos a que se refere o § 5º deste artigo;

Inciso acrescentado pela EC n. 45, de 08.12.2004.

VI – os crimes contra a organização do trabalho e, nos casos determinados por lei, contra o sistema financeiro e a ordem econômico-financeira;

Veja arts. 197 a 207, CP.

Veja Leis ns. 7.492, de 16.06.1986, 8.137, de 27.12.1990, e 8.176, de 08.02.1991.

VII – os *habeas corpus*, em matéria criminal de sua competência ou quando o constrangimento provier de autoridade cujos atos não estejam diretamente sujeitos a outra jurisdição;

VIII – os mandados de segurança e os *habeas data* contra ato de autoridade federal, excetuados os casos de competência dos tribunais federais;

Veja Leis n. 9.507, de 12.11.1997 (*habeas data*), e n. 12.016, de 07.08.2009 (mandado de segurança individual e coletivo).

IX – os crimes cometidos a bordo de navios ou aeronaves, ressalvada a competência da Justiça Militar;

Veja art. 125, § 4º, CF.

X – os crimes de ingresso ou permanência irregular de estrangeiro, a execução de carta rogatória, após o *exequatur*, e de sentença estrangeira, após a homologação, as causas referentes à nacionalidade, inclusive a respectiva opção, e à naturalização;

XI – a disputa sobre direitos indígenas.

Veja Súmula n. 140, STJ.

§ 1º As causas em que a União for autora serão aforadas na seção judiciária onde tiver domicílio a outra parte.

§ 2º As causas intentadas contra a União poderão ser aforadas na seção judiciária em que for domiciliado o autor, naquela onde houver ocorrido o ato ou fato que deu origem à demanda ou onde esteja situada a coisa, ou ainda, no Distrito Federal.

§ 3º Lei poderá autorizar que as causas de competência da Justiça Federal em que forem parte instituição de previdência social e segurado possam ser processadas e julgadas na justiça estadual quando a comarca do domicílio do segurado não for sede de vara federal.

Parágrafo com redação dada pela EC n. 103, de 12.11.2019.

§ 4º Na hipótese do parágrafo anterior, o recurso cabível será sempre para o Tribunal Regional Federal na área de jurisdição do juiz de primeiro grau.

§ 5º Nas hipóteses de grave violação de direitos humanos, o Procurador-Geral da República, com a finalidade de assegurar o cumprimento de obrigações decorrentes de tratados internacionais de direitos humanos dos quais o Brasil seja parte, poderá suscitar, perante o Superior Tribunal de Justiça, em qualquer fase do inquérito ou processo, incidente de deslocamento de competência para a Justiça Federal.

Parágrafo acrescentado pela EC n. 45, de 08.12.2004.

Art. 110. Cada Estado, bem como o Distrito Federal, constituirá uma seção judiciária que terá por sede a respectiva Capital, e varas localizadas segundo o estabelecido em lei.

Veja Lei n. 9.788, de 19.02.1999 (reestruturação da Justiça Federal de primeiro grau).

Veja Lei n. 11.697, de 13.06.2008 (organização judiciária do DF e dos territórios).

Parágrafo único. Nos Territórios Federais, a jurisdição e as atribuições cometidas aos juízes federais caberão aos juízes da justiça local, na forma da lei.

Seção V
Do Tribunal Superior do Trabalho, dos Tribunais Regionais do Trabalho e dos Juízes do Trabalho

Seção com denominação dada pela EC n. 92, de 12.07.2016.

Veja arts. 690 a 709, CLT.
Veja Lei n. 9.957, de 12.01.2000 (procedimento sumariíssimo trabalhista).
Veja Lei n. 9.958, de 12.01.2000 (Comissão de Conciliação Prévia).

Art. 111. São órgãos da Justiça do Trabalho:

I – o Tribunal Superior do Trabalho;

II – os Tribunais Regionais do Trabalho;

III – Juízes do Trabalho.

Inciso com redação dada pela EC n. 24, de 09.12.1999.

§ 1º (*Revogado pela EC n. 45, de 08.12.2004.*)

§ 2º (*Revogado pela EC n. 45, de 08.12.2004.*)

§ 3º (*Revogado pela EC n. 45, de 08.12.2004.*)

Art. 111-A. O Tribunal Superior do Trabalho compõe-se de vinte e sete Ministros, escolhidos dentre brasileiros com mais de trinta e cinco e menos de setenta anos de idade, de notável saber jurídico e reputação ilibada, nomeados pelo Presidente da República após aprovação pela maioria absoluta do Senado Federal, sendo:

Caput com redação dada pela EC n. 122, de 17.05.2022.

I – um quinto dentre advogados com mais de dez anos de efetiva atividade profissional e membros do Ministério Público do Trabalho com mais de dez anos de efetivo exercício, observado o disposto no art. 94;

Inciso acrescentado pela EC n. 45, de 08.12.2004.

II – os demais dentre juízes dos Tribunais Regionais do Trabalho, oriundos da magistratura da carreira, indicados pelo próprio Tribunal Superior.

Inciso acrescentado pela EC n. 45, de 08.12.2004.

§ 1º A lei disporá sobre a competência do Tribunal Superior do Trabalho.

Parágrafo acrescentado pela EC n. 45, de 08.12.2004.

§ 2º Funcionarão junto ao Tribunal Superior do Trabalho:

Parágrafo e incisos acrescentados pela EC n. 45, de 08.12.2004.

I – a Escola Nacional de Formação e Aperfeiçoamento de Magistrados do Trabalho, cabendo-lhe, dentre outras funções, regulamentar os cursos oficiais para o ingresso e promoção na carreira;

II – o Conselho Superior da Justiça do Trabalho, cabendo-lhe exercer, na forma da lei, a supervisão administrativa, orçamentária, financeira e patrimonial da Justiça do Trabalho de primeiro e segundo graus, como órgão central do sistema, cujas decisões terão efeito vinculante.

Veja art. 6º, EC n. 45, de 08.12.2004.

§ 3º Compete ao Tribunal Superior do Trabalho processar e julgar, originariamente, a reclamação para a preservação de sua competência e garantia da autoridade de suas decisões.

Parágrafo acrescentado pela EC n. 92, de 12.07.2016.

Art. 112. A lei criará varas da Justiça do Trabalho, podendo, nas comarcas não abrangidas por sua jurisdição, atribuí-la aos juízes de direito, com recurso para o respectivo Tribunal Regional do Trabalho.

Artigo com redação dada pela EC n. 45, de 08.12.2004.

Art. 113. A lei disporá sobre a constituição, investidura, jurisdição, competência, garantias e condições de exercício dos órgãos da Justiça do Trabalho.

Artigo com redação dada pela EC n. 24, de 09.12.1999.

Veja LC n. 35, de 14.03.1979 (Lei Orgânica da Magistratura).

Art. 114. Compete à Justiça do Trabalho processar e julgar:

Caput com redação dada pela EC n. 45, de 08.12.2004.

Veja Lei n. 8.984, de 07.02.1995 (estende a competência da Justiça do Trabalho).

Veja Súmula n. 736, STF.

Veja Súmula vinculante n. 22, STF.

Veja Súmula n. 349, STJ.

I – as ações oriundas da relação de trabalho, abrangidos os entes de direito público externo e da administração pública direta e indireta da União, dos Estados, do Distrito Federal e dos Municípios;

Inciso acrescentado pela EC n. 45, de 08.12.2004.

Veja ADIn n. 3.395-6, de 27.01.2005, do STF, que concedeu liminar com efeito *ex tunc*, suspendendo *ad referendum* "toda e qualquer interpretação dada ao inciso I do art. 114 da CF, na redação dada pela EC/45, que inclua, na competência da justiça do trabalho, a '... apreciação ... de causas que ... sejam instauradas entre o Poder Público e seus servidores, a ele vinculados por típica relação de ordem estatutária ou de caráter jurídico-administrativo'".

Veja ADIn n. 3.684-0, de 01.02.2007, STF, em liminar concedida com efeito *ex tunc*, que "não atribui à Justiça do Trabalho competência para processar e julgar ações penais".

II – as ações que envolvam exercício do direito de greve;

Inciso acrescentado pela EC n. 45, de 08.12.2004.

Veja Lei n. 7.783, de 28.06.1989 (Lei de Greve).

Veja Súmula vinculante n. 23, STF.

Veja Súmula n. 189, TST.

III – as ações sobre representação sindical, entre sindicatos, entre sindicatos e trabalhadores, e entre sindicatos e empregadores;

Inciso acrescentado pela EC n. 45, de 08.12.2004.

IV – os mandados de segurança, *habeas corpus* e *habeas data*, quando o ato questionado envolver matéria sujeita à sua jurisdição;

Inciso acrescentado pela EC n. 45, de 08.12.2004.

Veja ADIn n. 3.684-0, de 01.02.2007, STF, em liminar concedida com efeito *ex tunc*, que "não atribui à Justiça do Trabalho competência para processar e julgar ações penais".

Veja OJ n. 156, SBDI-II, TST.

V – os conflitos de competência entre órgãos com jurisdição trabalhista, ressalvado o disposto no art. 102, I, *o*;

Inciso acrescentado pela EC n. 45, de 08.12.2004.

VI – as ações de indenização por dano moral ou patrimonial, decorrentes da relação de trabalho;

Inciso acrescentado pela EC n. 45, de 08.12.2004.

Veja Súmula vinculante n. 22, STF.

Veja Súmula n. 392, TST.

VII – as ações relativas às penalidades administrativas impostas aos empregadores pelos órgãos de fiscalização das relações de trabalho;

Inciso acrescentado pela EC n. 45, de 08.12.2004.

Veja arts. 6º, § 11, e 7º-A, § 6º, Lei n. 11.101, de 09.02.2005.

VIII – a execução, de ofício, das contribuições sociais previstas no art. 195, I, *a*, e II, e seus acréscimos legais, decorrentes das sentenças que proferir;

Inciso acrescentado pela EC n. 45, de 08.12.2004.

Veja arts. 6º, § 11, e 7º-A, § 6º, Lei n. 11.101, de 09.02.2005.

Veja Súmula vinculante n. 53, STF.

Veja Súmula n. 368, TST.

IX – outras controvérsias decorrentes da relação de trabalho, na forma da lei.

Inciso acrescentado pela EC n. 45, de 08.12.2004.

Veja ADIn n. 3.684-0, de 01.02.2007, STF, em liminar concedida com efeito *ex tunc*, que "não atribui à Justiça do Trabalho competência para processar e julgar ações penais".

§ 1º Frustrada a negociação coletiva, as partes poderão eleger árbitros.

§ 2º Recusando-se qualquer das partes à negociação coletiva ou à arbitragem, é facultado às mesmas, de comum acordo, ajuizar dissídio coletivo de natureza econômica, podendo a Justiça do Trabalho decidir o conflito, respeitadas as disposições mínimas legais de proteção ao trabalho, bem como as convencionadas anteriormente.

Parágrafo com redação dada pela EC n. 45, de 08.12.2004.

Veja Lei n. 8.984, de 07.02.1995 (estende a competência da Justiça do Trabalho).

§ 3º Em caso de greve em atividade essencial, com possibilidade de lesão do interesse público, o Ministério Público do Trabalho poderá ajuizar dissídio coletivo, competindo à Justiça do Trabalho decidir o conflito.

Parágrafo acrescentado pela EC n. 20, de 15.12.1998, e com redação dada pela EC n. 45, de 08.12.2004.

Veja Lei n. 7.783, de 28.06.1989 (Lei de Greve).

Veja Lei n. 8.984, de 07.02.1995 (estende a competência da Justiça do Trabalho).

Art. 115. Os Tribunais Regionais do Trabalho compõem-se de, no mínimo, sete juízes, recrutados, quando possível, na respectiva região e nomeados pelo Presidente da República dentre brasileiros com mais de trinta e menos de setenta anos de idade, sendo:

Caput com redação dada pela EC n. 122, de 17.05.2022.

Veja Súmula n. 628, STF.

I – um quinto dentre advogados com mais de dez anos de efetiva atividade profissional e membros do Ministério Público do Trabalho com mais de dez anos de efetivo exercício, observado o disposto no art. 94;

Inciso acrescentado pela EC n. 45, de 08.12.2004.

II – os demais, mediante promoção de juízes do trabalho por antiguidade e merecimento, alternadamente.

Inciso acrescentado pela EC n. 45, de 08.12.2004.

§ 1º Os Tribunais Regionais do Trabalho instalarão a justiça itinerante, com a realização de audiências e demais funções de atividade jurisdicional, nos limites territoriais da respectiva jurisdição, servindo-se de equipamentos públicos e comunitários.

Antigo parágrafo único renumerado e com redação dada pela EC n. 45, de 08.12.2004.

§ 2º Os Tribunais Regionais do Trabalho poderão funcionar descentralizadamente, constituindo Câmaras regionais, a fim de assegurar o pleno acesso do jurisdicionado à justiça em todas as fases do processo.

Parágrafo acrescentado pela EC n. 45, de 08.12.2004.

Art. 116. Nas Varas do Trabalho, a jurisdição será exercida por um juiz singular.

Caput com redação dada pela EC n. 24, de 09.12.1999.

Parágrafo único. (*Revogado pela EC n. 24, de 09.12.1999.*)

Art. 117. (*Revogado pela EC n. 24, de 09.12.1999.*)

Seção VI
Dos Tribunais e Juízes Eleitorais

Art. 118. São órgãos da Justiça Eleitoral:

I – o Tribunal Superior Eleitoral;

II – os Tribunais Regionais Eleitorais;

III – os Juízes Eleitorais;

IV – as Juntas Eleitorais.

Art. 119. O Tribunal Superior Eleitoral compor-se-á, no mínimo, de sete membros, escolhidos:

I – mediante eleição, pelo voto secreto:

a) três juízes dentre os Ministros do Supremo Tribunal Federal;

b) dois juízes dentre os Ministros do Superior Tribunal de Justiça;

II – por nomeação do Presidente da República, dois juízes dentre seis advogados de notável saber jurídico e idoneidade moral, indicados pelo Supremo Tribunal Federal.

Parágrafo único. O Tribunal Superior Eleitoral elegerá seu Presidente e o Vice-Presidente dentre os Ministros do Supremo Tribunal Federal, e o Corregedor Eleitoral dentre os Ministros do Superior Tribunal de Justiça.

Art. 120. Haverá um Tribunal Regional Eleitoral na Capital de cada Estado e no Distrito Federal.

§ 1º Os Tribunais Regionais Eleitorais compor-se-ão:

I – mediante eleição, pelo voto secreto:

a) de dois juízes dentre os desembargadores do Tribunal de Justiça;

b) de dois juízes, dentre juízes de direito, escolhidos pelo Tribunal de Justiça;

II – de um juiz do Tribunal Regional Federal com sede na Capital do Estado ou no Distrito Federal, ou, não havendo, de juiz federal, escolhido, em qualquer caso, pelo Tribunal Regional Federal respectivo;

III – por nomeação, pelo Presidente da República, de dois juízes dentre seis advogados de notável saber jurídico e idoneidade moral, indicados pelo Tribunal de Justiça.

Veja Lei n. 11.697, de 13.06.2008 (organização judiciária do Distrito Federal e Territórios).

§ 2º O Tribunal Regional Eleitoral elegerá seu Presidente e o Vice-Presidente dentre os desembargadores.

Art. 121. Lei complementar disporá sobre a organização e competência dos tribunais, dos juízes de direito e das juntas eleitorais.

Veja arts. 22, 23, 29, 34 e 40, CE.

Veja Súmula n. 368, STJ.

§ 1º Os membros dos tribunais, os juízes de direito e os integrantes das juntas eleitorais, no exercício de suas funções, e no que lhes for aplicável, gozarão de plenas garantias e serão inamovíveis.

§ 2º Os juízes dos tribunais eleitorais, salvo motivo justificado, servirão por dois anos, no mínimo, e nunca por mais de dois biênios consecutivos, sendo os substitutos escolhidos na mesma ocasião e pelo mesmo processo, em número igual para cada categoria.

§ 3º São irrecorríveis as decisões do Tribunal Superior Eleitoral, salvo as que contrariarem esta Constituição e as denegatórias de *habeas corpus* ou mandado de segurança.

§ 4º Das decisões dos Tribunais Regionais Eleitorais somente caberá recurso quando:

I – forem proferidas contra disposição expressa desta Constituição ou de lei;

II – ocorrer divergência na interpretação de lei entre dois ou mais tribunais eleitorais;

III – versarem sobre inelegibilidade ou expedição de diplomas nas eleições federais ou estaduais;

IV – anularem diplomas ou decretarem a perda de mandatos eletivos federais ou estaduais;

V – denegarem *habeas corpus*, mandado de segurança, *habeas data* ou mandado de injunção.

Seção VII
Dos Tribunais e Juízes Militares

Art. 122. São órgãos da Justiça Militar:

I – o Superior Tribunal Militar;

II – os Tribunais e Juízes Militares instituídos por lei.

Veja Leis n. 8.457, de 04.09.1992, e n. 9.283, de 13.06.1996.

Art. 123. O Superior Tribunal Militar compor-se-á de quinze Ministros vitalícios, nomeados pelo Presidente da República, depois de aprovada a indicação pelo Senado Federal, sendo três dentre oficiais-generais da Marinha, quatro dentre oficiais-generais do Exército, três dentre oficiais-generais da Aeronáutica, todos da ativa e do posto mais elevado da carreira, e cinco dentre civis.

Parágrafo único. Os Ministros civis serão escolhidos pelo Presidente da República dentre brasileiros com mais de trinta e cinco e menos de setenta anos de idade, sendo:

Parágrafo com redação dada pela EC n. 122, de 17.05.2022.

I – três dentre advogados de notório saber jurídico e conduta ilibada, com mais de dez anos de efetiva atividade profissional;

II – dois, por escolha paritária, dentre juízes auditores e membros do Ministério Público da Justiça Militar.

Art. 124. À Justiça Militar compete processar e julgar os crimes militares definidos em lei.

Veja CPPM.

Veja Lei n. 8.236, de 20.09.1991 (altera disposições do CPPM e da Lei de Organização Judiciária Militar).

Parágrafo único. A lei disporá sobre a organização, o funcionamento e a competência, da Justiça Militar.

Veja Leis n. 8.457, de 04.09.1992, n. 9.283, de 13.06.1996, e n. 10.445, de 07.05.2002.

Seção VIII
Dos Tribunais e Juízes dos Estados

Art. 125. Os Estados organizarão sua Justiça, observados os princípios estabelecidos nesta Constituição.

§ 1º A competência dos tribunais será definida na Constituição do Estado, sendo a lei de organização judiciária de iniciativa do Tribunal de Justiça.

Veja art. 70, ADCT.

Veja Súmula n. 721, STF.

Veja Súmula vinculante n. 45, STF.

§ 2º Cabe aos Estados a instituição de representação de inconstitucionalidade de leis ou atos normativos estaduais ou municipais em face da Constituição Estadual, vedada a atribuição da legitimação para agir a um único órgão.

Veja art. 103, I a IX, CF.

§ 3º A lei estadual poderá criar, mediante proposta do Tribunal de Justiça, a Justiça Militar estadual, constituída, em primeiro grau, pelos juízes de direito e pelos Conselhos de Justiça e, em segundo grau, pelo próprio Tribunal de Justiça, ou por Tribunal de Justiça Militar nos Estados em que o efetivo militar seja superior a vinte mil integrantes.

Parágrafo com redação dada pela EC n. 45, de 08.12.2004.

§ 4º Compete à Justiça Militar estadual processar e julgar os militares dos Estados, nos crimes militares definidos em lei e as ações judiciais contra atos disciplinares militares, ressalvada a competência do júri quando a vítima for civil, cabendo ao tribunal competente decidir sobre a perda do posto e da patente dos oficiais e da graduação das praças.

Parágrafo com redação dada pela EC n. 45, de 08.12.2004.

Veja Súmula n. 673, STF.

§ 5º Compete aos juízes de direito do juízo militar processar e julgar, singularmente, os crimes militares cometidos contra civis e as ações judiciais contra atos disciplinares militares, cabendo ao Conselho de Justiça, sob a presidência de juiz de direito, processar e julgar os demais crimes militares.

Parágrafo acrescentado pela EC n. 45, de 08.12.2004.

§ 6º O Tribunal de Justiça poderá funcionar descentralizadamente, constituindo Câmaras regionais, a fim de assegurar o pleno acesso do jurisdicionado à justiça em todas as fases do processo.

Parágrafo acrescentado pela EC n. 45, de 08.12.2004.

§ 7º O Tribunal de Justiça instalará a justiça itinerante, com a realização de audiências e demais funções da atividade jurisdicional, nos limites territoriais da respectiva jurisdição, servindo-se de equipamentos públicos e comunitários.

Parágrafo acrescentado pela EC n. 45, de 08.12.2004.

Art. 126. Para dirimir conflitos fundiários, o Tribunal de Justiça proporá a criação de varas especializadas, com competência exclusiva para questões agrárias.

Caput com redação dada pela EC n. 45, de 08.12.2004.

Parágrafo único. Sempre que necessário à eficiente prestação jurisdicional, o juiz far-se-á presente no local do litígio.

CAPÍTULO IV
DAS FUNÇÕES ESSENCIAIS À JUSTIÇA

Seção I
Do Ministério Público

Veja Lei n. 8.625, de 12.02.1993 (Lei Orgânica Nacional do MP).

Veja LC n. 75, de 20.05.1993 (Estatuto do MP da União).

Art. 127. O Ministério Público é instituição permanente, essencial à função jurisdicional do Estado, incumbindo-lhe a defesa da ordem jurídica, do regime democrático e dos interesses sociais e individuais indisponíveis.

Veja arts. 1º, 5º e 60, § 4º, I, III e IV, CF.

Veja Súmula n. 601, STJ.

§ 1º São princípios institucionais do Ministério Público a unidade, a indivisibilidade e a independência funcional.

§ 2º Ao Ministério Público é assegurada autonomia funcional e administrativa, podendo, observado o disposto no art. 169, propor ao Poder Legislativo a criação e extinção de seus cargos e serviços auxiliares, provendo-os por concurso público de provas ou de provas e títulos, a política remuneratória e os planos de carreira; a lei disporá sobre sua organização e funcionamento.

Parágrafo com redação dada pela EC n. 19, de 04.06.1998.

Veja Lei n. 8.625, de 12.02.1993 (Lei Orgânica Nacional do MP).

Veja LC n. 75, de 20.05.1993 (organização, atribuições e Estatuto do MP da União).

Veja Lei n. 12.042, de 08.10.2009 (revisão do subsídio do Procurador-Geral da República).

§ 3º O Ministério Público elaborará sua proposta orçamentária dentro dos limites estabelecidos na lei de diretrizes orçamentárias.

Veja art. 3º, § 3º, LC n. 200, de 30.08.2023.

§ 4º Se o Ministério Público não encaminhar a respectiva proposta orçamentária dentro do prazo estabelecido na lei de diretrizes orçamentárias, o Poder Executivo considerará, para fins de consolidação da proposta orçamentária anual, os valores aprovados na lei orçamentária vigente, ajustados de acordo com os limites estipulados na forma do § 3º.

Parágrafo acrescentado pela EC n. 45, de 08.12.2004.

§ 5º Se a proposta orçamentária de que trata este artigo for encaminhada em desacordo com os limites estipulados na forma do § 3º, o Poder Executivo procederá aos ajustes necessários para fins de consolidação da proposta orçamentária anual.

Parágrafo acrescentado pela EC n. 45, de 08.12.2004.

§ 6º Durante a execução orçamentária do exercício, não poderá haver a realização de despesas ou a assunção de obrigações que extrapolem os limites estabelecidos na lei de diretrizes orçamentárias, exceto se previamente autorizadas, mediante a abertura de créditos suplementares ou especiais.

Parágrafo acrescentado pela EC n. 45, de 08.12.2004.

Art. 128. O Ministério Público abrange:

I – o Ministério Público da União, que compreende:

a) o Ministério Público Federal;

b) o Ministério Público do Trabalho;

c) o Ministério Público Militar;

d) o Ministério Público do Distrito Federal e Territórios;

II – os Ministérios Públicos dos Estados.

§ 1º O Ministério Público da União tem por chefe o Procurador-Geral da República, nomeado pelo Presidente da República dentre integrantes da carreira, maiores de trinta e cinco anos, após a aprovação de seu nome pela maioria absoluta dos membros do Senado Federal, para mandato de dois anos, permitida a recondução.

Veja arts. 52, II e parágrafo único, e 102, I, *b*, CF.

§ 2º A destituição do Procurador-Geral da República, por iniciativa do Presidente da República, deverá ser precedida de autorização da maioria absoluta do Senado Federal.

§ 3º Os Ministérios Públicos dos Estados e o do Distrito Federal e Territórios formarão lista tríplice dentre integrantes da carreira, na forma da lei respectiva, para escolha de seu Procurador-Geral, que será nomeado pelo Chefe do Poder Executivo, para mandato de dois anos, permitida uma recondução.

Veja Lei n. 8.625, de 12.02.1993 (Lei Orgânica Nacional do MP).

§ 4º Os Procuradores-Gerais nos Estados e no Distrito Federal e Territórios poderão ser destituídos por deliberação da maioria absoluta do Poder Legislativo, na forma da lei complementar respectiva.

Veja LC n. 75, de 20.05.1993 (Estatuto do MP).

§ 5º Leis complementares da União e dos Estados, cuja iniciativa é facultada aos respectivos Procuradores-Gerais, estabelecerão a organização, as atribuições e o estatuto de cada Ministério Público, observadas, relativamente a seus membros:

Veja LC n. 75, de 20.05.1993 (Estatuto do MP).

I – as seguintes garantias:

a) vitaliciedade, após dois anos de exercício, não podendo perder o cargo senão por sentença judicial transitada em julgado;

b) inamovibilidade, salvo por motivo de interesse público, mediante decisão do órgão colegiado competente do Ministério Público, pelo voto da maioria absoluta de seus membros, assegurada ampla defesa;

Alínea com redação dada pela EC n. 45, de 08.12.2004.

c) irredutibilidade de subsídio, fixado na forma do art. 39, § 4º, e ressalvado o disposto nos arts. 37, X e XI, 150, II, 153, III, 153, § 2º, I;

Alínea com redação dada pela EC n. 19, de 04.06.1998.

Veja Lei n. 12.042, de 08.10.2009 (revisão do subsídio do Procurador-Geral da República).

Veja Lei n. 12.770, de 28.12.2012.

II – as seguintes vedações:

a) receber, a qualquer título e sob qualquer pretexto, honorários, percentagens ou custas processuais;

b) exercer a advocacia;

c) participar de sociedade comercial, na forma da lei;

d) exercer, ainda que em disponibilidade, qualquer outra função pública, salvo uma de magistério;

e) exercer atividade político-partidária;

Alínea com redação dada pela EC n. 45, de 08.12.2004.

f) receber, a qualquer título ou pretexto, auxílios ou contribuições de pessoas físicas, entidades públicas ou privadas, ressalvadas as exceções previstas em lei.

Alínea acrescentada pela EC n. 45, de 08.12.2004.

§ 6º Aplica-se aos membros do Ministério Público o disposto no art. 95, parágafo único, V.

Parágrafo acrescentado pela EC n. 45, de 08.12.2004.

Art. 129. São funções institucionais do Ministério Público:

I – promover, privativamente, a ação penal pública, na forma da lei;

Veja art. 5º, LIX, CF.

Veja art. 100, § 1º, CP.

Veja art. 24, CPP.

Veja Lei n. 8.625, de 12.02.1993 (Lei Orgânica Nacional do MP).

Veja Súmula vinculante n. 24, STF.

Veja Súmula n. 234, STJ.

II – zelar pelo efetivo respeito dos Poderes Públicos e dos serviços de relevância pública aos direitos assegurados nesta Constituição, promovendo as medidas necessárias a sua garantia;

Veja art. 197, CF.
Veja Lei n. 7.347, de 24.07.1985 (ação civil pública).
Veja Lei n. 10.001, de 04.09.2000 (prioridade do MP em feitos derivados de Comissões Parlamentares de Inquérito).
Veja Súmula n. 643, STF.
Veja Súmulas n. 329, STJ.

III – promover o inquérito civil e a ação civil pública, para a proteção do patrimônio público e social, do meio ambiente e de outros interesses difusos e coletivos;

Veja arts. 5º, LXXIII, e 37, § 4º, CF.
Veja Lei n. 7.347, de 24.07.1985 (ação civil pública).
Veja Lei n. 8.429, de 02.06.1992 (improbidade administrativa).
Veja Súmula n. 601, STJ.

IV – promover a ação de inconstitucionalidade ou representação para fins de intervenção da União e dos Estados, nos casos previstos nesta Constituição;

Veja arts. 34 e 36, CF.

V – defender judicialmente os direitos e interesses das populações indígenas;

Veja arts. 231 e 232, CF.

VI – expedir notificações nos procedimentos administrativos de sua competência, requisitando informações e documentos para instruí-los, na forma da lei complementar respectiva;

Veja Lei n. 8.625, de 12.02.1993 (Lei Orgânica Nacional do MP).

VII – exercer o controle externo da atividade policial, na forma da lei complementar mencionada no artigo anterior;

Veja Lei n. 8.625, de 12.02.1993 (Lei Orgânica Nacional do MP).

VIII – requisitar diligências investigatórias e a instauração de inquérito policial, indicados os fundamentos jurídicos de suas manifestações processuais;

IX – exercer outras funções que lhe forem conferidas, desde que compatíveis com sua finalidade, sendo-lhe vedada a representação judicial e a consultoria jurídica de entidades públicas.

§ 1º A legitimação do Ministério Público para as ações civis previstas neste artigo não impede a de terceiros, nas mesmas hipóteses, segundo o disposto nesta Constituição e na lei.

Veja Lei n. 7.347, de 24.07.1985 (ação civil pública).
Veja Lei n. 8.429, de 02.06.1992 (improbidade administrativa).

§ 2º As funções do Ministério Público só podem ser exercidas por integrantes da carreira, que deverão residir na comarca da respectiva lotação, salvo autorização do chefe da instituição.

Parágrafo com redação dada pela EC n. 45, de 08.12.2004.

§ 3º O ingresso na carreira do Ministério Público far-se-á mediante concurso público de provas e títulos, assegurada a participação da Ordem dos

Advogados do Brasil em sua realização, exigindo-se do bacharel em direito, no mínimo, três anos de atividade jurídica e observando-se, nas nomeações, a ordem de classificação.

Parágrafo com redação dada pela EC n. 45, de 08.12.2004.

§ 4º Aplica-se ao Ministério Público, no que couber, o disposto no art. 93.

Parágrafo com redação dada pela EC n. 45, de 08.12.2004.

§ 5º A distribuição de processos no Ministério Público será imediata.

Parágrafo acrescentado pela EC n. 45, de 08.12.2004.

Art. 130. Aos membros do Ministério Público junto aos Tribunais de Contas aplicam-se as disposições desta seção pertinentes a direitos, vedações e forma de investidura.

Art. 130-A. O Conselho Nacional do Ministério Público compõe-se de quatorze membros nomeados pelo Presidente da República, depois de aprovada a escolha pela maioria absoluta do Senado Federal, para um mandato de dois anos, admitida uma recondução, sendo:

Caput e incisos acrescentados pela EC n. 45, de 08.12.2004.

I – o Procurador-Geral da República, que o preside;

II – quatro membros do Ministério Público da União, assegurada a representação de cada uma de suas carreiras;

III – três membros do Ministério Público dos Estados;

IV – dois juízes, indicados um pelo Supremo Tribunal Federal e outro pelo Superior Tribunal de Justiça;

V – dois advogados, indicados pelo Conselho Federal da Ordem dos Advogados do Brasil;

VI – dois cidadãos de notável saber jurídico e reputação ilibada, indicados um pela Câmara dos Deputados e outro pelo Senado Federal.

§ 1º Os membros do Conselho oriundos do Ministério Público serão indicados pelos respectivos Ministérios Públicos, na forma da lei.

Parágrafo acrescentado pela EC n. 45, de 08.12.2004.

Veja Lei n. 11.372, de 28.11.2006 (regulamentação).

§ 2º Compete ao Conselho Nacional do Ministério Público o controle da atuação administrativa e financeira do Ministério Público e do cumprimento dos deveres funcionais de seus membros, cabendo-lhe:

Parágrafo acrescentado pela EC n. 45, de 08.12.2004.

I – zelar pela autonomia funcional e administrativa do Ministério Público, podendo expedir atos regulamentares, no âmbito de sua competência, ou recomendar providências;

Inciso acrescentado pela EC n. 45, de 08.12.2004.

II – zelar pela observância do art. 37 e apreciar, de ofício ou mediante provocação, a legalidade dos atos administrativos praticados por membros ou órgãos do Ministério Público da União e dos Estados, podendo desconstituí-los, revê-los ou fixar prazo para que se adotem as providências necessárias ao exato cumprimento da lei, sem prejuízo da competência dos Tribunais de Contas;

Inciso acrescentado pela EC n. 45, de 08.12.2004.

III – receber e conhecer das reclamações contra membros ou órgãos do Ministério Público da União ou dos Estados, inclusive contra seus serviços auxiliares, sem prejuízo da competência disciplinar e correicional da instituição, podendo avocar processos disciplinares em curso, determinar a remoção ou a disponibilidade e aplicar outras sanções administrativas, assegurada ampla defesa;

Inciso com redação dada pela EC n. 103, de 12.11.2019.

IV – rever, de ofício ou mediante provocação, os processos disciplinares de membros do Ministério Público da União ou dos Estados julgados há menos de um ano;

Inciso acrescentado pela EC n. 45, de 08.12.2004.

V – elaborar relatório anual, propondo as providências que julgar necessárias sobre a situação do Ministério Público no País e as atividades do Conselho, o qual deve integrar a mensagem prevista no art. 84, XI.

Inciso acrescentado pela EC n. 45, de 08.12.2004.

§ 3º O Conselho escolherá, em votação secreta, um Corregedor nacional, dentre os membros do Ministério Público que o integram, vedada a recondução, competindo-lhe, além das atribuições que lhe forem conferidas pela lei, as seguintes:

Parágrafo e incisos acrescentados pela EC n. 45, de 08.12.2004.

I – receber reclamações e denúncias, de qualquer interessado, relativas aos membros do Ministério Público e dos seus serviços auxiliares;

II – exercer funções executivas do Conselho, de inspeção e correição geral;

III – requisitar e designar membros do Ministério Público, delegando-lhes atribuições, e requisitar servidores de órgãos do Ministério Público.

§ 4º O Presidente do Conselho Federal da Ordem dos Advogados do Brasil oficiará junto ao Conselho.

Parágrafo acrescentado pela EC n. 45, de 08.12.2004.

§ 5º Leis da União e dos Estados criarão ouvidorias do Ministério Público, competentes para receber reclamações e denúncias de qualquer interessado contra membros ou órgãos do Ministério Público, inclusive contra seus serviços auxiliares, representando diretamente ao Conselho Nacional do Ministério Público.

Parágrafo acrescentado pela EC n. 45, de 08.12.2004.

Seção II
Da Advocacia Pública

Seção com denominação dada pela EC n. 19, de 04.06.1998.

Art. 131. A Advocacia-Geral da União é a instituição que, diretamente ou através de órgão vinculado, representa a União, judicial e extrajudicialmente, cabendo-lhe, nos termos da lei complementar que dispuser sobre sua organização e funcionamento, as atividades de consultoria e assessoramento jurídico do Poder Executivo.

Veja art. 29, ADCT.
Veja LC n. 73, de 10.02.1993 (Lei Orgânica da Advocacia-Geral da União).
Veja Leis n. 9.028, de 12.04.1995, n. 9.469, de 10.07.1997, e n. 9.704, de 17.11.1998.
Veja Súmula n. 644, STF.

§ 1º A Advocacia-Geral da União tem por chefe o Advogado-Geral da União, de livre nomeação pelo Presidente da República dentre cidadãos maiores de trinta e cinco anos, de notável saber jurídico e reputação ilibada.

Veja arts. 84, XVI, e 103, § 3º, CF.

§ 2º O ingresso nas classes iniciais das carreiras da instituição de que trata este artigo far-se-á mediante concurso público de provas e títulos.

§ 3º Na execução da dívida ativa de natureza tributária, a representação da União cabe à Procuradoria-Geral da Fazenda Nacional, observado o disposto em lei.

Veja LC n. 73, de 10.02.1993 (Lei Orgânica da Advocacia-Geral da União).
Veja Súmula n. 139, STJ.

Art. 132. Os Procuradores dos Estados e do Distrito Federal, organizados em carreira, na qual o ingresso dependerá de concurso público de provas e títulos, com a participação da Ordem dos Advogados do Brasil em todas as suas fases, exercerão a representação judicial e a consultoria jurídica das respectivas unidades federadas.

Caput com redação dada pela EC n. 19, de 04.06.1998.

Parágrafo único. Aos procuradores referidos neste artigo é assegurada estabilidade após 3 (três) anos de efetivo exercício, mediante avaliação de desempenho perante os órgãos próprios, após relatório circunstanciado das corregedorias.

Parágrafo acrescentado pela EC n. 19, de 04.06.1998.

Seção III
Da Advocacia

Seção com denominação dada pela EC n. 80, de 04.06.2014.

Art. 133. O advogado é indispensável à administração da justiça, sendo inviolável por seus atos e manifestações no exercício da profissão, nos limites da lei.

Veja ADIn n. 1.194.
Veja art. 5º, XIII e LXXIV, CF.
Veja EAOAB.
Veja Súmula vinculante n. 14, STF.
Veja Súmula n. 345, STJ.

Seção IV
Da Defensoria Pública

Seção acrescentada pela EC n. 80, de 04.06.2014.

Art. 134. A Defensoria Pública é instituição permanente, essencial à função jurisdicional do Estado, incumbindo-lhe, como expressão e instrumento do regime democrático, fundamentalmente, a orientação jurídica, a promoção dos direitos humanos e a defesa, em todos os graus, judicial e extrajudicial, dos direitos individuais e coletivos, de forma integral e gratuita, aos necessitados, na forma do inciso LXXIV do art. 5º desta Constituição Federal.

Caput com redação dada pela EC n. 80, de 04.06.2014.

Veja arts. 21, XIII, e 22, XVII, CF.

Veja LC n. 80, de 12.01.1994 (Lei Orgânica da Defensoria Pública da União).

§ 1º Lei Complementar organizará a Defensoria Pública da União e do Distrito Federal e dos Territórios e prescreverá normas gerais para sua organização nos Estados, em cargos de carreira, providos, na classe inicial, mediante concurso público de provas e títulos, assegurada a seus integrantes a garantia da inamovibilidade e vedado o exercício da advocacia fora das atribuições institucionais.

Antigo parágrafo único renumerado pela EC n. 45, de 08.12.2004.

Veja art. 22, ADCT.

Veja LCs n. 80, de 12.01.1994 (organiza a Defensoria Pública da União, do Distrito Federal e dos Territórios), e n. 98, de 03.12.1999.

§ 2º Às Defensorias Públicas Estaduais são asseguradas autonomia funcional e administrativa e a iniciativa de sua proposta orçamentária dentro dos limites estabelecidos na lei de diretrizes orçamentárias e subordinação ao disposto no art. 99, § 2º.

Parágrafo acrescentado pela EC n. 45, de 08.12.2004.

§ 3º Aplica-se o disposto no § 2º às Defensorias Públicas da União e do Distrito Federal.

Parágrafo acrescentado pela EC n. 74, de 06.08.2013.

Veja art. 3º, § 3º, LC n. 200, de 30.08.2023.

§ 4º São princípios institucionais da Defensoria Pública a unidade, a indivisibilidade e a independência funcional, aplicando-se também, no que couber, o disposto no art. 93 e no inciso II do art. 96 desta Constituição Federal.

Parágrafo acrescentado pela EC n. 80, de 04.06.2014.

Art. 135. Os servidores integrantes das carreiras disciplinadas nas Seções II e III deste Capítulo serão remunerados na forma do art. 39, § 4º.

Artigo com redação dada pela EC n. 19, de 04.06.1998.

TÍTULO V
DA DEFESA DO ESTADO E DAS INSTITUIÇÕES DEMOCRÁTICAS

CAPÍTULO I
DO ESTADO DE DEFESA E DO ESTADO DE SÍTIO

Seção I
Do Estado de Defesa

Art. 136. O Presidente da República pode, ouvidos o Conselho da República e o Conselho de Defesa Nacional, decretar estado de defesa para preservar ou prontamente restabelecer, em locais restritos e determinados, a ordem pública ou a paz social ameaçadas por grave e iminente instabilidade institucional ou atingidas por calamidades de grandes proporções na natureza.

Veja arts. 89 a 91, CF.

Veja Lei n. 8.041, de 05.06.1990 (Conselho da República).

Veja Lei n. 8.183, de 11.04.1991 (Conselho de Defesa Nacional).

§ 1º O decreto que instituir o estado de defesa determinará o tempo de sua duração, especificará as áreas a serem abrangidas e indicará, nos termos e limites da lei, as medidas coercitivas a vigorarem, dentre as seguintes:

I – restrições aos direitos de:

a) reunião, ainda que exercida no seio das associações;

b) sigilo de correspondência;

c) sigilo de comunicação telegráfica e telefônica;

II – ocupação e uso temporário de bens e serviços públicos, na hipótese de calamidade pública, respondendo a União pelos danos e custos decorrentes.

§ 2º O tempo de duração do estado de defesa não será superior a trinta dias, podendo ser prorrogado uma vez, por igual período, se persistirem as razões que justificaram a sua decretação.

§ 3º Na vigência do estado de defesa:

I – a prisão por crime contra o Estado, determinada pelo executor da medida, será por este comunicada imediatamente ao juiz competente, que a relaxará, se não for legal, facultado ao preso requerer exame de corpo de delito à autoridade policial;

II – a comunicação será acompanhada de declaração, pela autoridade, do estado físico e mental do detido no momento de sua autuação;

III – a prisão ou detenção de qualquer pessoa não poderá ser superior a dez dias, salvo quando autorizada pelo Poder Judiciário;

IV – é vedada a incomunicabilidade do preso.

§ 4º Decretado o estado de defesa ou sua prorrogação, o Presidente da República, dentro de vinte e quatro horas, submeterá o ato com a respectiva justificação ao Congresso Nacional, que decidirá por maioria absoluta.

§ 5º Se o Congresso Nacional estiver em recesso, será convocado, extraordinariamente, no prazo de cinco dias.

§ 6º O Congresso Nacional apreciará o decreto dentro de dez dias contados de seu recebimento, devendo continuar funcionando enquanto vigorar o estado de defesa.

§ 7º Rejeitado o decreto, cessa imediatamente o estado de defesa.

Seção II
Do Estado de Sítio

Art. 137. O Presidente da República pode, ouvidos o Conselho da República e o Conselho de Defesa Nacional, solicitar ao Congresso Nacional autorização para decretar o estado de sítio nos casos de:

I – comoção grave de repercussão nacional ou ocorrência de fatos que comprovem a ineficácia de medida tomada durante o estado de defesa;

Veja arts. 138, § 1º, e 139, CF.

II – declaração de estado de guerra ou resposta a agressão armada estrangeira.

Parágrafo único. O Presidente da República, ao solicitar autorização para decretar o estado de sítio ou sua prorrogação, relatará os motivos determinantes do pedido, devendo o Congresso Nacional decidir por maioria absoluta.

Art. 138. O decreto do estado de sítio indicará sua duração, as normas necessárias a sua execução e as garantias constitucionais que ficarão suspensas, e, depois de publicado, o Presidente da República designará o executor das medidas específicas e as áreas abrangidas.

§ 1º O estado de sítio, no caso do art. 137, I, não poderá ser decretado por mais de trinta dias, nem prorrogado, de cada vez, por prazo superior; no do inciso II, poderá ser decretado por todo o tempo que perdurar a guerra ou a agressão armada estrangeira.

§ 2º Solicitada autorização para decretar o estado de sítio durante o recesso parlamentar, o Presidente do Senado Federal, de imediato, convocará extraordinariamente o Congresso Nacional para se reunir dentro de cinco dias, a fim de apreciar o ato.

§ 3º O Congresso Nacional permanecerá em funcionamento até o término das medidas coercitivas.

Art. 139. Na vigência do estado de sítio decretado com fundamento no art. 137, I, só poderão ser tomadas contra as pessoas as seguintes medidas:

I – obrigação de permanência em localidade determinada;

II – detenção em edifício não destinado a acusados ou condenados por crimes comuns;

III – restrições relativas à inviolabilidade da correspondência, ao sigilo das comunicações, à prestação de informações e à liberdade de imprensa, radiodifusão e televisão, na forma da lei;

Veja Lei n. 9.296, de 24.07.1996 (regulamenta o inciso XII, parte final, do art. 5º da CF).

IV – suspensão da liberdade de reunião;

V – busca e apreensão em domicílio;

VI – intervenção nas empresas de serviços públicos;

VII – requisição de bens.

Parágrafo único. Não se inclui nas restrições do inciso III a difusão de pronunciamentos de parlamentares efetuados em suas Casas Legislativas, desde que liberada pela respectiva Mesa.

Seção III
Disposições Gerais

Art. 140. A Mesa do Congresso Nacional, ouvidos os líderes partidários, designará Comissão composta de cinco de seus membros para acompanhar e fiscalizar a execução das medidas referentes ao estado de defesa e ao estado de sítio.

Art. 141. Cessado o estado de defesa ou o estado de sítio, cessarão também seus efeitos, sem prejuízo da responsabilidade pelos ilícitos cometidos por seus executores ou agentes.

Parágrafo único. Logo que cesse o estado de defesa ou o estado de sítio, as medidas aplicadas em sua vigência serão relatadas pelo Presidente da República, em mensagem ao Congresso Nacional, com especificação e justificação das providências adotadas, com relação nominal dos atingidos, e indicação das restrições aplicadas.

CAPÍTULO II
DAS FORÇAS ARMADAS

Art. 142. As Forças Armadas, constituídas pela Marinha, pelo Exército e pela Aeronáutica, são instituições nacionais permanentes e regulares, organizadas com base na hierarquia e na disciplina, sob a autoridade suprema do Presidente da República, e destinam-se à defesa da Pátria, à garantia dos poderes constitucionais e, por iniciativa de qualquer destes, da lei e da ordem.

Veja arts. 42, 84, XIII, e 201, § 9º-A, CF.

Veja arts. 12, *caput*, 14, § 4º, 24, § 1º, I a III, e 26, *caput* e § 6º, EC n. 103, de 12.11.2019.

Veja art. 121, § 2º, VII, CP.

Veja arts. 14-A, § 6º, CPP.

Veja art. 16-A, CPPM.

Veja Lei n. 8.071, de 17.07.1990.

§ 1º Lei complementar estabelecerá as normas gerais a serem adotadas na organização, no preparo e no emprego das Forças Armadas.

Veja LC n. 97, de 09.06.1999 (organização, preparo e emprego das Forças Armadas).

§ 2º Não caberá *habeas corpus* em relação a punições disciplinares militares.

Veja arts. 5º, LXVIII, 42, § 1º, e 142, § 1º, CF.

§ 3º Os membros das Forças Armadas são denominados militares, aplicando-se-lhes, além das que vierem a ser fixadas em lei, as seguintes disposições:

Parágrafo acrescentado pela EC n. 18, de 05.02.1998.

Veja art. 42, § 1º, CF.

Veja LC n. 97, de 09.06.1999 (organização, preparo e emprego das Forças Armadas).

I – as patentes, com prerrogativas, direitos e deveres a elas inerentes, são conferidas pelo Presidente da República e asseguradas em plenitude aos oficiais da ativa, da reserva ou reformados, sendo-lhes privativos os títulos e postos militares e, juntamente com os demais membros, o uso dos uniformes das Forças Armadas;

Inciso acrescentado pela EC n. 18, de 05.02.1998.

II – o militar em atividade que tomar posse em cargo ou emprego público civil permanente, ressalvada a hipótese prevista no art. 37, inciso XVI, alínea *c*, será transferido para a reserva, nos termos da lei;

Inciso com redação dada pela EC n. 77, de 11.02.2014.

III – o militar da ativa que, de acordo com a lei, tomar posse em cargo, emprego ou função pública civil temporária, não eletiva, ainda que da administração indireta, ressalvada a hipótese prevista no art. 37, inciso XVI, alínea *c*, ficará agregado ao respectivo quadro e somente poderá, enquanto permanecer nessa situação, ser promovido por antiguidade, contando-se-lhe o tempo de serviço apenas para aquela promoção e transferência para a reserva, sendo depois de dois anos de afastamento, contínuos ou não, transferido para a reserva, nos termos da lei;

Inciso com redação dada pela EC n. 77, de 11.02.2014.

IV – ao militar são proibidas a sindicalização e a greve;

Inciso acrescentado pela EC n. 18, de 05.02.1998.

V – o militar, enquanto em serviço ativo, não pode estar filiado a partidos políticos;

Inciso acrescentado pela EC n. 18, de 05.02.1998.

VI – o oficial só perderá o posto e a patente se for julgado indigno do oficialato ou com ele incompatível, por decisão de tribunal militar de caráter permanente, em tempo de paz, ou de tribunal especial, em tempo de guerra;

Inciso acrescentado pela EC n. 18, de 05.02.1998.

VII – o oficial condenado na justiça comum ou militar a pena privativa de liberdade superior a 2 (dois) anos, por sentença transitada em julgado, será submetido ao julgamento previsto no inciso anterior;

Inciso acrescentado pela EC n. 18, de 05.02.1998.

VIII – aplica-se aos militares o disposto no art. 7º, incisos VIII, XII, XVII, XVIII, XIX e XXV, e no art. 37, incisos XI, XIII, XIV e XV, bem como, na forma da lei e com prevalência da atividade militar, no art. 37, inciso XVI, alínea *c*;

Inciso com redação dada pela EC n. 77, de 11.02.2014.

IX – (*Revogado pela EC n. 41, de 19.12.2003.*)

X – a lei disporá sobre o ingresso nas Forças Armadas, os limites de idade, a estabilidade e outras condições de transferência do militar para a inatividade, os direitos, os deveres, a remuneração, as prerrogativas e outras situações especiais dos militares, consideradas as peculiaridades de suas atividades, inclusive aquelas cumpridas por força de compromissos internacionais e de guerra.

Inciso acrescentado pela EC n. 18, de 05.02.1998.

Veja arts. 40, § 20, e 42, § 1º, CF.

Veja Súmula vinculante n. 4, STF.

Art. 143. O serviço militar é obrigatório nos termos da lei.

Veja art. 201, § 9º-A, CF.

Veja Lei n. 4.375, de 17.08.1964, regulamentada pelo Decreto n. 57.654, de 20.01.1966.

Veja Súmula vinculante n. 6, STF.

§ 1º Às Forças Armadas compete, na forma da lei, atribuir serviço alternativo aos que, em tempo de paz, após alistados, alegarem imperativo de consciência, entendendo-se como tal o decorrente de crença religiosa e de convicção filosófica ou política, para se eximirem de atividades de caráter essencialmente militar.

Veja art. 5º, VIII, CF.

Veja Lei n. 8.239, de 04.10.1991 (prestação de serviço alternativo ao serviço militar obrigatório).

Veja Súmula vinculante n. 6, STF.

§ 2º As mulheres e os eclesiásticos ficam isentos do serviço militar obrigatório em tempo de paz, sujeitos, porém, a outros encargos que a lei lhes atribuir.

Veja Lei n. 8.239, de 04.10.1991 (prestação de serviço alternativo ao serviço militar obrigatório).

Veja Súmula vinculante n. 6, STF.

CAPÍTULO III
DA SEGURANÇA PÚBLICA

Art. 144. A segurança pública, dever do Estado, direito e responsabilidade de todos, é exercida para a preservação da ordem pública e da incolumidade das pessoas e do patrimônio, através dos seguintes órgãos:

Veja art. 121, § 2º, VII, CP.

Veja art. 14-A e 133-A, *caput*, CPP.

Veja LC n. 97, de 09.06.1999 (organização, preparo e emprego das Forças Armadas).

Veja Lei n. 11.473, de 10.05.2007 (cooperação federativa no âmbito da segurança pública).

Veja art. 9º, *caput*, Lei n. 13.675, de 11.06.2018.

Veja art. 3º-F, Lei n. 13.979, de 06.02.2020.

I – polícia federal;

Veja art. 40, § 4º-B, CF.

Veja arts. 5º, *caput*, e 10, §§ 2º, I, e 6º, EC n. 103, de 12.11.2019.

II – polícia rodoviária federal;

Veja art. 40, § 4º-B, CF.

Veja arts. 5º, *caput*, e 10, §§ 2º, I, e 6º, EC n. 103, de 12.11.2019.

Veja Decreto n. 1.655, de 03.10.1995 (competência da polícia rodoviária federal).

III – polícia ferroviária federal;

Veja art. 40, § 4º-B, CF.

Veja arts. 5º, *caput*, e 10, §§ 2º, I, e 6º, EC n. 103, de 12.11.2019.

IV – polícias civis;

Veja art. 40, § 4º-B, CF.

V – polícias militares e corpos de bombeiros militares;

VI – polícias penais federal, estaduais e distrital.

Inciso acrescentado pela EC n. 104, de 04.12.2019.

§ 1º A polícia federal, instituída por lei como órgão permanente, organizado e mantido pela União e estruturado em carreira, destina-se a:

Parágrafo com redação dada pela EC n. 19, de 04.06.1998.

Veja art. 35, XIII, Lei n. 14.600, de 19.06.2023.

I – apurar infrações penais contra a ordem política e social ou em detrimento de bens, serviços e interesses da União ou de suas entidades autárquicas e empresas públicas, assim como outras infrações cuja prática tenha repercussão interestadual ou internacional e exija repressão uniforme, segundo se dispuser em lei;

Veja Lei n. 8.137, de 27.12.1990 (crimes contra a ordem tributária, econômica e relações de consumo).

Veja Lei n. 10.446, de 08.05.2002 (infrações penais de repercussão interestadual ou internacional).

II – prevenir e reprimir o tráfico ilícito de entorpecentes e drogas afins, o contrabando e o descaminho, sem prejuízo da ação fazendária e de outros órgãos públicos nas respectivas áreas de competência;

Veja Lei n. 11.343, de 23.08.2006 (Sistema Nacional de Políticas Públicas sobre Drogas).

III – exercer as funções de polícia marítima, aeroportuária e de fronteiras;

Inciso com redação dada pela EC n. 19, de 04.06.1998.

Veja Súmula vinculante n. 36, STF.

IV – exercer, com exclusividade, as funções de polícia judiciária da União.

Veja Lei n. 8.137, de 27.12.1990 (crimes contra a ordem tributária, econômica e relações de consumo).

§ 2º A polícia rodoviária federal, órgão permanente, organizado e mantido pela União e estruturado em carreira, destina-se, na forma da lei, ao patrulhamento ostensivo das rodovias federais.

Parágrafo com redação dada pela EC n. 19, de 04.06.1998.

Veja Lei n. 9.654, de 02.06.1998 (policial rodoviário federal).

Veja art. 35, XIV, Lei n. 14.600, de 19.06.2023.

§ 3º A polícia ferroviária federal, órgão permanente, organizado e mantido pela União e estruturado em carreira, destina-se, na forma da lei, ao patrulhamento ostensivo das ferrovias federais.

Parágrafo com redação dada pela EC n. 19, de 04.06.1998.

§ 4º Às polícias civis, dirigidas por delegados de polícia de carreira, incumbem, ressalvada a competência da União, as funções de polícia judiciária e a apuração de infrações penais, exceto as militares.

Veja arts. 7º e 9º, CPPM.

§ 5º Às polícias militares cabem a polícia ostensiva e a preservação da ordem pública; aos corpos de bombeiros militares, além das atribuições definidas em lei, incumbe a execução de atividades de defesa civil.

§ 5º-A. Às polícias penais, vinculadas ao órgão administrador do sistema penal da unidade federativa a que pertencem, cabe a segurança dos estabelecimentos penais.

Parágrafo acrescentado pela EC n. 104, de 04.12.2019.

§ 6º As polícias militares e os corpos de bombeiros militares, forças auxiliares e reserva do Exército subordinam-se, juntamente com as polícias civis e as polícias penais estaduais e distrital, aos Governadores dos Estados, do Distrito Federal e dos Territórios.

Parágrafo com redação dada pela EC n. 104, de 04.12.2019.

Veja arts. 21, XIV, 22, XXI, e 32, § 4º, CF.

§ 7º A lei disciplinará a organização e o funcionamento dos órgãos responsáveis pela segurança pública, de maneira a garantir a eficiência de suas atividades.

Veja Lei n. 11.473, de 10.05.2007 (cooperação federativa no âmbito da segurança pública).

§ 8º Os Municípios poderão constituir guardas municipais destinadas à proteção de seus bens, serviços e instalações, conforme dispuser a lei.

§ 9º A remuneração dos servidores policiais integrantes dos órgãos relacionados neste artigo será fixada na forma do § 4º do art. 39.

Parágrafo acrescentado pela EC n. 19, de 04.06.1998.

§ 10. A segurança viária, exercida para a preservação da ordem pública e da incolumidade das pessoas e do seu patrimônio nas vias públicas:

Parágrafo e incisos acrescentados pela EC n. 82, de 16.07.2014.

I – compreende a educação, engenharia e fiscalização de trânsito, além de outras atividades previstas em lei, que assegurem ao cidadão o direito à mobilidade urbana eficiente; e

II – compete, no âmbito dos Estados, do Distrito Federal e dos Municípios, aos respectivos órgãos ou entidades executivos e seus agentes de trânsito, estruturados em Carreira, na forma da lei.

TÍTULO VI
DA TRIBUTAÇÃO E DO ORÇAMENTO

CAPÍTULO I
DO SISTEMA TRIBUTÁRIO NACIONAL

Seção I
Dos Princípios Gerais

Veja Lei n. 5.172, de 25.10.1966 (CTN).

Veja Lei n. 8.137, de 27.12.1990 (crimes contra a ordem tributária, econômica e as relações de consumo).

Veja Lei n. 8.176, de 08.02.1991 (crimes contra a ordem econômica).

Veja Lei n. 9.430, de 27.12.1996 (legislação tributária federal).

Art. 145. A União, os Estados, o Distrito Federal e os Municípios poderão instituir os seguintes tributos:

Veja arts. 1º a 5º, CTN.

Veja Leis n. 10.426, de 24.04.2002, e n. 10.451, de 10.05.2002.

I – impostos;

Veja arts. 16 a 76, CTN.

II – taxas, em razão do exercício do poder de polícia ou pela utilização, efetiva ou potencial, de serviços públicos específicos e divisíveis, prestados ao contribuinte ou postos a sua disposição;

Veja arts. 77 a 80, CTN.

Veja Súmulas ns. 655 e 670, STF.

Veja Súmulas vinculantes ns. 19 e 41, STF.

III – contribuição de melhoria, decorrente de obras públicas.

Veja arts. 81 e 82, CTN.

§ 1º Sempre que possível, os impostos terão caráter pessoal e serão graduados segundo a capacidade econômica do contribuinte, facultado à administração tributária, especialmente para conferir efetividade a esses objetivos, identificar, respeitados os direitos individuais e nos termos da lei, o patrimônio, os rendimentos e as atividades econômicas do contribuinte.

Veja Leis n. 7.713, de 22.12.1988, n. 8.021, de 12.04.1990, n. 8.383, de 30.12.1991, n. 8.541, de 23.12.1992, n. 8.846, de 21.01.1994, n. 8.848, de 28.01.1994, n. 8.850, de 28.01.1994, e n. 8.981, de 20.01.1995.

§ 2º As taxas não poderão ter base de cálculo própria de impostos.

Veja art. 77, parágrafo único, CTN.

Veja Súmula n. 670, STF.

Veja Súmula vinculante n. 29, STF.

§ 3º O Sistema Tributário Nacional deve observar os princípios da simplicidade, da transparência, da justiça tributária, da cooperação e da defesa do meio ambiente.

Parágrafo acrescentado pela EC n. 132, de 20.12.2023.

§ 4º As alterações na legislação tributária buscarão atenuar efeitos regressivos.

Parágrafo acrescentado pela EC n. 132, de 20.12.2023.

Art. 146. Cabe à lei complementar:

I – dispor sobre conflitos de competência, em matéria tributária, entre a União, os Estados, o Distrito Federal e os Municípios;

Veja arts. 6º a 8º, CTN.

II – regular as limitações constitucionais ao poder de tributar;

Veja arts. 9º a 15, CTN.

Veja art. 1º, LC n. 187, de 16.12.2021.

Veja Súmula n. 352, STJ.

III – estabelecer normas gerais em matéria de legislação tributária, especialmente sobre:

Veja art. 149, CF.

Veja Súmula vinculante n. 8, STF.

a) definição de tributos e de suas espécies, bem como, em relação aos impostos discriminados nesta Constituição, a dos respectivos fatos geradores, bases de cálculo e contribuintes;

Veja LCs n. 77, de 13.07.1993 (IPMF), n. 87, de 13.09.1996 (ICMS), n. 99, de 20.12.1999, n. 102, de 11.07.2000, n. 110, de 29.06.2001 (institui contribuições sociais), n. 114, de 16.12.2002, n. 115, de 26.12.2002, e n. 116, de 31.07.2003 (Imposto sobre Serviços de Qualquer Natureza).

b) obrigação, lançamento, crédito, prescrição e decadência tributários;

Veja art. 1º, *caput*, LC n. 199, de 01.08.2023.

Veja Súmula vinculante n. 8, STF.

c) adequado tratamento tributário ao ato cooperativo praticado pelas sociedades cooperativas, inclusive em relação aos tributos previstos nos arts. 156-A e 195, V;

Alínea com redação dada pela EC n. 132, de 20.12.2023.

d) definição de tratamento diferenciado e favorecido para as microempresas e para as empresas de pequeno porte, inclusive regimes especiais ou simplificados no caso dos impostos previstos nos arts. 155, II, e 156-A, das contribuições sociais previstas no art. 195, I e V, e § 12 e da contribuição a que se refere o art. 239.

Alínea com redação dada pela EC n. 132, de 20.12.2023.

➤ **Em 2027, a redação que vigorará assim dispõe:**

d) *definição de tratamento diferenciado e favorecido para as microempresas e para as empresas de pequeno porte, inclusive regimes especiais ou simplificados no caso dos impostos previstos nos arts. 155, II, e 156-A e das contribuições previstas no art. 195, I e V.*

Alínea com redação dada pela EC n. 132, de 20.12.2023.

➤ **Em 2033, a redação que vigorará assim dispõe:**

d) *definição de tratamento diferenciado e favorecido para as microempresas e para as empresas de pequeno porte, inclusive regimes especiais ou simplificados no caso do imposto previsto no art. 156-A e das contribuições sociais previstas no art. 195, I e V.*

Alínea com redação dada pela EC n. 132, de 20.12.2023.

Veja art. 155, § 2º, XII, *a*, CF.

Veja art. 94, ADCT.

Veja art. 4º, § 2º, I, EC n. 109, de 15.03.2021.

Veja LC n. 123, de 14.12.2006 (Estatuto da Microempresa e da Empresa de Pequeno Porte).

§ 1º A lei complementar de que trata o inciso III, *d*, também poderá instituir um regime único de arrecadação dos impostos e contribuições da União, dos Estados, do Distrito Federal e dos Municípios, observado que:

Antigo parágrafo único renumerado pela EC n. 132, de 20.12.2023, e com redação dada pela EC n. 42, de 19.12.2003.

Veja art. 4º, § 2º, I, EC n. 109, de 15.03.2021.

I – será opcional para o contribuinte;

Inciso acrescentado pela EC n. 42, de 19.12.2003.

II – poderão ser estabelecidas condições de enquadramento diferenciadas por Estado;

Inciso acrescentado pela EC n. 42, de 19.12.2003.

III – o recolhimento será unificado e centralizado e a distribuição da parcela de recursos pertencentes aos respectivos entes federados será imediata, vedada qualquer retenção ou condicionamento;

Inciso acrescentado pela EC n. 42, de 19.12.2003.

Veja art. 3º, § 2º, I, LC n. 200, de 30.08.2023.

IV – a arrecadação, a fiscalização e a cobrança poderão ser compartilhadas pelos entes federados, adotado cadastro nacional único de contribuintes.

Inciso acrescentado pela EC n. 42, de 19.12.2003.

§ 2º É facultado ao optante pelo regime único de que trata o § 1º apurar e recolher os tributos previstos nos arts. 156-A e 195, V, nos termos estabelecidos nesses artigos, hipótese em que as parcelas a eles relativas não serão cobradas pelo regime único.

Parágrafo acrescentado pela EC n. 132, de 20.12.2023.

§ 3º Na hipótese de o recolhimento dos tributos previstos nos arts. 156-A e 195, V, ser realizado por meio do regime único de que trata o § 1º, enquanto perdurar a opção:

Parágrafo acrescentado pela EC n. 132, de 20.12.2023.

I – não será permitida a apropriação de créditos dos tributos previstos nos arts. 156-A e 195, V, pelo contribuinte optante pelo regime único; e

Inciso acrescentado pela EC n. 132, de 20.12.2023.

II – será permitida a apropriação de créditos dos tributos previstos nos arts. 156-A e 195, V, pelo adquirente não optante pelo regime único de que trata o § 1º de bens materiais ou imateriais, inclusive direitos, e de serviços do optante, em montante equivalente ao cobrado por meio do regime único.

Inciso acrescentado pela EC n. 132, de 20.12.2023.

Art. 146-A. Lei complementar poderá estabelecer critérios especiais de tributação, com o objetivo de prevenir desequilíbrios da concorrência, sem prejuízo da competência de a União, por lei, estabelecer normas de igual objetivo.

Artigo acrescentado pela EC n. 42, de 19.12.2003.

Art. 147. Competem à União, em Território Federal, os impostos estaduais e, se o Território não for dividido em Municípios, cumulativamente, os impostos municipais; ao Distrito Federal cabem os impostos municipais.

Art. 148. A União, mediante lei complementar, poderá instituir empréstimos compulsórios:

Veja art. 34, §§ 1º e 12, ADCT.

I – para atender a despesas extraordinárias, decorrentes de calamidade pública, de guerra externa ou sua iminência;

II – no caso de investimento público de caráter urgente e de relevante interesse nacional, observado o disposto no art. 150, III, *b*.

Veja art. 34, § 12, ADCT.

Parágrafo único. A aplicação dos recursos provenientes de empréstimo compulsório será vinculada à despesa que fundamentou sua instituição.

Art. 149. Compete exclusivamente à União instituir contribuições sociais, de intervenção no domínio econômico e de interesse das categorias profissionais ou econômicas, como instrumento de sua atuação nas respectivas áreas, observado o disposto nos arts. 146, III, e 150, I e III, e sem prejuízo do previsto no art. 195, § 6º, relativamente às contribuições a que alude o dispositivo.

Veja art. 34, § 1º, ADCT.

Veja Lei n. 10.336, de 19.12.2001 (Cide).

Veja Súmula n. 516, STJ.

§ 1º A União, os Estados, o Distrito Federal e os Municípios instituirão, por meio de lei, contribuições para custeio de regime próprio de previdência social, cobradas dos servidores ativos, dos aposentados e dos pensionistas, que poderão ter alíquotas progressivas de acordo com o valor da base de contribuição ou dos proventos de aposentadoria e de pensões.

Parágrafo com redação dada pela EC n. 103, de 12.11.2019.

Veja art. 36, II, EC n. 103, de 12.11.2019.

§ 1º-A. Quando houver *deficit* atuarial, a contribuição ordinária dos aposentados e pensionistas poderá incidir sobre o valor dos proventos de aposentadoria e de pensões que supere o salário mínimo.

Parágrafo acrescentado pela EC n. 103, de 12.11.2019.

Veja art. 36, II, EC n. 103, de 12.11.2019.

§ 1º-B. Demonstrada a insuficiência da medida prevista no § 1º-A para equacionar o *deficit* atuarial, é facultada a instituição de contribuição extraordinária, no âmbito da União, dos servidores públicos ativos, dos aposentados e dos pensionistas.

Parágrafo acrescentado pela EC n. 103, de 12.11.2019.

Veja arts. 9º, § 8º, e 36, II, EC n. 103, de 12.11.2019.

§ 1º-C. A contribuição extraordinária de que trata o § 1º-B deverá ser instituída simultaneamente com outras medidas para equacionamento do *deficit* e vigorará por período determinado, contado da data de sua instituição.

Parágrafo acrescentado pela EC n. 103, de 12.11.2019.

Veja arts. 9º, § 8º, e 36, II, EC n. 103, de 12.11.2019.

§ 2º As contribuições sociais e de intervenção no domínio econômico de que trata o *caput* deste artigo:

Parágrafo acrescentado pela EC n. 33, de 11.12.2001.

I – não incidirão sobre as receitas decorrentes de exportação;

Inciso acrescentado pela EC n. 33, de 11.12.2001.

II – incidirão também sobre a importação de produtos estrangeiros ou serviços;

Inciso com redação dada pela EC n. 42, de 19.12.2003.

III – poderão ter alíquotas:

Inciso e alíneas acrescentados pela EC n. 33, de 11.12.2001.

a) *ad valorem*, tendo por base o faturamento, a receita bruta ou o valor da operação e, no caso de importação, o valor aduaneiro;

b) específica, tendo por base a unidade de medida adotada.

§ 3º A pessoa natural destinatária das operações de importação poderá ser equiparada a pessoa jurídica, na forma da lei.

Parágrafo acrescentado pela EC n. 33, de 11.12.2001.

§ 4º A lei definirá as hipóteses em que as contribuições incidirão uma única vez.

Parágrafo acrescentado pela EC n. 33, de 11.12.2001.

Art. 149-A. Os Municípios e o Distrito Federal poderão instituir contribuição, na forma das respectivas leis, para o custeio, a expansão e a melhoria do serviço de iluminação pública e de sistemas de monitoramento para segurança e preservação de logradouros públicos, observado o disposto no art. 150, I e III.

Caput com redação dada pela EC n. 132, de 20.12.2023.

Parágrafo único. É facultada a cobrança da contribuição a que se refere o *caput*, na fatura de consumo de energia elétrica.

Parágrafo acrescentado pela EC n. 39, de 19.12.2002.

Art. 149-B. Os tributos previstos nos arts. 156-A e 195, V, observarão as mesmas regras em relação a:

Artigo acrescentado pela EC n. 132, de 20.12.2023.

I – fatos geradores, bases de cálculo, hipóteses de não incidência e sujeitos passivos;

II – imunidades;

III – regimes específicos, diferenciados ou favorecidos de tributação;

Veja art. 92-B, § 5º, ADCT.

IV – regras de não cumulatividade e de creditamento.

Veja art. 92-B, § 5º, ADCT.

Parágrafo único. Os tributos de que trata o *caput* observarão as imunidades previstas no art. 150, VI, não se aplicando a ambos os tributos o disposto no art. 195, § 7º.

Art. 149-C. O produto da arrecadação do imposto previsto no art. 156-A e da contribuição prevista no art. 195, V, incidentes sobre operações contratadas pela administração pública direta, por autarquias e por fundações públicas, inclusive suas importações, será integralmente destinado ao ente federativo contratante, mediante redução a zero das alíquotas do imposto e da contribuição devidos aos demais entes e equivalente elevação da alíquota do tributo devido ao ente contratante.

Artigo acrescentado pela EC n. 132, de 20.12.2023.

Veja arts. 131, § 1º, e 132, I, ADCT.

§ 1º As operações de que trata o *caput* poderão ter alíquotas reduzidas de modo uniforme, nos termos de lei complementar.

§ 2º Lei complementar poderá prever hipóteses em que não se aplicará o disposto no *caput* e no § 1º.

§ 3º Nas importações efetuadas pela administração pública direta, por autarquias e por fundações públicas, o disposto no art. 150, VI, *a*, será implementado na forma do disposto no *caput* e no § 1º, assegurada a igualdade de tratamento em relação às aquisições internas.

Seção II
Das Limitações do Poder de Tributar

Art. 150. Sem prejuízo de outras garantias asseguradas ao contribuinte, é vedado à União, aos Estados, ao Distrito Federal e aos Municípios:

Veja art. 34, § 1º, ADCT.

I – exigir ou aumentar tributo sem lei que o estabeleça;

Veja arts. 149 e 149-A, CF.

Veja arts. 3º e 97, I e II, CTN.

II – instituir tratamento desigual entre contribuintes que se encontrem em situação equivalente, proibida qualquer distinção em razão de ocupação profissional ou função por eles exercida, independentemente da denominação jurídica dos rendimentos, títulos ou direitos;

Veja arts. 5º, *caput* e § 2º, 27, § 2º, 28, § 2º, 29, V, 37, XV, 48, XV, 49, VII e VIII, 95, III, 98, 128, § 5º, I, *c*, 149 e 149-A, CF.

III – cobrar tributos:

Veja art. 149, CF.

a) em relação a fatos geradores ocorridos antes do início da vigência da lei que os houver instituído ou aumentado;

Veja art. 9º, II, CTN.

b) no mesmo exercício financeiro em que haja sido publicada a lei que os instituiu ou aumentou;

Veja arts. 148, II, 155, § 4º, IV, *c*, 177, § 4º, I, *b*, e 195, § 6º, CF.

Veja art. 34, § 6º, ADCT.

c) antes de decorridos noventa dias da data em que haja sido publicada a lei que os instituiu ou aumentou, observado o disposto na alínea *b*;

Alínea acrescentada pela EC n. 42, de 19.12.2003.

Veja art. 130, § 1º, ADCT.

Veja art. 15, Lei n. 11.636, de 28.12.2007 (custas judiciais no âmbito do STJ).

IV – utilizar tributo com efeito de confisco;

V – estabelecer limitações ao tráfego de pessoas ou bens, por meio de tributos interestaduais ou intermunicipais, ressalvada a cobrança de pedágio pela utilização de vias conservadas pelo Poder Público;

Veja art. 9º, III, CTN.

VI – instituir impostos sobre:

Veja art. 149-B, parágrafo único, CF.

a) patrimônio, renda ou serviços, uns dos outros;

Veja art. 149-C, § 3º, CF.

Veja art. 9º, IV, *a*, CTN.

b) entidades religiosas e templos de qualquer culto, inclusive suas organizações assistenciais e beneficentes;

Alínea com redação dada pela EC n. 132, de 20.12.2023.

Veja art. 9º, IV, *b*, CTN.

c) patrimônio, renda ou serviços dos partidos políticos, inclusive suas fundações, das entidades sindicais dos trabalhadores, das instituições de educação e de assistência social, sem fins lucrativos, atendidos os requisitos da lei;

Veja art. 9º, IV, *c*, CTN.

Veja art. 4º, § 2º, II, EC n. 109, de 15.03.2021.

Veja Súmulas ns. 724 e 730, STF.

Veja Súmula vinculante n. 52, STF.

d) livros, jornais, periódicos e o papel destinado a sua impressão;

Veja art. 9º, IV, *d*, CTN.

Veja LC n. 63, de 11.01.1990 (transferência de recursos).

Veja art. 1º, II, Lei n. 11.945, de 04.06.2009 (legislação tributária federal).

Veja Súmula n. 657, STF.

Veja Súmula vinculante n. 57, STF.

e) fonogramas e videofonogramas musicais produzidos no Brasil contendo obras musicais ou literomusicais de autores brasileiros e/ou obras em geral interpretadas por artistas brasileiros bem como os suportes materiais ou arquivos digitais que os contenham, salvo na etapa de replicação industrial de mídias ópticas de leitura a *laser*.

Alínea acrescentada pela EC n. 75, de 15.10.2013.

§ 1º A vedação do inciso III, *b*, não se aplica aos tributos previstos nos arts. 148, I, 153, I, II, IV e V; e 154, II; e a vedação do inciso III, *c*, não se aplica aos tributos previstos nos arts. 148, I, 153, I, II, III e V; e 154, II, nem à fixação da base de cálculo dos impostos previstos nos arts. 155, III, e 156, I.

Parágrafo com redação dada pela EC n. 42, de 19.12.2003.

§ 2º A vedação do inciso VI, *a*, é extensiva às autarquias e às fundações instituídas e mantidas pelo poder público e à empresa pública prestadora de serviço postal, no que se refere ao patrimônio, à renda e aos serviços vinculados a suas finalidades essenciais ou às delas decorrentes.

Parágrafo com redação dada pela EC n. 132, de 20.12.2023.

§ 3º As vedações do inciso VI, *a*, e do parágrafo anterior não se aplicam ao patrimônio, à renda e aos serviços, relacionados com exploração de atividades econômicas regidas pelas normas aplicáveis a empreendimentos privados, ou em que haja contraprestação ou pagamento de preços ou tarifas pelo usuário, nem exonera o promitente comprador da obrigação de pagar imposto relativamente ao bem imóvel.

§ 4º As vedações expressas no inciso VI, alíneas *b* e *c*, compreendem somente o patrimônio, a renda e os serviços, relacionados com as finalidades essenciais das entidades nelas mencionadas.

§ 5º A lei determinará medidas para que os consumidores sejam esclarecidos acerca dos impostos que incidam sobre mercadorias e serviços.

Veja CDC.

Veja Lei n. 12.741, de 08.12.2012 (medidas de esclarecimento ao consumidor).

§ 6º Qualquer subsídio ou isenção, redução de base de cálculo, concessão de crédito presumido, anistia ou remissão, relativas a impostos, taxas ou contribuições, só poderá ser concedido mediante lei específica, federal, estadual ou municipal, que regule exclusivamente as matérias acima enumeradas ou o correspondente tributo ou contribuição, sem prejuízo do disposto no art. 155, § 2º, XII, *g*.

Parágrafo com redação dada pela EC n. 3, de 17.03.1993.

➤ **Em 2033, a redação que vigorará assim dispõe:**

§ 6º Qualquer subsídio ou isenção, redução de base de cálculo, concessão de crédito presumido, anistia ou remissão, relativos a impostos, taxas ou contribuições, só poderá ser concedido mediante lei específica, federal, estadual ou municipal, que regule exclusivamente as matérias acima enumeradas ou o correspondente tributo ou contribuição.

Parágrafo com redação dada pela EC n. 132, de 20.12.2023.

Veja LCs n. 4, de 02.12.1969 (isenção de ICM), n. 6, de 30.06.1970 (isenção de impostos à Caixa Econômica Federal), n. 24, de 07.01.1975, n. 44, de 07.12.1983, n. 48, de 10.12.1984 (isenção de impostos para a microempresa), n. 53, de 19.12.1986 (isenção de ICMS para automóveis destinados a paraplégicos e pessoas portadoras de defeito físico), e n. 57, de 18.12.1987.

§ 7º A lei poderá atribuir a sujeito passivo de obrigação tributária a condição de responsável pelo pagamento de imposto ou contribuição, cujo fato gerador deva ocorrer posteriormente, assegurada a imediata e preferencial restituição da quantia paga, caso não se realize o fato gerador presumido.

Parágrafo acrescentado pela EC n. 3, de 17.03.1993.

Veja LC n. 101, de 04.05.2000 (Lei de Responsabilidade Fiscal).

Art. 151. É vedado à União:

I – instituir tributo que não seja uniforme em todo o território nacional ou que implique distinção ou preferência em relação a Estado, ao Distrito Federal ou a Município, em detrimento de outro, admitida a concessão de incentivos fiscais destinados a promover o equilíbrio do desenvolvimento socioeconômico entre as diferentes regiões do País;

Veja art. 34, § 1º, ADCT.

Veja art. 10, CTN.

Veja Lei n. 9.440, de 14.03.1997 (incentivos fiscais para o desenvolvimento regional).

II – tributar a renda das obrigações da dívida pública dos Estados, do Distrito Federal e dos Municípios, bem como a remuneração e os proventos dos respectivos agentes públicos, em níveis superiores aos que fixar para suas obrigações e para seus agentes;

III – instituir isenções de tributos da competência dos Estados, do Distrito Federal ou dos Municípios.

Art. 152. É vedado aos Estados, ao Distrito Federal e aos Municípios estabelecer diferença tributária entre bens e serviços, de qualquer natureza, em razão de sua procedência ou destino.

Veja art. 11, CTN.

Seção III
Dos Impostos da União

Art. 153. Compete à União instituir impostos sobre:

Veja art. 154, I, CF.

I – importação de produtos estrangeiros;

Veja § 1º deste artigo e arts. 62, § 2º, 150, § 1º, e 155, § 3º, CF.

Veja LC n. 101, de 04.05.2000 (Lei de Responsabilidade Fiscal).

Veja Leis n. 7.810, de 30.08.1989, n. 8.032, de 12.04.1990, e n. 9.449, de 14.03.1997 (Imposto de Importação).

II – exportação, para o exterior, de produtos nacionais ou nacionalizados;

Veja arts. 62, § 2º, 150, § 1º, e 155, § 3º, CF.

Veja LC n. 101, de 04.05.2000 (Lei de Responsabilidade Fiscal).

III – renda e proventos de qualquer natureza;

Veja § 2º deste artigo e arts. 27, § 2º, 28, § 2º, 29, V, 37, XV, 48, XV, 49, VII e VIII, 95, III, 128, § 5º, I, *c*, e 150, § 1º, CF.

Veja art. 34, § 2º, I, ADCT.

Veja Leis ns. 8.034, de 12.04.1990, 8.166, de 11.01.1991, 8.848, de 28.01.1994, 8.849, de 28.01.1994, 8.981, de 20.01.1995, 9.316, de 22.11.1996, 9.430, de 27.12.1996, e 9.532, de 10.12.1997.

Veja art. 1º, § 5º, LC n. 199, de 01.08.2023.

Veja Súmulas ns. 125, 136 e 386, STJ.

IV – produtos industrializados;

Veja § 3º deste artigo e arts. 62, § 2º, e 150, § 1º, CF.

Veja art. 34, § 2º, 126, III, 130, I, *b*, e § 3º, I e II, 133 e 135, ADCT.

Veja art. 7º, *caput* e § 1º e I, EC n. 132, de 20.12.2023.

Veja Leis ns. 8.003, de 14.03.1990, 9.363, de 13.12.1996, e 9.493, de 10.09.1997.

Veja LC n. 101, de 04.05.2000 (Lei de Responsabilidade Fiscal).

Veja Decreto n. 7.212, de 15.06.2010 (regulamenta a cobrança, a fiscalização, a arrecadação e a administração do IPI).

V – operações de crédito, câmbio e seguro, ou relativas a títulos ou valores mobiliários;

➤ **Em 2027, a redação que vigorará assim dispõe:**

V – operações de crédito e câmbio ou relativas a títulos ou valores mobiliários;

Inciso com redação dada pela EC n. 132, de 20.12.2023.

Veja arts. 62, § 2º, e 150, § 1º, CF.

Veja art. 130, I, *c*, e § 3º, I e II, ADCT.

Veja arts. 63 a 67, CTN.

Veja Lei n. 8.894, de 21.06.1994, regulamentada pelo Decreto n. 6.306, de 14.12.2007.

Veja LC n. 101, de 04.05.2000 (Lei de Responsabilidade Fiscal).

Veja art. 1º, § 5º, LC n. 199, de 01.08.2023.

Veja Súmula vinculante n. 32, STF.

VI – propriedade territorial rural;

Veja § 4º deste artigo.

Veja Leis ns. 8.847, de 28.01.1994, 9.321, de 05.12.1996, e. 9.393, de 19.12.1996.

VII – grandes fortunas, nos termos de lei complementar;

Veja arts. 80, III, e 126, I, *b*, ADCT.

Veja LC n. 77, de 13.07.1993 (IPMF).

VIII – produção, extração, comercialização ou importação de bens e serviços prejudiciais à saúde ou ao meio ambiente, nos termos de lei complementar.

Inciso acrescentado pela EC n. 132, de 20.12.2023.

Veja arts. 155, § 3º, 156-A, § 1º, IX, 159, I e II e § 3º, e 195, § 17, CF.

Veja arts. 126, III, *b*, e 130, I e § 3º, III, ADCT.

Veja arts. 6º, II e III, 7º, *caput* e §§ 1º e 9º, EC n. 132, de 20.12.2023.

§ 1º É facultado ao Poder Executivo, atendidas as condições e os limites estabelecidos em lei, alterar as alíquotas dos impostos enumerados nos incisos I, II, IV e V.

Veja Lei n. 8.088, de 31.10.1990 (atualização do bônus do Tesouro Nacional e dos depósitos de poupança).

§ 2º O imposto previsto no inciso III:

I – será informado pelos critérios da generalidade, da universalidade e da progressividade, na forma da lei;

Veja arts. 27, § 2º, 28, § 2º, 29, V, 37, XV, 48, XV, 49, VII e VIII, 95, III, e 128, § 5º, I, *c*, CF.

II – *(Revogado pela EC n. 20, de 15.12.1998.)*

§ 3º O imposto previsto no inciso IV:

I – será seletivo, em função da essencialidade do produto;

II – será não cumulativo, compensando-se o que for devido em cada operação com o montante cobrado nas anteriores;

Veja Súmula vinculante n. 58, STF.

III – não incidirá sobre produtos industrializados destinados ao exterior;

IV – terá reduzido seu impacto sobre a aquisição de bens de capital pelo contribuinte do imposto, na forma da lei.

Inciso acrescentado pela EC n. 42, de 19.12.2003.

Veja Lei n. 8.629, de 25.02.1993 (regulamentação da reforma agrária).

§ 4º O imposto previsto no inciso VI do *caput*:

Parágrafo com redação dada pela EC n. 42, de 19.12.2003.

Veja art. 158, II, CF.

Veja Leis n. 8.629, de 25.02.1993 (art. 6º, § 8º), n. 8.847, de 28.01.1994, n. 8.850, de 28.01.1994, n. 8.981, de 20.01.1995 (arts. 90 e 117, IV), n. 9.065, de 20.06.1995, e n. 9.393, de 19.12.1996.

I – será progressivo e terá suas alíquotas fixadas de forma a desestimular a manutenção de propriedades improdutivas;

Inciso acrescentado pela EC n. 42, de 19.12.2003.

II – não incidirá sobre pequenas glebas rurais, definidas em lei, quando as explore o proprietário que não possua outro imóvel;

Inciso acrescentado pela EC n. 42, de 19.12.2003.

III – será fiscalizado e cobrado pelos Municípios que assim optarem, na forma da lei, desde que não implique redução do imposto ou qualquer outra forma de renúncia fiscal.

Inciso acrescentado pela EC n. 42, de 19.12.2003.

Veja Lei n. 11.250, de 27.12.2005 (Sistema Tributário Nacional).

Veja Decreto n. 6.621, de 29.10.2008 (regulamentação).

§ 5º O ouro, quando definido em lei como ativo financeiro ou instrumento cambial, sujeita-se exclusivamente à incidência do imposto de que trata o inciso V do *caput* deste artigo, devido na operação de origem; a alíquota mínima será de um por cento, assegurada a transferência do montante da arrecadação nos seguintes termos:

Veja arts. 29-A e 155, § 2º, X, *c*, CF.

Veja arts. 72, § 2º, e 74, § 2º, ADCT.

Veja Lei n. 7.766, de 11.05.1989 (dispõe sobre o ouro, ativo financeiro e sobre seu tratamento tributário).

Veja Lei n. 11.250, de 27.12.2005 (regulamentação).

Veja art. 3º, § 2º, I, LC n. 200, de 30.08.2023.

I – trinta por cento para o Estado, o Distrito Federal ou o Território, conforme a origem;

II – setenta por cento para o Município de origem.

§ 6º O imposto previsto no inciso VIII do *caput* deste artigo:

Parágrafo e incisos acrescentados pela EC n. 132, de 20.12.2023.

I – não incidirá sobre as exportações nem sobre as operações com energia elétrica e com telecomunicações;

II – incidirá uma única vez sobre o bem ou serviço;

III – não integrará sua própria base de cálculo;

IV – integrará a base de cálculo dos tributos previstos nos arts. 155, II, 156, III, 156-A e 195, V;

➤ **Em 2033, a redação que vigorará assim dispõe:**

IV – integrará a base de cálculo dos tributos previstos nos arts. 156-A e 195, V;

Inciso com redação dada pela EC n. 132, de 20.12.2023.

V – poderá ter o mesmo fato gerador e base de cálculo de outros tributos;

VI – terá suas alíquotas fixadas em lei ordinária, podendo ser específicas, por unidade de medida adotada, ou *ad valorem*;

VII – na extração, o imposto será cobrado independentemente da destinação, caso em que a alíquota máxima corresponderá a 1% (um por cento) do valor de mercado do produto.

Art. 154. A União poderá instituir:

I – mediante lei complementar, impostos não previstos no artigo anterior, desde que sejam não cumulativos e não tenham fato gerador ou base de cálculo próprios dos discriminados nesta Constituição;

Veja arts. 157, II, e 195, § 4º, CF.

Veja arts. 34, § 1º, 74, § 2º, e 75, ADCT.

II – na iminência ou no caso de guerra externa, impostos extraordinários, compreendidos ou não em sua competência tributária, os quais serão suprimidos, gradativamente, cessadas as causas de sua criação.

Veja arts. 62, § 2º, e 150, § 1º, CF.

Seção IV
Dos Impostos dos Estados e do Distrito Federal

Art. 155. Compete aos Estados e ao Distrito Federal instituir impostos sobre:

Caput com redação dada pela EC n. 3, de 17.03.1993.

Veja arts. 167, § 4º, e 198, § 2º, II, CF.

Veja arts. 60, § 5º, II, e 77, II, ADCT.

I – transmissão *causa mortis* e doação, de quaisquer bens ou direitos;

Inciso com redação dada pela EC n. 3, de 17.03.1993.

Veja § 1º deste artigo e arts. 156, III, e 212-A, II, *c*, CF.

Veja arts. 34, § 6º, e 60, *caput* e II, e § 5º, III, ADCT.

Veja Resolução do Senado Federal n. 9, de 05.05.1992 (alíquota máxima).

II – operações relativas à circulação de mercadorias e sobre prestações de serviços de transporte interestadual e intermunicipal e de comunicação, ainda que as operações e as prestações se iniciem no exterior;

Inciso com redação dada pela EC n. 3, de 17.03.1993.

➤ **Em 2033, este inciso estará revogado.**

Veja § 2º deste artigo e arts. 146, III, *d*, 153, § 6º, IV, 212-A, II, *c*, e 225, § 1º, VIII, CF.

Veja arts. 34, § 6º, e 60, II, e § 5º, I, 125, § 3º, II, 128, *caput* e § 1º, 129, 130, II, *a* e *b*, e § 3º, II, 131, § 2º, I, *a*, e II, *a*, 133, 134, *caput*, e 136, *caput* e II, ADCT.

Veja arts. 6º, § 1º, e 12, *caput* e § 2º, EC n. 132, de 20.12.2023.

Veja art. 18-A, CTN.

Veja LC n. 87, de 13.09.1996 (ICMS).

Veja Lei n. 9.424, de 24.12.1996 (Fundo de Manutenção e Desenvolvimento do Ensino Fundamental e de Valorização do Magistério).

Veja art. 8º, LC n. 192, de 11.03.2022.

Veja Súmula n. 662, STF.

Veja Súmula n. 457, STJ.

III – propriedade de veículos automotores.

Inciso acrescentado pela EC n. 3, de 17.03.1993.

Veja § 6º deste artigo e art. 212-A, II, CF.

Veja art. 60, II e § 5º, III, ADCT.

§ 1º O imposto previsto no inciso I:

Parágrafo com redação dada pela EC n. 3, de 17.03.1993.

I – relativamente a bens imóveis e respectivos direitos, compete ao Estado da situação do bem, ou ao Distrito Federal;

II – relativamente a bens móveis, títulos e créditos, compete ao Estado onde era domiciliado o *de cujus*, ou tiver domicílio o doador, ou ao Distrito Federal;

Inciso com redação dada pela EC n. 132, de 20.12.2023.

Veja art. 17, EC n. 132, de 20.12.2023.

III – terá a competência para sua instituição regulada por lei complementar:

Veja art. 16, *caput*, EC n. 132, de 20.12.2023.

Veja LCs n. 87, de 13.09.1996, n. 99, de 20.12.1999, e n. 102, de 11.07.2000.

a) se o doador tiver domicílio ou residência no exterior;

b) se o *de cujus* possuía bens, era residente ou domiciliado ou teve o seu inventário processado no exterior;

IV – terá suas alíquotas máximas fixadas pelo Senado Federal;

V – não incidirá sobre as doações destinadas, no âmbito do Poder Executivo da União, a projetos socioambientais ou destinados a mitigar os efeitos das mudanças climáticas e às instituições federais de ensino;

Inciso acrescentado pela EC n. 126, de 21.12.2022.

VI – será progressivo em razão do valor do quinhão, do legado ou da doação;

Inciso acrescentado pela EC n. 132, de 20.12.2023.

VII – não incidirá sobre as transmissões e as doações para as instituições sem fins lucrativos com finalidade de relevância pública e social, inclusive as organizações assistenciais e beneficentes de entidades religiosas e institutos científicos e tecnológicos, e por elas realizadas na consecução dos seus objetivos sociais, observadas as condições estabelecidas em lei complementar.

Inciso acrescentado pela EC n. 132, de 20.12.2023.

§ 2º O imposto previsto no inciso II atenderá ao seguinte:

Parágrafo com redação dada pela EC n. 3, de 17.03.1993.

➤ **Em 2033, este parágrafo estará revogado.**

I – será não cumulativo, compensando-se o que for devido em cada operação relativa à circulação de mercadorias ou prestação de serviços com o montante cobrado nas anteriores pelo mesmo ou outro Estado ou pelo Distrito Federal;

Veja DL n. 406, de 31.12.1968 (normas gerais aplicáveis ao ICMS).

Veja LCs n. 87, de 13.09.1996, n. 99, de 20.12.1999, n. 102, de 11.07.2000, n. 114, de 16.12.2002, e n. 115, de 26.12.2002.

II – a isenção ou não incidência, salvo determinação em contrário da legislação:

Veja LC n. 24, de 07.01.1975 (convênios para isenção de ICMS).

Veja LC n. 87, de 13.09.1996 (ICMS).

a) não implicará crédito para compensação com o montante devido nas operações ou prestações seguintes;

b) acarretará a anulação do crédito relativo às operações anteriores;

III – poderá ser seletivo, em função da essencialidade das mercadorias e dos serviços;

IV – resolução do Senado Federal, de iniciativa do Presidente da República ou de um terço dos Senadores, aprovada pela maioria absoluta de seus membros, estabelecerá as alíquotas aplicáveis às operações e prestações, interestaduais e de exportação;

Veja LC n. 99, de 20.12.1999.

Veja Resolução do Senado Federal n. 22, 19.05.1989.

V – é facultado ao Senado Federal:

a) estabelecer alíquotas mínimas nas operações internas, mediante resolução de iniciativa de um terço e aprovada pela maioria absoluta de seus membros;

b) fixar alíquotas máximas nas mesmas operações para resolver conflito específico que envolva interesse de Estados, mediante resolução de iniciativa da maioria absoluta e aprovada por dois terços de seus membros;

VI – salvo deliberação em contrário dos Estados e do Distrito Federal, nos termos do disposto no inciso XII, *g*, as alíquotas internas, nas operações relativas à circulação de mercadorias e nas prestações de serviços, não poderão ser inferiores às previstas para as operações interestaduais;

Veja art. 4º, § 5º, EC n. 123, de 14.07.2022.

VII – nas operações e prestações que destinem bens e serviços a consumidor final, contribuinte ou não do imposto, localizado em outro Estado, adotar-se-á a alíquota interestadual e caberá ao Estado de localização do destinatário o imposto correspondente à diferença entre a alíquota interna do Estado destinatário e a alíquota interestadual;

Inciso com redação dada pela EC n. 87, de 16.04.2015.

Veja art. 99, *caput*, ADCT.

a) (*Revogada pela EC n. 87, de 16.04.2015.*)

b) (*Revogada pela EC n. 87, de 16.04.2015.*)

VIII – a responsabilidade pelo recolhimento do imposto correspondente à diferença entre a alíquota interna e a interestadual de que trata o inciso VII será atribuída:

Inciso com redação dada pela EC n. 87, de 16.04.2015.

a) ao destinatário, quando este for contribuinte do imposto;

Alínea acrescentada pela EC n. 87, de 16.04.2015.

b) ao remetente, quando o destinatário não for contribuinte do imposto;

Alínea acrescentada pela EC n. 87, de 16.04.2015.

IX – incidirá também:

Veja Súmulas ns. 660 e 661, STF.

Veja Súmula n. 155, STJ.

a) sobre a entrada de bem ou mercadoria importados do exterior por pessoa física ou jurídica, ainda que não seja contribuinte habitual do imposto, qualquer que seja a sua finalidade, assim como sobre o serviço prestado no exterior, cabendo o imposto ao Estado onde estiver situado o domicílio ou o estabelecimento do destinatário da mercadoria, bem ou serviço;

Alínea com redação dada pela EC n. 33, de 11.12.2001.

Veja Súmula vinculante n. 48, STF.

b) sobre o valor total da operação, quando mercadorias forem fornecidas com serviços não compreendidos na competência tributária dos Municípios;

X – não incidirá:

a) sobre operações que destinem mercadorias para o exterior, nem sobre serviços prestados a destinatários no exterior, assegurada a manutenção e o aproveitamento do montante do imposto cobrado nas operações e prestações anteriores;

Alínea com redação dada pela EC n. 42, de 19.12.2003.

Veja LCs n. 63, de 11.01.1990, n. 65, de 15.04.1991, n. 87, de 13.09.1996, n. 99, de 20.12.1999, e n. 102, de 11.07.2000.

b) sobre operações que destinem a outros Estados petróleo, inclusive lubrificantes, combustíveis líquidos e gasosos dele derivados, e energia elétrica;

Veja LC n. 63, de 11.01.1990 (transferência de recursos).

c) sobre o ouro, nas hipóteses definidas no art. 153, § 5º;

d) nas prestações de serviço de comunicação nas modalidades de radiodifusão sonora e de sons e imagens de recepção livre e gratuita;

Alínea acrescentada pela EC n. 42, de 19.12.2003.

XI – não compreenderá, em sua base de cálculo, o montante do imposto sobre produtos industrializados, quando a operação, realizada entre contribuintes e relativa a produto destinado à industrialização ou à comercialização, configure fato gerador dos dois impostos;

XII – cabe à lei complementar:

Veja art. 4º, EC n. 42, de 19.12.2003.

Veja LCs n. 87, de 13.09.1996, n. 99, de 20.12.1999, e n. 102, de 11.07.2000.

Veja Lei n. 9.424, de 24.12.1996.

a) definir seus contribuintes;

b) dispor sobre substituição tributária;

c) disciplinar o regime de compensação do imposto;

d) fixar, para efeito de sua cobrança e definição do estabelecimento responsável, o local das operações relativas à circulação de mercadorias e das prestações de serviços;

e) excluir da incidência do imposto, nas exportações para o exterior, serviços e outros produtos além dos mencionados no inciso X, *a*;

f) prever casos de manutenção de crédito, relativamente à remessa para outro Estado e exportação para o exterior, de serviços e de mercadorias;

Veja LC n. 65, de 15.04.1991 (produtos semielaborados).

g) regular a forma como, mediante deliberação dos Estados e do Distrito Federal, isenções, incentivos e benefícios fiscais serão concedidos e revogados;

Veja art. 5º, § 5º, VII, EC n. 123, de 14.07.2022.

Veja art. 22, parágrafo único, LC n. 123, de 14.12.2006 (Estatuto da Microempresa e da Empresa de Pequeno Porte).

Veja LC n. 160, de 07.08.2017.

h) definir os combustíveis e lubrificantes sobre os quais o imposto incidirá uma única vez, qualquer que seja a sua finalidade, hipótese em que não se aplicará o disposto no inciso X, *b*;

Alínea acrescentada pela EC n. 33, de 11.12.2001.

Veja § 4º deste artigo.

Veja art. 4º, § 4º, EC n. 123, de 14.07.2022.

i) fixar a base de cálculo, de modo que o montante do imposto a integre, também na importação do exterior de bem, mercadoria ou serviço.

Alínea acrescentada pela EC n. 33, de 11.12.2001.

Veja Súmula n. 457, STJ.

§ 3º À exceção dos impostos de que tratam o inciso II do *caput* deste artigo e os arts. 153, I e II, e 156-A, nenhum outro imposto poderá incidir sobre operações relativas a energia elétrica e serviços de telecomunicações e, à exceção destes e do previsto no art. 153, VIII, nenhum outro imposto poderá incidir sobre operações relativas a derivados de petróleo, combustíveis e minerais do País.

Parágrafo com redação dada pela EC n. 132, de 20.12.2023.

➤ **Em 2033, este parágrafo estará revogado.**

§ 4º Na hipótese do inciso XII, *h*, observar-se-á o seguinte:

Parágrafo acrescentado pela EC n. 33, de 11.12.2001.

➤ **Em 2033, este parágrafo estará revogado.**

I – nas operações com os lubrificantes e combustíveis derivados de petróleo, o imposto caberá ao Estado onde ocorrer o consumo;

Inciso acrescentado pela EC n. 33, de 11.12.2001.

II – nas operações interestaduais, entre contribuintes, com gás natural e seus derivados, e lubrificantes e combustíveis não incluídos no inciso I deste parágrafo, o imposto será repartido entre os Estados de origem e de destino, mantendo-se a mesma proporcionalidade que ocorre nas operações com as demais mercadorias;

Inciso acrescentado pela EC n. 33, de 11.12.2001.

III – nas operações interestaduais com gás natural e seus derivados, e lubrificantes e combustíveis não incluídos no inciso I deste parágrafo, destinadas a não contribuinte, o imposto caberá ao Estado de origem;

Inciso acrescentado pela EC n. 33, de 11.12.2001.

IV – as alíquotas do imposto serão definidas mediante deliberação dos Estados e Distrito Federal, nos termos do § 2º, XII, *g*, observando-se o seguinte:

Inciso e alíneas acrescentados pela EC n. 33, de 11.12.2001.

a) serão uniformes em todo o território nacional, podendo ser diferenciadas por produto;

b) poderão ser específicas, por unidade de medida adotada, ou *ad valorem*, incidindo sobre o valor da operação ou sobre o preço que o produto ou seu similar alcançaria em uma venda em condições de livre concorrência;

c) poderão ser reduzidas e restabelecidas, não se lhes aplicando o disposto no art. 150, III, *b*.

§ 5º As regras necessárias à aplicação do disposto no § 4º, inclusive as relativas à apuração e à destinação do imposto, serão estabelecidas mediante deliberação dos Estados e do Distrito Federal, nos termos do § 2º, XII, *g*.

Parágrafo acrescentado pela EC n. 33, de 11.12.2001.

➤ **Em 2033, este parágrafo estará revogado.**

§ 6º O imposto previsto no inciso III:

Parágrafo acrescentado pela EC n. 42, de 19.12.2003.

I – terá alíquotas mínimas fixadas pelo Senado Federal;

Inciso acrescentado pela EC n. 42, de 19.12.2003.

II – poderá ter alíquotas diferenciadas em função do tipo, do valor, da utilização e do impacto ambiental;

Inciso com redação dada pela EC n. 132, de 20.12.2023.

III – incidirá sobre a propriedade de veículos automotores terrestres, aquáticos e aéreos, excetuados:

Inciso acrescentado dada pela EC n. 132, de 20.12.2023.

a) aeronaves agrícolas e de operador certificado para prestar serviços aéreos a terceiros;

Alínea acrescentada pela EC n. 132, de 20.12.2023.

b) embarcações de pessoa jurídica que detenha outorga para prestar serviços de transporte aquaviário ou de pessoa física ou jurídica que pratique pesca industrial, artesanal, científica ou de subsistência;

Alínea acrescentada pela EC n. 132, de 20.12.2023.

c) plataformas suscetíveis de se locomoverem na água por meios próprios, inclusive aquelas cuja finalidade principal seja a exploração de atividades econômicas em águas territoriais e na zona econômica exclusiva e embarcações que tenham essa mesma finalidade principal;

Alínea acrescentada pela EC n. 132, de 20.12.2023.

d) tratores e máquinas agrícolas.

Alínea acrescentada pela EC n. 132, de 20.12.2023.

Seção V
Dos Impostos dos Municípios

Art. 156. Compete aos Municípios instituir impostos sobre:

Veja arts. 167, § 4º, e 198, § 2º, III, CF.

Veja art. 77, III, ADCT.

I – propriedade predial e territorial urbana;

Veja arts. 32 a 34, CTN.

II – transmissão *inter vivos*, a qualquer título, por ato oneroso, de bens imóveis, por natureza ou acessão física, e de direitos reais sobre imóveis, exceto os de garantia, bem como cessão de direitos a sua aquisição;

Veja art. 153, § 6º, IV, CF.

Veja arts. 34, § 6º, 128, *caput* e § 1º, 129, 130, III e § 3º, II, 131, § 2º, II, *b*, e III, *a*, e 133, ADCT.

Veja art. 6º, § 1º, EC n. 132, de 20.12.2023.

Veja Súmula n. 656, STF.

III – serviços de qualquer natureza, não compreendidos no art. 155, II, definidos em lei complementar.

Inciso com redação dada pela EC n. 3, de 17.03.1993.

➤ **Em 2033, este inciso estará revogado.**

Veja art. 34, §§ 1º e 6º, ADCT.

Veja LCs n. 87, de 13.09.1996, n. 99, de 20.12.1999, n. 102, de 11.07.2000, e n. 116, de 31.07.2003.

Veja Súmula n. 424, STJ.

IV – *(Revogado pela EC n. 3, de 17.03.1993.)*

§ 1º Sem prejuízo da progressividade no tempo a que se refere o art. 182, § 4º, II, o imposto previsto no inciso I poderá:

Parágrafo com redação dada pela EC n. 29, de 13.09.2000.

Veja arts. 182, § 2º, e 186, CF.

Veja Súmula n. 589, STF.

I – ser progressivo em razão do valor do imóvel; e

Inciso acrescentado pela EC n. 29, de 13.09.2000.

II – ter alíquotas diferentes de acordo com a localização e o uso do imóvel;

Inciso acrescentado pela EC n. 29, de 13.09.2000.

III – ter sua base de cálculo atualizada pelo Poder Executivo, conforme critérios estabelecidos em lei municipal.

Inciso acrescentado pela EC n. 132, de 20.12.2023.

§ 1º-A. O imposto previsto no inciso I do *caput* deste artigo não incide sobre templos de qualquer culto, ainda que as entidades abrangidas pela imunidade de que trata a alínea *b* do inciso VI do *caput* do art. 150 desta Constituição sejam apenas locatárias do bem imóvel.

Parágrafo acrescentado pela EC n. 116, de 17.02.2022.

§ 2º O imposto previsto no inciso II:

I – não incide sobre a transmissão de bens ou direitos incorporados ao patrimônio de pessoa jurídica em realização de capital, nem sobre a transmissão de bens ou direitos decorrentes de fusão, incorporação, cisão ou extinção de pessoa jurídica, salvo se, nesses casos, a atividade preponderante do adquirente for a compra e venda desses bens ou direitos, locação de bens imóveis ou arrendamento mercantil;

II – compete ao Município da situação do bem.

§ 3º Em relação ao imposto previsto no inciso III do *caput* deste artigo, cabe à lei complementar:

Parágrafo com redação dada pela EC n. 37, de 12.06.2002.

➤ **Em 2033, este parágrafo estará revogado.**

Veja LCs n. 87, de 13.09.1996, n. 99, de 20.12.1999, n. 102, de 11.07.2000, e n. 116, de 31.07.2003.

I – fixar as suas alíquotas máximas e mínimas;

Inciso acrescentado pela EC n. 3, de 17.03.1993, e com redação dada pela EC n. 37, de 12.06.2002.

Veja art. 88, ADCT.

II – excluir da sua incidência exportações de serviços para o exterior;

Inciso acrescentado pela EC n. 3, de 17.03.1993.

III – regular a forma e as condições como isenções, incentivos e benefícios fiscais serão concedidos e revogados.

Inciso acrescentado pela EC n. 37, de 12.06.2002.

Veja art. 88, ADCT.

§ 4º (*Revogado pela EC n. 3, de 17.03.1993.*)

Seção V-A
Do Imposto de Competência Compartilhada entre Estados, Distrito Federal e Municípios

Seção acrescentada pela EC n. 132, 20.12.2023.

Art. 156-A. Lei complementar instituirá imposto sobre bens e serviços de competência compartilhada entre Estados, Distrito Federal e Municípios.

Artigo acrescentado pela EC n. 132, de 20.12.2023.

Veja arts. 105, I, *j*, 146, III, *c* e *d*, e §§ 2º e 3º, 149-B, *caput*, 149-C, *caput*, 153, § 6º, IV, 155, § 3º, e 156-B, *caput* e §§ 6º a 8º, 158, IV, *b*, 167, § 4º, 195, § 17, 198, § 2º, II e III, 212-A, II, *a* e *b*, e 225, § 1º, VIII, CF.

Veja arts. 82, § 1º, 92-B, *caput* e § 3º, II, 124, 125, *caput* e § 3º, 127, *caput*, 130, *caput* e II e §§ 3º, IV, 5º e 9º, e 131, *caput* e § 1º, ADCT.

Veja arts. 6º, IV, *a*, e § 1º, 8º, parágrafo único, 9º, *caput*, 12, § 2º, e 21, EC n. 132, de 20.12.2023.

§ 1º O imposto previsto no *caput* será informado pelo princípio da neutralidade e atenderá ao seguinte:

I – incidirá sobre operações com bens materiais ou imateriais, inclusive direitos, ou com serviços;

Veja art. 195, § 16, CF.

II – incidirá também sobre a importação de bens materiais ou imateriais, inclusive direitos, ou de serviços realizada por pessoa física ou jurídica, ainda que não seja sujeito passivo habitual do imposto, qualquer que seja a sua finalidade;

Veja art. 195, § 16, CF.

III – não incidirá sobre as exportações, assegurados ao exportador a manutenção e o aproveitamento dos créditos relativos às operações nas quais seja adquirente de bem material ou imaterial, inclusive direitos, ou serviço, observado o disposto no § 5º, III;

Veja art. 195, § 16, CF.

IV – terá legislação única e uniforme em todo o território nacional, ressalvado o disposto no inciso V;

Veja art. 195, § 16, CF.

V – cada ente federativo fixará sua alíquota própria por lei específica;

Veja art. 195, § 16, CF.

VI – a alíquota fixada pelo ente federativo na forma do inciso V será a mesma para todas as operações com bens materiais ou imateriais, inclusive direitos, ou com serviços, ressalvadas as hipóteses previstas nesta Constituição;

Veja art. 195, § 16, CF.

VII – será cobrado pelo somatório das alíquotas do Estado e do Município de destino da operação;

VIII – será não cumulativo, compensando-se o imposto devido pelo contribuinte com o montante cobrado sobre todas as operações nas quais seja adquirente de bem material ou imaterial, inclusive direito, ou de serviço, excetuadas exclusivamente as consideradas de uso ou consumo pessoal especificadas em lei complementar e as hipóteses previstas nesta Constituição;

Veja art. 195, § 16, CF.

IX – não integrará sua própria base de cálculo nem a dos tributos previstos nos arts. 153, VIII, e 195, I, *b*, IV e V, e da contribuição para o Programa de Integração Social de que trata o art. 239;

➤ **Em 2027, a redação que vigorará assim dispõe:**

IX – não integrará sua própria base de cálculo nem a dos tributos previstos nos arts. 153, VIII, e 195, V;

Inciso com redação dada pela EC n. 132, de 20.12.2023.

➤ **Em 2033, a redação que vigorará assim dispõe:**

IX – não integrará sua própria base de cálculo nem a dos tributos previstos nos arts. 153, VIII, e 195, V;

Inciso com redação dada pela EC n. 132, de 20.12.2023.

X – não será objeto de concessão de incentivos e benefícios financeiros ou fiscais relativos ao imposto ou de regimes específicos, diferenciados ou favorecidos de tributação, excetuadas as hipóteses previstas nesta Constituição;

Veja art. 195, § 16, CF.

XI – não incidirá nas prestações de serviço de comunicação nas modalidades de radiodifusão sonora e de sons e imagens de recepção livre e gratuita;

Veja art. 195, § 16, CF.

XII – resolução do Senado Federal fixará alíquota de referência do imposto para cada esfera federativa, nos termos de lei complementar, que será aplicada se outra não houver sido estabelecida pelo próprio ente federativo;

Veja art. 195, § 16, CF.

XIII – sempre que possível, terá seu valor informado, de forma específica, no respectivo documento fiscal.

Veja art. 195, § 16, CF.

§ 2º Para fins do disposto no § 1º, V, o Distrito Federal exercerá as competências estadual e municipal na fixação de suas alíquotas.

Veja art. 212-A, II, *b*, CF.

§ 3º Lei complementar poderá definir como sujeito passivo do imposto a pessoa que concorrer para a realização, a execução ou o pagamento da operação, ainda que residente ou domiciliada no exterior.

Veja art. 195, § 16, CF.

§ 4º Para fins de distribuição do produto da arrecadação do imposto, o Comitê Gestor do Imposto sobre Bens e Serviços:

I – reterá montante equivalente ao saldo acumulado de créditos do imposto não compensados pelos contribuintes e não ressarcidos ao final de cada período de apuração e aos valores decorrentes do cumprimento do § 5º, VIII;

II – distribuirá o produto da arrecadação do imposto, deduzida a retenção de que trata o inciso I deste parágrafo, ao ente federativo de destino das operações que não tenham gerado creditamento.

Veja arts. 131, § 1º, e 132, I, ADCT.

§ 5º Lei complementar disporá sobre:

I – as regras para a distribuição do produto da arrecadação do imposto, disciplinando, entre outros aspectos:

Veja arts. 131, § 4º, e 132, I, ADCT.

a) a sua forma de cálculo;

b) o tratamento em relação às operações em que o imposto não seja recolhido tempestivamente;

c) as regras de distribuição aplicáveis aos regimes favorecidos, específicos e diferenciados de tributação previstos nesta Constituição;

II – o regime de compensação, podendo estabelecer hipóteses em que o aproveitamento do crédito ficará condicionado à verificação do efetivo recolhimento do imposto incidente sobre a operação com bens materiais ou imateriais, inclusive direitos, ou com serviços, desde que:

Veja art. 195, § 16, CF.

a) o adquirente possa efetuar o recolhimento do imposto incidente nas suas aquisições de bens ou serviços; ou

b) o recolhimento do imposto ocorra na liquidação financeira da operação;

III – a forma e o prazo para ressarcimento de créditos acumulados pelo contribuinte;

Veja art. 195, § 16, CF.

IV – os critérios para a definição do destino da operação, que poderá ser, inclusive, o local da entrega, da disponibilização ou da localização do bem, o da prestação ou da disponibilização do serviço ou o do domicílio ou da localização do adquirente ou destinatário do bem ou serviço, admitidas diferenciações em razão das características da operação;

Veja art. 195, § 16, CF.

Veja arts. 131, § 1º, e 132, I, ADCT.

V – a forma de desoneração da aquisição de bens de capital pelos contribuintes, que poderá ser implementada por meio de:

Veja art. 195, § 16, CF.

a) crédito integral e imediato do imposto;

b) diferimento; ou

c) redução em 100% (cem por cento) das alíquotas do imposto;

VI – as hipóteses de diferimento e desoneração do imposto aplicáveis aos regimes aduaneiros especiais e às zonas de processamento de exportação;

Veja art. 195, § 16, CF.

VII – o processo administrativo fiscal do imposto;

VIII – as hipóteses de devolução do imposto a pessoas físicas, inclusive os limites e os beneficiários, com o objetivo de reduzir as desigualdades de renda;

IX – os critérios para as obrigações tributárias acessórias, visando à sua simplificação.

Veja art. 195, § 16, CF.

§ 6º Lei complementar disporá sobre regimes específicos de tributação para:

Veja art. 195, § 16, CF.

I – combustíveis e lubrificantes sobre os quais o imposto incidirá uma única vez, qualquer que seja a sua finalidade, hipótese em que:

a) serão as alíquotas uniformes em todo o território nacional, específicas por unidade de medida e diferenciadas por produto, admitida a não aplicação do disposto no § 1º, V a VII;

b) será vedada a apropriação de créditos em relação às aquisições dos produtos de que trata este inciso destinados a distribuição, comercialização ou revenda;

c) será concedido crédito nas aquisições dos produtos de que trata este inciso por sujeito passivo do imposto, observado o disposto na alínea *b* e no § 1º, VIII;

II – serviços financeiros, operações com bens imóveis, planos de assistência à saúde e concursos de prognósticos, podendo prever:

Veja art. 10, *caput* e § 1º, I e II, EC n. 132, de 20.12.2023.

a) alterações nas alíquotas, nas regras de creditamento e na base de cálculo, admitida, em relação aos adquirentes dos bens e serviços de que trata este inciso, a não aplicação do disposto no § 1º, VIII;

b) hipóteses em que o imposto incidirá sobre a receita ou o faturamento, com alíquota uniforme em todo o território nacional, admitida a não aplicação do disposto no § 1º, V a VII, e, em relação aos adquirentes dos bens e serviços de que trata este inciso, também do disposto no § 1º, VIII;

III – sociedades cooperativas, que será optativo, com vistas a assegurar sua competitividade, observados os princípios da livre concorrência e da isonomia tributária, definindo, inclusive:

a) as hipóteses em que o imposto não incidirá sobre as operações realizadas entre a sociedade cooperativa e seus associados, entre estes e aquela e pelas sociedades cooperativas entre si quando associadas para a consecução dos objetivos sociais;

b) o regime de aproveitamento do crédito das etapas anteriores;

IV – serviços de hotelaria, parques de diversão e parques temáticos, agências de viagens e de turismo, bares e restaurantes, atividade esportiva desenvolvida por Sociedade Anônima do Futebol e aviação regional, podendo prever hipóteses de alterações nas alíquotas, nas bases de cálculo e nas regras de creditamento, admitida a não aplicação do disposto no § 1º, V a VIII;

V – operações alcançadas por tratado ou convenção internacional, inclusive referentes a missões diplomáticas, repartições consulares, representações de organismos internacionais e respectivos funcionários acreditados;

VI – serviços de transporte coletivo de passageiros rodoviário intermunicipal e interestadual, ferroviário e hidroviário, podendo prever hipóteses de alterações nas alíquotas e nas regras de creditamento, admitida a não aplicação do disposto no § 1º, V a VIII.

§ 7º A isenção e a imunidade:

Veja art. 195, § 16, CF.

I – não implicarão crédito para compensação com o montante devido nas operações seguintes;

II – acarretarão a anulação do crédito relativo às operações anteriores, salvo, na hipótese da imunidade, inclusive em relação ao inciso XI do § 1º, quando determinado em contrário em lei complementar.

§ 8º Para fins do disposto neste artigo, a lei complementar de que trata o *caput* poderá estabelecer o conceito de operações com serviços, seu conteúdo e alcance, admitida essa definição para qualquer operação que não seja classificada como operação com bens materiais ou imateriais, inclusive direitos.

Veja art. 195, § 16, CF.

§ 9º Qualquer alteração na legislação federal que reduza ou eleve a arrecadação do imposto:

Veja art. 195, § 16, CF.

I – deverá ser compensada pela elevação ou redução, pelo Senado Federal, das alíquotas de referência de que trata o § 1º, XII, de modo a preservar a arrecadação das esferas federativas, nos termos de lei complementar;

II – somente entrará em vigor com o início da produção de efeitos do ajuste das alíquotas de referência de que trata o inciso I deste parágrafo.

§ 10. Os Estados, o Distrito Federal e os Municípios poderão optar por vincular suas alíquotas à alíquota de referência de que trata o § 1º, XII.

Veja art. 195, § 16, CF.

§ 11. Projeto de lei complementar em tramitação no Congresso Nacional que reduza ou aumente a arrecadação do imposto somente será apreciado se acompanhado de estimativa de impacto no valor das alíquotas de referência de que trata o § 1º, XII.

Veja art. 195, § 16, CF.

§ 12. A devolução de que trata o § 5º, VIII, não será considerada nas bases de cálculo de que tratam os arts. 29-A, 198, § 2º, 204, parágrafo único, 212, 212-A, II, e 216, § 6º, não se aplicando a ela, ainda, o disposto no art. 158, IV, *b*.

§ 13. A devolução de que trata o § 5º, VIII, será obrigatória nas operações de fornecimento de energia elétrica e de gás liquefeito de petróleo ao consumidor de baixa renda, podendo a lei complementar determinar que seja calculada e concedida no momento da cobrança da operação.

Veja art. 195, § 16, CF.

Art. 156-B. Os Estados, o Distrito Federal e os Municípios exercerão de forma integrada, exclusivamente por meio do Comitê Gestor do Imposto sobre Bens e Serviços, nos termos e limites estabelecidos nesta Constituição e em lei complementar, as seguintes competências administrativas relativas ao imposto de que trata o art. 156-A:

Artigo acrescentado pela EC n. 132, de 20.12.2023.

Veja art. 125, § 3º, I, ADCT.

Veja art. 14, EC n. 132, de 20.12.2023.

I – editar regulamento único e uniformizar a interpretação e a aplicação da legislação do imposto;

II – arrecadar o imposto, efetuar as compensações e distribuir o produto da arrecadação entre Estados, Distrito Federal e Municípios;

III – decidir o contencioso administrativo.

§ 1º O Comitê Gestor do Imposto sobre Bens e Serviços, entidade pública sob regime especial, terá independência técnica, administrativa, orçamentária e financeira.

§ 2º Na forma da lei complementar:

I – os Estados, o Distrito Federal e os Municípios serão representados, de forma paritária, na instância máxima de deliberação do Comitê Gestor do Imposto sobre Bens e Serviços;

II – será assegurada a alternância na presidência do Comitê Gestor entre o conjunto dos Estados e o Distrito Federal e o conjunto dos Municípios e o Distrito Federal;

III – o Comitê Gestor será financiado por percentual do produto da arrecadação do imposto destinado a cada ente federativo;

IV – o controle externo do Comitê Gestor será exercido pelos Estados, pelo Distrito Federal e pelos Municípios;

V – a fiscalização, o lançamento, a cobrança, a representação administrativa e a representação judicial relativos ao imposto serão realizados, no âmbito de suas respectivas competências, pelas administrações tributárias e procuradorias dos Estados, do Distrito Federal e dos Municípios, que poderão definir hipóteses de delegação ou de compartilhamento de competências, cabendo ao Comitê Gestor a coordenação dessas atividades administrativas com vistas à integração entre os entes federativos;

VI – as competências exclusivas das carreiras da administração tributária e das procuradorias dos Estados, do Distrito Federal e dos Municípios serão exercidas, no Comitê Gestor e na representação deste, por servidores das referidas carreiras;

VII – serão estabelecidas a estrutura e a gestão do Comitê Gestor, cabendo ao regimento interno dispor sobre sua organização e funcionamento.

§ 3º A participação dos entes federativos na instância máxima de deliberação do Comitê Gestor do Imposto sobre Bens e Serviços observará a seguinte composição:

I – 27 (vinte e sete) membros, representando cada Estado e o Distrito Federal;

II – 27 (vinte e sete) membros, representando o conjunto dos Municípios e do Distrito Federal, que serão eleitos nos seguintes termos:

a) 14 (quatorze) representantes, com base nos votos de cada Município, com valor igual para todos; e

b) 13 (treze) representantes, com base nos votos de cada Município ponderados pelas respectivas populações.

§ 4º As deliberações no âmbito do Comitê Gestor do Imposto sobre Bens e Serviços serão consideradas aprovadas se obtiverem, cumulativamente, os votos:

I – em relação ao conjunto dos Estados e do Distrito Federal:

a) da maioria absoluta de seus representantes; e

b) de representantes dos Estados e do Distrito Federal que correspondam a mais de 50% (cinquenta por cento) da população do País; e

II – em relação ao conjunto dos Municípios e do Distrito Federal, da maioria absoluta de seus representantes.

§ 5º O Presidente do Comitê Gestor do Imposto sobre Bens e Serviços deverá ter notórios conhecimentos de administração tributária.

§ 6º O Comitê Gestor do Imposto sobre Bens e Serviços, a administração tributária da União e a Procuradoria-Geral da Fazenda Nacional compartilharão informações fiscais relacionadas aos tributos previstos nos arts. 156-A e 195, V, e atuarão com vistas a harmonizar normas, interpretações, obrigações acessórias e procedimentos a eles relativos.

§ 7º O Comitê Gestor do Imposto sobre Bens e Serviços e a administração tributária da União poderão implementar soluções integradas para a administração e cobrança dos tributos previstos nos arts. 156-A e 195, V.

§ 8º Lei complementar poderá prever a integração do contencioso administrativo relativo aos tributos previstos nos arts. 156-A e 195, V.

Seção VI
Da Repartição das Receitas Tributárias

Art. 157. Pertencem aos Estados e ao Distrito Federal:

Veja arts. 161, III, 167, § 4º, e 198, § 2º, II, CF.

Veja art. 77, II, ADCT.

Veja art. 3º, § 2º, I, LC n. 200, de 30.08.2023.

I – o produto da arrecadação do imposto da União sobre renda e proventos de qualquer natureza, incidente na fonte, sobre rendimentos pagos, a qualquer título, por eles, suas autarquias e pelas fundações que instituírem e mantiverem;

Veja art. 159, § 1º, CF.

Veja Súmula n. 447, STJ.

II – vinte por cento do produto da arrecadação do imposto que a União instituir no exercício da competência que lhe é atribuída pelo art. 154, I.

Veja art. 212-A, II, *c*, CF.

Veja art. 60, II e § 5º, III, ADCT.

Art. 158. Pertencem aos Municípios:

Veja arts. 29-A, 161, III, 167, IV e § 4º, e 198, § 2º, III, CF.

Veja arts. 77, III, e 104, IV, ADCT.

Veja LC n. 63, de 11.01.1990 (transferências de recursos).

I – o produto da arrecadação do imposto da União sobre renda e proventos de qualquer natureza, incidente na fonte, sobre rendimentos pagos, a qualquer título, por eles, suas autarquias e pelas fundações que instituírem e mantiverem;

Veja art. 159, § 1º, CF.

Veja art. 3º, § 2º, I, LC n. 200, de 30.08.2023.

II – cinquenta por cento do produto da arrecadação do imposto da União sobre a propriedade territorial rural, relativamente aos imóveis neles situados, cabendo a totalidade na hipótese da opção a que se refere o art. 153, § 4º, III;

Inciso com redação dada pela EC n. 42, de 19.12.2003.

Veja art. 212-A, II, *c*, CF.

Veja arts. 60, II e § 5º, III, e 72, § 4º, ADCT.

Veja Decreto n. 7.827, de 16.10.2012 (regulamentação).

Veja art. 3º, § 2º, I, LC n. 200, de 30.08.2023.

III – 50% (cinquenta por cento) do produto da arrecadação do imposto do Estado sobre a propriedade de veículos automotores licenciados em seus territórios e, em relação a veículos aquáticos e aéreos, cujos proprietários sejam domiciliados em seus territórios;

Inciso com redação dada pela EC n. 132, de 20.12.2023.

Veja art. 212-A, II, *c*, CF.

Veja art. 60, II e § 5º, III, ADCT.

Veja art. 1º, LC n. 63, de 11.01.1990 (transferência de recursos).

IV – 25% (vinte e cinco por cento):

Inciso com redação dada pela EC n. 132, de 20.12.2023.

Veja art. 212-A, II, *c*, CF.

Veja arts. 60, II e § 5º, II, 82, § 1º, e 134, § 4º, ADCT.

Veja art. 5º, § 5º, VI, *a*, EC n. 123, de 14.07.2022.

Veja LC n. 63, de 11.01.1990 (transferência de recursos).

Veja art. 4º, *caput* e §§ 1º e 2º, LC n. 194, 23.06.2022.

a) do produto da arrecadação do imposto do Estado sobre operações relativas à circulação de mercadorias e sobre prestações de serviços de transporte interestadual e intermunicipal e de comunicação;

Alínea acrescentada pela EC n. 132, de 20.12.2023.

➤ **Em 2033, esta alínea estará revogada.**

Veja art. 131, § 2º, I, *a*, e III, *b*, ADCT.

b) do produto da arrecadação do imposto previsto no art. 156-A distribuída aos Estados.

Alínea acrescentada pela EC n. 132, de 20.12.2023.

Veja art. 156-A, § 12, CF.

Veja arts. 131, §§ 1º e 3º, e 132, I, ADCT.

Veja art. 6º, I e IV, *a*, EC n. 132, de 20.12.2023.

§ 1º As parcelas de receita pertencentes aos Municípios mencionadas no inciso IV, *a*, serão creditadas conforme os seguintes critérios:

Antigo parágrafo único renumerado e com redação dada pela EC n. 132, de 20.12.2023.

➤ **Em 2033, este parágrafo estará revogado.**

Veja art. 159, § 3º, CF.

Veja art. 104, IV, ADCT.

I – 65% (sessenta e cinco por cento), no mínimo, na proporção do valor adicionado nas operações relativas à circulação de mercadorias e nas prestações de serviços, realizadas em seus territórios;

Inciso com redação dada pela EC n. 108, de 26.08.2020.

Veja arts. 159, § 3º, e 161, I, CF.

Veja LCs n. 87, de 13.09.1996 (ICMS), n. 99, de 20.12.1999, n. 102, de 11.07.2000, n. 114, de 16.12.2002, e n. 115, de 26.12.2002.

II – até 35% (trinta e cinco por cento), de acordo com o que dispuser lei estadual, observada, obrigatoriamente, a distribuição de, no mínimo, 10 (dez) pontos percentuais com base em indicadores de melhoria nos resultados de aprendizagem e de aumento da equidade, considerado o nível socioeconômico dos educandos.

Inciso com redação dada pela EC n. 108, de 26.08.2020.

Veja art. 159, § 3º, CF.

Veja art. 3º, EC n. 108, de 26.08.2020, que assim dispõe:

"Art. 3º Os Estados terão prazo de 2 (dois) anos, contado da data da promulgação desta Emenda Constitucional, para aprovar lei estadual prevista no inciso II do parágrafo único do art. 158 da Constituição Federal".

§ 2º As parcelas de receita pertencentes aos Municípios mencionadas no inciso IV, *b*, serão creditadas conforme os seguintes critérios:

Parágrafo acrescentado pela EC n. 132, de 20.12.2023.

Veja art. 159, § 3º, CF.

Veja art. 104, IV, ADCT.

I – 80% (oitenta por cento) na proporção da população;

Inciso acrescentado pela EC n. 132, de 20.12.2023.

II – 10% (dez por cento) com base em indicadores de melhoria nos resultados de aprendizagem e de aumento da equidade, considerado o nível socioeconômico dos educandos, de acordo com o que dispuser lei estadual;

Inciso acrescentado pela EC n. 132, de 20.12.2023.

III – 5% (cinco por cento) com base em indicadores de preservação ambiental, de acordo com o que dispuser lei estadual;

Inciso acrescentado pela EC n. 132, de 20.12.2023.

IV – 5% (cinco por cento) em montantes iguais para todos os Municípios do Estado.

Inciso acrescentado pela EC n. 132, de 20.12.2023.

Art. 159. A União entregará:

Veja arts. 29-A, 161, II e III, e 167, IV, CF.

Veja arts. 34, § 1º, 72, § 4º, e 80, § 1º, ADCT.

Veja LCs n. 60, de 06.10.1989, n. 62, de 28.12.1989, n. 77, de 13.07.1993, e n. 116, de 31.07.2003.

Veja art. 3º, § 2º, I, LC n. 200, de 30.08.2023.

I – do produto da arrecadação dos impostos sobre renda e proventos de qualquer natureza e sobre produtos industrializados e do imposto previsto no art. 153, VIII, 50% (cinquenta por cento), da seguinte forma:

Inciso com redação dada pela EC n. 132, de 20.12.2023.

Veja art. 60, § 3º, ADCT.

Veja art. 3º, EC n. 17, de 22.11.1997.

Veja art. 2º, EC n. 55, de 20.09.2007.

Veja art. 2º, EC n. 84, de 02.12.2014.

Veja arts. 6º, II e III, e 7º, *caput* e § 1º, II, EC n. 132, de 20.12.2023.

a) vinte e um inteiros e cinco décimos por cento ao Fundo de Participação dos Estados e do Distrito Federal;

Veja arts. 159-A, § 4º, I, 167, § 4º, 198, § 2º, II, e 212-A, II, *c*, CF.

Veja arts. 14, § 4º, 34, § 2º, II, 60, II e § 5º, II, e 77, II, ADCT.

Veja art. 92, *caput*, CTN.

Veja LCs n. 62, de 28.12.1989 (Fundos de Participação), n. 91, de 22.12.1997, e n. 106, de 23.03.2001.

Veja Decreto n. 7.827, de 16.10.2012 (regulamentação).

Veja art. 2º, § 7º, Lei n. 13.428, de 30.03.2017.

b) vinte e dois inteiros e cinco décimos por cento ao Fundo de Participação dos Municípios;

Veja art. 167, § 4º, 198, § 2º, III, e 212-A, II, *c*, CF.

Veja arts. 34, § 2º, III, 60, II e § 5º, II, e 77, III, ADCT.

Veja art. 92, *caput*, CTN.

Veja LCs n. 62, de 28.12.1989 (Fundos de Participação), n. 91, de 22.12.1997, e n. 106, de 23.03.2001.

Veja Decreto n. 7.827, de 16.10.2012 (regulamentação).

Veja art. 2º, § 7º, Lei n. 13.428, de 30.03.2017.

c) três por cento, para aplicação em programas de financiamento ao setor produtivo das Regiões Norte, Nordeste e Centro-Oeste, através de suas instituições financeiras de caráter regional, de acordo com os planos regionais de desenvolvimento, ficando assegurada ao semiárido do Nordeste a metade dos recursos destinados à Região, na forma que a lei estabelecer;

Veja art. 34, § 1º, ADCT.

Veja art. 4º, § 2º, III, EC n. 109, de 15.03.2021.

Veja art. 17-A, § 4º, Lei n. 7.827, de 27.09.1989, e Leis n. 9.126, de 10.11.1995, n. 10.177, de 12.01.2001, e n. 10.186, de 12.02.2001.

Veja LCs n. 91, de 22.12.1997, n. 93, de 04.02.1998, e n. 106, de 23.03.2001.

Veja art. 26, VI, Lei n. 14.600, de 19.06.2023.

d) um por cento ao Fundo de Participação dos Municípios, que será entregue no primeiro decêndio do mês de dezembro de cada ano;

Alínea acrescentada pela EC n. 55, de 20.09.2007.

Veja art. 167, § 4º, CF.

Veja art. 60, § 3º, ADCT.

Veja art. 2º, EC n. 55, de 20.09.2007.

Veja art. 92, *caput*, CTN.

Veja art. 2º, § 7º, Lei n. 13.428, de 30.03.2017.

e) 1% (um por cento) ao Fundo de Participação dos Municípios, que será entregue no primeiro decêndio do mês de julho de cada ano;

Alínea acrescentada pela EC n. 84, de 02.12.2014.

Veja art. 167, § 4º, CF.

Veja art. 2º, EC n. 84, de 02.12.2014.

Veja art. 2º, § 7º, Lei n. 13.428, de 30.03.2017.

f) 1% (um por cento) ao Fundo de Participação dos Municípios, que será entregue no primeiro decêndio do mês de setembro de cada ano;

Alínea acrescentada pela EC n. 112, de 27.10.2021.

Veja art. 167, § 4º, CF.

Veja art. 2º, EC n. 112, de 27.10.2021.

II – do produto da arrecadação do imposto sobre produtos industrializados e do imposto previsto no art. 153, VIII, 10% (dez por cento) aos Estados e ao Distrito Federal, proporcionalmente ao valor das respectivas exportações de produtos industrializados;

Inciso com redação dada pela EC n. 132, de 20.12.2023.

Veja arts. 167, § 4º, 198, § 2º, II, e 212-A, II, *c*, CF.

Veja arts. 60, II e § 5º, II, e 77, II, ADCT.

Veja arts. 6º, II, e 7º, *caput* e § 1º, II, EC n. 132, de 20.12.2023.

Veja LCs n. 61, de 26.12.1989 (participação dos Estados e do Distrito Federal no IPI), n. 63, de 11.01.1990 (transferência de recursos), e n. 65, de 15.04.1991 (produtos semielaborados).

Veja Lei n. 8.016, de 08.04.1990 (entrega das quotas de participação dos Estados e do Distrito Federal na arrecadação do IPI).

Veja Decreto n. 7.827, de 16.10.2012 (regulamentação).

III – do produto da arrecadação da contribuição de intervenção no domínio econômico prevista no art. 177, § 4º, 29% (vinte e nove por cento) para os Estados e o Distrito Federal, distribuídos na forma da lei, observadas as destinações a que se referem as alíneas *c* e *d* do inciso II do referido parágrafo.

Inciso com redação dada pela EC n. 132, de 20.12.2023.

Veja art. 93, ADCT.

§ 1º Para efeito de cálculo da entrega a ser efetuada de acordo com o previsto no inciso I, excluir-se-á a parcela da arrecadação do imposto de renda e proventos de qualquer natureza pertencente aos Estados, ao Distrito Federal e aos Municípios, nos termos do disposto nos arts. 157, I, e 158, I.

§ 2º A nenhuma unidade federada poderá ser destinada parcela superior a vinte por cento do montante a que se refere o inciso II, devendo o eventual excedente ser distribuído entre os demais participantes, mantido, em relação a esses, o critério de partilha nele estabelecido.

Veja LC n. 61, de 26.12.1989 (participação dos Estados e do Distrito Federal no IPI).

§ 3º Os Estados entregarão aos respectivos Municípios 25% (vinte e cinco por cento) dos recursos que receberem nos termos do inciso II do *caput* deste artigo, observados os critérios estabelecidos no art. 158, § 1º, para a parcela relativa ao imposto sobre produtos industrializados, e no art. 158, § 2º, para a parcela relativa ao imposto previsto no art. 153, VIII.

Parágrafo com redação dada pela EC n. 132, de 20.12.2023.

➤ **Em 2033, a redação que vigorará assim dispõe:**

§ 3º Os Estados entregarão aos respectivos Municípios 25% (vinte e cinco por cento) dos recursos que receberem nos termos do inciso II do caput *deste artigo, observados os critérios estabelecidos no art. 158, § 2º.*

Parágrafo com redação dada pela EC n. 132, de 20.12.2023.

Veja art. 198, § 2º, CF.

Veja art. 77, III, ADCT.

Veja LC n. 63, de 11.01.1990 (transferência de recursos).

§ 4º Do montante de recursos de que trata o inciso III que cabe a cada Estado, vinte e cinco por cento serão destinados aos seus Municípios, na forma da lei a que se refere o mencionado inciso.

Parágrafo acrescentado pela EC n. 42, de 19.12.2003.

Veja art. 93, ADCT.

Art. 159-A. Fica instituído o Fundo Nacional de Desenvolvimento Regional, com o objetivo de reduzir as desigualdades regionais e sociais, nos termos do art. 3º, III, mediante a entrega de recursos da União aos Estados e ao Distrito Federal para:

Artigo acrescentado pela EC n. 132, de 20.12.2023.

Veja arts. 12, § 9º, 13, *caput*, e 15, EC n. 132, de 20.12.2023.

I – realização de estudos, projetos e obras de infraestrutura;

II – fomento a atividades produtivas com elevado potencial de geração de emprego e renda, incluindo a concessão de subvenções econômicas e financeiras; e

III – promoção de ações com vistas ao desenvolvimento científico e tecnológico e à inovação.

§ 1º É vedada a retenção ou qualquer restrição ao recebimento dos recursos de que trata o *caput*.

§ 2º Na aplicação dos recursos de que trata o *caput*, os Estados e o Distrito Federal priorizarão projetos que prevejam ações de sustentabilidade ambiental e redução das emissões de carbono.

§ 3º Observado o disposto neste artigo, caberá aos Estados e ao Distrito Federal a decisão quanto à aplicação dos recursos de que trata o *caput*.

§ 4º Os recursos de que trata o *caput* serão entregues aos Estados e ao Distrito Federal de acordo com coeficientes individuais de participação, calculados com base nos seguintes indicadores e com os seguintes pesos:

I – população do Estado ou do Distrito Federal, com peso de 30% (trinta por cento);

II – coeficiente individual de participação do Estado ou do Distrito Federal nos recursos de que trata o art. 159, I, *a*, da Constituição Federal, com peso de 70% (setenta por cento).

§ 5º O Tribunal de Contas da União será o órgão responsável por regulamentar e calcular os coeficientes individuais de participação de que trata o § 4º.

Art. 160. É vedada a retenção ou qualquer restrição à entrega e ao emprego dos recursos atribuídos, nesta seção, aos Estados, ao Distrito Federal e aos Municípios, neles compreendidos adicionais e acréscimos relativos a impostos.

Veja art. 212-A, II e IX, CF.

Veja art. 60, X, ADCT.

Veja art. 3º, EC n. 17, de 22.11.1997.

§ 1º A vedação prevista neste artigo não impede a União e os Estados de condicionarem a entrega de recursos:

Antigo parágrafo único renumerado pela EC n. 113, de 08.12.2021, e com redação dada pela EC n. 29, de 13.09.2000.

I – ao pagamento de seus créditos, inclusive de suas autarquias;

Inciso acrescentado pela EC n. 29, de 13.09.2000.

II – ao cumprimento do disposto no art. 198, § 2º, II e III.

Inciso acrescentado pela EC n. 29, de 13.09.2000.

§ 2º Os contratos, os acordos, os ajustes, os convênios, os parcelamentos ou as renegociações de débitos de qualquer espécie, inclusive tributários, firmados pela União com os entes federativos conterão cláusulas para autorizar a dedução dos valores devidos dos montantes a serem repassados relacionados às respectivas cotas nos Fundos de Participação ou aos precatórios federais.

Parágrafo acrescentado pela EC n. 113, de 08.12.2021.

Art. 161. Cabe à lei complementar:

Veja LCs n. 61, de 26.12.1989, n. 63, de 11.01.1990, n. 77, de 13.07.1993, e n. 91, de 22.12.1997.

I – definir valor adicionado para fins do disposto no art. 158, § 1º, I;

Inciso com redação dada pela EC n. 132, de 20.12.2023.

➤ **Em 2033, este inciso estará revogado.**

II – estabelecer normas sobre a entrega dos recursos de que trata o art. 159, especialmente sobre os critérios de rateio dos fundos previstos em seu inciso I, objetivando promover o equilíbrio socioeconômico entre Estados e entre Municípios;

Veja arts. 34, § 2º, I, e 39, parágrafo único, ADCT.

Veja LCs n. 62, de 28.12.1989 (Fundos de Participação), n. 91, de 22.12.1997, e n. 106, de 23.03.2001.

III – dispor sobre o acompanhamento, pelos beneficiários, do cálculo das quotas e da liberação das participações previstas nos arts. 157, 158 e 159.

Veja LCs n. 62, de 28.12.1989 (Fundos de Participação), n. 91, de 22.12.1997, e n. 106, de 23.03.2001.

Parágrafo único. O Tribunal de Contas da União efetuará o cálculo das quotas referentes aos fundos de participação a que alude o inciso II.

Art. 162. A União, os Estados, o Distrito Federal e os Municípios divulgarão, até o último dia do mês subsequente ao da arrecadação, os montantes de cada um dos tributos arrecadados, os recursos recebidos, os valores de origem tributária entregues e a entregar e a expressão numérica dos critérios de rateio.

Parágrafo único. Os dados divulgados pela União serão discriminados por Estado e por Município; os dos Estados, por Município.

CAPÍTULO II
DAS FINANÇAS PÚBLICAS

Seção I
Normas Gerais

Art. 163. Lei complementar disporá sobre:

Veja art. 69, CF.

Veja art. 30, EC n. 19, de 04.06.1998.

Veja LC n. 101, de 04.05.2000 (Lei de Responsabilidade Fiscal).

Veja Lei n. 6.830, de 22.09.1980.

I – finanças públicas;

Veja art. 165, § 9º, I e II, CF.

Veja arts. 35, § 2º, e 71, ADCT.

Veja LC n. 101, de 04.05.2000 (Lei de Responsabilidade Fiscal).

II – dívida pública externa e interna, incluída a das autarquias, fundações e demais entidades controladas pelo Poder Público;

Veja arts. 48, II, 52, V e VI, e 234, CF.

Veja arts. 13, § 6º, e 26, ADCT.

Veja Lei n. 8.388, de 30.12.1991.

III – concessão de garantias pelas entidades públicas;

Veja art. 52, VIII, CF.

IV – emissão e resgate de títulos da dívida pública;

V – fiscalização financeira da administração pública direta e indireta;

Inciso com redação dada pela EC n. 40, de 29.05.2003.

Veja LC n. 105, de 10.01.2001 (sigilo das operações de instituições financeiras).

VI – operações de câmbio realizadas por órgãos e entidades da União, dos Estados, do Distrito Federal e dos Municípios;

VII – compatibilização das funções das instituições oficiais de crédito da União, resguardadas as características e condições operacionais plenas das voltadas ao desenvolvimento regional;

Veja art. 30, EC n. 19, de 04.06.1998.

VIII – sustentabilidade da dívida, especificando:

Inciso acrescentado pela EC n. 109, de 15.03.2021.

Veja art. 164-A, *caput*, CF.

Veja arts. 1º, 3º, *caput*, e 4º, § 5º, V, LC n. 200, de 30.08.2023.

a) indicadores de sua apuração;

Alínea acrescentada pela EC n. 109, de 15.03.2021.

b) níveis de compatibilidade dos resultados fiscais com a trajetória da dívida;

Alínea acrescentada pela EC n. 109, de 15.03.2021.

c) trajetória de convergência do montante da dívida com os limites definidos em legislação;

Alínea acrescentada pela EC n. 109, de 15.03.2021.

d) medidas de ajuste, suspensões e vedações;

Alínea acrescentada pela EC n. 109, de 15.03.2021.

e) planejamento de alienação de ativos com vistas à redução do montante da dívida.

Alínea acrescentada pela EC n. 109, de 15.03.2021.

Parágrafo único. A lei complementar de que trata o inciso VIII do *caput* deste artigo pode autorizar a aplicação das vedações previstas no art. 167-A desta Constituição.

Parágrafo acrescentado pela EC n. 109, de 15.03.2021.

Veja art. 6º, *caput*, LC n. 200, de 30.08.2023.

Art. 163-A. A União, os Estados, o Distrito Federal e os Municípios disponibilizarão suas informações e dados contábeis, orçamentários e fiscais, conforme periodicidade, formato e sistema estabelecidos pelo órgão central de contabilidade da União, de forma a garantir a rastreabilidade, a comparabilidade e a publicidade dos dados coletados, os quais deverão ser divulgados em meio eletrônico de amplo acesso público.

Artigo acrescentado pela EC n. 108, de 26.08.2020.

Art. 164. A competência da União para emitir moeda será exercida exclusivamente pelo Banco Central.

Veja arts. 21, VII, e 48, II e XIV, CF.

§ 1º É vedado ao Banco Central conceder, direta ou indiretamente, empréstimos ao Tesouro Nacional e a qualquer órgão ou entidade que não seja instituição financeira.

§ 2º O Banco Central poderá comprar e vender títulos de emissão do Tesouro Nacional, com o objetivo de regular a oferta de moeda ou a taxa de juros.

§ 3º As disponibilidades de caixa da União serão depositadas no Banco Central; as dos Estados, do Distrito Federal, dos Municípios e dos órgãos ou entidades do Poder Público e das empresas por ele controladas, em instituições financeiras oficiais, ressalvados os casos previstos em lei.

Veja LC n. 101, de 04.05.2000 (Lei de Responsabilidade Fiscal).

Art. 164-A. A União, os Estados, o Distrito Federal e os Municípios devem conduzir suas políticas fiscais de forma a manter a dívida pública em níveis sustentáveis, na forma da lei complementar referida no inciso VIII do *caput* do art. 163 desta Constituição.

Artigo acrescentado pela EC n. 109, de 15.03.2021.

Veja art. 3º, *caput*, LC n. 200, de 30.08.2023.

Parágrafo único. A elaboração e a execução de planos e orçamentos devem refletir a compatibilidade dos indicadores fiscais com a sustentabilidade da dívida.

Seção II
Dos Orçamentos

Art. 165. Leis de iniciativa do Poder Executivo estabelecerão:

Veja art. 61, § 1º, II, *b*, CF.

Veja Lei n. 4.320, de 17.03.1964 (normas gerais de direito financeiro).

I – o plano plurianual;

II – as diretrizes orçamentárias;

III – os orçamentos anuais.

§ 1º A lei que instituir o plano plurianual estabelecerá, de forma regionalizada, as diretrizes, objetivos e metas da administração pública federal para as despesas de capital e outras delas decorrentes e para as relativas aos programas de duração continuada.

Veja Lei n. 13.249, de 13.01.2016 (Plano Plurianual 2016-2019).

§ 2º A lei de diretrizes orçamentárias compreenderá as metas e prioridades da administração pública federal, estabelecerá as diretrizes de política fiscal e respectivas metas, em consonância com trajetória sustentável da dívida pública, orientará a elaboração da lei orçamentária anual, disporá sobre as alterações na legislação tributária e estabelecerá a política de aplicação das agências financeiras oficiais de fomento.

Parágrafo com redação dada pela EC n. 109, de 15.03.2021.

Veja art. 1º, LC n. 101, de 04.05.2000 (Lei de Responsabilidade Fiscal).

Veja Lei n. 13.408, de 28.12.2016 (diretrizes orçamentárias para 2017).

Veja arts. 2º e 3º, *caput*, LC n. 200, de 30.08.2023.

§ 3º O Poder Executivo publicará, até trinta dias após o encerramento de cada bimestre, relatório resumido da execução orçamentária.

Veja art. 5º, II, EC n. 106, de 07.05.2020.

Veja LC n. 101, de 04.05.2000 (Lei de Responsabilidade Fiscal).

§ 4º Os planos e programas nacionais, regionais e setoriais previstos nesta Constituição serão elaborados em consonância com o plano plurianual e apreciados pelo Congresso Nacional.

Veja Lei n. 9.491, de 09.09.1997.

Veja art. 13, § 1º, LC n. 129, de 08.01.2009 (institui a Sudeco).

§ 5º A lei orçamentária anual compreenderá:

Veja art. 167, VIII, CF.

I – o orçamento fiscal referente aos Poderes da União, seus fundos, órgãos e entidades da administração direta e indireta, inclusive fundações instituídas e mantidas pelo Poder Público;

II – o orçamento de investimento das empresas em que a União, direta ou indiretamente, detenha a maioria do capital social com direito a voto;

Veja LC n. 101, de 04.05.2000 (Lei de Responsabilidade Fiscal).

III – o orçamento da seguridade social, abrangendo todas as entidades e órgãos a ela vinculados, da administração direta ou indireta, bem como os fundos e fundações instituídos e mantidos pelo Poder Público.

§ 6º O projeto de lei orçamentária será acompanhado de demonstrativo regionalizado do efeito, sobre as receitas e despesas, decorrente de isenções, anistias, remissões, subsídios e benefícios de natureza financeira, tributária e creditícia.

Veja art. 4º, § 3º, EC n. 109, de 15.03.2021.

Veja LC n. 101, de 04.05.2000 (Lei de Responsabilidade Fiscal).

§ 7º Os orçamentos previstos no § 5º, I e II, deste artigo, compatibilizados com o plano plurianual, terão entre suas funções a de reduzir desigualdades inter-regionais, segundo critério populacional.

Veja art. 35, ADCT.

Veja art. 4º, VI, LC n. 129, de 08.01.2009 (institui a Sudeco).

§ 8º A lei orçamentária anual não conterá dispositivo estranho à previsão da receita e à fixação da despesa, não se incluindo na proibição a autorização para abertura de créditos suplementares e contratação de operações de crédito, ainda que por antecipação de receita, nos termos da lei.

Veja arts. 163, I, e 167, IV, CF.

Veja arts. 35, § 2º, III, 71 e 131, § 5º, III, ADCT.

§ 9º Cabe à lei complementar:

Veja arts. 166, § 6º, e 168, CF.

Veja art. 35, § 2º, ADCT.

I – dispor sobre o exercício financeiro, a vigência, os prazos, a elaboração e a organização do plano plurianual, da lei de diretrizes orçamentárias e da lei orçamentária anual;

Veja art. 35, § 2º, ADCT.

Veja LC n. 79, de 07.01.1994 (cria o Fundo Penitenciário Nacional).

II – estabelecer normas de gestão financeira e patrimonial da administração direta e indireta, bem como condições para a instituição e funcionamento de fundos;

Veja arts. 35, § 2º, 71, § 1º, e 81, § 3º, ADCT.

Veja LCs n. 79, de 07.01.1994 (cria o Fundo Penitenciário Nacional), n. 89, de 18.02.1997 (cria o Fundo de Aparelhamento da Polícia Federal), n. 93, de 04.02.1998 (Fundo de Terras e da Reforma Agrária), e n. 111, de 06.07.2001 (Fundo de Combate à Pobreza).

III – dispor sobre critérios para a execução equitativa, além de procedimentos que serão adotados quando houver impedimentos legais e técnicos, cumprimento de restos a pagar e limitação das programações de caráter obrigatório, para a realização do disposto nos §§ 11 e 12 do art. 166.

Inciso com redação dada pela EC n. 100, de 26.06.2019.

§ 10. A administração tem o dever de executar as programações orçamentárias, adotando os meios e as medidas necessários, com o propósito de garantir a efetiva entrega de bens e serviços à sociedade.

Inciso com redação dada pela EC n. 100, de 26.06.2019.

§ 11. O disposto no § 10 deste artigo, nos termos da lei de diretrizes orçamentárias:

Parágrafo com redação dada pela EC n. 102, de 26.09.2019.

I – subordina-se ao cumprimento de dispositivos constitucionais e legais que estabeleçam metas fiscais ou limites de despesas e não impede o cancelamento necessário à abertura de créditos adicionais;

Inciso acrescentado pela EC n. 102, de 26.09.2019.

II – não se aplica nos casos de impedimentos de ordem técnica devidamente justificados;

Inciso acrescentado pela EC n. 102, de 26.09.2019.

III – aplica-se exclusivamente às despesas primárias discricionárias.

Inciso acrescentado pela EC n. 102, de 26.09.2019.

§ 12. Integrará a lei de diretrizes orçamentárias, para o exercício a que se refere e, pelo menos, para os 2 (dois) exercícios subsequentes, anexo com previsão de agregados fiscais e a proporção dos recursos para investimentos que serão alocados na lei orçamentária anual para a continuidade daqueles em andamento.

Parágrafo acrescentado pela EC n. 102, de 26.09.2019.

Veja arts. 3º, *caput*, e 9º, I, LC n. 200, de 30.08.2023.

§ 13. O disposto no inciso III do § 9º e nos §§ 10, 11 e 12 deste artigo aplica-se exclusivamente aos orçamentos fiscal e da seguridade social da União.

Parágrafo acrescentado pela EC n. 102, de 26.09.2019.

§ 14. A lei orçamentária anual poderá conter previsões de despesas para exercícios seguintes, com a especificação dos investimentos plurianuais e daqueles em andamento.

Parágrafo acrescentado pela EC n. 102, de 26.09.2019.

§ 15. A União organizará e manterá registro centralizado de projetos de investimento contendo, por Estado ou Distrito Federal, pelo menos, análises de viabilidade, estimativas de custos e informações sobre a execução física e financeira.

Parágrafo acrescentado pela EC n. 102, de 26.09.2019.

§ 16. As leis de que trata este artigo devem observar, no que couber, os resultados do monitoramento e da avaliação das políticas públicas previstos no § 16 do art. 37 desta Constituição.

Parágrafo acrescentado pela EC n. 109, de 15.03.2021.

Art. 166. Os projetos de lei relativos ao plano plurianual, às diretrizes orçamentárias, ao orçamento anual e aos créditos adicionais serão apreciados pelas duas Casas do Congresso Nacional, na forma do regimento comum.

§ 1º Caberá a uma Comissão mista permanente de Senadores e Deputados:

Veja arts. 72 e 238, § 5º, CF.

Veja LC n. 101, de 04.05.2000 (Lei de Responsabilidade Fiscal).

Veja Res. do Congresso Nacional n. 1, de 22.12.2006 (Comissão Mista Permanente).

Veja arts. 10, § 9º, I, e 14, LC n. 129, de 08.01.2009 (institui a Sudeco).

I – examinar e emitir parecer sobre os projetos referidos neste artigo e sobre as contas apresentadas anualmente pelo Presidente da República;

II – examinar e emitir parecer sobre os planos e programas nacionais, regionais e setoriais previstos nesta Constituição e exercer o acompanhamento e a fiscalização orçamentária, sem prejuízo da atuação das demais comissões do Congresso Nacional e de suas Casas, criadas de acordo com o art. 58.

Veja art. 13, § 1º, LC n. 129, de 08.01.2009 (institui a Sudeco).

§ 2º As emendas serão apresentadas na Comissão mista, que sobre elas emitirá parecer, e apreciadas, na forma regimental, pelo Plenário das duas Casas do Congresso Nacional.

§ 3º As emendas ao projeto de lei do orçamento anual ou aos projetos que o modifiquem somente podem ser aprovadas caso:

Veja art. 63, I, CF.

I – sejam compatíveis com o plano plurianual e com a lei de diretrizes orçamentárias;

II – indiquem os recursos necessários, admitidos apenas os provenientes de anulação de despesa, excluídas as que incidam sobre:

a) dotações para pessoal e seus encargos;

b) serviço da dívida;

c) transferências tributárias constitucionais para Estados, Municípios e Distrito Federal; ou

III – sejam relacionadas:

a) com a correção de erros ou omissões; ou

b) com os dispositivos do texto do projeto de lei.

§ 4º As emendas ao projeto de lei de diretrizes orçamentárias não poderão ser aprovadas quando incompatíveis com o plano plurianual.

Veja art. 63, I, CF.

§ 5º O Presidente da República poderá enviar mensagem ao Congresso Nacional para propor modificação nos projetos a que se refere este artigo enquanto não iniciada a votação, na Comissão mista, da parte cuja alteração é proposta.

§ 6º Os projetos de lei do plano plurianual, das diretrizes orçamentárias e do orçamento anual serão enviados pelo Presidente da República ao Congresso Nacional, nos termos da lei complementar a que se refere o art. 165, § 9º.

§ 7º Aplicam-se aos projetos mencionados neste artigo, no que não contrariar o disposto nesta seção, as demais normas relativas ao processo legislativo.

§ 8º Os recursos que, em decorrência de veto, emenda ou rejeição do projeto de lei orçamentária anual, ficarem sem despesas correspondentes poderão ser utilizados, conforme o caso, mediante créditos especiais ou suplementares, com prévia e específica autorização legislativa.

§ 9º As emendas individuais ao projeto de lei orçamentária serão aprovadas no limite de 2% (dois por cento) da receita corrente líquida do exercício anterior ao do encaminhamento do projeto, observado que a metade desse percentual será destinada a ações e serviços públicos de saúde.

Parágrafo com redação dada pela EC n. 126, de 21.12.2022.

Veja art. 195, § 19 e I, CF.

§ 9º-A. Do limite a que se refere o § 9º deste artigo, 1,55% (um inteiro e cinquenta e cinco centésimos por cento) caberá às emendas de Deputados e 0,45% (quarenta e cinco centésimos por cento) às de Senadores.

Parágrafo acrescentado pela EC n. 126, de 21.12.2022.

§ 10. A execução do montante destinado a ações e serviços públicos de saúde previsto no § 9º, inclusive custeio, será computada para fins do cumprimento do inciso I do § 2º do art. 198, vedada a destinação para pagamento de pessoal ou encargos sociais.

Parágrafo acrescentado pela EC n. 86, de 17.03.2015.

§ 11. É obrigatória a execução orçamentária e financeira das programações oriundas de emendas individuais, em montante correspondente ao limite a que se refere o § 9º deste artigo, conforme os critérios para a execução equitativa da programação definidos na lei complementar prevista no § 9º do art. 165 desta Constituição, observado o disposto no § 9º-A deste artigo.

Parágrafo com redação dada pela EC n. 126, de 21.12.2022.

Veja art. 165, § 9º, III, CF.

§ 12. A garantia de execução de que trata o § 11 deste artigo aplica-se também às programações incluídas por todas as emendas de iniciativa de bancada de parlamentares de Estado ou do Distrito Federal, no montante de até 1% (um por cento) da receita corrente líquida realizada no exercício anterior.

Parágrafo com redação dada pela EC n. 100, de 26.06.2019.

Veja arts. 165, § 9º, III, e 195, § 19 e I, CF.

Veja art. 3º, EC n. 100, de 26.06.2019, que assim dispõe:

Art. 3º A partir do 3º (terceiro) ano posterior à promulgação desta Emenda Constitucional até o último exercício de vigência do regime previsto na Emenda Constitucional n. 95, de 15 de dezembro de 2016, a execução prevista no § 12 do art. 166 da Constituição Federal corresponderá ao montante de execução obrigatória para o exercício anterior, corrigido na forma estabelecida no inciso II do § 1º do art. 107 do Ato das Disposições Constitucionais Transitórias.

§ 13. As programações orçamentárias previstas nos §§ 11 e 12 deste artigo não serão de execução obrigatória nos casos dos impedimentos de ordem técnica.

Parágrafo com redação dada pela EC n. 100, de 26.06.2019.

§ 14. Para fins de cumprimento do disposto nos §§ 11 e 12 deste artigo, os órgãos de execução deverão observar, nos termos da lei de diretrizes orçamentárias, cronograma para análise e verificação de eventuais impedimentos das programações e demais procedimentos necessários à viabilização da execução dos respectivos montantes.

Parágrafo com redação dada pela EC n. 100, de 26.06.2019.

I a IV – (*Revogados pela EC n. 100, de 26.06.2019.*)

§ 15. (*Revogado pela EC n. 100, de 26.06.2019.*)

§ 16. Quando a transferência obrigatória da União para a execução da programação prevista nos §§ 11 e 12 deste artigo for destinada a Estados, ao Distrito Federal e a Municípios, independerá da adimplência do ente federativo destinatário e não integrará a base de cálculo da receita corrente líquida para fins de aplicação dos limites de despesa de pessoal de que trata o *caput* do art. 169.

Parágrafo com redação dada pela EC n. 100, de 26.06.2019.

§ 17. Os restos a pagar provenientes das programações orçamentárias previstas nos §§ 11 e 12 deste artigo poderão ser considerados para fins de cumprimento da execução financeira até o limite de 1% (um por cento) da receita corrente líquida do exercício anterior ao do encaminhamento do projeto de lei orçamentária, para as programações das emendas individuais, e até o limite de 0,5% (cinco décimos por cento), para as programações das emendas de iniciativa de bancada de parlamentares de Estado ou do Distrito Federal.

Parágrafo com redação dada pela EC n. 126, de 21.12.2022.

Veja art. 195, § 19 e I, CF.

§ 18. Se for verificado que a reestimativa da receita e da despesa poderá resultar no não cumprimento da meta de resultado fiscal estabelecida na lei de diretrizes orçamentárias, os montantes previstos nos §§ 11 e 12 deste artigo poderão ser reduzidos em até a mesma proporção da limitação incidente sobre o conjunto das demais despesas discricionárias.

Parágrafo com redação dada pela EC n. 100, de 26.06.2019.

§ 19. Considera-se equitativa a execução das programações de caráter obrigatório que observe critérios objetivos e imparciais e que atenda de forma igualitária e impessoal às emendas apresentadas, independentemente da autoria, observado o disposto no § 9º-A deste artigo.

Parágrafo com redação dada pela EC n. 126, de 21.12.2022.

§ 20. As programações de que trata o § 12 deste artigo, quando versarem sobre o início de investimentos com duração de mais de 1 (um) exercício financeiro ou cuja execução já tenha sido iniciada, deverão ser objeto de emenda pela mesma bancada estadual, a cada exercício, até a conclusão da obra ou do empreendimento.

Parágrafo acrescentado pela EC n. 100, de 26.06.2019, de 26.06.2019.

Art. 166-A. As emendas individuais impositivas apresentadas ao projeto de lei orçamentária anual poderão alocar recursos a Estados, ao Distrito Federal e a Municípios por meio de:

Artigo acrescentado pela EC n. 105, de 12.12.2019.

Veja art. 2º, EC n. 105, de 12.12.2019.

I – transferência especial; ou

II – transferência com finalidade definida.

§ 1º Os recursos transferidos na forma do *caput* deste artigo não integrarão a receita do Estado, do Distrito Federal e dos Municípios para fins de repartição e para o cálculo dos limites da despesa com pessoal ativo e inativo, nos termos do § 16 do art. 166, e de endividamento do ente federado, vedada, em qualquer caso, a aplicação dos recursos a que se refere o *caput* deste artigo no pagamento de:

I – despesas com pessoal e encargos sociais relativas a ativos e inativos, e com pensionistas; e

II – encargos referentes ao serviço da dívida.

§ 2º Na transferência especial a que se refere o inciso I do *caput* deste artigo, os recursos:

I – serão repassados diretamente ao ente federado beneficiado, independentemente de celebração de convênio ou de instrumento congênere;

II – pertencerão ao ente federado no ato da efetiva transferência financeira; e

III – serão aplicadas em programações finalísticas das áreas de competência do Poder Executivo do ente federado beneficiado, observado o disposto no § 5º deste artigo.

§ 3º O ente federado beneficiado da transferência especial a que se refere o inciso I do *caput* deste artigo poderá firmar contratos de cooperação técnica para fins de subsidiar o acompanhamento da execução orçamentária na aplicação dos recursos.

§ 4º Na transferência com finalidade definida a que se refere o inciso II do *caput* deste artigo, os recursos serão:

I – vinculados à programação estabelecida na emenda parlamentar; e

II – aplicados nas áreas de competência constitucional da União.

§ 5º Pelo menos 70% (setenta por cento) das transferências especiais de que trata o inciso I do *caput* deste artigo deverão ser aplicadas em despesas de capital, observada a restrição a que se refere o inciso II do § 1º deste artigo.

Art. 167. São vedados:

I – o início de programas ou projetos não incluídos na lei orçamentária anual;

II – a realização de despesas ou a assunção de obrigações diretas que excedam os créditos orçamentários ou adicionais;

Veja art. 167-G, § 1º, CF.

Veja art. 4º, § 2º, EC n. 113, de 08.12.2021.

III – a realização de operações de créditos que excedam o montante das despesas de capital, ressalvadas as autorizadas mediante créditos suplementares ou especiais com finalidade precisa, aprovados pelo Poder Legislativo por maioria absoluta;

Veja art. 167-E, CF.

Veja art. 37, ADCT.

Veja art. 4º, EC n. 106, de 07.05.2020.

Veja art. 3º, § 2º, EC n. 109, de 15.03.2021.

Veja arts. 3º, parágrafo único, e 6º, EC n. 126, de 21.12.2022.

Veja LC n. 101, de 04.05.2000 (Lei de Responsabilidade Fiscal).

IV – a vinculação de receita de impostos a órgão, fundo ou despesa, ressalvadas a repartição do produto da arrecadação dos impostos a que se referem os arts. 158 e 159, a destinação de recursos para as ações e serviços públicos de saúde, para manutenção e desenvolvimento do ensino e para realização de atividades da administração tributária, como determinado, respectivamente, pelos arts. 198, § 2º, 212 e 37, XXII, e a prestação de garantias às operações de crédito por antecipação de receita, previstas no art. 165, § 8º, bem como o disposto no § 4º deste artigo;

Inciso com redação dada pela EC n. 42, de 19.12.2003.

Veja arts. 100, § 18, III, e 167-G, § 1º, CF.

Veja arts. 80, § 1º, e 101, § 2º, III, ADCT.

Veja art. 5º, § 2º, II, EC n. 109, de 15.03.2021.

V – a abertura de crédito suplementar ou especial sem prévia autorização legislativa e sem indicação dos recursos correspondentes;

VI – a transposição, o remanejamento ou a transferência de recursos de uma categoria de programação para outra ou de um órgão para outro, sem prévia autorização legislativa;

VII – a concessão ou utilização de créditos ilimitados;

Veja art. 167-G, § 1º, CF.

VIII – a utilização, sem autorização legislativa específica, de recursos dos orçamentos fiscal e da seguridade social para suprir necessidade ou cobrir déficit de empresas, fundações e fundos, inclusive dos mencionados no art. 165, § 5º;

IX – a instituição de fundos de qualquer natureza, sem prévia autorização legislativa;

Veja art. 167-G, § 1º, CF.

X – a transferência voluntária de recursos e a concessão de empréstimos, inclusive por antecipação de receita, pelos Governos Federal e Estaduais e suas instituições financeiras, para pagamento de despesas com pessoal ativo, inativo e pensionista, dos Estados, do Distrito Federal e dos Municípios;

Inciso acrescentado pela EC n. 19, de 04.06.1998.

Veja art. 167-G, § 1º, CF.

Veja LC n. 101, de 04.05.2000 (Lei de Responsabilidade Fiscal).

XI – a utilização dos recursos provenientes das contribuições sociais de que trata o art. 195, I, *a*, e II, para a realização de despesas distintas do pagamento de benefícios do regime geral de previdência social de que trata o art. 201;

Inciso acrescentado pela EC n. 20, de 15.12.1998.

XII – na forma estabelecida na lei complementar de que trata o § 22 do art. 40, a utilização de recursos de regime próprio de previdência social, incluídos os valores integrantes dos fundos previstos no art. 249, para a realização de despesas distintas do pagamento dos benefícios previdenciários do respectivo fundo vinculado àquele regime e das despesas necessárias à sua organização e ao seu funcionamento;

Inciso acrescentado pela EC n. 103, de 12.11.2019.

XIII – a transferência voluntária de recursos, a concessão de avais, as garantias e as subvenções pela União e a concessão de empréstimos e de financiamentos por instituições financeiras federais aos Estados, ao Distrito Federal e aos Municípios na hipótese de descumprimento das regras gerais de organização e de funcionamento de regime próprio de previdência social;

Inciso acrescentado pela EC n. 103, de 12.11.2019.

XIV – a criação de fundo público, quando seus objetivos puderem ser alcançados mediante a vinculação de receitas orçamentárias específicas ou mediante a execução direta por programação orçamentária e financeira de órgão ou entidade da administração pública.

Inciso acrescentado pela EC n. 109, de 15.03.2021.

§ 1º Nenhum investimento cuja execução ultrapasse um exercício financeiro poderá ser iniciado sem prévia inclusão no plano plurianual, ou sem lei que autorize a inclusão, sob pena de crime de responsabilidade.

Veja LC n. 101, de 04.05.2000 (Lei de Responsabilidade Fiscal).

§ 2º Os créditos especiais e extraordinários terão vigência no exercício financeiro em que forem autorizados, salvo se o ato de autorização for promulgado nos últimos quatro meses daquele exercício, caso em que, reabertos nos limites de seus saldos, serão incorporados ao orçamento do exercício financeiro subsequente.

§ 3º A abertura de crédito extraordinário somente será admitida para atender a despesas imprevisíveis e urgentes, como as decorrentes de guerra, comoção interna ou calamidade pública, observado o disposto no art. 62.

Veja art. 62, § 1º, I, *d*, CF.

Veja art. 3º, § 4º, EC n. 109, de 15.03.2021.

Veja art. 4º, § 4º, EC n. 113, de 08.12.2021.

Veja art. 3º, § 2º, II, LC n. 200, de 30.08.2023.

§ 4º É permitida a vinculação das receitas a que se referem os arts. 155, 156, 156-A, 157, 158 e as alíneas *a*, *b*, *d*, *e* e *f* do inciso I e o inciso II do *caput* do art. 159 desta Constituição para pagamento de débitos com a União e para prestar-lhe garantia ou contragarantia.

Parágrafo com redação dada pela EC n. 132, de 20.12.2023.

Veja arts. 117, I, e 131, § 5º, III, ADCT.

Veja art. 7º, § 2º, EC n. 132, de 20.12.2023.

§ 5º A transposição, o remanejamento ou a transferência de recursos de uma categoria de programação para outra poderão ser admitidos, no âmbito das atividades de ciência, tecnologia e inovação, com o objetivo de viabilizar os resultados de projetos restritos a essas funções, mediante ato do Poder Executivo, sem necessidade da prévia autorização legislativa prevista no inciso VI deste artigo.

Parágrafo acrescentado pela EC n. 85, de 26.02.2015.

§ 6º Para fins da apuração ao término do exercício financeiro do cumprimento do limite de que trata o inciso III do *caput* deste artigo, as receitas das operações de crédito efetuadas no contexto da gestão da dívida pública mobiliária federal somente serão consideradas no exercício financeiro em que for realizada a respectiva despesa.

Parágrafo acrescentado pela EC n. 109, de 15.03.2021.

Veja art. 167-G, § 3º, CF.

§ 7º A lei não imporá nem transferirá qualquer encargo financeiro decorrente da prestação de serviço público, inclusive despesas de pessoal e seus encargos, para a União, os Estados, o Distrito Federal ou os Municípios, sem a previsão de fonte orçamentária e financeira necessária à realização da despesa ou sem a previsão da correspondente transferência de recursos financeiros necessários ao seu custeio, ressalvadas as obrigações assumidas espontaneamente pelos entes federados e aquelas decorrentes da fixação do salário mínimo, na forma do inciso IV do *caput* do art. 7º desta Constituição.

Parágrafo acrescentado pela EC n. 128, de 22.12.2022.

Art. 167-A. Apurado que, no período de 12 (doze) meses, a relação entre despesas correntes e receitas correntes supera 95% (noventa e cinco por cento), no âmbito dos Estados, do Distrito Federal e dos Municípios, é facultado aos Poderes Executivo, Legislativo e Judiciário, ao Ministério Público, ao Tribunal de Contas e à Defensoria Pública do ente, enquanto permanecer a situação, aplicar o mecanismo de ajuste fiscal de vedação da:

Artigo acrescentado pela EC n. 109, de 15.03.2021.

Veja arts. 163, parágrafo único, e 167-G, *caput*, CF.

Veja art. 7º, EC n. 114, de 16.12.2021.

I – concessão, a qualquer título, de vantagem, aumento, reajuste ou adequação de remuneração de membros de Poder ou de órgão, de servidores e empregados públicos e de militares, exceto dos derivados de sentença judicial transitada em julgado ou de determinação legal anterior ao início da aplicação das medidas de que trata este artigo;

Veja arts. 1º, § 3º, 6º, § 1º, e 8º, *caput*, LC n. 200, de 30.08.2023.

II – criação de cargo, emprego ou função que implique aumento de despesa;

Veja art. 167-G, § 1º, CF.

Veja arts. 1º, § 3º, 6º, *caput* e § 1º, e 8º, *caput*, LC n. 200, de 30.08.2023.

III – alteração de estrutura de carreira que implique aumento de despesa;

Veja arts. 1º, § 3º, 6º, *caput* e § 1º, e 8º, *caput*, LC n. 200, de 30.08.2023.

IV – admissão ou contratação de pessoal, a qualquer título, ressalvadas:

Veja art. 167-G, § 1º, CF.

Veja arts. 1º, § 3º, 6º, § 1º, e 8º, *caput*, LC n. 200, de 30.08.2023.

a) as reposições de cargos de chefia e de direção que não acarretem aumento de despesa;

b) as reposições decorrentes de vacâncias de cargos efetivos ou vitalícios;

c) as contratações temporárias de que trata o inciso IX do *caput* do art. 37 desta Constituição; e

d) as reposições de temporários para prestação de serviço militar e de alunos de órgãos de formação de militares;

V – realização de concurso público, exceto para as reposições de vacâncias previstas no inciso IV deste *caput*;

Veja arts. 1º, § 3º, 6º, § 1º, e 8º, *caput*, LC n. 200, de 30.08.2023.

VI – criação ou majoração de auxílios, vantagens, bônus, abonos, verbas de representação ou benefícios de qualquer natureza, inclusive os de cunho indenizatório, em favor de membros de Poder, do Ministério Público ou da Defensoria Pública e de servidores e empregados públicos e de militares, ou ainda de seus dependentes, exceto quando derivados de sentença judicial transitada em julgado ou de determinação legal anterior ao início da aplicação das medidas de que trata este artigo;

Veja arts. 1º, § 3º, 6º, *caput* e § 1º, e 8º, *caput*, LC n. 200, de 30.08.2023.

VII – criação de despesa obrigatória;

Veja art. 167-G, § 1º, CF.

Veja arts. 1º, § 3º, 6º, § 1º, e 8º, *caput*, LC n. 200, de 30.08.2023.

VIII – adoção de medida que implique reajuste de despesa obrigatória acima da variação da inflação, observada a preservação do poder aquisitivo referida no inciso IV do *caput* do art. 7º desta Constituição;

Veja arts. 1º, § 3º, 6º, §§ 1º e 3º, e 8º, § 2º, LC n. 200, de 30.08.2023.

IX – criação ou expansão de programas e linhas de financiamento, bem como remissão, renegociação ou refinanciamento de dívidas que impliquem ampliação das despesas com subsídios e subvenções;

Veja art. 167-G, § 1º, CF.

Veja arts. 1º, § 3º, 6º, *caput* e § 1º, e 8º, *caput*, LC n. 200, de 30.08.2023.

X – concessão ou ampliação de incentivo ou benefício de natureza tributária.

Veja art. 167-G, § 1º, CF.

Veja arts. 1º, § 3º, e 6º, *caput* e § 1º, LC n. 200, de 30.08.2023.

§ 1º Apurado que a despesa corrente supera 85% (oitenta e cinco por cento) da receita corrente, sem exceder o percentual mencionado no *caput* deste artigo, as medidas nele indicadas podem ser, no todo ou em parte, implementadas por atos do Chefe do Poder Executivo com vigência imediata, facultado aos demais Poderes e órgãos autônomos implementá-las em seus respectivos âmbitos.

§ 2º O ato de que trata o § 1º deste artigo deve ser submetido, em regime de urgência, à apreciação do Poder Legislativo.

§ 3º O ato perde a eficácia, reconhecida a validade dos atos praticados na sua vigência, quando:

I – rejeitado pelo Poder Legislativo;

II – transcorrido o prazo de 180 (cento e oitenta) dias sem que se ultime a sua apreciação; ou

III – apurado que não mais se verifica a hipótese prevista no § 1º deste artigo, mesmo após a sua aprovação pelo Poder Legislativo.

§ 4º A apuração referida neste artigo deve ser realizada bimestralmente.

§ 5º As disposições de que trata este artigo:

I – não constituem obrigação de pagamento futuro pelo ente da Federação ou direitos de outrem sobre o erário;

II – não revogam, dispensam ou suspendem o cumprimento de dispositivos constitucionais e legais que disponham sobre metas fiscais ou limites máximos de despesas.

§ 6º Ocorrendo a hipótese de que trata o *caput* deste artigo, até que todas as medidas nele previstas tenham sido adotadas por todos os Poderes e órgãos nele mencionados, de acordo com declaração do respectivo Tribunal de Contas, é vedada:

Veja art. 167-G, § 1º, CF.

I – a concessão, por qualquer outro ente da Federação, de garantias ao ente envolvido;

II – a tomada de operação de crédito por parte do ente envolvido com outro ente da Federação, diretamente ou por intermédio de seus fundos, autarquias, fundações ou empresas estatais dependentes, ainda que sob a forma de novação, refinanciamento ou postergação de dívida contraída anteriormente, ressalvados os financiamentos destinados a projetos específicos celebrados na forma de operações típicas das agências financeiras oficiais de fomento.

Art. 167-B. Durante a vigência de estado de calamidade pública de âmbito nacional, decretado pelo Congresso Nacional por iniciativa privativa do Presidente da República, a União deve adotar regime extraordinário fiscal, financeiro e de contratações para atender às necessidades dele decorrentes, somente naquilo em que a urgência for incompatível com o regime regular, nos termos definidos nos arts. 167-C, 167-D, 167-E, 167-F e 167-G desta Constituição.

Artigo acrescentado pela EC n. 109, de 15.03.2021.

Veja arts. 49, XVIII, 84, XXVIII, 167-D, parágrafo único, e 167-G, *caput* e § 2º, CF.

Veja art. 7º, § 1º, LC n. 200, de 30.08.2023.

Art. 167-C. Com o propósito exclusivo de enfrentamento da calamidade pública e de seus efeitos sociais e econômicos, no seu período de duração, o Poder Executivo federal pode adotar processos simplificados de contratação de pessoal, em caráter temporário e emergencial, e de obras, serviços e compras que assegurem, quando possível, competição e igualdade de condições a todos os concorrentes, dispensada a observância do § 1º do art. 169 na contratação de que trata o inciso IX do *caput* do art. 37 desta Constituição, limitada a dispensa às situações de que trata o referido inciso, sem prejuízo do controle dos órgãos competentes.

Artigo acrescentado pela EC n. 109, de 15.03.2021.

Veja arts. 49, XVIII, 84, XXVIII, e 167-B, CF.

Art. 167-D. As proposições legislativas e os atos do Poder Executivo com propósito exclusivo de enfrentar a calamidade e suas consequências sociais e econômicas, com vigência e efeitos restritos à sua duração, desde que não impliquem despesa obrigatória de caráter continuado, ficam dispensados da observância das limitações legais quanto à criação, à expansão ou ao aperfeiçoamento de ação governamental que acarrete aumento de despesa e à concessão ou à ampliação de incentivo ou benefício de natureza tributária da qual decorra renúncia de receita.

Artigo acrescentado pela EC n. 109, de 15.03.2021.

Veja arts. 49, XVIII, 84, XXVIII, e 167-B, CF.

Parágrafo único. Durante a vigência da calamidade pública de âmbito nacional de que trata o art. 167-B, não se aplica o disposto no § 3º do art. 195 desta Constituição.

Art. 167-E. Fica dispensada, durante a integralidade do exercício financeiro em que vigore a calamidade pública de âmbito nacional, a observância do inciso III do *caput* do art. 167 desta Constituição.

Artigo acrescentado pela EC n. 109, de 15.03.2021.

Veja arts. 49, XVIII, 84, XXVIII, e 167-B, CF.

Art. 167-F. Durante a vigência da calamidade pública de âmbito nacional de que trata o art. 167-B desta Constituição:

Artigo acrescentado pela EC n. 109, de 15.03.2021.

Veja arts. 49, XVIII, e 84, XXVIII, CF.

I – são dispensados, durante a integralidade do exercício financeiro em que vigore a calamidade pública, os limites, as condições e demais restrições aplicáveis à União para a contratação de operações de crédito, bem como sua verificação;

II – o superávit financeiro apurado em 31 de dezembro do ano imediatamente anterior ao reconhecimento pode ser destinado à cobertura de despesas oriundas das medidas de combate à calamidade pública de âmbito nacional e ao pagamento da dívida pública.

§ 1º Lei complementar pode definir outras suspensões, dispensas e afastamentos aplicáveis durante a vigência do estado de calamidade pública de âmbito nacional.

§ 2º O disposto no inciso II do *caput* deste artigo não se aplica às fontes de recursos:

I – decorrentes de repartição de receitas a Estados, ao Distrito Federal e a Municípios;

II – decorrentes das vinculações estabelecidas pelos arts. 195, 198, 201, 212, 212-A e 239 desta Constituição;

III – destinadas ao registro de receitas oriundas da arrecadação de doações ou de empréstimos compulsórios, de transferências recebidas para o atendimento de finalidades determinadas ou das receitas de capital produto de operações de financiamento celebradas com finalidades contratualmente determinadas.

Art. 167-G. Na hipótese de que trata o art. 167-B, aplicam-se à União, até o término da calamidade pública, as vedações previstas no art. 167-A desta Constituição.

Artigo acrescentado pela EC n. 109, de 15.03.2021.

Veja arts. 49, XVIII, e 84, XXVIII, CF.

§ 1º Na hipótese de medidas de combate à calamidade pública cuja vigência e efeitos não ultrapassem a sua duração, não se aplicam as vedações referidas nos incisos II, IV, VII, IX e X do *caput* do art. 167-A desta Constituição.

§ 2º Na hipótese de que trata o art. 167-B, não se aplica a alínea *c* do inciso I do *caput* do art. 159 desta Constituição, devendo a transferência a que se refere aquele dispositivo ser efetuada nos mesmos montantes transferidos no exercício anterior à decretação da calamidade.

§ 3º É facultada aos Estados, ao Distrito Federal e aos Municípios a aplicação das vedações referidas no *caput*, nos termos deste artigo, e, até que as tenham adotado na integralidade, estarão submetidos às restrições do § 6º do art. 167-A desta Constituição, enquanto perdurarem seus efeitos para a União.

Art. 168. Os recursos correspondentes às dotações orçamentárias, compreendidos os créditos suplementares e especiais, destinados aos órgãos dos Poderes Legislativo e Judiciário, do Ministério Público e da Defensoria Pública, ser-lhes-ão entregues até o dia 20 de cada mês, em duodécimos, na forma da lei complementar a que se refere o art. 165, § 9º.

Artigo com redação dada pela EC n. 45, de 08.12.2004.

Veja LC n. 101, de 04.05.2000 (Lei de Responsabilidade Fiscal).

§ 1º É vedada a transferência a fundos de recursos financeiros oriundos de repasses duodecimais.

Parágrafo acrescentado pela EC n. 109, de 15.03.2021.

§ 2º O saldo financeiro decorrente dos recursos entregues na forma do *caput* deste artigo deve ser restituído ao caixa único do Tesouro do ente federativo, ou terá seu valor deduzido das primeiras parcelas duodecimais do exercício seguinte.

Parágrafo acrescentado pela EC n. 109, de 15.03.2021.

Art. 169. A despesa com pessoal ativo e inativo e pensionistas da União, dos Estados, do Distrito Federal e dos Municípios não pode exceder os limites estabelecidos em lei complementar.

Caput com redação dada pela EC n. 109, de 15.03.2021.

Veja arts. 96, II, 127, § 2º, e 166, § 13, CF.

Veja art. 38, § 2º, ADCT.

Veja LC n. 101, de 04.05.2000 (Lei de Responsabilidade Fiscal).

§ 1º A concessão de qualquer vantagem ou aumento de remuneração, a criação de cargos, empregos e funções ou alteração de estrutura de carreiras, bem como a admissão ou contratação de pessoal, a qualquer título, pelos órgãos e entidades da administração direta ou indireta, inclusive fundações instituídas e mantidas pelo Poder Público, só poderão ser feitas:

Antigo parágrafo único renumerado pela EC n. 19, de 04.06.1998.

Veja arts. 96, I, e 167-C, CF.

Veja art. 2º, EC n. 106, de 07.05.2020.

Veja LC n. 101, de 04.05.2000 (Lei de Responsabilidade Fiscal).

I – se houver prévia dotação orçamentária suficiente para atender às projeções de despesa de pessoal e aos acréscimos dela decorrentes;

Veja arts. 81, § 1º, 82, § 1º, 83, § 3º, e 85 a 88, Lei n. 11.697, de 13.06.2008.

II – se houver autorização específica na lei de diretrizes orçamentárias, ressalvadas as empresas públicas e as sociedades de economia mista.

Veja art. 96, I, *e*, CF.

Veja art. 33, EC n. 19, de 04.06.1998.

Veja arts. 81, § 1º, 82, § 1º, 83, § 3º, e 85 a 88, Lei n. 11.697, de 13.06.2008.

§ 2º Decorrido o prazo estabelecido na lei complementar referida neste artigo para a adaptação aos parâmetros ali previstos, serão imediatamente suspensos todos os repasses de verbas federais ou estaduais aos Estados, ao Distrito Federal e aos Municípios que não observarem os referidos limites.

Parágrafo acrescentado pela EC n. 19, de 04.06.1998.

Veja LC n. 101, de 04.05.2000 (Lei de Responsabilidade Fiscal).

§ 3º Para o cumprimento dos limites estabelecidos com base neste artigo, durante o prazo fixado na lei complementar referida no *caput*, a União, os Estados, o Distrito Federal e os Municípios adotarão as seguintes providências:

Parágrafo e incisos acrescentados pela EC n. 19, de 04.06.1998.

Veja LC n. 101, de 04.05.2000 (Lei de Responsabilidade Fiscal).

I – redução em pelo menos 20% (vinte por cento) das despesas com cargos em comissão e funções de confiança;

II – exoneração dos servidores não estáveis.

Veja art. 33, EC n. 19, de 04.06.1998.

§ 4º Se as medidas adotadas com base no parágrafo anterior não forem suficientes para assegurar o cumprimento da determinação da lei complementar referida neste artigo, o servidor estável poderá perder o cargo, desde que ato normativo motivado de cada um dos Poderes especifique a atividade funcional, o órgão ou unidade administrativa objeto da redução de pessoal.

Parágrafo acrescentado pela EC n. 19, de 04.06.1998.

Veja art. 198, § 6º, CF.

Veja Lei n. 9.801, de 14.06.1999 (perda de cargo público por excesso de despesa).

Veja LC n. 101, de 04.05.2000 (Lei de Responsabilidade Fiscal).

§ 5º O servidor que perder o cargo na forma do parágrafo anterior fará jus a indenização correspondente a um mês de remuneração por ano de serviço.

Parágrafo acrescentado pela EC n. 19, de 04.06.1998.

§ 6º O cargo objeto da redução prevista nos parágrafos anteriores será considerado extinto, vedada a criação de cargo, emprego ou função com atribuições iguais ou assemelhadas pelo prazo de 4 (quatro) anos.

Parágrafo acrescentado pela EC n. 19, de 04.06.1998.

§ 7º Lei federal disporá sobre as normas gerais a serem obedecidas na efetivação do disposto no § 4º.

Parágrafo acrescentado pela EC n. 19, de 04.06.1998.

Veja art. 247, CF.

Veja LC n. 101, de 04.05.2000 (Lei de Responsabilidade Fiscal).

TÍTULO VII
DA ORDEM ECONÔMICA E FINANCEIRA

CAPÍTULO I
DOS PRINCÍPIOS GERAIS DA ATIVIDADE ECONÔMICA

Veja CDC.

Veja Lei n. 8.137, de 27.12.1990 (crimes contra a ordem tributária, econômica e relações de consumo).

Veja Lei n. 8.176, de 08.02.1991 (crimes contra a ordem econômica).

Veja Lei n. 10.149, de 21.12.2000 (infrações contra a ordem econômica).

Veja Lei n. 12.529, de 30.11.2011 (Sistema Brasileiro de Defesa da Concorrência).

Art. 170. A ordem econômica, fundada na valorização do trabalho humano e na livre-iniciativa, tem por fim assegurar a todos existência digna, conforme os ditames da justiça social, observados os seguintes princípios:

Veja arts. 6º e 7º, CF.

Veja art. 55-J, Lei n. 13.709, de 14.08.2018.

I – soberania nacional;

Veja art. 1º, I, CF.

II – propriedade privada;

Veja arts. 5º, XXII, 22, II, 24, VI, 30, VIII, 136, § 1º, II,139, VII, 231 e 243, CF.

Veja arts. 1.228 a 1.368, CC.

III – função social da propriedade;

Veja arts. 5º, XXIII, 182, § 2º, 184, 185, parágrafo único, e 186, CF.

IV – livre concorrência;

Veja Lei n. 12.529, de 30.11.2011 (Sistema Brasileiro de Defesa da Concorrência).

Veja art. 24, II, Decreto n. 10.854, de 10.11.2021.

Veja Súmula n. 646, STF.

Veja Súmula vinculante n. 49, STF.

V – defesa do consumidor;

Veja arts. 5º, XXII, 24, VIII, 150, § 5º, e 175, II, CF.

Veja art. 48, ADCT.

Veja CDC.

Veja Decreto n. 2.181, de 20.03.1997 (Sistema Nacional de Defesa do Consumidor).

Veja Lei n. 12.529, de 30.11.2011 (Sistema Brasileiro de Defesa da Concorrência).

Veja Súmula vinculante n. 49, STF.

VI – defesa do meio ambiente, inclusive mediante tratamento diferenciado conforme o impacto ambiental dos produtos e serviços e de seus processos de elaboração e prestação;

Inciso com redação dada pela EC n. 42, de 19.12.2003.

Veja arts. 5º, LXXIII, 24, VIII, 129, III, e 225, CF.

Veja Lei n. 9.605, de 12.02.1998, regulamentada pelo Decreto n. 6.514, de 22.07.2008.

VII – redução das desigualdades regionais e sociais;

Veja arts. 3º, III, 25, § 3º, e 43, CF.

VIII – busca do pleno emprego;

Veja arts. 6º e 7º, CF.

Veja art. 24, II, Decreto n. 10.854, de 10.11.2021.

IX – tratamento favorecido para as empresas de pequeno porte constituídas sob as leis brasileiras e que tenham sua sede e administração no País.

Inciso com redação dada pela EC n. 6, de 15.08.1995.

Veja art. 246, CF.

Veja LC n. 123, de 14.12.2006 (Estatuto da Microempresa e da Empresa de Pequeno Porte).

Veja art. 24, parágrafo único, Decreto n. 10.854, de 10.11.2021.

Parágrafo único. É assegurado a todos o livre exercício de qualquer atividade econômica, independentemente de autorização de órgãos públicos, salvo nos casos previstos em lei.

Veja Lei n. 13.874, de 20.09.2019.

Veja Súmula vinculante n. 49, STF.

Art. 171. (*Revogado pela EC n. 6, de 15.08.1995.*)

Art. 172. A lei disciplinará, com base no interesse nacional, os investimentos de capital estrangeiro, incentivará os reinvestimentos e regulará a remessa de lucros.

Art. 173. Ressalvados os casos previstos nesta Constituição, a exploração direta de atividade econômica pelo Estado só será permitida quando necessária aos imperativos da segurança nacional ou a relevante interesse coletivo, conforme definidos em lei.

§ 1º A lei estabelecerá o estatuto jurídico da empresa pública, da sociedade de economia mista e de suas subsidiárias que explorem atividade econômica de produção ou comercialização de bens ou de prestação de serviços, dispondo sobre:

Parágrafo com redação dada e incisos acrescentados pela EC n. 19, de 04.06.1998.

Veja Lei n. 9.482, de 13.08.1997 (Instituto de Resseguros do Brasil, transferência e transformação de suas ações).

Veja Lei n. 13.303, de 30.06.2016.

I – sua função social e formas de fiscalização pelo Estado e pela sociedade;

II – a sujeição ao regime jurídico próprio das empresas privadas, inclusive quanto aos direitos e obrigações civis, comerciais, trabalhistas e tributários;

Veja OJ n. 353, SBDI-II, TST.

III – licitação e contratação de obras, serviços, compras e alienações, observados os princípios da administração pública;

Veja Súmula n. 333, STJ.

IV – a constituição e o funcionamento dos conselhos de administração e fiscal, com a participação de acionistas minoritários;

V – os mandatos, a avaliação de desempenho e a responsabilidade dos administradores.

§ 2º As empresas públicas e as sociedades de economia mista não poderão gozar de privilégios fiscais não extensivos às do setor privado.

§ 3º A lei regulamentará as relações da empresa pública com o Estado e a sociedade.

Veja CDC e Leis n. 8.002, de 14.03.1990, n. 8.137, de 27.12.1990, n. 8.158, de 08.01.1991, n. 8.176, de 08.02.1991, n. 8.383, de 30.12.1991, n. 9.069, de 29.06.1995, e n. 12.529, de 30.11.2011.

§ 4º A lei reprimirá o abuso do poder econômico que vise à dominação dos mercados, à eliminação da concorrência e ao aumento arbitrário dos lucros.

Veja Lei n. 12.529, de 30.11.2011 (Sistema Brasileiro de Defesa da Concorrência).

Veja Súmula vinculante n. 49, STF.

§ 5º A lei, sem prejuízo da responsabilidade individual dos dirigentes da pessoa jurídica, estabelecerá a responsabilidade desta, sujeitando-a às punições compatíveis com sua natureza, nos atos praticados contra a ordem econômica e financeira e contra a economia popular.

Veja Lei Delegada n. 4, de 26.09.1962 (intervenção no domínio público para distribuidor de produtos para consumo).

Art. 174. Como agente normativo e regulador da atividade econômica, o Estado exercerá, na forma da lei, as funções de fiscalização, incentivo e planejamento, sendo este determinante para o setor público e indicativo para o setor privado.

Veja Lei n. 13.874, de 20.09.2019.

§ 1º A lei estabelecerá as diretrizes e bases do planejamento do desenvolvimento nacional equilibrado, o qual incorporará e compatibilizará os planos nacionais e regionais de desenvolvimento.

§ 2º A lei apoiará e estimulará o cooperativismo e outras formas de associativismo.

Veja Lei n. 9.847, de 26.10.1999 (fiscalização das atividades relativas ao abastecimento nacional de combustíveis).

§ 3º O Estado favorecerá a organização da atividade garimpeira em cooperativas, levando em conta a proteção do meio ambiente e a promoção econômico-social dos garimpeiros.

Veja art. 231, § 7º, CF.

Veja DL n. 227, de 28.02.1967 (Código de Minas).

Veja Leis n. 9.314, de 14.11.1996, e n. 9.827, de 27.08.1999.

§ 4º As cooperativas a que se refere o parágrafo anterior terão prioridade na autorização ou concessão para pesquisa e lavra dos recursos e jazidas de minerais garimpáveis, nas áreas onde estejam atuando, e naquelas fixadas de acordo com o art. 21, XXV, na forma da lei.

Veja art. 231, § 7º, CF.

Veja Leis n. 9.314, de 14.11.1996, e n. 9.827, de 27.08.1999.

Art. 175. Incumbe ao Poder Público, na forma da lei, diretamente ou sob regime de concessão ou permissão, sempre através de licitação, a prestação de serviços públicos.

Veja art. 22, XXVII, CF.

Veja Lei n. 8.987, de 13.02.1995 (regime de concessão e permissão).

Veja Lei n. 9.074, de 07.07.1995 (concessão e permissão).

Veja Lei n. 9.791, de 24.03.1999 (direitos do consumidor em serviços concedidos).

Veja Súmula n. 407, STJ.

Parágrafo único. A lei disporá sobre:

I – o regime das empresas concessionárias e permissionárias de serviços públicos, o caráter especial de seu contrato e de sua prorrogação, bem como as condições de caducidade, fiscalização e rescisão da concessão ou permissão;

II – os direitos dos usuários;

III – política tarifária;

IV – a obrigação de manter serviço adequado.

Art. 176. As jazidas, em lavra ou não, e demais recursos minerais e os potenciais de energia hidráulica constituem propriedade distinta da do solo, para efeito de exploração ou aproveitamento, e pertencem à União, garantida ao concessionário a propriedade do produto da lavra.

§ 1º A pesquisa e a lavra de recursos minerais e o aproveitamento dos potenciais a que se refere o *caput* deste artigo somente poderão ser efetuados mediante autorização ou concessão da União, no interesse nacional, por brasileiros ou empresa constituída sob as leis brasileiras e que tenha sua sede e administração no País, na forma da lei, que estabelecerá as condições específicas quando essas atividades se desenvolverem em faixa de fronteira ou terras indígenas.

Parágrafo com redação dada pela EC n. 6, de 15.08.1995.

Veja arts. 20, IX e § 1º, 22, XII, 23, XI, 24, VI, 91, III, 174, §§ 3º e 4º, 225, § 2º, e 231, § 3º, CF.

Veja arts. 43 e 44, *caput* e §§ 1º e 2º, ADCT.

Veja DL n. 227, de 28.02.1967 (Código de Minas).

§ 2º É assegurada participação ao proprietário do solo nos resultados da lavra, na forma e no valor que dispuser a lei.

Veja DL n. 227, de 28.02.1967 (Código de Minas).

§ 3º A autorização de pesquisa será sempre por prazo determinado, e as autorizações e concessões previstas neste artigo não poderão ser cedidas ou transferidas, total ou parcialmente, sem prévia anuência do poder concedente.

§ 4º Não dependerá de autorização ou concessão o aproveitamento do potencial de energia renovável de capacidade reduzida.

Art. 177. Constituem monopólio da União:

I – a pesquisa e a lavra das jazidas de petróleo e gás natural e outros hidrocarbonetos fluidos;

Veja arts. 20, § 1º, e 238, CF.

Veja art. 45, parágrafo único, ADCT.

Veja Lei n. 9.478, de 06.08.1997 (Política Energética Nacional).

II – a refinação do petróleo nacional ou estrangeiro;

Veja art. 45, ADCT.

III – a importação e exportação dos produtos e derivados básicos resultantes das atividades previstas nos incisos anteriores;

Veja Lei n. Lei n. 14.134, de 08.04.2021 (regulamentação).

IV – o transporte marítimo do petróleo bruto de origem nacional ou de derivados básicos de petróleo produzidos no País, bem assim o transporte, por meio de conduto, de petróleo bruto, seus derivados e gás natural de qualquer origem;

Veja Lei n. 14.134, de 08.04.2021 (regulamenação).

V – a pesquisa, a lavra, o enriquecimento, o reprocessamento, a industrialização e o comércio de minérios e minerais nucleares e seus derivados, com exceção dos radioisótopos cuja produção, comercialização e utilização poderão ser autorizadas sob regime de permissão, conforme as alíneas *b* e *c* do inciso XXIII do *caput* do art. 21 desta Constituição Federal.

Inciso com redação dada pela EC n. 49, de 08.02.2006.

§ 1º A União poderá contratar com empresas estatais ou privadas a realização das atividades previstas nos incisos I a IV deste artigo, observadas as condições estabelecidas em lei.

Parágrafo com redação dada pela EC n. 9, de 09.11.1995.

Veja art. 246, CF.

Veja art. 45, parágrafo único, ADCT.

§ 2º A lei a que se refere o § 1º disporá sobre:

Parágrafo e incisos acrescentados pela EC n. 9, de 09.11.1995.

Veja art. 246, CF.

I – a garantia do fornecimento dos derivados de petróleo em todo o território nacional;

II – as condições de contratação;

III – a estrutura e atribuições do órgão regulador do monopólio da União.

Veja Leis n. 9.478, de 06.08.1997, n. 9.847, de 26.10.1999, n. 10.202, de 20.02.2001, e n. 10.357, de 27.12.2001.

§ 3º A lei disporá sobre o transporte e a utilização de materiais radioativos no território nacional.

Antigo § 2º renumerado pela EC n. 9, de 09.11.1995.

Veja art. 246, CF.

Veja Leis n. 7.781, de 27.06.1989, n. 8.080, de 19.09.1990, n. 9.611, de 19.02.1998, e n. 10.308, de 20.11.2001.

§ 4º A lei que instituir contribuição de intervenção no domínio econômico relativa às atividades de importação ou comercialização de petróleo e seus derivados, gás natural e seus derivados e álcool combustível deverá atender aos seguintes requisitos:

Parágrafo acrescentado pela EC n. 33, de 11.12.2001.

Veja art. 159, III, CF.

Veja Lei n. 10.336, de 19.12.2001 (Cide).

Veja art. 8º, LC n. 192, de 11.03.2022.

I – a alíquota da contribuição poderá ser:

Inciso e alíneas acrescentados pela EC n. 33, de 11.12.2001.

a) diferenciada por produto ou uso;

b) reduzida e restabelecida por ato do Poder Executivo, não se lhe aplicando o disposto no art. 150, III, *b*;

II – os recursos arrecadados serão destinados:

Inciso e alíneas acrescentados pela EC n. 33, de 11.12.2001.

Veja ADIn n. 2.925, de 19.12.2003, STF, que dá "interpretação conforme a Constituição, no sentido de que a abertura de crédito suplementar deve ser destinada às três finalidades enumeradas no art. 177, § 4º, inciso II, *a, b, c,* da Carta Magna".

Veja Lei n. 10.336, de 19.12.2001 (Cide).

a) ao pagamento de subsídios a preços ou transporte de álcool combustível, gás natural e seus derivados e derivados de petróleo;

Veja Lei n. 10.453, de 13.05.2002.

b) ao financiamento de projetos ambientais relacionados com a indústria do petróleo e do gás;

c) ao financiamento de programas de infraestrutura de transportes;

Veja Lei n. 10.336, de 19.12.2001 (Cide).

d) ao pagamento de subsídios a tarifas de transporte público coletivo de passageiros.

Alínea acrescentada pela EC n. 132, de 20.12.2023.

Art. 178. A lei disporá sobre a ordenação dos transportes aéreo, aquático e terrestre, devendo, quanto à ordenação do transporte internacional, observar os acordos firmados pela União, atendido o princípio da reciprocidade.

Caput com redação dada pela EC n. 7, de 15.08.1995.

Veja art. 246, CF.

Parágrafo único. Na ordenação do transporte aquático, a lei estabelecerá as condições em que o transporte de mercadorias na cabotagem e a navegação interior poderão ser feitos por embarcações estrangeiras.

Parágrafo acrescentado pela EC n. 7, de 15.08.1995.

Veja art. 246, CF.

Veja Lei n. 10.233, de 05.06.2001 (transporte aquaviário).

Art. 179. A União, os Estados, o Distrito Federal e os Municípios dispensarão às microempresas e às empresas de pequeno porte, assim definidas em lei, tratamento jurídico diferenciado, visando a incentivá-las pela simplificação de suas obrigações administrativas, tributárias, previdenciárias e creditícias, ou pela eliminação ou redução destas por meio de lei.

Veja art. 47, ADCT.

Veja LC n. 48, de 10.12.1984 (isenção de impostos para a microempresa).

Veja LC n. 123, de 14.12.2006 (Estatuto da Microempresa e da Empresa de Pequeno Porte).

Art. 180. A União, os Estados, o Distrito Federal e os Municípios promoverão e incentivarão o turismo como fator de desenvolvimento social e econômico.

Veja art. 47, ADCT.

Art. 181. O atendimento de requisição de documento ou informação de natureza comercial, feita por autoridade administrativa ou judiciária estrangeira, a pessoa física ou jurídica residente ou domiciliada no País dependerá de autorização do Poder competente.

CAPÍTULO II
DA POLÍTICA URBANA

Art. 182. A política de desenvolvimento urbano, executada pelo Poder Público municipal, conforme diretrizes gerais fixadas em lei, tem por objetivo ordenar o pleno desenvolvimento das funções sociais da cidade e garantir o bem-estar de seus habitantes.

Veja Lei n. 10.257, de 10.07.2001 (Estatuto da Cidade).

Veja Lei n. 13.311, de 11.07.2016 (regulamentação).

§ 1º O plano diretor, aprovado pela Câmara Municipal, obrigatório para cidades com mais de vinte mil habitantes, é o instrumento básico da política de desenvolvimento e de expansão urbana.

§ 2º A propriedade urbana cumpre sua função social quando atende às exigências fundamentais de ordenação da cidade expressas no plano diretor.

Veja art. 186, CF.

Veja Súmula n. 668, STF.

§ 3º As desapropriações de imóveis urbanos serão feitas com prévia e justa indenização em dinheiro.

Veja LC n. 101, de 04.05.2000 (Lei de Responsabilidade Fiscal).

Veja Súmulas ns. 113 e 114, STJ.

§ 4º É facultado ao Poder Público municipal, mediante lei específica para área incluída no plano diretor, exigir, nos termos da lei federal, do proprietário do solo urbano não edificado, subutilizado ou não utilizado, que promova seu adequado aproveitamento, sob pena, sucessivamente, de:

I – parcelamento ou edificação compulsórios;

II – imposto sobre a propriedade predial e territorial urbana progressivo no tempo;

Veja art. 156, § 1º, CF.

III – desapropriação com pagamento mediante títulos da dívida pública de emissão previamente aprovada pelo Senado Federal, com prazo de resgate de até dez anos, em parcelas anuais, iguais e sucessivas, assegurados o valor real da indenização e os juros legais.

Veja art. 15-A, DL n. 3.365, de 21.06.1941.

Art. 183. Aquele que possuir como sua área urbana de até duzentos e cinquenta metros quadrados, por cinco anos, ininterruptamente e sem oposição, utilizando-a para sua moradia ou de sua família, adquirir-lhe-á o domínio, desde que não seja proprietário de outro imóvel urbano ou rural.

Veja arts. 1.238, 1.240 e 1.240-A, CC.

Veja Lei n. 10.257, de 10.07.2001 (Estatuto da Cidade).

§ 1º O título de domínio e a concessão de uso serão conferidos ao homem ou à mulher, ou a ambos, independentemente do estado civil.

§ 2º Esse direito não será reconhecido ao mesmo possuidor mais de uma vez.

§ 3º Os imóveis públicos não serão adquiridos por usucapião.

CAPÍTULO III
DA POLÍTICA AGRÍCOLA E FUNDIÁRIA E DA REFORMA AGRÁRIA

Veja Lei n. 4.504, de 30.11.1964 (Estatuto da Terra).

Veja Leis n. 8.629, de 25.02.1993 (regulamentação da reforma agrária), e n. 10.279, de 12.09.2001 (altera a Lei n. 8.629/93).

Art. 184. Compete à União desapropriar por interesse social, para fins de reforma agrária, o imóvel rural que não esteja cumprindo sua função social, mediante prévia e justa indenização em títulos da dívida agrária, com cláusula de preservação do valor real, resgatáveis no prazo de até vinte anos, a partir do segundo ano de sua emissão, e cuja utilização será definida em lei.

Veja arts. 3º, 5º, XXIII, e 170, II e III, CF.

Veja art. 15-A, DL n. 3.365, de 21.06.1941.

Veja Leis n. 8.629, de 25.02.1993, e n. 10.279, de 12.09.2001.

§ 1º As benfeitorias úteis e necessárias serão indenizadas em dinheiro.

§ 2º O decreto que declarar o imóvel como de interesse social, para fins de reforma agrária, autoriza a União a propor a ação de desapropriação.

§ 3º Cabe à lei complementar estabelecer procedimento contraditório especial, de rito sumário, para o processo judicial de desapropriação.

Veja art. 126, CF.

Veja LCs n. 76, de 06.07.1993, n. 88, de 23.12.1996, e n. 93, de 04.02.1998.

§ 4º O orçamento fixará anualmente o volume total de títulos da dívida agrária, assim como o montante de recursos para atender ao programa de reforma agrária no exercício.

§ 5º São isentas de impostos federais, estaduais e municipais as operações de transferência de imóveis desapropriados para fins de reforma agrária.

Art. 185. São insuscetíveis de desapropriação para fins de reforma agrária:

I – a pequena e média propriedade rural, assim definida em lei, desde que seu proprietário não possua outra;

Veja Leis n. 8.629, de 25.02.1993, n. 10.279, de 12.09.2001, e n. 10.298, de 30.10.2001.

II – a propriedade produtiva.

Parágrafo único. A lei garantirá tratamento especial à propriedade produtiva e fixará normas para o cumprimento dos requisitos relativos a sua função social.

Veja art. 153, § 4º, CF.

Veja Leis n. 8.629, de 25.02.1993, n. 10.279, de 12.09.2001, e n. 10.298, de 30.10.2001.

Art. 186. A função social é cumprida quando a propriedade rural atende, simultaneamente, segundo critérios e graus de exigência estabelecidos em lei, aos seguintes requisitos:

Veja Leis ns. 8.629, de 25.02.1993, 10.279, de 12.09.2001, e 10.298, de 30.10.2001.

I – aproveitamento racional e adequado;

II – utilização adequada dos recursos naturais disponíveis e preservação do meio ambiente;

III – observância das disposições que regulam as relações de trabalho;

IV – exploração que favoreça o bem-estar dos proprietários e dos trabalhadores.

Art. 187. A política agrícola será planejada e executada na forma da lei, com a participação efetiva do setor de produção, envolvendo produtores e trabalhadores rurais, bem como dos setores de comercialização, de armazenamento e de transportes, levando em conta, especialmente:

Veja Leis n. 8.171, de 17.01.1991, n. 8.629, de 25.02.1993, n. 9.272, de 03.05.1996, n. 9.712, de 20.11.1998, n. 9.973, 29.05.2000, n. 10.186, de 12.02.2001, n. 10.200, de 14.02.2001, n. 10.228, de 29.05.2001, n. 10.279, de 12.09.2001, n. 10.298, de 30.10.2001, e n. 10.327, de 12.12.2001.

Veja LC n. 93, de 04.02.1998 (Banco da Terra).

Veja art. 27, Lei n. 11.959, de 29.06.2009 (Política Nacional de Desenvolvimento Sustentável da Aquicultura e da Pesca).

Veja Súmula n. 298, STJ.

I – os instrumentos creditícios e fiscais;

II – os preços compatíveis com os custos de produção e a garantia de comercialização;

III – o incentivo à pesquisa e à tecnologia;

IV – a assistência técnica e extensão rural;

V – o seguro agrícola;

VI – o cooperativismo;

VII – a eletrificação rural e irrigação;

VIII – a habitação para o trabalhador rural.

§ 1º Incluem-se no planejamento agrícola as atividades agroindustriais, agropecuárias, pesqueiras e florestais.

§ 2º Serão compatibilizadas as ações de política agrícola e de reforma agrária.

Art. 188. A destinação de terras públicas e devolutas será compatibilizada com a política agrícola e com o plano nacional de reforma agrária.

§ 1º A alienação ou a concessão, a qualquer título, de terras públicas com área superior a dois mil e quinhentos hectares a pessoa física ou jurídica, ainda que por interposta pessoa, dependerá de prévia aprovação do Congresso Nacional.

§ 2º Excetuam-se do disposto no parágrafo anterior as alienações ou as concessões de terras públicas para fins de reforma agrária.

Art. 189. Os beneficiários da distribuição de imóveis rurais pela reforma agrária receberão títulos de domínio ou de concessão de uso, inegociáveis pelo prazo de dez anos.

Parágrafo único. O título de domínio e a concessão de uso serão conferidos ao homem ou à mulher, ou a ambos, independentemente do estado civil, nos termos e condições previstos em lei.

Veja Leis n. 8.629, de 25.02.1993, n. 10.279, de 12.09.2001, e n. 10.298, de 30.10.2001.

Veja art. 6º, Lei n. 11.284, de 02.03.2006.

Art. 190. A lei regulará e limitará a aquisição ou o arrendamento de propriedade rural por pessoa física ou jurídica estrangeira e estabelecerá os casos que dependerão de autorização do Congresso Nacional.

Veja Leis n. 8.629, de 25.02.1993, n. 10.279, de 12.09.2001, e n. 10.298, de 30.10.2001.

Veja Lei n. 5.709, de 07.10.1971 (aquisição de imóvel rural por estrangeiro).

Art. 191. Aquele que, não sendo proprietário de imóvel rural ou urbano, possua como seu, por cinco anos ininterruptos, sem oposição, área de terra, em zona rural, não superior a cinquenta hectares, tornando-a produtiva por seu trabalho ou de sua família, tendo nela sua moradia, adquirir-lhe-á a propriedade.

Veja art. 1.239, CC.

Veja Lei n. 5.709, de 07.10.1971 (aquisição de imóvel rural por estrangeiro).

Parágrafo único. Os imóveis públicos não serão adquiridos por usucapião.

CAPÍTULO IV
DO SISTEMA FINANCEIRO NACIONAL

Veja Lei n. 7.492, de 16.06.1986 (crimes contra o sistema financeiro).

Veja Lei n. 9.613, de 03.03.1998 (crimes de lavagem de dinheiro).

Art. 192. O sistema financeiro nacional, estruturado de forma a promover o desenvolvimento equilibrado do País e a servir aos interesses da coletividade, em todas as partes que o compõem, abrangendo as cooperativas de crédito, será regulado por leis complementares que disporão, inclusive, sobre a participação do capital estrangeiro nas instituições que o integram.

Artigo com redação dada pela EC n. 40, de 29.05.2003.

Veja Lei n. 8.392, de 30.12.1991.

Veja LC n. 105, de 10.01.2001 (sigilo de operações de instituições financeiras).

I a III – (*Revogados pela EC n. 40, de 29.05.2003.*)

a) e *b)* (*Revogadas pela EC n. 40, de 29.05.2003.*)

§§ 1º a 3º (*Revogados pela EC n. 40, de 29.05.2003.*)

TÍTULO VIII
DA ORDEM SOCIAL

CAPÍTULO I
DISPOSIÇÃO GERAL

Art. 193. A ordem social tem como base o primado do trabalho, e como objetivo o bem-estar e a justiça sociais.

Parágrafo único. O Estado exercerá a função de planejamento das políticas sociais, assegurada, na forma da lei, a participação da sociedade nos processos de formulação, de monitoramento, de controle e de avaliação dessas políticas.

Parágrafo acrescentado pela EC n.108, de 26.08.2020.

CAPÍTULO II
DA SEGURIDADE SOCIAL

Seção I
Disposições Gerais

Art. 194. A seguridade social compreende um conjunto integrado de ações de iniciativa dos Poderes Públicos e da sociedade, destinadas a assegurar os direitos relativos à saúde, à previdência e à assistência social.

Veja art. 107-A, *caput* e I, ADCT.

Parágrafo único. Compete ao Poder Público, nos termos da lei, organizar a seguridade social, com base nos seguintes objetivos:

Veja Leis n. 8.212, de 24.07.1991, e n. 8.213, de 24.07.1991.

I – universalidade da cobertura e do atendimento;

II – uniformidade e equivalência dos benefícios e serviços às populações urbanas e rurais;

III – seletividade e distributividade na prestação dos benefícios e serviços;

IV – irredutibilidade do valor dos benefícios;

V – equidade na forma de participação no custeio;

VI – diversidade da base de financiamento, identificando-se, em rubricas contábeis específicas para cada área, as receitas e as despesas vinculadas a ações de saúde, previdência e assistência social, preservado o caráter contributivo da previdência social;

Inciso com redação dada pela EC n. 103, de 12.11.2019.

VII – caráter democrático e descentralizado da administração, mediante gestão quadripartite, com participação dos trabalhadores, dos empregadores, dos aposentados e do Governo nos órgãos colegiados.

Inciso com redação dada pela EC n. 20, de 15.12.1998.

Art. 195. A seguridade social será financiada por toda a sociedade, de forma direta e indireta, nos termos da lei, mediante recursos provenientes dos orçamentos da União, dos Estados, do Distrito Federal e dos Municípios, e das seguintes contribuições sociais:

Veja arts. 167-F, § 2º, II, 198, § 1º, 204 e 240, CF.

I – do empregador, da empresa e da entidade a ela equiparada na forma da lei, incidentes sobre:

Inciso com redação dada e alíneas acrescentadas pela EC n. 20, de 15.12.1998.

Veja art. 146, III, *d*, CF.

Veja art. 56, ADCT.

Veja LCs n. 70, de 30.12.1991 (Cofins), e n. 85, de 15.02.1996, e MP n. 2.158-35, de 24.08.2001.

Veja art. 4º, LC n. 187, de 16.12.2021.

Veja Súmula n. 688, STF.

a) a folha de salários e demais rendimentos do trabalho pagos ou creditados, a qualquer título, à pessoa física que lhe preste serviço, mesmo sem vínculo empregatício;

Veja arts. 114, VIII e § 3º, e 167, XI, CF.

Veja art. 30, EC n. 103, de 12.11.2019.

Veja art. 11, EC n. 132, de 20.12.2023.

Veja art. 876, parágrafo único, CLT.

Veja LC n. 101, de 04.05.2000 (Lei de Responsabilidade Fiscal).

b) a receita ou o faturamento;

➤ **Em 2027, está alínea estará revogada.**

Veja arts. 156-A, § 1º, IX, 195, § 17, e 225, § 1º, VIII, CF.

Veja arts. 125, *caput* e § 1º, 126, II, 130, I, a, e § 3º, I e II, 133 e 135, ADCT.

Veja art. 11, EC n. 132, de 20.12.2023.

Veja art. 8º, LC n. 192, de 11.03.2022.

c) o lucro;

II – do trabalhador e dos demais segurados da previdência social, podendo ser adotadas alíquotas progressivas de acordo com o valor do salário de contribuição, não incidindo contribuição sobre aposentadoria e pensão concedidas pelo Regime Geral de Previdência Social;

Inciso com redação dada pela EC n. 103, de 12.11.2019.

Veja arts. 114, VIII e § 3º, e 167, XI, CF.

Veja art. 876, parágrafo único, CLT.

Veja LC n. 101, de 04.05.2000 (Lei de Responsabilidade Fiscal).

III – sobre a receita de concursos de prognósticos;

Veja Lei n. 7.856, de 24.10.1989.

Veja art. 4º, LC n. 187, de 16.12.2021.

IV – do importador de bens ou serviços do exterior, ou de quem a lei a ele equiparar;

Inciso acrescentado pela EC n. 42, de 19.12.2003.

➤ **Em 2027, este inciso estará revogado.**

Veja arts. 156-A, § 1º, IX, 195, § 17, e 225, § 1º, VIII, CF.

Veja arts. 125, § 1º, 126, II, 130, § 3º, I e II, 133 e 135, ADCT.

Veja art. 4º, LC n. 187, de 16.12.2021.

Veja art. 8º, LC n. 192, de 11.03.2022.

V – sobre bens e serviços, nos termos de lei complementar.

Inciso acrescentado pela EC n. 132, de 20.12.2023.

Veja arts. 105, I, *j*, e 146, III, *c* e *d*, e §§ 2º e 3º, 149-B, *caput*, 149-C, 153, § 6º, IV, 156-A, § 1º, IX, 156-B, §§ 6º a 8º, 225, § 1º, VIII, e 239, *caput* e § 3º, CF.

Veja arts. 92-B, *caput* e § 3º e II, 124, 125, *caput*, 126, I, a, 127, parágrafo único, 130, *caput* e I, §§ 3º, III, 4º, 5º e 9º, 133 e 135, ADCT.

Veja arts. 7º, § 1º, I, *b*, 8º, parágrafo único, 9º, *caput* e § 3º, III, 19 e 21, EC n. 132, de 20.12.2023.

§ 1º As receitas dos Estados, do Distrito Federal e dos Municípios destinadas à seguridade social constarão dos respectivos orçamentos, não integrando o orçamento da União.

§ 2º A proposta de orçamento da seguridade social será elaborada de forma integrada pelos órgãos responsáveis pela saúde, previdência social e assistência social, tendo em vista as metas e prioridades estabelecidas na lei de diretrizes orçamentárias, assegurada a cada área a gestão de seus recursos.

§ 3º A pessoa jurídica em débito com o sistema da seguridade social, como estabelecido em lei, não poderá contratar com o Poder Público nem dele receber benefícios ou incentivos fiscais ou creditícios.

Veja art. 167-D, parágrafo único, CF.

Veja art. 3º, parágrafo único, EC n. 106, de 07.05.2020.

Veja Lei n. 8.212, de 24.07.1991 (plano de custeio).

Veja art. 52, II, da Lei n. 11.101, de 09.02.2005.

Veja art. 7º, *caput*, Lei n. 11.945, de 04.06.2009 (legislação tributária federal).

Veja art. 5º, Lei n. 12.453, de 21.07.2011.

Veja arts. 1º, V, e 5º, Lei n. 13.674, de 11.06.2018.

Veja art. 61, § 3º, Lei n. 14.597, de 14.06.2023.

Veja Súmula n. 352, STJ.

§ 4º A lei poderá instituir outras fontes destinadas a garantir a manutenção ou expansão da seguridade social, obedecido o disposto no art. 154, I.

Veja Lei n. 9.876, de 26.11.1999 (contribuição previdenciária do contribuinte individual e o cálculo do benefício).

Veja Capítulo XI, Lei n. 8.212, de 24.07.1991 (plano de custeio).

§ 5º Nenhum benefício ou serviço da seguridade social poderá ser criado, majorado ou estendido sem a correspondente fonte de custeio total.

Veja art. 24, LC n. 101, de 04.05.2000 (Lei de Responsabilidade Fiscal).

§ 6º As contribuições sociais de que trata este artigo só poderão ser exigidas após decorridos noventa dias da data da publicação da lei que as houver instituído ou modificado, não se lhes aplicando o disposto no art. 150, III, *b*.

Veja art. 149, CF.

Veja arts. 74, § 4º, e 75, § 1º, ADCT.

Veja Súmula n. 669, STF.

Veja Súmula vinculante n. 50, STF.

§ 7º São isentas de contribuição para a seguridade social as entidades beneficentes de assistência social que atendam às exigências estabelecidas em lei.

Veja art. 149-B, parágrafo único, CF.
Veja art. 4º, § 2º, II, EC n. 109, de 15.03.2021.
Veja art. 25, Lei n. 8.212, de 24.07.1991 (plano de custeio).
Veja art. 3º, V, Decreto n. 6.140, de 03.07.2007.
Veja arts. 1º, 3º, *caput* e V, e 40, § 3º, LC n. 187, de 16.12.2021.

§ 8º O produtor, o parceiro, o meeiro e o arrendatário rurais e o pescador artesanal, bem como os respectivos cônjuges, que exerçam suas atividades em regime de economia familiar, sem empregados permanentes, contribuirão para a seguridade social mediante a aplicação de uma alíquota sobre o resultado da comercialização da produção e farão jus aos benefícios nos termos da lei.

Parágrafo com redação dada pela EC n. 20, de 15.12.1998.
Veja art. 25, § 1º, EC n. 103, de 12.11.2019.
Veja art. 25, Lei n. 8.212, de 24.07.1991 (plano de custeio).
Veja Súmula n. 272, STJ.

§ 9º As contribuições sociais previstas no inciso I do *caput* deste artigo poderão ter alíquotas diferenciadas em razão da atividade econômica, da utilização intensiva de mão de obra, do porte da empresa ou da condição estrutural do mercado de trabalho, sendo também autorizada a adoção de bases de cálculo diferenciadas apenas no caso das alíneas *b* e *c* do inciso I do *caput*.

Parágrafo com redação dada pela EC n. 103, de 12.11.2019.

➤ **Em 2027, a redação que vigorará assim dispõe:**

§ 9º As contribuições sociais previstas no inciso I do caput deste artigo poderão ter alíquotas diferenciadas em razão da atividade econômica, da utilização intensiva de mão de obra, do porte da empresa ou da condição estrutural do mercado de trabalho, sendo também autorizada a adoção de bases de cálculo diferenciadas apenas no caso da alínea c *do inciso I do* caput.

Parágrafo com redação dada pela EC n. 132, de 20.12.2023.
Veja art. 30, EC n. 103, de 12.11.2019.

§ 10. A lei definirá os critérios de transferência de recursos para o sistema único de saúde e ações de assistência social da União para os Estados, o Distrito Federal e os Municípios, e dos Estados para os Municípios, observada a respectiva contrapartida de recursos.

Parágrafo acrescentado pela EC n. 20, de 15.12.1998.

§ 11. São vedados a moratória e o parcelamento em prazo superior a 60 (sessenta) meses e, na forma de lei complementar, a remissão e a anistia das contribuições sociais de que tratam a alínea *a* do inciso I e o inciso II do *caput*.

Parágrafo com redação dada pela EC n. 103, de 12.11.2019.
Veja art. 9º, § 9º, e 31, EC n. 103, de 12.11.2019.

§ 12. A lei definirá os setores de atividade econômica para os quais as contribuições incidentes na forma dos incisos I, *b*; e IV do *caput*, serão não cumulativas.

Parágrafo acrescentado pela EC n. 42, de 19.12.2003.

➤ **Em 2027, este parágrafo estará revogado.**

Veja art. 146, III, *d*, CF.

§ 13. (*Revogado pela EC n. 103, de 12.11.2019.*)

§ 14. O segurado somente terá reconhecida como tempo de contribuição ao Regime Geral de Previdência Social a competência cuja contribuição seja igual ou superior à contribuição mínima mensal exigida para sua categoria, assegurado o agrupamento de contribuições.

Parágrafo acrescentado pela EC n. 103, de 12.11.2019.

Veja art. 29, *caput*, EC n. 103, de 12.11.2019.

§ 15. A contribuição prevista no inciso V do *caput* poderá ter sua alíquota fixada em lei ordinária.

Parágrafo acrescentado pela EC n. 132, de 20.12.2023.

§ 16. Aplica-se à contribuição prevista no inciso V do *caput* o disposto no art. 156-A, § 1º, I a VI, VIII, X a XIII, § 3º, § 5º, II a VI e IX, e §§ 6º a 11 e 13.

Parágrafo acrescentado pela EC n. 132, de 20.12.2023.

§ 17. A contribuição prevista no inciso V do *caput* não integrará sua própria base de cálculo nem a dos tributos previstos nos arts. 153, VIII, 156-A e 195, I, *b*, e IV, e da contribuição para o Programa de Integração Social de que trata o art. 239.

Parágrafo acrescentado pela EC n. 132, de 20.12.2023.

➤ **Em 2027, a redação que vigorará assim dispõe:**

§ 17. A contribuição prevista no inciso V do caput *não integrará sua própria base de cálculo nem a dos impostos previstos nos arts. 153, VIII, e 156-A.*

Parágrafo com redação dada pela EC n. 132, de 20.12.2023.

➤ **Em 2033, a redação que vigorará assim dispõe:**

§ 17. A contribuição prevista no inciso V do caput *não integrará sua própria base de cálculo nem a dos impostos previstos nos arts. 153, VIII, e 156-A.*

Parágrafo com redação dada pela EC n. 132, de 20.12.2023.

§ 18. Lei estabelecerá as hipóteses de devolução da contribuição prevista no inciso V do *caput* a pessoas físicas, inclusive em relação a limites e beneficiários, com o objetivo de reduzir as desigualdades de renda.

Parágrafo acrescentado pela EC n. 132, de 20.12.2023.

§ 19. A devolução de que trata o § 18 não será computada na receita corrente líquida da União para os fins do disposto nos arts. 100, § 15, 166, §§ 9º, 12 e 17, e 198, § 2º.

Parágrafo acrescentado pela EC n. 132, de 20.12.2023.

➤ **Em 2027, a redação que vigorará assim dispõe:**

§ 19. A devolução de que trata o § 18:

Parágrafo com redação dada pela EC n. 132, de 20.12.2023.

I – não será computada na receita corrente líquida da União para os fins do disposto nos arts. 100, § 15, 166, §§ 9º, 12 e 17, e 198, § 2º;

Inciso acrescentado pela EC n. 132, de 20.12.2023.

II – não integrará a base de cálculo para fins do disposto no art. 239.

Inciso acrescentado pela EC n. 132, de 20.12.2023.

Seção II
Da Saúde

Art. 196. A saúde é direito de todos e dever do Estado, garantido mediante políticas sociais e econômicas que visem à redução do risco de doença e de outros agravos e ao acesso universal igualitário às ações e serviços para sua promoção, proteção e recuperação.

Veja arts. 7º, XXII, 23, II, 24, XII, 30, VII, 129, II e III, 194, *caput*, 199, § 4º, 212, § 4º, e 227, § 1º, CF.

Veja arts. 53, IV, e 55, ADCT.

Art. 197. São de relevância pública as ações e serviços de saúde, cabendo ao Poder Público dispor, nos termos da lei, sobre sua regulamentação, fiscalização e controle, devendo sua execução ser feita diretamente ou através de terceiros e, também, por pessoa física ou jurídica de direito privado.

Veja Leis n. 8.080, de 19.09.1990, e n. 10.424, de 15.04.2002.

Art. 198. As ações e serviços públicos de saúde integram uma rede regionalizada e hierarquizada e constituem um sistema único, organizado de acordo com as seguintes diretrizes:

Veja arts. 156-A, § 12, e 167-F, § 2º, II, CF.

I – descentralização, com direção única em cada esfera de governo;

II – atendimento integral, com prioridade para as atividades preventivas, sem prejuízo dos serviços assistenciais;

III – participação da comunidade.

§ 1º O sistema único de saúde será financiado, nos termos do art. 195, com recursos do orçamento da seguridade social, da União, dos Estados, do Distrito Federal e dos Municípios, além de outras fontes.

Antigo parágrafo único renumerado pela EC n. 29, de 13.09.2000.

§ 2º A União, os Estados, o Distrito Federal e os Municípios aplicarão, anualmente, em ações e serviços públicos de saúde recursos mínimos derivados da aplicação de percentuais calculados sobre:

Parágrafo acrescentado pela EC n. 29, de 13.09.2000.

Veja arts. 167, IV, e 195, § 19 e I, CF.

Veja arts. 131, § 5º, II, e 134, § 4º, ADCT.

Veja art. 4º, parágrafo único, EC n. 127, de 22.12.2022.

Veja art. 7º, § 2º, EC n. 132, de 20.12.2023.

I – no caso da União, a receita corrente líquida do respectivo exercício financeiro, não podendo ser inferior a 15% (quinze por cento);

Inciso acrescentado pela EC n. 29, de 13.09.2000, e com redação dada pela EC n. 86, de 17.03.2015.

Veja art. 166, § 10, CF.

Veja art. 3º, EC n. 86, de 17.03.2015.

II – no caso dos Estados e do Distrito Federal, o produto da arrecadação dos impostos a que se referem os arts. 155 e 156-A e dos recursos de que tratam os arts. 157 e 159, I, *a*, e II, deduzidas as parcelas que forem transferidas aos respectivos Municípios;

Inciso acrescentado pela EC n. 132, de 20.12.2023.

III – no caso dos Municípios e do Distrito Federal, o produto da arrecadação dos impostos a que se referem os arts. 156 e 156-A e dos recursos de que tratam os arts. 158 e 159, I, *b*, e § 3º.

Inciso acrescentado pela EC n. 132, de 20.12.2023.

Veja art. 160, parágrafo único, II, CF.

Veja arts. 76-A, parágrafo único, I, e 76-B, parágrafo único, I, ADCT.

III – no caso dos Municípios e do Distrito Federal, o produto da arrecadação dos impostos a que se refere o art. 156 e dos recursos de que tratam os arts. 158 e 159, I, *b* e § 3º.

Inciso acrescentado pela EC n. 29, de 13.09.2000.

Veja art. 160, parágrafo único, II, CF.

Veja arts. 76-A, parágrafo único, I, e 76-B, parágrafo único, I, ADCT.

§ 3º Lei complementar, que será reavaliada pelo menos a cada cinco anos, estabelecerá:

Parágrafo acrescentado pela EC n. 29, de 13.09.2000.

Veja art. 77, § 4º, ADCT.

Veja LC n. 141, de 13.01.2012 (regulamentação).

I – os percentuais de que tratam os incisos II e III do § 2º;

Inciso acrescentado pela EC n. 29, de 13.09.2000, e com redação dada pela EC n. 86, de 17.03.2015.

II – os critérios de rateio dos recursos da União vinculados à saúde destinados aos Estados, ao Distrito Federal e aos Municípios, e dos Estados destinados a seus respectivos Municípios, objetivando a progressiva redução das disparidades regionais;

Inciso acrescentado pela EC n. 29, de 13.09.2000.

III – as normas de fiscalização, avaliação e controle das despesas com saúde nas esferas federal, estadual, distrital e municipal;

Inciso acrescentado pela EC n. 29, de 13.09.2000.

IV – (*Revogado pela EC n. 86, de 17.03.2015.*)

§ 4º Os gestores locais do sistema único de saúde poderão admitir agentes comunitários de saúde e agentes de combate às endemias por meio de processo seletivo público, de acordo com a natureza e complexidade de suas atribuições e requisitos específicos para sua atuação.

Parágrafo acrescentado pela EC n. 51, de 14.02.2006.

Veja art. 2º, parágrafo único, EC n. 51, de 14.02.2006.

§ 5º Lei federal disporá sobre o regime jurídico, o piso salarial profissional nacional, as diretrizes para os Planos de Carreira e a regulamentação das atividades de agente comunitário de saúde e agente de combate às endemias, competindo à União, nos termos da lei, prestar assistência financeira complementar aos Estados, ao Distrito Federal e aos Municípios, para o cumprimento do referido piso salarial.

Parágrafo com redação dada pela EC n. 63, de 04.02.2010.

Veja Lei n. 11.350, de 05.10.2006 (regulamentação).

§ 6º Além das hipóteses previstas no § 1º do art. 41 e no § 4º do art. 169 da Constituição Federal, o servidor que exerça funções equivalentes às de agente comunitário de saúde ou de agente de combate às endemias poderá perder o cargo em caso de descumprimento dos requisitos específicos, fixados em lei, para o seu exercício.

Parágrafo acrescentado pela EC n. 51, de 14.02.2006.

§ 7º O vencimento dos agentes comunitários de saúde e dos agentes de combate às endemias fica sob responsabilidade da União, e cabe aos Estados, ao Distrito Federal e aos Municípios estabelecer, além de outros consectários e vantagens, incentivos, auxílios, gratificações e indenizações, a fim de valorizar o trabalho desses profissionais.

Parágrafo acrescentado pela EC n. 120, de 05.05.2022.

§ 8º Os recursos destinados ao pagamento do vencimento dos agentes comunitários de saúde e dos agentes de combate às endemias serão consignados no orçamento geral da União com dotação própria e exclusiva.

Parágrafo acrescentado pela EC n. 120, de 05.05.2022.

§ 9º O vencimento dos agentes comunitários de saúde e dos agentes de combate às endemias não será inferior a 2 (dois) salários mínimos, repassados pela União aos Municípios, aos Estados e ao Distrito Federal.

Parágrafo acrescentado pela EC n. 120, de 05.05.2022.

§ 10. Os agentes comunitários de saúde e os agentes de combate às endemias terão também, em razão dos riscos inerentes às funções desempenhadas, aposentadoria especial e, somado aos seus vencimentos, adicional de insalubridade.

Parágrafo acrescentado pela EC n. 120, de 05.05.2022.

§ 11. Os recursos financeiros repassados pela União aos Estados, ao Distrito Federal e aos Municípios para pagamento do vencimento ou de qualquer outra vantagem dos agentes comunitários de saúde e dos agentes de combate às endemias não serão objeto de inclusão no cálculo para fins do limite de despesa com pessoal.

Parágrafo acrescentado pela EC n. 120, de 05.05.2022.

§ 12. Lei federal instituirá pisos salariais profissionais nacionais para o enfermeiro, o técnico de enfermagem, o auxiliar de enfermagem e a parteira, a serem observados por pessoas jurídicas de direito público e de direito privado.

Parágrafo acrescentado pela EC n. 124, de 14.07.2022.

Veja art. 38, § 2º, ADCT.

Veja art. 5º, II, EC n. 109, de 15.03.2021.

Veja art. 3º, § 6º, LC n. 200, de 30.08.2023.

§ 13. A União, os Estados, o Distrito Federal e os Municípios, até o final do exercício financeiro em que for publicada a lei de que trata o § 12 deste artigo, adequarão a remuneração dos cargos ou dos respectivos planos de carreiras, quando houver, de modo a atender aos pisos estabelecidos para cada categoria profissional.

Parágrafo acrescentado pela EC n. 124, de 14.07.2022.

Veja art. 38, § 2º, ADCT.

Veja art. 3º, § 6º, LC n. 200, de 30.08.2023.

§ 14. Compete à União, nos termos da lei, prestar assistência financeira complementar aos Estados, ao Distrito Federal e aos Municípios e às entidades filantrópicas, bem como aos prestadores de serviços contratualizados que atendam, no mínimo, 60% (sessenta por cento) de seus pacientes pelo sistema único de saúde, para o cumprimento dos pisos salariais de que trata o § 12 deste artigo.

Parágrafo acrescentado pela EC n. 127, de 22.12.2022.

Veja art. 38, § 2º, ADCT.

Veja art. 3º, § 6º, LC n. 200, de 30.08.2023.

§ 15. Os recursos federais destinados aos pagamentos da assistência financeira complementar aos Estados, ao Distrito Federal e aos Municípios e às entidades filantrópicas, bem como aos prestadores de serviços contratualizados que atendam, no mínimo, 60% (sessenta por cento) de seus pacientes pelo sistema único de saúde, para o cumprimento dos pisos salariais de que trata o § 12 deste artigo serão consignados no orçamento geral da União com dotação própria e exclusiva.

Parágrafo acrescentado pela EC n. 127, de 22.12.2022.

Veja art. 38, § 2º, ADCT.

Veja art. 4º, *caput*, EC n. 127, de 22.12.2022.

Veja art. 3º, § 6º, LC n. 200, de 30.08.2023.

Art. 199. A assistência à saúde é livre à iniciativa privada.

Veja Lei n. 9.656, de 03.06.1998 (planos e seguros privados de assistência à saúde).

§ 1º As instituições privadas poderão participar de forma complementar do sistema único de saúde, segundo diretrizes deste, mediante contrato de direito público ou convênio, tendo preferência as entidades filantrópicas e as sem fins lucrativos.

§ 2º É vedada a destinação de recursos públicos para auxílios ou subvenções às instituições privadas com fins lucrativos.

§ 3º É vedada a participação direta ou indireta de empresas ou capitais estrangeiros na assistência à saúde no País, salvo nos casos previstos em lei.

Veja Lei n. 8.080, de 19.09.1990 (promoção e funcionamento da saúde).

§ 4º A lei disporá sobre as condições e os requisitos que facilitem a remoção de órgãos, tecidos e substâncias humanas para fins de transplante, pesquisa e tratamento, bem como a coleta, processamento e transfusão de sangue e seus derivados, sendo vedado todo tipo de comercialização.

Veja Lei n. 8.080, de 19.09.1990 (promoção e funcionamento da saúde).

Veja Lei n. 8.501, de 30.11.1992 (utilização de cadáver não reclamado, para fins de estudo ou pesquisas científicas).

Veja Lei n. 9.434, de 04.02.1997, e Decreto n. 9.175, de 18.10.2017 (remoção de órgãos, tecidos e partes do corpo humano para transplante e tratamento).

Art. 200. Ao sistema único de saúde compete, além de outras atribuições, nos termos da lei:

Veja Leis ns. 7.998, de 11.01.1990, 8.080, de 19.09.1990, 9.782, de 26.01.1999, 9.787, de 10.02.1999, 9.974, de 06.06.2000, 10.332, de 19.12.2001, e 10.669, de 14.05.2003.

I – controlar e fiscalizar procedimentos, produtos e substâncias de interesse para a saúde e participar da produção de medicamentos, equipamentos, imunobiológicos, hemoderivados e outros insumos;

II – executar as ações de vigilância sanitária e epidemiológica, bem como as de saúde do trabalhador;

III – ordenar a formação de recursos humanos na área de saúde;

IV – participar da formulação da política e da execução das ações de saneamento básico;

V – incrementar, em sua área de atuação, o desenvolvimento científico e tecnológico e a inovação;

Inciso com redação dada pela EC n. 85, de 26.02.2015.

VI – fiscalizar e inspecionar alimentos, compreendido o controle de seu teor nutricional, bem como bebidas e águas para consumo humano;

VII – participar do controle e fiscalização da produção, transporte, guarda e utilização de substâncias e produtos psicoativos, tóxicos e radioativos;

VIII – colaborar na proteção do meio ambiente, nele compreendido o do trabalho.

Veja Lei n. 7.802, de 11.07.1989.

Seção III
Da Previdência Social

Art. 201. A previdência social será organizada sob a forma do Regime Geral de Previdência Social, de caráter contributivo e de filiação obrigatória, observados critérios que preservem o equilíbrio financeiro e atuarial, e atenderá, na forma da lei, a:

Caput com redação dada pela EC n. 103, de 12.11.2019.

Veja arts. 40, § 14, 167, XI, 167-F, § 2º, II, e 195, II, CF.

Veja art. 14, EC n. 20, de 15.12.1998.

Veja art. 12, *caput*, EC n. 103, de 12.11.2019.

Veja Leis n. 7.998, de 11.01.1990, n. 8.213, de 24.07.1991, n. 8.620, de 05.01.1993, n. 8.647, de 13.04.1993, n. 8.861, de 25.03.1994, n. 8.870, de 15.04.1994, n. 9.717, de 27.11.1998, n. 9.783, de 28.01.1999, e n. 10.256, de 09.07.2001.

Veja art. 12, § 3º, Lei n. 13.681, de 18.06.2018.

I – cobertura dos eventos de incapacidade temporária ou permanente para o trabalho e idade avançada;

Inciso com redação dada pela EC n. 103, de 12.11.2019.

II – proteção à maternidade, especialmente à gestante;

Inciso com redação dada pela EC n. 20, de 15.12.1998.

Veja Súmula n. 657, STJ.

III – proteção ao trabalhador em situação de desemprego involuntário;

Inciso com redação dada pela EC n. 20, de 15.12.1998.

Veja Lei n. 7.998, de 11.01.1990 (regulamenta o Programa do Seguro-Desemprego, o Abono Salarial, e institui o Fundo de Amparo do Trabalhador).

Veja Lei n. 10.779, de 25.11.2003 (concessão de seguro-desemprego a pescadores artesanais durante o período de defeso).

IV – salário-família e auxílio-reclusão para os dependentes dos segurados de baixa renda;

Inciso com redação dada pela EC n. 20, de 15.12.1998.

Veja art. 27, *caput* e §§ 1º e 2º, EC n. 103, de 12.11.2019.

V – pensão por morte do segurado, homem ou mulher, ao cônjuge ou companheiro e dependentes, observado o disposto no § 2º.

Inciso com redação dada pela EC n. 20, de 15.12.1998.

Veja Súmula n. 336, STJ.

§ 1º É vedada a adoção de requisitos ou critérios diferenciados para concessão de benefícios, ressalvada, nos termos de lei complementar, a possibilidade de previsão de idade e tempo de contribuição distintos da regra geral para concessão de aposentadoria exclusivamente em favor dos segurados:

Parágrafo com redação dada pela EC n. 103, de 12.11.2019.

Veja art. 19, § 1º, EC n. 103, de 12.11.2019.

I – com deficiência, previamente submetidos a avaliação biopsicossocial realizada por equipe multiprofissional e interdisciplinar;

Inciso acrescentado pela EC n. 103, de 12.11.2019.

Veja art. 22, *caput*, EC n. 103, de 12.11.2019.

II – cujas atividades sejam exercidas com efetiva exposição a agentes químicos, físicos e biológicos prejudiciais à saúde, ou associação desses agentes, vedada a caracterização por categoria profissional ou ocupação.

Inciso acrescentado pela EC n. 103, de 12.11.2019.

§ 2º Nenhum benefício que substitua o salário de contribuição ou o rendimento do trabalho do segurado terá valor mensal inferior ao salário mínimo.

Parágrafo com redação dada pela EC n. 20, de 15.12.1998.

Veja art. 40, §§ 2º e 7º, CF.

Veja arts. 4º, § 7º, e 20, § 3º, EC n. 103, de 12.11.2019.

Veja Leis n. 8.213, de 24.07.1991, n. 8.880, de 27.05.1994, n. 9.476, de 23.07.1997, n. 9.528, de 10.12.1997, e n. 10.256, de 09.07.2001.

§ 3º Todos os salários de contribuição considerados para o cálculo de benefício serão devidamente atualizados, na forma da lei.

Parágrafo com redação dada pela EC n. 20, de 15.12.1998.

Veja Súmula n. 456, STJ.

§ 4º É assegurado o reajustamento dos benefícios para preservar-lhes, em caráter permanente, o valor real, conforme critérios definidos em lei.

Parágrafo com redação dada pela EC n. 20, de 15.12.1998.

Veja Leis n. 8.212, de 24.07.1991, n. 8.213, de 24.07.1991, n. 8.870, de 15.04.1994 (e alterações), n. 9.476, de 23.07.1997, n. 9.528, de 10.12.1997, n. 10.256, de 09.07.2001, e n. 11.430, de 26.12.2006.

§ 5º É vedada a filiação ao regime geral de previdência social, na qualidade de segurado facultativo, de pessoa participante de regime próprio de previdência.

Parágrafo com redação dada pela EC n. 20, de 15.12.1998.

§ 6º A gratificação natalina dos aposentados e pensionistas terá por base o valor dos proventos do mês de dezembro de cada ano.

Parágrafo com redação dada pela EC n. 20, de 15.12.1998.

Veja Súmula n. 688, STF.

§ 7º É assegurada aposentadoria no regime geral de previdência social, nos termos da lei, obedecidas as seguintes condições:

Parágrafo com redação dada pela EC n. 20, de 15.12.1998.

I – 65 (sessenta e cinco) anos de idade, se homem, e 62 (sessenta e dois) anos de idade, se mulher, observado tempo mínimo de contribuição;

Inciso com redação dada pela EC n. 103, de 12.11.2019.

Veja arts. 18, *caput*, e 19, *caput*, EC n. 103, de 12.11.2019.

II – 60 (sessenta) anos de idade, se homem, e 55 (cinquenta e cinco) anos de idade, se mulher, para os trabalhadores rurais e para os que exerçam suas atividades em regime de economia familiar, nestes incluídos o produtor rural, o garimpeiro e o pescador artesanal.

Inciso com redação dada pela EC n. 103, de 12.11.2019.

§ 8º O requisito de idade a que se refere o inciso I do § 7º será reduzido em 5 (cinco) anos, para o professor que comprove tempo de efetivo exercício das funções de magistério na educação infantil e no ensino fundamental e médio fixado em lei complementar.

Parágrafo com redação dada pela EC n. 103, de 12.11.2019.

Veja art. 19, § 1º, EC n. 103, de 12.11.2019.

Veja art. 67, Lei n. 9.394, de 20.12.1996 (Lei de Diretrizes e Bases).

§ 9º Para fins de aposentadoria, será assegurada a contagem recíproca do tempo de contribuição entre o Regime Geral de Previdência Social e os regimes próprios de previdência social, e destes entre si, observada a compensação financeira, de acordo com os critérios estabelecidos em lei.

Parágrafo com redação dada pela EC n. 103, de 12.11.2019.

Veja arts. 40, § 9º, e 100, § 18, III, CF.

Veja arts. 97, § 3º, II, e 101, § 1º, II, ADCT.

Veja art. 7º, parágrafo único, EC n. 98, de 06.12.2017.

Veja art. 14, §§ 2º e 4º, EC n. 103, de 12.11.2019.

Veja LC n. 101, de 04.05.2000 (Lei de Responsabilidade Fiscal).

Veja art. 35, parágrafo único, Lei n. 13.681, de 18.06.2018.

§ 9º-A. O tempo de serviço militar exercido nas atividades de que tratam os arts. 42, 142 e 143 e o tempo de contribuição ao Regime Geral de Previdência Social ou a regime próprio de previdência social terão contagem recíproca para fins de inativação militar ou aposentadoria, e a compensação financeira será devida entre as receitas de contribuição referentes aos militares e as receitas de contribuição aos demais regimes.

Parágrafo acrescentado pela EC n. 103, de 12.11.2019.

Veja art. 40, § 9º, CF.

Veja art. 14, § 4º, EC n. 103, de 12.11.2019.

§ 10. Lei complementar poderá disciplinar a cobertura de benefícios não programados, inclusive os decorrentes de acidente do trabalho, a ser atendida concorrentemente pelo Regime Geral de Previdência Social e pelo setor privado.

Parágrafo com redação dada pela EC n. 103, de 12.11.2019.

§ 11. Os ganhos habituais do empregado, a qualquer título, serão incorporados ao salário para efeito de contribuição previdenciária e consequente repercussão em benefícios, nos casos e na forma da lei.

Parágrafo acrescentado pela EC n. 20, de 15.12.1998.

§ 12. Lei instituirá sistema especial de inclusão previdenciária, com alíquotas diferenciadas, para atender aos trabalhadores de baixa renda, inclusive os que se encontram em situação de informalidade, e àqueles sem renda própria que se dediquem exclusivamente ao trabalho doméstico no âmbito de sua residência, desde que pertencentes a famílias de baixa renda.

Parágrafo com redação dada pela EC n. 103, de 12.11.2019.

§ 13. A aposentadoria concedida ao segurado de que trata o § 12 terá valor de 1 (um) salário mínimo.

Parágrafo com redação dada pela EC n. 103, de 12.11.2019.

§ 14. É vedada a contagem de tempo de contribuição fictício para efeito de concessão dos benefícios previdenciários e de contagem recíproca.

Parágrafo acrescentado pela EC n. 103, de 12.11.2019.

Veja art. 25, *caput*, EC n. 103, de 12.11.2019.

§ 15. Lei complementar estabelecerá vedações, regras e condições para a acumulação de benefícios previdenciários.

Parágrafo acrescentado pela EC n. 103, de 12.11.2019.

Veja art. 24, § 5º, EC n. 103, de 12.11.2019.

§ 16. Os empregados dos consórcios públicos, das empresas públicas, das sociedades de economia mista e das suas subsidiárias serão aposentados compulsoriamente, observado o cumprimento do tempo mínimo de contribuição, ao atingir a idade máxima de que trata o inciso II do § 1º do art. 40, na forma estabelecida em lei.

Parágrafo acrescentado pela EC n. 103, de 12.11.2019.

Art. 202. O regime de previdência privada, de caráter complementar e organizado de forma autônoma em relação ao regime geral de previdência social, será facultativo, baseado na constituição de reservas que garantam o benefício contratado, e regulado por lei complementar.

Caput com redação dada pela EC n. 20, de 15.12.1998.

Veja art. 40, § 15, CF.

Veja art. 7º, EC n. 20, de 15.12.1998.

Veja art. 12, *caput*, EC n. 103, de 12.11.2019.

Veja Lei n. 8.213, de 24.07.1991 (planos de benefícios da previdência social).

Veja LCs n. 108, de 29.05.2001, e n. 109, de 29.05.2001 (previdências social e privada).

§ 1º A lei complementar de que trata este artigo assegurará ao participante de planos de benefícios de entidades de previdência privada o pleno acesso às informações relativas à gestão de seus respectivos planos.

Parágrafo com redação dada pela EC n. 20, de 15.12.1998.

§ 2º As contribuições do empregador, os benefícios e as condições contratuais previstas nos estatutos, regulamentos e planos de benefícios das entidades de previdência privada não integram o contrato de trabalho dos participantes, assim como, à exceção dos benefícios concedidos, não integram a remuneração dos participantes, nos termos da lei.

Parágrafo com redação dada pela EC n. 20, de 15.12.1998.

§ 3º É vedado o aporte de recursos a entidade de previdência privada pela União, Estados, Distrito Federal e Municípios, suas autarquias, fundações, empresas públicas, sociedades de economia mista e outras entidades públicas, salvo na qualidade de patrocinador, situação na qual, em hipótese alguma, sua contribuição normal poderá exceder a do segurado.

Parágrafo acrescentado pela EC n. 20, de 15.12.1998.

Veja LC n. 108, de 29.05.2001 (previdências social e privada).

Veja art. 5º, EC n. 20, de 15.12.1998.

§ 4º Lei complementar disciplinará a relação entre a União, Estados, Distrito Federal ou Municípios, inclusive suas autarquias, fundações, sociedades de economia mista e empresas controladas direta ou indiretamente, enquanto patrocinadores de planos de benefícios previdenciários, e as entidades de previdência complementar.

Parágrafo com redação dada pela EC n. 103, de 12.11.2019.

Veja art. 40, § 14, CF.

Veja art. 33, EC n. 103, de 12.11.2019.

Veja LC n. 108, de 29.05.2001 (previdências social e privada).

§ 5º A lei complementar de que trata o § 4º aplicar-se-á, no que couber, às empresas privadas permissionárias ou concessionárias de prestação de serviços públicos, quando patrocinadoras de planos de benefícios em entidades de previdência complementar.

Parágrafo com redação dada pela EC n. 103, de 12.11.2019.

Veja art. 33, EC n. 103, de 12.11.2019.

Veja LC n. 108, de 29.05.2001 (previdências social e privada).

§ 6º Lei complementar estabelecerá os requisitos para a designação dos membros das diretorias das entidades fechadas de previdência complementar instituídas pelos patrocinadores de que trata o § 4º e disciplinará a inserção dos participantes nos colegiados e instâncias de decisão em que seus interesses sejam objeto de discussão e deliberação.

Parágrafo com redação dada pela EC n. 103, de 12.11.2019.

Veja LC n. 108, de 29.05.2001 (previdências social e privada).

Veja LC n. 109, de 29.05.2001.

Seção IV
Da Assistência Social

Veja Lei n. 8.742, de 07.12.1993.

Art. 203. A assistência social será prestada a quem dela necessitar, independentemente de contribuição à seguridade social, e tem por objetivos:

Veja art. 12, *caput*, EC n. 103, de 12.11.2019.

I – a proteção à família, à maternidade, à infância, à adolescência e à velhice;

II – o amparo às crianças e adolescentes carentes;

III – a promoção da integração ao mercado de trabalho;

IV – a habilitação e reabilitação das pessoas portadoras de deficiência e a promoção de sua integração à vida comunitária;

V – a garantia de um salário mínimo de benefício mensal à pessoa portadora de deficiência e ao idoso que comprovem não possuir meios de prover à própria manutenção ou de tê-la provida por sua família, conforme dispuser a lei;

Veja Leis n. 8.213, de 24.07.1991, n. 8.742, de 07.12.1993, n. 9.604, de 05.02.1998, n. 9.711, de 20.11.1998, e n. 9.720, de 30.11.1998.

VI – a redução da vulnerabilidade socioeconômica de famílias em situação de pobreza ou de extrema pobreza.

Inciso acrescentado pela EC n. 114, de 16.12.2021.

Veja art. 118, ADCT.

Veja art. 4º, § 6º, EC n. 113, de 08.12.2021.

Art. 204. As ações governamentais na área da assistência social serão realizadas com recursos do orçamento da seguridade social, previstos no art. 195, além de outras fontes, e organizadas com base nas seguintes diretrizes:

Veja art. 227, § 7º, CF.

I – descentralização político-administrativa, cabendo a coordenação e as normas gerais à esfera federal e a coordenação e a execução dos respectivos programas às esferas estadual e municipal, bem como a entidades beneficentes e de assistência social;

II – participação da população, por meio de organizações representativas, na formulação das políticas e no controle das ações em todos os níveis.

Parágrafo único. É facultado aos Estados e ao Distrito Federal vincular a programa de apoio à inclusão e promoção social até cinco décimos por cento de sua receita tributária líquida, vedada a aplicação desses recursos no pagamento de:

Parágrafo e incisos acrescentados pela EC n. 42, de 19.12.2003.

Veja art. 156-A, § 12, CF.

Veja arts. 131, § 5º, II, e 134, § 4º, ADCT.

I – despesas com pessoal e encargos sociais;

II – serviço da dívida;

III – qualquer outra despesa corrente não vinculada diretamente aos investimentos ou ações apoiados.

CAPÍTULO III
DA EDUCAÇÃO, DA CULTURA E DO DESPORTO

Seção I
Da Educação

Art. 205. A educação, direito de todos e dever do Estado e da família, será promovida e incentivada com a colaboração da sociedade, visando ao pleno desenvolvimento da pessoa, seu preparo para o exercício da cidadania e sua qualificação para o trabalho.

Veja arts. 7º, XXV, 23, V, 30, VI, 150, VI, *c*, 214, I, 225, VI, 227, § 3º, III, e 242, CF.

Veja arts. 53, IV, 60 e 61, ADCT.

Veja Lei n. 9.394, de 20.12.1996 (Lei de Diretrizes e Bases).

Art. 206. O ensino será ministrado com base nos seguintes princípios:

I – igualdade de condições para o acesso e permanência na escola;

II – liberdade de aprender, ensinar, pesquisar e divulgar o pensamento, a arte e o saber;

III – pluralismo de ideias e de concepções pedagógicas, e coexistência de instituições públicas e privadas de ensino;

IV – gratuidade do ensino público em estabelecimentos oficiais;

Veja art. 242, CF.

Veja Súmula vinculante n. 12, STF.

V – valorização dos profissionais da educação escolar, garantidos, na forma da lei, planos de carreira, com ingresso exclusivamente por concurso público de provas e títulos, aos das redes públicas;

Inciso com redação dada pela EC n. 53, de 19.12.2006.

VI – gestão democrática do ensino público, na forma da lei;

Veja art. 242, CF.

Veja Lei n. 9.394, de 20.12.1996 (Lei de Diretrizes e Bases).

VII – garantia de padrão de qualidade;

VIII – piso salarial profissional nacional para os profissionais da educação escolar pública, nos termos de lei federal;

Inciso acrescentado pela EC n. 53, de 19.12.2006.

IX – garantia do direito à educação e à aprendizagem ao longo da vida.

Inciso acrescentado pela EC n. 108, de 26.08.2020.

Parágrafo único. A lei disporá sobre as categorias de trabalhadores considerados profissionais da educação básica e sobre a fixação de prazo para a elaboração ou adequação de seus planos de carreira, no âmbito da União, dos Estados, do Distrito Federal e dos Municípios.

Parágrafo acrescentado pela EC n. 53, de 19.12.2006.

Art. 207. As universidades gozam de autonomia didático-científica, administrativa e de gestão financeira e patrimonial, e obedecerão ao princípio de indissociabilidade entre ensino, pesquisa e extensão.

§ 1º É facultado às universidades admitir professores, técnicos e cientistas estrangeiros, na forma da lei.

Parágrafo acrescentado pela EC n. 11, de 30.04.1996.

Veja Lei n. 9.515, de 20.11.1997 (admissão de professores, técnicos e cientistas).

§ 2º O disposto neste artigo aplica-se às instituições de pesquisa científica e tecnológica.

Parágrafo acrescentado pela EC n. 11, de 30.04.1996.

Art. 208. O dever do Estado com a educação será efetivado mediante a garantia de:

Veja art. 212, § 4º, CF.

Veja art. 60, III, *c*, ADCT.

I – educação básica obrigatória e gratuita dos 4 (quatro) aos 17 (dezessete) anos de idade, assegurada inclusive sua oferta gratuita para todos os que a ela não tiveram acesso na idade própria;

Inciso com redação dada pela EC n. 59, de 11.11.2009.

Veja art. 6º, EC n. 59, de 11.11.2009, que dispõe que o disposto neste inciso deverá ser implementado progressivamente, até 2016, nos termos do Plano Nacional de Educação, com apoio técnico e financeiro da União.

Veja art. 212-A, X, CF.

Veja art. 60, III, ADCT.

II – progressiva universalização do ensino médio gratuito;

Inciso com redação dada pela EC n. 14, de 12.09.1996.

Veja art. 212-A, X, CF.

Veja art. 60, III, ADCT.

III – atendimento educacional especializado aos portadores de deficiência, preferencialmente na rede regular de ensino;

Veja art. 212-A, X, CF.

Veja art. 60, III, ADCT.

Veja Lei n. 7.853, de 24.10.1989 (apoio e proteção às pessoas portadoras de deficiência).

Veja Lei n. 10.436, de 24.04,2002.

Veja Lei n. 10.845, de 05.03.2004.

IV – educação infantil, em creche e pré-escola, às crianças até 5 (cinco) anos de idade;

Inciso com redação dada pela EC n. 53, de 19.12.2006.

Veja art. 212-A, X, CF.

Veja art. 60, III, ADCT.

V – acesso aos níveis mais elevados do ensino, da pesquisa e da criação artística, segundo a capacidade de cada um;

VI – oferta de ensino noturno regular, adequado às condições do educando;

VII – atendimento ao educando, em todas as etapas da educação básica, por meio de programas suplementares de material didático-escolar, transporte, alimentação e assistência à saúde.

Inciso com redação dada pela EC n. 59, de 11.11.2009.

Veja art. 212, § 4º, CF.

Veja art. 17, I, Lei n. 11.947, de 16.06.2009.

§ 1º O acesso ao ensino obrigatório e gratuito é direito público subjetivo.

Veja art. 212-A, X, CF.

§ 2º O não oferecimento do ensino obrigatório pelo Poder Público, ou sua oferta irregular, importa responsabilidade da autoridade competente.

§ 3º Compete ao Poder Público recensear os educandos no ensino fundamental, fazer-lhes a chamada e zelar, junto aos pais ou responsáveis, pela frequência à escola.

Art. 209. O ensino é livre à iniciativa privada, atendidas as seguintes condições:

I – cumprimento das normas gerais da educação nacional;

II – autorização e avaliação de qualidade pelo Poder Público.

Art. 210. Serão fixados conteúdos mínimos para o ensino fundamental, de maneira a assegurar formação básica comum e respeito aos valores culturais e artísticos, nacionais e regionais.

§ 1º O ensino religioso, de matrícula facultativa, constituirá disciplina dos horários normais das escolas públicas de ensino fundamental.

Veja arts. 5º, VI, e 19, I, CF.

§ 2º O ensino fundamental regular será ministrado em língua portuguesa, assegurada às comunidades indígenas também a utilização de suas línguas maternas e processos próprios de aprendizagem.

Veja arts. 13, *caput*, e 231, CF.

Art. 211. A União, os Estados, o Distrito Federal e os Municípios organizarão em regime de colaboração seus sistemas de ensino.

Veja art. 60, §§ 1º, 3º e 5º, ADCT.

Veja art. 6º, EC n. 14, de 12.09.1996.

§ 1º A União organizará o sistema federal de ensino e o dos Territórios, financiará as instituições de ensino públicas federais e exercerá, em matéria educacional, função redistributiva e supletiva, de forma a garantir equalização de oportunidades educacionais e padrão mínimo de qualidade do ensino mediante assistência técnica e financeira aos Estados, ao Distrito Federal e aos Municípios.

Parágrafo com redação dada pela EC n. 14, de 12.09.1996.

Veja art. 17, *caput*, Lei n. 11.947, de 16.06.2009 (atendimento da alimentação escolar e do Programa Dinheiro Direto na Escola aos alunos da educação básica).

§ 2º Os Municípios atuarão prioritariamente no ensino fundamental e na educação infantil.

Parágrafo com redação dada pela EC n. 14, de 12.09.1996.

Veja art. 212-A, III e VII, CF.

Veja art. 60, II e IV, ADCT.

§ 3º Os Estados e o Distrito Federal atuarão prioritariamente no ensino fundamental e médio.

Parágrafo acrescentado pela EC n. 14, de 12.09.1996.

Veja art. 212-A, III e VII, CF.

Veja art. 60, II e IV, ADCT.

§ 4º Na organização de seus sistemas de ensino, a União, os Estados, o Distrito Federal e os Municípios definirão formas de colaboração, de forma a assegurar a universalização, a qualidade e a equidade do ensino obrigatório.

Parágrafo com redação dada pela EC n. 108, de 26.08.2020.

§ 5º A educação básica pública atenderá prioritariamente ao ensino regular.

Parágrafo acrescentado pela EC n. 53, de 19.12.2006.

§ 6º A União, os Estados, o Distrito Federal e os Municípios exercerão ação redistributiva em relação a suas escolas.

Parágrafo acrescentado pela EC n. 108, de 26.08.2020.

§ 7º O padrão mínimo de qualidade de que trata o § 1º deste artigo considerará as condições adequadas de oferta e terá como referência o Custo Aluno Qualidade (CAQ), pactuados em regime de colaboração na forma disposta em lei complementar, conforme o parágrafo único do art. 23 desta Constituição.

Parágrafo acrescentado pela EC n. 108, de 26.08.2020.

Art. 212. A União aplicará, anualmente, nunca menos de dezoito, e os Estados, o Distrito Federal e os Municípios vinte e cinco por cento, no mínimo, da receita resultante de impostos, compreendida a proveniente de transferências, na manutenção e desenvolvimento do ensino.

Veja arts. 156-A, § 12, 167, IV, 167-F, § 2º, II, e 212-A, *caput* e VIII, CF.

Veja arts. 60, *caput*, VIII e § 3º, 76-A, parágrafo único, I, 76-B, parágrafo único, I, 119, 131, § 5º, II, e 134, § 4º, ADCT.

Veja art. 5º, § 5º, VI, *b*, EC n. 123, de 14.07.2022.

Veja art. 7º, § 2º, EC n. 132, de 20.12.2023.

§ 1º A parcela da arrecadação de impostos transferida pela União aos Estados, ao Distrito Federal e aos Municípios, ou pelos Estados aos respectivos Municípios, não é considerada, para efeito do cálculo previsto neste artigo, receita do governo que a transferir.

Veja art. 7º, § 2º, EC n. 132, de 20.12.2023.

§ 2º Para efeito do cumprimento do disposto no *caput* deste artigo, serão considerados os sistemas de ensino federal, estadual e municipal e os recursos aplicados na forma do art. 213.

§ 3º A distribuição dos recursos públicos assegurará prioridade ao atendimento das necessidades do ensino obrigatório, no que se refere a universalização, garantia de padrão de qualidade e equidade, nos termos do plano nacional de educação.

Parágrafo com redação dada pela EC n. 59, de 11.11.2009.

§ 4º Os programas suplementares de alimentação e assistência à saúde previstos no art. 208, VII, serão financiados com recursos provenientes de contribuições sociais e outros recursos orçamentários.

§ 5º A educação básica pública terá como fonte adicional de financiamento a contribuição social do salário-educação, recolhida pelas empresas na forma da lei.

Parágrafo com redação dada pela EC n. 53, de 19.12.2006.

Veja art. 212-A, XIII, CF.

Veja arts. 60, V, e 76, § 2º, ADCT.

Veja Decreto n. 6.003, de 28.12.2006 (salário-educação).

Veja Súmula n. 732, STF.

§ 6º As cotas estaduais e municipais da arrecadação da contribuição social do salário-educação serão distribuídas proporcionalmente ao número de alunos matriculados na educação básica nas respectivas redes públicas de ensino.

Parágrafo acrescentado pela EC n. 53, de 19.12.2006.

Veja art. 212-A, § 1º, II, CF.

Veja art. 3º, § 2º, I, LC n. 200, de 30.08.2023.

§ 7º É vedado o uso dos recursos referidos no *caput* e nos §§ 5º e 6º deste artigo para pagamento de aposentadorias e de pensões.

Parágrafo acrescentado pela EC n. 108, de 26.08.2020.

§ 8º Na hipótese de extinção ou de substituição de impostos, serão redefinidos os percentuais referidos no *caput* deste artigo e no inciso II do *caput* do art. 212-A, de modo que resultem recursos vinculados à manutenção e ao desenvolvimento do ensino, bem como os recursos subvinculados aos fundos de que trata o art. 212-A desta Constituição, em aplicações equivalentes às anteriormente praticadas.

Parágrafo acrescentado pela EC n. 108, de 26.08.2020.

§ 9º A lei disporá sobre normas de fiscalização, de avaliação e de controle das despesas com educação nas esferas estadual, distrital e municipal.

Parágrafo acrescentado pela EC n. 108, de 26.08.2020.

Art. 212-A. Os Estados, o Distrito Federal e os Municípios destinarão parte dos recursos a que se refere o *caput* do art. 212 desta Constituição à manutenção e ao desenvolvimento do ensino na educação básica e à remuneração condigna de seus profissionais, respeitadas as seguintes disposições:

Caput acrescentado pela EC n. 108, de 26.08.2020.

Veja arts. 167-F, § 2º, II, e 212, § 8º, CF.

Veja Lei n. 14.113, de 25.12.2020.

I – a distribuição dos recursos e de responsabilidades entre o Distrito Federal, os Estados e seus Municípios é assegurada mediante a instituição, no âmbito de cada Estado e do Distrito Federal, de um Fundo de Manutenção e Desenvolvimento da Educação Básica e de Valorização dos Profissionais da Educação (Fundeb), de natureza contábil;

Inciso acrescentado pela EC n. 108, de 26.08.2020.

Veja art. 60-A, ADCT.

II – os fundos referidos no inciso I do *caput* deste artigo serão constituídos por 20% (vinte por cento):

Inciso com redação dada e alíneas acrescentadas pela EC n. 132, de 20.12.2023.

Veja arts. 156-A, § 12, e 212, § 8º, CF.

Veja arts. 131, § 5º, I e *a* a *c*, e 134, § 4º, ADCT.

Veja art. 5º, § 5º, VI, *b*, EC n. 123, de 14.07.2022.

Veja art. 7º, § 2º, EC n. 132, de 20.12.2023.

a) das parcelas dos Estados no imposto de que trata o art. 156-A;

b) da parcela do Distrito Federal no imposto de que trata o art. 156-A, relativa ao exercício de sua competência estadual, nos termos do art. 156-A, § 2º; e

c) dos recursos a que se referem os incisos I, II e III do *caput* do art. 155, o inciso II do *caput* do art. 157, os incisos II, III e IV do *caput* do art. 158 e as alíneas *a* e *b* do inciso I e o inciso II do *caput* do art. 159 desta Constituição;

➤ **Em 2033, a redação que vigorará assim dispõe:**

c) *dos recursos a que se referem os incisos I e III do* caput *do art. 155, o inciso II do* caput *do art. 157, os incisos II, III e IV do* caput *do art. 158 e as alíneas* a *e* b *do inciso I e o inciso II do* caput *do art. 159 desta Constituição;*

Alínea com redação dada pela EC n. 132, de 20.12.2023.

III – os recursos referidos no inciso II do *caput* deste artigo serão distribuídos entre cada Estado e seus Municípios, proporcionalmente ao número de alunos das diversas etapas e modalidades da educação básica presencial matriculados nas respectivas redes, nos âmbitos de atuação prioritária, conforme estabelecido nos §§ 2º e 3º do art. 211 desta Constituição, observadas as ponderações referidas na alínea *a* do inciso X do *caput* e no § 2º deste artigo;

Inciso acrescentado pela EC n. 108, de 26.08.2020.

IV – a União complementará os recursos dos fundos a que se refere o inciso II do *caput* deste artigo;

Inciso acrescentado pela EC n. 108, de 26.08.2020.

Veja art. 60, *caput*, ADCT.

V – a complementação da União será equivalente a, no mínimo, 23% (vinte e três por cento) do total de recursos a que se refere o inciso II do *caput* deste artigo, distribuída da seguinte forma:

Inciso e alíneas acrescentados pela EC n. 108, de 26.08.2020.

Veja art. 60, *caput*, ADCT.

a) 10 (dez) pontos percentuais no âmbito de cada Estado e do Distrito Federal, sempre que o valor anual por aluno (VAAF), nos termos do inciso III do *caput* deste artigo, não alcançar o mínimo definido nacionalmente;

b) no mínimo, 10,5 (dez inteiros e cinco décimos) pontos percentuais em cada rede pública de ensino municipal, estadual ou distrital, sempre que o valor anual total por aluno (VAAT), referido no inciso VI do *caput* deste artigo, não alcançar o mínimo definido nacionalmente;

Veja art. 60, § 1º, ADCT.

c) 2,5 (dois inteiros e cinco décimos) pontos percentuais nas redes públicas que, cumpridas condicionalidades de melhoria de gestão previstas em lei, alcançarem evolução de indicadores a serem definidos, de atendimento e melhoria da aprendizagem com redução das desigualdades, nos termos do sistema nacional de avaliação da educação básica;

Veja art. 60, § 2º, ADCT.

VI – o VAAT será calculado, na forma da lei de que trata o inciso X do *caput* deste artigo, com base nos recursos a que se refere o inciso II do *caput* deste artigo, acrescidos de outras receitas e de transferências vinculadas à educação, observado o disposto no § 1º e consideradas as matrículas nos termos do inciso III do *caput* deste artigo;

VII – os recursos de que tratam os incisos II e IV do *caput* deste artigo serão aplicados pelos Estados e pelos Municípios exclusivamente nos respectivos âmbitos de atuação prioritária, conforme estabelecido nos §§ 2º e 3º do art. 211 desta Constituição;

VIII – a vinculação de recursos à manutenção e ao desenvolvimento do ensino estabelecida no art. 212 desta Constituição suportará, no máximo, 30% (trinta por cento) da complementação da União, considerados para os fins deste inciso os valores previstos no inciso V do *caput* deste artigo;

IX – o disposto no *caput* do art. 160 desta Constituição aplica-se aos recursos referidos nos incisos II e IV do *caput* deste artigo, e seu descumprimento pela autoridade competente importará em crime de responsabilidade;

X – a lei disporá, observadas as garantias estabelecidas nos incisos I, II, III e IV do *caput* e no § 1º do art. 208 e as metas pertinentes do plano nacional de educação, nos termos previstos no art. 214 desta Constituição, sobre:

a) a organização dos fundos referidos no inciso I do *caput* deste artigo e a distribuição proporcional de seus recursos, as diferenças e as ponderações quanto ao valor anual por aluno entre etapas, modalidades, duração da jornada e tipos de estabelecimento de ensino, observados as respectivas especificidades e os insumos necessários para a garantia de sua qualidade;

b) a forma de cálculo do VAAF decorrente do inciso III do *caput* deste artigo e do VAAT referido no inciso VI do *caput* deste artigo;

c) a forma de cálculo para distribuição prevista na alínea *c* do inciso V do *caput* deste artigo;

d) a transparência, o monitoramento, a fiscalização e o controle interno, externo e social dos fundos referidos no inciso I do *caput* deste artigo, assegurada a criação, a autonomia, a manutenção e a consolidação de conselhos de acompanhamento e controle social, admitida sua integração aos conselhos de educação;

e) o conteúdo e a periodicidade da avaliação, por parte do órgão responsável, dos efeitos redistributivos, da melhoria dos indicadores educacionais e da ampliação do atendimento;

XI – proporção não inferior a 70% (setenta por cento) de cada fundo referido no inciso I do *caput* deste artigo, excluídos os recursos de que trata a alínea *c* do inciso V do *caput* deste artigo, será destinada ao pagamento dos profissionais da educação básica em efetivo exercício, observado, em relação aos recursos previstos na alínea *b* do inciso V do *caput* deste artigo, o percentual mínimo de 15% (quinze por cento) para despesas de capital;

XII – lei específica disporá sobre o piso salarial profissional nacional para os profissionais do magistério da educação básica pública;

XIII – a utilização dos recursos a que se refere o § 5º do art. 212 desta Constituição para a complementação da União ao Fundeb, referida no inciso V do *caput* deste artigo, é vedada.

§ 1º O cálculo do VAAT, referido no inciso VI do *caput* deste artigo, deverá considerar, além dos recursos previstos no inciso II do *caput* deste artigo, pelo menos, as seguintes disponibilidades:

I – receitas de Estados, do Distrito Federal e de Municípios vinculadas à manutenção e ao desenvolvimento do ensino não integrantes dos fundos referidos no inciso I do *caput* deste artigo;

II – cotas estaduais e municipais da arrecadação do salário-educação de que trata o § 6º do art. 212 desta Constituição;

III – complementação da União transferida a Estados, ao Distrito Federal e a Municípios nos termos da alínea *a* do inciso V do *caput* deste artigo.

§ 2º Além das ponderações previstas na alínea *a* do inciso X do *caput* deste artigo, a lei definirá outras relativas ao nível socioeconômico dos educandos e aos indicadores de disponibilidade de recursos vinculados à educação e de potencial de arrecadação tributária de cada ente federado, bem como seus prazos de implementação.

§ 3º Será destinada à educação infantil a proporção de 50% (cinquenta por cento) dos recursos globais a que se refere a alínea *b* do inciso V do *caput* deste artigo, nos termos da lei.

Art. 213. Os recursos públicos serão destinados às escolas públicas, podendo ser dirigidos a escolas comunitárias, confessionais ou filantrópicas, definidas em lei, que:

Veja art. 212, § 2º, CF.

Veja art. 61, ADCT.

Veja Leis n. 7.891, de 23.11.1989, e n. 9.394, de 20.12.1996.

I – comprovem finalidade não lucrativa e apliquem seus excedentes financeiros em educação;

II – assegurem a destinação de seu patrimônio a outra escola comunitária, filantrópica ou confessional, ou ao Poder Público, no caso de encerramento de suas atividades.

§ 1º Os recursos de que trata este artigo poderão ser destinados a bolsas de estudo para o ensino fundamental e médio, na forma da lei, para os que demonstrarem insuficiência de recursos, quando houver falta de vagas e cursos regulares da rede pública na localidade da residência do educando, ficando o Poder Público obrigado a investir prioritariamente na expansão de sua rede na localidade.

Veja Lei n. 9.394, de 20.12.1996 (Lei de Diretrizes e Bases da Educação).

§ 2º As atividades de pesquisa, de extensão e de estímulo e fomento à inovação realizadas por universidades e/ou por instituições de educação profissional e tecnológica poderão receber apoio financeiro do Poder Público.

Parágrafo com redação dada pela EC n. 85, de 26.02.2015.

Art. 214. A lei estabelecerá o plano nacional de educação, de duração decenal, com o objetivo de articular o sistema nacional de educação em regime de colaboração e definir diretrizes, objetivos, metas e estratégias de implementação para assegurar a manutenção e desenvolvimento do ensino em seus diversos níveis, etapas e modalidades por meio de ações integradas dos poderes públicos das diferentes esferas federativas que conduzam a:

Caput com redação dada pela EC n. 59, de 11.11.2009.

Veja art. 212-A, X, CF.

Veja art. 60, III, *c*, ADCT.

Veja Lei n. 9.394, de 20.12.1996 (Lei de Diretrizes e Bases da Educação).

I – erradicação do analfabetismo;

II – universalização do atendimento escolar;

III – melhoria da qualidade do ensino;

IV – formação para o trabalho;

V – promoção humanística, científica e tecnológica do País;

VI – estabelecimento de meta de aplicação de recursos públicos em educação como proporção do produto interno bruto.

Inciso acrescentado pela EC n. 59, de 11.11.2009.

Seção II
Da Cultura

Art. 215. O Estado garantirá a todos o pleno exercício dos direitos culturais e acesso às fontes da cultura nacional, e apoiará e incentivará a valorização e a difusão das manifestações culturais.

Veja Lei n. 8.313, de 23.12.1991 (institui o Programa Nacional de Apoio à Cultura – Pronac).

§ 1º O Estado protegerá as manifestações das culturas populares, indígenas e afro-brasileiras, e das de outros grupos participantes do processo civilizatório nacional.

Veja art. 225, § 7º, ADCT.

§ 2º A lei disporá sobre a fixação de datas comemorativas de alta significação para os diferentes segmentos étnicos nacionais.

Veja arts. 5º, VI, e 19, I, CF.

§ 3º A lei estabelecerá o Plano Nacional de Cultura, de duração plurianual, visando ao desenvolvimento cultural do País e à integração das ações do poder público que conduzem à:

Parágrafo acrescentado pela EC n. 48, de 10.08.2005.

Veja Lei n. 12.343, de 02.12.2010 (Plano Nacional de Cultura – PNC, cria o Sistema Nacional de Informações e Indicadores Culturais – SNIIC).

I – defesa e valorização do patrimônio cultural brasileiro;

Inciso acrescentado pela EC n. 48, de 10.08.2005.

II – produção, promoção e difusão de bens culturais;

Inciso acrescentado pela EC n. 48, de 10.08.2005.

III – formação de pessoal qualificado para a gestão da cultura em suas múltiplas dimensões;

Inciso acrescentado pela EC n. 48, de 10.08.2005.

IV – democratização do acesso aos bens de cultura;

Inciso acrescentado pela EC n. 48, de 10.08.2005.

V – valorização da diversidade étnica e regional.

Inciso acrescentado pela EC n. 48, de 10.08.2005.

Art. 216. Constituem patrimônio cultural brasileiro os bens de natureza material e imaterial, tomados individualmente ou em conjunto, portadores de referência à identidade, à ação, à memória dos diferentes grupos formadores da sociedade brasileira, nos quais se incluem:

I – as formas de expressão;

II – os modos de criar, fazer e viver;

III – as criações científicas, artísticas e tecnológicas;

Veja Lei n. 9.610, de 19.02.1998 (direitos autorais).

IV – as obras, objetos, documentos, edificações e demais espaços destinados às manifestações artístico-culturais;

V – os conjuntos urbanos e sítios de valor histórico, paisagístico, artístico, arqueológico, paleontológico, ecológico e científico.

§ 1º O Poder Público, com a colaboração da comunidade, promoverá e protegerá o patrimônio cultural brasileiro, por meio de inventários, registros, vigilância, tombamento e desapropriação, e de outras formas de acautelamento e preservação.

Veja art. 19, III, CF.

§ 2º Cabem à administração pública, na forma da lei, a gestão da documentação governamental e as providências para franquear sua consulta a quantos dela necessitem.

Veja Lei n. 8.159, de 08.01.1991 (política nacional de arquivos).

Veja Lei n. 12.527, de 18.11.2011 (regula o acesso a informações previsto neste parágrafo).

§ 3º A lei estabelecerá incentivos para a produção e o conhecimento de bens e valores culturais.

Veja Leis n. 8.313, de 23.12.1991, n. 8.401, de 08.01.1992, n. 8.685, de 20.07.1993, n. 9.312, de 05.11.1996, e n. 9.874, de 23.11.1999.

§ 4º Os danos e ameaças ao patrimônio cultural serão punidos, na forma da lei.

Veja Lei n. 3.924, de 26.07.1961 (monumentos arqueológicos e pré-históricos).

Veja Lei n. 4.717, de 29.06.1965 (ação popular).

Veja Lei n. 7.347, de 24.07.1985 (ação civil pública).

§ 5º Ficam tombados todos os documentos e os sítios detentores de reminiscências históricas dos antigos quilombos.

§ 6º É facultado aos Estados e ao Distrito Federal vincular a fundo estadual de fomento à cultura até cinco décimos por cento de sua receita tributária líquida, para o financiamento de programas e projetos culturais, vedada a aplicação desses recursos no pagamento de:

Parágrafo acrescentado pela EC n. 42, de 19.12.2003.

Veja art. 156-A, § 12, CF.

Veja arts. 131, § 5º, II, e 134, § 4º, ADCT.

I – despesas com pessoal e encargos sociais;

Inciso acrescentado pela EC n. 42, de 19.12.2003.

II – serviço da dívida;

Inciso acrescentado pela EC n. 42, de 19.12.2003.

III – qualquer outra despesa corrente não vinculada diretamente aos investimentos ou ações apoiados.

Inciso acrescentado pela EC n. 42, de 19.12.2003.

Art. 216-A. O Sistema Nacional de Cultura, organizado em regime de colaboração, de forma descentralizada e participativa, institui um processo de gestão e promoção conjunta de políticas públicas de cultura, democráticas e permanentes, pactuadas entre os entes da Federação e a sociedade, tendo por objetivo promover o desenvolvimento humano, social e econômico com pleno exercício dos direitos culturais.

Artigo acrescentado pela EC n. 71, de 29.11.2012.

§ 1º O Sistema Nacional de Cultura fundamenta-se na política nacional de cultura e nas suas diretrizes, estabelecidas no Plano Nacional de Cultura, e rege-se pelos seguintes princípios:

I – diversidade das expressões culturais;

II – universalização do acesso aos bens e serviços culturais;

III – fomento à produção, difusão e circulação de conhecimento e bens culturais;

IV – cooperação entre os entes federados, os agentes públicos e privados atuantes na área cultural;

V – integração e interação na execução das políticas, programas, projetos e ações desenvolvidas;

VI – complementaridade nos papéis dos agentes culturais;

VII – transversalidade das políticas culturais;

VIII – autonomia dos entes federados e das instituições da sociedade civil;

IX – transparência e compartilhamento das informações;

X – democratização dos processos decisórios com participação e controle social;

XI – descentralização articulada e pactuada da gestão, dos recursos e das ações;

XII – ampliação progressiva dos recursos contidos nos orçamentos públicos para a cultura.

§ 2º Constitui a estrutura do Sistema Nacional de Cultura, nas respectivas esferas da Federação:

I – órgãos gestores da cultura;

II – conselhos de política cultural;

III – conferências de cultura;
IV – comissões intergestores;
V – planos de cultura;
VI – sistemas de financiamento à cultura;
VII – sistemas de informações e indicadores culturais;
VIII – programas de formação na área da cultura; e
IX – sistemas setoriais de cultura.

§ 3º Lei federal disporá sobre a regulamentação do Sistema Nacional de Cultura, bem como de sua articulação com os demais sistemas nacionais ou políticas setoriais de governo.

§ 4º Os Estados, o Distrito Federal e os Municípios organizarão seus respectivos sistemas de cultura em leis próprias.

Seção III
Do Desporto

Veja Lei n. 9.615, de 24.03.1998 (Lei Pelé).
Veja Lei n. 14.597, de 14.06.2023.

Art. 217. É dever do Estado fomentar práticas desportivas formais e não formais, como direito de cada um, observados:

I – a autonomia das entidades desportivas dirigentes e associações, quanto a sua organização e funcionamento;

II – a destinação de recursos públicos para a promoção prioritária do desporto educacional e, em casos específicos, para a do desporto de alto rendimento;

Veja art. 36, Lei n. 14.597, de 14.06.2023.

III – o tratamento diferenciado para o desporto profissional e o não profissional;

IV – a proteção e o incentivo às manifestações desportivas de criação nacional.

§ 1º O Poder Judiciário só admitirá ações relativas à disciplina e às competições desportivas após esgotarem-se as instâncias da justiça desportiva, reguladas em lei.

Veja Leis n. 8.028, de 12.04.1990, n. 9.615, de 24.03.1998, n. 9.940, de 21.12.1999, n. 9.981, de 14.07.2000, e n. 10.264, de 16.07.2001.

§ 2º A justiça desportiva terá o prazo máximo de sessenta dias, contados da instauração do processo, para proferir decisão final.

§ 3º O Poder Público incentivará o lazer, como forma de promoção social.

CAPÍTULO IV
DA CIÊNCIA, TECNOLOGIA E INOVAÇÃO

Capítulo com denominação dada pela EC n. 85, de 26.02.2015.

Veja Lei n. 10.973, de 02.12.2004 (incentivos à inovação e à pesquisa científica e tecnológica no ambiente produtivo e dá outras providências).

Art. 218. O Estado promoverá e incentivará o desenvolvimento científico, a pesquisa, a capacitação científica e tecnológica e a inovação.

Caput com redação dada pela EC n. 85, de 26.02.2015.

§ 1º A pesquisa científica básica e tecnológica receberá tratamento prioritário do Estado, tendo em vista o bem público e o progresso da ciência, tecnologia e inovação.

Parágrafo com redação dada pela EC n. 85, de 26.02.2015.

§ 2º A pesquisa tecnológica voltar-se-á preponderantemente para a solução dos problemas brasileiros e para o desenvolvimento do sistema produtivo nacional e regional.

§ 3º O Estado apoiará a formação de recursos humanos nas áreas de ciência, pesquisa, tecnologia e inovação, inclusive por meio do apoio às atividades de extensão tecnológica, e concederá aos que delas se ocupem meios e condições especiais de trabalho.

Parágrafo com redação dada pela EC n. 85, de 26.02.2015.

§ 4º A lei apoiará e estimulará as empresas que invistam em pesquisa, criação de tecnologia adequada ao País, formação e aperfeiçoamento de seus recursos humanos e que pratiquem sistemas de remuneração que assegurem ao empregado, desvinculada do salário, participação nos ganhos econômicos resultantes da produtividade de seu trabalho.

Veja Leis n. 8.248, de 23.10.1991, n. 8.387, de 30.12.1991, e n. 8.661, de 02.06.1993.

Veja Lei n. 9.257, de 09.01.1996 (Conselho Nacional de Ciência e Tecnologia).

§ 5º É facultado aos Estados e ao Distrito Federal vincular parcela de sua receita orçamentária a entidades públicas de fomento ao ensino e à pesquisa científica e tecnológica.

§ 6º O Estado, na execução das atividades previstas no *caput*, estimulará a articulação entre entes, tanto públicos quanto privados, nas diversas esferas de governo.

Parágrafo acrescentado pela EC n. 85, de 26.02.2015.

§ 7º O Estado promoverá e incentivará a atuação no exterior das instituições públicas de ciência, tecnologia e inovação, com vistas à execução das atividades previstas no *caput*.

Parágrafo acrescentado pela EC n. 85, de 26.02.2015.

Art. 219. O mercado interno integra o patrimônio nacional e será incentivado de modo a viabilizar o desenvolvimento cultural e socioeconômico, o bem-estar da população e a autonomia tecnológica do País, nos termos de lei federal.

Parágrafo único. O Estado estimulará a formação e o fortalecimento da inovação nas empresas, bem como nos demais entes, públicos ou privados, a constituição e a manutenção de parques e polos tecnológicos e de demais ambientes promotores da inovação, a atuação dos inventores independentes e a criação, absorção, difusão e transferência de tecnologia.

Parágrafo acrescentado pela EC n. 85, de 26.02.2015.

Art. 219-A. A União, os Estados, o Distrito Federal e os Municípios poderão firmar instrumentos de cooperação com órgãos e entidades públicos e com entidades privadas, inclusive para o compartilhamento de recursos humanos especializados e capacidade instalada, para a execução de projetos de pesquisa, de desenvolvimento científico e tecnológico e de inovação, mediante contrapartida financeira ou não financeira assumida pelo ente beneficiário, na forma da lei.

Artigo acrescentado pela EC n. 85, de 26.02.2015.

Art. 219-B. O Sistema Nacional de Ciência, Tecnologia e Inovação será organizado em regime de colaboração entre entes, tanto públicos quanto privados, com vistas a promover o desenvolvimento científico e tecnológico e a inovação.

Caput acrescentado pela EC n. 85, de 26.02.2015.

§ 1º Lei federal disporá sobre as normas gerais do Sistema Nacional de Ciência, Tecnologia e Inovação.

Parágrafo acrescentado pela EC n. 85, de 26.02.2015.

§ 2º Os Estados, o Distrito Federal e os Municípios legislarão concorrentemente sobre suas peculiaridades.

Parágrafo acrescentado pela EC n. 85, de 26.02.2015.

CAPÍTULO V
DA COMUNICAÇÃO SOCIAL

Art. 220. A manifestação do pensamento, a criação, a expressão e a informação, sob qualquer forma, processo ou veículo não sofrerão qualquer restrição, observado o disposto nesta Constituição.

Veja arts. 5º, IV, V e IX, e 139, III, CF.

Veja arts. 2º, § 1º, e 65, ADCT.

§ 1º Nenhuma lei conterá dispositivo que possa constituir embaraço à plena liberdade de informação jornalística em qualquer veículo de comunicação social, observado o disposto no art. 5º, IV, V, X, XIII e XIV.

§ 2º É vedada toda e qualquer censura de natureza política, ideológica e artística.

§ 3º Compete à lei federal:

I – regular as diversões e espetáculos públicos, cabendo ao Poder Público informar sobre a natureza deles, as faixas etárias a que não se recomendem, locais e horários em que sua apresentação se mostre inadequada;

II – estabelecer os meios legais que garantam à pessoa e à família a possibilidade de se defenderem de programas ou programações de rádio e televisão que contrariem o disposto no art. 221, bem como da propaganda de produtos, práticas e serviços que possam ser nocivos à saúde e ao meio ambiente.

§ 4º A propaganda comercial de tabaco, bebidas alcoólicas, agrotóxicos, medicamentos e terapias estará sujeita a restrições legais, nos termos do inciso II do parágrafo anterior, e conterá, sempre que necessário, advertência sobre os malefícios decorrentes de seu uso.

Veja art. 65, ADCT.

Veja Leis n. 9.294, de 15.07.1996, e n. 10.167, de 27.12.2000.

Veja art. 1º, Lei n. 11.705, de 19.06.2008, regulamentado pelo Decreto n. 6.489, de 20.06.2008 (inibir o consumo de bebida alcoólica por condutor de veículo automotor).

§ 5º Os meios de comunicação social não podem, direta ou indiretamente, ser objeto de monopólio ou oligopólio.

§ 6º A publicação de veículo impresso de comunicação independe de licença de autoridade.

Art. 221. A produção e a programação das emissoras de rádio e televisão atenderão aos seguintes princípios:

Veja arts. 220, § 3º, II, e 222, § 3º, CF.

I – preferência a finalidades educativas, artísticas, culturais e informativas;

II – promoção da cultura nacional e regional e estímulo à produção independente que objetive sua divulgação;

III – regionalização da produção cultural, artística e jornalística, conforme percentuais estabelecidos em lei;

Veja art. 3º, III, CF.

IV – respeito aos valores éticos e sociais da pessoa e da família.

Veja art. 8º, III, Lei n. 11.340, de 07.08.2006 (violência doméstica e familiar contra a mulher).

Art. 222. A propriedade de empresa jornalística e de radiodifusão sonora e de sons e imagens é privativa de brasileiros natos ou naturalizados há mais de 10 (dez) anos, ou de pessoas jurídicas constituídas sob as leis brasileiras e que tenham sede no País.

Caput com redação dada pela EC n. 36, de 28.05.2002.

§ 1º Em qualquer caso, pelo menos 70% (setenta por cento) do capital total e do capital votante das empresas jornalísticas e de radiodifusão sonora e de sons e imagens deverá pertencer, direta ou indiretamente, a brasileiros natos ou naturalizados há mais de 10 (dez) anos, que exercerão obrigatoriamente a gestão das atividades e estabelecerão o conteúdo da programação.

Parágrafo com redação dada pela EC n. 36, de 28.05.2002.

§ 2º A responsabilidade editorial e as atividades de seleção e direção da programação veiculada são privativas de brasileiros natos ou naturalizados há mais de 10 (dez) anos, em qualquer meio de comunicação social.

Parágrafo com redação dada pela EC n. 36, de 28.05.2002.

§ 3º Os meios de comunicação social eletrônica, independentemente da tecnologia utilizada para a prestação do serviço, deverão observar os princípios enunciados no art. 221, na forma de lei específica, que também garantirá a prioridade de profissionais brasileiros na execução de produções nacionais.

Parágrafo acrescentado pela EC n. 36, de 28.05.2002.

§ 4º Lei disciplinará a participação de capital estrangeiro nas empresas de que trata o § 1º.

Parágrafo acrescentado pela EC n. 36, de 28.05.2002.

Veja Lei n. 10.610, de 20.12.2002 (participação de capital estrangeiro nas empresas jornalísticas e de radiodifusão sonora e de sons e imagens).

§ 5º As alterações de controle societário das empresas de que trata o § 1º serão comunicadas ao Congresso Nacional.

Parágrafo acrescentado pela EC n. 36, de 28.05.2002.

Art. 223. Compete ao Poder Executivo outorgar e renovar concessão, permissão e autorização para o serviço de radiodifusão sonora e de sons e imagens, observado o princípio da complementaridade dos sistemas privado, público e estatal.

§ 1º O Congresso Nacional apreciará o ato no prazo do art. 64, §§ 2º e 4º, a contar do recebimento da mensagem.

§ 2º A não renovação da concessão ou permissão dependerá de aprovação de, no mínimo, dois quintos do Congresso Nacional, em votação nominal.

Veja art. 4º, § 4º, Lei n. 5.785, de 23.06.1972.

§ 3º O ato de outorga ou renovação somente produzirá efeitos legais após deliberação do Congresso Nacional, na forma dos parágrafos anteriores.

§ 4º O cancelamento da concessão ou permissão, antes de vencido o prazo, depende de decisão judicial.

§ 5º O prazo da concessão ou permissão será de dez anos para as emissoras de rádio e de quinze para as de televisão.

Art. 224. Para os efeitos do disposto neste capítulo, o Congresso Nacional instituirá, como órgão auxiliar, o Conselho de Comunicação Social, na forma da lei.

Veja Lei n. 8.389, de 30.12.1991 (Conselho de Comunicação Social).

CAPÍTULO VI
DO MEIO AMBIENTE

Art. 225. Todos têm direito ao meio ambiente ecologicamente equilibrado, bem de uso comum do povo e essencial à sadia qualidade de vida, impondo-se ao Poder Público e à coletividade o dever de defendê-lo e preservá-lo para as presentes e futuras gerações.

Veja arts. 5º, LXXIII, 23, VI e VII, 24, VI, 129, III, 170, VI, 174, § 3º, 200, VIII, e 216, V, CF.

Veja Súmula n. 613, STJ.

§ 1º Para assegurar a efetividade desse direito, incumbe ao Poder Público:

Veja Lei n. 9.985, de 18.07.2000 (institui o Sistema Nacional de Unidades de Conservação da Natureza).

Veja § 7º deste artigo.

I – preservar e restaurar os processos ecológicos essenciais e prover o manejo ecológico das espécies e ecossistemas;

Veja Lei n. 9.985, de 18.07.2000 (institui o Sistema Nacional de Unidades de Conservação da Natureza).

II – preservar a diversidade e a integridade do patrimônio genético do País e fiscalizar as entidades dedicadas à pesquisa e manipulação de material genético;

Veja Lei n. 9.985, de 18.07.2000 (institui o Sistema Nacional de Unidades de Conservação da Natureza).

Veja MP n. 2.186-16, de 23.08.2001 (regulamentação).

Veja Lei n. 11.105, de 24.03.2005.

Veja Lei n. 13.123, de 20.05.2015 (regulamentação).

III – definir, em todas as unidades da Federação, espaços territoriais e seus componentes a serem especialmente protegidos, sendo a alteração e a supressão permitidas somente através de lei, vedada qualquer utilização que comprometa a integridade dos atributos que justifiquem sua proteção;

Veja Leis n. 9.795, de 27.04.1999, n. 9.966, de 28.04.2000, n. 9.985, de 18.07.2000, e n. 10.165, de 27.12.2000.

IV – exigir, na forma da lei, para instalação de obra ou atividade potencialmente causadora de significativa degradação do meio ambiente, estudo prévio de impacto ambiental, a que se dará publicidade;

Veja Lei n. 11.105, de 24.03.2005 (Lei de Biossegurança).

V – controlar a produção, a comercialização e o emprego de técnicas, métodos e substâncias que comportem risco para a vida, a qualidade de vida e o meio ambiente;

Veja Lei n. 11.105, de 24.03.2005 (Lei de Biossegurança).

VI – promover a educação ambiental em todos os níveis de ensino e a conscientização pública para a preservação do meio ambiente;

VII – proteger a fauna e a flora, vedadas, na forma da lei, as práticas que coloquem em risco sua função ecológica, provoquem a extinção de espécies ou submetam os animais a crueldade;

Veja § 7º deste artigo.

Veja Leis n. 9.795, de 27.04.1999 (educação ambiental), e n. 9.985, de 18.07.2000 (Sistema Nacional de Unidades de Conservação da Natureza).

Veja Lei n. 11.794, de 08.10.2008 (estabelece procedimentos para o uso científico de animais).

Veja Lei n. 12.651, de 25.05.2012 (Código Florestal).

VIII – manter regime fiscal favorecido para os biocombustíveis e para o hidrogênio de baixa emissão de carbono, na forma de lei complementar, a fim de assegurar-lhes tributação inferior à incidente sobre os combustíveis fósseis, capaz de garantir diferencial competitivo em relação a estes, especialmente em relação às contribuições de que tratam o art. 195, I, *b*, IV e V, e o art. 239 e aos impostos a que se referem os arts. 155, II, e 156-A.

Inciso com redação dada pela EC n. 132, de 20.12.2023.

➤ **Em 2027, a redação que vigorará assim dispõe:**

VIII – manter regime fiscal favorecido para os biocombustíveis e para o hidrogênio de baixa emissão de carbono, na forma de lei complementar, a fim de assegurar-lhes tributação inferior à incidente sobre os combustíveis fósseis, capaz de garantir diferencial competiti-

vo em relação a estes, especialmente em relação à contribuição de que trata o art. 195, V, e aos impostos a que se referem os arts. 155, II, e 156-A.

Inciso com redação dada pela EC n. 132, de 20.12.2023.

➤ **Em 2033, a redação que vigorará assim dispõe:**

VIII – manter regime fiscal favorecido para os biocombustíveis e para o hidrogênio de baixa emissão de carbono, na forma de lei complementar, a fim de assegurar-lhes tributação inferior à incidente sobre os combustíveis fósseis, capaz de garantir diferencial competitivo em relação a estes, especialmente em relação à contribuição de que trata o art. 195, V, e ao imposto a que se refere o art. 156-A.

Inciso com redação dada pela EC n. 132, de 20.12.2023.

Veja art. 4º, *caput* e § 4º, EC n. 123, de 14.07.2022.

§ 2º Aquele que explorar recursos minerais fica obrigado a recuperar o meio ambiente degradado, de acordo com solução técnica exigida pelo órgão público competente, na forma da lei.

§ 3º As condutas e atividades consideradas lesivas ao meio ambiente sujeitarão os infratores, pessoas físicas ou jurídicas, a sanções penais e administrativas, independentemente da obrigação de reparar os danos causados.

Veja Leis n. 7.804, de 18.07.1989, n. 9.605, de 12.02.1998, n. 9.795, de 27.04.1999, n. 9.960, de 28.01.2000, e n. 10.165, de 27.12.2000.

§ 4º A Floresta Amazônica brasileira, a Mata Atlântica, a Serra do Mar, o Pantanal Mato-Grossense e a Zona Costeira são patrimônio nacional, e sua utilização far-se-á, na forma da lei, dentro de condições que assegurem a preservação do meio ambiente, inclusive quanto ao uso dos recursos naturais.

Veja Lei n. 9.795, de 27.04.1999 (educação ambiental).

Veja MP n. 2.186-16, de 23.08.2001 (regulamentação).

Veja Lei n. 11.428, de 22.12.2006 (utilização e proteção da vegetação nativa do Bioma Mata Atlântica).

Veja Lei n. 13.123, de 20.05.2015 (regulamentação).

§ 5º São indisponíveis as terras devolutas ou arrecadadas pelos Estados, por ações discriminatórias, necessárias à proteção dos ecossistemas naturais.

§ 6º As usinas que operem com reator nuclear deverão ter sua localização definida em lei federal, sem o que não poderão ser instaladas.

Veja Lei n. 7.804, de 18.07.1989 (Política Nacional do Meio Ambiente).

§ 7º Para fins do disposto na parte final do inciso VII do § 1º deste artigo, não se consideram cruéis as práticas desportivas que utilizem animais, desde que sejam manifestações culturais, conforme o § 1º do art. 215 desta Constituição Federal, registradas como bem de natureza imaterial integrante do patrimônio cultural brasileiro, devendo ser regulamentadas por lei específica que assegure o bem-estar dos animais envolvidos.

Parágrafo acrescentado pela EC n. 96, de 06.06.2017.

CAPÍTULO VII
DA FAMÍLIA, DA CRIANÇA, DO ADOLESCENTE, DO JOVEM E DO IDOSO

Capítulo com denominação dada pela EC n. 65, de 13.07.2010.

Art. 226. A família, base da sociedade, tem especial proteção do Estado.

Veja arts. 203, I, e 205, CF.

Veja art. 27, I, *e*, Lei n. 11.697, de 13.06.2008 (organização judiciária do Distrito Federal e dos Territórios).

Veja arts. 1.533 a 1.542, CC.

§ 1º O casamento é civil e gratuita a celebração.

Veja arts. 1.525 a 1.542, CC.

§ 2º O casamento religioso tem efeito civil, nos termos da lei.

Veja Lei n. 1.110, de 23.05.1950 (efeitos civis ao casamento religioso).

Veja art. 71, LRP.

§ 3º Para efeito da proteção do Estado, é reconhecida a união estável entre o homem e a mulher como entidade familiar, devendo a lei facilitar sua conversão em casamento.

Veja arts. 5º, I, e 14, § 7º, CF.

Veja arts. 1.723 a 1.727, CC.

Veja Leis n. 8.971, de 29.12.1994 (direitos dos companheiros ao alistamento e à sucessão), e n. 9.278, de 10.05.1996 (regula este dispositivo).

Veja Súmula n. 336, STJ.

§ 4º Entende-se, também, como entidade familiar a comunidade formada por qualquer dos pais e seus descendentes.

Veja Súmula n. 364, STJ.

§ 5º Os direitos e deveres referentes à sociedade conjugal são exercidos igualmente pelo homem e pela mulher.

Veja art. 5º, I, CF.

Veja Lei n. 6.515, de 26.12.1977 (Lei do Divórcio).

Veja Súmula n. 364, STJ.

§ 6º O casamento civil pode ser dissolvido pelo divórcio.

Parágrafo com redação dada pela EC n. 66, de 13.07.2010.

Veja Lei n. 6.515, de 26.12.1977 (Lei do Divórcio).

§ 7º Fundado nos princípios da dignidade da pessoa humana e da paternidade responsável, o planejamento familiar é livre decisão do casal, competindo ao Estado propiciar recursos educacionais e científicos para o exercício desse direito, vedada qualquer forma coercitiva por parte de instituições oficiais ou privadas.

Veja Lei n. 9.263, de 12.01.1996 (planejamento familiar).

§ 8º O Estado assegurará a assistência à família na pessoa de cada um dos que a integram, criando mecanismos para coibir a violência no âmbito de suas relações.

Veja Lei n. 11.340, de 07.08.2006 (violência doméstica e familiar contra a mulher).

Veja art. 1º, Lei n. 14.344, de 24.05.2022.

Veja Súmulas ns. 536 e 600, STJ.

Art. 227. É dever da família, da sociedade e do Estado assegurar à criança, ao adolescente e ao jovem, com absoluta prioridade, o direito à vida, à saúde, à alimentação, à educação, ao lazer, à profissionalização, à cultura, à dignidade, ao respeito, à liberdade e à convivência familiar e comunitária, além de colocá-los a salvo de toda forma de negligência, discriminação, exploração, violência, crueldade e opressão.

Caput com redação dada pela EC n. 65, de 13.07.2010.

Veja ECA.

Veja Lei n. 10.516, de 11.07.2002 (Carteira Nacional de Saúde da Mulher).

Veja art. 1º, Lei n. 13.431, de 04.04.2017.

§ 1º O Estado promoverá programas de assistência integral à saúde da criança, do adolescente e do jovem, admitida a participação de entidades não governamentais, mediante políticas específicas e obedecendo aos seguintes preceitos:

Parágrafo com redação dada pela EC n. 65, de 13.07.2010.

I – aplicação de percentual dos recursos públicos destinados à saúde na assistência materno-infantil;

II – criação de programas de prevenção e atendimento especializado para as pessoas portadoras de deficiência física, sensorial ou mental, bem como de integração social do adolescente e do jovem portador de deficiência, mediante o treinamento para o trabalho e a convivência, e a facilitação do acesso aos bens e serviços coletivos, com a eliminação de obstáculos arquitetônicos e de todas as formas de discriminação.

Inciso com redação dada pela EC n. 65, de 13.07.2010.

§ 2º A lei disporá sobre normas de construção dos logradouros e dos edifícios de uso público e de fabricação de veículos de transporte coletivo, a fim de garantir acesso adequado às pessoas portadoras de deficiência.

Veja art. 244, CF.

Veja Leis n. 7.853, de 24.10.1989 (apoio e proteção às pessoas portadoras de deficiência), e n. 10.098, de 19.12.2000 (critérios básicos para promoção de acessibilidade das pessoas portadoras de deficiência física).

§ 3º O direito a proteção especial abrangerá os seguintes aspectos:

I – idade mínima de quatorze anos para admissão ao trabalho, observado o disposto no art. 7º, XXXIII;

A nova redação do art. 7º, XXXIII, dada pela EC n. 20, de 15.12.1998, fixa a idade mínima de 16 anos.

II – garantia de direitos previdenciários e trabalhistas;

III – garantia de acesso do trabalhador adolescente e jovem à escola;

Inciso com redação dada pela EC n. 65, de 13.07.2010.

IV – garantia de pleno e formal conhecimento da atribuição de ato infracional, igualdade na relação processual e defesa técnica por profissional habilitado, segundo dispuser a legislação tutelar específica;

Veja ECA.

V – obediência aos princípios de brevidade, excepcionalidade e respeito à condição peculiar de pessoa em desenvolvimento, quando da aplicação de qualquer medida privativa da liberdade;

VI – estímulo do Poder Público, através de assistência jurídica, incentivos fiscais e subsídios, nos termos da lei, ao acolhimento, sob a forma de guarda, de criança ou adolescente órfão ou abandonado;

Veja ECA.

VII – programas de prevenção e atendimento especializado à criança, ao adolescente e ao jovem dependente de entorpecentes e drogas afins.

Inciso com redação dada pela EC n. 65, de 13.07.2010.

§ 4º A lei punirá severamente o abuso, a violência e a exploração sexual da criança e do adolescente.

Veja arts. 225 a 258, ECA.

Veja art. 1º, Lei n. 14.344, de 24.05.2022.

§ 5º A adoção será assistida pelo Poder Público, na forma da lei, que estabelecerá casos e condições de sua efetivação por parte de estrangeiros.

Veja arts. 1.618 e 1.619, CC.

Veja ECA.

§ 6º Os filhos, havidos ou não da relação do casamento, ou por adoção, terão os mesmos direitos e qualificações, proibidas quaisquer designações discriminatórias relativas à filiação.

§ 7º No atendimento dos direitos da criança e do adolescente levar-se-á em consideração o disposto no art. 204.

§ 8º A lei estabelecerá:

Parágrafo acrescentado pela EC n. 65, de 13.07.2010.

I – o estatuto da juventude, destinado a regular os direitos dos jovens;

Inciso acrescentado pela EC n. 65, de 13.07.2010.

II – o plano nacional de juventude, de duração decenal, visando à articulação das várias esferas do poder público para a execução de políticas públicas.

Inciso acrescentado pela EC n. 65, de 13.07.2010.

Art. 228. São penalmente inimputáveis os menores de dezoito anos, sujeitos às normas da legislação especial.

Veja art. 27, CP.

Veja ECA.

Art. 229. Os pais têm o dever de assistir, criar e educar os filhos menores, e os filhos maiores têm o dever de ajudar e amparar os pais na velhice, carência ou enfermidade.

Art. 230. A família, a sociedade e o Estado têm o dever de amparar as pessoas idosas, assegurando sua participação na comunidade, defendendo sua dignidade e bem-estar e garantindo-lhes o direito à vida.

Veja Lei n. 10.741, de 01.10.2003 (Estatuto do Idoso).

§ 1º Os programas de amparo aos idosos serão executados preferencialmente em seus lares.

§ 2º Aos maiores de sessenta e cinco anos é garantida a gratuidade dos transportes coletivos urbanos.

Veja art. 5º, IV, EC n. 123, de 14.07.2022.

CAPÍTULO VIII
DOS ÍNDIOS

Art. 231. São reconhecidos aos índios sua organização social, costumes, línguas, crenças e tradições, e os direitos originários sobre as terras que tradicionalmente ocupam, competindo à União demarcá-las, proteger e fazer respeitar todos os seus bens.

Veja arts. 13, *caput*, 20, 22, XIV, 49, XVI, 176, § 1º, e 210, § 2º, CF.

Veja Lei n. 6.001, de 19.12.1973 (Estatuto do Índio).

§ 1º São terras tradicionalmente ocupadas pelos índios as por eles habitadas em caráter permanente, as utilizadas para suas atividades produtivas, as imprescindíveis à preservação dos recursos ambientais necessários a seu bem-estar e as necessárias a sua reprodução física e cultural, segundo seus usos, costumes e tradições.

§ 2º As terras tradicionalmente ocupadas pelos índios destinam-se a sua posse permanente, cabendo-lhes o usufruto exclusivo das riquezas do solo, dos rios e dos lagos nelas existentes.

§ 3º O aproveitamento dos recursos hídricos, incluídos os potenciais energéticos, a pesquisa e a lavra das riquezas minerais em terras indígenas só podem ser efetivados com autorização do Congresso Nacional, ouvidas as comunidades afetadas, ficando-lhes assegurada participação nos resultados da lavra, na forma da lei.

§ 4º As terras de que trata este artigo são inalienáveis e indisponíveis, e os direitos sobre elas, imprescritíveis.

§ 5º É vedada a remoção dos grupos indígenas de suas terras, salvo, *ad referendum* do Congresso Nacional, em caso de catástrofe ou epidemia que ponha em risco sua população, ou no interesse da soberania do País, após deliberação do Congresso Nacional, garantido, em qualquer hipótese, o retorno imediato logo que cesse o risco.

§ 6º São nulos e extintos, não produzindo efeitos jurídicos, os atos que tenham por objeto a ocupação, o domínio e a posse das terras a que se refere este artigo, ou a exploração das riquezas naturais do solo, dos rios e dos lagos nelas existentes, ressalvado relevante interesse público da União, segundo o que dispuser lei complementar, não gerando a nulidade e a extinção direito a indenização ou ações contra a União, salvo, na forma da lei, quanto às benfeitorias derivadas da ocupação de boa-fé.

§ 7º Não se aplica às terras indígenas o disposto no art. 174, §§ 3º e 4º.

Art. 232. Os índios, suas comunidades e organizações são partes legítimas para ingressar em juízo em defesa de seus direitos e interesses, intervindo o Ministério Público em todos os atos do processo.

TÍTULO IX
DAS DISPOSIÇÕES CONSTITUCIONAIS GERAIS

Art. 233. (*Revogado pela EC n. 28, de 25.05.2000.*)

Art. 234. É vedado à União, direta ou indiretamente, assumir, em decorrência da criação de Estado, encargos referentes a despesas com pessoal inativo e com encargos e amortizações da dívida interna ou externa da administração pública, inclusive da indireta.

Veja art. 13, § 6º, ADCT.

Art. 235. Nos dez primeiros anos da criação de Estado, serão observadas as seguintes normas básicas:

I – a Assembleia Legislativa será composta de dezessete Deputados se a população do Estado for inferior a seiscentos mil habitantes, e de vinte e quatro, se igual ou superior a esse número, até um milhão e quinhentos mil;

II – o Governo terá no máximo dez Secretarias;

III – o Tribunal de Contas terá três membros, nomeados, pelo Governador eleito, dentre brasileiros de comprovada idoneidade e notório saber;

IV – o Tribunal de Justiça terá sete Desembargadores;

V – os primeiros Desembargadores serão nomeados pelo Governador eleito, escolhidos da seguinte forma:

a) cinco dentre os magistrados com mais de trinta e cinco anos de idade, em exercício na área do novo Estado ou do Estado originário;

b) dois dentre promotores, nas mesmas condições, e advogados de comprovada idoneidade e saber jurídico, com dez anos, no mínimo, de exercício profissional, obedecido o procedimento fixado na Constituição;

VI – no caso de Estado proveniente de Território Federal, os cinco primeiros Desembargadores poderão ser escolhidos dentre juízes de direito de qualquer parte do País;

VII – em cada Comarca, o primeiro Juiz de Direito, o primeiro Promotor de Justiça e o primeiro Defensor Público serão nomeados pelo Governador eleito após concurso público de provas e títulos;

VIII – até a promulgação da Constituição Estadual, responderão pela Procuradoria-Geral, pela Advocacia-Geral e pela Defensoria-Geral do Estado advogados de notório saber, com trinta e cinco anos de idade, no mínimo, nomeados pelo Governador eleito e demissíveis *ad nutum*;

IX – se o novo Estado for resultado de transformação de Território Federal, a transferência de encargos financeiros da União para pagamento dos servidores optantes que pertenciam à Administração Federal ocorrerá da seguinte forma:

a) no sexto ano de instalação, o Estado assumirá vinte por cento dos encargos financeiros para fazer face ao pagamento dos servidores públicos, ficando ainda o restante sob a responsabilidade da União;

b) no sétimo ano, os encargos do Estado serão acrescidos de trinta por cento e, no oitavo, dos restantes cinquenta por cento;

X – as nomeações que se seguirem às primeiras, para os cargos mencionados neste artigo, serão disciplinadas na Constituição Estadual;

XI – as despesas orçamentárias com pessoal não poderão ultrapassar cinquenta por cento da receita do Estado.

Art. 236. Os serviços notariais e de registro são exercidos em caráter privado, por delegação do Poder Público.

Veja art. 32, ADCT.

Veja art. 18, parágrafo único, Lei n. 8.935, de 18.11.1994 (serviços notariais e de registro).

§ 1º Lei regulará as atividades, disciplinará a responsabilidade civil e criminal dos notários, dos oficiais de registro e de seus prepostos, e definirá a fiscalização de seus atos pelo Poder Judiciário.

Veja Lei n. 8.935, de 18.11.1994 (serviços notariais e de registro).

§ 2º Lei federal estabelecerá normas gerais para fixação de emolumentos relativos aos atos praticados pelos serviços notariais e de registro.

Veja Lei n. 10.169, de 29.12.2000.

Veja Lei n. 11.802, de 04.11.2008.

§ 3º O ingresso na atividade notarial e de registro depende de concurso público de provas e títulos, não se permitindo que qualquer serventia fique vaga, sem abertura de concurso de provimento ou de remoção, por mais de seis meses.

Veja Lei n. 8.935, de 18.11.1994 (serviços notariais e de registro).

Art. 237. A fiscalização e o controle sobre o comércio exterior, essenciais à defesa dos interesses fazendários nacionais, serão exercidos pelo Ministério da Fazenda.

Art. 238. A lei ordenará a venda e revenda de combustíveis de petróleo, álcool carburante e outros combustíveis derivados de matérias-primas renováveis, respeitados os princípios desta Constituição.

Veja Leis n. 9.478, de 06.08.1997 (Política Energética Nacional), e n. 9.847, de 26.10.1999 (fiscalização do abastecimento nacional de combustíveis).

Art. 239. A arrecadação decorrente das contribuições para o Programa de Integração Social, criado pela Lei Complementar n. 7, de 7 de setembro de 1970, e para o Programa de Formação do Patrimônio do Servidor Público, criado pela Lei Complementar n. 8, de 3 de dezembro de 1970, passa, a partir da promulgação desta Constituição, a financiar, nos termos que a lei dispuser, o programa do seguro-desemprego, outras ações da previdência social e o abono de que trata o § 3º deste artigo.

Caput com redação dada pela EC n. 103, de 12.11.2019.

➤ **Em 2027, a redação que vigorará assim dispõe:**

Art. 239. A arrecadação correspondente a 18% (dezoito por cento) da contribuição prevista no art. 195, V, e a decorrente da contribuição para o Programa de Formação do Patrimônio do Servidor Público, criado pela Lei Complementar n. 8, de 3 de dezembro de 1970, financiarão, nos termos em que a lei dispuser, o programa do seguro-desemprego, outras ações da previdência social e o abono de que trata o § 3º deste artigo.

Caput com redação dada pela EC n. 132, de 20.12.2023 (*DOU* 21.12.2023), que entra em vigor em 2027.

Veja arts. 156-A, § 1º, IX, 167-F, § 2º, II, 195, §§ 17 e 19, II, e 225, § 1º, VIII, CF.

Veja arts. 125, § 1º, 126, II, 130, I, *a*, e § 3º, II, e 135, ADCT.

Veja art. 20, EC n. 132, de 20.12.2023.

Veja LCs n. 17, de 12.12.1973, n. 19, de 25.06.1974, n. 26, de 11.09.1975, e n. 101, de 04.05.2000 (Lei de Responsabilidade Fiscal).

Veja Leis n. 7.450, de 23.12.1985, n. 8.019, de 11.04.1990, e n. 9.715, de 25.11.1998.

Veja Lei n. 7.998, de 11.01.1990 (regulamenta o Programa do Seguro-Desemprego, o Abono Salarial e institui o Fundo de Amparo ao Trabalhador – FAT).

Veja art. 4º, LC n. 187, de 16.12.2021.

Veja art. 8º, LC n. 192, de 11.03.2022.

§ 1º Dos recursos mencionados no *caput*, no mínimo 28% (vinte e oito por cento) serão destinados para o financiamento de programas de desenvolvimento econômico, por meio do Banco Nacional de Desenvolvimento Econômico e Social, com critérios de remuneração que preservem o seu valor.

Parágrafo com redação dada pela EC n. 103, de 12.11.2019.

Veja LC n. 93, de 04.02.1998 (Fundo de Terras e da Reforma Agrária).

§ 2º Os patrimônios acumulados do Programa de Integração Social e do Programa de Formação do Patrimônio do Servidor Público são preservados, mantendo-se os critérios de saque nas situações previstas nas leis específicas, com exceção da retirada por motivo de casamento, ficando vedada a distribuição da arrecadação de que trata o *caput* deste artigo, para depósito nas contas individuais dos participantes.

Veja art. 121, *caput*, ADCT.

Veja arts. 3º, parágrafo único, e 6º, EC n. 126, de 21.12.2022.

Veja Lei n. 10.147, de 21.12.2000 (incidência da contribuição do PIS/Pasep e Cofins).

§ 3º Aos empregados que percebam de empregadores que contribuem para o Programa de Integração Social ou para o Programa de Formação do Patrimônio do Servidor Público até dois salários mínimos de remuneração mensal, é assegurado o pagamento de um salário mínimo anual, computado neste valor o rendimento das contas individuais, no caso daqueles que já participavam dos referidos programas, até a data da promulgação desta Constituição.

➤ **Em 2027, a redação que vigorará assim dispõe:**

§ 3º Aos empregados que percebam de empregadores que recolhem a contribuição prevista no art. 195, V, ou a contribuição para o Programa de Formação do Patrimônio do Servidor Público até 2 (dois) salários mínimos de remuneração mensal é assegurado o pagamento de 1 (um) salário mínimo anual, computado neste valor o rendimento das contas individuais, no caso daqueles que já participavam dos referidos programas, até a data de promulgação desta Constituição.

Parágrafo com redação dada pela EC n. 132, de 20.12.2023.

Veja Lei n. 9.711, de 20.11.1998 (recuperação de haveres).

§ 4º O financiamento do seguro-desemprego receberá uma contribuição adicional da empresa cujo índice de rotatividade da força de trabalho superar o índice médio da rotatividade do setor, na forma estabelecida por lei.

Veja Leis n. 7.998, de 11.01.1990, n. 8.352, de 28.12.1991, n. 9.365, de 16.12.1996, e n. 9.872, de 23.11.1999.

§ 5º Os programas de desenvolvimento econômico financiados na forma do § 1º e seus resultados serão anualmente avaliados e divulgados em meio de comunicação social eletrônico e apresentados em reunião da comissão mista permanente de que trata o § 1º do art. 166.

Parágrafo acrescentado pela EC n. 103, de 12.11.2019.

Art. 240. Ficam ressalvadas do disposto no art. 195 as atuais contribuições compulsórias dos empregadores sobre a folha de salários, destinadas às entidades privadas de serviço social e de formação profissional vinculadas ao sistema sindical.

Veja Súmula n. 499, STJ.

Art. 241. A União, os Estados, o Distrito Federal e os Municípios disciplinarão por meio de lei os consórcios públicos e os convênios de cooperação entre os entes federados, autorizando a gestão associada de serviços públicos, bem como a transferência total ou parcial de encargos, serviços, pessoal e bens essenciais à continuidade dos serviços transferidos.

Artigo com redação dada pela EC n. 19, de 04.06.1998.

Veja Lei n. 11.107, de 06.04.2005 (contratação de consórcios públicos).

Veja Lei n. 11.445, de 05.01.2007 (diretrizes nacionais para o saneamento básico).

Art. 242. O princípio do art. 206, IV, não se aplica às instituições educacionais oficiais criadas por lei estadual ou municipal e existentes na data da promulgação desta Constituição, que não sejam total ou preponderantemente mantidas com recursos públicos.

§ 1º O ensino da História do Brasil levará em conta as contribuições das diferentes culturas e etnias para a formação do povo brasileiro.

§ 2º O Colégio Pedro II, localizado na cidade do Rio de Janeiro, será mantido na órbita federal.

Art. 243. As propriedades rurais e urbanas de qualquer região do País onde forem localizadas culturas ilegais de plantas psicotrópicas ou a exploração de trabalho escravo na forma da lei serão expropriadas e destinadas à reforma agrária e a programas de habitação popular, sem qualquer indenização ao proprietário e sem prejuízo de outras sanções previstas em lei, observado, no que couber, o disposto no art. 5º.

Caput com redação dada pela EC n. 81, de 05.06.2014.

Veja Lei n. 8.257, de 26.11.1991 (expropriação de glebas).

Veja art. 24-A, EAOAB.

Veja art. 32, § 4º, Lei n. 11.343, de 23.08.2006 (Sistema Nacional de Políticas Públicas sobre Drogas).

Parágrafo único. Todo e qualquer bem de valor econômico apreendido em decorrência do tráfico ilícito de entorpecentes e drogas afins e da exploração de trabalho escravo será confiscado e reverterá a fundo especial com destinação específica, na forma da lei.

Parágrafo com redação dada pela EC n. 81, de 05.06.2014.

Art. 244. A lei disporá sobre a adaptação dos logradouros, dos edifícios de uso público e dos veículos de transporte coletivo atualmente existentes a fim de garantir acesso adequado às pessoas portadoras de deficiência, conforme o disposto no art. 227, § 2º.

Veja Lei n. 7.853, de 24.10.1989 (apoio às pessoas portadoras de deficiência).

Art. 245. A lei disporá sobre as hipóteses e condições em que o Poder Público dará assistência aos herdeiros e dependentes carentes de pessoas vitimadas por crime doloso, sem prejuízo da responsabilidade civil do autor do ilícito.

Art. 246. É vedada a adoção de medida provisória na regulamentação de artigo da Constituição cuja redação tenha sido alterada por meio de emenda promulgada entre 1º de janeiro de 1995 até a promulgação desta emenda, inclusive.

Artigo acrescentado pela EC n. 6, de 15.08.1995, e com redação dada pela EC n. 32, de 11.09.2001.

Art. 247. As leis previstas no inciso III do § 1º do art. 41 e no § 7º do art. 169 estabelecerão critérios e garantias especiais para a perda do cargo pelo servidor público estável que, em decorrência das atribuições de seu cargo efetivo, desenvolva atividades exclusivas de Estado.

Caput acrescentado pela EC n. 19, de 04.06.1998.

Parágrafo único. Na hipótese de insuficiência de desempenho, a perda do cargo somente ocorrerá mediante processo administrativo em que lhe sejam assegurados o contraditório e a ampla defesa.

Parágrafo acrescentado pela EC n. 19, de 04.06.1998.

Art. 248. Os benefícios pagos, a qualquer título, pelo órgão responsável pelo regime geral de previdência social, ainda que à conta do Tesouro Nacional, e os não sujeitos ao limite máximo de valor fixado para os benefícios concedidos por esse regime observarão os limites fixados no art. 37, XI.

Artigo acrescentado pela EC n. 20, de 15.12.1998.

Veja art. 394-A, § 2º, CLT.

Art. 249. Com o objetivo de assegurar recursos para o pagamento de proventos de aposentadoria e pensões concedidas aos respectivos servidores e seus dependentes, em adição aos recursos dos respectivos tesouros, a União, os Estados, o Distrito Federal e os Municípios poderão constituir fundos integrados pelos recursos provenientes de contribuições e por bens, direitos e ativos de qualquer natureza, mediante lei que disporá sobre a natureza e administração desses fundos.

Artigo acrescentado pela EC n. 20, de 15.12.1998.

Veja arts. 40, § 22, V, e 167, XII e V, CF.

Veja art. CF.

Veja LC n. 101, de 04.05.2000 (Lei de Responsabilidade Fiscal).

Art. 250. Com o objetivo de assegurar recursos para o pagamento dos benefícios concedidos pelo regime geral de previdência social, em adição aos recursos de sua arrecadação, a União poderá constituir fundo integrado por bens, direitos e ativos de qualquer natureza, mediante lei que disporá sobre a natureza e administração desse fundo.

Artigo acrescentado pela EC n. 20, de 15.12.1998.

Veja LC n. 101, de 04.05.2000 (Lei de Responsabilidade Fiscal).

ATO DAS DISPOSIÇÕES CONSTITUCIONAIS TRANSITÓRIAS

Art. 1º O Presidente da República, o Presidente do Supremo Tribunal Federal e os membros do Congresso Nacional prestarão o compromisso de manter, defender e cumprir a Constituição, no ato e na data de sua promulgação.

Art. 2º No dia 07 de setembro de 1993 o eleitorado definirá, através de plebiscito, a forma (república ou monarquia constitucional) e o sistema de governo (parlamentarismo ou presidencialismo) que devem vigorar no País.

Veja art. 2º, EC n. 2, de 25.08.1992.

§ 1º Será assegurada gratuidade na livre divulgação dessas formas e sistemas, através dos meios de comunicação de massa cessionários de serviço público.

§ 2º O Tribunal Superior Eleitoral, promulgada a Constituição, expedirá as normas regulamentadoras deste artigo.

Art. 3º A revisão constitucional será realizada após cinco anos, contados da promulgação da Constituição, pelo voto da maioria absoluta dos membros do Congresso Nacional, em sessão unicameral.

Art. 4º O mandato do atual Presidente da República terminará em 15 de março de 1990.

§ 1º A primeira eleição para Presidente da República após a promulgação da Constituição será realizada no dia 15 de novembro de 1989, não se lhe aplicando o disposto no art. 16 da Constituição.

§ 2º É assegurada a irredutibilidade da atual representação dos Estados e do Distrito Federal na Câmara dos Deputados.

§ 3º Os mandatos dos Governadores e dos Vice-Governadores eleitos em 15 de novembro de 1986 terminarão em 15 de março de 1991.

§ 4º Os mandatos dos atuais Prefeitos, Vice-Prefeitos e Vereadores terminarão no dia 1º de janeiro de 1989, com a posse dos eleitos.

Art. 5º Não se aplicam às eleições previstas para 15 de novembro de 1988 o disposto no art. 16 e as regras do art. 77 da Constituição.

§ 1º Para as eleições de 15 de novembro de 1988 será exigido domicílio eleitoral na circunscrição pelo menos durante os quatro meses anteriores ao pleito, podendo os candidatos que preencham este requisito, atendidas as demais exigências da lei, ter seu registro efetivado pela Justiça Eleitoral após a promulgação da Constituição.

§ 2º Na ausência de norma legal específica, caberá ao Tribunal Superior Eleitoral editar as normas necessárias à realização das eleições de 1988, respeitada a legislação vigente.

§ 3º Os atuais parlamentares federais e estaduais eleitos Vice-Prefeitos, se convocados a exercer a função de Prefeito, não perderão o mandato parlamentar.

§ 4º O número de vereadores por município será fixado, para a representação a ser eleita em 1988, pelo respectivo Tribunal Regional Eleitoral, respeitados os limites estipulados no art. 29, IV, da Constituição.

§ 5º Para as eleições de 15 de novembro de 1988, ressalvados os que já exercem mandato eletivo, são inelegíveis para qualquer cargo, no território de jurisdição do titular, o cônjuge e os parentes por consanguinidade ou afinidade, até o segundo grau, ou por adoção, do Presidente da República, do Governador de Estado, do Governador do Distrito Federal e do Prefeito que tenham exercido mais da metade do mandato.

Art. 6º Nos seis meses posteriores à promulgação da Constituição, parlamentares federais, reunidos em número não inferior a trinta, poderão requerer ao Tribunal Superior Eleitoral o registro de novo partido político, juntando ao requerimento o manifesto, o estatuto e o programa devidamente assinados pelos requerentes.

§ 1º O registro provisório, que será concedido de plano pelo Tribunal Superior Eleitoral, nos termos deste artigo, defere ao novo partido todos os direitos, deveres e prerrogativas dos atuais, entre eles o de participar, sob legenda própria, das eleições que vierem a ser realizadas nos doze meses seguintes a sua formação.

§ 2º O novo partido perderá automaticamente seu registro provisório se, no prazo de vinte e quatro meses, contados de sua formação, não obtiver registro definitivo no Tribunal Superior Eleitoral, na forma que a lei dispuser.

Art. 7º O Brasil propugnará pela formação de um tribunal internacional dos direitos humanos.

Art. 8º É concedida anistia aos que, no período de 18 de setembro de 1946 até a data da promulgação da Constituição, foram atingidos, em decorrência de motivação exclusivamente política, por atos de exceção, institucionais ou complementares, aos que foram abrangidos pelo Decreto Legislativo n. 18, de 15 de dezembro de 1961, e aos atingidos pelo Decreto-lei n. 864, de 12 de setembro de 1969, asseguradas as promoções, na inatividade, ao cargo, emprego, posto ou graduação a que teriam direito se estivessem em serviço ativo, obedecidos os prazos de permanência em atividade previstos nas leis e regulamentos vigentes, respeitadas as características e peculiaridades das carreiras dos servidores públicos civis e militares e observados os respectivos regimes jurídicos.

Veja Lei n. 10.559, de 13.11.2002 (regulamenta o dispositivo).

Veja Lei n. 12.528, de 18.11.2011 (criação da Comissão Nacional da Verdade).

§ 1º O disposto neste artigo somente gerará efeitos financeiros a partir da promulgação da Constituição, vedada a remuneração de qualquer espécie em caráter retroativo.

§ 2º Ficam assegurados os benefícios estabelecidos neste artigo aos trabalhadores do setor privado, dirigentes e representantes sindicais que, por motivos exclusivamente políticos, tenham sido punidos, demitidos ou compelidos ao afastamento das atividades remuneradas que exerciam, bem como aos que foram impedidos de exercer atividades profissionais em virtude de pressões ostensivas ou expedientes oficiais sigilosos.

§ 3º Aos cidadãos que foram impedidos de exercer, na vida civil, atividade profissional específica, em decorrência das Portarias Reservadas do Ministério da Aeronáutica n. S-50-GM5, de 19 de junho de 1964, e n. S-285-GM5 será concedida reparação de natureza econômica, na forma que dispuser lei de iniciativa do Congresso Nacional e a entrar em vigor no prazo de doze meses a contar da promulgação da Constituição.

Veja Súmula n. 647, STJ.

§ 4º Aos que, por força de atos institucionais, tenham exercido gratuitamente mandato eletivo de vereador serão computados, para efeito de aposentadoria no serviço público e previdência social, os respectivos períodos.

§ 5º A anistia concedida nos termos deste artigo aplica-se aos servidores públicos civis e aos empregados em todos os níveis de governo ou em suas fundações, empresas públicas ou empresas mistas sob controle estatal, exceto nos Ministérios militares, que tenham sido punidos ou demitidos por atividades profissionais interrompidas em virtude de decisão de seus trabalhadores, bem como em decorrência do Decreto-lei n. 1.632, de 04 de agosto de 1978, ou por motivos exclusivamente políticos, assegurada a readmissão dos que foram atingidos a partir de 1979, observado o disposto no § 1º.

A Lei n. 7.783, de 28.06.1989, revogou o DL n. 1.632, de 04.08.1978.

Art. 9º Os que, por motivos exclusivamente políticos, foram cassados ou tiveram seus direitos políticos suspensos no período de 15 de julho a 31 de dezembro de 1969, por ato do então Presidente da República, poderão requerer ao Supremo Tribunal Federal o reconhecimento dos direitos e vantagens interrompidos pelos atos punitivos, desde que comprovem terem sido estes eivados de vício grave.

Parágrafo único. O Supremo Tribunal Federal proferirá a decisão no prazo de cento e vinte dias, a contar do pedido do interessado.

Art. 10. Até que seja promulgada a lei complementar a que se refere o art. 7º, I, da Constituição:

I – fica limitada a proteção nele referida ao aumento, para quatro vezes, da porcentagem prevista no art. 6º, *caput* e § 1º, da Lei n. 5.107, de 13 de setembro de 1966;

As Leis ns. 7.839, de 12.10.1989, e 8.036, de 11.05.1990, revogaram a Lei n. 5.107/66.

II – fica vedada a dispensa arbitrária ou sem justa causa:

a) do empregado eleito para cargo de direção de comissões internas de prevenção de acidentes, desde o registro de sua candidatura até um ano após o final de seu mandato;

b) da empregada gestante, desde a confirmação da gravidez até cinco meses após o parto.

Veja art. 391-A, CLT.

Veja LC n. 146, de 25.06.2014.

Veja art. 10, III, Lei n. 14.020, de 06.07.2020.

§ 1º Até que a lei venha a disciplinar o disposto no art. 7º, XIX, da Constituição, o prazo da licença-paternidade a que se refere o inciso é de cinco dias.

Veja art. 1º, II, Lei n. 11.770, de 09.09.2008.

Veja Lei n. 13.257, de 08.03.2016.

Veja art. 137, II, Decreto n. 10.854, de 10.11.2021.

§ 2º Até ulterior disposição legal, a cobrança das contribuições para o custeio das atividades dos sindicatos rurais será feita juntamente com a do imposto territorial rural, pelo mesmo órgão arrecadador.

§ 3º Na primeira comprovação do cumprimento das obrigações trabalhistas pelo empregador rural, na forma do art. 233, após a promulgação da Constituição, será certificada perante a Justiça do Trabalho a regularidade do contrato e das atualizações das obrigações trabalhistas de todo o período.

O referido artigo foi revogado pela EC n. 28, de 25.05.2000.

Art. 11. Cada Assembleia Legislativa, com poderes constituintes, elaborará a Constituição do Estado, no prazo de um ano, contado da promulgação da Constituição Federal, obedecidos os princípios desta.

Parágrafo único. Promulgada a Constituição do Estado, caberá à Câmara Municipal, no prazo de seis meses, votar a Lei Orgânica respectiva, em dois turnos de discussão e votação, respeitado o disposto na Constituição Federal e na Constituição Estadual.

Art. 12. Será criada, dentro de noventa dias da promulgação da Constituição, Comissão de Estudos Territoriais, com dez membros indicados pelo Congresso Nacional e cinco pelo Poder Executivo, com a finalidade de apresentar estudos sobre o território nacional e anteprojetos relativos a novas unidades territoriais, notadamente na Amazônia Legal e em áreas pendentes de solução.

§ 1º No prazo de um ano, a Comissão submeterá ao Congresso Nacional os resultados de seus estudos para, nos termos da Constituição, serem apreciados nos doze meses subsequentes, extinguindo-se logo após.

§ 2º Os Estados e os Municípios deverão, no prazo de três anos, a contar da promulgação da Constituição, promover, mediante acordo ou arbitramento, a demarcação de suas linhas divisórias atualmente litigiosas, podendo para isso fazer alterações e compensações de área que atendam aos acidentes naturais, critérios históricos, conveniências administrativas e comodidade das populações limítrofes.

§ 3º Havendo solicitação dos Estados e Municípios interessados, a União poderá encarregar-se dos trabalhos demarcatórios.

§ 4º Se, decorrido o prazo de três anos, a contar da promulgação da Constituição, os trabalhos demarcatórios não tiverem sido concluídos, caberá à União determinar os limites das áreas litigiosas.

§ 5º Ficam reconhecidos e homologados os atuais limites do Estado do Acre com os Estados do Amazonas e de Rondônia, conforme levantamentos cartográficos e geodésicos realizados pela Comissão Tripartite integrada por representantes dos Estados e dos serviços técnico-especializados do Instituto Brasileiro de Geografia e Estatística.

Art. 13. É criado o Estado do Tocantins, pelo desmembramento da área descrita neste artigo, dando-se sua instalação no quadragésimo sexto dia após a eleição prevista no § 3º, mas não antes de 1º de janeiro de 1989.

§ 1º O Estado do Tocantins integra a Região Norte e limita-se com o Estado de Goiás pelas divisas norte dos Municípios de São Miguel do Araguaia, Porangatu, Formoso, Minaçu, Cavalcante, Monte Alegre de Goiás e Campos Belos, conservando a leste, norte e oeste as divisas atuais de Goiás com os Estados da Bahia, Piauí, Maranhão, Pará e Mato Grosso.

§ 2º O Poder Executivo designará uma das cidades do Estado para sua Capital provisória até a aprovação da sede definitiva do governo pela Assembleia Constituinte.

§ 3º O Governador, o Vice-Governador, os Senadores, os Deputados Federais e os Deputados Estaduais serão eleitos, em um único turno, até setenta e cinco dias após a promulgação da Constituição, mas não antes de 15 de novembro de 1988, a critério do Tribunal Superior Eleitoral, obedecidas, entre outras, as seguintes normas:

I – o prazo de filiação partidária dos candidatos será encerrado setenta e cinco dias antes da data das eleições;

II – as datas das convenções regionais partidárias destinadas a deliberar sobre coligações e escolha de candidatos, de apresentação de requerimento de registro dos candidatos escolhidos e dos demais procedimentos legais serão fixadas, em calendário especial, pela Justiça Eleitoral;

III – são inelegíveis os ocupantes de cargos estaduais ou municipais que não se tenham deles afastado, em caráter definitivo, setenta e cinco dias antes da data das eleições previstas neste parágrafo;

IV – ficam mantidos os atuais diretórios regionais dos partidos políticos do Estado de Goiás, cabendo às comissões executivas nacionais designar comissões provisórias no Estado do Tocantins, nos termos e para os fins previstos na lei.

§ 4º Os mandatos do Governador, do Vice-Governador, dos Deputados Federais e Estaduais eleitos na forma do parágrafo anterior extinguir-se-ão concomitantemente aos das demais unidades da Federação; o mandato do

Senador eleito menos votado extinguir-se-á nessa mesma oportunidade, e os dos outros dois, juntamente com os dos Senadores eleitos em 1986 nos demais Estados.

§ 5º A Assembleia Estadual Constituinte será instalada no quadragésimo sexto dia da eleição de seus integrantes, mas não antes de 1º de janeiro de 1989, sob a presidência do Presidente do Tribunal Regional Eleitoral do Estado de Goiás, e dará posse, na mesma data, ao Governador e ao Vice-Governador eleitos.

§ 6º Aplicam-se à criação e instalação do Estado do Tocantins, no que couber, as normas legais disciplinadoras da divisão do Estado de Mato Grosso, observado o disposto no art. 234 da Constituição.

§ 7º Fica o Estado de Goiás liberado dos débitos e encargos decorrentes de empreendimentos no território do novo Estado, e autorizada a União, a seu critério, a assumir os referidos débitos.

Art. 14. Os Territórios Federais de Roraima e do Amapá são transformados em Estados Federados, mantidos seus atuais limites geográficos.

§ 1º A instalação dos Estados dar-se-á com a posse dos governadores eleitos em 1990.

§ 2º Aplicam-se à transformação e instalação dos Estados de Roraima e Amapá as normas e critérios seguidos na criação do Estado de Rondônia, respeitado o disposto na Constituição e neste Ato.

§ 3º O Presidente da República, até quarenta e cinco dias após a promulgação da Constituição, encaminhará à apreciação do Senado Federal os nomes dos governadores dos Estados de Roraima e do Amapá que exercerão o Poder Executivo até a instalação dos novos Estados com a posse dos governadores eleitos.

§ 4º Enquanto não concretizada a transformação em Estados, nos termos deste artigo, os Territórios Federais de Roraima e do Amapá serão beneficiados pela transferência de recursos prevista nos arts. 159, I, *a*, da Constituição, e 34, § 2º, II, deste Ato.

Art. 15. Fica extinto o Território Federal de Fernando de Noronha, sendo sua área reincorporada ao Estado de Pernambuco.

Art. 16. Até que se efetive o disposto no art. 32, § 2º, da Constituição, caberá ao Presidente da República, com a aprovação do Senado Federal, indicar o Governador e o Vice-Governador do Distrito Federal.

§ 1º A competência da Câmara Legislativa do Distrito Federal, até que se instale, será exercida pelo Senado Federal.

§ 2º A fiscalização contábil, financeira, orçamentária, operacional e patrimonial do Distrito Federal, enquanto não for instalada a Câmara Legislativa, será exercida pelo Senado Federal, mediante controle externo, com o auxílio do Tribunal de Contas do Distrito Federal, observado o disposto no art. 72 da Constituição.

§ 3º Incluem-se entre os bens do Distrito Federal aqueles que lhe vierem a ser atribuídos pela União na forma da lei.

Art. 17. Os vencimentos, a remuneração, as vantagens e os adicionais, bem como os proventos de aposentadoria que estejam sendo percebidos em desacordo com a Constituição serão imediatamente reduzidos aos limites dela decorrentes, não se admitindo, neste caso, invocação de direito adquirido ou percepção de excesso a qualquer título.

§ 1º É assegurado o exercício cumulativo de dois cargos ou empregos privativos de médico que estejam sendo exercidos por médico militar na administração pública direta ou indireta.

§ 2º É assegurado o exercício cumulativo de dois cargos ou empregos privativos de profissionais de saúde que estejam sendo exercidos na administração pública direta ou indireta.

Veja art. 9º, EC n. 41, de 19.12.2003.

Art. 18. Ficam extintos os efeitos jurídicos de qualquer ato legislativo ou administrativo, lavrado a partir da instalação da Assembleia Nacional Constituinte, que tenha por objeto a concessão de estabilidade a servidor admitido sem concurso público, da administração direta ou indireta, inclusive das fundações instituídas e mantidas pelo Poder Público.

Art. 18-A. Os atos administrativos praticados no Estado do Tocantins, decorrentes de sua instalação, entre 1º de janeiro de 1989 e 31 de dezembro de 1994, eivados de qualquer vício jurídico e dos quais decorram efeitos favoráveis para os destinatários ficam convalidados após 5 (cinco) anos, contados da data em que foram praticados, salvo comprovada má-fé.

Artigo acrescentado pela EC n. 110, de 15.03.2021.

Art. 19. Os servidores públicos civis da União, dos Estados, do Distrito Federal e dos Municípios, da administração direta, autárquica e das fundações públicas, em exercício na data da promulgação da Constituição, há pelo menos cinco anos continuados, e que não tenham sido admitidos na forma regulada no art. 37, da Constituição, são considerados estáveis no serviço público.

§ 1º O tempo de serviço dos servidores referidos neste artigo será contado como título quando se submeterem a concurso para fins de efetivação, na forma da lei.

§ 2º O disposto neste artigo não se aplica aos ocupantes de cargos, funções e empregos de confiança ou em comissão, nem aos que a lei declare de livre exoneração, cujo tempo de serviço não será computado para os fins do *caput* deste artigo, exceto se se tratar de servidor.

§ 3º O disposto neste artigo não se aplica aos professores de nível superior, nos termos da lei.

Art. 20. Dentro de cento e oitenta dias, proceder-se-á à revisão dos direitos dos servidores públicos inativos e pensionistas e à atualização dos proventos e pensões a eles devidos, a fim de ajustá-los ao disposto na Constituição.

Art. 21. Os juízes togados de investidura limitada no tempo, admitidos mediante concurso público de provas e títulos e que estejam em exercício na data da promulgação da Constituição, adquirem estabilidade, observado o estágio probatório, e passam a compor quadro em extinção, mantidas as competências, prerrogativas e restrições da legislação a que se achavam submetidos, salvo as inerentes à transitoriedade da investidura.

Parágrafo único. A aposentadoria dos juízes de que trata este artigo regular-se-á pelas normas fixadas para os demais juízes estaduais.

Art. 22. É assegurado aos defensores públicos investidos na função até a data de instalação da Assembleia Nacional Constituinte o direito de opção pela carreira, com a observância das garantias e vedações previstas no art. 134, parágrafo único, da Constituição.

Art. 23. Até que se edite a regulamentação do art. 21, XVI, da Constituição, os atuais ocupantes do cargo de censor federal continuarão exercendo funções com este compatíveis, no Departamento de Polícia Federal, observadas as disposições constitucionais.

Parágrafo único. A lei referida disporá sobre o aproveitamento dos censores federais, nos termos deste artigo.

Art. 24. A União, os Estados, o Distrito Federal e os Municípios editarão leis que estabeleçam critérios para a compatibilização de seus quadros de pessoal ao disposto no art. 39 da Constituição e à reforma administrativa dela decorrente, no prazo de dezoito meses, contados da sua promulgação.

Art. 25. Ficam revogados, a partir de cento e oitenta dias da promulgação da Constituição, sujeito este prazo a prorrogação por lei, todos os dispositivos legais que atribuam ou deleguem a órgão do Poder Executivo competência assinalada pela Constituição ao Congresso Nacional, especialmente no que tange a:

Veja Leis n. 7.763, de 27.04.1989, e n. 7.770, de 31.05.1989.

I – ação normativa;

II – alocação ou transferência de recursos de qualquer espécie.

§ 1º Os decretos-leis em tramitação no Congresso Nacional e por este não apreciados até a promulgação da Constituição terão seus efeitos regulados da seguinte forma:

I – se editados até 02 de setembro de 1988, serão apreciados pelo Congresso Nacional no prazo de até cento e oitenta dias a contar da promulgação da Constituição, não computado o recesso parlamentar;

II – decorrido o prazo definido no inciso anterior, e não havendo apreciação, os decretos-leis ali mencionados serão considerados rejeitados;

III – nas hipóteses definidas nos incisos I e II, terão plena validade os atos praticados na vigência dos respectivos decretos-leis, podendo o Congresso Nacional, se necessário, legislar sobre os efeitos deles remanescentes.

§ 2º Os decretos-leis editados entre 03 de setembro de 1988 e a promulgação da Constituição serão convertidos, nesta data, em medidas provisórias, aplicando-se-lhes as regras estabelecidas no art. 62, parágrafo único.

O art. 62 foi alterado pela EC n. 32, de 11.09.2001.

Art. 26. No prazo de um ano a contar da promulgação da Constituição, o Congresso Nacional promoverá, através de Comissão mista, exame analítico e pericial dos atos e fatos geradores do endividamento externo brasileiro.

§ 1º A Comissão terá a força legal de Comissão parlamentar de inquérito para os fins de requisição e convocação, e atuará com o auxílio do Tribunal de Contas da União.

§ 2º Apurada irregularidade, o Congresso Nacional proporá ao Poder Executivo a declaração de nulidade do ato e encaminhará o processo ao Ministério Público Federal, que formalizará, no prazo de sessenta dias, a ação cabível.

Art. 27. O Superior Tribunal de Justiça será instalado sob a Presidência do Supremo Tribunal Federal.

§ 1º Até que se instale o Superior Tribunal de Justiça, o Supremo Tribunal Federal exercerá as atribuições e competências definidas na ordem constitucional precedente.

§ 2º A composição inicial do Superior Tribunal de Justiça far-se-á:

I – pelo aproveitamento dos Ministros do Tribunal Federal de Recursos;

II – pela nomeação dos Ministros que sejam necessários para completar o número estabelecido na Constituição.

§ 3º Para os efeitos do disposto na Constituição, os atuais Ministros do Tribunal Federal de Recursos serão considerados pertencentes à classe de que provieram, quando de sua nomeação.

§ 4º Instalado o Tribunal, os Ministros aposentados do Tribunal Federal de Recursos tornar-se-ão, automaticamente, Ministros aposentados do Superior Tribunal de Justiça.

§ 5º Os Ministros a que se refere o § 2º, II, serão indicados em lista tríplice pelo Tribunal Federal de Recursos, observado o disposto no art. 104, parágrafo único, da Constituição.

§ 6º Ficam criados cinco Tribunais Regionais Federais, a serem instalados no prazo de seis meses a contar da promulgação da Constituição, com a jurisdição e sede que lhes fixar o Tribunal Federal de Recursos, tendo em conta o número de processos e sua localização geográfica.

§ 7º Até que se instalem os Tribunais Regionais Federais, o Tribunal Federal de Recursos exercerá a competência a eles atribuída em todo o território nacional, cabendo-lhe promover sua instalação e indicar os candidatos a todos os cargos da composição inicial, mediante lista tríplice, podendo desta constar juízes federais de qualquer região, observado o disposto no § 9º.

§ 8º É vedado, a partir da promulgação da Constituição, o provimento de vagas de Ministros do Tribunal Federal de Recursos.

§ 9º Quando não houver juiz federal que conte o tempo mínimo previsto no art. 107, II, da Constituição, a promoção poderá contemplar juiz com menos de cinco anos no exercício do cargo.

§ 10. Compete à Justiça Federal julgar as ações nela propostas até a data da promulgação da Constituição, e aos Tribunais Regionais Federais bem como ao Superior Tribunal de Justiça julgar as ações rescisórias das decisões até então proferidas pela Justiça Federal, inclusive daquelas cuja matéria tenha passado à competência de outro ramo do Judiciário.

§ 11. São criados, ainda, os seguintes Tribunais Regionais Federais: o da 6ª Região, com sede em Curitiba, Estado do Paraná, e jurisdição nos Estados do Paraná, Santa Catarina e Mato Grosso do Sul; o da 7ª Região, com sede em Belo Horizonte, Estado de Minas Gerais, e jurisdição no Estado de Minas Gerais; o da 8ª Região, com sede em Salvador, Estado da Bahia, e jurisdição nos Estados da Bahia e Sergipe; e o da 9ª Região, com sede em Manaus, Estado do Amazonas, e jurisdição nos Estados do Amazonas, Acre, Rondônia e Roraima.

Parágrafo acrescentado pela EC n. 73, de 06.06.2013.

Veja ADIn n. 5.017/2013.

Art. 28. Os juízes federais de que trata o art. 123, § 2º, da Constituição de 1967, com a redação dada pela Emenda Constitucional n. 7, de 1977, ficam investidos na titularidade de varas na Seção Judiciária para a qual tenham sido nomeados ou designados; na inexistência de vagas, proceder-se-á ao desdobramento das varas existentes.

Parágrafo único. Para efeito de promoção por antiguidade, o tempo de serviço desses juízes será computado a partir do dia de sua posse.

Art. 29. Enquanto não aprovadas as leis complementares relativas ao Ministério Público e à Advocacia-Geral da União, o Ministério Público Federal, a Procuradoria-Geral da Fazenda Nacional, as Consultorias Jurídicas dos Ministérios, as Procuradorias e Departamentos Jurídicos de autarquias federais com representação própria e os membros das Procuradorias das Universidades fundacionais públicas continuarão a exercer suas atividades na área das respectivas atribuições.

Veja LCs n. 73, de 10.02.1993 (Lei Orgânica da Advocacia-Geral da União), e n. 75, de 20.05.1993 (a organização, as atribuições e o estatuto do Ministério Público da União).

§ 1º O Presidente da República, no prazo de cento e vinte dias, encaminhará ao Congresso Nacional projeto de lei complementar dispondo sobre a organização e o funcionamento da Advocacia-Geral da União.

§ 2º Aos atuais Procuradores da República, nos termos da lei complementar, será facultada a opção, de forma irretratável, entre as carreiras do Ministério Público Federal e da Advocacia-Geral da União.

§ 3º Poderá optar pelo regime anterior, no que respeita às garantias e vantagens, o membro do Ministério Público admitido antes da promulgação da Constituição, observando-se, quanto às vedações, a situação jurídica na data desta.

§ 4º Os atuais integrantes do quadro suplementar dos Ministérios Públicos do Trabalho e Militar que tenham adquirido estabilidade nessas funções passam a integrar o quadro da respectiva carreira.

§ 5º Cabe à atual Procuradoria-Geral da Fazenda Nacional, diretamente ou por delegação, que pode ser ao Ministério Público Estadual, representar judicialmente a União nas causas de natureza fiscal, na área da respectiva competência, até a promulgação das leis complementares previstas neste artigo.

Art. 30. A legislação que criar a justiça de paz manterá os atuais juízes de paz até a posse dos novos titulares, assegurando-lhes os direitos e atribuições conferidos a estes, e designará o dia para a eleição prevista no art. 98, II, da Constituição.

Art. 31. Serão estatizadas as serventias do foro judicial, assim definidas em lei, respeitados os direitos dos atuais titulares.

Art. 32. O disposto no art. 236 não se aplica aos serviços notariais e de registro que já tenham sido oficializados pelo Poder Público, respeitando-se o direito de seus servidores.

Veja Lei n. 8.935, de 18.11.1994.

Art. 33. Ressalvados os créditos de natureza alimentar, o valor dos precatórios judiciais pendentes de pagamento na data da promulgação da Constituição, incluído o remanescente de juros e correção monetária, poderá ser pago em moeda corrente, com atualização, em prestações anuais, iguais e sucessivas, no prazo máximo de oito anos, a partir de 1º de julho de 1989, por decisão editada pelo Poder Executivo até cento e oitenta dias da promulgação da Constituição.

Veja arts. 78 e 97, § 15, ADCT.

Parágrafo único. Poderão as entidades devedoras, para o cumprimento do disposto neste artigo, emitir, em cada ano, no exato montante do dispêndio, títulos de dívida pública não computáveis para efeito do limite global de endividamento.

Art. 34. O sistema tributário nacional entrará em vigor a partir do primeiro dia do quinto mês seguinte ao da promulgação da Constituição, mantido, até então, o da Constituição de 1967, com a redação dada pela Emenda n. 1, de 1969, e pelas posteriores.

§ 1º Entrarão em vigor com a promulgação da Constituição os arts. 148, 149, 150, 154, I, 156, III, e 159, I, *c*, revogadas as disposições em contrário da Constituição de 1967 e das Emendas que a modificaram, especialmente de seu art. 25, III.

§ 2º O Fundo de Participação dos Estados e do Distrito Federal e o Fundo de Participação dos Municípios obedecerão às seguintes determinações:

I – a partir da promulgação da Constituição, os percentuais serão, respectivamente, de dezoito por cento e de vinte por cento, calculados sobre o produto da arrecadação dos impostos referidos no art. 153, III e IV, mantidos os atuais critérios de rateio até a entrada em vigor da lei complementar a que se refere o art. 161, II;

II – o percentual relativo ao Fundo de Participação dos Estados e do Distrito Federal será acrescido de um ponto percentual no exercício financeiro de 1989 e, a partir de 1990, inclusive, à razão de meio ponto por exercício, até 1992, inclusive, atingindo em 1993 o percentual estabelecido no art. 159, I, *a*;

Veja art. 14, § 4º, ADCT.

III – o percentual relativo ao Fundo de Participação dos Municípios, a partir de 1989, inclusive, será elevado à razão de meio ponto percentual por exercício financeiro, até atingir o estabelecido no art. 159, I, *b*.

§ 3º Promulgada a Constituição, a União, os Estados, o Distrito Federal e os Municípios poderão editar as leis necessárias à aplicação do sistema tributário nacional nela previsto.

§ 4º As leis editadas nos termos do parágrafo anterior produzirão efeitos a partir da entrada em vigor do sistema tributário nacional previsto na Constituição.

§ 5º Vigente o novo sistema tributário nacional, fica assegurada a aplicação da legislação anterior, no que não seja incompatível com ele e com a legislação referida nos §§ 3º e 4º.

§ 6º Até 31 de dezembro de 1989, o disposto no art. 150, III, *b*, não se aplica aos impostos de que tratam os arts. 155, I, *a* e *b*, e 156, II e III, que podem ser cobrados trinta dias após a publicação da lei que os tenha instituído ou aumentado.

A referência atual do art. 155, I, *a* e *b*, é o art. 155, I e II.

§ 7º Até que sejam fixadas em lei complementar, as alíquotas máximas do imposto municipal sobre vendas a varejo de combustíveis líquidos e gasosos não excederão a três por cento.

§ 8º Se, no prazo de sessenta dias contados da promulgação da Constituição, não for editada a lei complementar necessária à instituição do imposto de que trata o art. 155, I, *b*, os Estados e o Distrito Federal, mediante convênio celebrado nos termos da Lei Complementar n. 24, de 07 de janeiro de 1975, fixarão normas para regular provisoriamente a matéria.

A referência atual do art. 155, I, *b*, é o art. 155, II.

§ 9º Até que lei complementar disponha sobre a matéria, as empresas distribuidoras de energia elétrica, na condição de contribuintes ou de substitutos tributários, serão as responsáveis, por ocasião da saída do produto de seus estabelecimentos, ainda que destinado a outra unidade da Federação, pelo pagamento do imposto sobre operações relativas à circulação de mercadorias incidente sobre energia elétrica, desde a produção ou importação até a última operação, calculado o imposto sobre o preço então praticado na operação final e assegurado seu recolhimento ao Estado ou ao Distrito Federal, conforme o local onde deva ocorrer essa operação.

§ 10. Enquanto não entrar em vigor a lei prevista no art. 159, I, *c*, cuja promulgação se fará até 31 de dezembro de 1989, é assegurada a aplicação dos recursos previstos naquele dispositivo da seguinte maneira:

I – seis décimos por cento na Região Norte, através do Banco da Amazônia S.A.;

II – um inteiro e oito décimos por cento na Região Nordeste, através do Banco do Nordeste do Brasil S.A.;

III – seis décimos por cento na Região Centro-Oeste, através do Banco do Brasil S.A.

§ 11. Fica criado, nos termos da lei, o Banco de Desenvolvimento do Centro-Oeste, para dar cumprimento, na referida região, ao que determinam os arts. 159, I, *c*, e 192, § 2º, da Constituição.

O § 2º do art. 192 foi revogado pela EC n. 40, de 29.05.2003.

§ 12. A urgência prevista no art. 148, II, não prejudica a cobrança do empréstimo compulsório instituído, em benefício das Centrais Elétricas Brasileiras S.A. (Eletrobrás), pela Lei n. 4.156, de 28 de novembro de 1962, com as alterações posteriores.

Art. 35. O disposto no art. 165, § 7º, será cumprido de forma progressiva, no prazo de até dez anos, distribuindo-se os recursos entre as regiões macroeconômicas em razão proporcional à população, a partir da situação verificada no biênio 1986-87.

Veja art. 4º, VI, LC n. 129, de 08.01.2009 (institui a Sudeco).

§ 1º Para aplicação dos critérios de que trata este artigo, excluem-se das despesas totais as relativas:

Veja art. 4º, VI, LC n. 129, de 08.01.2009 (institui a Sudeco).

I – aos projetos considerados prioritários no plano plurianual;

II – à segurança e defesa nacional;

III – à manutenção dos órgãos federais no Distrito Federal;

IV – ao Congresso Nacional, ao Tribunal de Contas da União e ao Poder Judiciário;

V – ao serviço da dívida da administração direta e indireta da União, inclusive fundações instituídas e mantidas pelo Poder Público federal.

§ 2º Até a entrada em vigor da lei complementar a que se refere o art. 165, § 9º, I e II, serão obedecidas as seguintes normas:

I – o projeto do plano plurianual, para vigência até o final do primeiro exercício financeiro do mandato presidencial subsequente, será encaminhado até quatro meses antes do encerramento do primeiro exercício financeiro e devolvido para sanção até o encerramento da sessão legislativa;

II – o projeto de lei de diretrizes orçamentárias será encaminhado até oito meses e meio antes do encerramento do exercício financeiro e devolvido para sanção até o encerramento do primeiro período da sessão legislativa;

III – o projeto de lei orçamentária da União será encaminhado até quatro meses antes do encerramento do exercício financeiro e devolvido para sanção até o encerramento da sessão legislativa.

Art. 36. Os fundos existentes na data da promulgação da Constituição, excetuados os resultantes de isenções fiscais que passem a integrar patrimônio privado e os que interessem à defesa nacional, extinguir-se-ão, se não forem ratificados pelo Congresso Nacional no prazo de dois anos.

Art. 37. A adaptação ao que estabelece o art. 167, III, deverá processar-se no prazo de cinco anos, reduzindo-se o excesso à base de, pelo menos, um quinto por ano.

Art. 38. Até a promulgação da lei complementar referida no art. 169, a União, os Estados, o Distrito Federal e os Municípios não poderão despender com pessoal mais do que sessenta e cinco por cento do valor das respectivas receitas correntes.

§ 1º A União, os Estados, o Distrito Federal e os Municípios, quando a respectiva despesa de pessoal exceder o limite previsto neste artigo, deverão retornar àquele limite, reduzindo o percentual excedente à razão de um quinto por ano.

Antigo parágrafo único renumerado pela EC n. 127, de 22.12.2022.

§ 2º As despesas com pessoal resultantes do cumprimento do disposto nos §§ 12, 13, 14 e 15 do art. 198 da Constituição Federal serão contabilizadas, para fins dos limites de que trata o art. 169 da Constituição Federal, da seguinte forma:

Parágrafo acrescentado pela EC n. 127, de 22.12.2022.

I – até o fim do exercício financeiro subsequente ao da publicação deste dispositivo, não serão contabilizadas para esses limites;

Inciso acrescentado pela EC n. 127, de 22.12.2022.

II – no segundo exercício financeiro subsequente ao da publicação deste dispositivo, serão deduzidas em 90% (noventa por cento) do seu valor;

Inciso acrescentado pela EC n. 127, de 22.12.2022.

III – entre o terceiro e o décimo segundo exercício financeiro subsequente ao da publicação deste dispositivo, a dedução de que trata o inciso II deste parágrafo será reduzida anualmente na proporção de 10% (dez por cento) de seu valor.

Inciso acrescentado pela EC n. 127, de 22.12.2022.

Art. 39. Para efeito do cumprimento das disposições constitucionais que impliquem variações de despesas e receitas da União, após a promulgação da Constituição, o Poder Executivo deverá elaborar e o Poder Legislativo apreciar projeto de revisão da lei orçamentária referente ao exercício financeiro de 1989.

Parágrafo único. O Congresso Nacional deverá votar no prazo de doze meses a lei complementar prevista no art. 161, II.

Art. 40. É mantida a Zona Franca de Manaus, com suas características de área livre de comércio, de exportação e importação, e de incentivos fiscais, pelo prazo de vinte e cinco anos, a partir da promulgação da Constituição.

Veja arts. 92 e 92-B, *caput*, ADCT.

Veja art. 4º, § 2º, IV, EC n. 109, de 15.03.2021.

Veja Decreto n. 7.212, de 15.06.2010.

Parágrafo único. Somente por lei federal podem ser modificados os critérios que disciplinaram ou venham a disciplinar a aprovação dos projetos na Zona Franca de Manaus.

Art. 41. Os Poderes Executivos da União, dos Estados, do Distrito Federal e dos Municípios reavaliarão todos os incentivos fiscais de natureza setorial ora em vigor, propondo aos Poderes Legislativos respectivos as medidas cabíveis.

§ 1º Considerar-se-ão revogados após dois anos, a partir da data da promulgação da Constituição, os incentivos que não forem confirmados por lei.

Veja Leis n. 7.762, de 27.04.1989, e n. 8.402, de 08.01.1992 (sobre incentivos fiscais).

§ 2º A revogação não prejudicará os direitos que já tiverem sido adquiridos, àquela data, em relação a incentivos concedidos sob condição e com prazo certo.

§ 3º Os incentivos concedidos por convênio entre Estados, celebrados nos termos do art. 23, § 6º, da Constituição de 1967, com a redação da Emenda n. 1, de 17 de outubro de 1969, também deverão ser reavaliados e reconfirmados nos prazos deste artigo.

Art. 42. Durante 40 (quarenta) anos, a União aplicará dos recursos destinados à irrigação:

Caput com redação dada pela EC n. 89, de 15.09.2015.

I – 20% (vinte por cento) na Região Centro-Oeste;

Inciso com redação dada pela EC n. 89, de 15.09.2015.

II – 50% (cinquenta por cento) na Região Nordeste, preferencialmente no Semiárido.

Inciso com redação dada pela EC n. 89, de 15.09.2015.

Parágrafo único. Dos percentuais previstos nos incisos I e II do *caput*, no mínimo 50% (cinquenta por cento) serão destinados a projetos de irrigação que beneficiem agricultores familiares que atendam aos requisitos previstos em legislação específica.

Parágrafo acrescentado pela EC n. 89, de 15.09.2015.

Art. 43. Na data da promulgação da lei que disciplinar a pesquisa e a lavra de recursos e jazidas minerais, ou no prazo de um ano, a contar da promulgação da Constituição, tornar-se-ão sem efeito as autorizações, concessões e demais títulos atributivos de direitos minerários, caso os trabalhos de pesquisa ou de lavra não hajam sido comprovadamente iniciados nos prazos legais ou estejam inativos.

Veja Lei n. 7.886, de 20.11.1989 (regulamenta este dispositivo).

Art. 44. As atuais empresas brasileiras titulares de autorização de pesquisa, concessão de lavra de recursos minerais e de aproveitamento dos potenciais de energia hidráulica em vigor terão quatro anos, a partir da promulgação da Constituição, para cumprir os requisitos do art. 176, § 1º.

§ 1º Ressalvadas as disposições de interesse nacional previstas no texto constitucional, as empresas brasileiras ficarão dispensadas do cumprimento do disposto no art. 176, § 1º, desde que, no prazo de até quatro anos da data da promulgação da Constituição, tenham o produto de sua lavra e beneficiamento destinado a industrialização no território nacional, em seus próprios estabelecimentos ou em empresa industrial controladora ou controlada.

§ 2º Ficarão também dispensadas do cumprimento do disposto no art. 176, § 1º, as empresas brasileiras titulares de concessão de energia hidráulica para uso em seu processo de industrialização.

§ 3º As empresas brasileiras referidas no § 1º somente poderão ter autorizações de pesquisa e concessões de lavra ou potenciais de energia hidráulica, desde que a energia e o produto da lavra sejam utilizados nos respectivos processos industriais.

Art. 45. Ficam excluídas do monopólio estabelecido pelo art. 177, II, da Constituição as refinarias em funcionamento no País amparadas pelo art. 43 e nas condições do art. 45 da Lei n. 2.004, de 03 de outubro de 1953.

A Lei n. 9.478, de 06.08.1997, revogou a Lei n. 2.004/53.

Parágrafo único. Ficam ressalvados da vedação do art. 177, § 1º, os contratos de risco feitos com a Petróleo Brasileiro S.A. (Petrobrás), para pesquisa de petróleo, que estejam em vigor na data da promulgação da Constituição.

Art. 46. São sujeitos à correção monetária desde o vencimento, até seu efetivo pagamento, sem interrupção ou suspensão, os créditos junto a entidades submetidas aos regimes de intervenção ou liquidação extrajudicial, mesmo quando esses regimes sejam convertidos em falência.

Parágrafo único. O disposto neste artigo aplica-se também:

I – às operações realizadas posteriormente à decretação dos regimes referidos no *caput* deste artigo;

II – às operações de empréstimo, financiamento, refinanciamento, assistência financeira de liquidez, cessão ou sub-rogação de créditos ou cédulas hipotecárias, efetivação de garantia de depósitos do público ou de compra de obrigações passivas, inclusive as realizadas com recursos de fundos que tenham essas destinações;

III – aos créditos anteriores à promulgação da Constituição;

IV – aos créditos das entidades da administração pública anteriores à promulgação da Constituição, não liquidados até 1º de janeiro de 1988.

Art. 47. Na liquidação dos débitos, inclusive suas renegociações e composições posteriores, ainda que ajuizados, decorrentes de quaisquer empréstimos concedidos por bancos e por instituições financeiras, não existirá correção monetária desde que o empréstimo tenha sido concedido:

I – aos micro e pequenos empresários ou seus estabelecimentos no período de 28 de fevereiro de 1986 a 28 de fevereiro de 1987;

II – aos mini, pequenos e médios produtores rurais no período de 28 de fevereiro de 1986 a 31 de dezembro de 1987, desde que relativos a crédito rural.

§ 1º Consideram-se, para efeito deste artigo, microempresas as pessoas jurídicas e as firmas individuais com receitas anuais de até dez mil Obrigações do Tesouro Nacional, e pequenas empresas as pessoas jurídicas e as firmas individuais com receita anual de até vinte e cinco mil Obrigações do Tesouro Nacional.

§ 2º A classificação de mini, pequeno e médio produtor rural será feita obedecendo-se às normas de crédito rural vigentes à época do contrato.

§ 3º A isenção da correção monetária a que se refere este artigo só será concedida nos seguintes casos:

I – se a liquidação do débito inicial, acrescido de juros legais e taxas judiciais, vier a ser efetivada no prazo de noventa dias, a contar da data da promulgação da Constituição;

II – se a aplicação dos recursos não contrariar a finalidade do financiamento, cabendo o ônus da prova à instituição credora;

III – se não for demonstrado pela instituição credora que o mutuário dispõe de meios para o pagamento de seu débito, excluídos desta demonstração seu estabelecimento, a casa de moradia e os instrumentos de trabalho e produção;

IV – se o financiamento inicial não ultrapassar o limite de cinco mil Obrigações do Tesouro Nacional;

V – se o beneficiário não for proprietário de mais de cinco módulos rurais.

§ 4º Os benefícios de que trata este artigo não se estendem aos débitos já quitados e aos devedores que sejam constituintes.

§ 5º No caso de operações com prazos de vencimento posteriores à data-limite de liquidação da dívida, havendo interesse do mutuário, os bancos e as instituições financeiras promoverão, por instrumento próprio, alteração nas condições contratuais originais de forma a ajustá-las ao presente benefício.

§ 6º A concessão do presente benefício por bancos comerciais privados em nenhuma hipótese acarretará ônus para o Poder Público, ainda que através de refinanciamento e repasse de recursos pelo banco central.

§ 7º No caso de repasse a agentes financeiros oficiais ou cooperativas de crédito, o ônus recairá sobre a fonte de recursos originária.

Art. 48. O Congresso Nacional, dentro de cento e vinte dias da promulgação da Constituição, elaborará código de defesa do consumidor.

Veja Lei n. 8.078, de 11.09.1990 (CDC).

Art. 49. A lei disporá sobre o instituto da enfiteuse em imóveis urbanos, sendo facultada aos foreiros, no caso de sua extinção, a remição dos aforamentos mediante aquisição do domínio direto, na conformidade do que dispuserem os respectivos contratos.

§ 1º Quando não existir cláusula contratual, serão adotados os critérios e bases hoje vigentes na legislação especial dos imóveis da União.

§ 2º Os direitos dos atuais ocupantes inscritos ficam assegurados pela aplicação de outra modalidade de contrato.

Veja Leis n. 9.636, de 15.05.1998 (bens imóveis).

§ 3º A enfiteuse continuará sendo aplicada aos terrenos de marinha e seus acrescidos, situados na faixa de segurança, a partir da orla marítima.

§ 4º Remido o foro, o antigo titular do domínio direto deverá, no prazo de noventa dias, sob pena de responsabilidade, confiar à guarda do registro de imóveis competente toda a documentação a ele relativa.

Art. 50. Lei agrícola a ser promulgada no prazo de um ano disporá, nos termos da Constituição, sobre os objetivos e instrumentos de política agrícola, prioridades, planejamento de safras, comercialização, abastecimento interno, mercado externo e instituição de crédito fundiário.

Veja Lei n. 8.171, de 17.01.1991 (política agrícola).

Art. 51. Serão revistos pelo Congresso Nacional, através de Comissão mista, nos três anos a contar da data da promulgação da Constituição, todas as doações, vendas e concessões de terras públicas com área superior a três mil hectares, realizadas no período de 1º de janeiro de 1962 a 31 de dezembro de 1987.

§ 1º No tocante às vendas, a revisão será feita com base exclusivamente no critério de legalidade da operação.

§ 2º No caso de concessões e doações, a revisão obedecerá aos critérios de legalidade e de conveniência do interesse público.

§ 3º Nas hipóteses previstas nos parágrafos anteriores, comprovada a ilegalidade, ou havendo interesse público, as terras reverterão ao patrimônio da União, dos Estados, do Distrito Federal ou dos Municípios.

Art. 52. Até que sejam fixadas as condições do art. 192, são vedados:

Caput com redação dada pela EC n. 40, de 29.05.2003.

I – a instalação, no País, de novas agências de instituições financeiras domiciliadas no exterior;

II – o aumento do percentual de participação, no capital de instituições financeiras com sede no País, de pessoas físicas ou jurídicas residentes ou domiciliadas no exterior.

Parágrafo único. A vedação a que se refere este artigo não se aplica às autorizações resultantes de acordos internacionais, de reciprocidade, ou de interesse do Governo brasileiro.

Art. 53. Ao ex-combatente que tenha efetivamente participado de operações bélicas durante a Segunda Guerra Mundial, nos termos da Lei n. 5.315, de 12 de setembro de 1967, serão assegurados os seguintes direitos:

I – aproveitamento no serviço público, sem a exigência de concurso, com estabilidade;

II – pensão especial correspondente à deixada por segundo-tenente das Forças Armadas, que poderá ser requerida a qualquer tempo, sendo inacumulável com quaisquer rendimentos recebidos dos cofres públicos, exceto os benefícios previdenciários, ressalvado o direito de opção;

III – em caso de morte, pensão à viúva ou companheira ou dependente, de forma proporcional, de valor igual à do inciso anterior;

IV – assistência médica, hospitalar e educacional gratuita, extensiva aos dependentes;

V – aposentadoria com proventos integrais aos vinte e cinco anos de serviço efetivo, em qualquer regime jurídico;

VI – prioridade na aquisição da casa própria, para os que não a possuam ou para suas viúvas ou companheiras.

Parágrafo único. A concessão da pensão especial do inciso II substitui, para todos os efeitos legais, qualquer outra pensão já concedida ao ex-combatente.

Art. 54. Os seringueiros recrutados nos termos do Decreto-lei n. 5.813, de 14 de setembro de 1943, e amparados pelo Decreto-lei n. 9.882, de 16 de setembro de 1946, receberão, quando carentes, pensão mensal vitalícia no valor de dois salários mínimos.

Veja art. 54-A, ADCT.

Veja Lei n. 7.986, de 28.12.1989 (regulamenta a concessão de benefício).

§ 1º O benefício é estendido aos seringueiros que, atendendo a apelo do Governo brasileiro, contribuíram para o esforço de guerra, trabalhando na produção de borracha, na Região Amazônica, durante a Segunda Guerra Mundial.

§ 2º Os benefícios estabelecidos neste artigo são transferíveis aos dependentes reconhecidamente carentes.

§ 3º A concessão do benefício far-se-á conforme lei a ser proposta pelo Poder Executivo dentro de cento e cinquenta dias da promulgação da Constituição.

Veja Lei n. 7.986, de 28.12.1989 (regulamenta a concessão de benefício).

Art. 54-A. Os seringueiros de que trata o art. 54 deste Ato das Disposições Constitucionais Transitórias receberão indenização, em parcela única, no valor de R$ 25.000,00 (vinte e cinco mil reais).

Artigo acrescentado pela EC n. 78, de 14.05.2014.

Art. 55. Até que seja aprovada a lei de diretrizes orçamentárias, trinta por cento, no mínimo, do orçamento da seguridade social, excluído o seguro-desemprego, serão destinados ao setor de saúde.

Art. 56. Até que a lei disponha sobre o art. 195, I, a arrecadação decorrente de, no mínimo, cinco dos seis décimos percentuais correspondentes à alíquota da contribuição de que trata o Decreto-lei n. 1.940, de 25 de maio de 1982, alterada pelo Decreto-lei n. 2.049, de 1º de agosto de 1983, pelo Decreto n. 91.236, de 08 de maio de 1985, e pela Lei n. 7.611, de 08 de julho de 1987, passa a integrar a receita da seguridade social, ressalvados, exclusivamente no exercício de 1988, os compromissos assumidos com programas e projetos em andamento.

Art. 57. Os débitos dos Estados e dos Municípios relativos às contribuições previdenciárias até 30 de junho de 1988 serão liquidados, com correção monetária em cento e vinte parcelas mensais, dispensados os juros e multas sobre eles incidentes, desde que os devedores requeiram o parcelamento e iniciem seu pagamento no prazo de cento e oitenta dias a contar da promulgação da Constituição.

§ 1º O montante a ser pago em cada um dos dois primeiros anos não será inferior a cinco por cento do total do débito consolidado e atualizado, sendo o restante dividido em parcelas mensais de igual valor.

§ 2º A liquidação poderá incluir pagamentos na forma de cessão de bens e prestação de serviços, nos termos da Lei n. 7.578, de 23 de dezembro de 1986.

§ 3º Em garantia do cumprimento do parcelamento, os Estados e os Municípios consignarão, anualmente, nos respectivos orçamentos as dotações necessárias ao pagamento de seus débitos.

§ 4º Descumprida qualquer das condições estabelecidas para concessão do parcelamento, o débito será considerado vencido em sua totalidade, sobre ele incidindo juros de mora; nesta hipótese, parcela dos recursos correspondentes aos Fundos de Participação, destinada aos Estados e Municípios devedores, será bloqueada e repassada à previdência social para pagamento de seus débitos.

Art. 58. Os benefícios de prestação continuada, mantidos pela previdência social na data da promulgação da Constituição, terão seus valores revistos, a fim de que seja restabelecido o poder aquisitivo, expresso em número de salários mínimos, que tinham na data de sua concessão, obedecendo-se a esse critério de atualização até a implantação do plano de custeio e benefícios referidos no artigo seguinte.

Parágrafo único. As prestações mensais dos benefícios atualizadas de acordo com este artigo serão devidas e pagas a partir do sétimo mês a contar da promulgação da Constituição.

Art. 59. Os projetos de lei relativos à organização da seguridade social e aos planos de custeio e de benefício serão apresentados no prazo máximo de seis meses da promulgação da Constituição ao Congresso Nacional, que terá seis meses para apreciá-los.

Parágrafo único. Aprovados pelo Congresso Nacional, os planos serão implantados progressivamente nos dezoito meses seguintes.

Art. 60. A complementação da União referida no inciso IV do *caput* do art. 212-A da Constituição Federal será implementada progressivamente até alcançar a proporção estabelecida no inciso V do *caput* do mesmo artigo, a partir de 1º de janeiro de 2021, nos seguintes valores mínimos:

Caput com redação dada pela EC n.108, de 26.08.2020.

Veja art. 4º, parágrafo único, EC n. 108, de 26.08.2020, que assim dispõe:

"Parágrafo único. Ficam mantidos os efeitos do art. 60 do Ato das Disposições Constitucionais Transitórias, conforme estabelecido pela Emenda Constitucional n. 53, de 19 de dezembro de 2006, até o início dos efeitos financeiros desta Emenda Constitucional".

I – 12% (doze por cento), no primeiro ano;

Inciso com redação dada pela EC n.108, de 26.08.2020.

II – 15% (quinze por cento), no segundo ano;

Inciso com redação dada pela EC n.108, de 26.08.2020.

III – 17% (dezessete por cento), no terceiro ano;

Inciso com redação dada pela EC n.108, de 26.08.2020.

IV – 19% (dezenove por cento), no quarto ano;

Inciso com redação dada pela EC n.108, de 26.08.2020.

V – 21% (vinte e um por cento), no quinto ano;

Inciso com redação dada pela EC n.108, de 26.08.2020.

VI – 23% (vinte e três por cento), no sexto ano.

Inciso com redação dada pela EC n.108, de 26.08.2020.

§ 1º A parcela da complementação de que trata a alínea *b* do inciso V do *caput* do art. 212-A da Constituição Federal observará, no mínimo, os seguintes valores:

Parágrafo com redação dada pela EC n.108, de 26.08.2020.

I – 2 (dois) pontos percentuais, no primeiro ano;

Inciso acrescentado pela EC n.108, de 26.08.2020.

II – 5 (cinco) pontos percentuais, no segundo ano;

Inciso acrescentado pela EC n.108, de 26.08.2020.

III – 6,25 (seis inteiros e vinte e cinco centésimos) pontos percentuais, no terceiro ano;

Inciso acrescentado pela EC n.108, de 26.08.2020.

IV – 7,5 (sete inteiros e cinco décimos) pontos percentuais, no quarto ano;

Inciso acrescentado pela EC n.108, de 26.08.2020.

V – 9 (nove) pontos percentuais, no quinto ano;

Inciso acrescentado pela EC n.108, de 26.08.2020.

VI – 10,5 (dez inteiros e cinco décimos) pontos percentuais, no sexto ano.

Inciso acrescentado pela EC n.108, de 26.08.2020.

§ 2º A parcela da complementação de que trata a alínea *c* do inciso V do *caput* do art. 212-A da Constituição Federal observará os seguintes valores:

Parágrafo com redação dada pela EC n.108, de 26.08.2020.

I – 0,75 (setenta e cinco centésimos) ponto percentual, no terceiro ano;

Inciso acrescentado pela EC n.108, de 26.08.2020.

II – 1,5 (um inteiro e cinco décimos) ponto percentual, no quarto ano;

Inciso acrescentado pela EC n.108, de 26.08.2020.

III – 2 (dois) pontos percentuais, no quinto ano;

Inciso acrescentado pela EC n.108, de 26.08.2020.

IV – 2,5 (dois inteiros e cinco décimos) pontos percentuais, no sexto ano.

Inciso acrescentado pela EC n. 108, de 26.08.2020.

Art. 60-A. Os critérios de distribuição da complementação da União e dos fundos a que se refere o inciso I do *caput* do art. 212-A da Constituição Federal serão revistos em seu sexto ano de vigência e, a partir dessa primeira revisão, periodicamente, a cada 10 (dez) anos.

Artigo acrescentado pela EC n. 108, de 26.08.2020.

Art. 61. As entidades educacionais a que se refere o art. 213, bem como as fundações de ensino e pesquisa cuja criação tenha sido autorizada por lei, que preencham os requisitos dos incisos I e II do referido artigo e que, nos últimos três anos, tenham recebido recursos públicos, poderão continuar a recebê-los, salvo disposição legal em contrário.

Art. 62. A lei criará o Serviço Nacional de Aprendizagem Rural (Senar) nos moldes da legislação relativa ao Serviço Nacional de Aprendizagem Industrial (SENAI) e ao Serviço Nacional de Aprendizagem do Comércio (Senac), sem prejuízo das atribuições dos órgãos públicos que atuam na área.

Veja Leis n. 8.315, de 23.12.1991 (Serviço Nacional de Aprendizagem Rural), e n. 9.394, de 20.12.1996 (Diretrizes e Bases da Educação Nacional).

Art. 63. É criada uma Comissão composta de nove membros, sendo três do Poder Legislativo, três do Poder Judiciário e três do Poder Executivo, para promover as comemorações do centenário da Proclamação da República e da promulgação da primeira Constituição republicana do País, podendo, a seu critério, desdobrar-se em tantas subcomissões quantas forem necessárias.

Parágrafo único. No desenvolvimento de suas atribuições, a Comissão promoverá estudos, debates e avaliações sobre a evolução política, social, econômica e cultural do País, podendo articular-se com os governos estaduais e municipais e com instituições públicas e privadas que desejem participar dos eventos.

Art. 64. A Imprensa Nacional e demais gráficas da União, dos Estados, do Distrito Federal e dos Municípios, da administração direta ou indireta, inclusive fundações instituídas e mantidas pelo Poder Público, promoverão edição popular do texto integral da Constituição, que será posta à disposição das escolas e dos cartórios, dos sindicatos, dos quartéis, das igrejas e de outras instituições representativas da comunidade, gratuitamente, de modo que cada cidadão brasileiro possa receber do Estado um exemplar da Constituição do Brasil.

Art. 65. O Poder Legislativo regulamentará, no prazo de doze meses, o art. 220, § 4º.

Veja Lei n. 9.294, de 15.07.1996 (Lei Murad).

Art. 66. São mantidas as concessões de serviços públicos de telecomunicações atualmente em vigor, nos termos da lei.

Art. 67. A União concluirá a demarcação das terras indígenas no prazo de cinco anos a partir da promulgação da Constituição.

Art. 68. Aos remanescentes das comunidades dos quilombos que estejam ocupando suas terras é reconhecida a propriedade definitiva, devendo o Estado emitir-lhes os títulos respectivos.

Art. 69. Será permitido aos Estados manter consultorias jurídicas separadas de suas Procuradorias-Gerais ou Advocacias-Gerais, desde que, na data da promulgação da Constituição, tenham órgãos distintos para as respectivas funções.

Art. 70. Fica mantida a atual competência dos tribunais estaduais até que a mesma seja definida na Constituição do Estado, nos termos do art. 125, § 1º, da Constituição.

Art. 71. É instituído, nos exercícios financeiros de 1994 e 1995, bem assim nos períodos de 1º de janeiro de 1996 a 30 de junho de 1997 e 1º de julho de 1997 a 31 de dezembro de 1999, o Fundo Social de Emergência, com o objetivo de saneamento financeiro da Fazenda Pública Federal e de estabilização econômica, cujos recursos serão aplicados prioritariamente no custeio das ações dos sistemas de saúde e educação, incluindo a complementação de recursos de que trata o § 3º do art. 60 do Ato das Disposições Constitucionais Transitórias, benefícios previdenciários e auxílios assistenciais de prestação continuada, inclusive liquidação de passivo previdenciário, e despesas orçamentárias associadas a programas de relevante interesse econômico e social.

Caput com redação dada pela EC n. 17, de 22.11.1997.

Com as alterações dadas pela EC n. 108, de 26.08.2020, não consta no art. 60, ADCT, o § 3º.

§ 1º Ao Fundo criado por este artigo não se aplica o disposto na parte final do inciso II do § 9º do art. 165 da Constituição.

Antigo parágrafo único renumerado pela EC n. 10, de 04.03.1996.

§ 2º O Fundo criado por este artigo passa a ser denominado Fundo de Estabilização Fiscal a partir do início do exercício financeiro de 1996.

Parágrafo acrescentado pela EC n. 10, de 04.03.1996.

§ 3º O Poder Executivo publicará demonstrativo da execução orçamentária, de periodicidade bimestral, no qual se discriminarão as fontes e usos do Fundo criado por este artigo.

Parágrafo acrescentado pela EC n. 10, de 04.03.1996.

Art. 72. Integram o Fundo Social de Emergência:

Caput acrescentado pela ECR n. 1, de 01.03.1994.

I – o produto da arrecadação do imposto sobre renda e proventos de qualquer natureza incidente na fonte sobre pagamentos efetuados, a qualquer título, pela União, inclusive suas autarquias e fundações;

Inciso acrescentado pela ECR n. 1, de 01.03.1994.

II – a parcela do produto da arrecadação do imposto sobre renda e proventos de qualquer natureza e do imposto sobre operações de crédito, câmbio e seguro, ou relativas a títulos e valores mobiliários, decorrente das alterações produzidas pela Lei n. 8.894, de 21 de junho de 1994, e pelas Leis ns. 8.849 e 8.848, ambas de 28 de janeiro de 1994, e modificações posteriores;

Inciso acrescentado pela ECR n. 1, de 01.03.1994, e com redação dada pela EC n. 10, de 04.03.1996.

III – a parcela do produto da arrecadação resultante da elevação da alíquota da contribuição social sobre o lucro dos contribuintes a que se refere o § 1º do art. 22 da Lei n. 8.212, de 24 de julho de 1991, a qual, nos exercícios financeiros de 1994 e 1995, bem assim no período de 1º de janeiro de 1996 a 30 de junho de 1997, passa a ser de trinta por cento, sujeita a alteração por lei ordinária, mantidas as demais normas da Lei n. 7.689, de 15 de dezembro de 1988;

Inciso acrescentado pela ECR n. 1, de 01.03.1994, e com redação dada pela EC n. 10, de 04.03.1996.

IV – vinte por cento do produto da arrecadação de todos os impostos e contribuições da União, já instituídos ou a serem criados, excetuado o previsto nos incisos I, II e III, observado o disposto nos §§ 3º e 4º;

Inciso acrescentado pela ECR n. 1, de 01.03.1994, e com redação dada pela EC n. 10, de 04.03.1996.

V – a parcela do produto da arrecadação da contribuição de que trata a Lei Complementar n. 7, de 07 de setembro de 1970, devida pelas pessoas jurídicas a que se refere o inciso III deste artigo, a qual será calculada, nos exercícios financeiros de 1994 a 1995, bem assim nos períodos de 1º de janeiro de 1996 a 30 de junho de 1997 e de 1º de julho de 1997 a 31 de dezembro de 1999, mediante aplicação da alíquota de setenta e cinco centésimos por cento, sujeita a alteração por lei ordinária posterior, sobre a receita bruta operacional, como definida na legislação do imposto sobre renda e proventos de qualquer natureza; e

Inciso acrescentado pela ECR n. 1, de 01.03.1994, e com redação dada pela EC n. 17, de 22.11.1997.

VI – outras receitas previstas em lei específica.

Inciso acrescentado pela ECR n. 1, de 01.03.1994.

§ 1º As alíquotas e a base de cálculo previstas nos incisos III e V aplicar-se-ão a partir do primeiro dia do mês seguinte aos noventa dias posteriores à promulgação desta Emenda.

Parágrafo acrescentado pela ECR n. 1, de 01.03.1994.

§ 2º As parcelas de que tratam os incisos I, II, III e V serão previamente deduzidas da base de cálculo de qualquer vinculação ou participação constitucional ou legal, não se lhes aplicando o disposto nos arts. 159, 212 e 239 da Constituição.

Parágrafo acrescentado pela ECR n. 1, de 01.03.1994, e com redação dada pela EC n. 10, de 04.03.1996.

§ 3º A parcela de que trata o inciso IV será previamente deduzida da base de cálculo das vinculações ou participações constitucionais previstas nos arts. 153, § 5º, 157, II, 212 e 239 da Constituição.

Parágrafo acrescentado pela ECR n. 1, de 01.03.1994, e com redação dada pela EC n. 10, de 04.03.1996.

§ 4º O disposto no parágrafo anterior não se aplica aos recursos previstos nos arts. 158, II, e 159 da Constituição.

Parágrafo acrescentado pela ECR n. 1, de 01.03.1994, e com redação dada pela EC n. 10, de 04.03.1996.

§ 5º A parcela dos recursos provenientes do imposto sobre renda e proventos de qualquer natureza, destinada ao Fundo Social de Emergência, nos termos do inciso II deste artigo, não poderá exceder a cinco inteiros e seis décimos por cento do total do produto da sua arrecadação.

Parágrafo acrescentado pela ECR n. 1, de 01.03.1994, e com redação dada pela EC n. 10, de 04.03.1996.

Art. 73. Na regulação do Fundo Social de Emergência não poderá ser utilizado o instrumento previsto no inciso V do art. 59 da Constituição.

Artigo acrescentado pela ECR n. 1, de 01.03.1994.

Art. 74. A União poderá instituir contribuição provisória sobre movimentação ou transmissão de valores e de créditos e direitos de natureza financeira.

Caput acrescentado pela EC n. 12, de 15.08.1996.

Veja art. 84, ADCT.

Veja ECs n. 21, de 18.03.1999, e n. 37, de 12.07.2002.

§ 1º A alíquota da contribuição de que trata este artigo não excederá a vinte e cinco centésimos por cento, facultado ao Poder Executivo reduzi-la ou restabelecê-la, total ou parcialmente, nas condições e limites fixados em lei.

Parágrafo acrescentado pela EC n. 12, de 15.08.1996.

Alíquota alterada pela EC n. 21, de 18.03.1999.

§ 2º À contribuição de que trata este artigo não se aplica o disposto nos arts. 153, § 5º, e 154, I, da Constituição.

Parágrafo acrescentado pela EC n. 12, de 15.08.1996.

§ 3º O produto da arrecadação da contribuição de que trata este artigo será destinado integralmente ao Fundo Nacional de Saúde, para financiamento das ações e serviços de saúde.

Parágrafo acrescentado pela EC n. 12, de 15.08.1996.

§ 4º A contribuição de que trata este artigo terá sua exigibilidade subordinada ao disposto no art. 195, § 6º, da Constituição, e não poderá ser cobrada por prazo superior a dois anos.

Parágrafo acrescentado pela EC n. 12, de 15.08.1996.

Veja arts. 75, *caput*, e 84, ADCT, que prorrogaram o prazo deste parágrafo.

Art. 75. É prorrogada, por trinta e seis meses, a cobrança da contribuição provisória sobre movimentação ou transmissão de valores e de créditos e direitos de natureza financeira de que trata o art. 74, instituída pela Lei n. 9.311, de 24 de outubro de 1996, modificada pela Lei n. 9.539, de 12 de dezembro de 1997, cuja vigência é também prorrogada por idêntico prazo.

Caput acrescentado pela EC n. 21, de 18.03.1999.

Veja arts. 80, I, e 84, ADCT.

Veja EC n. 37, de 12.06.2002.

Veja Leis n. 9.311, de 24.10.1996, e n. 9.539, de 12.12.1997.

§ 1º Observado o disposto no § 6º do art. 195 da Constituição Federal, a alíquota da contribuição será de trinta e oito centésimos por cento, nos primeiros doze meses, e de trinta centésimos, nos meses subsequentes, facultado ao Poder Executivo reduzi-la total ou parcialmente, nos limites aqui definidos.

Parágrafo acrescentado pela EC n. 21, de 18.03.1999.

§ 2º O resultado do aumento da arrecadação, decorrente da alteração da alíquota, nos exercícios financeiros de 1999, 2000 e 2001, será destinado ao custeio da previdência social.

Parágrafo acrescentado pela EC n. 21, de 18.03.1999.

§ 3º É a União autorizada a emitir títulos da dívida pública interna, cujos recursos serão destinados ao custeio da saúde e da previdência social, em montante equivalente ao produto da arrecadação da contribuição, prevista e não realizada em 1999.

Parágrafo acrescentado pela EC n. 21, de 18.03.1999.

Veja ADIn n. 2.031-5, de 03.10.2002 (*DOU* 11.10.2002), que declarou a inconstitucionalidade deste parágrafo.

Art. 76. São desvinculados de órgão, fundo ou despesa, até 31 de dezembro de 2024, 30% (trinta por cento) da arrecadação da União relativa às contribuições sociais, sem prejuízo do pagamento das despesas do Regime Geral de Previdência Social, às contribuições de intervenção no domínio econômico e às taxas, já instituídas ou que vierem a ser criadas até a referida data.

Caput com redação dada pela EC n. 126, de 21.12.2022.

§ 1º (*Revogado pela EC n. 93, de 08.09.2016.*)

§ 2º Excetua-se da desvinculação de que trata o *caput* a arrecadação da contribuição social do salário-educação a que se refere o § 5º do art. 212 da Constituição Federal.

Parágrafo acrescentado pela EC n. 68, de 21.12.2011.

§ 3º (*Revogado pela EC n. 93, de 08.09.2016.*)

§ 4º A desvinculação de que trata o *caput* não se aplica às receitas das contribuições sociais destinadas ao custeio da seguridade social.

Parágrafo acrescentado pela EC n. 103, de 12.11.2019.

Art. 76-A. São desvinculados de órgão, fundo ou despesa, até 31 de dezembro de 2032, 30% (trinta por cento) das receitas dos Estados e do Distrito Federal relativas a impostos, taxas e multas já instituídos ou que vierem a ser criados até a referida data, seus adicionais e respectivos acréscimos legais, e outras receitas correntes.

Caput com redação dada pela EC n. 132, de 20.12.2023.

Parágrafo único. Excetuam-se da desvinculação de que trata o *caput*:

Parágrafo e incisos acrescentados pela EC n. 93, de 08.09.2016.

I – recursos destinados ao financiamento das ações e serviços públicos de saúde e à manutenção e desenvolvimento do ensino de que tratam, respectivamente, os incisos II e III do § 2º do art. 198 e o art. 212 da Constituição Federal;

II – receitas que pertencem aos Municípios decorrentes de transferências previstas na Constituição Federal;

III – receitas de contribuições previdenciárias e de assistência à saúde dos servidores;

IV – demais transferências obrigatórias e voluntárias entre entes da Federação com destinação especificada em lei;

V – fundos instituídos pelo Poder Judiciário, pelos Tribunais de Contas, pelo Ministério Público, pelas Defensorias Públicas e pelas Procuradorias-Gerais dos Estados e do Distrito Federal.

Art. 76-B. São desvinculados de órgão, fundo ou despesa, até 31 de dezembro de 2032, 30% (trinta por cento) das receitas dos Municípios relativas a impostos, taxas e multas, já instituídos ou que vierem a ser criados até a referida data, seus adicionais e respectivos acréscimos legais, e outras receitas correntes.

Caput com redação dada pela EC n. 132, de 20.12.2023.

Parágrafo único. Excetuam-se da desvinculação de que trata o *caput*:

Parágrafo e incisos acrescentados pela EC n. 93, de 08.09.2016.

I – recursos destinados ao financiamento das ações e serviços públicos de saúde e à manutenção e desenvolvimento do ensino de que tratam, respectivamente, os incisos II e III do § 2º do art. 198 e o art. 212 da Constituição Federal;

II – receitas de contribuições previdenciárias e de assistência à saúde dos servidores;

III – transferências obrigatórias e voluntárias entre entes da Federação com destinação especificada em lei;

IV – fundos instituídos pelo Tribunal de Contas do Município.

Art. 77. Até o exercício financeiro de 2004, os recursos mínimos aplicados nas ações e serviços públicos de saúde serão equivalentes:

Caput acrescentado pela EC n. 29, de 13.09.2000.

I – no caso da União:

Inciso acrescentado pela EC n. 29, de 13.09.2000.

a) no ano 2000, o montante empenhado em ações e serviços públicos de saúde no exercício financeiro de 1999 acrescido de, no mínimo, cinco por cento;

Alínea acrescentada pela EC n. 29, de 13.09.2000.

b) do ano 2001 ao ano 2004, o valor apurado no ano anterior, corrigido pela variação nominal do Produto Interno Bruto – PIB;

Alínea acrescentada pela EC n. 29, de 13.09.2000.

II – no caso dos Estados e do Distrito Federal, doze por cento do produto da arrecadação dos impostos a que se refere o art. 155 e dos recursos de que tratam os arts. 157 e 159, I, *a*, e inciso II, deduzidas as parcelas que forem transferidas aos respectivos Municípios; e

Inciso acrescentado pela EC n. 29, de 13.09.2000.

III – no caso dos Municípios e do Distrito Federal, quinze por cento do produto da arrecadação dos impostos a que se refere o art. 156 e dos recursos de que tratam os arts. 158 e 159, I, *b* e § 3º.

Inciso acrescentado pela EC n. 29, de 13.09.2000.

§ 1º Os Estados, o Distrito Federal e os Municípios que apliquem percentuais inferiores aos fixados nos incisos II e III deverão elevá-los gradualmente, até o exercício financeiro de 2004, reduzida a diferença à razão de, pelo menos, um quinto por ano, sendo que, a partir de 2000, a aplicação será de pelo menos sete por cento.

Parágrafo acrescentado pela EC n. 29, de 13.09.2000.

§ 2º Dos recursos da União apurados nos termos deste artigo, quinze por cento, no mínimo, serão aplicados nos Municípios, segundo o critério populacional, em ações e serviços básicos de saúde, na forma da lei.

Parágrafo acrescentado pela EC n. 29, de 13.09.2000.

§ 3º Os recursos dos Estados, do Distrito Federal e dos Municípios destinados às ações e serviços públicos de saúde e os transferidos pela União para a mesma finalidade serão aplicados por meio de Fundo de Saúde que será acompanhado e fiscalizado por Conselho de Saúde, sem prejuízo do disposto no art. 74 da Constituição Federal.

Parágrafo acrescentado pela EC n. 29, de 13.09.2000.

§ 4º Na ausência da lei complementar a que se refere o art. 198, § 3º, a partir do exercício financeiro de 2005, aplicar-se-á à União, aos Estados, ao Distrito Federal e aos Municípios o disposto neste artigo.

Parágrafo acrescentado pela EC n. 29, de 13.09.2000.

Art. 78. Ressalvados os créditos definidos em lei como de pequeno valor, os de natureza alimentícia, os de que trata o art. 33 deste Ato das Disposições Constitucionais Transitórias e suas complementações e os que já tiverem os seus respectivos recursos liberados ou depositados em juízo, os precatórios pendentes na data de promulgação desta Emenda e os que decorram de ações iniciais ajuizadas até 31 de dezembro de 1999 serão liquidados pelo seu valor real, em moeda corrente, acrescido de juros legais, em prestações anuais, iguais e sucessivas, no prazo máximo de dez anos, permitida a cessão dos créditos.

Caput acrescentado pela EC n. 30, de 13.09.2000.

Veja ADIn ns. 2.356 e 2.362, nas quais o STF deferiu medida cautelar (25.11.2010) para suspender a eficácia do art. 2º da EC n. 30/2000, que introduziu este artigo.

Veja arts. 86, *caput* e § 2º, 87 e 97, § 15, ADCT.

§ 1º É permitida a decomposição de parcelas, a critério do credor.

Parágrafo acrescentado pela EC n. 30, de 13.09.2000.

§ 2º As prestações anuais a que se refere o *caput* deste artigo terão, se não liquidadas até o final do exercício a que se referem, poder liberatório do pagamento de tributos da entidade devedora.

Parágrafo acrescentado pela EC n. 30, de 13.09.2000.

Veja art. 6º, EC n. 62, de 09.12.2009.

§ 3º O prazo referido no *caput* deste artigo fica reduzido para dois anos, nos casos de precatórios judiciais originários de desapropriação de imóvel residencial do credor, desde que comprovadamente único à época da imissão na posse.

Parágrafo acrescentado pela EC n. 30, de 13.09.2000.

§ 4º O Presidente do Tribunal competente deverá, vencido o prazo ou em caso de omissão no orçamento, ou preterição ao direito de precedência, a requerimento do credor, requisitar ou determinar o sequestro de recursos financeiros da entidade executada, suficientes à satisfação da prestação.

Parágrafo acrescentado pela EC n. 30, de 13.09.2000.

Art. 79. É instituído, para vigorar até o ano de 2010, no âmbito do Poder Executivo Federal, o Fundo de Combate e Erradicação da Pobreza, a ser regulado por lei complementar com o objetivo de viabilizar a todos os brasileiros acesso a níveis dignos de subsistência, cujos recursos serão aplicados em ações suplementares de nutrição, habitação, educação, saúde, reforço de renda familiar e outros programas de relevante interesse social voltados para melhoria da qualidade de vida.

Caput acrescentado pela EC n. 31, de 14.12.2000.

Veja art. 80, § 2º, ADCT.

Veja art. 1º, EC n. 67, de 22.12.2010, que assim dispõe:

Art. 1º Prorrogam-se, por tempo indeterminado, o prazo de vigência do Fundo de Combate e Erradicação da Pobreza a que se refere o caput *do art. 79 do Ato das Disposições Constitucionais Transitórias e, igualmente, o prazo de vigência da LC n. 111, de 6 de julho de 2001, que "Dispõe sobre o Fundo de Combate e Erradicação da Pobreza, na forma prevista nos arts. 79, 80 e 81 do Ato das Disposições Constitucionais Transitórias".*

Veja art. 4º, EC n. 42, de 19.12.2003.

Veja LC n. 111, de 06.07.2001 (Fundo de Combate e Erradicação da Pobreza).

Parágrafo único. O Fundo previsto neste artigo terá Conselho Consultivo e de Acompanhamento que conte com a participação de representantes da sociedade civil, nos termos da lei.

Parágrafo acrescentado pela EC n. 31, de 14.12.2000.

Art. 80. Compõem o Fundo de Combate e Erradicação da Pobreza:

Caput acrescentado pela EC n. 31, de 14.12.2000.

Veja art. 84, § 2º, III, ADCT.

Veja art. 1º, EC n. 67, de 22.12.2010.

Veja LC n. 111, de 06.07.2001 (Fundo de Combate e Erradicação da Pobreza).

Veja art. 31, III, Decreto n. 6.140, de 03.07.2007.

I – a parcela do produto da arrecadação correspondente a um adicional de 0,08% (oito centésimos por cento), aplicável de 18 de junho de 2000 a 17 de junho de 2002, na alíquota da contribuição social de que trata o art. 75 do Ato das Disposições Constitucionais Transitórias;

Inciso acrescentado pela EC n. 31, de 14.12.2000.

Veja art. 84, *caput*, ADCT.

A CPMF incidiu à alíquota de 0,38% entre 18.03.2001 e 17.06.2002, em razão do disposto no Decreto n. 3.775, de 16.03.2001. O Decreto n. 6.140, de 03.07.2007, manteve esta alíquota até 31.12.2007.

II – a parcela do produto da arrecadação correspondente a um adicional de 5 (cinco) pontos percentuais na alíquota do Imposto sobre Produtos Industrializados – IPI, ou do imposto que vier a substituí-lo, incidente sobre produtos supérfluos e aplicável até a extinção do Fundo;

Inciso acrescentado pela EC n. 31, de 14.12.2000.

➤ **Em 2033, este inciso estará revogado.**

Veja art. 83, ADCT.

III – o produto da arrecadação do imposto de que trata o art. 153, VII, da Constituição;

Inciso acrescentado pela EC n. 31, de 14.12.2000.

IV – dotações orçamentárias;

Inciso acrescentado pela EC n. 31, de 14.12.2000.
Veja art. 81, § 1º, ADCT.

V – doações, de qualquer natureza, de pessoas físicas ou jurídicas do País ou do exterior;

Inciso acrescentado pela EC n. 31, de 14.12.2000.

VI – outras receitas, a serem definidas na regulamentação do referido Fundo.

Inciso acrescentado pela EC n. 31, de 14.12.2000.

§ 1º Aos recursos integrantes do Fundo de que trata este artigo não se aplica o disposto nos arts. 159 e 167, IV, da Constituição, assim como qualquer desvinculação de recursos orçamentários.

Parágrafo acrescentado pela EC n. 31, de 14.12.2000.

§ 2º A arrecadação decorrente do disposto no inciso I deste artigo, no período compreendido entre 18 de junho de 2000 e o início da vigência da lei complementar a que se refere o art. 79, será integralmente repassada ao Fundo, preservado o seu valor real, em títulos públicos federais, progressivamente resgatáveis após 18 de junho de 2002, na forma da lei.

Parágrafo acrescentado pela EC n. 31, de 14.12.2000.

Art. 81. É instituído Fundo constituído pelos recursos recebidos pela União em decorrência da desestatização de sociedades de economia mista ou empresas públicas por ela controladas, direta ou indiretamente, quando a operação envolver a alienação do respectivo controle acionário a pessoa ou entidade não integrante da Administração Pública, ou de participação societária remanescente após a alienação, cujos rendimentos, gerados a partir de 18 de junho de 2002, reverterão ao Fundo de Combate e Erradicação da Pobreza.

Caput acrescentado pela EC n. 31, de 14.12.2000.
Veja art. 84, § 2º, III, ADCT.
Veja art. 1º, EC n. 67, de 22.12.2010.
Veja LC n. 111, de 06.07.2001 (Fundo de Combate e Erradicação da Pobreza).
Veja art. 31, III, Decreto n. 6.140, de 03.07.2007.

§ 1º Caso o montante anual previsto nos rendimentos transferidos ao Fundo de Combate e Erradicação da Pobreza, na forma deste artigo, não alcance o valor de quatro bilhões de reais, far-se-á complementação na forma do art. 80, IV, do Ato das Disposições Constitucionais Transitórias.

Parágrafo acrescentado pela EC n. 31, de 14.12.2000.

§ 2º Sem prejuízo do disposto no § 1º, o Poder Executivo poderá destinar ao Fundo a que se refere este artigo outras receitas decorrentes da alienação de bens da União.

Parágrafo acrescentado pela EC n. 31, de 14.12.2000.

§ 3º A constituição do Fundo a que se refere o *caput*, a transferência de recursos ao Fundo de Combate e Erradicação da Pobreza e as demais disposições referentes ao § 1º deste artigo serão disciplinadas em lei, não se aplicando o disposto no art. 165, § 9º, II, da Constituição.

Parágrafo acrescentado pela EC n. 31, de 14.12.2000.

Art. 82. Os Estados, o Distrito Federal e os Municípios devem instituir Fundos de Combate à Pobreza, com os recursos de que trata este artigo e outros que vierem a destinar, devendo os referidos Fundos ser geridos por entidades que contem com a participação da sociedade civil.

Caput acrescentado pela EC n. 31, de 14.12.2000.

➤ **Em 2033, a redação que vigorará assim dispõe:**

Art. 82. Os Estados, o Distrito Federal e os Municípios devem instituir Fundos de Combate à Pobreza, devendo os referidos Fundos ser geridos por entidades que contem com a participação da sociedade civil.

Caput com redação dada pela EC n. 132, de 20.12.2023.

§ 1º Para o financiamento dos Fundos Estaduais e Distrital, poderá ser criado adicional de até dois pontos percentuais na alíquota do Imposto sobre Circulação de Mercadorias e Serviços – ICMS, sobre os produtos e serviços supérfluos e nas condições definidas na lei complementar de que trata o art. 155, § 2º, XII, da Constituição, não se aplicando, sobre este percentual, o disposto no art. 158, IV, da Constituição.

Parágrafo acrescentado pela EC n. 31, de 14.12.2000, e com redação dada pela EC n. 42, de 19.12.2003.

➤ **Em 2033, a redação que vigorará assim dispõe:**

§ 1º Para o financiamento dos Fundos Estaduais, Distrital e Municipais, poderá ser destinado percentual do imposto previsto no art. 156-A da Constituição Federal e dos recursos distribuídos nos termos dos arts. 131 e 132 deste Ato das Disposições Constitucionais Transitórias, nos limites definidos em lei complementar, não se aplicando, sobre estes valores, o disposto no art. 158, IV, da Constituição Federal.

Parágrafo com redação dada pela EC n. 132, de 20.12.2023.

§ 2º Para o financiamento dos Fundos Municipais, poderá ser criado adicional de até 0,5 (meio) ponto percentual na alíquota do Imposto sobre serviços ou do imposto que vier a substituí-lo, sobre serviços supérfluos.

Parágrafo acrescentado pela EC n. 31, de 14.12.2000.

➤ **Em 2033, este parágrafo estará revogado.**

Art. 83. Lei federal definirá os produtos e serviços supérfluos a que se referem os arts. 80, II, e 82, § 2º.

Artigo acrescentado pela EC n. 31, de 14.12.2000, e com redação dada pela EC n. 42, de 19.12.2003.

➤ **Em 2033, este artigo estará revogado.**

Art. 84. A contribuição provisória sobre movimentação ou transmissão de valores e de créditos e direitos de natureza financeira, prevista nos arts. 74, 75 e 80, I, deste Ato das Disposições Constitucionais Transitórias, será cobrada até 31 de dezembro de 2004.

Caput acrescentado pela EC n. 37, de 12.06.2002.

Veja art. 90, ADCT.

§ 1º Fica prorrogada, até a data referida no *caput* deste artigo, a vigência da Lei n. 9.311, de 24 de outubro de 1996, e suas alterações.

Parágrafo acrescentado pela EC n. 37, de 12.06.2002.

§ 2º Do produto da arrecadação da contribuição social de que trata este artigo será destinada a parcela correspondente à alíquota de:

Parágrafo acrescentado pela EC n. 37, de 12.06.2002.

Veja art. 31, Decreto n. 6.140, de 03.07.2007.

I – vinte centésimos por cento ao Fundo Nacional de Saúde, para financiamento das ações e serviços de saúde;

Inciso acrescentado pela EC n. 37, de 12.06.2002.

II – dez centésimos por cento ao custeio da previdência social;

Inciso acrescentado pela EC n. 37, de 12.06.2002.

III – oito centésimos por cento ao Fundo de Combate e Erradicação da Pobreza, de que tratam os arts. 80 e 81 deste Ato das Disposições Constitucionais Transitórias.

Inciso acrescentado pela EC n. 37, de 12.06.2002.

§ 3º A alíquota da contribuição de que trata este artigo será de:

Parágrafo acrescentado pela EC n. 37, de 12.06.2002.

I – trinta e oito centésimos por cento, nos exercícios financeiros de 2002 e 2003.

Inciso acrescentado pela EC n. 37, de 12.06.2002.

Veja art. 90, § 2º, ADCT.

II – (*Revogado pela EC n. 42, de 19.12.2003.*)

Art. 85. A contribuição a que se refere o art. 84 deste Ato das Disposições Constitucionais Transitórias não incidirá, a partir do 30º (trigésimo) dia da data de publicação desta Emenda Constitucional, nos lançamentos:

Caput acrescentado pela EC n. 37, de 12.06.2002.

Veja art. 3º, Decreto n. 6.140, de 03.07.2007.

I – em contas correntes de depósito especialmente abertas e exclusivamente utilizadas para operações de:

Inciso acrescentado pela EC n. 37, de 12.06.2002.

a) câmaras e prestadoras de serviços de compensação e de liquidação de que trata o parágrafo único do art. 2º da Lei n. 10.214, de 27 de março de 2001;

Alínea acrescentada pela EC n. 37, de 12.06.2002.

b) companhias securitizadoras de que trata a Lei n. 9.514, de 20 de novembro de 1997;

Alínea acrescentada pela EC n. 37, de 12.06.2002.

c) sociedades anônimas que tenham por objeto exclusivo a aquisição de créditos oriundos de operações praticadas no mercado financeiro;

Alínea acrescentada pela EC n. 37, de 12.06.2002.

II – em contas correntes de depósito, relativos a:

Inciso acrescentado pela EC n. 37, de 12.06.2002.

a) operações de compra e venda de ações, realizadas em recintos ou sistemas de negociação de bolsas de valores e no mercado de balcão organizado;

Alínea acrescentada pela EC n. 37, de 12.06.2002.

b) contratos referenciados em ações ou índices de ações, em suas diversas modalidades, negociados em bolsas de valores, de mercadorias e de futuros;

Alínea acrescentada pela EC n. 37, de 12.06.2002.

III – em contas de investidores estrangeiros, relativos a entradas no País e a remessas para o exterior de recursos financeiros empregados, exclusivamente, em operações e contratos referidos no inciso II deste artigo.

Inciso acrescentado pela EC n. 37, de 12.06.2002.

§ 1º O Poder Executivo disciplinará o disposto neste artigo no prazo de 30 (trinta) dias da data de publicação desta Emenda Constitucional.

Parágrafo acrescentado pela EC n. 37, de 12.06.2002.

§ 2º O disposto no inciso I deste artigo aplica-se somente às operações relacionadas em ato do Poder Executivo, dentre aquelas que constituam o objeto social das referidas entidades.

Parágrafo acrescentado pela EC n. 37, de 12.06.2002.

§ 3º O disposto no inciso II deste artigo aplica-se somente a operações e contratos efetuados por intermédio de instituições financeiras, sociedades corretoras de títulos e valores mobiliários, sociedades distribuidoras de títulos e valores mobiliários e sociedades corretoras de mercadorias.

Parágrafo acrescentado pela EC n. 37, de 12.06.2002.

Art. 86. Serão pagos conforme disposto no art. 100 da Constituição Federal, não se lhes aplicando a regra de parcelamento estabelecida no *caput* do art. 78 deste Ato das Disposições Constitucionais Transitórias, os débitos da Fazenda Federal, Estadual, Distrital ou Municipal oriundos de sentenças transitadas em julgado, que preencham, cumulativamente, as seguintes condições:

Caput acrescentado pela EC n. 37, de 12.06.2002.

I – ter sido objeto de emissão de precatórios judiciários;

Inciso acrescentado pela EC n. 37, de 12.06.2002.

II – ter sido definidos como de pequeno valor pela lei de que trata o § 3º do art. 100 da Constituição Federal ou pelo art. 87 deste Ato das Disposições Constitucionais Transitórias;

Inciso acrescentado pela EC n. 37, de 12.06.2002.

III – estar, total ou parcialmente, pendentes de pagamento na data da publicação desta Emenda Constitucional.

Inciso acrescentado pela EC n. 37, de 12.06.2002.

§ 1º Os débitos a que se refere o *caput* deste artigo, ou os respectivos saldos, serão pagos na ordem cronológica de apresentação dos respectivos precatórios, com precedência sobre os de maior valor.

Parágrafo acrescentado pela EC n. 37, de 12.06.2002.

§ 2º Os débitos a que se refere o *caput* deste artigo, se ainda não tiverem sido objeto de pagamento parcial, nos termos do art. 78 deste Ato das Disposições Constitucionais Transitórias, poderão ser pagos em duas parcelas anuais, se assim dispuser a lei.

Parágrafo acrescentado pela EC n. 37, de 12.06.2002.

§ 3º Observada a ordem cronológica de sua apresentação, os débitos de natureza alimentícia previstos neste artigo terão precedência para pagamento sobre todos os demais.

Parágrafo acrescentado pela EC n. 37, de 12.06.2002.

Art. 87. Para efeito do que dispõem o § 3º do art. 100 da Constituição Federal e o art. 78 deste Ato das Disposições Constitucionais Transitórias serão considerados de pequeno valor, até que se dê a publicação oficial das respectivas leis definidoras pelos entes da Federação, observado o disposto no § 4º do art. 100 da Constituição Federal, os débitos ou obrigações consignados em precatório judiciário, que tenham valor igual ou inferior a:

Caput acrescentado pela EC n. 37, de 12.06.2002.

I – 40 (quarenta) salários mínimos, perante a Fazenda dos Estados e do Distrito Federal;

Inciso acrescentado pela EC n. 37, de 12.06.2002.

II – 30 (trinta) salários mínimos, perante a Fazenda dos Municípios.

Inciso acrescentado pela EC n. 37, de 12.06.2002.

Parágrafo único. Se o valor da execução ultrapassar o estabelecido neste artigo, o pagamento far-se-á, sempre, por meio de precatório, sendo facultada à parte exequente a renúncia ao crédito do valor excedente, para que possa optar pelo pagamento do saldo sem o precatório, da forma prevista no § 3º do art. 100.

Parágrafo acrescentado pela EC n. 37, de 12.06.2002.

Art. 88. Enquanto lei complementar não disciplinar o disposto nos incisos I e III do § 3º do art. 156 da Constituição Federal, o imposto a que se refere o inciso III do *caput* do mesmo artigo:

Caput acrescentado pela EC n. 37, de 12.06.2002.

I – terá alíquota mínima de dois por cento, exceto para os serviços a que se referem os itens 32, 33 e 34 da Lista de Serviços anexa ao Decreto-lei n. 406, de 31 de dezembro de 1968;

Inciso acrescentado pela EC n. 37, de 12.06.2002.

II – não será objeto de concessão de isenções, incentivos e benefícios fiscais, que resulte, direta ou indiretamente, na redução da alíquota mínima estabelecida no inciso I.

Inciso acrescentado pela EC n. 37, de 12.06.2002.

Veja LC n. 116, de 31.07.2003.

Art. 89. Os integrantes da carreira policial militar e os servidores municipais do ex-Território Federal de Rondônia que, comprovadamente, se encontravam no exercício regular de suas funções prestando serviço àquele ex-Território na data em que foi transformado em Estado, bem como os servidores e os policiais militares alcançados pelo disposto no art. 36 da Lei Complementar n. 41, de 22 de dezembro de 1981, e aqueles admitidos regularmente nos quadros do Estado de Rondônia até a data de posse do primeiro Governador eleito, em 15 de março de 1987, constituirão, mediante opção, quadro em extinção da administração federal, assegurados os direitos e as vantagens a eles inerentes, vedado o pagamento, a qualquer título, de diferenças remuneratórias.

Caput acrescentado pela EC n. 38, de 12.06.2002, e com redação dada pela EC n. 60, de 11.11.2009.

Veja arts. 85 a 101, Lei n. 12.249, de 11.06.2010.

Veja art. 35, I, Lei n. 13.681, de 18.06.2018.

§ 1º Os membros da Polícia Militar continuarão prestando serviços ao Estado de Rondônia, na condição de cedidos, submetidos às corporações da Polícia Militar, observadas as atribuições de função compatíveis com o grau hierárquico.

Parágrafo acrescentado pela EC n. 38, de 12.06.2002, renumerado e com redação dada pela EC n. 60, de 11.11.2009.

§ 2º Os servidores a que se refere o *caput* continuarão prestando serviços ao Estado de Rondônia na condição de cedidos, até seu aproveitamento em órgão ou entidade da administração federal direta, autárquica ou fundacional.

Parágrafo acrescentado pela EC n. 60, de 11.11.2009.

Art. 90. O prazo previsto no *caput* do art. 84 deste Ato das Disposições Constitucionais Transitórias fica prorrogado até 31 de dezembro de 2007.

Caput acrescentado pela EC n. 42, de 19.12.2003.

§ 1º Fica prorrogada, até a data referida no *caput* deste artigo, a vigência da Lei n. 9.311, de 24 de outubro de 1996, e suas alterações.

Parágrafo acrescentado pela EC n. 42, de 19.12.2003.

§ 2º Até a data referida no *caput* deste artigo, a alíquota da contribuição de que trata o art. 84 deste Ato das Disposições Constitucionais Transitórias será de trinta e oito centésimos por cento.

Parágrafo acrescentado pela EC n. 42, de 19.12.2003.

Veja art. 7º, Decreto n. 6.140, de 03.07.2007.

Art. 91. (*Revogado pela EC n. 109, de 15.03.2021.*)

Art. 92. São acrescidos dez anos ao prazo fixado no art. 40 deste Ato das Disposições Constitucionais Transitórias.

Artigo acrescentado pela EC n. 42, de 19.12.2003.

Veja art. 92-A, ADCT.

Veja Decreto n. 7.212, de 15.06.2010.

Art. 92-A. São acrescidos 50 (cinquenta) anos ao prazo fixado pelo art. 92 deste Ato das Disposições Constitucionais Transitórias.

Artigo acrescentado pela EC n. 83, de 05.08.2014.

Veja art. 92-B, *caput*, ADCT.

Art. 92-B. As leis instituidoras dos tributos previstos nos arts. 156-A e 195, V, da Constituição Federal estabelecerão os mecanismos necessários, com ou sem contrapartidas, para manter, em caráter geral, o diferencial competitivo assegurado à Zona Franca de Manaus pelos arts. 40 e 92-A e às áreas de livre comércio existentes em 31 de maio de 2023, nos níveis estabelecidos pela legislação relativa aos tributos extintos a que se referem os arts. 126 a 129, todos deste Ato das Disposições Constitucionais Transitórias.

Artigo com redação dada pela EC n. 132, de 20.12.2023.

§ 1º Para assegurar o disposto no *caput*, serão utilizados, isolada ou cumulativamente, instrumentos fiscais, econômicos ou financeiros.

§ 2º Lei complementar instituirá Fundo de Sustentabilidade e Diversificação Econômica do Estado do Amazonas, que será constituído com recursos da União e por ela gerido, com a efetiva participação do Estado do Amazonas na definição das políticas, com o objetivo de fomentar o desenvolvimento e a diversificação das atividades econômicas no Estado.

§ 3º A lei complementar de que trata o § 2º:

I – estabelecerá o montante mínimo de aporte anual de recursos ao Fundo, bem como os critérios para sua correção;

II – preverá a possibilidade de utilização dos recursos do Fundo para compensar eventual perda de receita do Estado do Amazonas em função das alterações no sistema tributário decorrentes da instituição dos tributos previstos nos arts. 156-A e 195, V, da Constituição Federal.

§ 4º A União, mediante acordo com o Estado do Amazonas, poderá reduzir o alcance dos instrumentos previstos no § 1º, condicionado ao aporte de recursos adicionais ao Fundo de que trata o § 2º, asseguradas a diversificação das atividades econômicas e a antecedência mínima de 3 (três) anos.

§ 5º Não se aplica aos mecanismos previstos no *caput* o disposto nos incisos III e IV do *caput* do art. 149-B da Constituição Federal.

§ 6º Lei complementar instituirá Fundo de Desenvolvimento Sustentável dos Estados da Amazônia Ocidental e do Amapá, que será constituído com recursos da União e por ela gerido, com a efetiva participação desses Estados na definição das políticas, com o objetivo de fomentar o desenvolvimento e a diversificação de suas atividades econômicas.

§ 7º O Fundo de que trata o § 6º será integrado pelos Estados onde estão localizadas as áreas de livre comércio de que trata o *caput* e observará, no que couber, o disposto no § 3º, I e II, sendo, quanto a este inciso, considerados os respectivos Estados, e no § 4º.

Art. 93. A vigência do disposto no art. 159, III, e § 4º, iniciará somente após a edição da lei de que trata o referido inciso III.

Artigo acrescentado pela EC n. 42, de 19.12.2003.

Art. 94. Os regimes especiais de tributação para microempresas e empresas de pequeno porte próprios da União, dos Estados, do Distrito Federal e dos Municípios cessarão a partir da entrada em vigor do regime previsto no art. 146, III, *d*, da Constituição.

Artigo acrescentado pela EC n. 42, de 19.12.2003.

Art. 95. Os nascidos no estrangeiro entre 7 de junho de 1994 e a data da promulgação desta Emenda Constitucional, filhos de pai brasileiro ou mãe brasileira, poderão ser registrados em repartição diplomática ou consular brasileira competente ou em ofício de registro, se vierem a residir na República Federativa do Brasil.

Artigo acrescentado pela EC n. 54, de 20.09.2007.

Art. 96. Ficam convalidados os atos de criação, fusão, incorporação e desmembramento de Municípios, cuja lei tenha sido publicada até 31 de dezembro de 2006, atendidos os requisitos estabelecidos na legislação do respectivo Estado à época de sua criação.

Artigo acrescentado pela EC n. 57, de 18.12.2008.

Art. 97. Até que seja editada a lei complementar de que trata o § 15 do art. 100 da Constituição Federal, os Estados, o Distrito Federal e os Municípios que, na data de publicação desta Emenda Constitucional, estejam em mora na quitação de precatórios vencidos, relativos às suas administrações direta e indireta, inclusive os emitidos durante o período de vigência do regime especial instituído por este artigo, farão esses pagamentos de acordo com as normas a seguir estabelecidas, sendo inaplicável o disposto no art. 100 desta Constituição Federal, exceto em seus §§ 2º, 3º, 9º, 10, 11, 12, 13 e 14, e sem prejuízo dos acordos de juízos conciliatórios já formalizados na data de promulgação desta Emenda Constitucional.

Artigo acrescentado pela EC n. 62, de 09.12.2009.

Veja ADIn n. 4.357, de 25.09.2014, STF, que julgou procedente a ação para declarar a inconstitucionalidade deste artigo.

Veja art. 3º, EC n. 62, de 09.12.2009.

§ 1º Os Estados, o Distrito Federal e os Municípios sujeitos ao regime especial de que trata este artigo optarão, por meio de ato do Poder Executivo:

I – pelo depósito em conta especial do valor referido pelo § 2º deste artigo; ou

Veja art. 4º, I, EC n. 62, de 09.12.2009.

II – pela adoção do regime especial pelo prazo de até 15 (quinze) anos, caso em que o percentual a ser depositado na conta especial a que se refere o § 2º deste artigo corresponderá, anualmente, ao saldo total dos precatórios devidos, acrescido do índice oficial de remuneração básica da caderneta de poupança e de juros simples no mesmo percentual de juros incidentes sobre a caderneta de poupança para fins de compensação da mora, excluída a incidência de juros compensatórios, diminuído das amortizações e dividido pelo número de anos restantes no regime especial de pagamento.

Veja art. 4º, II, EC n. 62, de 09.12.2009.

§ 2º Para saldar os precatórios, vencidos e a vencer, pelo regime especial, os Estados, o Distrito Federal e os Municípios devedores depositarão mensalmente, em conta especial criada para tal fim, 1/12 (um doze avos) do valor calculado percentualmente sobre as respectivas receitas correntes líquidas, apuradas no segundo mês anterior ao mês de pagamento, sendo que esse percentual, calculado no momento de opção pelo regime e mantido fixo até o final do prazo a que se refere o § 14 deste artigo, será:

I – para os Estados e para o Distrito Federal:

a) de, no mínimo, 1,5% (um inteiro e cinco décimos por cento), para os Estados das regiões Norte, Nordeste e Centro-Oeste, além do Distrito Federal, ou cujo estoque de precatórios pendentes das suas administrações direta e indireta corresponder a até 35% (trinta e cinco por cento) do total da receita corrente líquida;

b) de, no mínimo, 2% (dois por cento), para os Estados das regiões Sul e Sudeste, cujo estoque de precatórios pendentes das suas administrações direta e indireta corresponder a mais de 35% (trinta e cinco por cento) da receita corrente líquida;

II – para Municípios:

a) de, no mínimo, 1% (um por cento), para Municípios das regiões Norte, Nordeste e Centro-Oeste, ou cujo estoque de precatórios pendentes das suas administrações direta e indireta corresponder a até 35% (trinta e cinco por cento) da receita corrente líquida;

b) de, no mínimo, 1,5% (um inteiro e cinco décimos por cento), para Municípios das regiões Sul e Sudeste, cujo estoque de precatórios pendentes das suas administrações direta e indireta corresponder a mais de 35% (trinta e cinco por cento) da receita corrente líquida.

§ 3º Entende-se como receita corrente líquida, para os fins de que trata este artigo, o somatório das receitas tributárias, patrimoniais, industriais, agropecuárias, de contribuições e de serviços, transferências correntes e outras receitas correntes, incluindo as oriundas do § 1º do art. 20 da Constituição Federal, verificado no período compreendido pelo mês de referência e os 11 (onze) meses anteriores, excluídas as duplicidades, e deduzidas:

I – nos Estados, as parcelas entregues aos Municípios por determinação constitucional;

II – nos Estados, no Distrito Federal e nos Municípios, a contribuição dos servidores para custeio do seu sistema de previdência e assistência social e as receitas provenientes da compensação financeira referida no § 9º do art. 201 da Constituição Federal.

§ 4º As contas especiais de que tratam os §§ 1º e 2º serão administradas pelo Tribunal de Justiça local, para pagamento de precatórios expedidos pelos tribunais.

§ 5º Os recursos depositados nas contas especiais de que tratam os §§ 1º e 2º deste artigo não poderão retornar para Estados, Distrito Federal e Municípios devedores.

§ 6º Pelo menos 50% (cinquenta por cento) dos recursos de que tratam os §§ 1º e 2º deste artigo serão utilizados para pagamento de precatórios em ordem cronológica de apresentação, respeitadas as preferências definidas no § 1º, para os requisitórios do mesmo ano e no § 2º do art. 100, para requisitórios de todos os anos.

§ 7º Nos casos em que não se possa estabelecer a precedência cronológica entre 2 (dois) precatórios, pagar-se-á primeiramente o precatório de menor valor.

§ 8º A aplicação dos recursos restantes dependerá de opção a ser exercida por Estados, Distrito Federal e Municípios devedores, por ato do Poder Executivo, obedecendo à seguinte forma, que poderá ser aplicada isoladamente ou simultaneamente:

I – destinados ao pagamento dos precatórios por meio do leilão;

II – destinados a pagamento a vista de precatórios não quitados na forma do § 6º e do inciso I, em ordem única e crescente de valor por precatório;

III – destinados a pagamento por acordo direto com os credores, na forma estabelecida por lei própria da entidade devedora, que poderá prever criação e forma de funcionamento de câmara de conciliação.

Veja art. 101, § 5º, ADCT.

§ 9º Os leilões de que trata o inciso I do § 8º deste artigo:

I – serão realizados por meio de sistema eletrônico administrado por entidade autorizada pela Comissão de Valores Mobiliários ou pelo Banco Central do Brasil;

II – admitirão a habilitação de precatórios, ou parcela de cada precatório indicada pelo seu detentor, em relação aos quais não esteja pendente, no âmbito do Poder Judiciário, recurso ou impugnação de qualquer natureza, permitida por iniciativa do Poder Executivo a compensação com débitos líquidos e certos, inscritos ou não em dívida ativa e constituídos contra devedor originário pela Fazenda Pública devedora até a data da expedição do precatório, ressalvados aqueles cuja exigibilidade esteja suspensa nos termos da legislação, ou que já tenham sido objeto de abatimento nos termos do § 9º do art. 100 da Constituição Federal;

III – ocorrerão por meio de oferta pública a todos os credores habilitados pelo respectivo ente federativo devedor;

IV – considerarão automaticamente habilitado o credor que satisfaça o que consta no inciso II;

V – serão realizados tantas vezes quanto necessário em função do valor disponível;

VI – a competição por parcela do valor total ocorrerá a critério do credor, com deságio sobre o valor desta;

VII – ocorrerão na modalidade deságio, associado ao maior volume ofertado cumulado ou não com o maior percentual de deságio, pelo maior percentual de deságio, podendo ser fixado valor máximo por credor, ou por outro critério a ser definido em edital;

VIII – o mecanismo de formação de preço constará nos editais publicados para cada leilão;

IX – a quitação parcial dos precatórios será homologada pelo respectivo Tribunal que o expediu.

§ 10. No caso de não liberação tempestiva dos recursos de que tratam o inciso II do § 1º e os §§ 2º e 6º deste artigo:

I – haverá o sequestro de quantia nas contas de Estados, Distrito Federal e Municípios devedores, por ordem do Presidente do Tribunal referido no § 4º, até o limite do valor não liberado;

II – constituir-se-á, alternativamente, por ordem do Presidente do Tribunal requerido, em favor dos credores de precatórios, contra Estados, Distrito Federal e Municípios devedores, direito líquido e certo, autoaplicável e independentemente de regulamentação, à compensação automática com débitos líquidos lançados por esta contra aqueles, e, havendo saldo em favor do credor, o valor terá automaticamente poder liberatório do pagamento de tributos de Estados, Distrito Federal e Municípios devedores, até onde se compensarem;

III – o chefe do Poder Executivo responderá na forma da legislação de responsabilidade fiscal e de improbidade administrativa;

IV – enquanto perdurar a omissão, a entidade devedora:

a) não poderá contrair empréstimo externo ou interno;

b) ficará impedida de receber transferências voluntárias;

V – a União reterá os repasses relativos ao Fundo de Participação dos Estados e do Distrito Federal e ao Fundo de Participação dos Municípios, e os depositará nas contas especiais referidas no § 1º, devendo sua utilização obedecer ao que prescreve o § 5º, ambos deste artigo.

§ 11. No caso de precatórios relativos a diversos credores, em litisconsórcio, admite-se o desmembramento do valor, realizado pelo Tribunal de origem do precatório, por credor, e, por este, a habilitação do valor total a que tem direito, não se aplicando, neste caso, a regra do § 3º do art. 100 da Constituição Federal.

§ 12. Se a lei a que se refere o § 4º do art. 100 não estiver publicada em até 180 (cento e oitenta) dias, contados da data de publicação desta Emenda Constitucional, será considerado, para os fins referidos, em relação a Estados, Distrito Federal e Municípios devedores, omissos na regulamentação, o valor de:

I – 40 (quarenta) salários mínimos para Estados e para o Distrito Federal;

II – 30 (trinta) salários mínimos para Municípios.

§ 13. Enquanto Estados, Distrito Federal e Municípios devedores estiverem realizando pagamentos de precatórios pelo regime especial, não poderão sofrer sequestro de valores, exceto no caso de não liberação tempestiva dos recursos de que tratam o inciso II do § 1º e o § 2º deste artigo.

§ 14. O regime especial de pagamento de precatório previsto no inciso I do § 1º vigorará enquanto o valor dos precatórios devidos for superior ao valor dos recursos vinculados, nos termos do § 2º, ambos deste artigo, ou pelo prazo fixo de até 15 (quinze) anos, no caso da opção prevista no inciso II do § 1º.

§ 15. Os precatórios parcelados na forma do art. 33 ou do art. 78 deste Ato das Disposições Constitucionais Transitórias e ainda pendentes de pagamento ingressarão no regime especial com o valor atualizado das parcelas não pagas relativas a cada precatório, bem como o saldo dos acordos judiciais e extrajudiciais.

§ 16. A partir da promulgação desta Emenda Constitucional, a atualização de valores de requisitórios, até o efetivo pagamento, independentemente de sua natureza, será feita pelo índice oficial de remuneração básica da caderneta de poupança, e, para fins de compensação da mora, incidirão juros simples no mesmo percentual de juros incidentes sobre a caderneta de poupança, ficando excluída a incidência de juros compensatórios.

§ 17. O valor que exceder o limite previsto no § 2º do art. 100 da Constituição Federal será pago, durante a vigência do regime especial, na forma prevista nos §§ 6º e 7º ou nos incisos I, II e III do § 8º deste artigo, devendo os valores dispendidos para o atendimento do disposto no § 2º do art. 100 da Constituição Federal serem computados para efeito do § 6º deste artigo.

§ 18. Durante a vigência do regime especial a que se refere este artigo, gozarão também da preferência a que se refere o § 6º os titulares originais de precatórios que tenham completado 60 (sessenta) anos de idade até a data da promulgação desta Emenda Constitucional.

Art. 98. O número de defensores públicos na unidade jurisdicional será proporcional à efetiva demanda pelo serviço da Defensoria Pública e à respectiva população.

Artigo acrescentado pela EC n. 80, de 04.06.2014.

§ 1º No prazo de 8 (oito) anos, a União, os Estados e o Distrito Federal deverão contar com defensores públicos em todas as unidades jurisdicionais, observado o disposto no *caput* deste artigo.

§ 2º Durante o decurso do prazo previsto no § 1º deste artigo, a lotação dos defensores públicos ocorrerá, prioritariamente, atendendo as regiões com maiores índices de exclusão social e adensamento populacional.

Art. 99. Para efeito do disposto no inciso VII do § 2º do art. 155, no caso de operações e prestações que destinem bens e serviços a consumidor final não contribuinte localizado em outro Estado, o imposto correspondente à diferença entre a alíquota interna e a interestadual será partilhado entre os Estados de origem e de destino, na seguinte proporção:

Caput acrescentado pela EC n. 87, de 16.04.2015.

I – para o ano de 2015: 20% (vinte por cento) para o Estado de destino e 80% (oitenta por cento) para o Estado de origem;

Inciso acrescentado pela EC n. 87, de 16.04.2015.

II – para o ano de 2016: 40% (quarenta por cento) para o Estado de destino e 60% (sessenta por cento) para o Estado de origem;

Inciso acrescentado pela EC n. 87, de 16.04.2015.

III – para o ano de 2017: 60% (sessenta por cento) para o Estado de destino e 40% (quarenta por cento) para o Estado de origem;

Inciso acrescentado pela EC n. 87, de 16.04.2015.

IV – para o ano de 2018: 80% (oitenta por cento) para o Estado de destino e 20% (vinte por cento) para o Estado de origem;

Inciso acrescentado pela EC n. 87, de 16.04.2015.

V – a partir do ano de 2019: 100% (cem por cento) para o Estado de destino.

Inciso acrescentado pela EC n. 87, de 16.04.2015.

Art. 100. Até que entre em vigor a lei complementar de que trata o inciso II do § 1º do art. 40 da Constituição Federal, os Ministros do Supremo Tribunal Federal, dos Tribunais Superiores e do Tribunal de Contas da União aposentar-se-ão, compulsoriamente, aos 75 (setenta e cinco) anos de idade, nas condições do art. 52 da Constituição Federal.

Artigo acrescentado pela EC n. 88, de 07.05.2015.

Veja ADIn n. 5.316, de 21.05.2015, STF, que deferiu medida cautelar para suspender a aplicação da expressão "nas condições do art. 52 da Constituição Federal", constante deste artigo.

Art. 101. Os Estados, o Distrito Federal e os Municípios que, em 25 de março de 2015, se encontravam em mora no pagamento de seus precatórios quitarão, até 31 de dezembro de 2029, seus débitos vencidos e os que vencerão dentro desse período, atualizados pelo Índice Nacional de Preços ao Consumidor Amplo Especial (IPCA-E), ou por outro índice que venha a substituí-lo, depositando mensalmente em conta especial do Tribunal de Justiça local, sob única e exclusiva administração deste, 1/12 (um doze avos) do valor calculado percentualmente sobre suas receitas correntes líquidas apuradas no segundo mês anterior ao mês de pagamento, em percentual suficiente para a quitação de seus débitos e, ainda que variável, nunca inferior, em cada exercício, ao percentual praticado na data da entrada em vigor do regime especial a que se refere este artigo, em conformidade com plano de pagamento a ser anualmente apresentado ao Tribunal de Justiça local.

Caput com redação dada pela EC n. 109, de 15.03.2021.

Veja arts. 102, *caput*, 103, 104, *caput* e IV, e 105, ADCT.

§ 1º Entende-se como receita corrente líquida, para os fins de que trata este artigo, o somatório das receitas tributárias, patrimoniais, industriais, agropecuárias, de contribuições e de serviços, de transferências correntes e outras receitas correntes, incluindo as oriundas do § 1º do art. 20 da Constituição Federal, verificado no período compreendido pelo segundo mês imediatamente anterior ao de referência e os 11 (onze) meses precedentes, excluídas as duplicidades, e deduzidas:

Parágrafo e incisos acrescentados pela EC n. 94, de 15.12.2016.

I – nos Estados, as parcelas entregues aos Municípios por determinação constitucional;

II – nos Estados, no Distrito Federal e nos Municípios, a contribuição dos servidores para custeio de seu sistema de previdência e assistência social e as receitas provenientes da compensação financeira referida no § 9º do art. 201 da Constituição Federal.

§ 2º O débito de precatórios será pago com recursos orçamentários próprios provenientes das fontes de receita corrente líquida referidas no § 1º deste artigo e, adicionalmente, poderão ser utilizados recursos dos seguintes instrumentos:

Parágrafo com redação dada pela EC n. 99, de 14.12.2017.

Veja art. 104, parágrafo único, ADCT.

I – até 75% (setenta e cinco por cento) dos depósitos judiciais e dos depósitos administrativos em dinheiro referentes a processos judiciais ou administrativos, tributários ou não tributários, nos quais sejam parte os Estados, o Distrito Federal ou os Municípios, e as respectivas autarquias, fundações e empresas estatais dependentes, mediante a instituição de fundo garantidor em montante equivalente a 1/3 (um terço) dos recursos levantados, constituído pela parcela restante dos depósitos judiciais e remunerado pela taxa referencial do Sistema Especial de Liquidação e de Custódia (Selic) para títulos federais, nunca inferior aos índices e critérios aplicados aos depósitos levantados;

Inciso com redação dada pela EC n. 99, de 14.12.2017.

II – até 30% (trinta por cento) dos demais depósitos judiciais da localidade sob jurisdição do respectivo Tribunal de Justiça, mediante a instituição de fundo garantidor em montante equivalente aos recursos levantados, constituído pela parcela restante dos depósitos judiciais e remunerado pela taxa referencial do Sistema Especial de Liquidação e de Custódia (Selic) para títulos federais, nunca inferior aos índices e critérios aplicados aos depósitos levantados, destinando-se:

Inciso com redação dada pela EC n. 99, de 14.12.2017.

a) no caso do Distrito Federal, 100% (cem por cento) desses recursos ao próprio Distrito Federal;

Alínea acrescentada pela EC n. 94, de 15.12.2016.

b) no caso dos Estados, 50% (cinquenta por cento) desses recursos ao próprio Estado e 50% (cinquenta por cento) aos respectivos Municípios, conforme a circunscrição judiciária onde estão depositados os recursos, e, se houver mais de um Município na mesma circunscrição judiciária, os recursos serão rateados entre os Municípios concorrentes, proporcionalmente às respectivas populações, utilizado como referência o último levantamento censitário ou a mais recente estimativa populacional da Fundação Instituto Brasileiro de Geografia e Estatística (IBGE);

Alínea com redação dada pela EC n. 99, de 14.12.2017.

III – empréstimos, excetuados para esse fim os limites de endividamento de que tratam os incisos VI e VII do *caput* do art. 52 da Constituição Federal e quaisquer outros limites de endividamento previstos em lei, não se aplicando a esses empréstimos a vedação de vinculação de receita prevista no inciso IV do *caput* do art. 167 da Constituição Federal;

Inciso com redação dada pela EC n. 99, de 14.12.2017.

IV – a totalidade dos depósitos em precatórios e requisições diretas de pagamento de obrigações de pequeno valor efetuados até 31 de dezembro de 2009 e ainda não levantados, com o cancelamento dos respectivos requisitórios e a baixa das obrigações, assegurada a revalidação dos requisitórios pelos juízos dos processos perante os Tribunais, a requerimento dos credores e após a oitiva da entidade devedora, mantidas a posição de ordem cronológica original e a remuneração de todo o período.

Inciso acrescentado pela EC n. 99, de 14.12.2017.

§ 3º Os recursos adicionais previstos nos incisos I, II e IV do § 2º deste artigo serão transferidos diretamente pela instituição financeira depositária para a conta especial referida no *caput* deste artigo, sob única e exclusiva administração do Tribunal de Justiça local, e essa transferência deverá ser realizada em até sessenta dias contados a partir da entrada em vigor deste parágrafo, sob pena de responsabilização pessoal do dirigente da instituição financeira por improbidade.

Parágrafo acrescentado pela EC n. 99, de 14.12.2017.

§ 4º (*Revogado pela EC n. 109, de 15.03.2021.*)

I a IV – (*Revogados pela EC n. 109, de 15.03.2021.*)

§ 5º Os empréstimos de que trata o inciso III do § 2º deste artigo poderão ser destinados, por meio de ato do Poder Executivo, exclusivamente ao pagamento de precatórios por acordo direto com os credores, na forma do disposto no inciso III do § 8º do art. 97 deste Ato das Disposições Constitucionais Transitórias.

Parágrafo acrescentado pela EC n. 113, de 08.12.2021.

Art. 102. Enquanto viger o regime especial previsto nesta Emenda Constitucional, pelo menos 50% (cinquenta por cento) dos recursos que, nos termos do art. 101 deste Ato das Disposições Constitucionais Transitórias, forem destinados ao pagamento dos precatórios em mora serão utilizados no pagamento segundo a ordem cronológica de apresentação, respeitadas as preferências dos créditos alimentares, e, nessas, as relativas à idade, ao estado de saúde e à deficiência, nos termos do § 2º do art. 100 da Constituição Federal, sobre todos os demais créditos de todos os anos.

Caput acrescentado pela EC n. 94, de 15.12.2016.

§ 1º A aplicação dos recursos remanescentes, por opção a ser exercida por Estados, Distrito Federal e Municípios, por ato do respectivo Poder Executivo, observada a ordem de preferência dos credores, poderá ser destinada ao pagamento mediante acordos diretos, perante Juízos Auxiliares de Conciliação de Precatórios, com redução máxima de 40% (quarenta por cento) do valor do crédito atualizado, desde que em relação ao crédito não penda recurso ou defesa judicial e que sejam observados os requisitos definidos na regulamentação editada pelo ente federado.

Parágrafo acrescentado pela EC n. 94, de 15.12.2016, e renumerado pela EC n. 99, de 14.12.2017.

§ 2º Na vigência do regime especial previsto no art. 101 deste Ato das Disposições Constitucionais Transitórias, as preferências relativas à idade, ao estado de saúde e à deficiência serão atendidas até o valor equivalente ao quíntuplo fixado em lei para os fins do disposto no § 3º do art. 100 da Constituição Federal, admitido o fracionamento para essa finalidade, e o restante será pago em ordem cronológica de apresentação do precatório.

Parágrafo acrescentado pela EC n. 99, de 14.12.2017.

Art. 103. Enquanto os Estados, o Distrito Federal e os Municípios estiverem efetuando o pagamento da parcela mensal devida como previsto no *caput* do art. 101 deste Ato das Disposições Constitucionais Transitórias, nem eles, nem as respectivas autarquias, fundações e empresas estatais dependentes poderão sofrer sequestro de valores, exceto no caso de não liberação tempestiva dos recursos.

Caput acrescentado pela EC n. 94, de 15.12.2016.

Parágrafo único. Na vigência do regime especial previsto no art. 101 deste Ato das Disposições Constitucionais Transitórias, ficam vedadas desapropriações pelos Estados, pelo Distrito Federal e pelos Municípios, cujos estoques de precatórios ainda pendentes de pagamento, incluídos os precatórios a pagar de suas entidades da administração indireta, sejam superiores a 70% (setenta por cento) das respectivas receitas correntes líquidas, excetuadas as desapropriações para fins de necessidade pública nas áreas de saúde, educação, segurança pública, transporte público, saneamento básico e habitação de interesse social.

Parágrafo acrescentado pela EC n. 99, de 14.12.2017.

Art. 104. Se os recursos referidos no art. 101 deste Ato das Disposições Constitucionais Transitórias para o pagamento de precatórios não forem tempestivamente liberados, no todo ou em parte:

Artigo acrescentado pela EC n. 94, de 15.12.2016.

I – o Presidente do Tribunal de Justiça local determinará o sequestro, até o limite do valor não liberado, das contas do ente federado inadimplente;

II – o chefe do Poder Executivo do ente federado inadimplente responderá, na forma da legislação de responsabilidade fiscal e de improbidade administrativa;

III – a União reterá os recursos referentes aos repasses ao Fundo de Participação dos Estados e do Distrito Federal e ao Fundo de Participação dos Municípios e os depositará na conta especial referida no art. 101 deste Ato das Disposições Constitucionais Transitórias, para utilização como nele previsto;

IV – os Estados e o Comitê Gestor do Imposto sobre Bens e Serviços reterão os repasses previstos, respectivamente, nos §§ 1º e 2º do art. 158 da Constituição Federal e os depositarão na conta especial referida no art. 101 deste Ato das Disposições Constitucionais Transitórias, para utilização como nele previsto.

Inciso com redação dada pela EC n. 132, de 20.12.2023.

➤ **Em 2033, a redação que vigorará assim dispõe:**

IV – o Comitê Gestor do Imposto sobre Bens e Serviços reterá os repasses previstos no § 2º do art. 158 da Constituição Federal e os depositará na conta especial referida no art. 101 deste Ato das Disposições Constitucionais Transitórias, para utilização como nele previsto.

Inciso com redação dada pela EC n. 132, de 20.12.2023.

Parágrafo único. Enquanto perdurar a omissão, o ente federado não poderá contrair empréstimo externo ou interno, exceto para os fins previstos no § 2º do art. 101 deste Ato das Disposições Constitucionais Transitórias, e ficará impedido de receber transferências voluntárias.

Art. 105. Enquanto viger o regime de pagamento de precatórios previsto no art. 101 deste Ato das Disposições Constitucionais Transitórias, é facultada aos credores de precatórios, próprios ou de terceiros, a compensação com débitos de natureza tributária ou de outra natureza que até 25 de março de 2015 tenham sido inscritos na dívida ativa dos Estados, do Distrito Federal ou dos Municípios, observados os requisitos definidos em lei própria do ente federado.

Caput acrescentado pela EC n. 94, de 15.12.2016.

§ 1º Não se aplica às compensações referidas no *caput* deste artigo qualquer tipo de vinculação, como as transferências a outros entes e as destinadas à educação, à saúde e a outras finalidades.

Parágrafo acrescentado pela EC n. 94, de 15.12.2016, e renumerado pela EC n. 99, de 14.12.2017.

§ 2º Os Estados, o Distrito Federal e os Municípios regulamentarão nas respectivas leis o disposto no *caput* deste artigo em até cento e vinte dias a partir de 1º de janeiro de 2018.

Parágrafo acrescentado pela EC n. 99, de 14.12.2017.

§ 3º Decorrido o prazo estabelecido no § 2º deste artigo sem a regulamentação nele prevista, ficam os credores de precatórios autorizados a exercer a faculdade a que se refere o *caput* deste artigo.

Parágrafo acrescentado pela EC n. 99, de 14.12.2017.

Art. 106. (*Revogado pela EC n. 126, de 21.12.2022, a partir da publicação da LC n. 200, de 31.08.2023.*)

A redação anterior assim dispunha:

Art. 106. Fica instituído o Novo Regime Fiscal no âmbito dos Orçamentos Fiscal e da Seguridade Social da União, que vigorará por vinte exercícios financeiros, nos termos dos arts. 107 a 114 deste Ato das Disposições Constitucionais Transitórias.

Artigo acrescentado pela EC n. 95, de 15.12.2016.

Art. 107. (*Revogado pela EC n. 126, de 21.12.2022, a partir da publicação da LC n. 200, de 31.08.2023.*)

A redação anterior assim dispunha:

Art. 107. Ficam estabelecidos, para cada exercício, limites individualizados para as despesas primárias:

Caput acrescentado pela EC n. 95, de 15.12.2016.

I – do Poder Executivo;

Inciso acrescentado pela EC n. 95, de 15.12.2016.

II – do Supremo Tribunal Federal, do Superior Tribunal de Justiça, do Conselho Nacional de Justiça, da Justiça do Trabalho, da Justiça Federal, da Justiça Militar da União, da Justiça Eleitoral e da Justiça do Distrito Federal e Territórios, no âmbito do Poder Judiciário;

Inciso acrescentado pela EC n. 95, de 15.12.2016.

III – do Senado Federal, da Câmara dos Deputados e do Tribunal de Contas da União, no âmbito do Poder Legislativo;

Inciso acrescentado pela EC n. 95, de 15.12.2016.

IV – do Ministério Público da União e do Conselho Nacional do Ministério Público; e

Inciso acrescentado pela EC n. 95, de 15.12.2016.

V – da Defensoria Pública da União.

Inciso acrescentado pela EC n. 95, de 15.12.2016.

§ 1º Cada um dos limites a que se refere o caput deste artigo equivalerá:

Parágrafo acrescentado pela EC n. 95, de 15.12.2016.

I – para o exercício de 2017, à despesa primária paga no exercício de 2016, incluídos os restos a pagar pagos e demais operações que afetam o resultado primário, corrigida em 7,2% (sete inteiros e dois décimos por cento); e

Inciso acrescentado pela EC n. 95, de 15.12.2016.

II – para os exercícios posteriores, ao valor do limite referente ao exercício imediatamente anterior, corrigido pela variação do Índice Nacional de Preços ao Consumidor Amplo (IPCA), publicado pela Fundação Instituto Brasileiro de Geografia e Estatística, ou de outro índice que vier a substituí-lo, apurado no exercício anterior a que se refere a lei orçamentária.

Inciso com redação dada pela EC n. 113, de 08.12.2021.

§ 2º Os limites estabelecidos na forma do inciso IV do caput do art. 51, do inciso XIII do caput *do art. 52, do § 1º do art. 99, do § 3º do art. 127 e do § 3º do art. 134 da Constituição Federal não poderão ser superiores aos estabelecidos nos termos deste artigo.*

Parágrafo acrescentado pela EC n. 95, de 15.12.2016.

§ 3º A mensagem que encaminhar o projeto de lei orçamentária demonstrará os valores máximos de programação compatíveis com os limites individualizados calculados na forma do § 1º deste artigo, observados os §§ 7º a 9º deste artigo.

Parágrafo acrescentado pela EC n. 95, de 15.12.2016.

§ 4º As despesas primárias autorizadas na lei orçamentária anual sujeitas aos limites de que trata este artigo não poderão exceder os valores máximos demonstrados nos termos do § 3º deste artigo.

Parágrafo acrescentado pela EC n. 95, de 15.12.2016.

§ 5º É vedada a abertura de crédito suplementar ou especial que amplie o montante total autorizado de despesa primária sujeita aos limites de que trata este artigo.

Parágrafo acrescentado pela EC n. 95, de 15.12.2016.

§ 6º Não se incluem na base de cálculo e nos limites estabelecidos neste artigo:

Parágrafo acrescentado pela EC n. 95, de 15.12.2016.

I – transferências constitucionais estabelecidas no § 1º do art. 20, no inciso III do parágrafo único do art. 146, no § 5º do art. 153, no art. 157, nos incisos I e II do caput *do art. 158, no art. 159 e no § 6º do art. 212, as despesas referentes ao inciso XIV do* caput *do art. 21 e as complementações de que tratam os incisos IV e V do* caput *do art. 212-A, todos da Constituição Federal;*

Inciso com redação dada pela EC n. 108, de 26.08.2020.

II – créditos extraordinários a que se refere o § 3º do art. 167 da Constituição Federal;

Inciso acrescentado pela EC n. 95, de 15.12.2016.

III – despesas não recorrentes da Justiça Eleitoral com a realização de eleições; e

Inciso acrescentado pela EC n. 95, de 15.12.2016.

IV – despesas com aumento de capital de empresas estatais não dependentes;

Inciso acrescentado pela EC n. 95, de 15.12.2016.

V – transferências a Estados, Distrito Federal e Municípios de parte dos valores arrecadados com os leilões dos volumes excedentes ao limite a que se refere o § 2º do art. 1º da Lei n. 12.276, de 30 de junho de 2010, e a despesa decorrente da revisão do contrato de cessão onerosa de que trata a mesma Lei;

Inciso acrescentado pela EC n. 102, de 26.09.2019.

VI – despesas correntes ou transferências aos fundos de saúde dos Estados, do Distrito Federal e dos Municípios, destinadas ao pagamento de despesas com pessoal para cumprimento dos pisos nacionais salariais para o enfermeiro, o técnico de enfermagem, o auxiliar de enfermagem e a parteira, de acordo com os §§ 12, 13, 14 e 15 do art. 198 da Constituição Federal.

Inciso acrescentado pela EC n. 127, de 22.12.2022.

§ 6º-A. Não se incluem no limite estabelecido no inciso I do caput *deste artigo, a partir do exercício financeiro de 2023:*

Parágrafo acrescentado pela EC n. 126, de 21.12.2022.

I – despesas com projetos socioambientais ou relativos às mudanças climáticas custeadas com recursos de doações, bem como despesas com projetos custeados com recursos decorrentes de acordos judiciais ou extrajudiciais firmados em função de desastres ambientais;

Inciso acrescentado pela EC n. 126, de 21.12.2022.

II – despesas das instituições federais de ensino e das Instituições Científicas, Tecnológicas e de Inovação (ICTs) custeadas com receitas próprias, de doações ou de convênios, contratos ou outras fontes, celebrados com os demais entes da Federação ou entidades privadas;

Inciso acrescentado pela EC n. 126, de 21.12.2022.

III – despesas custeadas com recursos oriundos de transferências dos demais entes da Federação para a União destinados à execução direta de obras e serviços de engenharia.

Inciso acrescentado pela EC n. 126, de 21.12.2022.

§ 6º-B. Não se incluem no limite estabelecido no inciso I do caput *deste artigo as despesas com investimentos em montante que corresponda ao excesso de arrecadação de receitas correntes do exercício anterior ao que se refere a lei orçamentária, limitadas a 6,5% (seis inteiros e cinco décimos por cento) do excesso de arrecadação de receitas correntes do exercício de 2021.*

Parágrafo acrescentado pela EC n. 126, de 21.12.2022.

§ 6º-C. As despesas previstas no § 6º-B deste artigo não serão consideradas para fins de verificação do cumprimento da meta de resultado primário estabelecida no caput *do art. 2º da Lei n. 14.436, de 9 de agosto de 2022.*

Parágrafo acrescentado pela EC n. 126, de 21.12.2022.

§ 7º Nos três primeiros exercícios financeiros da vigência do Novo Regime Fiscal, o Poder Executivo poderá compensar com redução equivalente na sua despesa primária, consoante os valores estabelecidos no projeto de lei orçamentária encaminhado pelo Poder Executivo no respectivo exercício, o excesso de despesas primárias em relação aos limites de que tratam os incisos II a V do caput *deste artigo.*

Parágrafo acrescentado pela EC n. 95, de 15.12.2016.

§ 8º A compensação de que trata o § 7º deste artigo não excederá a 0,25% (vinte e cinco centésimos por cento) do limite do Poder Executivo.

Parágrafo acrescentado pela EC n. 95, de 15.12.2016.

§ 9º Respeitado o somatório em cada um dos incisos de II a IV do caput *deste artigo, a lei de diretrizes orçamentárias poderá dispor sobre a compensação entre os limites individualizados dos órgãos elencados em cada inciso.*

Parágrafo acrescentado pela EC n. 95, de 15.12.2016.

§ 10. Para fins de verificação do cumprimento dos limites de que trata este artigo, serão consideradas as despesas primárias pagas, incluídos os restos a pagar pagos e demais operações que afetam o resultado primário no exercício.

Parágrafo acrescentado pela EC n. 95, de 15.12.2016.

§ 11. O pagamento de restos a pagar inscritos até 31 de dezembro de 2015 poderá ser excluído da verificação do cumprimento dos limites de que trata este artigo, até o excesso de resultado primário dos Orçamentos Fiscal e da Seguridade Social do exercício em relação à meta fixada na lei de diretrizes orçamentárias.

Parágrafo acrescentado pela EC n. 95, de 15.12.2016.

§ 12. Para fins da elaboração do projeto de lei orçamentária anual, o Poder Executivo considerará o valor realizado até junho do índice previsto no inciso II do § 1º deste artigo, relativo ao ano de encaminhamento do projeto, e o valor estimado até dezembro desse mesmo ano.

Parágrafo acrescentado pela EC n. 113, de 08.12.2021.

§ 13. A estimativa do índice a que se refere o § 12 deste artigo, juntamente com os demais parâmetros macroeconômicos, serão elaborados mensalmente pelo Poder Executivo e enviados à comissão mista de que trata o § 1º do art. 166 da Constituição Federal.

Parágrafo acrescentado pela EC n. 113, de 08.12.2021.

§ 14. O resultado da diferença aferida entre as projeções referidas nos §§ 12 e 13 deste artigo e a efetiva apuração do índice previsto no inciso II do § 1º deste artigo será calculado pelo Poder Executivo, para fins de definição da base de cálculo dos respectivos limites do exercício seguinte, a qual será comunicada aos demais Poderes por ocasião da elaboração do projeto de lei orçamentária.

Parágrafo acrescentado pela EC n. 113, de 08.12.2021.

Art. 107-A. Até o fim de 2026, fica estabelecido, para cada exercício financeiro, limite para alocação na proposta orçamentária das despesas com pagamentos em virtude de sentença judiciária de que trata o art. 100 da Constituição Federal, equivalente ao valor da despesa paga no exercício de 2016, incluídos os restos a pagar pagos, corrigido, para o exercício de 2017, em 7,2% (sete inteiros e dois décimos por cento) e, para os exercícios posteriores, pela variação do Índice Nacional de Preços ao Consumidor Amplo (IPCA), publicado pela Fundação Instituto Brasileiro de Geografia e Estatística, ou de outro índice que vier a substituí-lo, apurado no exercício anterior a que se refere a lei orçamentária, devendo o espaço fiscal decorrente da diferença entre o valor dos precatórios expedidos e o respectivo limite ser destinado ao programa previsto no parágrafo único do art. 6º e à seguridade social, nos termos do art. 194, ambos da Constituição Federal, a ser calculado da seguinte forma:

Caput com redação dada pela EC n. 126, de 21.12.2022.

Veja art. 4º, parágrafo único, EC n. 114, de 16.12.2021.

I – no exercício de 2022, o espaço fiscal decorrente da diferença entre o valor dos precatórios expedidos e o limite estabelecido no *caput* deste artigo deverá ser destinado ao programa previsto no parágrafo único do art. 6º e à seguridade social, nos termos do art. 194, ambos da Constituição Federal;

Inciso acrescentado pela EC n. 114, de 16.12.2021.

II – no exercício de 2023, pela diferença entre o total de precatórios expedidos entre 2 de julho de 2021 e 2 de abril de 2022 e o limite de que trata o *caput* deste artigo válido para o exercício de 2023; e

Inciso acrescentado pela EC n. 114, de 16.12.2021.

Veja Mandado de Injunção n. 7.300.

III – nos exercícios de 2024 a 2026, pela diferença entre o total de precatórios expedidos entre 3 de abril de dois anos anteriores e 2 de abril do ano anterior ao exercício e o limite de que trata o *caput* deste artigo válido para o mesmo exercício.

Inciso acrescentado pela EC n. 114, de 16.12.2021.

§ 1º O limite para o pagamento de precatórios corresponderá, em cada exercício, ao limite previsto no *caput* deste artigo, reduzido da projeção para a despesa com o pagamento de requisições de pequeno valor para o mesmo exercício, que terão prioridade no pagamento.

Parágrafo acrescentado pela EC n. 114, de 16.12.2021.

§ 2º Os precatórios que não forem pagos em razão do previsto neste artigo terão prioridade para pagamento em exercícios seguintes, observada a ordem cronológica e o disposto no § 8º deste artigo.

Parágrafo acrescentado pela EC n. 114, de 16.12.2021.

§ 3º É facultado ao credor de precatório que não tenha sido pago em razão do disposto neste artigo, além das hipóteses previstas no § 11 do art. 100 da Constituição Federal e sem prejuízo dos procedimentos previstos nos §§ 9º e 21 do referido artigo, optar pelo recebimento, mediante acordos diretos perante Juízos Auxiliares de Conciliação de Pagamento de Condenações Judiciais contra a Fazenda Pública Federal, em parcela única, até o final do exercício seguinte, com renúncia de 40% (quarenta por cento) do valor desse crédito.

Parágrafo acrescentado pela EC n. 114, de 16.12.2021.

Veja art. 3º, § 2º, VI, LC n. 200, de 30.08.2023.

§ 4º O Conselho Nacional de Justiça regulamentará a atuação dos Presidentes dos Tribunais competentes para o cumprimento deste artigo.

Parágrafo acrescentado pela EC n. 114, de 16.12.2021.

§ 5º Não se incluem no limite estabelecido neste artigo as despesas para fins de cumprimento do disposto nos §§ 11, 20 e 21 do art. 100 da Constituição Federal e no § 3º deste artigo, bem como a atualização monetária dos precatórios inscritos no exercício.

Parágrafo acrescentado pela EC n. 114, de 16.12.2021.

§ 6º Não se incluem nos limites estabelecidos no art. 107 deste Ato das Disposições Constitucionais Transitórias o previsto nos §§ 11, 20 e 21 do art. 100 da Constituição Federal e no § 3º deste artigo.

Parágrafo acrescentado pela EC n. 114, de 16.12.2021.

§ 7º Na situação prevista no § 3º deste artigo, para os precatórios não incluídos na proposta orçamentária de 2022, os valores necessários à sua quitação serão providenciados pela abertura de créditos adicionais durante o exercício de 2022.

Parágrafo acrescentado pela EC n. 114, de 16.12.2021.

§ 8º Os pagamentos em virtude de sentença judiciária de que trata o art. 100 da Constituição Federal serão realizados na seguinte ordem:

Parágrafo acrescentado pela EC n. 114, de 16.12.2021.

I – obrigações definidas em lei como de pequeno valor, previstas no § 3º do art. 100 da Constituição Federal;

Inciso acrescentado pela EC n. 114, de 16.12.2021.

II – precatórios de natureza alimentícia cujos titulares, originários ou por sucessão hereditária, tenham no mínimo 60 (sessenta) anos de idade, ou sejam portadores de doença grave ou pessoas com deficiência, assim definidos na forma da lei, até o valor equivalente ao triplo do montante fixado em lei como obrigação de pequeno valor;

Inciso acrescentado pela EC n. 114, de 16.12.2021.

III – demais precatórios de natureza alimentícia até o valor equivalente ao triplo do montante fixado em lei como obrigação de pequeno valor;

Inciso acrescentado pela EC n. 114, de 16.12.2021.

IV – demais precatórios de natureza alimentícia além do valor previsto no inciso III deste parágrafo;

Inciso acrescentado pela EC n. 114, de 16.12.2021.

V – demais precatórios.

Inciso acrescentado pela EC n. 114, de 16.12.2021.

Art. 108. (*Revogado pela EC n. 113, de 08.12.2021.*)

Art. 109. (*Revogado pela EC n. 126, de 21.12.2022, a partir da publicação da LC n. 200, de 31.08.2023.*)

A redação anterior assim dispunha:

Art. 109. Se verificado, na aprovação da lei orçamentária, que, no âmbito das despesas sujeitas aos limites do art. 107 deste Ato das Disposições Constitucionais Transitórias, a proporção da despesa obrigatória primária em relação à despesa primária total foi superior a 95% (noventa e cinco por cento), aplicam-se ao respectivo Poder ou órgão, até o final do exercício a que se refere a lei orçamentária, sem prejuízo de outras medidas, as seguintes vedações:

Caput com redação dada pela EC n. 109, de 15.03.2021.

I – concessão, a qualquer título, de vantagem, aumento, reajuste ou adequação de remuneração de membros de Poder ou de órgão, de servidores e empregados públicos e de militares, exceto dos derivados de sentença judicial transitada em julgado ou de determinação legal anterior ao início da aplicação das medidas de que trata este artigo;

Inciso com redação dada pela EC n. 109, de 15.03.2021.

II – criação de cargo, emprego ou função que implique aumento de despesa;
Inciso com redação dada pela EC n. 95, de 15.12.2016.
III – alteração de estrutura de carreira que implique aumento de despesa;
Inciso com redação dada pela EC n. 95, de 15.12.2016.
IV – admissão ou contratação de pessoal, a qualquer título, ressalvadas:
Inciso com redação dada pela EC n. 109, de 15.03.2021.
a) *as reposições de cargos de chefia e de direção que não acarretem aumento de despesa;*
Alínea acrescentada pela EC n. 109, de 15.03.2021.
b) *as reposições decorrentes de vacâncias de cargos efetivos ou vitalícios;*
Alínea acrescentada pela EC n. 109, de 15.03.2021.
c) *as contratações temporárias de que trata o inciso IX do* caput *do art. 37 da Constituição Federal; e*
Alínea acrescentada pela EC n. 109, de 15.03.2021.
d) *as reposições de temporários para prestação de serviço militar e de alunos de órgãos de formação de militares;*
Alínea acrescentada pela EC n. 109, de 15.03.2021.
V – realização de concurso público, exceto para as reposições de vacâncias previstas no inciso IV;
Inciso com redação dada pela EC n. 95, de 15.12.2016.
VI – criação ou majoração de auxílios, vantagens, bônus, abonos, verbas de representação ou benefícios de qualquer natureza, inclusive os de cunho indenizatório, em favor de membros de Poder, do Ministério Público ou da Defensoria Pública, de servidores e empregados públicos e de militares, ou ainda de seus dependentes, exceto quando derivados de sentença judicial transitada em julgado ou de determinação legal anterior ao início da aplicação das medidas de que trata este artigo;
Inciso com redação dada pela EC n. 109, de 15.03.2021.
VII – criação de despesa obrigatória; e
Inciso com redação dada pela EC n. 95, de 15.12.2016.
VIII – adoção de medida que implique reajuste de despesa obrigatória acima da variação da inflação, observada a preservação do poder aquisitivo referida no inciso IV do caput *do art. 7º da Constituição Federal;*
Inciso com redação dada pela EC n. 95, de 15.12.2016.
IX – aumento do valor de benefícios de cunho indenizatório destinados a qualquer membro de Poder, servidor ou empregado da administração pública e a seus dependentes, exceto quando derivado de sentença judicial transitada em julgado ou de determinação legal anterior ao início da aplicação das medidas de que trata este artigo.
Inciso com redação dada pela EC n. 109, de 15.03.2021.
§ 1º As vedações previstas nos incisos I, III e VI do caput *deste artigo, quando acionadas as vedações para qualquer dos órgãos elencados nos incisos II, III e IV do* caput *do art. 107 deste Ato das Disposições Constitucionais Transitórias, aplicam-se ao conjunto dos órgãos referidos em cada inciso.*
Parágrafo com redação dada pela EC n. 109, de 15.03.2021.
§ 2º Caso as vedações de que trata o caput *deste artigo sejam acionadas para o Poder Executivo, ficam vedadas:*

Parágrafo com redação dada pela EC n. 109, de 15.03.2021.

I – a criação ou expansão de programas e linhas de financiamento, bem como a remissão, renegociação ou refinanciamento de dívidas que impliquem ampliação das despesas com subsídios e subvenções; e

Inciso com redação dada pela EC n. 95, de 15.12.2016.

II – a concessão ou a ampliação de incentivo ou benefício de natureza tributária.

Inciso com redação dada pela EC n. 95, de 15.12.2016.

§ 3º Caso as vedações de que trata o caput *deste artigo sejam acionadas, fica vedada a concessão da revisão geral prevista no inciso X do* caput *do art. 37 da Constituição Federal.*

Parágrafo com redação dada pela EC n. 109, de 15.03.2021.

§ 4º As disposições deste artigo:

Parágrafo com redação dada pela EC n. 109, de 15.03.2021.

I – não constituem obrigação de pagamento futuro pela União ou direitos de outrem sobre o erário;

Inciso acrescentado pela EC n. 109, de 15.03.2021.

II – não revogam, dispensam ou suspendem o cumprimento de dispositivos constitucionais e legais que disponham sobre metas fiscais ou limites máximos de despesas; e

Inciso acrescentado pela EC n. 109, de 15.03.2021.

III – aplicam-se também a proposições legislativas.

Inciso acrescentado pela EC n. 109, de 15.03.2021.

§ 5º O disposto nos incisos II, IV, VII e VIII do caput *e no § 2º deste artigo não se aplica a medidas de combate a calamidade pública nacional cuja vigência e efeitos não ultrapassem a sua duração.*

Parágrafo acrescentado pela EC n. 109, de 15.03.2021.

Art. 110. (*Revogado pela EC n. 126, de 21.12.2022, a partir da publicação da LC n. 200, de 31.08.2023.*)

A redação anterior assim dispunha:

Art. 110. Na vigência do Novo Regime Fiscal, as aplicações mínimas em ações e serviços públicos de saúde e em manutenção e desenvolvimento do ensino equivalerão:

Artigo acrescentado pela EC n. 95, de 15.12.2016.

I – no exercício de 2017, às aplicações mínimas calculadas nos termos do inciso I do § 2º do art. 198 e do caput *do art. 212, da Constituição Federal; e*

II – nos exercícios posteriores, aos valores calculados para as aplicações mínimas do exercício imediatamente anterior, corrigidos na forma estabelecida pelo inciso II do § 1º do art. 107 deste Ato das Disposições Constitucionais Transitórias.

Art. 111. (*Revogado pela EC n. 126, de 21.12.2022, a partir da publicação da LC n. 200, de 31.08.2023.*)

A redação anterior assim dispunha:

Art. 111. A partir do exercício financeiro de 2018, até o exercício financeiro de 2022, a aprovação e a execução previstas nos §§ 9º e 11 do art. 166 da Constituição Federal corresponderão ao montante de execução obrigatória para o exercício de 2017, corrigido na forma estabelecida no inciso II do § 1º do art. 107 deste Ato das Disposições Constitucionais Transitórias.

Artigo com redação dada pela EC n. 126, de 21.12.2022.

Art. 111-A. (*Revogado pela EC n. 126, de 21.12.2022, a partir da publicação da LC n. 200, de 31.08.2023.*)

A redação anterior assim dispunha:

Art. 111-A. A partir do exercício financeiro de 2024, até o último exercício de vigência do Novo Regime Fiscal, a aprovação e a execução previstas nos §§ 9º e 11 do art. 166 da Constituição Federal corresponderão ao montante de execução obrigatória para o exercício de 2023, corrigido na forma estabelecida no inciso II do § 1º do art. 107 deste Ato das Disposições Constitucionais Transitórias.

Artigo acrescentado pela EC n. 126, de 21.12.2022.

Art. 112. (*Revogado pela EC n. 126, de 21.12.2022, a partir da publicação da LC n. 200, de 31.08.2023.*)

A redação anterior assim dispunha:

Art. 112. As disposições introduzidas pelo Novo Regime Fiscal:

Artigo acrescentado pela EC n. 95, de 15.12.2016.

I – não constituirão obrigação de pagamento futuro pela União ou direitos de outrem sobre o erário; e

II – não revogam, dispensam ou suspendem o cumprimento de dispositivos constitucionais e legais que disponham sobre metas fiscais ou limites máximos de despesas.

Art. 113. A proposição legislativa que crie ou altere despesa obrigatória ou renúncia de receita deverá ser acompanhada da estimativa do seu impacto orçamentário e financeiro.

Artigo acrescentado pela EC n. 95, de 15.12.2016.

Veja art. 106, ADCT.

Art. 114. (*Revogado pela EC n. 126, de 21.12.2022, a partir da publicação da LC n. 200, de 31.08.2023.*)

A redação anterior assim dispunha:

Art. 114. A tramitação de proposição elencada no caput *do art. 59 da Constituição Federal, ressalvada a referida no seu inciso V, quando acarretar aumento de despesa ou renúncia de receita, será suspensa por até vinte dias, a requerimento de um quinto dos membros da Casa, nos termos regimentais, para análise de sua compatibilidade com o Novo Regime Fiscal.*

Artigo acrescentado pela EC n. 95, de 15.12.2016.

Art. 115. Fica excepcionalmente autorizado o parcelamento das contribuições previdenciárias e dos demais débitos dos Municípios, incluídas suas autarquias e fundações, com os respectivos regimes próprios de previdência social, com vencimento até 31 de outubro de 2021, inclusive os parcelados anteriormente, no prazo máximo de 240 (duzentos e quarenta) prestações mensais, mediante autorização em lei municipal específica, desde que comprovem ter alterado a legislação do regime próprio de previdência social para atendimento das seguintes condições, cumulativamente:

Artigo acrescentado pela EC n. 113, de 08.12.2021.

Veja art. 117, ADCT.

I – adoção de regras de elegibilidade, de cálculo e de reajustamento dos benefícios que contemplem, nos termos previstos nos incisos I e III do § 1º e nos §§ 3º a 5º, 7º e 8º do art. 40 da Constituição Federal, regras assemelhadas às aplicáveis aos servidores públicos do regime próprio de previdência social da União e que contribuam efetivamente para o atingimento e a manutenção do equilíbrio financeiro e atuarial;

Veja art. 116, § 1º, ADCT.

II – adequação do rol de benefícios ao disposto nos §§ 2º e 3º do art. 9º da Emenda Constitucional n. 103, de 12 de novembro de 2019;

Veja art. 116, § 1º, ADCT.

III – adequação da alíquota de contribuição devida pelos servidores, nos termos do § 4º do art. 9º da Emenda Constitucional n. 103, de 12 de novembro de 2019; e

Veja art. 116, § 1º, ADCT.

IV – instituição do regime de previdência complementar e adequação do órgão ou entidade gestora do regime próprio de previdência social, nos termos do § 6º do art. 9º da Emenda Constitucional n. 103, de 12 de novembro de 2019.

Veja art. 116, § 1º, ADCT.

Parágrafo único. Ato do Ministério do Trabalho e Previdência, no âmbito de suas competências, definirá os critérios para o parcelamento previsto neste artigo, inclusive quanto ao cumprimento do disposto nos incisos I, II, III e IV do *caput* deste artigo, bem como disponibilizará as informações aos Municípios sobre o montante das dívidas, as formas de parcelamento, os juros e os encargos incidentes, de modo a possibilitar o acompanhamento da evolução desses débitos.

Art. 116. Fica excepcionalmente autorizado o parcelamento dos débitos decorrentes de contribuições previdenciárias dos Municípios, incluídas suas autarquias e fundações, com o Regime Geral de Previdência Social, com vencimento até 31 de outubro de 2021, ainda que em fase de execução fiscal ajuizada, inclusive os decorrentes do descumprimento de obrigações acessórias e os parcelados anteriormente, no prazo máximo de 240 (duzentos e quarenta) prestações mensais.

Artigo acrescentado pela EC n. 113, de 08.12.2021.

Veja art. 117, ADCT.

§ 1º Os Municípios que possuam regime próprio de previdência social deverão comprovar, para fins de formalização do parcelamento com o Regime Geral de Previdência Social, de que trata este artigo, terem atendido as condições estabelecidas nos incisos I, II, III e IV do *caput* do art. 115 deste Ato das Disposições Constitucionais Transitórias.

§ 2º Os débitos parcelados terão redução de 40% (quarenta por cento) das multas de mora, de ofício e isoladas, de 80% (oitenta por cento) dos juros de mora, de 40% (quarenta por cento) dos encargos legais e de 25% (vinte e cinco por cento) dos honorários advocatícios.

§ 3º O valor de cada parcela será acrescido de juros equivalentes à taxa referencial do Sistema Especial de Liquidação e de Custódia (Selic), acumulada mensalmente, calculados a partir do mês subsequente ao da consolidação até o mês anterior ao do pagamento.

§ 4º Não constituem débitos dos Municípios aqueles considerados prescritos ou atingidos pela decadência.

§ 5º A Secretaria Especial da Receita Federal do Brasil e a Procuradoria-Geral da Fazenda Nacional, no âmbito de suas competências, deverão fixar os critérios para o parcelamento previsto neste artigo, bem como disponibilizar as informações aos Municípios sobre o montante das dívidas, as formas de parcelamento, os juros e os encargos incidentes, de modo a possibilitar o acompanhamento da evolução desses débitos.

Art. 117. A formalização dos parcelamentos de que tratam os arts. 115 e 116 deste Ato das Disposições Constitucionais Transitórias deverá ocorrer até 30 de junho de 2022 e ficará condicionada à autorização de vinculação do Fundo de Participação dos Municípios para fins de pagamento das prestações acordadas nos termos de parcelamento, observada a seguinte ordem de preferência:

Artigo acrescentado pela EC n. 113, de 08.12.2021.

I – a prestação de garantia ou de contra garantia à União ou os pagamentos de débitos em favor da União, na forma do § 4º do art. 167 da Constituição Federal;

II – as contribuições parceladas devidas ao Regime Geral de Previdência Social;

Veja art. 4º, EC n. 113, de 08.12.2021.

III – as contribuições parceladas devidas ao respectivo regime próprio de previdência social.

Art. 118. Os limites, as condições, as normas de acesso e os demais requisitos para o atendimento do disposto no parágrafo único do art. 6º e no inciso VI do *caput* do art. 203 da Constituição Federal serão determinados, na forma da lei e respectivo regulamento, até 31 de dezembro de 2022, dispensada, exclusivamente no exercício de 2022, a observância das limitações legais quanto à criação, à expansão ou ao aperfeiçoamento de ação governamental que acarrete aumento de despesa no referido exercício.

Artigo acrescentado pela EC n. 114, de 16.12.2021.

Art. 119. Em decorrência do estado de calamidade pública provocado pela pandemia da Covid-19, os Estados, o Distrito Federal, os Municípios e os agentes públicos desses entes federados não poderão ser responsabilizados administrativa, civil ou criminalmente pelo descumprimento, exclusivamente nos exercícios financeiros de 2020 e 2021, do disposto no *caput* do art. 212 da Constituição Federal.

Artigo acrescentado pela EC n. 119, de 27.04.2022.

Veja art. 2º, EC n. 119, de 27.04.2022.

Parágrafo único. Para efeitos do disposto no *caput* deste artigo, o ente deverá complementar na aplicação da manutenção e desenvolvimento do ensino, até o exercício financeiro de 2023, a diferença a menor entre o valor aplicado, conforme informação registrada no sistema integrado de planejamento e orçamento, e o valor mínimo exigível constitucionalmente para os exercícios de 2020 e 2021.

Art. 120. Fica reconhecido, no ano de 2022, o estado de emergência decorrente da elevação extraordinária e imprevisível dos preços do petróleo, combustíveis e seus derivados e dos impactos sociais dela decorrentes.

Artigo acrescentado pela EC n. 123, de 14.07.2022.

Veja art. 5º, *caput* e § 3º, I, EC n. 123, de 14.07.2022.

Parágrafo único. Para enfretamento ou mitigação dos impactos decorrentes do estado de emergência reconhecido, as medidas implementadas, até os limites de despesas previstos em uma única e exclusiva norma constitucional observarão o seguinte:

I – quanto às despesas:

a) serão atendidas por meio de crédito extraordinário;

b) não serão consideradas para fins de apuração da meta de resultado primário estabelecida no *caput* do art. 2º da Lei n. 14.194, de 20 de agosto de 2021, e do limite estabelecido para as despesas primárias, conforme disposto no inciso I do *caput* do art. 107 do Ato das Disposições Constitucionais Transitórias; e

c) ficarão ressalvadas do disposto no inciso III do *caput* do art. 167 da Constituição Federal;

II – a abertura do crédito extraordinário para seu atendimento dar-se-á independentemente da observância dos requisitos exigidos no § 3º do art. 167 da Constituição Federal; e

III – a dispensa das limitações legais, inclusive quanto à necessidade de compensação:

a) à criação, à expansão ou ao aperfeiçoamento de ação governamental que acarrete aumento de despesa; e

b) à renúncia de receita que possa ocorrer.

Art. 121. As contas referentes aos patrimônios acumulados de que trata o § 2º do art. 239 da Constituição Federal cujos recursos não tenham sido reclamados por prazo superior a 20 (vinte) anos serão encerradas após o prazo de 60 (sessenta) dias da publicação de aviso no *Diário Oficial da União*, ressalvada reivindicação por eventual interessado legítimo dentro do referido prazo.

Artigo acrescentado pela EC n. 126, de 21.12.2022.

Parágrafo único. Os valores referidos no *caput* deste artigo serão tidos por abandonados, nos termos do inciso III do *caput* do art. 1.275 da Lei n. 10.406, de 10 de janeiro de 2002 (Código Civil), e serão apropriados pelo Tesouro Nacional como receita primária para realização de despesas de investimento de que trata o § 6º-B do art. 107, que não serão computadas nos limites previstos no art. 107, ambos deste Ato das Disposições Constitucionais Transitórias, podendo o interessado reclamar ressarcimento à União no prazo de até 5 (cinco) anos do encerramento das contas.

Veja art. 5º, § 2º, IV, LC n. 200, de 30.08.2023.

Art. 122. As transferências financeiras realizadas pelo Fundo Nacional de Saúde e pelo Fundo Nacional de Assistência Social diretamente aos fundos de saúde e assistência social estaduais, municipais e distritais, para enfrentamento da pandemia da Covid-19, poderão ser executadas pelos entes federativos até 31 de dezembro de 2023.

Artigo acrescentado pela EC n. 126, de 21.12.2022.

Art. 123. Todos os termos de credenciamentos, contratos, aditivos e outras formas de ajuste de permissão lotérica, em vigor, indistintamente, na data de publicação deste dispositivo, destinados a viabilizar a venda de serviços lotéricos, disciplinados em lei ou em outros instrumentos de alcance específico, terão assegurado prazo de vigência adicional, contado do término do prazo do instrumento vigente, independentemente da data de seu termo inicial.

Artigo acrescentado pela EC n. 129, de 05.07.2023.

Art. 124. A transição para os tributos previstos no art. 156-A e no art. 195, V, todos da Constituição Federal, atenderá aos critérios estabelecidos nos arts. 125 a 133 deste Ato das Disposições Constitucionais Transitórias.

Artigo acrescentado pela EC n. 132, de 20.12.2023.

Parágrafo único. A contribuição prevista no art. 195, V, será instituída pela mesma lei complementar de que trata o art. 156-A, ambos da Constituição Federal.

Art. 125. Em 2026, o imposto previsto no art. 156-A será cobrado à alíquota estadual de 0,1% (um décimo por cento), e a contribuição prevista no art. 195, V, ambos da Constituição Federal, será cobrada à alíquota de 0,9% (nove décimos por cento).

Artigo acrescentado pela EC n. 132, de 20.12.2023.

§ 1º O montante recolhido na forma do *caput* será compensado com o valor devido das contribuições previstas no art. 195, I, *b*, e IV, e da contribuição para o Programa de Integração Social a que se refere o art. 239, ambos da Constituição Federal.

§ 2º Caso o contribuinte não possua débitos suficientes para efetuar a compensação de que trata o § 1º, o valor recolhido poderá ser compensado com qualquer outro tributo federal ou ser ressarcido em até 60 (sessenta) dias, mediante requerimento.

§ 3º A arrecadação do imposto previsto no art. 156-A da Constituição Federal decorrente do disposto no *caput* deste artigo não observará as vinculações, repartições e destinações previstas na Constituição Federal, devendo ser aplicada, integral e sucessivamente, para:

I – o financiamento do Comitê Gestor do Imposto sobre Bens e Serviços, nos termos do art. 156-B, § 2º, III, da Constituição Federal;

II – compor o Fundo de Compensação de Benefícios Fiscais ou Financeiro-Fiscais do imposto de que trata o art. 155, II, da Constituição Federal.

§ 4º Durante o período de que trata o *caput*, os sujeitos passivos que cumprirem as obrigações acessórias relativas aos tributos referidos no *caput* poderão ser dispensados do seu recolhimento, nos termos de lei complementar.

Art. 126. A partir de 2027:

Artigo acrescentado pela EC n. 132, de 20.12.2023.

Veja art. 92-B, *caput*, ADCT.

I – serão cobrados:

a) a contribuição prevista no art. 195, V, da Constituição Federal;

b) o imposto previsto no art. 153, VIII, da Constituição Federal;

II – serão extintas as contribuições previstas no art. 195, I, *b*, e IV, e a contribuição para o Programa de Integração Social de que trata o art. 239, todos da Constituição Federal, desde que instituída a contribuição referida na alínea *a* do inciso I;

III – o imposto previsto no art. 153, IV, da Constituição Federal:

a) terá suas alíquotas reduzidas a zero, exceto em relação aos produtos que tenham industrialização incentivada na Zona Franca de Manaus, conforme critérios estabelecidos em lei complementar; e

b) não incidirá de forma cumulativa com o imposto previsto no art. 153, VIII, da Constituição Federal.

Art. 127. Em 2027 e 2028, o imposto previsto no art. 156-A da Constituição Federal será cobrado à alíquota estadual de 0,05% (cinco centésimos por cento) e à alíquota municipal de 0,05% (cinco centésimos por cento).

Artigo acrescentado pela EC n. 132, de 20.12.2023.

Veja art. 92-B, *caput*, ADCT.

Parágrafo único. No período referido no *caput*, a alíquota da contribuição prevista no art. 195, V, da Constituição Federal, será reduzida em 0,1 (um décimo) ponto percentual.

Art. 128. De 2029 a 2032, as alíquotas dos impostos previstos nos arts. 155, II, e 156, III, da Constituição Federal, serão fixadas nas seguintes proporções das alíquotas fixadas nas respectivas legislações:

Artigo acrescentado pela EC n. 132, de 20.12.2023.

Veja art. 92-B, *caput*, ADCT.

Veja art. 12, § 2º, EC n. 132, de 20.12.2023.

I – 9/10 (nove décimos), em 2029;

II – 8/10 (oito décimos), em 2030;

III – 7/10 (sete décimos), em 2031;

IV – 6/10 (seis décimos), em 2032.

§ 1º Os benefícios ou os incentivos fiscais ou financeiros relativos aos impostos previstos nos arts. 155, II, e 156, III, da Constituição Federal não alcançados pelo disposto no *caput* deste artigo serão reduzidos na mesma proporção.

§ 2º Os benefícios e incentivos fiscais ou financeiros referidos no art. 3º da Lei Complementar n. 160, de 7 de agosto de 2017, serão reduzidos na forma deste artigo, não se aplicando a redução prevista no § 2º-A do art. 3º da referida Lei Complementar.

§ 3º Ficam mantidos em sua integralidade, até 31 de dezembro de 2032, os percentuais utilizados para calcular os benefícios ou incentivos fiscais ou financeiros já reduzidos por força da redução das alíquotas, em decorrência do disposto no *caput*.

Art. 129. Ficam extintos, a partir de 2033, os impostos previstos nos arts. 155, II, e 156, III, da Constituição Federal.

Artigo acrescentado pela EC n. 132, de 20.12.2023.

Veja art. 92-B, *caput*, ADCT.

Art. 130. Resolução do Senado Federal fixará, para todas as esferas federativas, as alíquotas de referência dos tributos previstos nos arts. 156-A e 195, V, da Constituição Federal, observados a forma de cálculo e os limites previstos em lei complementar, de forma a assegurar:

Artigo acrescentado pela EC n. 132, de 20.12.2023.

Veja art. 132, *caput*, ADCT.

Veja art. 7º, § 1º, I, *b*, EC n. 132, de 20.12.2023.

I – de 2027 a 2033, que a receita da União com a contribuição prevista no art. 195, V, e com o imposto previsto no art. 153, VIII, todos da Constituição Federal, seja equivalente à redução da receita:

a) das contribuições previstas no art. 195, I, *b*, e IV, e da contribuição para o Programa de Integração Social de que trata o art. 239, todos da Constituição Federal;

b) do imposto previsto no art. 153, IV; e

c) do imposto previsto no art. 153, V, da Constituição Federal, sobre operações de seguros;

II – de 2029 a 2033, que a receita dos Estados e do Distrito Federal com o imposto previsto no art. 156-A da Constituição Federal seja equivalente à redução:

a) da receita do imposto previsto no art. 155, II, da Constituição Federal; e

b) das receitas destinadas a fundos estaduais financiados por contribuições estabelecidas como condição à aplicação de diferimento, regime especial ou outro tratamento diferenciado, relativos ao imposto de que trata o art. 155, II, da Constituição Federal, em funcionamento em 30 de abril de 2023, excetuadas as receitas dos fundos mantidas na forma do art. 136 deste Ato das Disposições Constitucionais Transitórias;

Veja arts. 131, § 2º, I, *b*, e 136, parágrafo único, ADCT.

III – de 2029 a 2033, que a receita dos Municípios e do Distrito Federal com o imposto previsto no art. 156-A seja equivalente à redução da receita do imposto previsto no art. 156, III, ambos da Constituição Federal.

§ 1º As alíquotas de referência serão fixadas no ano anterior ao de sua vigência, não se aplicando o disposto no art. 150, III, *c*, da Constituição Federal, com base em cálculo realizado pelo Tribunal de Contas da União.

§ 2º Na fixação das alíquotas de referência, deverão ser considerados os efeitos sobre a arrecadação dos regimes específicos, diferenciados ou favorecidos e de qualquer outro regime que resulte em arrecadação menor do que a que seria obtida com a aplicação da alíquota padrão.

§ 3º Para fins do disposto nos §§ 4º a 6º, entende-se por:

I – Teto de Referência da União: a média da receita no período de 2012 a 2021, apurada como proporção do PIB, do imposto previsto no art. 153, IV, das contribuições previstas no art. 195, I, *b*, e IV, da contribuição para o Programa de Integração Social de que trata o art. 239 e do imposto previsto no art. 153, V, sobre operações de seguro, todos da Constituição Federal;

II – Teto de Referência Total: a média da receita no período de 2012 a 2021, apurada como proporção do PIB, dos impostos previstos nos arts. 153, IV, 155, II e 156, III, das contribuições previstas no art. 195, I, *b*, e IV, da contribuição para o Programa de Integração Social de que trata o art. 239 e do imposto previsto no art. 153, V, sobre operações de seguro, todos da Constituição Federal;

III – Receita-Base da União: a receita da União com a contribuição prevista no art. 195, V, e com o imposto previsto no art. 153, VIII, ambos da Constituição Federal, apurada como proporção do PIB;

IV – Receita-Base dos Entes Subnacionais: a receita dos Estados, do Distrito Federal e dos Municípios com o imposto previsto no art. 156-A da Constituição Federal, deduzida da parcela a que se refere a alínea *b* do inciso II do *caput*, apurada como proporção do PIB;

V – Receita-Base Total: a soma da Receita-Base da União com a Receita-Base dos Entes Subnacionais, sendo essa última:

a) multiplicada por 10 (dez) em 2029;

b) multiplicada por 5 (cinco) em 2030;

c) multiplicada por 10 (dez) e dividida por 3 (três) em 2031;

d) multiplicada por 10 (dez) e dividida por 4 (quatro) em 2032;

e) multiplicada por 1 (um) em 2033.

§ 4º A alíquota de referência da contribuição a que se refere o art. 195, V, da Constituição Federal será reduzida em 2030 caso a média da Receita-Base da União em 2027 e 2028 exceda o Teto de Referência da União.

§ 5º As alíquotas de referência da contribuição a que se refere o art. 195, V, e do imposto a que se refere o art. 156-A, ambos da Constituição Federal, serão reduzidas em 2035 caso a média da Receita-Base Total entre 2029 e 2033 exceda o Teto de Referência Total.

§ 6º As reduções de que tratam os §§ 4º e 5º serão:

I – definidas de forma a que a Receita-Base seja igual ao respectivo Teto de Referência;

II – no caso do § 5º, proporcionais para as alíquotas de referência federal, estadual e municipal.

§ 7º A revisão das alíquotas de referência em função do disposto nos §§ 4º, 5º e 6º não implicará cobrança ou restituição de tributo relativo a anos anteriores ou transferência de recursos entre os entes federativos.

§ 8º Os entes federativos e o Comitê Gestor do Imposto sobre Bens e Serviços fornecerão ao Tribunal de Contas da União as informações necessárias para o cálculo a que se referem os §§ 1º, 4º e 5º.

§ 9º Nos cálculos das alíquotas de que trata o *caput*, deverá ser considerada a arrecadação dos tributos previstos nos arts. 156-A e 195, V, da Constituição Federal, cuja cobrança tenha sido iniciada antes dos períodos de que tratam os incisos I, II e III do *caput*.

§ 10. O cálculo das alíquotas a que se refere este artigo será realizado com base em propostas encaminhadas pelo Poder Executivo da União e pelo Comitê Gestor do Imposto sobre Bens e Serviços, que deverão fornecer ao Tribunal de Contas da União todos os subsídios necessários, mediante o compartilhamento de dados e informações, nos termos de lei complementar.

Art. 131. De 2029 a 2077, o produto da arrecadação dos Estados, do Distrito Federal e dos Municípios com o imposto de que trata o art. 156-A da Constituição Federal será distribuído a esses entes federativos conforme o disposto neste artigo.

Artigo acrescentado pela EC n. 132, de 20.12.2023.

Veja art. 82, § 1º, ADCT.

Veja art. 6º, IV, *b*, EC n. 132, de 20.12.2023.

§ 1º Serão retidos do produto da arrecadação do imposto de cada Estado, do Distrito Federal e de cada Município apurada com base nas alíquotas de referência de que trata o art. 130 deste Ato das Disposições Constitucionais Transitórias, nos termos dos arts. 149-C e 156-A, § 4º, II, e § 5º, I e IV, antes da aplicação do disposto no art. 158, IV, *b*, todos da Constituição Federal:

Veja art. 132, *caput*, ADCT.

I – de 2029 a 2032, 80% (oitenta por cento);

II – em 2033, 90% (noventa por cento);

III – de 2034 a 2077, percentual correspondente ao aplicado em 2033, reduzido à razão de 1/45 (um quarenta e cinco avos) por ano.

§ 2º Na forma estabelecida em lei complementar, o montante retido nos termos do § 1º será distribuído entre os Estados, o Distrito Federal e os Municípios proporcionalmente à receita média de cada ente federativo, devendo ser consideradas:

I – no caso dos Estados:

Veja art. 132, II, ADCT.

a) a arrecadação do imposto previsto no art. 155, II, após aplicação do disposto no art. 158, IV, a, todos da Constituição Federal; e

b) as receitas destinadas aos fundos estaduais de que trata o art. 130, II, *b*, deste Ato das Disposições Constitucionais Transitórias;

Veja art. 136, parágrafo único, ADCT.

II – no caso do Distrito Federal:

Veja art. 132, II, ADCT.

a) a arrecadação do imposto previsto no art. 155, II, da Constituição Federal; e *b)* a arrecadação do imposto previsto no art. 156, III, da Constituição Federal;

III – no caso dos Municípios:

Veja art. 132, II, ADCT.

a) a arrecadação do imposto previsto no art. 156, III, da Constituição Federal; e

b) a parcela creditada na forma do art. 158, IV, *a*, da Constituição Federal.

§ 3º Não se aplica o disposto no art. 158, IV, *b*, da Constituição Federal aos recursos distribuídos na forma do § 2º, I, deste artigo.

§ 4º A parcela do produto da arrecadação do imposto não retida nos termos do § 1º, após a retenção de que trata o art. 132 deste Ato das Disposições Constitucionais Transitórias, será distribuída a cada Estado, ao Distrito Federal e a cada Município de acordo com os critérios da lei complementar de que trata o art. 156-A, § 5º, I, da Constituição Federal, nela computada a variação de alíquota fixada pelo ente em relação à de referência.

§ 5º Os recursos de que trata este artigo serão distribuídos nos termos estabelecidos em lei complementar, aplicando-se o seguinte:

Veja art. 132, § 2º, ADCT.

I – constituirão a base de cálculo dos fundos de que trata o art. 212-A, II, da Constituição Federal, observado que:

a) para os Estados, o percentual de que trata o art. 212-A, II, será aplicado proporcionalmente à razão entre a soma dos valores distribuídos a cada ente nos termos do § 2º, I, *a*, e do § 4º, e a soma dos valores distribuídos nos termos do § 2º, I e do § 4º;

b) para o Distrito Federal, o percentual de que trata o art. 212-A, II, será aplicado proporcionalmente à razão entre a soma dos valores distribuídos nos termos do § 2º, II, *a*, e do § 4º, e a soma dos valores distribuídos nos termos do § 2º, II, e do § 4º, considerada, em ambas as somas, somente a parcela estadual nos valores distribuídos nos termos do § 4º;

c) para os Municípios, o percentual de que trata o art. 212-A, II, será aplicado proporcionalmente à razão entre a soma dos valores distribuídos nos termos do § 2º, III, *b*, e a soma dos valores distribuídos nos termos do § 2º, III;

II – constituirão as bases de cálculo de que tratam os arts. 29-A, 198, § 2º, 204, parágrafo único, 212 e 216, § 6º, da Constituição Federal, excetuados os valores distribuídos nos termos do § 2º, I, *b*;

III – poderão ser vinculados para prestação de garantias às operações de crédito por antecipação de receita previstas no art. 165, § 8º, para pagamento de débitos com a União e para prestar-lhe garantia ou contragarantia, nos termos do art. 167, § 4º, todos da Constituição Federal.

§ 6º Durante o período de que trata o *caput* deste artigo, é vedado aos Estados, ao Distrito Federal e aos Municípios fixar alíquotas próprias do imposto de que trata o art. 156-A da Constituição Federal inferiores às neces-

ADCT

sárias para garantir as retenções de que tratam o § 1º deste artigo e o art. 132 deste Ato das Disposições Constitucionais Transitórias.

Art. 132. Do imposto dos Estados, do Distrito Federal e dos Municípios apurado com base nas alíquotas de referência de que trata o art. 130 deste Ato das Disposições Constitucionais Transitórias, deduzida a retenção de que trata o art. 131, § 1º, será retido montante correspondente a 5% (cinco por cento) para distribuição aos entes com as menores razões entre:

Artigo acrescentado pela EC n. 132, de 20.12.2023.

Veja arts. 82, § 1º, 130, II, *b*, e 131, §§ 4º e 6º, ADCT.

Veja art. 6º, IV, *b*, EC n. 132, de 20.12.2023.

I – o valor apurado nos termos dos arts. 149-C e 156-A, § 4º, II, e § 5º, I e IV, com base nas alíquotas de referência, após a aplicação do disposto no art. 158, IV, *b*, todos da Constituição Federal; e

II – a respectiva receita média, apurada nos termos do art. 131, § 2º, I, II e III, deste Ato das Disposições Constitucionais Transitórias, limitada a 3 (três) vezes a média nacional por habitante da respectiva esfera federativa.

§ 1º Os recursos serão distribuídos, sequencial e sucessivamente, aos entes com as menores razões de que trata o *caput*, de maneira que, ao final da distribuição, para todos os entes que receberem recursos, seja observada a mesma a razão entre:

I – a soma do valor apurado nos termos do inciso I do *caput* com o valor recebido nos termos deste artigo; e

II – a receita média apurada na forma do inciso II do *caput*.

§ 2º Aplica-se aos recursos distribuídos na forma deste artigo o disposto no art. 131, § 5º deste Ato das Disposições Constitucionais Transitórias.

§ 3º Lei complementar estabelecerá os critérios para a redução gradativa, entre 2078 e 2097, do percentual de que trata o *caput*, até a sua extinção.

Art. 133. Os tributos de que tratam os arts. 153, IV, 155, II, 156, III, e 195, I, *b*, e IV, e a contribuição para o Programa de Integração Social a que se refere o art. 239 não integrarão a base de cálculo do imposto de que trata o art. 156-A e da contribuição de que trata o art. 195, V, todos da Constituição Federal.

Artigo acrescentado pela EC n. 132, de 20.12.2023.

Art. 134. Os saldos credores relativos ao imposto previsto no art. 155, II, da Constituição Federal, existentes ao final de 2032 serão aproveitados pelos contribuintes na forma deste artigo e nos termos de lei complementar.

Artigo acrescentado pela EC n. 132, de 20.12.2023.

§ 1º O disposto neste artigo alcança os saldos credores cujos aproveitamento ou ressarcimento sejam admitidos pela legislação em vigor em 31 de dezembro de 2032 e que tenham sido homologados pelos respectivos entes federativos, observadas as seguintes diretrizes:

I – apresentado o pedido de homologação, o ente federativo deverá se pronunciar no prazo estabelecido na lei complementar a que se refere o *caput*;

II – na ausência de resposta ao pedido de homologação no prazo a que se refere o inciso I deste parágrafo, os respectivos saldos credores serão considerados homologados.

§ 2º Aplica-se o disposto neste artigo também aos créditos reconhecidos após o prazo previsto no *caput*.

§ 3º O saldo dos créditos homologados será informado pelos Estados e pelo Distrito Federal ao Comitê Gestor do Imposto sobre Bens e Serviços para que seja compensado com o imposto de que trata o art. 156-A da Constituição Federal:

I – pelo prazo remanescente, apurado nos termos do art. 20, § 5º, da Lei Complementar n. 87, de 13 de setembro de 1996, para os créditos relativos à entrada de mercadorias destinadas ao ativo permanente;

II – em 240 (duzentos e quarenta) parcelas mensais, iguais e sucessivas, nos demais casos.

§ 4º O Comitê Gestor do Imposto sobre Bens e Serviços deduzirá do produto da arrecadação do imposto previsto no art. 156-A devido ao respectivo ente federativo o valor compensado na forma do § 3º, o qual não comporá base de cálculo para fins do disposto nos arts. 158, IV, 198, § 2º, 204, parágrafo único, 212, 212-A, II, e 216, § 6º, todos da Constituição Federal.

§ 5º A partir de 2033, os saldos credores serão atualizados pelo IPCA ou por outro índice que venha a substituí-lo.

§ 6º Lei complementar disporá sobre:

I – as regras gerais de implementação do parcelamento previsto no § 3º;

II – a forma pela qual os titulares dos créditos de que trata este artigo poderão transferi-los a terceiros;

III – a forma pela qual o crédito de que trata este artigo poderá ser ressarcido ao contribuinte pelo Comitê Gestor do Imposto sobre Bens e Serviços, caso não seja possível compensar o valor da parcela nos termos do § 3º.

Art. 135. Lei complementar disciplinará a forma de utilização dos créditos, inclusive presumidos, do imposto de que trata o art. 153, IV, e das contribuições de que tratam o art. 195, I, *b*, e IV, e da contribuição para o Programa de Integração Social a que se refere o art. 239, todos da Constituição Federal, não apropriados ou não utilizados até a extinção, mantendo-se, apenas para os créditos que cumpram os requisitos estabelecidos na legislação vigente na data da extinção de tais tributos, a permissão para compensação com outros tributos federais, inclusive com a contribuição prevista no inciso V do *caput* do art. 195 da Constituição Federal, ou ressarcimento em dinheiro.

Artigo acrescentado pela EC n. 132, de 20.12.2023.

Art. 136. Os Estados que possuíam, em 30 de abril de 2023, fundos destinados a investimentos em obras de infraestrutura e habitação e financiados por contribuições sobre produtos primários e semielaborados estabelecidas como condição à aplicação de diferimento, regime especial ou outro

ADCT

tratamento diferenciado, relativos ao imposto de que trata o art. 155, II, da Constituição Federal, poderão instituir contribuições semelhantes, não vinculadas ao referido imposto, observado que:

Artigo acrescentado pela EC n. 132, de 20.12.2023.

I – a alíquota ou o percentual de contribuição não poderão ser superiores e a base de incidência não poderá ser mais ampla que os das respectivas contribuições vigentes em 30 de abril de 2023;

II – a instituição de contribuição nos termos deste artigo implicará a extinção da contribuição correspondente, vinculada ao imposto de que trata o art. 155, II, da Constituição Federal, vigente em 30 de abril de 2023;

III – a destinação de sua receita deverá ser a mesma das contribuições vigentes em 30 de abril de 2023;

IV – a contribuição instituída nos termos do *caput* será extinta em 31 de dezembro de 2043.

Parágrafo único. As receitas das contribuições mantidas nos termos deste artigo não serão consideradas como receita do respectivo Estado para fins do disposto nos arts. 130, II, *b*, e 131, § 2º, I, *b*, deste Ato das Disposições Constitucionais Transitórias.

Art. 137. Os saldos financeiros dos recursos transferidos pelo Fundo Nacional de Saúde e pelo Fundo Nacional de Assistência Social, para enfrentamento da pandemia de Covid-19 no período de 2020 a 2022, aos fundos de saúde e assistência social estaduais, municipais e do Distrito Federal poderão ser aplicados, até 31 de dezembro de 2024, para o custeio de ações e serviços públicos de saúde e de assistência social, observadas, respectivamente, as diretrizes emanadas do Sistema Único de Saúde e do Sistema Único de Assistência Social.

Artigo acrescentado pela EC n. 132, de 20.12.2023.

Brasília, 05 de outubro de 1988.

EMENDAS CONSTITUCIONAIS

EMENDA CONSTITUCIONAL N. 1, DE 31 DE MARÇO DE 1992

Dispõe sobre a remuneração dos Deputados Estaduais e dos Vereadores.

As Mesas da Câmara dos Deputados e do Senado Federal, nos termos do § 3º do art. 60, da Constituição Federal, promulgam a seguinte Emenda ao texto constitucional:

Art. 1º O § 2º do art. 27 da Constituição passa a vigorar com a seguinte redação:

Alterações processadas no referido texto.

Art. 2º São acrescentados ao art. 29 da Constituição os seguintes incisos, VI e VII, renumerando-se os demais:

Alterações processadas no referido texto.

Art. 3º Esta Emenda Constitucional entra em vigor na data de sua publicação.

Brasília, 31 de março de 1992.

EMENDA CONSTITUCIONAL N. 2, DE 25 DE AGOSTO DE 1992

Dispõe sobre o plebiscito previsto no art. 2º do Ato das Disposições Constitucionais Transitórias.

As Mesas da Câmara dos Deputados e do Senado Federal, nos termos do § 3º do art. 60 da Constituição Federal, promulgam a seguinte Emenda ao texto constitucional:

Artigo único. O plebiscito de que trata o art. 2º do Ato das Disposições Constitucionais Transitórias realizar-se-á no dia 21 de abril de 1993.

§ 1º A forma e o sistema de governo definidos pelo plebiscito terão vigência em 1º de janeiro de 1995.

§ 2º A lei poderá dispor sobre a realização do plebiscito, inclusive sobre a gratuidade da livre divulgação das formas e sistemas de governo, através dos meios de comunicação de massa concessionários ou permissionários de serviço público, assegurada igualdade de tempo e paridade de horários.

§ 3º A norma constante do parágrafo anterior não exclui a competência do Tribunal Superior Eleitoral para expedir instruções necessárias à realização da consulta plebiscitária.

Brasília, 25 de agosto de 1992.

EMENDA CONSTITUCIONAL N. 3, DE 17 DE MARÇO DE 1993

Altera dispositivos da Constituição Federal.

As Mesas da Câmara dos Deputados e do Senado Federal, nos termos do § 3º do art. 60 da Constituição Federal, promulgam a seguinte Emenda ao texto constitucional:

Art. 1º Os dispositivos da Constituição Federal abaixo enumerados passam a vigorar com as seguintes alterações:

Alterações processadas no referido texto.

Art. 2º A União poderá instituir, nos termos de lei complementar, com vigência até 31 de dezembro de 1994, imposto sobre movimentação ou transmissão de valores e de créditos e direitos de natureza financeira.

§ 1º A alíquota do imposto de que trata este artigo não excederá a vinte e cinco centésimos por cento, facultado ao Poder Executivo reduzi-la ou restabelecê-la, total ou parcialmente, nas condições e limites fixados em lei.

§ 2º Ao imposto de que trata este artigo não se aplica o art. 150, III, *b*, e VI, nem o disposto no § 5º do art. 153 da Constituição.

§ 3º O produto da arrecadação do imposto de que trata este artigo não se encontra sujeito a qualquer modalidade de repartição com outra entidade federada.

§ 4º *(Revogado pela ECR n. 1, de 01.03.1994.)*

Art. 3º A eliminação do adicional ao imposto de renda, de competência dos Estados, decorrente desta Emenda Constitucional, somente produzirá efeitos a partir de 1º de janeiro de 1996, reduzindo-se a correspondente alíquota, pelo menos, a dois e meio por cento no exercício financeiro de 1995.

Art. 4º A eliminação do imposto sobre vendas a varejo de combustíveis líquidos e gasosos, de competência dos Municípios, decorrente desta Emenda Constitucional, somente produzirá efeitos a partir de 1º de janeiro de 1996, reduzindo-se a correspondente alíquota, pelo menos, a um e meio por cento no exercício financeiro de 1995.

Art. 5º Até 31 de dezembro de 1999, os Estados, o Distrito Federal e os Municípios somente poderão emitir títulos da dívida pública no montante necessário ao refinanciamento do principal devidamente atualizado de suas obrigações, representadas por essa espécie de títulos, ressalvado o disposto no art. 33, parágrafo único, do Ato das Disposições Constitucionais Transitórias.

Art. 6º Revogam-se o inciso IV e o § 4º do art. 156 da Constituição Federal.

Brasília, 17 de março de 1993.

EMENDA CONSTITUCIONAL N. 4, DE 14 DE SETEMBRO DE 1993

Dá nova redação ao art. 16 da Constituição Federal.

As Mesas da Câmara dos Deputados e do Senado Federal, nos termos do § 3º do art. 60 da Constituição Federal, promulgam a seguinte Emenda ao texto constitucional:

Artigo único. O art. 16 da Constituição Federal passa a vigorar com a seguinte redação:

Alterações processadas no referido texto.

Brasília, 14 de setembro de 1993.

EMENDA CONSTITUCIONAL N. 5, DE 15 DE AGOSTO DE 1995

Altera o § 2º do art. 25 da Constituição Federal.

As Mesas da Câmara dos Deputados e do Senado Federal, nos termos do § 3º do art. 60 da Constituição Federal, promulgam a seguinte Emenda ao texto constitucional:

Artigo único. O § 2º do art. 25 da Constituição Federal passa a vigorar com a seguinte redação:

Alterações processadas no referido texto.

Brasília, 15 de agosto de 1995.

EMENDA CONSTITUCIONAL N. 6, DE 15 DE AGOSTO DE 1995

Altera o inciso IX do art. 170, o art. 171 e o § 1º do art. 176 da Constituição Federal.

As Mesas da Câmara dos Deputados e do Senado Federal, nos termos do § 3º do art. 60 da Constituição Federal, promulgam a seguinte Emenda ao texto constitucional:

Art. 1º O inciso IX do art. 170 e o § 1º do art. 176 da Constituição Federal passam a vigorar com a seguinte redação:

Alterações processadas no referido texto.

Art. 2º Fica incluído o seguinte art. 246 no Título IX – "Das Disposições Constitucionais Gerais":

Alterações processadas no referido texto.

Art. 3º Fica revogado o art. 171 da Constituição Federal.

Brasília, 15 de agosto de 1995.

EMENDA CONSTITUCIONAL N. 7, DE 15 DE AGOSTO DE 1995

Altera o art. 178 da Constituição Federal e dispõe sobre a adoção de Medidas Provisórias.

As Mesas da Câmara dos Deputados e do Senado Federal, nos termos do § 3º do art. 60 da Constituição Federal, promulgam a seguinte Emenda ao texto constitucional:

Art. 1º O art. 178 da Constituição Federal passa a vigorar com a seguinte redação:

Alterações processadas no referido texto.

Art. 2º Fica incluído o seguinte art. 246 no Título IX – "Das Disposições Constitucionais Gerais":

Alterações processadas no referido texto.

Brasília, 15 de agosto de 1995.

EMENDA CONSTITUCIONAL N. 8, DE 15 DE AGOSTO DE 1995

Altera o inciso XI e a alínea a *do inciso XII do art. 21 da Constituição Federal.*

As Mesas da Câmara dos Deputados e do Senado Federal, nos termos do § 3º do art. 60 da Constituição Federal, promulgam a seguinte Emenda ao texto constitucional:

Art. 1º O inciso XI e a alínea *a* do inciso XII do art. 21 da Constituição Federal passam a vigorar com a seguinte redação:

Alterações processadas no referido texto.

Art. 2º É vedada a adoção de medida provisória para regulamentar o disposto no inciso XI do art. 21 com a redação dada por esta emenda constitucional.

Brasília, 15 de agosto de 1995.

EMENDA CONSTITUCIONAL N. 9, DE 09 DE NOVEMBRO DE 1995

Dá nova redação ao art. 177 da Constituição Federal, alterando e inserindo parágrafos.

As Mesas da Câmara dos Deputados e do Senado Federal, nos termos do § 3º do art. 60 da Constituição Federal, promulgam a seguinte Emenda ao texto constitucional:

Art. 1º O § 1º do art. 177 da Constituição Federal passa a vigorar com a seguinte redação:

Alterações processadas no referido texto.

Art. 2º Inclua-se um parágrafo, a ser enumerado como § 2º com a redação seguinte, passando o atual § 2º para § 3º, no art. 177 da Constituição Federal:

Alterações processadas no referido texto.

Art. 3º É vedada a edição de medida provisória para a regulamentação da matéria prevista nos incisos I a IV e dos §§ 1º e 2º do art. 177 da Constituição Federal.

Brasília, 09 de novembro de 1995.

EMENDA CONSTITUCIONAL N. 10, DE 04 DE MARÇO DE 1996

Altera os arts. 71 e 72 do Ato das Disposições Constitucionais Transitórias, introduzidos pela Emenda Constitucional de Revisão n. 1, de 1994.

As Mesas da Câmara dos Deputados e do Senado Federal, nos termos do § 3º do art. 60 da Constituição Federal, promulgam a seguinte Emenda ao texto constitucional:

Art. 1º O art. 71 do Ato das Disposições Constitucionais Transitórias passa a vigorar com a seguinte redação:

Alterações processadas no referido texto.

Art. 2º O art. 72 do Ato das Disposições Constitucionais Transitórias passa a vigorar com a seguinte redação:

Alterações processadas no referido texto.

Art. 3º Esta Emenda Constitucional entra em vigor na data de sua publicação.

Brasília, 04 de março de 1996.

EMENDA CONSTITUCIONAL N. 11, DE 30 DE ABRIL DE 1996

Permite a admissão de professores, técnicos e cientistas estrangeiros pelas universidades brasileiras e concede autonomia às instituições de pesquisa científica e tecnológica.

As Mesas da Câmara dos Deputados e do Senado Federal, nos termos do § 3º do art. 60 da Constituição Federal, promulgam a seguinte Emenda ao texto constitucional:

Art. 1º São acrescentados ao art. 207 da Constituição Federal dois parágrafos com a seguinte redação:

Alterações processadas no referido texto.

Art. 2º Esta Emenda entra em vigor na data de sua publicação.

Brasília, 30 de abril de 1996.

EMENDA CONSTITUCIONAL N. 12, DE 15 DE AGOSTO DE 1996

Outorga competência à União, para instituir contribuição provisória sobre movimentação ou transmissão de valores e de créditos e direitos de natureza financeira.

As Mesas da Câmara dos Deputados e do Senado Federal promulgam, nos termos do § 3º do art. 60 da Constituição Federal, a seguinte Emenda ao texto constitucional:

Artigo único. Fica incluído o art. 74 no Ato das Disposições Constitucionais Transitórias, com a seguinte redação:

Alterações processadas no referido texto.

Brasília, 15 de agosto de 1996.

EMENDA CONSTITUCIONAL N. 13, DE 21 DE AGOSTO DE 1996

Dá nova redação ao inciso II do art. 192 da Constituição Federal.

As Mesas da Câmara dos Deputados e do Senado Federal, nos termos do § 3º do art. 60 da Constituição Federal, promulgam a seguinte Emenda ao texto constitucional:

Artigo único. O inciso II do art. 192 da Constituição Federal passa a vigorar com a seguinte redação:

Alterações processadas no referido texto.

Brasília, 21 de agosto de 1996.

EMENDA CONSTITUCIONAL N. 14, DE 12 DE SETEMBRO DE 1996

Modifica os arts. 34, 208, 211 e 212 da Constituição Federal, e dá nova redação ao art. 60 do Ato das Disposições Constitucionais Transitórias.

As Mesas da Câmara dos Deputados e do Senado Federal, nos termos do § 3º do art. 60 da Constituição Federal, promulgam a seguinte Emenda ao texto constitucional:

Art. 1º É acrescentada no inciso VII do art. 34, da Constituição Federal, a alínea *e*, com a seguinte redação:

Alterações processadas no referido texto.

Art. 2º É dada nova redação aos incisos I e II do art. 208 da Constituição Federal nos seguintes termos:

Alterações processadas no referido texto.

Art. 3º É dada nova redação aos §§ 1º e 2º do art. 211 da Constituição Federal e nele são inseridos mais dois parágrafos, passando a ter a seguinte redação:

Alterações processadas no referido texto.

Art. 4º É dada nova redação ao § 5º do art. 212 da Constituição Federal nos seguintes termos:

Alterações processadas no referido texto.

Art. 5º É alterado o art. 60 do Ato das Disposições Constitucionais Transitórias e nele são inseridos novos parágrafos, passando o artigo a ter a seguinte redação:

Alterações processadas no referido texto.

Art. 6º Esta Emenda entra em vigor em 1º de janeiro do ano subsequente ao de sua promulgação.

Brasília, 12 de setembro de 1996.

EMENDA CONSTITUCIONAL N. 15, DE 12 DE SETEMBRO DE 1996

Dá nova redação ao § 4º do art. 18 da Constituição Federal.

As Mesas da Câmara dos Deputados e do Senado Federal, nos termos do § 3º do art. 60 da Constituição Federal, promulgam a seguinte Emenda ao texto constitucional:

Artigo único. O § 4º do art. 18 da Constituição Federal passa a vigorar com a seguinte redação:

Alterações processadas no referido texto.

Brasília, 12 de setembro de 1996.

EMENDA CONSTITUCIONAL N. 16, DE 04 DE JUNHO DE 1997

Dá nova redação ao § 5º do art. 14, ao caput *do art. 28, ao inciso II do art. 29, ao* caput *do art. 77 e ao art. 82 da Constituição Federal.*

As Mesas da Câmara dos Deputados e do Senado Federal, nos termos do § 3º do art. 60 da Constituição Federal, promulgam a seguinte Emenda ao texto constitucional:

Art. 1º O § 5º do art. 14, o *caput* do art. 28, o inciso II do art. 29, o *caput* do art. 77 e o art. 82 da Constituição Federal passam a vigorar com a seguinte redação:

Alterações processadas no referido texto.

Art. 2º Esta Emenda Constitucional entra em vigor na data de sua publicação.

Brasília, 04 de junho de 1997.

EMENDA CONSTITUCIONAL N. 17, DE 22 DE NOVEMBRO DE 1997

Altera dispositivos dos arts. 71 e 72 do Ato das Disposições Constitucionais Transitórias, introduzidos pela Emenda Constitucional de Revisão n. 1, de 1994.

As Mesas da Câmara dos Deputados e do Senado Federal, nos termos do § 3º do art. 60 da Constituição Federal, promulgam a seguinte Emenda ao texto constitucional:

Art. 1º O *caput* do art. 71 do Ato das Disposições Constitucionais Transitórias passa a vigorar com a seguinte redação:

Alterações processadas no referido texto.

Art. 2º O inciso V do art. 72 do Ato das Disposições Constitucionais Transitórias passa a vigorar com a seguinte redação:

Alterações processadas no referido texto.

Art. 3º A União repassará aos Municípios, do produto da arrecadação do Imposto sobre a Renda e Proventos de Qualquer Natureza, tal como considerado na constituição dos fundos de que trata o art. 159, I, da Constituição, excluída a parcela referida no art. 72, I, do Ato das Disposições Constitucionais Transitórias, os seguintes percentuais:

I – um inteiro e cinquenta e seis centésimos por cento, no período de 1º de julho de 1997 a 31 de dezembro de 1997;

II – um inteiro e oitocentos e setenta e cinco milésimos por cento, no período de 1º de janeiro de 1998 a 31 de dezembro de 1998;

III – dois inteiros e cinco décimos por cento, no período de 1º de janeiro de 1999 a 31 de dezembro de 1999.

Parágrafo único. O repasse dos recursos de que trata este artigo obedecerá à mesma periodicidade e aos mesmos critérios de repartição e normas adotadas no Fundo de Participação dos Municípios, observado o disposto no art. 160 da Constituição.

Art. 4º Os efeitos do disposto nos arts. 71 e 72 do Ato das Disposições Constitucionais Transitórias, com a redação dada pelos arts. 1º e 2º desta Emenda, são retroativos a 1º de julho de 1997.

Parágrafo único. As parcelas de recursos destinados ao Fundo de Estabilização Fiscal e entregues na forma do art. 159, I, da Constituição, no período compreendido entre 1º de julho de 1997 e a data de promulgação desta Emenda, serão deduzidas das cotas subsequentes, limitada a dedução a um décimo do valor total entregue em cada mês.

Art. 5º Observado o disposto no artigo anterior, a União aplicará as disposições do art. 3º desta Emenda retroativamente a 1º de julho de 1997.

Art. 6º Esta Emenda Constitucional entra em vigor na data de sua publicação.

Brasília, 22 de novembro de 1997.

EMENDA CONSTITUCIONAL N. 18, DE 05 DE FEVEREIRO DE 1998

Dispõe sobre o regime constitucional dos militares.

As Mesas da Câmara dos Deputados e do Senado Federal, nos termos do § 3º do art. 60 da Constituição Federal, promulgam a seguinte Emenda ao texto constitucional:

Art. 1º O art. 37, XV, da Constituição passa a vigorar com a seguinte redação:

Alterações processadas no referido texto.

Art. 2º A Seção II do Capítulo VII do Título III da Constituição passa a denominar-se "Dos Servidores Públicos" e a Seção III do Capítulo VII do Título III da Constituição Federal passa a denominar-se "Dos Militares dos Estados, do Distrito Federal e dos Territórios", dando-se ao art. 42 a seguinte redação:

Alterações processadas no referido texto.

Art. 3º O inciso II do § 1º do art. 61 da Constituição passa a vigorar com as seguintes alterações:

Alterações processadas no referido texto.

Art. 4º Acrescente-se o seguinte § 3º ao art. 142 da Constituição:

Alterações processadas no referido texto.

Art. 5º Esta Emenda Constitucional entra em vigor na data de sua publicação.

Brasília, 05 de fevereiro de 1998.

EMENDA CONSTITUCIONAL N. 19, DE 04 DE JUNHO DE 1998

Modifica o regime e dispõe sobre princípios e normas da Administração Pública, servidores e agentes políticos, controle de despesas e finanças públicas e custeio de atividades a cargo do Distrito Federal, e dá outras providências.

As Mesas da Câmara dos Deputados e do Senado Federal, nos termos do § 3º do art. 60 da Constituição Federal, promulgam esta Emenda ao texto constitucional:

Art. 1º Os incisos XIV e XXII do art. 21 e XXVII do art. 22 da Constituição Federal passam a vigorar com a seguinte redação:

Alterações processadas no referido texto.

Art. 2º O § 2º do art. 27 e os incisos V e VI do art. 29 da Constituição Federal passam a vigorar com a seguinte redação, inserindo-se § 2º no art. 28 e renumerando-se para § 1º o atual parágrafo único:

Alterações processadas no referido texto.

Art. 3º O *caput*, os incisos I, II, V, VII, X, XI, XIII, XIV, XV, XVI, XVII e XIX e o § 3º do art. 37 da Constituição Federal passam a vigorar com a seguinte redação, acrescendo-se ao artigo os §§ 7º a 9º:

Alterações processadas no referido texto.

Art. 4º O *caput* do art. 38 da Constituição Federal passa a vigorar com a seguinte redação:

Alterações processadas no referido texto.

Art. 5º O art. 39 da Constituição Federal passa a vigorar com a seguinte redação:

Alterações processadas no referido texto.

Art. 6º O art. 41 da Constituição Federal passa a vigorar com a seguinte redação:

Alterações processadas no referido texto.

Art. 7º O art. 48 da Constituição Federal passa a vigorar acrescido do seguinte inciso XV:

Alterações processadas no referido texto.

Art. 8º Os incisos VII e VIII do art. 49 da Constituição Federal passam a vigorar com a seguinte redação:

Alterações processadas no referido texto.

Art. 9º O inciso IV do art. 51 da Constituição Federal passa a vigorar com a seguinte redação:

Alterações processadas no referido texto.

Art. 10. O inciso XIII do art. 52 da Constituição Federal passa a vigorar com a seguinte redação:

Alterações processadas no referido texto.

Art. 11. O § 7º do art. 57 da Constituição Federal passa a vigorar com a seguinte redação:

Alterações processadas no referido texto.

Art. 12. O parágrafo único do art. 70 da Constituição Federal passa a vigorar com a seguinte redação:

Alterações processadas no referido texto.

Art. 13. O inciso V do art. 93, o inciso III do art. 95 e a alínea *b* do inciso II do art. 96 da Constituição Federal passam a vigorar com a seguinte redação:

Alterações processadas no referido texto.

Art. 14. O § 2º do art. 127 da Constituição Federal passa a vigorar com a seguinte redação:

Alterações processadas no referido texto.

Art. 15. A alínea *c* do inciso I do § 5º do art. 128 da Constituição Federal passa a vigorar com a seguinte redação:

Alterações processadas no referido texto.

Art. 16. A Seção II do Capítulo IV do Título IV da Constituição Federal passa a denominar-se "Da Advocacia Pública".

Art. 17. O art. 132 da Constituição Federal passa a vigorar com a seguinte redação:

Alterações processadas no referido texto.

Art. 18. O art. 135 da Constituição Federal passa a vigorar com a seguinte redação:

Alterações processadas no referido texto.

Art. 19. O § 1º e seu inciso III e os §§ 2º e 3º do art. 144 da Constituição Federal passam a vigorar com a seguinte redação, inserindo-se no artigo § 9º:

Alterações processadas no referido texto.

Art. 20. O *caput* do art. 167 da Constituição Federal passa a vigorar acrescido de inciso X, com a seguinte redação:

Alterações processadas no referido texto.

Art. 21. O art. 169 da Constituição Federal passa a vigorar com a seguinte redação:

Alterações processadas no referido texto.

Art. 22. O § 1º do art. 173 da Constituição Federal passa a vigorar com a seguinte redação:

Alterações processadas no referido texto.

Art. 23. O inciso V do art. 206 da Constituição Federal passa a vigorar com a seguinte redação:

Alterações processadas no referido texto.

Art. 24. O art. 241 da Constituição Federal passa a vigorar com a seguinte redação:

Alterações processadas no referido texto.

Art. 25. Até a instituição do fundo a que se refere o inciso XIV do art. 21 da Constituição Federal, compete à União manter os atuais compromissos financeiros com a prestação de serviços públicos do Distrito Federal.

Art. 26. No prazo de 2 (dois) anos da promulgação desta Emenda, as entidades da administração indireta terão seus estatutos revistos quanto à respectiva natureza jurídica, tendo em conta a finalidade e as competências efetivamente executadas.

Art. 27. O Congresso Nacional, dentro de 120 (cento e vinte) dias da promulgação desta Emenda, elaborará lei de defesa do usuário de serviços públicos.

Art. 28. É assegurado o prazo de 2 (dois) anos de efetivo exercício para aquisição da estabilidade aos atuais servidores em estágio probatório, sem prejuízo da avaliação a que se refere o § 4º do art. 41 da Constituição Federal.

Art. 29. Os subsídios, vencimentos, remuneração, proventos da aposentadoria e pensões e quaisquer outras espécies remuneratórias adequar-se-ão, a partir da promulgação desta Emenda, aos limites decorrentes da Constituição Federal, não se admitindo a percepção de excesso a qualquer título.

Art. 30. O projeto de lei complementar a que se refere o art. 163 da Constituição Federal será apresentado pelo Poder Executivo ao Congresso Nacional no prazo máximo de 180 (cento e oitenta) dias da promulgação desta Emenda.

Art. 31. A pessoa que revestiu a condição de servidor público federal da administração direta, autárquica ou fundacional, de servidor municipal ou de integrante da carreira de policial, civil ou militar, dos ex-Territórios Federais do Amapá e de Roraima e que, comprovadamente, encontrava-se no exercício de suas funções, prestando serviço à administração pública dos ex-Territórios ou de prefeituras neles localizadas, na data em que foram transformados em Estado, ou a condição de servidor ou de policial, civil ou militar, admitido pelos Estados do Amapá e de Roraima, entre a data de sua transformação em Estado e outubro de 1993, bem como a pessoa que comprove ter mantido, nesse período, relação ou vínculo funcional, de caráter efetivo ou não, ou relação ou vínculo empregatício, estatutário ou de trabalho com a administração pública dos ex-Territórios, dos Estados ou das prefeituras neles localizadas ou com empresa pública ou sociedade de economia mista que haja sido constituída pelo ex-Território ou pela União para atuar no âmbito do ex-Território Federal, inclusive as extintas, poderão integrar, mediante opção, quadro em extinção da administração pública federal.

Caput com redação dada pela EC n. 98, de 06.12.2017.

Veja arts. 2º e 3º, EC n. 98, de 06.12.2017.

Veja arts. 3º, §§ 4º e 5º, 4º, §§ 1º e 2º, 10, parágrafo único, 12, 29, § 2º, e 35, I, Lei n. 13.681, de 18.06.2018.

§ 1º O enquadramento referido no *caput* deste artigo, para os servidores, para os policiais, civis ou militares, e para as pessoas que tenham revestido essa condição, entre a transformação e a instalação dos Estados em outubro de 1993, dar-se-á no cargo em que foram originariamente admitidos ou em cargo equivalente.

Parágrafo com redação dada pela EC n. 98, de 06.12.2017.

§ 2º Os integrantes da carreira policial militar a que se refere o *caput* continuarão prestando serviços aos respectivos Estados, na condição de cedidos, submetidos às disposições estatutárias a que estão sujeitas as corporações das respectivas Polícias Militares, observados as atribuições de função compatíveis com seu grau hierárquico e o direito às devidas promoções.

Parágrafo com redação dada pela EC n. 79, de 27.05.2014.

§ 3º As pessoas a que se referem este artigo prestarão serviços aos respectivos Estados ou a seus Municípios, na condição de servidores cedidos, sem ônus para o cessionário, até seu aproveitamento em órgão ou entidade da administração federal direta, autárquica ou fundacional, podendo os Estados, por conta e delegação da União, adotar os procedimentos necessários à cessão de servidores a seus Municípios.

Parágrafo com redação dada pela EC n. 98, de 06.12.2017.

§ 4º Para fins do disposto no *caput* deste artigo, são meios probatórios de relação ou vínculo funcional, empregatício, estatutário ou de trabalho, independentemente da existência de vínculo atual, além dos admitidos em lei:

Parágrafo e incisos acrescentados pela EC n. 98, de 06.12.2017.

I – o contrato, o convênio, o ajuste ou o ato administrativo por meio do qual a pessoa tenha revestido a condição de profissional, empregado, servidor público, prestador de serviço ou trabalhador e tenha atuado ou desenvolvido atividade laboral diretamente com o ex-Território, o Estado ou a prefeitura neles localizada, inclusive mediante a interveniência de cooperativa;

II – a retribuição, a remuneração ou o pagamento documentado ou formalizado, à época, mediante depósito em conta-corrente bancária ou emissão de ordem de pagamento, de recibo, de nota de empenho ou de ordem bancária em que se identifique a administração pública do ex-Território, do Estado ou de prefeitura neles localizada como fonte pagadora ou origem direta dos recursos, assim como aquele realizado à conta de recursos oriundos de fundo de participação ou de fundo especial, inclusive em proveito do pessoal integrante das tabelas especiais.

§ 5º Além dos meios probatórios de que trata o § 4º deste artigo, sem prejuízo daqueles admitidos em lei, o enquadramento referido no *caput* deste artigo dependerá de a pessoa ter mantido relação ou vínculo funcional, empregatício, estatutário ou de trabalho com o ex-Território ou o Estado que o tenha sucedido por, pelo menos, noventa dias.

Parágrafo acrescentado pela EC n. 98, de 06.12.2017.

§ 6º As pessoas a que se referem este artigo, para efeito de exercício em órgão ou entidade da administração pública estadual ou municipal dos Estados do Amapá e de Roraima, farão jus à percepção de todas as gratificações e dos demais valores que componham a estrutura remuneratória dos cargos em que tenham sido enquadradas, vedando-se reduzi-los ou suprimi-los por motivo de cessão ao Estado ou a seu Município.

Parágrafo acrescentado pela EC n. 98, de 06.12.2017.

Art. 32. A Constituição Federal passa a vigorar acrescida do seguinte artigo:

Alterações processadas no referido texto.

Art. 33. Consideram-se servidores não estáveis, para os fins do art. 169, § 3º, II, da Constituição Federal aqueles admitidos na administração direta, autárquica e fundacional sem concurso público de provas ou de provas e títulos após o dia 05 de outubro de 1983.

Art. 34. Esta Emenda Constitucional entra em vigor na data de sua promulgação.

Brasília, 04 de junho de 1998.

EMENDA CONSTITUCIONAL N. 20, DE 15 DE DEZEMBRO DE 1998

Modifica o sistema de previdência social, estabelece normas de transição e dá outras providências.

As Mesas da Câmara dos Deputados e do Senado Federal, nos termos do § 3º do art. 60 da Constituição Federal, promulgam a seguinte Emenda ao texto constitucional:

Art. 1º A Constituição Federal passa a vigorar com as seguintes alterações:

Alterações processadas no referido texto.

Art. 2º A Constituição Federal, nas Disposições Constitucionais Gerais, é acrescida dos seguintes artigos:

Alterações processadas no referido texto.

Art. 3º É assegurada a concessão de aposentadoria e pensão, a qualquer tempo, aos servidores públicos e aos segurados do regime geral de previdência social, bem como aos seus dependentes, que, até a data da publicação desta Emenda, tenham cumprido os requisitos para a obtenção destes benefícios, com base nos critérios da legislação então vigente.

§ 1º O servidor de que trata este artigo, que tenha completado as exigências para aposentadoria integral e que opte por permanecer em atividade fará jus à isenção da contribuição previdenciária até completar as exigências para aposentadoria contidas no art. 40, § 1º, III, *a*, da Constituição Federal.

§ 2º Os proventos da aposentadoria a ser concedida aos servidores públicos referidos no *caput*, em termos integrais ou proporcionais ao tempo de serviço já exercido até a data de publicação desta Emenda, bem como as pensões de seus dependentes, serão calculados de acordo com a legislação em vigor à época em que foram atendidas as prescrições nela estabelecidas para a concessão destes benefícios ou nas condições da legislação vigente.

§ 3º São mantidos todos os direitos e garantias assegurados nas disposições constitucionais vigentes à data de publicação desta Emenda aos servidores e militares, inativos e pensionistas, aos anistiados e aos ex-combatentes, assim como àqueles que já cumpriram, até aquela data, os requisitos para usufruírem tais direitos, observado o disposto no art. 37, XI, da Constituição Federal.

Art. 4º Observado o disposto no art. 40, § 10, da Constituição Federal, o tempo de serviço considerado pela legislação vigente para efeito de aposentadoria, cumprido até que a lei discipline a matéria, será contado como tempo de contribuição.

Veja art. 2º, EC n. 41, de 19.12.2003.

Art. 5º O disposto no art. 202, § 3º, da Constituição Federal, quanto à exigência de paridade entre a contribuição da patrocinadora e a contribuição do segurado, terá vigência no prazo de 2 (dois) anos a partir da publicação desta Emenda, ou, caso ocorra antes, na data de publicação da lei complementar a que se refere o § 4º do mesmo artigo.

Art. 6º As entidades fechadas de previdência privada patrocinadas por entidades públicas, inclusive empresas públicas e sociedades de economia mista, deverão rever, no prazo de 2 (dois) anos, a contar da publicação desta Emenda, seus planos de benefícios e serviços, de modo a ajustá-los atuarialmente a seus ativos, sob pena de intervenção, sendo seus dirigentes e os de suas respectivas patrocinadoras responsáveis civil e criminalmente pelo descumprimento do disposto neste artigo.

Art. 7º Os projetos das leis complementares previstos no art. 202 da Constituição Federal deverão ser apresentados ao Congresso Nacional no prazo máximo de 90 (noventa) dias após a publicação desta Emenda.

Veja LCs ns. 108 e 109, de 29.05.2001.

Art. 8º (*Revogado pela EC n. 41, de 19.12.2003.*)

Art. 9º (*Revogado pela EC n. 103, de 12.11.2019.*)

Art. 10. (*Revogado pela EC n. 41, de 19.12.2003.*)

Art. 11. A vedação prevista no art. 37, § 10, da Constituição Federal, não se aplica aos membros de poder e aos inativos, servidores e militares, que, até a publicação desta Emenda, tenham ingressado novamente no serviço público por concurso público de provas ou de provas e títulos, e pelas demais formas previstas na Constituição Federal, sendo-lhes proibida a percepção de mais de uma aposentadoria pelo regime de previdência a que se refere o art. 40 da Constituição Federal, aplicando-se-lhes, em qualquer hipótese, o limite de que trata o § 11 deste mesmo artigo.

Art. 12. Até que produzam efeitos as leis que irão dispor sobre as contribuições de que trata o art. 195 da Constituição Federal, são exigíveis as estabelecidas em lei, destinadas ao custeio da seguridade social e dos diversos regimes previdenciários.

Art. 13. (*Revogado pela EC n. 103, de 12.11.2019.*)

Art. 14. O limite máximo para o valor dos benefícios do regime geral de previdência social de que trata o art. 201 da Constituição Federal é fixado em R$ 1.200,00 (um mil e duzentos reais), devendo, a partir da data da publicação desta Emenda, ser reajustado de forma a preservar, em caráter permanente, seu valor real, atualizado pelos mesmos índices aplicados aos benefícios do regime geral de previdência social.

Veja ADI n. 1.946-5, de 03.04.2003, que deu a este artigo, "sem redução de texto, interpretação conforme a Constituição Federal, para excluir sua aplicação ao salário da licença à gestante a que se refere o art. 7º, XVIII da referida Carta".

Os benefícios previdenciários são reajustados anualmente por meio de ato administrativo do Ministro de Estado da Previdência Social.

Art. 15. (*Revogado pela EC n. 103, de 12.11.2019.*)

Art. 16. Esta Emenda Constitucional entra em vigor na data de sua publicação.

Art. 17. Revoga-se o inciso II do § 2º do art. 153 da Constituição Federal.

Brasília, 15 de dezembro de 1998.

EMENDA CONSTITUCIONAL N. 21, DE 18 DE MARÇO DE 1999

Prorroga, alterando a alíquota, a contribuição provisória sobre movimentação ou transmissão de valores e de créditos e de direitos de natureza financeira, a que se refere o art. 74 do Ato das Disposições Constitucionais Transitórias.

As Mesas da Câmara dos Deputados e do Senado Federal, nos termos do § 3º do art. 60 da Constituição Federal, promulgam a seguinte Emenda ao texto constitucional:

Art. 1º Fica incluído o art. 75 no Ato das Disposições Constitucionais Transitórias, com a seguinte redação:

Alterações processadas no referido texto.

Art. 2º Esta Emenda entra em vigor na data de sua publicação.

Brasília, 18 de março de 1999.

EMENDA CONSTITUCIONAL N. 22, DE 18 DE MARÇO DE 1999

Acrescenta parágrafo único ao art. 98 e altera as alíneas i *do inciso I do art. 102, e* c *do inciso I do art. 105 da Constituição Federal.*

As Mesas da Câmara dos Deputados e do Senado Federal, nos termos do § 3º do art. 60 da Constituição Federal, promulgam a seguinte Emenda ao texto constitucional:

Art. 1º É acrescentado ao art. 98 da Constituição Federal o seguinte parágrafo único:

Alterações processadas no referido texto.

Art. 2º A alínea *i* do inciso I do art. 102 da Constituição Federal passa a vigorar com a seguinte redação:

Alterações processadas no referido texto.

Art. 3º A alínea *c* do inciso I do art. 105 da Constituição Federal passa a vigorar com a seguinte redação:

Alterações processadas no referido texto.

Art. 4º Esta Emenda Constitucional entra em vigor na data de sua publicação.

Brasília, 18 de março de 1999.

EMENDA CONSTITUCIONAL N. 23, DE 02 DE SETEMBRO DE 1999

Altera os arts. 12, 52, 84, 91, 102 e 105 da Constituição Federal (criação do Ministério da Defesa).

As Mesas da Câmara dos Deputados e do Senado Federal, nos termos do § 3º do art. 60 da Constituição Federal, promulgam a seguinte Emenda ao texto constitucional:

Art. 1º Os arts. 12, 52, 84, 91, 102 e 105 da Constituição Federal, passam a vigorar com as seguintes alterações:

Alterações processadas no referido texto.

Art. 2º Esta Emenda Constitucional entra em vigor na data de sua publicação.

Brasília, 02 de setembro de 1999.

EMENDA CONSTITUCIONAL N. 24, DE 09 DE DEZEMBRO DE 1999

Altera dispositivos da Constituição Federal pertinentes à representação classista na Justiça do Trabalho.

As Mesas da Câmara dos Deputados e do Senado Federal, nos termos do § 3º do art. 60 da Constituição Federal, promulgam a seguinte Emenda ao texto constitucional:

Art. 1º Os arts. 111, 112, 113, 115 e 116 da Constituição Federal passam a vigorar com a seguinte redação:

Alterações processadas no referido texto.

Art. 2º É assegurado o cumprimento dos mandatos dos atuais ministros classistas temporários do Tribunal Superior do Trabalho e dos atuais juízes classistas temporários dos Tribunais Regionais do Trabalho e das Juntas de Conciliação e Julgamento.

Art. 3º Esta Emenda Constitucional entra em vigor na data de sua publicação.

Art. 4º Revoga-se o art. 117 da Constituição Federal.

Brasília, 09 de dezembro de 1999.

EMENDA CONSTITUCIONAL N. 25, DE 14 DE FEVEREIRO DE 2000

Altera o inciso VI do art. 29 e acrescenta o art. 29-A à Constituição Federal, que dispõem sobre limites de despesas com o Poder Legislativo Municipal.

As Mesas da Câmara dos Deputados e do Senado Federal, nos termos do § 3º do art. 60 da Constituição Federal, promulgam a seguinte Emenda ao texto constitucional:

Art. 1º O inciso VI do art. 29 da Constituição Federal passa a vigorar com a seguinte redação:

Alterações processadas no referido texto.

Art. 2º A Constituição Federal passa a vigorar acrescida do seguinte art. 29-A:

Alterações processadas no referido texto.

Art. 3º Esta Emenda Constitucional entra em vigor em 1º de janeiro de 2001.

Brasília, 14 de fevereiro de 2000.

EMENDA CONSTITUCIONAL N. 26, DE 14 DE FEVEREIRO DE 2000

Altera a redação do art. 6º da Constituição Federal.

As Mesas da Câmara dos Deputados e do Senado Federal, nos termos do § 3º do art. 60 da Constituição Federal, promulgam a seguinte Emenda ao texto constitucional:

Art. 1º O art. 6º da Constituição Federal passa a vigorar com a seguinte redação:

Alterações processadas no referido texto.

Art. 2º Esta Emenda Constitucional entra em vigor na data de sua publicação.

Brasília, 14 de fevereiro de 2000.

EMENDA CONSTITUCIONAL N. 27, DE 21 DE MARÇO DE 2000

Acrescenta o art. 76 ao Ato das Disposições Constitucionais Transitórias, instituindo a desvinculação de arrecadação de impostos e contribuições sociais da União.

As Mesas da Câmara dos Deputados e do Senado Federal, nos termos do § 3º do art. 60 da Constituição Federal, promulgam a seguinte Emenda ao texto constitucional:

Art. 1º É incluído o art. 76 ao Ato das Disposições Constitucionais Transitórias, com a seguinte redação:

Alterações processadas no referido texto.

Art. 2º Esta Emenda Constitucional entra em vigor na data de sua publicação.

Brasília, 21 de março de 2000.

EMENDA CONSTITUCIONAL N. 28, DE 25 DE MAIO DE 2000

Dá nova redação ao inciso XXIX do art. 7º e revoga o art. 233 da Constituição Federal.

As Mesas da Câmara dos Deputados e do Senado Federal, nos termos do § 3º do art. 60 da Constituição Federal, promulgam a seguinte Emenda ao texto constitucional:

Art. 1º O inciso XXIX do art. 7º da Constituição Federal passa a vigorar com a seguinte redação:

Alterações processadas no referido texto.

Art. 2º Revoga-se o art. 233 da Constituição Federal.

Art. 3º Esta Emenda Constitucional entra em vigor na data de sua publicação.

Brasília, 25 de maio de 2000.

EMENDA CONSTITUCIONAL N. 29, DE 13 DE SETEMBRO DE 2000

Altera os arts. 34, 35, 156, 160, 167 e 198 da Constituição Federal e acrescenta artigo ao Ato das Disposições Constitucionais Transitórias, para assegurar os recursos mínimos para o financiamento das ações e serviços públicos de saúde.

As Mesas da Câmara dos Deputados e do Senado Federal, nos termos do § 3º do art. 60 da Constituição Federal, promulgam a seguinte Emenda ao texto constitucional:

Art. 1º A alínea *e* do inciso VII do art. 34 passa a vigorar com a seguinte redação:

Alterações processadas no referido texto.

Art. 2º O inciso III do art. 35 passa a vigorar com a seguinte redação:

Alterações processadas no referido texto.

Art. 3º O § 1º do art. 156 da Constituição Federal passa a vigorar com a seguinte redação:

Alterações processadas no referido texto.

Art. 4º O parágrafo único do art. 160 passa a vigorar com a seguinte redação:

Alterações processadas no referido texto.

Art. 5º O inciso IV do art. 167 passa a vigorar com a seguinte redação:

Alterações processadas no referido texto.

Art. 6º O art. 198 passa a vigorar acrescido dos seguintes §§ 2º e 3º, numerando-se o atual parágrafo único como § 1º:

Alterações processadas no referido texto.

Art. 7º O Ato das Disposições Constitucionais Transitórias passa a vigorar acrescido do seguinte art. 77:

Alterações processadas no referido texto.

Art. 8º Esta Emenda Constitucional entra em vigor na data de sua publicação.

Brasília, 13 de setembro de 2000.

EMENDA CONSTITUCIONAL N. 30, DE 13 DE SETEMBRO DE 2000

Altera a redação do art. 100 da Constituição Federal e acrescenta o art. 78 no Ato das Disposições Constitucionais Transitórias, referente ao pagamento de precatórios judiciários.

As Mesas da Câmara dos Deputados e do Senado Federal, nos termos do § 3º do art. 60 da Constituição Federal, promulgam a seguinte Emenda ao texto constitucional:

Art. 1º O art. 100 da Constituição Federal passa a vigorar com a seguinte redação:

Alterações processadas no referido texto.

Art. 2º É acrescido, no Ato das Disposições Constitucionais Transitórias, o art. 78, com a seguinte redação:

Alterações processadas no referido texto.

Art. 3º Esta Emenda Constitucional entra em vigor na data de sua publicação.

Brasília, 13 de setembro de 2000.

EMENDA CONSTITUCIONAL N. 31, DE 14 DE DEZEMBRO DE 2000

Altera o Ato das Disposições Constitucionais Transitórias, introduzindo artigos que criam o Fundo de Combate e Erradicação da Pobreza.

As Mesas da Câmara dos Deputados e do Senado Federal, nos termos do § 3º do art. 60 da Constituição Federal, promulgam a seguinte emenda ao texto constitucional:

Art. 1º A Constituição Federal, no Ato das Disposições Constitucionais Transitórias, é acrescida dos seguintes artigos:

Alterações processadas no referido texto.

Art. 2º Esta Emenda Constitucional entra em vigor na data de sua publicação.

Brasília, 14 de dezembro de 2000.

EMENDA CONSTITUCIONAL N. 32, DE 11 DE SETEMBRO DE 2001

Altera dispositivos dos arts. 48, 57, 61, 62, 64, 66, 84, 88 e 246 da Constituição Federal, e dá outras providências.

As Mesas da Câmara dos Deputados e do Senado Federal, nos termos do § 3º do art. 60 da Constituição Federal, promulgam a seguinte Emenda ao texto constitucional:

Art. 1º Os arts. 48, 57, 61, 62, 64, 66, 84, 88 e 246 da Constituição Federal passam a vigorar com as seguintes alterações:

Alterações processadas no referido texto.

Art. 2º As medidas provisórias editadas em data anterior à da publicação desta emenda continuam em vigor até que medida provisória ulterior as revogue explicitamente ou até deliberação definitiva do Congresso Nacional.

Veja Súmula vinculante n. 54, STF.

Art. 3º Esta Emenda Constitucional entra em vigor na data de sua publicação.

Brasília, 11 de setembro de 2001.

EMENDA CONSTITUCIONAL N. 33, DE 11 DE DEZEMBRO DE 2001

Altera os arts. 149, 155 e 177 da Constituição Federal.

As Mesas da Câmara dos Deputados e do Senado Federal, nos termos do § 3º do art. 60 da Constituição Federal, promulgam a seguinte Emenda ao texto constitucional:

Art. 1º O art. 149 da Constituição Federal passa a vigorar acrescido dos seguintes parágrafos, renumerando-se o atual parágrafo único para § 1º:

Alterações processadas no referido texto.

Art. 2º O art. 155 da Constituição Federal passa a vigorar com as seguintes alterações:

Alterações processadas no referido texto.

Art. 3º O art. 177 da Constituição Federal passa a vigorar acrescido do seguinte parágrafo:

Alterações processadas no referido texto.

Art. 4º Enquanto não entrar em vigor a lei complementar de que trata o art. 155, § 2º, XII, *h*, da Constituição Federal, os Estados e o Distrito Federal, mediante convênio celebrado nos termos do § 2º, XII, *g*, do mesmo artigo, fixarão normas para regular provisoriamente a matéria.

Art. 5º Esta Emenda Constitucional entra em vigor na data de sua promulgação.

Brasília, 11 de dezembro de 2001.

EMENDA CONSTITUCIONAL N. 34, DE 13 DE DEZEMBRO DE 2001

Dá nova redação à alínea c *do inciso XVI do art. 37 da Constituição Federal.*

As Mesas da Câmara dos Deputados e do Senado Federal, nos termos do § 3º do art. 60 da Constituição Federal, promulgam a seguinte Emenda ao texto constitucional:

Art. 1º A alínea *c* do inciso XVI do art. 37 da Constituição Federal passa a vigorar com a seguinte redação:

Alterações processadas no referido texto.

Art. 2º Esta Emenda Constitucional entra em vigor na data de sua publicação.

Brasília, 13 de dezembro de 2001.

EMENDA CONSTITUCIONAL N. 35, DE 20 DE DEZEMBRO DE 2001

Dá nova redação ao art. 53 da Constituição Federal.

As Mesas da Câmara dos Deputados e do Senado Federal, nos termos do § 3º do art. 60 da Constituição Federal, promulgam a seguinte Emenda ao texto constitucional:

Art. 1º O art. 53 da Constituição Federal passa a vigorar com as seguintes alterações:

Alterações processadas no referido texto.

Art. 2º Esta Emenda Constitucional entra em vigor na data de sua publicação.

Brasília, 20 de dezembro de 2001.

EMENDA CONSTITUCIONAL N. 36, DE 28 DE MAIO DE 2002

Dá nova redação ao art. 222 da Constituição Federal, para permitir a participação de pessoas jurídicas no capital social de empresas jornalísticas e de radiodifusão sonora e de sons e imagens, nas condições que especifica.

As Mesas da Câmara dos Deputados e do Senado Federal, nos termos do § 3º do art. 60 da Constituição Federal, promulgam a seguinte Emenda ao texto constitucional:

Art. 1º O art. 222 da Constituição Federal passa a vigorar com a seguinte redação:

Alterações processadas no referido texto.

Art. 2º Esta Emenda Constitucional entra em vigor na data de sua publicação.

Brasília, 28 de maio de 2002.

EMENDA CONSTITUCIONAL N. 37, DE 12 DE JUNHO DE 2002

Altera os arts. 100 e 156 da Constituição Federal e acrescenta os arts. 84, 85, 86, 87 e 88 ao Ato das Disposições Constitucionais Transitórias.

As Mesas da Câmara dos Deputados e do Senado Federal, nos termos do § 3º do art. 60 da Constituição Federal, promulgam a seguinte Emenda ao texto constitucional:

Art. 1º O art. 100 da Constituição Federal passa a vigorar acrescido do seguinte § 4º, renumerando-se os subsequentes:

Alterações processadas no referido texto.

Art. 2º O § 3º do art. 156 da Constituição Federal passa a vigorar com a seguinte redação:

Alterações processadas no referido texto.

Art. 3º O Ato das Disposições Constitucionais Transitórias passa a vigorar acrescido dos seguintes arts. 84, 85, 86, 87 e 88:

Alterações processadas no referido texto.

Art. 4º Esta Emenda Constitucional entra em vigor na data de sua publicação.

Brasília, 12 de junho de 2002.

EMENDA CONSTITUCIONAL N. 38, DE 12 DE JUNHO DE 2002

Acrescenta o art. 89 ao Ato das Disposições Constitucionais Transitórias, incorporando os Policiais Militares do extinto Território Federal de Rondônia aos Quadros da União.

As Mesas da Câmara dos Deputados e do Senado Federal, nos termos do § 3º do art. 60 da Constituição Federal, promulgam a seguinte Emenda ao texto constitucional:

Art. 1º O Ato das Disposições Constitucionais Transitórias passa a vigorar acrescido do seguinte art. 89:

Alterações processadas no referido texto.

Art. 2º Esta Emenda Constitucional entra em vigor na data de sua publicação.

Brasília, 12 de junho de 2002.

EMENDA CONSTITUCIONAL N. 39, DE 19 DE DEZEMBRO DE 2002

Acrescenta o art. 149-A à Constituição Federal (instituindo contribuição para custeio do serviço de iluminação pública nos Municípios e no Distrito Federal).

As Mesas da Câmara dos Deputados e do Senado Federal, nos termos do § 3º do art. 60 da Constituição Federal, promulgam a seguinte Emenda ao texto constitucional:

Art. 1º A Constituição Federal passa a vigorar acrescida do seguinte art. 149-A:

Alterações processadas no referido texto.

Art. 2º Esta Emenda Constitucional entra em vigor na data de sua publicação.

Brasília, 19 de dezembro de 2002.

EMENDA CONSTITUCIONAL N. 40, DE 29 DE MAIO DE 2003

Altera o inciso V do art. 163 e o art. 192 da Constituição Federal, e o caput *do art. 52 do Ato das Disposições Constitucionais Transitórias.*

As Mesas da Câmara dos Deputados e do Senado Federal, nos termos do § 3º do art. 60 da Constituição Federal, promulgam a seguinte Emenda ao texto constitucional:

Art. 1º O inciso V do art. 163 da Constituição Federal passa a vigorar com a seguinte redação:

Art. 2º O art. 192 da Constituição Federal passa a vigorar com a seguinte redação:

Alterações processadas no referido texto.

Art. 3º O *caput* do art. 52 do Ato das Disposições Constitucionais Transitórias passa a vigorar com a seguinte redação:

Alterações processadas no referido texto.

Art. 4º Esta Emenda Constitucional entra em vigor na data de sua publicação.

Brasília, 29 de maio de 2003.

EMENDA CONSTITUCIONAL N. 41, DE 19 DE DEZEMBRO DE 2003

Modifica os arts. 37, 40, 42, 48, 96, 149 e 201 da Constituição Federal, revoga o inciso IX do § 3º do art. 142 da Constituição Federal e dispositivos da Emenda Constitucional n. 20, de 15 de dezembro de 1998, e dá outras providências.

As Mesas da Câmara dos Deputados e do Senado Federal, nos termos do § 3º do art. 60 da Constituição Federal, promulgam a seguinte Emenda ao texto constitucional:

Art. 1º A Constituição Federal passa a vigorar com as seguintes alterações:

Alterações processadas no referido texto.

Art. 2º (*Revogado pela EC n. 103, de 12.11.2019.*)

Art. 3º É assegurada a concessão, a qualquer tempo, de aposentadoria aos servidores públicos, bem como pensão aos seus dependentes, que, até a data de publicação desta Emenda, tenham cumprido todos os requisitos para obtenção desses benefícios, com base nos critérios da legislação então vigente.

Veja arts. 11, § 4º, I e II, e 34, § 12, I, Lei n. 13.681, de 18.06.2018.

§ 1º O servidor de que trata este artigo que opte por permanecer em atividade tendo completado as exigências para aposentadoria voluntária e que conte com, no mínimo, vinte e cinco anos de contribuição, se mulher, ou trinta anos de contribuição, se homem, fará jus a um abono de permanência equivalente ao valor da sua contribuição previdenciária até completar as exigências para aposentadoria compulsória contidas no art. 40, § 1º, II, da Constituição Federal.

Veja Ato Declaratório Interpretativo n. 24, de 04.10.2004, da Secretaria da Receita Federal (abono de permanência).

Veja art. 3º, § 6º, X, Lei n. 13.681, de 18.06.2018.

§ 2º Os proventos da aposentadoria a ser concedida aos servidores públicos referidos no *caput*, em termos integrais ou proporcionais ao tempo de contribuição já exercido até a data de publicação desta Emenda, bem como as pensões de seus dependentes, serão calculados de acordo com a legislação em vigor à época em que foram atendidos os requisitos nela estabelecidos para a concessão desses benefícios ou nas condições da legislação vigente.

Art. 4º Os servidores inativos e os pensionistas da União, dos Estados, do Distrito Federal e dos Municípios, incluídas suas autarquias e fundações, em gozo de benefícios na data de publicação desta Emenda, bem como os alcançados pelo disposto no seu art. 3º, contribuirão para o custeio do regime de que trata o art. 40 da Constituição Federal com percentual igual ao estabelecido para os servidores titulares de cargos efetivos.

Parágrafo único. A contribuição previdenciária a que se refere o *caput* incidirá apenas sobre a parcela dos proventos e das pensões que supere:

I – cinquenta por cento do limite máximo estabelecido para os benefícios do regime geral de previdência social de que trata o art. 201 da Constituição Federal, para os servidores inativos e os pensionistas dos Estados, do Distrito Federal e dos Municípios;

Veja ADIn ns. 3.105-8 e 3.128-7, de 18.08.2004, que julgaram inconstitucional a expressão "cinquenta por cento do" deste inciso.

II – sessenta por cento do limite máximo estabelecido para os benefícios do regime geral de previdência social de que trata o art. 201 da Constituição Federal, para os servidores inativos e os pensionistas da União.

Veja ADIn ns. 3.105-8 e 3.128-7, de 18.08.2004, que julgaram inconstitucional a expressão "sessenta por cento do" deste inciso.

Art. 5º O limite máximo para o valor dos benefícios do regime geral de previdência social de que trata o art. 201 da Constituição Federal é fixado em R$ 2.400,00 (dois mil e quatrocentos reais), devendo, a partir da data de publicação desta Emenda, ser reajustado de forma a preservar, em caráter permanente, seu valor real, atualizado pelos mesmos índices aplicados aos benefícios do regime geral de previdência social.

Os benefícios previdenciários são reajustados anualmente por meio de ato administrativo do Ministro de Estado da Previdência Social.

Art. 6º (*Revogado pela EC n. 103, de 12.11.2019.*)

Parágrafo único. (*Revogado pela EC n. 47, de 05.06.2005.*)

Art. 6º-A. (*Revogado pela EC n. 103, de 12.11.2019.*)

Art. 7º Observado o disposto no art. 37, XI, da Constituição Federal, os proventos de aposentadoria dos servidores públicos titulares de cargo efetivo e as pensões dos seus dependentes pagos pela União, Estados, Distrito Federal e Municípios, incluídas suas autarquias e fundações, em fruição na data de publicação desta Emenda, bem como os proventos de aposentadoria dos servidores e as pensões dos dependentes abrangidos pelo art. 3º desta Emenda, serão revistos na mesma proporção e na mesma data, sempre que se modificar a remuneração dos servidores em atividade, sendo também estendidos aos aposentados e pensionistas quaisquer benefícios ou vantagens posteriormente concedidos aos servidores em atividade, inclusive quando decorrentes da transformação ou reclassificação do cargo ou função em que se deu a aposentadoria ou que serviu de referência para a concessão da pensão, na forma da lei.

Veja art. 2º, EC n. 47, de 05.07.2005.

Veja arts. 4º, § 7º, I, e 20, § 3º, I, EC n. 103, de 12.11.2019.

Art. 8º Até que seja fixado o valor do subsídio de que trata o art. 37, XI, da Constituição Federal, será considerado, para os fins do limite fixado naquele inciso, o valor da maior remuneração atribuída por lei na data de publicação desta Emenda a Ministro do Supremo Tribunal Federal, a título de vencimento, de representação mensal e da parcela recebida em razão de tempo de serviço, aplicando-se como limite, nos Municípios, o subsídio do Prefeito, e nos Estados e no Distrito Federal, o subsídio mensal do Governador no âmbito do Poder Executivo, o subsídio dos Deputados Estaduais e Distritais no âmbito do Poder Legislativo e o subsídio dos Desembargadores do Tribunal de Justiça, limitado a noventa inteiros e vinte e cinco centésimos por cento da maior remuneração mensal de Ministro do Supremo Tribunal Federal a que se refere este artigo, no âmbito do Poder Judiciário, aplicável este limite aos membros do Ministério Público, aos Procuradores e aos Defensores Públicos.

Art. 9º Aplica-se o disposto no art. 17 do Ato das Disposições Constitucionais Transitórias aos vencimentos, remunerações e subsídios dos ocupantes de cargos, funções e empregos públicos da administração direta, autárquica e fundacional, dos membros de qualquer dos Poderes da União, dos Estados, do Distrito Federal e dos Municípios, dos detentores de mandato eletivo e dos demais agentes políticos e os proventos, pensões ou outra espécie remuneratória percebidos cumulativamente ou não, incluídas as vantagens pessoais ou de qualquer outra natureza.

Art. 10. Revogam-se o inciso IX do § 3º do art. 142 da Constituição Federal, bem como os arts. 8º e 10 da Emenda Constitucional n. 20, de 15 de dezembro de 1998.

Art. 11. Esta Emenda Constitucional entra em vigor na data de sua publicação.

Brasília, 19 de dezembro de 2003.

EMENDA CONSTITUCIONAL N. 42, DE 19 DE DEZEMBRO DE 2003

Altera o Sistema Tributário Nacional e dá outras providências.

As Mesas da Câmara dos Deputados e do Senado Federal, nos termos do § 3º do art. 60 da Constituição Federal, promulgam a seguinte Emenda ao texto constitucional:

Art. 1º Os artigos da Constituição a seguir enumerados passam a vigorar com as seguintes alterações:

Alterações processadas no referido texto.

Art. 2º Os artigos do Ato das Disposições Constitucionais Transitórias a seguir enumerados passam a vigorar com as seguintes alterações:

Art. 3º O Ato das Disposições Constitucionais Transitórias passa a vigorar acrescido dos seguintes artigos:

Alterações processadas no referido texto.

Art. 4º Os adicionais criados pelos Estados e pelo Distrito Federal até a data da promulgação desta Emenda, naquilo em que estiverem em desacordo com o previsto nesta Emenda, na Emenda Constitucional n. 31, de 14 de dezembro de 2000, ou na lei complementar de que trata o art. 155, § 2º, XII, da Constituição, terão vigência, no máximo, até o prazo previsto no art. 79 do Ato das Disposições Constitucionais Transitórias.

Veja EC n. 67, de 22.12.2010.

Art. 5º O Poder Executivo, em até sessenta dias contados da data da promulgação desta Emenda, encaminhará ao Congresso Nacional projeto de lei, sob o regime de urgência constitucional, que disciplinará os benefícios fiscais para a capacitação do setor de tecnologia da informação, que vigerão até 2019 nas condições que estiverem em vigor no ato da aprovação desta Emenda.

Art. 6º Fica revogado o inciso II do § 3º do art. 84 do Ato das Disposições Constitucionais Transitórias.

Brasília, 19 de dezembro de 2003.

EMENDA CONSTITUCIONAL N. 43, DE 15 DE ABRIL DE 2004

Altera o art. 42 do Ato das Disposições Constitucionais Transitórias, prorrogando, por 10 (dez) anos, a aplicação, por parte da União, de percentuais mínimos do total dos recursos destinados à irrigação nas Regiões Centro-Oeste e Nordeste.

As Mesas da Câmara dos Deputados e do Senado Federal, nos termos do § 3º do art. 60 da Constituição Federal, promulgam a seguinte Emenda ao texto constitucional:

Art. 1º O *caput* do art. 42 do Ato das Disposições Constitucionais Transitórias passa a vigorar com a seguinte redação:

Alterações processadas no referido texto.

Art. 2º Esta Emenda Constitucional entra em vigor na data de sua publicação.

Brasília, 15 de abril de 2004.

EMENDA CONSTITUCIONAL N. 44, DE 30 DE JUNHO DE 2004

Altera o Sistema Tributário Nacional e dá outras providências.

As Mesas da Câmara dos Deputados e do Senado Federal, nos termos do § 3º do art. 60 da Constituição Federal, promulgam a seguinte Emenda ao texto constitucional:

Art. 1º O inciso III do art. 159 da Constituição passa a vigorar com a seguinte redação:

Alterações processadas no referido texto.

Art. 2º Esta Emenda à Constituição entra em vigor na data de sua publicação.

Brasília, 30 de junho de 2004.

EMENDA CONSTITUCIONAL N. 45, DE 08 DE DEZEMBRO DE 2004

Altera dispositivos dos arts. 5º, 36, 52, 92, 93, 95, 98, 99, 102, 103, 104, 105, 107, 109, 111, 112, 114, 115, 125, 126, 127, 128, 129, 134 e 168 da Constituição Federal, e acrescenta os arts. 103-A, 103-B, 111-A e 130-A, e dá outras providências.

As Mesas da Câmara dos Deputados e do Senado Federal, nos termos do § 3º do art. 60 da Constituição Federal, promulgam a seguinte Emenda ao texto constitucional:

Art. 1º Os arts. 5º, 36, 52, 92, 93, 95, 98, 99, 102, 103, 104, 105, 107, 109, 111, 112, 114, 115, 125, 126, 127, 128, 129, 134 e 168 da Constituição Federal passam a vigorar com a seguinte redação:

Alterações processadas no referido texto.

Art. 2º A Constituição Federal passa a vigorar acrescida dos seguintes arts. 103-A, 103-B, 111-A e 130-A:

Alterações processadas no referido texto.

Art. 3º A lei criará o Fundo de Garantia das Execuções Trabalhistas, integrado pelas multas decorrentes de condenações trabalhistas e administrativas oriundas da fiscalização do trabalho, além de outras receitas.

Art. 4º Ficam extintos os tribunais de Alçada, onde houver, passando os seus membros a integrar os Tribunais de Justiça dos respectivos Estados, respeitadas a antiguidade e classe de origem.

Parágrafo único. No prazo de cento e oitenta dias, contado da promulgação desta Emenda, os Tribunais de Justiça, por ato administrativo, promoverão a integração dos membros dos tribunais extintos em seus quadros, fixando-lhes a competência e remetendo, em igual prazo, ao Poder Legislativo, proposta de alteração da organização e da divisão judiciária correspondentes, assegurados os direitos dos inativos e pensionistas e o aproveitamento dos servidores no Poder Judiciário estadual.

Art. 5º O Conselho Nacional de Justiça e o Conselho Nacional do Ministério Público serão instalados no prazo de cento e oitenta dias a contar da promulgação desta Emenda, devendo a indicação ou escolha de seus membros ser efetuada até trinta dias antes do termo final.

§ 1º Não efetuadas as indicações e escolha dos nomes para os Conselhos Nacional de Justiça e do Ministério Público dentro do prazo fixado no *caput* deste artigo, caberá, respectivamente, ao Supremo Tribunal Federal e ao Ministério Público da União realizá-las.

§ 2º Até que entre em vigor o Estatuto da Magistratura, o Conselho Nacional de Justiça, mediante resolução, disciplinará seu funcionamento e definirá as atribuições do Ministro-Corregedor.

Veja Res. n. 67, de 03.03.2009 (aprova o Regimento Interno do CNJ).

Art. 6º O Conselho Superior da Justiça do Trabalho será instalado no prazo de cento e oitenta dias, cabendo ao Tribunal Superior do Trabalho regulamentar seu funcionamento por resolução, enquanto não promulgada a lei a que se refere o art. 111-A, § 2º, II.

Veja Res. Administrativa n. 1.407, de 07.06.2010 (aprova o Regimento Interno do Conselho Superior da Justiça do Trabalho).

Art. 7º O Congresso Nacional instalará, imediatamente após a promulgação desta Emenda Constitucional, comissão especial mista, destinada a elaborar, em cento e oitenta dias, os projetos de lei necessários à regulamentação da matéria nela tratada, bem como promover alterações na legislação federal objetivando tornar mais amplo o acesso à Justiça e mais célere a prestação jurisdicional.

Art. 8º As atuais súmulas do Supremo Tribunal Federal somente produzirão efeito vinculante após sua confirmação por dois terços de seus integrantes e publicação na imprensa oficial.

Art. 9º São revogados o inciso IV do art. 36; a alínea *h* do inciso I do art. 102; o § 4º do art. 103; e os §§ 1º a 3º do art. 111.

Art. 10. Esta Emenda Constitucional entra em vigor na data de sua publicação.

Brasília, 08 de dezembro de 2004.

EMENDA CONSTITUCIONAL N. 46, DE 05 DE MAIO DE 2005

Altera o inciso IV do art. 20 da Constituição Federal.

As Mesas da Câmara dos Deputados e do Senado Federal, nos termos do § 3º do art. 60 da Constituição Federal, promulgam a seguinte Emenda ao texto constitucional:

Art. 1º O inciso IV do art. 20 da Constituição Federal passa a vigorar com a seguinte redação:

Alterações processadas no referido texto.

Art. 2º Esta Emenda Constitucional entra em vigor na data de sua publicação.

Brasília, 05 de maio de 2005.

EMENDA CONSTITUCIONAL N. 47, DE 05 DE JULHO DE 2005

Altera os arts. 37, 40, 195 e 201 da Constituição Federal, para dispor sobre a previdência social, e dá outras providências.

As Mesas da Câmara dos Deputados e do Senado Federal, nos termos do § 3º do art. 60 da Constituição Federal, promulgam a seguinte Emenda ao texto constitucional:

Art. 1º Os arts. 37, 40, 195 e 201 da Constituição Federal passam a vigorar com a seguinte redação:

Alterações processadas no referido texto.

Art. 2º Aplica-se aos proventos de aposentadorias dos servidores públicos que se aposentarem na forma do *caput* do art. 6º da Emenda Constitucional n. 41, de 2003, o disposto no art. 7º da mesma Emenda.

Art. 3º (*Revogado pela EC n. 103, de 12.11.2019.*)

Art. 4º Enquanto não editada a lei a que se refere o § 11 do art. 37 da Constituição Federal, não será computada, para efeito dos limites remuneratórios de que trata o inciso XI do *caput* do mesmo artigo, qualquer parcela de caráter indenizatório, assim definida pela legislação em vigor na data de publicação da Emenda Constitucional n. 41, de 2003.

Art. 5º Revoga-se o parágrafo único do art. 6º da Emenda Constitucional n. 41, de 19 de dezembro de 2003.

Art. 6º Esta Emenda Constitucional entra em vigor na data de sua publicação, com efeitos retroativos à data de vigência da Emenda Constitucional n. 41, de 2003.

Brasília, 05 de julho de 2005.

EMENDA CONSTITUCIONAL N. 48, DE 10 DE AGOSTO DE 2005

Acrescenta o § 3º ao art. 215 da Constituição Federal, instituindo o Plano Nacional de Cultura.

As Mesas da Câmara dos Deputados e do Senado Federal, nos termos do art. 60 da Constituição Federal, promulgam a seguinte Emenda ao texto constitucional:

Art. 1º O art. 215 da Constituição Federal passa a vigorar acrescido do seguinte § 3º:

Alterações processadas no referido texto.

Art. 2º Esta Emenda Constitucional entra em vigor na data de sua publicação.

Brasília, 10 de agosto de 2005.

EMENDA CONSTITUCIONAL N. 49, DE 08 DE FEVEREIRO DE 2006

Altera a redação da alínea b *e acrescenta alínea* c *ao inciso XXIII do caput do art. 21 e altera a redação do inciso V do caput do art. 177 da Constituição Federal para excluir do monopólio da União a produção, a comercialização e a utilização de radioisótopos de meia-vida curta, para usos médicos, agrícolas e industriais.*

As Mesas da Câmara dos Deputados e do Senado Federal, nos termos do art. 60 da Constituição Federal, promulgam a seguinte Emenda ao texto constitucional:

Art. 1º O inciso XXIII do art. 21 da Constituição Federal passa a vigorar com a seguinte redação:

Alterações processadas no referido texto.

Art. 2º O inciso V do *caput* do art. 177 da Constituição Federal passa a vigorar com a seguinte redação:

Alterações processadas no referido texto.

Art. 3º Esta Emenda Constitucional entra em vigor na data de sua publicação.

Brasília, 08 de fevereiro de 2006.

EMENDA CONSTITUCIONAL N. 50, DE 14 DE FEVEREIRO DE 2006

Modifica o art. 57 da Constituição Federal.

As Mesas da Câmara dos Deputados e do Senado Federal, nos termos do art. 60 da Constituição Federal, promulgam a seguinte Emenda ao texto constitucional:

Art. 1º O art. 57 da Constituição Federal passa a vigorar com a seguinte redação:

Alterações processadas no referido texto.

Art. 2º Esta Emenda Constitucional entra em vigor na data de sua publicação.

Brasília, 14 de fevereiro de 2006.

EMENDA CONSTITUCIONAL N. 51, DE 14 DE FEVEREIRO DE 2006

Acrescenta os §§ 4º, 5º e 6º ao art. 198 da Constituição Federal.

As Mesas da Câmara dos Deputados e do Senado Federal, nos termos do art. 60 da Constituição Federal, promulgam a seguinte Emenda ao texto constitucional:

Art. 1º O art. 198 da Constituição Federal passa a vigorar acrescido dos seguintes §§ 4º, 5º e 6º:

Alterações processadas no referido texto.

Art. 2º Após a promulgação da presente Emenda Constitucional, os agentes comunitários de saúde e os agentes de combate às endemias somente poderão ser contratados diretamente pelos Estados, pelo Distrito Federal ou pelos Municípios na forma do § 4º do art. 198 da Constituição Federal, observado o limite de gasto estabelecido na Lei Complementar de que trata o art. 169 da Constituição Federal.

Parágrafo único. Os profissionais que, na data de promulgação desta Emenda e a qualquer título, desempenharem as atividades de agente comunitário de saúde ou de agente de combate às endemias, na forma da lei, ficam dispensados de se submeter ao processo seletivo público a que se refere o § 4º do art. 198 da Constituição Federal, desde que tenham sido contratados a partir de anterior processo de Seleção Pública efetuado por órgãos ou entes da administração direta ou indireta de Estado, Distrito Federal ou Município ou por outras instituições com a efetiva supervisão e autorização da administração direta dos entes da federação.

Veja Lei n. 11.350, de 05.10.2006 (aproveitamento de pessoal).

Art. 3º Esta Emenda Constitucional entra em vigor na data da sua publicação.

Brasília, 14 de fevereiro de 2006.

EMENDA CONSTITUCIONAL N. 52, DE 08 DE MARÇO DE 2006

Dá nova redação ao § 1º do art. 17 da Constituição Federal para disciplinar as coligações eleitorais.

As Mesas da Câmara dos Deputados e do Senado Federal, nos termos do § 3º do art. 60 da Constituição Federal, promulgam a seguinte Emenda ao texto constitucional:

Art. 1º O § 1º do art. 17 da Constituição Federal passa a vigorar com a seguinte redação:

Alterações processadas no referido texto.

Art. 2º Esta Emenda Constitucional entra em vigor na data de sua publicação, aplicando-se às eleições que ocorrerão no ano de 2002.

Veja ADI n. 3.685-8 (22.03.2006), na qual o STF, por maioria, julgou procedente a ação para fixar que o disposto pela EC n. 52/2006 não se aplica às eleições de 2006, remanescendo aplicável à tal eleição a redação original do mesmo artigo.

Veja art. 16 c/c art. 60, § 4º, IV, ambos da CF.

Brasília, 08 de março de 2006.

EMENDA CONSTITUCIONAL N. 53, DE 19 DE DEZEMBRO DE 2006

Dá nova redação aos arts. 7º, 23, 30, 206, 208, 211 e 212 da Constituição Federal e ao art. 60 do Ato das Disposições Constitucionais Transitórias.

As Mesas da Câmara dos Deputados e do Senado Federal, nos termos do § 3º do art. 60 da Constituição Federal, promulgam a seguinte Emenda ao texto constitucional:

Art. 1º A Constituição Federal passa a vigorar com as seguintes alterações:

Alterações processadas no referido texto.

Art. 2º O art. 60 do Ato das Disposições Constitucionais Transitórias passa a vigorar com a seguinte redação:

Alterações processadas no referido texto.

Art. 3º Esta Emenda Constitucional entra em vigor na data de sua publicação, mantidos os efeitos do art. 60 do Ato das Disposições Constitucionais Transitórias, conforme estabelecido pela Emenda Constitucional n. 14, de 12 de setembro de 1996, até o início da vigência dos Fundos, nos termos desta Emenda Constitucional.

Brasília, 19 de dezembro de 2006.

EMENDA CONSTITUCIONAL N. 54, DE 20 DE SETEMBRO DE 2007

Dá nova redação à alínea c *do inciso I do art. 12 da Constituição Federal e acrescenta art. 95 ao Ato das Disposições Constitucionais Transitórias, assegurando o registro nos consulados de brasileiros nascidos no estrangeiro.*

As Mesas da Câmara dos Deputados e do Senado Federal, nos termos do § 3º do art. 60 da Constituição Federal, promulgam a seguinte Emenda ao texto constitucional:

Art. 1º A alínea *c* do inciso I do art. 12 da Constituição Federal passa a vigorar com a seguinte redação:

Alterações processadas no referido texto.

Art. 2º O Ato das Disposições Constitucionais Transitórias passa a vigorar acrescido do seguinte art. 95:

Alterações processadas no referido texto.

Art. 3º Esta Emenda Constitucional entra em vigor na data de sua publicação.

Brasília, 20 de setembro de 2007.

EMENDA CONSTITUCIONAL N. 55, DE 20 DE SETEMBRO DE 2007

Altera o art. 159 da Constituição Federal, aumentando a entrega de recursos pela União ao Fundo de Participação dos Municípios.

As Mesas da Câmara dos Deputados e do Senado Federal, nos termos do § 3º do art. 60 da Constituição Federal, promulgam a seguinte Emenda ao texto constitucional:

Art. 1º O art. 159 da Constituição Federal passa a vigorar com as seguintes alterações:

Alterações processadas no referido texto.

Art. 2º No exercício de 2007, as alterações do art. 159 da Constituição Federal previstas nesta Emenda Constitucional somente se aplicam sobre a arrecadação dos impostos sobre renda e proventos de qualquer natureza e sobre produtos industrializados realizada a partir de 1º de setembro de 2007.

Art. 3º Esta Emenda Constitucional entra em vigor na data de sua publicação.

Brasília, 20 de setembro de 2007.

EMENDA CONSTITUCIONAL N. 56, DE 20 DE DEZEMBRO DE 2007

Prorroga o prazo previsto no caput do art. 76 do Ato das Disposições Constitucionais Transitórias e dá outras providências.

As Mesas da Câmara dos Deputados e do Senado Federal, nos termos do § 3º do art. 60 da Constituição Federal, promulgam a seguinte Emenda ao texto constitucional:

Art. 1º O *caput* do art. 76 do Ato das Disposições Constitucionais Transitórias passa a vigorar com a seguinte redação:

Alterações processadas no referido texto.

Art. 2º Esta Emenda Constitucional entra em vigor na data de sua publicação.

Brasília, 20 de dezembro de 2007.

EMENDA CONSTITUCIONAL N. 57, DE 18 DE DEZEMBRO DE 2008

Acrescenta artigo ao Ato das Disposições Constitucionais Transitórias para convalidar os atos de criação, fusão, incorporação e desmembramento de Municípios.

As Mesas da Câmara dos Deputados e do Senado Federal, nos termos do § 3º do art. 60 da Constituição Federal, promulgam a seguinte Emenda ao texto constitucional:

Art. 1º O Ato das Disposições Constitucionais Transitórias passa a vigorar acrescido do seguinte art. 96:

Alterações processadas no referido texto.

Art. 2º Esta Emenda Constitucional entra em vigor na data de sua publicação.

Brasília, 18 de dezembro de 2008.

EMENDA CONSTITUCIONAL N. 58, DE 23 DE SETEMBRO DE 2009

Altera a redação do inciso IV do caput *do art. 29 e do art. 29-A da Constituição Federal, tratando das disposições relativas à recomposição das Câmaras Municipais.*

As Mesas da Câmara dos Deputados e do Senado Federal, nos termos do § 3º do art. 60 da Constituição Federal, promulgam a seguinte Emenda ao texto constitucional:

Art. 1º O inciso IV do *caput* do art. 29 da Constituição Federal passa a vigorar com a seguinte redação:

Alterações processadas no referido texto.

Art. 2º O art. 29-A da Constituição Federal passa a vigorar com a seguinte redação:

Alterações processadas no referido texto.

Art. 3º Esta Emenda Constitucional entra em vigor na data de sua promulgação, produzindo efeitos:

I – o disposto no art. 1º, a partir do processo eleitoral de 2008; e

Veja ADIn n. 4.307, em que o STF deferiu a medida cautelar (02.10.2009), com eficácia *ex tunc*, para sustar efeitos deste inciso.

II – o disposto no art. 2º, a partir de 1º de janeiro do ano subsequente ao da promulgação desta Emenda.

Brasília, 23 de setembro de 2009.

EMENDA CONSTITUCIONAL N. 59, DE 11 DE NOVEMBRO DE 2009

Acrescenta § 3º ao art. 76 do Ato das Disposições Constitucionais Transitórias para reduzir, anualmente, a partir do exercício de 2009, o percentual da Desvinculação das Receitas da União incidente sobre os recursos e desenvolvimento do ensino de que trata o art. 212 da Constituição Federal, dá nova redação aos incisos I e VII do art. 208, de forma a prever a obrigatoriedade do ensino de quatro a dezessete anos e ampliar a abrangência dos programas suplementares para todas as etapas da educação básica, e dá nova redação ao § 4º do art. 211 e ao § 3º do art. 212 e ao caput do art. 214, com a inserção neste dispositivo de inciso VI.

As Mesas da Câmara dos Deputados e do Senado Federal, nos termos do § 3º do art. 60 da Constituição Federal, promulgam a seguinte Emenda ao texto constitucional:

Art. 1º Os incisos I e VII do art. 208 da Constituição Federal, passam a vigorar com as seguintes alterações:

Alterações processadas no referido texto.

Art. 2º O § 4º do art. 211 da Constituição Federal passa a vigorar com a seguinte redação:

Alterações processadas no referido texto.

Art. 3º O § 3º do art. 212 da Constituição Federal passa a vigorar com a seguinte redação:

Alterações processadas no referido texto.

Art. 4º O *caput* do art. 214 da Constituição Federal passa a vigorar com a seguinte redação, acrescido do inciso VI:

Alterações processadas no referido texto.

Art. 5º O art. 76 do Ato das Disposições Constitucionais Transitórias passa a vigorar acrescido do seguinte § 3º:

Alterações processadas no referido texto.

Art. 6º O disposto no inciso I do art. 208 da Constituição Federal deverá ser implementado progressivamente, até 2016, nos termos do Plano Nacional de Educação, com apoio técnico e financeiro da União.

Art. 7º Esta Emenda Constitucional entra em vigor na data da sua publicação.

Brasília, 11 de novembro de 2009.

EMENDA CONSTITUCIONAL N. 60, DE 11 DE NOVEMBRO DE 2009

Altera o art. 89 do Ato das Disposições Constitucionais Transitórias para dispor sobre o quadro de servidores civis e militares do ex-Território Federal de Rondônia.

As Mesas da Câmara dos Deputados e do Senado Federal, nos termos do § 3º do art. 60 da Constituição Federal, promulgam a seguinte Emenda ao texto constitucional:

Art. 1º O art. 89 do Ato das Disposições Constitucionais Transitórias passa a vigorar com a seguinte redação, vedado o pagamento, a qualquer título, em virtude de tal alteração, de ressarcimentos ou indenizações, de qualquer espécie, referentes a períodos anteriores à data de publicação desta Emenda Constitucional:

Alterações processadas no referido texto.

Art. 2º Esta Emenda Constitucional entra em vigor na data de sua publicação, não produzindo efeitos retroativos.

Brasília, 11 de novembro de 2009.

EMENDA CONSTITUCIONAL N. 61, DE 11 DE NOVEMBRO DE 2009

Altera o art. 103-B da Constituição Federal, para modificar a composição do Conselho Nacional de Justiça.

As Mesas da Câmara dos Deputados e do Senado Federal, nos termos do § 3º do art. 60 da Constituição Federal, promulgam a seguinte Emenda ao texto constitucional:

Art. 1º O art. 103-B da Constituição Federal passa a vigorar com a seguinte redação:

Alterações processadas no referido texto.

Art. 2º Esta Emenda Constitucional entra em vigor na data de sua publicação.

Brasília, 11 de novembro de 2009.

EMENDA CONSTITUCIONAL N. 62, DE 09 DE DEZEMBRO DE 2009

Altera o art. 100 da Constituição Federal e acrescenta o art. 97 ao Ato das Disposições Constitucionais Transitórias, instituindo regime especial de pagamento de precatórios pelos Estados, Distrito Federal e Municípios.

As Mesas da Câmara dos Deputados e do Senado Federal, nos termos do § 3º do art. 60 da Constituição Federal, promulgam a seguinte Emenda ao texto constitucional:

Art. 1º O art. 100 da Constituição Federal passa a vigorar com a seguinte redação:

Alterações processadas no referido texto.

Art. 2º O Ato das Disposições Constitucionais Transitórias passa a vigorar acrescido do seguinte art. 97:

Alterações processadas no referido texto.

Art. 3º A implantação do regime de pagamento criado pelo art. 97 do Ato das Disposições Constitucionais Transitórias deverá ocorrer no prazo de até 90 (noventa dias), contados da data da publicação desta Emenda Constitucional.

Art. 4º A entidade federativa voltará a observar somente o disposto no art. 100 da Constituição Federal:

I – no caso de opção pelo sistema previsto no inciso I do § 1º do art. 97 do Ato das Disposições Constitucionais Transitórias, quando o valor dos precatórios devidos for inferior ao dos recursos destinados ao seu pagamento;

II – no caso de opção pelo sistema previsto no inciso II do § 1º do art. 97 do Ato das Disposições Constitucionais Transitórias, ao final do prazo.

Art. 5º Ficam convalidadas todas as cessões de precatórios efetuadas antes da promulgação desta Emenda Constitucional, independentemente da concordância da entidade devedora.

Art. 6º Ficam também convalidadas todas as compensações de precatórios com tributos vencidos até 31 de outubro de 2009 da entidade devedora, efetuadas na forma do disposto no § 2º do art. 78 do ADCT, realizadas antes da promulgação desta Emenda Constitucional.

Art. 7º Esta Emenda Constitucional entra em vigor na data de sua publicação.

Brasília, 09 de dezembro de 2009.

EMENDA CONSTITUCIONAL N. 63, DE 04 DE FEVEREIRO DE 2010

Altera o § 5º do art. 198 da Constituição Federal para dispor sobre piso salarial profissional nacional e diretrizes para os Planos de Carreira de agentes comunitários de saúde e de agentes de combate às endemias.

As Mesas da Câmara dos Deputados e do Senado Federal, nos termos do art. 60 da Constituição Federal, promulgam a seguinte Emenda ao texto constitucional:

Art. 1º O § 5º do art. 198 da Constituição Federal passa a vigorar com a seguinte redação:

Alterações processadas no referido texto.

Art. 2º Esta Emenda Constitucional entra em vigor na data de sua publicação.

Brasília, 04 de fevereiro de 2010.

EMENDA CONSTITUCIONAL N. 64, DE 04 DE FEVEREIRO DE 2010

Altera o art. 6º da Constituição Federal, para introduzir a alimentação como direito social.

As Mesas da Câmara dos Deputados e do Senado Federal, nos termos do art. 60 da Constituição Federal, promulgam a seguinte Emenda ao texto constitucional:

Art. 1º O art. 6º da Constituição Federal passa a vigorar com a seguinte redação:

Alterações processadas no referido texto.

Art. 2º Esta Emenda Constitucional entra em vigor na data de sua publicação.

Brasília, 04 de fevereiro de 2010.

EMENDA CONSTITUCIONAL N. 65, DE 13 DE JULHO DE 2010

Altera a denominação do Capítulo VII do Título VIII da Constituição Federal e modifica o seu art. 227, para cuidar dos interesses da juventude.

As Mesas da Câmara dos Deputados e do Senado Federal, nos termos do art. 60 da Constituição Federal, promulgam a seguinte Emenda ao texto constitucional:

Art. 1º O Capítulo VII do Título VIII da Constituição Federal passa a denominar-se "Da Família, da Criança, do Adolescente, do Jovem e do Idoso".

Art. 2º O art. 227 da Constituição Federal passa a vigorar com a seguinte redação:

Alterações processadas no referido texto.

Art. 3º Esta Emenda Constitucional entra em vigor na data de sua publicação.

Brasília, 13 de julho de 2010.

EMENDA CONSTITUCIONAL N. 66, DE 13 DE JULHO DE 2010

Dá nova redação ao § 6º do art. 226 da Constituição Federal, que dispõe sobre a dissolubilidade do casamento civil pelo divórcio, suprimindo o requisito de prévia separação judicial por mais de 1 (um) ano ou de comprovada separação de fato por mais de 2 (dois) anos.

As Mesas da Câmara dos Deputados e do Senado Federal, nos termos do art. 60 da Constituição Federal, promulgam a seguinte Emenda ao texto constitucional:

Art. 1º O § 6º do art. 226 da Constituição Federal passa a vigorar com a seguinte redação:

Alterações processadas no referido texto.

Art. 2º Esta Emenda Constitucional entra em vigor na data de sua publicação.

Brasília, 13 de julho de 2010.

EMENDA CONSTITUCIONAL N. 67, DE 22 DE DEZEMBRO DE 2010

Prorroga, por tempo indeterminado, o prazo de vigência do Fundo de Combate e Erradicação da Pobreza.

As Mesas da Câmara dos Deputados e do Senado Federal, nos termos do § 3º do art. 60 da Constituição Federal, promulgam a seguinte Emenda ao texto constitucional:

Art. 1º Prorrogam-se, por tempo indeterminado, o prazo de vigência do Fundo de Combate e Erradicação da Pobreza a que se refere o *caput* do art. 79 do Ato das Disposições Constitucionais Transitórias e, igualmente, o prazo de vigência da Lei Complementar n. 111, de 6 de julho de 2001, que "Dispõe sobre o Fundo de Combate e Erradicação da Pobreza, na forma prevista nos arts. 79, 80 e 81 do Ato das Disposições Constitucionais Transitórias".

Art. 2º Esta Emenda Constitucional entra em vigor na data de sua publicação.

Brasília, 22 de dezembro de 2010.

EMENDA CONSTITUCIONAL N. 68, DE 21 DE DEZEMBRO DE 2011

Altera o art. 76 do Ato das Disposições Constitucionais Transitórias.

As Mesas da Câmara dos Deputados e do Senado Federal, nos termos do § 3º do art. 60 da Constituição Federal, promulgam a seguinte Emenda ao texto constitucional:

Art. 1º O art. 76 do Ato das Disposições Constitucionais Transitórias passa a vigorar com a seguinte redação:

Alterações processadas no referido texto.

Art. 2º Esta Emenda Constitucional entra em vigor na data da sua publicação.

Brasília, 21 de dezembro de 2011.

EMENDA CONSTITUCIONAL N. 69, DE 29 DE MARÇO DE 2012

Altera os arts. 21, 22 e 48 da Constituição Federal, para transferir da União para o Distrito Federal as atribuições de organizar e manter a Defensoria Pública do Distrito Federal.

As Mesas da Câmara dos Deputados e do Senado Federal, nos termos do art. 60 da Constituição Federal, promulgam a seguinte Emenda ao texto constitucional:

Art. 1º Os arts. 21, 22 e 48 da Constituição Federal passam a vigorar com a seguinte redação:

Alterações processadas no referido texto.

Art. 2º Sem prejuízo dos preceitos estabelecidos na Lei Orgânica do Distrito Federal, aplicam-se à Defensoria Pública do Distrito Federal os mesmos princípios e regras que, nos termos da Constituição Federal, regem as Defensorias Públicas dos Estados.

Art. 3º O Congresso Nacional e a Câmara Legislativa do Distrito Federal, imediatamente após a promulgação desta Emenda Constitucional e de acordo com suas competências, instalarão comissões especiais destinadas a elaborar, em 60 (sessenta) dias, os projetos de lei necessários à adequação da legislação infraconstitucional à matéria nela tratada.

Art. 4º Esta Emenda Constitucional entra em vigor na data de sua publicação, produzindo efeitos quanto ao disposto no art. 1º após decorridos 120 (cento e vinte) dias de sua publicação oficial.

Brasília, 29 de março de 2012.

EMENDA CONSTITUCIONAL N. 70, DE 29 DE MARÇO DE 2012

Acrescenta art. 6º-A à Emenda Constitucional n. 41, de 2003, para estabelecer critérios para o cálculo e a correção dos proventos da aposentadoria por invalidez dos servidores públicos que ingressaram no serviço público até a data da publicação daquela Emenda Constitucional.

As Mesas da Câmara dos Deputados e do Senado Federal, nos termos do § 3º do art. 60 da Constituição Federal, promulgam a seguinte Emenda ao texto constitucional:

Art. 1º A Emenda Constitucional n. 41, de 19 de dezembro de 2003, passa a vigorar acrescida do seguinte art. 6º-A:

Alterações processadas no referido texto.

Art. 2º A União, os Estados, o Distrito Federal e os Municípios, assim como as respectivas autarquias e fundações, procederão, no prazo de 180 (cento e oitenta) dias da entrada em vigor desta Emenda Constitucional, à revisão das aposentadorias, e das pensões delas decorrentes, concedidas a partir de 1º de janeiro de 2004, com base na redação dada ao § 1º do art. 40 da Constituição Federal pela Emenda Constitucional n. 20, de 15 de dezembro de 1998, com efeitos financeiros a partir da data de promulgação desta Emenda Constitucional.

Veja Orientação Normativa n. 1, de 30.05.2012, da Secretaria de Políticas de Previdência Social.

Art. 3º Esta Emenda Constitucional entra em vigor na data de sua publicação.

Brasília, 29 de março de 2012.

EMENDA CONSTITUCIONAL N. 71, DE 29 DE NOVEMBRO DE 2012

Acrescenta o art. 216-A à Constituição Federal para instituir o Sistema Nacional de Cultura.

As Mesas da Câmara dos Deputados e do Senado Federal, nos termos do § 3º do art. 60 da Constituição Federal, promulgam a seguinte Emenda ao texto constitucional:

Art. 1º A Constituição Federal passa a vigorar acrescida do seguinte art. 216-A:

Alterações processadas no referido texto.

Art. 2º Esta Emenda Constitucional entra em vigor na data de sua publicação.

Brasília, 29 de novembro de 2012.

EMENDA CONSTITUCIONAL N. 72, DE 02 DE ABRIL DE 2013

Altera a redação do parágrafo único do art. 7º da Constituição Federal para estabelecer a igualdade de direitos trabalhistas entre os trabalhadores domésticos e os demais trabalhadores urbanos e rurais.

As Mesas da Câmara dos Deputados e do Senado Federal, nos termos do § 3º do art. 60 da Constituição Federal, promulgam a seguinte Emenda ao texto constitucional:

Artigo único. O parágrafo único do art. 7º da Constituição Federal passa a vigorar com a seguinte redação:

Alterações processadas no referido texto.

Brasília, 02 de abril de 2013.

EMENDA CONSTITUCIONAL N. 73, DE 06 DE JUNHO DE 2013

Cria os Tribunais Regionais Federais da 6ª, 7ª, 8ª e 9ª Regiões.

As Mesas da Câmara dos Deputados e do Senado Federal, nos termos do § 3º do art. 60 da Constituição Federal, promulgam a seguinte Emenda ao texto constitucional:

Art. 1º O art. 27 do Ato das Disposições Constitucionais Transitórias passa a vigorar acrescido do seguinte § 11:

Alterações processadas no referido texto.

Art. 2º Os Tribunais Regionais Federais da 6ª, 7ª, 8ª e 9ª Regiões deverão ser instalados no prazo de 6 (seis) meses, a contar da promulgação desta Emenda Constitucional.

Art. 3º Esta Emenda Constitucional entra em vigor na data de sua publicação.

Brasília, 06 de junho de 2013.

EMENDA CONSTITUCIONAL N. 74, DE 06 DE AGOSTO DE 2013

Altera o art. 134 da Constituição Federal.

As Mesas da Câmara dos Deputados e do Senado Federal, nos termos do § 3º do art. 60 da Constituição Federal, promulgam a seguinte Emenda ao texto constitucional:

Art. 1º O art. 134 da Constituição Federal passa a vigorar acrescido do seguinte § 3º:

Alterações processadas no referido texto.

Art. 2º Esta Emenda Constitucional entra em vigor na data de sua publicação.

Brasília, 06 de agosto de 2013.

EMENDA CONSTITUCIONAL N. 75, DE 15 DE OUTUBRO DE 2013

Acrescenta a alínea e *ao inciso VI do art. 150 da Constituição Federal, instituindo imunidade tributária sobre os fonogramas e videofonogramas musicais produzidos no Brasil contendo obras musicais ou literomusicais de autores brasileiros e/ou obras em geral interpretadas por artistas brasileiros bem como os suportes materiais ou arquivos digitais que os contenham.*

As Mesas da Câmara dos Deputados e do Senado Federal, nos termos do § 3º do art. 60 da Constituição Federal, promulgam a seguinte Emenda ao texto constitucional:

Art. 1º O inciso VI do art. 150 da Constituição Federal passa a vigorar acrescido da seguinte alínea *e*:

Alterações processadas no referido texto.

Art. 2º Esta Emenda Constitucional entra em vigor na data de sua publicação.

Brasília, 15 de outubro de 2013.

EMENDA CONSTITUCIONAL N. 76, DE 28 DE NOVEMBRO DE 2013

Altera o § 2º do art. 55 e o § 4º do art. 66 da Constituição Federal, para abolir a votação secreta nos casos de perda de mandato de Deputado ou Senador e de apreciação de veto.

As Mesas da Câmara dos Deputados e do Senado Federal, nos termos do § 3º do art. 60 da Constituição Federal, promulgam a seguinte Emenda ao texto constitucional:

Art. 1º Os arts. 55 e 66 da Constituição Federal passam a vigorar com as seguintes alterações:

Alterações processadas no referido texto.

Art. 2º Esta Emenda Constitucional entra em vigor na data de sua publicação.

Brasília, 28 de novembro de 2013.

EMENDA CONSTITUCIONAL N. 77, DE 11 DE FEVEREIRO DE 2014

Altera os incisos II, III e VIII do § 3º do art. 142 da Constituição Federal, para estender aos profissionais de saúde das Forças Armadas a possibilidade de cumulação de cargo a que se refere o art. 37, inciso XVI, alínea c.

As Mesas da Câmara dos Deputados e do Senado Federal, nos termos do § 3º do art. 60 da Constituição Federal, promulgam a seguinte Emenda ao texto constitucional:

Artigo único. Os incisos II, III e VIII do § 3º do art. 142 da Constituição Federal passam a vigorar com as seguintes alterações:

Alterações processadas no referido texto.

Brasília, 11 de fevereiro de 2014.

EMENDA CONSTITUCIONAL N. 78, DE 14 DE MAIO DE 2014

Acrescenta art. 54-A ao Ato das Disposições Constitucionais Transitórias, para dispor sobre indenização devida aos seringueiros de que trata o art. 54 desse Ato.

As Mesas da Câmara dos Deputados e do Senado Federal, nos termos do § 3º do art. 60 da Constituição Federal, promulgam a seguinte Emenda ao texto constitucional:

Art. 1º O Ato das Disposições Constitucionais Transitórias passa a vigorar acrescido do seguinte art. 54-A:

Alterações processadas no referido texto.

Art. 2º A indenização de que trata o art. 54-A do Ato das Disposições Constitucionais Transitórias somente se estende aos dependentes dos seringueiros que, na data de entrada em vigor desta Emenda Constitucional, detenham a condição de dependentes na forma do § 2º do art. 54 do Ato das Disposições Constitucionais Transitórias, devendo o valor de R$ 25.000,00 (vinte e cinco mil reais) ser rateado entre os pensionistas na proporção de sua cota-parte na pensão.

Art. 3º Esta Emenda Constitucional entra em vigor no exercício financeiro seguinte ao de sua publicação.

Brasília, 14 de maio de 2014.

EMENDA CONSTITUCIONAL N. 79, DE 27 DE MAIO DE 2014

Altera o art. 31 da Emenda Constitucional n. 19, de 4 de junho de 1998, para prever a inclusão, em quadro em extinção da Administração Federal, de servidores e policiais militares admitidos pelos Estados do Amapá e de Roraima, na fase de instalação dessas unidades federadas, e dá outras providências.

As Mesas da Câmara dos Deputados e do Senado Federal, nos termos do § 3º do art. 60 da Constituição Federal, promulgam a seguinte Emenda ao texto constitucional:

Veja art. 3º, § 2º, EC n. 98, de 06.12.2017.

Art. 1º O art. 31 da Emenda Constitucional n. 19, de 4 de junho de 1998, passa a vigorar com a seguinte redação:

Alterações processadas no referido texto.

Art. 2º Para fins do enquadramento disposto no *caput* do art. 31 da Emenda Constitucional n. 19, de 4 de junho de 1998, e no *caput* do art. 89 do Ato das Disposições Constitucionais Transitórias, é reconhecido o vínculo funcional, com a União, dos servidores regularmente admitidos nos quadros dos Municípios integrantes dos ex-Territórios do Amapá, de Roraima e de Rondônia em efetivo exercício na data de transformação desses ex-Territórios em Estados.

Veja art. 4º, § 3º, Lei n. 13.681, de 18.06.2018.

Art. 3º Os servidores dos ex-Territórios do Amapá, de Roraima e de Rondônia incorporados a quadro em extinção da União serão enquadrados em cargos de atribuições equivalentes ou assemelhadas, integrantes de planos de cargos e carreiras da União, no nível de progressão alcançado, assegurados os direitos, vantagens e padrões remuneratórios a eles inerentes.

Veja art. 29, Lei n. 13.681, de 18.06.2018.

Art. 4º Cabe à União, no prazo máximo de 180 (cento e oitenta) dias, contado a partir da data de publicação desta Emenda Constitucional, regulamentar o enquadramento de servidores estabelecido no art. 31 da Emenda Constitucional n. 19, de 4 de junho de 1998, e no art. 89 do Ato das Disposições Constitucionais Transitórias.

Parágrafo único. No caso de a União não regulamentar o enquadramento previsto no *caput*, o optante tem direito ao pagamento retroativo das diferenças remuneratórias desde a data do encerramento do prazo para a regulamentação referida neste artigo.

Art. 5º A opção para incorporação em quadro em extinção da União, conforme disposto no art. 31 da Emenda Constitucional n. 19, de 4 de junho de 1998, e no art. 89 do Ato das Disposições Constitucionais Transitórias, deverá ser formalizada pelos servidores e policiais militares interessados perante a administração, no prazo máximo de 180 (cento e oitenta) dias, contado a partir da regulamentação prevista no art. 4º.

Art. 6º Os servidores admitidos regularmente que comprovadamente se encontravam no exercício de funções policiais nas Secretarias de Segurança Pública dos ex-Territórios do Amapá, de Roraima e de Rondônia na data em que foram transformados em Estados serão enquadrados no quadro da Polícia Civil dos ex-Territórios, no prazo de 180 (cento e oitenta) dias, assegurados os direitos, vantagens e padrões remuneratórios a eles inerentes.

Veja art. 6º, EC n. 98, de 06.12.2017.

Veja arts. 3º, II, e 28, *caput* e parágrafo único, Lei n. 13.681, de 18.06.2018.

Art. 7º Aos servidores admitidos regularmente pela União nas Carreiras do Grupo Tributação, Arrecadação e Fiscalização de que trata a Lei n. 6.550, de 5 de julho de 1978, cedidos aos Estados do Amapá, de Roraima e de Rondônia são assegurados os mesmos direitos remuneratórios auferidos pelos integrantes das Carreiras correspondentes do Grupo Tributação, Arrecadação e Fiscalização da União de que trata a Lei n. 5.645, de 10 de dezembro de 1970.

Veja art. 5º, EC n. 98, de 06.12.2017.

Veja art. 3º, V, Lei n. 13.681, de 18.06.2018.

Art. 8º Os proventos das aposentadorias, pensões, reformas e reservas remuneradas, originadas no período de outubro de 1988 a outubro de 1993, passam a ser mantidos pela União a partir da data de publicação desta Emenda Constitucional, vedado o pagamento, a qualquer título, de valores referentes a períodos anteriores a sua publicação.

Art. 9º É vedado o pagamento, a qualquer título, em virtude das alterações promovidas por esta Emenda Constitucional, de remunerações, proventos, pensões ou indenizações referentes a períodos anteriores à data do enquadramento, salvo o disposto no parágrafo único do art. 4º.

Art. 10. Esta Emenda Constitucional entra em vigor na data de sua publicação.

Brasília, 27 de maio de 2014.

EMENDA CONSTITUCIONAL N. 80, DE 04 DE JUNHO DE 2014

Altera o Capítulo IV – Das Funções Essenciais à Justiça, do Título IV – Da Organização dos Poderes, e acrescenta artigo ao Ato das Disposições Constitucionais Transitórias da Constituição Federal.

As Mesas da Câmara dos Deputados e do Senado Federal, nos termos do § 3º do art. 60 da Constituição Federal, promulgam a seguinte Emenda ao texto constitucional:

Art. 1º O Capítulo IV – Das Funções Essenciais à Justiça, do Título IV – Da Organização dos Poderes, passa a vigorar com as seguintes alterações:

Alterações processadas no referido texto.

Art. 2º O Ato das Disposições Constitucionais Transitórias passa a vigorar acrescido do seguinte art. 98:

Alterações processadas no referido texto.

Art. 3º Esta Emenda Constitucional entra em vigor na data de sua publicação.

Brasília, 04 de junho de 2014.

EMENDA CONSTITUCIONAL N. 81, DE 05 DE JUNHO DE 2014

Dá nova redação ao art. 243 da Constituição Federal.

As Mesas da Câmara dos Deputados e do Senado Federal, nos termos do § 3º do art. 60 da Constituição Federal, promulgam a seguinte Emenda ao texto constitucional:

Art. 1º O art. 243 da Constituição Federal passa a vigorar com a seguinte redação:

Alterações processadas no referido texto.

Art. 2º Esta Emenda Constitucional entra em vigor na data de sua publicação.

Brasília, 05 de junho de 2014.

EMENDA CONSTITUCIONAL N. 82, DE 16 DE JULHO DE 2014

Inclui o § 10 ao art. 144 da Constituição Federal, para disciplinar a segurança viária no âmbito dos Estados, do Distrito Federal e dos Municípios.

As Mesas da Câmara dos Deputados e do Senado Federal, nos termos do § 3º do art. 60 da Constituição Federal, promulgam a seguinte Emenda ao texto constitucional:

Art. 1º O art. 144 da Constituição Federal passa a vigorar acrescido do seguinte § 10:

Alterações processadas no referido texto.

Art. 2º Esta Emenda Constitucional entra em vigor na data de sua publicação.

Brasília, 16 de julho de 2014.

EMENDA CONSTITUCIONAL N. 83, DE 05 DE AGOSTO DE 2014

Acrescenta o art. 92-A ao Ato das Disposições Constitucionais Transitórias – ADCT.

As Mesas da Câmara dos Deputados e do Senado Federal, nos termos do § 3º do art. 60 da Constituição Federal, promulgam a seguinte Emenda ao texto constitucional:

Art. 1º O Ato das Disposições Constitucionais Transitórias passa a vigorar acrescido do seguinte art. 92-A:

Alterações processadas no referido texto.

Art. 2º Esta Emenda Constitucional entra em vigor na data de sua publicação.

Brasília, 05 de agosto de 2014.

EMENDA CONSTITUCIONAL N. 84, DE 02 DE DEZEMBRO DE 2014

Altera o art. 159 da Constituição Federal para aumentar a entrega de recursos pela União para o Fundo de Participação dos Municípios.

As Mesas da Câmara dos Deputados e do Senado Federal, nos termos do § 3º do art. 60 da Constituição Federal, promulgam a seguinte Emenda ao texto constitucional:

Art. 1º O art. 159 da Constituição Federal passa a vigorar com a seguinte redação:

Alterações processadas no referido texto.

Art. 2º Para os fins do disposto na alínea *e* do inciso I do *caput* do art. 159 da Constituição Federal, a União entregará ao Fundo de Participação dos Municípios o percentual de 0,5% (cinco décimos por cento) do produto da arrecadação dos impostos sobre renda e proventos de qualquer natureza e sobre produtos industrializados no primeiro exercício em que esta Emenda Constitucional gerar efeitos financeiros, acrescentando-se 0,5% (cinco décimos por cento) a cada exercício, até que se alcance o percentual de 1% (um por cento).

Art. 3º Esta Emenda Constitucional entra em vigor na data de sua publicação, com efeitos financeiros a partir de 1º de janeiro do exercício subsequente.

Brasília, 02 de dezembro de 2014.

EMENDA CONSTITUCIONAL N. 85, DE 26 DE FEVEREIRO DE 2015

Altera e adiciona dispositivos na Constituição Federal para atualizar o tratamento das atividades de ciência, tecnologia e inovação.

As Mesas da Câmara dos Deputados e do Senado Federal, nos termos do § 3º do art. 60 da Constituição Federal, promulgam a seguinte Emenda ao texto constitucional:

Art. 1º A Constituição Federal passa a vigorar com as seguintes alterações:

Alterações processadas no referido texto.

Art. 2º O Capítulo IV do Título VIII da Constituição Federal passa a vigorar acrescido dos seguintes arts. 219-A e 219-B:

Alterações processadas no referido texto.

Art. 3º Esta Emenda Constitucional entra em vigor na data de sua publicação.

Brasília, 26 de fevereiro de 2015.

EMENDA CONSTITUCIONAL N. 86, DE 17 DE MARÇO DE 2015

Altera os arts. 165, 166 e 198 da Constituição Federal, para tornar obrigatória a execução da programação orçamentária que especifica.

As Mesas da Câmara dos Deputados e do Senado Federal, nos termos do § 3º do art. 60 da Constituição Federal, promulgam a seguinte Emenda ao texto constitucional:

Art. 1º Os arts. 165, 166 e 198 da Constituição Federal passam a vigorar com as seguintes alterações:

Alterações processadas no referido texto.

Art. 2º (*Revogado pela EC n. 95, de 15.12.2016.*)

Art. 3º As despesas com ações e serviços públicos de saúde custeados com a parcela da União oriunda da participação no resultado ou da compensação financeira pela exploração de petróleo e gás natural, de que trata o § 1º do art. 20 da Constituição Federal, serão computadas para fins de cumprimento do disposto no inciso I do § 2º do art. 198 da Constituição Federal.

Art. 4º Esta Emenda Constitucional entra em vigor na data de sua publicação e produzirá efeitos a partir da execução orçamentária do exercício de 2014.

Art. 5º Fica revogado o inciso IV do § 3º do art. 198 da Constituição Federal.

Brasília, 17 de março de 2015.

EMENDA CONSTITUCIONAL N. 87, DE 16 DE ABRIL DE 2015

Altera o § 2º do art. 155 da Constituição Federal e inclui o art. 99 no Ato das Disposições Constitucionais Transitórias, para tratar da sistemática de cobrança do imposto sobre operações relativas à circulação de mercadorias e sobre prestações de serviços de transporte interestadual e intermunicipal e de comunicação incidente sobre as operações e prestações que destinem bens e serviços a consumidor final, contribuinte ou não do imposto, localizado em outro Estado.

As Mesas da Câmara dos Deputados e do Senado Federal, nos termos do § 3º do art. 60 da Constituição Federal, promulgam a seguinte Emenda ao texto constitucional:

Art. 1º Os incisos VII e VIII do § 2º do art. 155 da Constituição Federal passam a vigorar com as seguintes alterações:

Alterações processadas no referido texto.

Art. 2º O Ato das Disposições Constitucionais Transitórias passa a vigorar acrescido do seguinte art. 99:

Alterações processadas no referido texto.

Art. 3º Esta Emenda Constitucional entra em vigor na data de sua publicação, produzindo efeitos no ano subsequente e após 90 (noventa) dias desta.

Brasília, 16 de abril de 2015.

EMENDA CONSTITUCIONAL N. 88, DE 07 DE MAIO DE 2015

Altera o art. 40 da Constituição Federal, relativamente ao limite de idade para a aposentadoria compulsória do servidor público em geral, e acrescenta dispositivo ao Ato das Disposições Constitucionais Transitórias.

As Mesas da Câmara dos Deputados e do Senado Federal, nos termos do § 3º do art. 60 da Constituição Federal, promulgam a seguinte Emenda ao texto constitucional:

Art. 1º O art. 40 da Constituição Federal passa a vigorar com a seguinte alteração:

Alterações processadas no referido texto.

Art. 2º O Ato das Disposições Constitucionais Transitórias passa a vigorar acrescido do seguinte art. 100:

Alterações processadas no referido texto.

Art. 3º Esta Emenda Constitucional entra em vigor na data de sua publicação.

Brasília, 07 de maio de 2015.

EMENDA CONSTITUCIONAL N. 89, DE 15 DE SETEMBRO DE 2015

Dá nova redação ao art. 42 do Ato das Disposições Constitucionais Transitórias, ampliando o prazo em que a União deverá destinar às Regiões Centro-Oeste e Nordeste percentuais mínimos dos recursos destinados à irrigação.

As Mesas da Câmara dos Deputados e do Senado Federal, nos termos do art. 60 da Constituição Federal, promulgam a seguinte Emenda ao texto constitucional:

Art. 1º O art. 42 do Ato das Disposições Constitucionais Transitórias passa a vigorar com a seguinte redação:

Alterações processadas no referido texto.

Art. 2º Esta Emenda Constitucional entra em vigor na data de sua publicação.

Brasília, 15 de setembro de 2015.

EMENDA CONSTITUCIONAL N. 90, DE 15 DE SETEMBRO DE 2015

Dá nova redação ao art. 6º da Constituição Federal, para introduzir o transporte como direito social.

As Mesas da Câmara dos Deputados e do Senado Federal, nos termos do art. 60 da Constituição Federal, promulgam a seguinte Emenda ao texto constitucional:

Artigo único. O art. 6º da Constituição Federal de 1988 passa a vigorar com a seguinte redação:

Alterações processadas no referido texto.

Brasília, 15 de setembro de 2015.

EMENDA CONSTITUCIONAL N. 91, DE 18 DE FEVEREIRO DE 2016

Altera a Constituição Federal para estabelecer a possibilidade, excepcional e em período determinado, de desfiliação partidária, sem prejuízo do mandato.

As Mesas da Câmara dos Deputados e do Senado Federal, nos termos do § 3º do art. 60 da Constituição Federal, promulgam a seguinte Emenda ao texto constitucional:

Art. 1º É facultado ao detentor de mandato eletivo desligar-se do partido pelo qual foi eleito nos trinta dias seguintes à promulgação desta Emenda Constitucional, sem prejuízo do mandato, não sendo essa desfiliação considerada para fins de distribuição dos recursos do Fundo Partidário e de acesso gratuito ao tempo de rádio e televisão.

Art. 2º Esta Emenda Constitucional entra em vigor na data de sua publicação.

Brasília, 18 de fevereiro de 2016.

EMENDA CONSTITUCIONAL N. 92, DE 12 DE JULHO DE 2016

Altera os arts. 92 e 111-A da Constituição Federal, para explicitar o Tribunal Superior do Trabalho como órgão do Poder Judiciário, alterar os requisitos para o provimento dos cargos de Ministros daquele Tribunal e modificar-lhe a competência.

As Mesas da Câmara dos Deputados e do Senado Federal, nos termos do § 3º do art. 60 da Constituição Federal, promulgam a seguinte Emenda ao texto constitucional:

Art. 1º Os arts. 92 e 111-A da Constituição Federal passam a vigorar com as seguintes alterações:

Alterações processadas no referido texto.

Art. 2º Esta Emenda Constitucional entra em vigor na data de sua publicação.

Brasília, 12 de julho de 2016.

EMENDA CONSTITUCIONAL N. 93, DE 08 DE SETEMBRO DE 2016

Altera o Ato das Disposições Constitucionais Transitórias para prorrogar a desvinculação de receitas da União e estabelecer a desvinculação de receitas dos Estados, Distrito Federal e Municípios.

As Mesas da Câmara dos Deputados e do Senado Federal, nos termos do § 3º do art. 60 da Constituição Federal, promulgam a seguinte Emenda ao texto constitucional:

Art. 1º O art. 76 do Ato das Disposições Constitucionais Transitórias passa a vigorar com a seguinte redação:

Alterações processadas no referido texto.

Art. 2º O Ato das Disposições Constitucionais Transitórias passa a vigorar acrescido dos seguintes arts. 76-A e 76-B:

Alterações processadas no referido texto.

Art. 3º Esta Emenda Constitucional entra em vigor na data de sua publicação, produzindo efeitos a partir de 1º de janeiro de 2016.

Brasília, 08 de setembro de 2016.

EMENDA CONSTITUCIONAL N. 94, DE 15 DE DEZEMBRO DE 2016

Altera o art. 100 da Constituição Federal, para dispor sobre o regime de pagamento de débitos públicos decorrentes de condenações judiciais; e acrescenta dispositivos ao Ato das Disposições Constitucionais Transitórias, para instituir regime especial de pagamento para os casos em mora.

As Mesas da Câmara dos Deputados e do Senado Federal, nos termos do § 3º do art. 60 da Constituição Federal, promulgam a seguinte Emenda ao texto constitucional:

Art. 1º O art. 100 da Constituição Federal passa a vigorar com a seguinte redação:

Alterações processadas no referido texto.

Art. 2º O Ato das Disposições Constitucionais Transitórias passa a vigorar acrescido dos seguintes arts. 101 a 105:

Alterações processadas no referido texto.

Art. 3º Esta Emenda Constitucional entra em vigor na data de sua publicação.

Brasília, 15 de dezembro de 2016.

EMENDA CONSTITUCIONAL N. 95, DE 15 DE DEZEMBRO DE 2016

Altera o Ato das Disposições Constitucionais Transitórias, para instituir o Novo Regime Fiscal, e dá outras providências.

As Mesas da Câmara dos Deputados e do Senado Federal, nos termos do § 3º do art. 60 da Constituição Federal, promulgam a seguinte Emenda ao texto constitucional:

Art. 1º O Ato das Disposições Constitucionais Transitórias passa a vigorar acrescido dos seguintes arts. 106, 107, 108, 109, 110, 111, 112, 113 e 114:

Alterações processadas no referido texto.

Art. 2º Esta Emenda Constitucional entra em vigor na data de sua promulgação.

Art. 3º Fica revogado o art. 2º da Emenda Constitucional n. 86, de 17 de março de 2015.

Brasília, 15 de dezembro de 2016.

EMENDA CONSTITUCIONAL N. 96, DE 06 DE JUNHO DE 2017

Acrescenta § 7º ao art. 225 da Constituição Federal para determinar que práticas desportivas que utilizem animais não são consideradas cruéis, nas condições que especifica.

As Mesas da Câmara dos Deputados e do Senado Federal, nos termos do § 3º do art. 60 da Constituição Federal, promulgam a seguinte Emenda ao texto constitucional:

Art. 1º O art. 225 da Constituição Federal passa a vigorar acrescido do seguinte § 7º:

Alterações processadas no referido texto.

Art. 2º Esta Emenda Constitucional entra em vigor na data de sua publicação.

Brasília, 06 de junho de 2017.

EMENDA CONSTITUCIONAL N. 97, DE 04 DE OUTUBRO DE 2017

Altera a Constituição Federal para vedar as coligações partidárias nas eleições proporcionais, estabelecer normas sobre acesso dos partidos políticos aos recursos do fundo partidário e ao tempo de propaganda gratuito no rádio e na televisão e dispor sobre regras de transição.

As Mesas da Câmara dos Deputados e do Senado Federal, nos termos do § 3º do art. 60 da Constituição Federal, promulgam a seguinte Emenda ao texto constitucional:

Art. 1º A Constituição Federal passa a vigorar com as seguintes alterações:

Alterações processadas no referido texto.

Art. 2º A vedação à celebração de coligações nas eleições proporcionais, prevista no § 1º do art. 17 da Constituição Federal, aplicar-se-á a partir das eleições de 2020.

Art. 3º O disposto no § 3º do art. 17 da Constituição Federal quanto ao acesso dos partidos políticos aos recursos do fundo partidário e à propaganda gratuita no rádio e na televisão aplicar-se-á a partir das eleições de 2030.

Parágrafo único. Terão acesso aos recursos do fundo partidário e à propaganda gratuita no rádio e na televisão os partidos políticos que:

I – na legislatura seguinte às eleições de 2018:

a) obtiverem, nas eleições para a Câmara dos Deputados, no mínimo, 1,5% (um e meio por cento) dos votos válidos, distribuídos em pelo menos um terço das unidades da Federação, com um mínimo de 1% (um por cento) dos votos válidos em cada uma delas; ou

b) tiverem elegido pelo menos nove Deputados Federais distribuídos em pelo menos um terço das unidades da Federação;

II – na legislatura seguinte às eleições de 2022:

a) obtiverem, nas eleições para a Câmara dos Deputados, no mínimo, 2% (dois por cento) dos votos válidos, distribuídos em pelo menos um terço das unidades da Federação, com um mínimo de 1% (um por cento) dos votos válidos em cada uma delas; ou

b) tiverem elegido pelo menos onze Deputados Federais distribuídos em pelo menos um terço das unidades da Federação;

III – na legislatura seguinte às eleições de 2026:

a) obtiverem, nas eleições para a Câmara dos Deputados, no mínimo, 2,5% (dois e meio por cento) dos votos válidos, distribuídos em pelo menos um terço das unidades da Federação, com um mínimo de 1,5% (um e meio por cento) dos votos válidos em cada uma delas; ou

b) tiverem elegido pelo menos treze Deputados Federais distribuídos em pelo menos um terço das unidades da Federação.

Art. 4º Esta Emenda Constitucional entra em vigor na data de sua publicação.

Brasília, 04 de outubro de 2017.

EMENDA CONSTITUCIONAL N. 98, DE 06 DE DEZEMBRO DE 2017

Altera o art. 31 da Emenda Constitucional n. 19, de 4 de junho de 1998, para prever a inclusão, em quadro em extinção da administração pública federal, de servidor público, de integrante da carreira de policial, civil ou militar, e de pessoa que haja mantido relação ou vínculo funcional, empregatício, estatutário ou de trabalho com a administração pública dos ex-Territórios ou dos Estados do Amapá ou de Roraima, inclusive suas prefeituras, na fase de instalação dessas unidades federadas, e dá outras providências.

As Mesas da Câmara dos Deputados e do Senado Federal, nos termos do § 3º do art. 60 da Constituição Federal, promulgam a seguinte Emenda ao texto constitucional:

Art. 1º O art. 31 da Emenda Constitucional n. 19, de 4 de junho de 1998, passa a vigorar com as seguintes alterações:

Alterações processadas no referido texto.

Art. 2º Cabe à União, no prazo máximo de noventa dias, contado a partir da data de publicação desta Emenda Constitucional, regulamentar o disposto no art. 31 da Emenda Constitucional n. 19, de 4 de junho de 1998, a fim de que se exerça o direito de opção nele previsto.

§ 1º Descumprido o prazo de que trata o *caput* deste artigo, a pessoa a quem assista o direito de opção fará jus ao pagamento de eventuais acréscimos remuneratórios, desde a data de encerramento desse prazo, caso se confirme o seu enquadramento.

Veja art. 4º, § 4º, Lei n. 13.681, de 18.06.2018.

§ 2º É vedado o pagamento, a qualquer título, de acréscimo remuneratório, ressarcimento, auxílio, salário, retribuição ou valor em virtude de ato ou fato anterior à data de enquadramento da pessoa optante, ressalvado o pagamento de que trata o § 1º deste artigo.

Art. 3º O direito à opção, nos termos previstos no art. 31 da Emenda Constitucional n. 19, de 4 de junho de 1998, deverá ser exercido no prazo de até trinta dias, contado a partir da data de regulamentação desta Emenda Constitucional.

§ 1º São convalidados todos os direitos já exercidos até a data de regulamentação desta Emenda Constitucional, inclusive nos casos em que, feita a opção, o enquadramento ainda não houver sido efetivado, aplicando-se-lhes, para todos os fins, inclusive o de enquadramento, a legislação vigente à época em que houver sido feita a opção ou, sendo mais benéficas ou favoráveis ao optante, as normas previstas nesta Emenda Constitucional e em seu regulamento.

§ 2º Entre a data de promulgação desta Emenda Constitucional e a de publicação de seu regulamento, o exercício do direito de opção será feito com base nas disposições contidas na Emenda Constitucional n. 79, de 27 de maio de 2014, e em suas normas regulamentares, sem prejuízo do disposto no § 1º deste artigo.

Art. 4º É reconhecido o vínculo funcional com a União dos servidores do ex-Território do Amapá, a que se refere a Portaria n. 4.481, de 19 de dezembro de 1995, do Ministério da Administração Federal e Reforma do Estado, publicada no Diário Oficial da União de 21 de dezembro de 1995, convalidando-se os atos de gestão, de admissão, aposentadoria, pensão, progressão, movimentação e redistribuição relativos a esses servidores, desde que não tenham sido excluídos dos quadros da União por decisão do Tribunal de Contas da União, da qual não caiba mais recurso judicial.

Art. 5º O disposto no art. 7º da Emenda Constitucional n. 79, de 27 de maio de 2014, aplica-se aos servidores que, em iguais condições, hajam sido admitidos pelos Estados de Rondônia até 1987, e do Amapá e de Roraima até outubro de 1993.

Veja art. 3º, V, Lei n. 13.681, de 18.06.2018.

Art. 6º O disposto no art. 6º da Emenda Constitucional n. 79, de 27 de maio de 2014, aplica-se aos servidores que, admitidos e lotados pelas Secretarias de Segurança Pública dos Estados de Rondônia até 1987, e do Amapá e de Roraima até outubro de 1993, exerciam função policial.

Veja arts. 3º, II, e 28, *caput* e parágrafo único, Lei n. 13.681, de 18.06.2018.

Art. 7º As disposições desta Emenda Constitucional aplicam-se aos aposentados e pensionistas, civis e militares, vinculados aos respectivos regimes próprios de previdência, vedado o pagamento, a qualquer título, de valores referentes a períodos anteriores à sua publicação.

Parágrafo único. Haverá compensação financeira entre os regimes próprios de previdência por ocasião da aposentação ou da inclusão de aposentados e pensionistas em quadro em extinção da União, observado o disposto no § 9º do art. 201 da Constituição Federal.

Art. 8º Esta Emenda Constitucional entra em vigor na data de sua publicação.

Brasília, 06 de dezembro de 2017.

EMENDA CONSTITUCIONAL N. 99, DE 14 DE DEZEMBRO DE 2017

Altera o art. 101 do Ato das Disposições Constitucionais Transitórias, para instituir novo regime especial de pagamento de precatórios, e os arts. 102, 103 e 105 do Ato das Disposições Constitucionais Transitórias.

As Mesas da Câmara dos Deputados e do Senado Federal, nos termos do § 3º do art. 60 da Constituição Federal, promulgam a seguinte Emenda ao texto constitucional:

Art. 1º O art. 101 do Ato das Disposições Constitucionais Transitórias passa a vigorar com as seguintes alterações:

Alterações processadas no referido texto.

Art. 2º O art. 102 do Ato das Disposições Constitucionais Transitórias passa a vigorar acrescido do seguinte § 2º, numerando-se o atual parágrafo único como § 1º:

Alterações processadas no referido texto.

Art. 3º O art. 103 do Ato das Disposições Constitucionais Transitórias passa a vigorar acrescido do seguinte parágrafo único:

Alterações processadas no referido texto.

Art. 4º O art. 105 do Ato das Disposições Constitucionais Transitórias passa a vigorar acrescido dos seguintes §§ 2º e 3º, numerando-se o atual parágrafo único como § 1º:

Alterações processadas no referido texto.

Art. 5º Esta Emenda Constitucional entra em vigor na data de sua publicação.

Brasília, 14 de dezembro de 2017.

EMENDA CONSTITUCIONAL N. 100, DE 26 DE JUNHO DE 2019

Altera os arts. 165 e 166 da Constituição Federal para tornar obrigatória a execução da programação orçamentária proveniente de emendas de bancada de parlamentares de Estado ou do Distrito Federal.

As Mesas da Câmara dos Deputados e do Senado Federal, nos termos do § 3º do art. 60 da Constituição Federal, promulgam a seguinte Emenda ao texto constitucional:

Art. 1º Os arts. 165 e 166 da Constituição Federal passam a vigorar com as seguintes alterações:

Alterações processadas no referido texto.

Art. 2º O montante previsto no § 12 do art. 166 da Constituição Federal será de 0,8% (oito décimos por cento) no exercício subsequente ao da promulgação desta Emenda Constitucional.

Art. 3º A partir do 3º (terceiro) ano posterior à promulgação desta Emenda Constitucional até o último exercício de vigência do regime previsto na Emenda Constitucional n. 95, de 15 de dezembro de 2016, a execução prevista no § 12 do art. 166 da Constituição Federal corresponderá ao montante de execução obrigatória para o exercício anterior, corrigido na forma estabelecida no inciso II do § 1º do art. 107 do Ato das Disposições Constitucionais Transitórias.

Art. 4º Esta Emenda Constitucional entra em vigor na data de sua publicação e produzirá efeitos a partir da execução orçamentária do exercício financeiro subsequente.

Brasília, 26 de junho de 2019.

EMENDA CONSTITUCIONAL N. 101, DE 03 DE JULHO DE 2019

Acrescenta § 3º ao art. 42 da Constituição Federal para estender aos militares dos Estados, do Distrito Federal e dos Territórios o direito à acumulação de cargos públicos prevista no art. 37, inciso XVI.

As Mesas da Câmara dos Deputados e do Senado Federal, nos termos do § 3º do art. 60 da Constituição Federal, promulgam a seguinte Emenda ao texto constitucional:

Art. 1º O art. 42 da Constituição Federal passa a vigorar acrescido do seguinte § 3º:

Alterações processadas no referido texto.

Art. 2º Esta Emenda Constitucional entra em vigor na data de sua publicação.

Brasília, 03 de julho de 2019.

EMENDA CONSTITUCIONAL N. 102, DE 26 DE SETEMBRO DE 2019

Dá nova redação ao art. 20 da Constituição Federal e altera o art. 165 da Constituição Federal e o art. 107 do Ato das Disposições Constitucionais Transitórias.

As Mesas da Câmara dos Deputados e do Senado Federal, nos termos do § 3º do art. 60 da Constituição Federal, promulgam a seguinte Emenda ao texto constitucional:

Art. 1º O § 1º do art. 20 da Constituição Federal passa a vigorar com a seguinte redação:

Alterações processadas no referido texto.

Art. 2º O art. 165 da Constituição Federal passa a vigorar com a seguinte redação:

Alterações processadas no referido texto.

Art. 3º O art. 107 do Ato das Disposições Constitucionais Transitórias passa a vigorar com a seguinte redação:

Alterações processadas no referido texto.

Art. 4º Esta Emenda Constitucional entra em vigor na data de sua publicação e produzirá efeitos a partir da execução orçamentária do exercício financeiro subsequente, excetuada a alteração ao Ato das Disposições Constitucionais Transitórias, que terá eficácia no mesmo exercício de sua publicação.

Brasília, 26 de setembro de 2019.

EMENDA CONSTITUCIONAL N. 103, DE 12 DE NOVEMBRO DE 2019

Altera o sistema de previdência social e estabelece regras de transição e disposições transitórias.

As Mesas da Câmara dos Deputados e do Senado Federal, nos termos do § 3º do art. 60 da Constituição Federal, promulgam a seguinte Emenda ao texto constitucional:

Art. 1º A Constituição Federal passa a vigorar com as seguintes alterações:

Alterações processadas no referido texto.

Art. 2º O art. 76 do Ato das Disposições Constitucionais Transitórias passa a vigorar com a seguinte redação:

Alterações processadas no referido texto.

Art. 3º A concessão de aposentadoria ao servidor público federal vinculado a regime próprio de previdência social e ao segurado do Regime Geral de Previdência Social e de pensão por morte aos respectivos dependentes será assegurada, a qualquer tempo, desde que tenham sido cumpridos os requisitos para obtenção desses benefícios até a data de entrada em vigor desta Emenda Constitucional, observados os critérios da legislação vigente na data em que foram atendidos os requisitos para a concessão da aposentadoria ou da pensão por morte.

§ 1º Os proventos de aposentadoria devidos ao servidor público a que se refere o *caput* e as pensões por morte devidas aos seus dependentes serão calculados e reajustados de acordo com a legislação em vigor à época em que foram atendidos os requisitos nela estabelecidos para a concessão desses benefícios.

§ 2º Os proventos de aposentadoria devidos ao segurado a que se refere o *caput* e as pensões por morte devidas aos seus dependentes serão apurados de acordo com a legislação em vigor à época em que foram atendidos os requisitos nela estabelecidos para a concessão desses benefícios.

§ 3º Até que entre em vigor lei federal de que trata o § 19 do art. 40 da Constituição Federal, o servidor de que trata o *caput* que tenha cumprido os requisitos para aposentadoria voluntária com base no disposto na alínea *a* do inciso III do § 1º do art. 40 da Constituição Federal, na redação vigente até a data de entrada em vigor desta Emenda Constitucional, no art. 2º, no § 1º do art. 3º ou no art. 6º da Emenda Constitucional n. 41, de 19 de dezembro de 2003, ou no art. 3º da Emenda Constitucional n. 47, de 5 de julho de 2005, que optar por permanecer em atividade fará jus a um abono de permanência equivalente ao valor da sua contribuição previdenciária, até completar a idade para aposentadoria compulsória.

Art. 4º O servidor público federal que tenha ingressado no serviço público em cargo efetivo até a data de entrada em vigor desta Emenda Constitucional poderá aposentar-se voluntariamente quando preencher, cumulativamente, os seguintes requisitos:

Veja art. 8º, EC n. 103, de 12.11.2019.

I – 56 (cinquenta e seis) anos de idade, se mulher, e 61 (sessenta e um) anos de idade, se homem, observado o disposto no § 1º;

II – 30 (trinta) anos de contribuição, se mulher, e 35 (trinta e cinco) anos de contribuição, se homem;

III – 20 (vinte) anos de efetivo exercício no serviço público;

IV – 5 (cinco) anos no cargo efetivo em que se der a aposentadoria; e

V – somatório da idade e do tempo de contribuição, incluídas as frações, equivalente a 86 (oitenta e seis) pontos, se mulher, e 96 (noventa e seis) pontos, se homem, observado o disposto nos §§ 2º e 3º.

§ 1º A partir de 1º de janeiro de 2022, a idade mínima a que se refere o inciso I do *caput* será de 57 (cinquenta e sete) anos de idade, se mulher, e 62 (sessenta e dois) anos de idade, se homem.

§ 2º A partir de 1º de janeiro de 2020, a pontuação a que se refere o inciso V do *caput* será acrescida a cada ano de 1 (um) ponto, até atingir o limite de 100 (cem) pontos, se mulher, e de 105 (cento e cinco) pontos, se homem.

§ 3º A idade e o tempo de contribuição serão apurados em dias para o cálculo do somatório de pontos a que se referem o inciso V do *caput* e o § 2º.

§ 4º Para o titular do cargo de professor que comprovar exclusivamente tempo de efetivo exercício das funções de magistério na educação infantil e no ensino fundamental e médio, os requisitos de idade e de tempo de contribuição de que tratam os incisos I e II do *caput* serão:

I – 51 (cinquenta e um) anos de idade, se mulher, e 56 (cinquenta e seis) anos de idade, se homem;

II – 25 (vinte e cinco) anos de contribuição, se mulher, e 30 (trinta) anos de contribuição, se homem; e

III – 52 (cinquenta e dois) anos de idade, se mulher, e 57 (cinquenta e sete) anos de idade, se homem, a partir de 1º de janeiro de 2022.

§ 5º O somatório da idade e do tempo de contribuição de que trata o inciso V do *caput* para as pessoas a que se refere o § 4º, incluídas as frações, será de 81 (oitenta e um) pontos, se mulher, e 91 (noventa e um) pontos, se homem, aos quais serão acrescidos, a partir de 1º de janeiro de 2020, 1 (um) ponto a cada ano, até atingir o limite de 92 (noventa e dois) pontos, se mulher, e de 100 (cem) pontos, se homem.

§ 6º Os proventos das aposentadorias concedidas nos termos do disposto neste artigo corresponderão:

I – à totalidade da remuneração do servidor público no cargo efetivo em que se der a aposentadoria, observado o disposto no § 8º, para o servidor público que tenha ingressado no serviço público em cargo efetivo até 31 de dezembro de 2003 e que não tenha feito a opção de que trata o § 16 do art. 40 da Constituição Federal, desde que tenha, no mínimo, 62 (sessenta e dois) anos de idade, se mulher, e 65 (sessenta e cinco) anos de idade, se homem, ou, para os titulares do cargo de professor de que trata o § 4º, 57 (cinquenta e sete) anos de idade, se mulher, e 60 (sessenta) anos de idade, se homem;

II – ao valor apurado na forma da lei, para o servidor público não contemplado no inciso I.

Veja art. 26, § 2º, I, EC n. 103, de 12.11.2019.

§ 7º Os proventos das aposentadorias concedidas nos termos do disposto neste artigo não serão inferiores ao valor a que se refere o § 2º do art. 201 da Constituição Federal e serão reajustados:

I – de acordo com o disposto no art. 7º da Emenda Constitucional nº 41, de 19 de dezembro de 2003, se cumpridos os requisitos previstos no inciso I do § 6º; ou

II – nos termos estabelecidos para o Regime Geral de Previdência Social, na hipótese prevista no inciso II do § 6º.

§ 8º Considera-se remuneração do servidor público no cargo efetivo, para fins de cálculo dos proventos de aposentadoria com fundamento no disposto no inciso I do § 6º ou no inciso I do § 2º do art. 20, o valor constituído pelo subsídio, pelo vencimento e pelas vantagens pecuniárias permanentes do cargo, estabelecidos em lei, acrescidos dos adicionais de caráter individual e das vantagens pessoais permanentes, observados os seguintes critérios:

Veja art. 20, § 2º, II, EC n. 103, de 12.11.2019.

I – se o cargo estiver sujeito a variações na carga horária, o valor das rubricas que refletem essa variação integrará o cálculo do valor da remuneração do servidor público no cargo efetivo em que se deu a aposentadoria, considerando-se a média aritmética simples dessa carga horária proporcional ao número de anos completos de recebimento e contribuição, contínuos ou intercalados, em relação ao tempo total exigido para a aposentadoria;

II – se as vantagens pecuniárias permanentes forem variáveis por estarem vinculadas a indicadores de desempenho, produtividade ou situação similar, o valor dessas vantagens integrará o cálculo da remuneração do servidor público no cargo efetivo mediante a aplicação, sobre o valor atual de referência das vantagens pecuniárias permanentes variáveis, da média aritmética simples do indicador, proporcional ao número de anos completos de recebimento e de respectiva contribuição, contínuos ou intercalados, em relação ao tempo total exigido para a aposentadoria ou, se inferior, ao tempo total de percepção da vantagem.

§ 9º Aplicam-se às aposentadorias dos servidores dos Estados, do Distrito Federal e dos Municípios as normas constitucionais e infraconstitucionais anteriores à data de entrada em vigor desta Emenda Constitucional, enquanto não promovidas alterações na legislação interna relacionada ao respectivo regime próprio de previdência social.

§ 10. Estende-se o disposto no § 9º às normas sobre aposentadoria de servidores públicos incompatíveis com a redação atribuída por esta Emenda Constitucional aos §§ 4º, 4º-A, 4º-B e 4º-C do art. 40 da Constituição Federal.

Art. 5º O policial civil do órgão a que se refere o inciso XIV do *caput* do art. 21 da Constituição Federal, o policial dos órgãos a que se referem o inciso IV do *caput* do art. 51, o inciso XIII do *caput* do art. 52 e os incisos I a III do *caput* do art. 144 da Constituição Federal e o ocupante de cargo de agente federal penitenciário ou socioeducativo que tenham ingressado na respectiva carreira até a data de entrada em vigor desta Emenda Constitucional poderão aposentar-se, na forma da Lei Complementar n. 51, de 20 de dezembro de 1985, observada a idade mínima de 55 (cinquenta e cinco) anos para ambos os sexos ou o disposto no § 3º.

Veja art. 8º, EC n. 103, de 12.11.2019.

§ 1º Serão considerados tempo de exercício em cargo de natureza estritamente policial, para os fins do inciso II do art. 1º da Lei Complementar n. 51, de 20 de dezembro de 1985, o tempo de atividade militar nas Forças Armadas, nas polícias militares e nos corpos de bombeiros militares e o tempo de atividade como agente penitenciário ou socioeducativo.

§ 2º Aplicam-se às aposentadorias dos servidores dos Estados de que trata o § 4º-B do art. 40 da Constituição Federal as normas constitucionais e infraconstitucionais anteriores à data de entrada em vigor desta Emenda Constitucional, enquanto não promovidas alterações na legislação interna relacionada ao respectivo regime próprio de previdência social.

§ 3º Os servidores de que trata o *caput* poderão aposentar-se aos 52 (cinquenta e dois) anos de idade, se mulher, e aos 53 (cinquenta e três) anos de idade, se homem, desde que cumprido período adicional de contribuição correspondente ao tempo que, na data de entrada em vigor desta Emenda Constitucional, faltaria para atingir o tempo de contribuição previsto na Lei Complementar n. 51, de 20 de dezembro de 1985.

Art. 6º O disposto no § 14 do art. 37 da Constituição Federal não se aplica a aposentadorias concedidas pelo Regime Geral de Previdência Social até a data de entrada em vigor desta Emenda Constitucional.

Art. 7º O disposto no § 15 do art. 37 da Constituição Federal não se aplica a complementações de aposentadorias e pensões concedidas até a data de entrada em vigor desta Emenda Constitucional.

Art. 8º Até que entre em vigor lei federal de que trata o § 19 do art. 40 da Constituição Federal, o servidor público federal que cumprir as exigências para a concessão da aposentadoria voluntária nos termos do disposto nos arts. 4º, 5º, 20, 21 e 22 e que optar por permanecer em atividade fará jus a um abono de permanência equivalente ao valor da sua contribuição previdenciária, até completar a idade para aposentadoria compulsória.

Art. 9º Até que entre em vigor lei complementar que discipline o § 22 do art. 40 da Constituição Federal, aplicam-se aos regimes próprios de previdência social o disposto na Lei n. 9.717, de 27 de novembro de 1998, e o disposto neste artigo.

§ 1º O equilíbrio financeiro e atuarial do regime próprio de previdência social deverá ser comprovado por meio de garantia de equivalência, a valor presente, entre o fluxo das receitas estimadas e das despesas projetadas, apuradas atuarialmente, que, juntamente com os bens, direitos e ativos vinculados, comparados às obrigações assumidas, evidenciem a solvência e a liquidez do plano de benefícios.

§ 2º O rol de benefícios dos regimes próprios de previdência social fica limitado às aposentadorias e à pensão por morte.

Veja art. 115, II, ADCT.

§ 3º Os afastamentos por incapacidade temporária para o trabalho e o salário-maternidade serão pagos diretamente pelo ente federativo e não correrão à conta do regime próprio de previdência social ao qual o servidor se vincula.

Veja art. 115, II, ADCT.

§ 4º Os Estados, o Distrito Federal e os Municípios não poderão estabelecer alíquota inferior à da contribuição dos servidores da União, exceto se demonstrado que o respectivo regime próprio de previdência social não possui *deficit* atuarial a ser equacionado, hipótese em que a alíquota não poderá ser inferior às alíquotas aplicáveis ao Regime Geral de Previdência Social.

Veja art. 115, III, ADCT.

§ 5º Para fins do disposto no § 4º, não será considerada como ausência de *deficit* a implementação de segregação da massa de segurados ou a previsão em lei de plano de equacionamento de *deficit*.

§ 6º A instituição do regime de previdência complementar na forma dos §§ 14 a 16 do art. 40 da Constituição Federal e a adequação do órgão ou entidade gestora do regime próprio de previdência social ao § 20 do art. 40 da Constituição Federal deverão ocorrer no prazo máximo de 2 (dois) anos da data de entrada em vigor desta Emenda Constitucional.

Veja art. 115, IV, ADCT.

§ 7º Os recursos de regime próprio de previdência social poderão ser aplicados na concessão de empréstimos a seus segurados, na modalidade de consignados, observada regulamentação específica estabelecida pelo Conselho Monetário Nacional.

§ 8º Por meio de lei, poderá ser instituída contribuição extraordinária pelo prazo máximo de 20 (vinte) anos, nos termos dos §§ 1º-B e 1º-C do art. 149 da Constituição Federal.

§ 9º O parcelamento ou a moratória de débitos dos entes federativos com seus regimes próprios de previdência social fica limitado ao prazo a que se refere o § 11 do art. 195 da Constituição.

Art. 10. Até que entre em vigor lei federal que discipline os benefícios do regime próprio de previdência social dos servidores da União, aplica-se o disposto neste artigo.

§ 1º Os servidores públicos federais serão aposentados:

I – voluntariamente, observados, cumulativamente, os seguintes requisitos:

a) 62 (sessenta e dois) anos de idade, se mulher, e 65 (sessenta e cinco) anos de idade, se homem; e

b) 25 (vinte e cinco) anos de contribuição, desde que cumprido o tempo mínimo de 10 (dez) anos de efetivo exercício no serviço público e de 5 (cinco) anos no cargo efetivo em que for concedida a aposentadoria;

II – por incapacidade permanente para o trabalho, no cargo em que estiverem investidos, quando insuscetíveis de readaptação, hipótese em que será obrigatória a realização de avaliações periódicas para verificação da continuidade das condições que ensejaram a concessão da aposentadoria; ou

III – compulsoriamente, na forma do disposto no inciso II do § 1º do art. 40 da Constituição Federal.

Veja art. 26, § 4º, EC n. 103, de 12.11.2019.

§ 2º Os servidores públicos federais com direito a idade mínima ou tempo de contribuição distintos da regra geral para concessão de aposentadoria na forma dos §§ 4º-B, 4º-C e 5º do art. 40 da Constituição Federal poderão aposentar-se, observados os seguintes requisitos:

I – o policial civil do órgão a que se refere o inciso XIV do *caput* do art. 21 da Constituição Federal, o policial dos órgãos a que se referem o inciso IV do *caput* do art. 51, o inciso XIII do *caput* do art. 52 e os incisos I a III do *caput* do art. 144 da Constituição Federal e o ocupante de cargo de agente federal penitenciário ou socioeducativo, aos 55 (cinquenta e cinco) anos de idade, com 30 (trinta) anos de contribuição e 25 (vinte e cinco) anos de efetivo exercício em cargo dessas carreiras, para ambos os sexos;

II – o servidor público federal cujas atividades sejam exercidas com efetiva exposição a agentes químicos, físicos e biológicos prejudiciais à saúde, ou associação desses agentes, vedada a caracterização por categoria profissional ou ocupação, aos 60 (sessenta) anos de idade, com 25 (vinte e cinco) anos de efetiva exposição e contribuição, 10 (dez) anos de efetivo exercício de serviço público e 5 (cinco) anos no cargo efetivo em que for concedida a aposentadoria;

III – o titular do cargo federal de professor, aos 60 (sessenta) anos de idade, se homem, aos 57 (cinquenta e sete) anos, se mulher, com 25 (vinte e cinco) anos de contribuição exclusivamente em efetivo exercício das funções de magistério na educação infantil e no ensino fundamental e médio, 10 (dez) anos de efetivo exercício de serviço público e 5 (cinco) anos no cargo efetivo em que for concedida a aposentadoria, para ambos os sexos.

§ 3º A aposentadoria a que se refere o § 4º-C do art. 40 da Constituição Federal observará adicionalmente as condições e os requisitos estabelecidos para o Regime Geral de Previdência Social, naquilo em que não conflitarem com as regras específicas aplicáveis ao regime próprio de previdência social da União, vedada a conversão de tempo especial em comum.

§ 4º Os proventos das aposentadorias concedidas nos termos do disposto neste artigo serão apurados na forma da lei.

§ 5º Até que entre em vigor lei federal de que trata o § 19 do art. 40 da Constituição Federal, o servidor federal que cumprir as exigências para a concessão da aposentadoria voluntária nos termos do disposto neste artigo e que optar por permanecer em atividade fará jus a um abono de permanência equivalente ao valor da sua contribuição previdenciária, até completar a idade para aposentadoria compulsória.

§ 6º A pensão por morte devida aos dependentes do policial civil do órgão a que se refere o inciso XIV do *caput* do art. 21 da Constituição Federal, do policial dos órgãos a que se referem o inciso IV do *caput* do art. 51, o inciso XIII do *caput* do art. 52 e os incisos I a III do *caput* do art. 144 da Constituição Federal e dos ocupantes dos cargos de agente federal penitenciário ou socioeducativo decorrente de agressão sofrida no exercício ou em razão da função será vitalícia para o cônjuge ou companheiro e equivalente à remuneração do cargo.

§ 7º Aplicam-se às aposentadorias dos servidores dos Estados, do Distrito Federal e dos Municípios as normas constitucionais e infraconstitucionais anteriores à data de entrada em vigor desta Emenda Constitucional, enquanto não promovidas alterações na legislação interna relacionada ao respectivo regime próprio de previdência social.

Art. 11. Até que entre em vigor lei que altere a alíquota da contribuição previdenciária de que tratam os arts. 4º, 5º e 6º da Lei n. 10.887, de 18 de junho de 2004, esta será de 14 (quatorze por cento).

Veja art. 11, EC n. 132, de 20.12.2023.

§ 1º A alíquota prevista no *caput* será reduzida ou majorada, considerado o valor da base de contribuição ou do benefício recebido, de acordo com os seguintes parâmetros:

I – até 1 (um) salário mínimo, redução de seis inteiros e cinco décimos pontos percentuais;

II – acima de 1 (um) salário mínimo até R$ 2.000,00 (dois mil reais), redução de cinco pontos percentuais;

III – de R$ 2.000,01 (dois mil reais e um centavo) até R$ 3.000,00 (três mil reais), redução de dois pontos percentuais;

IV – de R$ 3.000,01 (três mil reais e um centavo) até R$ 5.839,45 (cinco mil, oitocentos e trinta e nove reais e quarenta e cinco centavos), sem redução ou acréscimo;

V – de R$ 5.839,46 (cinco mil, oitocentos e trinta e nove reais e quarenta e seis centavos) até R$ 10.000,00 (dez mil reais), acréscimo de meio ponto percentual;

VI – de R$ 10.000,01 (dez mil reais e um centavo) até R$ 20.000,00 (vinte mil reais), acréscimo de dois inteiros e cinco décimos pontos percentuais;

VII – de R$ 20.000,01 (vinte mil reais e um centavo) até R$ 39.000,00 (trinta e nove mil reais), acréscimo de cinco pontos percentuais; e

VIII – acima de R$ 39.000,00 (trinta e nove mil reais), acréscimo de oito pontos percentuais.

§ 2º A alíquota, reduzida ou majorada nos termos do disposto no § 1º, será aplicada de forma progressiva sobre a base de contribuição do servidor ativo, incidindo cada alíquota sobre a faixa de valores compreendida nos respectivos limites.

§ 3º Os valores previstos no § 1º serão reajustados, a partir da data de entrada em vigor desta Emenda Constitucional, na mesma data e com o mesmo índice em que se der o reajuste dos benefícios do Regime Geral de Previdência Social, ressalvados aqueles vinculados ao salário mínimo, aos quais se aplica a legislação específica.

§ 4º A alíquota de contribuição de que trata o *caput*, com a redução ou a majoração decorrentes do disposto no § 1º, será devida pelos aposentados e pensionistas de quaisquer dos Poderes da União, incluídas suas entidades autárquicas e suas fundações, e incidirá sobre o valor da parcela dos proventos de aposentadoria e de pensões que supere o limite máximo estabelecido para os benefícios do Regime Geral de Previdência Social, hipótese em que será considerada a totalidade do valor do benefício para fins de definição das alíquotas aplicáveis.

Art. 12. A União instituirá sistema integrado de dados relativos às remunerações, proventos e pensões dos segurados dos regimes de previdência de que tratam os arts. 40, 201 e 202 da Constituição Federal, aos benefícios dos programas de assistência social de que trata o art. 203 da Constituição Federal e às remunerações, proventos de inatividade e pensão por morte decorrentes das atividades militares de que tratam os arts. 42 e 142 da Constituição Federal, em interação com outras bases de dados, ferramentas e plataformas, para o fortalecimento de sua gestão, governança e transparência e o cumprimento das disposições estabelecidas nos incisos XI e XVI do art. 37 da Constituição Federal.

§ 1º A União, os Estados, o Distrito Federal e os Municípios e os órgãos e entidades gestoras dos regimes, dos sistemas e dos programas a que se refere o *caput* disponibilizarão as informações necessárias para a estruturação do sistema integrado de dados e terão acesso ao compartilhamento das referidas informações, na forma da legislação.

§ 2º É vedada a transmissão das informações de que trata este artigo a qualquer pessoa física ou jurídica para a prática de atividade não relacionada à fiscalização dos regimes, dos sistemas e dos programas a que se refere o *caput*.

Art. 13. Não se aplica o disposto no § 9º do art. 39 da Constituição Federal a parcelas remuneratórias decorrentes de incorporação de vantagens de caráter temporário ou vinculadas ao exercício de função de confiança ou de cargo em comissão efetivada até a data de entrada em vigor desta Emenda Constitucional.

Art. 14. Vedadas a adesão de novos segurados e a instituição de novos regimes dessa natureza, os atuais segurados de regime de previdência aplicável a titulares de mandato eletivo da União, dos Estados, do Distrito Federal e dos Municípios poderão, por meio de opção expressa formalizada no prazo de 180 (cento e oitenta) dias, contado da data de entrada em vigor desta Emenda Constitucional, retirar-se dos regimes previdenciários aos quais se encontrem vinculados.

§ 1º Os segurados, atuais e anteriores, do regime de previdência de que trata a Lei n. 9.506, de 30 de outubro de 1997, que fizerem a opção de permanecer nesse regime previdenciário deverão cumprir período adicional correspondente a 30% (trinta por cento) do tempo de contribuição que faltaria para aquisição do direito à aposentadoria na data de entrada em vigor desta Emenda Constitucional e somente poderão aposentar-se a partir dos 62 (sessenta e dois) anos de idade, se mulher, e 65 (sessenta e cinco) anos de idade, se homem.

§ 2º Se for exercida a opção prevista no *caput*, será assegurada a contagem do tempo de contribuição vertido para o regime de previdência ao qual o segurado se encontrava vinculado, nos termos do disposto no § 9º do art. 201 da Constituição Federal.

§ 3º A concessão de aposentadoria aos titulares de mandato eletivo e de pensão por morte aos dependentes de titular de mandato eletivo falecido será assegurada, a qualquer tempo, desde que cumpridos os requisitos para obtenção desses benefícios até a data de entrada em vigor desta Emenda Constitucional, observados os critérios da legislação vigente na data em que foram atendidos os requisitos para a concessão da aposentadoria ou da pensão por morte.

§ 4º Observado o disposto nos §§ 9º e 9º-A do art. 201 da Constituição Federal, o tempo de contribuição a regime próprio de previdência social e ao Regime Geral de Previdência Social, assim como o tempo de contribuição decorrente das atividades militares de que tratam os arts. 42 e 142 da Constituição Federal, que tenha sido considerado para a concessão de benefício pelos regimes a que se refere o *caput* não poderá ser utilizado para obtenção de benefício naqueles regimes.

§ 5º Lei específica do Estado, do Distrito Federal ou do Município deverá disciplinar a regra de transição a ser aplicada aos segurados que, na forma do *caput*, fizerem a opção de permanecer no regime previdenciário de que trata este artigo.

Art. 15. Ao segurado filiado ao Regime Geral de Previdência Social até a data de entrada em vigor desta Emenda Constitucional, fica assegurado o direito à aposentadoria quando forem preenchidos, cumulativamente, os seguintes requisitos:

I – 30 (trinta) anos de contribuição, se mulher, e 35 (trinta e cinco) anos de contribuição, se homem; e

II – somatório da idade e do tempo de contribuição, incluídas as frações, equivalente a 86 (oitenta e seis) pontos, se mulher, e 96 (noventa e seis) pontos, se homem, observado o disposto nos §§ 1º e 2º.

§ 1º A partir de 1º de janeiro de 2020, a pontuação a que se refere o inciso II do *caput* será acrescida a cada ano de 1 (um) ponto, até atingir o limite de 100 (cem) pontos, se mulher, e de 105 (cento e cinco) pontos, se homem.

§ 2º A idade e o tempo de contribuição serão apurados em dias para o cálculo do somatório de pontos a que se referem o inciso II do *caput* e o § 1º.

§ 3º Para o professor que comprovar exclusivamente 25 (vinte e cinco) anos de contribuição, se mulher, e 30 (trinta) anos de contribuição, se homem, em efetivo exercício das funções de magistério na educação infantil e no ensino fundamental e médio, o somatório da idade e do tempo de contribuição, incluídas as frações, será equivalente a 81 (oitenta e um) pontos, se mulher, e 91 (noventa e um) pontos, se homem, aos quais serão acrescidos, a partir de 1º de janeiro de 2020, 1 (um) ponto a cada ano para o homem e para a mulher, até atingir o limite de 92 (noventa e dois) pontos, se mulher, e 100 (cem) pontos, se homem.

§ 4º O valor da aposentadoria concedida nos termos do disposto neste artigo será apurado na forma da lei.

Veja art. 26, § 2º, I, EC n. 103, de 12.11.2019.

Art. 16. Ao segurado filiado ao Regime Geral de Previdência Social até a data de entrada em vigor desta Emenda Constitucional fica assegurado o direito à aposentadoria quando preencher, cumulativamente, os seguintes requisitos:

I – 30 (trinta) anos de contribuição, se mulher, e 35 (trinta e cinco) anos de contribuição, se homem; e

II – idade de 56 (cinquenta e seis) anos, se mulher, e 61 (sessenta e um) anos, se homem.

§ 1º A partir de 1º de janeiro de 2020, a idade a que se refere o inciso II do *caput* será acrescida de 6 (seis) meses a cada ano, até atingir 62 (sessenta e dois) anos de idade, se mulher, e 65 (sessenta e cinco) anos de idade, se homem.

§ 2º Para o professor que comprovar exclusivamente tempo de efetivo exercício das funções de magistério na educação infantil e no ensino fundamental e médio, o tempo de contribuição e a idade de que tratam os incisos I e II do *caput* deste artigo serão reduzidos em 5 (cinco) anos, sendo, a partir de 1º de janeiro de 2020, acrescidos 6 (seis) meses, a cada ano, às idades previstas no inciso II do *caput*, até atingirem 57 (cinquenta e sete) anos, se mulher, e 60 (sessenta) anos, se homem.

§ 3º O valor da aposentadoria concedida nos termos do disposto neste artigo será apurado na forma da lei.

Veja art. 26, § 2º, I, EC n. 103, de 12.11.2019.

Art. 17. Ao segurado filiado ao Regime Geral de Previdência Social até a data de entrada em vigor desta Emenda Constitucional e que na referida data contar com mais de 28 (vinte e oito) anos de contribuição, se mulher, e 33 (trinta e três) anos de contribuição, se homem, fica assegurado o direito à aposentadoria quando preencher, cumulativamente, os seguintes requisitos:

I – 30 (trinta) anos de contribuição, se mulher, e 35 (trinta e cinco) anos de contribuição, se homem; e

II – cumprimento de período adicional correspondente a 50% (cinquenta por cento) do tempo que, na data de entrada em vigor desta Emenda Constitucional, faltaria para atingir 30 (trinta) anos de contribuição, se mulher, e 35 (trinta e cinco) anos de contribuição, se homem.

Parágrafo único. O benefício concedido nos termos deste artigo terá seu valor apurado de acordo com a média aritmética simples dos salários de contribuição e das remunerações calculada na forma da lei, multiplicada pelo fator previdenciário, calculado na forma do disposto nos §§ 7º a 9º do art. 29 da Lei n. 8.213, de 24 de julho de 1991.

Art. 18. O segurado de que trata o inciso I do § 7º do art. 201 da Constituição Federal filiado ao Regime Geral de Previdência Social até a data de entrada em vigor desta Emenda Constitucional poderá aposentar-se quando preencher, cumulativamente, os seguintes requisitos:

I – 60 (sessenta) anos de idade, se mulher, e 65 (sessenta e cinco) anos de idade, se homem; e

II – 15 (quinze) anos de contribuição, para ambos os sexos.

§ 1º A partir de 1º de janeiro de 2020, a idade de 60 (sessenta) anos da mulher, prevista no inciso I do *caput*, será acrescida em 6 (seis) meses a cada ano, até atingir 62 (sessenta e dois) anos de idade.

§ 2º O valor da aposentadoria de que trata este artigo será apurado na forma da lei.

Veja art. 26, § 2º, I, EC n. 103, de 12.11.2019.

Art. 19. Até que lei disponha sobre o tempo de contribuição a que se refere o inciso I do § 7º do art. 201 da Constituição Federal, o segurado filiado ao Regime Geral de Previdência Social após a data de entrada em vigor desta Emenda Constitucional será aposentado aos 62 (sessenta e dois) anos de idade, se mulher, 65 (sessenta e cinco) anos de idade, se homem, com 15 (quinze) anos de tempo de contribuição, se mulher, e 20 (vinte) anos de tempo de contribuição, se homem.

§ 1º Até que lei complementar disponha sobre a redução de idade mínima ou tempo de contribuição prevista nos §§ 1º e 8º do art. 201 da Constituição Federal, será concedida aposentadoria:

I – aos segurados que comprovem o exercício de atividades com efetiva exposição a agentes químicos, físicos e biológicos prejudiciais à saúde, ou associação desses agentes, vedada a caracterização por categoria profissional ou ocupação, durante, no mínimo, 15 (quinze), 20 (vinte) ou 25 (vinte e cinco) anos, nos termos do disposto nos arts. 57 e 58 da Lei n. 8.213, de 24 de julho de 1991, quando cumpridos:

Veja art. 26, § 5º, EC n. 103, de 12.11.2019.

a) 55 (cinquenta e cinco) anos de idade, quando se tratar de atividade especial de 15 (quinze) anos de contribuição;

b) 58 (cinquenta e oito) anos de idade, quando se tratar de atividade especial de 20 (vinte) anos de contribuição; ou

c) 60 (sessenta) anos de idade, quando se tratar de atividade especial de 25 (vinte e cinco) anos de contribuição;

II – ao professor que comprove 25 (vinte e cinco) anos de contribuição exclusivamente em efetivo exercício das funções de magistério na educação infantil e no ensino fundamental e médio e tenha 57 (cinquenta e sete) anos de idade, se mulher, e 60 (sessenta) anos de idade, se homem.

§ 2º O valor das aposentadorias de que trata este artigo será apurado na forma da lei.

Art. 20. O segurado ou o servidor público federal que se tenha filiado ao Regime Geral de Previdência Social ou ingressado no serviço público em cargo efetivo até a data de entrada em vigor desta Emenda Constitucional poderá aposentar-se voluntariamente quando preencher, cumulativamente, os seguintes requisitos:

Veja art. 8º, EC n. 103, de 12.11.2019.

I – 57 (cinquenta e sete) anos de idade, se mulher, e 60 (sessenta) anos de idade, se homem;

II – 30 (trinta) anos de contribuição, se mulher, e 35 (trinta e cinco) anos de contribuição, se homem;

III – para os servidores públicos, 20 (vinte) anos de efetivo exercício no serviço público e 5 (cinco) anos no cargo efetivo em que se der a aposentadoria;

IV – período adicional de contribuição correspondente ao tempo que, na data de entrada em vigor desta Emenda Constitucional, faltaria para atingir o tempo mínimo de contribuição referido no inciso II.

§ 1º Para o professor que comprovar exclusivamente tempo de efetivo exercício das funções de magistério na educação infantil e no ensino fundamental e médio serão reduzidos, para ambos os sexos, os requisitos de idade e de tempo de contribuição em 5 (cinco) anos.

§ 2º O valor das aposentadorias concedidas nos termos do disposto neste artigo corresponderá:

Veja art. 26, § 3º, I, EC n. 103, de 12.11.2019.

I – em relação ao servidor público que tenha ingressado no serviço público em cargo efetivo até 31 de dezembro de 2003 e que não tenha feito a opção de que trata o § 16 do art. 40 da Constituição Federal, à totalidade da remuneração no cargo efetivo em que se der a aposentadoria, observado o disposto no § 8º do art. 4º; e

Veja art. 4º, § 8º, EC n. 103, de 12.11.2019.

II – em relação aos demais servidores públicos e aos segurados do Regime Geral de Previdência Social, ao valor apurado na forma da lei.

§ 3º O valor das aposentadorias concedidas nos termos do disposto neste artigo não será inferior ao valor a que se refere o § 2º do art. 201 da Constituição Federal e será reajustado:

I – de acordo com o disposto no art. 7º da Emenda Constitucional n. 41, de 19 de dezembro de 2003, se cumpridos os requisitos previstos no inciso I do § 2º;

II – nos termos estabelecidos para o Regime Geral de Previdência Social, na hipótese prevista no inciso II do § 2º.

§ 4º Aplicam-se às aposentadorias dos servidores dos Estados, do Distrito Federal e dos Municípios as normas constitucionais e infraconstitucionais anteriores à data de entrada em vigor desta Emenda Constitucional, enquanto não promovidas alterações na legislação interna relacionada ao respectivo regime próprio de previdência social.

Art. 21. O segurado ou o servidor público federal que se tenha filiado ao Regime Geral de Previdência Social ou ingressado no serviço público em cargo efetivo até a data de entrada em vigor desta Emenda Constitucional cujas atividades tenham sido exercidas com efetiva exposição a agentes químicos, físicos e biológicos prejudiciais à saúde, ou associação desses agentes, vedada a caracterização por categoria profissional ou ocupação, desde que cumpridos, no caso do servidor, o tempo mínimo de 20 (vinte) anos de efetivo exercício no serviço público e de 5 (cinco) anos no cargo efetivo em que for concedida a aposentadoria, na forma dos arts. 57 e 58 da Lei n. 8.213, de 24 de julho de 1991, poderão aposentar-se quando o total da soma resultante da sua idade e do tempo de contribuição e o tempo de efetiva exposição forem, respectivamente, de:

Veja art. 8º, EC n. 103, de 12.11.2019.

I – 66 (sessenta e seis) pontos e 15 (quinze) anos de efetiva exposição;

Veja art. 26, § 5º, EC n. 103, de 12.11.2019.

II – 76 (setenta e seis) pontos e 20 (vinte) anos de efetiva exposição; e

III – 86 (oitenta e seis) pontos e 25 (vinte e cinco) anos de efetiva exposição.

§ 1º A idade e o tempo de contribuição serão apurados em dias para o cálculo do somatório de pontos a que se refere o *caput*.

§ 2º O valor da aposentadoria de que trata este artigo será apurado na forma da lei.

§ 3º Aplicam-se às aposentadorias dos servidores dos Estados, do Distrito Federal e dos Municípios cujas atividades sejam exercidas com efetiva exposição a agentes químicos, físicos e biológicos prejudiciais à saúde, ou associação desses agentes, vedada a caracterização por categoria profissional ou ocupação, na forma do § 4º-C do art. 40 da Constituição Federal, as normas constitucionais e infraconstitucionais anteriores à data de entrada em vigor desta Emenda Constitucional, enquanto não promovidas alterações na legislação interna relacionada ao respectivo regime próprio de previdência social.

Art. 22. Até que lei discipline o § 4º-A do art. 40 e o inciso I do § 1º do art. 201 da Constituição Federal, a aposentadoria da pessoa com deficiência segurada do Regime Geral de Previdência Social ou do servidor público federal com deficiência vinculado a regime próprio de previdência social, desde que cumpridos, no caso do servidor, o tempo mínimo de 10 (dez) anos de efetivo exercício no serviço público e de 5 (cinco) anos no cargo efetivo em que for concedida a aposentadoria, será concedida na forma da Lei Complementar n. 142, de 8 de maio de 2013, inclusive quanto aos critérios de cálculo dos benefícios.

Veja art. 8º, EC n. 103, de 12.11.2019.

Parágrafo único. Aplicam-se às aposentadorias dos servidores com deficiência dos Estados, do Distrito Federal e dos Municípios as normas constitucionais e infraconstitucionais anteriores à data de entrada em vigor desta Emenda Constitucional, enquanto não promovidas alterações na legislação interna relacionada ao respectivo regime próprio de previdência social.

Art. 23. A pensão por morte concedida a dependente de segurado do Regime Geral de Previdência Social ou de servidor público federal será equivalente a uma cota familiar de 50% (cinquenta por cento) do valor da aposentadoria recebida pelo segurado ou servidor ou daquela a que teria direito se fosse aposentado por incapacidade permanente na data do óbito, acrescida de cotas de 10 (dez) pontos percentuais por dependente, até o máximo de 100% (cem por cento).

§ 1º As cotas por dependente cessarão com a perda dessa qualidade e não serão reversíveis aos demais dependentes, preservado o valor de 100% (cem por cento) da pensão por morte quando o número de dependentes remanescente for igual ou superior a 5 (cinco).

§ 2º Na hipótese de existir dependente inválido ou com deficiência intelectual, mental ou grave, o valor da pensão por morte de que trata o *caput* será equivalente a:

I – 100% (cem por cento) da aposentadoria recebida pelo segurado ou servidor ou daquela a que teria direito se fosse aposentado por incapacidade permanente na data do óbito, até o limite máximo de benefícios do Regime Geral de Previdência Social; e

II – uma cota familiar de 50% (cinquenta por cento) acrescida de cotas de 10 (dez) pontos percentuais por dependente, até o máximo de 100% (cem por cento), para o valor que supere o limite máximo de benefícios do Regime Geral de Previdência Social.

§ 3º Quando não houver mais dependente inválido ou com deficiência intelectual, mental ou grave, o valor da pensão será recalculado na forma do disposto no *caput* e no § 1º.

§ 4º O tempo de duração da pensão por morte e das cotas individuais por dependente até a perda dessa qualidade, o rol de dependentes e sua qualificação e as condições necessárias para enquadramento serão aqueles estabelecidos na Lei n. 8.213, de 24 de julho de 1991.

§ 5º Para o dependente inválido ou com deficiência intelectual, mental ou grave, sua condição pode ser reconhecida previamente ao óbito do segurado, por meio de avaliação biopsicossocial realizada por equipe multiprofissional e interdisciplinar, observada revisão periódica na forma da legislação.

§ 6º Equiparam-se a filho, para fins de recebimento da pensão por morte, exclusivamente o enteado e o menor tutelado, desde que comprovada a dependência econômica.

§ 7º As regras sobre pensão previstas neste artigo e na legislação vigente na data de entrada em vigor desta Emenda Constitucional poderão ser alteradas na forma da lei para o Regime Geral de Previdência Social e para o regime próprio de previdência social da União.

§ 8º Aplicam-se às pensões concedidas aos dependentes de servidores dos Estados, do Distrito Federal e dos Municípios as normas constitucionais e infraconstitucionais anteriores à data de entrada em vigor desta Emenda Constitucional, enquanto não promovidas alterações na legislação interna relacionada ao respectivo regime próprio de previdência social.

Art. 24. É vedada a acumulação de mais de uma pensão por morte deixada por cônjuge ou companheiro, no âmbito do mesmo regime de previdência social, ressalvadas as pensões do mesmo instituidor decorrentes do exercício de cargos acumuláveis na forma do art. 37 da Constituição Federal.

§ 1º Será admitida, nos termos do § 2º, a acumulação de:

I – pensão por morte deixada por cônjuge ou companheiro de um regime de previdência social com pensão por morte concedida por outro regime de previdência social ou com pensões decorrentes das atividades militares de que tratam os arts. 42 e 142 da Constituição Federal;

II – pensão por morte deixada por cônjuge ou companheiro de um regime de previdência social com aposentadoria concedida no âmbito do Regime Geral de Previdência Social ou de regime próprio de previdência social ou com proventos de inatividade decorrentes das atividades militares de que tratam os arts. 42 e 142 da Constituição Federal; ou

III – pensões decorrentes das atividades militares de que tratam os arts. 42 e 142 da Constituição Federal com aposentadoria concedida no âmbito do Regime Geral de Previdência Social ou de regime próprio de previdência social.

§ 2º Nas hipóteses das acumulações previstas no § 1º, é assegurada a percepção do valor integral do benefício mais vantajoso e de uma parte de cada um dos demais benefícios, apurada cumulativamente de acordo com as seguintes faixas:

I – 60% (sessenta por cento) do valor que exceder 1 (um) salário mínimo, até o limite de 2 (dois) salários mínimos;

II – 40% (quarenta por cento) do valor que exceder 2 (dois) salários mínimos, até o limite de 3 (três) salários mínimos;

III – 20% (vinte por cento) do valor que exceder 3 (três) salários mínimos, até o limite de 4 (quatro) salários mínimos; e

IV – 10% (dez por cento) do valor que exceder 4 (quatro) salários mínimos.

§ 3º A aplicação do disposto no § 2º poderá ser revista a qualquer tempo, a pedido do interessado, em razão de alteração de algum dos benefícios.

§ 4º As restrições previstas neste artigo não serão aplicadas se o direito aos benefícios houver sido adquirido antes da data de entrada em vigor desta Emenda Constitucional.

§ 5º As regras sobre acumulação previstas neste artigo e na legislação vigente na data de entrada em vigor desta Emenda Constitucional poderão ser alteradas na forma do § 6º do art. 40 e do § 15 do art. 201 da Constituição Federal.

Art. 25. Será assegurada a contagem de tempo de contribuição fictício no Regime Geral de Previdência Social decorrente de hipóteses descritas na legislação vigente até a data de entrada em vigor desta Emenda Constitucional para fins de concessão de aposentadoria, observando-se, a partir da sua entrada em vigor, o disposto no § 14 do art. 201 da Constituição Federal.

§ 1º Para fins de comprovação de atividade rural exercida até a data de entrada em vigor desta Emenda Constitucional, o prazo de que tratam os §§ 1º e 2º do art. 38-B da Lei n. 8.213, de 24 de julho de 1991, será prorrogado até a data em que o Cadastro Nacional de Informações Sociais (CNIS) atingir a cobertura mínima de 50% (cinquenta por cento) dos trabalhadores de que trata o § 8º do art. 195 da Constituição Federal, apurada conforme quantitativo da Pesquisa Nacional por Amostra de Domicílios Contínua (Pnad).

§ 2º Será reconhecida a conversão de tempo especial em comum, na forma prevista na Lei n. 8.213, de 24 de julho de 1991, ao segurado do Regime Geral de Previdência Social que comprovar tempo de efetivo exercício de atividade sujeita a condições especiais que efetivamente prejudiquem a saúde, cumprido até a data de entrada em vigor desta Emenda Constitucional, vedada a conversão para o tempo cumprido após esta data.

§ 3º Considera-se nula a aposentadoria que tenha sido concedida ou que venha a ser concedida por regime próprio de previdência social com contagem recíproca do Regime Geral de Previdência Social mediante o cômputo de tempo de serviço sem o recolhimento da respectiva contribuição ou da correspondente indenização pelo segurado obrigatório responsável, à época do exercício da atividade, pelo recolhimento de suas próprias contribuições previdenciárias.

Art. 26. Até que lei discipline o cálculo dos benefícios do regime próprio de previdência social da União e do Regime Geral de Previdência Social, será utilizada a média aritmética simples dos salários de contribuição e das remunerações adotados como base para contribuições a regime próprio de previdência social e ao Regime Geral de Previdência Social, ou como base para contribuições decorrentes das atividades militares de que tratam os arts. 42 e 142 da Constituição Federal, atualizados monetariamente, correspondentes a 100% (cem por cento) do período contributivo desde a competência julho de 1994 ou desde o início da contribuição, se posterior àquela competência.

§ 1º A média a que se refere o *caput* será limitada ao valor máximo do salário de contribuição do Regime Geral de Previdência Social para os segurados desse regime e para o servidor que ingressou no serviço público em cargo efetivo após a implantação do regime de previdência complementar ou que tenha exercido a opção correspondente, nos termos do disposto nos §§ 14 a 16 do art. 40 da Constituição Federal.

§ 2º O valor do benefício de aposentadoria corresponderá a 60% (sessenta por cento) da média aritmética definida na forma prevista no *caput* e no § 1º, com acréscimo de 2 (dois) pontos percentuais para cada ano de contribuição que exceder o tempo de 20 (vinte) anos de contribuição nos casos:

I – do inciso II do § 6º do art. 4º, do § 4º do art. 15, do § 3º do art. 16 e do § 2º do art. 18;

II – do § 4º do art. 10, ressalvado o disposto no inciso II do § 3º e no § 4º deste artigo;

III – de aposentadoria por incapacidade permanente aos segurados do Regime Geral de Previdência Social, ressalvado o disposto no inciso II do § 3º deste artigo; e

IV – do § 2º do art. 19 e do § 2º do art. 21, ressalvado o disposto no § 5º deste artigo.

§ 3º O valor do benefício de aposentadoria corresponderá a 100% (cem por cento) da média aritmética definida na forma prevista no *caput* e no § 1º:

I – no caso do inciso II do § 2º do art. 20;

II – no caso de aposentadoria por incapacidade permanente, quando decorrer de acidente de trabalho, de doença profissional e de doença do trabalho.

§ 4º O valor do benefício da aposentadoria de que trata o inciso III do § 1º do art. 10 corresponderá ao resultado do tempo de contribuição dividido por 20 (vinte) anos, limitado a um inteiro, multiplicado pelo valor apurado na forma do *caput* do § 2º deste artigo, ressalvado o caso de cumprimento de critérios de acesso para aposentadoria voluntária que resulte em situação mais favorável.

§ 5º O acréscimo a que se refere o *caput* do § 2º será aplicado para cada ano que exceder 15 (quinze) anos de tempo de contribuição para os segurados de que tratam a alínea *a* do inciso I do § 1º do art. 19 e o inciso I do art. 21 e para as mulheres filiadas ao Regime Geral de Previdência Social.

§ 6º Poderão ser excluídas da média as contribuições que resultem em redução do valor do benefício, desde que mantido o tempo mínimo de contribuição exigido, vedada a utilização do tempo excluído para qualquer finalidade, inclusive para o acréscimo a que se referem os §§ 2º e 5º, para a averbação em outro regime previdenciário ou para a obtenção dos proventos de inatividade das atividades de que tratam os arts. 42 e 142 da Constituição Federal.

§ 7º Os benefícios calculados nos termos do disposto neste artigo serão reajustados nos termos estabelecidos para o Regime Geral de Previdência Social.

Art. 27. Até que lei discipline o acesso ao salário-família e ao auxílio-reclusão de que trata o inciso IV do art. 201 da Constituição Federal, esses benefícios serão concedidos apenas àqueles que tenham renda bruta mensal igual ou inferior a R$ 1.364,43 (mil, trezentos e sessenta e quatro reais e quarenta e três centavos), que serão corrigidos pelos mesmos índices aplicados aos benefícios do Regime Geral de Previdência Social.

§ 1º Até que lei discipline o valor do auxílio-reclusão, de que trata o inciso IV do art. 201 da Constituição Federal, seu cálculo será realizado na forma daquele aplicável à pensão por morte, não podendo exceder o valor de 1 (um) salário mínimo.

§ 2º Até que lei discipline o valor do salário-família, de que trata o inciso IV do art. 201 da Constituição Federal, seu valor será de R$ 46,54 (quarenta e seis reais e cinquenta e quatro centavos).

Art. 28. Até que lei altere as alíquotas da contribuição de que trata a Lei n. 8.212, de 24 de julho de 1991, devidas pelo segurado empregado, inclusive o doméstico, e pelo trabalhador avulso, estas serão de:

Veja arts. 7º, § 2º, e 20, § 3º, III, Lei n. 14.020, de 06.07.2020.

I – até 1 (um) salário mínimo, 7,5% (sete inteiros e cinco décimos por cento);

II – acima de 1 (um) salário mínimo até R$ 2.000,00 (dois mil reais), 9% (nove por cento);

III – de R$ 2.000,01 (dois mil reais e um centavo) até R$ 3.000,00 (três mil reais), 12% (doze por cento); e

IV – de R$ 3.000,01 (três mil reais e um centavo) até o limite do salário de contribuição, 14% (quatorze por cento).

§ 1º As alíquotas previstas no *caput* serão aplicadas de forma progressiva sobre o salário de contribuição do segurado, incidindo cada alíquota sobre a faixa de valores compreendida nos respectivos limites.

§ 2º Os valores previstos no *caput* serão reajustados, a partir da data de entrada em vigor desta Emenda Constitucional, na mesma data e com o mesmo índice em que se der o reajuste dos benefícios do Regime Geral de Previdência Social, ressalvados aqueles vinculados ao salário mínimo, aos quais se aplica a legislação específica.

Art. 29. Até que entre em vigor lei que disponha sobre o § 14 do art. 195 da Constituição Federal, o segurado que, no somatório de remunerações auferidas no período de 1 (um) mês, receber remuneração inferior ao limite mínimo mensal do salário de contribuição poderá:

I – complementar a sua contribuição, de forma a alcançar o limite mínimo exigido;

II – utilizar o valor da contribuição que exceder o limite mínimo de contribuição de uma competência em outra; ou

III – agrupar contribuições inferiores ao limite mínimo de diferentes competências, para aproveitamento em contribuições mínimas mensais.

Parágrafo único. Os ajustes de complementação ou agrupamento de contribuições previstos nos incisos I, II e III do *caput* somente poderão ser feitos ao longo do mesmo ano civil.

Art. 30. A vedação de diferenciação ou substituição de base de cálculo decorrente do disposto no § 9º do art. 195 da Constituição Federal não se aplica a contribuições que substituam a contribuição de que trata a alínea *a* do inciso I do *caput* do art. 195 da Constituição Federal instituídas antes da data de entrada em vigor desta Emenda Constitucional.

Art. 31. O disposto no § 11 do art. 195 da Constituição Federal não se aplica aos parcelamentos previstos na legislação vigente até a data de entrada em vigor desta Emenda Constitucional, sendo vedadas a reabertura ou a prorrogação de prazo para adesão.

Art. 32. Até que entre em vigor lei que disponha sobre a alíquota da contribuição de que trata a Lei n. 7.689, de 15 de dezembro de 1988, esta será de 20% (vinte por cento) no caso das pessoas jurídicas referidas no inciso I do § 1º do art. 1º da Lei Complementar n. 105, de 10 de janeiro de 2001.

Art. 33. Até que seja disciplinada a relação entre a União, os Estados, o Distrito Federal e os Municípios e entidades abertas de previdência complementar na forma do disposto nos §§ 4º e 5º do art. 202 da Constituição Federal, somente entidades fechadas de previdência complementar estão autorizadas a administrar planos de benefícios patrocinados pela União, Estados, Distrito Federal ou Municípios, inclusive suas autarquias, fundações, sociedades de economia mista e empresas controladas direta ou indiretamente.

Art. 34. Na hipótese de extinção por lei de regime previdenciário e migração dos respectivos segurados para o Regime Geral de Previdência Social, serão observados, até que lei federal disponha sobre a matéria, os seguintes requisitos pelo ente federativo:

I – assunção integral da responsabilidade pelo pagamento dos benefícios concedidos durante a vigência do regime extinto, bem como daqueles cujos requisitos já tenham sido implementados antes da sua extinção;

II – previsão de mecanismo de ressarcimento ou de complementação de benefícios aos que tenham contribuído acima do limite máximo do Regime Geral de Previdência Social;

III – vinculação das reservas existentes no momento da extinção, exclusivamente:

a) ao pagamento dos benefícios concedidos e a conceder, ao ressarcimento de contribuições ou à complementação de benefícios, na forma dos incisos I e II; e *b)* à compensação financeira com o Regime Geral de Previdência Social.

Parágrafo único. A existência de *superavit* atuarial não constitui óbice à extinção de regime próprio de previdência social e à consequente migração para o Regime Geral de Previdência Social.

Art. 35. Revogam-se:

I – os seguintes dispositivos da Constituição Federal:

a) o § 21 do art. 40;

Veja art. 36, II, EC n. 103, de 12.11.2019.

b) o § 13 do art. 195;

II – os arts. 9º, 13 e 15 da Emenda Constitucional n. 20, de 15 de dezembro de 1998;

III – os arts. 2º, 6º e 6º-A da Emenda Constitucional n. 41, de 19 de dezembro de 2003;

Veja art. 36, II, EC n. 103, de 12.11.2019.

IV – o art. 3º da Emenda Constitucional n. 47, de 5 de julho de 2005.

Veja art. 36, II, EC n. 103, de 12.11.2019.

Art. 36. Esta Emenda Constitucional entra em vigor:

I – no primeiro dia do quarto mês subsequente ao da data de publicação desta Emenda Constitucional, quanto ao disposto nos arts. 11, 28 e 32;

II – para os regimes próprios de previdência social dos Estados, do Distrito Federal e dos Municípios, quanto à alteração promovida pelo art. 1º desta Emenda Constitucional no art. 149 da Constituição Federal e às revogações previstas na alínea *a* do inciso I e nos incisos III e IV do art. 35, na data de publicação de lei de iniciativa privativa do respectivo Poder Executivo que as referende integralmente;

III – nos demais casos, na data de sua publicação.

Parágrafo único. A lei de que trata o inciso II do *caput* não produzirá efeitos anteriores à data de sua publicação.

Brasília, 12 de novembro de 2019.

EMENDA CONSTITUCIONAL N. 104, DE 4 DE DEZEMBRO DE 2019

Altera o inciso XIV do caput *do art. 21,*
o § 4º do art. 32 e o art. 144 da Constituição Federal,
para criar as polícias penais federal, estaduais e distrital.

As Mesas da Câmara dos Deputados e do Senado Federal, nos termos do § 3º do art. 60 da Constituição Federal, promulgam a seguinte Emenda ao texto constitucional:

Art. 1º O inciso XIV do *caput* do art. 21 da Constituição Federal passa a vigorar com a seguinte redação:

Alterações processadas no referido texto.

Art. 2º O § 4º do art. 32 da Constituição Federal passa a vigorar com a seguinte redação:

Alterações processadas no referido texto.

Art. 3º O art. 144 da Constituição Federal passa a vigorar com as seguintes alterações:

Alterações processadas no referido texto.

Art. 4º O preenchimento do quadro de servidores das polícias penais será feito, exclusivamente, por meio de concurso público e por meio da transformação dos cargos isolados, dos cargos de carreira dos atuais agentes penitenciários e dos cargos públicos equivalentes.

Art. 5º Esta Emenda Constitucional entra em vigor na data de sua publicação.

Brasília, 4 de dezembro de 2019.

EMENDA CONSTITUCIONAL N. 105, DE 12 DE DEZEMBRO DE 2019

Acrescenta o art. 166-A à Constituição Federal, para autorizar a transferência de recursos federais a Estados, ao Distrito Federal e a Municípios mediante emendas ao projeto de lei orçamentária anual.

As Mesas da Câmara dos Deputados e do Senado Federal, nos termos do § 3º do art. 60 da Constituição Federal, promulgam a seguinte Emenda ao texto constitucional:

Art. 1º A Constituição Federal passa a vigorar acrescida do seguinte art. 166-A:

Alterações processadas no referido texto.

Art. 2º No primeiro semestre do exercício financeiro subsequente ao da publicação desta Emenda Constitucional, fica assegurada a transferência financeira em montante mínimo equivalente a 60% (sessenta por cento) dos recursos de que trata o inciso I do *caput* do art. 166-A da Constituição Federal.

Art. 3º Esta Emenda Constitucional entra em vigor em 1º de janeiro do ano subsequente ao de sua publicação.

Brasília, 12 de dezembro de 2019.

EMENDA CONSTITUCIONAL N. 106, DE 7 DE MAIO DE 2020

Institui regime extraordinário fiscal, financeiro e de contratações para enfrentamento de calamidade pública nacional decorrente de pandemia.

As Mesas da Câmara dos Deputados e do Senado Federal, nos termos do § 3º do art. 60 da Constituição Federal, promulgam a seguinte Emenda ao texto constitucional:

Art. 1º Durante a vigência de estado de calamidade pública nacional reconhecido pelo Congresso Nacional em razão de emergência de saúde pública de importância internacional decorrente de pandemia, a União adotará regime extraordinário fiscal, financeiro e de contratações para atender às necessidades dele decorrentes, somente naquilo em que a urgência for incompatível com o regime regular, nos termos definidos nesta Emenda Constitucional.

Veja arts. 3º, parágrafo único, e 4º a 7º, desta EC.

Art. 2º Com o propósito exclusivo de enfrentamento do contexto da calamidade e de seus efeitos sociais e econômicos, no seu período de duração, o Poder Executivo federal, no âmbito de suas competências, poderá adotar processos simplificados de contratação de pessoal, em caráter temporário e emergencial, e de obras, serviços e compras que assegurem, quando possível, competição e igualdade de condições a todos os concorrentes, dispensada a observância do § 1º do art. 169 da Constituição Federal na contratação de que trata o inciso IX do *caput* do art. 37 da Constituição Federal, limitada a dispensa às situações de que trata o referido inciso, sem prejuízo da tutela dos órgãos de controle.

Parágrafo único. Nas hipóteses de distribuição de equipamentos e insumos de saúde imprescindíveis ao enfrentamento da calamidade, a União adotará critérios objetivos, devidamente publicados, para a respectiva destinação a Estados e a Municípios.

Art. 3º Desde que não impliquem despesa permanente, as proposições legislativas e os atos do Poder Executivo com propósito exclusivo de enfrentar a calamidade e suas consequências sociais e econômicas, com vigência e efeitos restritos à sua duração, ficam dispensados da observância das limitações legais quanto à criação, à expansão ou ao aperfeiçoamento de ação governamental que acarrete aumento de despesa e à concessão ou à ampliação de incentivo ou benefício de natureza tributária da qual decorra renúncia de receita.

Parágrafo único. Durante a vigência da calamidade pública nacional de que trata o art. 1º desta Emenda Constitucional, não se aplica o disposto no § 3º do art. 195 da Constituição Federal.

Art. 4º Será dispensada, durante a integralidade do exercício financeiro em que vigore a calamidade pública nacional de que trata o art. 1º desta Emenda Constitucional, a observância do inciso III do *caput* do art. 167 da Constituição Federal.

Parágrafo único. O Ministério da Economia publicará, a cada 30 (trinta) dias, relatório com os valores e o custo das operações de crédito realizadas no período de vigência do estado de calamidade pública nacional de que trata o art. 1º desta Emenda Constitucional.

Art. 5º As autorizações de despesas relacionadas ao enfrentamento da calamidade pública nacional de que trata o art. 1º desta Emenda Constitucional e de seus efeitos sociais e econômicos deverão:

I – constar de programações orçamentárias específicas ou contar com marcadores que as identifiquem; e

II – ser separadamente avaliadas na prestação de contas do Presidente da República e evidenciadas, até 30 (trinta) dias após o encerramento de cada bimestre, no relatório a que se refere o § 3º do art. 165 da Constituição Federal.

Parágrafo único. Decreto do Presidente da República, editado até 15 (quinze) dias após a entrada em vigor desta Emenda Constitucional, disporá sobre a forma de identificação das autorizações de que trata o *caput* deste artigo, incluídas as anteriores à vigência desta Emenda Constitucional.

Art. 6º Durante a vigência da calamidade pública nacional de que trata o art. 1º desta Emenda Constitucional, os recursos decorrentes de operações de crédito realizadas para o refinanciamento da dívida mobiliária poderão ser utilizados também para o pagamento de seus juros e encargos.

Art. 7º O Banco Central do Brasil, limitado ao enfrentamento da calamidade pública nacional de que trata o art. 1º desta Emenda Constitucional, e com vigência e efeitos restritos ao período de sua duração, fica autorizado a comprar e a vender:

I – títulos de emissão do Tesouro Nacional, nos mercados secundários local e internacional; e

II – os ativos, em mercados secundários nacionais no âmbito de mercados financeiros, de capitais e de pagamentos, desde que, no momento da compra, tenham classificação em categoria de risco de crédito no mercado local equivalente a BB - ou superior, conferida por pelo menos 1 (uma) das 3 (três) maiores agências internacionais de classificação de risco, e preço de referência publicado por entidade do mercado financeiro acreditada pelo Banco Central do Brasil.

Veja art. 8º, *caput*, desta EC.

§ 1º Respeitadas as condições previstas no inciso II do *caput* deste artigo, será dada preferência à aquisição de títulos emitidos por microempresas e por pequenas e médias empresas.

§ 2º O Banco Central do Brasil fará publicar diariamente as operações realizadas, de forma individualizada, com todas as respectivas informações, inclusive as condições financeiras e econômicas das operações, como taxas de juros pactuadas, valores envolvidos e prazos.

§ 3º O Presidente do Banco Central do Brasil prestará contas ao Congresso Nacional, a cada 30 (trinta) dias, do conjunto das operações previstas neste artigo, sem prejuízo do previsto no § 2º deste artigo.

§ 4º A alienação de ativos adquiridos pelo Banco Central do Brasil, na forma deste artigo, poderá dar-se em data posterior à vigência do estado de calamidade pública nacional de que trata o art. 1º desta Emenda Constitucional, se assim justificar o interesse público.

Art. 8º Durante a vigência desta Emenda Constitucional, o Banco Central do Brasil editará regulamentação sobre exigências de contrapartidas ao comprar ativos de instituições financeiras em conformidade com a previsão do inciso II do *caput* do art. 7º desta Emenda Constitucional, em especial a vedação de:

I – pagar juros sobre o capital próprio e dividendos acima do mínimo obrigatório estabelecido em lei ou no estatuto social vigente na data de entrada em vigor desta Emenda Constitucional;

II – aumentar a remuneração, fixa ou variável, de diretores e membros do conselho de administração, no caso das sociedades anônimas, e dos administradores, no caso de sociedades limitadas.

Parágrafo único. A remuneração variável referida no inciso II do *caput* deste artigo inclui bônus, participação nos lucros e quaisquer parcelas de remuneração diferidas e outros incentivos remuneratórios associados ao desempenho.

Art. 9º Em caso de irregularidade ou de descumprimento dos limites desta Emenda Constitucional, o Congresso Nacional poderá sustar, por decreto legislativo, qualquer decisão de órgão ou entidade do Poder Executivo relacionada às medidas autorizadas por esta Emenda Constitucional.

Art. 10. Ficam convalidados os atos de gestão praticados a partir de 20 de março de 2020, desde que compatíveis com o teor desta Emenda Constitucional.

Art. 11. Esta Emenda Constitucional entra em vigor na data de sua publicação e ficará automaticamente revogada na data do encerramento do estado de calamidade pública reconhecido pelo Congresso Nacional.

Brasília, 7 de maio de 2020.

EMENDA CONSTITUCIONAL N. 107, DE 2 DE JULHO DE 2020

Adia, em razão da pandemia da Covid-19, as eleições municipais de outubro de 2020 e os prazos eleitorais respectivos.

As Mesas da Câmara dos Deputados e do Senado Federal, nos termos do § 3º do art. 60 da Constituição Federal, promulgam a seguinte Emenda ao texto constitucional:

Art. 1º As eleições municipais previstas para outubro de 2020 realizar-se-ão no dia 15 de novembro, em primeiro turno, e no dia 29 de novembro de 2020, em segundo turno, onde houver, observado o disposto no § 4º deste artigo.

§ 1º Ficam estabelecidas, para as eleições de que trata o *caput* deste artigo, as seguintes datas:

I – a partir de 11 de agosto, para a vedação às emissoras para transmitir programa apresentado ou comentado por pré-candidato, conforme previsto no § 1º do art. 45 da Lei n. 9.504, de 30 de setembro de 1997;

II – entre 31 de agosto e 16 de setembro, para a realização das convenções para escolha dos candidatos pelos partidos e a deliberação sobre coligações, a que se refere o *caput* do art. 8º da Lei n. 9.504, de 30 de setembro de 1997;

III – até 26 de setembro, para que os partidos e coligações solicitem à Justiça Eleitoral o registro de seus candidatos, conforme disposto no *caput* do art. 11 da Lei n. 9.504, de 30 de setembro de 1997, e no *caput* do art. 93 da Lei n. 4.737, de 15 de julho de 1965;

IV – após 26 de setembro, para o início da propaganda eleitoral, inclusive na internet, conforme disposto nos arts. 36 e 57-A da Lei n. 9.504, de 30 de setembro de 1997, e no *caput* do art. 240 da Lei n. 4.737, de 15 de julho de 1965;

V – a partir de 26 de setembro, para que a Justiça Eleitoral convoque os partidos e a representação das emissoras de rádio e de televisão para elaborarem plano de mídia, conforme disposto no art. 52 da Lei n. 9.504, de 30 de setembro de 1997;

VI – 27 de outubro, para que os partidos políticos, as coligações e os candidatos, obrigatoriamente, divulguem o relatório que discrimina as transferências do Fundo Partidário e do Fundo Especial de Financiamento de Campanha, os recursos em dinheiro e os estimáveis em dinheiro recebidos, bem como os gastos realizados, conforme disposto no inciso II do § 4º do art. 28 da Lei n. 9.504, de 30 de setembro de 1997;

VII – até 15 de dezembro, para o encaminhamento à Justiça Eleitoral do conjunto das prestações de contas de campanha dos candidatos e dos partidos políticos, relativamente ao primeiro e, onde houver, ao segundo turno das eleições, conforme disposto nos incisos III e IV do *caput* do art. 29 da Lei n. 9.504, de 30 de setembro de 1997.

§ 2º Os demais prazos fixados na Lei n. 9.504, de 30 de setembro de 1997, e na Lei n. 4.737, de 15 de julho de 1965, que não tenham transcorrido na data da publicação desta Emenda Constitucional e tenham como referência a data do pleito serão computados considerando-se a nova data das eleições de 2020.

§ 3º Nas eleições de que trata este artigo serão observadas as seguintes disposições:

I – o prazo previsto no § 1º do art. 30 da Lei n. 9.504, de 30 de setembro de 1997, não será aplicado, e a decisão que julgar as contas dos candidatos eleitos deverá ser publicada até o dia 12 de fevereiro de 2021;

II – o prazo para a propositura da representação de que trata o art. 30-A da Lei n. 9.504, de 30 de setembro de 1997, será até o dia 1º de março de 2021;

III – os partidos políticos ficarão autorizados a realizar, por meio virtual, independentemente de qualquer disposição estatutária, convenções ou reuniões para a escolha de candidatos e a formalização de coligações, bem como para a definição dos critérios de distribuição dos recursos do Fundo Especial de Financiamento de Campanha, de que trata o art. 16-C da Lei n. 9.504, de 30 de setembro de 1997;

IV – os prazos para desincompatibilização que, na data da publicação desta Emenda Constitucional, estiverem:

a) a vencer: serão computados considerando-se a nova data de realização das eleições de 2020;

b) vencidos: serão considerados preclusos, vedada a sua reabertura;

V – a diplomação dos candidatos eleitos ocorrerá em todo o País até o dia 18 de dezembro, salvo a situação prevista no § 4º deste artigo;

VI – os atos de propaganda eleitoral não poderão ser limitados pela legislação municipal ou pela Justiça Eleitoral, salvo se a decisão estiver fundamentada em prévio parecer técnico emitido por autoridade sanitária estadual ou nacional;

VII – em relação à conduta vedada prevista no inciso VII do *caput* do art. 73 da Lei n. 9.504, de 30 de setembro de 1997, os gastos liquidados com publicidade institucional realizada até 15 de agosto de 2020 não poderão exceder a média dos gastos dos 2 (dois) primeiros quadrimestres dos 3 (três) últimos anos que antecedem ao pleito, salvo em caso de grave e urgente necessidade pública, assim reconhecida pela Justiça Eleitoral;

VIII – no segundo semestre de 2020, poderá ser realizada a publicidade institucional de atos e campanhas dos órgãos públicos municipais e de suas respectivas entidades da administração indireta destinados ao enfrentamento à pandemia da Covid-19 e à orientação da população quanto a serviços públicos e a outros temas afetados pela pandemia, resguardada a possibilidade de apuração de eventual conduta abusiva nos termos do art. 22 da Lei Complementar n. 64, de 18 de maio de 1990.

§ 4º No caso de as condições sanitárias de um Estado ou Município não permitirem a realização das eleições nas datas previstas no *caput* deste artigo, o Congresso Nacional, por provocação do Tribunal Superior Eleitoral, instruída com manifestação da autoridade sanitária nacional, e após parecer da Comissão Mista de que trata o art. 2º do Decreto Legislativo n. 6, de 20 de março de 2020, poderá editar decreto legislativo a fim de designar novas datas para a realização do pleito, observada como data-limite o dia 27 de dezembro de 2020, e caberá ao Tribunal Superior Eleitoral dispor sobre as medidas necessárias à conclusão do processo eleitoral.

§ 5º O Tribunal Superior Eleitoral fica autorizado a promover ajustes nas normas referentes a:

I – prazos para fiscalização e acompanhamento dos programas de computador utilizados nas urnas eletrônicas para os processos de votação, apuração e totalização, bem como de todas as fases do processo de votação, apuração das eleições e processamento eletrônico da totalização dos resultados, para adequá-los ao novo calendário eleitoral;

II – recepção de votos, justificativas, auditoria e fiscalização no dia da eleição, inclusive no tocante ao horário de funcionamento das seções eleitorais e à distribuição dos eleitores no período, de forma a propiciar a melhor segurança sanitária possível a todos os participantes do processo eleitoral.

Art. 2º Não se aplica o art. 16 da Constituição Federal ao disposto nesta Emenda Constitucional.

Art. 3º Esta Emenda Constitucional entra em vigor na data de sua publicação.

Brasília, 2 de julho de 2020.

EMENDA CONSTITUCIONAL N. 108, DE 26 DE AGOSTO DE 2020

Altera a Constituição Federal para estabelecer critérios de distribuição da cota municipal do Imposto sobre Operações Relativas à Circulação de Mercadorias e sobre Prestações de Serviços de Transporte Interestadual e Intermunicipal e de Comunicação (ICMS), para disciplinar a disponibilização de dados contábeis pelos entes federados, para tratar do planejamento na ordem social e para dispor sobre o Fundo de Manutenção e Desenvolvimento da Educação Básica e de Valorização dos Profissionais da Educação (Fundeb); altera o Ato das Disposições Constitucionais Transitórias; e dá outras providências.

As Mesas da Câmara dos Deputados e do Senado Federal, nos termos do § 3º do art. 60 da Constituição Federal, promulgam a seguinte Emenda ao texto constitucional:

Art. 1º A Constituição Federal passa a vigorar com as seguintes alterações:

Alterações processadas no referido texto.

Art. 2º O Ato das Disposições Constitucionais Transitórias passa a vigorar com as seguintes alterações:

Alterações processadas no referido texto.

Art. 3º Os Estados terão prazo de 2 (dois) anos, contado da data da promulgação desta Emenda Constitucional, para aprovar lei estadual prevista no inciso II do parágrafo único do art. 158 da Constituição Federal.

Art. 4º Esta Emenda Constitucional entra em vigor na data de sua publicação e produzirá efeitos financeiros a partir de 1º de janeiro de 2021.

Parágrafo único. Ficam mantidos os efeitos do art. 60 do Ato das Disposições Constitucionais Transitórias, conforme estabelecido pela Emenda Constitucional n. 53, de 19 de dezembro de 2006, até o início dos efeitos financeiros desta Emenda Constitucional.

Brasília, 26 de agosto de 2020.

EMENDA CONSTITUCIONAL N. 109, DE 15 DE MARÇO DE 2021

Altera os arts. 29-A, 37, 49, 84, 163, 165, 167, 168 e 169 da Constituição Federal e os arts. 101 e 109 do Ato das Disposições Constitucionais Transitórias; acrescenta à Constituição Federal os arts. 164-A, 167-A, 167-B, 167-C, 167-D, 167-E, 167-F e 167-G; revoga dispositivos do Ato das Disposições Constitucionais Transitórias e institui regras transitórias sobre redução de benefícios tributários; desvincula parcialmente o superávit financeiro de fundos públicos; e suspende condicionalidades para realização de despesas com concessão de auxílio emergencial residual para enfrentar as consequências sociais e econômicas da pandemia da Covid-19.

As Mesas da Câmara dos Deputados e do Senado Federal, nos termos do § 3º do art. 60 da Constituição Federal, promulgam a seguinte Emenda ao texto constitucional:

Art. 1º A Constituição Federal passa a vigorar com as seguintes alterações:

Alterações processadas no referido texto.

Art. 2º O Ato das Disposições Constitucionais Transitórias passa a vigorar com as seguintes alterações:

Alterações processadas no referido texto.

Art. 3º Durante o exercício financeiro de 2021, a proposição legislativa com o propósito exclusivo de conceder auxílio emergencial residual para enfrentar as consequências sociais e econômicas da pandemia da Covid-19 fica dispensada da observância das limitações legais quanto à criação, à expansão ou ao aperfeiçoamento de ação governamental que acarrete aumento de despesa.

§ 1º As despesas decorrentes da concessão do auxílio referido no *caput* deste artigo realizadas no exercício financeiro de 2021 não são consideradas, até o limite de R$ 44.000.000.000,00 (quarenta e quatro bilhões de reais), para fins de:

I – apuração da meta de resultado primário estabelecida no *caput* do art. 2º da Lei n. 14.116, de 31 de dezembro de 2020;

II – limite para despesas primárias estabelecido no inciso I do *caput* do art. 107 do Ato das Disposições Constitucionais Transitórias.

§ 2º As operações de crédito realizadas para custear a concessão do auxílio referido no *caput* deste artigo ficam ressalvadas do limite estabelecido no inciso III do *caput* do art. 167 da Constituição Federal.

§ 3º A despesa de que trata este artigo deve ser atendida por meio de crédito extraordinário.

§ 4º A abertura do crédito extraordinário referido no § 3º deste artigo dar-se-á independentemente da observância dos requisitos exigidos no § 3º do art. 167 da Constituição Federal.

§ 5º O disposto neste artigo aplica-se apenas à União, vedada sua adoção pelos Estados, pelo Distrito Federal e pelos Municípios.

Art. 4º O Presidente da República deve encaminhar ao Congresso Nacional, em até 6 (seis) meses após a promulgação desta Emenda Constitucional, plano de redução gradual de incentivos e benefícios federais de natureza tributária, acompanhado das correspondentes proposições legislativas e das estimativas dos respectivos impactos orçamentários e financeiros.

§ 1º As proposições legislativas a que se refere o *caput* devem propiciar, em conjunto, redução do montante total dos incentivos e benefícios referidos no *caput* deste artigo:

I – para o exercício em que forem encaminhadas, de pelo menos 10% (dez por cento), em termos anualizados, em relação aos incentivos e benefícios vigentes por ocasião da promulgação desta Emenda Constitucional;

II – de modo que esse montante, no prazo de até 8 (oito) anos, não ultrapasse 2% (dois por cento) do produto interno bruto.

§ 2º O disposto no *caput* deste artigo, bem como o atingimento das metas estabelecidas no § 1º deste artigo, não se aplica aos incentivos e benefícios:

I – estabelecidos com fundamento na alínea *d* do inciso III do *caput* e no parágrafo único do art. 146 da Constituição Federal;

II – concedidos a entidades sem fins lucrativos com fundamento na alínea *c* do inciso VI do *caput* do art. 150 e no § 7º do art. 195 da Constituição Federal;

III – concedidos aos programas de que trata a alínea *c* do inciso I do *caput* do art. 159 da Constituição Federal;

IV – relativos ao regime especial estabelecido nos termos do art. 40 do Ato das Disposições Constitucionais Transitórias, às áreas de livre comércio e zonas francas e à política industrial para o setor de tecnologias da informação e comunicação e para o setor de semicondutores, na forma da lei;

Inciso com redação dada pela EC n. 121, de 10.05.2022.

V – relacionados aos produtos que compõem a cesta básica; e

VI – concedidos aos programas estabelecidos em lei destinados à concessão de bolsas de estudo integrais e parciais para estudantes de cursos superiores em instituições privadas de ensino superior, com ou sem fins lucrativos.

§ 3º Para efeitos deste artigo, considera-se incentivo ou benefício de natureza tributária aquele assim definido na mais recente publicação do demonstrativo a que se refere o § 6º do art. 165 da Constituição Federal.

§ 4º Lei complementar tratará de:

I – critérios objetivos, metas de desempenho e procedimentos para a concessão e a alteração de incentivo ou benefício de natureza tributária, financeira ou creditícia para pessoas jurídicas do qual decorra diminuição de receita ou aumento de despesa;

II – regras para a avaliação periódica obrigatória dos impactos econômico-sociais dos incentivos ou benefícios de que trata o inciso I deste parágrafo, com divulgação irrestrita dos respectivos resultados;

III – redução gradual de incentivos fiscais federais de natureza tributária, sem prejuízo do plano emergencial de que trata o *caput* deste artigo.

Art. 5º O superávit financeiro das fontes de recursos dos fundos públicos do Poder Executivo, exceto os saldos decorrentes do esforço de arrecadação dos servidores civis e militares da União, apurado ao final de cada exercício, poderá ser destinado:

Caput com redação dada pela EC n. 127, de 22.12.2022.

I – à amortização da dívida pública do respectivo ente, nos exercícios de 2021 e de 2022; e

Inciso acrescentado pela EC n. 127, de 22.12.2022.

II – ao pagamento de que trata o § 12 do art. 198 da Constituição Federal, nos exercícios de 2023 a 2027.

Inciso acrescentado pela EC n. 127, de 22.12.2022.

§ 1º No período de que trata o inciso I do *caput* deste artigo, se o ente não tiver dívida pública a amortizar, o superávit financeiro das fontes de recursos dos fundos públicos do Poder Executivo será de livre aplicação.

Parágrafo com redação dada pela EC n. 127, de 22.12.2022.

§ 2º Não se aplica o disposto no *caput* deste artigo:

I – aos fundos públicos de fomento e desenvolvimento regionais, operados por instituição financeira de caráter regional;

II – aos fundos ressalvados no inciso IV do art. 167 da Constituição Federal.

Art. 6º Ficam revogados:

I – o art. 91 do Ato das Disposições Constitucionais Transitórias; e

II – o § 4º do art. 101 do Ato das Disposições Constitucionais Transitórias.

Art. 7º Esta Emenda Constitucional entra em vigor na data de sua publicação, exceto quanto à alteração do art. 29-A da Constituição Federal, a qual entra em vigor a partir do início da primeira legislatura municipal após a data de publicação desta Emenda Constitucional.

Brasília, 15 de março de 2021.

EMENDA CONSTITUCIONAL N. 110, DE 12 DE JULHO DE 2021

Acrescenta o art. 18-A ao Ato das Disposições Constitucionais Transitórias, para dispor sobre a convalidação de atos administrativos praticados no Estado do Tocantins entre 1º de janeiro de 1989 e 31 de dezembro de 1994.

As Mesas da Câmara dos Deputados e do Senado Federal, nos termos do § 3º do art. 60 da Constituição Federal, promulgam a seguinte Emenda ao texto constitucional:

Art. 1º O Ato das Disposições Constitucionais Transitórias passa a vigorar acrescido do seguinte art. 18-A:

Alterações processadas no referido texto.

Art. 2º Esta Emenda Constitucional entra em vigor na data de sua publicação.

Brasília, 12 de julho de 2021.

EMENDA CONSTITUCIONAL N. 111, DE 28 DE SETEMBRO DE 2021

Altera a Constituição Federal para disciplinar a realização de consultas populares concomitantes às eleições municipais, dispor sobre o instituto da fidelidade partidária, alterar a data de posse de Governadores e do Presidente da República e estabelecer regras transitórias para distribuição entre os partidos políticos dos recursos do fundo partidário e do Fundo Especial de Financiamento de Campanha (FEFC) e para o funcionamento dos partidos políticos.

As Mesas da Câmara dos Deputados e do Senado Federal, nos termos do § 3º do art. 60 da Constituição Federal, promulgam a seguinte Emenda ao texto constitucional:

Art. 1º A Constituição Federal passa a vigorar com as seguintzes alterações:

Alterações processadas no referido texto.

Art. 2º Para fins de distribuição entre os partidos políticos dos recursos do fundo partidário e do Fundo Especial de Financiamento de Campanha (FEFC), os votos dados a candidatas mulheres ou a candidatos negros para a Câmara dos Deputados nas eleições realizadas de 2022 a 2030 serão contados em dobro.

Parágrafo único. A contagem em dobro de votos a que se refere o *caput* somente se aplica uma única vez.

Art. 3º Até que entre em vigor lei que discipline cada uma das seguintes matérias, observar-se-ão os seguintes procedimentos:

I – nos processos de incorporação de partidos políticos, as sanções eventualmente aplicadas aos órgãos partidários regionais e municipais do partido incorporado, inclusive as decorrentes de prestações de contas, bem como as de responsabilização de seus antigos dirigentes, não serão aplicadas ao partido incorporador nem aos seus novos dirigentes, exceto aos que já integravam o partido incorporado;

II – nas anotações relativas às alterações dos estatutos dos partidos políticos, serão objeto de análise pelo Tribunal Superior Eleitoral apenas os dispositivos objeto de alteração.

Art. 4º O Presidente da República e os Governadores de Estado e do Distrito Federal eleitos em 2022 tomarão posse em 1º de janeiro de 2023, e seus mandatos durarão até a posse de seus sucessores, em 5 e 6 de janeiro de 2027, respectivamente.

Art. 5º As alterações efetuadas nos arts. 28 e 82 da Constituição Federal constantes do art. 1º desta Emenda Constitucional, relativas às datas de posse de Governadores, de Vice-Governadores, do Presidente e do Vice-Presidente da República, serão aplicadas somente a partir das eleições de 2026.

Art. 6º Esta Emenda Constitucional entra em vigor na data de sua publicação.

Brasília, 28 de setembro de 2021.

EMENDA CONSTITUCIONAL N. 112, DE 27 DE OUTUBRO DE 2021

Altera o art. 159 da Constituição Federal para disciplinar a distribuição de recursos pela União ao Fundo de Participação dos Municípios.

As Mesas da Câmara dos Deputados e do Senado Federal, nos termos do § 3º do art. 60 da Constituição Federal, promulgam a seguinte Emenda ao texto constitucional:

Art. 1º O art. 159 da Constituição Federal passa a vigorar com a seguinte redação:

Alterações processadas no referido texto.

Art. 2º Para os fins do disposto na alínea *f* do inciso I do *caput* do art. 159 da Constituição Federal, a União entregará ao Fundo de Participação dos Municípios, do produto da arrecadação dos impostos sobre renda e proventos de qualquer natureza e sobre produtos industrializados, 0,25% (vinte e cinco centésimos por cento), 0,5% (cinco décimos por cento) e 1% (um por cento), respectivamente, em cada um dos 2 (dois) primeiros exercícios, no terceiro exercício e a partir do quarto exercício em que esta Emenda Constitucional gerar efeitos financeiros.

Art. 3º Esta Emenda Constitucional entra em vigor na data de sua publicação e produzirá efeitos financeiros a partir de 1º de janeiro do exercício subsequente.

Brasília, 27 de outubro de 2021.

EMENDA CONSTITUCIONAL N. 113, DE 8 DE DEZEMBRO DE 2021

Altera a Constituição Federal e o Ato das Disposições Constitucionais Transitórias para estabelecer o novo regime de pagamentos de precatórios, modificar normas relativas ao Novo Regime Fiscal e autorizar o parcelamento de débitos previdenciários dos Municípios; e dá outras providências.

As Mesas da Câmara dos Deputados e do Senado Federal, nos termos do § 3º do art. 60 da Constituição Federal, promulgam a seguinte Emenda ao texto constitucional:

Art. 1º Os arts. 100 e 160 da Constituição Federal passam a vigorar com as seguintes alterações:

Alterações processadas no referido texto.

Art. 2º O Ato das Disposições Constitucionais Transitórias passa a vigorar com as seguintes alterações:

Alterações processadas no referido texto.

Art. 3º Nas discussões e nas condenações que envolvam a Fazenda Pública, independentemente de sua natureza e para fins de atualização monetária, de remuneração do capital e de compensação da mora, inclusive do precatório, haverá a incidência, uma única vez, até o efetivo pagamento, do índice da taxa referencial do Sistema Especial de Liquidação e de Custódia (Selic), acumulado mensalmente.

Art. 4º Os limites resultantes da aplicação do disposto no inciso II do § 1º do art. 107 do Ato das Disposições Constitucionais Transitórias serão aplicáveis a partir do exercício de 2021, observado o disposto neste artigo.

§ 1º No exercício de 2021, o eventual aumento dos limites de que trata o *caput* deste artigo fica restrito ao montante de até R$ 15.000.000.000,00 (quinze bilhões de reais), a ser destinado exclusivamente ao atendimento de despesas de vacinação contra a covid-19 ou relacionadas a ações emergenciais e temporárias de caráter socioeconômico.

§ 2º As operações de crédito realizadas para custear o aumento de limite referido no § 1º deste artigo ficam ressalvadas do estabelecido no inciso III do *caput* do art. 167 da Constituição Federal.

§ 3º As despesas de que trata o § 1º deste artigo deverão ser atendidas por meio de créditos extraordinários e ter como fonte de recurso o produto de operações de crédito.

§ 4º A abertura dos créditos extraordinários referidos no § 3º deste artigo dar-se-á independentemente da observância dos requisitos exigidos no § 3º do art. 167 da Constituição Federal.

§ 5º O aumento do limite previsto no § 1º deste artigo será destinado, ainda, ao atendimento de despesas de programa de transferência de renda.

Parágrafo acrescentado pela EC n. 114, de 16.12.2021.

§ 6º O aumento do limite decorrente da aplicação do disposto no inciso II do § 1º do art. 107 do Ato das Disposições Constitucionais Transitórias deverá, no exercício de 2022, ser destinado somente ao atendimento das despesas de ampliação de programas sociais de combate à pobreza e à extrema pobreza, nos termos do parágrafo único do art. 6º e do inciso VI do *caput* do art. 203 da Constituição Federal, à saúde, à previdência e à assistência social.

Parágrafo acrescentado pela EC n. 114, de 16.12.2021.

Art. 5º As alterações relativas ao regime de pagamento dos precatórios aplicam-se a todos os requisitórios já expedidos, inclusive no orçamento fiscal e da seguridade social do exercício de 2022.

Art. 6º Revoga-se o art. 108 do Ato das Disposições Constitucionais Transitórias.

Art. 7º Esta Emenda Constitucional entra em vigor na data de sua publicação.

Brasília, 8 de dezembro de 2021.

EMENDA CONSTITUCIONAL N. 114, DE 16 DE DEZEMBRO DE 2021

Altera a Constituição Federal e o Ato das Disposições Constitucionais Transitórias para estabelecer o novo regime de pagamentos de precatórios, modificar normas relativas ao Novo Regime Fiscal e autorizar o parcelamento de débitos previdenciários dos Municípios; e dá outras providências.

As Mesas da Câmara dos Deputados e do Senado Federal, nos termos do § 3º do art. 60 da Constituição Federal, promulgam a seguinte Emenda ao texto constitucional:

Art. 1º Os arts. 6º, 100 e 203 da Constituição Federal passam a vigorar com as seguintes alterações:

Alterações processadas no referido texto.

Art. 2º O Ato das Disposições Constitucionais Transitórias passa a vigorar acrescido dos seguintes arts. 107-A e 118:

Alterações processadas no referido texto.

Art. 3º O art. 4º da Emenda Constitucional n. 113, de 8 de dezembro de 2021, passa a vigorar acrescido dos seguintes §§ 5º e 6º:

Alterações processadas no referido texto.

Art. 4º Os precatórios decorrentes de demandas relativas à complementação da União aos Estados e aos Municípios por conta do Fundo de Manutenção e Desenvolvimento do Ensino Fundamental e de Valorização do Magistério (Fundef) serão pagos em 3 (três) parcelas anuais e sucessivas, da seguinte forma:

Veja art. 13, I, LC n. 200, de 30.08.2023.

I – 40% (quarenta por cento) no primeiro ano;
II – 30% (trinta por cento) no segundo ano;
III – 30% (trinta por cento) no terceiro ano.

Parágrafo único. Não se incluem nos limites estabelecidos nos arts. 107 e 107-A do Ato das Disposições Constitucionais Transitórias, a partir de 2022, as despesas para os fins de que trata este artigo.

Art. 5º As receitas que os Estados e os Municípios receberem a título de pagamentos da União por força de ações judiciais que tenham por objeto a complementação de parcela desta no Fundo de Manutenção e Desenvolvimento do Ensino Fundamental e de Valorização do Magistério (Fundef) deverão ser aplicadas na manutenção e desenvolvimento do ensino fundamental público e na valorização de seu magistério, conforme destinação originária do Fundo.

Parágrafo único. Da aplicação de que trata o *caput* deste artigo, no mínimo 60% (sessenta por cento) deverão ser repassados aos profissionais do magistério, inclusive aposentados e pensionistas, na forma de abono, vedada a incorporação na remuneração, na aposentadoria ou na pensão.

Art. 6º No prazo de 1 (um) ano a contar da promulgação desta Emenda Constitucional, o Congresso Nacional promoverá, por meio de comissão mista, exame analítico dos atos, dos fatos e das políticas públicas com maior potencial gerador de precatórios e de sentenças judiciais contrárias à Fazenda Pública da União.

§ 1º A comissão atuará em cooperação com o Conselho Nacional de Justiça e com o auxílio do Tribunal de Contas da União e poderá requisitar informações e documentos de órgãos e entidades da administração pública direta e indireta de qualquer dos Poderes da União, dos Estados, do Distrito Federal e dos Municípios, buscando identificar medidas legislativas a serem adotadas com vistas a trazer maior segurança jurídica no âmbito federal.

§ 2º O exame de que trata o *caput* deste artigo analisará os mecanismos de aferição de risco fiscal e de prognóstico de efetivo pagamento de valores decorrentes de decisão judicial, segregando esses pagamentos por tipo de risco e priorizando os temas que possuam maior impacto financeiro.

§ 3º Apurados os resultados, o Congresso Nacional encaminhará suas conclusões aos presidentes do Supremo Tribunal Federal e do Superior Tribunal de Justiça, para a adoção de medidas de sua competência.

Art. 7º Os entes da Federação que tiverem descumprido a medida prevista no art. 4º da Lei Complementar n. 156, de 28 de dezembro de 2016, e que optarem por não firmar termo aditivo na forma prevista no art. 4º-A da referida Lei Complementar poderão restituir à União os valores diferidos por força do prazo adicional proporcionalmente à quantidade de prestações remanescentes dos respectivos contratos, aplicados os encargos contratuais de adimplência e desde que adotem, durante o prazo de restituição dos valores para a União, as medidas previstas no art. 167-A da Constituição Federal.

Art. 8º Esta Emenda Constitucional entra em vigor:

I – a partir de 2022, para a alteração do § 5º do art. 100 da Constituição Federal, constante do art. 1º desta Emenda Constitucional;

II – na data de sua publicação, para os demais dispositivos.

Brasília, 16 de dezembro de 2021.

EMENDA CONSTITUCIONAL N. 115, DE 10 DE FEVEREIRO DE 2022

Altera a Constituição Federal para incluir a proteção de dados pessoais entre os direitos e garantias fundamentais e para fixar a competência privativa da União para legislar sobre proteção e tratamento de dados pessoais.

As Mesas da Câmara dos Deputados e do Senado Federal, nos termos do § 3º do art. 60 da Constituição Federal, promulgam a seguinte Emenda ao texto constitucional:

Art. 1º O *caput* do art. 5º da Constituição Federal passa a vigorar acrescido do seguinte inciso LXXIX:

Alterações processadas no referido texto.

Art. 2º O *caput* do art. 21 da Constituição Federal passa a vigorar acrescido do seguinte inciso XXVI:

Alterações processadas no referido texto.

Art. 3º O *caput* do art. 22 da Constituição Federal passa a vigorar acrescido do seguinte inciso XXX:

Alterações processadas no referido texto.

Art. 4º Esta Emenda Constitucional entra em vigor na data de sua publicação.

Brasília, 11 de fevereiro de 2022.

EMENDA CONSTITUCIONAL N. 116, DE 17 DE FEVEREIRO DE 2022

Acrescenta § 1º-A ao art. 156 da Constituição Federal para prever a não incidência sobre templos de qualquer culto do Imposto sobre a Propriedade Predial e Territorial Urbana (IPTU), ainda que as entidades abrangidas pela imunidade tributária sejam apenas locatárias do bem imóvel.

As Mesas da Câmara dos Deputados e do Senado Federal, nos termos do § 3º do art. 60 da Constituição Federal, promulgam a seguinte Emenda ao texto constitucional:

Art. 1º O art. 156 da Constituição Federal passa a vigorar acrescido do seguinte § 1º-A:

Alterações processadas no referido texto.

Art. 2º Esta Emenda Constitucional entra em vigor na data de sua publicação.

Brasília, 17 de fevereiro de 2022.

EMENDA CONSTITUCIONAL N. 117, DE 5 DE ABRIL DE 2022

Altera o art. 17 da Constituição Federal para impor aos partidos políticos a aplicação de recursos do fundo partidário na promoção e difusão da participação política das mulheres, bem como a aplicação de recursos desse fundo e do Fundo Especial de Financiamento de Campanha e a divisão do tempo de propaganda gratuita no rádio e na televisão no percentual mínimo de 30% (trinta por cento) para candidaturas femininas.

As Mesas da Câmara dos Deputados e do Senado Federal, nos termos do § 3º do art. 60 da Constituição Federal, promulgam a seguinte Emenda ao texto constitucional:

Art. 1º O art. 17 da Constituição Federal passa a vigorar acrescido dos seguintes §§ 7º e 8º:

Alterações processadas no referido texto.

Art. 2º Aos partidos políticos que não tenham utilizado os recursos destinados aos programas de promoção e difusão da participação política das mulheres ou cujos valores destinados a essa finalidade não tenham sido reconhecidos pela Justiça Eleitoral é assegurada a utilização desses valores nas eleições subsequentes, vedada a condenação pela Justiça Eleitoral nos processos de prestação de contas de exercícios financeiros anteriores que ainda não tenham transitado em julgado até a data de promulgação desta Emenda Constitucional.

Art. 3º Não serão aplicadas sanções de qualquer natureza, inclusive de devolução de valores, multa ou suspensão do fundo partidário, aos partidos que não preencheram a cota mínima de recursos ou que não destinaram os valores mínimos em razão de sexo e raça em eleições ocorridas antes da promulgação desta Emenda Constitucional.

Art. 4º Esta Emenda Constitucional entra em vigor na data de sua publicação.

Brasília, 5 de abril de 2022.

EMENDA CONSTITUCIONAL N. 118, DE 26 DE ABRIL DE 2022

Dá nova redação às alíneas b *e* c *do inciso XXIII do* caput *do art. 21 da Constituição Federal, para autorizar a produção, a comercialização e a utilização de radioisótopos para pesquisa e uso médicos.*

As Mesas da Câmara dos Deputados e do Senado Federal, nos termos do § 3º do art. 60 da Constituição Federal, promulgam a seguinte Emenda ao texto constitucional:

Art. 1º As alíneas *b* e *c* do inciso XXIII do *caput* do art. 21 da Constituição Federal passam a vigorar com a seguinte redação:

Alterações processadas no referido texto.

Art. 2º Esta Emenda Constitucional entra em vigor na data de sua publicação.

Brasília, 26 de abril de 2022.

EMENDA CONSTITUCIONAL N. 119, DE 27 DE ABRIL DE 2022

Altera o Ato das Disposições Constitucionais Transitórias para determinar a impossibilidade de responsabilização dos Estados, do Distrito Federal, dos Municípios e dos agentes públicos desses entes federados pelo descumprimento, nos exercícios financeiros de 2020 e 2021, do disposto no caput *do art. 212 da Constituição Federal; e dá outras providências.*

As Mesas da Câmara dos Deputados e do Senado Federal, nos termos do § 3º do art. 60 da Constituição Federal, promulgam a seguinte Emenda ao texto constitucional:

Art. 1º O Ato das Disposições Constitucionais Transitórias passa a vigorar acrescido do seguinte art. 119:

Alterações processadas no referido texto.

Art. 2º O disposto no *caput* do art. 119 do Ato das Disposições Constitucionais Transitórias impede a aplicação de quaisquer penalidades, sanções ou restrições aos entes subnacionais para fins cadastrais, de aprovação e de celebração de ajustes onerosos ou não, incluídas a contratação, a renovação ou a celebração de aditivos de quaisquer tipos, de ajustes e de convênios, entre outros, inclusive em relação à possibilidade de execução financeira desses ajustes e de recebimento de recursos do orçamento geral da União por meio de transferências voluntárias.

Parágrafo único. O disposto no *caput* do art. 119 do Ato das Disposições Constitucionais Transitórias também obsta a ocorrência dos efeitos do inciso III do *caput* do art. 35 da Constituição Federal.

Art. 3º Esta Emenda Constitucional entra em vigor na data de sua publicação.

Brasília, 27 de abril de 2022.

EMENDA CONSTITUCIONAL N. 120, DE 5 DE MAIO DE 2022

Acrescenta §§ 7º, 8º, 9º, 10 e 11 ao art. 198 da Constituição Federal, para dispor sobre a responsabilidade financeira da União, corresponsável pelo Sistema Único de Saúde (SUS), na política remuneratória e na valorização dos profissionais que exercem atividades de agente comunitário de saúde e de agente de combate às endemias.

As Mesas da Câmara dos Deputados e do Senado Federal, nos termos do § 3º do art. 60 da Constituição Federal, promulgam a seguinte Emenda ao texto constitucional:

Art. 1º O art. 198 da Constituição Federal passa a vigorar acrescido dos seguintes §§ 7º, 8º, 9º, 10 e 11:

Alterações processadas no referido texto.

Art. 2º Esta Emenda Constitucional entra em vigor na data de sua publicação.

Brasília, 5 de maio de 2022.

EMENDA CONSTITUCIONAL N. 121, DE 10 DE MAIO DE 2022

Altera o inciso IV do § 2º do art. 4º da Emenda Constitucional n. 109, de 15 de março de 2021.

As Mesas da Câmara dos Deputados e do Senado Federal, nos termos do § 3º do art. 60 da Constituição Federal, promulgam a seguinte Emenda ao texto constitucional:

Art. 1º O inciso IV do § 2º do art. 4º da Emenda Constitucional n. 109, de 15 de março de 2021, passa a vigorar com a seguinte redação:

Alterações processadas no referido texto.

Art. 2º Esta Emenda Constitucional entra em vigor na data de sua publicação.

Brasília, 10 de maio de 2022.

EMENDA CONSTITUCIONAL N. 122, DE 17 DE MAIO DE 2022

Altera a Constituição Federal para elevar para setenta anos a idade máxima para a escolha e nomeação de membros do Supremo Tribunal Federal, do Superior Tribunal de Justiça, dos Tribunais Regionais Federais, do Tribunal Superior do Trabalho, dos Tribunais Regionais do Trabalho, do Tribunal de Contas da União e dos Ministros civis do Superior Tribunal Militar.

As Mesas da Câmara dos Deputados e do Senado Federal, nos termos do § 3º do art. 60 da Constituição Federal, promulgam a seguinte Emenda ao texto constitucional:

Art. 1º Os arts. 73, 101, 104, 107, 111-A, 115 e 123 da Constituição Federal passam a vigorar com as seguintes alterações:

Alterações processadas no referido texto.

Art. 2º Esta Emenda Constitucional entra em vigor na data de sua publicação.

Brasília, 17 de maio de 2022.

EMENDA CONSTITUCIONAL N. 123, DE 14 DE JULHO DE 2022

Altera o art. 225 da Constituição Federal para estabelecer diferencial de competitividade para os biocombustíveis; inclui o art. 120 no Ato das Disposições Constitucionais Transitórias para reconhecer o estado de emergência decorrente da elevação extraordinária e imprevisível dos preços do petróleo, combustíveis e seus derivados e dos impactos sociais dela decorrentes; autoriza a União a entregar auxílio financeiro aos Estados e ao Distrito Federal que outorgarem créditos tributários do Imposto sobre Operações relativas à Circulação de Mercadorias e sobre Prestações de Serviços de Transporte Interestadual e Intermunicipal e de Comunicação (ICMS) aos produtores e distribuidores de etanol hidratado; expande o auxílio Gás dos Brasileiros, de que trata a Lei n. 14.237, de 19 de novembro de 2021; institui auxílio para caminhoneiros autônomos; expande o Programa Auxílio Brasil, de que trata a Lei n. 14.284, de 29 de dezembro de 2021; e institui auxílio para entes da Federação financiarem a gratuidade do transporte público.

As Mesas da Câmara dos Deputados e do Senado Federal, nos termos do § 3º do art. 60 da Constituição Federal, promulgam a seguinte Emenda ao texto constitucional:

Art. 1º Esta Emenda Constitucional dispõe sobre o estabelecimento de diferencial de competitividade para os biocombustíveis e sobre medidas para atenuar os efeitos do estado de emergência decorrente da elevação extraordinária e imprevisível dos preços do petróleo, combustíveis e seus derivados e dos impactos sociais dela decorrentes.

Art. 2º O § 1º do art. 225 da Constituição Federal passa a vigorar acrescido do seguinte inciso VIII:

Alterações processadas no referido texto.

Art. 3º O Ato das Disposições Constitucionais Transitórias passa a vigorar acrescido do seguinte art. 120:

Alterações processadas no referido texto.

Art. 4º Enquanto não entrar em vigor a lei complementar a que se refere o inciso VIII do § 1º do art. 225 da Constituição Federal, o diferencial competitivo dos biocombustíveis destinados ao consumo final em relação aos combustíveis fósseis será garantido pela manutenção, em termos percentuais, da diferença entre as alíquotas aplicáveis a cada combustível fóssil e aos biocombustíveis que lhe sejam substitutos em patamar igual ou superior ao vigente em 15 de maio de 2022.

§ 1º Alternativamente ao disposto no *caput* deste artigo, quando o diferencial competitivo não for determinado pelas alíquotas, ele será garantido pela manutenção do diferencial da carga tributária efetiva entre os combustíveis.

§ 2º No período de 20 (vinte) anos após a promulgação desta Emenda Constitucional, a lei complementar federal não poderá estabelecer diferencial competitivo em patamar inferior ao referido no *caput* deste artigo.

§ 3º A modificação, por proposição legislativa estadual ou federal ou por decisão judicial com efeito erga omnes, das alíquotas aplicáveis a um combustível fóssil implicará automática alteração das alíquotas aplicáveis aos biocombustíveis destinados ao consumo final que lhe sejam substitutos, a fim de, no mínimo, manter a diferença de alíquotas existente anteriormente.

§ 4º A lei complementar a que se refere o inciso VIII do § 1º do art. 225 da Constituição Federal disporá sobre critérios ou mecanismos para assegurar o diferencial competitivo dos biocombustíveis destinados ao consumo final na hipótese de ser implantada, para o combustível fóssil de que são substitutos, a sistemática de recolhimento de que trata a alínea *h* do inciso XII do § 2º do art. 155 da Constituição Federal.

§ 5º Na aplicação deste artigo, é dispensada a observância do disposto no inciso VI do § 2º do art. 155 da Constituição Federal.

Art. 5º Observado o disposto no art. 120 do Ato das Disposições Constitucionais Transitórias, a União, como únicas e exclusivas medidas a que se refere o parágrafo único do referido dispositivo, excluída a possibilidade de adoção de quaisquer outras:

I – assegurará a extensão do Programa Auxílio Brasil, de que trata a Lei n. 14.284, de 29 de dezembro de 2021, às famílias elegíveis na data de promulgação desta Emenda Constitucional, e concederá às famílias beneficiárias desse programa acréscimo mensal extraordinário, durante 5 (cinco) meses, de R$ 200,00 (duzentos reais), no período de 1º de agosto a 31 de dezembro de 2022, até o limite de R$ 26.000.000.000,00 (vinte e seis bilhões de reais), incluídos os valores essencialmente necessários para a implementação do benefício, vedado o uso para qualquer tipo de publicidade institucional;

II – assegurará às famílias beneficiadas pelo auxílio Gás dos Brasileiros, de que trata a Lei n. 14.237, de 19 de novembro de 2021, a cada bimestre, entre 1º de julho e 31 de dezembro de 2022, valor monetário correspondente a 1 (uma) parcela extraordinária adicional de 50% (cinquenta por cento) da média do preço nacional de referência do botijão de 13 kg (treze quilogramas) de gás liquefeito de petróleo (GLP), estabelecido pelo Sistema de Levantamento de Preços (SLP) da Agência Nacional do Petróleo, Gás Natural e Biocombustíveis (ANP), nos 6 (seis) meses anteriores, até o limite de R$ 1.050.000.000,00 (um bilhão e cinquenta milhões de reais), incluídos os valores essencialmente necessários para a implementação do benefício, vedado o uso para qualquer tipo de publicidade institucional;

III – concederá, entre 1º de julho e 31 de dezembro de 2022, aos Transportadores Autônomos de Cargas devidamente cadastrados no Registro Nacional de Transportadores Rodoviários de Cargas (RNTRC) até a data de 31 de maio de 2022, auxílio de R$ 1.000,00 (mil reais) mensais, até o limite de R$ 5.400.000.000,00 (cinco bilhões e quatrocentos milhões de reais);

IV – aportará à União, aos Estados, ao Distrito Federal e aos Municípios que dispõem de serviços regulares em operação de transporte público coletivo urbano, semiurbano ou metropolitano assistência financeira em caráter emergencial no valor de R$ 2.500.000.000,00 (dois bilhões e quinhentos milhões de reais), a serem utilizados para auxílio no custeio ao direito previsto no § 2º do art. 230 da Constituição Federal, regulamentado no art. 39 da Lei n. 10.741, de 1º de outubro de 2003 (Estatuto do Idoso), até 31 de dezembro de 2022;

V – entregará na forma de auxílio financeiro o valor de até R$ 3.800.000.000,00 (três bilhões e oitocentos milhões de reais), em 5 (cinco) parcelas mensais no valor de até R$ 760.000.000,00 (setecentos e sessenta milhões de reais) cada uma, de agosto a dezembro de 2022, exclusivamente para os Estados e o Distrito Federal que outorgarem créditos tributários do Imposto sobre Operações relativas à Circulação de Mercadorias e sobre Prestações de Serviços de Transporte Interestadual e Intermunicipal e de Comunicação (ICMS) aos produtores ou distribuidores de etanol hidratado em seu território, em montante equivalente ao valor recebido;

VI – concederá, entre 1º de julho e 31 de dezembro de 2022, aos motoristas de táxi devidamente registrados até 31 de maio de 2022, auxílio até o limite de R$ 2.000.000.000,00 (dois bilhões de reais);

VII – assegurará ao Programa Alimenta Brasil, de que trata a Lei n. 14.284, de 29 de dezembro de 2021, a suplementação orçamentária de R$ 500.000.000,00 (quinhentos milhões de reais).

§ 1º O acréscimo mensal extraordinário de que trata o inciso I do *caput* deste artigo será complementar à soma dos benefícios previstos nos incisos I, II, III e IV do *caput* do art. 4º da Lei n. 14.284, de 29 de dezembro de 2021, e não será considerado para fins de cálculo do benefício previsto na Lei n. 14.342, de 18 de maio de 2022.

§ 2º A parcela extraordinária de que trata o inciso II do *caput* deste artigo será complementar ao previsto no art. 3º da Lei n. 14.237, de 19 de novembro de 2021.

§ 3º O auxílio de que trata o inciso III do *caput* deste artigo observará o seguinte:

I – terá por objetivo auxiliar os Transportadores Autônomos de Cargas em decorrência do estado de emergência de que trata o *caput* do art. 120 do Ato das Disposições Constitucionais Transitórias;

II – será concedido para cada Transportador Autônomo de Cargas, independentemente do número de veículos que possuir;

III – será recebido independentemente de comprovação da aquisição de óleo diesel;

IV – será disponibilizada pelo Poder Executivo solução tecnológica em suporte à operacionalização dos pagamentos do auxílio; e

V – para fins de pagamento do auxílio, será definido pelo Ministério do Trabalho e Previdência o operador bancário responsável, entre as instituições financeiras federais, pela operacionalização dos pagamentos.

§ 4º O aporte de recursos da União para os Estados, para o Distrito Federal e para os Municípios de que trata o inciso IV do *caput* deste artigo observará o seguinte:

I – terá função de complementariedade aos subsídios tarifários, subsídios orçamentários e aportes de recursos de todos os gêneros concedidos pelos Estados, pelo Distrito Federal e pelos Municípios, bem como às gratuidades e aos demais custeios do sistema de transporte público coletivo suportados por esses entes;

II – será concedido em observância à premissa de equilíbrio econômico-financeiro dos contratos de concessão do transporte público coletivo e às diretrizes da modicidade tarifária;

III – será repassado a qualquer fundo apto a recebê-lo, inclusive aos que já recebem recursos federais, ou a qualquer conta bancária aberta especificamente para esse fim, ressalvada a necessidade de que o aporte se vincule estritamente à assistência financeira para a qual foi instituído;

IV – será distribuído em proporção à população maior de 65 (sessenta e cinco) anos residente no Distrito Federal e nos Municípios que dispõem de serviços de transporte público coletivo urbano intramunicipal regular em operação;

V – serão retidos 30% (trinta por cento) pela União e repassados aos respectivos entes estaduais ou a órgão da União responsáveis pela gestão do serviço, nos casos de Municípios atendidos por redes de transporte público coletivo intermunicipal ou interestadual de caráter urbano ou semiurbano;

VI – será integralmente entregue ao Município responsável pela gestão, nos casos de Municípios responsáveis pela gestão do sistema de transporte público integrado metropolitano, considerado o somatório da população maior de 65 (sessenta e cinco) anos residente nos Municípios que compõem a região metropolitana administrada;

VII – será distribuído com base na estimativa populacional mais atualizada publicada pelo Departamento de Informática do Sistema Único de Saúde (DataSUS) a partir de dados da Fundação Instituto Brasileiro de Geografia e Estatística (IBGE); e

VIII – será entregue somente aos entes federados que comprovarem possuir, em funcionamento, sistema de transporte público coletivo de caráter urbano, semiurbano ou metropolitano, na forma do regulamento.

§ 5º Os créditos de que trata o inciso V do *caput* deste artigo observarão o seguinte:

I – deverão ser outorgados até 31 de dezembro de 2022, podendo ser aproveitados nos exercícios posteriores;

II – terão por objetivo reduzir a carga tributária da cadeia produtiva do etanol hidratado, de modo a manter diferencial competitivo em relação à gasolina;

III – serão proporcionais à participação dos Estados e do Distrito Federal em relação ao consumo total do etanol hidratado em todos os Estados e no Distrito Federal no ano de 2021;

IV – seu recebimento pelos Estados ou pelo Distrito Federal importará na renúncia ao direito sobre o qual se funda eventual ação que tenha como causa de pedir, direta ou indiretamente, qualquer tipo de indenização relativa a eventual perda de arrecadação decorrente da adoção do crédito presumido de que trata o inciso V do *caput* deste artigo nas operações com etanol hidratado em seu território;

V – o auxílio financeiro será entregue pela Secretaria do Tesouro Nacional da Secretaria Especial do Tesouro e Orçamento do Ministério da Economia, mediante depósito, no Banco do Brasil S.A., na mesma conta bancária em que são depositados os repasses regulares do Fundo de Participação dos Estados e do Distrito Federal (FPE), da seguinte forma:

a) primeira parcela até o dia 31 de agosto de 2022;

b) segunda parcela até o dia 30 de setembro de 2022;

c) terceira parcela até o dia 31 de outubro de 2022;

d) quarta parcela até o dia 30 de novembro de 2022;

e) quinta parcela até o dia 27 de dezembro de 2022;

VI – serão livres de vinculações a atividades ou a setores específicos, observadas:

a) a repartição com os Municípios na proporção a que se refere o inciso IV do *caput* do art. 158 da Constituição Federal;

b) a inclusão na base de cálculo para efeitos de aplicação do art. 212 e do inciso II do *caput* do art. 212-A da Constituição Federal;

VII – serão entregues após a aprovação de norma específica, independentemente da deliberação de que trata a alínea *g* do inciso XII do § 2º do art. 155 da Constituição Federal; e

VIII – serão incluídos, como receita, no orçamento do ente beneficiário do auxílio e, como despesa, no orçamento da União e deverão ser deduzidos da receita corrente líquida da União.

§ 6º O auxílio de que trata o inciso VI do *caput* deste artigo:

I – considerará taxistas os profissionais que residam e trabalhem no Brasil, comprovado mediante apresentação do documento de permissão para prestação do serviço emitido pelo poder público municipal ou distrital;

II – será regulamentado pelo Poder Executivo quanto à formação do cadastro para sua operacionalização, à sistemática de seu pagamento e ao seu valor.

§ 7º Compete aos ministérios setoriais, no âmbito de suas competências, a edição de atos complementares à implementação dos benefícios previstos nos incisos I, II, III e IV do *caput* deste artigo.

Art. 6º Até 31 de dezembro de 2022, a alíquota de tributos incidentes sobre a gasolina poderá ser fixada em zero, desde que a alíquota do mesmo tributo incidente sobre o etanol hidratado também seja fixada em zero.

Art. 7º Esta Emenda Constitucional entra em vigor na data de sua publicação.

Brasília, 14 de julho de 2022.

EMENDA CONSTITUCIONAL N. 124, DE 14 DE JULHO DE 2022

Institui o piso salarial nacional do enfermeiro, do técnico de enfermagem, do auxiliar de enfermagem e da parteira.

As Mesas da Câmara dos Deputados e do Senado Federal, nos termos do § 3º do art. 60 da Constituição Federal, promulgam a seguinte Emenda ao texto constitucional:

Art. 1º O art. 198 da Constituição Federal passa a vigorar acrescido dos seguintes §§ 12 e 13:

Alterações processadas no referido texto.

Art. 2º Esta Emenda Constitucional entra em vigor na data de sua publicação.

Brasília, 14 de julho de 2022.

EMENDA CONSTITUCIONAL N. 125, DE 14 DE JULHO DE 2022

Altera o art. 105 da Constituição Federal para instituir no recurso especial o requisito da relevância das questões de direito federal infraconstitucional.

As Mesas da Câmara dos Deputados e do Senado Federal, nos termos do § 3º do art. 60 da Constituição Federal, promulgam a seguinte Emenda ao texto constitucional:

Art. 1º O art. 105 da Constituição Federal passa a vigorar com as seguintes alterações:

Alterações processadas no referido texto.

Art. 2º A relevância de que trata o § 2º do art. 105 da Constituição Federal será exigida nos recursos especiais interpostos após a entrada em vigor desta Emenda Constitucional, ocasião em que a parte poderá atualizar o valor da causa para os fins de que trata o inciso III do § 3º do referido artigo.

Art. 3º Esta Emenda Constitucional entra em vigor na data de sua publicação.

Brasília, 14 de julho de 2022.

EMENDA CONSTITUCIONAL N. 126, DE 21 DE DEZEMBRO DE 2022

Altera a Constituição Federal, para dispor sobre as emendas individuais ao projeto de lei orçamentária, e o Ato das Disposições Constitucionais Transitórias para excluir despesas dos limites previstos no art. 107; define regras para a transição da Presidência da República aplicáveis à Lei Orçamentária de 2023; e dá outras providências.

As Mesas da Câmara dos Deputados e do Senado Federal, nos termos do § 3º do art. 60 da Constituição Federal, promulgam a seguinte Emenda ao texto constitucional:

Art. 1º A Constituição Federal passa a vigorar com as seguintes alterações:

Alterações processadas no referido texto.

Art. 2º O Ato das Disposições Constitucionais Transitórias passa a vigorar com as seguintes alterações:

Alterações processadas no referido texto.

Art. 3º O limite estabelecido no inciso I do *caput* do art. 107 do Ato das Disposições Constitucionais Transitórias fica acrescido em R$ 145.000.000.000,00 (cento e quarenta e cinco bilhões de reais) para o exercício financeiro de 2023.

Parágrafo único. As despesas decorrentes do aumento de limite previsto no *caput* deste artigo não serão consideradas para fins de verificação do cumprimento da meta de resultado primário estabelecida no *caput* do art. 2º da Lei n. 14.436, de 9 de agosto de 2022, e ficam ressalvadas, no exercício financeiro de 2023, do disposto no inciso III do *caput* do art. 167 da Constituição Federal.

Art. 4º Os atos editados em 2023 relativos ao programa de que trata o art. 2º da Lei n. 14.284, de 29 de dezembro de 2021, ou ao programa que vier a substituí-lo, e ao programa auxílio Gás dos Brasileiros, de que trata a Lei n. 14.237, de 19 de novembro de 2021, ficam dispensados da observância das limitações legais quanto à criação, à expansão ou ao aperfeiçoamento de ação governamental, inclusive quanto à necessidade de compensação.

Parágrafo único. O disposto no *caput* deste artigo não se aplica a atos cujos efeitos financeiros tenham início a partir do exercício de 2024.

Art. 5º Para o exercício financeiro de 2023, a ampliação de dotações orçamentárias sujeitas ao limite previsto no inciso I do *caput* do art. 107 do Ato das Disposições Constitucionais Transitórias prevista nesta Emenda Constitucional poderá ser destinada ao atendimento de solicitações das comissões permanentes do Congresso Nacional ou de suas Casas.

§ 1º Fica o relator-geral do Projeto de Lei Orçamentária de 2023 autorizado a apresentar emendas para a ampliação de dotações orçamentárias referida no *caput* deste artigo.

§ 2º As emendas referidas no § 1º deste artigo:

I – não se sujeitam aos limites aplicáveis às emendas ao projeto de lei orçamentária;

II – devem ser classificadas de acordo com as alíneas *a* ou *b* do inciso II do § 4º do art. 7º da Lei n. 14.436, de 9 de agosto de 2022.

§ 3º O disposto no *caput* deste artigo não impede os cancelamentos necessários à abertura de créditos adicionais.

§ 4º As ações diretamente destinadas a políticas públicas para mulheres deverão constar entre as diretrizes sobre como a margem aberta será empregada.

Art. 6º O Presidente da República deverá encaminhar ao Congresso Nacional, até 31 de agosto de 2023, projeto de lei complementar com o objetivo de instituir regime fiscal sustentável para garantir a estabilidade macroeconômica do País e criar as condições adequadas ao crescimento socioeconômico, inclusive quanto à regra estabelecida no inciso III do *caput* do art. 167 da Constituição Federal.

Veja art. 15, EC n. 132, de 20.12.2023.

Veja arts. 1º e 4º, § 5º, V, LC n. 200, de 30.08.2023.

Art. 7º O disposto nesta Emenda Constitucional não altera a base de cálculo estabelecida no § 1º do art. 107 do Ato das Disposições Constitucionais Transitórias.

Art. 8º Fica o relator-geral do Projeto de Lei Orçamentária de 2023 autorizado a apresentar emendas para ações direcionadas à execução de políticas públicas até o valor de R$ 9.850.000.000,00 (nove bilhões oitocentos e cinquenta milhões de reais), classificadas de acordo com a alínea *b* do inciso II do § 4º do art. 7º da Lei n. 14.436, de 9 de agosto de 2022.

Art. 9º Ficam revogados os arts. 106, 107, 109, 110, 111, 111-A, 112 e 114 do Ato das Disposições Constitucionais Transitórias após a sanção da lei complementar prevista no art. 6º desta Emenda Constitucional.

Art. 10. Esta Emenda Constitucional entra em vigor na data de sua publicação.

Brasília, 21 de dezembro de 2022.

EMENDA CONSTITUCIONAL N. 127, DE 22 DE DEZEMBRO DE 2022

Altera a Constituição Federal e o Ato das Disposições Constitucionais Transitórias para estabelecer que compete à União prestar assistência financeira complementar aos Estados, ao Distrito Federal e aos Municípios e às entidades filantrópicas, para o cumprimento dos pisos salariais profissionais nacionais para o enfermeiro, o técnico de enfermagem, o auxiliar de enfermagem e a parteira; altera a Emenda Constitucional n. 109, de 15 de março de 2021, para estabelecer o superávit financeiro dos fundos públicos do Poder Executivo como fonte de recursos para o cumprimento dos pisos salariais profissionais nacionais para o enfermeiro, o técnico de enfermagem, o auxiliar de enfermagem e a parteira; e dá outras providências.

As Mesas da Câmara dos Deputados e do Senado Federal, nos termos do § 3º do art. 60 da Constituição Federal, promulgam a seguinte Emenda ao texto constitucional:

Art. 1º O art. 198 da Constituição Federal passa a vigorar acrescido dos seguintes §§ 14 e 15:

Alterações processadas no referido texto.

Art. 2º O Ato das Disposições Constitucionais Transitórias passa a vigorar com as seguintes alterações:

Alterações processadas no referido texto.

Art. 3º O art. 5º da Emenda Constitucional n. 109, de 15 de março de 2021, passa a vigorar com as seguintes alterações:

Alterações processadas no referido texto.

Art. 4º Poderão ser utilizados como fonte para pagamento da assistência financeira complementar de que trata o § 15 do art. 198 da Constituição Federal os recursos vinculados ao Fundo Social (FS) de que trata o art. 49 da

Lei n. 12.351, de 22 de dezembro de 2010, ou de lei que venha a substituí-la, sem prejuízo à parcela que estiver destinada à área de educação.

Parágrafo único. Os recursos previstos no *caput* deste artigo serão acrescidos ao montante aplicado nas ações e serviços públicos de saúde, nos termos da Lei Complementar n. 141, de 13 de janeiro de 2012, ou de lei complementar que venha a substituí-la, e não serão computados para fins dos recursos mínimos de que trata o § 2º do art. 198 da Constituição Federal.

Art. 5º Esta Emenda Constitucional entra em vigor na data de sua publicação.

Brasília, 22 de dezembro de 2022.

EMENDA CONSTITUCIONAL N. 128, DE 22 DE DEZEMBRO DE 2022

Acrescenta § 7º ao art. 167 da Constituição Federal, para proibir a imposição e a transferência, por lei, de qualquer encargo financeiro decorrente da prestação de serviço público para a União, os Estados, o Distrito Federal e os Municípios.

As Mesas da Câmara dos Deputados e do Senado Federal, nos termos do § 3º do art. 60 da Constituição Federal, promulgam a seguinte Emenda ao texto constitucional:

Art. 1º O art. 167 da Constituição Federal passa a vigorar acrescido do seguinte § 7º:

Alterações processadas no referido texto.

Art. 2º Esta Emenda Constitucional entra em vigor na data de sua publicação.

Brasília, 22 de dezembro de 2022.

EMENDA CONSTITUCIONAL N. 129, DE 5 DE JULHO DE 2023

Acrescenta o art. 123 ao Ato das Disposições Constitucionais Transitórias, para assegurar prazo de vigência adicional aos instrumentos de permissão lotérica.

As Mesas da Câmara dos Deputados e do Senado Federal, nos termos do § 3º do art. 60 da Constituição Federal, promulgam a seguinte Emenda ao texto constitucional:

Art. 1º O Ato das Disposições Constitucionais Transitórias passa a vigorar acrescido do seguinte art. 123:

Alterações processadas no referido texto.

Art. 2º Esta Emenda Constitucional entra em vigor na data de sua publicação.

Brasília, 5 de julho de 2023.

EMENDA CONSTITUCIONAL N. 130, DE 3 DE OUTUBRO DE 2023

Altera o art. 93 da Constituição Federal para permitir a permuta entre juízes de direito vinculados a diferentes tribunais.

As Mesas da Câmara dos Deputados e do Senado Federal, nos termos do § 3º do art. 60 da Constituição Federal, promulgam a seguinte Emenda ao texto constitucional:

Art. 1º O art. 93 da Constituição Federal passa a vigorar com a seguinte redação:

Alterações processadas no referido texto.

Art. 2º Esta Emenda Constitucional entra em vigor na data de sua publicação.

Brasília, 3 de outubro de 2023.

EMENDA CONSTITUCIONAL N. 131, DE 3 DE OUTUBRO DE 2023

Altera o art. 12 da Constituição Federal para suprimir a perda da nacionalidade brasileira em razão da mera aquisição de outra nacionalidade, incluir a exceção para situações de apatridia e acrescentar a possibilidade de a pessoa requerer a perda da própria nacionalidade.

As Mesas da Câmara dos Deputados e do Senado Federal, nos termos do § 3º do art. 60 da Constituição Federal, promulgam a seguinte Emenda ao texto constitucional:

Art. 1º O art. 12 da Constituição Federal passa a vigorar com as seguintes alterações:

Alterações processadas no referido texto.

Art. 2º Esta Emenda à Constituição entra em vigor na data de sua publicação.

Brasília, 3 de outubro de 2023.

EMENDA CONSTITUCIONAL N. 132, DE 20 DE DEZEMBRO DE 2023

Altera o Sistema Tributário Nacional.

As Mesas da Câmara dos Deputados e do Senado Federal, nos termos do § 3º do art. 60 da Constituição Federal, promulgam a seguinte Emenda ao texto constitucional:

Art. 1º A Constituição Federal passa a vigorar com as seguintes alterações:

Alterações processadas no referido texto.

Art. 2º O Ato das Disposições Constitucionais Transitórias passa a vigorar com as seguintes alterações:

Alterações processadas no referido texto.

Art. 3º A Constituição Federal passa a vigorar com as seguintes alterações:

Alterações processadas no referido texto.

Art. 4º A Constituição Federal passa a vigorar com as seguintes alterações:

Alterações processadas no referido texto.

Art. 5º O Ato das Disposições Constitucionais Transitórias passa a vigorar com as seguintes alterações:

Alterações processadas no referido texto.

Art. 6º Até que lei complementar disponha sobre a matéria:

I – o crédito das parcelas de que trata o art. 158, IV, *b*, da Constituição Federal, obedecido o § 2º do referido artigo, com redação dada pelo art. 1º desta Emenda Constitucional, observará, no que couber, os critérios e os prazos aplicáveis ao Imposto sobre Operações relativas à Circulação de Mercadorias e sobre Prestação de Serviços de Transporte Interestadual e Intermunicipal e de Comunicação a que se refere a Lei Complementar n. 63, de 11 de janeiro de 1990, e respectivas alterações;

II – a entrega dos recursos do art. 153, VIII, nos termos do art. 159, I, ambos da Constituição Federal, com redação dada pelo art. 1º desta Emenda Constitucional, observará os critérios e as condições da Lei Complementar n. 62, de 28 de dezembro de 1989, e respectivas alterações;

III – a entrega dos recursos do imposto de que trata o art. 153, VIII, nos termos do art. 159, II, ambos da Constituição Federal, com redação dada pelo art. 1º desta Emenda Constitucional, observará a Lei Complementar n. 61, de 26 de dezembro de 1989, e respectivas alterações;

IV – as bases de cálculo dos percentuais dos Estados, do Distrito Federal e dos Municípios de que trata a Lei Complementar n. 141, de 13 de janeiro de 2012, compreenderão também:

a) as respectivas parcelas do imposto de que trata o art. 156-A, com os acréscimos e as deduções decorrentes do crédito das parcelas de que trata o art. 158, IV, *b*, ambos da Constituição Federal, com redação dada pelo art. 1º desta Emenda Constitucional;

b) os valores recebidos nos termos dos arts. 131 e 132 do Ato das Disposições Constitucionais Transitórias, com redação dada pelo art. 2º desta Emenda Constitucional.

§ 1º As vinculações de receita dos impostos previstos nos arts. 155, II, e 156, III, estabelecidas em legislação de Estados, Distrito Federal ou Municípios até a data de promulgação desta Emenda Constitucional serão aplicadas, em mesmo percentual, sobre a receita do imposto previsto no art. 156-A do ente federativo competente.

§ 2º Aplica-se o disposto no § 1º deste artigo enquanto não houver alteração na legislação dos Estados, Distrito Federal ou Municípios que trata das referidas vinculações.

Art. 7º A partir de 2027, a União compensará eventual redução no montante dos valores entregues nos termos do art. 159, I e II, em razão da substituição da arrecadação do imposto previsto no art. 153, IV, pela arrecadação do imposto previsto no art. 153, VIII, todos da Constituição Federal, nos termos de lei complementar.

Veja art. 15 desta EC.

§ 1º A compensação de que trata o *caput*:

I – terá como referência a média de recursos transferidos do imposto previsto no art. 153, IV, de 2022 a 2026, atualizada:

a) até 2027, na forma da lei complementar;

b) a partir de 2028, pela variação do produto da arrecadação da contribuição prevista no art. 195, V, da Constituição Federal, apurada com base na alíquota de referência de que trata o art. 130 do Ato das Disposições Constitucionais Transitórias; e

II – observará os mesmos critérios, prazos e garantias aplicáveis à entrega de recursos de que trata o art. 159, I e II, da Constituição Federal.

§ 2º Aplica-se à compensação de que trata o *caput* o disposto nos arts. 167, § 4º, 198, § 2º, 212, *caput* e § 1º, e 212-A, II, da Constituição Federal.

Art. 8º Fica criada a Cesta Básica Nacional de Alimentos, que considerará a diversidade regional e cultural da alimentação do País e garantirá a alimentação saudável e nutricionalmente adequada, em observância ao direito social à alimentação previsto no art. 6º da Constituição Federal.

Parágrafo único. Lei complementar definirá os produtos destinados à alimentação humana que comporão a Cesta Básica Nacional de Alimentos, sobre os quais as alíquotas dos tributos previstos nos arts. 156-A e 195, V, da Constituição Federal serão reduzidas a zero.

Art. 9º A lei complementar que instituir o imposto de que trata o art. 156-A e a contribuição de que trata o art. 195, V, ambos da Constituição Federal, poderá prever os regimes diferenciados de tributação de que trata este artigo, desde que sejam uniformes em todo o território nacional e sejam realizados os respectivos ajustes nas alíquotas de referência com vistas a reequilibrar a arrecadação da esfera federativa.

§ 1º A lei complementar definirá as operações beneficiadas com redução de 60% (sessenta por cento) das alíquotas dos tributos de que trata o *caput* entre as relativas aos seguintes bens e serviços:

I – serviços de educação;

II – serviços de saúde;

III – dispositivos médicos;

IV – dispositivos de acessibilidade para pessoas com deficiência;

V – medicamentos;

VI – produtos de cuidados básicos à saúde menstrual;

VII – serviços de transporte público coletivo de passageiros rodoviário e metroviário de caráter urbano, semiurbano e metropolitano;

VIII – alimentos destinados ao consumo humano;

IX – produtos de higiene pessoal e limpeza majoritariamente consumidos por famílias de baixa renda;

X – produtos agropecuários, aquícolas, pesqueiros, florestais e extrativistas vegetais *in natura*;

XI – insumos agropecuários e aquícolas;

XII – produções artísticas, culturais, de eventos, jornalísticas e audiovisuais nacionais, atividades desportivas e comunicação institucional;

XIII – bens e serviços relacionados a soberania e segurança nacional, segurança da informação e segurança cibernética.

§ 2º É vedada a fixação de percentual de redução distinto do previsto no § 1º em relação às hipóteses nele previstas.

§ 3º A lei complementar a que se refere o *caput* preverá hipóteses de:

I – isenção, em relação aos serviços de que trata o § 1º, VII;

II – redução em 100% (cem por cento) das alíquotas dos tributos referidos no *caput* para:

a) bens de que trata o § 1º, III a VI;

b) produtos hortícolas, frutas e ovos;

c) serviços prestados por Instituição Científica, Tecnológica e de Inovação (ICT) sem fins lucrativos;

d) automóveis de passageiros, conforme critérios e requisitos estabelecidos em lei complementar, quando adquiridos por pessoas com deficiência e pessoas com transtorno do espectro autista, diretamente ou por intermédio de seu representante legal ou por motoristas profissionais, nos termos de lei complementar, que destinem o automóvel à utilização na categoria de aluguel (táxi);

III – redução em 100% (cem por cento) da alíquota da contribuição de que trata o art. 195, V, da Constituição Federal, para serviços de educação de ensino superior nos termos do Programa Universidade para Todos (Prouni), instituído pela Lei n. 11.096, de 13 de janeiro de 2005;

IV – isenção ou redução em até 100% (cem por cento) das alíquotas dos tributos referidos no *caput* para atividades de reabilitação urbana de zonas históricas e de áreas críticas de recuperação e reconversão urbanística.

§ 4º O produtor rural pessoa física ou jurídica que obtiver receita anual inferior a R$ 3.600.000,00 (três milhões e seiscentos mil reais), atualizada anualmente pelo Índice Nacional de Preços ao Consumidor Amplo (IPCA), e o produtor integrado de que trata o art. 2º, II, da Lei n. 13.288, de 16 de maio de 2016, com a redação vigente em 31 de maio de 2023, poderão optar por ser contribuintes dos tributos de que trata o *caput*.

§ 5º É autorizada a concessão de crédito ao contribuinte adquirente de bens e serviços de produtor rural pessoa física ou jurídica que não opte por ser contribuinte na hipótese de que trata o § 4º, nos termos da lei complementar, observado o seguinte:

I – o Poder Executivo da União e o Comitê Gestor do Imposto de Bens e Serviços poderão revisar, anualmente, de acordo com critérios estabelecidos em lei complementar, o valor do crédito presumido concedido, não se aplicando o disposto no art. 150, I, da Constituição Federal; e

II – o crédito presumido de que trata este parágrafo terá como objetivo permitir a apropriação de créditos não aproveitados por não contribuinte do imposto em razão do disposto no *caput* deste parágrafo.

§ 6º Observado o disposto no § 5º, I, é autorizada a concessão de crédito ao contribuinte adquirente de:

I – serviços de transportador autônomo de carga pessoa física que não seja contribuinte do imposto, nos termos da lei complementar;

II – resíduos e demais materiais destinados à reciclagem, reutilização ou logística reversa, de pessoa física, cooperativa ou outra forma de organização popular.

§ 7º Lei complementar poderá prever a concessão de crédito ao contribuinte que adquira bens móveis usados de pessoa física não contribuinte para revenda, desde que esta seja tributada e o crédito seja vinculado ao respectivo bem, vedado o ressarcimento.

§ 8º Os benefícios especiais de que trata este artigo serão concedidos observando-se o disposto no art. 149-B, III, da Constituição Federal, exceto em relação ao § 3º, III, deste artigo.

§ 9º O imposto previsto no art. 153, VIII, da Constituição Federal não incidirá sobre os bens ou serviços cujas alíquotas sejam reduzidas nos termos do § 1º deste artigo.

§ 10. Os regimes diferenciados de que trata este artigo serão submetidos a avaliação quinquenal de custo-benefício, podendo a lei fixar regime de transição para a alíquota padrão, não observado o disposto no § 2º, garantidos os respectivos ajustes nas alíquotas de referência.

§ 11. A avaliação de que trata o § 10 deverá examinar o impacto da legislação dos tributos a que se refere o *caput* deste artigo na promoção da igualdade entre homens e mulheres.

§ 12. A lei complementar estabelecerá as operações beneficiadas com redução de 30% (trinta por cento) das alíquotas dos tributos de que trata o *caput* relativas à prestação de serviços de profissão intelectual, de natureza científica, literária ou artística, desde que sejam submetidas a fiscalização por conselho profissional.

§ 13. Para fins deste artigo, incluem-se:

I – entre os medicamentos de que trata o inciso V do § 1º, as composições para nutrição enteral ou parenteral e as composições especiais e fórmulas nutricionais destinadas às pessoas com erros inatos do metabolismo; e

II – entre os alimentos de que trata o inciso VIII do § 1º, os sucos naturais sem adição de açúcares e conservantes.

Art. 10. Para fins do disposto no inciso II do § 6º do art. 156-A da Constituição Federal, consideram-se:

I – serviços financeiros:

a) operações de crédito, câmbio, seguro, resseguro, consórcio, arrendamento mercantil, faturização, securitização, previdência privada, capitalização, arranjos de pagamento, operações com títulos e valores mobiliários, inclusive negociação e corretagem, e outras que impliquem captação, repasse, intermediação, gestão ou administração de recursos;

b) outros serviços prestados por entidades administradoras de mercados organizados, infraestruturas de mercado e depositárias centrais e por instituições autorizadas a funcionar pelo Banco Central do Brasil, na forma de lei complementar;

II – operações com bens imóveis:

a) construção e incorporação imobiliária;

b) parcelamento do solo e alienação de bem imóvel;

c) locação e arrendamento de bem imóvel;

d) administração e intermediação de bem imóvel.

§ 1º Em relação às instituições financeiras bancárias:

I – não se aplica o regime específico de que trata o art. 156-A, § 6º, II, da Constituição Federal aos serviços remunerados por tarifas e comissões, observado o disposto nas normas expedidas pelas entidades reguladoras;

II – os demais serviços financeiros sujeitam-se ao regime específico de que trata o art. 156-A, § 6º, II, da Constituição Federal, devendo as alíquotas e as bases de cálculo ser definidas de modo a manter, em caráter geral, até o final do quinto ano da entrada em vigor do regime, a carga tributária decorrente dos tributos extintos por esta Emenda Constitucional incidente sobre as operações de crédito na data de sua promulgação, e a manter, em caráter específico, aquela incidente sobre as operações relacionadas ao fundo de garantia por tempo de serviço, podendo, neste caso, definir alíquota e base de cálculo diferenciadas e abranger os serviços de que trata o inciso I deste parágrafo, não se lhes aplicando o prazo previsto neste inciso.

§ 2º O disposto no § 1º, II, em relação ao fundo de garantia do tempo de serviço, poderá, nos termos da lei complementar, ser estendido para outros fundos garantidores ou executores de políticas públicas previstos em lei.

Art. 11. A revogação do art. 195, I, *b*, não produzirá efeitos sobre as contribuições incidentes sobre a receita ou o faturamento vigentes na data de publicação desta Emenda Constitucional que substituam a contribuição de que trata o art. 195, I, *a*, ambos da Constituição Federal, e sejam cobradas com base naquele dispositivo, observado o disposto no art. 30 da Emenda Constitucional n. 103, de 12 de novembro de 2019.

➤ Este artigo entra em vigor em 2027, de acordo com o art. 23, I, desta EC.

Art. 12. Fica instituído o Fundo de Compensação de Benefícios Fiscais ou Financeiro-Fiscais do imposto de que trata o art. 155, II, da Constituição Federal, com vistas a compensar, entre 1º de janeiro de 2029 e 31 de dezembro de 2032, pessoas físicas ou jurídicas beneficiárias de isenções, incentivos e benefícios fiscais ou financeiro-fiscais relativos àquele imposto, concedidos por prazo certo e sob condição.

Veja art. 15 desta EC.

§ 1º De 2025 a 2032, a União entregará ao Fundo recursos que corresponderão aos seguintes valores, atualizados, de 2023 até o ano anterior ao da entrega, pela variação acumulada do IPCA ou de outro índice que vier a substituí-lo:

I – em 2025, a R$ 8.000.000.000,00 (oito bilhões de reais);

II – em 2026, a R$ 16.000.000.000,00 (dezesseis bilhões de reais);

III – em 2027, a R$ 24.000.000.000,00 (vinte e quatro bilhões de reais);

IV – em 2028, a R$ 32.000.000.000,00 (trinta e dois bilhões de reais);

V – em 2029, a R$ 32.000.000.000,00 (trinta e dois bilhões de reais);

VI – em 2030, a R$ 24.000.000.000,00 (vinte e quatro bilhões de reais);

VII – em 2031, a R$ 16.000.000.000,00 (dezesseis bilhões de reais);

VIII – em 2032, a R$ 8.000.000.000,00 (oito bilhões de reais).

§ 2º Os recursos do Fundo de que trata o *caput* serão utilizados para compensar a redução do nível de benefícios onerosos do imposto previsto no art. 155, II, da Constituição Federal, na forma do § 1º do art. 128 do Ato das Disposições Constitucionais Transitórias, suportada pelas pessoas físicas ou jurídicas em razão da substituição do referido imposto por aquele previsto no art. 156-A da Constituição Federal, nos termos deste artigo.

§ 3º Para efeitos deste artigo, consideram-se benefícios onerosos as isenções, os incentivos e os benefícios fiscais ou financeiro-fiscais vinculados ao imposto referido no *caput* deste artigo concedidos por prazo certo e sob condição, na forma do art. 178 da Lei n. 5.172, de 25 de outubro de 1966 (Código Tributário Nacional).

§ 4º A compensação de que trata o § 1º:

I – aplica-se aos titulares de benefícios onerosos referentes ao imposto previsto no art. 155, II, da Constituição Federal regularmente concedidos até 31 de maio de 2023, sem prejuízo de ulteriores prorrogações ou renovações, observados o prazo estabelecido no *caput* e, se aplicável, a exigência de registro e depósito estabelecida pelo art. 3º, II, da Lei Complementar n. 160, de 7 de agosto de 2017, que tenham cumprido tempestivamente as condições exigidas pela norma concessiva do benefício, bem como aos titulares de projetos abrangidos pelos benefícios a que se refere o art. 19 desta Emenda Constitucional;

II – não se aplica aos titulares de benefícios decorrentes do disposto no art. 3º, § 2º-A, da Lei Complementar n. 160, de 7 de agosto de 2017.

§ 5º A pessoa física ou jurídica perderá o direito à compensação de que trata o § 2º caso deixe de cumprir tempestivamente as condições exigidas pela norma concessiva do benefício.

§ 6º Lei complementar estabelecerá:

I – critérios e limites para apuração do nível de benefícios e de sua redução;

II – procedimentos de análise, pela União, dos requisitos para habilitação do requerente à compensação de que trata o § 2º.

§ 7º É vedada a prorrogação dos prazos de que trata o art. 3º, §§ 2º e 2º-A, da Lei Complementar n. 160, de 7 de agosto de 2017.

§ 8º A União deverá complementar os recursos de que trata o § 1º em caso de insuficiência de recursos para a compensação de que trata o § 2º.

§ 9º Eventual saldo financeiro existente em 31 de dezembro de 2032 será transferido ao Fundo de que trata o art. 159-A da Constituição Federal, com a redação dada pelo art. 1º desta Emenda Constitucional, sem redução ou compensação dos valores consignados no art. 13 desta Emenda Constitucional.

§ 10. O disposto no § 4º, I, aplica-se também aos titulares de benefícios onerosos que, por força de mudanças na legislação estadual, tenham migrado para outros programas ou benefícios entre 31 de maio de 2023 e a data de promulgação desta Emenda Constitucional, ou estejam em processo de migração na data de promulgação desta Emenda Constitucional.

Art. 13. Os recursos de que trata o art. 159-A da Constituição Federal, com a redação dada pelo art. 1º desta Emenda Constitucional, corresponderão aos seguintes valores, atualizados, de 2023 até o ano anterior ao da entrega, pela variação acumulada do IPCA ou de outro índice que vier a substituí-lo:

Veja art. 12, § 9º, desta EC.

I – em 2029, a R$ 8.000.000.000,00 (oito bilhões de reais);

II – em 2030, a R$ 16.000.000.000,00 (dezesseis bilhões de reais);

III – em 2031, a R$ 24.000.000.000,00 (vinte e quatro bilhões de reais);

IV – em 2032, a R$ 32.000.000.000,00 (trinta e dois bilhões de reais);

V – em 2033, a R$ 40.000.000.000,00 (quarenta bilhões de reais);

VI – em 2034, a R$ 42.000.000.000,00 (quarenta e dois bilhões de reais);

VII – em 2035, a R$ 44.000.000.000,00 (quarenta e quatro bilhões de reais);

VIII – em 2036, a R$ 46.000.000.000,00 (quarenta e seis bilhões de reais);

IX – em 2037, a R$ 48.000.000.000,00 (quarenta e oito bilhões de reais);

X – em 2038, a R$ 50.000.000.000,00 (cinquenta bilhões de reais);

XI – em 2039, a R$ 52.000.000.000,00 (cinquenta e dois bilhões de reais);

XII – em 2040, a R$ 54.000.000.000,00 (cinquenta e quatro bilhões de reais);

XIII – em 2041, a R$ 56.000.000.000,00 (cinquenta e seis bilhões de reais);

XIV – em 2042, a R$ 58.000.000.000,00 (cinquenta e oito bilhões de reais);

XV – a partir de 2043, a R$ 60.000.000.000,00 (sessenta bilhões de reais), por ano.

Art. 14. A União custeará, com posterior ressarcimento pelo Comitê Gestor do Imposto sobre Bens e Serviços de que trata o art. 156-B da Constituição Federal, as despesas necessárias para sua instalação.

Art. 15. Os recursos entregues na forma do art. 159-A da Constituição Federal, com a redação dada pelo art. 1º desta Emenda Constitucional, os recursos de que trata o art. 12 e as compensações de que trata o art. 7º não se incluem em bases de cálculo ou em limites de despesas estabelecidos pela lei complementar de que trata o art. 6º da Emenda Constitucional n. 126, de 21 de dezembro de 2022.

Art. 16. Até que lei complementar regule o disposto no art. 155, § 1º, III, da Constituição Federal, o imposto incidente nas hipóteses de que trata o referido dispositivo competirá:

I – relativamente a bens imóveis e respectivos direitos, ao Estado da situação do bem, ou ao Distrito Federal;

II – se o doador tiver domicílio ou residência no exterior:

a) ao Estado onde tiver domicílio o donatário ou ao Distrito Federal;

b) se o donatário tiver domicílio ou residir no exterior, ao Estado em que se encontrar o bem ou ao Distrito Federal;

III – relativamente aos bens do *de cujus*, ainda que situados no exterior, ao Estado onde era domiciliado, ou, se domiciliado ou residente no exterior, onde tiver domicílio o sucessor ou legatário, ou ao Distrito Federal.

Art. 17. A alteração do art. 155, § 1º, II, da Constituição Federal, promovida pelo art. 1º desta Emenda Constitucional, aplica-se às sucessões abertas a partir da data de publicação desta Emenda Constitucional.

Art. 18. O Poder Executivo deverá encaminhar ao Congresso Nacional:

I – em até 90 (noventa) dias após a promulgação desta Emenda Constitucional, projeto de lei que reforme a tributação da renda, acompanhado das correspondentes estimativas e estudos de impactos orçamentários e financeiros;

II – em até 180 (cento e oitenta) dias após a promulgação desta Emenda Constitucional, os projetos de lei referidos nesta Emenda Constitucional;

III – em até 90 (noventa) dias após a promulgação desta Emenda Constitucional, projeto de lei que reforme a tributação da folha de salários.

Parágrafo único. Eventual arrecadação adicional da União decorrente da aprovação da medida de que trata o inciso I do *caput* deste artigo poderá ser considerada como fonte de compensação para redução da tributação incidente sobre a folha de pagamentos e sobre o consumo de bens e serviços.

Art. 19. Os projetos habilitados à fruição dos benefícios estabelecidos pelo art. 11-C da Lei n. 9.440, de 14 de março de 1997, e pelos arts. 1º a 4º da Lei n. 9.826, de 23 de agosto de 1999, farão jus, até 31 de dezembro de 2032, a crédito presumido da contribuição prevista no art. 195, V, da Constituição Federal.

§ 1º O crédito presumido de que trata este artigo:

I – incentivará exclusivamente a produção de veículos equipados com motor elétrico que tenha capacidade de tracionar o veículo somente com energia elétrica, permitida a associação com motor de combustão interna que utilize biocombustíveis isolada ou simultaneamente com combustíveis derivados de petróleo;

II – será concedido exclusivamente:

a) a projetos aprovados até 31 de dezembro de 2024 de pessoas jurídicas habilitadas à fruição dos benefícios estabelecidos pelo art. 11-C da Lei n. 9.440, de 14 de março de 1997, e pelos arts. 1º a 4º da Lei n. 9.826, de 23 de agosto de 1999, na data de promulgação desta Emenda Constitucional;

b) a novos projetos, aprovados até 31 de dezembro de 2025, que ampliem ou reiniciem a produção em planta industrial utilizada em projetos ativos ou inativos habilitados à fruição dos benefícios de que trata a alínea *a* deste inciso;

III – poderá ter sua manutenção condicionada à realização de investimentos produtivos e em pesquisa e desenvolvimento de inovação tecnológica;

IV – equivalerá ao nível de benefício estabelecido, para o ano de 2025, pelo art. 11-C da Lei n. 9.440, de 14 de março de 1997, e pelos arts. 1º a 4º da Lei n. 9.826, de 23 de agosto de 1999; e

V – será reduzido à razão de 20% (vinte por cento) ao ano entre 2029 e 2032.

§ 2º Os créditos apurados em decorrência dos benefícios de que trata o *caput* poderão ser compensados com débitos próprios relativos a tributos administrados pela Secretaria Especial da Receita Federal do Brasil, nos termos da lei, e não poderão ser transferidos a outro estabelecimento da pessoa jurídica, devendo ser utilizados somente pelo estabelecimento habilitado e localizado na região incentivada.

§ 3º O benefício de que trata este artigo será estendido a projetos de pessoas jurídicas de que trata o § 1º, II, *a*, relacionados à produção de veículos tracionados por motor de combustão interna que utilize biocombustíveis isolada ou cumulativamente com combustíveis derivados de petróleo, desde que a pessoa jurídica habilitada:

I – no caso de montadoras de veículos, inicie a produção de veículos que atendam ao disposto no § 1º, I, até 1º de janeiro de 2028; e

II – assuma, nos termos do ato concessório do benefício, compromissos relativos:

a) ao volume mínimo de investimentos;

b) ao volume mínimo de produção; e

c) à manutenção da produção por prazo mínimo, inclusive após o encerramento do benefício.

§ 4º A lei complementar estabelecerá as penalidades aplicáveis em razão do descumprimento das condições exigidas para fruição do crédito presumido de que trata este artigo.

Art. 20. Até que lei disponha sobre a matéria, a contribuição para o Programa de Formação do Patrimônio do Servidor Público, criado pela Lei Complementar n. 8, de 3 de dezembro de 1970, de que trata o art. 239 da Constituição Federal, permanecerá sendo cobrada na forma do art. 2º, III, da Lei n. 9.715, de 25 de novembro de 1998, e dos demais dispositivos legais a ele referentes em vigor na data de publicação desta Emenda Constitucional.

Art. 21. Lei complementar poderá estabelecer instrumentos de ajustes nos contratos firmados anteriormente à entrada em vigor das leis instituidoras dos tributos de que tratam o art. 156-A e o art. 195, V, da Constituição Federal, inclusive concessões públicas.

Art. 22. Revogam-se:

I – em 2027, o art. 195, I, *b*, e IV, e § 12, da Constituição Federal;

II – em 2033:

a) os arts. 155, II, e §§ 2º a 5º, 156, III, e § 3º, 158, IV, *a*, e § 1º, e 161, I, da Constituição Federal; e

b) os arts. 80, II, 82, § 2º, e 83 do Ato das Disposições Constitucionais Transitórias.

Art. 23. Esta Emenda Constitucional entra em vigor:

I – em 2027, em relação aos arts. 3º e 11;

II – em 2033, em relação aos arts. 4º e 5º; e

III – na data de sua publicação, em relação aos demais dispositivos.

Brasília, 20 de dezembro de 2023.

EMENDAS CONSTITUCIONAIS DE REVISÃO

EMENDA CONSTITUCIONAL DE REVISÃO N. 1, DE 1º DE MARÇO DE 1994

Acrescenta os arts. 71, 72 e 73 ao Ato das Disposições Constitucionais Transitórias.

A Mesa do Congresso Nacional, nos termos do art. 60 da Constituição Federal, combinado com o art. 3º do Ato das Disposições Constitucionais Transitórias, promulga a seguinte Emenda Constitucional:

Art. 1º Ficam incluídos os arts. 71, 72 e 73 no Ato das Disposições Constitucionais Transitórias, com a seguinte redação:

Alterações processadas no referido texto.

Art. 2º Fica revogado o § 4º do art. 2º da Emenda Constitucional n. 3, de 1993.

Art. 3º Esta Emenda entra em vigor na data de sua publicação.

Brasília, 1º de março de 1994.

EMENDA CONSTITUCIONAL DE REVISÃO N. 2, DE 07 DE JUNHO DE 1994

Altera o caput *do art. 50 e seu § 2º, da Constituição Federal.*

A Mesa do Congresso Nacional, nos termos do art. 60 da Constituição Federal, combinado com o art. 3º do Ato das Disposições Constitucionais Transitórias, promulga a seguinte emenda constitucional:

Art. 1º É acrescentada a expressão "ou quaisquer titulares de órgãos diretamente subordinados à Presidência da República" ao texto do art. 50 da Constituição, que passa a vigorar com a redação seguinte:

Alterações processadas no referido texto.

Art. 2º É acrescentada a expressão "ou a qualquer das pessoas referidas no *caput* deste artigo" ao § 2º do art. 50, que passa a vigorar com a redação seguinte:

Alterações processadas no referido texto.

Art. 3º Esta Emenda Constitucional entra em vigor na data de sua publicação.

Brasília, 07 de junho de 1994.

EMENDA CONSTITUCIONAL DE REVISÃO N. 3, DE 07 DE JUNHO DE 1994

Altera a alínea c *do inciso I, a alínea* b *do inciso II, o § 1º e o inciso II do § 4º do art. 12 da Constituição Federal.*

A Mesa do Congresso Nacional, nos termos do art. 60 da Constituição Federal, combinado com o art. 3º do Ato das Disposições Constitucionais Transitórias, promulga a seguinte emenda constitucional:

Art. 1º A alínea *c* do inciso I, a alínea *b* do inciso II, o § 1º e o inciso II do § 4º do art. 12 da Constituição Federal passam a vigorar com a seguinte redação:

Alterações processadas no referido texto.

Art. 2º Esta Emenda Constitucional entra em vigor na data de sua publicação.

Brasília, 07 de junho de 1994.

EMENDA CONSTITUCIONAL DE REVISÃO N. 4, DE 07 DE JUNHO DE 1994

Altera o § 9º do art. 14 da Constituição Federal.

A Mesa do Congresso Nacional, nos termos do art. 60 da Constituição Federal, combinado com o art. 3º do Ato das Disposições Constitucionais Transitórias, promulga a seguinte emenda constitucional:

Art. 1º São acrescentadas ao § 9º do art. 14 da Constituição as expressões: "a probidade administrativa, a moralidade para o exercício do mandato, considerada a vida pregressa do candidato, e", após a expressão "a fim de proteger", passando o dispositivo a vigorar com a seguinte redação:

Alterações processadas no referido texto.

Art. 2º Esta Emenda Constitucional entra em vigor na data de sua publicação.

Brasília, 07 de junho de 1994.

EMENDA CONSTITUCIONAL DE REVISÃO N. 5, DE 07 DE JUNHO DE 1994

Altera o art. 82 da Constituição Federal.

A Mesa do Congresso Nacional, nos termos do art. 60 da Constituição Federal, combinado com o art. 3º do Ato das Disposições Constitucionais Transitórias, promulga a seguinte emenda constitucional:

Art. 1º No art. 82 fica substituída a expressão "cinco anos" por "quatro anos".

Art. 2º Esta Emenda Constitucional entra em vigor no dia 1º de janeiro de 1995.

Brasília, 07 de junho de 1994.

EMENDA CONSTITUCIONAL DE REVISÃO N. 6, DE 07 DE JUNHO DE 1994

Acrescenta o § 4º ao art. 55 da Constituição Federal.

A Mesa do Congresso Nacional, nos termos do art. 60 da Constituição Federal, combinado com o art. 3º do Ato das Disposições Constitucionais Transitórias, promulga a seguinte emenda constitucional:

Art. 1º Fica acrescido, no art. 55, o § 4º, com a seguinte redação:

Alterações processadas no referido texto.

Art. 2º Esta Emenda Constitucional entra em vigor na data de sua publicação.

Brasília, 07 de junho de 1994.

ÍNDICE ALFABÉTICO-REMISSIVO DA CONSTITUIÇÃO FEDERAL

DECRETO N. 6.949, DE 25 DE AGOSTO DE 2009

Promulga a Convenção Internacional sobre os Direitos das Pessoas com Deficiência e seu Protocolo Facultativo, assinados em Nova York, em 30 de março de 2007.

O PRESIDENTE DA REPÚBLICA, no uso da atribuição que lhe confere o art. 84, inciso IV, da Constituição, e

Considerando que o Congresso Nacional aprovou, por meio do Decreto Legislativo n. 186, de 9 de julho de 2008, conforme o procedimento do § 3º do art. 5º da Constituição, a Convenção sobre os Direitos das Pessoas com Deficiência e seu Protocolo Facultativo, assinados em Nova York, em 30 de março de 2007;

Considerando que o Governo brasileiro depositou o instrumento de ratificação dos referidos atos junto ao Secretário-Geral das Nações Unidas em 1º de agosto de 2008;

Considerando que os atos internacionais em apreço entraram em vigor para o Brasil, no plano jurídico externo, em 31 de agosto de 2008;

DECRETA:

Art. 1º A Convenção sobre os Direitos das Pessoas com Deficiência e seu Protocolo Facultativo, apensos por cópia ao presente Decreto, serão executados e cumpridos tão inteiramente como neles se contém.

Art. 2º São sujeitos à aprovação do Congresso Nacional quaisquer atos que possam resultar em revisão dos referidos diplomas internacionais ou que acarretem encargos ou compromissos gravosos ao patrimônio nacional, nos termos do art. 49, inciso I, da Constituição.

Art. 3º Este Decreto entra em vigor na data de sua publicação.

Brasília, 25 de agosto de 2009;
188º da Independência e 121º da República.

LUIZ INÁCIO LULA DA SILVA

CONVENÇÃO SOBRE OS DIREITOS DAS PESSOAS COM DEFICIÊNCIA

Preâmbulo

Os Estados-partes da presente Convenção,

a) Relembrando os princípios consagrados na Carta das Nações Unidas, que reconhecem a dignidade e o valor inerentes e os direitos iguais e inalienáveis de todos os membros da família humana como o fundamento da liberdade, da justiça e da paz no mundo,

b) Reconhecendo que as Nações Unidas, na Declaração Universal dos Direitos Humanos e nos Pactos Internacionais sobre Direitos Humanos, proclamaram e concordaram que toda pessoa faz jus a todos os direitos e liberdades ali estabelecidos, sem distinção de qualquer espécie,

c) Reafirmando a universalidade, a indivisibilidade, a interdependência e a inter-relação de todos os direitos humanos e liberdades fundamentais, bem como a necessidade de garantir que todas as pessoas com deficiência os exerçam plenamente, sem discriminação,

d) Relembrando o Pacto Internacional dos Direitos Econômicos, Sociais e Culturais, o Pacto Internacional dos Direitos Civis e Políticos, a Convenção Internacional sobre a Eliminação de Todas as Formas de Discriminação Racial, a Convenção sobre a Eliminação de todas as Formas de Discriminação contra a Mulher, a Convenção contra a Tortura e Outros Tratamentos ou Penas Cruéis, Desumanos ou Degradantes, a Convenção sobre os Direitos da Criança e a Convenção Internacional sobre a Proteção dos Direitos de Todos os Trabalhadores Migrantes e Membros de suas Famílias,

e) Reconhecendo que a deficiência é um conceito em evolução e que a deficiência resulta da interação entre pessoas com deficiência e as barreiras devidas às atitudes e ao ambiente que impedem a plena e efetiva participação dessas pessoas na sociedade em igualdade de oportunidades com as demais pessoas,

f) Reconhecendo a importância dos princípios e das diretrizes de política, contidos no Programa de Ação Mundial para as Pessoas Deficientes e nas Normas sobre a Equiparação de Oportunidades para Pessoas com Deficiência, para influenciar a promoção, a formulação e a avaliação de políticas, planos, programas e ações em níveis nacional, regional e internacional para possibilitar maior igualdade de oportunidades para pessoas com deficiência,

g) Ressaltando a importância de trazer questões relativas à deficiência ao centro das preocupações da sociedade como parte integrante das estratégias relevantes de desenvolvimento sustentável,

h) Reconhecendo também que a discriminação contra qualquer pessoa, por motivo de deficiência, configura violação da dignidade e do valor inerentes ao ser humano,

i) Reconhecendo ainda a diversidade das pessoas com deficiência,

j) Reconhecendo a necessidade de promover e proteger os direitos humanos de todas as pessoas com deficiência, inclusive daquelas que requerem maior apoio,

k) Preocupados com o fato de que, não obstante esses diversos instrumentos e compromissos, as pessoas com deficiência continuam a enfrentar barreiras contra sua participação como membros iguais da sociedade e violações de seus direitos humanos em todas as partes do mundo,

l) Reconhecendo a importância da cooperação internacional para melhorar as condições de vida das pessoas com deficiência em todos os países, particularmente naqueles em desenvolvimento,

m) Reconhecendo as valiosas contribuições existentes e potenciais das pessoas com deficiência ao bem-estar comum e à diversidade de suas comunidades, e que a promoção do pleno exercício, pelas pessoas com deficiência, de seus direitos humanos e liberdades fundamentais e de sua plena participação na sociedade resultará no fortalecimento de seu senso de pertencimento à sociedade e no significativo avanço do desenvolvimento humano, social e econômico da sociedade, bem como na erradicação da pobreza,

n) Reconhecendo a importância, para as pessoas com deficiência, de sua autonomia e independência individuais, inclusive da liberdade para fazer as próprias escolhas,

o) Considerando que as pessoas com deficiência devem ter a oportunidade de participar ativamente das decisões relativas a programas e políticas, inclusive aos que lhes dizem respeito diretamente,

p) Preocupados com as difíceis situações enfrentadas por pessoas com deficiência que estão sujeitas a formas múltiplas ou agravadas de discriminação por causa de raça, cor, sexo, idioma, religião, opiniões políticas ou de outra natureza, origem nacional, étnica, nativa ou social, propriedade, nascimento, idade ou outra condição,

q) Reconhecendo que mulheres e meninas com deficiência estão frequentemente expostas a maiores riscos, tanto no lar como fora dele, de sofrer violência, lesões ou abuso, descaso ou tratamento negligente, maus-tratos ou exploração,

r) Reconhecendo que as crianças com deficiência devem gozar plenamente de todos os direitos humanos e liberdades fundamentais em igualdade de oportunidades com as outras crianças e relembrando as obrigações assumidas com esse fim pelos Estados-partes na Convenção sobre os Direitos da Criança,

s) Ressaltando a necessidade de incorporar a perspectiva de gênero aos esforços para promover o pleno exercício dos direitos humanos e liberdades fundamentais por parte das pessoas com deficiência,

t) Salientando o fato de que a maioria das pessoas com deficiência vive em condições de pobreza e, nesse sentido, reconhecendo a necessidade crítica de lidar com o impacto negativo da pobreza sobre pessoas com deficiência,

u) Tendo em mente que as condições de paz e segurança baseadas no pleno respeito aos propósitos e princípios consagrados na Carta das Nações Unidas e a observância dos instrumentos de direitos humanos são indispensáveis para a total proteção das pessoas com deficiência, particularmente durante conflitos armados e ocupação estrangeira,

v) Reconhecendo a importância da acessibilidade aos meios físico, social, econômico e cultural, à saúde, à educação e à informação e comunicação, para possibilitar às pessoas com deficiência o pleno gozo de todos os direitos humanos e liberdades fundamentais,

w) Conscientes de que a pessoa tem deveres para com outras pessoas e para com a comunidade a que pertence e que, portanto, tem a responsabilidade de esforçar-se para a promoção e a observância dos direitos reconhecidos na Carta Internacional dos Direitos Humanos,

x) Convencidos de que a família é o núcleo natural e fundamental da sociedade e tem o direito de receber a proteção da sociedade e do Estado e de que as pessoas com deficiência e seus familiares devem receber a proteção e a assistência necessárias para tornar as famílias capazes de contribuir para o exercício pleno e equitativo dos direitos das pessoas com deficiência,

y) Convencidos de que uma convenção internacional geral e integral para promover e proteger os direitos e a dignidade das pessoas com deficiência prestará significativa contribuição para corrigir as profundas desvantagens sociais das pessoas com deficiência e para promover sua participação na vida econômica, social e cultural, em igualdade de oportunidades, tanto nos países em desenvolvimento como nos desenvolvidos,

Acordaram o seguinte:

Artigo 1
Propósito

O propósito da presente Convenção é promover, proteger e assegurar o exercício pleno e equitativo de todos os direitos humanos e liberdades fundamentais por todas as pessoas com deficiência e promover o respeito pela sua dignidade inerente.

Pessoas com deficiência são aquelas que têm impedimentos de longo prazo de natureza física, mental, intelectual ou sensorial, os quais, em interação com diversas barreiras, podem obstruir sua participação plena e efetiva na sociedade em igualdades de condições com as demais pessoas.

Artigo 2
Definições

Para os propósitos da presente Convenção:

"Comunicação" abrange as línguas, a visualização de textos, o *braille*, a comunicação tátil, os caracteres ampliados, os dispositivos de multimídia acessível, assim como a linguagem simples, escrita e oral, os sistemas auditivos e os meios de voz digitalizada e os modos, meios e formatos aumentativos e alternativos de comunicação, inclusive a tecnologia da informação e comunicação acessíveis;

"Língua" abrange as línguas faladas e de sinais e outras formas de comunicação não falada;

"Discriminação por motivo de deficiência" significa qualquer diferenciação, exclusão ou restrição baseada em deficiência, com o propósito ou efeito de impedir ou impossibilitar o reconhecimento, o desfrute ou o exercício, em igualdade de oportunidades com as demais pessoas, de todos os direitos humanos e liberdades fundamentais nos âmbitos político, econômico, social, cultural, civil ou qualquer outro. Abrange todas as formas de discriminação, inclusive a recusa de adaptação razoável;

"Adaptação razoável" significa as modificações e os ajustes necessários e adequados que não acarretem ônus desproporcional ou indevido, quando requeridos em cada caso, a fim de assegurar que as pessoas com deficiência possam gozar ou exercer, em igualdade de oportunidades com as demais pessoas, todos os direitos humanos e liberdades fundamentais;

"Desenho universal" significa a concepção de produtos, ambientes, programas e serviços a serem usados, na maior medida possível, por todas as pessoas, sem necessidade de adaptação ou projeto específico. O "desenho universal" não excluirá as ajudas técnicas para grupos específicos de pessoas com deficiência, quando necessárias.

Artigo 3
Princípios gerais

Os princípios da presente Convenção são:

a) O respeito pela dignidade inerente, a autonomia individual, inclusive a liberdade de fazer as próprias escolhas, e a independência das pessoas;

b) A não discriminação;

c) A plena e efetiva participação e inclusão na sociedade;

d) O respeito pela diferença e pela aceitação das pessoas com deficiência como parte da diversidade humana e da humanidade;

e) A igualdade de oportunidades;

f) A acessibilidade;

g) A igualdade entre o homem e a mulher;

h) O respeito pelo desenvolvimento das capacidades das crianças com deficiência e pelo direito das crianças com deficiência de preservar sua identidade.

Artigo 4
Obrigações gerais

1. Os Estados-partes se comprometem a assegurar e promover o pleno exercício de todos os direitos humanos e liberdades fundamentais por todas as pessoas com deficiência, sem qualquer tipo de discriminação por causa de sua deficiência. Para tanto, os Estados-partes se comprometem a:

a) Adotar todas as medidas legislativas, administrativas e de qualquer outra natureza, necessárias para a realização dos direitos reconhecidos na presente Convenção;

b) Adotar todas as medidas necessárias, inclusive legislativas, para modificar ou revogar leis, regulamentos, costumes e práticas vigentes, que constituírem discriminação contra pessoas com deficiência;

c) Levar em conta, em todos os programas e políticas, a proteção e a promoção dos direitos humanos das pessoas com deficiência;

d) Abster-se de participar em qualquer ato ou prática incompatível com a presente Convenção e assegurar que as autoridades públicas e instituições atuem em conformidade com a presente Convenção;

e) Tomar todas as medidas apropriadas para eliminar a discriminação baseada em deficiência, por parte de qualquer pessoa, organização ou empresa privada;

f) Realizar ou promover a pesquisa e o desenvolvimento de produtos, serviços, equipamentos e instalações com desenho universal, conforme definidos no Artigo 2 da presente Convenção, que exijam o mínimo possível de adaptação e cujo custo seja o mínimo possível, destinados a atender às necessidades específicas de pessoas com deficiência, a promover sua disponibilidade e seu uso e a promover o desenho universal quando da elaboração de normas e diretrizes;

g) Realizar ou promover a pesquisa e o desenvolvimento, bem como a disponibilidade e o emprego de novas tecnologias, inclusive as tecnologias da informação e comunicação, ajudas técnicas para locomoção, dispositivos e tecnologias assistivas, adequados a pessoas com deficiência, dando prioridade a tecnologias de custo acessível;

h) Propiciar informação acessível para as pessoas com deficiência a respeito de ajudas técnicas para locomoção, dispositivos e tecnologias assistivas, incluindo novas tecnologias bem como outras formas de assistência, serviços de apoio e instalações;

i) Promover a capacitação em relação aos direitos reconhecidos pela presente Convenção dos profissionais e equipes que trabalham com pessoas com deficiência, de forma a melhorar a prestação de assistência e serviços garantidos por esses direitos.

2. Em relação aos direitos econômicos, sociais e culturais, cada Estado-parte se compromete a tomar medidas, tanto quanto permitirem os recursos disponíveis e, quando necessário, no âmbito da cooperação internacional, a fim de assegurar progressivamente o pleno exercício desses direitos, sem prejuízo das obrigações contidas na presente Convenção que forem imediatamente aplicáveis de acordo com o direito internacional.

3. Na elaboração e implementação de legislação e políticas para aplicar a presente Convenção e em outros processos de tomada de decisão relativos às pessoas com deficiência, os Estados-partes realizarão consultas estreitas

e envolverão ativamente pessoas com deficiência, inclusive crianças com deficiência, por intermédio de suas organizações representativas.

4. Nenhum dispositivo da presente Convenção afetará quaisquer disposições mais propícias à realização dos direitos das pessoas com deficiência, as quais possam estar contidas na legislação do Estado-parte ou no direito internacional em vigor para esse Estado. Não haverá nenhuma restrição ou derrogação de qualquer dos direitos humanos e liberdades fundamentais reconhecidos ou vigentes em qualquer Estado-parte da presente Convenção, em conformidade com leis, convenções, regulamentos ou costumes, sob a alegação de que a presente Convenção não reconhece tais direitos e liberdades ou que os reconhece em menor grau.

5. As disposições da presente Convenção se aplicam, sem limitação ou exceção, a todas as unidades constitutivas dos Estados federativos.

Artigo 5
Igualdade e não discriminação

1. Os Estados-partes reconhecem que todas as pessoas são iguais perante e sob a lei e que fazem jus, sem qualquer discriminação, a igual proteção e igual benefício da lei.

2. Os Estados-partes proibirão qualquer discriminação baseada na deficiência e garantirão às pessoas com deficiência igual e efetiva proteção legal contra a discriminação por qualquer motivo.

3. A fim de promover a igualdade e eliminar a discriminação, os Estados-partes adotarão todas as medidas apropriadas para garantir que a adaptação razoável seja oferecida.

4. Nos termos da presente Convenção, as medidas específicas que forem necessárias para acelerar ou alcançar a efetiva igualdade das pessoas com deficiência não serão consideradas discriminatórias.

Artigo 6
Mulheres com deficiência

1. Os Estados-partes reconhecem que as mulheres e meninas com deficiência estão sujeitas a múltiplas formas de discriminação e, portanto, tomarão medidas para assegurar às mulheres e meninas com deficiência o pleno e igual exercício de todos os direitos humanos e liberdades fundamentais.

2. Os Estados-partes tomarão todas as medidas apropriadas para assegurar o pleno desenvolvimento, o avanço e o empoderamento das mulheres, a fim de garantir-lhes o exercício e o gozo dos direitos humanos e liberdades fundamentais estabelecidos na presente Convenção.

Artigo 7
Crianças com deficiência

1. Os Estados-partes tomarão todas as medidas necessárias para assegurar às crianças com deficiência o pleno exercício de todos os direitos huma-

nos e liberdades fundamentais, em igualdade de oportunidades com as demais crianças.

2. Em todas as ações relativas às crianças com deficiência, o superior interesse da criança receberá consideração primordial.

3. Os Estados-partes assegurarão que as crianças com deficiência tenham o direito de expressar livremente sua opinião sobre todos os assuntos que lhes disserem respeito, tenham a sua opinião devidamente valorizada de acordo com sua idade e maturidade, em igualdade de oportunidades com as demais crianças, e recebam atendimento adequado à sua deficiência e idade, para que possam exercer tal direito.

Artigo 8
Conscientização

1. Os Estados-partes se comprometem a adotar medidas imediatas, efetivas e apropriadas para:

a) Conscientizar toda a sociedade, inclusive as famílias, sobre as condições das pessoas com deficiência e fomentar o respeito pelos direitos e pela dignidade das pessoas com deficiência;

b) Combater estereótipos, preconceitos e práticas nocivas em relação a pessoas com deficiência, inclusive aqueles relacionados a sexo e idade, em todas as áreas da vida;

c) Promover a conscientização sobre as capacidades e contribuições das pessoas com deficiência.

2. As medidas para esse fim incluem:

a) Lançar e dar continuidade a efetivas campanhas de conscientização públicas, destinadas a:

i) Favorecer atitude receptiva em relação aos direitos das pessoas com deficiência;

ii) Promover percepção positiva e maior consciência social em relação às pessoas com deficiência;

iii) Promover o reconhecimento das habilidades, dos méritos e das capacidades das pessoas com deficiência e de sua contribuição ao local de trabalho e ao mercado laboral;

b) Fomentar em todos os níveis do sistema educacional, incluindo neles todas as crianças desde tenra idade, uma atitude de respeito para com os direitos das pessoas com deficiência;

c) Incentivar todos os órgãos da mídia a retratar as pessoas com deficiência de maneira compatível com o propósito da presente Convenção;

d) Promover programas de formação sobre sensibilização a respeito das pessoas com deficiência e sobre os direitos das pessoas com deficiência.

Artigo 9
Acessibilidade

1. A fim de possibilitar às pessoas com deficiência viver de forma independente e participar plenamente de todos os aspectos da vida, os Estados-

-partes tomarão as medidas apropriadas para assegurar às pessoas com deficiência o acesso, em igualdade de oportunidades com as demais pessoas, ao meio físico, ao transporte, à informação e comunicação, inclusive aos sistemas e tecnologias da informação e comunicação, bem como a outros serviços e instalações abertos ao público ou de uso público, tanto na zona urbana como na rural. Essas medidas, que incluirão a identificação e a eliminação de obstáculos e barreiras à acessibilidade, serão aplicadas, entre outros, a:

a) Edifícios, rodovias, meios de transporte e outras instalações internas e externas, inclusive escolas, residências, instalações médicas e local de trabalho;

b) Informações, comunicações e outros serviços, inclusive serviços eletrônicos e serviços de emergência.

2. Os Estados-partes também tomarão medidas apropriadas para:

a) Desenvolver, promulgar e monitorar a implementação de normas e diretrizes mínimas para a acessibilidade das instalações e dos serviços abertos ao público ou de uso público;

b) Assegurar que as entidades privadas que oferecem instalações e serviços abertos ao público ou de uso público levem em consideração todos os aspectos relativos à acessibilidade para pessoas com deficiência;

c) Proporcionar, a todos os atores envolvidos, formação em relação às questões de acessibilidade com as quais as pessoas com deficiência se confrontam;

d) Dotar os edifícios e outras instalações abertas ao público ou de uso público de sinalização em *braille* e em formatos de fácil leitura e compreensão;

e) Oferecer formas de assistência humana ou animal e serviços de mediadores, incluindo guias, ledores e intérpretes profissionais da língua de sinais, para facilitar o acesso aos edifícios e outras instalações abertas ao público ou de uso público;

f) Promover outras formas apropriadas de assistência e apoio a pessoas com deficiência, a fim de assegurar a essas pessoas o acesso a informações;

g) Promover o acesso de pessoas com deficiência a novos sistemas e tecnologias da informação e comunicação, inclusive à Internet;

h) Promover, desde a fase inicial, a concepção, o desenvolvimento, a produção e a disseminação de sistemas e tecnologias de informação e comunicação, a fim de que esses sistemas e tecnologias se tornem acessíveis a custo mínimo.

Artigo 10
Direito à vida

Os Estados-partes reafirmam que todo ser humano tem o inerente direito à vida e tomarão todas as medidas necessárias para assegurar o efetivo exercício desse direito pelas pessoas com deficiência, em igualdade de oportunidades com as demais pessoas.

Artigo 11
Situações de risco e emergências humanitárias

Em conformidade com suas obrigações decorrentes do direito internacional, inclusive do direito humanitário internacional e do direito internacional dos direitos humanos, os Estados-partes tomarão todas as medidas necessárias para assegurar a proteção e a segurança das pessoas com deficiência que se encontrarem em situações de risco, inclusive situações de conflito armado, emergências humanitárias e ocorrência de desastres naturais.

Artigo 12
Reconhecimento igual perante a lei

1. Os Estados-partes reafirmam que as pessoas com deficiência têm o direito de ser reconhecidas em qualquer lugar como pessoas perante a lei.

2. Os Estados-partes reconhecerão que as pessoas com deficiência gozam de capacidade legal em igualdade de condições com as demais pessoas em todos os aspectos da vida.

3. Os Estados-partes tomarão medidas apropriadas para prover o acesso de pessoas com deficiência ao apoio que necessitarem no exercício de sua capacidade legal.

4. Os Estados-partes assegurarão que todas as medidas relativas ao exercício da capacidade legal incluam salvaguardas apropriadas e efetivas para prevenir abusos, em conformidade com o direito internacional dos direitos humanos. Essas salvaguardas assegurarão que as medidas relativas ao exercício da capacidade legal respeitem os direitos, a vontade e as preferências da pessoa, sejam isentas de conflito de interesses e de influência indevida, sejam proporcionais e apropriadas às circunstâncias da pessoa, se apliquem pelo período mais curto possível e sejam submetidas à revisão regular por uma autoridade ou órgão judiciário competente, independente e imparcial. As salvaguardas serão proporcionais ao grau em que tais medidas afetarem os direitos e interesses da pessoa.

5. Os Estados-partes, sujeitos ao disposto neste Artigo, tomarão todas as medidas apropriadas e efetivas para assegurar às pessoas com deficiência o igual direito de possuir ou herdar bens, de controlar as próprias finanças e de ter igual acesso a empréstimos bancários, hipotecas e outras formas de crédito financeiro, e assegurarão que as pessoas com deficiência não sejam arbitrariamente destituídas de seus bens.

Artigo 13
Acesso à justiça

1. Os Estados-partes assegurarão o efetivo acesso das pessoas com deficiência à justiça, em igualdade de condições com as demais pessoas, inclu-

sive mediante a provisão de adaptações processuais adequadas à idade, a fim de facilitar o efetivo papel das pessoas com deficiência como participantes diretos ou indiretos, inclusive como testemunhas, em todos os procedimentos jurídicos, tais como investigações e outras etapas preliminares.

2. A fim de assegurar às pessoas com deficiência o efetivo acesso à justiça, os Estados-partes promoverão a capacitação apropriada daqueles que trabalham na área de administração da justiça, inclusive a polícia e os funcionários do sistema penitenciário.

Artigo 14
Liberdade e segurança da pessoa

1. Os Estados-partes assegurarão que as pessoas com deficiência, em igualdade de oportunidades com as demais pessoas:

a) Gozem do direito à liberdade e à segurança da pessoa; e

b) Não sejam privadas ilegal ou arbitrariamente de sua liberdade e que toda privação de liberdade esteja em conformidade com a lei, e que a existência de deficiência não justifique a privação de liberdade.

2. Os Estados-partes assegurarão que, se pessoas com deficiência forem privadas de liberdade mediante algum processo, elas, em igualdade de oportunidades com as demais pessoas, façam jus a garantias de acordo com o direito internacional dos direitos humanos e sejam tratadas em conformidade com os objetivos e princípios da presente Convenção, inclusive mediante a provisão de adaptação razoável.

Artigo 15
Prevenção contra tortura ou tratamentos ou penas cruéis, desumanos ou degradantes

1. Nenhuma pessoa será submetida à tortura ou a tratamentos ou penas cruéis, desumanos ou degradantes. Em especial, nenhuma pessoa deverá ser sujeita a experimentos médicos ou científicos sem seu livre consentimento.

2. Os Estados-partes tomarão todas as medidas efetivas de natureza legislativa, administrativa, judicial ou outra para evitar que pessoas com deficiência, do mesmo modo que as demais pessoas, sejam submetidas à tortura ou a tratamentos ou penas cruéis, desumanos ou degradantes.

Artigo 16
Prevenção contra a exploração, a violência e o abuso

1. Os Estados-partes tomarão todas as medidas apropriadas de natureza legislativa, administrativa, social, educacional e outras para proteger as pessoas com deficiência, tanto dentro como fora do lar, contra todas as formas de exploração, violência e abuso, incluindo aspectos relacionados a gênero.

2. Os Estados-partes também tomarão todas as medidas apropriadas para prevenir todas as formas de exploração, violência e abuso, assegurando, en-

tre outras coisas, formas apropriadas de atendimento e apoio que levem em conta o gênero e a idade das pessoas com deficiência e de seus familiares e atendentes, inclusive mediante a provisão de informação e educação sobre a maneira de evitar, reconhecer e denunciar casos de exploração, violência e abuso. Os Estados-partes assegurarão que os serviços de proteção levem em conta a idade, o gênero e a deficiência das pessoas.

3. A fim de prevenir a ocorrência de quaisquer formas de exploração, violência e abuso, os Estados-partes assegurarão que todos os programas e instalações destinados a atender pessoas com deficiência sejam efetivamente monitorados por autoridades independentes.

4. Os Estados-partes tomarão todas as medidas apropriadas para promover a recuperação física, cognitiva e psicológica, inclusive mediante a provisão de serviços de proteção, a reabilitação e a reinserção social de pessoas com deficiência que forem vítimas de qualquer forma de exploração, violência ou abuso. Tais recuperação e reinserção ocorrerão em ambientes que promovam a saúde, o bem-estar, o auto-respeito, a dignidade e a autonomia da pessoa e levem em consideração as necessidades de gênero e idade.

5. Os Estados-partes adotarão leis e políticas efetivas, inclusive legislação e políticas voltadas para mulheres e crianças, a fim de assegurar que os casos de exploração, violência e abuso contra pessoas com deficiência sejam identificados, investigados e, caso necessário, julgados.

Artigo 17
Proteção da integridade da pessoa

Toda pessoa com deficiência tem o direito a que sua integridade física e mental seja respeitada, em igualdade de condições com as demais pessoas.

Artigo 18
Liberdade de movimentação e nacionalidade

1. Os Estados-partes reconhecerão os direitos das pessoas com deficiência à liberdade de movimentação, à liberdade de escolher sua residência e à nacionalidade, em igualdade de oportunidades com as demais pessoas, inclusive assegurando que as pessoas com deficiência:

a) Tenham o direito de adquirir nacionalidade e mudar de nacionalidade e não sejam privadas arbitrariamente de sua nacionalidade em razão de sua deficiência.

b) Não sejam privadas, por causa de sua deficiência, da competência de obter, possuir e utilizar documento comprovante de sua nacionalidade ou outro documento de identidade, ou de recorrer a processos relevantes, tais como procedimentos relativos à imigração, que forem necessários para facilitar o exercício de seu direito à liberdade de movimentação.

c) Tenham liberdade de sair de qualquer país, inclusive do seu; e

d) Não sejam privadas, arbitrariamente ou por causa de sua deficiência, do direito de entrar no próprio país.

2. As crianças com deficiência serão registradas imediatamente após o nascimento e terão, desde o nascimento, o direito a um nome, o direito de adquirir nacionalidade e, tanto quanto possível, o direito de conhecer seus pais e de ser cuidadas por eles.

Artigo 19
Vida independente e inclusão na comunidade

Os Estados-partes desta Convenção reconhecem o igual direito de todas as pessoas com deficiência de viver na comunidade, com a mesma liberdade de escolha que as demais pessoas, e tomarão medidas efetivas e apropriadas para facilitar às pessoas com deficiência o pleno gozo desse direito e sua plena inclusão e participação na comunidade, inclusive assegurando que:

a) As pessoas com deficiência possam escolher seu local de residência e onde e com quem morar, em igualdade de oportunidades com as demais pessoas, e que não sejam obrigadas a viver em determinado tipo de moradia;

b) As pessoas com deficiência tenham acesso a uma variedade de serviços de apoio em domicílio ou em instituições residenciais ou a outros serviços comunitários de apoio, inclusive os serviços de atendentes pessoais que forem necessários como apoio para que as pessoas com deficiência vivam e sejam incluídas na comunidade e para evitar que fiquem isoladas ou segregadas da comunidade;

c) Os serviços e instalações da comunidade para a população em geral estejam disponíveis às pessoas com deficiência, em igualdade de oportunidades, e atendam às suas necessidades.

Artigo 20
Mobilidade pessoal

Os Estados-partes tomarão medidas efetivas para assegurar às pessoas com deficiência sua mobilidade pessoal com a máxima independência possível:

a) Facilitando a mobilidade pessoal das pessoas com deficiência, na forma e no momento em que elas quiserem, e a custo acessível;

b) Facilitando às pessoas com deficiência o acesso a tecnologias assistivas, dispositivos e ajudas técnicas de qualidade, e formas de assistência humana ou animal e de mediadores, inclusive tornando-os disponíveis a custo acessível;

c) Propiciando às pessoas com deficiência e ao pessoal especializado uma capacitação em técnicas de mobilidade;

d) Incentivando entidades que produzem ajudas técnicas de mobilidade, dispositivos e tecnologias assistivas a levarem em conta todos os aspectos relativos à mobilidade de pessoas com deficiência.

Artigo 21
Liberdade de expressão e de opinião e acesso à informação

Os Estados-partes tomarão todas as medidas apropriadas para assegurar que as pessoas com deficiência possam exercer seu direito à liberdade de expressão e opinião, inclusive à liberdade de buscar, receber e compartilhar informações e ideias, em igualdade de oportunidades com as demais pessoas e por intermédio de todas as formas de comunicação de sua escolha, conforme o disposto no Artigo 2 da presente Convenção, entre as quais:

a) Fornecer, prontamente e sem custo adicional, às pessoas com deficiência, todas as informações destinadas ao público em geral, em formatos acessíveis e tecnologias apropriadas aos diferentes tipos de deficiência;

b) Aceitar e facilitar, em trâmites oficiais, o uso de línguas de sinais, *braille*, comunicação aumentativa e alternativa, e de todos os demais meios, modos e formatos acessíveis de comunicação, à escolha das pessoas com deficiência;

c) Urgir as entidades privadas que oferecem serviços ao público em geral, inclusive por meio da Internet, a fornecer informações e serviços em formatos acessíveis, que possam ser usados por pessoas com deficiência;

d) Incentivar a mídia, inclusive os provedores de informação pela Internet, a tornar seus serviços acessíveis a pessoas com deficiência;

e) Reconhecer e promover o uso de línguas de sinais.

Artigo 22
Respeito à privacidade

1. Nenhuma pessoa com deficiência, qualquer que seja seu local de residência ou tipo de moradia, estará sujeita a interferência arbitrária ou ilegal em sua privacidade, família, lar, correspondência ou outros tipos de comunicação, nem a ataques ilícitos à sua honra e reputação. As pessoas com deficiência têm o direito à proteção da lei contra tais interferências ou ataques.

2. Os Estados-partes protegerão a privacidade dos dados pessoais e dados relativos à saúde e à reabilitação de pessoas com deficiência, em igualdade de condições com as demais pessoas.

Artigo 23
Respeito pelo lar e pela família

1. Os Estados-partes tomarão medidas efetivas e apropriadas para eliminar a discriminação contra pessoas com deficiência, em todos os aspectos relativos a casamento, família, paternidade e relacionamentos, em igualdade de condições com as demais pessoas, de modo a assegurar que:

a) Seja reconhecido o direito das pessoas com deficiência, em idade de contrair matrimônio, de casar-se e estabelecer família, com base no livre e pleno consentimento dos pretendentes;

b) Sejam reconhecidos os direitos das pessoas com deficiência de decidir livre e responsavelmente sobre o número de filhos e o espaçamento entre esses filhos e de ter acesso a informações adequadas à idade e a educação em matéria de reprodução e de planejamento familiar, bem como os meios necessários para exercer esses direitos.

c) As pessoas com deficiência, inclusive crianças, conservem sua fertilidade, em igualdade de condições com as demais pessoas.

2. Os Estados-partes assegurarão os direitos e responsabilidades das pessoas com deficiência, relativos à guarda, custódia, curatela e adoção de crianças ou instituições semelhantes, caso esses conceitos constem na legislação nacional. Em todos os casos, prevalecerá o superior interesse da criança. Os Estados-partes prestarão a devida assistência às pessoas com deficiência para que essas pessoas possam exercer suas responsabilidades na criação dos filhos.

3. Os Estados-partes assegurarão que as crianças com deficiência terão iguais direitos em relação à vida familiar. Para a realização desses direitos e para evitar ocultação, abandono, negligência e segregação de crianças com deficiência, os Estados-partes fornecerão prontamente informações abrangentes sobre serviços e apoios a crianças com deficiência e suas famílias.

4. Os Estados-partes assegurarão que uma criança não será separada de seus pais contra a vontade destes, exceto quando autoridades competentes, sujeitas a controle jurisdicional, determinarem, em conformidade com as leis e procedimentos aplicáveis, que a separação é necessária, no superior interesse da criança. Em nenhum caso, uma criança será separada dos pais sob alegação de deficiência da criança ou de um ou ambos os pais.

5. Os Estados-partes, no caso em que a família imediata de uma criança com deficiência não tenha condições de cuidar da criança, farão todo esforço para que cuidados alternativos sejam oferecidos por outros parentes e, se isso não for possível, dentro de ambiente familiar, na comunidade.

Artigo 24
Educação

1. Os Estados-partes reconhecem o direito das pessoas com deficiência à educação. Para efetivar esse direito sem discriminação e com base na igualdade de oportunidades, os Estados-partes assegurarão sistema educacional inclusivo em todos os níveis, bem como o aprendizado ao longo de toda a vida, com os seguintes objetivos:

a) O pleno desenvolvimento do potencial humano e do senso de dignidade e autoestima, além do fortalecimento do respeito pelos direitos humanos, pelas liberdades fundamentais e pela diversidade humana;

b) O máximo desenvolvimento possível da personalidade e dos talentos e da criatividade das pessoas com deficiência, assim como de suas habilidades físicas e intelectuais;

c) A participação efetiva das pessoas com deficiência em uma sociedade livre.

2. Para a realização desse direito, os Estados-partes assegurarão que:

a) As pessoas com deficiência não sejam excluídas do sistema educacional geral sob alegação de deficiência e que as crianças com deficiência não sejam excluídas do ensino primário gratuito e compulsório ou do ensino secundário, sob alegação de deficiência;

b) As pessoas com deficiência possam ter acesso ao ensino primário inclusivo, de qualidade e gratuito, e ao ensino secundário, em igualdade de condições com as demais pessoas na comunidade em que vivem;

c) Adaptações razoáveis de acordo com as necessidades individuais sejam providenciadas;

d) As pessoas com deficiência recebam o apoio necessário, no âmbito do sistema educacional geral, com vistas a facilitar sua efetiva educação;

e) Medidas de apoio individualizadas e efetivas sejam adotadas em ambientes que maximizem o desenvolvimento acadêmico e social, de acordo com a meta de inclusão plena.

3. Os Estados-partes assegurarão às pessoas com deficiência a possibilidade de adquirir as competências práticas e sociais necessárias de modo a facilitar às pessoas com deficiência sua plena e igual participação no sistema de ensino e na vida em comunidade. Para tanto, os Estados-partes tomarão medidas apropriadas, incluindo:

a) Facilitação do aprendizado do *braille*, escrita alternativa, modos, meios e formatos de comunicação aumentativa e alternativa, e habilidades de orientação e mobilidade, além de facilitação do apoio e aconselhamento de pares;

b) Facilitação do aprendizado da língua de sinais e promoção da identidade linguística da comunidade surda;

c) Garantia de que a educação de pessoas, em particular crianças cegas, surdocegas e surdas, seja ministrada nas línguas e nos modos e meios de comunicação mais adequados ao indivíduo e em ambientes que favoreçam ao máximo seu desenvolvimento acadêmico e social.

4. A fim de contribuir para o exercício desse direito, os Estados-partes tomarão medidas apropriadas para empregar professores, inclusive professores com deficiência, habilitados para o ensino da língua de sinais e/ou do *braille*, e para capacitar profissionais e equipes atuantes em todos os níveis de ensino. Essa capacitação incorporará a conscientização da deficiência e a utilização de modos, meios e formatos apropriados de comunicação aumentativa e alternativa, e técnicas e materiais pedagógicos, como apoios para pessoas com deficiência.

5. Os Estados-partes assegurarão que as pessoas com deficiência possam ter acesso ao ensino superior em geral, treinamento profissional de acordo com sua vocação, educação para adultos e formação continuada, sem discriminação e em igualdade de condições. Para tanto, os Estados-partes assegurarão a provisão de adaptações razoáveis para pessoas com deficiência.

Artigo 25
Saúde

Os Estados-partes reconhecem que as pessoas com deficiência têm o direito de gozar do estado de saúde mais elevado possível, sem discriminação baseada na deficiência. Os Estados-partes tomarão todas as medidas apropriadas para assegurar às pessoas com deficiência o acesso a serviços de saúde, incluindo os serviços de reabilitação, que levarão em conta as especificidades de gênero. Em especial, os Estados-partes:

a) Oferecerão às pessoas com deficiência programas e atenção à saúde gratuitos ou a custos acessíveis da mesma variedade, qualidade e padrão que são oferecidos às demais pessoas, inclusive na área de saúde sexual e reprodutiva e de programas de saúde pública destinados à população em geral;

b) Propiciarão serviços de saúde que as pessoas com deficiência necessitam especificamente por causa de sua deficiência, inclusive diagnóstico e intervenção precoces, bem como serviços projetados para reduzir ao máximo e prevenir deficiências adicionais, inclusive entre crianças e idosos;

c) Propiciarão esses serviços de saúde às pessoas com deficiência, o mais próximo possível de suas comunidades, inclusive na zona rural;

d) Exigirão dos profissionais de saúde que dispensem às pessoas com deficiência a mesma qualidade de serviços dispensada às demais pessoas e, principalmente, que obtenham o consentimento livre e esclarecido das pessoas com deficiência concernentes. Para esse fim, os Estados-partes realizarão atividades de formação e definirão regras éticas para os setores de saúde público e privado, de modo a conscientizar os profissionais de saúde acerca dos direitos humanos, da dignidade, autonomia e das necessidades das pessoas com deficiência;

e) Proibirão a discriminação contra pessoas com deficiência na provisão de seguro de saúde e seguro de vida, caso tais seguros sejam permitidos pela legislação nacional, os quais deverão ser providos de maneira razoável e justa;

f) Prevenirão que se negue, de maneira discriminatória, os serviços de saúde ou de atenção à saúde ou a administração de alimentos sólidos ou líquidos por motivo de deficiência.

Artigo 26
Habilitação e reabilitação

1. Os Estados-partes tomarão medidas efetivas e apropriadas, inclusive mediante apoio dos pares, para possibilitar que as pessoas com deficiência conquistem e conservem o máximo de autonomia e plena capacidade física, mental, social e profissional, bem como plena inclusão e participação em todos os aspectos da vida. Para tanto, os Estados-partes organizarão, fortalecerão e ampliarão serviços e programas completos de habilitação e reabi-

litação, particularmente nas áreas de saúde, emprego, educação e serviços sociais, de modo que esses serviços e programas:

a) Comecem no estágio mais precoce possível e sejam baseados em avaliação multidisciplinar das necessidades e pontos fortes de cada pessoa;

b) Apoiem a participação e a inclusão na comunidade e em todos os aspectos da vida social, sejam oferecidos voluntariamente e estejam disponíveis às pessoas com deficiência o mais próximo possível de suas comunidades, inclusive na zona rural.

2. Os Estados-partes promoverão o desenvolvimento da capacitação inicial e continuada de profissionais e de equipes que atuam nos serviços de habilitação e reabilitação.

3. Os Estados-partes promoverão a disponibilidade, o conhecimento e o uso de dispositivos e tecnologias assistivas, projetados para pessoas com deficiência e relacionados com a habilitação e a reabilitação.

Artigo 27
Trabalho e emprego

1. Os Estados-partes reconhecem o direito das pessoas com deficiência ao trabalho, em igualdade de oportunidades com as demais pessoas. Esse direito abrange o direito à oportunidade de se manter com um trabalho de sua livre escolha ou aceitação no mercado laboral, em ambiente de trabalho que seja aberto, inclusivo e acessível a pessoas com deficiência. Os Estados-partes salvaguardarão e promoverão a realização do direito ao trabalho, inclusive daqueles que tiverem adquirido uma deficiência no emprego, adotando medidas apropriadas, incluídas na legislação, com o fim de, entre outros:

a) Proibir a discriminação baseada na deficiência com respeito a todas as questões relacionadas com as formas de emprego, inclusive condições de recrutamento, contratação e admissão, permanência no emprego, ascensão profissional e condições seguras e salubres de trabalho;

b) Proteger os direitos das pessoas com deficiência, em condições de igualdade com as demais pessoas, às condições justas e favoráveis de trabalho, incluindo iguais oportunidades e igual remuneração por trabalho de igual valor, condições seguras e salubres de trabalho, além de reparação de injustiças e proteção contra o assédio no trabalho;

c) Assegurar que as pessoas com deficiência possam exercer seus direitos trabalhistas e sindicais, em condições de igualdade com as demais pessoas;

d) Possibilitar às pessoas com deficiência o acesso efetivo a programas de orientação técnica e profissional e a serviços de colocação no trabalho e de treinamento profissional e continuado;

e) Promover oportunidades de emprego e ascensão profissional para pessoas com deficiência no mercado de trabalho, bem como assistência na procura, obtenção e manutenção do emprego e no retorno ao emprego;

f) Promover oportunidades de trabalho autônomo, empreendedorismo, desenvolvimento de cooperativas e estabelecimento de negócio próprio;

g) Empregar pessoas com deficiência no setor público;

h) Promover o emprego de pessoas com deficiência no setor privado, mediante políticas e medidas apropriadas, que poderão incluir programas de ação afirmativa, incentivos e outras medidas;

i) Assegurar que adaptações razoáveis sejam feitas para pessoas com deficiência no local de trabalho;

j) Promover a aquisição de experiência de trabalho por pessoas com deficiência no mercado aberto de trabalho;

k) Promover reabilitação profissional, manutenção do emprego e programas de retorno ao trabalho para pessoas com deficiência.

2. Os Estados-partes assegurarão que as pessoas com deficiência não serão mantidas em escravidão ou servidão e que serão protegidas, em igualdade de condições com as demais pessoas, contra o trabalho forçado ou compulsório.

Artigo 28
Padrão de vida e proteção social adequados

1. Os Estados-partes reconhecem o direito das pessoas com deficiência a um padrão adequado de vida para si e para suas famílias, inclusive alimentação, vestuário e moradia adequados, bem como à melhoria contínua de suas condições de vida, e tomarão as providências necessárias para salvaguardar e promover a realização desse direito sem discriminação baseada na deficiência.

2. Os Estados-partes reconhecem o direito das pessoas com deficiência à proteção social e ao exercício desse direito sem discriminação baseada na deficiência, e tomarão as medidas apropriadas para salvaguardar e promover a realização desse direito, tais como:

a) Assegurar igual acesso de pessoas com deficiência a serviços de saneamento básico e assegurar o acesso aos serviços, dispositivos e outros atendimentos apropriados para as necessidades relacionadas com a deficiência;

b) Assegurar o acesso de pessoas com deficiência, particularmente mulheres, crianças e idosos com deficiência, a programas de proteção social e de redução da pobreza;

c) Assegurar o acesso de pessoas com deficiência e suas famílias em situação de pobreza à assistência do Estado em relação a seus gastos ocasionados pela deficiência, inclusive treinamento adequado, aconselhamento, ajuda financeira e cuidados de repouso;

d) Assegurar o acesso de pessoas com deficiência a programas habitacionais públicos;

e) Assegurar igual acesso de pessoas com deficiência a programas e benefícios de aposentadoria.

Artigo 29
Participação na vida política e pública

Os Estados-partes garantirão às pessoas com deficiência direitos políticos e oportunidade de exercê-los em condições de igualdade com as demais pessoas, e deverão:

a) Assegurar que as pessoas com deficiência possam participar efetiva e plenamente na vida política e pública, em igualdade de oportunidades com as demais pessoas, diretamente ou por meio de representantes livremente escolhidos, incluindo o direito e a oportunidade de votarem e serem votadas, mediante, entre outros:

i) Garantia de que os procedimentos, instalações e materiais e equipamentos para votação serão apropriados, acessíveis e de fácil compreensão e uso;

ii) Proteção do direito das pessoas com deficiência ao voto secreto em eleições e plebiscitos, sem intimidação, e a candidatar-se nas eleições, efetivamente ocupar cargos eletivos e desempenhar quaisquer funções públicas em todos os níveis de governo, usando novas tecnologias assistivas, quando apropriado;

iii) Garantia da livre expressão de vontade das pessoas com deficiência como eleitores e, para tanto, sempre que necessário e a seu pedido, permissão para que elas sejam auxiliadas na votação por uma pessoa de sua escolha;

b) Promover ativamente um ambiente em que as pessoas com deficiência possam participar efetiva e plenamente na condução das questões públicas, sem discriminação e em igualdade de oportunidades com as demais pessoas, e encorajar sua participação nas questões públicas, mediante:

i) Participação em organizações não governamentais relacionadas com a vida pública e política do país, bem como em atividades e administração de partidos políticos;

ii) Formação de organizações para representar pessoas com deficiência em níveis internacional, regional, nacional e local, bem como a filiação de pessoas com deficiência a tais organizações.

Artigo 30
Participação na vida cultural e em recreação, lazer e esporte

1. Os Estados-partes reconhecem o direito das pessoas com deficiência de participar na vida cultural, em igualdade de oportunidades com as demais pessoas, e tomarão todas as medidas apropriadas para que as pessoas com deficiência possam:

a) Ter acesso a bens culturais em formatos acessíveis;

b) Ter acesso a programas de televisão, cinema, teatro e outras atividades culturais, em formatos acessíveis; e

c) Ter acesso a locais que ofereçam serviços ou eventos culturais, tais como teatros, museus, cinemas, bibliotecas e serviços turísticos, bem como, tanto quanto possível, ter acesso a monumentos e locais de importância cultural nacional.

2. Os Estados-partes tomarão medidas apropriadas para que as pessoas com deficiência tenham a oportunidade de desenvolver e utilizar seu potencial criativo, artístico e intelectual, não somente em benefício próprio, mas também para o enriquecimento da sociedade.

3. Os Estados-partes deverão tomar todas as providências, em conformidade com o direito internacional, para assegurar que a legislação de proteção dos direitos de propriedade intelectual não constitua barreira excessiva ou discriminatória ao acesso de pessoas com deficiência a bens culturais.

4. As pessoas com deficiência farão jus, em igualdade de oportunidades com as demais pessoas, a que sua identidade cultural e linguística específica seja reconhecida e apoiada, incluindo as línguas de sinais e a cultura surda.

5. Para que as pessoas com deficiência participem, em igualdade de oportunidades com as demais pessoas, de atividades recreativas, esportivas e de lazer, os Estados-partes tomarão medidas apropriadas para:

a) Incentivar e promover a maior participação possível das pessoas com deficiência nas atividades esportivas comuns em todos os níveis;

b) Assegurar que as pessoas com deficiência tenham a oportunidade de organizar, desenvolver e participar em atividades esportivas e recreativas específicas às deficiências e, para tanto, incentivar a provisão de instrução, treinamento e recursos adequados, em igualdade de oportunidades com as demais pessoas;

c) Assegurar que as pessoas com deficiência tenham acesso a locais de eventos esportivos, recreativos e turísticos;

d) Assegurar que as crianças com deficiência possam, em igualdade de condições com as demais crianças, participar de jogos e atividades recreativas, esportivas e de lazer, inclusive no sistema escolar;

e) Assegurar que as pessoas com deficiência tenham acesso aos serviços prestados por pessoas ou entidades envolvidas na organização de atividades recreativas, turísticas, esportivas e de lazer.

Artigo 31
Estatísticas e coleta de dados

1. Os Estados-partes coletarão dados apropriados, inclusive estatísticos e de pesquisas, para que possam formular e implementar políticas destinadas a por em prática a presente Convenção. O processo de coleta e manutenção de tais dados deverá:

a) Observar as salvaguardas estabelecidas por lei, inclusive pelas leis relativas à proteção de dados, a fim de assegurar a confidencialidade e o respeito pela privacidade das pessoas com deficiência;

b) Observar as normas internacionalmente aceitas para proteger os direitos humanos, as liberdades fundamentais e os princípios éticos na coleta de dados e utilização de estatísticas.

2. As informações coletadas de acordo com o disposto neste Artigo serão desagregadas, de maneira apropriada, e utilizadas para avaliar o cumprimento, por parte dos Estados-partes, de suas obrigações na presente Convenção e para identificar e enfrentar as barreiras com as quais as pessoas com deficiência se deparam no exercício de seus direitos.

3. Os Estados-partes assumirão responsabilidade pela disseminação das referidas estatísticas e assegurarão que elas sejam acessíveis às pessoas com deficiência e a outros.

Artigo 32
Cooperação internacional

1. Os Estados-partes reconhecem a importância da cooperação internacional e de sua promoção, em apoio aos esforços nacionais para a consecução do propósito e dos objetivos da presente Convenção e, sob este aspecto, adotarão medidas apropriadas e efetivas entre os Estados e, de maneira adequada, em parceria com organizações internacionais e regionais relevantes e com a sociedade civil e, em particular, com organizações de pessoas com deficiência. Estas medidas poderão incluir, entre outras:

a) Assegurar que a cooperação internacional, incluindo os programas internacionais de desenvolvimento, sejam inclusivos e acessíveis para pessoas com deficiência;

b) Facilitar e apoiar a capacitação, inclusive por meio do intercâmbio e compartilhamento de informações, experiências, programas de treinamento e melhores práticas;

c) Facilitar a cooperação em pesquisa e o acesso a conhecimentos científicos e técnicos;

d) Propiciar, de maneira apropriada, assistência técnica e financeira, inclusive mediante facilitação do acesso a tecnologias assistivas e acessíveis e seu compartilhamento, bem como por meio de transferência de tecnologias.

2. O disposto neste Artigo se aplica sem prejuízo das obrigações que cabem a cada Estado-parte em decorrência da presente Convenção.

Artigo 33
Implementação e monitoramento nacionais

1. Os Estados-partes, de acordo com seu sistema organizacional, designarão um ou mais de um ponto focal no âmbito do Governo para assuntos relacionados com a implementação da presente Convenção e darão a devida consideração ao estabelecimento ou designação de um mecanismo de coordenação no âmbito do Governo, a fim de facilitar ações correlatas nos diferentes setores e níveis.

2. Os Estados-partes, em conformidade com seus sistemas jurídico e administrativo, manterão, fortalecerão, designarão ou estabelecerão estrutura, incluindo um ou mais de um mecanismo independente, de maneira apro-

priada, para promover, proteger e monitorar a implementação da presente Convenção. Ao designar ou estabelecer tal mecanismo, os Estados-partes levarão em conta os princípios relativos ao *status* e funcionamento das instituições nacionais de proteção e promoção dos direitos humanos.

3. A sociedade civil e, particularmente, as pessoas com deficiência e suas organizações representativas serão envolvidas e participarão plenamente no processo de monitoramento.

Artigo 34
Comitê sobre os Direitos das Pessoas com Deficiência

1. Um Comitê sobre os Direitos das Pessoas com Deficiência (doravante denominado "Comitê") será estabelecido, para desempenhar as funções aqui definidas.

2. O Comitê será constituído, quando da entrada em vigor da presente Convenção, de 12 peritos. Quando a presente Convenção alcançar 60 ratificações ou adesões, o Comitê será acrescido em seis membros, perfazendo o total de 18 membros.

3. Os membros do Comitê atuarão a título pessoal e apresentarão elevada postura moral, competência e experiência reconhecidas no campo abrangido pela presente Convenção. Ao designar seus candidatos, os Estados-partes são instados a dar a devida consideração ao disposto no Artigo 4.3 da presente Convenção.

4. Os membros do Comitê serão eleitos pelos Estados-partes, observando-se uma distribuição geográfica equitativa, representação de diferentes formas de civilização e dos principais sistemas jurídicos, representação equilibrada de gênero e participação de peritos com deficiência.

5. Os membros do Comitê serão eleitos por votação secreta em sessões da Conferência dos Estados-partes, a partir de uma lista de pessoas designadas pelos Estados-partes entre seus nacionais. Nessas sessões, cujo quórum será de dois terços dos Estados-partes, os candidatos eleitos para o Comitê serão aqueles que obtiverem o maior número de votos e a maioria absoluta dos votos dos representantes dos Estados-partes presentes e votantes.

6. A primeira eleição será realizada, o mais tardar, até seis meses após a data de entrada em vigor da presente Convenção. Pelo menos quatro meses antes de cada eleição, o Secretário-Geral das Nações Unidas dirigirá carta aos Estados-partes, convidando-os a submeter os nomes de seus candidatos no prazo de dois meses. O Secretário-Geral, subsequentemente, preparará lista em ordem alfabética de todos os candidatos apresentados, indicando que foram designados pelos Estados-partes, e submeterá essa lista aos Estados-partes da presente Convenção.

7. Os membros do Comitê serão eleitos para mandato de quatro anos, podendo ser candidatos à reeleição uma única vez. Contudo, o mandato de

seis dos membros eleitos na primeira eleição expirará ao fim de dois anos; imediatamente após a primeira eleição, os nomes desses seis membros serão selecionados por sorteio pelo presidente da sessão a que se refere o parágrafo 5 deste Artigo.

8. A eleição dos seis membros adicionais do Comitê será realizada por ocasião das eleições regulares, de acordo com as disposições pertinentes deste Artigo.

9. Em caso de morte, demissão ou declaração de um membro de que, por algum motivo, não poderá continuar a exercer suas funções, o Estado-parte que o tiver indicado designará um outro perito que tenha as qualificações e satisfaça aos requisitos estabelecidos pelos dispositivos pertinentes deste Artigo, para concluir o mandato em questão.

10. O Comitê estabelecerá suas próprias normas de procedimento.

11. O Secretário-Geral das Nações Unidas proverá o pessoal e as instalações necessários para o efetivo desempenho das funções do Comitê segundo a presente Convenção e convocará sua primeira reunião.

12. Com a aprovação da Assembleia Geral, os membros do Comitê estabelecido sob a presente Convenção receberão emolumentos dos recursos das Nações Unidas, sob termos e condições que a Assembleia possa decidir, tendo em vista a importância das responsabilidades do Comitê.

13. Os membros do Comitê terão direito aos privilégios, facilidades e imunidades dos peritos em missões das Nações Unidas, em conformidade com as disposições pertinentes da Convenção sobre Privilégios e Imunidades das Nações Unidas.

Artigo 35
Relatórios dos Estados-partes

1. Cada Estado-parte, por intermédio do Secretário-Geral das Nações Unidas, submeterá relatório abrangente sobre as medidas adotadas em cumprimento de suas obrigações estabelecidas pela presente Convenção e sobre o progresso alcançado nesse aspecto, dentro do período de dois anos após a entrada em vigor da presente Convenção para o Estado-parte concernente.

2. Depois disso, os Estados-partes submeterão relatórios subsequentes, ao menos a cada quatro anos, ou quando o Comitê o solicitar.

3. O Comitê determinará as diretrizes aplicáveis ao teor dos relatórios.

4. Um Estado-parte que tiver submetido ao Comitê um relatório inicial abrangente não precisará, em relatórios subsequentes, repetir informações já apresentadas. Ao elaborar os relatórios ao Comitê, os Estados-partes são instados a fazê-lo de maneira franca e transparente e a levar em consideração o disposto no Artigo 4.3 da presente Convenção.

5. Os relatórios poderão apontar os fatores e as dificuldades que tiverem afetado o cumprimento das obrigações decorrentes da presente Convenção.

Artigo 36
Consideração dos relatórios

1. Os relatórios serão considerados pelo Comitê, que fará as sugestões e recomendações gerais que julgar pertinentes e as transmitirá aos respectivos Estados-partes. O Estado-parte poderá responder ao Comitê com as informações que julgar pertinentes. O Comitê poderá pedir informações adicionais ao Estados-partes, referentes à implementação da presente Convenção.

2. Se um Estado-parte atrasar consideravelmente a entrega de seu relatório, o Comitê poderá notificar esse Estado de que examinará a aplicação da presente Convenção com base em informações confiáveis de que disponha, a menos que o relatório devido seja apresentado pelo Estado dentro do período de três meses após a notificação. O Comitê convidará o Estado-parte interessado a participar desse exame. Se o Estado-parte responder entregando seu relatório, aplicar-se-á o disposto no parágrafo 1 do presente artigo.

3. O Secretário-Geral das Nações Unidas colocará os relatórios à disposição de todos os Estados-partes.

4. Os Estados-partes tornarão seus relatórios amplamente disponíveis ao público em seus países e facilitarão o acesso à possibilidade de sugestões e de recomendações gerais a respeito desses relatórios.

5. O Comitê transmitirá às agências, fundos e programas especializados das Nações Unidas e a outras organizações competentes, da maneira que julgar apropriada, os relatórios dos Estados-partes que contenham demandas ou indicações de necessidade de consultoria ou de assistência técnica, acompanhados de eventuais observações e sugestões do Comitê em relação às referidas demandas ou indicações, a fim de que possam ser consideradas.

Artigo 37
Cooperação entre os Estados-partes e o Comitê

1. Cada Estado-parte cooperará com o Comitê e auxiliará seus membros no desempenho de seu mandato.

2. Em suas relações com os Estados-partes, o Comitê dará a devida consideração aos meios e modos de aprimorar a capacidade de cada Estado-parte para a implementação da presente Convenção, inclusive mediante cooperação internacional.

Artigo 38
Relações do Comitê com outros órgãos

A fim de promover a efetiva implementação da presente Convenção e de incentivar a cooperação internacional na esfera abrangida pela presente Convenção:

a) As agências especializadas e outros órgãos das Nações Unidas terão o direito de se fazer representar quando da consideração da implementação de disposições da presente Convenção que disserem respeito aos seus respectivos mandatos. O Comitê poderá convidar as agências especializadas e outros órgãos competentes, segundo julgar apropriado, a oferecer consultoria de peritos sobre a implementação da Convenção em áreas pertinentes a seus respectivos mandatos. O Comitê poderá convidar agências especializadas e outros órgãos das Nações Unidas a apresentar relatórios sobre a implementação da Convenção em áreas pertinentes às suas respectivas atividades;

b) No desempenho de seu mandato, o Comitê consultará, de maneira apropriada, outros órgãos pertinentes instituídos ao amparo de tratados internacionais de direitos humanos, a fim de assegurar a consistência de suas respectivas diretrizes para a elaboração de relatórios, sugestões e recomendações gerais e de evitar duplicação e superposição no desempenho de suas funções.

Artigo 39
Relatório do Comitê

A cada dois anos, o Comitê submeterá à Assembleia Geral e ao Conselho Econômico e Social um relatório de suas atividades e poderá fazer sugestões e recomendações gerais baseadas no exame dos relatórios e nas informações recebidas dos Estados-partes. Estas sugestões e recomendações gerais serão incluídas no relatório do Comitê, acompanhadas, se houver, de comentários dos Estados-partes.

Artigo 40
Conferência dos Estados-partes

1. Os Estados-partes reunir-se-ão regularmente em Conferência dos Estados-partes a fim de considerar matérias relativas à implementação da presente Convenção.

2. O Secretário-Geral das Nações Unidas convocará, dentro do período de seis meses após a entrada em vigor da presente Convenção, a Conferência dos Estados-partes. As reuniões subsequentes serão convocadas pelo Secretário-Geral das Nações Unidas a cada dois anos ou conforme a decisão da Conferência dos Estados-partes.

Artigo 41
Depositário

O Secretário-Geral das Nações Unidas será o depositário da presente Convenção.

Artigo 42
Assinatura

A presente Convenção será aberta à assinatura de todos os Estados e organizações de integração regional na sede das Nações Unidas em Nova York, a partir de 30 de março de 2007.

Artigo 43
Consentimento em comprometer-se

A presente Convenção será submetida à ratificação pelos Estados signatários e à confirmação formal por organizações de integração regional signatárias. Ela estará aberta à adesão de qualquer Estado ou organização de integração regional que não a houver assinado.

Artigo 44
Organizações de integração regional

1. "Organização de integração regional" será entendida como organização constituída por Estados soberanos de determinada região, à qual seus Estados-membros tenham delegado competência sobre matéria abrangida pela presente Convenção. Essas organizações declararão, em seus documentos de confirmação formal ou adesão, o alcance de sua competência em relação à matéria abrangida pela presente Convenção. Subsequentemente, as organizações informarão ao depositário qualquer alteração substancial no âmbito de sua competência.

2. As referências a "Estados-partes" na presente Convenção serão aplicáveis a essas organizações, nos limites da competência destas.

3. Para os fins do parágrafo 1 do Artigo 45 e dos parágrafos 2 e 3 do Artigo 47, nenhum instrumento depositado por organização de integração regional será computado.

4. As organizações de integração regional, em matérias de sua competência, poderão exercer o direito de voto na Conferência dos Estados-partes, tendo direito ao mesmo número de votos quanto for o número de seus Estados-membros que forem Partes da presente Convenção. Essas organizações não exercerão seu direito de voto, se qualquer de seus Estados-membros exercer seu direito de voto, e vice-versa.

Artigo 45
Entrada em vigor

1. A presente Convenção entrará em vigor no trigésimo dia após o depósito do vigésimo instrumento de ratificação ou adesão.

2. Para cada Estado ou organização de integração regional que ratificar ou formalmente confirmar a presente Convenção ou a ela aderir após o depósito do referido vigésimo instrumento, a Convenção entrará em vigor no trigésimo dia a partir da data em que esse Estado ou organização tenha depositado seu instrumento de ratificação, confirmação formal ou adesão.

Artigo 46
Reservas

1. Não serão permitidas reservas incompatíveis com o objeto e o propósito da presente Convenção.

2. As reservas poderão ser retiradas a qualquer momento.

Artigo 47
Emendas

1. Qualquer Estado-parte poderá propor emendas à presente Convenção e submetê-las ao Secretário-Geral das Nações Unidas. O Secretário-Geral comunicará aos Estados-partes quaisquer emendas propostas, solicitando-lhes que o notifiquem se são favoráveis a uma Conferência dos Estados-partes para considerar as propostas e tomar decisão a respeito delas. Se, até quatro meses após a data da referida comunicação, pelo menos um terço dos Estados-partes se manifestar favorável a essa Conferência, o Secretário-Geral das Nações Unidas convocará a Conferência, sob os auspícios das Nações Unidas. Qualquer emenda adotada por maioria de dois terços dos Estados-partes presentes e votantes será submetida pelo Secretário-Geral à aprovação da Assembleia Geral das Nações Unidas e, posteriormente, à aceitação de todos os Estados-partes.

2. Qualquer emenda adotada e aprovada conforme o disposto no parágrafo 1 do presente artigo entrará em vigor no trigésimo dia após a data na qual o número de instrumentos de aceitação tenha atingido dois terços do número de Estados-partes na data de adoção da emenda. Posteriormente, a emenda entrará em vigor para todo Estado-parte no trigésimo dia após o depósito por esse Estado do seu instrumento de aceitação. A emenda será vinculante somente para os Estados-partes que a tiverem aceitado.

3. Se a Conferência dos Estados-partes assim o decidir por consenso, qualquer emenda adotada e aprovada em conformidade com o disposto no parágrafo 1 deste Artigo, relacionada exclusivamente com os artigos 34, 38, 39 e 40, entrará em vigor para todos os Estados-partes no trigésimo dia a partir da data em que o número de instrumentos de aceitação depositados tiver atingido dois terços do número de Estados-partes na data de adoção da emenda.

Artigo 48
Denúncia

Qualquer Estado-parte poderá denunciar a presente Convenção mediante notificação por escrito ao Secretário-Geral das Nações Unidas. A denúncia tornar-se-á efetiva um ano após a data de recebimento da notificação pelo Secretário-Geral.

Artigo 49
Formatos acessíveis

O texto da presente Convenção será colocado à disposição em formatos acessíveis.

Artigo 50
Textos autênticos

Os textos em árabe, chinês, espanhol, francês, inglês e russo da presente Convenção serão igualmente autênticos.

EM FÉ DO QUE os plenipotenciários abaixo assinados, devidamente autorizados para tanto por seus respectivos Governos, firmaram a presente Convenção.

PROTOCOLO FACULTATIVO À CONVENÇÃO SOBRE OS DIREITOS DAS PESSOAS COM DEFICIÊNCIA

Os Estados-partes do presente Protocolo acordaram o seguinte:

Artigo 1

1. Qualquer Estado-parte do presente Protocolo ("Estado-parte") reconhece a competência do Comitê sobre os Direitos das Pessoas com Deficiência ("Comitê") para receber e considerar comunicações submetidas por pessoas ou grupos de pessoas, ou em nome deles, sujeitos à sua jurisdição, alegando serem vítimas de violação das disposições da Convenção pelo referido Estado-parte.

2. O Comitê não receberá comunicação referente a qualquer Estado-parte que não seja signatário do presente Protocolo.

Artigo 2

O Comitê considerará inadmissível a comunicação quando:

a) A comunicação for anônima;

b) A comunicação constituir abuso do direito de submeter tais comunicações ou for incompatível com as disposições da Convenção;

c) A mesma matéria já tenha sido examinada pelo Comitê ou tenha sido ou estiver sendo examinada sob outro procedimento de investigação ou resolução internacional;

d) Não tenham sido esgotados todos os recursos internos disponíveis, salvo no caso em que a tramitação desses recursos se prolongue injustificadamente, ou seja improvável que se obtenha com eles solução efetiva;

e) A comunicação estiver precariamente fundamentada ou não for suficientemente substanciada; ou

f) Os fatos que motivaram a comunicação tenham ocorrido antes da entrada em vigor do presente Protocolo para o Estado-parte em apreço, salvo se os fatos continuaram ocorrendo após aquela data.

Artigo 3

Sujeito ao disposto no Artigo 2 do presente Protocolo, o Comitê levará confidencialmente ao conhecimento do Estado-parte concernente qualquer comunicação submetida ao Comitê. Dentro do período de seis meses, o Estado concernente submeterá ao Comitê explicações ou declarações por escrito, esclarecendo a matéria e a eventual solução adotada pelo referido Estado.

Artigo 4

1. A qualquer momento após receber uma comunicação e antes de decidir o mérito dessa comunicação, o Comitê poderá transmitir ao Estado-parte concernente, para sua urgente consideração, um pedido para que o Estado-parte tome as medidas de natureza cautelar que forem necessárias para evitar possíveis danos irreparáveis à vítima ou às vítimas da violação alegada.

2. O exercício pelo Comitê de suas faculdades discricionárias em virtude do parágrafo 1 do presente Artigo não implicará prejuízo algum sobre a admissibilidade ou sobre o mérito da comunicação.

Artigo 5

O Comitê realizará sessões fechadas para examinar comunicações a ele submetidas em conformidade com o presente Protocolo. Depois de examinar uma comunicação, o Comitê enviará suas sugestões e recomendações, se houver, ao Estado-parte concernente e ao requerente.

Artigo 6

1. Se receber informação confiável indicando que um Estado-parte está cometendo violação grave ou sistemática de direitos estabelecidos na Convenção, o Comitê convidará o referido Estado-parte a colaborar com a verificação da informação e, para tanto, a submeter suas observações a respeito da informação em pauta.

2. Levando em conta quaisquer observações que tenham sido submetidas pelo Estado-parte concernente, bem como quaisquer outras informações confiáveis em poder do Comitê, este poderá designar um ou mais de seus membros para realizar investigação e apresentar, em caráter de urgência, relatório ao Comitê. Caso se justifique e o Estado-parte o consinta, a investigação poderá incluir uma visita ao território desse Estado.

3. Após examinar os resultados da investigação, o Comitê os comunicará ao Estado-parte concernente, acompanhados de eventuais comentários e recomendações.

4. Dentro do período de seis meses após o recebimento dos resultados, comentários e recomendações transmitidos pelo Comitê, o Estado-parte concernente submeterá suas observações ao Comitê.

5. A referida investigação será realizada confidencialmente e a cooperação do Estado-parte será solicitada em todas as fases do processo.

Artigo 7

1. O Comitê poderá convidar o Estado-parte concernente a incluir em seu relatório, submetido em conformidade com o disposto no Artigo 35 da Convenção, pormenores a respeito das medidas tomadas em consequência da investigação realizada em conformidade com o Artigo 6 do presente Protocolo.

2. Caso necessário, o Comitê poderá, encerrado o período de seis meses a que se refere o parágrafo 4 do Artigo 6, convidar o Estado-parte concernente a informar o Comitê a respeito das medidas tomadas em consequência da referida investigação.

Artigo 8

Qualquer Estado-parte poderá, quando da assinatura ou ratificação do presente Protocolo ou de sua adesão a ele, declarar que não reconhece a competência do Comitê, a que se referem os Artigos 6 e 7.

Artigo 9

O Secretário-Geral das Nações Unidas será o depositário do presente Protocolo.

Artigo 10

O presente Protocolo será aberto à assinatura dos Estados e organizações de integração regional signatários da Convenção, na sede das Nações Unidas em Nova York, a partir de 30 de março de 2007.

Artigo 11

O presente Protocolo estará sujeito à ratificação pelos Estados signatários do presente Protocolo que tiverem ratificado a Convenção ou aderido a ela. Ele estará sujeito à confirmação formal por organizações de integração regional signatárias do presente Protocolo que tiverem formalmente confirmado a Convenção ou a ela aderido. O Protocolo ficará aberto à adesão de qualquer Estado ou organização de integração regional que tiver ratificado ou formalmente confirmado a Convenção ou a ela aderido e que não tiver assinado o Protocolo.

Artigo 12

1. "Organização de integração regional" será entendida como organização constituída por Estados soberanos de determinada região, à qual seus Estados-membros tenham delegado competência sobre matéria abrangida pela Convenção e pelo presente Protocolo. Essas organizações declararão, em seus documentos de confirmação formal ou adesão, o alcance de sua competência em relação à matéria abrangida pela Convenção e pelo presente Protocolo. Subsequentemente, as organizações informarão ao depositário qualquer alteração substancial no alcance de sua competência.

2. As referências a "Estados-partes" no presente Protocolo serão aplicáveis a essas organizações, nos limites da competência de tais organizações.

3. Para os fins do parágrafo 1 do Artigo 13 e do parágrafo 2 do Artigo 15, nenhum instrumento depositado por organização de integração regional será computado.

4. As organizações de integração regional, em matérias de sua competência, poderão exercer o direito de voto na Conferência dos Estados-partes, tendo direito ao mesmo número de votos que seus Estados-membros que forem Partes do presente Protocolo. Essas organizações não exercerão seu direito de voto se qualquer de seus Estados-membros exercer seu direito de voto, e vice-versa.

Artigo 13

1. Sujeito à entrada em vigor da Convenção, o presente Protocolo entrará em vigor no trigésimo dia após o depósito do décimo instrumento de ratificação ou adesão.

2. Para cada Estado ou organização de integração regional que ratificar ou formalmente confirmar o presente Protocolo ou a ele aderir depois do depósito do décimo instrumento dessa natureza, o Protocolo entrará em vigor no trigésimo dia a partir da data em que esse Estado ou organização tenha depositado seu instrumento de ratificação, confirmação formal ou adesão.

Artigo 14

1. Não serão permitidas reservas incompatíveis com o objeto e o propósito do presente Protocolo.

2. As reservas poderão ser retiradas a qualquer momento.

Artigo 15

1. Qualquer Estado-parte poderá propor emendas ao presente Protocolo e submetê-las ao Secretário-Geral das Nações Unidas. O Secretário-Geral comunicará aos Estados-partes quaisquer emendas propostas, solicitando-lhes que o notifiquem se são favoráveis a uma Conferência dos Estados-partes para considerar as propostas e tomar decisão a respeito delas. Se, até quatro meses após a data da referida comunicação, pelo menos um terço dos Estados-partes se manifestar favorável a essa Conferência, o Secretário-Geral das Nações Unidas convocará a Conferência, sob os auspícios das Nações Unidas. Qualquer emenda adotada por maioria de dois terços dos Estados-partes presentes e votantes será submetida pelo Secretário-Geral à aprovação da Assembleia Geral das Nações Unidas e, posteriormente, à aceitação de todos os Estados-partes.

2. Qualquer emenda adotada e aprovada conforme o disposto no parágrafo 1 do presente artigo entrará em vigor no trigésimo dia após a data na qual o número de instrumentos de aceitação tenha atingido dois terços do número de Estados-partes na data de adoção da emenda. Posteriormente, a emenda entrará em vigor para todo Estado-parte no trigésimo dia após o depósito por esse Estado do seu instrumento de aceitação. A emenda será vinculante somente para os Estados-partes que a tiverem aceitado.

Artigo 16

Qualquer Estado-parte poderá denunciar o presente Protocolo mediante notificação por escrito ao Secretário-Geral das Nações Unidas. A denúncia tornar-se-á efetiva um ano após a data de recebimento da notificação pelo Secretário-Geral.

Artigo 17

O texto do presente Protocolo será colocado à disposição em formatos acessíveis.

Artigo 18

Os textos em árabe, chinês, espanhol, francês, inglês e russo e do presente Protocolo serão igualmente autênticos.

EM FÉ DO QUE os plenipotenciários abaixo assinados, devidamente autorizados para tanto por seus respectivos governos, firmaram o presente Protocolo.

DECRETO N. 9.522, DE 08 DE OUTUBRO DE 2018

Promulga o Tratado de Marraqueche para Facilitar o Acesso a Obras Publicadas às Pessoas Cegas, com Deficiência Visual ou com Outras Dificuldades para Ter Acesso ao Texto Impresso, firmado em Marraqueche, em 27 de junho de 2013.

O PRESIDENTE DA REPÚBLICA, no uso da atribuição que lhe confere o art. 84, *caput*, inciso IV, da Constituição, e

Considerando que a República Federativa do Brasil firmou o Tratado de Marraqueche para Facilitar o Acesso a Obras Publicadas às Pessoas Cegas, com Deficiência Visual ou com Outras Dificuldades para Ter Acesso ao Texto Impresso, em Marraqueche, em 27 de junho de 2013;

Considerando que o Congresso Nacional aprovou o Tratado por meio do Decreto Legislativo n. 261, de 25 de novembro de 2015, conforme o procedimento de que trata o § 3º do art. 5º da Constituição; e

Considerando que o Governo brasileiro depositou, junto ao Diretor-Geral da Organização Mundial da Propriedade Intelectual, em 11 de dezembro de 2015, o instrumento de ratificação ao Tratado e que este entrou em vigor para a República Federativa do Brasil, no plano jurídico externo, em 30 de setembro de 2016;

DECRETA:

Art. 1º Fica promulgado o Tratado de Marraqueche para Facilitar o Acesso a Obras Publicadas às Pessoas Cegas, com Deficiência Visual ou com Outras Dificuldades para Ter Acesso ao Texto Impresso, firmado em Marraqueche, em 27 de junho de 2013, anexo a este Decreto.

Art. 2º São sujeitos à aprovação do Congresso Nacional atos que possam resultar em revisão do Tratado e ajustes complementares que acarretem encargos ou compromissos gravosos ao patrimônio nacional, nos termos do inciso I do *caput* do art. 49 da Constituição.

Art. 3º Este Decreto entra em vigor na data de sua publicação.

Brasília, 08 de outubro de 2018;
197º da Independência e 130º da República.

MICHEL TEMER

Marraqueche, 17 a 28 de junho de 2013

TRATADO DE MARRAQUECHE PARA FACILITAR O ACESSO A OBRAS PUBLICADAS ÀS PESSOAS CEGAS, COM DEFICIÊNCIA VISUAL OU COM OUTRAS DIFICULDADES PARA TER ACESSO AO TEXTO IMPRESSO

Adotado pela Conferência Diplomática

PREÂMBULO

As Partes Contratantes,

Recordando os princípios da não discriminação, da igualdade de oportunidades, da acessibilidade e da participação e inclusão plena e efetiva na sociedade, proclamados na Declaração Universal dos Direitos Humanos e na Convenção das Nações Unidas sobre os Direitos das Pessoas com Deficiência,

Conscientes dos desafios que são prejudiciais ao desenvolvimento pleno das pessoas com deficiência visual ou com outras dificuldades para ter acesso ao texto impresso, que limitam a sua liberdade de expressão, incluindo a liberdade de procurar, receber e difundir informações e ideias de toda espécie em condições de igualdade com as demais pessoas mediante todas as formas de comunicação de sua escolha, assim como o gozo do seu direito à educação e a oportunidade de realizar pesquisas,

Enfatizando a importância da proteção ao direito de autor como incentivo e recompensa para as criações literárias e artísticas e a de incrementar as oportunidades para todas as pessoas, inclusive as pessoas com deficiência visual ou com outras dificuldades para ter acesso ao texto impresso, de participar na vida cultural da comunidade, desfrutar das artes e compartilhar o progresso científico e seus benefícios,

Cientes das barreiras que enfrentam as pessoas com deficiência visual ou com outras dificuldades para ter acesso ao texto impresso para alcançarem oportunidades iguais na sociedade, e da necessidade de ampliar o número de obras em formatos acessíveis e de aperfeiçoar a circulação de tais obras,

Considerando que a maioria das pessoas com deficiência visual ou com outras dificuldades para ter acesso ao texto impresso vive em países em desenvolvimento e em países de menor desenvolvimento relativo,

Reconhecendo que, apesar das diferenças existentes nas legislações nacionais de direito de autor, o impacto positivo das novas tecnologias de informação e comunicação na vida das pessoas com deficiência visual ou com outras dificuldades para ter acesso ao texto impresso pode ser reforçado por um marco jurídico aprimorado no plano internacional,

Reconhecendo que muitos Estados Membros estabeleceram exceções e limitações em suas legislações nacionais de direito de autor destinadas a pessoas com deficiência visual ou com outras dificuldades para ter acesso ao texto impresso, mas que ainda há uma escassez permanente de exemplares disponíveis em formato acessível para essas pessoas; que são necessários recursos consideráveis em seus esforços para tornar as obras acessíveis a essas pessoas; e que a falta de possibilidade de intercâmbio transfronteiriço de exemplares em formato acessível exige a duplicação desses esforços,

Reconhecendo tanto a importância do papel dos titulares de direitos em tornar suas obras acessíveis a pessoas com deficiência visual ou com outras dificuldades para ter acesso ao texto impresso, como a importância de limitações e exceções adequadas para tornar as obras acessíveis a essas pessoas, em particular quando o mercado é incapaz de prover tal acesso,

Reconhecendo a necessidade de se manter um equilíbrio entre a proteção efetiva dos direitos dos autores e o interesse público mais amplo, em especial no que diz respeito à educação, pesquisa e acesso à informação, e que esse equilíbrio deve facilitar às pessoas com deficiência visual ou com outras dificuldades para ter acesso ao texto impresso o acesso efetivo e tempestivo às obras,

Reafirmando as obrigações contraídas pelas Partes Contratantes em virtude de tratados internacionais vigentes em matéria de proteção ao direito de autor, bem como a importância e a flexibilidade da regra dos três passos relativa às limitações e exceções, prevista no Artigo 9.2 da Convenção de Berna sobre a Proteção de Obras Literárias e Artísticas e em outros instrumentos internacionais,

Recordando a importância das recomendações da Agenda do Desenvolvimento, adotada em 2007 pela Assembleia Geral da Organização Mundial da Propriedade Intelectual (OMPI), que visa a assegurar que as considerações relativas ao desenvolvimento sejam parte integrante do trabalho da Organização,

Reconhecendo a importância do sistema internacional de direito de autor e visando harmonizar as limitações e exceções com vistas a facilitar o acesso e o uso de obras por pessoas com deficiência visual ou com outras dificuldades para ter acesso ao texto impresso,

Acordaram o seguinte:

Artigo 1º
Relação com outras convenções e tratados

Nenhuma disposição do presente Tratado derrogará quaisquer obrigações que as Partes Contratantes tenham entre si em virtude de outros tratados, nem prejudicará quaisquer direitos que uma Parte Contratante tenha em virtude de outros tratados.

Artigo 2º
Definições

Para os efeitos do presente Tratado:

a) "obras" significa as obras literárias e artísticas no sentido do Artigo 2.1 da Convenção de Berna sobre a Proteção de Obras Literárias e Artísticas, em forma de texto, notação e/ou ilustrações conexas, que tenham sido publicadas ou tornadas disponíveis publicamente por qualquer meio[1].

b) "exemplar em formato acessível" significa a reprodução de uma obra de uma maneira ou forma alternativa que dê aos beneficiários acesso à obra, inclusive para permitir que a pessoa tenha acesso de maneira tão prática e cômoda como uma pessoa sem deficiência visual ou sem outras dificuldades para ter acesso ao texto impresso. O exemplar em formato acessível é utilizado exclusivamente por beneficiários e deve respeitar a integridade da obra original, levando em devida consideração as alterações necessárias para tornar a obra acessível no formato alternativo e as necessidades de acessibilidade dos beneficiários.

c) "entidade autorizada" significa uma entidade que é autorizada ou reconhecida pelo governo para prover aos beneficiários, sem intuito de lucro, educação, formação pedagógica, leitura adaptada ou acesso à informação. Inclui, também, instituição governamental ou organização sem fins lucrativos que preste os mesmos serviços aos beneficiários como uma de suas atividades principais ou obrigações institucionais[2].

A entidade autorizada estabelecerá suas próprias práticas e as aplicará:

i) para determinar que as pessoas a que serve são beneficiárias;

ii) para limitar aos beneficiários e/ou às entidades autorizadas a distribuição e colocação à disposição de exemplares em formato acessível;

iii) para desencorajar a reprodução, distribuição e colocação à disposição de exemplares não autorizados; e

iv) para exercer o devido cuidado no uso dos exemplares das obras e manter os registros deste uso, respeitando a privacidade dos beneficiários em conformidade com o Artigo 8º.

Artigo 3º
Beneficiários

Será beneficiário toda pessoa:

---

1 Declaração acordada relativa ao Artigo 2º(a): Para os efeitos do presente Tratado, fica entendido que nesta definição se encontram compreendidas as obras em formato áudio, como os audiolivros.

2 Declaração acordada relativa ao Artigo 2º(c): Para os efeitos do presente Tratado, fica entendido que "entidades reconhecidas pelo governo" poderá incluir entidades que recebam apoio financeiro do governo para fornecer aos beneficiários, sem fins lucrativos, educação, formação pedagógica, leitura adaptada ou acesso à informação.

a) cega;

b) que tenha deficiência visual ou outra deficiência de percepção ou de leitura que não possa ser corrigida para se obter uma acuidade visual substancialmente equivalente à de uma pessoa que não tenha esse tipo de deficiência ou dificuldade, e para quem é impossível ler material impresso de uma forma substancialmente equivalente à de uma pessoa sem deficiência ou dificuldade; ou[3]

c) que esteja, impossibilitada, de qualquer outra maneira, devido a uma deficiência física, de sustentar ou manipular um livro ou focar ou mover os olhos da forma que normalmente seria apropriado para a leitura;

independentemente de quaisquer outras deficiências.

Artigo 4º
Limitações e Exceções na Legislação Nacional sobre Exemplares em Formato Acessível

1. (a) As Partes Contratantes estabelecerão na sua legislação nacional de direito de autor uma limitação ou exceção aos direitos de reprodução, de distribuição, bem como de colocação à disposição do público, tal como definido no Tratado da OMPI sobre Direito de Autor, para facilitar a disponibilidade de obras em formatos acessíveis aos beneficiários. A limitação ou exceção prevista na legislação nacional deve permitir as alterações necessárias para tornar a obra acessível em formato alternativo.

(b) As Partes Contratantes podem também estabelecer uma exceção ao direito de representação ou execução pública para facilitar o acesso a obras para beneficiários.

2. Uma Parte Contratante poderá cumprir o disposto no Artigo 4(1) para todos os direitos nele previstos, mediante o estabelecimento de uma limitação ou exceção em sua legislação nacional de direitos de autor de tal forma que:

(a) Seja permitido às entidades autorizadas, sem a autorização do titular dos direitos de autor, produzir um exemplar em formato acessível de uma obra obter de outra entidade autorizada uma obra em formato acessível e fornecer tais exemplares para o beneficiário, por qualquer meio, inclusive por empréstimo não-comercial ou mediante comunicação eletrônica por fio ou sem fio; e realizar todas as medidas intermediárias para atingir esses objetivos, quando todas as seguintes condições forem atendidas:

(i) a entidade autorizada que pretenda realizar tal atividade tenha acesso legal à obra ou a um exemplar da obra;

(ii) a obra seja convertida para um exemplar em formato acessível, o que pode incluir quaisquer meios necessários para consultar a informação nes-

3 Declaração acordada relativa ao Artigo 3º(b): Nada nessa linguagem implica que "não pode ser corrigida" requer o uso de todos os procedimentos de diagnóstico e tratamentos médicos possíveis.

se formato, mas não a introdução de outras mudanças que não as necessárias para tornar a obra acessível aos beneficiários;

(iii) os exemplares da obra no formato acessível sejam fornecidos exclusivamente para serem utilizados por beneficiários; e

(iv) a atividade seja realizada sem fins lucrativos; e

(b) Um beneficiário, ou alguém agindo em seu nome, incluindo a pessoa principal que cuida do beneficiário ou se ocupe de seu cuidado, poderá produzir um exemplar em formato acessível de uma obra para o uso pessoal do beneficiário ou de outra forma poderá ajudar o beneficiário a produzir e utilizar exemplares em formato acessível, quando o beneficiário tenha acesso legal a essa obra ou a um exemplar dessa obra.

3. Uma Parte Contratante poderá cumprir o disposto no Artigo 4(1) estabelecendo outras limitações ou exceções em sua legislação nacional de direito de autor nos termos dos Artigos 10 e 11[4].

4. Uma Parte Contratante poderá restringir as limitações ou exceções nos termos deste Artigo às obras que, no formato acessível em questão, não possam ser obtidas comercialmente sob condições razoáveis para os beneficiários naquele mercado. Qualquer Parte Contratante que exercer essa faculdade deverá declará-la em uma notificação depositada junto ao Diretor-Geral da OMPI no momento da ratificação, aceitação ou adesão a esse Tratado ou em qualquer momento posterior[5].

5. Caberá à lei nacional determinar se as exceções ou limitações a que se refere o presente artigo estão sujeitas à remuneração.

Artigo 5º
Intercâmbio Transfronteiriço de Exemplares em Formato Acessível

1. As Partes Contratantes estabelecerão que, se um exemplar em formato acessível de uma obra é produzido ao amparo de uma limitação ou exceção ou de outros meios legais, este exemplar em formato acessível poderá ser distribuído ou colocado à disposição por uma entidade autorizada a um beneficiário ou a uma entidade autorizada em outra Parte Contratante[6].

2. Uma Parte Contratante poderá cumprir o disposto no Artigo 5(1) instituindo uma limitação ou exceção em sua legislação nacional de direito de autor de tal forma que:

---

4 Declaração acordada relativa ao Artigo 4º(3): Fica entendido que este parágrafo não reduz nem estende o âmbito de aplicação das limitações e exceções permitidas pela Convenção de Berna no que diz respeito ao direito de tradução, com referência a pessoas com deficiência visual ou com outras dificuldades para ter acesso ao texto impresso.

5 Declaração acordada relativa ao Artigo 4º(4): Fica entendido que o requisito da disponibilidade comercial não prejulga se a limitação ou exceção nos termos deste artigo é ou não consistente com o teste dos três passos.

6 Declaração acordada relativa ao Artigo 5º(1): Fica entendido ainda que nada neste Tratado reduz ou estende o âmbito de direitos exclusivos sob qualquer outro Tratado.

(a) será permitido às entidades autorizadas, sem a autorização do titular do direito, distribuir ou colocar à disposição para o uso exclusivo dos beneficiários exemplares em formato acessível a uma entidade autorizada em outra Parte Contratante; e

(b) será permitido às entidades autorizadas, sem a autorização do titular do direito e em conformidade com o disposto no Artigo 2º(c), distribuir ou colocar à disposição exemplares em formato acessível a um beneficiário em outra Parte Contratante;

desde que antes da distribuição ou colocação à disposição, a entidade autorizada originária não saiba ou tenha motivos razoáveis para saber que o exemplar em formato acessível seria utilizado por outras pessoas que não os beneficiários[7].

3. Uma Parte Contratante poderá cumprir o disposto no Artigo 5(1) instituindo outras limitações ou exceções em sua legislação nacional de direito de autor nos termos do Artigo 5(4), 10 e 11.

4. (a) Quando uma entidade autorizada em uma Parte Contratante receber um exemplar em formato acessível nos termos do Artigo 5(1) e essa Parte Contratante não tiver as obrigações decorrentes do Artigo 9 da Convenção de Berna, a Parte Contratante garantirá, de acordo com suas práticas e seu sistema jurídico, que os exemplares em formato acessível serão reproduzidos, distribuídos ou colocados à disposição apenas para o proveito dos beneficiários na jurisdição dessa Parte Contratante.

(b) A distribuição e a colocação à disposição de exemplares em formato acessível por uma entidade autorizada nos termos do Artigo 5(1) deverá ser limitada a essa jurisdição, salvo se a Parte Contratante for parte do Tratado da OMPI sobre Direito de Autor ou de outra forma limitar as exceções e limitações ao direito de distribuição e ao direito de colocação à disposição do público que implementam esse Tratado a determinados casos especiais, que não conflitem com a exploração normal da obra e não prejudiquem injustificadamente os interesses legítimos do titular do direito[8,9].

---

7 Declaração acordada relativa ao Artigo 5º(2): Fica entendido que, para distribuir ou colocar à disposição exemplares em formato acessível diretamente a beneficiários em outra Parte Contratante, pode ser apropriado para uma entidade autorizada aplicar medidas adicionais para confirmar que a pessoa que ela está servindo é uma pessoa beneficiária e para seguir suas práticas conforme o Artigo 2º(c).

8 Declaração acordada relativa ao Artigo 5º(4)(b): Fica entendido que nada neste Tratado requer ou implica que uma Parte Contratante adote ou aplique o teste dos três passos além de suas obrigações decorrentes deste instrumento ou de outros tratados internacionais.

9 Declaração acordada relativa ao Artigo 5º(4)(b): Fica entendido que nada neste Tratado cria quaisquer obrigações para uma Parte Contratante ratificar ou aceder ao Tratado da OMPI sobre Direito de Autor (WCT) ou de cumprir quaisquer de seus dispositivos e nada neste Tratado prejudica quaisquer direitos, limitações ou exceções contidos no Tratado da OMPI sobre Direito de Autor (WCT).

(c) Nada neste Artigo afeta a determinação do que constitui um ato de distribuição ou um ato de colocação à disposição do público.

5. Nada neste Tratado será utilizado para tratar da questão da exaustão de direitos.

Artigo 6º
Importação de Exemplares em Formato Acessível

Na medida em que a legislação nacional de uma Parte Contratante permita que um beneficiário, alguém agindo em seu nome, ou uma entidade autorizada produza um exemplar em formato acessível de uma obra, a legislação nacional dessa Parte Contratante permitirá, também, que eles possam importar um exemplar em formato acessível para o proveito dos beneficiários, sem a autorização do titular do direito[10].

Artigo 7º
Obrigações Relativas a Medidas Tecnológicas

As Partes Contratantes adotarão medidas adequadas que sejam necessárias, para assegurar que, quando estabeleçam proteção legal adequada e recursos jurídicos efetivos contra a neutralização de medidas tecnológicas efetivas, essa proteção legal não impeça que os beneficiários desfrutem das limitações e exceções previstas neste Tratado[11].

Artigo 8º
Respeito à Privacidade

Na implementação das limitações e exceções previstas neste Tratado, as Partes Contratantes empenhar-se-ão para proteger a privacidade dos beneficiários em condições de igualdade com as demais pessoas.

Artigo 9º
Cooperação para Facilitar o Intercâmbio Transfronteiriço

1. As Partes Contratantes envidarão esforços para promover o intercâmbio transfronteiriço de exemplares em formato acessível incentivando o compartilhamento voluntário de informações para auxiliar as entidades autorizadas a se identificarem. O Escritório Internacional da OMPI estabelecerá um ponto de acesso à informação para essa finalidade.

---

10 Declaração acordada relativa ao Artigo 6º: Fica entendido que as Partes Contratantes têm as mesmas flexibilidades previstas no Artigo 4º na implementação de suas obrigações decorrentes do Artigo 6º.

11 Declaração acordada relativa ao Artigo 7º: Fica entendido que as entidades autorizadas, em diversas circunstâncias, optam por aplicar medidas tecnológicas na produção, distribuição e colocação à disposição de exemplares em formato acessível e que nada aqui afeta tais práticas, quando estiverem em conformidade com a legislação nacional.

2. As Partes Contratantes comprometem-se a auxiliar suas entidades autorizadas envolvidas em atividades nos termos do Artigo 5º a disponibilizarem informações sobre suas práticas conforme o Artigo 2º(c), tanto pelo compartilhamento de informações entre entidades autorizadas como pela disponibilização de informações sobre as suas políticas e práticas, inclusive as relacionadas com o intercâmbio transfronteiriço de exemplares em formato acessível, às partes interessadas e membros do público, conforme apropriado.

3. O Escritório Internacional da OMPI é convidado a compartilhar informações, quando disponíveis, sobre o funcionamento do presente Tratado.

4. As Partes Contratantes reconhecem a importância da cooperação internacional e de sua promoção em apoio aos esforços nacionais para a realização do propósito e dos objetivos deste Tratado[12].

Artigo 10
Princípios Gerais sobre Implementação

1. As Partes Contratantes comprometem-se a adotar as medidas necessárias para garantir a aplicação do presente Tratado.

2. Nada impedirá que as Partes Contratantes determinem a forma mais adequada de implementar as disposições do presente Tratado no âmbito de seus ordenamentos jurídicos e práticas legais[13].

3. As Partes Contratantes poderão exercer os seus direitos e cumprir com as obrigações previstas neste Tratado por meio de limitações ou exceções específicas em favor dos beneficiários, outras exceções ou limitações, ou uma combinação de ambas no âmbito de seus ordenamentos jurídicos e práticas legais nacionais. Estas poderão incluir decisões judiciais, administrativas ou regulatórias em favor dos beneficiários, relativa a práticas, atos ou usos justos que permitam satisfazer as suas necessidades, em conformidade com os direitos e obrigações que as Partes Contratantes tenham em virtude da Convenção de Berna, de outros tratados internacionais e do Artigo 11.

---

12 Declaração acordada relativa ao Artigo 9º: Fica entendido que o Artigo 9º não implica um registro obrigatório para as entidades autorizadas nem constitui uma condição prévia para que as entidades autorizadas exerçam atividades reconhecidas pelo presente Tratado; confere, contudo, a possibilidade de compartilhamento de informações para facilitar o intercâmbio transfronteiriço de exemplares em formato acessível.

13 Declaração acordada relativa ao Artigo 10(2): Fica entendido que quando uma obra se qualifica como uma obra nos termos do Artigo 2º(a), incluindo as obras em formato de áudio, as limitações e as exceções previstas pelo presente Tratado se aplicam *mutatis mutandis* aos direitos conexos, conforme necessário para fazer o exemplar em formato acessível, para distribuí-lo e para colocá-lo à disposição dos beneficiários.

Artigo 11
Obrigações Gerais sobre Limitações e Exceções

Ao adotar as medidas necessárias para assegurar a aplicação do presente Tratado, uma Parte Contratante poderá exercer os direitos e deverá cumprir com as obrigações que essa Parte Contratante tenha no âmbito da Convenção de Berna, do Acordo Relativo aos Aspectos do Direito da Propriedade Intelectual Relacionados com o Comércio e do Tratado da OMPI sobre Direito de Autor, incluindo os acordos interpretativos dos mesmos, de modo que:

(a) em conformidade com o Artigo 9(2) da Convenção de Berna, a Parte Contratante pode permitir a reprodução de obras em certos casos especiais, contanto que tal reprodução não afete a exploração normal da obra nem cause prejuízo injustificado aos interesses legítimos do autor;

(b) em conformidade com o Artigo 13 do Acordo Relativo aos Aspectos do Direito da Propriedade Intelectual Relacionados com o Comércio, a Parte Contratante deverá restringir as limitações ou exceções aos direitos exclusivos a determinados casos especiais, que não conflitem com a exploração normal da obra e não prejudiquem injustificadamente os interesses legítimos do titular do direito;

(c) em conformidade com o Artigo 10(1) do Tratado da OMPI sobre Direito de Autor, a Parte Contratante pode prever limitações ou exceções aos direitos concedidos aos autores no âmbito do Tratado da OMPI sobre Direito de Autor em certos casos especiais, que não conflitem com a exploração normal da obra e não prejudiquem os interesses legítimos do autor;

(d) em conformidade com o Artigo 10(2) do Tratado da OMPI sobre Direito de Autor, a Parte Contratante deve restringir, ao aplicar a Convenção de Berna, qualquer limitação ou exceção aos direitos a determinados casos especiais que não conflitem com a exploração normal da obra e não prejudiquem injustificadamente os interesses legítimos do autor.

Artigo 12
Outras Limitações e Exceções

1. As Partes Contratantes reconhecem que uma Parte Contratante pode implementar em sua legislação nacional outras limitações e exceções ao direito de autor para o proveito dos beneficiários além das previstas por este Tratado, tendo em vista a situação econômica dessa Parte Contratante e suas necessidades sociais e culturais, em conformidade com os direitos e obrigações internacionais dessa Parte Contratante, e, no caso de um país de menor desenvolvimento relativo, levando em consideração suas necessidades especiais, seus direitos e obrigações internacionais particulares e as flexibilidades derivadas destes últimos.

2. Este Tratado não prejudica outras limitações e exceções para pessoas com deficiência previstas pela legislação nacional.

Artigo 13
Assembleia

1. (a) As Partes Contratantes terão uma Assembleia.

(b) Cada Parte Contratante será representada na Assembleia por um delegado, que poderá ser assistido por suplentes, assessores ou especialistas.

(c) Os gastos de cada delegação serão custeados pela Parte Contratante que tenha designado a delegação. A Assembleia pode pedir à OMPI que conceda assistência financeira para facilitar a participação de delegações de Partes Contratantes consideradas países em desenvolvimento, em conformidade com a prática estabelecida pela Assembleia Geral das Nações Unidas, ou que sejam países em transição para uma economia de mercado.

2. (a) A Assembleia tratará as questões relativas à manutenção e desenvolvimento deste Tratado e da aplicação e operação deste Tratado.

(b) A Assembleia realizará a função a ela atribuída pelo Artigo 15 no que diz respeito à admissão de certas organizações intergovernamentais como Parte do presente Tratado.

(c) A Assembleia decidirá a convocação de qualquer conferência diplomática para a revisão deste Tratado e dará as instruções necessárias ao Diretor-Geral da OMPI para a preparação de tal conferência diplomática.

3. (a) Cada Parte Contratante que seja um Estado terá um voto e votará apenas em seu próprio nome.

(b) Toda Parte Contratante que seja uma organização intergovernamental poderá participar na votação, no lugar de seus Estados Membros, com um número de votos igual ao número de seus Estados Membros que sejam parte deste Tratado. Nenhuma dessas organizações intergovernamentais poderá participar na votação se qualquer um de seus Estados Membros exercer seu direito ao voto e vice-versa.

4. A Assembleia se reunirá mediante convocação do Diretor-Geral e, na ausência de circunstâncias excepcionais, durante o mesmo período e no mesmo local que a Assembleia Geral da OMPI.

5. A Assembleia procurará tomar as suas decisões por consenso e estabelecerá suas próprias regras de procedimento, incluindo a convocação de sessões extraordinárias, os requisitos de quórum e, sujeita às disposições do presente Tratado, a maioria exigida para os diversos tipos de decisões.

Artigo 14
Escritório Internacional

O Escritório Internacional da OMPI executará as tarefas administrativas relativas a este Tratado.

Artigo 15
Condições para se tornar Parte do Tratado

(1) Qualquer Estado Membro da OMPI poderá se tornar parte deste Tratado.

(2) A Assembleia poderá decidir a admissão de qualquer organização intergovernamental para ser parte do Tratado que declare ter competência e ter sua própria legislação vinculante para todos seus Estados Membros sobre os temas contemplados neste Tratado e que tenha sido devidamente autorizada, em conformidade com seus procedimentos internos, a se tornar parte deste Tratado.

(3) A União Europeia, tendo feito a declaração mencionada no parágrafo anterior na Conferência Diplomática que adotou este Tratado, poderá se tornar parte deste Tratado.

Artigo 16
Direitos e Obrigações do Tratado

Salvo qualquer dispositivo específico em contrário neste Tratado, cada Parte Contratante gozará de todos os direitos e assumirá todas as obrigações decorrentes deste Tratado.

Artigo 17
Assinatura do Tratado

Este Tratado ficará aberto para assinatura na Conferência Diplomática de Marraqueche, e, depois disso, na sede da OMPI, por qualquer parte que reúna as condições para tal fim, durante um ano após sua adoção.

Artigo 18
Entrada em Vigor do Tratado

Este Tratado entrará em vigor três meses após 20 partes que reúnam as condições referidas no Artigo 15 tenham depositado seus instrumentos de ratificação ou adesão.

Artigo 19
Data da Produção de Efeitos das Obrigações do Tratado

O presente Tratado produzirá efeitos:

(a) para as 20 Partes referidas no Artigo 18, a partir da data de entrada em vigor do Tratado;

(b) para qualquer outra Parte referida no Artigo 15, a partir do término do prazo de três meses contados da data em que tenha sido feito o depósito do instrumento de ratificação ou adesão junto ao Diretor-Geral da OMPI.

Artigo 20
Denúncia do Tratado

Qualquer Parte Contratante poderá denunciar o presente Tratado mediante notificação dirigida ao Diretor-Geral da OMPI. A denúncia produzirá efeitos após um ano da data em que o Diretor-Geral da OMPI tenha recebido a notificação.

Artigo 21
Línguas do Tratado

(1) O presente tratado é assinado em um único exemplar original nas línguas inglesa, árabe, chinesa, francesa, russa e espanhola, sendo todas elas igualmente autênticas.

(2) A pedido de uma parte interessada, o Diretor-Geral da OMPI estabelecerá um texto oficial em qualquer outra língua não referida no Artigo 21(1), após consulta com todas as partes interessadas. Para efeitos do disposto neste parágrafo, por "parte interessada" se entende qualquer Estado Membro da OMPI cuja língua oficial, ou uma das línguas oficiais, esteja implicada e a União Europeia, bem como qualquer outra organização intergovernamental que possa se tornar Parte do presente Tratado, se estiver implicada uma de suas línguas oficiais.

Artigo 22
Depositário

O Diretor-Geral da OMPI é o depositário do presente Tratado.

Feito em Marraqueche, no dia 27 de junho de 2013.

DECRETO N. 10.932, DE 10 DE JANEIRO DE 2022

Promulga a Convenção Interamericana contra o Racismo, a Discriminação Racial e Formas Correlatas de Intolerância, firmado pela República Federativa do Brasil, na Guatemala, em 5 de junho de 2013

O PRESIDENTE DA REPÚBLICA, no uso da atribuição que lhe confere o art. 84, *caput*, inciso IV, da Constituição, e

Considerando que a República Federativa do Brasil firmou a Convenção Interamericana contra o Racismo, a Discriminação Racial e Formas Correlatas de Intolerância, na Guatemala, em 5 de junho de 2013;

Considerando que o Congresso Nacional aprovou a Convenção, por meio do Decreto Legislativo n. 1, de 18 de fevereiro de 2021, conforme o procedimento de que trata o § 3º do art. 5º da Constituição;

Considerando que o Governo brasileiro depositou, junto à Secretaria-Geral da Organização dos Estados Americanos, em 28 de maio de 2021, o instrumento de ratificação à Convenção e que esta entrou em vigor para a República Federativa do Brasil, no plano jurídico externo, em 27 de junho de 2021;

DECRETA:

Art. 1º Fica promulgada a Convenção Interamericana contra o Racismo, a Discriminação Racial e Formas Correlatas de Intolerância, firmada na 43ª Sessão Ordinária da Assembleia Geral da Organização dos Estados Americanos, na Guatemala, em 5 de junho de 2013, anexa a este Decreto.

Art. 2º São sujeitos à aprovação do Congresso Nacional atos que possam resultar em revisão da Convenção e ajustes complementares que acarretem encargos ou compromissos gravosos ao patrimônio nacional, nos termos do inciso I do *caput* do art. 49 da Constituição.

Art. 3º Este Decreto entra em vigor na data de sua publicação.

Brasília, 10 de janeiro de 2022;
201º da Independência e 134º da República.

JAIR MESSIAS BOLSONARO

CONVENÇÃO INTERAMERICANA CONTRA O RACISMO, A DISCRIMINAÇÃO RACIAL E FORMAS CORRELATAS DE INTOLERÂNCIA

Os Estados-Partes nesta Convenção,

Considerando que a dignidade inerente e a igualdade de todos os membros da família humana são princípios básicos da Declaração Universal dos Direitos Humanos, da Declaração Americana dos Direitos e Deveres do Homem, da Convenção Americana sobre Direitos Humanos e da Convenção Internacional sobre a Eliminação de Todas as Formas de Discriminação Racial;

Reafirmando o firme compromisso dos Estados-membros da Organização dos Estados Americanos com a erradicação total e incondicional do racismo, da discriminação racial e de todas as formas de intolerância, e sua convicção de que essas atitudes discriminatórias representam a negação dos valores universais e dos direitos inalienáveis e invioláveis da pessoa humana e dos propósitos e princípios consagrados na Carta da Organização dos Estados Americanos, na Declaração Americana dos Direitos e Deveres do Homem, na Convenção Americana sobre Direitos Humanos, na Carta Social das Américas, na Carta Democrática Interamericana, na Declaração Universal dos Direitos Humanos, na Convenção Internacional sobre a Eliminação de Todas as Formas de Discriminação Racial e na Declaração Universal sobre o Genoma Humano e os Direitos Humanos;

Reconhecendo o dever de se adotarem medidas nacionais e regionais para promover e incentivar o respeito e a observância dos direitos humanos e das liberdades fundamentais de todos os indivíduos e grupos sujeitos a sua jurisdição, sem distinção de raça, cor, ascendência ou origem nacional ou étnica;

Convencidos de que os princípios da igualdade e da não discriminação entre os seres humanos são conceitos democráticos dinâmicos que propiciam a promoção da igualdade jurídica efetiva e pressupõem uma obrigação por parte do Estado de adotar medidas especiais para proteger os direitos de indivíduos ou grupos que sejam vítimas da discriminação racial em qualquer esfera de atividade, seja pública ou privada, com vistas a promover condições equitativas para a igualdade de oportunidades, bem como combater a discriminação racial em todas as suas manifestações individuais, estruturais e institucionais;

Conscientes de que o fenômeno do racismo demonstra uma capacidade dinâmica de renovação que lhe permite assumir novas formas pelas quais se dissemina e se expressa política, social, cultural e linguisticamente;

Levando em conta que as vítimas do racismo, da discriminação racial e de outras formas correlatas de intolerância nas Américas são, entre outras, afrodescendentes, povos indígenas, bem como outros grupos e minorias raciais e étnicas ou grupos que por sua ascendência ou origem nacional ou étnica são afetados por essas manifestações;

Convencidos de que determinadas pessoas e grupos vivenciam formas múltiplas ou extremas de racismo, discriminação e intolerância, motivadas por uma combinação de fatores como raça, cor, ascendência, origem nacional ou étnica, ou outros reconhecidos em instrumentos internacionais;

Levando em conta que uma sociedade pluralista e democrática deve respeitar a raça, cor, ascendência e origem nacional ou étnica de toda pessoa, pertencente ou não a uma minoria, bem como criar condições adequadas que lhe possibilitem expressar, preservar e desenvolver sua identidade;

Considerando que a experiência individual e coletiva de discriminação deve ser levada em conta para combater a exclusão e a marginalização com base em raça, grupo étnico ou nacionalidade e para proteger o projeto de vida de indivíduos e comunidades em risco de exclusão e marginalização;

Alarmados com o aumento dos crimes de ódio motivados por raça, cor, ascendência e origem nacional ou étnica;

Ressaltando o papel fundamental da educação na promoção do respeito aos direitos humanos, da igualdade, da não discriminação e da tolerância; e

Tendo presente que, embora o combate ao racismo e à discriminação racial tenha sido priorizado em um instrumento internacional anterior, a Convenção Internacional sobre a Eliminação de Todas as Formas de Discriminação Racial, de 1965, os direitos nela consagrados devem ser reafirmados, desenvolvidos, aperfeiçoados e protegidos, a fim de que se consolide nas Américas o conteúdo democrático dos princípios da igualdade jurídica e da não discriminação,

Acordam o seguinte:

CAPÍTULO I
DEFINIÇÕES

Artigo 1

Para os efeitos desta Convenção:

1. Discriminação racial é qualquer distinção, exclusão, restrição ou preferência, em qualquer área da vida pública ou privada, cujo propósito ou efeito seja anular ou restringir o reconhecimento, gozo ou exercício, em condições de igualdade, de um ou mais direitos humanos e liberdades fundamentais consagrados nos instrumentos internacionais aplicáveis aos Estados-Partes. A discriminação racial pode basear-se em raça, cor, ascendência ou origem nacional ou étnica.

2. Discriminação racial indireta é aquela que ocorre, em qualquer esfera da vida pública ou privada, quando um dispositivo, prática ou critério aparentemente neutro tem a capacidade de acarretar uma desvantagem particular para pessoas pertencentes a um grupo específico, com base nas razões estabelecidas no Artigo 1.1, ou as coloca em desvantagem, a menos que esse

dispositivo, prática ou critério tenha um objetivo ou justificativa razoável e legítima à luz do Direito Internacional dos Direitos Humanos.

3. Discriminação múltipla ou agravada é qualquer preferência, distinção, exclusão ou restrição baseada, de modo concomitante, em dois ou mais critérios dispostos no Artigo 1.1, ou outros reconhecidos em instrumentos internacionais, cujo objetivo ou resultado seja anular ou restringir o reconhecimento, gozo ou exercício, em condições de igualdade, de um ou mais direitos humanos e liberdades fundamentais consagrados nos instrumentos internacionais aplicáveis aos Estados-Partes, em qualquer área da vida pública ou privada.

4. Racismo consiste em qualquer teoria, doutrina, ideologia ou conjunto de ideias que enunciam um vínculo causal entre as características fenotípicas ou genotípicas de indivíduos ou grupos e seus traços intelectuais, culturais e de personalidade, inclusive o falso conceito de superioridade racial. O racismo ocasiona desigualdades raciais e a noção de que as relações discriminatórias entre grupos são moral e cientificamente justificadas. Toda teoria, doutrina, ideologia e conjunto de ideias racistas descritas neste Artigo são cientificamente falsas, moralmente censuráveis, socialmente injustas e contrárias aos princípios fundamentais do Direito Internacional e, portanto, perturbam gravemente a paz e a segurança internacional, sendo, dessa maneira, condenadas pelos Estados-Partes.

5. As medidas especiais ou de ação afirmativa adotadas com a finalidade de assegurar o gozo ou exercício, em condições de igualdade, de um ou mais direitos humanos e liberdades fundamentais de grupos que requeiram essa proteção não constituirão discriminação racial, desde que essas medidas não levem à manutenção de direitos separados para grupos diferentes e não se perpetuem uma vez alcançados seus objetivos.

6. Intolerância é um ato ou conjunto de atos ou manifestações que denotam desrespeito, rejeição ou desprezo à dignidade, características, convicções ou opiniões de pessoas por serem diferentes ou contrárias. Pode manifestar-se como a marginalização e a exclusão de grupos em condições de vulnerabilidade da participação em qualquer esfera da vida pública ou privada ou como violência contra esses grupos.

CAPÍTULO II
DIREITOS PROTEGIDOS

Artigo 2

Todo ser humano é igual perante a lei e tem direito à igual proteção contra o racismo, a discriminação racial e formas correlatas de intolerância, em qualquer esfera da vida pública ou privada.

Artigo 3

Todo ser humano tem direito ao reconhecimento, gozo, exercício e proteção, em condições de igualdade, tanto no plano individual como no coletivo, de todos os direitos humanos e liberdades fundamentais consagrados na legislação interna e nos instrumentos internacionais aplicáveis aos Estados-Partes.

CAPÍTULO III
DEVERES DO ESTADO

Artigo 4

Os Estados comprometem-se a prevenir, eliminar, proibir e punir, de acordo com suas normas constitucionais e com as disposições desta Convenção, todos os atos e manifestações de racismo, discriminação racial e formas correlatas de intolerância, inclusive:

i. apoio público ou privado a atividades racialmente discriminatórias e racistas ou que promovam a intolerância, incluindo seu financiamento;

ii. publicação, circulação ou difusão, por qualquer forma e/ou meio de comunicação, inclusive a internet, de qualquer material racista ou racialmente discriminatório que:

a) defenda, promova ou incite o ódio, a discriminação e a intolerância; e

b) tolere, justifique ou defenda atos que constituam ou tenham constituído genocídio ou crimes contra a humanidade, conforme definidos pelo Direito Internacional, ou promova ou incite a prática desses atos;

iii. violência motivada por qualquer um dos critérios estabelecidos no Artigo 1.1;

iv. atividade criminosa em que os bens da vítima sejam alvos intencionais, com base em qualquer um dos critérios estabelecidos no Artigo 1.1;

v. qualquer ação repressiva fundamentada em qualquer dos critérios enunciados no Artigo 1.1, em vez de basear-se no comportamento da pessoa ou em informações objetivas que identifiquem seu envolvimento em atividades criminosas;

vi. restrição, de maneira indevida ou não razoável, do exercício dos direitos individuais à propriedade, administração e disposição de bens de qualquer tipo, com base em qualquer dos critérios enunciados no Artigo 1.1;

vii. qualquer distinção, exclusão, restrição ou preferência aplicada a pessoas, devido a sua condição de vítima de discriminação múltipla ou agravada, cujo propósito ou resultado seja negar ou prejudicar o reconhecimento, gozo, exercício ou proteção, em condições de igualdade, dos direitos e liberdades fundamentais;

viii. qualquer restrição racialmente discriminatória do gozo dos direitos humanos consagrados nos instrumentos internacionais e regionais aplicáveis e pela jurisprudência dos tribunais internacionais e regionais de direitos humanos, especialmente com relação a minorias ou grupos em situação de vulnerabilidade e sujeitos à discriminação racial;

ix. qualquer restrição ou limitação do uso de idioma, tradições, costumes e cultura das pessoas em atividades públicas ou privadas;

x. elaboração e implementação de material, métodos ou ferramentas pedagógicas que reproduzam estereótipos ou preconceitos, com base em qualquer critério estabelecido no Artigo 1.1 desta Convenção;

xi. negação do acesso à educação pública ou privada, bolsas de estudo ou programas de financiamento educacional, com base em qualquer critério estabelecido no Artigo 1.1 desta Convenção;

xii. negação do acesso a qualquer direito econômico, social e cultural, com base em qualquer critério estabelecido no Artigo 1.1 desta Convenção;

xiii. realização de pesquisas ou aplicação dos resultados de pesquisas sobre o genoma humano, especialmente nas áreas da biologia, genética e medicina, com vistas à seleção ou à clonagem humana, que extrapolem o respeito aos direitos humanos, às liberdades fundamentais e à dignidade humana, gerando qualquer forma de discriminação fundamentada em características genéticas;

xiv. restrição ou limitação, com base em qualquer dos critérios enunciados no Artigo 1.1 desta Convenção, do direito de toda pessoa de obter acesso à água, aos recursos naturais, aos ecossistemas, à biodiversidade e aos serviços ecológicos que constituem o patrimônio natural de cada Estado, protegido pelos instrumentos internacionais pertinentes e suas próprias legislações nacionais, bem como de usá-los de maneira sustentável; e

xv. restrição do acesso a locais públicos e locais privados franqueados ao público pelos motivos enunciados no Artigo 1.1 desta Convenção.

Artigo 5

Os Estados-Partes comprometem-se a adotar as políticas especiais e ações afirmativas necessárias para assegurar o gozo ou exercício dos direitos e liberdades fundamentais das pessoas ou grupos sujeitos ao racismo, à discriminação racial e formas correlatas de intolerância, com o propósito de promover condições equitativas para a igualdade de oportunidades, inclusão e progresso para essas pessoas ou grupos. Tais medidas ou políticas não serão consideradas discriminatórias ou incompatíveis com o propósito ou objeto desta Convenção, não resultarão na manutenção de direitos separados para grupos distintos e não se estenderão além de um período razoável ou após terem alcançado seu objetivo.

Artigo 6

Os Estados-Partes comprometem-se a formular e implementar políticas cujo propósito seja proporcionar tratamento equitativo e gerar igualdade de oportunidades para todas as pessoas, em conformidade com o alcance desta Convenção; entre elas políticas de caráter educacional, medidas trabalhistas ou sociais, ou qualquer outro tipo de política promocional, e a divulgação da legislação sobre o assunto por todos os meios possíveis, inclusive pelos meios de comunicação de massa e pela internet.

Artigo 7

Os Estados-Partes comprometem-se a adotar legislação que defina e proíba expressamente o racismo, a discriminação racial e formas correlatas de intolerância, aplicável a todas as autoridades públicas, e a todos os indivíduos ou pessoas físicas e jurídicas, tanto no setor público como no privado, especialmente nas áreas de emprego, participação em organizações profissionais, educação, capacitação, moradia, saúde, proteção social, exercício de atividade econômica e acesso a serviços públicos, entre outras, bem como revogar ou reformar toda legislação que constitua ou produza racismo, discriminação racial e formas correlatas de intolerância.

Artigo 8

Os Estados-Partes comprometem-se a garantir que a adoção de medidas de qualquer natureza, inclusive aquelas em matéria de segurança, não discrimine direta ou indiretamente pessoas ou grupos com base em qualquer critério mencionado no Artigo 1.1 desta Convenção.

Artigo 9

Os Estados-Partes comprometem-se a garantir que seus sistemas políticos e jurídicos reflitam adequadamente a diversidade de suas sociedades, a fim de atender às necessidades legítimas de todos os setores da população, de acordo com o alcance desta Convenção.

Artigo 10

Os Estados-Partes comprometem-se a garantir às vítimas do racismo, discriminação racial e formas correlatas de intolerância um tratamento equitativo e não discriminatório, acesso igualitário ao sistema de justiça, processo ágeis e eficazes e reparação justa nos âmbitos civil e criminal, conforme pertinente.

Artigo 11

Os Estados-Partes comprometem-se a considerar agravantes os atos que resultem em discriminação múltipla ou atos de intolerância, ou seja, qualquer distinção, exclusão ou restrição baseada em dois ou mais critérios enunciados nos Artigos 1.1 e 1.3 desta Convenção.

Artigo 12

Os Estados-Partes comprometem-se a realizar pesquisas sobre a natureza, as causas e as manifestações do racismo, da discriminação racial e formas correlatas de intolerância em seus respectivos países, em âmbito local, regional e nacional, bem como coletar, compilar e divulgar dados sobre a situação de grupos ou indivíduos que sejam vítimas do racismo, da discriminação racial e formas correlatas de intolerância.

Artigo 13

Os Estados-Partes comprometem-se a estabelecer ou designar, de acordo com sua legislação interna, uma instituição nacional que será responsável por monitorar o cumprimento desta Convenção, devendo informar essa instituição à Secretaria-Geral da OEA.

Artigo 14

Os Estados-Partes comprometem-se a promover a cooperação internacional com vistas ao intercâmbio de ideias e experiências, bem como a executar programas voltados à realização dos objetivos desta Convenção.

CAPÍTULO IV
MECANISMOS DE PROTEÇÃO E ACOMPANHAMENTO DA CONVENÇÃO

Artigo 15

A fim de monitorar a implementação dos compromissos assumidos pelos Estados-Partes na Convenção:

i. qualquer pessoa ou grupo de pessoas, ou entidade não governamental juridicamente reconhecida em um ou mais Estados-membros da Organização dos Estados Americanos, pode apresentar à Comissão Interamericana de Direitos Humanos petições que contenham denúncias ou queixas de violação desta Convenção por um Estado-Parte. Além disso, qualquer Estado-Parte pode, quando do depósito de seu instrumento de ratificação desta Convenção ou de adesão a ela, ou em qualquer momento posterior, declarar que reconhece a competência da Comissão para receber e examinar as comunicações em que um Estado-Parte alegue que outro Estado-Parte incorreu em violações dos direitos humanos dispostas nesta Convenção. Nesse caso, serão aplicáveis todas as normas de procedimento pertinentes constantes da Convenção Americana sobre Direitos Humanos assim como o Estatuto e o Regulamento da Comissão;

ii. os Estados-Partes poderão consultar a Comissão sobre questões relacionadas com a aplicação efetiva desta Convenção. Poderão também solicitar à Comissão assessoria e cooperação técnica para assegurar a aplicação efetiva de qualquer disposição desta Convenção. A Comissão, na medida de sua capacidade, proporcionará aos Estados-Partes os serviços de assessoria e assistência solicitados;

iii. qualquer Estado-Parte poderá, ao depositar seu instrumento de ratificação desta Convenção ou de adesão a ela, ou em qualquer momento posterior, declarar que reconhece como obrigatória, de pleno direito, e sem acordo especial, a competência da Corte Interamericana de Direitos Humanos em todas as matérias referentes à interpretação ou aplicação desta Convenção. Nesse caso, serão aplicáveis todas as normas de procedimento pertinentes constantes da Convenção Americana sobre Direitos Humanos, bem como o Estatuto e o Regulamento da Corte;

iv. será estabelecido um Comitê Interamericano para a Prevenção e Eliminação do Racismo, Discriminação Racial e Todas as Formas de Discriminação e Intolerância, o qual será constituído por um perito nomeado por cada Estado-Parte, que exercerá suas funções de maneira independente e cuja tarefa será monitorar os compromissos assumidos nesta Convenção. O Comitê também será responsável por monitorar os compromissos assumidos pelos Estados que são partes na Convenção Interamericana contra Toda Forma de Discriminação e Intolerância. O Comitê será criado quando a primeira das Convenções entrar em vigor, e sua primeira reunião será convocada pela Secretaria-Geral da OEA uma vez recebido o décimo instrumento de ratificação de qualquer das Convenções. A primeira reunião do Comitê será realizada na sede da Organização, três meses após sua convocação, para declará-lo constituído, aprovar seu Regulamento e metodologia de trabalho e eleger suas autoridades. Essa reunião será presidida pelo representante do país que depositar o primeiro instrumento de ratificação da Convenção que estabelecer o Comitê; e

v. o Comitê será o foro para intercambiar ideias e experiências, bem como examinar o progresso alcançado pelos Estados-Partes na implementação desta Convenção, e qualquer circunstância ou dificuldade que afete seu cumprimento em alguma medida. O referido Comitê poderá recomendar aos Estados-Partes que adotem as medidas apropriadas. Com esse propósito, os Estados-Partes comprometem-se a apresentar um relatório ao Comitê, transcorrido um ano da realização da primeira reunião, com o cumprimento das obrigações constantes desta Convenção. Dos relatórios que os Estados-Partes apresentarem ao Comitê também constarão dados e estatísticas desagregados sobre os grupos vulneráveis. Posteriormente, os Estados-Partes apresentarão relatórios a cada quatro anos. A Secretaria-Geral da OEA proporcionará ao Comitê o apoio necessário para o cumprimento de suas funções.

CAPÍTULO V
DISPOSIÇÕES GERAIS

Artigo 16
Interpretação

1. Nenhuma disposição desta Convenção será interpretada no sentido de restringir ou limitar a legislação interna de um Estado-Parte que ofere-

ça proteção e garantias iguais ou superiores às estabelecidas nesta Convenção.

2. Nenhuma disposição desta Convenção será interpretada no sentido de restringir ou limitar as convenções internacionais sobre direitos humanos que ofereçam proteção igual ou superior nessa matéria.

Artigo 17
Depósito

O instrumento original desta Convenção, cujos textos em espanhol, francês, inglês e português são igualmente autênticos, será depositado na Secretaria-Geral da Organização dos Estados Americanos.

Artigo 18
Assinatura e ratificação

1. Esta Convenção está aberta à assinatura e ratificação por parte de todos os Estados-membros da Organização dos Estados Americanos. Uma vez em vigor, esta Convenção será aberta à adesão de todos os Estados que não a tenham assinado.

2. Esta Convenção está sujeita à ratificação pelos Estados signatários de acordo com seus respectivos procedimentos constitucionais. Os instrumentos de ratificação ou adesão serão depositados na Secretaria-Geral da Organização dos Estados Americanos.

Artigo 19
Reservas

Os Estados-Partes poderão apresentar reservas a esta Convenção quando da assinatura, ratificação ou adesão, desde que não sejam incompatíveis com seu objetivo e propósito e se refiram a uma ou mais disposições específicas.

Artigo 20
Entrada em vigor

1. Esta Convenção entrará em vigor no trigésimo dia a partir da data em que se depositar o segundo instrumento de ratificação ou de adesão na Secretaria-Geral da Organização dos Estados Americanos.

2. Para cada Estado que ratificar esta Convenção, ou a ela aderir, após o depósito do segundo instrumento de ratificação ou adesão, a Convenção entrará em vigor no trigésimo dia a partir da data em que tal Estado tenha depositado o respectivo instrumento.

Artigo 21
Denúncia

Esta Convenção permanecerá em vigor indefinidamente, mas qualquer Estado-Parte poderá denunciá-la mediante notificação por escrito dirigida ao Secretário-Geral da Organização dos Estados Americanos. Os efeitos da Convenção cessarão para o Estado que a denunciar um ano após a data de depósito do instrumento de denúncia, permanecendo em vigor para os demais Estados-Partes. A denúncia não eximirá o Estado-Parte das obrigações a ele impostas por esta Convenção com relação a toda ação ou omissão anterior à data em que a denúncia produziu efeito.

Artigo 22
Protocolos adicionais

Qualquer Estado-Parte poderá submeter à consideração dos Estados-Partes reunidos em Assembleia Geral projetos de protocolos adicionais a esta Convenção, com a finalidade de incluir gradualmente outros direitos em seu regime de proteção. Cada protocolo determinará a maneira de sua entrada em vigor e se aplicará somente aos Estados que nele sejam partes.

ANOTAÇÕES

ÍNDICE SISTEMÁTICO DO CÓDIGO CIVIL

PARTE GERAL

LIVRO I
DAS PESSOAS

Título I
Das Pessoas Naturais

Título II
Das Pessoas Jurídicas

Título III
Do Domicílio

LIVRO II
DOS BENS

Título Único
Das Diferentes Classes de Bens

LIVRO III
DOS FATOS JURÍDICOS

Título I
Do Negócio Jurídico

Título II
Dos Atos Jurídicos Lícitos

Título III
Dos Atos Ilícitos

Título IV
Da Prescrição e da Decadência

Título V
Da Prova

PARTE ESPECIAL

LIVRO I
DO DIREITO DAS OBRIGAÇÕES

Título I
Das Modalidades das Obrigações

Título II
Da Transmissão das Obrigações

Título III
Do Adimplemento e Extinção das Obrigações

Título IV
Do Inadimplemento das Obrigações

Título V
Dos Contratos em Geral

Título VI
Das Várias Espécies de Contrato

Título VII
Dos Atos Unilaterais

Título VIII
Dos Títulos de Crédito

Título IX
Da Responsabilidade Civil

Título X
Das Preferências e Privilégios Creditórios

LIVRO II
DO DIREITO DE EMPRESA

Título I
Do Empresário

Título I-A
Da Empresa Individual de Responsabilidade Limitada

Título II
Da Sociedade

Subtítulo I
Da Sociedade Não Personificada

Subtítulo II
Da Sociedade Personificada

Título III
Do Estabelecimento

Título IV
Dos Institutos Complementares

LIVRO III
DO DIREITO DAS COISAS

Título I
Da Posse

Título II
Dos Direitos Reais

Título III
Da Propriedade

Título IV
Da Superfície

Título V
Das Servidões

Título VI
Do Usufruto

Título VII
Do Uso

Título VIII
Da Habitação

Título IX
Do Direito do Promitente Comprador

Título X
Do Penhor, da Hipoteca e da Anticrese

LIVRO V
DO DIREITO DAS SUCESSÕES

Título I
Da Sucessão em Geral

Título II
Da Sucessão Legítima

Título III
Da Sucessão Testamentária

Título IV
Do Inventário e da Partilha

LIVRO COMPLEMENTAR
DAS DISPOSIÇÕES FINAIS E TRANSITÓRIAS

DECRETO-LEI N. 4.657, DE 04 DE SETEMBRO DE 1942

Lei de Introdução às normas do Direito Brasileiro.

Ementa com redação dada pela Lei n. 12.376, 30.12.2010.

O PRESIDENTE DA REPÚBLICA, usando da atribuição que lhe confere o art. 180 da Constituição, decreta:

Art. 1º Salvo disposição contrária, a lei começa a vigorar em todo o País 45 (quarenta e cinco) dias depois de oficialmente publicada.

Veja art. 62, §§ 3º, 4º, 6º e 7º, CF.

Veja arts. 101 a 104, CTN.

§ 1º Nos Estados estrangeiros, a obrigatoriedade da lei brasileira, quando admitida, se inicia 3 (três) meses depois de oficialmente publicada.

§ 2º *(Revogado pela Lei n. 12.036, de 01.10.2009.)*

§ 3º Se, antes de entrar a lei em vigor, ocorrer nova publicação de seu texto, destinada a correção, o prazo deste artigo e dos parágrafos anteriores começará a correr da nova publicação.

§ 4º As correções a texto de lei já em vigor consideram-se lei nova.

Art. 2º Não se destinando à vigência temporária, a lei terá vigor até que outra a modifique ou revogue.

§ 1º A lei posterior revoga a anterior quando expressamente o declare, quando seja com ela incompatível ou quando regule inteiramente a matéria de que tratava a lei anterior.

§ 2º A lei nova, que estabeleça disposições gerais ou especiais a par das já existentes, não revoga nem modifica a lei anterior.

§ 3º Salvo disposição em contrário, a lei revogada não se restaura por ter a lei revogadora perdido a vigência.

Art. 3º Ninguém se escusa de cumprir a lei, alegando que não a conhece.

Art. 4º Quando a lei for omissa, o juiz decidirá o caso de acordo com a analogia, os costumes e os princípios gerais de direito.

Art. 5º Na aplicação da lei, o juiz atenderá aos fins sociais a que ela se dirige e às exigências do bem comum.

Art. 6º A Lei em vigor terá efeito imediato e geral, respeitados o ato jurídico perfeito, o direito adquirido e a coisa julgada.

Caput com redação dada pela Lei n. 3.238, de 01.08.1957.
Veja art. 5º, XXXVI, CF.
Veja art. 1.577, CC.

§ 1º Reputa-se ato jurídico perfeito o já consumado segundo a lei vigente ao tempo em que se efetuou.

Parágrafo acrescentado pela Lei n. 3.238, de 01.08.1957.

§ 2º Consideram-se adquiridos assim os direitos que o seu titular, ou alguém por ele, possa exercer, como aqueles cujo começo do exercício tenha termo prefixo, ou condição preestabelecida inalterável, a arbítrio de outrem.

Parágrafo acrescentado pela Lei n. 3.238, de 01.08.1957.

§ 3º Chama-se coisa julgada ou caso julgado a decisão judicial de que já não caiba recurso.

Parágrafo acrescentado pela Lei n. 3.238, de 01.08.1957.

Art. 7º A lei do país em que for domiciliada a pessoa determina as regras sobre o começo e o fim da personalidade, o nome, a capacidade e os direitos de família.

Veja arts. 1º a 8º, 11 a 21, 70 a 78 e 1.511 a 1.783-A, CC.

§ 1º Realizando-se o casamento no Brasil, será aplicada a lei brasileira quanto aos impedimentos dirimentes e às formalidades da celebração.

Veja arts. 1.521 e 1.533 a 1.542, CC.

§ 2º O casamento de estrangeiros poderá celebrar-se perante autoridades diplomáticas ou consulares do país de ambos os nubentes.

Parágrafo com redação dada pela Lei n. 3.238, de 01.08.1957.

§ 3º Tendo os nubentes domicílio diverso, regerá os casos de invalidade do matrimônio a lei do primeiro domicílio conjugal.

Veja arts. 1.548 a 1.564, CC.

§ 4º O regime de bens, legal ou convencional, obedece à lei do país em que tiverem os nubentes domicílios, e, se este for diverso, à do primeiro domicílio conjugal.

Veja arts. 1.639, 1.640 e 1.653, CC.

§ 5º O estrangeiro casado, que se naturalizar brasileiro, pode, mediante expressa anuência de seu cônjuge, requerer ao juiz, no ato de entrega do decreto de naturalização, se apostile ao mesmo a adoção do regime de comunhão parcial de bens, respeitados os direitos de terceiros e dada esta adoção ao competente registro.

Parágrafo com redação dada pela Lei n. 6.515, de 26.12.1977.
Veja arts. 1.658 a 1.666, CC.

§ 6º O divórcio realizado no estrangeiro, se um ou ambos os cônjuges forem brasileiros, só será reconhecido no Brasil depois de 1 (um) ano da data da sentença, salvo se houver sido antecedida de separação judicial por igual prazo, caso em que a homologação produzirá efeito imediato, obedecidas as condições estabelecidas para a eficácia das sentenças estrangeiras no país. O Superior Tribunal de Justiça, na forma de seu regimento interno, poderá reexaminar, a requerimento do interessado, decisões já proferidas em pedidos de homologação de sentenças estrangeiras de divórcio de brasileiros, a fim de que passem a produzir todos os efeitos legais.

Parágrafo com redação dada pela Lei n. 12.036, de 01.10.2009.

Veja arts. 1.571 e segs., CC.

Veja arts. 960, § 2º, e 961, CPC.

§ 7º Salvo o caso de abandono, o domicílio do chefe da família estende-se ao outro cônjuge e aos filhos não emancipados, e o do tutor ou curador aos incapazes sob sua guarda.

Veja arts. 226, § 5º, e 227, § 6º, CF.

Veja art. 76, CC.

§ 8º Quando a pessoa não tiver domicílio, considerar-se-á domiciliada no lugar de sua residência ou naquele em que se encontre.

Veja arts. 70 a 73, CC.

Veja art. 46, § 3º, CPC.

Art. 8º Para qualificar os bens e regular as relações a eles concernentes, aplicar-se-á a lei do país em que estiverem situados.

Veja Lei n. 8.617, de 04.01.1993.

§ 1º Aplicar-se-á a lei do país em que for domiciliado o proprietário, quanto aos bens móveis que ele trouxer ou se destinarem a transporte para outros lugares.

§ 2º O penhor regula-se pela lei do domicílio que tiver a pessoa, em cuja posse se encontre a coisa apenhada.

Veja arts. 1.431 e segs., CC.

Art. 9º Para qualificar e reger as obrigações, aplicar-se-á a lei do país em que se constituírem.

§ 1º Destinando-se a obrigação a ser executada no Brasil e dependendo de forma essencial, será esta observada, admitidas as peculiaridades da lei estrangeira quanto aos requisitos extrínsecos do ato.

Veja DL n. 857, de 11.09.1969.

§ 2º A obrigação resultante do contrato reputa-se constituída no lugar em que residir o proponente.

Veja art. 435, CC.

Art. 10. A sucessão por morte ou por ausência obedece à lei do país em que era domiciliado o defunto ou o desaparecido, qualquer que seja a natureza e a situação dos bens.

Veja arts. 26 a 39 e 1.784 a 1.990, CC.

§ 1º A sucessão de bens de estrangeiros, situados no País, será regulada pela lei brasileira em benefício do cônjuge ou dos filhos brasileiros, ou de quem os represente, sempre que não lhes seja mais favorável a lei pessoal do *de cujus*.

Parágrafo com redação dada pela Lei n. 9.047, de 18.05.1995.

Veja art. 5º, XXXI, CF.

Veja arts. 1.851 a 1.856, CC.

Veja art. 17 do DL n. 3.200, de 19.04.1941.

§ 2º A lei do domicílio do herdeiro ou legatário regula a capacidade para suceder.

Veja arts. 1.787 e 1.798 a 1.803, CC.

Art. 11. As organizações destinadas a fins de interesse coletivo, como as sociedades e as fundações, obedecem à lei do Estado em que se constituírem.

Veja arts. 62 a 69 e 981 a 1.141, CC.

Veja art. 75, § 3º, CPC.

§ 1º Não poderão, entretanto, ter no Brasil filiais, agências ou estabelecimentos antes de serem os atos constitutivos aprovados pelo Governo brasileiro, ficando sujeitas à lei brasileira.

Veja arts. 1.134 a 1.141 e 1.150 a 1.154, CC.

Veja art. 21, parágrafo único, CPC.

Veja Decreto n. 24.643, de 10.07.1934.

Veja DL n. 2.980, de 24.01.1941.

Veja art. 74, DL n. 73, de 21.11.1966.

Veja DL n. 227, de 28.02.1967.

Veja art. 32, II, *c*, Lei n. 8.934, de 18.11.1994.

§ 2º Os governos estrangeiros, bem como as organizações de qualquer natureza, que eles tenham constituído, dirijam ou hajam investido de funções públicas, não poderão adquirir no Brasil bens imóveis ou suscetíveis de desapropriação.

Veja art. 23, I, CPC.

§ 3º Os governos estrangeiros podem adquirir a propriedade dos prédios necessários à sede dos representantes diplomáticos ou dos agentes consulares.

Art. 12. É competente a autoridade judiciária brasileira, quando for o réu domiciliado no Brasil ou aqui tiver de ser cumprida a obrigação.

§ 1º Só à autoridade judiciária brasileira compete conhecer das ações relativas a imóveis situados no Brasil.

Veja art. 23, I, CPC.

§ 2º A autoridade judiciária brasileira cumprirá, concedido o *exequatur* e segundo a forma estabelecida pela lei brasileira, as diligências deprecadas por autoridade estrangeira competente, observando a lei desta, quanto ao objeto das diligências.

Veja arts. 105, I, *i*, e 109, X, CF.

Veja arts. 21, 23, 36, 46, § 3º, 47, 268, 256, § 1º, e 377, CPC.

Art. 13. A prova dos fatos ocorridos em país estrangeiro rege-se pela lei que nele vigorar, quanto ao ônus e aos meios de produzir-se, não admitindo os tribunais brasileiros provas que a lei brasileira desconheça.

Veja arts. 109 e 212 a 232, CC.

Veja arts. 369, 373, 374 e 376, CPC.

Veja art. 32, LRP.

Art. 14. Não conhecendo a lei estrangeira, poderá o juiz exigir de quem a invoca prova do texto e da vigência.

Veja art. 376, CPC.

Art. 15. Será executada no Brasil a sentença proferida no estrangeiro, que reúna os seguintes requisitos:

a) haver sido proferida por juiz competente;

b) terem sido as partes citadas ou haver-se legalmente verificado a revelia;

c) ter passado em julgado e estar revestida das formalidades necessárias para a execução no lugar em que foi proferida;

d) estar traduzida por intérprete autorizado;

e) ter sido homologada pelo Supremo Tribunal Federal.

Veja art. 105, I, *i*, CF, sobre a competência para homologar sentenças estrangeiras pelo STJ.

Parágrafo único. *(Revogado pela Lei n. 12.036, de 01.10.2009.)*

Art. 16. Quando, nos termos dos artigos precedentes, se houver de aplicar a lei estrangeira, ter-se-á em vista a disposição desta, sem considerar-se qualquer remissão por ela feita a outra lei.

Art. 17. As leis, atos e sentenças de outro país, bem como quaisquer declarações de vontade, não terão eficácia no Brasil, quando ofenderem a soberania nacional, a ordem pública e os bons costumes.

Veja art. 781, CPP.

Art. 18. Tratando-se de brasileiros, são competentes as autoridades consulares brasileiras para lhes celebrar o casamento e os mais atos de Registro Civil e de tabelionato, inclusive o registro de nascimento e de óbito dos filhos de brasileiro ou brasileira nascidos no país da sede do Consulado.

Caput com redação dada pela Lei n. 3.238, de 01.08.1957.

Veja art. 12, I, *c*, CF.

Veja art. 32, LRP.

§ 1º As autoridades consulares brasileiras também poderão celebrar a separação consensual e o divórcio consensual de brasileiros, não havendo filhos menores ou incapazes do casal e observados os requisitos legais quanto aos prazos, devendo constar da respectiva escritura pública as disposições relativas à descrição e à partilha dos bens comuns e à pensão alimentícia e, ainda, ao acordo quanto à retomada pelo cônjuge de seu nome de solteiro ou à manutenção do nome adotado quando se deu o casamento.

Parágrafo acrescentado pela Lei n. 12.874, de 29.10.2013.

§ 2º É indispensável a assistência de advogado, devidamente constituído, que se dará mediante a subscrição de petição, juntamente com ambas as partes, ou com apenas uma delas, caso a outra constitua advogado próprio, não se fazendo necessário que a assinatura do advogado conste da escritura pública.

Parágrafo acrescentado pela Lei n. 12.874, de 29.10.2013.

Art. 19. Reputam-se válidos todos os atos indicados no artigo anterior e celebrados pelos cônsules brasileiros na vigência do Decreto-lei n. 4.657, de 04 de setembro de 1942, desde que satisfaçam todos os requisitos legais.

Caput acrescentado pela Lei n. 3.238, de 01.08.1957.

Parágrafo único. No caso em que a celebração desses atos tiver sido recusada pelas autoridades consulares, com fundamento no art. 18 do mesmo Decreto-lei, ao interessado é facultado renovar o pedido dentre em 90 (noventa) dias contados da data da publicação desta Lei.

Parágrafo acrescentado pela Lei n. 3.238, de 01.08.1957.

Art. 20. Nas esferas administrativa, controladora e judicial, não se decidirá com base em valores jurídicos abstratos sem que sejam consideradas as consequências práticas da decisão.

Artigo acrescentado pela Lei n. 13.655, de 25.04.2018.

Veja Decreto n. 9.830, de 10.06.2019 (regulamentação).

Parágrafo único. A motivação demonstrará a necessidade e a adequação da medida imposta ou da invalidação de ato, contrato, ajuste, processo ou norma administrativa, inclusive em face das possíveis alternativas.

Art. 21. A decisão que, nas esferas administrativa, controladora ou judicial, decretar a invalidação de ato, contrato, ajuste, processo ou norma administrativa deverá indicar de modo expresso suas consequências jurídicas e administrativas.

Artigo acrescentado pela Lei n. 13.655, de 25.04.2018.

Veja Decreto n. 9.830, de 10.06.2019 (regulamentação).

Parágrafo único. A decisão a que se refere o *caput* deste artigo deverá, quando for o caso, indicar as condições para que a regularização ocorra de modo proporcional e equânime e sem prejuízo aos interesses gerais, não se podendo impor aos sujeitos atingidos ônus ou perdas que, em função das peculiaridades do caso, sejam anormais ou excessivos.

Art. 22. Na interpretação de normas sobre gestão pública, serão considerados os obstáculos e as dificuldades reais do gestor e as exigências das políticas públicas a seu cargo, sem prejuízo dos direitos dos administrados.

Artigo acrescentado pela Lei n. 13.655, de 25.04.2018.

Veja Decreto n. 9.830, de 10.06.2019 (regulamentação).

§ 1º Em decisão sobre regularidade de conduta ou validade de ato, contrato, ajuste, processo ou norma administrativa, serão consideradas as circunstâncias práticas que houverem imposto, limitado ou condicionado a ação do agente.

§ 2º Na aplicação de sanções, serão consideradas a natureza e a gravidade da infração cometida, os danos que dela provierem para a administração pública, as circunstâncias agravantes ou atenuantes e os antecedentes do agente.

§ 3º As sanções aplicadas ao agente serão levadas em conta na dosimetria das demais sanções de mesma natureza e relativas ao mesmo fato.

Art. 23. A decisão administrativa, controladora ou judicial que estabelecer interpretação ou orientação nova sobre norma de conteúdo indeterminado, impondo novo dever ou novo condicionamento de direito, deverá prever regime de transição quando indispensável para que o novo dever ou condicionamento de direito seja cumprido de modo proporcional, equânime e eficiente e sem prejuízo aos interesses gerais.

Artigo acrescentado pela Lei n. 13.655, de 25.04.2018.

Veja Decreto n. 9.830, de 10.06.2019 (regulamentação).

Parágrafo único. (*Vetado.*)

Art. 24. A revisão, nas esferas administrativa, controladora ou judicial, quanto à validade de ato, contrato, ajuste, processo ou norma administrativa cuja produção já se houver completado levará em conta as orientações gerais da época, sendo vedado que, com base em mudança posterior de orientação geral, se declarem inválidas situações plenamente constituídas.

Artigo acrescentado pela Lei n. 13.655, de 25.04.2018.

Veja Decreto n. 9.830, de 10.06.2019 (regulamentação).

Parágrafo único. Consideram-se orientações gerais as interpretações e especificações contidas em atos públicos de caráter geral ou em jurisprudência judicial ou administrativa majoritária, e ainda as adotadas por prática administrativa reiterada e de amplo conhecimento público.

Art. 25. (*Vetado.*)

Artigo acrescentado pela Lei n. 13.655, de 25.04.2018.

Art. 26. Para eliminar irregularidade, incerteza jurídica ou situação contenciosa na aplicação do direito público, inclusive no caso de expedição de licença, a autoridade administrativa poderá, após oitiva do órgão jurídico e, quando for o caso, após realização de consulta pública, e presentes razões de relevante interesse geral, celebrar compromisso com os interessados, observada a legislação aplicável, o qual só produzirá efeitos a partir de sua publicação oficial.

Artigo acrescentado pela Lei n. 13.655, de 25.04.2018.

Veja Decreto n. 9.830, de 10.06.2019 (regulamentação).

§ 1º O compromisso referido no *caput* deste artigo:

I – buscará solução jurídica proporcional, equânime, eficiente e compatível com os interesses gerais;

II – (*vetado*);

III – não poderá conferir desoneração permanente de dever ou condicionamento de direito reconhecidos por orientação geral;

IV – deverá prever com clareza as obrigações das partes, o prazo para seu cumprimento e as sanções aplicáveis em caso de descumprimento.

§ 2º (*Vetado.*)

Art. 27. A decisão do processo, nas esferas administrativa, controladora ou judicial, poderá impor compensação por benefícios indevidos ou prejuízos anormais ou injustos resultantes do processo ou da conduta dos envolvidos.

Artigo acrescentado pela Lei n. 13.655, de 25.04.2018.

Veja Decreto n. 9.830, de 10.06.2019 (regulamentação).

§ 1º A decisão sobre a compensação será motivada, ouvidas previamente as partes sobre seu cabimento, sua forma e, se for o caso, seu valor.

§ 2º Para prevenir ou regular a compensação, poderá ser celebrado compromisso processual entre os envolvidos.

Art. 28. O agente público responderá pessoalmente por suas decisões ou opiniões técnicas em caso de dolo ou erro grosseiro.

Artigo acrescentado pela Lei n. 13.655, de 25.04.2018.

Veja Decreto n. 9.830, de 10.06.2019 (regulamentação).

§§ 1º a 3º (*Vetados.*)

Art. 29. Em qualquer órgão ou Poder, a edição de atos normativos por autoridade administrativa, salvo os de mera organização interna, poderá ser precedida de consulta pública para manifestação de interessados, preferencialmente por meio eletrônico, a qual será considerada na decisão.

Artigo acrescentado pela Lei n. 13.655, de 25.04.2018.

Veja Decreto n. 9.830, de 10.06.2019 (regulamentação).

§ 1º A convocação conterá a minuta do ato normativo e fixará o prazo e demais condições da consulta pública, observadas as normas legais e regulamentares específicas, se houver.

§ 2º (*Vetado.*)

Art. 30. As autoridades públicas devem atuar para aumentar a segurança jurídica na aplicação das normas, inclusive por meio de regulamentos, súmulas administrativas e respostas a consultas.

Artigo acrescentado pela Lei n. 13.655, de 25.04.2018.

Veja Decreto n. 9.830, de 10.06.2019 (regulamentação).

Parágrafo único. Os instrumentos previstos no *caput* deste artigo terão caráter vinculante em relação ao órgão ou entidade a que se destinam, até ulterior revisão.

Rio de Janeiro, 04 de setembro de 1942;
121º da Independência e 54º da República.

GETÚLIO VARGAS

LEI N. 10.406, DE 10 DE JANEIRO DE 2002

Institui o Código Civil.

O PRESIDENTE DA REPÚBLICA:

Faço saber que o CONGRESSO NACIONAL decreta e eu sanciono a seguinte Lei:

PARTE GERAL

LIVRO I DAS PESSOAS

TÍTULO I DAS PESSOAS NATURAIS

CAPÍTULO I DA PERSONALIDADE E DA CAPACIDADE

Art. 1º Toda pessoa é capaz de direitos e deveres na ordem civil.

Veja arts. 3º a 5º, CC.

Veja arts. 1º, III, 3º, IV, 5º, I, VI, XLI e XLII, e 19, I, CF.

Veja art. 70, CPC.

Veja art. 7º, Lindb.

Art. 2º A personalidade civil da pessoa começa do nascimento com vida; mas a lei põe a salvo, desde a concepção, os direitos do nascituro.

Veja arts. 11 a 21, 115, 166, I, 542, 1.596, 1.609, parágrafo único, 1.779, 1.798, 1.799, I, 1.800 e 1.952, CC.

Veja art. 5º, CF.

Veja arts. 50, 71, 178, II, 843, § 2º, e 896, CPC.

Art. 3º São absolutamente incapazes de exercer pessoalmente os atos da vida civil os menores de 16 (dezesseis) anos.

Caput com redação dada pela Lei n. 13.146, de 06.07.2015.

Veja arts. 76, 115 a 120, 166, I, 198, I, 543 e 928, CC.

Veja arts. 7º, XXXIII, 227, § 3º, 229 e 230, §§ 1º e 2º, CF.

Veja arts. 50, 70 a 72, 76, *caput* e § 1º, 178, II, 447, 843, § 2º, e 896, CPC.
Veja art. 30, § 5º, DL n. 891, de 25.11.1938.
Veja art. 5º, Lei n. 9.434, de 04.02.1997.

I a III – (*Revogados pela Lei n. 13.146, de 06.07.2015.*)

Art. 4º São incapazes, relativamente a certos atos ou à maneira de os exercer:

Caput com redação dada pela Lei n. 13.146, de 06.07.2015.
Veja arts. 76, 171, I, e 928, CC.
Veja arts. 22, XIV, 49, XVI, 129, V, 176, § 1º, e 210, § 2º, CF.
Veja arts. 71, 72, 76, *caput* e § 1º, 745, 747 a 749, 751 a 756, 759 a 763, CPC.
Veja art. 30, § 5º, DL n. 891, de 25.11.1938.
Veja art. 5º, Lei n. 9.434, de 04.02.1997.

I – os maiores de dezesseis e menores de dezoito anos;

Veja arts. 5º, parágrafo único, 180, 666, 1.517, 1.634, VII, 1.690, 1.747, I, e 1.860, parágrafo único, CC.
Veja art. 447, § 1º, III, CPC.

II – os ébrios habituais e os viciados em tóxico;

Inciso com redação dada pela Lei n. 13.146, de 06.07.2015.
Veja art. 1.767, III, CC.
Veja Lei n. 11.343, de 23.08.2006.

III – aqueles que, por causa transitória ou permanente, não puderem exprimir sua vontade;

Inciso com redação dada pela Lei n. 13.146, de 06.07.2015.
Veja art. 1.767, IV, CC.

IV – os pródigos.

Veja arts. 1.767, V, e 1.782, CC.

Parágrafo único. A capacidade dos indígenas será regulada por legislação especial.

Parágrafo com redação dada pela Lei n. 13.146, de 06.07.2015.
Veja arts. 231 e 232, CF.

Art. 5º A menoridade cessa aos dezoito anos completos, quando a pessoa fica habilitada à prática de todos os atos da vida civil.

Veja arts. 1º, 1.635, III, 1.763, I, e 1.778, CC.
Veja arts. 71, 72, 76, *caput* e § 1º, e 447, § 1º, CPC.
Veja arts. 27, 65, I, e 115, CP.
Veja art. 50, § 3º, LRP.
Veja arts. 2º, parágrafo único, e 142, ECA.
Veja art. 5º, Lei n. 9.434, de 04.02.1997.

Parágrafo único. Cessará, para os menores, a incapacidade:

Veja arts. 3º, 4º, I, 9º, II, 1.630 e 1.635, II, CC.

I – pela concessão dos pais, ou de um deles na falta do outro, mediante instrumento público, independentemente de homologação judicial, ou por sentença do juiz, ouvido o tutor, se o menor tiver dezesseis anos completos;

Veja art. 226, § 5º, CF.
Veja art. 725, I, CPC.

Veja art. 2º, I e parágrafo único, Lei n. 12.852, de 05.08.2013.

II – pelo casamento;

Veja art. 226, CF.

III – pelo exercício de emprego público efetivo;

IV – pela colação de grau em curso de ensino superior;

V – pelo estabelecimento civil ou comercial, ou pela existência de relação de emprego, desde que, em função deles, o menor com dezesseis anos completos tenha economia própria.

Veja arts. 972, 976 e 1.142, CC.

Art. 6º A existência da pessoa natural termina com a morte; presume-se esta, quanto aos ausentes, nos casos em que a lei autoriza a abertura de sucessão definitiva.

Veja arts. 22, 23, 37 a 39, 607, 1.410, I, 1.571, I e § 1º, e 1.635, I, CC.

Veja arts. 104 a 106, 744 e 745, CPC.

Art. 7º Pode ser declarada a morte presumida, sem decretação de ausência:

Veja arts. 9º, IV, e 22 a 39, CC.

Veja arts. 381, § 5º, 382, § 1º, 383, parágrafo único, CPC.

I – se for extremamente provável a morte de quem estava em perigo de vida;

II – se alguém, desaparecido em campanha ou feito prisioneiro, não for encontrado até dois anos após o término da guerra.

Parágrafo único. A declaração da morte presumida, nesses casos, somente poderá ser requerida depois de esgotadas as buscas e averiguações, devendo a sentença fixar a data provável do falecimento.

Art. 8º Se dois ou mais indivíduos falecerem na mesma ocasião, não se podendo averiguar se algum dos comorientes precedeu aos outros, presumir-se-ão simultaneamente mortos.

Art. 9º Serão registrados em registro público:

Veja art. 29, LRP.

I – os nascimentos, casamentos e óbitos;

Veja arts. 1.512, parágrafo único, 1.516, 1.543, 1.545, 1.546 e 1.604, CC.

II – a emancipação por outorga dos pais ou por sentença do juiz;

Veja art. 5º, parágrafo único, I, CC.

Veja art. 226, § 5º, CF.

Veja art. 725, I, CPC.

III – a interdição por incapacidade absoluta ou relativa;

Veja arts. 3º, 4º e 1.767, CC.

Veja art. 755, § 3º, CPC.

IV – a sentença declaratória de ausência e de morte presumida.

Veja arts. 7º, 22 e 23, CC.

Art. 10. Far-se-á averbação em registro público:

I – das sentenças que decretarem a nulidade ou anulação do casamento, o divórcio, a separação judicial e o restabelecimento da sociedade conjugal;

Veja arts. 1.548 a 1.564 e 1.571 a 1.582, CC.

Veja EC n. 66, de 13.07.2010.

II – dos atos judiciais ou extrajudiciais que declararem ou reconhecerem a filiação;

Veja art. 1.609, CC.

III – (*Revogado pela Lei n. 12.010, de 03.08.2009.*)

CAPÍTULO II
DOS DIREITOS DA PERSONALIDADE

Art. 11. Com exceção dos casos previstos em lei, os direitos da personalidade são intransmissíveis e irrenunciáveis, não podendo o seu exercício sofrer limitação voluntária.

Veja art. 52, CC.

Veja arts. 1º, III, 3º, IV, e 5º, V e X, CF.

Art. 12. Pode-se exigir que cesse a ameaça, ou a lesão, a direito da personalidade, e reclamar perdas e danos, sem prejuízo de outras sanções previstas em lei.

Veja arts. 186, 402 a 405, 927, 935 e 944 a 954, CC.

Veja arts. 1º, III, 5º, III a VI, VIII a XVII, XX, XXII, XXV, XXVII a XXIX, XXXIII a XXXVI, XLI, XLIX, L, LIV, LX, LXI, LXIII, LXV, LXVI, LXVIII, LXIX, LXXI e LXXII, e 142, § 2º, CF.

Veja arts. 148, 497 e 536, § 4º, CPC.

Veja Súmula n. 642, STJ.

Parágrafo único. Em se tratando de morto, terá legitimação para requerer a medida prevista neste artigo o cônjuge sobrevivente, ou qualquer parente em linha reta, ou colateral até o quarto grau.

Veja arts. 20, parágrafo único, 943 e 1.591 a 1.595, CC.

Art. 13. Salvo por exigência médica, é defeso o ato de disposição do próprio corpo, quando importar diminuição permanente da integridade física, ou contrariar os bons costumes.

Veja art. 196, CF.

Veja arts. 1º e 9º, § 3º, Lei n. 9.434, de 04.02.1997.

Parágrafo único. O ato previsto neste artigo será admitido para fins de transplante, na forma estabelecida em lei especial.

Art. 14. É válida, com objetivo científico, ou altruístico, a disposição gratuita do próprio corpo, no todo ou em parte, para depois da morte.

Veja art. 199, § 4º, CF.

Veja arts. 1º e 9º, Lei n. 9.434, de 04.02.1997.

Veja art. 17, Decreto n. 9.175, de 18.10.2017.

Parágrafo único. O ato de disposição pode ser livremente revogado a qualquer tempo.

Art. 15. Ninguém pode ser constrangido a submeter-se, com risco de vida, a tratamento médico ou a intervenção cirúrgica.

Art. 16. Toda pessoa tem direito ao nome, nele compreendidos o prenome e o sobrenome.

Veja arts. 1.565, § 1º, 1.571, § 2º, 1.578 e 1.596, CC.

Veja art. 227, § 6º, CF.

Art. 17. O nome da pessoa não pode ser empregado por outrem em publicações ou representações que a exponham ao desprezo público, ainda quando não haja intenção difamatória.

Art. 18. Sem autorização, não se pode usar o nome alheio em propaganda comercial.

Art. 19. O pseudônimo adotado para atividades lícitas goza da proteção que se dá ao nome.

Art. 20. Salvo se autorizadas, ou se necessárias à administração da justiça ou à manutenção da ordem pública, a divulgação de escritos, a transmissão da palavra, ou a publicação, a exposição ou a utilização da imagem de uma pessoa poderão ser proibidas, a seu requerimento e sem prejuízo da indenização que couber, se lhe atingirem a honra, a boa fama ou a respeitabilidade, ou se se destinarem a fins comerciais.

Veja ADIn n. 4.815.

Veja arts. 186, 187 e 953, CC.

Veja art. 5º, V, IX, X e XXVIII, *a*, CF.

Veja arts. 296, 297, parágrafo único, 298, 300, *caput* e § 3º, 305, parágrafo único, 311, 356 e 335, *caput*, CPC.

Parágrafo único. Em se tratando de morto ou de ausente, são partes legítimas para requerer essa proteção o cônjuge, os ascendentes ou os descendentes.

Veja arts. 6º, 7º, 12, parágrafo único, 22, 23, 25 e 943, CC.

Veja art. 485, VI, CPC.

Art. 21. A vida privada da pessoa natural é inviolável, e o juiz, a requerimento do interessado, adotará as providências necessárias para impedir ou fazer cessar ato contrário a esta norma.

Veja ADIn n. 4.815.

Veja art. 5º, X, XI e XXV, CF.

Veja arts. 296 a 298, 300, *caput* e § 3º, 305, parágrafo único, 311, 356 e 485, VI, CPC.

CAPÍTULO III
DA AUSÊNCIA

Seção I
Da Curadoria dos Bens do Ausente

Art. 22. Desaparecendo uma pessoa do seu domicílio sem dela haver notícia, se não houver deixado representante ou procurador a quem caiba administrar-lhe os bens, o juiz, a requerimento de qualquer interessado ou do Ministério Público, declarará a ausência, e nomear-lhe-á curador.

Veja arts. 6º, 9º, IV, 20, parágrafo único, 198, II, 335, III, 1.571, § 1º, 1.728, I, e 1.759, CC.

Veja arts. 49, 71, 72, parágrafo único, 76, 242, § 1º, 548, 626, 671, 744 e 745, CPC.

Art. 23. Também se declarará a ausência, e se nomeará curador, quando o ausente deixar mandatário que não queira ou não possa exercer ou continuar o mandato, ou se os seus poderes forem insuficientes.

Veja arts. 9º, IV, 115, 653 e 682, I a III, CC.

Art. 24. O juiz, que nomear o curador, fixar-lhe-á os poderes e obrigações, conforme as circunstâncias, observando, no que for aplicável, o disposto a respeito dos tutores e curadores.

Veja arts. 1.728 a 1.783-A, CC.

Veja arts. 739, § 1º, 759 e 760, CPC.

Art. 25. O cônjuge do ausente, sempre que não esteja separado judicialmente, ou de fato por mais de dois anos antes da declaração da ausência, será o seu legítimo curador.

Veja arts. 1.570, 1.651, 1.775 e 1.783, CC.

Veja art. 5º, I, CF.

§ 1º Em falta do cônjuge, a curadoria dos bens do ausente incumbe aos pais ou aos descendentes, nesta ordem, não havendo impedimento que os iniba de exercer o cargo.

Veja art. 1.591, CC.

§ 2º Entre os descendentes, os mais próximos precedem os mais remotos.

§ 3º Na falta das pessoas mencionadas, compete ao juiz a escolha do curador.

Veja art. 744, CPC.

Seção II
Da Sucessão Provisória

Art. 26. Decorrido um ano da arrecadação dos bens do ausente, ou, se ele deixou representante ou procurador, em se passando três anos, poderão os interessados requerer que se declare a ausência e se abra provisoriamente a sucessão.

Veja art. 28, § 1º, CC.

Veja art. 5º, XXXI, CF.

Veja art. 745, §§ 1º a 3º, CPC.

Art. 27. Para o efeito previsto no artigo anterior, somente se consideram interessados:

I – o cônjuge não separado judicialmente;

II – os herdeiros presumidos, legítimos ou testamentários;

Veja arts. 1.799 e 1.829, CC.

III – os que tiverem sobre os bens do ausente direito dependente de sua morte;

Veja arts. 547, 1.923 e 1.951, CC.

IV – os credores de obrigações vencidas e não pagas.

Art. 28. A sentença que determinar a abertura da sucessão provisória só produzirá efeito cento e oitenta dias depois de publicada pela imprensa; mas, logo que passe em julgado, proceder-se-á à abertura do testamento, se houver, e ao inventário e partilha dos bens, como se o ausente fosse falecido.

§ 1º Findo o prazo a que se refere o art. 26, e não havendo interessados na sucessão provisória, cumpre ao Ministério Público requerê-la ao juízo competente.

§ 2º Não comparecendo herdeiro ou interessado para requerer o inventário até trinta dias depois de passar em julgado a sentença que mandar abrir a sucessão provisória, proceder-se-á à arrecadação dos bens do ausente pela forma estabelecida nos arts. 1.819 a 1.823.

Art. 29. Antes da partilha, o juiz, quando julgar conveniente, ordenará a conversão dos bens móveis, sujeitos a deterioração ou a extravio, em imóveis ou em títulos garantidos pela União.

Veja arts. 33 e 79 a 84, CC.

Veja art. 730, CPC.

Art. 30. Os herdeiros, para se imitirem na posse dos bens do ausente, darão garantias da restituição deles, mediante penhores ou hipotecas equivalentes aos quinhões respectivos.

Veja arts. 1.431 a 1.505, CC.

Veja art. 1.166, CPC.

§ 1º Aquele que tiver direito à posse provisória, mas não puder prestar a garantia exigida neste artigo, será excluído, mantendo-se os bens que lhe deviam caber sob a administração do curador, ou de outro herdeiro designado pelo juiz, e que preste essa garantia.

Veja art. 34, CC.

§ 2º Os ascendentes, os descendentes e o cônjuge, uma vez provada a sua qualidade de herdeiros, poderão, independentemente de garantia, entrar na posse dos bens do ausente.

Veja arts. 1.591, 1.595, 1.829 e 1.845, CC.

Art. 31. Os imóveis do ausente só se poderão alienar, não sendo por desapropriação, ou hipotecar, quando o ordene o juiz, para lhes evitar a ruína.

Veja arts. 79 a 81, CC.

Art. 32. Empossados nos bens, os sucessores provisórios ficarão representando ativa e passivamente o ausente, de modo que contra eles correrão as ações pendentes e as que de futuro àquele forem movidas.

Veja arts. 115 e 1.792, CC.

Art. 33. O descendente, ascendente ou cônjuge que for sucessor provisório do ausente, fará seus todos os frutos e rendimentos dos bens que a este couberem; os outros sucessores, porém, deverão capitalizar metade desses frutos e rendimentos, segundo o disposto no art. 29, de acordo com o representante do Ministério Público, e prestar anualmente contas ao juiz competente.

Veja arts. 1.829, I a III, e 1.845, CC.

Parágrafo único. Se o ausente aparecer, e ficar provado que a ausência foi voluntária e injustificada, perderá ele, em favor do sucessor, sua parte nos frutos e rendimentos.

Art. 34. O excluído, segundo o art. 30, da posse provisória poderá, justificando falta de meios, requerer lhe seja entregue metade dos rendimentos do quinhão que lhe tocaria.

Art. 35. Se durante a posse provisória se provar a época exata do falecimento do ausente, considerar-se-á, nessa data, aberta a sucessão em favor dos herdeiros, que o eram àquele tempo.

Veja art. 1.784, CC.

Veja art. 745, § 3º, CPC.

Art. 36. Se o ausente aparecer, ou se lhe provar a existência, depois de estabelecida a posse provisória, cessarão para logo as vantagens dos sucessores nela imitidos, ficando, todavia, obrigados a tomar as medidas assecuratórias precisas, até a entrega dos bens a seu dono.

Seção III
Da Sucessão Definitiva

Art. 37. Dez anos depois de passada em julgado a sentença que concede a abertura da sucessão provisória, poderão os interessados requerer a sucessão definitiva e o levantamento das cauções prestadas.

Veja art. 6º, CC.

Veja art. 745, §§ 3º e 4º, CPC.

Art. 38. Pode-se requerer a sucessão definitiva, também, provando-se que o ausente conta oitenta anos de idade, e que de cinco datam as últimas notícias dele.

Veja art. 6º, CC.

Veja art. 745, § 3º,CPC.

Art. 39. Regressando o ausente nos dez anos seguintes à abertura da sucessão definitiva, ou algum de seus descendentes ou ascendentes, aquele ou estes haverão só os bens existentes no estado em que se acharem, os sub-rogados em seu lugar, ou o preço que os herdeiros e demais interessados houverem recebido pelos bens alienados depois daquele tempo.

Veja arts. 1.591, 1.798 e 1.799, CC.

Veja art. 745, § 4º, CPC.

Parágrafo único. Se, nos dez anos a que se refere este artigo, o ausente não regressar, e nenhum interessado promover a sucessão definitiva, os bens arrecadados passarão ao domínio do Município ou do Distrito Federal, se localizados nas respectivas circunscrições, incorporando-se ao domínio da União, quando situados em território federal.

Veja art. 1.822, CC.

TÍTULO II
DAS PESSOAS JURÍDICAS

CAPÍTULO I
DISPOSIÇÕES GERAIS

Art. 40. As pessoas jurídicas são de direito público, interno ou externo, e de direito privado.

Veja arts. 41, 42 e 44, CC.

Veja art. 2º, Lei n. 9.605, de 12.02.1998.

Art. 41. São pessoas jurídicas de direito público interno:

Veja art. 1.489, I, CC.

Veja arts. 8º e 17, § 2º, CF.

Veja art. 75, I, CPC.

I – a União;

II – os Estados, o Distrito Federal e os Territórios;

III – os Municípios;

IV – as autarquias, inclusive as associações públicas;

Inciso com redação dada pela Lei n. 11.107, de 06.04.2005.

Veja art. 37, XIX, CF.

V – as demais entidades de caráter público criadas por lei.

Parágrafo único. Salvo disposição em contrário, as pessoas jurídicas de direito público, a que se tenha dado estrutura de direito privado, regem-se, no que couber, quanto ao seu funcionamento, pelas normas deste Código.

Art. 42. São pessoas jurídicas de direito público externo os Estados estrangeiros e todas as pessoas que forem regidas pelo direito internacional público.

Veja art. 4º, CF.

Art. 43. As pessoas jurídicas de direito público interno são civilmente responsáveis por atos dos seus agentes que nessa qualidade causem danos a terceiros, ressalvado direito regressivo contra os causadores do dano, se houver, por parte destes, culpa ou dolo.

Veja arts. 115 a 120, 145 a 150, 186 e 927 a 954, CC.

Veja art. 37, § 6º, CF.

Veja arts. 764, *caput* e § 2º, e 765, CPC.

Art. 44. São pessoas jurídicas de direito privado:

Veja arts. 2.033 e 2.034, CC.

Veja art. 173, §§ 1º a 3º, CF.

I – as associações;

Veja arts. 53 a 61 e 2.031, CC.

Veja art. 5º, XVII a XXI, CF.

Veja art. 4º, Lei n. 14.010, de 10.06.2020.

II – as sociedades;

Veja arts. 981 a 1.141, 2.031 e 2.037, CC.

Veja art. 4º, Lei n. 14.010, de 10.06.2020.

III – as fundações;

Veja arts. 62 a 69, 2.031 e 2.032, CC.

Veja art. 764, § 1º, CPC.

Veja art. 4º, Lei n. 14.010, de 10.06.2020.

IV – as organizações religiosas;

Inciso acrescentado pela Lei n. 10.825, de 22.12.2003.

V – os partidos políticos;

Inciso acrescentado pela Lei n. 10.825, de 22.12.2003.

VI – (*Revogado pela Lei n. 14.382, de 27.06.2022.*)

§ 1º São livres a criação, a organização, a estruturação interna e o funcionamento das organizações religiosas, sendo vedado ao poder público negar-lhes reconhecimento ou registro dos atos constitutivos e necessários ao seu funcionamento.

Parágrafo acrescentado pela Lei n. 10.825, de 22.12.2003.

§ 2º As disposições concernentes às associações aplicam-se subsidiariamente às sociedades que são objeto do Livro II da Parte Especial deste Código.

Antigo parágrafo único renumerado pela Lei n. 10.825, de 22.12.2003.

§ 3º Os partidos políticos serão organizados e funcionarão conforme o disposto em lei específica.

Parágrafo acrescentado pela Lei n. 10.825, de 22.12.2003.

Veja Lei n. 9.096, de 19.09.1995.

Art. 45. Começa a existência legal das pessoas jurídicas de direito privado com a inscrição do ato constitutivo no respectivo registro, precedida, quando necessário, de autorização ou aprovação do Poder Executivo, averbando-se no registro todas as alterações por que passar o ato constitutivo.

Veja arts. 985, 998, 999, parágrafo único, 1.000, 1.134, 1.135 e 1.150 a 1.154, CC.

Parágrafo único. Decai em três anos o direito de anular a constituição das pessoas jurídicas de direito privado, por defeito do ato respectivo, contado o prazo da publicação de sua inscrição no registro.

Veja arts. 207 a 211, CC.

Art. 46. O registro declarará:

I – a denominação, os fins, a sede, o tempo de duração e o fundo social, quando houver;

Veja art. 1.033, I, CC.

II – o nome e a individualização dos fundadores ou instituidores, e dos diretores;

III – o modo por que se administra e representa, ativa e passivamente, judicial e extrajudicialmente;

IV – se o ato constitutivo é reformável no tocante à administração, e de que modo;

V – se os membros respondem, ou não, subsidiariamente, pelas obrigações sociais;

VI – as condições de extinção da pessoa jurídica e o destino do seu patrimônio, nesse caso.

Veja arts. 1.033 e 1.035, CC.

Art. 47. Obrigam a pessoa jurídica os atos dos administradores, exercidos nos limites de seus poderes definidos no ato constitutivo.

Veja arts. 43, 997, VI, 1.011 a 1.021 e 1.169 a 1.171, CC.

Veja art. 5º, XXI, CF.

Veja art. 75, I, II, VI a IX, §§ 2º e 3º, CPC.

Art. 48. Se a pessoa jurídica tiver administração coletiva, as decisões se tomarão pela maioria de votos dos presentes, salvo se o ato constitutivo dispuser de modo diverso.

Veja arts. 1.010, 1.014 e 1.072, CC.

Parágrafo único. Decai em três anos o direito de anular as decisões a que se refere este artigo, quando violarem a lei ou estatuto, ou forem eivadas de erro, dolo, simulação ou fraude.

Veja arts. 138 a 150, 158 a 165, 167, 171, II, e 207 a 211, CC.

Art. 48-A. As pessoas jurídicas de direito privado, sem prejuízo do previsto em legislação especial e em seus atos constitutivos, poderão realizar suas assembleias gerais por meio eletrônico, inclusive para os fins do disposto no art. 59 deste Código, respeitados os direitos previstos de participação e de manifestação.

Artigo acrescentado pela Lei n. 14.382, de 27.06.2022.

Art. 49. Se a administração da pessoa jurídica vier a faltar, o juiz, a requerimento de qualquer interessado, nomear-lhe-á administrador provisório.

Veja art. 614, CPC.

Art. 49-A. A pessoa jurídica não se confunde com os seus sócios, associados, instituidores ou administradores.

Artigo acrescentado pela Lei n. 13.874, de 20.09.2019.

Parágrafo único. A autonomia patrimonial das pessoas jurídicas é um instrumento lícito de alocação e segregação de riscos, estabelecido pela lei com a finalidade de estimular empreendimentos, para a geração de empregos, tributo, renda e inovação em benefício de todos.

Art. 50. Em caso de abuso da personalidade jurídica, caracterizado pelo desvio de finalidade ou pela confusão patrimonial, pode o juiz, a requerimento da parte, ou do Ministério Público quando lhe couber intervir no processo, desconsiderá-la para que os efeitos de certas e determinadas relações de obrigações sejam estendidos aos bens particulares de administradores ou de sócios da pessoa jurídica beneficiados direta ou indiretamente pelo abuso.

Caput com redação dada pela Lei n. 13.874, de 20.09.2019.

Veja art. 58-A, Lei n. 11.101, de 09.02.2005.

§ 1º Para os fins do disposto neste artigo, desvio de finalidade é a utilização da pessoa jurídica com o propósito de lesar credores e para a prática de atos ilícitos de qualquer natureza.

Parágrafo acrescentado pela Lei n. 13.874, de 20.09.2019.

§ 2º Entende-se por confusão patrimonial a ausência de separação de fato entre os patrimônios, caracterizada por:

Parágrafo e incisos acrescentados pela Lei n. 13.874, de 20.09.2019.

I – cumprimento repetitivo pela sociedade de obrigações do sócio ou do administrador ou vice-versa;

II – transferência de ativos ou de passivos sem efetivas contraprestações, exceto os de valor proporcionalmente insignificante; e

III – outros atos de descumprimento da autonomia patrimonial.

§ 3º O disposto no *caput* e nos §§ 1º e 2º deste artigo também se aplica à extensão das obrigações de sócios ou de administradores à pessoa jurídica.

Parágrafo acrescentado pela Lei n. 13.874, de 20.09.2019.

§ 4º A mera existência de grupo econômico sem a presença dos requisitos de que trata o *caput* deste artigo não autoriza a desconsideração da personalidade da pessoa jurídica.

Parágrafo acrescentado pela Lei n. 13.874, de 20.09.2019.

§ 5º Não constitui desvio de finalidade a mera expansão ou a alteração da finalidade original da atividade econômica específica da pessoa jurídica.

Parágrafo acrescentado pela Lei n. 13.874, de 20.09.2019.

Art. 51. Nos casos de dissolução da pessoa jurídica ou cassada a autorização para seu funcionamento, ela subsistirá para os fins de liquidação, até que esta se conclua.

Veja arts. 54, VI, 69, 1.028, II, 1.033 a 1.038, 1.125 e 2.034, CC.

§ 1º Far-se-á, no registro onde a pessoa jurídica estiver inscrita, a averbação de sua dissolução.

Veja art. 999, parágrafo único, CC.

§ 2º As disposições para a liquidação das sociedades aplicam-se, no que couber, às demais pessoas jurídicas de direito privado.

Veja arts. 1.102 a 1.112, CC.

§ 3º Encerrada a liquidação, promover-se-á o cancelamento da inscrição da pessoa jurídica.

Art. 52. Aplica-se às pessoas jurídicas, no que couber, a proteção dos direitos da personalidade.

Veja arts. 11 a 21, CC.

CAPÍTULO II
DAS ASSOCIAÇÕES

Veja arts. 2.031 a 2.034, CC.

Art. 53. Constituem-se as associações pela união de pessoas que se organizem para fins não econômicos.

Veja arts. 40, 44, I, 2.031 e 2.033, CC.

Veja arts. 5º, XVII a XXI, 8º e 17, CF.

Veja art. 75, CPC.

Parágrafo único. Não há, entre os associados, direitos e obrigações recíprocos.

Art. 54. Sob pena de nulidade, o estatuto das associações conterá:

I – a denominação, os fins e a sede da associação;

Veja art. 75, IV, CC.

II – os requisitos para a admissão, demissão e exclusão dos associados;

III – os direitos e deveres dos associados;

IV – as fontes de recursos para sua manutenção;

V – o modo de constituição e de funcionamento dos órgãos deliberativos;

Inciso com redação dada pela Lei n. 11.127, de 28.06.2005.

VI – as condições para a alteração das disposições estatutárias e para a dissolução;

VII – a forma de gestão administrativa e de aprovação das respectivas contas.

Inciso acrescentado pela Lei n. 11.127, de 28.06.2005.

Art. 55. Os associados devem ter iguais direitos, mas o estatuto poderá instituir categorias com vantagens especiais.

Art. 56. A qualidade de associado é intransmissível, se o estatuto não dispuser o contrário.

Parágrafo único. Se o associado for titular de quota ou fração ideal do patrimônio da associação, a transferência daquela não importará, *de per si*, na atribuição da qualidade de associado ao adquirente ou ao herdeiro, salvo disposição diversa do estatuto.

Veja art. 61, CC.

Art. 57. A exclusão do associado só é admissível havendo justa causa, assim reconhecida em procedimento que assegure direito de defesa e de recurso, nos termos previstos no estatuto.

Caput com redação dada pela Lei n. 11.127, de 28.06.2005.

Parágrafo único. (*Revogado pela Lei n. 11.127, de 28.06.2005.*)

Art. 58. Nenhum associado poderá ser impedido de exercer direito ou função que lhe tenha sido legitimamente conferido, a não ser nos casos e pela forma previstos na lei ou no estatuto.

Art. 59. Compete privativamente à assembleia geral:

Caput e incisos com redação dada pela Lei n. 11.127, de 28.06.2005.

Veja art. 48-A, CC.

Veja art. 5º, Lei n. 14.010, de 10.06.2020.

I – destituir os administradores;

II – alterar o estatuto.

Parágrafo único. Para as deliberações a que se referem os incisos I e II deste artigo é exigido deliberação da assembleia especialmente convocada para esse fim, cujo *quorum* será o estabelecido no estatuto, bem como os critérios de eleição dos administradores.

Parágrafo com redação dada pela Lei n. 11.127, de 28.06.2005.

Art. 60. A convocação dos órgãos deliberativos far-se-á na forma do estatuto, garantido a 1/5 (um quinto) dos associados o direito de promovê-la.

Artigo com redação dada pela Lei n. 11.127, de 28.06.2005.

Art. 61. Dissolvida a associação, o remanescente do seu patrimônio líquido, depois de deduzidas, se for o caso, as quotas ou frações ideais referidas no parágrafo único do art. 56, será destinado à entidade de fins não econômicos designada no estatuto, ou, omisso este, por deliberação dos associados, à instituição municipal, estadual ou federal, de fins idênticos ou semelhantes.

Veja art. 2.034, CC.

Veja art. 5º, XIX, CF.

§ 1º Por cláusula do estatuto ou, no seu silêncio, por deliberação dos associados, podem estes, antes da destinação do remanescente referida neste artigo, receber em restituição, atualizado o respectivo valor, as contribuições que tiverem prestado ao patrimônio da associação.

§ 2º Não existindo no Município, no Estado, no Distrito Federal ou no Território, em que a associação tiver sede, instituição nas condições indicadas neste artigo, o que remanescer do seu patrimônio se devolverá à Fazenda do Estado, do Distrito Federal ou da União.

CAPÍTULO III
DAS FUNDAÇÕES

Veja art. 764, § 1º, CPC.

Art. 62. Para criar uma fundação, o seu instituidor fará, por escritura pública ou testamento, dotação especial de bens livres, especificando o fim a que se destina, e declarando, se quiser, a maneira de administrá-la.

Veja arts. 40, 44, III, 65, 215, 1.799, III, 2.031 e 2.033, CC.

Veja art. 37, XIX, CF.

Veja arts. 764, *caput* e § 2º, e 765, CPC.

Parágrafo único. A fundação somente poderá constituir-se para fins de:

Parágrafo com redação dada e incisos acrescentados pela Lei n. 13.151, de 28.07.2015.

Veja art. 2.032, CC.

I – assistência social;

II – cultura, defesa e conservação do patrimônio histórico e artístico;

III – educação;

IV – saúde;

V – segurança alimentar e nutricional;

VI – defesa, preservação e conservação do meio ambiente e promoção do desenvolvimento sustentável;

VII – pesquisa científica, desenvolvimento de tecnologias alternativas, modernização de sistemas de gestão, produção e divulgação de informações e conhecimentos técnicos e científicos;

VIII – promoção da ética, da cidadania, da democracia e dos direitos humanos;

IX – atividades religiosas; e

X – (*Vetado.*)

Art. 63. Quando insuficientes para constituir a fundação, os bens a ela destinados serão, se de outro modo não dispuser o instituidor, incorporados em outra fundação que se proponha a fim igual ou semelhante.

Art. 64. Constituída a fundação por negócio jurídico entre vivos, o instituidor é obrigado a transferir-lhe a propriedade, ou outro direito real, sobre os bens dotados, e, se não o fizer, serão registrados, em nome dela, por mandado judicial.

Veja arts. 1.225 e 1.267, CC.

Art. 65. Aqueles a quem o instituidor cometer a aplicação do patrimônio, em tendo ciência do encargo, formularão logo, de acordo com as suas bases (art. 62), o estatuto da fundação projetada, submetendo-o, em seguida, à aprovação da autoridade competente, com recurso ao juiz.

Parágrafo único. Se o estatuto não for elaborado no prazo assinado pelo instituidor, ou, não havendo prazo, em cento e oitenta dias, a incumbência caberá ao Ministério Público.

Veja arts. 764, *caput* e § 2º, e 765, CPC.

Art. 66. Velará pelas fundações o Ministério Público do Estado onde situadas.

Veja art. 75, IV, CC.

Veja arts. 764, *caput* e § 2º, e 765, CPC.

§ 1º Se funcionarem no Distrito Federal ou em Território, caberá o encargo ao Ministério Público do Distrito Federal e Territórios.

Parágrafo com redação dada pela Lei n. 13.151, de 28.07.2015.

§ 2º Se estenderem a atividade por mais de um Estado, caberá o encargo, em cada um deles, ao respectivo Ministério Público.

Art. 67. Para que se possa alterar o estatuto da fundação é mister que a reforma:

Veja arts. 764, *caput* e § 2º, e 765, CPC.

I – seja deliberada por dois terços dos competentes para gerir e representar a fundação;

II – não contrarie ou desvirtue o fim desta;

III – seja aprovada pelo órgão do Ministério Público no prazo máximo de 45 (quarenta e cinco) dias, findo o qual ou no caso de o Ministério Público a denegar, poderá o juiz supri-la, a requerimento do interessado.

Inciso com redação dada pela Lei n. 13.151, de 28.07.2015.

Art. 68. Quando a alteração não houver sido aprovada por votação unânime, os administradores da fundação, ao submeterem o estatuto ao órgão do Ministério Público, requererão que se dê ciência à minoria vencida para impugná-la, se quiser, em dez dias.

Art. 69. Tornando-se ilícita, impossível ou inútil a finalidade a que visa a fundação, ou vencido o prazo de sua existência, o órgão do Ministério Público, ou qualquer interessado, lhe promoverá a extinção, incorporando-se o seu patrimônio, salvo disposição em contrário no ato constitutivo, ou no estatuto, em outra fundação, designada pelo juiz, que se proponha a fim igual ou semelhante.

Veja art. 765, CPC.

TÍTULO III
DO DOMICÍLIO

Art. 70. O domicílio da pessoa natural é o lugar onde ela estabelece a sua residência com ânimo definitivo.

Veja arts. 1.566, II, 1.569, 1.712 e 1.785, CC.
Veja art. 5º, XI, CF.
Veja arts. 46 a 50, 53, II, 62 e 63, CPC.
Veja art. 150, CP.

Art. 71. Se, porém, a pessoa natural tiver diversas residências, onde, alternadamente, viva, considerar-se-á domicílio seu qualquer delas.

Veja art. 46, § 1º, CPC.
Veja art. 150, CP.

Art. 72. É também domicílio da pessoa natural, quanto às relações concernentes à profissão, o lugar onde esta é exercida.

Parágrafo único. Se a pessoa exercitar profissão em lugares diversos, cada um deles constituirá domicílio para as relações que lhe corresponderem.

Veja art. 150, CP.

Art. 73. Ter-se-á por domicílio da pessoa natural, que não tenha residência habitual, o lugar onde for encontrada.

Veja art. 46, § 2º, CPC.
Veja art. 150, CP.

Art. 74. Muda-se o domicílio, transferindo a residência, com a intenção manifesta de o mudar.

Veja arts. 107, 110 e 112, CC.
Veja art. 43, CPC.
Veja art. 150, CP.

Parágrafo único. A prova da intenção resultará do que declarar a pessoa às municipalidades dos lugares, que deixa, e para onde vai, ou, se tais declarações não fizer, da própria mudança, com as circunstâncias que a acompanharem.

Art. 75. Quanto às pessoas jurídicas, o domicílio é:

Veja art. 109, §§ 1º a 4º, CF.
Veja art. 51, CPC.

I – da União, o Distrito Federal;

Veja art. 51, CPC.

II – dos Estados e Territórios, as respectivas capitais;

Veja art. 51, CPC.

III – do Município, o lugar onde funcione a administração municipal;

IV – das demais pessoas jurídicas, o lugar onde funcionarem as respectivas diretorias e administrações, ou onde elegerem domicílio especial no seu estatuto ou atos constitutivos.

Veja art. 53, III, *a*, CPC.

§ 1º Tendo a pessoa jurídica diversos estabelecimentos em lugares diferentes, cada um deles será considerado domicílio para os atos nele praticados.

Veja art. 1.142, CC.
Veja art. 53, III, *b*, CPC.

§ 2º Se a administração, ou diretoria, tiver a sede no estrangeiro, haver-se-á por domicílio da pessoa jurídica, no tocante às obrigações contraídas por cada uma das suas agências, o lugar do estabelecimento, sito no Brasil, a que ela corresponder.

Veja art. 21, I e parágrafo único, CPC.

Art. 76. Têm domicílio necessário o incapaz, o servidor público, o militar, o marítimo e o preso.

Veja arts. 3º e 4º, CC.

Veja arts. 72, II, e 50, CPC.

Parágrafo único. O domicílio do incapaz é o do seu representante ou assistente; o do servidor público, o lugar em que exercer permanentemente suas funções; o do militar, onde servir, e, sendo da Marinha ou da Aeronáutica, a sede do comando a que se encontrar imediatamente subordinado; o do marítimo, onde o navio estiver matriculado; e o do preso, o lugar em que cumprir a sentença.

Veja art. 50, CPC.

Art. 77. O agente diplomático do Brasil, que, citado no estrangeiro, alegar extraterritorialidade sem designar onde tem, no país, o seu domicílio, poderá ser demandado no Distrito Federal ou no último ponto do território brasileiro onde o teve.

Art. 78. Nos contratos escritos, poderão os contratantes especificar domicílio onde se exercitem e cumpram os direitos e obrigações deles resultantes.

Veja art. 327, CC.

Veja arts. 47, § 1º, 62 e 63, CPC.

LIVRO II
DOS BENS

TÍTULO ÚNICO
DAS DIFERENTES CLASSES DE BENS

CAPÍTULO I
DOS BENS CONSIDERADOS EM SI MESMOS

Seção I
Dos Bens Imóveis

Art. 79. São bens imóveis o solo e tudo quanto se lhe incorporar natural ou artificialmente.

Veja arts. 92, 93, 95, 1.229, 1.230 e 1.248 a 1.259, CC.

Veja arts. 20, VIII a XI, 174, §§ 3º e 4º, e 176, §§ 1º a 4º, CF.

Veja art. 13, § 1º, Lei n. 8.429, de 02.06.1992.

Art. 80. Consideram-se imóveis para os efeitos legais:

I – os direitos reais sobre imóveis e as ações que os asseguram;

Veja arts. 1.225, I a VII, IX a XIII, e 1.227, CC.

II – o direito à sucessão aberta.

Veja arts. 1.784, 1.804 e 1.805, CC.

Art. 81. Não perdem o caráter de imóveis:

I – as edificações que, separadas do solo, mas conservando a sua unidade, forem removidas para outro local;

II – os materiais provisoriamente separados de um prédio, para nele se reempregarem.

Veja art. 84, CC.

Seção II
Dos Bens Móveis

Art. 82. São móveis os bens suscetíveis de movimento próprio, ou de remoção por força alheia, sem alteração da substância ou da destinação econômico-social.

Veja art. 155, CP.

Art. 83. Consideram-se móveis para os efeitos legais:

I – as energias que tenham valor econômico;

II – os direitos reais sobre objetos móveis e as ações correspondentes;

Veja arts. 1.225, I, IV, V e VIII, e 1.226, CC.

III – os direitos pessoais de caráter patrimonial e respectivas ações.

Veja arts. 233 a 251, CC.

Art. 84. Os materiais destinados a alguma construção, enquanto não forem empregados, conservam sua qualidade de móveis; readquirem essa qualidade os provenientes da demolição de algum prédio.

Veja art. 81, II, CC.

Veja art. 155, CP.

Seção III
Dos Bens Fungíveis e Consumíveis

Art. 85. São fungíveis os móveis que podem substituir-se por outros da mesma espécie, qualidade e quantidade.

Veja arts. 307, parágrafo único, e 369, CC.

Art. 86. São consumíveis os bens móveis cujo uso importa destruição imediata da própria substância, sendo também considerados tais os destinados à alienação.

Veja art. 1.392, § 1º, CC.

Seção IV
Dos Bens Divisíveis

Art. 87. Bens divisíveis são os que se podem fracionar sem alteração na sua substância, diminuição considerável de valor, ou prejuízo do uso a que se destinam.

Veja arts. 257 e 261 a 263, CC.

Art. 88. Os bens naturalmente divisíveis podem tornar-se indivisíveis por determinação da lei ou por vontade das partes.

Veja arts. 258, 504, 1.320, §§ 1º e 2º, e 1.386, CC.

Seção V
Dos Bens Singulares e Coletivos

Art. 89. São singulares os bens que, embora reunidos, se consideram *de per si*, independentemente dos demais.

Art. 90. Constitui universalidade de fato a pluralidade de bens singulares que, pertinentes à mesma pessoa, tenham destinação unitária.

Veja art. 1.142, CC.

Parágrafo único. Os bens que formam essa universalidade podem ser objeto de relações jurídicas próprias.

Art. 91. Constitui universalidade de direito o complexo de relações jurídicas, de uma pessoa, dotadas de valor econômico.

Veja art. 1.791, CC.

CAPÍTULO II
DOS BENS RECIPROCAMENTE CONSIDERADOS

Art. 92. Principal é o bem que existe sobre si, abstrata ou concretamente; acessório, aquele cuja existência supõe a do principal.

Veja arts. 184, 233, 287, 364, 822 e 1.209, CC.

Art. 93. São pertenças os bens que, não constituindo partes integrantes, se destinam, de modo duradouro, ao uso, ao serviço ou ao aformoseamento de outro.

Art. 94. Os negócios jurídicos que dizem respeito ao bem principal não abrangem as pertenças, salvo se o contrário resultar da lei, da manifestação de vontade, ou das circunstâncias do caso.

Veja arts. 92, 93, 107 e 110 a 112, CC.

Art. 95. Apesar de ainda não separados do bem principal, os frutos e produtos podem ser objeto de negócio jurídico.

Veja arts. 79, 92, 237, parágrafo único, 242, parágrafo único, 1.214 a 1.216 e 1.232, CC.

Art. 96. As benfeitorias podem ser voluptuárias, úteis ou necessárias.

Veja arts. 1.219 a 1.222 e 1.922, parágrafo único, CC.

§ 1º São voluptuárias as de mero deleite ou recreio, que não aumentam o uso habitual do bem, ainda que o tornem mais agradável ou sejam de elevado valor.

§ 2º São úteis as que aumentam ou facilitam o uso do bem.

Veja arts. 453 e 578, CC.

§ 3º São necessárias as que têm por fim conservar o bem ou evitar que se deteriore.

Veja arts. 453 e 578, CC.

Art. 97. Não se consideram benfeitorias os melhoramentos ou acréscimos sobrevindos ao bem sem a intervenção do proprietário, possuidor ou detentor.

Veja arts. 1.248, I a IV, e 1.249 a 1.252, CC.

CAPÍTULO III
DOS BENS PÚBLICOS

Art. 98. São públicos os bens do domínio nacional pertencentes às pessoas jurídicas de direito público interno; todos os outros são particulares, seja qual for a pessoa a que pertencerem.

Veja art. 41, CC.

Veja arts. 5º, LXXIII, 20, 26, 176 e 183, § 3º, CF.

Art. 99. São bens públicos:

Veja art. 41, CC.

Veja arts. 20, I a XI, 26, 176, 191, parágrafo único, e 225, CF.

I – os de uso comum do povo, tais como rios, mares, estradas, ruas e praças;

Veja art. 100, CC.

II – os de uso especial, tais como edifícios ou terrenos destinados a serviço ou estabelecimento da administração federal, estadual, territorial ou municipal, inclusive os de suas autarquias;

Veja art. 100, CC.

III – os dominicais, que constituem o patrimônio das pessoas jurídicas de direito público, como objeto de direito pessoal, ou real, de cada uma dessas entidades.

Veja art. 101, CC.

Parágrafo único. Não dispondo a lei em contrário, consideram-se dominicais os bens pertencentes às pessoas jurídicas de direito público a que se tenha dado estrutura de direito privado.

Veja art. 101, CC.

Art. 100. Os bens públicos de uso comum do povo e os de uso especial são inalienáveis, enquanto conservarem a sua qualificação, na forma que a lei determinar.

Veja art. 99, I e II, CC.

Veja art. 191, parágrafo único, CF.

Art. 101. Os bens públicos dominicais podem ser alienados, observadas as exigências da lei.

Veja art. 99, III, CC.

Art. 102. Os bens públicos não estão sujeitos a usucapião.

Veja arts. 99 e 1.238 a 1.244, CC.

Veja arts. 183 e 191, parágrafo único, CF.

Art. 103. O uso comum dos bens públicos pode ser gratuito ou retribuído, conforme for estabelecido legalmente pela entidade a cuja administração pertencerem.

Veja arts. 183, § 3º, e 191, parágrafo único, CF.

LIVRO III
DOS FATOS JURÍDICOS

TÍTULO I
DO NEGÓCIO JURÍDICO

CAPÍTULO I
DISPOSIÇÕES GERAIS

Art. 104. A validade do negócio jurídico requer:

Veja arts. 166 a 177, 183, 184 e 2.035, CC.

Veja art. 8º, § 3º, CLT.

I – agente capaz;

Veja arts. 5º, 105 e 166, I, CC.

II – objeto lícito, possível, determinado ou determinável;

Veja arts. 106, 166, II, e 426, CC.

III – forma prescrita ou não defesa em lei.

Veja arts. 107 a 112 e 166, IV, CC.

Art. 105. A incapacidade relativa de uma das partes não pode ser invocada pela outra em benefício próprio, nem aproveita aos cointeressados capazes, salvo se, neste caso, for indivisível o objeto do direito ou da obrigação comum.

Veja arts. 4º, 87, 88, 171, I, e 257 a 263, CC.

Art. 106. A impossibilidade inicial do objeto não invalida o negócio jurídico se for relativa, ou se cessar antes de realizada a condição a que ele estiver subordinado.

Veja arts. 123 e 124, CC.

Art. 107. A validade da declaração de vontade não dependerá de forma especial, senão quando a lei expressamente a exigir.

Veja arts. 104, III, 108, 109, 176, 183 e 212, CC.

Veja art. 369, CPC.

Veja art. 26, § 3º, Lei n. 6.766, de 19.12.1979.

Veja art. 33, Lei n. 9.514, de 20.11.1997.

Art. 108. Não dispondo a lei em contrário, a escritura pública é essencial à validade dos negócios jurídicos que visem à constituição, transferência, modificação ou renúncia de direitos reais sobre imóveis de valor superior a trinta vezes o maior salário mínimo vigente no País.

Veja arts. 215, 1.227, 1.245 e 1.711, CC.

Veja arts. 406 e 407, CPC.

Veja art. 167, I, 48, Lei n. 6.015, de 31.12.1973.

Veja art. 26, § 3º, Lei n. 6.766, de 19.12.1979.

Veja art. 33, Lei n. 9.514, de 20.11.1997.

Art. 109. No negócio jurídico celebrado com a cláusula de não valer sem instrumento público, este é da substância do ato.

Veja arts. 62, 215 a 218, 226, parágrafo único, 807, 842 e 1.653, CC.

Art. 110. A manifestação de vontade subsiste ainda que o seu autor haja feito a reserva mental de não querer o que manifestou, salvo se dela o destinatário tinha conhecimento.

Art. 111. O silêncio importa anuência, quando as circunstâncias ou os usos o autorizarem, e não for necessária a declaração de vontade expressa.

Veja arts. 539, 659 e 1.807, CC.

Veja art. 344, CPC.

Art. 112. Nas declarações de vontade se atenderá mais à intenção nelas consubstanciada do que ao sentido literal da linguagem.

Veja arts. 114, 133, 819 e 1.899, CC.

Art. 113. Os negócios jurídicos devem ser interpretados conforme a boa-fé e os usos do lugar de sua celebração.

Veja arts. 164, 309, 422, 423 e 1.899, CC.

§ 1º A interpretação do negócio jurídico deve lhe atribuir o sentido que:

Parágrafo e incisos acrescentados pela Lei n. 13.874, de 20.09.2019.

I – for confirmado pelo comportamento das partes posterior à celebração do negócio;

II – corresponder aos usos, costumes e práticas do mercado relativas ao tipo de negócio;

III – corresponder à boa-fé;

IV – for mais benéfico à parte que não redigiu o dispositivo, se identificável; e

V – corresponder a qual seria a razoável negociação das partes sobre a questão discutida, inferida das demais disposições do negócio e da racionalidade econômica das partes, consideradas as informações disponíveis no momento de sua celebração.

§ 2º As partes poderão livremente pactuar regras de interpretação, de preenchimento de lacunas e de integração dos negócios jurídicos diversas daquelas previstas em lei.

Parágrafo acrescentado pela Lei n. 13.874, de 20.09.2019.

Art. 114. Os negócios jurídicos benéficos e a renúncia interpretam-se estritamente.

Veja arts. 112, 191, 375, 682, I, 688, 819, 843, 1.063, § 3º, 1.275, II, 1.316, 1.410, I, 1.425, III, 1.436, III, 1.499, IV, e 1.806, CC.

CAPÍTULO II
DA REPRESENTAÇÃO

Art. 115. Os poderes de representação conferem-se por lei ou pelo interessado.

Veja arts. 653, 1.172, 1.630, 1.728, 1.729 e 1.779, CC.

Art. 116. A manifestação de vontade pelo representante, nos limites de seus poderes, produz efeitos em relação ao representado.

Veja arts. 107, 110 a 112, 120, 653, 1.172, 1.634, VII, 1.690, 1.747, I, e 1.781, CC.

Art. 117. Salvo se o permitir a lei ou o representado, é anulável o negócio jurídico que o representante, no seu interesse ou por conta de outrem, celebrar consigo mesmo.

Veja arts. 138, 139, II, 172 e 176, CC.

Parágrafo único. Para esse efeito, tem-se como celebrado pelo representante o negócio realizado por aquele em quem os poderes houverem sido subestabelecidos.

Art. 118. O representante é obrigado a provar às pessoas, com quem tratar em nome do representado, a sua qualidade e a extensão de seus poderes, sob pena de, não o fazendo, responder pelos atos que a estes excederem.

Veja arts. 665, 673 e 679, CC.

Art. 119. É anulável o negócio concluído pelo representante em conflito de interesses com o representado, se tal fato era ou devia ser do conhecimento de quem com aquele tratou.

Veja arts. 171 a 184, CC.

Parágrafo único. É de cento e oitenta dias, a contar da conclusão do negócio ou da cessação da incapacidade, o prazo de decadência para pleitear-se a anulação prevista neste artigo.

Veja arts. 5º e 207 a 211, CC.

Art. 120. Os requisitos e os efeitos da representação legal são os estabelecidos nas normas respectivas; os da representação voluntária são os da Parte Especial deste Código.

Veja arts. 653 a 692, 1.172 a 1.176, 1.634, VII, 1.690, 1.747, I, e 1.774, CC.

CAPÍTULO III
DA CONDIÇÃO, DO TERMO E DO ENCARGO

Art. 121. Considera-se condição a cláusula que, derivando exclusivamente da vontade das partes, subordina o efeito do negócio jurídico a evento futuro e incerto.

Veja arts. 125 a 128 e 131 a 137, CC.

Art. 122. São lícitas, em geral, todas as condições não contrárias à lei, à ordem pública ou aos bons costumes; entre as condições defesas se incluem as que privarem de todo efeito o negócio jurídico, ou o sujeitarem ao puro arbítrio de uma das partes.

Veja art. 489, CC.

Veja arts. 5º, XIII, 6º, 170 e 193, CF.

Art. 123. Invalidam os negócios jurídicos que lhes são subordinados:

Veja art. 166, CC.

I – as condições física ou juridicamente impossíveis, quando suspensivas;

Veja arts. 106, 135 e 137, CC.

II – as condições ilícitas, ou de fazer coisa ilícita;

Veja art. 137, CC.

III – as condições incompreensíveis ou contraditórias.

Art. 124. Têm-se por inexistentes as condições impossíveis, quando resolutivas, e as de não fazer coisa impossível.

Veja art. 135, CC.

Art. 125. Subordinando-se a eficácia do negócio jurídico à condição suspensiva, enquanto esta se não verificar, não se terá adquirido o direito, a que ele visa.

Veja arts. 131, 135, 136, 199, 234, 332, 509, 876, 1.923 e 1.924, CC.

Art. 126. Se alguém dispuser de uma coisa sob condição suspensiva, e, pendente esta, fizer quanto àquela novas disposições, estas não terão valor, realizada a condição, se com ela forem incompatíveis.

Veja art. 135, CC.

Art. 127. Se for resolutiva a condição, enquanto esta se não realizar, vigorará o negócio jurídico, podendo exercer-se desde a conclusão deste o direito por ele estabelecido.

Veja arts. 135, 397, 1.359 e 1.360, CC.

Art. 128. Sobrevindo a condição resolutiva, extingue-se, para todos os efeitos, o direito a que ela se opõe; mas, se aposta a um negócio de execução continuada ou periódica, a sua realização, salvo disposição em contrário, não tem eficácia quanto aos atos já praticados, desde que compatíveis com a natureza da condição pendente e conforme aos ditames de boa-fé.

Veja arts. 135, 1.359 e 1.360, CC.

Art. 129. Reputa-se verificada, quanto aos efeitos jurídicos, a condição cujo implemento for maliciosamente obstado pela parte a quem desfavorecer, considerando-se, ao contrário, não verificada a condição maliciosamente levada a efeito por aquele a quem aproveita o seu implemento.

Art. 130. Ao titular do direito eventual, nos casos de condição suspensiva ou resolutiva, é permitido praticar os atos destinados a conservá-lo.

Veja art. 135, CC.

Art. 131. O termo inicial suspende o exercício, mas não a aquisição do direito.

Veja arts. 121 a 130, 135, 1.613 e 1.924, CC.

Veja art. 5º, XXXVI, CF.

Art. 132. Salvo disposição legal ou convencional em contrário, computam-se os prazos, excluído o dia do começo, e incluído o do vencimento.

Veja art. 2.028, CC.

Veja art. 224, CPC.

§ 1º Se o dia do vencimento cair em feriado, considerar-se-á prorrogado o prazo até o seguinte dia útil.

Veja arts. 214 e 216, CPC.

§ 2º Meado considera-se, em qualquer mês, o seu décimo quinto dia.

§ 3º Os prazos de meses e anos expiram no dia de igual número do de início, ou no imediato, se faltar exata correspondência.

§ 4º Os prazos fixados por hora contar-se-ão de minuto a minuto.

Art. 133. Nos testamentos, presume-se o prazo em favor do herdeiro, e, nos contratos, em proveito do devedor, salvo, quanto a esses, se do teor do instrumento, ou das circunstâncias, resultar que se estabeleceu a benefício do credor, ou de ambos os contratantes.

Veja arts. 112, 539, 1.898 e 1.899, CC.

Art. 134. Os negócios jurídicos entre vivos, sem prazo, são exequíveis desde logo, salvo se a execução tiver de ser feita em lugar diverso ou depender de tempo.

Veja art. 331, CC.

Art. 135. Ao termo inicial e final aplicam-se, no que couber, as disposições relativas à condição suspensiva e resolutiva.

Veja arts. 123 a 128 e 130, CC.

Art. 136. O encargo não suspende a aquisição nem o exercício do direito, salvo quando expressamente imposto no negócio jurídico, pelo disponente, como condição suspensiva.

Veja arts. 125, 539, 553 e 1.938, CC.

Art. 137. Considera-se não escrito o encargo ilícito ou impossível, salvo se constituir o motivo determinante da liberalidade, caso em que se invalida o negócio jurídico.

Veja arts. 123 e 124, CC.

CAPÍTULO IV
DOS DEFEITOS DO NEGÓCIO JURÍDICO

Seção I
Do Erro ou Ignorância

Art. 138. São anuláveis os negócios jurídicos, quando as declarações de vontade emanarem de erro substancial que poderia ser percebido por pessoa de diligência normal, em face das circunstâncias do negócio.

Veja arts. 48, parágrafo único, 171, II, 178, II, 441, 849, 877, 1.559, 1.903, 1.909 e 2.027, CC.
Veja arts. 393 e 446, II, CPC.

Art. 139. O erro é substancial quando:

I – interessa à natureza do negócio, ao objeto principal da declaração, ou a alguma das qualidades a ele essenciais;

II – concerne à identidade ou à qualidade essencial da pessoa a quem se refira a declaração de vontade, desde que tenha influído nesta de modo relevante;

Veja arts. 1.556, 1.557, 1.559, 1.560, III, e 1.903, CC.

III – sendo de direito e não implicando recusa à aplicação da lei, for o motivo único ou principal do negócio jurídico.

Art. 140. O falso motivo só vicia a declaração de vontade quando expresso como razão determinante.

Art. 141. A transmissão errônea da vontade por meios interpostos é anulável nos mesmos casos em que o é a declaração direta.

Art. 142. O erro de indicação da pessoa ou da coisa, a que se referir a declaração de vontade, não viciará o negócio quando, por seu contexto e pelas circunstâncias, se puder identificar a coisa ou pessoa cogitada.

Veja art. 1.903, CC.

Art. 143. O erro de cálculo apenas autoriza a retificação da declaração de vontade.

Art. 144. O erro não prejudica a validade do negócio jurídico quando a pessoa, a quem a manifestação de vontade se dirige, se oferecer para executá-la na conformidade da vontade real do manifestante.

Seção II
Do Dolo

Art. 145. São os negócios jurídicos anuláveis por dolo, quando este for a sua causa.

Veja arts. 48, parágrafo único, 171, II, 178, II, 180, 451, 762, 849, 1.909 e 2.027, CC.

Veja arts. 393, 446, II, e 966, III, CPC.

Art. 146. O dolo acidental só obriga à satisfação das perdas e danos, e é acidental quando, a seu despeito, o negócio seria realizado, embora por outro modo.

Veja arts. 402 a 405, CC.

Art. 147. Nos negócios jurídicos bilaterais, o silêncio intencional de uma das partes a respeito de fato ou qualidade que a outra parte haja ignorado, constitui omissão dolosa, provando-se que sem ela o negócio não se teria celebrado.

Veja arts. 180, 422, 441 a 446, 766 e 773, CC.

Art. 148. Pode também ser anulado o negócio jurídico por dolo de terceiro, se a parte a quem aproveite dele tivesse ou devesse ter conhecimento; em caso contrário, ainda que subsista o negócio jurídico, o terceiro responderá por todas as perdas e danos da parte a quem ludibriou.

Veja arts. 402 a 405, CC.

Art. 149. O dolo do representante legal de uma das partes só obriga o representado a responder civilmente até a importância do proveito que teve; se, porém, o dolo for do representante convencional, o representado responderá solidariamente com ele por perdas e danos.

Veja arts. 120, 932, 1.634, VII, 1.690, 1.747, I, e 1.774, CC.

Art. 150. Se ambas as partes procederem com dolo, nenhuma pode alegá-lo para anular o negócio, ou reclamar indenização.

Seção III
Da Coação

Art. 151. A coação, para viciar a declaração da vontade, há de ser tal que incuta ao paciente fundado temor de dano iminente e considerável à sua pessoa, à sua família, ou aos seus bens.

Veja arts. 171, II, 178, I, 849, 1.558, 1.559, 1.909 e 2.027, CC.

Veja arts. 393 e 446, II, CPC.

Parágrafo único. Se disser respeito a pessoa não pertencente à família do paciente, o juiz, com base nas circunstâncias, decidirá se houve coação.

Art. 152. No apreciar a coação, ter-se-ão em conta o sexo, a idade, a condição, a saúde, o temperamento do paciente e todas as demais circunstâncias que possam influir na gravidade dela.

Art. 153. Não se considera coação a ameaça do exercício normal de um direito, nem o simples temor reverencial.

Art. 154. Vicia o negócio jurídico a coação exercida por terceiro, se dela tivesse ou devesse ter conhecimento a parte a que aproveite, e esta responderá solidariamente com aquele por perdas e danos.

Veja arts. 264 a 266, 275 a 285 e 402 a 405, CC.

Art. 155. Subsistirá o negócio jurídico, se a coação decorrer de terceiro, sem que a parte a que aproveite dela tivesse ou devesse ter conhecimento; mas o autor da coação responderá por todas as perdas e danos que houver causado ao coacto.

Veja arts. 402 a 405, CC.

Seção IV
Do Estado de Perigo

Art. 156. Configura-se o estado de perigo quando alguém, premido da necessidade de salvar-se, ou a pessoa de sua família, de grave dano conhecido pela outra parte, assume obrigação excessivamente onerosa.

Veja arts. 171, II, e 178, II, CC.

Parágrafo único. Tratando-se de pessoa não pertencente à família do declarante, o juiz decidirá segundo as circunstâncias.

Seção V
Da Lesão

Art. 157. Ocorre a lesão quando uma pessoa, sob premente necessidade, ou por inexperiência, se obriga a prestação manifestamente desproporcional ao valor da prestação oposta.

Veja arts. 171, II, 178, II, e 478, CC.

§ 1º Aprecia-se a desproporção das prestações segundo os valores vigentes ao tempo em que foi celebrado o negócio jurídico.

§ 2º Não se decretará a anulação do negócio, se for oferecido suplemento suficiente, ou se a parte favorecida concordar com a redução do proveito.

Veja arts. 479 e 480, CC.

Seção VI
Da Fraude contra Credores

Art. 158. Os negócios de transmissão gratuita de bens ou remissão de dívida, se os praticar o devedor já insolvente, ou por eles reduzido à insolvência, ainda quando o ignore, poderão ser anulados pelos credores quirografários, como lesivos dos seus direitos.

Veja arts. 48, parágrafo único, 161, 171, II, 386, 956, 1.813 e 2.027, CC.

Veja arts. 774, I, 789, 792 e 856, § 3º, CPC.

§ 1º Igual direito assiste aos credores cuja garantia se tornar insuficiente.

§ 2º Só os credores que já o eram ao tempo daqueles atos podem pleitear a anulação deles.

Art. 159. Serão igualmente anuláveis os contratos onerosos do devedor insolvente, quando a insolvência for notória, ou houver motivo para ser conhecida do outro contratante.

Veja arts. 48, parágrafo único, 161, 171, II, 178, II, 471, 956, 1.813 e 2.027, CC.

Art. 160. Se o adquirente dos bens do devedor insolvente ainda não tiver pago o preço e este for, aproximadamente, o corrente, desobrigar-se-á depositando-o em juízo, com a citação de todos os interessados.

Veja art. 955, CC.

Veja arts. 539 a 549, CPC.

Parágrafo único. Se inferior, o adquirente, para conservar os bens, poderá depositar o preço que lhes corresponda ao valor real.

Veja art. 335, V, CC.

Art. 161. A ação, nos casos dos arts. 158 e 159, poderá ser intentada contra o devedor insolvente, a pessoa que com ele celebrou a estipulação considerada fraudulenta, ou terceiros adquirentes que hajam procedido de má-fé.

Veja arts. 178, II, 1.216, 1.218 e 1.220, CC.

Art. 162. O credor quirografário, que receber do devedor insolvente o pagamento da dívida ainda não vencida, ficará obrigado a repor, em proveito do acervo sobre que se tenha de efetuar o concurso de credores, aquilo que recebeu.

Art. 163. Presumem-se fraudatórias dos direitos dos outros credores as garantias de dívidas que o devedor insolvente tiver dado a algum credor.

Veja art. 1.419, CC.

Art. 164. Presumem-se, porém, de boa-fé e valem os negócios ordinários indispensáveis à manutenção de estabelecimento mercantil, rural, ou industrial, ou à subsistência do devedor e de sua família.

Veja arts. 113, 1.142 e 1.149, CC.

Art. 165. Anulados os negócios fraudulentos, a vantagem resultante reverterá em proveito do acervo sobre que se tenha de efetuar o concurso de credores.

Parágrafo único. Se esses negócios tinham por único objeto atribuir direitos preferenciais, mediante hipoteca, penhor ou anticrese, sua invalidade importará somente na anulação da preferência ajustada.

Veja arts. 184 e 1.419 a 1.510, CC.

CAPÍTULO V
DA INVALIDADE DO NEGÓCIO JURÍDICO

Art. 166. É nulo o negócio jurídico quando:

Veja arts. 168 e 2.035, CC.

I – celebrado por pessoa absolutamente incapaz;

Veja arts. 3º, 104, I, 1.548, I, e 1.860, CC.

II – for ilícito, impossível ou indeterminável o seu objeto;

Veja arts. 104, II, 122 a 124 e 762, CC.

III – o motivo determinante, comum a ambas as partes, for ilícito;

IV – não revestir a forma prescrita em lei;

Veja arts. 104, III, 122 e 1.653, CC.

V – for preterida alguma solenidade que a lei considere essencial para a sua validade;

VI – tiver por objetivo fraudar lei imperativa;

Veja arts. 187 e 1.802, CC.

VII – a lei taxativamente o declarar nulo, ou proibir-lhe a prática, sem cominar sanção.

Veja arts. 209, 489, 548, 549, 795, 848, 907, 912, parágrafo único, 1.428, 1.516, § 3º, 1.548, II, 1.900, 1.912 e 1.959, CC.

Art. 167. É nulo o negócio jurídico simulado, mas subsistirá o que se dissimulou, se válido for na substância e na forma.

Veja arts. 48, parágrafo único, 168, 956 e 2.035, CC.

Veja art. 142, CPC.

§ 1º Haverá simulação nos negócios jurídicos quando:

I – aparentarem conferir ou transmitir direitos a pessoas diversas daquelas às quais realmente se conferem, ou transmitem;

II – contiverem declaração, confissão, condição ou cláusula não verdadeira;

Veja art. 121, CC.

III – os instrumentos particulares forem antedatados, ou pós-datados.

Veja art. 221, CC.

Veja art. 409, CPC.

§ 2º Ressalvam-se os direitos de terceiros de boa-fé em face dos contraentes do negócio jurídico simulado.

Art. 168. As nulidades dos artigos antecedentes podem ser alegadas por qualquer interessado, ou pelo Ministério Público, quando lhe couber intervir.

Veja art. 1.549, CC.

Parágrafo único. As nulidades devem ser pronunciadas pelo juiz, quando conhecer do negócio jurídico ou dos seus efeitos e as encontrar provadas, não lhe sendo permitido supri-las, ainda que a requerimento das partes.

Veja art. 282, CPC.

Art. 169. O negócio jurídico nulo não é suscetível de confirmação, nem convalesce pelo decurso do tempo.

Veja art. 367, CC.

Art. 170. Se, porém, o negócio jurídico nulo contiver os requisitos de outro, subsistirá este quando o fim a que visavam as partes permitir supor que o teriam querido, se houvessem previsto a nulidade.

Art. 171. Além dos casos expressamente declarados na lei, é anulável o negócio jurídico:

Veja arts. 119 e 179, CC.

I – por incapacidade relativa do agente;

Veja arts. 4º, 105, 178, III, 180 e 181, CC.

II – por vício resultante de erro, dolo, coação, estado de perigo, lesão ou fraude contra credores.

Veja arts. 138 a 165 e 178, I e II, CC.

Art. 172. O negócio anulável pode ser confirmado pelas partes, salvo direito de terceiro.

Veja arts. 175, 588, 589, I, 662 e 665, CC.

Art. 173. O ato de confirmação deve conter a substância do negócio celebrado e a vontade expressa de mantê-lo.

Veja art. 175, CC.

Art. 174. É escusada a confirmação expressa, quando o negócio já foi cumprido em parte pelo devedor, ciente do vício que o inquinava.

Veja art. 175, CC.

Art. 175. A confirmação expressa, ou a execução voluntária de negócio anulável, nos termos dos arts. 172 a 174, importa a extinção de todas as ações, ou exceções, de que contra ele dispusesse o devedor.

Art. 176. Quando a anulabilidade do ato resultar da falta de autorização de terceiro, será validado se este a der posteriormente.

Veja arts. 107, 117 e 496, CC.

Art. 177. A anulabilidade não tem efeito antes de julgada por sentença, nem se pronuncia de ofício; só os interessados a podem alegar, e aproveita exclusivamente aos que a alegarem, salvo o caso de solidariedade ou indivisibilidade.

Veja arts. 87, 88, 171 e 257 a 285, CC.

Art. 178. É de quatro anos o prazo de decadência para pleitear-se a anulação do negócio jurídico, contado:

Veja arts. 207 a 211, CC.

I – no caso de coação, do dia em que ela cessar;

Veja arts. 151 a 155, CC.

II – no de erro, dolo, fraude contra credores, estado de perigo ou lesão, do dia em que se realizou o negócio jurídico;

Veja arts. 138 a 150 e 156 a 165, CC.

III – no de atos de incapazes, do dia em que cessar a incapacidade.

Veja arts. 3º a 5º, CC.

Art. 179. Quando a lei dispuser que determinado ato é anulável, sem estabelecer prazo para pleitear-se a anulação, será este de dois anos, a contar da data da conclusão do ato.

Veja art. 496, CC.

Art. 180. O menor, entre dezesseis e dezoito anos, não pode, para eximir-se de uma obrigação, invocar a sua idade se dolosamente a ocultou quando inquirido pela outra parte, ou se, no ato de obrigar-se, declarou-se maior.

Veja arts. 4º, I, e 147, CC.

Art. 181. Ninguém pode reclamar o que, por uma obrigação anulada, pagou a um incapaz, se não provar que reverteu em proveito dele a importância paga.

Veja arts. 3º, 4º, 310, 588, 589, IV, e 666, CC.

Art. 182. Anulado o negócio jurídico, restituir-se-ão as partes ao estado em que antes dele se achavam, e, não sendo possível restituí-las, serão indenizadas com o equivalente.

Veja arts. 1.214 a 1.222, CC.

Art. 183. A invalidade do instrumento não induz a do negócio jurídico sempre que este puder provar-se por outro meio.

Veja arts. 215 a 218 e 221, CC.

Art. 184. Respeitada a intenção das partes, a invalidade parcial de um negócio jurídico não o prejudicará na parte válida, se esta for separável; a invalidade da obrigação principal implica a das obrigações acessórias, mas a destas não induz a da obrigação principal.

Veja arts. 107, 110 a 112 e 165, parágrafo único, CC.

TÍTULO II
DOS ATOS JURÍDICOS LÍCITOS

Art. 185. Aos atos jurídicos lícitos, que não sejam negócios jurídicos, aplicam-se, no que couber, as disposições do Título anterior.

Veja arts. 104 a 184 e 2.035, parágrafo único, CC.

TÍTULO III
DOS ATOS ILÍCITOS

Art. 186. Aquele que, por ação ou omissão voluntária, negligência ou imprudência, violar direito e causar dano a outrem, ainda que exclusivamente moral, comete ato ilícito.

Veja arts. 12, 43, 392, 402, 403, 475 a 477, 617 e 927 a 954, CC.

Veja art. 5º, V, X e LXXV, CF.

Veja arts. 81, 143, 161, 302 e 77, *caput* e §§ 1º e 7º, CPC.

Veja art. 91, I, CP.

Veja art. 5º, Lei n. 8.429, de 02.06.1992.

Veja art. 21, Lei n. 9.263, de 12.01.1996.

Veja Súmula n. 595, STJ.

Art. 187. Também comete ato ilícito o titular de um direito que, ao exercê-lo, excede manifestamente os limites impostos pelo seu fim econômico ou social, pela boa-fé ou pelos bons costumes.

Veja arts. 421, 422, 927 a 954, 1.277 e 2.035, parágrafo único, CC.

Art. 188. Não constituem atos ilícitos:

I – os praticados em legítima defesa ou no exercício regular de um direito reconhecido;

Veja arts. 304 e 930, parágrafo único, CC.

Veja arts. 23 a 25, CP.

II – a deterioração ou destruição da coisa alheia, ou a lesão a pessoa, a fim de remover perigo iminente.

Veja arts. 929 e 930, CC.

Parágrafo único. No caso do inciso II, o ato será legítimo somente quando as circunstâncias o tornarem absolutamente necessário, não excedendo os limites do indispensável para a remoção do perigo.

TÍTULO IV
DA PRESCRIÇÃO E DA DECADÊNCIA

Veja art. 2.028, CC.

CAPÍTULO I
DA PRESCRIÇÃO

Seção I
Disposições Gerais

Art. 189. Violado o direito, nasce para o titular a pretensão, a qual se extingue, pela prescrição, nos prazos a que aludem os arts. 205 e 206.

Veja art. 882, CC.

Art. 190. A exceção prescreve no mesmo prazo em que a pretensão.

Art. 191. A renúncia da prescrição pode ser expressa ou tácita, e só valerá, sendo feita, sem prejuízo de terceiro, depois que a prescrição se consumar; tácita é a renúncia quando se presume de fatos do interessado, incompatíveis com a prescrição.

Art. 192. Os prazos de prescrição não podem ser alterados por acordo das partes.

Veja arts. 840 a 849, CC.

Art. 193. A prescrição pode ser alegada em qualquer grau de jurisdição, pela parte a quem aproveita.

Veja arts. 240, §§ 1º e 2º, 241, 302, IV, 310, 336, 342, III, 487, II e parágrafo único, 535, VI, e 802, parágrafo único, CPC.

Art. 194. (*Revogado pela Lei n. 11.280, de 16.02.2006.*)

Art. 195. Os relativamente incapazes e as pessoas jurídicas têm ação contra os seus assistentes ou representantes legais, que derem causa à prescrição, ou não a alegarem oportunamente.

Veja arts. 4º, 40 a 44, 115 a 120, 208, 1.169 a 1.178, 1.728 e 1.767, CC.

Art. 196. A prescrição iniciada contra uma pessoa continua a correr contra o seu sucessor.

Veja art. 1.829, CC.

Seção II
Das Causas que Impedem ou Suspendem a Prescrição

Art. 197. Não corre a prescrição:

Veja art. 207, CC.

I – entre os cônjuges, na constância da sociedade conjugal;

Veja arts. 1.514, 1.571 e 1.595, CC.

II – entre ascendentes e descendentes, durante o poder familiar;

Veja arts. 1.591, 1.594 e 1.630 a 1.638, CC.

III – entre tutelados ou curatelados e seus tutores ou curadores, durante a tutela ou curatela.

Veja arts. 1.728 a 1.783-A, CC.

Art. 198. Também não corre a prescrição:

Veja art. 207, CC.

I – contra os incapazes de que trata o art. 3º;

Veja art. 208, CC.

II – contra os ausentes do País em serviço público da União, dos Estados ou dos Municípios;

III – contra os que se acharem servindo nas Forças Armadas, em tempo de guerra.

Art. 199. Não corre igualmente a prescrição:

Veja art. 207, CC.

I – pendendo condição suspensiva;

Veja art. 125, CC.

II – não estando vencido o prazo;

Veja arts. 132 e 133, CC.

III – pendendo ação de evicção.

Veja arts. 447 a 457, CC.

Art. 200. Quando a ação se originar de fato que deva ser apurado no juízo criminal, não correrá a prescrição antes da respectiva sentença definitiva.

Veja art. 935, CC.

Art. 201. Suspensa a prescrição em favor de um dos credores solidários, só aproveitam os outros se a obrigação for indivisível.

Veja arts. 257 a 273 e 314, CC.

Seção III
Das Causas que Interrompem a Prescrição

Art. 202. A interrupção da prescrição, que somente poderá ocorrer uma vez, dar-se-á:

Veja arts. 203 e 207, CC.

Veja art. 312, CPC.

I – por despacho do juiz, mesmo incompetente, que ordenar a citação, se o interessado a promover no prazo e na forma da lei processual;

Veja arts. 240, §§ 2º e 4º, 247, 487, parágrafo único, e 802, CPC.

II – por protesto, nas condições do inciso antecedente;

Veja arts. 726, 728 e 729, CPC.

III – por protesto cambial;

IV – pela apresentação do título de crédito em juízo de inventário ou em concurso de credores;

Veja arts. 887 a 926 e 955 a 965, CC.

Veja arts. 908 e 909, CPC.

V – por qualquer ato judicial que constitua em mora o devedor;

Veja art. 397, CC.

VI – por qualquer ato inequívoco, ainda que extrajudicial, que importe reconhecimento do direito pelo devedor.

Veja art. 843, CC.

Parágrafo único. A prescrição interrompida recomeça a correr da data do ato que a interrompeu, ou do último ato do processo para a interromper.

Veja art. 802, CPC.

Veja art. 117, *caput* e § 2º, CP.

Art. 203. A prescrição pode ser interrompida por qualquer interessado.

Art. 204. A interrupção da prescrição por um credor não aproveita aos outros; semelhantemente, a interrupção operada contra o codevedor, ou seu herdeiro, não prejudica aos demais coobrigados.

§ 1º A interrupção por um dos credores solidários aproveita aos outros; assim como a interrupção efetuada contra o devedor solidário envolve os demais e seus herdeiros.

Veja arts. 264 a 273, CC.

§ 2º A interrupção operada contra um dos herdeiros do devedor solidário não prejudica os outros herdeiros ou devedores, senão quando se trate de obrigações e direitos indivisíveis.

Veja arts. 257 a 266, 275 a 285 e 314, CC.

§ 3º A interrupção produzida contra o principal devedor prejudica o fiador.

Veja art. 837, CC.

Seção IV
Dos Prazos da Prescrição

Art. 205. A prescrição ocorre em dez anos, quando a lei não lhe haja fixado prazo menor.

Veja arts. 189 e 2.028, CC.

Veja Súmula n. 371, STJ.

Art. 206. Prescreve:

Veja arts. 189 e 2.028, CC.

Veja arts. 657 e 658, CPC.

§ 1º Em um ano:

I – a pretensão dos hospedeiros ou fornecedores de víveres destinados a consumo no próprio estabelecimento, para o pagamento da hospedagem ou dos alimentos;

II – a pretensão do segurado contra o segurador, ou a deste contra aquele, contado o prazo:

Veja arts. 763 a 777, CC.

a) para o segurado, no caso de seguro de responsabilidade civil, da data em que é citado para responder à ação de indenização proposta pelo terceiro prejudicado, ou da data que a este indeniza, com a anuência do segurador;

Veja art. 787, CC.

b) quanto aos demais seguros, da ciência do fato gerador da pretensão;

III – a pretensão dos tabeliães, auxiliares da justiça, serventuários judiciais, árbitros e peritos, pela percepção de emolumentos, custas e honorários;

IV – a pretensão contra os peritos, pela avaliação dos bens que entraram para a formação do capital de sociedade anônima, contado da publicação da ata da assembleia que aprovar o laudo;

Veja arts. 1.088 e 1.089, CC.

V – a pretensão dos credores não pagos contra os sócios ou acionistas e os liquidantes, contado o prazo da publicação da ata de encerramento da liquidação da sociedade.

Veja arts. 1.103, IV, V e IX, 1.106 e 1.110, CC.

§ 2º Em dois anos, a pretensão para haver prestações alimentares, a partir da data em que se vencerem.

Veja arts. 948, II, e 1.694 a 1.710, CC.

Veja art. 975, CPC.

Veja art. 23, Lei n. 5.478, de 25.07.1968.

§ 3º Em três anos:

I – a pretensão relativa a aluguéis de prédios urbanos ou rústicos;

Veja art. 569, II, CC.

II – a pretensão para receber prestações vencidas de rendas temporárias ou vitalícias;

Veja Súmulas ns. 291 e 427, STJ.

III – a pretensão para haver juros, dividendos ou quaisquer prestações acessórias, pagáveis, em períodos não maiores de um ano, com capitalização ou sem ela;

IV – a pretensão de ressarcimento de enriquecimento sem causa;

Veja arts. 884 a 886, CC.

V – a pretensão de reparação civil;

Veja arts. 944 a 954, CC.

VI – a pretensão de restituição dos lucros ou dividendos recebidos de má-fé, correndo o prazo da data em que foi deliberada a distribuição;

Veja art. 876, CC.

VII – a pretensão contra as pessoas em seguida indicadas por violação da lei ou do estatuto, contado o prazo:

a) para os fundadores, da publicação dos atos constitutivos da sociedade anônima;

Veja art. 1.089, CC.

b) para os administradores, ou fiscais, da apresentação, aos sócios, do balanço referente ao exercício em que a violação tenha sido praticada, ou da reunião ou assembleia geral que dela deva tomar conhecimento;

Veja arts. 1.020, 1.065, 1.069, III, 1.078, I e § 3º, e 1.179, CC.

c) para os liquidantes, da primeira assembleia semestral posterior à violação;

Veja arts. 1.103, VI, e 1.105, CC.

VIII – a pretensão para haver o pagamento de título de crédito, a contar do vencimento, ressalvadas as disposições de lei especial;

Veja arts. 889, *caput* e § 1º, e 901, CC.

IX – a pretensão do beneficiário contra o segurador, e a do terceiro prejudicado, no caso de seguro de responsabilidade civil obrigatório.

Veja art. 788, CC.

§ 4º Em quatro anos, a pretensão relativa à tutela, a contar da data da aprovação das contas.

Veja art. 1.728, CC.

§ 5º Em cinco anos:

I – a pretensão de cobrança de dívidas líquidas constantes de instrumento público ou particular;

Veja Súmulas ns. 503 e 504, STJ.

II – a pretensão dos profissionais liberais em geral, procuradores judiciais, curadores e professores pelos seus honorários, contado o prazo da conclusão dos serviços, da cessação dos respectivos contratos ou mandato;

Veja art. 658, CC.

III – a pretensão do vencedor para haver do vencido o que despendeu em juízo.

Art. 206-A. A prescrição intercorrente observará o mesmo prazo de prescrição da pretensão, observadas as causas de impedimento, de suspensão e de interrupção da prescrição previstas neste Código e observado o disposto no art. 921 da Lei n. 13.105, de 16 de março de 2015 (Código de Processo Civil).

Artigo acrescentado pela Lei n. 14.382, de 27.06.2022.

CAPÍTULO II
DA DECADÊNCIA

Art. 207. Salvo disposição legal em contrário, não se aplicam à decadência as normas que impedem, suspendem ou interrompem a prescrição.

Veja arts. 197 a 204 e 2.028, CC.

Veja arts. 240, § 4º, e 487, II, CPC.

Veja art. 3º, § 2º, Lei n. 14.010, de 10.06.2020.

Art. 208. Aplica-se à decadência o disposto nos arts. 195 e 198, I.

Art. 209. É nula a renúncia à decadência fixada em lei.

Veja arts. 114 e 191, CC.

Art. 210. Deve o juiz, de ofício, conhecer da decadência, quando estabelecida por lei.

Veja arts. 302, IV, 332, § 1º, 354, e 487, II, CPC.

Art. 211. Se a decadência for convencional, a parte a quem aproveita pode alegá-la em qualquer grau de jurisdição, mas o juiz não pode suprir a alegação.

TÍTULO V
DA PROVA

Art. 212. Salvo o negócio a que se impõe forma especial, o fato jurídico pode ser provado mediante:

Veja art. 5º, XII, LVI e LVIII, CF.

Veja art. 369, CPC.

I – confissão;

Veja arts. 213 e 214, CC.

Veja arts. 389 a 395, CPC.

II – documento;

Veja arts. 107 a 109, 215 a 226, 653 e 758, CC.

Veja arts. 405 a 438, CPC.

III – testemunha;

Veja art. 228, CC.

Veja arts. 442 a 449, CPC.

IV – presunção;

Veja art. 375, CPC.

V – perícia.

Veja arts. 206, § 1º, IV, 231 e 232, CC.

Veja arts. 81, § 3º, 449, 464 a 480, 510 e 809, §§ 1º e 2º, CPC.

Art. 213. Não tem eficácia a confissão se provém de quem não é capaz de dispor do direito a que se referem os fatos confessados.

Veja art. 392, CPC.

Parágrafo único. Se feita a confissão por um representante, somente é eficaz nos limites em que este pode vincular o representado.

Veja arts. 116 e 118, CC.

Art. 214. A confissão é irrevogável, mas pode ser anulada se decorreu de erro de fato ou de coação.

Veja arts. 138, 139 e 151 a 155, CC.

Veja art. 393, CPC.

Art. 215. A escritura pública, lavrada em notas de tabelião, é documento dotado de fé pública, fazendo prova plena.

Veja arts. 108 e 109, CC.
Veja arts. 406, 407 e 784, II a IV, CPC.

§ 1º Salvo quando exigidos por lei outros requisitos, a escritura pública deve conter:

I – data e local de sua realização;

II – reconhecimento da identidade e capacidade das partes e de quantos hajam comparecido ao ato, por si, como representantes, intervenientes ou testemunhas;

Veja arts. 115 e 228, CC.

III – nome, nacionalidade, estado civil, profissão, domicílio e residência das partes e demais comparecentes, com a indicação, quando necessário, do regime de bens do casamento, nome do outro cônjuge e filiação;

Veja arts. 70 a 73, 75, IV, 76, 1.603 e 1.639, CC.

IV – manifestação clara da vontade das partes e dos intervenientes;

Veja arts. 107 e 110 a 112, CC.

V – referência ao cumprimento das exigências legais e fiscais inerentes à legitimidade do ato;

VI – declaração de ter sido lida na presença das partes e demais comparecentes, ou de que todos a leram;

VII – assinatura das partes e dos demais comparecentes, bem como a do tabelião ou seu substituto legal, encerrando o ato.

§ 2º Se algum comparecente não puder ou não souber escrever, outra pessoa capaz assinará por ele, a seu rogo.

§ 3º A escritura será redigida na língua nacional.

§ 4º Se qualquer dos comparecentes não souber a língua nacional e o tabelião não entender o idioma em que se expressa, deverá comparecer tradutor público para servir de intérprete, ou, não o havendo na localidade, outra pessoa capaz que, a juízo do tabelião, tenha idoneidade e conhecimento bastantes.

§ 5º Se algum dos comparecentes não for conhecido do tabelião, nem puder identificar-se por documento, deverão participar do ato pelo menos duas testemunhas que o conheçam e atestem sua identidade.

Art. 216. Farão a mesma prova que os originais as certidões textuais de qualquer peça judicial, do protocolo das audiências, ou de outro qualquer livro a cargo do escrivão, sendo extraídas por ele, ou sob a sua vigilância, e por ele subscritas, assim como os traslados de autos, quando por outro escrivão consertados.

O correto parece ser "concertados" em vez de "consertados".
Veja art. 365, I e III, CPC.

Art. 217. Terão a mesma força probante os traslados e as certidões, extraídos por tabelião ou oficial de registro, de instrumentos ou documentos lançados em suas notas.

Veja arts. 407 e 425, II, CPC.

Art. 218. Os traslados e as certidões considerar-se-ão instrumentos públicos, se os originais se houverem produzido em juízo como prova de algum ato.

Veja arts. 162, 192, parágrafo único, e 425, III, CPC.

Art. 219. As declarações constantes de documentos assinados presumem-se verdadeiras em relação aos signatários.

Veja art. 408, CPC.

Parágrafo único. Não tendo relação direta, porém, com as disposições principais ou com a legitimidade das partes, as declarações enunciativas não eximem os interessados em sua veracidade do ônus de prová-las.

Veja art. 408, parágrafo único, CPC.

Art. 220. A anuência ou a autorização de outrem, necessária à validade de um ato, provar-se-á do mesmo modo que este, e constará, sempre que se possa, do próprio instrumento.

Veja arts. 176, 496, 1.517, 1.537, 1.553 e 1.647 a 1.649, CC.

Art. 221. O instrumento particular, feito e assinado, ou somente assinado por quem esteja na livre disposição e administração de seus bens, prova as obrigações convencionais de qualquer valor; mas os seus efeitos, bem como os da cessão, não se operam, a respeito de terceiros, antes de registrado no registro público.

Veja arts. 288, 654, § 2º, e 1.418, CC.

Veja arts. 369, 412 e 784, II a IV, CPC.

Parágrafo único. A prova do instrumento particular pode suprir-se pelas outras de caráter legal.

Veja arts. 183 e 212, CC.

Veja arts. 406, 408, parágrafo único, 411 e 427, CPC.

Art. 222. O telegrama, quando lhe for contestada a autenticidade, faz prova mediante conferência com o original assinado.

Veja arts. 36, 238 a 254, 264 a 268, 413, parágrafo único, 414, 487, parágrafo único, e 802, parágrafo único, CPC.

Art. 223. A cópia fotográfica de documento, conferida por tabelião de notas, valerá como prova de declaração da vontade, mas, impugnada sua autenticidade, deverá ser exibido o original.

Veja arts. 423, 424 e 425, III, CPC.

Parágrafo único. A prova não supre a ausência do título de crédito, ou do original, nos casos em que a lei ou as circunstâncias condicionarem o exercício do direito à sua exibição.

Veja arts. 887 a 926, CC.

Art. 224. Os documentos redigidos em língua estrangeira serão traduzidos para o português para ter efeitos legais no País.

Veja arts. 162, I, 163, 164 e 192, parágrafo único, CPC.

Art. 225. As reproduções fotográficas, cinematográficas, os registros fonográficos e, em geral, quaisquer outras reproduções mecânicas ou eletrônicas de fatos ou de coisas fazem prova plena destes, se a parte, contra quem forem exibidos, não lhes impugnar a exatidão.

Veja arts. 260, § 2º, 422 a 424 e 425, III, CPC.

Art. 226. Os livros e fichas dos empresários e sociedades provam contra as pessoas a que pertencem, e, em seu favor, quando, escriturados sem vício extrínseco ou intrínseco, forem confirmados por outros subsídios.

Veja arts. 1.177, 1.191 e 1.192, CC.

Veja arts. 417 a 421, CPC.

Parágrafo único. A prova resultante dos livros e fichas não é bastante nos casos em que a lei exige escritura pública, ou escrito particular revestido de requisitos especiais, e pode ser ilidida pela comprovação da falsidade ou inexatidão dos lançamentos.

Veja arts. 107, 109 e 215, CC.

Art. 227. (*Revogado pela Lei n. 13.105, de 16.03.2015.*)

Parágrafo único. Qualquer que seja o valor do negócio jurídico, a prova testemunhal é admissível como subsidiária ou complementar da prova por escrito.

Veja arts. 444 e 445, CPC.

Art. 228. Não podem ser admitidos como testemunhas:

Veja arts. 447, §§ 1º a 3º, 452 e 457, CPC.

I – os menores de dezesseis anos;

II – (*Revogado pela Lei n. 13.146, de 06.07.2015.*)

III – (*Revogado pela Lei n. 13.146, de 06.07.2015.*)

IV – o interessado no litígio, o amigo íntimo ou o inimigo capital das partes;

V – os cônjuges, os ascendentes, os descendentes e os colaterais, até o terceiro grau de alguma das partes, por consanguinidade, ou afinidade.

Veja arts. 1.591 a 1.595, CC.

§ 1º Para a prova de fatos que só elas conheçam, pode o juiz admitir o depoimento das pessoas a que se refere este artigo.

Parágrafo renumerado pela Lei n. 13.146, de 06.07.2015.

Veja art. 447, §§ 4º e 5º, CPC.

§ 2º A pessoa com deficiência poderá testemunhar em igualdade de condições com as demais pessoas, sendo-lhe assegurados todos os recursos de tecnologia assistiva.

Parágrafo acrescentado pela Lei n. 13.146, de 06.07.2015.

Art. 229. (*Revogado pela Lei n. 13.105, de 16.03.2015.*)

Art. 230. (*Revogado pela Lei n. 13.105, de 16.03.2015.*)

Art. 231. Aquele que se nega a submeter-se a exame médico necessário não poderá aproveitar-se de sua recusa.

Art. 232. A recusa à perícia médica ordenada pelo juiz poderá suprir a prova que se pretendia obter com o exame.

Veja arts. 370, 404, III, e 464 a 480, CPC.

PARTE ESPECIAL

LIVRO I
DO DIREITO DAS OBRIGAÇÕES

TÍTULO I
DAS MODALIDADES DAS OBRIGAÇÕES

CAPÍTULO I
DAS OBRIGAÇÕES DE DAR

Seção I
Das Obrigações de Dar Coisa Certa

Veja art. 245, CC.

Art. 233. A obrigação de dar coisa certa abrange os acessórios dela embora não mencionados, salvo se o contrário resultar do título ou das circunstâncias do caso.

Veja arts. 92 a 97 e 234, CC.
Veja arts. 806 a 810, CPC.

Art. 234. Se, no caso do artigo antecedente, a coisa se perder, sem culpa do devedor, antes da tradição, ou pendente a condição suspensiva, fica resolvida a obrigação para ambas as partes; se a perda resultar de culpa do devedor, responderá este pelo equivalente e mais perdas e danos.

Veja arts. 125 , 238 a 240, 246, 248, 250, 254, 256, 389, 392, 402 a 405, 444, 458, 492, 509, 611, 1.267 e 1.268, CC.

Art. 235. Deteriorada a coisa, não sendo o devedor culpado, poderá o credor resolver a obrigação, ou aceitar a coisa, abatido de seu preço o valor que perdeu.

Veja arts. 240 e 1.217, CC.

Art. 236. Sendo culpado o devedor, poderá o credor exigir o equivalente, ou aceitar a coisa no estado em que se acha, com direito a reclamar, em um ou em outro caso, indenização das perdas e danos.

Veja arts. 239, 240, 389, 402 a 405 e 1.218, CC.
Veja art. 806, § 1º, CPC.

Art. 237. Até a tradição pertence ao devedor a coisa, com os seus melhoramentos e acrescidos, pelos quais poderá exigir aumento no preço; se o credor não anuir, poderá o devedor resolver a obrigação.

Veja arts. 493, 1.267 e 1.268, CC.

Parágrafo único. Os frutos percebidos são do devedor, cabendo ao credor os pendentes.

Veja arts. 1.214 a 1.216, CC.

Art. 238. Se a obrigação for de restituir coisa certa, e esta, sem culpa do devedor, se perder antes da tradição, sofrerá o credor a perda, e a obrigação se resolverá, ressalvados os seus direitos até o dia da perda.

Veja arts. 234, 241, 244, 502, 1.217, 1.267 e 1.268, CC.

Art. 239. Se a coisa se perder por culpa do devedor, responderá este pelo equivalente, mais perdas e danos.

Veja arts. 234, 238, 240, 402 a 405 e 1.218, CC.

Art. 240. Se a coisa restituível se deteriorar sem culpa do devedor, recebê-la-á o credor, tal qual se ache, sem direito a indenização; se por culpa do devedor, observar-se-á o disposto no art. 239.

Veja arts. 235 e 1.217, CC.

Art. 241. Se, no caso do art. 238, sobrevier melhoramento ou acréscimo à coisa, sem despesa ou trabalho do devedor, lucrará o credor, desobrigado de indenização.

Art. 242. Se para o melhoramento, ou aumento, empregou o devedor trabalho ou dispêndio, o caso se regulará pelas normas deste Código atinentes às benfeitorias realizadas pelo possuidor de boa-fé ou de má-fé.

Veja arts. 96, 97 e 1.219 a 1.222, CC.

Parágrafo único. Quanto aos frutos percebidos, observar-se-á, do mesmo modo, o disposto neste Código, acerca do possuidor de boa-fé ou de má-fé.

Veja arts. 95, 1.214 a 1.216 e 1.232, CC.

Seção II
Das Obrigações de Dar Coisa Incerta

Art. 243. A coisa incerta será indicada, ao menos, pelo gênero e pela quantidade.

Veja art. 85, CC.

Veja arts. 498, 538, *caput* e § 3º, e 811 a 813, CPC.

Art. 244. Nas coisas determinadas pelo gênero e pela quantidade, a escolha pertence ao devedor, se o contrário não resultar do título da obrigação; mas não poderá dar a coisa pior, nem será obrigado a prestar a melhor.

Veja arts. 342, 1.929 e 1.931, CC.

Art. 245. Cientificado da escolha o credor, vigorará o disposto na Seção antecedente.

Veja arts. 233 a 242 e 313, CC.

Veja art. 813, CPC.

Art. 246. Antes da escolha, não poderá o devedor alegar perda ou deterioração da coisa, ainda que por força maior ou caso fortuito.

Veja arts. 234, 248 e 492, CC.

Veja arts. 811 a 813, CPC.

CAPÍTULO II
DAS OBRIGAÇÕES DE FAZER

Art. 247. Incorre na obrigação de indenizar perdas e danos o devedor que recusar a prestação a ele só imposta, ou só por ele exequível.

Veja arts. 402 a 405, CC.

Veja arts. 139, IV, 497 a 500, 536, §§ 1º e 4º, 537, *caput* e § 1º, 538, *caput* e § 3º, e 814 a 821, CPC.

Art. 248. Se a prestação do fato tornar-se impossível sem culpa do devedor, resolver-se-á a obrigação; se por culpa dele, responderá por perdas e danos.

Veja arts. 234, 246, 255 e 402 a 405, CC.

Art. 249. Se o fato puder ser executado por terceiro, será livre ao credor mandá-lo executar à custa do devedor, havendo recusa ou mora deste, sem prejuízo da indenização cabível.

Veja arts. 389, 394 e 626, CC.

Veja arts. 139, IV, 497, 499, 500, 536, §§ 1º e 4º, 537, *caput* e § 1º, e 815 a 821, CPC.

Parágrafo único. Em caso de urgência, pode o credor, independentemente de autorização judicial, executar ou mandar executar o fato, sendo depois ressarcido.

Veja art. 1.510-C, § 2º, CC.

CAPÍTULO III
DAS OBRIGAÇÕES DE NÃO FAZER

Art. 250. Extingue-se a obrigação de não fazer, desde que, sem culpa do devedor, se lhe torne impossível abster-se do ato, que se obrigou a não praticar.

Veja art. 390, CC.

Veja arts. 139, IV, 497, 499 e 500, 536, § 1º, 537, *caput* e § 1º, e 822 a 823, CPC.

Art. 251. Praticado pelo devedor o ato, a cuja abstenção se obrigara, o credor pode exigir dele que o desfaça, sob pena de se desfazer à sua custa, ressarcindo o culpado perdas e danos.

Veja arts. 390, 402 a 405 e 881, CC.

Parágrafo único. Em caso de urgência, poderá o credor desfazer ou mandar desfazer, independentemente de autorização judicial, sem prejuízo do ressarcimento devido.

CAPÍTULO IV
DAS OBRIGAÇÕES ALTERNATIVAS

Art. 252. Nas obrigações alternativas, a escolha cabe ao devedor, se outra coisa não se estipulou.

Veja arts. 342, 1.930 a 1.933 e 1.940, CC.

Veja arts. 325, 326, 543 e 800, CPC.

§ 1º Não pode o devedor obrigar o credor a receber parte em uma prestação e parte em outra.

Veja art. 314, CC.

§ 2º Quando a obrigação for de prestações periódicas, a faculdade de opção poderá ser exercida em cada período.

§ 3º No caso de pluralidade de optantes, não havendo acordo unânime entre eles, decidirá o juiz, findo o prazo por este assinado para a deliberação.

§ 4º Se o título deferir a opção a terceiro, e este não quiser, ou não puder exercê-la, caberá ao juiz a escolha se não houver acordo entre as partes.

Veja art. 1.930, CC.

Art. 253. Se uma das duas prestações não puder ser objeto de obrigação ou se tornada inexequível, subsistirá o débito quanto à outra.

Veja art. 104, II, CC.

Art. 254. Se, por culpa do devedor, não se puder cumprir nenhuma das prestações, não competindo ao credor a escolha, ficará aquele obrigado a pagar o valor da que por último se impossibilitou, mais as perdas e danos que o caso determinar.

Veja arts. 234, 248, 389 e 402 a 405, CC.

Art. 255. Quando a escolha couber ao credor e uma das prestações tornar-se impossível por culpa do devedor, o credor terá direito de exigir a prestação subsistente ou o valor da outra, com perdas e danos; se, por culpa do devedor, ambas as prestações se tornarem inexequíveis, poderá o credor reclamar o valor de qualquer das duas, além da indenização por perdas e danos.

Veja arts. 234, 248, 389 e 402 a 405, CC.

Art. 256. Se todas as prestações se tornarem impossíveis sem culpa do devedor, extinguir-se-á a obrigação.

Veja arts. 234, 248 e 393, CC.

CAPÍTULO V
DAS OBRIGAÇÕES DIVISÍVEIS E INDIVISÍVEIS

Art. 257. Havendo mais de um devedor ou mais de um credor em obrigação divisível, esta presume-se dividida em tantas obrigações, iguais e distintas, quantos os credores ou devedores.

Veja arts. 87, 88, 105, 201, 204, 264 a 266, 812 e 844, CC.

Art. 258. A obrigação é indivisível quando a prestação tem por objeto uma coisa ou um fato não suscetíveis de divisão, por sua natureza, por motivo de ordem econômica, ou dada a razão determinante do negócio jurídico.

Art. 259. Se, havendo dois ou mais devedores, a prestação não for divisível, cada um será obrigado pela dívida toda.

Parágrafo único. O devedor, que paga a dívida, sub-roga-se no direito do credor em relação aos outros coobrigados.

Veja art. 346, III, CC.

Art. 260. Se a pluralidade for dos credores, poderá cada um destes exigir a dívida inteira; mas o devedor ou devedores se desobrigarão, pagando:

Veja art. 267, CC.

I – a todos conjuntamente;

II – a um, dando este caução de ratificação dos outros credores.

Art. 261. Se um só dos credores receber a prestação por inteiro, a cada um dos outros assistirá o direito de exigir dele em dinheiro a parte que lhe caiba no total.

Art. 262. Se um dos credores remitir a dívida, a obrigação não ficará extinta para com os outros; mas estes só a poderão exigir, descontada a quota do credor remitente.

Veja arts. 385 a 388, CC.

Parágrafo único. O mesmo critério se observará no caso de transação, novação, compensação ou confusão.

Veja arts. 360 a 384 e 840 a 850, CC.

Art. 263. Perde a qualidade de indivisível a obrigação que se resolver em perdas e danos.

Veja arts. 234, 248, 254, 255, 258, 271 e 402 a 405, CC.

§ 1º Se, para efeito do disposto neste artigo, houver culpa de todos os devedores, responderão todos por partes iguais.

§ 2º Se for de um só a culpa, ficarão exonerados os outros, respondendo só esse pelas perdas e danos.

CAPÍTULO VI
DAS OBRIGAÇÕES SOLIDÁRIAS

Seção I
Disposições Gerais

Art. 264. Há solidariedade, quando na mesma obrigação concorre mais de um credor, ou mais de um devedor, cada um com direito, ou obrigado, à dívida toda.

Veja arts. 257 e 258, CC.

Veja arts. 130, III, e 1.005, parágrafo único, CPC.

Art. 265. A solidariedade não se presume; resulta da lei ou da vontade das partes.

Veja arts. 149, 154, 177, 204, 271, 333, parágrafo único, 383, 388, 518, 585, 672, 680, 698, 756, 829, 914, § 1º, 942, 1.012, 1.016, 1.052 a 1.056, 1.091, § 1º, 1.146, 1.173, parágrafo único, 1.177, parágrafo único, 1.460, 1.644, 1.752, § 2º, e 1.986, CC.

Art. 266. A obrigação solidária pode ser pura e simples para um dos cocredores ou codevedores, e condicional, ou a prazo, ou pagável em lugar diferente, para o outro.

Seção II
Da Solidariedade Ativa

Art. 267. Cada um dos credores solidários tem direito a exigir do devedor o cumprimento da prestação por inteiro.

Veja arts. 201 e 260, CC.

Art. 268. Enquanto alguns dos credores solidários não demandarem o devedor comum, a qualquer daqueles poderá este pagar.

Art. 269. O pagamento feito a um dos credores solidários extingue a dívida até o montante do que foi pago.

Veja arts. 365, 383, 388 e 844, §§ 2º e 3º, CC.

Art. 270. Se um dos credores solidários falecer deixando herdeiros, cada um destes só terá direito a exigir e receber a quota do crédito que corresponder ao seu quinhão hereditário, salvo se a obrigação for indivisível.

Veja arts. 257 a 263 e 1.798 a 1.803, CC.

Art. 271. Convertendo-se a prestação em perdas e danos, subsiste, para todos os efeitos, a solidariedade.

Veja arts. 402 a 405, CC.

Art. 272. O credor que tiver remitido a dívida ou recebido o pagamento responderá aos outros pela parte que lhes caiba.

Veja arts. 277 e 385 a 388, CC.

Art. 273. A um dos credores solidários não pode o devedor opor as exceções pessoais oponíveis aos outros.

Veja art. 281, CC.

Art. 274. O julgamento contrário a um dos credores solidários não atinge os demais, mas o julgamento favorável aproveita-lhes, sem prejuízo de exceção pessoal que o devedor tenha direito de invocar em relação a qualquer deles.

Artigo com redação dada pela Lei n. 13.105, de 16.03.2015.

Seção III
Da Solidariedade Passiva

Art. 275. O credor tem direito a exigir e receber de um ou de alguns dos devedores, parcial ou totalmente, a dívida comum; se o pagamento tiver sido parcial, todos os demais devedores continuam obrigados solidariamente pelo resto.

Veja arts. 333, parágrafo único, e 365, CC.

Veja arts. 130, III, e 1.005, parágrafo único, CPC.

Parágrafo único. Não importará renúncia da solidariedade a propositura de ação pelo credor contra um ou alguns dos devedores.

Veja art. 114, CC.

Art. 276. Se um dos devedores solidários falecer deixando herdeiros, nenhum destes será obrigado a pagar senão a quota que corresponder ao seu quinhão hereditário, salvo se a obrigação for indivisível; mas todos reunidos serão considerados como um devedor solidário em relação aos demais devedores.

Veja arts. 257 a 263, 314, 1.792, 1.821 e 1.997, CC.

Art. 277. O pagamento parcial feito por um dos devedores e a remissão por ele obtida não aproveitam aos outros devedores, senão até à concorrência da quantia paga ou relevada.

Veja arts. 272 e 385 a 388, CC.

Art. 278. Qualquer cláusula, condição ou obrigação adicional, estipulada entre um dos devedores solidários e o credor, não poderá agravar a posição dos outros sem consentimento destes.

Veja arts. 121 a 137, CC.

Art. 279. Impossibilitando-se a prestação por culpa de um dos devedores solidários, subsiste para todos o encargo de pagar o equivalente; mas pelas perdas e danos só responde o culpado.

Veja arts. 236, 246 e 402 a 405, CC.

Art. 280. Todos os devedores respondem pelos juros da mora, ainda que a ação tenha sido proposta somente contra um; mas o culpado responde aos outros pela obrigação acrescida.

Veja arts. 394 a 401, 406 e 407, CC.

Art. 281. O devedor demandado pode opor ao credor as exceções que lhe forem pessoais e as comuns a todos; não lhe aproveitando as exceções pessoais a outro codevedor.

Veja art. 177, CC.

Art. 282. O credor pode renunciar à solidariedade em favor de um, de alguns ou de todos os devedores.

Veja arts. 114, 284 e 388, CC.

Parágrafo único. Se o credor exonerar da solidariedade um ou mais devedores, subsistirá a dos demais.

Art. 283. O devedor que satisfez a dívida por inteiro tem direito a exigir de cada um dos codevedores a sua quota, dividindo-se igualmente por todos a do insolvente, se o houver, presumindo-se iguais, no débito, as partes de todos os codevedores.

Veja arts. 346, III, e 831, CC.

Art. 284. No caso de rateio entre os codevedores, contribuirão também os exonerados da solidariedade pelo credor, pela parte que na obrigação incumbia ao insolvente.

Veja art. 282, CC.

Art. 285. Se a dívida solidária interessar exclusivamente a um dos devedores, responderá este por toda ela para com aquele que pagar.

Veja art. 333, parágrafo único, CC.

TÍTULO II
DA TRANSMISSÃO DAS OBRIGAÇÕES

CAPÍTULO I
DA CESSÃO DE CRÉDITO

Art. 286. O credor pode ceder o seu crédito, se a isso não se opuser a natureza da obrigação, a lei, ou a convenção com o devedor; a cláusula proibitiva da cessão não poderá ser oposta ao cessionário de boa-fé, se não constar do instrumento da obrigação.

Veja arts. 347, 348, 358, 377, 497, parágrafo único, 498, 507, 1.005 e 1.749, II e III, CC.

Art. 287. Salvo disposição em contrário, na cessão de um crédito abrangem-se todos os seus acessórios.

Veja arts. 92, 364 e 893, CC.

Art. 288. É ineficaz, em relação a terceiros, a transmissão de um crédito, se não celebrar-se mediante instrumento público, ou instrumento particular revestido das solenidades do § 1º do art. 654.

Veja arts. 215 a 218 e 221, CC.

Art. 289. O cessionário de crédito hipotecário tem o direito de fazer averbar a cessão no registro do imóvel.

Veja arts. 346, II, e 1.492 a 1.498, CC.

Art. 290. A cessão do crédito não tem eficácia em relação ao devedor, senão quando a este notificada; mas por notificado se tem o devedor que, em escrito público ou particular, se declarou ciente da cessão feita.

Veja arts. 312 e 377, CC.

Art. 291. Ocorrendo várias cessões do mesmo crédito, prevalece a que se completar com a tradição do título do crédito cedido.

Veja arts. 1.226 a 1.268, CC.

Art. 292. Fica desobrigado o devedor que, antes de ter conhecimento da cessão, paga ao credor primitivo, ou que, no caso de mais de uma cessão notificada, paga ao cessionário que lhe apresenta, com o título de cessão, o da obrigação cedida; quando o crédito constar de escritura pública, prevalecerá a prioridade da notificação.

Veja arts. 215 e 290, CC.

Art. 293. Independentemente do conhecimento da cessão pelo devedor, pode o cessionário exercer os atos conservatórios do direito cedido.

Art. 294. O devedor pode opor ao cessionário as exceções que lhe competirem, bem como as que, no momento em que veio a ter conhecimento da cessão, tinha contra o cedente.

Art. 295. Na cessão por título oneroso, o cedente, ainda que não se responsabilize, fica responsável ao cessionário pela existência do crédito ao tempo em que lhe cedeu; a mesma responsabilidade lhe cabe nas cessões por título gratuito, se tiver procedido de má-fé.

Veja art. 447, CC.

Art. 296. Salvo estipulação em contrário, o cedente não responde pela solvência do devedor.

Art. 297. O cedente, responsável ao cessionário pela solvência do devedor, não responde por mais do que daquele recebeu, com os respectivos juros; mas tem de ressarcir-lhe as despesas da cessão e as que o cessionário houver feito com a cobrança.

Veja arts. 312, 406, 407 e 927, parágrafo único, CC.

Art. 298. O crédito, uma vez penhorado, não pode mais ser transferido pelo credor que tiver conhecimento da penhora; mas o devedor que o pagar, não tendo notificação dela, fica exonerado, subsistindo somente contra o credor os direitos de terceiro.

Veja arts. 312 e 1.451 a 1.460, CC.

CAPÍTULO II
DA ASSUNÇÃO DE DÍVIDA

Art. 299. É facultado a terceiro assumir a obrigação do devedor, com o consentimento expresso do credor, ficando exonerado o devedor primitivo, salvo se aquele, ao tempo da assunção, era insolvente e o credor o ignorava.

Parágrafo único. Qualquer das partes pode assinar prazo ao credor para que consinta na assunção da dívida, interpretando-se o seu silêncio como recusa.

Art. 300. Salvo assentimento expresso do devedor primitivo, consideram-se extintas, a partir da assunção da dívida, as garantias especiais por ele originariamente dadas ao credor.

Art. 301. Se a substituição do devedor vier a ser anulada, restaura-se o débito, com todas as suas garantias, salvo as garantias prestadas por terceiros, exceto se este conhecia o vício que inquinava a obrigação.

Art. 302. O novo devedor não pode opor ao credor as exceções pessoais que competiam ao devedor primitivo.

Art. 303. O adquirente de imóvel hipotecado pode tomar a seu cargo o pagamento do crédito garantido; se o credor, notificado, não impugnar em trinta dias a transferência do débito, entender-se-á dado o assentimento.

Veja art. 1.479, CC.

TÍTULO III
DO ADIMPLEMENTO E EXTINÇÃO DAS OBRIGAÇÕES

CAPÍTULO I
DO PAGAMENTO

Seção I
De Quem Deve Pagar

Art. 304. Qualquer interessado na extinção da dívida pode pagá-la, usando, se o credor se opuser, dos meios conducentes à exoneração do devedor.

Veja arts. 334, 346, III, 347, 348, 394, 831 e 934, CC.

Parágrafo único. Igual direito cabe ao terceiro não interessado, se o fizer em nome e à conta do devedor, salvo oposição deste.

Art. 305. O terceiro não interessado, que paga a dívida em seu próprio nome, tem direito a reembolsar-se do que pagar; mas não se sub-roga nos direitos do credor.

Veja arts. 869, 871, 872 e 880, CC.

Parágrafo único. Se pagar antes de vencida a dívida, só terá direito ao reembolso no vencimento.

Veja art. 135, CC.

Art. 306. O pagamento feito por terceiro, com desconhecimento ou oposição do devedor, não obriga a reembolsar aquele que pagou, se o devedor tinha meios para ilidir a ação.

Art. 307. Só terá eficácia o pagamento que importar transmissão da propriedade, quando feito por quem possa alienar o objeto em que ele consistiu.

Veja arts. 356 a 359, 934 e 1.267, CC.

Parágrafo único. Se se der em pagamento coisa fungível, não se poderá mais reclamar do credor que, de boa-fé, a recebeu e consumiu, ainda que o solvente não tivesse o direito de aliená-la.

Veja arts. 85 e 1.268, CC.

Seção II
Daqueles a Quem se Deve Pagar

Art. 308. O pagamento deve ser feito ao credor ou a quem de direito o represente, sob pena de só valer depois de por ele ratificado, ou tanto quanto reverter em seu proveito.

Veja arts. 171 a 179, 335, 662, 673, 873 e 905, CC.

Veja arts. 904 a 909, CPC.

Art. 309. O pagamento feito de boa-fé ao credor putativo é válido, ainda provado depois que não era credor.

Veja art. 113, CC.

Art. 310. Não vale o pagamento cientemente feito ao credor incapaz de quitar, se o devedor não provar que em benefício dele efetivamente reverteu.

Veja arts. 3º, 4º e 181, CC.

Art. 311. Considera-se autorizado a receber o pagamento o portador da quitação, salvo se as circunstâncias contrariarem a presunção daí resultante.

Veja art. 320, CC.

Art. 312. Se o devedor pagar ao credor, apesar de intimado da penhora feita sobre o crédito, ou da impugnação a ele oposta por terceiros, o pagamento não valerá contra estes, que poderão constranger o devedor a pagar de novo, ficando-lhe ressalvado o regresso contra o credor.

Veja arts. 290, 298, 876 e 1.460, parágrafo único, CC.

Veja arts. 855, 856, 874 e 875, CPC.

Seção III
Do Objeto do Pagamento e sua Prova

Art. 313. O credor não é obrigado a receber prestação diversa da que lhe é devida, ainda que mais valiosa.

Veja arts. 245, 356 e 1.506, CC.

Veja arts. 806 a 813, CPC.

Art. 314. Ainda que a obrigação tenha por objeto prestação divisível, não pode o credor ser obrigado a receber, nem o devedor a pagar, por partes, se assim não se ajustou.

Veja arts. 87, 88, 252, 257 a 263, 414, 415, 844 e 1.506, CC.

Art. 315. As dívidas em dinheiro deverão ser pagas no vencimento, em moeda corrente e pelo valor nominal, salvo o disposto nos artigos subsequentes.

Veja arts. 318 e 486, CC.

Art. 316. É lícito convencionar o aumento progressivo de prestações sucessivas.

Veja art. 315, CC.

Art. 317. Quando, por motivos imprevisíveis, sobrevier desproporção manifesta entre o valor da prestação devida e o do momento de sua execução, poderá o juiz corrigi-lo, a pedido da parte, de modo que assegure, quanto possível, o valor real da prestação.

Veja arts. 315 e 478 a 480, CC.

Veja art. 7º, Lei n. 14.010, de 10.06.2020.

Art. 318. São nulas as convenções de pagamento em ouro ou em moeda estrangeira, bem como para compensar a diferença entre o valor desta e o da moeda nacional, excetuados os casos previstos na legislação especial.

Veja arts. 315 e 327, CC.

Art. 319. O devedor que paga tem direito a quitação regular, e pode reter o pagamento, enquanto não lhe seja dada.

Veja arts. 335, I, 396 e 604, CC.

Art. 320. A quitação, que sempre poderá ser dada por instrumento particular, designará o valor e a espécie da dívida quitada, o nome do devedor, ou quem por este pagou, o tempo e o lugar do pagamento, com a assinatura do credor, ou do seu representante.

Veja arts. 311, 327 a 333 e 394, CC.

Parágrafo único. Ainda sem os requisitos estabelecidos neste artigo valerá a quitação, se de seus termos ou das circunstâncias resultar haver sido paga a dívida.

Art. 321. Nos débitos, cuja quitação consista na devolução do título, perdido este, poderá o devedor exigir, retendo o pagamento, declaração do credor que inutilize o título desaparecido.

Art. 322. Quando o pagamento for em quotas periódicas, a quitação da última estabelece, até prova em contrário, a presunção de estarem solvidas as anteriores.

Art. 323. Sendo a quitação do capital sem reserva dos juros, estes presumem-se pagos.

Art. 324. A entrega do título ao devedor firma a presunção do pagamento.

Veja arts. 321 e 386, CC.

Parágrafo único. Ficará sem efeito a quitação assim operada se o credor provar, em sessenta dias, a falta do pagamento.

Veja art. 381, § 5º, CPC.

Art. 325. Presumem-se a cargo do devedor as despesas com o pagamento e a quitação; se ocorrer aumento por fato do credor, suportará este a despesa acrescida.

Art. 326. Se o pagamento se houver de fazer por medida, ou peso, entender-se-á, no silêncio das partes, que aceitaram os do lugar da execução.

Veja arts. 134 e 327 a 330, CC.

Seção IV
Do Lugar do Pagamento

Art. 327. Efetuar-se-á o pagamento no domicílio do devedor, salvo se as partes convencionarem diversamente, ou se o contrário resultar da lei, da natureza da obrigação ou das circunstâncias.

Veja arts. 70 a 78, 318, 335, II, 394 e 631, CC.

Parágrafo único. Designados dois ou mais lugares, cabe ao credor escolher entre eles.

Art. 328. Se o pagamento consistir na tradição de um imóvel, ou em prestações relativas a imóvel, far-se-á no lugar onde situado o bem.

Veja art. 341, CC.

Art. 329. Ocorrendo motivo grave para que se não efetue o pagamento no lugar determinado, poderá o devedor fazê-lo em outro, sem prejuízo para o credor.

Art. 330. O pagamento reiteradamente feito em outro local faz presumir renúncia do credor relativamente ao previsto no contrato.

Seção V
Do Tempo do Pagamento

Art. 331. Salvo disposição legal em contrário, não tendo sido ajustada época para o pagamento, pode o credor exigi-lo imediatamente.

Veja arts. 134, 333, 394, 397, parágrafo único, 592, 889, § 1º, e 939, CC.

Art. 332. As obrigações condicionais cumprem-se na data do implemento da condição, cabendo ao credor a prova de que deste teve ciência o devedor.

Veja arts. 121 a 130, CC.

Art. 333. Ao credor assistirá o direito de cobrar a dívida antes de vencido o prazo estipulado no contrato ou marcado neste Código:

Veja arts. 475, 476, 939 e 941, CC.

I – no caso de falência do devedor, ou de concurso de credores;

Veja art. 955, CC.

II – se os bens, hipotecados ou empenhados, forem penhorados em execução por outro credor;

Veja arts. 1.425, § 2º, e 1.465, CC.

Veja art. 856, § 2º, CPC.

III – se cessarem, ou se se tornarem insuficientes, as garantias do débito, fidejussórias, ou reais, e o devedor, intimado, se negar a reforçá-las.

Veja arts. 590 e 826, CC.

Parágrafo único. Nos casos deste artigo, se houver, no débito, solidariedade passiva, não se reputará vencido quanto aos outros devedores solventes.

Veja arts. 264 a 266 e 275 a 285, CC.

Veja arts. 908, *caput* e § 2º, e 909, CPC.

CAPÍTULO II
DO PAGAMENTO EM CONSIGNAÇÃO

Art. 334. Considera-se pagamento, e extingue a obrigação, o depósito judicial ou em estabelecimento bancário da coisa devida, nos casos e forma legais.

Veja arts. 304 e 635, CC.

Veja arts. 539 a 549, CPC.

Art. 335. A consignação tem lugar:

Veja arts. 308 a 312, 506 e 755, CC.

I – se o credor não puder, ou, sem justa causa, recusar receber o pagamento, ou dar quitação na devida forma;

Veja arts. 160, 304, 319 a 324, 635 e 641, CC.

II – se o credor não for, nem mandar receber a coisa no lugar, tempo e condição devidos;

Veja arts. 327 a 333 e 341, CC.

III – se o credor for incapaz de receber, for desconhecido, declarado ausente, ou residir em lugar incerto ou de acesso perigoso ou difícil;

Veja arts. 3º, 4º, 22 e 23, CC.

IV – se ocorrer dúvida sobre quem deva legitimamente receber o objeto do pagamento;

Veja arts. 344 e 345, CC.

Veja arts. 547 e 548, CPC.

V – se pender litígio sobre o objeto do pagamento.

Veja arts. 344 e 345, CC.

Veja arts. 539 a 549, CPC.

Art. 336. Para que a consignação tenha força de pagamento, será mister concorram, em relação às pessoas, ao objeto, modo e tempo, todos os requisitos sem os quais não é válido o pagamento.

Veja arts. 304 a 312, 319 a 326 e 331 a 333, CC.

Art. 337. O depósito requerer-se-á no lugar do pagamento, cessando, tanto que se efetue, para o depositante, os juros da dívida e os riscos, salvo se for julgado improcedente.

Veja arts. 327 a 329, 406 e 407, CC.

Veja art. 540, CPC.

Art. 338. Enquanto o credor não declarar que aceita o depósito, ou não o impugnar, poderá o devedor requerer o levantamento, pagando as respectivas despesas, e subsistindo a obrigação para todas as consequências de direito.

Veja art. 539, §§ 1º, 3º e 4º, CPC.

Art. 339. Julgado procedente o depósito, o devedor já não poderá levantá-lo, embora o credor consinta, senão de acordo com os outros devedores e fiadores.

Veja arts. 275 a 285 e 818, CC.

Art. 340. O credor que, depois de contestar a lide ou aceitar o depósito, aquiescer no levantamento, perderá a preferência e a garantia que lhe competiam com respeito à coisa consignada, ficando para logo desobrigados os codevedores e fiadores que não tenham anuído.

Veja arts. 275 a 285, 818, 955 a 965 e 1.419, CC.

Art. 341. Se a coisa devida for imóvel ou corpo certo que deva ser entregue no mesmo lugar onde está, poderá o devedor citar o credor para vir ou mandar recebê-la, sob pena de ser depositada.

Veja arts. 327 a 329, 335, II, e 342, CC.

Art. 342. Se a escolha da coisa indeterminada competir ao credor, será ele citado para esse fim, sob cominação de perder o direito e de ser depositada a coisa que o devedor escolher; feita a escolha pelo devedor, proceder-se-á como no artigo antecedente.

Veja arts. 244, 245, 252, 255 e 256, CC.

Veja art. 543, CPC.

Art. 343. As despesas com o depósito, quando julgado procedente, correrão à conta do credor, e, no caso contrário, à conta do devedor.

Veja arts. 647 a 652, CC.

Veja art. 546, CPC.

Art. 344. O devedor de obrigação litigiosa exonerar-se-á mediante consignação, mas, se pagar a qualquer dos pretendidos credores, tendo conhecimento do litígio, assumirá o risco do pagamento.

Veja art. 335, IV e V, CC.

Veja art. 856, § 2º, CPC.

Art. 345. Se a dívida se vencer, pendendo litígio entre credores que se pretendem mutuamente excluir, poderá qualquer deles requerer a consignação.

Veja art. 335, IV e V, CC.

CAPÍTULO III
DO PAGAMENTO COM SUB-ROGAÇÃO

Art. 346. A sub-rogação opera-se, de pleno direito, em favor:

Veja arts. 288, 289, 304 e 350, CC.

I – do credor que paga a dívida do devedor comum;

Veja art. 1.478, CC.

Veja art. 22, § 5º, Lei n. 9.514, de 20.11.1997.

II – do adquirente do imóvel hipotecado, que paga a credor hipotecário, bem como do terceiro que efetiva o pagamento para não ser privado de direito sobre imóvel;

Veja arts. 1.479 e 1.481, § 4º, CC.

III – do terceiro interessado, que paga a dívida pela qual era ou podia ser obrigado, no todo ou em parte.

Veja arts. 259, parágrafo único, 283, 786, 800 e 831, CC.

Art. 347. A sub-rogação é convencional:

Veja art. 167, II, item 30, LRP.

I – quando o credor recebe o pagamento de terceiro e expressamente lhe transfere todos os seus direitos;

Veja arts. 305, 348 e 831, CC.

II – quando terceira pessoa empresta ao devedor a quantia precisa para solver a dívida, sob a condição expressa de ficar o mutuante sub-rogado nos direitos do credor satisfeito.

Veja arts. 586 a 592, CC.

Art. 348. Na hipótese do inciso I do artigo antecedente, vigorará o disposto quanto à cessão do crédito.

Veja arts. 286 a 298, CC.

Art. 349. A sub-rogação transfere ao novo credor todos os direitos, ações, privilégios e garantias do primitivo, em relação à dívida, contra o devedor principal e os fiadores.

Veja arts. 786, 800, 831, 955 a 965 e 1.419, CC.

Art. 350. Na sub-rogação legal o sub-rogado não poderá exercer os direitos e as ações do credor, senão até à soma que tiver desembolsado para desobrigar o devedor.

Art. 351. O credor originário, só em parte reembolsado, terá preferência ao sub-rogado, na cobrança da dívida restante, se os bens do devedor não chegarem para saldar inteiramente o que a um e outro dever.

CAPÍTULO IV
DA IMPUTAÇÃO DO PAGAMENTO

Art. 352. A pessoa obrigada, por dois ou mais débitos da mesma natureza, a um só credor, tem o direito de indicar a qual deles oferece pagamento, se todos forem líquidos e vencidos.

Veja arts. 134, 135, 331 a 333, 355 e 379, CC.

Art. 353. Não tendo o devedor declarado em qual das dívidas líquidas e vencidas quer imputar o pagamento, se aceitar a quitação de uma delas, não terá direito a reclamar contra a imputação feita pelo credor, salvo provando haver ele cometido violência ou dolo.

Veja arts. 145 a 155, 319 a 325 e 379, CC.

Art. 354. Havendo capital e juros, o pagamento imputar-se-á primeiro nos juros vencidos, e depois no capital, salvo estipulação em contrário, ou se o credor passar a quitação por conta do capital.

Veja arts. 379, 406 e 407, CC.

Art. 355. Se o devedor não fizer a indicação do art. 352, e a quitação for omissa quanto à imputação, esta se fará nas dívidas líquidas e vencidas em primeiro lugar. Se as dívidas forem todas líquidas e vencidas ao mesmo tempo, a imputação far-se-á na mais onerosa.

Veja art. 379, CC.

CAPÍTULO V
DA DAÇÃO EM PAGAMENTO

Art. 356. O credor pode consentir em receber prestação diversa da que lhe é devida.

Veja arts. 307, 313 e 838, III, CC.

Veja art. 171, § 2º, I, CP.

Art. 357. Determinado o preço da coisa dada em pagamento, as relações entre as partes regular-se-ão pelas normas do contrato de compra e venda.

Veja arts. 481 a 532, CC.

Art. 358. Se for título de crédito a coisa dada em pagamento, a transferência importará em cessão.

Veja arts. 286 a 298, CC.

Art. 359. Se o credor for evicto da coisa recebida em pagamento, restabelecer-se-á a obrigação primitiva, ficando sem efeito a quitação dada, ressalvados os direitos de terceiros.

Veja arts. 324, parágrafo único, 447 a 457 e 838, III, CC.

CAPÍTULO VI
DA NOVAÇÃO

Art. 360. Dá-se a novação:

Veja arts. 262 e 814, § 1º, CC.

Veja art. 94, III, CP.

I – quando o devedor contrai com o credor nova dívida para extinguir e substituir a anterior;

II – quando novo devedor sucede ao antigo, ficando este quite com o credor;

III – quando, em virtude de obrigação nova, outro credor é substituído ao antigo, ficando o devedor quite com este.

Art. 361. Não havendo ânimo de novar, expresso ou tácito mas inequívoco, a segunda obrigação confirma simplesmente a primeira.

Art. 362. A novação por substituição do devedor pode ser efetuada independentemente de consentimento deste.

Art. 363. Se o novo devedor for insolvente, não tem o credor, que o aceitou, ação regressiva contra o primeiro, salvo se este obteve por má-fé a substituição.

Veja arts. 113 e 955, CC.

Art. 364. A novação extingue os acessórios e garantias da dívida, sempre que não houver estipulação em contrário. Não aproveitará, contudo, ao credor ressalvar o penhor, a hipoteca ou a anticrese, se os bens dados em garantia pertencerem a terceiro que não foi parte na novação.

Veja arts. 92, 233, 287, 822 e 1.419, CC.

Art. 365. Operada a novação entre o credor e um dos devedores solidários, somente sobre os bens do que contrair a nova obrigação subsistem as preferências e garantias do crédito novado. Os outros devedores solidários ficam por esse fato exonerados.

Veja arts. 264 a 266, 275 a 285, 818, 955 a 965 e 1.419, CC.

Art. 366. Importa exoneração do fiador a novação feita sem seu consenso com o devedor principal.

Veja arts. 837 e 838, II, CC.

Art. 367. Salvo as obrigações simplesmente anuláveis, não podem ser objeto de novação obrigações nulas ou extintas.

Veja arts. 166 a 184, CC.

CAPÍTULO VII
DA COMPENSAÇÃO

Art. 368. Se duas pessoas forem ao mesmo tempo credor e devedor uma da outra, as duas obrigações extinguem-se, até onde se compensarem.

Veja arts. 1.221, 1.707 e 1.919, CC.

Art. 369. A compensação efetua-se entre dívidas líquidas, vencidas e de coisas fungíveis.

Veja arts. 85, 331 a 333 e 372, CC.

Art. 370. Embora sejam do mesmo gênero as coisas fungíveis, objeto das duas prestações, não se compensarão, verificando-se que diferem na qualidade, quando especificada no contrato.

Veja art. 85, CC.

Art. 371. O devedor somente pode compensar com o credor o que este lhe dever; mas o fiador pode compensar sua dívida com a de seu credor ao afiançado.

Veja arts. 376, 828, II, e 837, CC.

Art. 372. Os prazos de favor, embora consagrados pelo uso geral, não obstam a compensação.

Veja art. 369, CC.

Art. 373. A diferença de causa nas dívidas não impede a compensação, exceto:

I – se provier de esbulho, furto ou roubo;

Veja arts. 1.210 a 1.212, CC.

II – se uma se originar de comodato, depósito ou alimentos;

Veja arts. 579 a 585, 627 a 652 e 1.694 a 1.710, CC.

III – se uma for de coisa não suscetível de penhora.

Veja arts. 312, 839 e 1.481, § 4º, CC.

Veja arts. 212, § 2º, 528, § 8º, 535, IV, 646, 674, 794, *caput* e § 1º, 797, 799, I e II, 824 a 909, 913 e 914, § 2º, CPC.

Art. 374. (*Revogado pela Lei n. 10.677, de 22.05.2003.*)

Art. 375. Não haverá compensação quando as partes, por mútuo acordo, a excluírem, ou no caso de renúncia prévia de uma delas.

Veja arts. 114 e 385 a 388, CC.

Art. 376. Obrigando-se por terceiro uma pessoa, não pode compensar essa dívida com a que o credor dele lhe dever.

Veja arts. 371 e 439, CC.

Art. 377. O devedor que, notificado, nada opõe à cessão que o credor faz a terceiros dos seus direitos, não pode opor ao cessionário a compensação, que antes da cessão teria podido opor ao cedente. Se, porém, a cessão lhe não tiver sido notificada, poderá opor ao cessionário compensação do crédito que antes tinha contra o cedente.

Veja arts. 286 a 298 e 371, CC.

Art. 378. Quando as duas dívidas não são pagáveis no mesmo lugar, não se podem compensar sem dedução das despesas necessárias à operação.

Veja arts. 325 e 327, CC.

Art. 379. Sendo a mesma pessoa obrigada por várias dívidas compensáveis, serão observadas, no compensá-las, as regras estabelecidas quanto à imputação do pagamento.

Veja arts. 352 a 355, CC.

Art. 380. Não se admite a compensação em prejuízo de direito de terceiro. O devedor que se torne credor do seu credor, depois de penhorado o crédito deste, não pode opor ao exequente a compensação, de que contra o próprio credor disporia.

CAPÍTULO VIII
DA CONFUSÃO

Art. 381. Extingue-se a obrigação, desde que na mesma pessoa se confundam as qualidades de credor e devedor.

Veja arts. 262, *caput* e parágrafo único, e 1.436, IV, CC.

Art. 382. A confusão pode verificar-se a respeito de toda a dívida, ou só de parte dela.

Veja arts. 257 e 1.436, § 2º, CC.

Art. 383. A confusão operada na pessoa do credor ou devedor solidário só extingue a obrigação até a concorrência da respectiva parte no crédito, ou na dívida, subsistindo quanto ao mais a solidariedade.

Veja arts. 264 a 285, CC.

Art. 384. Cessando a confusão, para logo se restabelece, com todos os seus acessórios, a obrigação anterior.

CAPÍTULO IX
DA REMISSÃO DAS DÍVIDAS

Art. 385. A remissão da dívida, aceita pelo devedor, extingue a obrigação, mas sem prejuízo de terceiro.

Veja arts. 158 e 1.436, I, CC.

Art. 386. A devolução voluntária do título da obrigação, quando por escrito particular, prova desoneração do devedor e seus coobrigados, se o credor for capaz de alienar, e o devedor capaz de adquirir.

Veja arts. 324 e 375, CC.

Art. 387. A restituição voluntária do objeto empenhado prova a renúncia do credor à garantia real, não a extinção da dívida.

Veja arts. 1.431, 1.435, IV, e 1.436, III e § 1º, CC.

Art. 388. A remissão concedida a um dos codevedores extingue a dívida na parte a ele correspondente; de modo que, ainda reservando o credor a solidariedade contra os outros, já lhes não pode cobrar o débito sem dedução da parte remitida.

Veja arts. 277 a 284, CC.

TÍTULO IV
DO INADIMPLEMENTO DAS OBRIGAÇÕES

CAPÍTULO I
DISPOSIÇÕES GERAIS

Art. 389. Não cumprida a obrigação, responde o devedor por perdas e danos, mais juros e atualização monetária segundo índices oficiais regularmente estabelecidos, e honorários de advogado.

Veja arts. 233, 234, 236, 255, 393 a 395, 402 a 409, 418, 419, 475 e 476, CC.

Veja arts. 82, § 2º, 84, 85, *caput* e §§ 2º, 3º, 8º, 9º e 17, e 86, CPC.

Art. 390. Nas obrigações negativas o devedor é havido por inadimplente desde o dia em que executou o ato de que se devia abster.

Veja arts. 250, 251, 555 e 562, CC.

Veja arts. 536, § 4º, 814, 822 e 823, CPC.

Art. 391. Pelo inadimplemento das obrigações respondem todos os bens do devedor.

Veja art. 789, CPC.

Art. 392. Nos contratos benéficos, responde por simples culpa o contratante, a quem o contrato aproveite, e por dolo aquele a quem não favoreça. Nos contratos onerosos, responde cada uma das partes por culpa, salvo as exceções previstas em lei.

Veja arts. 145 a 150, 186, 234, 394 a 401, 408, 418, 475, 582, 588, 589 e 667, CC.

Veja arts. 86 a 91, CPC.

Art. 393. O devedor não responde pelos prejuízos resultantes de caso fortuito ou força maior, se expressamente não se houver por eles responsabilizado.

Veja arts. 399, 492, 607, 625, I, 633, 642, 650, 667, § 1º, 734, 737, 753, 868 e 936, CC.

Veja art. 7º, Lei n. 14.010, de 10.06.2020.

Parágrafo único. O caso fortuito ou de força maior verifica-se no fato necessário, cujos efeitos não era possível evitar ou impedir.

CAPÍTULO II
DA MORA

Art. 394. Considera-se em mora o devedor que não efetuar o pagamento e o credor que não quiser recebê-lo no tempo, lugar e forma que a lei ou a convenção estabelecer.

Veja arts. 202, V, 304, 327 a 333, 389 a 393, 396, 401, 408, 409 e 411, CC.

Art. 395. Responde o devedor pelos prejuízos a que sua mora der causa, mais juros, atualização dos valores monetários segundo índices oficiais regularmente estabelecidos, e honorários de advogado.

Veja arts. 280, 389 a 393 e 405 a 407, CC.

Parágrafo único. Se a prestação, devido à mora, se tornar inútil ao credor, este poderá enjeitá-la, e exigir a satisfação das perdas e danos.

Veja arts. 402 a 405, CC.

Art. 396. Não havendo fato ou omissão imputável ao devedor, não incorre este em mora.

Veja arts. 319 e 394, CC.

Art. 397. O inadimplemento da obrigação, positiva e líquida, no seu termo, constitui de pleno direito em mora o devedor.

Veja arts. 127, 133 a 135, 331, 405, 407 a 409, 555, 562 e 1.925, CC.

Veja arts. 240 e 726 a 729, CPC.

Parágrafo único. Não havendo termo, a mora se constitui mediante interpelação judicial ou extrajudicial.

Art. 398. Nas obrigações provenientes de ato ilícito, considera-se o devedor em mora, desde que o praticou.

Veja arts. 186 a 188, 340, 405 e 927, CC.

Veja art. 240, CPC.

Art. 399. O devedor em mora responde pela impossibilidade da prestação, embora essa impossibilidade resulte de caso fortuito ou de força maior, se estes ocorrerem durante o atraso; salvo se provar isenção de culpa, ou que o dano sobreviria ainda quando a obrigação fosse oportunamente desempenhada.

Veja arts. 393, 552, 562 e 862, CC.

Art. 400. A mora do credor subtrai o devedor isento de dolo à responsabilidade pela conservação da coisa, obriga o credor a ressarcir as despesas empregadas em conservá-la, e sujeita-o a recebê-la pela estimação mais favorável ao devedor, se o seu valor oscilar entre o dia estabelecido para o pagamento e o da sua efetivação.

Veja arts. 492, § 2º, 506, 611, 615 e 629, CC.

Art. 401. Purga-se a mora:

Veja arts. 394 e 474, CC.

I – por parte do devedor, oferecendo este a prestação mais a importância dos prejuízos decorrentes do dia da oferta;

Veja arts. 396 e 404, CC.

II – por parte do credor, oferecendo-se este a receber o pagamento e sujeitando-se aos efeitos da mora até a mesma data.

Veja art. 562, CC.

CAPÍTULO III
DAS PERDAS E DANOS

Art. 402. Salvo as exceções expressamente previstas em lei, as perdas e danos devidas ao credor abrangem, além do que ele efetivamente perdeu, o que razoavelmente deixou de lucrar.

Veja arts. 234, 236, 247, 251, 255, 389 a 393, 475, 927 e 944 a 954, CC.
Veja arts. 77, § 7º, 79, 82, § 2º, 84, 85, *caput* e §§ 2º, 3º, 8º, 9º e 17, 86 a 90, 104, 129, 339, 807, 809 e 823, CPC.

Art. 403. Ainda que a inexecução resulte de dolo do devedor, as perdas e danos só incluem os prejuízos efetivos e os lucros cessantes por efeito dela direto e imediato, sem prejuízo do disposto na lei processual.

Veja arts. 145 a 150, CC.
Veja arts. 139, IV, 497, 499 e 500, 536, § 1º, 537, *caput* e § 1º, 555, I, 816 e 821, CPC.

Art. 404. As perdas e danos, nas obrigações de pagamento em dinheiro, serão pagas com atualização monetária segundo índices oficiais regularmente estabelecidos, abrangendo juros, custas e honorários de advogado, sem prejuízo da pena convencional.

Veja arts. 315, 401, I, 406, 407 e 409 a 416, CC.
Veja arts. 82, § 2º, 84, 85, *caput* e §§ 2º, 3º, 8º, 9º e 17, e 322, § 1º, CPC.

Parágrafo único. Provado que os juros da mora não cobrem o prejuízo, e não havendo pena convencional, pode o juiz conceder ao credor indenização suplementar.

Art. 405. Contam-se os juros de mora desde a citação inicial.

Veja arts. 394 a 398, 401, 406, 407, 670 e 1.762, CC.
Veja art. 240, *caput*, CPC.

CAPÍTULO IV
DOS JUROS LEGAIS

Art. 406. Quando os juros moratórios não forem convencionados, ou o forem sem taxa estipulada, ou quando provierem de determinação da lei, serão fixados segundo a taxa que estiver em vigor para a mora do pagamento de impostos devidos à Fazenda Nacional.

Veja arts. 354, 394, 395, 405, 552, 591 e 706, CC.
Veja art. 322, § 1º, CPC.
Veja art. 16, Decreto n. 22.626, de 07.04.1933.

Art. 407. Ainda que se não alegue prejuízo, é obrigado o devedor aos juros da mora que se contarão assim às dívidas em dinheiro, como às prestações de outra natureza, uma vez que lhes esteja fixado o valor pecuniário por sentença judicial, arbitramento, ou acordo entre as partes.

Veja arts. 395, 401, I, 404, 405, 552, 677, 869 e 1.762, CC.
Veja arts. 240, 241, 487, parágrafo único, e 802, parágrafo único, CPC.
Veja art. 16, Decreto n. 22.626, de 07.04.1933.

CAPÍTULO V
DA CLÁUSULA PENAL

Veja art. 9º, Decreto n. 22.626, de 07.04.1933.

Art. 408. Incorre de pleno direito o devedor na cláusula penal, desde que, culposamente, deixe de cumprir a obrigação ou se constitua em mora.

Veja arts. 389, 397, 740 e 847, CC.

Art. 409. A cláusula penal estipulada conjuntamente com a obrigação, ou em ato posterior, pode referir-se à inexecução completa da obrigação, à de alguma cláusula especial ou simplesmente à mora.

Veja art. 410, CC.

Art. 410. Quando se estipular a cláusula penal para o caso de total inadimplemento da obrigação, esta converter-se-á em alternativa a benefício do credor.

Veja arts. 389, 411 e 413, CC.

Art. 411. Quando se estipular a cláusula penal para o caso de mora, ou em segurança especial de outra cláusula determinada, terá o credor o arbítrio de exigir a satisfação da pena cominada, juntamente com o desempenho da obrigação principal.

Veja art. 404, CC.

Art. 412. O valor da cominação imposta na cláusula penal não pode exceder o da obrigação principal.

Art. 413. A penalidade deve ser reduzida equitativamente pelo juiz se a obrigação principal tiver sido cumprida em parte, ou se o montante da penalidade for manifestamente excessivo, tendo-se em vista a natureza e a finalidade do negócio.

Veja arts. 416, parágrafo único, e 572, CC.

Veja art. 4º, Lei n. 8.245, de 18.10.1991.

Art. 414. Sendo indivisível a obrigação, todos os devedores, caindo em falta um deles, incorrerão na pena; mas esta só se poderá demandar integralmente do culpado, respondendo cada um dos outros somente pela sua quota.

Veja arts. 258 a 266 e 275 a 285, CC.

Parágrafo único. Aos não culpados fica reservada a ação regressiva contra aquele que deu causa à aplicação da pena.

Veja art. 125, II, CPC.

Art. 415. Quando a obrigação for divisível, só incorre na pena o devedor ou o herdeiro do devedor que a infringir, e proporcionalmente à sua parte na obrigação.

Veja arts. 257, 261 a 266 e 275 a 285, CC.

Art. 416. Para exigir a pena convencional, não é necessário que o credor alegue prejuízo.

Veja art. 392, CC.

Parágrafo único. Ainda que o prejuízo exceda ao previsto na cláusula penal, não pode o credor exigir indenização suplementar se assim não foi convencionado. Se o tiver sido, a pena vale como mínimo da indenização, competindo ao credor provar o prejuízo excedente.

Veja art. 413, CC.

CAPÍTULO VI
DAS ARRAS OU SINAL

Art. 417. Se, por ocasião da conclusão do contrato, uma parte der à outra, a título de arras, dinheiro ou outro bem móvel, deverão as arras, em caso de execução, ser restituídas ou computadas na prestação devida, se do mesmo gênero da principal.

Veja arts. 82 a 84, CC.

Art. 418. Se a parte que deu as arras não executar o contrato, poderá a outra tê-lo por desfeito, retendo-as; se a inexecução for de quem recebeu as arras, poderá quem as deu haver o contrato por desfeito, e exigir sua devolução mais o equivalente, com atualização monetária segundo índices oficiais regularmente estabelecidos, juros e honorários de advogado.

Veja arts. 392, 406, 407 e 482, CC.

Art. 419. A parte inocente pode pedir indenização suplementar, se provar maior prejuízo, valendo as arras como taxa mínima. Pode, também, a parte inocente, exigir a execução do contrato, com as perdas e danos, valendo as arras como o mínimo da indenização.

Veja arts. 402 a 405 e 463, CC.

Art. 420. Se no contrato for estipulado o direito de arrependimento para qualquer das partes, as arras ou sinal terão função unicamente indenizatória. Neste caso, quem as deu perdê-las-á em benefício da outra parte; e quem as recebeu devolvê-las-á, mais o equivalente. Em ambos os casos não haverá direito a indenização suplementar.

TÍTULO V
DOS CONTRATOS EM GERAL

CAPÍTULO I
DISPOSIÇÕES GERAIS

Seção I
Preliminares

Art. 421. A liberdade contratual será exercida nos limites da função social do contrato.

Caput com redação dada pela Lei n. 13.874, de 20.09.2019.

Parágrafo único. Nas relações contratuais privadas, prevalecerão o princípio da intervenção mínima e a excepcionalidade da revisão contratual.

Parágrafo acrescentado pela Lei n. 13.874, de 20.09.2019.

Art. 421-A. Os contratos civis e empresariais presumem-se paritários e simétricos até a presença de elementos concretos que justifiquem o afastamento dessa presunção, ressalvados os regimes jurídicos previstos em leis especiais, garantido também que:

Artigo acrescentado pela Lei n. 13.874, de 20.09.2019.

I – as partes negociantes poderão estabelecer parâmetros objetivos para a interpretação das cláusulas negociais e de seus pressupostos de revisão ou de resolução;

II – a alocação de riscos definida pelas partes deve ser respeitada e observada; e

III – a revisão contratual somente ocorrerá de maneira excepcional e limitada.

Art. 422. Os contratantes são obrigados a guardar, assim na conclusão do contrato, como em sua execução, os princípios de probidade e boa-fé.

Veja arts. 113, 187 e 765, CC.

Veja Súmula n. 609, STJ.

Art. 423. Quando houver no contrato de adesão cláusulas ambíguas ou contraditórias, dever-se-á adotar a interpretação mais favorável ao aderente.

Art. 424. Nos contratos de adesão, são nulas as cláusulas que estipulem a renúncia antecipada do aderente a direito resultante da natureza do negócio.

Veja art. 184, CC.

Veja art. 54, § 4º, CDC.

Art. 425. É lícito às partes estipular contratos atípicos, observadas as normas gerais fixadas neste Código.

Art. 426. Não pode ser objeto de contrato a herança de pessoa viva.

Veja arts. 1.655, 1.786 e 2.018, CC.

Seção II
Da Formação dos Contratos

Art. 427. A proposta de contrato obriga o proponente, se o contrário não resultar dos termos dela, da natureza do negócio, ou das circunstâncias do caso.

Veja arts. 107, 138 a 144, 151 a 157, 432 e 759, CC.

Art. 428. Deixa de ser obrigatória a proposta:

I – se, feita sem prazo a pessoa presente, não foi imediatamente aceita. Considera-se também presente a pessoa que contrata por telefone ou por meio de comunicação semelhante;

II – se, feita sem prazo a pessoa ausente, tiver decorrido tempo suficiente para chegar a resposta ao conhecimento do proponente;

III – se, feita a pessoa ausente, não tiver sido expedida a resposta dentro do prazo dado;

IV – se, antes dela, ou simultaneamente, chegar ao conhecimento da outra parte a retratação do proponente.

Art. 429. A oferta ao público equivale a proposta quando encerra os requisitos essenciais ao contrato, salvo se o contrário resultar das circunstâncias ou dos usos.

Parágrafo único. Pode revogar-se a oferta pela mesma via de sua divulgação, desde que ressalvada esta faculdade na oferta realizada.

Art. 430. Se a aceitação, por circunstância imprevista, chegar tarde ao conhecimento do proponente, este comunicá-lo-á imediatamente ao aceitante, sob pena de responder por perdas e danos.

Veja arts. 402 a 405, CC.

Art. 431. A aceitação fora do prazo, com adições, restrições, ou modificações, importará nova proposta.

Art. 432. Se o negócio for daqueles em que não seja costume a aceitação expressa, ou o proponente a tiver dispensado, reputar-se-á concluído o contrato, não chegando a tempo a recusa.

Veja art. 659, CC.

Art. 433. Considera-se inexistente a aceitação, se antes dela ou com ela chegar ao proponente a retratação do aceitante.

Veja art. 434, I, CC.

Art. 434. Os contratos entre ausentes tornam-se perfeitos desde que a aceitação é expedida, exceto:

I – no caso do artigo antecedente;

II – se o proponente se houver comprometido a esperar resposta;

III – se ela não chegar no prazo convencionado.

Art. 435. Reputar-se-á celebrado o contrato no lugar em que foi proposto.

Seção III
Da Estipulação em Favor de Terceiro

Art. 436. O que estipula em favor de terceiro pode exigir o cumprimento da obrigação.

Veja arts. 553 e 814, § 1º, CC.

Parágrafo único. Ao terceiro, em favor de quem se estipulou a obrigação, também é permitido exigi-la, ficando, todavia, sujeito às condições e normas do contrato, se a ele anuir, e o estipulante não o inovar nos termos do art. 438.

Art. 437. Se ao terceiro, em favor de quem se fez o contrato, se deixar o direito de reclamar-lhe a execução, não poderá o estipulante exonerar o devedor.

Art. 438. O estipulante pode reservar-se o direito de substituir o terceiro designado no contrato, independentemente da sua anuência e da do outro contratante.

Veja arts. 436, parágrafo único, 791 e 792, CC.

Parágrafo único. A substituição pode ser feita por ato entre vivos ou por disposição de última vontade.

Seção IV
Da Promessa de Fato de Terceiro

Art. 439. Aquele que tiver prometido fato de terceiro responderá por perdas e danos, quando este o não executar.

Veja arts. 402 a 405, CC.

Parágrafo único. Tal responsabilidade não existirá se o terceiro for o cônjuge do promitente, dependendo da sua anuência o ato a ser praticado, e desde que, pelo regime do casamento, a indenização, de algum modo, venha a recair sobre os seus bens.

Veja arts. 1.658 a 1.686, CC.

Art. 440. Nenhuma obrigação haverá para quem se comprometer por outrem, se este, depois de se ter obrigado, faltar à prestação.

Seção V
Dos Vícios Redibitórios

Art. 441. A coisa recebida em virtude de contrato comutativo pode ser enjeitada por vícios ou defeitos ocultos, que a tornem imprópria ao uso a que é destinada, ou lhe diminuam o valor.

Veja arts. 138, 139, I, 147, 442, 484, 500 a 503, 509, 510 e 568, CC.

Veja arts. 879 a 903, CPC.

Parágrafo único. É aplicável a disposição deste artigo às doações onerosas.

Veja arts. 136, 540, 552 e 553, CC.

Art. 442. Em vez de rejeitar a coisa, redibindo o contrato (art. 441), pode o adquirente reclamar abatimento no preço.

Veja arts. 445, 446, 455, 615 e 616, CC.

Art. 443. Se o alienante conhecia o vício ou defeito da coisa, restituirá o que recebeu com perdas e danos; se o não conhecia, tão somente restituirá o valor recebido, mais as despesas do contrato.

Veja arts. 402 a 405 e 422, CC.

Art. 444. A responsabilidade do alienante subsiste ainda que a coisa pereça em poder do alienatário, se perecer por vício oculto, já existente ao tempo da tradição.

Veja arts. 234 e 1.267, CC.

Art. 445. O adquirente decai do direito de obter a redibição ou abatimento no preço no prazo de trinta dias se a coisa for móvel, e de um ano se for imóvel, contado da entrega efetiva; se já estava na posse, o prazo conta-se da alienação, reduzido à metade.

Veja arts. 442 e 446, CC.

§ 1º Quando o vício, por sua natureza, só puder ser conhecido mais tarde, o prazo contar-se-á do momento em que dele tiver ciência, até o prazo máximo de cento e oitenta dias, em se tratando de bens móveis; e de um ano, para os imóveis.

§ 2º Tratando-se de venda de animais, os prazos de garantia por vícios ocultos serão os estabelecidos em lei especial, ou, na falta desta, pelos usos locais, aplicando-se o disposto no parágrafo antecedente se não houver regras disciplinando a matéria.

Art. 446. Não correrão os prazos do artigo antecedente na constância de cláusula de garantia; mas o adquirente deve denunciar o defeito ao alienante nos trinta dias seguintes ao seu descobrimento, sob pena de decadência.

Veja arts. 207 a 211, CC.

Seção VI
Da Evicção

Art. 447. Nos contratos onerosos, o alienante responde pela evicção. Subsiste esta garantia ainda que a aquisição se tenha realizado em hasta pública.

Veja arts. 199, III, 295, 359, 552, 568, 845, 1.005, 1.939, III, e 2.023 a 2.026, CC.

Veja arts. 125, I, 129, 572 e 594, § 2°, CPC.

Veja art. 171, § 2º, I, CP.

Art. 448. Podem as partes, por cláusula expressa, reforçar, diminuir ou excluir a responsabilidade pela evicção.

Veja art. 449, CC.

Art. 449. Não obstante a cláusula que exclui a garantia contra a evicção, se esta se der, tem direito o evicto a receber o preço que pagou pela coisa evicta, se não soube do risco da evicção, ou, dele informado, não o assumiu.

Veja art. 448, CC.

Art. 450. Salvo estipulação em contrário, tem direito o evicto, além da restituição integral do preço ou das quantias que pagou:

I – à indenização dos frutos que tiver sido obrigado a restituir;

II – à indenização pelas despesas dos contratos e pelos prejuízos que diretamente resultarem da evicção;

III – às custas judiciais e aos honorários do advogado por ele constituído.

Parágrafo único. O preço, seja a evicção total ou parcial, será o do valor da coisa, na época em que se evenceu, e proporcional ao desfalque sofrido, no caso de evicção parcial.

Art. 451. Subsiste para o alienante esta obrigação, ainda que a coisa alienada esteja deteriorada, exceto havendo dolo do adquirente.

Veja arts. 145 a 150, CC.

Art. 452. Se o adquirente tiver auferido vantagens das deteriorações, e não tiver sido condenado a indenizá-las, o valor das vantagens será deduzido da quantia que lhe houver de dar o alienante.

Art. 453. As benfeitorias necessárias ou úteis, não abonadas ao que sofreu a evicção, serão pagas pelo alienante.

Veja arts. 96 e 97, CC.

Art. 454. Se as benfeitorias abonadas ao que sofreu a evicção tiverem sido feitas pelo alienante, o valor delas será levado em conta na restituição devida.

Art. 455. Se parcial, mas considerável, for a evicção, poderá o evicto optar entre a rescisão do contrato e a restituição da parte do preço correspondente ao desfalque sofrido. Se não for considerável, caberá somente direito a indenização.

Veja art. 442, CC.

Art. 456. (*Revogado pela Lei n. 13.105, de 16.03.2015.*)

Art. 457. Não pode o adquirente demandar pela evicção, se sabia que a coisa era alheia ou litigiosa.

Seção VII
Dos Contratos Aleatórios

Art. 458. Se o contrato for aleatório, por dizer respeito a coisas ou fatos futuros, cujo risco de não virem a existir um dos contratantes assuma, terá o outro direito de receber integralmente o que lhe foi prometido, desde que de sua parte não tenha havido dolo ou culpa, ainda que nada do avençado venha a existir.

Veja arts. 145 a 150, 234, 492, 760, 762, 772, 773 e 776, CC.

Art. 459. Se for aleatório, por serem objeto dele coisas futuras, tomando o adquirente a si o risco de virem a existir em qualquer quantidade, terá também direito o alienante a todo o preço, desde que de sua parte não tiver concorrido culpa, ainda que a coisa venha a existir em quantidade inferior à esperada.

Parágrafo único. Mas, se da coisa nada vier a existir, alienação não haverá, e o alienante restituirá o preço recebido.

Art. 460. Se for aleatório o contrato, por se referir a coisas existentes, mas expostas a risco, assumido pelo adquirente, terá igualmente direito o alienante a todo o preço, posto que a coisa já não existisse, em parte, ou de todo, no dia do contrato.

Art. 461. A alienação aleatória a que se refere o artigo antecedente poderá ser anulada como dolosa pelo prejudicado, se provar que o outro contratante não ignorava a consumação do risco, a que no contrato se considerava exposta a coisa.

Seção VIII
Do Contrato Preliminar

Art. 462. O contrato preliminar, exceto quanto à forma, deve conter todos os requisitos essenciais ao contrato a ser celebrado.

Veja arts. 215, 421 a 426 e 463, CC.

Art. 463. Concluído o contrato preliminar, com observância do disposto no artigo antecedente, e desde que dele não conste cláusula de arrependimento, qualquer das partes terá o direito de exigir a celebração do definitivo, assinando prazo à outra para que o efetive.

Veja arts. 1.417 e 1.418, CC.

Parágrafo único. O contrato preliminar deverá ser levado ao registro competente.

Art. 464. Esgotado o prazo, poderá o juiz, a pedido do interessado, suprir a vontade da parte inadimplente, conferindo caráter definitivo ao contrato preliminar, salvo se a isto se opuser a natureza da obrigação.

Veja art. 1.418, CC.

Veja arts. 139, IV, 296, 297, parágrafo único, 298, 300, *caput* e § 3º, 305, parágrafo único, 311, 356, 497, 499, 500, 536, § 1º, 537, *caput* e § 1º, e 815, CPC.

Art. 465. Se o estipulante não der execução ao contrato preliminar, poderá a outra parte considerá-lo desfeito, e pedir perdas e danos.

Veja arts. 389 e 402 a 405, CC.

Art. 466. Se a promessa de contrato for unilateral, o credor, sob pena de ficar a mesma sem efeito, deverá manifestar-se no prazo nela previsto, ou, inexistindo este, no que lhe for razoavelmente assinado pelo devedor.

Veja arts. 1.417 e 1.418, CC.

Seção IX
Do Contrato com Pessoa a Declarar

Art. 467. No momento da conclusão do contrato, pode uma das partes reservar-se a faculdade de indicar a pessoa que deve adquirir os direitos e assumir as obrigações dele decorrentes.

Veja art. 469, CC.

Art. 468. Essa indicação deve ser comunicada à outra parte no prazo de cinco dias da conclusão do contrato, se outro não tiver sido estipulado.

Veja art. 469, CC.

Parágrafo único. A aceitação da pessoa nomeada não será eficaz se não se revestir da mesma forma que as partes usaram para o contrato.

Veja art. 470, I, CC.

Art. 469. A pessoa, nomeada de conformidade com os artigos antecedentes, adquire os direitos e assume as obrigações decorrentes do contrato, a partir do momento em que este foi celebrado.

Art. 470. O contrato será eficaz somente entre os contratantes originários:

I – se não houver indicação de pessoa, ou se o nomeado se recusar a aceitá-la;

Veja art. 468, parágrafo único, CC.

II – se a pessoa nomeada era insolvente, e a outra pessoa o desconhecia no momento da indicação.

Veja arts. 471 e 955, CC.

Art. 471. Se a pessoa a nomear era incapaz ou insolvente no momento da nomeação, o contrato produzirá seus efeitos entre os contratantes originários.

Veja arts. 3º, 4º, 104, I, 105, 171, I, 283, 284, 470, II, e 955, CC.

CAPÍTULO II
DA EXTINÇÃO DO CONTRATO

Seção I
Do Distrato

Art. 472. O distrato faz-se pela mesma forma exigida para o contrato.

Veja arts. 319 a 325, 573 e 607, CC.

Art. 473. A resilição unilateral, nos casos em que a lei expressa ou implicitamente o permita, opera mediante denúncia notificada à outra parte.

Veja arts. 599, 623, 625, 682, I, 688, 720, 740, 769 e 770, CC.

Parágrafo único. Se, porém, dada a natureza do contrato, uma das partes houver feito investimentos consideráveis para a sua execução, a denúncia unilateral só produzirá efeito depois de transcorrido prazo compatível com a natureza e o vulto dos investimentos.

Seção II
Da Cláusula Resolutiva

Art. 474. A cláusula resolutiva expressa opera de pleno direito; a tácita depende de interpelação judicial.

Veja arts. 127, 128, 130, 476, 599 e 1.359, CC.

Veja arts. 726 a 729, CPC.

Art. 475. A parte lesada pelo inadimplemento pode pedir a resolução do contrato, se não preferir exigir-lhe o cumprimento, cabendo, em qualquer dos casos, indenização por perdas e danos.

Veja arts. 186, 333, 389 a 393, 402 a 405, 495, 810 e 927, CC.

Seção III
Da Exceção de Contrato não Cumprido

Art. 476. Nos contratos bilaterais, nenhum dos contratantes, antes de cumprida a sua obrigação, pode exigir o implemento da do outro.

Veja arts. 333, 389, 474 e 491, CC.

Art. 477. Se, depois de concluído o contrato, sobrevier a uma das partes contratantes diminuição em seu patrimônio capaz de comprometer ou tornar duvidosa a prestação pela qual se obrigou, pode a outra recusar-se à prestação que lhe incumbe, até que aquela satisfaça a que lhe compete ou dê garantia bastante de satisfazê-la.

Veja arts. 333, III, 495, 590, 810 e 818, CC.

Seção IV
Da Resolução por Onerosidade Excessiva

Veja art. 7º, Lei n. 14.010, de 10.06.2020.

Art. 478. Nos contratos de execução continuada ou diferida, se a prestação de uma das partes se tornar excessivamente onerosa, com extrema vantagem para a outra, em virtude de acontecimentos extraordinários e imprevisíveis, poderá o devedor pedir a resolução do contrato. Os efeitos da sentença que a decretar retroagirão à data da citação.

Veja arts. 156, 157, 625, II, e 884 a 886, CC.

Veja art. 7º, Lei n. 14.010, de 10.06.2020.

Art. 479. A resolução poderá ser evitada, oferecendo-se o réu a modificar equitativamente as condições do contrato.

Veja art. 7º, Lei n. 14.010, de 10.06.2020.

Art. 480. Se no contrato as obrigações couberem a apenas uma das partes, poderá ela pleitear que a sua prestação seja reduzida, ou alterado o modo de executá-la, a fim de evitar a onerosidade excessiva.

Veja arts. 317, 572, 621, 944, parágrafo único, 1.286, 1.287 e 1.341, § 2º, CC.

Veja art. 140, CPC.

Veja art. 7º, Lei n. 14.010, de 10.06.2020.

TÍTULO VI
DAS VÁRIAS ESPÉCIES DE CONTRATO

Veja arts. 10 a 15, Lei n. 11.795, de 08.10.2008.

CAPÍTULO I
DA COMPRA E VENDA

Seção I
Disposições Gerais

Art. 481. Pelo contrato de compra e venda, um dos contratantes se obriga a transferir o domínio de certa coisa, e o outro, a pagar-lhe certo preço em dinheiro.

Veja arts. 315, 357, 521 a 528, 533, 1.417 e 1.418, CC.

Veja arts. 730, 867 a 869 e 879 a 903, CPC.

Veja art. 171, § 2º, I, CP.

Art. 482. A compra e venda, quando pura, considerar-se-á obrigatória e perfeita, desde que as partes acordarem no objeto e no preço.

Veja arts. 417 a 420, 485 e 486, CC.

Art. 483. A compra e venda pode ter por objeto coisa atual ou futura. Neste caso, ficará sem efeito o contrato se esta não vier a existir, salvo se a intenção das partes era de concluir contrato aleatório.

Veja arts. 458 a 461, CC.

Art. 484. Se a venda se realizar à vista de amostras, protótipos ou modelos, entender-se-á que o vendedor assegura ter a coisa as qualidades que a elas correspondem.

Veja arts. 441 a 446, CC.

Parágrafo único. Prevalece a amostra, o protótipo ou o modelo, se houver contradição ou diferença com a maneira pela qual se descreveu a coisa no contrato.

Art. 485. A fixação do preço pode ser deixada ao arbítrio de terceiro, que os contratantes logo designarem ou prometerem designar. Se o terceiro não aceitar a incumbência, ficará sem efeito o contrato, salvo quando acordarem os contratantes designar outra pessoa.

Art. 486. Também se poderá deixar a fixação do preço à taxa de mercado ou de bolsa, em certo e determinado dia e lugar.

Veja art. 318, CC.

Art. 487. É lícito às partes fixar o preço em função de índices ou parâmetros, desde que suscetíveis de objetiva determinação.

Veja art. 318, CC.

Art. 488. Convencionada a venda sem fixação de preço ou de critérios para a sua determinação, se não houver tabelamento oficial, entende-se que as partes se sujeitaram ao preço corrente nas vendas habituais do vendedor.

Parágrafo único. Na falta de acordo, por ter havido diversidade de preço, prevalecerá o termo médio.

Art. 489. Nulo é o contrato de compra e venda, quando se deixa ao arbítrio exclusivo de uma das partes a fixação do preço.

Veja art. 122, CC.

Art. 490. Salvo cláusula em contrário, ficarão as despesas de escritura e registro a cargo do comprador, e a cargo do vendedor as da tradição.

Veja arts. 494, 502 e 533, I, CC.

Art. 491. Não sendo a venda a crédito, o vendedor não é obrigado a entregar a coisa antes de receber o preço.

Veja arts. 476 a 477, CC.

Art. 492. Até o momento da tradição, os riscos da coisa correm por conta do vendedor, e os do preço por conta do comprador.

Veja arts. 234, 246, 458, 494, 502, 533, 1.267 e 1.268, CC.

§ 1º Todavia, os casos fortuitos, ocorrentes no ato de contar, marcar ou assinalar coisas, que comumente se recebem, contando, pesando, medindo ou assinalando, e que já tiverem sido postas à disposição do comprador, correrão por conta deste.

Veja art. 393, CC.

§ 2º Correrão também por conta do comprador os riscos das referidas coisas, se estiver em mora de as receber, quando postas à sua disposição no tempo, lugar e pelo modo ajustados.

Veja art. 400, CC.

Art. 493. A tradição da coisa vendida, na falta de estipulação expressa, dar-se-á no lugar onde ela se encontrava, ao tempo da venda.

Veja arts. 328 e 1.267, CC.

Art. 494. Se a coisa for expedida para lugar diverso, por ordem do comprador, por sua conta correrão os riscos, uma vez entregue a quem haja de transportá-la, salvo se das instruções dele se afastar o vendedor.

Veja arts. 490, 492, 533, 749, 750 e 754, CC.

Art. 495. Não obstante o prazo ajustado para o pagamento, se antes da tradição o comprador cair em insolvência, poderá o vendedor sobrestar na entrega da coisa, até que o comprador lhe dê caução de pagar no tempo ajustado.

Veja arts. 475 a 477, 955 e 1.267, CC.

Art. 496. É anulável a venda de ascendente a descendente, salvo se os outros descendentes e o cônjuge do alienante expressamente houverem consentido.

Veja arts. 171, 172, 176, 179, 533, II, e 1.591 a 1.595, CC.

Parágrafo único. Em ambos os casos, dispensa-se o consentimento do cônjuge se o regime de bens for o da separação obrigatória.

Veja art. 1.641, CC.

Art. 497. Sob pena de nulidade, não podem ser comprados, ainda que em hasta pública:

Veja arts. 119, 166, VII, e 169, CC.

Veja art. 895, I e § 1º, CPC.

I – pelos tutores, curadores, testamenteiros e administradores, os bens confiados à sua guarda ou administração;

Veja arts. 580, 1.749, I, 1.774 e 1.977, CC.

II – pelos servidores públicos, em geral, os bens ou direitos da pessoa jurídica a que servirem, ou que estejam sob sua administração direta ou indireta;

III – pelos juízes, secretários de tribunais, arbitradores, peritos e outros serventuários ou auxiliares da justiça, os bens ou direitos sobre que se litigar em tribunal, juízo ou conselho, no lugar onde servirem, ou a que se estender a sua autoridade;

Veja art. 498, CC.

IV – pelos leiloeiros e seus prepostos, os bens de cuja venda estejam encarregados.

Parágrafo único. As proibições deste artigo estendem-se à cessão de crédito.

Veja arts. 286 a 298 e 1.749, III, CC.

Veja art. 895, I e § 1º, CPC.

Art. 498. A proibição contida no inciso III do artigo antecedente, não compreende os casos de compra e venda ou cessão entre coerdeiros, ou em pagamento de dívida, ou para garantia de bens já pertencentes a pessoas designadas no referido inciso.

Veja arts. 286 a 298 e 304, CC.

Art. 499. É lícita a compra e venda entre cônjuges, com relação a bens excluídos da comunhão.

Veja arts. 1.656, 1.659, 1.668, 1.673 e 1.674, CC.

Art. 500. Se, na venda de um imóvel, se estipular o preço por medida de extensão, ou se determinar a respectiva área, e esta não corresponder, em qualquer dos casos, às dimensões dadas, o comprador terá o direito de exigir o complemento da área, e, não sendo isso possível, o de reclamar a resolução do contrato ou abatimento proporcional ao preço.

Veja arts. 79, 81, 441 a 446 e 501, CC.
Veja art. 73, CPC.

§ 1º Presume-se que a referência às dimensões foi simplesmente enunciativa, quando a diferença encontrada não exceder de um vigésimo da área total enunciada, ressalvado ao comprador o direito de provar que, em tais circunstâncias, não teria realizado o negócio.

§ 2º Se em vez de falta houver excesso, e o vendedor provar que tinha motivos para ignorar a medida exata da área vendida, caberá ao comprador, à sua escolha, completar o valor correspondente ao preço ou devolver o excesso.

§ 3º Não haverá complemento de área, nem devolução de excesso, se o imóvel for vendido como coisa certa e discriminada, tendo sido apenas enunciativa a referência às suas dimensões, ainda que não conste, de modo expresso, ter sido a venda *ad corpus*.

Art. 501. Decai do direito de propor as ações previstas no artigo antecedente o vendedor ou o comprador que não o fizer no prazo de um ano, a contar do registro do título.

Veja arts. 207 a 211, CC.

Parágrafo único. Se houver atraso na imissão de posse no imóvel, atribuível ao alienante, a partir dela fluirá o prazo de decadência.

Art. 502. O vendedor, salvo convenção em contrário, responde por todos os débitos que gravem a coisa até o momento da tradição.

Veja arts. 490, 492 e 533, CC.

Art. 503. Nas coisas vendidas conjuntamente, o defeito oculto de uma não autoriza a rejeição de todas.

Veja arts. 441 a 446, CC.

Art. 504. Não pode um condômino em coisa indivisível vender a sua parte a estranhos, se outro consorte a quiser, tanto por tanto. O condômino, a quem não se der conhecimento da venda, poderá, depositando o preço, haver para si a parte vendida a estranhos, se o requerer no prazo de cento e oitenta dias, sob pena de decadência.

Veja arts. 87, 88, 207 a 211, 508, 513 a 520 e 1.314, CC.

Parágrafo único. Sendo muitos os condôminos, preferirá o que tiver benfeitorias de maior valor e, na falta de benfeitorias, o de quinhão maior. Se as partes forem iguais, haverão a parte vendida os comproprietários, que a quiserem, depositando previamente o preço.

Veja arts. 96 e 97, CC.

Seção II
Das Cláusulas Especiais à Compra e Venda

Subseção I
Da Retrovenda

Art. 505. O vendedor de coisa imóvel pode reservar-se o direito de recobrá-la no prazo máximo de decadência de três anos, restituindo o preço recebido e reembolsando as despesas do comprador, inclusive as que, durante o período de resgate, se efetuaram com a sua autorização escrita, ou para a realização de benfeitorias necessárias.

Veja arts. 79 a 81, 96, § 3º, 121, 122, 127 a 130 e 207 a 211, CC.

Art. 506. Se o comprador se recusar a receber as quantias a que faz jus, o vendedor, para exercer o direito de resgate, as depositará judicialmente.

Veja arts. 334 a 345 e 400, CC.

Parágrafo único. Verificada a insuficiência do depósito judicial, não será o vendedor restituído no domínio da coisa, até e enquanto não for integralmente pago o comprador.

Veja arts. 539 a 549, CPC.

Art. 507. O direito de retrato, que é cessível e transmissível a herdeiros e legatários, poderá ser exercido contra o terceiro adquirente.

Veja arts. 286 a 298 e 1.784, CC.

Art. 508. Se a duas ou mais pessoas couber o direito de retrato sobre o mesmo imóvel, e só uma o exercer, poderá o comprador intimar as outras para nele acordarem, prevalecendo o pacto em favor de quem haja efetuado o depósito, contanto que seja integral.

Veja art. 504, CC.

Subseção II
Da Venda a Contento e da Sujeita a Prova

Art. 509. A venda feita a contento do comprador entende-se realizada sob condição suspensiva, ainda que a coisa lhe tenha sido entregue; e não se reputará perfeita, enquanto o adquirente não manifestar seu agrado.

Veja arts. 121, 122, 125, 126, 129, 130, 234, 441 e 611, CC.

Art. 510. Também a venda sujeita a prova presume-se feita sob a condição suspensiva de que a coisa tenha as qualidades asseguradas pelo vendedor e seja idônea para o fim a que se destina.

Veja arts. 121 a 122, 125, 126, 129, 130, 234 e 441, CC.

Art. 511. Em ambos os casos, as obrigações do comprador, que recebeu, sob condição suspensiva, a coisa comprada, são as de mero comodatário, enquanto não manifeste aceitá-la.

Veja arts. 121 a 122, 125, 126, 129, 130 e 579 a 585, CC.

Art. 512. Não havendo prazo estipulado para a declaração do comprador, o vendedor terá direito de intimá-lo, judicial ou extrajudicialmente, para que o faça em prazo improrrogável.

Veja arts. 132 e 134, CC.

Subseção III
Da Preempção ou Preferência

Art. 513. A preempção, ou preferência, impõe ao comprador a obrigação de oferecer ao vendedor a coisa que aquele vai vender, ou dar em pagamento, para que este use de seu direito de prelação na compra, tanto por tanto.

Veja arts. 121 a 130, CC.

Parágrafo único. O prazo para exercer o direito de preferência não poderá exceder a cento e oitenta dias se a coisa for móvel, ou a dois anos, se imóvel.

Veja arts. 79 a 83, CC.

Art. 514. O vendedor pode também exercer o seu direito de prelação, intimando o comprador, quando lhe constar que este vai vender a coisa.

Art. 515. Aquele que exerce a preferência está, sob pena de a perder, obrigado a pagar, em condições iguais, o preço encontrado, ou o ajustado.

Art. 516. Inexistindo prazo estipulado, o direito de preempção caducará, se a coisa for móvel, não se exercendo nos três dias, e, se for imóvel, não se exercendo nos sessenta dias subsequentes à data em que o comprador tiver notificado o vendedor.

Veja art. 27, § 4º, desta Lei.

Art. 517. Quando o direito de preempção for estipulado a favor de dois ou mais indivíduos em comum, só pode ser exercido em relação à coisa no seu todo. Se alguma das pessoas, a quem ele toque, perder ou não exercer o seu direito, poderão as demais utilizá-lo na forma sobredita.

Art. 518. Responderá por perdas e danos o comprador, se alienar a coisa sem ter dado ao vendedor ciência do preço e das vantagens que por ela lhe oferecem. Responderá solidariamente o adquirente, se tiver procedido de má-fé.

Veja arts. 264 a 266, 275 a 285 e 402 a 405, CC.

Art. 519. Se a coisa expropriada para fins de necessidade ou utilidade pública, ou por interesse social, não tiver o destino para que se desapropriou, ou não for utilizada em obras ou serviços públicos, caberá ao expropriado direito de preferência, pelo preço atual da coisa.

Veja arts. 1.228, § 3º, e 1.275, V, CC.

Veja arts. 5º, XXIV, e 37, CF.

Art. 520. O direito de preferência não se pode ceder nem passa aos herdeiros.

Subseção IV
Da Venda com Reserva de Domínio

Art. 521. Na venda de coisa móvel, pode o vendedor reservar para si a propriedade, até que o preço esteja integralmente pago.

Art. 522. A cláusula de reserva de domínio será estipulada por escrito e depende de registro no domicílio do comprador para valer contra terceiros.

Art. 523. Não pode ser objeto de venda com reserva de domínio a coisa insuscetível de caracterização perfeita, para estremá-la de outras congêneres. Na dúvida, decide-se a favor do terceiro adquirente de boa-fé.

Veja art. 85, CC.

Art. 524. A transferência de propriedade ao comprador dá-se no momento em que o preço esteja integralmente pago. Todavia, pelos riscos da coisa responde o comprador, a partir de quando lhe foi entregue.

Veja arts. 319, 491 e 492, CC.

Art. 525. O vendedor somente poderá executar a cláusula de reserva de domínio após constituir o comprador em mora, mediante protesto do título ou interpelação judicial.

Veja arts. 394 a 401, CC.

Veja arts. 726 a 729, CPC.

Art. 526. Verificada a mora do comprador, poderá o vendedor mover contra ele a competente ação de cobrança das prestações vencidas e vincendas e o mais que lhe for devido; ou poderá recuperar a posse da coisa vendida.

Veja arts. 394 a 401, 527 e 1.210, § 1º, CC.

Veja art. 901, CPC.

Art. 527. Na segunda hipótese do artigo antecedente, é facultado ao vendedor reter as prestações pagas até o necessário para cobrir a depreciação da coisa, as despesas feitas e o mais que de direito lhe for devido. O excedente será devolvido ao comprador; e o que faltar lhe será cobrado, tudo na forma da lei processual.

Veja art. 1.210, § 1º, CC.

Art. 528. Se o vendedor receber o pagamento à vista, ou, posteriormente, mediante financiamento de instituição do mercado de capitais, a esta caberá exercer os direitos e ações decorrentes do contrato, a benefício de qualquer outro. A operação financeira e a respectiva ciência do comprador constarão do registro do contrato.

Subseção V
Da Venda sobre Documentos

Art. 529. Na venda sobre documentos, a tradição da coisa é substituída pela entrega do seu título representativo e dos outros documentos exigidos pelo contrato ou, no silêncio deste, pelos usos.

Parágrafo único. Achando-se a documentação em ordem, não pode o comprador recusar o pagamento, a pretexto de defeito de qualidade ou do estado da coisa vendida, salvo se o defeito já houver sido comprovado.

Veja arts. 441 a 446, CC.

Art. 530. Não havendo estipulação em contrário, o pagamento deve ser efetuado na data e no lugar da entrega dos documentos.

Veja arts. 327 a 333, CC.

Art. 531. Se entre os documentos entregues ao comprador figurar apólice de seguro que cubra os riscos do transporte, correm estes à conta do comprador, salvo se, ao ser concluído o contrato, tivesse o vendedor ciência da perda ou avaria da coisa.

Veja arts. 754, parágrafo único, 757 e 788, CC.

Art. 532. Estipulado o pagamento por intermédio de estabelecimento bancário, caberá a este efetuá-lo contra a entrega dos documentos, sem obrigação de verificar a coisa vendida, pela qual não responde.

Parágrafo único. Nesse caso, somente após a recusa do estabelecimento bancário a efetuar o pagamento, poderá o vendedor pretendê-lo, diretamente do comprador.

CAPÍTULO II
DA TROCA OU PERMUTA

Art. 533. Aplicam-se à troca as disposições referentes à compra e venda, com as seguintes modificações:

Veja arts. 481 a 532, CC.

Veja art. 171, § 2º, I, CP.

I – salvo disposição em contrário, cada um dos contratantes pagará por metade as despesas com o instrumento da troca;

Veja art. 490, CC.

II – é anulável a troca de valores desiguais entre ascendentes e descendentes, sem consentimento dos outros descendentes e do cônjuge do alienante.

Veja arts. 496 e 1.591 a 1.595, CC.

CAPÍTULO III
DO CONTRATO ESTIMATÓRIO

Art. 534. Pelo contrato estimatório, o consignante entrega bens móveis ao consignatário, que fica autorizado a vendê-los, pagando àquele o preço ajustado, salvo se preferir, no prazo estabelecido, restituir-lhe a coisa consignada.

Veja arts. 82 e 83, CC.

Art. 535. O consignatário não se exonera da obrigação de pagar o preço, se a restituição da coisa, em sua integridade, se tornar impossível, ainda que por fato a ele não imputável.

Art. 536. A coisa consignada não pode ser objeto de penhora ou sequestro pelos credores do consignatário, enquanto não pago integralmente o preço.

Veja art. 1.420, CC.

Art. 537. O consignante não pode dispor da coisa antes de lhe ser restituída ou de lhe ser comunicada a restituição.

CAPÍTULO IV
DA DOAÇÃO

Seção I
Disposições Gerais

Art. 538. Considera-se doação o contrato em que uma pessoa, por liberalidade, transfere do seu patrimônio bens ou vantagens para o de outra.

Veja arts. 1.642, V, 1.647, IV, e 1.663, § 2º, CC.

Veja art. 155, I, CF.

Art. 539. O doador pode fixar prazo ao donatário, para declarar se aceita ou não a liberalidade. Desde que o donatário, ciente do prazo, não faça, dentro dele, a declaração, entender-se-á que aceitou, se a doação não for sujeita a encargo.

Veja arts. 111, 132, 133, 136, 137, 553, 562, 564, 1.748, II, e 1.938, CC.

Art. 540. A doação feita em contemplação do merecimento do donatário não perde o caráter de liberalidade, como não o perde a doação remuneratória, ou a gravada, no excedente ao valor dos serviços remunerados ou ao encargo imposto.

Veja arts. 136, 441, parágrafo único, e 564, CC.

Art. 541. A doação far-se-á por escritura pública ou instrumento particular.

Veja arts. 108, 215 e 221, CC.

Parágrafo único. A doação verbal será válida, se, versando sobre bens móveis e de pequeno valor, se lhe seguir incontinenti a tradição.

Veja arts. 82, 83 e 1.267, CC.

Art. 542. A doação feita ao nascituro valerá, sendo aceita pelo seu representante legal.

Veja arts. 2º, 1.799, I, e 1.800, CC.

Art. 543. Se o donatário for absolutamente incapaz, dispensa-se a aceitação, desde que se trate de doação pura.

Veja arts. 3º, 121, 1.748, II, 1.767, 1.774 e 1.781, CC.

Art. 544. A doação de ascendentes a descendentes, ou de um cônjuge a outro, importa adiantamento do que lhes cabe por herança.

Veja arts. 1.591 a 1.595, 1.789, 1.829, I, 1.846, 1.847 e 2.002 a 2.012, CC.

Art. 545. A doação em forma de subvenção periódica ao beneficiado extingue-se morrendo o doador, salvo se este outra coisa dispuser, mas não poderá ultrapassar a vida do donatário.

Art. 546. A doação feita em contemplação de casamento futuro com certa e determinada pessoa, quer pelos nubentes entre si, quer por terceiro a um deles, a ambos, ou aos filhos que, de futuro, houverem um do outro, não pode ser impugnada por falta de aceitação, e só ficará sem efeito se o casamento não se realizar.

Veja arts. 564, IV, e 1.639, CC.

Art. 547. O doador pode estipular que os bens doados voltem ao seu patrimônio, se sobreviver ao donatário.

Veja art. 1.359, CC.

Parágrafo único. Não prevalece cláusula de reversão em favor de terceiro.

Art. 548. É nula a doação de todos os bens sem reserva de parte, ou renda suficiente para a subsistência do doador.

Veja art. 166, VII, CC.

Art. 549. Nula é também a doação quanto à parte que exceder à de que o doador, no momento da liberalidade, poderia dispor em testamento.

Veja arts. 166, VII, 1.789, 1.845 a 1.847, 1.967 e 2.007, CC.

Art. 550. A doação do cônjuge adúltero ao seu cúmplice pode ser anulada pelo outro cônjuge, ou por seus herdeiros necessários, até dois anos depois de dissolvida a sociedade conjugal.

Veja arts. 1.642, V, e 1.845 a 1.850, CC.

Art. 551. Salvo declaração em contrário, a doação em comum a mais de uma pessoa entende-se distribuída entre elas por igual.

Veja arts. 1.314 a 1.358-A, CC.

Parágrafo único. Se os donatários, em tal caso, forem marido e mulher, subsistirá na totalidade a doação para o cônjuge sobrevivo.

Art. 552. O doador não é obrigado a pagar juros moratórios, nem é sujeito às consequências da evicção ou do vício redibitório. Nas doações para casamento com certa e determinada pessoa, o doador ficará sujeito à evicção, salvo convenção em contrário.

Veja arts. 399, 406, 407, 441 a 457, 546 e 1.939, III, CC.

Art. 553. O donatário é obrigado a cumprir os encargos da doação, caso forem a benefício do doador, de terceiro, ou do interesse geral.

Veja arts. 136, 137, 436 a 438, 555, 562, 564, II, 1.748, II, e 1.938, CC.

Parágrafo único. Se desta última espécie for o encargo, o Ministério Público poderá exigir sua execução, depois da morte do doador, se este não tiver feito.

Art. 554. A doação a entidade futura caducará se, em dois anos, esta não estiver constituída regularmente.

Veja art. 45, CC.

Seção II
Da Revogação da Doação

Art. 555. A doação pode ser revogada por ingratidão do donatário, ou por inexecução do encargo.

Veja arts. 389, 397, 557 a 559 e 562, CC.

Art. 556. Não se pode renunciar antecipadamente o direito de revogar a liberalidade por ingratidão do donatário.

Art. 557. Podem ser revogadas por ingratidão as doações:

Veja arts. 558, 1.814 e 1.961 a 1.963, CC.

I – se o donatário atentou contra a vida do doador ou cometeu crime de homicídio doloso contra ele;

II – se cometeu contra ele ofensa física;

III – se o injuriou gravemente ou o caluniou;

IV – se, podendo ministrá-los, recusou ao doador os alimentos de que este necessitava.

Art. 558. Pode ocorrer também a revogação quando o ofendido, nos casos do artigo anterior, for o cônjuge, ascendente, descendente, ainda que adotivo, ou irmão do doador.

Veja arts. 1.591 a 1.596, CC.

Veja art. 227, § 6°, CF.

Art. 559. A revogação por qualquer desses motivos deverá ser pleiteada dentro de um ano, a contar de quando chegue ao conhecimento do doador o fato que a autorizar, e de ter sido o donatário o seu autor.

Art. 560. O direito de revogar a doação não se transmite aos herdeiros do doador, nem prejudica os do donatário. Mas aqueles podem prosseguir na ação iniciada pelo doador, continuando-a contra os herdeiros do donatário, se este falecer depois de ajuizada a lide.

Art. 561. No caso de homicídio doloso do doador, a ação caberá aos seus herdeiros, exceto se aquele houver perdoado.

Veja art. 557, I, CC.

Art. 562. A doação onerosa pode ser revogada por inexecução do encargo, se o donatário incorrer em mora. Não havendo prazo para o cumprimento, o doador poderá notificar judicialmente o donatário, assinando-lhe prazo razoável para que cumpra a obrigação assumida.

Veja arts. 132, 134, 389, 397, 399, 555 e 559, CC.

Art. 563. A revogação por ingratidão não prejudica os direitos adquiridos por terceiros, nem obriga o donatário a restituir os frutos percebidos antes da citação válida; mas sujeita-o a pagar os posteriores, e, quando não possa restituir em espécie as coisas doadas, a indenizá-la pelo meio termo do seu valor.

Veja arts. 436 a 438 e 1.360, CC.

Veja arts. 240, 241, 487, parágrafo único, e 802, parágrafo único, CPC.

Art. 564. Não se revogam por ingratidão:

I – as doações puramente remuneratórias;

Veja art. 540, CC.

II – as oneradas com encargo já cumprido;

Veja arts. 136, 137, 540, 562 e 1.938, CC.

III – as que se fizerem em cumprimento de obrigação natural;

Veja arts. 814 e 882, CC.

IV – as feitas para determinado casamento.

Veja arts. 546, 552 e 1.639, CC.

CAPÍTULO V
DA LOCAÇÃO DE COISAS

Art. 565. Na locação de coisas, uma das partes se obriga a ceder à outra, por tempo determinado ou não, o uso e gozo de coisa não fungível, mediante certa retribuição.

Veja arts. 85, 206, § 3º, I, e 2.036, CC.

Veja art. 171, § 2º, I, CP.

Veja Súmula n. 423, STJ.

Art. 566. O locador é obrigado:

I – a entregar ao locatário a coisa alugada, com suas pertenças, em estado de servir ao uso a que se destina, e a mantê-la nesse estado, pelo tempo do contrato, salvo cláusula expressa em contrário;

Veja art. 441, CC.

II – a garantir-lhe, durante o tempo do contrato, o uso pacífico da coisa.

Veja arts. 568 e 1.210, CC.

Art. 567. Se, durante a locação, se deteriorar a coisa alugada, sem culpa do locatário, a este caberá pedir redução proporcional do aluguel, ou resolver o contrato, caso já não sirva a coisa para o fim a que se destinava.

Veja arts. 1.217 e 1.218, CC.

Art. 568. O locador resguardará o locatário dos embaraços e turbações de terceiros, que tenham ou pretendam ter direitos sobre a coisa alugada, e responderá pelos seus vícios, ou defeitos, anteriores à locação.

Veja arts. 441 a 457, 566, II, e 569, III, CC.

Art. 569. O locatário é obrigado:

I – a servir-se da coisa alugada para os usos convencionados ou presumidos, conforme a natureza dela e as circunstâncias, bem como tratá-la com o mesmo cuidado como se sua fosse;

Veja art. 570, CC.

II – a pagar pontualmente o aluguel nos prazos ajustados, e, em falta de ajuste, segundo o costume do lugar;

Veja arts. 331 a 333, CC.

III – a levar ao conhecimento do locador as turbações de terceiros, que se pretendam fundadas em direito;

Veja art. 568, CC.

IV – a restituir a coisa, finda a locação, no estado em que a recebeu, salvas as deteriorações naturais ao uso regular.

Veja arts. 575 e 1.402, CC.

Art. 570. Se o locatário empregar a coisa em uso diverso do ajustado, ou do a que se destina, ou se ela se danificar por abuso do locatário, poderá o locador, além de rescindir o contrato, exigir perdas e danos.

Veja arts. 187, 402 a 405, 569, I e IV, e 1.508, CC.

Art. 571. Havendo prazo estipulado à duração do contrato, antes do vencimento não poderá o locador reaver a coisa alugada, senão ressarcindo ao locatário as perdas e danos resultantes, nem o locatário devolvê-la ao locador, senão pagando, proporcionalmente, a multa prevista no contrato.

Veja arts. 402 a 405, CC.

Parágrafo único. O locatário gozará do direito de retenção, enquanto não for ressarcido.

Veja art. 578, CC.

Art. 572. Se a obrigação de pagar o aluguel pelo tempo que faltar constituir indenização excessiva, será facultado ao juiz fixá-la em bases razoáveis.

Veja art. 413, CC.

Art. 573. A locação por tempo determinado cessa de pleno direito findo o prazo estipulado, independentemente de notificação ou aviso.

Veja arts. 472, 474, 569, IV, e 571, CC.

Art. 574. Se, findo o prazo, o locatário continuar na posse da coisa alugada, sem oposição do locador, presumir-se-á prorrogada a locação pelo mesmo aluguel, mas sem prazo determinado.

Art. 575. Se, notificado o locatário, não restituir a coisa, pagará, enquanto a tiver em seu poder, o aluguel que o locador arbitrar, e responderá pelo dano que ela venha a sofrer, embora proveniente de caso fortuito.

Veja art. 393, CC.

Veja arts. 703, § 1º, 704 e 706, § 1º, CPC.

Parágrafo único. Se o aluguel arbitrado for manifestamente excessivo, poderá o juiz reduzi-lo, mas tendo sempre em conta o seu caráter de penalidade.

Veja arts. 884 a 886, CC.

Art. 576. Se a coisa for alienada durante a locação, o adquirente não ficará obrigado a respeitar o contrato, se nele não for consignada a cláusula da sua vigência no caso de alienação, e não constar de registro.

§ 1º O registro a que se refere este artigo será o de Títulos e Documentos do domicílio do locador, quando a coisa for móvel; e será o Registro de Imóveis da respectiva circunscrição, quando imóvel.

Veja arts. 79 a 84, CC.

§ 2º Em se tratando de imóvel, e ainda no caso em que o locador não esteja obrigado a respeitar o contrato, não poderá ele despedir o locatário, senão observado o prazo de noventa dias após a notificação.

Veja arts. 79 a 81, CC.

Art. 577. Morrendo o locador ou o locatário, transfere-se aos seus herdeiros a locação por tempo determinado.

Veja arts. 571, 573, 574, 1.207 e 1.784, CC.

Art. 578. Salvo disposição em contrário, o locatário goza do direito de retenção, no caso de benfeitorias necessárias, ou no de benfeitorias úteis, se estas houverem sido feitas com expresso consentimento do locador.

Veja arts. 96, 97, 571, parágrafo único, e 1.219 a 1.222, CC.

CAPÍTULO VI
DO EMPRÉSTIMO

Seção I
Do Comodato

Art. 579. O comodato é o empréstimo gratuito de coisas não fungíveis. Perfaz-se com a tradição do objeto.

Veja arts. 85, 373, II, 511 e 1.204, CC.

Art. 580. Os tutores, curadores e em geral todos os administradores de bens alheios não poderão dar em comodato, sem autorização especial, os bens confiados à sua guarda.

Veja arts. 1.749, II, e 1.774, CC.

Art. 581. Se o comodato não tiver prazo convencional, presumir-se-lhe-á o necessário para o uso concedido; não podendo o comodante, salvo necessidade imprevista e urgente, reconhecida pelo juiz, suspender o uso e gozo da coisa emprestada, antes de findo o prazo convencional, ou o que se determine pelo uso outorgado.

Veja arts. 134 e 472 a 475, CC.

Art. 582. O comodatário é obrigado a conservar, como se sua própria fora, a coisa emprestada, não podendo usá-la senão de acordo com o contrato ou a natureza dela, sob pena de responder por perdas e danos. O comodatário constituído em mora, além de por ela responder, pagará, até restituí-la, o aluguel da coisa que for arbitrado pelo comodante.

Veja arts. 187, 397, 399, 402 a 405 e 575, CC.

Art. 583. Se, correndo risco o objeto do comodato juntamente com outros do comodatário, antepuser este a salvação dos seus abandonando o do comodante, responderá pelo dano ocorrido, ainda que se possa atribuir a caso fortuito, ou força maior.

Veja arts. 186, 188, II, 238 a 240 e 393, CC.

Art. 584. O comodatário não poderá jamais recobrar do comodante as despesas feitas com o uso e gozo da coisa emprestada.

Veja arts. 241 e 242, CC.

Art. 585. Se duas ou mais pessoas forem simultaneamente comodatárias de uma coisa, ficarão solidariamente responsáveis para com o comodante.

Veja arts. 264 a 266 e 275 a 285, CC.

Seção II
Do Mútuo

Art. 586. O mútuo é o empréstimo de coisas fungíveis. O mutuário é obrigado a restituir ao mutuante o que dele recebeu em coisa do mesmo gênero, qualidade e quantidade.

Veja art. 85, CC.

Art. 587. Este empréstimo transfere o domínio da coisa emprestada ao mutuário, por cuja conta correm todos os riscos dela desde a tradição.

Veja arts. 645 e 1.204, CC.

Art. 588. O mútuo feito a pessoa menor, sem prévia autorização daquele sob cuja guarda estiver, não pode ser reavido nem do mutuário, nem de seus fiadores.

Veja arts. 3º, 4º, 104, I, 181, 392, 589, 824 e 837, CC.

Art. 589. Cessa a disposição do artigo antecedente:

I – se a pessoa, de cuja autorização necessitava o mutuário para contrair o empréstimo, o ratificar posteriormente;

Veja arts. 172 a 176, CC.

II – se o menor, estando ausente essa pessoa, se viu obrigado a contrair o empréstimo para os seus alimentos habituais;

III – se o menor tiver bens ganhos com o seu trabalho. Mas, em tal caso, a execução do credor não lhes poderá ultrapassar as forças;

Veja art. 1.693, II, CC.

IV – se o empréstimo reverteu em benefício do menor;

V – se o menor obteve o empréstimo maliciosamente.

Veja art. 180, CC.

Art. 590. O mutuante pode exigir garantia da restituição, se antes do vencimento o mutuário sofrer notória mudança em sua situação econômica.

Veja arts. 333 e 475 a 477, CC.

Art. 591. Destinando-se o mútuo a fins econômicos, presumem-se devidos juros, os quais, sob pena de redução, não poderão exceder a taxa a que se refere o art. 406, permitida a capitalização anual.

Veja art. 407, CC.

Art. 592. Não se tendo convencionado expressamente, o prazo do mútuo será:

Veja art. 331, CC.

I – até a próxima colheita, se o mútuo for de produtos agrícolas, assim para o consumo, como para semeadura;

II – de trinta dias, pelo menos, se for de dinheiro;

III – do espaço de tempo que declarar o mutuante, se for de qualquer outra coisa fungível.

CAPÍTULO VII
DA PRESTAÇÃO DE SERVIÇO

Art. 593. A prestação de serviço, que não estiver sujeita às leis trabalhistas ou a lei especial, reger-se-á pelas disposições deste Capítulo.

Veja art. 165, III, CF.

Art. 594. Toda a espécie de serviço ou trabalho lícito, material ou imaterial, pode ser contratada mediante retribuição.

Art. 595. No contrato de prestação de serviço, quando qualquer das partes não souber ler, nem escrever, o instrumento poderá ser assinado a rogo e subscrito por duas testemunhas.

Art. 596. Não se tendo estipulado, nem chegado a acordo as partes, fixar-se-á por arbitramento a retribuição, segundo o costume do lugar, o tempo de serviço e sua qualidade.

Veja arts. 606, 628, parágrafo único, 658, parágrafo único, 701 e 724, CC.

Art. 597. A retribuição pagar-se-á depois de prestado o serviço, se, por convenção, ou costume, não houver de ser adiantada, ou paga em prestações.

Art. 598. A prestação de serviço não se poderá convencionar por mais de quatro anos, embora o contrato tenha por causa o pagamento de dívida de quem o presta, ou se destine à execução de certa e determinada obra. Neste caso, decorridos quatro anos, dar-se-á por findo o contrato, ainda que não concluída a obra.

Art. 599. Não havendo prazo estipulado, nem se podendo inferir da natureza do contrato, ou do costume do lugar, qualquer das partes, a seu arbítrio, mediante prévio aviso, pode resolver o contrato.

Veja arts. 472, 473 e 607, CC.

Parágrafo único. Dar-se-á o aviso:

I – com antecedência de oito dias, se o salário se houver fixado por tempo de um mês, ou mais;

II – com antecipação de quatro dias, se o salário se tiver ajustado por semana, ou quinzena;

III – de véspera, quando se tenha contratado por menos de sete dias.

Art. 600. Não se conta no prazo do contrato o tempo em que o prestador de serviço, por culpa sua, deixou de servir.

Veja art. 476, CC.

Art. 601. Não sendo o prestador de serviço contratado para certo e determinado trabalho, entender-se-á que se obrigou a todo e qualquer serviço compatível com as suas forças e condições.

Art. 602. O prestador de serviço contratado por tempo certo, ou por obra determinada, não se pode ausentar, ou despedir, sem justa causa, antes de preenchido o tempo, ou concluída a obra.

Veja art. 473, parágrafo único, CC.

Parágrafo único. Se se despedir sem justa causa, terá direito à retribuição vencida, mas responderá por perdas e danos. O mesmo dar-se-á, se despedido por justa causa.

Veja arts. 402 a 405, CC.

Art. 603. Se o prestador de serviço for despedido sem justa causa, a outra parte será obrigada a pagar-lhe por inteiro a retribuição vencida, e por metade a que lhe tocaria de então ao termo legal do contrato.

Veja arts. 186, 187, 473, 623, 705 e 718, CC.

Art. 604. Findo o contrato, o prestador de serviço tem direito a exigir da outra parte a declaração de que o contrato está findo. Igual direito lhe cabe, se for despedido sem justa causa, ou se tiver havido motivo justo para deixar o serviço.

Veja arts. 319 e 320, CC.

Art. 605. Nem aquele a quem os serviços são prestados, poderá transferir a outrem o direito aos serviços ajustados, nem o prestador de serviços, sem aprazimento da outra parte, dar substituto que os preste.

Art. 606. Se o serviço for prestado por quem não possua título de habilitação, ou não satisfaça requisitos outros estabelecidos em lei, não poderá quem os prestou cobrar a retribuição normalmente correspondente ao trabalho executado. Mas se deste resultar benefício para a outra parte, o juiz atribuirá a quem o prestou uma compensação razoável, desde que tenha agido com boa-fé.

Veja art. 422, CC.

Parágrafo único. Não se aplica a segunda parte deste artigo, quando a proibição da prestação de serviço resultar de lei de ordem pública.

Art. 607. O contrato de prestação de serviço acaba com a morte de qualquer das partes. Termina, ainda, pelo escoamento do prazo, pela conclusão da obra, pela rescisão do contrato mediante aviso prévio, por inadimplemento de qualquer das partes ou pela impossibilidade da continuação do contrato, motivada por força maior.

Veja arts. 393 e 599, CC.

Art. 608. Aquele que aliciar pessoas obrigadas em contrato escrito a prestar serviço a outrem pagará a este a importância que ao prestador de serviço, pelo ajuste desfeito, houvesse de caber durante dois anos.

Art. 609. A alienação do prédio agrícola, onde a prestação dos serviços se opera, não importa a rescisão do contrato, salvo ao prestador opção entre continuá-lo com o adquirente da propriedade ou com o primitivo contratante.

Veja art. 605, CC.

CAPÍTULO VIII
DA EMPREITADA

Veja OJ n. 191, SDI-1.

Art. 610. O empreiteiro de uma obra pode contribuir para ela só com seu trabalho ou com ele e os materiais.

Veja art. 613, CC.

§ 1º A obrigação de fornecer os materiais não se presume; resulta da lei ou da vontade das partes.

§ 2º O contrato para elaboração de um projeto não implica a obrigação de executá-lo, ou de fiscalizar-lhe a execução.

Art. 611. Quando o empreiteiro fornece os materiais, correm por sua conta os riscos até o momento da entrega da obra, a contento de quem a encomendou, se este não estiver em mora de receber. Mas se estiver, por sua conta correrão os riscos.

Veja arts. 233, 234, 394, 400, 509, 511 e 512, CC.

Art. 612. Se o empreiteiro só forneceu mão de obra, todos os riscos em que não tiver culpa correrão por conta do dono.

Veja arts. 186 e 927, CC.

Art. 613. Sendo a empreitada unicamente de lavor (art. 610), se a coisa perecer antes de entregue, sem mora do dono nem culpa do empreiteiro, este perderá a retribuição, se não provar que a perda resultou de defeito dos materiais e que em tempo reclamara contra a sua quantidade ou qualidade.

Veja arts. 441 a 446, CC.

Art. 614. Se a obra constar de partes distintas, ou for de natureza das que se determinam por medida, o empreiteiro terá direito a que também se verifique por medida, ou segundo as partes em que se dividir, podendo exigir o pagamento na proporção da obra executada.

§ 1º Tudo o que se pagou presume-se verificado.

§ 2º O que se mediu presume-se verificado se, em trinta dias, a contar da medição, não forem denunciados os vícios ou defeitos pelo dono da obra ou por quem estiver incumbido da sua fiscalização.

Art. 615. Concluída a obra de acordo com o ajuste, ou o costume do lugar, o dono é obrigado a recebê-la. Poderá, porém, rejeitá-la, se o empreiteiro se afastou das instruções recebidas e dos planos dados, ou das regras técnicas em trabalhos de tal natureza.

Veja arts. 400, 441, 476 e 616, CC.

Art. 616. No caso da segunda parte do artigo antecedente, pode quem encomendou a obra, em vez de enjeitá-la, recebê-la com abatimento no preço.

Veja art. 442, CC.

Art. 617. O empreiteiro é obrigado a pagar os materiais que recebeu, se por imperícia ou negligência os inutilizar.

Veja arts. 186 e 927, CC.

Art. 618. Nos contratos de empreitada de edifícios ou outras construções consideráveis, o empreiteiro de materiais e execução responderá, durante o prazo irredutível de cinco anos, pela solidez e segurança do trabalho, assim em razão dos materiais, como do solo.

Veja arts. 622, 937 e 1.280, CC.

Parágrafo único. Decairá do direito assegurado neste artigo o dono da obra que não propuser a ação contra o empreiteiro, nos cento e oitenta dias seguintes ao aparecimento do vício ou defeito.

Veja arts. 207 a 211, CC.

Art. 619. Salvo estipulação em contrário, o empreiteiro que se incumbir de executar uma obra, segundo plano aceito por quem a encomendou, não terá direito a exigir acréscimo no preço, ainda que sejam introduzidas modificações no projeto, a não ser que estas resultem de instruções escritas do dono da obra.

Veja arts. 478 a 480, CC.

Parágrafo único. Ainda que não tenha havido autorização escrita, o dono da obra é obrigado a pagar ao empreiteiro os aumentos e acréscimos, segundo o que for arbitrado, se, sempre presente à obra, por continuadas visitas, não podia ignorar o que se estava passando, e nunca protestou.

Art. 620. Se ocorrer diminuição no preço do material ou da mão de obra superior a um décimo do preço global convencionado, poderá este ser revisto, a pedido do dono da obra, para que se lhe assegure a diferença apurada.

Veja arts. 478 a 480, CC.

Art. 621. Sem anuência de seu autor, não pode o proprietário da obra introduzir modificações no projeto por ele aprovado, ainda que a execução seja confiada a terceiros, a não ser que, por motivos supervenientes ou razões de ordem técnica, fique comprovada a inconveniência ou a excessiva onerosidade de execução do projeto em sua forma originária.

Veja arts. 478 a 480 e 1.299 a 1.313, CC.

Parágrafo único. A proibição deste artigo não abrange alterações de pouca monta, ressalvada sempre a unidade estética da obra projetada.

Art. 622. Se a execução da obra for confiada a terceiros, a responsabilidade do autor do projeto respectivo, desde que não assuma a direção ou fiscalização daquela, ficará limitada aos danos resultantes de defeitos previstos no art. 618 e seu parágrafo único.

Art. 623. Mesmo após iniciada a construção, pode o dono da obra suspendê-la, desde que pague ao empreiteiro as despesas e lucros relativos aos serviços já feitos, mais indenização razoável, calculada em função do que ele teria ganho, se concluída a obra.

Veja arts. 186, 187, 473, 603, 705 e 718, CC.

Art. 624. Suspensa a execução da empreitada sem justa causa, responde o empreiteiro por perdas e danos.

Veja arts. 402 a 405, CC.

Art. 625. Poderá o empreiteiro suspender a obra:

I – por culpa do dono, ou por motivo de força maior;

Veja arts. 186, 187 e 393, parágrafo único, CC.

II – quando, no decorrer dos serviços, se manifestarem dificuldades imprevisíveis de execução, resultantes de causas geológicas ou hídricas, ou outras semelhantes, de modo que torne a empreitada excessivamente onerosa, e o dono da obra se opuser ao reajuste do preço inerente ao projeto por ele elaborado, observados os preços;

Veja arts. 478 e 479, CC.

III – se as modificações exigidas pelo dono da obra, por seu vulto e natureza, forem desproporcionais ao projeto aprovado, ainda que o dono se disponha a arcar com o acréscimo de preço.

Art. 626. Não se extingue o contrato de empreitada pela morte de qualquer das partes, salvo se ajustado em consideração às qualidades pessoais do empreiteiro.

Veja arts. 249, 1.792 ,1.821 e 1.997, CC.

CAPÍTULO IX
DO DEPÓSITO

Seção I
Do Depósito Voluntário

Art. 627. Pelo contrato de depósito recebe o depositário um objeto móvel, para guardar, até que o depositante o reclame.

Veja arts. 647 a 649, 652, 751 e 1.435, CC.

Veja art. 840, CPC.

Veja Súmula vinculante n. 25, STF.

Art. 628. O contrato de depósito é gratuito, exceto se houver convenção em contrário, se resultante de atividade negocial ou se o depositário o praticar por profissão.

Veja arts. 343, 606 e 651, CC.

Parágrafo único. Se o depósito for oneroso e a retribuição do depositário não constar de lei, nem resultar de ajuste, será determinada pelos usos do lugar, e, na falta destes, por arbitramento.

Veja arts. 596, 658, parágrafo único, 701 e 724, CC.

Art. 629. O depositário é obrigado a ter na guarda e conservação da coisa depositada o cuidado e diligência que costuma com o que lhe pertence, bem como a restituí-la, com todos os frutos e acrescidos, quando o exija o depositante.

Veja arts. 633, 634 e 638, CC.

Art. 630. Se o depósito se entregou fechado, colado, selado, ou lacrado, nesse mesmo estado se manterá.

Art. 631. Salvo disposição em contrário, a restituição da coisa deve dar-se no lugar em que tiver de ser guardada. As despesas de restituição correm por conta do depositante.

Veja arts. 327 e 329, CC.

Art. 632. Se a coisa houver sido depositada no interesse de terceiro, e o depositário tiver sido cientificado deste fato pelo depositante, não poderá ele exonerar-se restituindo a coisa a este, sem consentimento daquele.

Art. 633. Ainda que o contrato fixe prazo à restituição, o depositário entregará o depósito logo que se lhe exija, salvo se tiver o direito de retenção a que se refere o art. 644, se o objeto for judicialmente embargado, se sobre ele pender execução, notificada ao depositário, ou se houver motivo razoável de suspeitar que a coisa foi dolosamente obtida.

Veja arts. 334, 335, 629, 634 e 638, CC.

Art. 634. No caso do artigo antecedente, última parte, o depositário, expondo o fundamento da suspeita, requererá que se recolha o objeto ao Depósito Público.

Veja arts. 335, V, e 638, CC.

Veja arts. 539 a 549, CPC.

Art. 635. Ao depositário será facultado, outrossim, requerer depósito judicial da coisa, quando, por motivo plausível, não a possa guardar, e o depositante não queira recebê-la.

Veja arts. 334 a 340, 342 a 345, 641 e 753, § 1º, CC.

Veja arts. 539 a 549, CPC.

Art. 636. O depositário, que por força maior houver perdido a coisa depositada e recebido outra em seu lugar, é obrigado a entregar a segunda ao depositante, e ceder-lhe as ações que no caso tiver contra o terceiro responsável pela restituição da primeira.

Veja arts. 234, 238, 239, 393 e 642, CC.

Art. 637. O herdeiro do depositário, que de boa-fé vendeu a coisa depositada, é obrigado a assistir o depositante na reivindicação, e a restituir ao comprador o preço recebido.

Veja arts. 447 a 457, 647 a 649, 751, 876, 1.792, 1.821 e 1.997, CC.

Art. 638. Salvo os casos previstos nos arts. 633 e 634, não poderá o depositário furtar-se à restituição do depósito, alegando não pertencer a coisa ao depositante, ou opondo compensação, exceto se noutro depósito se fundar.

Veja arts. 373, II, e 629, CC.

Art. 639. Sendo dois ou mais depositantes, e divisível a coisa, a cada um só entregará o depositário a respectiva parte, salvo se houver entre eles solidariedade.

Veja arts. 87, 260 e 264 a 273, CC.

Art. 640. Sob pena de responder por perdas e danos, não poderá o depositário, sem licença expressa do depositante, servir-se da coisa depositada, nem a dar em depósito a outrem.

Veja arts. 402 a 405, CC.

Parágrafo único. Se o depositário, devidamente autorizado, confiar a coisa em depósito a terceiro, será responsável se agiu com culpa na escolha deste.

Art. 641. Se o depositário se tornar incapaz, a pessoa que lhe assumir a administração dos bens diligenciará imediatamente restituir a coisa depositada e, não querendo ou não podendo o depositante recebê-la, recolhê-la-á ao Depósito Público ou promoverá nomeação de outro depositário.

Veja arts. 3º, 4º, 334, 335, 647 a 649 e 751, CC.

Veja arts. 539 a 549, CPC.

Art. 642. O depositário não responde pelos casos de força maior; mas, para que lhe valha a escusa, terá de prová-los.

Veja arts. 393 e 399, CC.

Art. 643. O depositante é obrigado a pagar ao depositário as despesas feitas com a coisa, e os prejuízos que do depósito provierem.

Veja art. 644, CC.

Art. 644. O depositário poderá reter o depósito até que se lhe pague a retribuição devida, o líquido valor das despesas, ou dos prejuízos a que se refere o artigo anterior, provando imediatamente esses prejuízos ou essas despesas.

Veja arts. 628, 633, 664, 681, 708, 742 e 753, § 4º, CC.

Veja art. 168, CP.

Veja art. 66-B, § 6º, Lei n. 4.728, de 14.07.1965.

Parágrafo único. Se essas dívidas, despesas ou prejuízos não forem provados suficientemente, ou forem ilíquidos, o depositário poderá exigir caução idônea do depositante ou, na falta desta, a remoção da coisa para o Depósito Público, até que se liquidem.

Art. 645. O depósito de coisas fungíveis, em que o depositário se obrigue a restituir objetos do mesmo gênero, qualidade e quantidade, regular-se-á pelo disposto acerca do mútuo.

Veja arts. 85, 586 a 592, 647 e 648, CC.

Veja art. 9º, Lei n. 8.866, de 11.04.1994.

Art. 646. O depósito voluntário provar-se-á por escrito.

Seção II
Do Depósito Necessário

Art. 647. É depósito necessário:

Veja arts. 627 e 629 a 646, CC.

Veja art. 168, § 1º, I, CP.

I – o que se faz em desempenho de obrigação legal;

Veja art. 648, CC.

Veja art. 1º, Lei n. 8.866, de 11.04.1994.

II – o que se efetua por ocasião de alguma calamidade, como o incêndio, a inundação, o naufrágio ou o saque.

Veja art. 648, parágrafo único, CC.

Art. 648. O depósito a que se refere o inciso I do artigo antecedente, reger-se-á pela disposição da respectiva lei, e, no silêncio ou deficiência dela, pelas concernentes ao depósito voluntário.

Veja arts. 627, 629 a 646 e 649, CC.

Veja art. 1º, Lei n. 8.866, de 11.04.1994.

Parágrafo único. As disposições deste artigo aplicam-se aos depósitos previstos no inciso II do artigo antecedente, podendo estes certificarem-se por qualquer meio de prova.

Art. 649. Aos depósitos previstos no artigo antecedente é equiparado o das bagagens dos viajantes ou hóspedes nas hospedarias onde estiverem.

Veja arts. 627, 629 a 646, 650, 651, 932, IV, 933, 934, 942 e 1.467, CC.

Parágrafo único. Os hospedeiros responderão como depositários, assim como pelos furtos e roubos que perpetrarem as pessoas empregadas ou admitidas nos seus estabelecimentos.

Veja art. 932, III, CC.

Art. 650. Cessa, nos casos do artigo antecedente, a responsabilidade dos hospedeiros, se provarem que os fatos prejudiciais aos viajantes ou hóspedes não podiam ter sido evitados.

Veja arts. 393 e 642, CC.

Art. 651. O depósito necessário não se presume gratuito. Na hipótese do art. 649, a remuneração pelo depósito está incluída no preço da hospedagem.

Veja art. 628, CC.

Art. 652. Seja o depósito voluntário ou necessário, o depositário que não o restituir quando exigido será compelido a fazê-lo mediante prisão não excedente a um ano, e ressarcir os prejuízos.

Veja art. 627, CC.

Veja art. 5º, LXVII, CF.

Veja art. 171, § 2º, II, CP.

Veja art. 11, Decreto n. 592, de 06.07.1992 (Pacto Internacional sobre Direitos Civis e Políticos).

Veja art. 7º, item 7, Decreto n. 678, de 06.11.1992 (Pacto de São José da Costa Rica).

CAPÍTULO X
DO MANDATO

Seção I
Disposições Gerais

Art. 653. Opera-se o mandato quando alguém recebe de outrem poderes para, em seu nome, praticar atos ou administrar interesses. A procuração é o instrumento do mandato.

Veja arts. 23, 115 a 120, 656, 658, 692, 709, 721, 873 e 1.011, § 2º, CC.

Veja arts. 104, 111, 112, 260, II, e 287, CPC.

Art. 654. Todas as pessoas capazes são aptas para dar procuração mediante instrumento particular, que valerá desde que tenha a assinatura do outorgante.

Veja arts. 3º, 4º, 221, 657, 666 e 1.018, CC.

Veja art. 105, CPC.

§ 1º O instrumento particular deve conter a indicação do lugar onde foi passado, a qualificação do outorgante e do outorgado, a data e o objetivo da outorga com a designação e a extensão dos poderes conferidos.

Veja art. 288, CC.

§ 2º O terceiro com quem o mandatário tratar poderá exigir que a procuração traga a firma reconhecida.

Veja art. 411, CPC.

Art. 655. Ainda quando se outorgue mandato por instrumento público, pode substabelecer-se mediante instrumento particular.

Veja arts. 215 a 218, 221, 657 e 667, CC.

Art. 656. O mandato pode ser expresso ou tácito, verbal ou escrito.

Veja art. 1.324, CC.

Art. 657. A outorga do mandato está sujeita à forma exigida por lei para o ato a ser praticado. Não se admite mandato verbal quando o ato deva ser celebrado por escrito.

Veja art. 656, CC.

Art. 658. O mandato presume-se gratuito quando não houver sido estipulada retribuição, exceto se o seu objeto corresponder ao daqueles que o mandatário trata por ofício ou profissão lucrativa.

Parágrafo único. Se o mandato for oneroso, caberá ao mandatário a retribuição prevista em lei ou no contrato. Sendo estes omissos, será ela determinada pelos usos do lugar, ou, na falta destes, por arbitramento.

Veja arts. 308 a 318, 326, 596, 628, parágrafo único, 701 e 724, CC.

Art. 659. A aceitação do mandato pode ser tácita, e resulta do começo de execução.

Veja art. 432, CC.

Art. 660. O mandato pode ser especial a um ou mais negócios determinadamente, ou geral a todos os do mandante.

Veja art. 661, CC.

Art. 661. O mandato em termos gerais só confere poderes de administração.

Veja art. 660, CC.

Veja art. 105, CPC.

Veja art. 30, § 3º, DL n. 891, de 25.11.1938.

§ 1º Para alienar, hipotecar, transigir, ou praticar outros quaisquer atos que exorbitem da administração ordinária, depende a procuração de poderes especiais e expressos.

Veja arts. 840 a 850, 1.473 a 1.505 e 1.542, CC.

Veja art. 105, CPC.

§ 2º O poder de transigir não importa o de firmar compromisso.

Veja arts. 840 a 853, CC.

Art. 662. Os atos praticados por quem não tenha mandato, ou o tenha sem poderes suficientes, são ineficazes em relação àquele em cujo nome foram praticados, salvo se este os ratificar.

Veja arts. 665, 672, 673, 679 e 873, CC.

Veja arts. 104 e 105, CPC.

Veja Súmula n. 476, STJ.

Parágrafo único. A ratificação há de ser expressa, ou resultar de ato inequívoco, e retroagirá à data do ato.

Veja arts. 172 a 176, CC.

Veja arts. 104, § 2º, e 105, CPC.

Art. 663. Sempre que o mandatário estipular negócios expressamente em nome do mandante, será este o único responsável; ficará, porém, o mandatário pessoalmente obrigado, se agir no seu próprio nome, ainda que o negócio seja de conta do mandante.

Veja art. 673, CC.

Art. 664. O mandatário tem o direito de reter, do objeto da operação que lhe foi cometida, quanto baste para pagamento de tudo que lhe for devido em consequência do mandato.

Veja arts. 644, 681, 708 e 742, CC.

Veja art. 168, CP.

Art. 665. O mandatário que exceder os poderes do mandato, ou proceder contra eles, será considerado mero gestor de negócios, enquanto o mandante lhe não ratificar os atos.

Veja arts. 172 a 176, 662, 673, 675 e 861 a 875, CC.

Veja art. 104, CPC.

Art. 666. O maior de dezesseis e menor de dezoito anos não emancipado pode ser mandatário, mas o mandante não tem ação contra ele senão de conformidade com as regras gerais, aplicáveis às obrigações contraídas por menores.

Veja arts. 4º, I, 5º, 180, 181 e 654, CC.

Seção II
Das Obrigações do Mandatário

Art. 667. O mandatário é obrigado a aplicar toda sua diligência habitual na execução do mandato, e a indenizar qualquer prejuízo causado por culpa sua ou daquele a quem substabelecer, sem autorização, poderes que devia exercer pessoalmente.

Veja arts. 696, 712, 723, 866 e 867, CC.

§ 1º Se, não obstante proibição do mandante, o mandatário se fizer substituir na execução do mandato, responderá ao seu constituinte pelos prejuízos ocorridos sob a gerência do substituto, embora provenientes de caso fortuito, salvo provando que o caso teria sobrevindo, ainda que não tivesse havido substabelecimento.

Veja art. 393, CC.

§ 2º Havendo poderes de substabelecer, só serão imputáveis ao mandatário os danos causados pelo substabelecido, se tiver agido com culpa na escolha deste ou nas instruções dadas a ele.

§ 3º Se a proibição de substabelecer constar da procuração, os atos praticados pelo substabelecido não obrigam o mandante, salvo ratificação expressa, que retroagirá à data do ato.

§ 4º Sendo omissa a procuração quanto ao substabelecimento, o procurador será responsável se o substabelecido proceder culposamente.

Art. 668. O mandatário é obrigado a dar contas de sua gerência ao mandante, transferindo-lhe as vantagens provenientes do mandato, por qualquer título que seja.

Veja art. 1.980, CC.

Art. 669. O mandatário não pode compensar os prejuízos a que deu causa com os proveitos que, por outro lado, tenha granjeado ao seu constituinte.

Veja art. 667, CC.

Art. 670. Pelas somas que devia entregar ao mandante ou recebeu para despesa, mas empregou em proveito seu, pagará o mandatário juros, desde o momento em que abusou.

Veja arts. 405 a 407, CC.

Art. 671. Se o mandatário, tendo fundos ou crédito do mandante, comprar, em nome próprio, algo que devera comprar para o mandante, por ter sido expressamente designado no mandato, terá este ação para obrigá-lo à entrega da coisa comprada.

Veja arts. 233 a 246, CC.
Veja arts. 806 a 813, CPC.

Art. 672. Sendo dois ou mais os mandatários nomeados no mesmo instrumento, qualquer deles poderá exercer os poderes outorgados, se não forem expressamente declarados conjuntos, nem especificamente designados para atos diferentes, ou subordinados a atos sucessivos. Se os mandatários forem declarados conjuntos, não terá eficácia o ato praticado sem interferência de todos, salvo havendo ratificação, que retroagirá à data do ato.

Veja arts. 264 a 266, 275 a 285 e 662, CC.

Art. 673. O terceiro que, depois de conhecer os poderes do mandatário, com ele celebrar negócio jurídico exorbitante do mandato, não tem ação contra o mandatário, salvo se este lhe prometeu ratificação do mandante ou se responsabilizou pessoalmente.

Veja arts. 308, 311, 662 e 1.205, II, CC.

Art. 674. Embora ciente da morte, interdição ou mudança de estado do mandante, deve o mandatário concluir o negócio já começado, se houver perigo na demora.

Veja arts. 6º, 7º, 156, 682, II e III, 685, 689, 865, 1.511 a 1.590 e 1.767 a 1.783, CC.

Seção III
Das Obrigações do Mandante

Art. 675. O mandante é obrigado a satisfazer todas as obrigações contraídas pelo mandatário, na conformidade do mandato conferido, e adiantar a importância das despesas necessárias à execução dele, quando o mandatário lho pedir.

Veja arts. 665 e 869, CC.

Art. 676. É obrigado o mandante a pagar ao mandatário a remuneração ajustada e as despesas da execução do mandato, ainda que o negócio não surta o esperado efeito, salvo tendo o mandatário culpa.

Veja arts. 186, 187, 658, 677 a 680 e 725, CC.

Art. 677. As somas adiantadas pelo mandatário, para a execução do mandato, vencem juros desde a data do desembolso.

Veja arts. 406 e 407, CC.

Art. 678. É igualmente obrigado o mandante a ressarcir ao mandatário as perdas que este sofrer com a execução do mandato, sempre que não resultem de culpa sua ou de excesso de poderes.

Veja arts. 186, 402 a 405, 662, 665 e 673, CC.

Art. 679. Ainda que o mandatário contrarie as instruções do mandante, se não exceder os limites do mandato, ficará o mandante obrigado para com aqueles com quem o seu procurador contratou; mas terá contra este ação pelas perdas e danos resultantes da inobservância das instruções.

Veja arts. 402 a 405, 665 e 675, CC.

Art. 680. Se o mandato for outorgado por duas ou mais pessoas, e para negócio comum, cada uma ficará solidariamente responsável ao mandatário por todos os compromissos e efeitos do mandato, salvo direito regressivo, pelas quantias que pagar, contra os outros mandantes.

Veja arts. 264 a 266 e 275 a 285, CC.

Art. 681. O mandatário tem sobre a coisa de que tenha a posse em virtude do mandato, direito de retenção, até se reembolsar do que no desempenho do encargo despendeu.

Veja arts. 644, 681, 708 e 742, CC.
Veja art. 168, CP.

Seção IV
Da Extinção do Mandato

Art. 682. Cessa o mandato:

Veja arts. 23 e 689, CC.
Veja arts. 111, 112, 313, I, e 1.004, CPC.

I – pela revogação ou pela renúncia;

Veja arts. 683 a 688, CC.
Veja arts. 111 e 112, CPC.

II – pela morte ou interdição de uma das partes;

Veja arts. 674, 685, 690 e 691, CC.
Veja arts. 313, I, e 1.004, CPC.

III – pela mudança de estado que inabilite o mandante a conferir os poderes, ou o mandatário para os exercer;

Veja art. 674, CC.

IV – pelo término do prazo ou pela conclusão do negócio.

Veja arts. 132 e 135, CC.

Art. 683. Quando o mandato contiver a cláusula de irrevogabilidade e o mandante o revogar, pagará perdas e danos.

Veja arts. 402 a 405, CC.

Art. 684. Quando a cláusula de irrevogabilidade for condição de um negócio bilateral, ou tiver sido estipulada no exclusivo interesse do mandatário, a revogação do mandato será ineficaz.

Art. 685. Conferido o mandato com a cláusula "em causa própria", a sua revogação não terá eficácia, nem se extinguirá pela morte de qualquer das partes, ficando o mandatário dispensado de prestar contas, e podendo transferir para si os bens móveis ou imóveis objeto do mandato, obedecidas as formalidades legais.

Veja arts. 79 a 84, 668 e 689 a 691, CC.

Art. 686. A revogação do mandato, notificada somente ao mandatário, não se pode opor aos terceiros que, ignorando-a, de boa-fé com ele trataram; mas ficam salvas ao constituinte as ações que no caso lhe possam caber contra o procurador.

Veja arts. 682, I, e 1.019, CC.
Veja art. 111, CPC.

Parágrafo único. É irrevogável o mandato que contenha poderes de cumprimento ou confirmação de negócios encetados, aos quais se ache vinculado.

Art. 687. Tanto que for comunicada ao mandatário a nomeação de outro, para o mesmo negócio, considerar-se-á revogado o mandato anterior.

Veja art. 682, I, CC.

Art. 688. A renúncia do mandato será comunicada ao mandante, que, se for prejudicado pela sua inoportunidade, ou pela falta de tempo, a fim de prover à substituição do procurador, será indenizado pelo mandatário, salvo se este provar que não podia continuar no mandato sem prejuízo considerável, e que não lhe era dado substabelecer.

Veja arts. 23 e 682, I, CC.

Veja art. 112, CPC.

Art. 689. São válidos, a respeito dos contratantes de boa-fé, os atos com estes ajustados em nome do mandante pelo mandatário, enquanto este ignorar a morte daquele ou a extinção do mandato, por qualquer outra causa.

Veja art. 682, CC.

Art. 690. Se falecer o mandatário, pendente o negócio a ele cometido, os herdeiros, tendo ciência do mandato, avisarão o mandante, e providenciarão a bem dele, como as circunstâncias exigirem.

Veja arts. 682, II, e 691, CC.

Art. 691. Os herdeiros, no caso do artigo antecedente, devem limitar-se às medidas conservatórias, ou continuar os negócios pendentes que se não possam demorar sem perigo, regulando-se os seus serviços dentro desse limite, pelas mesmas normas a que os do mandatário estão sujeitos.

Seção V
Do Mandato Judicial

Art. 692. O mandato judicial fica subordinado às normas que lhe dizem respeito, constantes da legislação processual, e, supletivamente, às estabelecidas neste Código.

Veja arts. 667 e 672, CC.

Veja arts. 103 a 112, 260, II, e 287, CPC.

CAPÍTULO XI
DA COMISSÃO

Art. 693. O contrato de comissão tem por objeto a compra ou venda de bens ou a realização de mútuo ou outro negócio jurídico de crédito pelo comissário, em seu próprio nome, à conta do comitente.

Artigo com redação dada pela Lei n. 14.690, de 03.10.2023 (*DOU* 03.10.2023), em vigor após decorridos 180 dias de sua publicação oficial.

A redação anterior assim dispunha:

Art. 693. O contrato de comissão tem por objeto a aquisição ou a venda de bens pelo comissário, em seu próprio nome, à conta do comitente.

Veja arts. 709 e 721, CC.

Art. 694. O comissário fica diretamente obrigado para com as pessoas com quem contratar, sem que estas tenham ação contra o comitente, nem este contra elas, salvo se o comissário ceder seus direitos a qualquer das partes.

Art. 695. O comissário é obrigado a agir de conformidade com as ordens e instruções do comitente, devendo, na falta destas, não podendo pedi-las a tempo, proceder segundo os usos em casos semelhantes.

Parágrafo único. Ter-se-ão por justificados os atos do comissário, se deles houver resultado vantagem para o comitente, e ainda no caso em que, não admitindo demora a realização do negócio, o comissário agiu de acordo com os usos.

Art. 696. No desempenho das suas incumbências o comissário é obrigado a agir com cuidado e diligência, não só para evitar qualquer prejuízo ao comitente, mas ainda para lhe proporcionar o lucro que razoavelmente se podia esperar do negócio.

Veja arts. 667, 712, 723, 866 e 867, CC.

Parágrafo único. Responderá o comissário, salvo motivo de força maior, por qualquer prejuízo que, por ação ou omissão, ocasionar ao comitente.

Veja art. 393, parágrafo único, CC.

Art. 697. O comissário não responde pela insolvência das pessoas com quem tratar, exceto em caso de culpa e no do artigo seguinte.

Veja arts. 186, 187 e 955, CC.

Art. 698. Se do contrato de comissão constar a cláusula *del credere*, responderá o comissário solidariamente com as pessoas com que houver tratado em nome do comitente, caso em que, salvo estipulação em contrário, o comissário tem direito a remuneração mais elevada, para compensar o ônus assumido.

Veja arts. 264 a 266, 275 a 285 e 697, CC.

Veja arts. 375 e 464 a 480, CPC.

Parágrafo único. A cláusula *del credere* de que trata o *caput* deste artigo poderá ser parcial.

Parágrafo acrescentado pela Lei n. 14.690, de 03.10.2023 (*DOU* 03.10.2023), em vigor após decorridos 180 dias de sua publicação oficial.

Art. 699. Presume-se o comissário autorizado a conceder dilação do prazo para pagamento, na conformidade dos usos do lugar onde se realizar o negócio, se não houver instruções diversas do comitente.

Veja arts. 331 a 333, CC.

Art. 700. Se houver instruções do comitente proibindo prorrogação de prazos para pagamento, ou se esta não for conforme os usos locais, poderá o comitente exigir que o comissário pague incontinenti ou responda pelas consequências da dilação concedida, procedendo-se de igual modo se o comissário não der ciência ao comitente dos prazos concedidos e de quem é seu beneficiário.

Veja art. 331, CC.

Art. 701. Não estipulada a remuneração devida ao comissário, será ela arbitrada segundo os usos correntes no lugar.

Veja arts. 596, 628, parágrafo único, 658, parágrafo único, e 724, CC.

Art. 702. No caso de morte do comissário, ou, quando, por motivo de força maior, não puder concluir o negócio, será devida pelo comitente uma remuneração proporcional aos trabalhos realizados.

Veja arts. 393, parágrafo único, e 719, CC.

Art. 703. Ainda que tenha dado motivo à dispensa, terá o comissário direito a ser remunerado pelos serviços úteis prestados ao comitente, ressalvado a este o direito de exigir daquele os prejuízos sofridos.

Veja arts. 368 a 380, CC.

Art. 704. Salvo disposição em contrário, pode o comitente, a qualquer tempo, alterar as instruções dadas ao comissário, entendendo-se por elas regidos também os negócios pendentes.

Art. 705. Se o comissário for despedido sem justa causa, terá direito a ser remunerado pelos trabalhos prestados, bem como a ser ressarcido pelas perdas e danos resultantes de sua dispensa.

Veja arts. 186, 187, 402 a 405, 473, 603, 623 e 718, CC.

Art. 706. O comitente e o comissário são obrigados a pagar juros um ao outro; o primeiro pelo que o comissário houver adiantado para cumprimento de suas ordens; e o segundo pela mora na entrega dos fundos que pertencerem ao comitente.

Veja arts. 394 a 401, 406, 407 e 677, CC.

Art. 707. O crédito do comissário, relativo a comissões e despesas feitas, goza de privilégio geral, no caso de falência ou insolvência do comitente.

Veja arts. 333, I, 955, 961, 962 e 965, VIII, CC.

Art. 708. Para reembolso das despesas feitas, bem como para recebimento das comissões devidas, tem o comissário direito de retenção sobre os bens e valores em seu poder em virtude da comissão.

Veja arts. 644, 681, 708 e 742, CC.

Veja art. 168, CP.

Art. 709. São aplicáveis à comissão, no que couber, as regras sobre mandato.

Veja arts. 653 a 692, CC.

CAPÍTULO XII
DA AGÊNCIA E DISTRIBUIÇÃO

Art. 710. Pelo contrato de agência, uma pessoa assume, em caráter não eventual e sem vínculos de dependência, a obrigação de promover, à conta de outra, mediante retribuição, a realização de certos negócios, em zona determinada, caracterizando-se a distribuição quando o agente tiver à sua disposição a coisa a ser negociada.

Veja art. 721, CC.

Parágrafo único. O proponente pode conferir poderes ao agente para que este o represente na conclusão dos contratos.

Veja art. 775, CC.

Art. 711. Salvo ajuste, o proponente não pode constituir, ao mesmo tempo, mais de um agente, na mesma zona, com idêntica incumbência; nem pode o agente assumir o encargo de nela tratar de negócios do mesmo gênero, à conta de outros proponentes.

Veja art. 31, parágrafo único, Lei n. 4.886, de 09.12.1965.

Veja art. 5º, § 1º, Lei n. 6.729, de 28.11.1979.

Art. 712. O agente, no desempenho que lhe foi cometido, deve agir com toda diligência, atendo-se às instruções recebidas do proponente.

Veja arts. 667, 696, 723, 866 e 867, CC.

Veja art. 29, Lei n. 4.886, de 09.12.1965.

Art. 713. Salvo estipulação diversa, todas as despesas com a agência ou distribuição correm a cargo do agente ou distribuidor.

Art. 714. Salvo ajuste, o agente ou distribuidor terá direito à remuneração correspondente aos negócios concluídos dentro de sua zona, ainda que sem a sua interferência.

Veja art. 31, Lei n. 4.886, de 09.12.1965.

Art. 715. O agente ou distribuidor tem direito à indenização se o proponente, sem justa causa, cessar o atendimento das propostas ou reduzi-lo tanto que se torna antieconômica a continuação do contrato.

Veja art. 927, parágrafo único, CC.

Art. 716. A remuneração será devida ao agente também quando o negócio deixar de ser realizado por fato imputável ao proponente.

Veja art. 32, § 7º, Lei n. 4.886, de 09.12.1965.

Art. 717. Ainda que dispensado por justa causa, terá o agente direito a ser remunerado pelos serviços úteis prestados ao proponente, sem embargo de haver este perdas e danos pelos prejuízos sofridos.

Veja arts. 402 a 405, 603 e 703, CC.

Art. 718. Se a dispensa se der sem culpa do agente, terá ele direito à remuneração até então devida, inclusive sobre os negócios pendentes, além das indenizações previstas em lei especial.

Veja arts. 186, 187, 473, 603, 623 e 705, CC.

Art. 719. Se o agente não puder continuar o trabalho por motivo de força maior, terá direito à remuneração correspondente aos serviços realizados, cabendo esse direito aos herdeiros no caso de morte.

Veja arts. 393, parágrafo único, e 702, CC.

Art. 720. Se o contrato for por tempo indeterminado, qualquer das partes poderá resolvê-lo, mediante aviso prévio de noventa dias, desde que transcorrido prazo compatível com a natureza e o vulto do investimento exigido do agente.

Veja arts. 472 e 473, CC.

Veja art. 34, Lei n. 4.886, de 09.12.1965.

Veja art. 21, Lei n. 6.729, de 28.11.1979.

Parágrafo único. No caso de divergência entre as partes, o juiz decidirá da razoabilidade do prazo e do valor devido.

Art. 721. Aplicam-se ao contrato de agência e distribuição, no que couber, as regras concernentes ao mandato e à comissão e as constantes de lei especial.

Veja arts. 653 a 709, CC.

Veja art. 1º, parágrafo único, Lei n. 4.886, de 09.12.1965.

CAPÍTULO XIII
DA CORRETAGEM

Art. 722. Pelo contrato de corretagem, uma pessoa, não ligada a outra em virtude de mandato, de prestação de serviços ou por qualquer relação de dependência, obriga-se a obter para a segunda um ou mais negócios, conforme as instruções recebidas.

Veja arts. 593, 594 e 653, CC.

Art. 723. O corretor é obrigado a executar a mediação com diligência e prudência, e a prestar ao cliente, espontaneamente, todas as informações sobre o andamento do negócio.

Caput com redação dada pela Lei n. 12.236, de 19.05.2010.

Parágrafo único. Sob pena de responder por perdas e danos, o corretor prestará ao cliente todos os esclarecimentos acerca da segurança ou do risco do negócio, das alterações de valores e de outros fatores que possam influir nos resultados da incumbência.

Parágrafo acrescentado pela Lei n. 12.236, de 19.05.2010.

Veja arts. 402 a 405, 422, 667 e 712, CC.

Art. 724. A remuneração do corretor, se não estiver fixada em lei, nem ajustada entre as partes, será arbitrada segundo a natureza do negócio e os usos locais.

Veja arts. 596, 628, parágrafo único, 658, parágrafo único, e 701, CC.

Art. 725. A remuneração é devida ao corretor uma vez que tenha conseguido o resultado previsto no contrato de mediação, ou ainda que este não se efetive em virtude de arrependimento das partes.

Veja art. 676, CC.

Art. 726. Iniciado e concluído o negócio diretamente entre as partes, nenhuma remuneração será devida ao corretor; mas se, por escrito, for ajustada a corretagem com exclusividade, terá o corretor direito à remuneração integral, ainda que realizado o negócio sem a sua mediação, salvo se comprovada sua inércia ou ociosidade.

Veja art. 714, CC.

Art. 727. Se, por não haver prazo determinado, o dono do negócio dispensar o corretor, e o negócio se realizar posteriormente, como fruto da sua mediação, a corretagem lhe será devida; igual solução se adotará se o negócio se realizar após a decorrência do prazo contratual, mas por efeito dos trabalhos do corretor.

Veja arts. 128 e 135, CC.

Art. 728. Se o negócio se concluir com a intermediação de mais de um corretor, a remuneração será paga a todos em partes iguais, salvo ajuste em contrário.

Art. 729. Os preceitos sobre corretagem constantes deste Código não excluem a aplicação de outras normas da legislação especial.

CAPÍTULO XIV
DO TRANSPORTE

Seção I
Disposições Gerais

Art. 730. Pelo contrato de transporte alguém se obriga, mediante retribuição, a transportar, de um lugar para outro, pessoas ou coisas.

Art. 731. O transporte exercido em virtude de autorização, permissão ou concessão, rege-se pelas normas regulamentares e pelo que for estabelecido naqueles atos, sem prejuízo do disposto neste Código.

Veja arts. 21, XII, *d* e *e*, 25, § 1º, 30, V, 37, § 6º, e 175, CF.

Art. 732. Aos contratos de transporte, em geral, são aplicáveis, quando couber, desde que não contrariem as disposições deste Código, os preceitos constantes da legislação especial e de tratados e convenções internacionais.

Art. 733. Nos contratos de transporte cumulativo, cada transportador se obriga a cumprir o contrato relativamente ao respectivo percurso, respondendo pelos danos nele causados a pessoas e coisas.

Veja arts. 402 a 405, 756 e 927, parágrafo único, CC.

§ 1º O dano, resultante do atraso ou da interrupção da viagem, será determinado em razão da totalidade do percurso.

§ 2º Se houver substituição de algum dos transportadores no decorrer do percurso, a responsabilidade solidária estender-se-á ao substituto.

Veja arts. 264 a 266 e 275 a 285, CC.

Seção II
Do Transporte de Pessoas

Veja Lei n. 8.899, de 29.06.1994.

Art. 734. O transportador responde pelos danos causados às pessoas transportadas e suas bagagens, salvo motivo de força maior, sendo nula qualquer cláusula excludente da responsabilidade.

Veja arts. 186, 393, parágrafo único, 733, 927 e 948 a 950, CC.

Parágrafo único. É lícito ao transportador exigir a declaração do valor da bagagem a fim de fixar o limite da indenização.

Veja arts. 750 e 944, CC.

Art. 735. A responsabilidade contratual do transportador por acidente com o passageiro não é elidida por culpa de terceiro, contra o qual tem ação regressiva.

Veja arts. 186 a 188, 927, parágrafo único, 930, 932, III, 933, 934 e 942, CC.

Veja arts. 125, II, 132, 794 e 795, CPC.

Art. 736. Não se subordina às normas do contrato de transporte o feito gratuitamente, por amizade ou cortesia.

Veja art. 392, CC.

Parágrafo único. Não se considera gratuito o transporte quando, embora feito sem remuneração, o transportador auferir vantagens indiretas.

Art. 737. O transportador está sujeito aos horários e itinerários previstos, sob pena de responder por perdas e danos, salvo motivo de força maior.

Veja arts. 393, parágrafo único, e 402 a 405, CC.

Art. 738. A pessoa transportada deve sujeitar-se às normas estabelecidas pelo transportador, constantes no bilhete ou afixadas à vista dos usuários, abstendo-se de quaisquer atos que causem incômodo ou prejuízo aos passageiros, danifiquem o veículo, ou dificultem ou impeçam a execução normal do serviço.

Parágrafo único. Se o prejuízo sofrido pela pessoa transportada for atribuível à transgressão de normas e instruções regulamentares, o juiz reduzirá equitativamente a indenização, na medida em que a vítima houver concorrido para a ocorrência do dano.

Veja arts. 944 e 945, CC.

Art. 739. O transportador não pode recusar passageiros, salvo os casos previstos nos regulamentos, ou se as condições de higiene ou de saúde do interessado o justificarem.

Art. 740. O passageiro tem direito a rescindir o contrato de transporte antes de iniciada a viagem, sendo-lhe devida a restituição do valor da passagem, desde que feita a comunicação ao transportador em tempo de ser renegociada.

Veja arts. 472 a 475, CC.

§ 1º Ao passageiro é facultado desistir do transporte, mesmo depois de iniciada a viagem, sendo-lhe devida a restituição do valor correspondente ao trecho não utilizado, desde que provado que outra pessoa haja sido transportada em seu lugar.

§ 2º Não terá direito ao reembolso do valor da passagem o usuário que deixar de embarcar, salvo se provado que outra pessoa foi transportada em seu lugar, caso em que lhe será restituído o valor do bilhete não utilizado.

§ 3º Nas hipóteses previstas neste artigo, o transportador terá direito de reter até cinco por cento da importância a ser restituída ao passageiro, a título de multa compensatória.

Veja arts. 408 a 416, CC.

Art. 741. Interrompendo-se a viagem por qualquer motivo alheio à vontade do transportador, ainda que em consequência de evento imprevisível, fica ele obrigado a concluir o transporte contratado em outro veículo da mesma categoria, ou, com a anuência do passageiro, por modalidade diferente, à sua custa, correndo também por sua conta as despesas de estada e alimentação do usuário, durante a espera de novo transporte.

Art. 742. O transportador, uma vez executado o transporte, tem direito de retenção sobre a bagagem de passageiro e outros objetos pessoais deste, para garantir-se do pagamento do valor da passagem que não tiver sido feito no início ou durante o percurso.

Veja arts. 644, 664, 681 e 708, CC.

Seção III
Do Transporte de Coisas

Art. 743. A coisa, entregue ao transportador, deve estar caracterizada pela sua natureza, valor, peso e quantidade, e o mais que for necessário para que não se confunda com outras, devendo o destinatário ser indicado ao menos pelo nome e endereço.

Art. 744. Ao receber a coisa, o transportador emitirá conhecimento com a menção dos dados que a identifiquem, obedecido o disposto em lei especial.

Veja arts. 745 e 752, CC.

Parágrafo único. O transportador poderá exigir que o remetente lhe entregue, devidamente assinada, a relação discriminada das coisas a serem transportadas, em duas vias, uma das quais, por ele devidamente autenticada, ficará fazendo parte integrante do conhecimento.

Art. 745. Em caso de informação inexata ou falsa descrição no documento a que se refere o artigo antecedente, será o transportador indenizado pelo prejuízo que sofrer, devendo a ação respectiva ser ajuizada no prazo de cento e vinte dias, a contar daquele ato, sob pena de decadência.

Veja arts. 207 a 211 e 422, CC.

Art. 746. Poderá o transportador recusar a coisa cuja embalagem seja inadequada, bem como a que possa pôr em risco a saúde das pessoas, ou danificar o veículo e outros bens.

Veja art. 16, II, Lei n. 9.611, de 19.02.1998.

Art. 747. O transportador deverá obrigatoriamente recusar a coisa cujo transporte ou comercialização não sejam permitidos, ou que venha desacompanhada dos documentos exigidos por lei ou regulamento.

Art. 748. Até a entrega da coisa, pode o remetente desistir do transporte e pedi-la de volta, ou ordenar seja entregue a outro destinatário, pagando, em ambos os casos, os acréscimos de despesa decorrentes da contraordem, mais as perdas e danos que houver.

Veja arts. 402 a 405 e 473, CC.

Art. 749. O transportador conduzirá a coisa ao seu destino, tomando todas as cautelas necessárias para mantê-la em bom estado e entregá-la no prazo ajustado ou previsto.

Veja art. 494, CC.

Art. 750. A responsabilidade do transportador, limitada ao valor constante do conhecimento, começa no momento em que ele, ou seus prepostos, recebem a coisa; termina quando é entregue ao destinatário, ou depositada em juízo, se aquele não for encontrado.

Veja arts. 494, 734, 780 e 927 a 954, CC.

Art. 751. A coisa, depositada ou guardada nos armazéns do transportador, em virtude de contrato de transporte, rege-se, no que couber, pelas disposições relativas a depósito.

Veja arts. 627 a 652, CC.

Art. 752. Desembarcadas as mercadorias, o transportador não é obrigado a dar aviso ao destinatário, se assim não foi convencionado, dependendo também de ajuste a entrega a domicílio, e devem constar do conhecimento de embarque as cláusulas de aviso ou de entrega a domicílio.

Art. 753. Se o transporte não puder ser feito ou sofrer longa interrupção, o transportador solicitará, *incontinenti*, instruções ao remetente, e zelará pela coisa, por cujo perecimento ou deterioração responderá, salvo força maior.

Veja arts. 393, parágrafo único, e 629, CC.

Veja arts. 539 a 549, CPC.

§ 1º Perdurando o impedimento, sem motivo imputável ao transportador e sem manifestação do remetente, poderá aquele depositar a coisa em juízo, ou vendê-la, obedecidos os preceitos legais e regulamentares, ou os usos locais, depositando o valor.

Veja arts. 334 a 345, CC.

Veja arts. 539 a 549, CPC.

§ 2º Se o impedimento for responsabilidade do transportador, este poderá depositar a coisa, por sua conta e risco, mas só poderá vendê-la se perecível.

Veja arts. 334 a 345, CC.

Veja arts. 539 a 549, CPC.

§ 3º Em ambos os casos, o transportador deve informar o remetente da efetivação do depósito ou da venda.

§ 4º Se o transportador mantiver a coisa depositada em seus próprios armazéns, continuará a responder pela sua guarda e conservação, sendo-lhe devida, porém, uma remuneração pela custódia, a qual poderá ser contratualmente ajustada ou se conformará aos usos adotados em cada sistema de transporte.

Veja arts. 651 e 751, CC.

Art. 754. As mercadorias devem ser entregues ao destinatário, ou a quem apresentar o conhecimento endossado, devendo aquele que as receber conferi-las e apresentar as reclamações que tiver, sob pena de decadência dos direitos.

Veja arts. 207 a 211, 494 e 744, CC.

Parágrafo único. No caso de perda parcial ou de avaria não perceptível à primeira vista, o destinatário conserva a sua ação contra o transportador, desde que denuncie o dano em dez dias a contar da entrega.

Art. 755. Havendo dúvida acerca de quem seja o destinatário, o transportador deve depositar a mercadoria em juízo, se não lhe for possível obter instruções do remetente; se a demora puder ocasionar a deterioração da coisa, o transportador deverá vendê-la, depositando o saldo em juízo.

Veja arts. 334 a 345, CC.

Veja arts. 539 a 549, CPC.

Art. 756. No caso de transporte cumulativo, todos os transportadores respondem solidariamente pelo dano causado perante o remetente, ressalvada a apuração final da responsabilidade entre eles, de modo que o ressarcimento recaia, por inteiro, ou proporcionalmente, naquele ou naqueles em cujo percurso houver ocorrido o dano.

Veja arts. 264 a 266, 275 a 285 e 733, CC.

CAPÍTULO XV
DO SEGURO

Seção I
Disposições Gerais

Art. 757. Pelo contrato de seguro, o segurador se obriga, mediante o pagamento do prêmio, a garantir interesse legítimo do segurado, relativo a pessoa ou a coisa, contra riscos predeterminados.

Veja arts. 458 a 461, 777 e 785, CC.

Veja arts. 21, VIII, e 22, VII, CF.

Parágrafo único. Somente pode ser parte, no contrato de seguro, como segurador, entidade para tal fim legalmente autorizada.

Art. 758. O contrato de seguro prova-se com a exibição da apólice ou do bilhete do seguro, e, na falta deles, por documento comprobatório do pagamento do respectivo prêmio.

Veja arts. 212, II, e 319 a 325, CC.

Art. 759. A emissão da apólice deverá ser precedida de proposta escrita com a declaração dos elementos essenciais do interesse a ser garantido e do risco.

Veja arts. 427 a 435, CC.

Art. 760. A apólice ou o bilhete de seguro serão nominativos, à ordem ou ao portador, e mencionarão os riscos assumidos, o início e o fim de sua validade, o limite da garantia e o prêmio devido, e, quando for o caso, o nome do segurado e o do beneficiário.

Veja arts. 147, 785, § 2º, 792 e 793, CC.

Parágrafo único. No seguro de pessoas, a apólice ou o bilhete não podem ser ao portador.

Art. 761. Quando o risco for assumido em cosseguro, a apólice indicará o segurador que administrará o contrato e representará os demais, para todos os seus efeitos.

Art. 762. Nulo será o contrato para garantia de risco proveniente de ato doloso do segurado, do beneficiário, ou de representante de um ou de outro.

Veja arts. 145 a 150 e 166, CC.

Art. 763. Não terá direito a indenização o segurado que estiver em mora no pagamento do prêmio, se ocorrer o sinistro antes de sua purgação.

Veja arts. 394 a 401, CC.

Art. 764. Salvo disposição especial, o fato de se não ter verificado o risco, em previsão do qual se faz o seguro, não exime o segurado de pagar o prêmio.

Veja art. 773, CC.

Art. 765. O segurado e o segurador são obrigados a guardar na conclusão e na execução do contrato, a mais estrita boa-fé e veracidade, tanto a respeito do objeto como das circunstâncias e declarações a ele concernentes.

Veja arts. 422 e 773, CC.
Veja art. 171, § 2º, V, CP.
Veja Súmula n. 609, STJ.

Art. 766. Se o segurado, por si ou por seu representante, fizer declarações inexatas ou omitir circunstâncias que possam influir na aceitação da proposta ou na taxa do prêmio, perderá o direito à garantia, além de ficar obrigado ao prêmio vencido.

Veja arts. 149, 765 e 778, CC.
Veja Súmula n. 609, STJ.

Parágrafo único. Se a inexatidão ou omissão nas declarações não resultar de má-fé do segurado, o segurador terá direito a resolver o contrato, ou a cobrar, mesmo após o sinistro, a diferença do prêmio.

Art. 767. No seguro à conta de outrem, o segurador pode opor ao segurado quaisquer defesas que tenha contra o estipulante, por descumprimento das normas de conclusão do contrato, ou de pagamento do prêmio.

Veja art. 294, CC.

Art. 768. O segurado perderá o direito à garantia se agravar intencionalmente o risco objeto do contrato.

Veja arts. 757, 759, 765 e 769, CC.

Art. 769. O segurado é obrigado a comunicar ao segurador, logo que saiba, todo incidente suscetível de agravar consideravelmente o risco coberto, sob pena de perder o direito à garantia, se provar que silenciou de má-fé.

Veja arts. 422, 474, 475, 765 e 768, CC.

§ 1º O segurador, desde que o faça nos quinze dias seguintes ao recebimento do aviso da agravação do risco sem culpa do segurado, poderá dar-lhe ciência, por escrito, de sua decisão de resolver o contrato.

§ 2º A resolução só será eficaz trinta dias após a notificação, devendo ser restituída pelo segurador a diferença do prêmio.

Art. 770. Salvo disposição em contrário, a diminuição do risco no curso do contrato não acarreta a redução do prêmio estipulado; mas, se a redução do risco for considerável, o segurado poderá exigir a revisão do prêmio, ou a resolução do contrato.

Veja arts. 472 a 475, CC.

Art. 771. Sob pena de perder o direito à indenização, o segurado participará o sinistro ao segurador, logo que o saiba, e tomará as providências imediatas para minorar-lhe as consequências.

Veja art. 787, § 1º, CC.

Parágrafo único. Correm à conta do segurador, até o limite fixado no contrato, as despesas de salvamento consequente ao sinistro.

Veja art. 779, CC.

Art. 772. A mora do segurador em pagar o sinistro obriga à atualização monetária da indenização devida segundo índices oficiais regularmente estabelecidos, sem prejuízo dos juros moratórios.

Veja arts. 389, 394 a 401, 406 e 407, CC.

Art. 773. O segurador que, ao tempo do contrato, sabe estar passado o risco de que o segurado se pretende cobrir, e, não obstante, expede a apólice, pagará em dobro o prêmio estipulado.

Veja arts. 147, 422, 764 e 765, CC.

Art. 774. A recondução tácita do contrato pelo mesmo prazo, mediante expressa cláusula contratual, não poderá operar mais de uma vez.

Art. 775. Os agentes autorizados do segurador presumem-se seus representantes para todos os atos relativos aos contratos que agenciarem.

Veja arts. 115 a 120 e 710 a 721, CC.

Art. 776. O segurador é obrigado a pagar em dinheiro o prejuízo resultante do risco assumido, salvo se convencionada a reposição da coisa.

Veja arts. 206, §§ 1º, II, e 3º, IX, 778, 781 e 782, CC.

Art. 777. O disposto no presente Capítulo aplica-se, no que couber, aos seguros regidos por leis próprias.

Seção II
Do Seguro de Dano

Art. 778. Nos seguros de dano, a garantia prometida não pode ultrapassar o valor do interesse segurado no momento da conclusão do contrato, sob pena do disposto no art. 766, e sem prejuízo da ação penal que no caso couber.

Veja arts. 776, 781 e 782, CC.

Art. 779. O risco do seguro compreenderá todos os prejuízos resultantes ou consequentes, como sejam os estragos ocasionados para evitar o sinistro, minorar o dano, ou salvar a coisa.

Veja art. 771, CC.

Art. 780. A vigência da garantia, no seguro de coisas transportadas, começa no momento em que são pelo transportador recebidas, e cessa com a sua entrega ao destinatário.

Veja art. 750, CC.

Art. 781. A indenização não pode ultrapassar o valor do interesse segurado no momento do sinistro, e, em hipótese alguma, o limite máximo da garantia fixado na apólice, salvo em caso de mora do segurador.

Veja arts. 394 a 401, 765, 776, 778, 782 e 783, CC.

Art. 782. O segurado que, na vigência do contrato, pretender obter novo seguro sobre o mesmo interesse, e contra o mesmo risco junto a outro segurador, deve previamente comunicar sua intenção por escrito ao primeiro, indicando a soma por que pretende segurar-se, a fim de se comprovar a obediência ao disposto no art. 778.

Veja arts. 765 e 781, CC.

Art. 783. Salvo disposição em contrário, o seguro de um interesse por menos do que valha acarreta a redução proporcional da indenização, no caso de sinistro parcial.

Art. 784. Não se inclui na garantia o sinistro provocado por vício intrínseco da coisa segurada, não declarado pelo segurado.

Veja arts. 441 a 446, CC.

Parágrafo único. Entende-se por vício intrínseco o defeito próprio da coisa, que se não encontra normalmente em outras da mesma espécie.

Art. 785. Salvo disposição em contrário, admite-se a transferência do contrato a terceiro com a alienação ou cessão do interesse segurado.

Veja arts. 286 a 298 e 959, I, CC.

§ 1º Se o instrumento contratual é nominativo, a transferência só produz efeitos em relação ao segurador mediante aviso escrito assinado pelo cedente e pelo cessionário.

Veja Súmula n. 465, do STJ.

§ 2º A apólice ou o bilhete à ordem só se transfere por endosso em preto, datado e assinado pelo endossante e pelo endossatário.

Veja art. 760, CC.

Veja Súmula n. 465, STJ.

Art. 786. Paga a indenização, o segurador sub-roga-se, nos limites do valor respectivo, nos direitos e ações que competirem ao segurado contra o autor do dano.

Veja arts. 346 a 351, CC.

Veja art. 125, II, CPC.

§ 1º Salvo dolo, a sub-rogação não tem lugar se o dano foi causado pelo cônjuge do segurado, seus descendentes ou ascendentes, consanguíneos ou afins.

Veja arts. 145 a 150 e 1.591 a 1.595, CC.

§ 2º É ineficaz qualquer ato do segurado que diminua ou extinga, em prejuízo do segurador, os direitos a que se refere este artigo.

Art. 787. No seguro de responsabilidade civil, o segurador garante o pagamento de perdas e danos devidos pelo segurado a terceiro.

Veja arts. 402 a 405 e 927 a 954, CC.

Veja art. 125, II, CPC.

§ 1º Tão logo saiba o segurado das consequências de ato seu, suscetível de lhe acarretar a responsabilidade incluída na garantia, comunicará o fato ao segurador.

Veja art. 771, CC.

§ 2º É defeso ao segurado reconhecer sua responsabilidade ou confessar a ação, bem como transigir com o terceiro prejudicado, ou indenizá-lo diretamente, sem anuência expressa do segurador.

§ 3º Intentada a ação contra o segurado, dará este ciência da lide ao segurador.

Veja art. 125, II, CPC.

§ 4º Subsistirá a responsabilidade do segurado perante o terceiro, se o segurador for insolvente.

Veja art. 955, CC.

Art. 788. Nos seguros de responsabilidade legalmente obrigatórios, a indenização por sinistro será paga pelo segurador diretamente ao terceiro prejudicado.

Veja arts. 927 a 954, CC.

Parágrafo único. Demandado em ação direta pela vítima do dano, o segurador não poderá opor a exceção de contrato não cumprido pelo segurado, sem promover a citação deste para integrar o contraditório.

Veja arts. 476 e 477, CC.

Veja art. 125, II, CPC.

Seção III
Do Seguro de Pessoa

Art. 789. Nos seguros de pessoas, o capital segurado é livremente estipulado pelo proponente, que pode contratar mais de um seguro sobre o mesmo interesse, com o mesmo ou diversos seguradores.

Veja arts. 794, 798 e 799, CC.

Art. 790. No seguro sobre a vida de outros, o proponente é obrigado a declarar, sob pena de falsidade, o seu interesse pela preservação da vida do segurado.

Parágrafo único. Até prova em contrário, presume-se o interesse, quando o segurado é cônjuge, ascendente ou descendente do proponente.

Veja arts. 1.591 a 1.595, CC.

Art. 791. Se o segurado não renunciar à faculdade, ou se o seguro não tiver como causa declarada a garantia de alguma obrigação, é lícita a substituição do beneficiário, por ato entre vivos ou de última vontade.

Veja arts. 436 a 438, CC.

Parágrafo único. O segurador, que não for cientificado oportunamente da substituição, desobrigar-se-á pagando o capital segurado ao antigo beneficiário.

Art. 792. Na falta de indicação da pessoa ou beneficiário, ou se por qualquer motivo não prevalecer a que for feita, o capital segurado será pago por metade ao cônjuge não separado judicialmente, e o restante aos herdeiros do segurado, obedecida a ordem da vocação hereditária.

Veja arts. 1.829 e 1.851 a 1.856, CC.

Parágrafo único. Na falta das pessoas indicadas neste artigo, serão beneficiários os que provarem que a morte do segurado os privou dos meios necessários à subsistência.

Veja arts. 1.798 e 1.799, CC.

Art. 793. É válida a instituição do companheiro como beneficiário, se ao tempo do contrato o segurado era separado judicialmente, ou já se encontrava separado de fato.

Veja ADIn n. 4.277 e ADPF n. 132.
Veja arts. 1.723 a 1.727 e 1.801, III, CC.
Veja art. 226, § 3º, CF.

Art. 794. No seguro de vida ou de acidentes pessoais para o caso de morte, o capital estipulado não está sujeito às dívidas do segurado, nem se considera herança para todos os efeitos de direito.

Veja arts. 784, V, e 833, IX, CPC.

Art. 795. É nula, no seguro de pessoa, qualquer transação para pagamento reduzido do capital segurado.

Veja arts. 840 a 850, CC.

Art. 796. O prêmio, no seguro de vida, será conveniado por prazo limitado, ou por toda a vida do segurado.

Veja arts. 127 e 135, CC.

Parágrafo único. Em qualquer hipótese, no seguro individual, o segurador não terá ação para cobrar o prêmio vencido, cuja falta de pagamento, nos prazos previstos, acarretará, conforme se estipular, a resolução do contrato, com a restituição da reserva já formada, ou a redução do capital garantido proporcionalmente ao prêmio pago.

Veja arts. 127 e 135, CC.

Art. 797. No seguro de vida para o caso de morte, é lícito estipular-se um prazo de carência, durante o qual o segurador não responde pela ocorrência do sinistro.

Veja Súmula n. 610, STJ.

Parágrafo único. No caso deste artigo o segurador é obrigado a devolver ao beneficiário o montante da reserva técnica já formada.

Art. 798. O beneficiário não tem direito ao capital estipulado quando o segurado se suicida nos primeiros dois anos de vigência inicial do contrato, ou da sua recondução depois de suspenso, observado o disposto no parágrafo único do artigo antecedente.

Veja art. 797, CC.
Veja Súmula n. 610, STJ.

Parágrafo único. Ressalvada a hipótese prevista neste artigo, é nula a cláusula contratual que exclui o pagamento do capital por suicídio do segurado.

Veja art. 184, CC.

Art. 799. O segurador não pode eximir-se ao pagamento do seguro, ainda que da apólice conste a restrição, se a morte ou a incapacidade do segurado provier da utilização de meio de transporte mais arriscado, da prestação de serviço militar, da prática de esporte, ou de atos de humanidade em auxílio de outrem.

Art. 800. Nos seguros de pessoas, o segurador não pode sub-rogar-se nos direitos e ações do segurado, ou do beneficiário, contra o causador do sinistro.

Art. 801. O seguro de pessoas pode ser estipulado por pessoa natural ou jurídica em proveito de grupo que a ela, de qualquer modo, se vincule.

Veja arts. 2º, 6º e 40 a 45, CC.

§ 1º O estipulante não representa o segurador perante o grupo segurado, e é o único responsável, para com o segurador, pelo cumprimento de todas as obrigações contratuais.

§ 2º A modificação da apólice em vigor dependerá da anuência expressa de segurados que representem três quartos do grupo.

Art. 802. Não se compreende nas disposições desta Seção a garantia do reembolso de despesas hospitalares ou de tratamento médico, nem o custeio das despesas de luto e de funeral do segurado.

CAPÍTULO XVI
DA CONSTITUIÇÃO DE RENDA

Art. 803. Pode uma pessoa, pelo contrato de constituição de renda, obrigar-se para com outra a uma prestação periódica, a título gratuito.

Veja art. 813, CC.

Art. 804. O contrato pode ser também a título oneroso, entregando-se bens móveis ou imóveis à pessoa que se obriga a satisfazer as prestações a favor do credor ou de terceiros.

Veja arts. 79 a 84 e 809, CC.

Art. 805. Sendo o contrato a título oneroso, pode o credor, ao contratar, exigir que o rendeiro lhe preste garantia real, ou fidejussória.

Veja arts. 810, 818 e 1.419 a 1.430, CC.

Art. 806. O contrato de constituição de renda será feito a prazo certo, ou por vida, podendo ultrapassar a vida do devedor mas não a do credor, seja ele o contratante, seja terceiro.

Veja arts. 6º, 127, 132 e 135, CC.

Art. 807. O contrato de constituição de renda requer escritura pública.

Veja arts. 109 e 215, CC.

Art. 808. É nula a constituição de renda em favor de pessoa já falecida, ou que, nos 30 (trinta) dias seguintes, vier a falecer de moléstia que já sofria, quando foi celebrado o contrato.

Veja art. 166, VII, CC.

Art. 809. Os bens dados em compensação da renda caem, desde a tradição, no domínio da pessoa que por aquela se obrigou.

Veja arts. 804 e 1.267, CC.

Art. 810. Se o rendeiro, ou censuário, deixar de cumprir a obrigação estipulada, poderá o credor da renda acioná-lo, tanto para que lhe pague as prestações atrasadas como para que lhe dê garantias das futuras, sob pena de rescisão do contrato.

Veja arts. 472 e 475 a 477, CC.

Art. 811. O credor adquire o direito à renda dia a dia, se a prestação não houver de ser paga adiantada, no começo de cada um dos períodos prefixos.

Art. 812. Quando a renda for constituída em benefício de duas ou mais pessoas, sem determinação da parte de cada uma, entende-se que os seus direitos são iguais; e, salvo estipulação diversa, não adquirirão os sobrevivos direito à parte dos que morrerem.

Veja art. 257, CC.

Art. 813. A renda constituída por título gratuito pode, por ato do instituidor, ficar isenta de todas as execuções pendentes e futuras.

Veja art. 803, CC.

Veja art. 833, I, CPC.

Parágrafo único. A isenção prevista neste artigo prevalece de pleno direito em favor dos montepios e pensões alimentícias.

Veja art. 833, VII, CPC.

CAPÍTULO XVII
DO JOGO E DA APOSTA

Art. 814. As dívidas de jogo ou de aposta não obrigam a pagamento; mas não se pode recobrar a quantia, que voluntariamente se pagou, salvo se foi ganha por dolo, ou se o perdente é menor ou interdito.

Veja arts. 3º, 4º, 145 a 150, 166, 816 e 882, CC.

Veja art. 174, CP.

§ 1º Estende-se esta disposição a qualquer contrato que encubra ou envolva reconhecimento, novação ou fiança de dívida de jogo; mas a nulidade resultante não pode ser oposta ao terceiro de boa-fé.

Veja arts. 360 a 367 e 818 a 839, CC.

§ 2º O preceito contido neste artigo tem aplicação, ainda que se trate de jogo não proibido, só se excetuando os jogos e apostas legalmente permitidos.

§ 3º Excetuam-se, igualmente, os prêmios oferecidos ou prometidos para o vencedor em competição de natureza esportiva, intelectual ou artística, desde que os interessados se submetam às prescrições legais e regulamentares.

Art. 815. Não se pode exigir reembolso do que se emprestou para jogo ou aposta, no ato de apostar ou jogar.

Veja arts. 579, 586 e 816, CC.

Art. 816. As disposições dos arts. 814 e 815 não se aplicam aos contratos sobre títulos de bolsa, mercadorias ou valores, em que se estipulem a liquidação exclusivamente pela diferença entre o preço ajustado e a cotação que eles tiverem no vencimento do ajuste.

Art. 817. O sorteio para dirimir questões ou dividir coisas comuns considera-se sistema de partilha ou processo de transação, conforme o caso.

Veja arts. 840 a 850 e 2.013 a 2.022, CC.

CAPÍTULO XVIII
DA FIANÇA

Seção I
Disposições Gerais

Art. 818. Pelo contrato de fiança, uma pessoa garante satisfazer ao credor uma obrigação assumida pelo devedor, caso este não a cumpra.

Veja arts. 114, 333, III, 476, 477, 1.642, IV, 1.645 e 1.647, III, CC.

Art. 819. A fiança dar-se-á por escrito, e não admite interpretação extensiva.

Veja arts. 113 e 114, CC.

Art. 819-A. (*Vetado.*)

Artigo acrescentado pela Lei n. 10.931, de 02.08.2004.

Art. 820. Pode-se estipular a fiança, ainda que sem consentimento do devedor ou contra a sua vontade.

Art. 821. As dívidas futuras podem ser objeto de fiança; mas o fiador, neste caso, não será demandado senão depois que se fizer certa e líquida a obrigação do principal devedor.

Veja arts. 458 a 461, CC.

Art. 822. Não sendo limitada, a fiança compreenderá todos os acessórios da dívida principal, inclusive as despesas judiciais, desde a citação do fiador.

Veja art. 92, CC.

Art. 823. A fiança pode ser de valor inferior ao da obrigação principal e contraída em condições menos onerosas, e, quando exceder o valor da dívida, ou for mais onerosa que ela, não valerá senão até ao limite da obrigação afiançada.

Veja arts. 478, 479 e 830, CC.

Art. 824. As obrigações nulas não são suscetíveis de fiança, exceto se a nulidade resultar apenas de incapacidade pessoal do devedor.

Veja arts. 3º, 4º, 166 a 170, 814, § 1º, e 837, CC.

Parágrafo único. A exceção estabelecida neste artigo não abrange o caso de mútuo feito a menor.

Veja arts. 588 e 589, CC.

Art. 825. Quando alguém houver de oferecer fiador, o credor não pode ser obrigado a aceitá-lo se não for pessoa idônea, domiciliada no município onde tenha de prestar a fiança, e não possua bens suficientes para cumprir a obrigação.

Art. 826. Se o fiador se tornar insolvente ou incapaz, poderá o credor exigir que seja substituído.

Veja arts. 3º, 4º, 333, III, e 955, CC.

Seção II
Dos Efeitos da Fiança

Art. 827. O fiador demandado pelo pagamento da dívida tem direito a exigir, até a contestação da lide, que sejam primeiro executados os bens do devedor.

Veja arts. 371, 838 e 839, CC.

Veja arts. 130 e 794, CPC.

Parágrafo único. O fiador que alegar o benefício de ordem, a que se refere este artigo, deve nomear bens do devedor, sitos no mesmo município, livres e desembargados, quantos bastem para solver o débito.

Art. 828. Não aproveita este benefício ao fiador:

I – se ele o renunciou expressamente;

Veja art. 114, CC.

II – se se obrigou como principal pagador, ou devedor solidário;

Veja arts. 264 a 266 e 275 a 285, CC.

III – se o devedor for insolvente, ou falido.

Veja arts. 839 e 955, CC.

Art. 829. A fiança conjuntamente prestada a um só débito por mais de uma pessoa importa o compromisso de solidariedade entre elas, se declaradamente não se reservarem o benefício de divisão.

Veja art. 264, CC.

Veja art. 130, CPC.

Parágrafo único. Estipulado este benefício, cada fiador responde unicamente pela parte que, em proporção, lhe couber no pagamento.

Veja arts. 823 e 830, CC.

Art. 830. Cada fiador pode fixar no contrato a parte da dívida que toma sob sua responsabilidade, caso em que não será por mais obrigado.

Veja arts. 823 e 829, parágrafo único, CC.

Art. 831. O fiador que pagar integralmente a dívida fica sub-rogado nos direitos do credor; mas só poderá demandar a cada um dos outros fiadores pela respectiva quota.

Veja arts. 283, 304 e 346 a 351, CC.

Veja arts. 130 e 794, CPC.

Parágrafo único. A parte do fiador insolvente distribuir-se-á pelos outros.

Veja art. 284, CC.

Veja art. 794, § 2º, CPC.

Art. 832. O devedor responde também perante o fiador por todas as perdas e danos que este pagar, e pelos que sofrer em razão da fiança.

Veja arts. 402 a 405, CC.

Art. 833. O fiador tem direito aos juros do desembolso pela taxa estipulada na obrigação principal, e, não havendo taxa convencionada, aos juros legais da mora.

Veja arts. 406 e 407, CC.

Art. 834. Quando o credor, sem justa causa, demorar a execução iniciada contra o devedor, poderá o fiador promover-lhe o andamento.

Veja art. 778, § 1º, CPC.

Art. 835. O fiador poderá exonerar-se da fiança que tiver assinado sem limitação de tempo, sempre que lhe convier, ficando obrigado por todos os efeitos da fiança, durante sessenta dias após a notificação do credor.

Art. 836. A obrigação do fiador passa aos herdeiros; mas a responsabilidade da fiança se limita ao tempo decorrido até a morte do fiador, e não pode ultrapassar as forças da herança.

Veja arts. 1.792, 1.821 e 1.997, CC.

Seção III
Da Extinção da Fiança

Art. 837. O fiador pode opor ao credor as exceções que lhe forem pessoais, e as extintivas da obrigação que competem ao devedor principal, se não provierem simplesmente de incapacidade pessoal, salvo o caso do mútuo feito a pessoa menor.

Veja arts. 3º, 4º, 204, 366, 371, 376, 588, 589, 814, § 1º, 824 e 844, § 1º, CC.

Art. 838. O fiador, ainda que solidário, ficará desobrigado:

Veja arts. 827, 828, II, e 829, CC.

I – se, sem consentimento seu, o credor conceder moratória ao devedor;

II – se, por fato do credor, for impossível a sub-rogação nos seus direitos e preferências;

Veja arts. 346 a 351 e 955 a 965, CC.

III – se o credor, em pagamento da dívida, aceitar amigavelmente do devedor objeto diverso do que este era obrigado a lhe dar, ainda que depois venha a perdê-lo por evicção.

Veja arts. 313, 356 a 359 e 447 a 457, CC.

Art. 839. Se for invocado o benefício da excussão e o devedor, retardando-se a execução, cair em insolvência, ficará exonerado o fiador que o invocou, se provar que os bens por ele indicados eram, ao tempo da penhora, suficientes para a solução da dívida afiançada.

Veja arts. 827, 828 e 955, CC.

CAPÍTULO XIX
DA TRANSAÇÃO

Art. 840. É lícito aos interessados prevenirem ou terminarem o litígio mediante concessões mútuas.

Veja arts. 262, *caput* e parágrafo único, 661, 795, 817 e 1.748, III, CC.

Veja arts. 90, 122, 487, III, 535, VI, 619, II, e 924, CPC.

Art. 841. Só quanto a direitos patrimoniais de caráter privado se permite a transação.

Veja art. 392, CPC.

Art. 842. A transação far-se-á por escritura pública, nas obrigações em que a lei o exige, ou por instrumento particular, nas em que ela o admite; se recair sobre direitos contestados em juízo, será feita por escritura pública, ou por termo nos autos, assinado pelos transigentes e homologado pelo juiz.

Veja arts. 108, 109, 215 e 221, CC.

Veja arts. 200, 359 e 487, III, CPC.

Art. 843. A transação interpreta-se restritivamente, e por ela não se transmitem, apenas se declaram ou reconhecem direitos.

Veja art. 114, CC.

Art. 844. A transação não aproveita, nem prejudica senão aos que nela intervierem, ainda que diga respeito a coisa indivisível.

Veja arts. 87, 88, 257 a 263 e 314, CC.

Veja art. 1.005, parágrafo único, CPC.

§ 1º Se for concluída entre o credor e o devedor, desobrigará o fiador.

Veja art. 838, CC.

§ 2º Se entre um dos credores solidários e o devedor, extingue a obrigação deste para com os outros credores.

Veja arts. 267 a 273, CC.

Veja art. 1.005, parágrafo único, CPC.

§ 3º Se entre um dos devedores solidários e seu credor, extingue a dívida em relação aos codevedores.

Veja arts. 275 a 285, CC.

Art. 845. Dada a evicção da coisa renunciada por um dos transigentes, ou por ele transferida à outra parte, não revive a obrigação extinta pela transação; mas ao evicto cabe o direito de reclamar perdas e danos.

Veja arts. 402 a 405 e 447 a 457, CC.

Parágrafo único. Se um dos transigentes adquirir, depois da transação, novo direito sobre a coisa renunciada ou transferida, a transação feita não o inibirá de exercê-lo.

Art. 846. A transação concernente a obrigações resultantes de delito não extingue a ação penal pública.

Art. 847. É admissível, na transação, a pena convencional.

Veja arts. 408 a 416, CC.

Art. 848. Sendo nula qualquer das cláusulas da transação, nula será esta.

Veja arts. 166 a 170 e 184, CC.

Parágrafo único. Quando a transação versar sobre diversos direitos contestados, independentes entre si, o fato de não prevalecer em relação a um não prejudicará os demais.

Art. 849. A transação só se anula por dolo, coação, ou erro essencial quanto à pessoa ou coisa controversa.

Veja arts. 138, 139, I e II, 145 a 155 e 171, II, CC.

Parágrafo único. A transação não se anula por erro de direito a respeito das questões que foram objeto de controvérsia entre as partes.

Veja art. 139, III, CC.

Art. 850. É nula a transação a respeito do litígio decidido por sentença passada em julgado, se dela não tinha ciência algum dos transatores, ou quando, por título ulteriormente descoberto, se verificar que nenhum deles tinha direito sobre o objeto da transação.

Veja arts. 166 a 170, CC.

CAPÍTULO XX
DO COMPROMISSO

Art. 851. É admitido compromisso, judicial ou extrajudicial, para resolver litígios entre pessoas que podem contratar.

Veja art. 661, § 2º, CC.

Veja arts. 42, 337, I e § 5º, 485, VII, 535, 917, § 2º, e 1.012, IV, CPC.

Art. 852. É vedado compromisso para solução de questões de estado, de direito pessoal de família e de outras que não tenham caráter estritamente patrimonial.

Veja art. 841, CC.

Art. 853. Admite-se nos contratos a cláusula compromissória, para resolver divergências mediante juízo arbitral, na forma estabelecida em lei especial.

CAPÍTULO XXI
DO CONTRATO DE ADMINISTRAÇÃO FIDUCIÁRIA DE GARANTIAS

Capítulo acrescentado pela Lei n. 14.711, de 30.10.2023.

Art. 853-A. Qualquer garantia poderá ser constituída, levada a registro, gerida e ter a sua execução pleiteada por agente de garantia, que será designado pelos credores da obrigação garantida para esse fim e atuará em nome próprio e em benefício dos credores, inclusive em ações judiciais que envolvam discussões sobre a existência, a validade ou a eficácia do ato jurídico do crédito garantido, vedada qualquer cláusula que afaste essa regra em desfavor do devedor ou, se for o caso, do terceiro prestador da garantia.

Artigo acrescentado pela Lei n. 14.711, de 30.10.2023.

§ 1º O agente de garantia poderá valer-se da execução extrajudicial da garantia, quando houver previsão na legislação especial aplicável à modalidade de garantia.

§ 2º O agente de garantia terá dever fiduciário em relação aos credores da obrigação garantida e responderá perante os credores por todos os seus atos.

§ 3º O agente de garantia poderá ser substituído, a qualquer tempo, por decisão do credor único ou dos titulares que representarem a maioria simples dos créditos garantidos, reunidos em assembleia, mas a substituição do agente de garantia somente será eficaz após ter sido tornada pública pela mesma forma por meio da qual tenha sido dada publicidade à garantia.

§ 4º Os requisitos de convocação e de instalação das assembleias dos titulares dos créditos garantidos estarão previstos em ato de designação ou de contratação do agente de garantia.

§ 5º O produto da realização da garantia, enquanto não transferido para os credores garantidos, constitui patrimônio separado daquele do agente de garantia e não poderá responder por suas obrigações pelo período de até 180 (cento e oitenta) dias, contado da data de recebimento do produto da garantia.

§ 6º Após receber o valor do produto da realização da garantia, o agente de garantia disporá do prazo de 10 (dez) dias úteis para efetuar o pagamento aos credores.

§ 7º Paralelamente ao contrato de que trata este artigo, o agente de garantia poderá manter contratos com o devedor para:

I – pesquisa de ofertas de crédito mais vantajosas entre os diversos fornecedores;

II – auxílio nos procedimentos necessários à formalização de contratos de operações de crédito e de garantias reais;

III – intermediação na resolução de questões relativas aos contratos de operações de crédito ou às garantias reais; e

IV – outros serviços não vedados em lei.

§ 8º Na hipótese do § 7º deste artigo, o agente de garantia deverá agir com estrita boa-fé perante o devedor.

TÍTULO VII
DOS ATOS UNILATERAIS

CAPÍTULO I
DA PROMESSA DE RECOMPENSA

Art. 854. Aquele que, por anúncios públicos, se comprometer a recompensar, ou gratificar, a quem preencha certa condição, ou desempenhe certo serviço, contrai obrigação de cumprir o prometido.

Veja arts. 121, 427 e 855, CC.

Art. 855. Quem quer que, nos termos do artigo antecedente, fizer o serviço, ou satisfizer a condição, ainda que não pelo interesse da promessa, poderá exigir a recompensa estipulada.

Veja art. 121, CC.

Art. 856. Antes de prestado o serviço ou preenchida a condição, pode o promitente revogar a promessa, contanto que o faça com a mesma publicidade; se houver assinado prazo à execução da tarefa, entender-se-á que renuncia o arbítrio de retirar, durante ele, a oferta.

Veja arts. 114 e 859, CC.

Parágrafo único. O candidato de boa-fé, que houver feito despesas, terá direito a reembolso.

Art. 857. Se o ato contemplado na promessa for praticado por mais de um indivíduo, terá direito à recompensa o que primeiro o executou.

Veja art. 859, § 3º, CC.

Art. 858. Sendo simultânea a execução, a cada um tocará quinhão igual na recompensa; se esta não for divisível, conferir-se-á por sorteio, e o que obtiver a coisa dará ao outro o valor de seu quinhão.

Veja arts. 87, 88, 817 e 859, § 3º, CC.

Art. 859. Nos concursos que se abrirem com promessa pública de recompensa, é condição essencial, para valerem, a fixação de um prazo, observadas também as disposições dos parágrafos seguintes.

Veja arts. 856 e 860, CC.

§ 1º A decisão da pessoa nomeada, nos anúncios, como juiz, obriga os interessados.

§ 2º Em falta de pessoa designada para julgar o mérito dos trabalhos que se apresentarem, entender-se-á que o promitente se reservou essa função.

§ 3º Se os trabalhos tiverem mérito igual, proceder-se-á de acordo com os arts. 857 e 858.

Art. 860. As obras premiadas, nos concursos de que trata o artigo antecedente, só ficarão pertencendo ao promitente, se assim for estipulado na publicação da promessa.

CAPÍTULO II
DA GESTÃO DE NEGÓCIOS

Art. 861. Aquele que, sem autorização do interessado, intervém na gestão de negócio alheio, dirigi-lo-á segundo o interesse e a vontade presumível de seu dono, ficando responsável a este e às pessoas com que tratar.

Veja art. 873, CC.

Veja arts. 53, IV, *b*, e 121, parágrafo único, CPC.

Art. 862. Se a gestão foi iniciada contra a vontade manifesta ou presumível do interessado, responderá o gestor até pelos casos fortuitos, não provando que teriam sobrevindo, ainda quando se houvesse abatido.

O correto parece ser "abstido" em vez de "abatido".

Veja arts. 393, parágrafo único, 863, 868 e 874, CC.

Art. 863. No caso do artigo antecedente, se os prejuízos da gestão excederem o seu proveito, poderá o dono do negócio exigir que o gestor restitua as coisas ao estado anterior, ou o indenize da diferença.

Veja arts. 870 e 874, CC.

Art. 864. Tanto que se possa, comunicará o gestor ao dono do negócio a gestão que assumiu, aguardando-lhe a resposta, se da espera não resultar perigo.

Art. 865. Enquanto o dono não providenciar, velará o gestor pelo negócio, até o levar a cabo, esperando, se aquele falecer durante a gestão, as instruções dos herdeiros, sem se descuidar, entretanto, das medidas que o caso reclame.

Veja art. 674, CC.

Art. 866. O gestor envidará toda sua diligência habitual na administração do negócio, ressarcindo ao dono o prejuízo resultante de qualquer culpa na gestão.

Veja arts. 667, 696, 712, 723, 862 e 868, CC.

Art. 867. Se o gestor se fizer substituir por outrem, responderá pelas faltas do substituto, ainda que seja pessoa idônea, sem prejuízo da ação que a ele, ou ao dono do negócio, contra ela possa caber.

Veja art. 667, CC.

Parágrafo único. Havendo mais de um gestor, solidária será a sua responsabilidade.

Veja arts. 264 a 266, 275 a 285 e 672, CC.

Art. 868. O gestor responde pelo caso fortuito quando fizer operações arriscadas, ainda que o dono costumasse fazê-las, ou quando preterir interesse deste em proveito de interesses seus.

Veja arts. 393, parágrafo único, e 862, CC.

Parágrafo único. Querendo o dono aproveitar-se da gestão, será obrigado a indenizar o gestor das despesas necessárias, que tiver feito, e dos prejuízos, que por motivo da gestão, houver sofrido.

Art. 869. Se o negócio for utilmente administrado, cumprirá ao dono as obrigações contraídas em seu nome, reembolsando ao gestor as despesas necessárias ou úteis que houver feito, com os juros legais, desde o desembolso, respondendo ainda pelos prejuízos que este houver sofrido por causa da gestão.

Veja arts. 305, 406, 407, 675, 861, 868, 870, 873 e 874, CC.

§ 1º A utilidade, ou necessidade, da despesa, apreciar-se-á não pelo resultado obtido, mas segundo as circunstâncias da ocasião em que se fizerem.

§ 2º Vigora o disposto neste artigo, ainda quando o gestor, em erro quanto ao dono do negócio, der a outra pessoa as contas da gestão.

Art. 870. Aplica-se a disposição do artigo antecedente, quando a gestão se proponha a acudir a prejuízos iminentes, ou redunde em proveito do dono do negócio ou da coisa; mas a indenização ao gestor não excederá, em importância, as vantagens obtidas com a gestão.

Veja art. 874, CC.

Art. 871. Quando alguém, na ausência do indivíduo obrigado a alimentos, por ele os prestar a quem se devem, poder-lhes-á reaver do devedor a importância, ainda que este não ratifique o ato.

Veja arts. 305, 872, parágrafo único, 1.694 a 1.698 e 1.700, CC.

Art. 872. Nas despesas do enterro, proporcionadas aos usos locais e à condição do falecido, feitas por terceiro, podem ser cobradas da pessoa que teria a obrigação de alimentar a que veio a falecer, ainda mesmo que esta não tenha deixado bens.

Veja arts. 1.694 a 1.698 e 1.700, CC.

Parágrafo único. Cessa o disposto neste artigo e no antecedente, em se provando que o gestor fez essas despesas com o simples intento de bem-fazer.

Art. 873. A ratificação pura e simples do dono do negócio retroage ao dia do começo da gestão, e produz todos os efeitos do mandato.

Veja arts. 172 a 176, 308, 653 a 691 e 1.205, II, CC.

Art. 874. Se o dono do negócio, ou da coisa, desaprovar a gestão, considerando-a contrária aos seus interesses, vigorará o disposto nos arts. 862 e 863, salvo o estabelecido nos arts. 869 e 870.

Art. 875. Se os negócios alheios forem conexos ao do gestor, de tal arte que se não possam gerir separadamente, haver-se-á o gestor por sócio daquele cujos interesses agenciar de envolta com os seus.

Veja arts. 981 e 982, CC.

Parágrafo único. No caso deste artigo, aquele em cujo benefício interveio o gestor só é obrigado na razão das vantagens que lograr.

CAPÍTULO III
DO PAGAMENTO INDEVIDO

Art. 876. Todo aquele que recebeu o que lhe não era devido fica obrigado a restituir; obrigação que incumbe àquele que recebe dívida condicional antes de cumprida a condição.

Veja arts. 125, 309, 312, 940 e 941, CC.

Art. 877. Àquele que voluntariamente pagou o indevido incumbe a prova de tê-lo feito por erro.

Veja arts. 138 a 144 e 212, CC.

Veja Súmula n. 322, STJ.

Art. 878. Aos frutos, acessões, benfeitorias e deteriorações sobrevindas à coisa dada em pagamento indevido, aplica-se o disposto neste Código sobre o possuidor de boa-fé ou de má-fé, conforme o caso.

Veja arts. 92 a 97 e 1.214 a 1.222, CC.

Art. 879. Se aquele que indevidamente recebeu um imóvel o tiver alienado em boa-fé, por título oneroso, responde somente pela quantia recebida; mas, se agiu de má-fé, além do valor do imóvel, responde por perdas e danos.

Veja arts. 402 a 405, CC.

Parágrafo único. Se o imóvel foi alienado por título gratuito, ou se, alienado por título oneroso, o terceiro adquirente agiu de má-fé, cabe ao que pagou por erro o direito de reivindicação.

Veja arts. 138 a 144, 538 a 541, 544, 546, 547, 550 a 560 e 562 a 564, CC.

Art. 880. Fica isento de restituir pagamento indevido aquele que, recebendo-o como parte de dívida verdadeira, inutilizou o título, deixou prescrever a pretensão ou abriu mão das garantias que asseguravam seu direito; mas aquele que pagou dispõe de ação regressiva contra o verdadeiro devedor e seu fiador.

Veja arts. 189, 305, 827 e 828, CC.

Veja art. 125, II, CPC.

Art. 881. Se o pagamento indevido tiver consistido no desempenho de obrigação de fazer ou para eximir-se da obrigação de não fazer, aquele que recebeu a prestação fica na obrigação de indenizar o que a cumpriu, na medida do lucro obtido.

Veja arts. 247 a 251 e 927, CC.

Veja arts. 814 a 823, CPC.

Art. 882. Não se pode repetir o que se pagou para solver dívida prescrita, ou cumprir obrigação judicialmente inexigível.

Veja arts. 191, 564, III, e 814, CC.

Art. 883. Não terá direito à repetição aquele que deu alguma coisa para obter fim ilícito, imoral, ou proibido por lei.

Veja art. 814, CC.

Parágrafo único. No caso deste artigo, o que se deu reverterá em favor de estabelecimento local de beneficência, a critério do juiz.

CAPÍTULO IV
DO ENRIQUECIMENTO SEM CAUSA

Art. 884. Aquele que, sem justa causa, se enriquecer à custa de outrem, será obrigado a restituir o indevidamente auferido, feita a atualização dos valores monetários.

Veja arts. 206, § 3º, IV, e 478 a 480, CC.

Parágrafo único. Se o enriquecimento tiver por objeto coisa determinada, quem a recebeu é obrigado a restituí-la, e, se a coisa não mais subsistir, a restituição se fará pelo valor do bem na época em que foi exigido.

Art. 885. A restituição é devida, não só quando não tenha havido causa que justifique o enriquecimento, mas também se esta deixou de existir.

Art. 886. Não caberá a restituição por enriquecimento, se a lei conferir ao lesado outros meios para se ressarcir do prejuízo sofrido.

TÍTULO VIII
DOS TÍTULOS DE CRÉDITO

CAPÍTULO I
DISPOSIÇÕES GERAIS

Art. 887. O título de crédito, documento necessário ao exercício do direito literal e autônomo nele contido, somente produz efeito quando preencha os requisitos da lei.

Veja arts. 206, § 3º, VIII, 223, parágrafo único, e 889, CC.

Veja art. 784, I, CPC.

Art. 888. A omissão de qualquer requisito legal, que tire ao escrito a sua validade como título de crédito, não implica a invalidade do negócio jurídico que lhe deu origem.

Veja arts. 166, IV, 170, 185 e 889, CC.

Art. 889. Deve o título de crédito conter a data da emissão, a indicação precisa dos direitos que confere, e a assinatura do emitente.

§ 1º É à vista o título de crédito que não contenha indicação de vencimento.

Veja art. 331, CC.

§ 2º Considera-se lugar de emissão e de pagamento, quando não indicado no título, o domicílio do emitente.

Veja art. 327, CC.

§ 3º O título poderá ser emitido a partir dos caracteres criados em computador ou meio técnico equivalente e que constem da escrituração do emitente, observados os requisitos mínimos previstos neste artigo.

Art. 890. Consideram-se não escritas no título a cláusula de juros, a proibitiva de endosso, a excludente de responsabilidade pelo pagamento ou por despesas, a que dispense a observância de termos e formalidade prescritas, e a que, além dos limites fixados em lei, exclua ou restrinja direitos e obrigações.

Art. 891. O título de crédito, incompleto ao tempo da emissão, deve ser preenchido de conformidade com os ajustes realizados.

Parágrafo único. O descumprimento dos ajustes previstos neste artigo pelos que deles participaram, não constitui motivo de oposição ao terceiro portador, salvo se este, ao adquirir o título, tiver agido de má-fé.

Art. 892. Aquele que, sem ter poderes, ou excedendo os que tem, lança a sua assinatura em título de crédito, como mandatário ou representante de outrem, fica pessoalmente obrigado, e, pagando o título, tem ele os mesmos direitos que teria o suposto mandante ou representado.

Veja arts. 661 a 663 e 665, CC.

Veja art. 1º, V, Decreto n. 2.044, de 31.12.1908.

Art. 893. A transferência do título de crédito implica a de todos os direitos que lhe são inerentes.

Veja art. 287, CC.

Art. 894. O portador de título representativo de mercadoria tem o direito de transferi-lo, de conformidade com as normas que regulam a sua circulação, ou de receber aquela independentemente de quaisquer formalidades, além da entrega do título devidamente quitado.

Veja arts. 319 a 321, CC.

Art. 895. Enquanto o título de crédito estiver em circulação, só ele poderá ser dado em garantia, ou ser objeto de medidas judiciais, e não, separadamente, os direitos ou mercadorias que representa.

Art. 896. O título de crédito não pode ser reivindicado do portador que o adquiriu de boa-fé e na conformidade das normas que disciplinam a sua circulação.

Art. 897. O pagamento de título de crédito, que contenha obrigação de pagar soma determinada, pode ser garantido por aval.

Veja arts. 898 a 900 e 1.647, III, CC.

Veja art. 12, parágrafo único, Lei n. 5.474, de 18.07.1968.

Parágrafo único. É vedado o aval parcial.

Art. 898. O aval deve ser dado no verso ou no anverso do próprio título.

§ 1º Para a validade do aval, dado no anverso do título, é suficiente a simples assinatura do avalista.

Veja art. 12, parágrafo único, Lei n. 5.474, de 18.07.1968.

§ 2º Considera-se não escrito o aval cancelado.

Art. 899. O avalista equipara-se àquele cujo nome indicar; na falta de indicação, ao emitente ou devedor final.

Veja arts. 264 a 266 e 275 a 285, CC.

Veja art. 12, parágrafo único, Lei n. 5.474, de 18.07.1968.

§ 1º Pagando o título, tem o avalista ação de regresso contra o seu avalizado e demais coobrigados anteriores.

Veja art. 125, II, CPC.

§ 2º Subsiste a responsabilidade do avalista, ainda que nula a obrigação daquele a quem se equipara, a menos que a nulidade decorra de vício de forma.

Art. 900. O aval posterior ao vencimento produz os mesmos efeitos do anteriormente dado.

Veja art. 920, CC.

Veja art. 12, parágrafo único, Lei n. 5.474, de 18.07.1968.

Art. 901. Fica validamente desonerado o devedor que paga título de crédito ao legítimo portador, no vencimento, sem oposição, salvo se agiu de má-fé.

Veja arts. 308 a 311, CC.

Parágrafo único. Pagando, pode o devedor exigir do credor, além da entrega do título, quitação regular.

Veja arts. 319 a 321 e 324, CC.

Art. 902. Não é o credor obrigado a receber o pagamento antes do vencimento do título, e aquele que o paga, antes do vencimento, fica responsável pela validade do pagamento.

§ 1º No vencimento, não pode o credor recusar pagamento, ainda que parcial.

§ 2º No caso de pagamento parcial, em que se não opera a tradição do título, além da quitação em separado, outra deverá ser firmada no próprio título.

Veja arts. 319 e 320, CC.

Art. 903. Salvo disposição diversa em lei especial, regem-se os títulos de crédito pelo disposto neste Código.

CAPÍTULO II
DO TÍTULO AO PORTADOR

Veja art. 2º, I e II, Lei n. 8.021, de 12.04.1990.

Art. 904. A transferência de título ao portador se faz por simples tradição.

Veja arts. 291, 910, § 2º, 1.226 e 1.267, CC.

Veja art. 856, CPC.

Art. 905. O possuidor de título ao portador tem direito à prestação nele indicada, mediante a sua simples apresentação ao devedor.

Veja arts. 308 e 311, CC.

Parágrafo único. A prestação é devida ainda que o título tenha entrado em circulação contra a vontade do emitente.

Veja art. 51, Decreto n. 2.044, de 31.12.1908.

Art. 906. O devedor só poderá opor ao portador exceção fundada em direito pessoal, ou em nulidade de sua obrigação.

Veja arts. 281, 371, 915 a 917, § 3º, e 918, § 2º, CC.

Veja art. 51, Decreto n. 2.044, de 31.12.1908.

Art. 907. É nulo o título ao portador emitido sem autorização de lei especial.

Veja art. 21, VIII, CF.

Art. 908. O possuidor de título dilacerado, porém identificável, tem direito a obter do emitente a substituição do anterior, mediante a restituição do primeiro e o pagamento das despesas.

Art. 909. O proprietário, que perder ou extraviar título, ou for injustamente desapossado dele, poderá obter novo título em juízo, bem como impedir sejam pagos a outrem capital e rendimentos.

Veja arts. 321 e 1.268, CC.

Veja art. 36, Decreto n. 2.044, de 31.12.1908.

Veja art. 24, Lei n. 7.357, de 02.09.1985.

Parágrafo único. O pagamento, feito antes de ter ciência da ação referida neste artigo, exonera o devedor, salvo se se provar que ele tinha conhecimento do fato.

CAPÍTULO III
DO TÍTULO À ORDEM

Art. 910. O endosso deve ser lançado pelo endossante no verso ou anverso do próprio título.

Veja arts. 917, 918 e 923, CC.

Veja art. 8º, Decreto n. 2.044, de 31.12.1908.

§ 1º Pode o endossante designar o endossatário, e para validade do endosso, dado no verso do título, é suficiente a simples assinatura do endossante.

§ 2º A transferência por endosso completa-se com a tradição do título.

Veja arts. 904 e 1.267, CC.

§ 3º Considera-se não escrito o endosso cancelado, total ou parcialmente.

Art. 911. Considera-se legítimo possuidor o portador do título à ordem com série regular e ininterrupta de endossos, ainda que o último seja em branco.

Parágrafo único. Aquele que paga o título está obrigado a verificar a regularidade da série de endossos, mas não a autenticidade das assinaturas.

Veja art. 923, §§ 1º e 2º, CC.

Art. 912. Considera-se não escrita no endosso qualquer condição a que o subordine o endossante.

Parágrafo único. É nulo o endosso parcial.

Art. 913. O endossatário de endosso em branco pode mudá-lo para endosso em preto, completando-o com o seu nome ou de terceiro; pode endossar novamente o título, em branco ou em preto; ou pode transferi-lo sem novo endosso.

Art. 914. Ressalvada cláusula expressa em contrário, constante do endosso, não responde o endossante pelo cumprimento da prestação constante do título.

Veja art. 43, Decreto n. 2.044, de 31.12.1908.

§ 1º Assumindo responsabilidade pelo pagamento, o endossante se torna devedor solidário.

Veja arts. 275 a 285, CC.

§ 2º Pagando o título, tem o endossante ação de regresso contra os coobrigados anteriores.

Veja art. 125, II, CPC.

Art. 915. O devedor, além das exceções fundadas nas relações pessoais que tiver com o portador, só poderá opor a este as exceções relativas à forma do título e ao seu conteúdo literal, à falsidade da própria assinatura, a defeito de capacidade ou de representação no momento da subscrição, e à falta de requisito necessário ao exercício da ação.

Veja arts. 906, 916, 917, § 3º, e 918, § 2º, CC.

Art. 916. As exceções, fundadas em relação do devedor com os portadores precedentes, somente poderão ser por ele opostas ao portador, se este, ao adquirir o título, tiver agido de má-fé.

Veja arts. 906, 915, 917, § 3º, e 918, § 2º, CC.

Art. 917. A cláusula constitutiva de mandato, lançada no endosso, confere ao endossatário o exercício dos direitos inerentes ao título, salvo restrição expressamente estatuída.

Veja art. 653, CC.

Veja art. 8º, § 1º, Decreto n. 2.044, de 31.12.1908.

Veja Súmula n. 476, STJ.

§ 1º O endossatário de endosso-mandato só pode endossar novamente o título na qualidade de procurador, com os mesmos poderes que recebeu.

Veja art. 918, § 1º, CC.

§ 2º Com a morte ou a superveniente incapacidade do endossante, não perde eficácia o endosso-mandato.

Veja arts. 3º e 4º, CC.

§ 3º Pode o devedor opor ao endossatário de endosso-mandato somente as exceções que tiver contra o endossante.

Veja arts. 906, 915, 916 e 918, § 2º, CC.

Art. 918. A cláusula constitutiva de penhor, lançada no endosso, confere ao endossatário o exercício dos direitos inerentes ao título.

Veja art. 1.458, CC.

§ 1º O endossatário de endosso-penhor só pode endossar novamente o título na qualidade de procurador.

Veja art. 917, § 1º, CC.

§ 2º Não pode o devedor opor ao endossatário de endosso-penhor as exceções que tinha contra o endossante, salvo se aquele tiver agido de má-fé.

Veja arts. 906 e 915 a 917, § 3º, CC.

Art. 919. A aquisição de título à ordem, por meio diverso do endosso, tem efeito de cessão civil.

Veja arts. 286 a 298, CC.

Art. 920. O endosso posterior ao vencimento produz os mesmos efeitos do anterior.

Veja art. 900, CC.

CAPÍTULO IV
DO TÍTULO NOMINATIVO

Art. 921. É título nominativo o emitido em favor de pessoa cujo nome conste no registro do emitente.

Art. 922. Transfere-se o título nominativo mediante termo, em registro do emitente, assinado pelo proprietário e pelo adquirente.

Veja art. 925, CC.

Art. 923. O título nominativo também pode ser transferido por endosso que contenha o nome do endossatário.

Veja arts. 910, 913 e 925, CC.

§ 1º A transferência mediante endosso só tem eficácia perante o emitente, uma vez feita a competente averbação em seu registro, podendo o emitente exigir do endossatário que comprove a autenticidade da assinatura do endossante.

Veja art. 911, parágrafo único, CC.

§ 2º O endossatário, legitimado por série regular e ininterrupta de endossos, tem o direito de obter a averbação no registro do emitente, comprovada a autenticidade das assinaturas de todos os endossantes.

Veja art. 911, parágrafo único, CC.

§ 3º Caso o título original contenha o nome do primitivo proprietário, tem direito o adquirente a obter do emitente novo título, em seu nome, devendo a emissão do novo título constar no registro do emitente.

Art. 924. Ressalvada proibição legal, pode o título nominativo ser transformado em à ordem ou ao portador, a pedido do proprietário e à sua custa.

Veja arts. 904 a 920, CC.

Art. 925. Fica desonerado de responsabilidade o emitente que de boa-fé fizer a transferência pelos modos indicados nos artigos antecedentes.

Art. 926. Qualquer negócio ou medida judicial, que tenha por objeto o título, só produz efeito perante o emitente ou terceiros, uma vez feita a competente averbação no registro do emitente.

TÍTULO IX
DA RESPONSABILIDADE CIVIL

CAPÍTULO I
DA OBRIGAÇÃO DE INDENIZAR

Art. 927. Aquele que, por ato ilícito (arts. 186 e 187), causar dano a outrem, fica obrigado a repará-lo.

Veja arts. 43, 186 a 188, 206, § 3º, V, 475, 612, 613, 617, 734, 784, 884 e 944 a 954, CC.

Veja arts. 5º, V, X e LXXV, e 37, § 6º, CF.

Veja art. 91, I, CP.

Veja art. 21, Lei n. 9.263, de 12.01.1996.

Veja Súmula n. 595, STJ.

Parágrafo único. Haverá obrigação de reparar o dano, independentemente de culpa, nos casos especificados em lei, ou quando a atividade normalmente desenvolvida pelo autor do dano implicar, por sua natureza, risco para os direitos de outrem.

Veja arts. 77, 81, 143, 161, 302 e 718, CPC.

Art. 928. O incapaz responde pelos prejuízos que causar, se as pessoas por ele responsáveis não tiverem obrigação de fazê-lo ou não dispuserem de meios suficientes.

Veja arts. 3º, 4º, 932, I e II, 933, 934 e 942, CC.

Parágrafo único. A indenização prevista neste artigo, que deverá ser equitativa, não terá lugar se privar do necessário o incapaz ou as pessoas que dele dependem.

Art. 929. Se a pessoa lesada, ou o dono da coisa, no caso do inciso II do art. 188, não forem culpados do perigo, assistir-lhes-á direito à indenização do prejuízo que sofreram.

Veja art. 927, parágrafo único, CC.

Art. 930. No caso do inciso II do art. 188, se o perigo ocorrer por culpa de terceiro, contra este terá o autor do dano ação regressiva para haver a importância que tiver ressarcido ao lesado.

Veja arts. 735 e 927, parágrafo único, CC.

Veja art. 125, II, CPC.

Parágrafo único. A mesma ação competirá contra aquele em defesa de quem se causou o dano (art. 188, inciso I).

Art. 931. Ressalvados outros casos previstos em lei especial, os empresários individuais e as empresas respondem independentemente de culpa pelos danos causados pelos produtos postos em circulação.

Veja art. 966, CC.

Art. 932. São também responsáveis pela reparação civil:

Veja arts. 927, 933, 934 e 942, parágrafo único, CC.

Veja art. 37, § 6º, CF.

Veja art. 91, I, CP.

Veja art. 21, Lei n. 9.263, de 12.01.1996.

I – os pais, pelos filhos menores que estiverem sob sua autoridade e em sua companhia;

Veja arts. 928, 933 e 934, CC.

Veja art. 116, ECA.

II – o tutor e o curador, pelos pupilos e curatelados, que se acharem nas mesmas condições;

Veja arts. 928, 933 e 934, CC.

III – o empregador ou comitente, por seus empregados, serviçais e prepostos, no exercício do trabalho que lhes competir, ou em razão dele;

Veja arts. 149, 933 e 1.169 a 1.178, CC.

IV – os donos de hotéis, hospedarias, casas ou estabelecimentos onde se albergue por dinheiro, mesmo para fins de educação, pelos seus hóspedes, moradores e educandos;

Veja arts. 647 a 650 e 933, CC.

V – os que gratuitamente houverem participado nos produtos do crime, até a concorrente quantia.

Veja arts. 933 e 935, CC.

Art. 933. As pessoas indicadas nos incisos I a V do artigo antecedente, ainda que não haja culpa de sua parte, responderão pelos atos praticados pelos terceiros ali referidos.

Art. 934. Aquele que ressarcir o dano causado por outrem pode reaver o que houver pago daquele por quem pagou, salvo se o causador do dano for descendente seu, absoluta ou relativamente incapaz.

Veja arts. 3º, 4º, 932, I e II, 1.591, 1.593 e 1.594, CC.

Art. 935. A responsabilidade civil é independente da criminal, não se podendo questionar mais sobre a existência do fato, ou sobre quem seja o seu autor, quando estas questões se acharem decididas no juízo criminal.

Veja art. 91, I, CP.

Art. 936. O dono, ou detentor, do animal ressarcirá o dano por este causado, se não provar culpa da vítima ou força maior.

Veja arts. 393, parágrafo único, e 945, CC.

Art. 937. O dono de edifício ou construção responde pelos danos que resultarem de sua ruína, se esta provier de falta de reparos, cuja necessidade fosse manifesta.

Veja arts. 618 e 1.280, CC.

Art. 938. Aquele que habitar prédio, ou parte dele, responde pelo dano proveniente das coisas que dele caírem ou forem lançadas em lugar indevido.

Art. 939. O credor que demandar o devedor antes de vencida a dívida, fora dos casos em que a lei o permita, ficará obrigado a esperar o tempo que faltava para o vencimento, a descontar os juros correspondentes, embora estipulados, e a pagar as custas em dobro.

Veja arts. 333 e 941, CC.

Art. 940. Aquele que demandar por dívida já paga, no todo ou em parte, sem ressalvar as quantias recebidas ou pedir mais do que for devido, ficará obrigado a pagar ao devedor, no primeiro caso, o dobro do que houver cobrado e, no segundo, o equivalente do que dele exigir, salvo se houver prescrição.

Veja arts. 876 e 941, CC.

Art. 941. As penas previstas nos arts. 939 e 940 não se aplicarão quando o autor desistir da ação antes de contestada a lide, salvo ao réu o direito de haver indenização por algum prejuízo que prove ter sofrido.

Art. 942. Os bens do responsável pela ofensa ou violação do direito de outrem ficam sujeitos à reparação do dano causado; e, se a ofensa tiver mais de um autor, todos responderão solidariamente pela reparação.

Veja arts. 186, 264 a 266 e 275 a 285, CC.

Veja art. 5º, V e X, CF.

Veja art. 21, Lei n. 9.263, de 12.01.1996.

Parágrafo único. São solidariamente responsáveis com os autores os coautores e as pessoas designadas no art. 932.

Veja arts. 933 e 934, CC.

Art. 943. O direito de exigir reparação e a obrigação de prestá-la transmitem-se com a herança.

Veja arts. 1.792, 1.821 e 1.997, CC.
Veja Súmula n. 642, STJ.

CAPÍTULO II
DA INDENIZAÇÃO

Art. 944. A indenização mede-se pela extensão do dano.

Parágrafo único. Se houver excessiva desproporção entre a gravidade da culpa e o dano, poderá o juiz reduzir, equitativamente, a indenização.

Art. 945. Se a vítima tiver concorrido culposamente para o evento danoso, a sua indenização será fixada tendo-se em conta a gravidade de sua culpa em confronto com a do autor do dano.

Veja art. 738, parágrafo único, CC.

Art. 946. Se a obrigação for indeterminada, e não houver na lei ou no contrato disposição fixando a indenização devida pelo inadimplente, apurar-se-á o valor das perdas e danos na forma que a lei processual determinar.

Veja arts. 402 a 405, CC.

Art. 947. Se o devedor não puder cumprir a prestação na espécie ajustada, substituir-se-á pelo seu valor, em moeda corrente.

Art. 948. No caso de homicídio, a indenização consiste, sem excluir outras reparações:

Veja art. 951, CC.

I – no pagamento das despesas com o tratamento da vítima, seu funeral e o luto da família;

Veja Súmula n. 642, STJ.

II – na prestação de alimentos às pessoas a quem o morto os devia, levando-se em conta a duração provável da vida da vítima.

Veja arts. 1.694 a 1.710, CC.

Art. 949. No caso de lesão ou outra ofensa à saúde, o ofensor indenizará o ofendido das despesas do tratamento e dos lucros cessantes até ao fim da convalescença, além de algum outro prejuízo que o ofendido prove haver sofrido.

Veja arts. 402 a 405 e 951, CC.

Art. 950. Se da ofensa resultar defeito pelo qual o ofendido não possa exercer o seu ofício ou profissão, ou se lhe diminua a capacidade de trabalho, a indenização, além das despesas do tratamento e lucros cessantes até ao fim da convalescença, incluirá pensão correspondente à importância do trabalho para que se inabilitou, ou da depreciação que ele sofreu.

Veja arts. 402 a 405 e 951, CC.

Parágrafo único. O prejudicado, se preferir, poderá exigir que a indenização seja arbitrada e paga de uma só vez.

Art. 951. O disposto nos arts. 948, 949 e 950 aplica-se ainda no caso de indenização devida por aquele que, no exercício de atividade profissional, por negligência, imprudência ou imperícia, causar a morte do paciente, agravar-lhe o mal, causar-lhe lesão, ou inabilitá-lo para o trabalho.

Art. 952. Havendo usurpação ou esbulho do alheio, além da restituição da coisa, a indenização consistirá em pagar o valor das suas deteriorações e o devido a título de lucros cessantes; faltando a coisa, dever-se-á reembolsar o seu equivalente ao prejudicado.

Veja arts. 402 a 405, 1.210 e 1.228, CC.

Parágrafo único. Para se restituir o equivalente, quando não exista a própria coisa, estimar-se-á ela pelo seu preço ordinário e pelo de afeição, contanto que este não se avantaje àquele.

Veja arts. 884 a 886, CC.

Art. 953. A indenização por injúria, difamação ou calúnia consistirá na reparação do dano que delas resulte ao ofendido.

Parágrafo único. Se o ofendido não puder provar prejuízo material, caberá ao juiz fixar, equitativamente, o valor da indenização, na conformidade das circunstâncias do caso.

Veja art. 954, CC.

Art. 954. A indenização por ofensa à liberdade pessoal consistirá no pagamento das perdas e danos que sobrevierem ao ofendido, e se este não puder provar prejuízo, tem aplicação o disposto no parágrafo único do artigo antecedente.

Veja arts. 402 a 405, CC.

Parágrafo único. Consideram-se ofensivos da liberdade pessoal:

I – o cárcere privado;

II – a prisão por queixa ou denúncia falsa e de má-fé;

III – a prisão ilegal.

Veja art. 5º, LXV, CF.

TÍTULO X
DAS PREFERÊNCIAS E PRIVILÉGIOS CREDITÓRIOS

Veja art. 1.368-E, § 1º, CC.

Art. 955. Procede-se à declaração de insolvência toda vez que as dívidas excedam à importância dos bens do devedor.

Art. 956. A discussão entre os credores pode versar quer sobre a preferência entre eles disputada, quer sobre a nulidade, simulação, fraude, ou falsidade das dívidas e contratos.

Veja arts.158 a 184, CC.

Art. 957. Não havendo título legal à preferência, terão os credores igual direito sobre os bens do devedor comum.

Art. 958. Os títulos legais de preferência são os privilégios e os direitos reais.

Veja arts. 964, 965 e 1.225, CC.

Art. 959. Conservam seus respectivos direitos os credores, hipotecários ou privilegiados:

Veja art. 960, CC.

I – sobre o preço do seguro da coisa gravada com hipoteca ou privilégio, ou sobre a indenização devida, havendo responsável pela perda ou danificação da coisa;

Veja art. 1.425, IV e § 2º, CC.

II – sobre o valor da indenização, se a coisa obrigada a hipoteca ou privilégio for desapropriada.

Veja art. 1.425, V e § 2º, CC.

Art. 960. Nos casos a que se refere o artigo antecedente, o devedor do seguro, ou da indenização, exonera-se pagando sem oposição dos credores hipotecários ou privilegiados.

Art. 961. O crédito real prefere ao pessoal de qualquer espécie; o crédito pessoal privilegiado, ao simples; e o privilégio especial, ao geral.

Veja arts. 1.419 e 1.509, § 1º, CC.

Art. 962. Quando concorrerem aos mesmos bens, e por título igual, dois ou mais credores da mesma classe especialmente privilegiados, haverá entre eles rateio proporcional ao valor dos respectivos créditos, se o produto não bastar para o pagamento integral de todos.

Veja arts. 87, 88 e 257, CC.

Art. 963. O privilégio especial só compreende os bens sujeitos, por expressa disposição de lei, ao pagamento do crédito que ele favorece; e o geral, todos os bens não sujeitos a crédito real nem a privilégio especial.

Veja arts. 964 e 965, CC.

Art. 964. Têm privilégio especial:

I – sobre a coisa arrecadada e liquidada, o credor de custas e despesas judiciais feitas com a arrecadação e liquidação;

II – sobre a coisa salvada, o credor por despesas de salvamento;

III – sobre a coisa beneficiada, o credor por benfeitorias necessárias ou úteis;

Veja art. 96, CC.

IV – sobre os prédios rústicos ou urbanos, fábricas, oficinas, ou quaisquer outras construções, o credor de materiais, dinheiro, ou serviços para a sua edificação, reconstrução, ou melhoramento;

V – sobre os frutos agrícolas, o credor por sementes, instrumentos e serviços à cultura, ou à colheita;

VI – sobre as alfaias e utensílios de uso doméstico, nos prédios rústicos ou urbanos, o credor de aluguéis, quanto às prestações do ano corrente e do anterior;

VII – sobre os exemplares da obra existente na massa do editor, o autor dela, ou seus legítimos representantes, pelo crédito fundado contra aquele no contrato da edição;

VIII – sobre o produto da colheita, para a qual houver concorrido com o seu trabalho, e precipuamente a quaisquer outros créditos, ainda que reais, o trabalhador agrícola, quanto à dívida dos seus salários;

IX – sobre os produtos do abate, o credor por animais.

Inciso acrescentado pela Lei n. 13.176, de 21.10.2015.

Art. 965. Goza de privilégio geral, na ordem seguinte, sobre os bens do devedor:

I – o crédito por despesa de seu funeral, feito segundo a condição do morto e o costume do lugar;

II – o crédito por custas judiciais, ou por despesas com a arrecadação e liquidação da massa;

III – o crédito por despesas com o luto do cônjuge sobrevivo e dos filhos do devedor falecido, se foram moderadas;

IV – o crédito por despesas com a doença de que faleceu o devedor, no semestre anterior à sua morte;

V – o crédito pelos gastos necessários à mantença do devedor falecido e sua família, no trimestre anterior ao falecimento;

VI – o crédito pelos impostos devidos à Fazenda Pública, no ano corrente e no anterior;

VII – o crédito pelos salários dos empregados do serviço doméstico do devedor, nos seus derradeiros seis meses de vida;

VIII – os demais créditos de privilégio geral.

LIVRO II
DO DIREITO DE EMPRESA

TÍTULO I
DO EMPRESÁRIO

CAPÍTULO I
DA CARACTERIZAÇÃO E DA INSCRIÇÃO

Art. 966. Considera-se empresário quem exerce profissionalmente atividade econômica organizada para a produção ou a circulação de bens ou de serviços.

Veja arts. 972 a 980, 982 a 984, 1.150, 1.155, 1.156, 1.163, 1.166, 1.168, 1.179, 1.194, 2.031 e 2.037, CC.

Parágrafo único. Não se considera empresário quem exerce profissão intelectual, de natureza científica, literária ou artística, ainda com o concurso de auxiliares ou colaboradores, salvo se o exercício da profissão constituir elemento de empresa.

Art. 967. É obrigatória a inscrição do empresário no Registro Público de Empresas Mercantis da respectiva sede, antes do início de sua atividade.

Veja arts. 968, 969, 971, 979, 982, 984 e 1.150 a 1.154, CC.

Art. 968. A inscrição do empresário far-se-á mediante requerimento que contenha:

Veja arts. 967, 971, 984, 1.131, 1.136 e 1.141, § 3º, CC.

I – o seu nome, nacionalidade, domicílio, estado civil e, se casado, o regime de bens;

Veja arts. 16 a 19, 70 a 74, 977 a 980 e 1.639 a 1.688, CC.
Veja art. 12, CF.

II – a firma, com a respectiva assinatura autógrafa que poderá ser substituída pela assinatura autenticada com certificação digital ou meio equivalente que comprove a sua autenticidade, ressalvado o disposto no inciso I do § 1º do art. 4º da Lei Complementar n. 123, de 14 de dezembro de 2006;

Inciso com redação dada pela LC n. 147, de 07.08.2014.

III – o capital;

IV – o objeto e a sede da empresa.

Veja art. 1.142, CC.

§ 1º Com as indicações estabelecidas neste artigo, a inscrição será tomada por termo no livro próprio do Registro Público de Empresas Mercantis, e obedecerá a número de ordem contínuo para todos os empresários inscritos.

Veja art. 971, CC.

§ 2º À margem da inscrição, e com as mesmas formalidades, serão averbadas quaisquer modificações nela ocorrentes.

Veja arts. 971, 976, 979, 980, 999, parágrafo único, 1.003, parágrafo único, 1.012, 1.032, 1.048, 1.057, parágrafo único, 1.063, §§ 2º e 3º, 1.083, 1.084, § 3º, 1.086, 1.102, parágrafo único, 1.113, 1.121, 1.138, parágrafo único, 1.141, § 3º, 1.144 e 1.174, CC.

§ 3º Caso venha a admitir sócios, o empresário individual poderá solicitar ao Registro Público de Empresas Mercantis a transformação de seu registro de empresário para registro de sociedade empresária, observado, no que couber, o disposto nos arts. 1.113 a 1.115 deste Código.

Parágrafo acrescentado pela LC n. 128, de 19.12.2008.
Veja art. 971, CC.

§ 4º O processo de abertura, registro, alteração e baixa do microempreendedor individual de que trata o art. 18-A da Lei Complementar n. 123, de 14 de dezembro de 2006, bem como qualquer exigência para o início de seu funcionamento deverão ter trâmite especial e simplificado, preferentemente eletrônico, opcional para o empreendedor, na forma a ser disciplinada pelo Comitê para Gestão da Rede Nacional para a Simplificação do Registro e da Legalização de Empresas e Negócios – CGSIM, de que trata o inciso III do art. 2º da mesma Lei.

Parágrafo acrescentado pela Lei n. 12.470, de 31.08.2011.
Veja art. 971, CC.

§ 5º Para fins do disposto no § 4º, poderão ser dispensados o uso da firma, com a respectiva assinatura autógrafa, o capital, requerimentos, demais assinaturas, informações relativas à nacionalidade, estado civil e regime de bens, bem como remessa de documentos, na forma estabelecida pelo CGSIM.

Parágrafo acrescentado pela Lei n. 12.470, de 31.08.2011.
Veja art. 971, CC.

Art. 969. O empresário que instituir sucursal, filial ou agência, em lugar sujeito à jurisdição de outro Registro Público de Empresas Mercantis, neste deverá também inscrevê-la, com a prova da inscrição originária.

Veja art. 1.000, CC.
Veja art. 24, III, CF.

Parágrafo único. Em qualquer caso, a constituição do estabelecimento secundário deverá ser averbada no Registro Público de Empresas Mercantis da respectiva sede.

Art. 970. A lei assegurará tratamento favorecido, diferenciado e simplificado ao empresário rural e ao pequeno empresário, quanto à inscrição e aos efeitos daí decorrentes.

Veja arts. 971 e 1.179, § 2º, CC.
Veja arts. 170, IX, e 179, CF.

Art. 971. O empresário, cuja atividade rural constitua sua principal profissão, pode, observadas as formalidades de que tratam o art. 968 e seus parágrafos, requerer inscrição no Registro Público de Empresas Mercantis da respectiva sede, caso em que, depois de inscrito, ficará equiparado, para todos os efeitos, ao empresário sujeito a registro.

Veja arts. 970, 984 e 1.150 a 1.154, CC.

Parágrafo único. Aplica-se o disposto no *caput* deste artigo à associação que desenvolva atividade futebolística em caráter habitual e profissional, caso em que, com a inscrição, será considerada empresária, para todos os efeitos.

Parágrafo acrescentado pela Lei n. 14.193, de 06.08.2021.

CAPÍTULO II
DA CAPACIDADE

Art. 972. Podem exercer a atividade de empresário os que estiverem em pleno gozo da capacidade civil e não forem legalmente impedidos.

Veja arts. 3º, 4º, 5º, parágrafo único, 966, 974 e 1.011, § 1º, CC.
Veja arts. 54, II, *a*, 128, § 5º, II, *c*, 176, § 1º, 178, parágrafo único, e 222, CF.
Veja art. 725, I, CPC.

Art. 973. A pessoa legalmente impedida de exercer atividade própria de empresário, se a exercer, responderá pelas obrigações contraídas.

Veja art. 892, CC.
Veja art. 158, Lei n. 6.404, de 15.12.1976.

Art. 974. Poderá o incapaz, por meio de representante ou devidamente assistido, continuar a empresa antes exercida por ele enquanto capaz, por seus pais ou pelo autor de herança.

Veja arts. 3º, 4º, 115 a 120, 166, I, 178, III, 181, 972, 976, 1.630 a 1.634, VII, 1.728 e 1.767, CC.

§ 1º Nos casos deste artigo, precederá autorização judicial, após exame das circunstâncias e dos riscos da empresa, bem como da conveniência em continuá-la, podendo a autorização ser revogada pelo juiz, ouvidos os pais, tutores ou representantes legais do menor ou do interdito, sem prejuízo dos direitos adquiridos por terceiros.

§ 2º Não ficam sujeitos ao resultado da empresa os bens que o incapaz já possuía, ao tempo da sucessão ou da interdição, desde que estranhos ao acervo daquela, devendo tais fatos constar do alvará que conceder a autorização.

§ 3º O Registro Público de Empresas Mercantis a cargo das Juntas Comerciais deverá registrar contratos ou alterações contratuais de sociedade que envolva sócio incapaz, desde que atendidos, de forma conjunta, os seguintes pressupostos:

Parágrafo e incisos acrescentados pela Lei n. 12.399, de 01.04.2011.

I – o sócio incapaz não pode exercer a administração da sociedade;

II – o capital social deve ser totalmente integralizado;

III – o sócio relativamente incapaz deve ser assistido e o absolutamente incapaz deve ser representado por seus representantes legais.

Art. 975. Se o representante ou assistente do incapaz for pessoa que, por disposição de lei, não puder exercer atividade de empresário, nomeará, com a aprovação do juiz, um ou mais gerentes.

Veja arts. 972, 974 e 1.172 a 1.176, CC.

§ 1º Do mesmo modo será nomeado gerente em todos os casos em que o juiz entender ser conveniente.

§ 2º A aprovação do juiz não exime o representante ou assistente do menor ou do interdito da responsabilidade pelos atos dos gerentes nomeados.

Art. 976. A prova da emancipação e da autorização do incapaz, nos casos do art. 974, e a de eventual revogação desta, serão inscritas ou averbadas no Registro Público de Empresas Mercantis.

Veja arts. 5º, parágrafo único, e 968, § 2º, CC.

Parágrafo único. O uso da nova firma caberá, conforme o caso, ao gerente; ou ao representante do incapaz; ou a este, quando puder ser autorizado.

Veja arts. 974, § 1º, 975 e 1.172 a 1.176, CC.

Art. 977. Faculta-se aos cônjuges contratar sociedade, entre si ou com terceiros, desde que não tenham casado no regime da comunhão universal de bens, ou no da separação obrigatória.

Veja arts. 1.641, 1.667 a 1.671, 1.688 e 1.689, CC.

Veja art. 5º, XVII, CF.

Art. 978. O empresário casado pode, sem necessidade de outorga conjugal, qualquer que seja o regime de bens, alienar os imóveis que integrem o patrimônio da empresa ou gravá-los de ônus real.

Veja arts. 1.643 e 1.647, I, CC.

Veja art. 5º, I, CF.

Art. 979. Além de no Registro Civil, serão arquivados e averbados, no Registro Público de Empresas Mercantis, os pactos e declarações antenupciais do empresário, o título de doação, herança, ou legado, de bens clausulados de incomunicabilidade ou inalienabilidade.

Veja arts. 1.653 a 1.657, 1.659, 1.668, I, II, IV e V, 1.674, I e II, 1.848 e 1.911, CC.

Art. 980. A sentença que decretar ou homologar a separação judicial do empresário e o ato de reconciliação não podem ser opostos a terceiros, antes de arquivados e averbados no Registro Público de Empresas Mercantis.

Veja arts. 1.571, III, e 1.577, parágrafo único, CC.

Veja EC n. 66, de 13.07.2010.

TÍTULO I-A
DA EMPRESA INDIVIDUAL DE RESPONSABILIDADE LIMITADA

(*Revogado pela Lei n. 14.382, de 27.06.2022.*)

Art. 980-A. (*Revogado pela Lei n. 14.382, de 27.06.2022.*)

TÍTULO II
DA SOCIEDADE

CAPÍTULO ÚNICO
DISPOSIÇÕES GERAIS

Art. 981. Celebram contrato de sociedade as pessoas que reciprocamente se obrigam a contribuir, com bens ou serviços, para o exercício de atividade econômica e a partilha, entre si, dos resultados.

Veja arts. 44, § 2º, 53 a 61, 2.031 e 2.033, CC.

Veja art. 5º, XVII a XXI, CF.

Parágrafo único. A atividade pode restringir-se à realização de um ou mais negócios determinados.

Veja arts. 991 a 996, CC.

Art. 982. Salvo as exceções expressas, considera-se empresária a sociedade que tem por objeto o exercício de atividade própria de empresário sujeito a registro (art. 967); e, simples, as demais.

Veja arts. 966, 983, 997 a 1.087 e 2.037, CC.

Parágrafo único. Independentemente de seu objeto, considera-se empresária a sociedade por ações; e, simples, a cooperativa.

Veja arts. 1.088 a 1.096, CC.

Veja art. 174, § 2º, CF.

Art. 983. A sociedade empresária deve constituir-se segundo um dos tipos regulados nos arts. 1.039 a 1.092; a sociedade simples pode constituir-se de conformidade com um desses tipos, e, não o fazendo, subordina-se às normas que lhe são próprias.

Veja arts. 997 a 1.038, CC.

Veja art. 170, CF.

Parágrafo único. Ressalvam-se as disposições concernentes à sociedade em conta de participação e à cooperativa, bem como as constantes de leis especiais que, para o exercício de certas atividades, imponham a constituição da sociedade segundo determinado tipo.

Veja arts. 991 a 996 e 1.093 a 1.096, CC.

Art. 984. A sociedade que tenha por objeto o exercício de atividade própria de empresário rural e seja constituída, ou transformada, de acordo com um dos tipos de sociedade empresária, pode, com as formalidades do art. 968, requerer inscrição no Registro Público de Empresas Mercantis da sua sede, caso em que, depois de inscrita, ficará equiparada, para todos os efeitos, à sociedade empresária.

Veja arts. 971, 982, 983 e 1.039 a 1.092, CC.

Parágrafo único. Embora já constituída a sociedade segundo um daqueles tipos, o pedido de inscrição se subordinará, no que for aplicável, às normas que regem a transformação.

Veja arts. 1.113 a 1.115, CC.

Art. 985. A sociedade adquire personalidade jurídica com a inscrição, no registro próprio e na forma da lei, dos seus atos constitutivos (arts. 45 e 1.150).

Veja arts. 44, II, 46 e 1.150 a 1.154, CC.

SUBTÍTULO I
DA SOCIEDADE NÃO PERSONIFICADA

Veja art. 3º, Lei n. 11.795, de 08.10.2008.

CAPÍTULO I
DA SOCIEDADE EM COMUM

Art. 986. Enquanto não inscritos os atos constitutivos, reger-se-á a sociedade, exceto por ações em organização, pelo disposto neste Capítulo, observadas, subsidiariamente e no que com ele forem compatíveis, as normas da sociedade simples.

Veja arts. 997 a 1.038, CC.

Art. 987. Os sócios, nas relações entre si ou com terceiros, somente por escrito podem provar a existência da sociedade, mas os terceiros podem prová-la de qualquer modo.

Veja art. 212, CC.

Veja art. 75, IX e § 2º, CPC.

Art. 988. Os bens e dívidas sociais constituem patrimônio especial, do qual os sócios são titulares em comum.

Art. 989. Os bens sociais respondem pelos atos de gestão praticados por qualquer dos sócios, salvo pacto expresso limitativo de poderes, que somente terá eficácia contra o terceiro que o conheça ou deva conhecer.

Veja art. 795, CPC.

Art. 990. Todos os sócios respondem solidária e ilimitadamente pelas obrigações sociais, excluído do benefício de ordem, previsto no art. 1.024, aquele que contratou pela sociedade.

Veja arts. 264 a 266 e 275 a 285, CC.

Veja art. 795, CPC.

CAPÍTULO II
DA SOCIEDADE EM CONTA DE PARTICIPAÇÃO

Art. 991. Na sociedade em conta de participação, a atividade constitutiva do objeto social é exercida unicamente pelo sócio ostensivo, em seu nome individual e sob sua própria e exclusiva responsabilidade, participando os demais dos resultados correspondentes.

Veja arts. 983, parágrafo único, e 1.162, CC.

Parágrafo único. Obriga-se perante terceiro tão somente o sócio ostensivo; e, exclusivamente perante este, o sócio participante, nos termos do contrato social.

Art. 992. A constituição da sociedade em conta de participação independe de qualquer formalidade e pode provar-se por todos os meios de direito.

Veja art. 212, CC.

Art. 993. O contrato social produz efeito somente entre os sócios, e a eventual inscrição de seu instrumento em qualquer registro não confere personalidade jurídica à sociedade.

Parágrafo único. Sem prejuízo do direito de fiscalizar a gestão dos negócios sociais, o sócio participante não pode tomar parte nas relações do sócio ostensivo com terceiros, sob pena de responder solidariamente com este pelas obrigações em que intervier.

Veja arts. 264 a 266 e 275 a 285, CC.

Art. 994. A contribuição do sócio participante constitui, com a do sócio ostensivo, patrimônio especial, objeto da conta de participação relativa aos negócios sociais.

§ 1º A especialização patrimonial somente produz efeitos em relação aos sócios.

§ 2º A falência do sócio ostensivo acarreta a dissolução da sociedade e a liquidação da respectiva conta, cujo saldo constituirá crédito quirografário.

§ 3º Falindo o sócio participante, o contrato social fica sujeito às normas que regulam os efeitos da falência nos contratos bilaterais do falido.

Art. 995. Salvo estipulação em contrário, o sócio ostensivo não pode admitir novo sócio sem o consentimento expresso dos demais.

Art. 996. Aplica-se à sociedade em conta de participação, subsidiariamente e no que com ela for compatível, o disposto para a sociedade simples, e a sua liquidação rege-se pelas normas relativas à prestação de contas, na forma da lei processual.

Veja arts. 997 a 1.038, CC.

Veja arts. 550 a 553, CPC.

Parágrafo único. Havendo mais de um sócio ostensivo, as respectivas contas serão prestadas e julgadas no mesmo processo.

SUBTÍTULO II
DA SOCIEDADE PERSONIFICADA

CAPÍTULO I
DA SOCIEDADE SIMPLES

Seção I
Do Contrato Social

Art. 997. A sociedade constitui-se mediante contrato escrito, particular ou público, que, além de cláusulas estipuladas pelas partes, mencionará:

Veja arts. 982, 998, § 2º, 999, 1.001, 1.041 e 1.054, CC.

I – nome, nacionalidade, estado civil, profissão e residência dos sócios, se pessoas naturais, e a firma ou a denominação, nacionalidade e sede dos sócios, se jurídicas;

II – denominação, objeto, sede e prazo da sociedade;

III – capital da sociedade, expresso em moeda corrente, podendo compreender qualquer espécie de bens, suscetíveis de avaliação pecuniária;

IV – a quota de cada sócio no capital social, e o modo de realizá-la;

V – as prestações a que se obriga o sócio, cuja contribuição consista em serviços;

Veja arts. 1.006 e 1.007, CC.

VI – as pessoas naturais incumbidas da administração da sociedade, e seus poderes e atribuições;

Veja art. 1.011, § 1º, CC.

VII – a participação de cada sócio nos lucros e nas perdas;

Veja art. 1.007, CC.

VIII – se os sócios respondem, ou não, subsidiariamente, pelas obrigações sociais.

Parágrafo único. É ineficaz em relação a terceiros qualquer pacto separado, contrário ao disposto no instrumento do contrato.

Art. 998. Nos trinta dias subsequentes à sua constituição, a sociedade deverá requerer a inscrição do contrato social no Registro Civil das Pessoas Jurídicas do local de sua sede.

Veja arts. 45, 46, 75, IV, e 1.150 a 1.154, CC.

§ 1º O pedido de inscrição será acompanhado do instrumento autenticado do contrato, e, se algum sócio nele houver sido representado por procurador, o da respectiva procuração, bem como, se for o caso, da prova de autorização da autoridade competente.

Veja art. 653, CC.

§ 2º Com todas as indicações enumeradas no artigo antecedente, será a inscrição tomada por termo no livro de registro próprio, e obedecerá a número de ordem contínua para todas as sociedades inscritas.

Art. 999. As modificações do contrato social, que tenham por objeto matéria indicada no art. 997, dependem do consentimento de todos os sócios;

as demais podem ser decididas por maioria absoluta de votos, se o contrato não determinar a necessidade de deliberação unânime.

Veja arts. 1.002 e 1.003, CC.

Parágrafo único. Qualquer modificação do contrato social será averbada, cumprindo-se as formalidades previstas no artigo antecedente.

Veja art. 2.033, CC.

Art. 1.000. A sociedade simples que instituir sucursal, filial ou agência na circunscrição de outro Registro Civil das Pessoas Jurídicas, neste deverá também inscrevê-la, com a prova da inscrição originária.

Veja art. 969, CC.

Parágrafo único. Em qualquer caso, a constituição da sucursal, filial ou agência deverá ser averbada no Registro Civil da respectiva sede.

Seção II
Dos Direitos e Obrigações dos Sócios

Art. 1.001. As obrigações dos sócios começam imediatamente com o contrato, se este não fixar outra data, e terminam quando, liquidada a sociedade, se extinguirem as responsabilidades sociais.

Veja arts. 997, II, e 1.109, CC.

Art. 1.002. O sócio não pode ser substituído no exercício das suas funções, sem o consentimento dos demais sócios, expresso em modificação do contrato social.

Veja arts. 997, I, 999 e 1.018, CC.

Art. 1.003. A cessão total ou parcial de quota, sem a correspondente modificação do contrato social com o consentimento dos demais sócios, não terá eficácia quanto a estes e à sociedade.

Veja arts. 997, IV, 999 e 1.032, CC.

Veja art. 5º, XX, CF.

Parágrafo único. Até dois anos depois de averbada a modificação do contrato, responde o cedente solidariamente com o cessionário, perante a sociedade e terceiros, pelas obrigações que tinha como sócio.

Veja arts. 264 a 266, 275 a 285 e 1.057, parágrafo único, CC.

Art. 1.004. Os sócios são obrigados, na forma e prazo previstos, às contribuições estabelecidas no contrato social, e aquele que deixar de fazê-lo, nos trinta dias seguintes ao da notificação pela sociedade, responderá perante esta pelo dano emergente da mora.

Veja arts. 394 a 405, 997, IV e V, 1.030 e 1.058, CC.

Parágrafo único. Verificada a mora, poderá a maioria dos demais sócios preferir, à indenização, a exclusão do sócio remisso, ou reduzir-lhe a quota ao montante já realizado, aplicando-se, em ambos os casos, o disposto no § 1º do art. 1.031.

Veja art. 1.058, CC.

Art. 1.005. O sócio que, a título de quota social, transmitir domínio, posse ou uso, responde pela evicção; e pela solvência do devedor, aquele que transferir crédito.

Veja arts. 286, 297, 447 a 457, 1.204 e 1.267, CC.

Art. 1.006. O sócio, cuja contribuição consista em serviços, não pode, salvo convenção em contrário, empregar-se em atividade estranha à sociedade, sob pena de ser privado de seus lucros e dela excluído.

Veja arts. 997, V, e 1.030, CC.

Art. 1.007. Salvo estipulação em contrário, o sócio participa dos lucros e das perdas, na proporção das respectivas quotas, mas aquele, cuja contribuição consiste em serviços, somente participa dos lucros na proporção da média do valor das quotas.

Veja art. 997, V e VII, CC.

Art. 1.008. É nula a estipulação contratual que exclua qualquer sócio de participar dos lucros e das perdas.

Veja arts. 997, VII, e 1.006, CC.

Art. 1.009. A distribuição de lucros ilícitos ou fictícios acarreta responsabilidade solidária dos administradores que a realizarem e dos sócios que os receberem, conhecendo ou devendo conhecer-lhes a ilegitimidade.

Veja arts. 264 a 266 e 275 a 285, CC.

Seção III
Da Administração

Art. 1.010. Quando, por lei ou pelo contrato social, competir aos sócios decidir sobre os negócios da sociedade, as deliberações serão tomadas por maioria de votos, contados segundo o valor das quotas de cada um.

Veja arts. 1.071 a 1.080-A, CC.

§ 1º Para formação da maioria absoluta são necessários votos correspondentes a mais de metade do capital.

§ 2º Prevalece a decisão sufragada por maior número de sócios no caso de empate, e, se este persistir, decidirá o juiz.

§ 3º Responde por perdas e danos o sócio que, tendo em alguma operação interesse contrário ao da sociedade, participar da deliberação que a aprove graças a seu voto.

Veja arts. 402 a 405 e 1.017, parágrafo único, CC.

Art. 1.011. O administrador da sociedade deverá ter, no exercício de suas funções, o cuidado e a diligência que todo homem ativo e probo costuma empregar na administração de seus próprios negócios.

Veja art. 667, CC.

§ 1º Não podem ser administradores, além das pessoas impedidas por lei especial, os condenados a pena que vede, ainda que temporariamente, o acesso a cargos públicos; ou por crime falimentar, de prevaricação, peita ou suborno, concussão, peculato; ou contra a economia popular, contra o sistema financeiro nacional, contra as normas de defesa da concorrência, contra as relações de consumo, a fé pública ou a propriedade, enquanto perdurarem os efeitos da condenação.

Veja arts. 972, 973 e 1.066, § 1º, CC.

§ 2º Aplicam-se à atividade dos administradores, no que couber, as disposições concernentes ao mandato.

Veja arts. 653 a 691, CC.

Art. 1.012. O administrador, nomeado por instrumento em separado, deve averbá-lo à margem da inscrição da sociedade, e, pelos atos que praticar, antes de requerer a averbação, responde pessoal e solidariamente com a sociedade.

Veja arts. 264 a 266, 275 a 285, 997, VI, 999, parágrafo único, e 1.019, parágrafo único, CC.

Art. 1.013. A administração da sociedade, nada dispondo o contrato social, compete separadamente a cada um dos sócios.

Veja art. 997, VI, CC.

§ 1º Se a administração competir separadamente a vários administradores, cada um pode impugnar operação pretendida por outro, cabendo a decisão aos sócios, por maioria de votos.

Veja art. 1.010, CC.

§ 2º Responde por perdas e danos perante a sociedade o administrador que realizar operações, sabendo ou devendo saber que estava agindo em desacordo com a maioria.

Veja arts. 402 a 405, CC.

Art. 1.014. Nos atos de competência conjunta de vários administradores, torna-se necessário o concurso de todos, salvo nos casos urgentes, em que a omissão ou retardo das providências possa ocasionar dano irreparável ou grave.

Veja art. 1.010, CC.

Art. 1.015. No silêncio do contrato, os administradores podem praticar todos os atos pertinentes à gestão da sociedade; não constituindo objeto social, a oneração ou a venda de bens imóveis depende do que a maioria dos sócios decidir.

Parágrafo único. (*Revogado pela Lei n. 14.195, de 26.08.2021.*)

Art. 1.016. Os administradores respondem solidariamente perante a sociedade e os terceiros prejudicados, por culpa no desempenho de suas funções.

Veja arts. 186, 187, 264 a 266, 275 a 285, 1.022 e 1.070, CC.

Veja art. 795, CPC.

Art. 1.017. O administrador que, sem consentimento escrito dos sócios, aplicar créditos ou bens sociais em proveito próprio ou de terceiros, terá de restituí-los à sociedade, ou pagar o equivalente, com todos os lucros resultantes, e, se houver prejuízo, por ele também responderá.

Veja arts. 402 a 405, CC.

Parágrafo único. Fica sujeito às sanções o administrador que, tendo em qualquer operação interesse contrário ao da sociedade, tome parte na correspondente deliberação.

Veja art. 1.010, § 3º, CC.

Art. 1.018. Ao administrador é vedado fazer-se substituir no exercício de suas funções, sendo-lhe facultado, nos limites de seus poderes, constituir mandatários da sociedade, especificados no instrumento os atos e operações que poderão praticar.

Veja arts. 653, 656, 657, 660 e 667 a 674, CC.

Art. 1.019. São irrevogáveis os poderes do sócio investido na administração por cláusula expressa do contrato social, salvo justa causa, reconhecida judicialmente, a pedido de qualquer dos sócios.

Veja art. 683, CC.

Parágrafo único. São revogáveis, a qualquer tempo, os poderes conferidos a sócio por ato separado, ou a quem não seja sócio.

Veja arts. 997, VI, 999 e 1.012, CC.

Art. 1.020. Os administradores são obrigados a prestar aos sócios contas justificadas de sua administração, e apresentar-lhes o inventário anualmente, bem como o balanço patrimonial e o de resultado econômico.

Veja arts. 206, § 3º, VII, *b*, 1.065, 1.069, III, 1.078, I e § 3º, 1.140, 1.178, 1.179 e 1.187 a 1.189, CC.

Art. 1.021. Salvo estipulação que determine época própria, o sócio pode, a qualquer tempo, examinar os livros e documentos, e o estado da caixa e da carteira da sociedade.

Veja arts. 417 a 421, CPC.

Seção IV
Das Relações com Terceiros

Art. 1.022. A sociedade adquire direitos, assume obrigações e procede judicialmente, por meio de administradores com poderes especiais, ou, não os havendo, por intermédio de qualquer administrador.

Veja arts. 1.013 a 1.015, CC.

Art. 1.023. Se os bens da sociedade não lhe cobrirem as dívidas, respondem os sócios pelo saldo, na proporção em que participem das perdas sociais, salvo cláusula de responsabilidade solidária.

Veja arts. 264 a 266, 275 a 285 e 1.016, CC.

Veja arts. 790, II, e 795, CPC.

Art. 1.024. Os bens particulares dos sócios não podem ser executados por dívidas da sociedade, senão depois de executados os bens sociais.

Veja art. 990, CC.

Veja arts. 790, II, e 795, CPC.

Art. 1.025. O sócio, admitido em sociedade já constituída, não se exime das dívidas sociais anteriores à admissão.

Art. 1.026. O credor particular de sócio pode, na insuficiência de outros bens do devedor, fazer recair a execução sobre o que a este couber nos lucros da sociedade, ou na parte que lhe tocar em liquidação.

Veja arts. 997, VII, e 1.030, parágrafo único, CC.

Parágrafo único. Se a sociedade não estiver dissolvida, pode o credor requerer a liquidação da quota do devedor, cujo valor, apurado na forma do art. 1.031, será depositado em dinheiro, no juízo da execução, até noventa dias após aquela liquidação.

Art. 1.027. Os herdeiros do cônjuge de sócio, ou o cônjuge do que se separou judicialmente, não podem exigir desde logo a parte que lhes couber na quota social, mas concorrer à divisão periódica dos lucros, até que se liquide a sociedade.

Veja arts. 1.028, III, e 1.571, III, CC.

Seção V
Da Resolução da Sociedade em Relação a um Sócio

Art. 1.028. No caso de morte de sócio, liquidar-se-á sua quota, salvo:

Veja art. 1.032, CC.

I – se o contrato dispuser diferentemente;

Veja art. 997, CC.

II – se os sócios remanescentes optarem pela dissolução da sociedade;

Veja arts. 1.033 a 1.038, CC.

III – se, por acordo com os herdeiros, regular-se a substituição do sócio falecido.

Art. 1.029. Além dos casos previstos na lei ou no contrato, qualquer sócio pode retirar-se da sociedade; se de prazo indeterminado, mediante notificação aos demais sócios, com antecedência mínima de sessenta dias; se de prazo determinado, provando judicialmente justa causa.

Parágrafo único. Nos trinta dias subsequentes à notificação, podem os demais sócios optar pela dissolução da sociedade.

Veja arts. 1.033 a 1.038, CC.

Veja art. 5º, XX, CF.

Art. 1.030. Ressalvado o disposto no art. 1.004 e seu parágrafo único, pode o sócio ser excluído judicialmente, mediante iniciativa da maioria dos demais sócios, por falta grave no cumprimento de suas obrigações, ou, ainda, por incapacidade superveniente.

Veja art. 1.085, CC.

Parágrafo único. Será de pleno direito excluído da sociedade o sócio declarado falido, ou aquele cuja quota tenha sido liquidada nos termos do parágrafo único do art. 1.026.

Art. 1.031. Nos casos em que a sociedade se resolver em relação a um sócio, o valor da sua quota, considerada pelo montante efetivamente realizado, liquidar-se-á, salvo disposição contratual em contrário, com base na situação patrimonial da sociedade, à data da resolução, verificada em balanço especialmente levantado.

Veja arts. 1.026, parágrafo único, 1.028 a 1.030, 1.077, 1.086, 1.114 e 1.135, parágrafo único, CC.

§ 1º O capital social sofrerá a correspondente redução, salvo se os demais sócios suprirem o valor da quota.

Veja art. 1.004, parágrafo único, CC.

§ 2º A quota liquidada será paga em dinheiro, no prazo de noventa dias, a partir da liquidação, salvo acordo, ou estipulação contratual em contrário.

Veja art. 609, CPC.

Art. 1.032. A retirada, exclusão ou morte do sócio, não o exime, ou a seus herdeiros, da responsabilidade pelas obrigações sociais anteriores, até dois anos após averbada a resolução da sociedade; nem nos dois primeiros casos, pelas posteriores e em igual prazo, enquanto não se requerer a averbação.

Veja arts. 999, parágrafo único, 1.003, parágrafo único, e 1.086, CC.

Seção VI
Da Dissolução

Art. 1.033. Dissolve-se a sociedade quando ocorrer:

Veja arts. 46, VI, 51, §§ 1º a 3º, 1.044 e 2.034, CC.

Veja art. 5º, XIX, CF.

I – o vencimento do prazo de duração, salvo se, vencido este e sem oposição de sócio, não entrar a sociedade em liquidação, caso em que se prorrogará por tempo indeterminado;

II – o consenso unânime dos sócios;

Veja art. 1.071, VI, CC.

III – a deliberação dos sócios, por maioria absoluta, na sociedade de prazo indeterminado;

Veja art. 1.071, VI, CC.

IV – (*Revogado pela Lei n. 14.195, de 26.08.2021.*)

V – a extinção, na forma da lei, de autorização para funcionar.

Veja arts. 51, §§ 1º a 3º, 1.037, 1.124 e 1.125, CC.

Parágrafo único. (*Revogado pela Lei n. 14.195, de 26.08.2021.*)

Art. 1.034. A sociedade pode ser dissolvida judicialmente, a requerimento de qualquer dos sócios, quando:

I – anulada a sua constituição;

Veja art. 997, CC.

II – exaurido o fim social, ou verificada a sua inexequibilidade.

Art. 1.035. O contrato pode prever outras causas de dissolução, a serem verificadas judicialmente quando contestadas.

Art. 1.036. Ocorrida a dissolução, cumpre aos administradores providenciar imediatamente a investidura do liquidante, e restringir a gestão própria aos negócios inadiáveis, vedadas novas operações, pelas quais responderão solidária e ilimitadamente.

Veja arts. 264 a 266, 275 a 285 e 1.038, CC.

Parágrafo único. Dissolvida de pleno direito a sociedade, pode o sócio requerer, desde logo, a liquidação judicial.

Veja arts. 1.037, 1.111 e 1.112, CC.

Art. 1.037. Ocorrendo a hipótese prevista no inciso V do art. 1.033, o Ministério Público, tão logo lhe comunique a autoridade competente, promoverá a liquidação judicial da sociedade, se os administradores não o tiverem feito nos trinta dias seguintes à perda da autorização, ou se o sócio não houver exercido a faculdade assegurada no parágrafo único do artigo antecedente.

Veja arts. 51, 1.111, 1.112, 1.124 e 1.125, CC.

Parágrafo único. Caso o Ministério Público não promova a liquidação judicial da sociedade nos quinze dias subsequentes ao recebimento da comunicação, a autoridade competente para conceder a autorização nomeará interventor com poderes para requerer a medida e administrar a sociedade até que seja nomeado o liquidante.

Veja arts. 1.036, 1.038 e 1.123, parágrafo único, CC.

Art. 1.038. Se não estiver designado no contrato social, o liquidante será eleito por deliberação dos sócios, podendo a escolha recair em pessoa estranha à sociedade.

Veja arts. 1.071, VII, e 1.103 a 1.105, CC.

§ 1º O liquidante pode ser destituído, a todo tempo:

I – se eleito pela forma prevista neste artigo, mediante deliberação dos sócios;

Veja art. 1.071, VII, CC.

II – em qualquer caso, por via judicial, a requerimento de um ou mais sócios, ocorrendo justa causa.

§ 2º A liquidação da sociedade se processa de conformidade com o disposto no Capítulo IX, deste Subtítulo.

CAPÍTULO II
DA SOCIEDADE EM NOME COLETIVO

Art. 1.039. Somente pessoas físicas podem tomar parte na sociedade em nome coletivo, respondendo todos os sócios, solidária e ilimitadamente, pelas obrigações sociais.

Veja arts. 264 a 266, 275 a 285, 983, 1.045 e 1.046, CC.

Parágrafo único. Sem prejuízo da responsabilidade perante terceiros, podem os sócios, no ato constitutivo, ou por unânime convenção posterior, limitar entre si a responsabilidade de cada um.

Art. 1.040. A sociedade em nome coletivo se rege pelas normas deste Capítulo e, no que seja omisso, pelas do Capítulo antecedente.

Veja art. 983, CC.

Art. 1.041. O contrato deve mencionar, além das indicações referidas no art. 997, a firma social.

Veja art. 983, CC.

Art. 1.042. A administração da sociedade compete exclusivamente a sócios, sendo o uso da firma, nos limites do contrato, privativo dos que tenham os necessários poderes.

Veja arts. 983 e 1.010 a 1.021, CC.

Art. 1.043. O credor particular de sócio não pode, antes de dissolver-se a sociedade, pretender a liquidação da quota do devedor.

Veja art. 983, CC.

Parágrafo único. Poderá fazê-lo quando:

I – a sociedade houver sido prorrogada tacitamente;

II – tendo ocorrido prorrogação contratual, for acolhida judicialmente oposição do credor, levantada no prazo de noventa dias, contado da publicação do ato dilatório.

Art. 1.044. A sociedade se dissolve de pleno direito por qualquer das causas enumeradas no art. 1.033 e, se empresária, também pela declaração da falência.

Veja arts. 982, 1.051, I, e 1.087, CC.

CAPÍTULO III
DA SOCIEDADE EM COMANDITA SIMPLES

Art. 1.045. Na sociedade em comandita simples tomam parte sócios de duas categorias: os comanditados, pessoas físicas, responsáveis solidária e ilimitadamente pelas obrigações sociais; e os comanditários, obrigados somente pelo valor de sua quota.

Veja arts. 264 a 266, 275 a 285 e 983, CC.

Parágrafo único. O contrato deve discriminar os comanditados e os comanditários.

Art. 1.046. Aplicam-se à sociedade em comandita simples as normas da sociedade em nome coletivo, no que forem compatíveis com as deste Capítulo.

Veja art. 983, CC.

Parágrafo único. Aos comanditados cabem os mesmos direitos e obrigações dos sócios da sociedade em nome coletivo.

Veja arts. 1.001 a 1.009, CC.

Art. 1.047. Sem prejuízo da faculdade de participar das deliberações da sociedade e de lhe fiscalizar as operações, não pode o comanditário praticar qualquer ato de gestão, nem ter o nome na firma social, sob pena de ficar sujeito às responsabilidades de sócio comanditado.

Veja art. 983, CC.

Parágrafo único. Pode o comanditário ser constituído procurador da sociedade, para negócio determinado e com poderes especiais.

Veja arts. 653 e 660, CC.

Art. 1.048. Somente após averbada a modificação do contrato, produz efeito, quanto a terceiros, a diminuição da quota do comanditário, em consequência de ter sido reduzido o capital social, sempre sem prejuízo dos credores preexistentes.

Veja arts. 983 e 999, parágrafo único, CC.

Art. 1.049. O sócio comanditário não é obrigado à reposição de lucros recebidos de boa-fé e de acordo com o balanço.

Veja art. 983, CC.

Parágrafo único. Diminuído o capital social por perdas supervenientes, não pode o comanditário receber quaisquer lucros, antes de reintegrado aquele.

Art. 1.050. No caso de morte de sócio comanditário, a sociedade, salvo disposição do contrato, continuará com os seus sucessores, que designarão quem os represente.

Veja arts. 983 e 997, CC.

Art. 1.051. Dissolve-se de pleno direito a sociedade:

Veja art. 983, CC.

I – por qualquer das causas previstas no art. 1.044;

II – quando por mais de cento e oitenta dias perdurar a falta de uma das categorias de sócio.

Parágrafo único. Na falta de sócio comanditado, os comanditários nomearão administrador provisório para praticar, durante o período referido no inciso II e sem assumir a condição de sócio, os atos de administração.

CAPÍTULO IV
DA SOCIEDADE LIMITADA

Seção I
Disposições Preliminares

Art. 1.052. Na sociedade limitada, a responsabilidade de cada sócio é restrita ao valor de suas quotas, mas todos respondem solidariamente pela integralização do capital social.

Veja arts. 264 a 266, 275 a 285, 983, 1.056, § 2º, e 1.158, § 3º, CC.

§ 1º A sociedade limitada pode ser constituída por 1 (uma) ou mais pessoas.

Parágrafo acrescentado pela Lei n. 13.874, de 20.09.2019.

§ 2º Se for unipessoal, aplicar-se-ão ao documento de constituição do sócio único, no que couber, as disposições sobre o contrato social.

Parágrafo acrescentado pela Lei n. 13.874, de 20.09.2019.

Art. 1.053. A sociedade limitada rege-se, nas omissões deste Capítulo, pelas normas da sociedade simples.

Veja art. 983, CC.

Parágrafo único. O contrato social poderá prever a regência supletiva da sociedade limitada pelas normas da sociedade anônima.

Veja arts. 997 a 1.000, 1.088 e 1.089, CC.

Veja Lei n. 6.404, de 15.12.1976.

Art. 1.054. O contrato mencionará, no que couber, as indicações do art. 997, e, se for o caso, a firma social.

Veja arts. 983, 1.064, 1.150, 1.155 e 1.158, CC.

Seção II
Das Quotas

Art. 1.055. O capital social divide-se em quotas, iguais ou desiguais, cabendo uma ou diversas a cada sócio.

Veja art. 983, CC.

§ 1º Pela exata estimação de bens conferidos ao capital social respondem solidariamente todos os sócios, até o prazo de cinco anos da data do registro da sociedade.

Veja arts. 264 a 266 e 275 a 285, CC.

§ 2º É vedada contribuição que consista em prestação de serviços.

Veja art. 594, CC.

Art. 1.056. A quota é indivisível em relação à sociedade, salvo para efeito de transferência, caso em que se observará o disposto no artigo seguinte.

Veja art. 983, CC.

§ 1º No caso de condomínio de quota, os direitos a ela inerentes somente podem ser exercidos pelo condômino representante, ou pelo inventariante do espólio de sócio falecido.

Veja arts. 1.314, parágrafo único, 1.324 e 1.991, CC.

§ 2º Sem prejuízo do disposto no art. 1.052, os condôminos de quota indivisa respondem solidariamente pelas prestações necessárias à sua integralização.

Art. 1.057. Na omissão do contrato, o sócio pode ceder sua quota, total ou parcialmente, a quem seja sócio, independentemente de audiência dos outros, ou a estranho, se não houver oposição de titulares de mais de um quarto do capital social.

Veja arts. 983 e 1.081, § 2º, CC.

Veja art. 5º, XX e XXII, CF.

Parágrafo único. A cessão terá eficácia quanto à sociedade e terceiros, inclusive para os fins do parágrafo único do art. 1.003, a partir da averbação do respectivo instrumento, subscrito pelos sócios anuentes.

Veja art. 999, parágrafo único, CC.

Art. 1.058. Não integralizada a quota de sócio remisso, os outros sócios podem, sem prejuízo do disposto no art. 1.004 e seu parágrafo único, tomá-la para si ou transferi-la a terceiros, excluindo o primitivo titular e devolvendo-lhe o que houver pago, deduzidos os juros da mora, as prestações estabelecidas no contrato mais as despesas.

Veja arts. 394 a 401, 405 a 407 e 983, CC.

Art. 1.059. Os sócios serão obrigados à reposição dos lucros e das quantias retiradas, a qualquer título, ainda que autorizados pelo contrato, quando tais lucros ou quantia se distribuírem com prejuízo do capital.

Veja arts. 983 e 1.009, CC.

Seção III
Da Administração

Art. 1.060. A sociedade limitada é administrada por uma ou mais pessoas designadas no contrato social ou em ato separado.

Veja arts. 983, 1.061 e 1.062, CC.

Parágrafo único. A administração atribuída no contrato a todos os sócios não se estende de pleno direito aos que posteriormente adquiram essa qualidade.

Art. 1.061. A designação de administradores não sócios dependerá da aprovação de, no mínimo, 2/3 (dois terços) dos sócios, enquanto o capital não estiver integralizado, e da aprovação de titulares de quotas correspondentes a mais da metade do capital social, após a integralização.

Artigo com redação dada pela Lei n. 14.451, de 21.09.2022.

Veja arts. 983 e 1.076, CC.

Art. 1.062. O administrador designado em ato separado investir-se-á no cargo mediante termo de posse no livro de atas da administração.

Veja art. 983, CC.

§ 1º Se o termo não for assinado nos trinta dias seguintes à designação, esta se tornará sem efeito.

§ 2º Nos dez dias seguintes ao da investidura, deve o administrador requerer seja averbada sua nomeação no registro competente, mencionando o seu nome, nacionalidade, estado civil, residência, com exibição de documento de identidade, o ato e a data da nomeação e o prazo de gestão.

Veja arts. 997, VI, e 998, § 2º, CC.

Art. 1.063. O exercício do cargo de administrador cessa pela destituição, em qualquer tempo, do titular, ou pelo término do prazo se, fixado no contrato ou em ato separado, não houver recondução.

Veja arts. 983 e 1.076, CC.

§ 1º Tratando-se de sócio nomeado administrador no contrato, sua destituição somente se opera pela aprovação de titulares de quotas correspondentes a mais da metade do capital social, salvo disposição contratual diversa.

Parágrafo com redação dada pela Lei n. 13.792, de 03.01.2019.

Veja art. 1.076, CC.

§ 2º A cessação do exercício do cargo de administrador deve ser averbada no registro competente, mediante requerimento apresentado nos dez dias seguintes ao da ocorrência.

Veja art. 999, parágrafo único, CC.

§ 3º A renúncia de administrador torna-se eficaz, em relação à sociedade, desde o momento em que esta toma conhecimento da comunicação escrita do renunciante; e, em relação a terceiros, após a averbação e publicação.

Veja art. 999, parágrafo único, CC.

Art. 1.064. O uso da firma ou denominação social é privativo dos administradores que tenham os necessários poderes.

Veja arts. 983, 1.054 e 1.158, CC.

Art. 1.065. Ao término de cada exercício social, proceder-se-á à elaboração do inventário, do balanço patrimonial e do balanço de resultado econômico.

Veja arts. 206, § 3º, VII, *b*, 983, 1.020, 1.069, III, 1.078, I e § 3º, 1.140, 1.179, 1.188 e 1.189, CC.

Seção IV
Do Conselho Fiscal

Art. 1.066. Sem prejuízo dos poderes da assembleia dos sócios, pode o contrato instituir conselho fiscal composto de três ou mais membros e respectivos suplentes, sócios ou não, residentes no País, eleitos na assembleia anual prevista no art. 1.078.

Veja art. 983, CC.

§ 1º Não podem fazer parte do conselho fiscal, além dos inelegíveis enumerados no § 1º do art. 1.011, os membros dos demais órgãos da sociedade ou de outra por ela controlada, os empregados de quaisquer delas ou dos respectivos administradores, o cônjuge ou parente destes até o terceiro grau.

Veja arts. 1.591 a 1.595, CC.

§ 2º É assegurado aos sócios minoritários, que representarem pelo menos um quinto do capital social, o direito de eleger, separadamente, um dos membros do conselho fiscal e o respectivo suplente.

Art. 1.067. O membro ou suplente eleito, assinando termo de posse lavrado no livro de atas e pareceres do conselho fiscal, em que se mencione o seu nome, nacionalidade, estado civil, residência e a data da escolha, ficará investido nas suas funções, que exercerá, salvo cessação anterior, até a subsequente assembleia anual.

Veja art. 983, CC.

Parágrafo único. Se o termo não for assinado nos trinta dias seguintes ao da eleição, esta se tornará sem efeito.

Art. 1.068. A remuneração dos membros do conselho fiscal será fixada, anualmente, pela assembleia dos sócios que os eleger.

Veja art. 983, CC.

Art. 1.069. Além de outras atribuições determinadas na lei ou no contrato social, aos membros do conselho fiscal incumbem, individual ou conjuntamente, os deveres seguintes:

Veja arts. 983 e 1.178, CC.

I – examinar, pelo menos trimestralmente, os livros e papéis da sociedade e o estado da caixa e da carteira, devendo os administradores ou liquidantes prestar-lhes as informações solicitadas;

II – lavrar no livro de atas e pareceres do conselho fiscal o resultado dos exames referidos no inciso I deste artigo;

III – exarar no mesmo livro e apresentar à assembleia anual dos sócios parecer sobre os negócios e as operações sociais do exercício em que servirem, tomando por base o balanço patrimonial e o de resultado econômico;

Veja arts. 206, § 3º, VII, *b*, 1.020, 1.065, 1.078, I e § 3º, 1.140, 1.179, 1.188 e 1.189, CC.

IV – denunciar os erros, fraudes ou crimes que descobrirem, sugerindo providências úteis à sociedade;

V – convocar a assembleia dos sócios se a diretoria retardar por mais de trinta dias a sua convocação anual, ou sempre que ocorram motivos graves e urgentes;

Veja art. 1.073, II, CC.

VI – praticar, durante o período da liquidação da sociedade, os atos a que se refere este artigo, tendo em vista as disposições especiais reguladoras da liquidação.

Veja arts. 1.102 a 1.112, CC.

Art. 1.070. As atribuições e poderes conferidos pela lei ao conselho fiscal não podem ser outorgados a outro órgão da sociedade, e a responsabilidade de seus membros obedece à regra que define a dos administradores (art. 1.016).

Veja art. 983, CC.

Parágrafo único. O conselho fiscal poderá escolher para assisti-lo no exame dos livros, dos balanços e das contas, contabilista legalmente habilitado, mediante remuneração aprovada pela assembleia dos sócios.

Veja arts. 1.177 e 1.178, CC.

Seção V
Das Deliberações dos Sócios

Art. 1.071. Dependem da deliberação dos sócios, além de outras matérias indicadas na lei ou no contrato:

Veja art. 983, CC.

I – a aprovação das contas da administração;

Veja art. 1.065, CC.

II – a designação dos administradores, quando feita em ato separado;

Veja arts. 1.060, 1.062 e 1.076, II, CC.

III – a destituição dos administradores;

Veja arts. 1.063 e 1.076, II, CC.

IV – o modo de sua remuneração, quando não estabelecido no contrato;

Veja art. 1.076, II, CC.

V – a modificação do contrato social;

Veja arts. 1.076, II, e 1.081 a 1.086, CC.

VI – a incorporação, a fusão e a dissolução da sociedade, ou a cessação do estado de liquidação;

Veja arts. 1.076, II, 1.087 e 1.116 a 1.120, CC.

VII – a nomeação e destituição dos liquidantes e o julgamento das suas contas;

Veja arts. 1.038 e 1.103, III, VI e VIII, CC.

VIII – o pedido de concordata.

Veja arts. 1.072, § 4º, e 1.076, II, CC.

Art. 1.072. As deliberações dos sócios, obedecido o disposto no art. 1.010, serão tomadas em reunião ou em assembleia, conforme previsto no contrato social, devendo ser convocadas pelos administradores nos casos previstos em lei ou no contrato.

Veja art. 983, CC.

§ 1º A deliberação em assembleia será obrigatória se o número dos sócios for superior a dez.

Veja art. 1.079, CC.

§ 2º Dispensam-se as formalidades de convocação previstas no § 3º do art. 1.152, quando todos os sócios comparecerem ou se declararem, por escrito, cientes do local, data, hora e ordem do dia.

§ 3º A reunião ou a assembleia tornam-se dispensáveis quando todos os sócios decidirem, por escrito, sobre a matéria que seria objeto delas.

§ 4º No caso do inciso VIII do artigo antecedente, os administradores, se houver urgência e com autorização de titulares de mais da metade do capital social, podem requerer concordata preventiva.

§ 5º As deliberações tomadas de conformidade com a lei e o contrato vinculam todos os sócios, ainda que ausentes ou dissidentes.

Veja art. 1.080, CC.

§ 6º Aplica-se às reuniões dos sócios, nos casos omissos no contrato, o disposto na presente Seção sobre a assembleia.

Veja arts. 1.073 a 1.080-A, CC.

Art. 1.073. A reunião ou a assembleia podem também ser convocadas:

Veja art. 983, CC.

I – por sócio, quando os administradores retardarem a convocação, por mais de sessenta dias, nos casos previstos em lei ou no contrato, ou por titulares de mais de um quinto do capital, quando não atendido, no prazo de oito dias, pedido de convocação fundamentado, com indicação das matérias a serem tratadas;

II – pelo conselho fiscal, se houver, nos casos a que se refere o inciso V do art. 1.069.

Art. 1.074. A assembleia dos sócios instala-se com a presença, em primeira convocação, de titulares de no mínimo três quartos do capital social, e, em segunda, com qualquer número.

Veja art. 983, CC.

§ 1º O sócio pode ser representado na assembleia por outro sócio, ou por advogado, mediante outorga de mandato com especificação dos atos autorizados, devendo o instrumento ser levado a registro, juntamente com a ata.

Veja art. 653, CC.

§ 2º Nenhum sócio, por si ou na condição de mandatário, pode votar matéria que lhe diga respeito diretamente.

Veja art. 667, CC.

Art. 1.075. A assembleia será presidida e secretariada por sócios escolhidos entre os presentes.

Veja art. 983, CC.

§ 1º Dos trabalhos e deliberações será lavrada, no livro de atas da assembleia, ata assinada pelos membros da mesa e por sócios participantes da reunião, quantos bastem à validade das deliberações, mas sem prejuízo dos que queiram assiná-la.

§ 2º Cópia da ata autenticada pelos administradores, ou pela mesa, será, nos vinte dias subsequentes à reunião, apresentada ao Registro Público de Empresas Mercantis para arquivamento e averbação.

§ 3º Ao sócio, que a solicitar, será entregue cópia autenticada da ata.

Art. 1.076. Ressalvado o disposto no art. 1.061, as deliberações dos sócios serão tomadas:

Caput com redação dada pela Lei n. 13.792, de 03.01.2019.

Veja art. 983, CC.

I – (*Revogado pela Lei n. 14.451, de 21.09.2022.*)

II – pelos votos correspondentes a mais da metade do capital social, nos casos previstos nos incisos II, III, IV, V, VI e VIII do *caput* do art. 1.071 deste Código;

Inciso com redação dada pela Lei n. 14.451, de 21.09.2022.

III – pela maioria de votos dos presentes, nos demais casos previstos na lei ou no contrato, se este não exigir maioria mais elevada.

Art. 1.077. Quando houver modificação do contrato, fusão da sociedade, incorporação de outra, ou dela por outra, terá o sócio que dissentiu o direito de retirar-se da sociedade, nos trinta dias subsequentes à reunião, aplicando-se, no silêncio do contrato social antes vigente, o disposto no art. 1.031.

Veja arts. 983 e 1.116 a 1.120, CC.

Art. 1.078. A assembleia dos sócios deve realizar-se ao menos uma vez por ano, nos quatro meses seguintes ao término do exercício social, com o objetivo de:

Veja arts. 983, 1.065, 1.066 e 1.074, CC.

Veja art. 4º, Lei n. 14.030, de 28.07.2020.

I – tomar as contas dos administradores e deliberar sobre o balanço patrimonial e o de resultado econômico;

Veja arts. 206, § 3º, VII, *b*, 1.020, 1.065, 1.069, III, 1.140, 1.179, 1.188 e 1.189, CC.

II – designar administradores, quando for o caso;

III – tratar de qualquer outro assunto constante da ordem do dia.

§ 1º Até trinta dias antes da data marcada para a assembleia, os documentos referidos no inciso I deste artigo devem ser postos, por escrito, e com a prova do respectivo recebimento, à disposição dos sócios que não exerçam a administração.

§ 2º Instalada a assembleia, proceder-se-á à leitura dos documentos referidos no parágrafo antecedente, os quais serão submetidos, pelo presidente, a discussão e votação, nesta não podendo tomar parte os membros da administração e, se houver, os do conselho fiscal.

§ 3º A aprovação, sem reserva, do balanço patrimonial e do de resultado econômico, salvo erro, dolo ou simulação, exonera de responsabilidade os membros da administração e, se houver, os do conselho fiscal.

Veja arts. 138 a 150, 167, 1.020, 1.065, 1.069, III, 1.140, 1.179, 1.188 e 1.189, CC.

§ 4º Extingue-se em dois anos o direito de anular a aprovação a que se refere o parágrafo antecedente.

Art. 1.079. Aplica-se às reuniões dos sócios, nos casos omissos no contrato, o estabelecido nesta Seção sobre a assembleia, obedecido o disposto no § 1º do art. 1.072.

Veja art. 983, CC.

Art. 1.080. As deliberações infringentes do contrato ou da lei tornam ilimitada a responsabilidade dos que expressamente as aprovaram.

Veja arts. 186, 983 e 1.072, § 5º, CC.

Art. 1.080-A. O sócio poderá participar e votar a distância em reunião ou em assembleia, nos termos do regulamento do órgão competente do Poder Executivo federal.

Artigo acrescentado pela Lei n. 14.030, de 28.07.2020.

Parágrafo único. A reunião ou a assembleia poderá ser realizada de forma digital, respeitados os direitos legalmente previstos de participação e de manifestação dos sócios e os demais requisitos regulamentares.

Seção VI
Do Aumento e da Redução do Capital

Art. 1.081. Ressalvado o disposto em lei especial, integralizadas as quotas, pode ser o capital aumentado, com a correspondente modificação do contrato.

Veja arts. 983 e 1.071, V, CC.

§ 1º Até trinta dias após a deliberação, terão os sócios preferência para participar do aumento, na proporção das quotas de que sejam titulares.

§ 2º À cessão do direito de preferência, aplica-se o disposto no *caput* do art. 1.057.

§ 3º Decorrido o prazo da preferência, e assumida pelos sócios, ou por terceiros, a totalidade do aumento, haverá reunião ou assembleia dos sócios, para que seja aprovada a modificação do contrato.

Veja art. 1.072, CC.

Art. 1.082. Pode a sociedade reduzir o capital, mediante a correspondente modificação do contrato:

Veja arts. 983, 999, parágrafo único, e 1.071, V, CC.

I – depois de integralizado, se houver perdas irreparáveis;

Veja art. 1.083, CC.

II – se excessivo em relação ao objeto da sociedade.

Veja art. 1.084, CC.

Art. 1.083. No caso do inciso I do artigo antecedente, a redução do capital será realizada com a diminuição proporcional do valor nominal das quotas, tornando-se efetiva a partir da averbação, no Registro Público de Empresas Mercantis, da ata da assembleia que a tenha aprovado.

Veja arts. 968, § 2º, e 983, CC.

Art. 1.084. No caso do inciso II do art. 1.082, a redução do capital será feita restituindo-se parte do valor das quotas aos sócios, ou dispensando-se as prestações ainda devidas, com diminuição proporcional, em ambos os casos, do valor nominal das quotas.

Veja art. 983, CC.

§ 1º No prazo de noventa dias, contado da data da publicação da ata da assembleia que aprovar a redução, o credor quirografário, por título líquido anterior a essa data, poderá opor-se ao deliberado.

§ 2º A redução somente se tornará eficaz se, no prazo estabelecido no parágrafo antecedente, não for impugnada, ou se provado o pagamento da dívida ou o depósito judicial do respectivo valor.

§ 3º Satisfeitas as condições estabelecidas no parágrafo antecedente, proceder-se-á à averbação, no Registro Público de Empresas Mercantis, da ata que tenha aprovado a redução.

Veja art. 968, § 2º, CC.

Seção VII
Da Resolução da Sociedade em Relação a Sócios Minoritários

Art. 1.085. Ressalvado o disposto no art. 1.030, quando a maioria dos sócios, representativa de mais da metade do capital social, entender que um ou mais sócios estão pondo em risco a continuidade da empresa, em virtude de atos de inegável gravidade, poderá excluí-los da sociedade, mediante alteração do contrato social, desde que prevista neste a exclusão por justa causa.

Veja art. 983, CC.

Parágrafo único. Ressalvado o caso em que haja apenas dois sócios na sociedade, a exclusão de um sócio somente poderá ser determinada em reunião ou assembleia especialmente convocada para esse fim, ciente o acusado em tempo hábil para permitir seu comparecimento e o exercício do direito de defesa.

Parágrafo com redação dada pela Lei n. 13.792, de 03.01.2019.

Veja art. 5º, XXXIV, XXXV e LV, CF.

Art. 1.086. Efetuado o registro da alteração contratual, aplicar-se-á o disposto nos arts. 1.031 e 1.032.

Veja art. 983, CC.

Seção VIII
Da Dissolução

Art. 1.087. A sociedade dissolve-se, de pleno direito, por qualquer das causas previstas no art. 1.044.

Veja art. 983, CC.

CAPÍTULO V
DA SOCIEDADE ANÔNIMA

Veja art. 983, CC.

Seção Única
Da Caracterização

Art. 1.088. Na sociedade anônima ou companhia, o capital divide-se em ações, obrigando-se cada sócio ou acionista somente pelo preço de emissão das ações que subscrever ou adquirir.

Veja art. 983, CC.

Art. 1.089. A sociedade anônima rege-se por lei especial, aplicando-se-lhe, nos casos omissos, as disposições deste Código.

Veja arts. 206, §§ 1º, IV, e 3º, VII, *a*, 983, 1.052, 1.053, parágrafo único, 1.126, parágrafo único, 1.128 a 1.132, 1.134, 1.160 e 1.187, parágrafo único, II, CC.

CAPÍTULO VI
DA SOCIEDADE EM COMANDITA POR AÇÕES

Art. 1.090. A sociedade em comandita por ações tem o capital dividido em ações, regendo-se pelas normas relativas à sociedade anônima, sem prejuízo das modificações constantes deste Capítulo, e opera sob firma ou denominação.

Veja arts. 983, 1.045 a 1.051, 1.088, 1.089 e 1.161, CC.

Art. 1.091. Somente o acionista tem qualidade para administrar a sociedade e, como diretor, responde subsidiária e ilimitadamente pelas obrigações da sociedade.

Veja art. 983, CC.

§ 1º Se houver mais de um diretor, serão solidariamente responsáveis, depois de esgotados os bens sociais.

Veja arts. 264 a 266 e 275 a 285, CC.

§ 2º Os diretores serão nomeados no ato constitutivo da sociedade, sem limitação de tempo, e somente poderão ser destituídos por deliberação de acionistas que representem no mínimo dois terços do capital social.

§ 3º O diretor destituído ou exonerado continua, durante dois anos, responsável pelas obrigações sociais contraídas sob sua administração.

Art. 1.092. A assembleia geral não pode, sem o consentimento dos diretores, mudar o objeto essencial da sociedade, prorrogar-lhe o prazo de duração, aumentar ou diminuir o capital social, criar debêntures, ou partes beneficiárias.

Veja art. 983, CC.

CAPÍTULO VII
DA SOCIEDADE COOPERATIVA

Art. 1.093. A sociedade cooperativa reger-se-á pelo disposto no presente Capítulo, ressalvada a legislação especial.

Veja arts. 982, parágrafo único, 983, parágrafo único, e 1.159, CC.
Veja arts. 174, § 2º, e 187, VI, CF.

Art. 1.094. São características da sociedade cooperativa:

Veja art. 1.096, CC.
Veja art. 4º, Lei n. 5.764, de 16.12.1971.

I – variabilidade, ou dispensa do capital social;

II – concurso de sócios em número mínimo necessário a compor a administração da sociedade, sem limitação de número máximo;

III – limitação do valor da soma de quotas do capital social que cada sócio poderá tomar;

IV – intransferibilidade das quotas do capital a terceiros estranhos à sociedade, ainda que por herança;

V – *quorum*, para a assembleia geral funcionar e deliberar, fundado no número de sócios presentes à reunião, e não no capital social representado;

VI – direito de cada sócio a um só voto nas deliberações, tenha ou não capital a sociedade, e qualquer que seja o valor de sua participação;

VII – distribuição dos resultados, proporcionalmente ao valor das operações efetuadas pelo sócio com a sociedade, podendo ser atribuído juro fixo ao capital realizado;

VIII – indivisibilidade do fundo de reserva entre os sócios, ainda que em caso de dissolução da sociedade.

Art. 1.095. Na sociedade cooperativa, a responsabilidade dos sócios pode ser limitada ou ilimitada.

§ 1º É limitada a responsabilidade na cooperativa em que o sócio responde somente pelo valor de suas quotas e pelo prejuízo verificado nas operações sociais, guardada a proporção de sua participação nas mesmas operações.

§ 2º É ilimitada a responsabilidade na cooperativa em que o sócio responde solidária e ilimitadamente pelas obrigações sociais.

Veja arts. 264 a 266 e 275 a 285, CC.

Art. 1.096. No que a lei for omissa, aplicam-se as disposições referentes à sociedade simples, resguardadas as características estabelecidas no art. 1.094.

CAPÍTULO VIII
DAS SOCIEDADES COLIGADAS

Art. 1.097. Consideram-se coligadas as sociedades que, em suas relações de capital, são controladas, filiadas, ou de simples participação, na forma dos artigos seguintes.

Veja arts. 1.098 a 1.100 e 1.188, parágrafo único, CC.

Art. 1.098. É controlada:

Veja art. 1.097, CC.

I – a sociedade de cujo capital outra sociedade possua a maioria dos votos nas deliberações dos quotistas ou da assembleia geral e o poder de eleger a maioria dos administradores;

II – a sociedade cujo controle, referido no inciso antecedente, esteja em poder de outra, mediante ações ou quotas possuídas por sociedades ou sociedades por esta já controladas.

Art. 1.099. Diz-se coligada ou filiada a sociedade de cujo capital outra sociedade participa com dez por cento ou mais, do capital da outra, sem controlá-la.

Veja art. 1.097, CC.

Veja art. 46, parágrafo único, Lei n. 11.941, de 27.05.2009.

Art. 1.100. É de simples participação a sociedade de cujo capital outra sociedade possua menos de dez por cento do capital com direito de voto.

Veja art. 1.097, CC.

Art. 1.101. Salvo disposição especial de lei, a sociedade não pode participar de outra, que seja sua sócia, por montante superior, segundo o balanço, ao das próprias reservas, excluída a reserva legal.

Parágrafo único. Aprovado o balanço em que se verifique ter sido excedido esse limite, a sociedade não poderá exercer o direito de voto correspondente às ações ou quotas em excesso, as quais devem ser alienadas nos cento e oitenta dias seguintes àquela aprovação.

CAPÍTULO IX
DA LIQUIDAÇÃO DA SOCIEDADE

Art. 1.102. Dissolvida a sociedade e nomeado o liquidante na forma do disposto neste Livro, procede-se à sua liquidação, de conformidade com os preceitos deste Capítulo, ressalvado o disposto no ato constitutivo ou no instrumento da dissolução.

Veja arts. 1.033 a 1.038, 1.069, VI, e 2.034, CC.

Parágrafo único. O liquidante, que não seja administrador da sociedade, investir-se-á nas funções, averbada a sua nomeação no registro próprio.

Veja arts. 999, parágrafo único, e 1.103, CC.

Art. 1.103. Constituem deveres do liquidante:

Veja art. 206, § 3º, VII, *b*, CC.

I – averbar e publicar a ata, sentença ou instrumento de dissolução da sociedade;

II – arrecadar os bens, livros e documentos da sociedade, onde quer que estejam;

III – proceder, nos quinze dias seguintes ao da sua investidura e com a assistência, sempre que possível, dos administradores, à elaboração do inventário e do balanço geral do ativo e do passivo;

IV – ultimar os negócios da sociedade, realizar o ativo, pagar o passivo e partilhar o remanescente entre os sócios ou acionistas;

V – exigir dos quotistas, quando insuficiente o ativo à solução do passivo, a integralização de suas quotas e, se for o caso, as quantias necessárias, nos limites da responsabilidade de cada um e proporcionalmente à respectiva participação nas perdas, repartindo-se, entre os sócios solventes e na mesma proporção, o devido pelo insolvente;

VI – convocar assembleia dos quotistas, cada seis meses, para apresentar relatório e balanço do estado da liquidação, prestando conta dos atos praticados durante o semestre, ou sempre que necessário;

VII – confessar a falência da sociedade e pedir concordata, de acordo com as formalidades prescritas para o tipo de sociedade liquidanda;

A concordata foi substituída pela recuperação judicial e extrajudicial de empresas pela Lei n. 11.101, de 09.02.2005.

VIII – finda a liquidação, apresentar aos sócios o relatório da liquidação e as suas contas finais;

IX – averbar a ata da reunião ou da assembleia, ou o instrumento firmado pelos sócios, que considerar encerrada a liquidação.

Parágrafo único. Em todos os atos, documentos ou publicações, o liquidante empregará a firma ou denominação social sempre seguida da cláusula "em liquidação" e de sua assinatura individual, com a declaração de sua qualidade.

Art. 1.104. As obrigações e a responsabilidade do liquidante regem-se pelos preceitos peculiares às dos administradores da sociedade liquidanda.

Art. 1.105. Compete ao liquidante representar a sociedade e praticar todos os atos necessários à sua liquidação, inclusive alienar bens móveis ou imóveis, transigir, receber e dar quitação.

Veja arts. 79 a 84, 319 a 325 e 840 a 850, CC.

Parágrafo único. Sem estar expressamente autorizado pelo contrato social, ou pelo voto da maioria dos sócios, não pode o liquidante gravar de ônus reais os móveis e imóveis, contrair empréstimos, salvo quando indispensáveis ao pagamento de obrigações inadiáveis, nem prosseguir, embora para facilitar a liquidação, na atividade social.

Veja arts. 586, 587 e 590 a 592, II, CC.

Art. 1.106. Respeitados os direitos dos credores preferenciais, pagará o liquidante as dívidas sociais proporcionalmente, sem distinção entre vencidas e vincendas, mas, em relação a estas, com desconto.

Veja arts. 956 a 958 e 961 a 965, CC.

Parágrafo único. Se o ativo for superior ao passivo, pode o liquidante, sob sua responsabilidade pessoal, pagar integralmente as dívidas vencidas.

Art. 1.107. Os sócios podem resolver, por maioria de votos, antes de ultimada a liquidação, mas depois de pagos os credores, que o liquidante faça rateios por antecipação da partilha, à medida que se apurem os haveres sociais.

Art. 1.108. Pago o passivo e partilhado o remanescente, convocará o liquidante assembleia dos sócios para a prestação final de contas.

Art. 1.109. Aprovadas as contas, encerra-se a liquidação, e a sociedade se extingue, ao ser averbada no registro próprio a ata da assembleia.

Veja arts. 999, parágrafo único, e 1.168, CC.

Parágrafo único. O dissidente tem o prazo de trinta dias, a contar da publicação da ata, devidamente averbada, para promover a ação que couber.

Art. 1.110. Encerrada a liquidação, o credor não satisfeito só terá direito a exigir dos sócios, individualmente, o pagamento do seu crédito, até o limite da soma por eles recebida em partilha, e a propor contra o liquidante ação de perdas e danos.

Veja arts. 402 a 405, CC.

Art. 1.111. No caso de liquidação judicial, será observado o disposto na lei processual.

Art. 1.112. No curso de liquidação judicial, o juiz convocará, se necessário, reunião ou assembleia para deliberar sobre os interesses da liquidação, e as presidirá, resolvendo sumariamente as questões suscitadas.

Parágrafo único. As atas das assembleias serão, em cópia autêntica, apensadas ao processo judicial.

CAPÍTULO X
DA TRANSFORMAÇÃO, DA INCORPORAÇÃO, DA FUSÃO E DA CISÃO DAS SOCIEDADES

Art. 1.113. O ato de transformação independe de dissolução ou liquidação da sociedade, e obedecerá aos preceitos reguladores da constituição e inscrição próprios do tipo em que vai converter-se.

Veja arts. 968, § 3º, 999, parágrafo único, 1.071, V, e 2.033, CC.

Art. 1.114. A transformação depende do consentimento de todos os sócios, salvo se prevista no ato constitutivo, caso em que o dissidente poderá retirar-se da sociedade, aplicando-se, no silêncio do estatuto ou do contrato social, o disposto no art. 1.031.

Veja art. 968, § 3º, CC.

Art. 1.115. A transformação não modificará nem prejudicará, em qualquer caso, os direitos dos credores.

Veja art. 968, § 3º, CC.

Parágrafo único. A falência da sociedade transformada somente produzirá efeitos em relação aos sócios que, no tipo anterior, a eles estariam sujeitos, se o pedirem os titulares de créditos anteriores à transformação, e somente a estes beneficiará.

Art. 1.116. Na incorporação, uma ou várias sociedades são absorvidas por outra, que lhes sucede em todos os direitos e obrigações, devendo todas aprová-la, na forma estabelecida para os respectivos tipos.

Veja arts. 1.071, VI, e 2.033, CC.

Art. 1.117. A deliberação dos sócios da sociedade incorporada deverá aprovar as bases da operação e o projeto de reforma do ato constitutivo.

§ 1º A sociedade que houver de ser incorporada tomará conhecimento desse ato, e, se o aprovar, autorizará os administradores a praticar o necessário à incorporação, inclusive a subscrição em bens pelo valor da diferença que se verificar entre o ativo e o passivo.

§ 2º A deliberação dos sócios da sociedade incorporadora compreenderá a nomeação dos peritos para a avaliação do patrimônio líquido da sociedade, que tenha de ser incorporada.

Art. 1.118. Aprovados os atos da incorporação, a incorporadora declarará extinta a incorporada, e promoverá a respectiva averbação no registro próprio.

Veja art. 999, parágrafo único, CC.

Art. 1.119. A fusão determina a extinção das sociedades que se unem, para formar sociedade nova, que a elas sucederá nos direitos e obrigações.

Veja art. 2.033, CC.

Art. 1.120. A fusão será decidida, na forma estabelecida para os respectivos tipos, pelas sociedades que pretendam unir-se.

Veja art. 1.071, VI, CC.

§ 1º Em reunião ou assembleia dos sócios de cada sociedade, deliberada a fusão e aprovado o projeto do ato constitutivo da nova sociedade, bem como o plano de distribuição do capital social, serão nomeados os peritos para a avaliação do patrimônio da sociedade.

§ 2º Apresentados os laudos, os administradores convocarão reunião ou assembleia dos sócios para tomar conhecimento deles, decidindo sobre a constituição definitiva da nova sociedade.

§ 3º É vedado aos sócios votar o laudo de avaliação do patrimônio da sociedade de que façam parte.

Art. 1.121. Constituída a nova sociedade, aos administradores incumbe fazer inscrever, no registro próprio da sede, os atos relativos à fusão.

Veja art. 999, parágrafo único, CC.

Art. 1.122. Até noventa dias após publicados os atos relativos à incorporação, fusão ou cisão, o credor anterior, por ela prejudicado, poderá promover judicialmente a anulação deles.

§ 1º A consignação em pagamento prejudicará a anulação pleiteada.

Veja arts. 334 a 345, CC.

§ 2º Sendo ilíquida a dívida, a sociedade poderá garantir-lhe a execução, suspendendo-se o processo de anulação.

§ 3º Ocorrendo, no prazo deste artigo, a falência da sociedade incorporadora, da sociedade nova ou da cindida, qualquer credor anterior terá direito a pedir a separação dos patrimônios, para o fim de serem os créditos pagos pelos bens das respectivas massas.

CAPÍTULO XI
DA SOCIEDADE DEPENDENTE DE AUTORIZAÇÃO

Seção I
Disposições Gerais

Art. 1.123. A sociedade que dependa de autorização do Poder Executivo para funcionar reger-se-á por este título, sem prejuízo do disposto em lei especial.

Veja arts. 45, 1.132 e 1.133, CC.
Veja art. 176, § 1º, CF.

Parágrafo único. A competência para a autorização será sempre do Poder Executivo federal.

Art. 1.124. Na falta de prazo estipulado em lei ou em ato do poder público, será considerada caduca a autorização se a sociedade não entrar em funcionamento nos doze meses seguintes à respectiva publicação.

Veja art. 1.033, V, CC.

Art. 1.125. Ao Poder Executivo é facultado, a qualquer tempo, cassar a autorização concedida a sociedade nacional ou estrangeira que infringir disposição de ordem pública ou praticar atos contrários aos fins declarados no seu estatuto.

Veja art. 1.033, V, CC.
Veja art. 5º, LIV e LV, CF.

Seção II
Da Sociedade Nacional

Art. 1.126. É nacional a sociedade organizada de conformidade com a lei brasileira e que tenha no País a sede de sua administração.

Veja art. 75, IV, CC.
Veja art. 170, IX, CF.

Parágrafo único. Quando a lei exigir que todos ou alguns sócios sejam brasileiros, as ações da sociedade anônima revestirão, no silêncio da lei, a forma nominativa. Qualquer que seja o tipo da sociedade, na sua sede ficará arquivada cópia autêntica do documento comprobatório da nacionalidade dos sócios.

Veja arts. 1.088 e 1.089, CC.
Veja arts. 176, § 1º, e 222, CF.

Art. 1.127. Não haverá mudança de nacionalidade de sociedade brasileira sem o consentimento unânime dos sócios ou acionistas.

Art. 1.128. O requerimento de autorização de sociedade nacional deve ser acompanhado de cópia do contrato, assinada por todos os sócios, ou, tratando-se de sociedade anônima, de cópia, autenticada pelos fundadores, dos documentos exigidos pela lei especial.

Veja arts. 1.088, 1.089 e 1.131, CC.

Parágrafo único. Se a sociedade tiver sido constituída por escritura pública, bastará juntar-se ao requerimento a respectiva certidão.

Art. 1.129. Ao Poder Executivo é facultado exigir que se procedam a alterações ou aditamento no contrato ou no estatuto, devendo os sócios, ou, tratando-se de sociedade anônima, os fundadores, cumprir as formalidades legais para revisão dos atos constitutivos, e juntar ao processo prova regular.

Veja arts. 1.088, 1.089 e 1.131, CC.

Art. 1.130. Ao Poder Executivo é facultado recusar a autorização, se a sociedade não atender às condições econômicas, financeiras ou jurídicas especificadas em lei.

Art. 1.131. Expedido o decreto de autorização, cumprirá à sociedade publicar os atos referidos nos arts. 1.128 e 1.129, em trinta dias, no órgão oficial da União, cujo exemplar representará prova para inscrição, no registro próprio, dos atos constitutivos da sociedade.

Veja arts. 998, 1.135, parágrafo único, 1.136, § 3º, e 1.150 a 1.154, CC.

Parágrafo único. A sociedade promoverá, também no órgão oficial da União e no prazo de trinta dias, a publicação do termo de inscrição.

Veja art. 1.136, § 3º, CC.

Art. 1.132. As sociedades anônimas nacionais, que dependam de autorização do Poder Executivo para funcionar, não se constituirão sem obtê-la, quando seus fundadores pretenderem recorrer a subscrição pública para a formação do capital.

Veja arts. 1.088, 1.089 e 1.123, CC.

§ 1º Os fundadores deverão juntar ao requerimento cópias autênticas do projeto do estatuto e do prospecto.

§ 2º Obtida a autorização e constituída a sociedade, proceder-se-á à inscrição dos seus atos constitutivos.

Art. 1.133. Dependem de aprovação as modificações do contrato ou do estatuto de sociedade sujeita a autorização do Poder Executivo, salvo se decorrerem de aumento do capital social, em virtude de utilização de reservas ou reavaliação do ativo.

Veja art. 1.123, CC.

Seção III
Da Sociedade Estrangeira

Art. 1.134. A sociedade estrangeira, qualquer que seja o seu objeto, não pode, sem autorização do Poder Executivo, funcionar no País, ainda que por estabelecimentos subordinados, podendo, todavia, ressalvados os casos expressos em lei, ser acionista de sociedade anônima brasileira.

Veja arts. 1.088, 1.089 e 1.141, § 1º, CC.

Veja Decreto n. 9.787, de 08.05.2019.

§ 1º Ao requerimento de autorização devem juntar-se:

Veja art. 1.135, parágrafo único, CC.

I – prova de se achar a sociedade constituída conforme a lei de seu país;

II – inteiro teor do contrato ou do estatuto;

III – relação dos membros de todos os órgãos da administração da sociedade, com nome, nacionalidade, profissão, domicílio e, salvo quanto a ações ao portador, o valor da participação de cada um no capital da sociedade;

Veja arts. 70 a 74, CC.

IV – cópia do ato que autorizou o funcionamento no Brasil e fixou o capital destinado às operações no território nacional;

V – prova de nomeação do representante no Brasil, com poderes expressos para aceitar as condições exigidas para a autorização;

Veja arts. 115 a 120, CC.

VI – último balanço.

§ 2º Os documentos serão autenticados, de conformidade com a lei nacional da sociedade requerente, legalizados no consulado brasileiro da respectiva sede e acompanhados de tradução em vernáculo.

Art. 1.135. É facultado ao Poder Executivo, para conceder a autorização, estabelecer condições convenientes à defesa dos interesses nacionais.

Veja art. 1.141, § 2º, CC.

Veja art. 1.135, parágrafo único, CC.

Parágrafo único. Aceitas as condições, expedirá o Poder Executivo decreto de autorização, do qual constará o montante de capital destinado às operações no País, cabendo à sociedade promover a publicação dos atos referidos no art. 1.131 e no § 1º do art. 1.134.

Veja art. 1.136, parágrafo único, CC.

Art. 1.136. A sociedade autorizada não pode iniciar sua atividade antes de inscrita no registro próprio do lugar em que se deva estabelecer.

Veja art. 998, CC.

§ 1º O requerimento de inscrição será instruído com exemplar da publicação exigida no parágrafo único do artigo antecedente, acompanhado de documento do depósito em dinheiro, em estabelecimento bancário oficial, do capital ali mencionado.

§ 2º Arquivados esses documentos, a inscrição será feita por termo em livro especial para as sociedades estrangeiras, com número de ordem contínuo para todas as sociedades inscritas; no termo constarão:

I – nome, objeto, duração e sede da sociedade no estrangeiro;

II – lugar da sucursal, filial ou agência, no País;

Veja art. 75, § 2º, CC.

III – data e número do decreto de autorização;

IV – capital destinado às operações no País;

V – individuação do seu representante permanente.

§ 3º Inscrita a sociedade, promover-se-á a publicação determinada no parágrafo único do art. 1.131.

Art. 1.137. A sociedade estrangeira autorizada a funcionar ficará sujeita às leis e aos tribunais brasileiros, quanto aos atos ou operações praticados no Brasil.

Veja arts. 21, 23 e 24, CPC.

Parágrafo único. A sociedade estrangeira funcionará no território nacional com o nome que tiver em seu país de origem, podendo acrescentar as palavras "do Brasil" ou "para o Brasil".

Art. 1.138. A sociedade estrangeira autorizada a funcionar é obrigada a ter, permanentemente, representante no Brasil, com poderes para resolver quaisquer questões e receber citação judicial pela sociedade.

Veja arts. 115 a 120, CC.

Veja arts. 21, parágrafo único, e 75, X e § 3º, CPC.

Parágrafo único. O representante somente pode agir perante terceiros depois de arquivado e averbado o instrumento de sua nomeação.

Veja art. 999, parágrafo único, CC.

Art. 1.139. Qualquer modificação no contrato ou no estatuto dependerá da aprovação do Poder Executivo, para produzir efeitos no território nacional.

Veja Decreto n. 9.787, de 08.05.2019.

Art. 1.140. A sociedade estrangeira deve, sob pena de lhe ser cassada a autorização, reproduzir no órgão oficial da União, e do Estado, se for o caso, as publicações que, segundo a sua lei nacional, seja obrigada a fazer relativamente ao balanço patrimonial e ao de resultado econômico, bem como aos atos de sua administração.

Veja arts. 1.020, 1.065, 1.069, III, 1.078, I e § 3º, 1.125, 1.179, 1.188 e 1.189, CC.

Parágrafo único. Sob pena, também, de lhe ser cassada a autorização, a sociedade estrangeira deverá publicar o balanço patrimonial e o de resultado econômico das sucursais, filiais ou agências existentes no País.

Art. 1.141. Mediante autorização do Poder Executivo, a sociedade estrangeira admitida a funcionar no País pode nacionalizar-se, transferindo sua sede para o Brasil.

Veja art. 75, IV, CC.

Veja Decreto n. 9.787, de 08.05.2019.

§ 1º Para o fim previsto neste artigo, deverá a sociedade, por seus representantes, oferecer, com o requerimento, os documentos exigidos no art. 1.134, e ainda a prova da realização do capital, pela forma declarada no contrato, ou no estatuto, e do ato em que foi deliberada a nacionalização.

§ 2º O Poder Executivo poderá impor as condições que julgar convenientes à defesa dos interesses nacionais.

Veja art. 1.135, CC.

§ 3º Aceitas as condições pelo representante, proceder-se-á, após a expedição do decreto de autorização, à inscrição da sociedade e publicação do respectivo termo.

Veja art. 998, CC.

TÍTULO III
DO ESTABELECIMENTO

Veja Lei n. 12.291, de 20.07.2010.

CAPÍTULO ÚNICO
DISPOSIÇÕES GERAIS

Art. 1.142. Considera-se estabelecimento todo complexo de bens organizado, para exercício da empresa, por empresário, ou por sociedade empresária.

Veja arts. 90, 91, 966, 981 e 982, CC.

Veja Lei n. 14.195, de 26.08.2021.

Veja Súmula n. 451, STJ.

§ 1º O estabelecimento não se confunde com o local onde se exerce a atividade empresarial, que poderá ser físico ou virtual.

Parágrafo acrescentado pela Lei n. 14.382, de 27.06.2022.

§ 2º Quando o local onde se exerce a atividade empresarial for virtual, o endereço informado para fins de registro poderá ser, conforme o caso, o endereço do empresário individual ou o de um dos sócios da sociedade empresária.

Parágrafo acrescentado pela Lei n. 14.382, de 27.06.2022.

§ 3º Quando o local onde se exerce a atividade empresarial for físico, a fixação do horário de funcionamento competirá ao Município, observada a regra geral prevista no inciso II do *caput* do art. 3º da Lei n. 13.874, de 20 de setembro de 2019.

Parágrafo acrescentado pela Lei n. 14.382, de 27.06.2022.

Art. 1.143. Pode o estabelecimento ser objeto unitário de direitos e de negócios jurídicos, translativos ou constitutivos, que sejam compatíveis com a sua natureza.

Veja arts. 90, parágrafo único, e 1.164, parágrafo único, CC.

Art. 1.144. O contrato que tenha por objeto a alienação, o usufruto ou arrendamento do estabelecimento, só produzirá efeitos quanto a terceiros depois de averbado à margem da inscrição do empresário, ou da sociedade empresária, no Registro Público de Empresas Mercantis, e de publicado na imprensa oficial.

Veja arts. 565, 968, § 2º, e 1.390, CC.

Art. 1.145. Se ao alienante não restarem bens suficientes para solver o seu passivo, a eficácia da alienação do estabelecimento depende do pagamento de todos os credores, ou do consentimento destes, de modo expresso ou tácito, em trinta dias a partir de sua notificação.

Art. 1.146. O adquirente do estabelecimento responde pelo pagamento dos débitos anteriores à transferência, desde que regularmente contabilizados, continuando o devedor primitivo solidariamente obrigado pelo prazo de um ano, a partir, quanto aos créditos vencidos, da publicação, e, quanto aos outros, da data do vencimento.

Veja arts. 264 a 266 e 275 a 285, CC.

Veja art. 81, § 1º, Lei n. 11.101, de 09.02.2005.

Art. 1.147. Não havendo autorização expressa, o alienante do estabelecimento não pode fazer concorrência ao adquirente, nos cinco anos subsequentes à transferência.

Parágrafo único. No caso de arrendamento ou usufruto do estabelecimento, a proibição prevista neste artigo persistirá durante o prazo do contrato.

Veja arts. 565 e 1.390, CC.

Art. 1.148. Salvo disposição em contrário, a transferência importa a sub-rogação do adquirente nos contratos estipulados para exploração do estabelecimento, se não tiverem caráter pessoal, podendo os terceiros rescindir o contrato em noventa dias a contar da publicação da transferência, se ocorrer justa causa, ressalvada, neste caso, a responsabilidade do alienante.

Art. 1.149. A cessão dos créditos referentes ao estabelecimento transferido produzirá efeito em relação aos respectivos devedores, desde o momento da publicação da transferência, mas o devedor ficará exonerado se de boa-fé pagar ao cedente.

Veja arts. 286 e 290, CC.

TÍTULO IV
DOS INSTITUTOS COMPLEMENTARES

CAPÍTULO I
DO REGISTRO

Art. 1.150. O empresário e a sociedade empresária vinculam-se ao Registro Público de Empresas Mercantis a cargo das Juntas Comerciais, e a sociedade simples ao Registro Civil das Pessoas Jurídicas, o qual deverá obedecer às normas fixadas para aquele registro, se a sociedade simples adotar um dos tipos de sociedade empresária.

Veja arts. 45, 966 a 971, 976, 979 a 985, 997, 998, 1.000, 1.144 e 1.151, CC.

Veja art. 75, IX e § 2º, CPC.

Veja art. 3º, II, Lei n. 8.934, de 18.11.1994.

Art. 1.151. O registro dos atos sujeitos à formalidade exigida no artigo antecedente será requerido pela pessoa obrigada em lei, e, no caso de omissão ou demora, pelo sócio ou qualquer interessado.

§ 1º Os documentos necessários ao registro deverão ser apresentados no prazo de trinta dias, contado da lavratura dos atos respectivos.

Veja art. 36, Lei n. 8.934, de 18.11.1994.

§ 2º Requerido além do prazo previsto neste artigo, o registro somente produzirá efeito a partir da data de sua concessão.

§ 3º As pessoas obrigadas a requerer o registro responderão por perdas e danos, em caso de omissão ou demora.

Veja arts. 402 a 405, CC.

Art. 1.152. Cabe ao órgão incumbido do registro verificar a regularidade das publicações determinadas em lei, de acordo com o disposto nos parágrafos deste artigo.

Veja art. 37, CF.

§ 1º Salvo exceção expressa, as publicações ordenadas neste Livro serão feitas no órgão oficial da União ou do Estado, conforme o local da sede do empresário ou da sociedade, e em jornal de grande circulação.

§ 2º As publicações das sociedades estrangeiras serão feitas nos órgãos oficiais da União e do Estado onde tiverem sucursais, filiais ou agências.

§ 3º O anúncio de convocação da assembleia de sócios será publicado por três vezes, ao menos, devendo mediar, entre a data da primeira inserção e a da realização da assembleia, o prazo mínimo de oito dias, para a primeira convocação, e de cinco dias, para as posteriores.

Veja art. 1.072, § 2º, CC.

Art. 1.153. Cumpre à autoridade competente, antes de efetivar o registro, verificar a autenticidade e a legitimidade do signatário do requerimento, bem como fiscalizar a observância das prescrições legais concernentes ao ato ou aos documentos apresentados.

Parágrafo único. Das irregularidades encontradas deve ser notificado o requerente, que, se for o caso, poderá saná-las, obedecendo às formalidades da lei.

Art. 1.154. O ato sujeito a registro, ressalvadas disposições especiais da lei, não pode, antes do cumprimento das respectivas formalidades, ser oposto a terceiro, salvo prova de que este o conhecia.

Veja art. 1.166, CC.

Parágrafo único. O terceiro não pode alegar ignorância, desde que cumpridas as referidas formalidades.

Veja arts. 138 a 144, CC.

CAPÍTULO II
DO NOME EMPRESARIAL

Veja art. 124, V, Lei n. 9.279, de 14.05.1996.

Art. 1.155. Considera-se nome empresarial a firma ou a denominação adotada, de conformidade com este Capítulo, para o exercício de empresa.

Parágrafo único. Equipara-se ao nome empresarial, para os efeitos da proteção da lei, a denominação das sociedades simples, associações e fundações.

Veja art. 54, I, CC.

Art. 1.156. O empresário opera sob firma constituída por seu nome, completo ou abreviado, aditando-lhe, se quiser, designação mais precisa da sua pessoa ou do gênero de atividade.

Veja art. 966, CC.

Art. 1.157. A sociedade em que houver sócios de responsabilidade ilimitada operará sob firma, na qual somente os nomes daqueles poderão figurar, bastando para formá-la aditar ao nome de um deles a expressão "e companhia" ou sua abreviatura.

Veja arts. 997, I, 1.041, 1.045 e 1.047, CC.

Parágrafo único. Ficam solidária e ilimitadamente responsáveis pelas obrigações contraídas sob a firma social aqueles que, por seus nomes, figurarem na firma da sociedade de que trata este artigo.

Veja arts. 264 a 266 e 275 a 285, CC.

Art. 1.158. Pode a sociedade limitada adotar firma ou denominação, integradas pela palavra final "limitada" ou a sua abreviatura.

Veja arts. 1.054 e 1.064, CC.

§ 1º A firma será composta com o nome de um ou mais sócios, desde que pessoas físicas, de modo indicativo da relação social.

§ 2º A denominação deve designar o objeto da sociedade, sendo permitido nela figurar o nome de um ou mais sócios.

§ 3º A omissão da palavra "limitada" determina a responsabilidade solidária e ilimitada dos administradores que assim empregarem a firma ou a denominação da sociedade.

Veja arts. 264 a 266, 275 a 285 e 1.052, CC.

Art. 1.159. A sociedade cooperativa funciona sob denominação integrada pelo vocábulo "cooperativa".

Veja art. 1.093, CC.

Art. 1.160. A sociedade anônima opera sob denominação integrada pelas expressões "sociedade anônima" ou "companhia", por extenso ou abreviadamente, facultada a designação do objeto social.

Caput com redação dada pela Lei n. 14.382, de 27.06.2022.

Veja arts. 1.088 e 1.089, CC.

Veja Lei n. 14.195, de 26.08.2021.

Parágrafo único. Pode constar da denominação o nome do fundador, acionista, ou pessoa que haja concorrido para o bom êxito da formação da empresa.

Art. 1.161. A sociedade em comandita por ações pode, em lugar de firma, adotar denominação aditada da expressão "comandita por ações", facultada a designação do objeto social.

Artigo com redação dada pela Lei n. 14.382, de 27.06.2022.

Veja art. 1.090, CC.

Veja Lei n. 14.195, de 26.08.2021.

Art. 1.162. A sociedade em conta de participação não pode ter firma ou denominação.

Veja art. 991, CC.

Art. 1.163. O nome de empresário deve distinguir-se de qualquer outro já inscrito no mesmo registro.

Veja art. 968, I, CC.

Veja art. 35, V, Lei n. 8.934, de 18.11.1994.

Parágrafo único. Se o empresário tiver nome idêntico ao de outros já inscritos, deverá acrescentar designação que o distinga.

Art. 1.164. O nome empresarial não pode ser objeto de alienação.

Parágrafo único. O adquirente de estabelecimento, por ato entre vivos, pode, se o contrato o permitir, usar o nome do alienante, precedido do seu próprio, com a qualificação de sucessor.

Veja art. 1.144, CC.

Art. 1.165. O nome de sócio que vier a falecer, for excluído ou se retirar, não pode ser conservado na firma social.

Veja arts. 999, parágrafo único, 1.041, 1.054 e 1.090, CC.

Art. 1.166. A inscrição do empresário, ou dos atos constitutivos das pessoas jurídicas, ou as respectivas averbações, no registro próprio, asseguram o uso exclusivo do nome nos limites do respectivo Estado.

Veja art. 5º, XXIX, CF.

Parágrafo único. O uso previsto neste artigo estender-se-á a todo o território nacional, se registrado na forma da lei especial.

Art. 1.167. Cabe ao prejudicado, a qualquer tempo, ação para anular a inscrição do nome empresarial feita com violação da lei ou do contrato.

Art. 1.168. A inscrição do nome empresarial será cancelada, a requerimento de qualquer interessado, quando cessar o exercício da atividade para que foi adotado, ou quando ultimar-se a liquidação da sociedade que o inscreveu.

Veja art. 1.109, CC.

CAPÍTULO III
DOS PREPOSTOS

Seção I
Disposições Gerais

Art. 1.169. O preposto não pode, sem autorização escrita, fazer-se substituir no desempenho da preposição, sob pena de responder pessoalmente pelos atos do substituto e pelas obrigações por ele contraídas.

Art. 1.170. O preposto, salvo autorização expressa, não pode negociar por conta própria ou de terceiro, nem participar, embora indiretamente, de operação do mesmo gênero da que lhe foi cometida, sob pena de responder por perdas e danos e de serem retidos pelo preponente os lucros da operação.

Veja arts. 119 e 402 a 405, CC.

Art. 1.171. Considera-se perfeita a entrega de papéis, bens ou valores ao preposto, encarregado pelo preponente, se os recebeu sem protesto, salvo nos casos em que haja prazo para reclamação.

Seção II
Do Gerente

Art. 1.172. Considera-se gerente o preposto permanente no exercício da empresa, na sede desta, ou em sucursal, filial ou agência.

Veja arts. 1.169 a 1.171, CC.

Art. 1.173. Quando a lei não exigir poderes especiais, considera-se o gerente autorizado a praticar todos os atos necessários ao exercício dos poderes que lhe foram outorgados.

Veja arts. 116 e 661, § 1º, CC.

Parágrafo único. Na falta de estipulação diversa, consideram-se solidários os poderes conferidos a dois ou mais gerentes.

Veja arts. 264 a 266 e 275 a 285, CC.

Art. 1.174. As limitações contidas na outorga de poderes, para serem opostas a terceiros, dependem do arquivamento e averbação do instrumento no Registro Público de Empresas Mercantis, salvo se provado serem conhecidas da pessoa que tratou com o gerente.

Veja arts. 968, § 2º, 1.154, 1.178 e 1.182, CC.

Parágrafo único. Para o mesmo efeito e com idêntica ressalva, deve a modificação ou revogação do mandato ser arquivada e averbada no Registro Público de Empresas Mercantis.

Art. 1.175. O preponente responde com o gerente pelos atos que este pratique em seu próprio nome, mas à conta daquele.

Veja arts. 264 a 266, 275 a 285, 932, III, 933, 1.177 e 1.178, CC.

Art. 1.176. O gerente pode estar em juízo em nome do preponente, pelas obrigações resultantes do exercício da sua função.

Veja arts. 242, § 1º, e 334, § 10, CPC.

Seção III
Do Contabilista e Outros Auxiliares

Art. 1.177. Os assentos lançados nos livros ou fichas do preponente, por qualquer dos prepostos encarregados de sua escrituração, produzem, salvo se houver procedido de má-fé, os mesmos efeitos como se o fossem por aquele.

Veja arts. 226, 932, III, 933, 1.175 e 1.178, CC.

Parágrafo único. No exercício de suas funções, os prepostos são pessoalmente responsáveis, perante os preponentes, pelos atos culposos; e, perante terceiros, solidariamente com o preponente, pelos atos dolosos.

Veja arts. 145 a 150, 264 a 266, 275 a 285 e 1.182, CC.

Art. 1.178. Os preponentes são responsáveis pelos atos de quaisquer prepostos, praticados nos seus estabelecimentos e relativos à atividade da empresa, ainda que não autorizados por escrito.

Veja arts. 932, III, 933, 1.020, 1.069, 1.142, 1.175 e 1.177, CC.

Parágrafo único. Quando tais atos forem praticados fora do estabelecimento, somente obrigarão o preponente nos limites dos poderes conferidos por escrito, cujo instrumento pode ser suprido pela certidão ou cópia autêntica do seu teor.

CAPÍTULO IV
DA ESCRITURAÇÃO

Art. 1.179. O empresário e a sociedade empresária são obrigados a seguir um sistema de contabilidade, mecanizado ou não, com base na escrituração uniforme de seus livros, em correspondência com a documentação respectiva, e a levantar anualmente o balanço patrimonial e o de resultado econômico.

Veja arts. 1.020, 1.065, 1.069, III, 1.078, I e § 3º, 1.140, 1.188 e 1.189, CC.

§ 1º Salvo o disposto no art. 1.180, o número e a espécie de livros ficam a critério dos interessados.

§ 2º É dispensado das exigências deste artigo o pequeno empresário a que se refere o art. 970.

Veja art. 1º, parágrafo único, DL n. 486, de 03.03.1969.

Art. 1.180. Além dos demais livros exigidos por lei, é indispensável o Diário, que pode ser substituído por fichas no caso de escrituração mecanizada ou eletrônica.

Veja arts. 226, 1.179, § 1º, e 1.184 a 1.186, CC.
Veja art. 19, § 3º, Lei n. 5.474, de 18.07.1968.
Veja art. 5º, DL n. 486, de 03.03.1969.

Parágrafo único. A adoção de fichas não dispensa o uso de livro apropriado para o lançamento do balanço patrimonial e do de resultado econômico.

Veja arts. 1.188 e 1.189, CC.

Art. 1.181. Salvo disposição especial de lei, os livros obrigatórios e, se for o caso, as fichas, antes de postos em uso, devem ser autenticados no Registro Público de Empresas Mercantis.

Parágrafo único. A autenticação não se fará sem que esteja inscrito o empresário, ou a sociedade empresária, que poderá fazer autenticar livros não obrigatórios.

Veja arts. 967 a 971, 982, 985 e 997 a 1.000, CC.

Art. 1.182. Sem prejuízo do disposto no art. 1.174, a escrituração ficará sob a responsabilidade de contabilista legalmente habilitado, salvo se nenhum houver na localidade.

Veja arts. 1.177 e 1.178, CC.
Veja art. 3º, DL n. 486, de 03.03.1969.

Art. 1.183. A escrituração será feita em idioma e moeda corrente nacionais e em forma contábil, por ordem cronológica de dia, mês e ano, sem intervalos em branco, nem entrelinhas, borrões, rasuras, emendas ou transportes para as margens.

Veja art. 418, CPC.
Veja art. 2º, DL n. 486, de 03.03.1969.

Parágrafo único. É permitido o uso de código de números ou de abreviaturas, que constem de livro próprio, regularmente autenticado.

Art. 1.184. No Diário serão lançadas, com individuação, clareza e caracterização do documento respectivo, dia a dia, por escrita direta ou reprodução, todas as operações relativas ao exercício da empresa.

Veja art. 1.180, CC.
Veja art. 2º, DL n. 486, de 03.03.1969.

§ 1º Admite-se a escrituração resumida do Diário, com totais que não excedam o período de trinta dias, relativamente a contas cujas operações sejam numerosas ou realizadas fora da sede do estabelecimento, desde que utilizados livros auxiliares regularmente autenticados, para registro individualizado, e conservados os documentos que permitam a sua perfeita verificação.

§ 2º Serão lançados no Diário o balanço patrimonial e o de resultado econômico, devendo ambos ser assinados por técnico em Ciências Contábeis legalmente habilitado e pelo empresário ou sociedade empresária.

Veja arts. 1.177, 1.178, 1.182, 1.188 e 1.189, CC.

Art. 1.185. O empresário ou sociedade empresária que adotar o sistema de fichas de lançamentos poderá substituir o livro Diário pelo livro Balancetes Diários e Balanços, observadas as mesmas formalidades extrínsecas exigidas para aquele.

Veja arts. 1.180 e 1.186, CC.

Art. 1.186. O livro Balancetes Diários e Balanços será escriturado de modo que registre:

I – a posição diária de cada uma das contas ou títulos contábeis, pelo respectivo saldo, em forma de balancetes diários;

II – o balanço patrimonial e o de resultado econômico, no encerramento do exercício.

Veja arts. 1.188 e 1.189, CC.

Art. 1.187. Na coleta dos elementos para o inventário serão observados os critérios de avaliação a seguir determinados:

I – os bens destinados à exploração da atividade serão avaliados pelo custo de aquisição, devendo, na avaliação dos que se desgastam ou depreciam com o uso, pela ação do tempo ou outros fatores, atender-se à desvalorização respectiva, criando-se fundos de amortização para assegurar-lhes a substituição ou a conservação do valor;

II – os valores mobiliários, matéria-prima, bens destinados à alienação, ou que constituem produtos ou artigos da indústria ou comércio da empresa, podem ser estimados pelo custo de aquisição ou de fabricação, ou pelo preço corrente, sempre que este for inferior ao preço de custo, e quando o preço corrente ou venal estiver acima do valor do custo de aquisição, ou fabricação, e os bens forem avaliados pelo preço corrente, a diferença entre este e o preço de custo não será levada em conta para a distribuição de lucros, nem para as percentagens referentes a fundos de reserva;

III – o valor das ações e dos títulos de renda fixa pode ser determinado com base na respectiva cotação da Bolsa de Valores; os não cotados e as participações não acionárias serão considerados pelo seu valor de aquisição;

IV – os créditos serão considerados de conformidade com o presumível valor de realização, não se levando em conta os prescritos ou de difícil liquidação, salvo se houver, quanto aos últimos, previsão equivalente.

Parágrafo único. Entre os valores do ativo podem figurar, desde que se preceda, anualmente, à sua amortização:

O correto parece ser "proceda" em vez de "preceda".

I – as despesas de instalação da sociedade, até o limite correspondente a dez por cento do capital social;

II – os juros pagos aos acionistas da sociedade anônima, no período antecedente ao início das operações sociais, à taxa não superior a doze por cento ao ano, fixada no estatuto;

Veja arts. 1.088 e 1.089, CC.

III – a quantia efetivamente paga a título de aviamento de estabelecimento adquirido pelo empresário ou sociedade.

Veja arts. 966, 981 e 1.142, CC.

Art. 1.188. O balanço patrimonial deverá exprimir, com fidelidade e clareza, a situação real da empresa e, atendidas as peculiaridades desta, bem como as disposições das leis especiais, indicará, distintamente, o ativo e o passivo.

Veja arts. 1.020, 1.065, 1.069, III, 1.078, I e § 3º, 1.140, 1.179, 1.180, parágrafo único, e 1.184, § 2º, CC.

Parágrafo único. Lei especial disporá sobre as informações que acompanharão o balanço patrimonial, em caso de sociedades coligadas.

Veja arts. 1.097 a 1.101, CC.

Art. 1.189. O balanço de resultado econômico, ou demonstração da conta de lucros e perdas, acompanhará o balanço patrimonial e dele constarão crédito e débito, na forma da lei especial.

Veja arts. 1.020, 1.065, 1.069, III, 1.078, I e § 3º, 1.140, 1.179, 1.180, parágrafo único, e 1.184, § 2º, CC.

Art. 1.190. Ressalvados os casos previstos em lei, nenhuma autoridade, juiz ou tribunal, sob qualquer pretexto, poderá fazer ou ordenar diligência para verificar se o empresário ou a sociedade empresária observam, ou não, em seus livros e fichas, as formalidades prescritas em lei.

Veja arts. 226 e 1.191, CC.

Art. 1.191. O juiz só poderá autorizar a exibição integral dos livros e papéis de escrituração quando necessária para resolver questões relativas a sucessão, comunhão ou sociedade, administração ou gestão à conta de outrem, ou em caso de falência.

Veja arts. 226, 1.192, 1.511 e 1.784, CC.

Veja arts. 355, 396 a 404 e 417 a 421, CPC.

§ 1º O juiz ou tribunal que conhecer de medida cautelar ou de ação pode, a requerimento ou de ofício, ordenar que os livros de qualquer das partes, ou de ambas, sejam examinados na presença do empresário ou da sociedade empresária a que pertencerem, ou de pessoas por estes nomeadas, para deles se extrair o que interessar à questão.

Veja art. 1.192, CC.

§ 2º Achando-se os livros em outra jurisdição, nela se fará o exame, perante o respectivo juiz.

Art. 1.192. Recusada a apresentação dos livros, nos casos do artigo antecedente, serão apreendidos judicialmente e, no do seu § 1º, ter-se-á como verdadeiro o alegado pela parte contrária para se provar pelos livros.

Veja arts. 396, 399, I, e 400, CPC.

Parágrafo único. A confissão resultante da recusa pode ser elidida por prova documental em contrário.

Veja art. 212, II, CC.

Art. 1.193. As restrições estabelecidas neste Capítulo ao exame da escrituração, em parte ou por inteiro, não se aplicam às autoridades fazendárias, no exercício da fiscalização do pagamento de impostos, nos termos estritos das respectivas leis especiais.

Art. 1.194. O empresário e a sociedade empresária são obrigados a conservar em boa guarda toda a escrituração, correspondência e mais papéis concernentes à sua atividade, enquanto não ocorrer prescrição ou decadência no tocante aos atos neles consignados.

Veja arts. 189 a 211, CC.

Veja art. 5º, DL n. 486, de 03.03.1969.

Art. 1.195. As disposições deste Capítulo aplicam-se às sucursais, filiais ou agências, no Brasil, do empresário ou sociedade com sede em país estrangeiro.

Veja arts. 1.134 a 1.141 e 2.035, parágrafo único, CC.

Veja arts. 5º, XXIII e LXXIII, 170, III, 182, § 2º, 186 e 225, §§ 1º a 5º, CF.

Veja art. 806, CPC.

LIVRO III
DO DIREITO DAS COISAS

TÍTULO I
DA POSSE

CAPÍTULO I
DA POSSE E SUA CLASSIFICAÇÃO

Art. 1.196. Considera-se possuidor todo aquele que tem de fato o exercício, pleno ou não, de algum dos poderes inerentes à propriedade.

Veja arts. 1.199, 1.204 a 1.210, 1.223, 1.670 e 1.784, CC.

Veja arts. 554 a 568, CPC.

Art. 1.197. A posse direta, de pessoa que tem a coisa em seu poder, temporariamente, em virtude de direito pessoal, ou real, não anula a indireta, de quem aquela foi havida, podendo o possuidor direto defender a sua posse contra o indireto.

Veja arts. 1.267, 1.268 e 1.394, CC.

Veja art. 168, CP.

Art. 1.198. Considera-se detentor aquele que, achando-se em relação de dependência para com outro, conserva a posse em nome deste e em cumprimento de ordens ou instruções suas.

Veja art. 338, CPC.

Veja art. 168, CP.

Parágrafo único. Aquele que começou a comportar-se do modo como prescreve este artigo, em relação ao bem e à outra pessoa, presume-se detentor, até que prove o contrário.

Art. 1.199. Se duas ou mais pessoas possuírem coisa indivisa, poderá cada uma exercer sobre ela atos possessórios, contanto que não excluam os dos outros compossuidores.

Veja arts. 1.314 a 1.322, CC.

Art. 1.200. É justa a posse que não for violenta, clandestina ou precária.

Veja art. 1.208, CC.

Veja arts. 554 a 568, CPC.

Art. 1.201. É de boa-fé a posse, se o possuidor ignora o vício, ou o obstáculo que impede a aquisição da coisa.

Veja arts. 113, 307, parágrafo único, 1.214 a 1.222 e 1.254 a 1.261, CC.

Parágrafo único. O possuidor com justo título tem por si a presunção de boa-fé, salvo prova em contrário, ou quando a lei expressamente não admite esta presunção.

Art. 1.202. A posse de boa-fé só perde este caráter no caso e desde o momento em que as circunstâncias façam presumir que o possuidor não ignora que possui indevidamente.

Veja art. 113, CC.

Art. 1.203. Salvo prova em contrário, entende-se manter a posse o mesmo caráter com que foi adquirida.

Veja arts. 1.206 a 1.208, CC.

CAPÍTULO II
DA AQUISIÇÃO DA POSSE

Art. 1.204. Adquire-se a posse desde o momento em que se torna possível o exercício, em nome próprio, de qualquer dos poderes inerentes à propriedade.

Veja arts. 1.196, 1.238 a 1.245, 1.248 e 1.274, CC.

Art. 1.205. A posse pode ser adquirida:

I – pela própria pessoa que a pretende ou por seu representante;

Veja art. 116, CC.

II – por terceiro sem mandato, dependendo de ratificação.

Veja arts. 662, 673 e 873, CC.

Art. 1.206. A posse transmite-se aos herdeiros ou legatários do possuidor com os mesmos caracteres.

Veja arts. 1.203, 1.207 e 1.784, CC.

Art. 1.207. O sucessor universal continua de direito a posse do seu antecessor; e ao sucessor singular é facultado unir sua posse à do antecessor, para os efeitos legais.

Veja arts. 80, II, 1.203, 1.206, 1.243 e 1.784, CC.

Art. 1.208. Não induzem posse os atos de mera permissão ou tolerância assim como não autorizam a sua aquisição os atos violentos, ou clandestinos, senão depois de cessar a violência ou a clandestinidade.

Veja arts. 1.200 e 1.203, CC.

Veja arts. 554 a 568, CPC.

Veja art. 168, CP.

Veja Súmula n. 619, STJ.

Art. 1.209. A posse do imóvel faz presumir, até prova contrária, a das coisas móveis que nele estiverem.

Veja arts. 79 e 82, CC.

CAPÍTULO III
DOS EFEITOS DA POSSE

Art. 1.210. O possuidor tem direito a ser mantido na posse em caso de turbação, restituído no de esbulho, e segurado de violência iminente, se tiver justo receio de ser molestado.

Veja arts. 560 a 566, CPC.
Veja art. 161, § 1º, II, CP.

§ 1º O possuidor turbado, ou esbulhado, poderá manter-se ou restituir-se por sua própria força, contanto que o faça logo; os atos de defesa, ou de desforço, não podem ir além do indispensável à manutenção, ou restituição da posse.

Veja art. 1.224, CC.

§ 2º Não obsta à manutenção ou reintegração na posse a alegação de propriedade, ou de outro direito sobre a coisa.

Veja art. 557, CPC.

Art. 1.211. Quando mais de uma pessoa se disser possuidora, manter-se-á provisoriamente a que tiver a coisa, se não estiver manifesto que a obteve de alguma das outras por modo vicioso.

Veja art. 1.200, CC.

Art. 1.212. O possuidor pode intentar a ação de esbulho, ou a de indenização, contra o terceiro, que recebeu a coisa esbulhada sabendo que o era.

Veja arts. 554, 555 e 560, CPC.
Veja art. 161, § 1º, II, CP.

Art. 1.213. O disposto nos artigos antecedentes não se aplica às servidões não aparentes, salvo quando os respectivos títulos provierem do possuidor do prédio serviente, ou daqueles de quem este o houve.

Veja arts. 1.378 a 1.389, CC.
Veja art. 161, § 1º, II, CP.

Art. 1.214. O possuidor de boa-fé tem direito, enquanto ela durar, aos frutos percebidos.

Veja arts. 95, 242, parágrafo único, 878, 1.201, 1.232, 1.253 a 1.257, 1.396 e 1.826, CC.

Parágrafo único. Os frutos pendentes ao tempo em que cessar a boa-fé devem ser restituídos, depois de deduzidas as despesas da produção e custeio; devem ser também restituídos os frutos colhidos com antecipação.

Veja art. 1.216, CC.

Art. 1.215. Os frutos naturais e industriais reputam-se colhidos e percebidos, logo que são separados; os civis reputam-se percebidos dia por dia.

Veja arts. 242, parágrafo único, 878 e 1.398, CC.

Art. 1.216. O possuidor de má-fé responde por todos os frutos colhidos e percebidos, bem como pelos que, por culpa sua, deixou de perceber, desde o momento em que se constituiu de má-fé; tem direito às despesas da produção e custeio.

Veja arts. 242, parágrafo único, 878, 1.201 e 1.214, CC.
Veja Súmula n. 445, TST.

Art. 1.217. O possuidor de boa-fé não responde pela perda ou deterioração da coisa, a que não der causa.

Veja art. 1.201, CC.

Art. 1.218. O possuidor de má-fé responde pela perda, ou deterioração da coisa, ainda que acidentais, salvo se provar que de igual modo se teriam dado, estando ela na posse do reivindicante.

Art. 1.219. O possuidor de boa-fé tem direito à indenização das benfeitorias necessárias e úteis, bem como, quanto às voluptuárias, se não lhe forem pagas, a levantá-las, quando o puder sem detrimento da coisa, e poderá exercer o direito de retenção pelo valor das benfeitorias necessárias e úteis.

Veja arts. 96, 97, 242, 878, 964, III, e 1.201, CC.

Veja art. 810, I e II, CPC.

Veja art. 27, § 4º, Lei n. 9.514, de 20.11.1997.

Art. 1.220. Ao possuidor de má-fé serão ressarcidas somente as benfeitorias necessárias; não lhe assiste o direito de retenção pela importância destas, nem o de levantar as voluptuárias.

Veja arts. 96, §§ 1º e 3º, 242 e 878, CC.

Art. 1.221. As benfeitorias compensam-se com os danos, e só obrigam ao ressarcimento se ao tempo da evicção ainda existirem.

Veja arts. 242, 368 a 380 e 878, CC.

Art. 1.222. O reivindicante, obrigado a indenizar as benfeitorias ao possuidor de má-fé, tem o direito de optar entre o seu valor atual e o seu custo; ao possuidor de boa-fé indenizará pelo valor atual.

Veja arts. 242, 878, 944 e 1.826, CC.

CAPÍTULO IV
DA PERDA DA POSSE

Art. 1.223. Perde-se a posse quando cessa, embora contra a vontade do possuidor, o poder sobre o bem, ao qual se refere o art. 1.196.

Veja arts. 1.210, § 1º, 1.275 e 1.378 a 1.389, CC.

Art. 1.224. Só se considera perdida a posse para quem não presenciou o esbulho, quando, tendo notícia dele, se abstém de retornar a coisa, ou, tentando recuperá-la, é violentamente repelido.

O correto parece ser "retomar" em vez de "retornar".

Veja art. 1.210, CC.

Veja art. 558, parágrafo único, CPC.

TÍTULO II
DOS DIREITOS REAIS

CAPÍTULO ÚNICO
DISPOSIÇÕES GERAIS

Art. 1.225. São direitos reais:

Veja arts. 80, I, e 2.038, CC.

I – a propriedade;

Veja arts. 1.228 a 1.368-B, CC.

II – a superfície;

Veja arts. 1.369 a 1.377, CC.

III – as servidões;

Veja arts. 1.378 a 1.389, CC.

IV – o usufruto;

Veja arts. 1.390 a 1.411, CC.

V – o uso;

Veja arts. 1.412 e 1.413, CC.

VI – a habitação;

Veja arts. 1.414 a 1.416, CC.

VII – o direito do promitente comprador do imóvel;

Veja arts. 1.417 e 1.418, CC.

VIII – o penhor;

Veja arts. 1.431 a 1.472, CC.

IX – a hipoteca;

Veja arts. 1.473 a 1.505, CC.

X – a anticrese;

Veja arts. 1.506 a 1.510, CC.

XI – a concessão de uso especial para fins de moradia;

Inciso acrescentado pela Lei n. 11.481, de 31.05.2007.

XII – a concessão de direito real de uso;

Inciso com redação dada pela Lei n. 14.620, de 13.07.2023.

XIII – a laje;

Inciso com redação dada pela Lei n. 14.620, de 13.07.2023.

XIV – os direitos oriundos da imissão provisória na posse, quando concedida à União, aos Estados, ao Distrito Federal, aos Municípios ou às suas entidades delegadas e a respectiva cessão e promessa de cessão.

Inciso acrescentado pela Lei n. 14.620, de 13.07.2023.

Art. 1.226. Os direitos reais sobre coisas móveis, quando constituídos, ou transmitidos por atos entre vivos, só se adquirem com a tradição.

Veja arts. 234, 237, 238, 291, 444, 492, 495, 529, 541, parágrafo único, 579, 587, 809, 904, 1.263, 1.267, 1.268, 1.431 e 1.458, CC.

Art. 1.227. Os direitos reais sobre imóveis constituídos, ou transmitidos por atos entre vivos, só se adquirem com o registro no Cartório de Registro de Imóveis dos referidos títulos (arts. 1.245 a 1.247), salvo os casos expressos neste Código.

Veja arts. 80, 108, 215, 1.245 a 1.247, 1.275, parágrafo único, 1.369, 1.378, 1.379, 1.391, 1.413, 1.416, 1.417, 1.500, 1.509 e 1.689, I, CC.

TÍTULO III
DA PROPRIEDADE

CAPÍTULO I
DA PROPRIEDADE EM GERAL

Seção I
Disposições Preliminares

Art. 1.228. O proprietário tem a faculdade de usar, gozar e dispor da coisa, e o direito de reavê-la do poder de quem quer que injustamente a possua ou detenha.

Veja arts. 1.231, 1.359, 1.784 e 2.031, CC.
Veja art. 5º, XXII, CF.
Veja art. 806, CPC.

§ 1º O direito de propriedade deve ser exercido em consonância com as suas finalidades econômicas e sociais e de modo que sejam preservados, de conformidade com o estabelecido em lei especial, a flora, a fauna, as belezas naturais, o equilíbrio ecológico e o patrimônio histórico e artístico, bem como evitada a poluição do ar e das águas.

Veja art. 2.035, parágrafo único, CC.
Veja arts. 5º, XXIII e LXXIII, 170, III, 182, § 2º, 186 e 225, §§ 1º a 5º, CF.
Veja arts. 1º a 4º, Lei n. 10.257, de 10.07.2001.

§ 2º São defesos os atos que não trazem ao proprietário qualquer comodidade, ou utilidade, e sejam animados pela intenção de prejudicar outrem.

Veja arts. 186, 187, 1.277 e 1.299, CC.

§ 3º O proprietário pode ser privado da coisa, nos casos de desapropriação, por necessidade ou utilidade pública ou interesse social, bem como no de requisição, em caso de perigo público iminente.

Veja arts. 519 e 1.275, V, CC.
Veja arts. 5º, XXIV, 22, II, 182, §§ 3º e 4º, III, e 184, §§ 1º a 5º, CF.
Veja DL n. 3.365, de 21.06.1941.
Veja art. 8º, Lei n. 10.257, de 10.07.2001.

§ 4º O proprietário também pode ser privado da coisa se o imóvel reivindicado consistir em extensa área, na posse ininterrupta e de boa-fé, por mais de cinco anos, de considerável número de pessoas, e estas nela houverem realizado, em conjunto ou separadamente, obras e serviços considerados pelo juiz de interesse social e econômico relevante.

Veja arts. 1.238, 2.029 e 2.031, CC.
Veja art. 176-A, LRP.

§ 5º No caso do parágrafo antecedente, o juiz fixará a justa indenização devida ao proprietário; pago o preço, valerá a sentença como título para o registro do imóvel em nome dos possuidores.

Veja art. 952, CC.
Veja art. 176-A, LRP.

Art. 1.229. A propriedade do solo abrange a do espaço aéreo e subsolo correspondentes, em altura e profundidade úteis ao seu exercício, não podendo o proprietário opor-se a atividades que sejam realizadas, por terceiros, a uma altura ou profundidade tais, que não tenha ele interesse legítimo em impedi-las.

Veja arts. 79 e 1.310, CC.

Veja arts. 21, XXV, 22, XII e parágrafo único, 26, 176 e 177, I e V, CF.

Art. 1.230. A propriedade do solo não abrange as jazidas, minas e demais recursos minerais, os potenciais de energia hidráulica, os monumentos arqueológicos e outros bens referidos por leis especiais.

Veja arts. 79 e 1.473, V, CC.

Veja arts. 21, XXV, 22, XII e parágrafo único, 23, III, 26, 176 e 177, I e V, CF.

Parágrafo único. O proprietário do solo tem o direito de explorar os recursos minerais de emprego imediato na construção civil, desde que não submetidos a transformação industrial, obedecido o disposto em lei especial.

Veja arts. 79, 1.392, § 2º, e 1.473, V, CC.

Art. 1.231. A propriedade presume-se plena e exclusiva, até prova em contrário.

Veja arts. 1.225, I, 1.228, 1.328, 1.359, 1.360, 1.367 e 1.953, CC.

Art. 1.232. Os frutos e mais produtos da coisa pertencem, ainda quando separados, ao seu proprietário, salvo se, por preceito jurídico especial, couberem a outrem.

Veja arts. 1.214 a 1.216 e 1.254 a 1.259, CC.

Seção II
Da Descoberta

Art. 1.233. Quem quer que ache coisa alheia perdida há de restituí-la ao dono ou legítimo possuidor.

Veja arts. 1.204 e 1.263, CC.

Veja art. 746, CPC.

Veja art. 169, parágrafo único, II, CP.

Veja art. 28, Lei n. 7.542, de 26.09.1986.

Parágrafo único. Não o conhecendo, o descobridor fará por encontrá-lo, e, se não o encontrar, entregará a coisa achada à autoridade competente.

Art. 1.234. Aquele que restituir a coisa achada, nos termos do artigo antecedente, terá direito a uma recompensa não inferior a cinco por cento do seu valor, e à indenização pelas despesas que houver feito com a conservação e transporte da coisa, se o dono não preferir abandoná-la.

Veja art. 169, parágrafo único, II, CP.

Veja art. 28, Lei n. 7.542, de 26.09.1986.

Parágrafo único. Na determinação do montante da recompensa, considerar-se-á o esforço desenvolvido pelo descobridor para encontrar o dono, ou o legítimo possuidor, as possibilidades que teria este de encontrar a coisa e a situação econômica de ambos.

Art. 1.235. O descobridor responde pelos prejuízos causados ao proprietário ou possuidor legítimo, quando tiver procedido com dolo.

Veja art. 169, parágrafo único, II, CP.

Veja art. 28, Lei n. 7.542, de 26.09.1986.

Art. 1.236. A autoridade competente dará conhecimento da descoberta através da imprensa e outros meios de informação, somente expedindo editais se o seu valor os comportar.

Veja art. 746, CPC.

Veja art. 28, Lei n. 7.542, de 26.09.1986.

Art. 1.237. Decorridos sessenta dias da divulgação da notícia pela imprensa, ou do edital, não se apresentando quem comprove a propriedade sobre a coisa, será esta vendida em hasta pública e, deduzidas do preço as despesas, mais a recompensa do descobridor, pertencerá o remanescente ao Município em cuja circunscrição se deparou o objeto perdido.

Veja art. 730, CPC.

Veja art. 169, parágrafo único, II, CP.

Veja art. 28, Lei n. 7.542, de 26.09.1986.

Parágrafo único. Sendo de diminuto valor, poderá o Município abandonar a coisa em favor de quem a achou.

CAPÍTULO II
DA AQUISIÇÃO DA PROPRIEDADE IMÓVEL

Veja DL n. 58, de 10.12.1937.

Veja Lei n. 6.766, de 19.12.1979.

Seção I
Da Usucapião

Art. 1.238. Aquele que, por quinze anos, sem interrupção, nem oposição, possuir como seu um imóvel, adquire-lhe a propriedade, independentemente de título e boa-fé; podendo requerer ao juiz que assim o declare por sentença, a qual servirá de título para o registro no Cartório de Registro de Imóveis.

Veja arts. 102, 1.379 e 2.029, CC.

Veja arts. 183, §§ 1º a 3º, 191 e 231, § 4º, CF.

Veja arts. 246, § 3º, e 259, I, CPC.

Parágrafo único. O prazo estabelecido neste artigo reduzir-se-á a dez anos se o possuidor houver estabelecido no imóvel a sua moradia habitual, ou nele realizado obras ou serviços de caráter produtivo.

Veja art. 2.029, CC.

Art. 1.239. Aquele que, não sendo proprietário de imóvel rural ou urbano, possua como sua, por cinco anos ininterruptos, sem oposição, área de terra em zona rural não superior a cinquenta hectares, tornando-a produtiva por seu trabalho ou de sua família, tendo nela sua moradia, adquirir-lhe-á a propriedade.

Veja arts. 183, § 3º, 190, 191 e 231, § 4º, CF.

Veja art. 1º, Lei n. 6.969, de 10.12.1981.

Art. 1.240. Aquele que possuir, como sua, área urbana de até duzentos e cinquenta metros quadrados, por cinco anos ininterruptamente e sem oposição, utilizando-a para sua moradia ou de sua família, adquirir-lhe-á o domínio, desde que não seja proprietário de outro imóvel urbano ou rural.

Veja arts. 183, §§ 1º a 3º, e 231, § 4º, CF.

§ 1º O título de domínio e a concessão de uso serão conferidos ao homem ou à mulher, ou a ambos, independentemente do estado civil.

§ 2º O direito previsto no parágrafo antecedente não será reconhecido ao mesmo possuidor mais de uma vez.

Art. 1.240-A. Aquele que exercer, por 2 (dois) anos ininterruptamente e sem oposição, posse direta, com exclusividade, sobre imóvel urbano de até 250 m^2 (duzentos e cinquenta metros quadrados) cuja propriedade divida com ex-cônjuge ou ex-companheiro que abandonou o lar, utilizando-o para sua moradia ou de sua família, adquirir-lhe-á o domínio integral, desde que não seja proprietário de outro imóvel urbano ou rural.

Artigo acrescentado pela Lei n. 12.424, de 16.06.2011.

§ 1º O direito previsto no *caput* não será reconhecido ao mesmo possuidor mais de uma vez.

§ 2º (*Vetado.*)

Art. 1.241. Poderá o possuidor requerer ao juiz seja declarada adquirida, mediante usucapião, a propriedade imóvel.

Veja arts. 246, § 3º, e 259, I, CPC.

Parágrafo único. A declaração obtida na forma deste artigo constituirá título hábil para o registro no Cartório de Registro de Imóveis.

Art. 1.242. Adquire também a propriedade do imóvel aquele que, contínua e incontestadamente, com justo título e boa-fé, o possuir por dez anos.

Veja arts. 1.201 a 1.203, 1.243 e 1.379, CC.

Veja arts. 183, § 3º, e 231, § 4º, CF.

Parágrafo único. Será de cinco anos o prazo previsto neste artigo se o imóvel houver sido adquirido, onerosamente, com base no registro constante do respectivo cartório, cancelada posteriormente, desde que os possuidores nele tiverem estabelecido a sua moradia, ou realizado investimentos de interesse social e econômico.

Veja art. 2.029, CC.

Art. 1.243. O possuidor pode, para o fim de contar o tempo exigido pelos artigos antecedentes, acrescentar à sua posse a dos seus antecessores (art. 1.207), contanto que todas sejam contínuas, pacíficas e, nos casos do art. 1.242, com justo título e de boa-fé.

Veja art. 1.262, CC.

Art. 1.244. Estende-se ao possuidor o disposto quanto ao devedor acerca das causas que obstam, suspendem ou interrompem a prescrição, as quais também se aplicam à usucapião.

Veja arts. 197 a 199, 201 e 1.262, CC.

Seção II
Da Aquisição pelo Registro do Título

Art. 1.245. Transfere-se entre vivos a propriedade mediante o registro do título translativo no Registro de Imóveis.

Veja arts. 1.204, 1.227 e 1.275, parágrafo único, CC.

Veja art. 22, XXV, CF.

§ 1º Enquanto não se registrar o título translativo, o alienante continua a ser havido como dono do imóvel.

§ 2º Enquanto não se promover, por meio de ação própria, a decretação de invalidade do registro, e o respectivo cancelamento, o adquirente continua a ser havido como dono do imóvel.

Art. 1.246. O registro é eficaz desde o momento em que se apresentar o título ao oficial do registro, e este o prenotar no protocolo.

Veja art. 1.227, CC.

Art. 1.247. Se o teor do registro não exprimir a verdade, poderá o interessado reclamar que se retifique ou anule.

Veja art. 1.227, CC.

Parágrafo único. Cancelado o registro, poderá o proprietário reivindicar o imóvel, independentemente da boa-fé ou do título do terceiro adquirente.

Seção III
Da Aquisição por Acessão

Art. 1.248. A acessão pode dar-se:

Veja art. 1.204, CC.

I – por formação de ilhas;

Veja art. 1.249, CC.

II – por aluvião;

Veja art. 1.250, CC.

III – por avulsão;

Veja art. 1.251, CC.

IV – por abandono de álveo;

Veja art. 1.252, CC.

V – por plantações ou construções.

Veja arts. 1.253 a 1.259, CC.

Subseção I
Das Ilhas

Art. 1.249. As ilhas que se formarem em correntes comuns ou particulares pertencem aos proprietários ribeirinhos fronteiros, observadas as regras seguintes:

Veja arts. 20, IV, e 26, II e III, CF.

I – as que se formarem no meio do rio consideram-se acréscimos sobrevindos aos terrenos ribeirinhos fronteiros de ambas as margens, na proporção de suas testadas, até a linha que dividir o álveo em duas partes iguais;

II – as que se formarem entre a referida linha e uma das margens consideram-se acréscimos aos terrenos ribeirinhos fronteiros desse mesmo lado;

III – as que se formarem pelo desdobramento de um novo braço do rio continuam a pertencer aos proprietários dos terrenos à custa dos quais se constituíram.

Subseção II
Da Aluvião

Art. 1.250. Os acréscimos formados, sucessiva e imperceptivelmente, por depósitos e aterros naturais ao longo das margens das correntes, ou pelo desvio das águas destas, pertencem aos donos dos terrenos marginais, sem indenização.

Parágrafo único. O terreno aluvial, que se formar em frente de prédios de proprietários diferentes, dividir-se-á entre eles, na proporção da testada de cada um sobre a antiga margem.

Subseção III
Da Avulsão

Art. 1.251. Quando, por força natural violenta, uma porção de terra se destacar de um prédio e se juntar a outro, o dono deste adquirirá a propriedade do acréscimo, se indenizar o dono do primeiro ou, sem indenização, se, em um ano, ninguém houver reclamado.

Parágrafo único. Recusando-se ao pagamento de indenização, o dono do prédio a que se juntou a porção de terra deverá aquiescer a que se remova a parte acrescida.

Subseção IV
Do Álveo Abandonado

Art. 1.252. O álveo abandonado de corrente pertence aos proprietários ribeirinhos das duas margens, sem que tenham indenização os donos dos terrenos por onde as águas abrirem novo curso, entendendo-se que os prédios marginais se estendem até o meio do álveo.

Subseção V
Das Construções e Plantações

Art. 1.253. Toda construção ou plantação existente em um terreno presume-se feita pelo proprietário e à sua custa, até que se prove o contrário.

Art. 1.254. Aquele que semeia, planta ou edifica em terreno próprio com sementes, plantas ou materiais alheios, adquire a propriedade destes; mas fica obrigado a pagar-lhes o valor, além de responder por perdas e danos, se agiu de má-fé.

Veja arts. 402 a 405, 1.201, 1.214 a 1.222 e 1.248, V, CC.

Art. 1.255. Aquele que semeia, planta ou edifica em terreno alheio perde, em proveito do proprietário, as sementes, plantas e construções; se procedeu de boa-fé, terá direito a indenização.

Veja Súmula n. 619, STJ.

Parágrafo único. Se a construção ou a plantação exceder consideravelmente o valor do terreno, aquele que, de boa-fé, plantou ou edificou, adquirirá a propriedade do solo, mediante pagamento da indenização fixada judicialmente, se não houver acordo.

Art. 1.256. Se de ambas as partes houve má-fé, adquirirá o proprietário as sementes, plantas e construções, devendo ressarcir o valor das acessões.

Veja art. 1.257, CC.

Parágrafo único. Presume-se má-fé no proprietário, quando o trabalho de construção, ou lavoura, se fez em sua presença e sem impugnação sua.

Art. 1.257. O disposto no artigo antecedente aplica-se ao caso de não pertencerem as sementes, plantas ou materiais a quem de boa-fé os empregou em solo alheio.

Parágrafo único. O proprietário das sementes, plantas ou materiais poderá cobrar do proprietário do solo a indenização devida, quando não puder havê-la do plantador ou construtor.

Art. 1.258. Se a construção, feita parcialmente em solo próprio, invade solo alheio em proporção não superior à vigésima parte deste, adquire o construtor de boa-fé a propriedade da parte do solo invadido, se o valor da construção exceder o dessa parte, e responde por indenização que represente, também, o valor da área perdida e a desvalorização da área remanescente.

Veja arts. 402 a 405, CC.

Parágrafo único. Pagando em décuplo as perdas e danos previstos neste artigo, o construtor de má-fé adquire a propriedade da parte do solo que invadiu, se em proporção à vigésima parte deste e o valor da construção exceder consideravelmente o dessa parte e não se puder demolir a porção invasora sem grave prejuízo para a construção.

Art. 1.259. Se o construtor estiver de boa-fé, e a invasão do solo alheio exceder a vigésima parte deste, adquire a propriedade da parte do solo invadido, e responde por perdas e danos que abranjam o valor que a invasão acrescer à construção, mais o da área perdida e o da desvalorização da área remanescente; se de má-fé, é obrigado a demolir o que nele construiu, pagando as perdas e danos apurados, que serão devidos em dobro.

Veja arts. 402 a 405, CC.

CAPÍTULO III
DA AQUISIÇÃO DA PROPRIEDADE MÓVEL

Seção I
Da Usucapião

Art. 1.260. Aquele que possuir coisa móvel como sua, contínua e incontestadamente durante três anos, com justo título e boa-fé, adquirir-lhe-á a propriedade.

Veja arts. 1.208 e 1.242, CC.

Art. 1.261. Se a posse da coisa móvel se prolongar por cinco anos, produzirá usucapião, independentemente de título ou boa-fé.

Veja art. 1.238, CC.

Art. 1.262. Aplica-se à usucapião das coisas móveis o disposto nos arts. 1.243 e 1.244.

Seção II
Da Ocupação

Art. 1.263. Quem se assenhorear de coisa sem dono para logo lhe adquire a propriedade, não sendo essa ocupação defesa por lei.

Veja arts. 1.226, 1.233 a 1.237 e 1.264 a 1.266, CC.

Seção III
Do Achado do Tesouro

Art. 1.264. O depósito antigo de coisas preciosas, oculto e de cujo dono não haja memória, será dividido por igual entre o proprietário do prédio e o que achar o tesouro casualmente.

Veja art. 1.392, § 3º, CC.

Veja art. 169, parágrafo único, I, CP.

Veja art. 28, Lei n. 7.542, de 26.09.1986.

Art. 1.265. O tesouro pertencerá por inteiro ao proprietário do prédio, se for achado por ele, ou em pesquisa que ordenou, ou por terceiro não autorizado.

Veja art. 169, parágrafo único, I, CP.

Veja art. 28, Lei n. 7.542, de 26.09.1986.

Art. 1.266. Achando-se em terreno aforado, o tesouro será dividido por igual entre o descobridor e o enfiteuta, ou será deste por inteiro quando ele mesmo seja o descobridor.

Veja arts. 1.369 a 1.377 e 2.038, CC.

Veja art. 169, parágrafo único, I, CP.

Veja art. 28, Lei n. 7.542, de 26.09.1986.

Seção IV
Da Tradição

Art. 1.267. A propriedade das coisas não se transfere pelos negócios jurídicos antes da tradição.

Veja arts. 234, 237, 238, 291, 444, 492, 495, 541, parágrafo único, 579, 809, 1.205, 1.226 e 1.431, CC.

Parágrafo único. Subentende-se a tradição quando o transmitente continua a possuir pelo constituto possessório; quando cede ao adquirente o direito à restituição da coisa, que se encontra em poder de terceiro; ou quando o adquirente já está na posse da coisa, por ocasião do negócio jurídico.

Veja art. 1.197, CC.

Art. 1.268. Feita por quem não seja proprietário, a tradição não aliena a propriedade, exceto se a coisa, oferecida ao público, em leilão ou estabelecimento comercial, for transferida em circunstâncias tais que, ao adquirente de boa-fé, como a qualquer pessoa, o alienante se afigurar dono.

Veja arts. 307 e 1.912, CC.

§ 1º Se o adquirente estiver de boa-fé e o alienante adquirir depois a propriedade, considera-se realizada a transferência desde o momento em que ocorreu a tradição.

Veja art. 1.420, § 1º, CC.

§ 2º Não transfere a propriedade a tradição, quando tiver por título um negócio jurídico nulo.

Veja arts. 166 a 170, CC.

Seção V
Da Especificação

Art. 1.269. Aquele que, trabalhando em matéria-prima em parte alheia, obtiver espécie nova, desta será proprietário, se não se puder restituir à forma anterior.

Veja arts. 1.271 e 1.274, CC.

Art. 1.270. Se toda a matéria for alheia, e não se puder reduzir à forma precedente, será do especificador de boa-fé a espécie nova.

Veja art. 1.271, CC.

§ 1º Sendo praticável a redução, ou quando impraticável, se a espécie nova se obteve de má-fé, pertencerá ao dono da matéria-prima.

§ 2º Em qualquer caso, inclusive o da pintura em relação à tela, da escultura, escritura e outro qualquer trabalho gráfico em relação à matéria-prima, a espécie nova será do especificador, se o seu valor exceder consideravelmente o da matéria-prima.

Art. 1.271. Aos prejudicados, nas hipóteses dos arts. 1.269 e 1.270, se ressarcirá o dano que sofrerem, menos ao especificador de má-fé, no caso do § 1º do artigo antecedente, quando irredutível a especificação.

Seção VI
Da Confusão, da Comissão e da Adjunção

O correto parece ser "comistão" em vez de "comissão".

Art. 1.272. As coisas pertencentes a diversos donos, confundidas, misturadas ou adjuntadas sem o consentimento deles, continuam a pertencer-lhes, sendo possível separá-las sem deterioração.

Veja arts. 87 e 1.274, CC.

§ 1º Não sendo possível a separação das coisas, ou exigindo dispêndio excessivo, subsiste indiviso o todo, cabendo a cada um dos donos quinhão proporcional ao valor da coisa com que entrou para a mistura ou agregado.

§ 2º Se uma das coisas puder considerar-se principal, o dono sê-lo-á do todo, indenizando os outros.

Veja art. 92, CC.

Art. 1.273. Se a confusão, comissão ou adjunção se operou de má-fé, à outra parte caberá escolher entre adquirir a propriedade do todo, pagando o que não for seu, abatida a indenização que lhe for devida, ou renunciar ao que lhe pertencer, caso em que será indenizado.

O correto parece ser "comistão" em vez de "comissão".

Veja art. 1.274, CC.

Art. 1.274. Se da união de matérias de natureza diversa se formar espécie nova, à confusão, comissão ou adjunção aplicam-se as normas dos arts. 1.272 e 1.273.

O correto parece ser "comistão" em vez de "comissão".

Veja art. 1.269, CC.

CAPÍTULO IV
DA PERDA DA PROPRIEDADE

Art. 1.275. Além das causas consideradas neste Código, perde-se a propriedade:

Veja arts. 26, 1.228, 1.819 e 1.829, CC.

I – por alienação;

II – pela renúncia;

III – por abandono;

IV – por perecimento da coisa;

V – por desapropriação.

Veja art. 1.228, §§ 3º a 5º, CC.

Parágrafo único. Nos casos dos incisos I e II, os efeitos da perda da propriedade imóvel serão subordinados ao registro do título transmissivo ou do ato renunciativo no Registro de Imóveis.

Veja art. 1.245, CC.

Art. 1.276. O imóvel urbano que o proprietário abandonar, com a intenção de não mais o conservar em seu patrimônio, e que se não encontrar na posse de outrem, poderá ser arrecadado, como bem vago, e passar, três anos depois, à propriedade do Município ou à do Distrito Federal, se se achar nas respectivas circunscrições.

Veja arts. 26, 1.245, 1.819 e 1.844, CC.

Veja art. 746, CPC.

Veja art. 10, Lei n. 6.969, de 10.12.1981.

§ 1º O imóvel situado na zona rural, abandonado nas mesmas circunstâncias, poderá ser arrecadado, como bem vago, e passar, três anos depois, à propriedade da União, onde quer que ele se localize.

§ 2º Presumir-se-á de modo absoluto a intenção a que se refere este artigo, quando, cessados os atos de posse, deixar o proprietário de satisfazer os ônus fiscais.

CAPÍTULO V
DOS DIREITOS DE VIZINHANÇA

Veja art. 18, DL n. 25, de 30.11.1937.

Seção I
Do Uso Anormal da Propriedade

Art. 1.277. O proprietário ou o possuidor de um prédio tem o direito de fazer cessar as interferências prejudiciais à segurança, ao sossego e à saúde dos que o habitam, provocadas pela utilização de propriedade vizinha.

Veja art. 1.336, IV, CC.

Veja art. 47, § 1º, CPC.

Parágrafo único. Proíbem-se as interferências considerando-se a natureza da utilização, a localização do prédio, atendidas as normas que distribuem as edificações em zonas, e os limites ordinários de tolerância dos moradores da vizinhança.

Art. 1.278. O direito a que se refere o artigo antecedente não prevalece quando as interferências forem justificadas por interesse público, caso em que o proprietário ou o possuidor, causador delas, pagará ao vizinho indenização cabal.

Art. 1.279. Ainda que por decisão judicial devam ser toleradas as interferências, poderá o vizinho exigir a sua redução, ou eliminação, quando estas se tornarem possíveis.

Art. 1.280. O proprietário ou o possuidor tem direito a exigir do dono do prédio vizinho a demolição, ou a reparação deste, quando ameace ruína, bem como que lhe preste caução pelo dano iminente.

Veja arts. 618 e 937, CC.

Veja arts. 297 e 300, § 1º, CPC.

Art. 1.281. O proprietário ou o possuidor de um prédio, em que alguém tenha direito de fazer obras, pode, no caso de dano iminente, exigir do autor delas as necessárias garantias contra o prejuízo eventual.

Veja arts. 1.297, 1.311 e 1.313, CC.

Seção II
Das Árvores Limítrofes

Art. 1.282. A árvore, cujo tronco estiver na linha divisória, presume-se pertencer em comum aos donos dos prédios confinantes.

Veja art. 1.327, CC.

Art. 1.283. As raízes e os ramos de árvore, que ultrapassarem a estrema do prédio, poderão ser cortados, até o plano vertical divisório, pelo proprietário do terreno invadido.

Art. 1.284. Os frutos caídos de árvore do terreno vizinho pertencem ao dono do solo onde caíram, se este for de propriedade particular.

Seção III
Da Passagem Forçada

Art. 1.285. O dono do prédio que não tiver acesso a via pública, nascente ou porto, pode, mediante pagamento de indenização cabal, constranger o vizinho a lhe dar passagem, cujo rumo será judicialmente fixado, se necessário.

Veja arts. 1.378 a 1.389, CC.

§ 1º Sofrerá o constrangimento o vizinho cujo imóvel mais natural e facilmente se prestar à passagem.

§ 2º Se ocorrer alienação parcial do prédio, de modo que uma das partes perca o acesso a via pública, nascente ou porto, o proprietário da outra deve tolerar a passagem.

§ 3º Aplica-se o disposto no parágrafo antecedente ainda quando, antes da alienação, existia passagem através de imóvel vizinho, não estando o proprietário deste constrangido, depois, a dar uma outra.

Seção IV
Da Passagem de Cabos e Tubulações

Art. 1.286. Mediante recebimento de indenização que atenda, também, à desvalorização da área remanescente, o proprietário é obrigado a tolerar a passagem, através de seu imóvel, de cabos, tubulações e outros condutos subterrâneos de serviços de utilidade pública, em proveito de proprietários vizinhos, quando de outro modo for impossível ou excessivamente onerosa.

Veja art. 1.294, CC.

Parágrafo único. O proprietário prejudicado pode exigir que a instalação seja feita de modo menos gravoso ao prédio onerado, bem como, depois, seja removida, à sua custa, para outro local do imóvel.

Art. 1.287. Se as instalações oferecerem grave risco, será facultado ao proprietário do prédio onerado exigir a realização de obras de segurança.

Veja art. 1.294, CC.

Seção V
Das Águas

Art. 1.288. O dono ou o possuidor do prédio inferior é obrigado a receber as águas que correm naturalmente do superior, não podendo realizar obras que embaracem o seu fluxo; porém a condição natural e anterior do prédio inferior não pode ser agravada por obras feitas pelo dono ou possuidor do prédio superior.

Art. 1.289. Quando as águas, artificialmente levadas ao prédio superior, ou aí colhidas, correrem dele para o inferior, poderá o dono deste reclamar que se desviem, ou se lhe indenize o prejuízo que sofrer.

Parágrafo único. Da indenização será deduzido o valor do benefício obtido.

Art. 1.290. O proprietário de nascente, ou do solo onde caem águas pluviais, satisfeitas as necessidades de seu consumo, não pode impedir, ou desviar o curso natural das águas remanescentes pelos prédios inferiores.

Art. 1.291. O possuidor do imóvel superior não poderá poluir as águas indispensáveis às primeiras necessidades da vida dos possuidores dos imóveis inferiores; as demais, que poluir, deverá recuperar, ressarcindo os danos que estes sofrerem, se não for possível a recuperação ou o desvio do curso artificial das águas.

Veja art. 1.309, CC.

Art. 1.292. O proprietário tem direito de construir barragens, açudes, ou outras obras para represamento de água em seu prédio; se as águas represadas invadirem prédio alheio, será o seu proprietário indenizado pelo dano sofrido, deduzido o valor do benefício obtido.

Art. 1.293. É permitido a quem quer que seja, mediante prévia indenização aos proprietários prejudicados, construir canais, através de prédios alheios, para receber as águas a que tenha direito, indispensáveis às primeiras necessidades da vida, e, desde que não cause prejuízo considerável à agricultura e à indústria, bem como para o escoamento de águas supérfluas ou acumuladas, ou a drenagem de terrenos.

Veja art. 1.296, CC.

§ 1º Ao proprietário prejudicado, em tal caso, também assiste direito a ressarcimento pelos danos que de futuro lhe advenham da infiltração ou irrupção das águas, bem como da deterioração das obras destinadas a canalizá-las.

§ 2º O proprietário prejudicado poderá exigir que seja subterrânea a canalização que atravessa áreas edificadas, pátios, hortas, jardins ou quintais.

§ 3º O aqueduto será construído de maneira que cause o menor prejuízo aos proprietários dos imóveis vizinhos, e a expensas do seu dono, a quem incumbem também as despesas de conservação.

Art. 1.294. Aplica-se ao direito de aqueduto o disposto nos arts. 1.286 e 1.287.

Art. 1.295. O aqueduto não impedirá que os proprietários cerquem os imóveis e construam sobre ele, sem prejuízo para a sua segurança e conservação; os proprietários dos imóveis poderão usar das águas do aqueduto para as primeiras necessidades da vida.

Art. 1.296. Havendo no aqueduto águas supérfluas, outros poderão canalizá-las, para os fins previstos no art. 1.293, mediante pagamento de indenização aos proprietários prejudicados e ao dono do aqueduto, de importância equivalente às despesas que então seriam necessárias para a condução das águas até o ponto de derivação.

Parágrafo único. Têm preferência os proprietários dos imóveis atravessados pelo aqueduto.

Seção VI
Dos Limites entre Prédios e do Direito de Tapagem

Art. 1.297. O proprietário tem direito a cercar, murar, valar ou tapar de qualquer modo o seu prédio, urbano ou rural, e pode constranger o seu confinante a proceder com ele à demarcação entre os dois prédios, a aviventar rumos apagados e a renovar marcos destruídos ou arruinados, repartindo-se proporcionalmente entre os interessados as respectivas despesas.

Veja arts. 1.327 e 1.328, CC.

Veja arts. 89 e 569 a 598, CPC.

§ 1º Os intervalos, muros, cercas e os tapumes divisórios, tais como sebes vivas, cercas de arame ou de madeira, valas ou banquetas, presumem-se, até prova em contrário, pertencer a ambos os proprietários confinantes, sendo estes obrigados, de conformidade com os costumes da localidade, a concorrer, em partes iguais, para as despesas de sua construção e conservação.

Veja arts. 1.327 a 1.330, CC.

§ 2º As sebes vivas, as árvores, ou plantas quaisquer, que servem de marco divisório, só podem ser cortadas, ou arrancadas, de comum acordo entre proprietários.

§ 3º A construção de tapumes especiais para impedir a passagem de animais de pequeno porte, ou para outro fim, pode ser exigida de quem provocou a necessidade deles, pelo proprietário, que não está obrigado a concorrer para as despesas.

Veja art. 1.313, II, CC.

Art. 1.298. Sendo confusos, os limites, em falta de outro meio, se determinarão de conformidade com a posse justa; e, não se achando ela provada, o terreno contestado se dividirá por partes iguais entre os prédios, ou, não sendo possível a divisão cômoda, se adjudicará a um deles, mediante indenização ao outro.

Veja art. 1.327, CC.

Seção VII
Do Direito de Construir

Art. 1.299. O proprietário pode levantar em seu terreno as construções que lhe aprouver, salvo o direito dos vizinhos e os regulamentos administrativos.

Veja art. 1.327, CC.

Art. 1.300. O proprietário construirá de maneira que o seu prédio não despeje águas, diretamente, sobre o prédio vizinho.

Art. 1.301. É defeso abrir janelas, ou fazer eirado, terraço ou varanda, a menos de metro e meio do terreno vizinho.

§ 1º As janelas cuja visão não incida sobre a linha divisória, bem como as perpendiculares, não poderão ser abertas a menos de setenta e cinco centímetros.

§ 2º As disposições deste artigo não abrangem as aberturas para luz ou ventilação, não maiores de dez centímetros de largura sobre vinte de comprimento e construídas a mais de dois metros de altura de cada piso.

Art. 1.302. O proprietário pode, no lapso de ano e dia após a conclusão da obra, exigir que se desfaça janela, sacada, terraço ou goteira sobre o seu prédio; escoado o prazo, não poderá, por sua vez, edificar sem atender ao disposto no artigo antecedente, nem impedir, ou dificultar, o escoamento das águas da goteira, com prejuízo para o prédio vizinho.

Veja art. 1.312, CC.

Parágrafo único. Em se tratando de vãos, ou aberturas para luz, seja qual for a quantidade, altura e disposição, o vizinho poderá, a todo tempo, levantar a sua edificação, ou contramuro, ainda que lhes vede a claridade.

Art. 1.303. Na zona rural, não será permitido levantar edificações a menos de três metros do terreno vizinho.

Art. 1.304. Nas cidades, vilas e povoados cuja edificação estiver adstrita a alinhamento, o dono de um terreno pode nele edificar, madeirando na parede divisória do prédio contíguo, se ela suportar a nova construção; mas terá de embolsar ao vizinho metade do valor da parede e do chão correspondentes.

Veja art. 1.327, CC.

Art. 1.305. O confinante, que primeiro construir, pode assentar a parede divisória até meia espessura no terreno contíguo, sem perder por isso o direito a haver meio valor dela se o vizinho a travejar, caso em que o primeiro fixará a largura e a profundidade do alicerce.

Veja arts. 1.312 e 1.327, CC.

Parágrafo único. Se a parede divisória pertencer a um dos vizinhos, e não tiver capacidade para ser travejada pelo outro, não poderá este fazer-lhe alicerce ao pé sem prestar caução àquele, pelo risco a que expõe a construção anterior.

Art. 1.306. O condômino da parede-meia pode utilizá-la até ao meio da espessura, não pondo em risco a segurança ou a separação dos dois prédios, e avisando previamente o outro condômino das obras que ali tenciona fazer; não pode sem consentimento do outro, fazer, na parede-meia, armários, ou obras semelhantes, correspondendo a outras, da mesma natureza, já feitas do lado oposto.

Veja art. 1.327, CC.

Art. 1.307. Qualquer dos confinantes pode altear a parede divisória, se necessário reconstruindo-a, para suportar o alteamento; arcará com todas as despesas, inclusive de conservação, ou com metade, se o vizinho adquirir meação também na parte aumentada.

Veja art. 1.327, CC.

Art. 1.308. Não é lícito encostar à parede divisória chaminés, fogões, fornos ou quaisquer aparelhos ou depósitos suscetíveis de produzir infiltrações ou interferências prejudiciais ao vizinho.

Parágrafo único. A disposição anterior não abrange as chaminés ordinárias e os fogões de cozinha.

Art. 1.309. São proibidas construções capazes de poluir, ou inutilizar, para uso ordinário, a água do poço, ou nascente alheia, a elas preexistentes.

Veja art. 1.291, CC.

Art. 1.310. Não é permitido fazer escavações ou quaisquer obras que tirem ao poço ou à nascente de outrem a água indispensável às suas necessidades normais.

Veja art. 1.229, CC.

Art. 1.311. Não é permitida a execução de qualquer obra ou serviço suscetível de provocar desmoronamento ou deslocação de terra, ou que comprometa a segurança do prédio vizinho, senão após haverem sido feitas as obras acautelatórias.

Veja art. 1.281, CC.

Parágrafo único. O proprietário do prédio vizinho tem direito a ressarcimento pelos prejuízos que sofrer, não obstante haverem sido realizadas as obras acautelatórias.

Art. 1.312. Todo aquele que violar as proibições estabelecidas nesta Seção é obrigado a demolir as construções feitas, respondendo por perdas e danos.

Veja arts. 402 a 405, CC.

Art. 1.313. O proprietário ou ocupante do imóvel é obrigado a tolerar que o vizinho entre no prédio, mediante prévio aviso, para:

I – dele temporariamente usar, quando indispensável à reparação, construção, reconstrução ou limpeza de sua casa ou do muro divisório;

II – apoderar-se de coisas suas, inclusive animais que aí se encontrem casualmente.

Veja arts. 1.281 e 1.297, § 3º, CC.

§ 1º O disposto neste artigo aplica-se aos casos de limpeza ou reparação de esgotos, goteiras, aparelhos higiênicos, poços e nascentes e ao aparo de cerca viva.

§ 2º Na hipótese do inciso II, uma vez entregues as coisas buscadas pelo vizinho, poderá ser impedida a sua entrada no imóvel.

§ 3º Se do exercício do direito assegurado neste artigo provier dano, terá o prejudicado direito a ressarcimento.

CAPÍTULO VI
DO CONDOMÍNIO GERAL

Veja art. 1.368-C, § 1º, CC.

Veja art. 213, § 10, I, LRP.

Seção I
Do Condomínio Voluntário

Subseção I
Dos Direitos e Deveres dos Condôminos

Veja art. 213, § 10, I, LRP.

Art. 1.314. Cada condômino pode usar da coisa conforme sua destinação, sobre ela exercer todos os direitos compatíveis com a indivisão, reivindicá-la de terceiro, defender a sua posse e alhear a respectiva parte ideal, ou gravá-la.

Veja arts. 504, 1.199, 1.320, 1.327 a 1.346, 1.357, 1.358, 1.420, § 2º, e 1.791, parágrafo único, CC.

Parágrafo único. Nenhum dos condôminos pode alterar a destinação da coisa comum, nem dar posse, uso ou gozo dela a estranhos, sem o consenso dos outros.

Veja arts. 1.339 e 1.341 a 1.343, CC.

Art. 1.315. O condômino é obrigado, na proporção de sua parte, a concorrer para as despesas de conservação ou divisão da coisa, e a suportar os ônus a que estiver sujeita.

Veja art. 1.325, § 3º, CC.

Parágrafo único. Presumem-se iguais as partes ideais dos condôminos.

Veja art. 1.322, CC.

Veja art. 89, CPC.

Art. 1.316. Pode o condômino eximir-se do pagamento das despesas e dívidas, renunciando à parte ideal.

§ 1º Se os demais condôminos assumem as despesas e as dívidas, a renúncia lhes aproveita, adquirindo a parte ideal de quem renunciou, na proporção dos pagamentos que fizerem.

§ 2º Se não há condômino que faça os pagamentos, a coisa comum será dividida.

Veja art. 1.318, CC.

Art. 1.317. Quando a dívida houver sido contraída por todos os condôminos, sem se discriminar a parte de cada um na obrigação, nem se estipular solidariedade, entende-se que cada qual se obrigou proporcionalmente ao seu quinhão na coisa comum.

Veja arts. 275 a 285, CC.

Art. 1.318. As dívidas contraídas por um dos condôminos em proveito da comunhão, e durante ela, obrigam o contratante; mas terá este ação regressiva contra os demais.

Veja art. 1.316, § 2º, CC.

Veja art. 125, II, CPC.

Art. 1.319. Cada condômino responde aos outros pelos frutos que percebeu da coisa e pelo dano que lhe causou.

Veja art. 1.326, CC.

Art. 1.320. A todo tempo será lícito ao condômino exigir a divisão da coisa comum, respondendo o quinhão de cada um pela sua parte nas despesas da divisão.

Veja art. 1.314, CC.

Veja arts. 569 a 598, CPC.

§ 1º Podem os condôminos acordar que fique indivisa a coisa comum por prazo não maior de cinco anos, suscetível de prorrogação ulterior.

Veja arts. 88, 504 e 1.322, CC.

Veja arts. 569 e segs., do CPC.

§ 2º Não poderá exceder de cinco anos a indivisão estabelecida pelo doador ou pelo testador.

§ 3º A requerimento de qualquer interessado e se graves razões o aconselharem, pode o juiz determinar a divisão da coisa comum antes do prazo.

Art. 1.321. Aplicam-se à divisão do condomínio, no que couber, as regras de partilha de herança (arts. 2.013 a 2.022).

Art. 1.322. Quando a coisa for indivisível, e os consortes não quiserem adjudicá-la a um só, indenizando os outros, será vendida e repartido o apurado, preferindo-se, na venda, em condições iguais de oferta, o condômino ao estranho, e entre os condôminos aquele que tiver na coisa benfeitorias mais valiosas, e, não as havendo, o de quinhão maior.

Veja arts. 88, 96, 97, 504, 1.320 e 2.019, CC.

Veja art. 725, IV, CPC.

Parágrafo único. Se nenhum dos condôminos tem benfeitorias na coisa comum e participam todos do condomínio em partes iguais, realizar-se-á licitação entre estranhos e, antes de adjudicada a coisa àquele que ofereceu maior lanço, proceder-se-á à licitação entre os condôminos, a fim de que a coisa seja adjudicada a quem afinal oferecer melhor lanço, preferindo, em condições iguais, o condômino ao estranho.

Subseção II
Da Administração do Condomínio

Art. 1.323. Deliberando a maioria sobre a administração da coisa comum, escolherá o administrador, que poderá ser estranho ao condomínio; resolvendo alugá-la, preferir-se-á, em condições iguais, o condômino ao que não o é.

Veja art. 725, IV, CPC.

Art. 1.324. O condômino que administrar sem oposição dos outros presume-se representante comum.

Veja arts. 115 a 120 e 656, CC.

Art. 1.325. A maioria será calculada pelo valor dos quinhões.

§ 1º As deliberações serão obrigatórias, sendo tomadas por maioria absoluta.

§ 2º Não sendo possível alcançar maioria absoluta, decidirá o juiz, a requerimento de qualquer condômino, ouvidos os outros.

§ 3º Havendo dúvida quanto ao valor do quinhão, será este avaliado judicialmente.

Veja art. 1.315, parágrafo único, CC.

Art. 1.326. Os frutos da coisa comum, não havendo em contrário estipulação ou disposição de última vontade, serão partilhados na proporção dos quinhões.

Veja arts. 1.315, parágrafo único, 1.319, 1.320 e 1.325, § 3º, CC.

Seção II
Do Condomínio Necessário

Art. 1.327. O condomínio por meação de paredes, cercas, muros e valas regula-se pelo disposto neste Código (arts. 1.297 e 1.298; 1.304 a 1.307).

Veja arts. 1.282 e 1.392, § 3º, CC.

Art. 1.328. O proprietário que tiver direito a estremar um imóvel com paredes, cercas, muros, valas ou valados, tê-lo-á igualmente a adquirir meação na parede, muro, valado ou cerca do vizinho, embolsando-lhe metade do que atualmente valer a obra e o terreno por ela ocupado (art. 1.297).

Veja art. 1.231, CC.

Art. 1.329. Não convindo os dois no preço da obra, será este arbitrado por peritos, a expensas de ambos os confinantes.

Art. 1.330. Qualquer que seja o valor da meação, enquanto aquele que pretender a divisão não o pagar ou depositar, nenhum uso poderá fazer na parede, muro, vala, cerca ou qualquer outra obra divisória.

Veja art. 1.378, CC.

CAPÍTULO VII
DO CONDOMÍNIO EDILÍCIO

Seção I
Disposições Gerais

Veja art. 213, § 10, II, LRP.

Art. 1.331. Pode haver, em edificações, partes que são propriedade exclusiva, e partes que são propriedade comum dos condôminos.

§ 1º As partes suscetíveis de utilização independente, tais como apartamentos, escritórios, salas, lojas e sobrelojas, com as respectivas frações ideais no solo e nas outras partes comuns, sujeitam-se a propriedade exclusiva, podendo ser alienadas e gravadas livremente por seus proprietários, exceto os abrigos para veículos, que não poderão ser alienados ou alugados a pessoas estranhas ao condomínio, salvo autorização expressa na convenção de condomínio.

Parágrafo com redação dada pela Lei n. 12.607, de 04.04.2012.

Veja art. 1.338, CC.

§ 2º O solo, a estrutura do prédio, o telhado, a rede geral de distribuição de água, esgoto, gás e eletricidade, a calefação e refrigeração centrais, e as demais partes comuns, inclusive o acesso ao logradouro público, são utilizados em comum pelos condôminos, não podendo ser alienados separadamente, ou divididos.

Veja art. 3º, Lei n. 4.591, de 16.12.1964.

§ 3º A cada unidade imobiliária caberá, como parte inseparável, uma fração ideal no solo e nas outras partes comuns, que será identificada em forma decimal ou ordinária no instrumento de instituição do condomínio.

Parágrafo com redação dada pela Lei n. 10.931, de 02.08.2004.

§ 4º Nenhuma unidade imobiliária pode ser privada do acesso ao logradouro público.

§ 5º O terraço de cobertura é parte comum, salvo disposição contrária da escritura de constituição do condomínio.

Veja art. 1.344, CC.

Art. 1.332. Institui-se o condomínio edilício por ato entre vivos ou testamento, registrado no Cartório de Registro de Imóveis, devendo constar daquele ato, além do disposto em lei especial:

Veja art. 1.334, CC.

Veja arts. 7º e 9º, § 3º, Lei n. 4.591, de 16.12.1964.

I – a discriminação e individualização das unidades de propriedade exclusiva, estremadas uma das outras e das partes comuns;

II – a determinação da fração ideal atribuída a cada unidade, relativamente ao terreno e partes comuns;

III – o fim a que as unidades se destinam.

Art. 1.333. A convenção que constitui o condomínio edilício deve ser subscrita pelos titulares de, no mínimo, dois terços das frações ideais e torna-se, desde logo, obrigatória para os titulares de direito sobre as unidades, ou para quantos sobre elas tenham posse ou detenção.

Parágrafo único. Para ser oponível contra terceiros, a convenção do condomínio deverá ser registrada no Cartório de Registro de Imóveis.

Art. 1.334. Além das cláusulas referidas no art. 1.332 e das que os interessados houverem por bem estipular, a convenção determinará:

Veja arts. 7º e 9º, § 3º, Lei n. 4.591, de 16.12.1964.

I – a quota proporcional e o modo de pagamento das contribuições dos condôminos para atender às despesas ordinárias e extraordinárias do condomínio;

II – sua forma de administração;

III – a competência das assembleias, forma de sua convocação e *quorum* exigido para as deliberações;

IV – as sanções a que estão sujeitos os condôminos, ou possuidores;

V – o regimento interno.

§ 1º A convenção poderá ser feita por escritura pública ou por instrumento particular.

§ 2º São equiparados aos proprietários, para os fins deste artigo, salvo disposição em contrário, os promitentes compradores e os cessionários de direitos relativos às unidades autônomas.

Art. 1.335. São direitos do condômino:

Veja art. 19, Lei n. 4.591, de 16.12.1964.

I – usar, fruir e livremente dispor das suas unidades;

II – usar das partes comuns, conforme a sua destinação, e contanto que não exclua a utilização dos demais compossuidores;

III – votar nas deliberações da assembleia e delas participar, estando quite.

Art. 1.336. São deveres do condômino:

I – contribuir para as despesas do condomínio na proporção das suas frações ideais, salvo disposição em contrário na convenção;

Inciso com redação dada pela Lei n. 10.931, de 02.08.2004.

II – não realizar obras que comprometam a segurança da edificação;

Veja art. 10, Lei n. 4.591, de 16.12.1964.

III – não alterar a forma e a cor da fachada, das partes e esquadrias externas;

Veja art. 10, Lei n. 4.591, de 16.12.1964.

IV – dar às suas partes a mesma destinação que tem a edificação, e não as utilizar de maneira prejudicial ao sossego, salubridade e segurança dos possuidores, ou aos bons costumes.

Veja art. 1.277, CC.

Veja art. 10, Lei n. 4.591, de 16.12.1964.

§ 1º O condômino que não pagar a sua contribuição ficará sujeito aos juros moratórios convencionados ou, não sendo previstos, os de um por cento ao mês e multa de até dois por cento sobre o débito.

Veja art. 12, § 3º, Lei n. 4.591, de 16.12.1964.

§ 2º O condômino, que não cumprir qualquer dos deveres estabelecidos nos incisos II a IV, pagará a multa prevista no ato constitutivo ou na convenção, não podendo ela ser superior a cinco vezes o valor de suas contribuições mensais, independentemente das perdas e danos que se apurarem; não havendo disposição expressa, caberá à assembleia geral, por dois terços no mínimo dos condôminos restantes, deliberar sobre a cobrança da multa.

Veja art. 10, § 1º, Lei n. 4.591, de 16.12.1964.

Art. 1.337. O condômino, ou possuidor, que não cumpre reiteradamente com os seus deveres perante o condomínio poderá, por deliberação de três quartos dos condôminos restantes, ser constrangido a pagar multa correspondente até ao quíntuplo do valor atribuído à contribuição para as despesas condominiais, conforme a gravidade das faltas e a reiteração, independentemente das perdas e danos que se apurem.

Veja arts. 402 a 405, CC.

Veja art. 21, parágrafo único, Lei n. 4.591, de 16.12.1964.

Parágrafo único. O condômino ou possuidor que, por seu reiterado comportamento antissocial, gerar incompatibilidade de convivência com os demais condôminos ou possuidores, poderá ser constrangido a pagar multa correspondente ao décuplo do valor atribuído à contribuição para as despesas condominiais, até ulterior deliberação da assembleia.

Art. 1.338. Resolvendo o condômino alugar área no abrigo para veículos, preferir-se-á, em condições iguais, qualquer dos condôminos a estranhos, e, entre todos, os possuidores.

Veja art. 2º, §§ 1º e 2º, Lei n. 4.591, de 16.12.1964.

Art. 1.339. Os direitos de cada condômino às partes comuns são inseparáveis de sua propriedade exclusiva; são também inseparáveis das frações ideais correspondentes as unidades imobiliárias, com as suas partes acessórias.

§ 1º Nos casos deste artigo é proibido alienar ou gravar os bens em separado.

§ 2º É permitido ao condômino alienar parte acessória de sua unidade imobiliária a outro condômino, só podendo fazê-lo a terceiro se essa faculdade constar do ato constitutivo do condomínio, e se a ela não se opuser a respectiva assembleia geral.

Veja arts. 504 e 1.322, CC.

Art. 1.340. As despesas relativas a partes comuns de uso exclusivo de um condômino, ou de alguns deles, incumbem a quem delas se serve.

Art. 1.341. A realização de obras no condomínio depende:

Veja art. 12, § 4º, Lei n. 4.591, de 16.12.1964.

I – se voluptuárias, de voto de dois terços dos condôminos;

II – se úteis, de voto da maioria dos condôminos.

§ 1º As obras ou reparações necessárias podem ser realizadas, independentemente de autorização, pelo síndico, ou, em caso de omissão ou impedimento deste, por qualquer condômino.

§ 2º Se as obras ou reparos necessários forem urgentes e importarem em despesas excessivas, determinada sua realização, o síndico ou o condômino que tomou a iniciativa delas dará ciência à assembleia, que deverá ser convocada imediatamente.

§ 3º Não sendo urgentes, as obras ou reparos necessários, que importarem em despesas excessivas, somente poderão ser efetuadas após autorização da assembleia, especialmente convocada pelo síndico, ou, em caso de omissão ou impedimento deste, por qualquer dos condôminos.

§ 4º O condômino que realizar obras ou reparos necessários será reembolsado das despesas que efetuar, não tendo direito à restituição das que fizer com obras ou reparos de outra natureza, embora de interesse comum.

Art. 1.342. A realização de obras, em partes comuns, em acréscimo às já existentes, a fim de lhes facilitar ou aumentar a utilização, depende da aprovação de dois terços dos votos dos condôminos, não sendo permitidas construções, nas partes comuns, suscetíveis de prejudicar a utilização, por qualquer dos condôminos, das partes próprias, ou comuns.

Art. 1.343. A construção de outro pavimento, ou, no solo comum, de outro edifício, destinado a conter novas unidades imobiliárias, depende da aprovação da unanimidade dos condôminos.

Veja art. 1.351, CC.

Art. 1.344. Ao proprietário do terraço de cobertura incumbem as despesas da sua conservação, de modo que não haja danos às unidades imobiliárias inferiores.

Veja art. 1.331, § 5º, CC.

Art. 1.345. O adquirente de unidade responde pelos débitos do alienante, em relação ao condomínio, inclusive multas e juros moratórios.

Art. 1.346. É obrigatório o seguro de toda a edificação contra o risco de incêndio ou destruição, total ou parcial.

Veja arts. 757 e 778 a 788, CC.

Veja art. 13, parágrafo único, Lei n. 4.591, de 16.12.1964.

Seção II
Da Administração do Condomínio

Veja art. 213, § 10, II, LRP.

Art. 1.347. A assembleia escolherá um síndico, que poderá não ser condômino, para administrar o condomínio, por prazo não superior a dois anos, o qual poderá renovar-se.

Art. 1.348. Compete ao síndico:

I – convocar a assembleia dos condôminos;

II – representar, ativa e passivamente, o condomínio, praticando, em juízo ou fora dele, os atos necessários à defesa dos interesses comuns;

Veja art. 75, XI, CPC.

III – dar imediato conhecimento à assembleia da existência de procedimento judicial ou administrativo, de interesse do condomínio;

IV – cumprir e fazer cumprir a convenção, o regimento interno e as determinações da assembleia;

V – diligenciar a conservação e a guarda das partes comuns e zelar pela prestação dos serviços que interessem aos possuidores;

VI – elaborar o orçamento da receita e da despesa relativa a cada ano;

VII – cobrar dos condôminos as suas contribuições, bem como impor e cobrar as multas devidas;

VIII – prestar contas à assembleia, anualmente e quando exigidas;

IX – realizar o seguro da edificação.

Veja art. 1.346, CC.

§ 1º Poderá a assembleia investir outra pessoa, em lugar do síndico, em poderes de representação.

§ 2º O síndico pode transferir a outrem, total ou parcialmente, os poderes de representação ou as funções administrativas, mediante aprovação da assembleia, salvo disposição em contrário da convenção.

Veja art. 1.349, CC.

Art. 1.349. A assembleia, especialmente convocada para o fim estabelecido no § 2º do artigo antecedente, poderá, pelo voto da maioria absoluta de seus membros, destituir o síndico que praticar irregularidades, não prestar contas, ou não administrar convenientemente o condomínio.

Veja art. 12, Lei n. 14.010, de 10.06.2020.

Art. 1.350. Convocará o síndico, anualmente, reunião da assembleia dos condôminos, na forma prevista na convenção, a fim de aprovar o orçamento das despesas, as contribuições dos condôminos e a prestação de contas, e eventualmente eleger-lhe o substituto e alterar o regimento interno.

Veja art. 12, Lei n. 14.010, de 10.06.2020.

§ 1º Se o síndico não convocar a assembleia, um quarto dos condôminos poderá fazê-lo.

§ 2º Se a assembleia não se reunir, o juiz decidirá, a requerimento de qualquer condômino.

Art. 1.351. Depende da aprovação de 2/3 (dois terços) dos votos dos condôminos a alteração da convenção, bem como a mudança da destinação do edifício ou da unidade imobiliária.

Artigo com redação dada pela Lei n. 14.405, de 12.07.2022.

Veja art. 1.343, CC.

Art. 1.352. Salvo quando exigido *quorum* especial, as deliberações da assembleia serão tomadas, em primeira convocação, por maioria de votos dos condôminos presentes que representem pelo menos metade das frações ideais.

Parágrafo único. Os votos serão proporcionais às frações ideais no solo e nas outras partes comuns pertencentes a cada condômino, salvo disposição diversa da convenção de constituição do condomínio.

Art. 1.353. Em segunda convocação, a assembleia poderá deliberar por maioria dos votos dos presentes, salvo quando exigido *quorum* especial.

§ 1º Quando a deliberação exigir quórum especial previsto em lei ou em convenção e ele não for atingido, a assembleia poderá, por decisão da maioria dos presentes, autorizar o presidente a converter a reunião em sessão permanente, desde que cumulativamente:

Parágrafo acrescentado pela Lei n. 14.309, de 08.03.2022.

I – sejam indicadas a data e a hora da sessão em seguimento, que não poderá ultrapassar 60 (sessenta) dias, e identificadas as deliberações pretendidas, em razão do quórum especial não atingido;

Inciso acrescentado pela Lei n. 14.309, de 08.03.2022.

II – fiquem expressamente convocados os presentes e sejam obrigatoriamente convocadas as unidades ausentes, na forma prevista em convenção;

Inciso acrescentado pela Lei n. 14.309, de 08.03.2022.

III – seja lavrada ata parcial, relativa ao segmento presencial da reunião da assembleia, da qual deverão constar as transcrições circunstanciadas de todos os argumentos até então apresentados relativos à ordem do dia, que deverá ser remetida aos condôminos ausentes;

Inciso acrescentado pela Lei n. 14.309, de 08.03.2022.

IV – seja dada continuidade às deliberações no dia e na hora designados, e seja a ata correspondente lavrada em seguimento à que estava parcialmente redigida, com a consolidação de todas as deliberações.

Inciso acrescentado pela Lei n. 14.309, de 08.03.2022.

§ 2º Os votos consignados na primeira sessão ficarão registrados, sem que haja necessidade de comparecimento dos condôminos para sua confirmação, os quais poderão, se estiverem presentes no encontro seguinte, requerer a alteração do seu voto até o desfecho da deliberação pretendida.

Parágrafo acrescentado pela Lei n. 14.309, de 08.03.2022.

§ 3º A sessão permanente poderá ser prorrogada tantas vezes quantas necessárias, desde que a assembleia seja concluída no prazo total de 90 (noventa) dias, contado da data de sua abertura inicial.

Parágrafo acrescentado pela Lei n. 14.309, de 08.03.2022.

Art. 1.354. A assembleia não poderá deliberar se todos os condôminos não forem convocados para a reunião.

Veja art. 1.334, § 2º, CC.

Art. 1.354-A. A convocação, a realização e a deliberação de quaisquer modalidades de assembleia poderão dar-se de forma eletrônica, desde que:

Artigo acrescentado pela Lei n. 14.309, de 08.03.2022.

I – tal possibilidade não seja vedada na convenção de condomínio;

II – sejam preservados aos condôminos os direitos de voz, de debate e de voto.

§ 1º Do instrumento de convocação deverá constar que a assembleia será realizada por meio eletrônico, bem como as instruções sobre acesso, manifestação e forma de coleta de votos dos condôminos.

§ 2º A administração do condomínio não poderá ser responsabilizada por problemas decorrentes dos equipamentos de informática ou da conexão à internet dos condôminos ou de seus representantes nem por quaisquer outras situações que não estejam sob o seu controle.

§ 3º Somente após a somatória de todos os votos e a sua divulgação será lavrada a respectiva ata, também eletrônica, e encerrada a assembleia geral.

§ 4º A assembleia eletrônica deverá obedecer aos preceitos de instalação, de funcionamento e de encerramento previstos no edital de convocação e poderá ser realizada de forma híbrida, com a presença física e virtual de condôminos concomitantemente no mesmo ato.

§ 5º Normas complementares relativas às assembleias eletrônicas poderão ser previstas no regimento interno do condomínio e definidas mediante aprovação da maioria simples dos presentes em assembleia convocada para essa finalidade.

§ 6º Os documentos pertinentes à ordem do dia poderão ser disponibilizados de forma física ou eletrônica aos participantes.

Art. 1.355. Assembleias extraordinárias poderão ser convocadas pelo síndico ou por um quarto dos condôminos.

Art. 1.356. Poderá haver no condomínio um conselho fiscal, composto de três membros, eleitos pela assembleia, por prazo não superior a dois anos, ao qual compete dar parecer sobre as contas do síndico.

Seção III
Da Extinção do Condomínio

Veja art. 213, § 10, II, LRP.

Art. 1.357. Se a edificação for total ou consideravelmente destruída, ou ameace ruína, os condôminos deliberarão em assembleia sobre a reconstrução, ou venda, por votos que representem metade mais uma das frações ideais.

Veja arts. 14, § 3º, e 17, § 3º, Lei n. 4.591, de 16.12.1964.

§ 1º Deliberada a reconstrução, poderá o condômino eximir-se do pagamento das despesas respectivas, alienando os seus direitos a outros condôminos, mediante avaliação judicial.

§ 2º Realizada a venda, em que se preferirá, em condições iguais de oferta, o condômino ao estranho, será repartido o apurado entre os condôminos, proporcionalmente ao valor das suas unidades imobiliárias.

Veja art. 1.358, CC.

Art. 1.358. Se ocorrer desapropriação, a indenização será repartida na proporção a que se refere o § 2º do artigo antecedente.

Veja art. 18, Lei n. 4.591, de 16.12.1964.

Seção IV
Do Condomínio de Lotes

Seção acrescentada pela Lei n. 13.465, de 11.07.2017.

Art. 1.358-A. Pode haver, em terrenos, partes designadas de lotes que são propriedade exclusiva e partes que são propriedade comum dos condôminos.

Caput acrescentado pela Lei n. 13.465, de 11.07.2017.

§ 1º A fração ideal de cada condômino poderá ser proporcional à área do solo de cada unidade autônoma, ao respectivo potencial construtivo ou a outros critérios indicados no ato de instituição.

Parágrafo acrescentado pela Lei n. 13.465, de 11.07.2017.

§ 2º Aplica-se, no que couber, ao condomínio de lotes:

Parágrafo com redação dada pela Lei n. 14.382, de 27.06.2022.

I – o disposto sobre condomínio edilício neste Capítulo, respeitada a legislação urbanística; e

Inciso acrescentado pela Lei n. 14.382, de 27.06.2022.

II – o regime jurídico das incorporações imobiliárias de que trata o Capítulo I do Título II da Lei n. 4.591, de 16 de dezembro de 1964, equiparando-se o empreendedor ao incorporador quanto aos aspectos civis e registrários.

Inciso acrescentado pela Lei n. 14.382, de 27.06.2022.

§ 3º Para fins de incorporação imobiliária, a implantação de toda a infraestrutura ficará a cargo do empreendedor.

Parágrafo acrescentado pela Lei n. 13.465, de 11.07.2017.

CAPÍTULO VII-A
DO CONDOMÍNIO EM MULTIPROPRIEDADE

Capítulo acrescentado pela Lei n. 13.777, de 20.12.2018.

Seção I
Disposições Gerais

Seção acrescentada pela Lei n. 13.777, de 20.12.2018.

Art. 1.358-B. A multipropriedade reger-se-á pelo disposto neste Capítulo e, de forma supletiva e subsidiária, pelas demais disposições deste Código e pelas disposições das Leis ns. 4.591, de 16 de dezembro de 1964, e 8.078, de 11 de setembro de 1990 (Código de Defesa do Consumidor).

Artigo acrescentado pela Lei n. 13.777, de 20.12.2018.

Art. 1.358-C. Multipropriedade é o regime de condomínio em que cada um dos proprietários de um mesmo imóvel é titular de uma fração de tempo, à qual corresponde a faculdade de uso e gozo, com exclusividade, da totalidade do imóvel, a ser exercida pelos proprietários de forma alternada.

Artigo acrescentado pela Lei n. 13.777, de 20.12.2018.

Parágrafo único. A multipropriedade não se extinguirá automaticamente se todas as frações de tempo forem do mesmo multiproprietário.

Art. 1.358-D. O imóvel objeto da multipropriedade:

Artigo acrescentado pela Lei n. 13.777, de 20.12.2018.

I – é indivisível, não se sujeitando a ação de divisão ou de extinção de condomínio;

II – inclui as instalações, os equipamentos e o mobiliário destinados a seu uso e gozo.

Art. 1.358-E. Cada fração de tempo é indivisível.

Artigo acrescentado pela Lei n. 13.777, de 20.12.2018.

§ 1º O período correspondente a cada fração de tempo será de, no mínimo, 7 (sete) dias, seguidos ou intercalados, e poderá ser:

I – fixo e determinado, no mesmo período de cada ano;

II – flutuante, caso em que a determinação do período será realizada de forma periódica, mediante procedimento objetivo que respeite, em relação a todos os multiproprietários, o princípio da isonomia, devendo ser previamente divulgado; ou

III – misto, combinando os sistemas fixo e flutuante.

§ 2º Todos os multiproprietários terão direito a uma mesma quantidade mínima de dias seguidos durante o ano, podendo haver a aquisição de frações maiores que a mínima, com o correspondente direito ao uso por períodos também maiores.

Seção II
Da Instituição da Multipropriedade

Seção acrescentada pela Lei n. 13.777, de 20.12.2018.

Art. 1.358-F. Institui-se a multipropriedade por ato entre vivos ou testamento, registrado no competente cartório de registro de imóveis, devendo constar daquele ato a duração dos períodos correspondentes a cada fração de tempo.

Artigo acrescentado pela Lei n. 13.777, de 20.12.2018.

Art. 1.358-G. Além das cláusulas que os multiproprietários decidirem estipular, a convenção de condomínio em multipropriedade determinará:

Artigo acrescentado pela Lei n. 13.777, de 20.12.2018.

Veja art. 1.358-P, *caput*, CC.

I – os poderes e deveres dos multiproprietários, especialmente em matéria de instalações, equipamentos e mobiliário do imóvel, de manutenção ordinária e extraordinária, de conservação e limpeza e de pagamento da contribuição condominial;

II – o número máximo de pessoas que podem ocupar simultaneamente o imóvel no período correspondente a cada fração de tempo;

III – as regras de acesso do administrador condominial ao imóvel para cumprimento do dever de manutenção, conservação e limpeza;

IV – a criação de fundo de reserva para reposição e manutenção dos equipamentos, instalações e mobiliário;

V – o regime aplicável em caso de perda ou destruição parcial ou total do imóvel, inclusive para efeitos de participação no risco ou no valor do seguro, da indenização ou da parte restante;

VI – as multas aplicáveis ao multiproprietário nas hipóteses de descumprimento de deveres.

Art. 1.358-H. O instrumento de instituição da multipropriedade ou a convenção de condomínio em multipropriedade poderá estabelecer o limite máximo de frações de tempo no mesmo imóvel que poderão ser detidas pela mesma pessoa natural ou jurídica.

Artigo acrescentado pela Lei n. 13.777, de 20.12.2018.

Parágrafo único. Em caso de instituição da multipropriedade para posterior venda das frações de tempo a terceiros, o atendimento a eventual limite de frações de tempo por titular estabelecido no instrumento de instituição será obrigatório somente após a venda das frações.

Seção III
Dos Direitos e das Obrigações do Multiproprietário

Seção acrescentada pela Lei n. 13.777, de 20.12.2018.

Art. 1.358-I. São direitos do multiproprietário, além daqueles previstos no instrumento de instituição e na convenção de condomínio em multipropriedade:

Artigo acrescentado pela Lei n. 13.777, de 20.12.2018.

I – usar e gozar, durante o período correspondente à sua fração de tempo, do imóvel e de suas instalações, equipamentos e mobiliário;

II – ceder a fração de tempo em locação ou comodato;

III – alienar a fração de tempo, por ato entre vivos ou por causa de morte, a título oneroso ou gratuito, ou onerá-la, devendo a alienação e a qualificação do sucessor, ou a oneração, ser informadas ao administrador;

IV – participar e votar, pessoalmente ou por intermédio de representante ou procurador, desde que esteja quite com as obrigações condominiais, em:

a) assembleia geral do condomínio em multipropriedade, e o voto do multiproprietário corresponderá à quota de sua fração de tempo no imóvel;

b) assembleia geral do condomínio edilício, quando for o caso, e o voto do multiproprietário corresponderá à quota de sua fração de tempo em relação à quota de poder político atribuído à unidade autônoma na respectiva convenção de condomínio edilício.

Art. 1.358-J. São obrigações do multiproprietário, além daquelas previstas no instrumento de instituição e na convenção de condomínio em multipropriedade:

Artigo acrescentado pela Lei n. 13.777, de 20.12.2018.

I – pagar a contribuição condominial do condomínio em multipropriedade e, quando for o caso, do condomínio edilício, ainda que renuncie ao uso e gozo, total ou parcial, do imóvel, das áreas comuns ou das respectivas instalações, equipamentos e mobiliário;

II – responder por danos causados ao imóvel, às instalações, aos equipamentos e ao mobiliário por si, por qualquer de seus acompanhantes, convidados ou prepostos ou por pessoas por ele autorizadas;

III – comunicar imediatamente ao administrador os defeitos, avarias e vícios no imóvel dos quais tiver ciência durante a utilização;

IV – não modificar, alterar ou substituir o mobiliário, os equipamentos e as instalações do imóvel;

V – manter o imóvel em estado de conservação e limpeza condizente com os fins a que se destina e com a natureza da respectiva construção;

VI – usar o imóvel, bem como suas instalações, equipamentos e mobiliário, conforme seu destino e natureza;

VII – usar o imóvel exclusivamente durante o período correspondente à sua fração de tempo;

VIII – desocupar o imóvel, impreterivelmente, até o dia e hora fixados no instrumento de instituição ou na convenção de condomínio em multipropriedade, sob pena de multa diária, conforme convencionado no instrumento pertinente;

IX – permitir a realização de obras ou reparos urgentes.

§ 1º Conforme previsão que deverá constar da respectiva convenção de condomínio em multipropriedade, o multiproprietário estará sujeito a:

I – multa, no caso de descumprimento de qualquer de seus deveres;

II – multa progressiva e perda temporária do direito de utilização do imóvel no período correspondente à sua fração de tempo, no caso de descumprimento reiterado de deveres.

§ 2º A responsabilidade pelas despesas referentes a reparos no imóvel, bem como suas instalações, equipamentos e mobiliário, será:

I – de todos os multiproprietários, quando decorrentes do uso normal e do desgaste natural do imóvel;

II – exclusivamente do multiproprietário responsável pelo uso anormal, sem prejuízo de multa, quando decorrentes de uso anormal do imóvel.

§§ 3º a 5º (*Vetados.*)

Art. 1.358-K. Para os efeitos do disposto nesta Seção, são equiparados aos multiproprietários os promitentes compradores e os cessionários de direitos relativos a cada fração de tempo.

Artigo acrescentado pela Lei n. 13.777, de 20.12.2018.

Seção IV
Da Transferência da Multipropriedade

Seção acrescentada pela Lei n. 13.777, de 20.12.2018.

Art. 1.358-L. A transferência do direito de multipropriedade e a sua produção de efeitos perante terceiros dar-se-ão na forma da lei civil e não dependerão da anuência ou cientificação dos demais multiproprietários.

Artigo acrescentado pela Lei n. 13.777, de 20.12.2018.

§ 1º Não haverá direito de preferência na alienação de fração de tempo, salvo se estabelecido no instrumento de instituição ou na convenção do condomínio em multipropriedade em favor dos demais multiproprietários ou do instituidor do condomínio em multipropriedade.

§ 2º O adquirente será solidariamente responsável com o alienante pelas obrigações de que trata o § 5º do art. 1.358-J deste Código caso não obtenha a declaração de inexistência de débitos referente à fração de tempo no momento de sua aquisição.

O art. 1.358-J, § 5º, foi vetado.

Seção V
Da Administração da Multipropriedade

Seção acrescentada pela Lei n. 13.777, de 20.12.2018.

Art. 1.358-M. A administração do imóvel e de suas instalações, equipamentos e mobiliário será de responsabilidade da pessoa indicada no instrumento de instituição ou na convenção de condomínio em multipropriedade, ou, na falta de indicação, de pessoa escolhida em assembleia geral dos condôminos.

Artigo acrescentado pela Lei n. 13.777, de 20.12.2018.

§ 1º O administrador exercerá, além daquelas previstas no instrumento de instituição e na convenção de condomínio em multipropriedade, as seguintes atribuições:

I – coordenação da utilização do imóvel pelos multiproprietários durante o período correspondente a suas respectivas frações de tempo;

II – determinação, no caso dos sistemas flutuante ou misto, dos períodos concretos de uso e gozo exclusivos de cada multiproprietário em cada ano;

III – manutenção, conservação e limpeza do imóvel;

IV – troca ou substituição de instalações, equipamentos ou mobiliário, inclusive:

a) determinar a necessidade da troca ou substituição;

b) providenciar os orçamentos necessários para a troca ou substituição;

c) submeter os orçamentos à aprovação pela maioria simples dos condôminos em assembleia;

V – elaboração do orçamento anual, com previsão das receitas e despesas;

VI – cobrança das quotas de custeio de responsabilidade dos multiproprietários;

VII – pagamento, por conta do condomínio edilício ou voluntário, com os fundos comuns arrecadados, de todas as despesas comuns.

§ 2º A convenção de condomínio em multipropriedade poderá regrar de forma diversa a atribuição prevista no inciso IV do § 1º deste artigo.

Art. 1.358-N. O instrumento de instituição poderá prever fração de tempo destinada à realização, no imóvel e em suas instalações, em seus equipamentos e em seu mobiliário, de reparos indispensáveis ao exercício normal do direito de multipropriedade.

Artigo acrescentado pela Lei n. 13.777, de 20.12.2018.

§ 1º A fração de tempo de que trata o *caput* deste artigo poderá ser atribuída:

I – ao instituidor da multipropriedade; ou

II – aos multiproprietários, proporcionalmente às respectivas frações.

§ 2º Em caso de emergência, os reparos de que trata o *caput* deste artigo poderão ser feitos durante o período correspondente à fração de tempo de um dos multiproprietários.

Seção VI
Disposições Específicas Relativas às Unidades Autônomas de Condomínios Edilícios

Seção acrescentada pela Lei n. 13.777, de 20.12.2018.

Art. 1.358-O. O condomínio edilício poderá adotar o regime de multipropriedade em parte ou na totalidade de suas unidades autônomas, mediante:

Artigo acrescentado pela Lei n. 13.777, de 20.12.2018.

Veja arts. 1.358-P, *caput*, e 1.358-Q, *caput*, CC.

I – previsão no instrumento de instituição; ou

II – deliberação da maioria absoluta dos condôminos.

Parágrafo único. No caso previsto no inciso I do *caput* deste artigo, a iniciativa e a responsabilidade para a instituição do regime da multipropriedade serão atribuídas às mesmas pessoas e observarão os mesmos requisitos indicados nas alíneas *a*, *b* e *c* e no § 1º do art. 31 da Lei n. 4.591, de 16 de dezembro de 1964.

Art. 1.358-P. Na hipótese do art. 1.358-O, a convenção de condomínio edilício deve prever, além das matérias elencadas nos arts. 1.332, 1.334 e, se for o caso, 1.358-G deste Código:

Artigo acrescentado pela Lei n. 13.777, de 20.12.2018.

Veja art. 1.358-P, *caput*, CC.

I – a identificação das unidades sujeitas ao regime da multipropriedade, no caso de empreendimentos mistos;

II – a indicação da duração das frações de tempo de cada unidade autônoma sujeita ao regime da multipropriedade;

III – a forma de rateio, entre os multiproprietários de uma mesma unidade autônoma, das contribuições condominiais relativas à unidade, que, salvo se disciplinada de forma diversa no instrumento de instituição ou na convenção de condomínio em multipropriedade, será proporcional à fração de tempo de cada multiproprietário;

IV – a especificação das despesas ordinárias, cujo custeio será obrigatório, independentemente do uso e gozo do imóvel e das áreas comuns;

V – os órgãos de administração da multipropriedade;

VI – a indicação, se for o caso, de que o empreendimento conta com sistema de administração de intercâmbio, na forma prevista no § 2º do art. 23 da Lei n. 11.771, de 17 de setembro de 2008, seja do período de fruição da fração de tempo, seja do local de fruição, caso em que a responsabilidade e as obrigações da companhia de intercâmbio limitam-se ao contido na documentação de sua contratação;

VII – a competência para a imposição de sanções e o respectivo procedimento, especialmente nos casos de mora no cumprimento das obrigações de custeio e nos casos de descumprimento da obrigação de desocupar o imóvel até o dia e hora previstos;

VIII – o quórum exigido para a deliberação de adjudicação da fração de tempo na hipótese de inadimplemento do respectivo multiproprietário;

IX – o quórum exigido para a deliberação de alienação, pelo condomínio edilício, da fração de tempo adjudicada em virtude do inadimplemento do respectivo multiproprietário.

Art. 1.358-Q. Na hipótese do art. 1.358-O deste Código, o regimento interno do condomínio edilício deve prever:

Artigo acrescentado pela Lei n. 13.777, de 20.12.2018.

I – os direitos dos multiproprietários sobre as partes comuns do condomínio edilício;

II – os direitos e obrigações do administrador, inclusive quanto ao acesso ao imóvel para cumprimento do dever de manutenção, conservação e limpeza;

III – as condições e regras para uso das áreas comuns;

IV – os procedimentos a serem observados para uso e gozo dos imóveis e das instalações, equipamentos e mobiliário destinados ao regime da multipropriedade;

V – o número máximo de pessoas que podem ocupar simultaneamente o imóvel no período correspondente a cada fração de tempo;

VI – as regras de convivência entre os multiproprietários e os ocupantes de unidades autônomas não sujeitas ao regime da multipropriedade, quando se tratar de empreendimentos mistos;

VII – a forma de contribuição, destinação e gestão do fundo de reserva específico para cada imóvel, para reposição e manutenção dos equipamentos, instalações e mobiliário, sem prejuízo do fundo de reserva do condomínio edilício;

VIII – a possibilidade de realização de assembleias não presenciais, inclusive por meio eletrônico;

IX – os mecanismos de participação e representação dos titulares;

X – o funcionamento do sistema de reserva, os meios de confirmação e os requisitos a serem cumpridos pelo multiproprietário quando não exercer diretamente sua faculdade de uso;

XI – a descrição dos serviços adicionais, se existentes, e as regras para seu uso e custeio.

Parágrafo único. O regimento interno poderá ser instituído por escritura pública ou por instrumento particular.

Art. 1.358-R. O condomínio edilício em que tenha sido instituído o regime de multipropriedade em parte ou na totalidade de suas unidades autônomas terá necessariamente um administrador profissional.

Artigo acrescentado pela Lei n. 13.777, de 20.12.2018.

§ 1º O prazo de duração do contrato de administração será livremente convencionado.

§ 2º O administrador do condomínio referido no *caput* deste artigo será também o administrador de todos os condomínios em multipropriedade de suas unidades autônomas.

§ 3º O administrador será mandatário legal de todos os multiproprietários, exclusivamente para a realização dos atos de gestão ordinária da multipropriedade, incluindo manutenção, conservação e limpeza do imóvel e de suas instalações, equipamentos e mobiliário.

§ 4º O administrador poderá modificar o regimento interno quanto aos aspectos estritamente operacionais da gestão da multipropriedade no condomínio edilício.

§ 5º O administrador pode ser ou não um prestador de serviços de hospedagem.

Art. 1.358-S. Na hipótese de inadimplemento, por parte do multiproprietário, da obrigação de custeio das despesas ordinárias ou extraordinárias, é cabível, na forma da lei processual civil, a adjudicação ao condomínio edilício da fração de tempo correspondente.

Artigo acrescentado pela Lei n. 13.777, de 20.12.2018.

Parágrafo único. Na hipótese de o imóvel objeto da multipropriedade ser parte integrante de empreendimento em que haja sistema de locação das frações de tempo no qual os titulares possam ou sejam obrigados a locar suas frações de tempo exclusivamente por meio de uma administração única, repartindo entre si as receitas das locações independentemente da efetiva ocupação de cada unidade autônoma, poderá a convenção do condomínio edilício regrar que em caso de inadimplência:

I – o inadimplente fique proibido de utilizar o imóvel até a integral quitação da dívida;

II – a fração de tempo do inadimplente passe a integrar o *pool* da administradora;

III – a administradora do sistema de locação fique automaticamente munida de poderes e obrigada a, por conta e ordem do inadimplente, utilizar a integralidade dos valores líquidos a que o inadimplente tiver direito para amortizar suas dívidas condominiais, seja do condomínio edilício, seja do condomínio em multipropriedade, até sua integral quitação, devendo eventual saldo ser imediatamente repassado ao multiproprietário.

Art. 1.358-T. O multiproprietário somente poderá renunciar de forma translativa a seu direito de multipropriedade em favor do condomínio edilício.

Artigo acrescentado pela Lei n. 13.777, de 20.12.2018.

Parágrafo único. A renúncia de que trata o *caput* deste artigo só é admitida se o multiproprietário estiver em dia com as contribuições condominiais, com os tributos imobiliários e, se houver, com o foro ou a taxa de ocupação.

Art. 1.358-U. As convenções dos condomínios edilícios, os memoriais de loteamentos e os instrumentos de venda dos lotes em loteamentos urbanos poderão limitar ou impedir a instituição da multipropriedade nos respectivos imóveis, vedação que somente poderá ser alterada no mínimo pela maioria absoluta dos condôminos.

Artigo acrescentado pela Lei n. 13.777, de 20.12.2018.

CAPÍTULO VIII
DA PROPRIEDADE RESOLÚVEL

Art. 1.359. Resolvida a propriedade pelo implemento da condição ou pelo advento do termo, entendem-se também resolvidos os direitos reais concedidos na sua pendência, e o proprietário, em cujo favor se opera a resolução, pode reivindicar a coisa do poder de quem a possua ou detenha.

Veja arts. 127, 128, 135, 507, 513, 547, 1.225, I, 1.499, III, 1.953 e 1.954, CC.

Veja art. 33, Lei n. 9.514, de 20.11.1997.

Art. 1.360. Se a propriedade se resolver por outra causa superveniente, o possuidor, que a tiver adquirido por título anterior à sua resolução, será considerado proprietário perfeito, restando à pessoa, em cujo benefício houve a resolução, ação contra aquele cuja propriedade se resolveu para haver a própria coisa ou o seu valor.

Veja arts. 127, 128, 507, 557, 563, 564 e 1.954, CC.

Veja art. 33, Lei n. 9.514, de 20.11.1997.

CAPÍTULO IX
DA PROPRIEDADE FIDUCIÁRIA

Art. 1.361. Considera-se fiduciária a propriedade resolúvel de coisa móvel infungível que o devedor, com escopo de garantia, transfere ao credor.

§ 1º Constitui-se a propriedade fiduciária com o registro do contrato, celebrado por instrumento público ou particular, que lhe serve de título, no Registro de Títulos e Documentos do domicílio do devedor, ou, em se tratando de veículos, na repartição competente para o licenciamento, fazendo-se a anotação no certificado de registro.

Veja art. 129-B, CTB.

§ 2º Com a constituição da propriedade fiduciária, dá-se o desdobramento da posse, tornando-se o devedor possuidor direto da coisa.

§ 3º A propriedade superveniente, adquirida pelo devedor, torna eficaz, desde o arquivamento, a transferência da propriedade fiduciária.

Art. 1.362. O contrato, que serve de título à propriedade fiduciária, conterá:

I – o total da dívida, ou sua estimativa;

II – o prazo, ou a época do pagamento;

III – a taxa de juros, se houver;

IV – a descrição da coisa objeto da transferência, com os elementos indispensáveis à sua identificação.

Veja art. 1.361, § 1º, CC.

Art. 1.363. Antes de vencida a dívida, o devedor, a suas expensas e risco, pode usar a coisa segundo sua destinação, sendo obrigado, como depositário:

Veja arts. 627 a 652, CC.

I – a empregar na guarda da coisa a diligência exigida por sua natureza;

II – a entregá-la ao credor, se a dívida não for paga no vencimento.

Veja art. 1.361, § 2º, CC.

Art. 1.364. Vencida a dívida, e não paga, fica o credor obrigado a vender, judicial ou extrajudicialmente, a coisa a terceiros, a aplicar o preço no pagamento de seu crédito e das despesas de cobrança, e a entregar o saldo, se houver, ao devedor.

Veja art. 1.366, CC.

Art. 1.365. É nula a cláusula que autoriza o proprietário fiduciário a ficar com a coisa alienada em garantia, se a dívida não for paga no vencimento.

Parágrafo único. O devedor pode, com a anuência do credor, dar seu direito eventual à coisa em pagamento da dívida, após o vencimento desta.

Art. 1.366. Quando, vendida a coisa, o produto não bastar para o pagamento da dívida e das despesas de cobrança, continuará o devedor obrigado pelo restante.

Veja art. 1.364, CC.

Art. 1.367. A propriedade fiduciária em garantia de bens móveis ou imóveis sujeita-se às disposições do Capítulo I do Título X do Livro III da Parte Especial deste Código e, no que for específico, à legislação especial pertinente, não se equiparando, para quaisquer efeitos, à propriedade plena de que trata o art. 1.231.

Artigo com redação dada pela Lei n. 13.043, de 13.11.2014.

Art. 1.368. O terceiro, interessado ou não, que pagar a dívida, se sub-rogará de pleno direito no crédito e na propriedade fiduciária.

Veja arts. 346 a 351, CC.

Art. 1.368-A. As demais espécies de propriedade fiduciária ou de titularidade fiduciária submetem-se à disciplina específica das respectivas leis especiais, somente se aplicando as disposições deste Código naquilo que não for incompatível com a legislação especial.

Artigo acrescentado pela Lei n. 10.931, de 02.08.2004.

Art. 1.368-B. A alienação fiduciária em garantia de bem móvel ou imóvel confere direito real de aquisição ao fiduciante, seu cessionário ou sucessor.

Artigo acrescentado pela Lei n. 13.043, de 13.11.2014.

Parágrafo único. O credor fiduciário que se tornar proprietário pleno do bem, por efeito de realização da garantia, mediante consolidação da propriedade, adjudicação, dação ou outra forma pela qual lhe tenha sido transmitida a propriedade plena, passa a responder pelo pagamento dos tributos sobre a propriedade e a posse, taxas, despesas condominiais e quaisquer outros encargos, tributários ou não, incidentes sobre o bem objeto da garantia, a partir da data em que vier a ser imitido na posse direta do bem.

CAPÍTULO X
DO FUNDO DE INVESTIMENTO

Capítulo acrescentado pela Lei n. 13.874, de 20.09.2019.

Art. 1.368-C. O fundo de investimento é uma comunhão de recursos, constituído sob a forma de condomínio de natureza especial, destinado à aplicação em ativos financeiros, bens e direitos de qualquer natureza.

Artigo acrescentado pela Lei n. 13.874, de 20.09.2019.

Veja art. 16, *caput*, Lei n. 14.754, de 12.12.2023.

§ 1º Não se aplicam ao fundo de investimento as disposições constantes dos arts. 1.314 ao 1.358-A deste Código.

§ 2º Competirá à Comissão de Valores Mobiliários disciplinar o disposto no *caput* deste artigo.

Veja art. 1.368-D, CC.

§ 3º O registro dos regulamentos dos fundos de investimentos na Comissão de Valores Mobiliários é condição suficiente para garantir a sua publicidade e a oponibilidade de efeitos em relação a terceiros.

Art. 1.368-D. O regulamento do fundo de investimento poderá, observado o disposto na regulamentação a que se refere o § 2º do art. 1.368-C desta Lei, estabelecer:

Artigo acrescentado pela Lei n. 13.874, de 20.09.2019.

I – a limitação da responsabilidade de cada investidor ao valor de suas cotas;

II – a limitação da responsabilidade, bem como parâmetros de sua aferição, dos prestadores de serviços do fundo de investimento, perante o condomínio e entre si, ao cumprimento dos deveres particulares de cada um, sem solidariedade; e

III – classes de cotas com direitos e obrigações distintos, com possibilidade de constituir patrimônio segregado para cada classe.

Veja art. 1.368-E, § 3º, CC.

Veja art. 37, *caput*, Lei n. 14.754, de 12.12.2023.

§ 1º A adoção da responsabilidade limitada por fundo de investimento constituído sem a limitação de responsabilidade somente abrangerá fatos ocorridos após a respectiva mudança em seu regulamento.

§ 2º A avaliação de responsabilidade dos prestadores de serviço deverá levar sempre em consideração os riscos inerentes às aplicações nos mercados de atuação do fundo de investimento e a natureza de obrigação de meio de seus serviços.

§ 3º O patrimônio segregado referido no inciso III do *caput* deste artigo só responderá por obrigações vinculadas à classe respectiva, nos termos do regulamento.

Art. 1.368-E. Os fundos de investimento respondem diretamente pelas obrigações legais e contratuais por eles assumidas, e os prestadores de serviço não respondem por essas obrigações, mas respondem pelos prejuízos que causarem quando procederem com dolo ou má-fé.

Artigo acrescentado pela Lei n. 13.874, de 20.09.2019.

§ 1º Se o fundo de investimento com limitação de responsabilidade não possuir patrimônio suficiente para responder por suas dívidas, aplicam-se as regras de insolvência previstas nos arts. 955 a 965 deste Código.

§ 2º A insolvência pode ser requerida judicialmente por credores, por deliberação própria dos cotistas do fundo de investimento, nos termos de seu regulamento, ou pela Comissão de Valores Mobiliários.

§ 3º Caso o regulamento do fundo estabeleça classes de cotas com direitos e obrigações distintos, nos termos do inciso III do *caput* do art. 1.368-D deste Código, aplica-se o disposto neste artigo a cada classe de cotas, individualmente considerada.

Parágrafo acrescentado pela Lei n. 14.754, de 12.12.2023.

Art. 1.368-F. O fundo de investimento constituído por lei específica e regulamentado pela Comissão de Valores Mobiliários deverá, no que couber, seguir as disposições deste Capítulo.

Artigo acrescentado pela Lei n. 13.874, de 20.09.2019.

TÍTULO IV
DA SUPERFÍCIE

Art. 1.369. O proprietário pode conceder a outrem o direito de construir ou de plantar em seu terreno, por tempo determinado, mediante escritura pública devidamente registrada no Cartório de Registro de Imóveis.

Veja art. 1.225, II, CC.

Parágrafo único. O direito de superfície não autoriza obra no subsolo, salvo se for inerente ao objeto da concessão.

Art. 1.370. A concessão da superfície será gratuita ou onerosa; se onerosa, estipularão as partes se o pagamento será feito de uma só vez, ou parceladamente.

Art. 1.371. O superficiário responderá pelos encargos e tributos que incidirem sobre o imóvel.

Art. 1.372. O direito de superfície pode transferir-se a terceiros e, por morte do superficiário, aos seus herdeiros.

Veja arts. 1.207 e 1.784, CC.

Parágrafo único. Não poderá ser estipulado pelo concedente, a nenhum título, qualquer pagamento pela transferência.

Art. 1.373. Em caso de alienação do imóvel ou do direito de superfície, o superficiário ou o proprietário tem direito de preferência, em igualdade de condições.

Art. 1.374. Antes do termo final, resolver-se-á a concessão se o superficiário der ao terreno destinação diversa daquela para que foi concedida.

Art. 1.375. Extinta a concessão, o proprietário passará a ter a propriedade plena sobre o terreno, construção ou plantação, independentemente de indenização, se as partes não houverem estipulado o contrário.

Art. 1.376. No caso de extinção do direito de superfície em consequência de desapropriação, a indenização cabe ao proprietário e ao superficiário, no valor correspondente ao direito real de cada um.

Art. 1.377. O direito de superfície, constituído por pessoa jurídica de direito público interno, rege-se por este Código, no que não for diversamente disciplinado em lei especial.

TÍTULO V
DAS SERVIDÕES

CAPÍTULO I
DA CONSTITUIÇÃO DAS SERVIDÕES

Art. 1.378. A servidão proporciona utilidade para o prédio dominante, e grava o prédio serviente, que pertence a diverso dono, e constitui-se mediante declaração expressa dos proprietários, ou por testamento, e subsequente registro no Cartório de Registro de Imóveis.

Veja arts. 1.225, III, 1.227 e 1.285, CC.

Veja art. 47, § 1º, CPC.

Art. 1.379. O exercício incontestado e contínuo de uma servidão aparente, por dez anos, nos termos do art. 1.242, autoriza o interessado a registrá-la em seu nome no Registro de Imóveis, valendo-lhe como título a sentença que julgar consumado a usucapião.

Veja arts. 246, § 3º, e 259, I, CPC.

Parágrafo único. Se o possuidor não tiver título, o prazo da usucapião será de vinte anos.

CAPÍTULO II
DO EXERCÍCIO DAS SERVIDÕES

Art. 1.380. O dono de uma servidão pode fazer todas as obras necessárias à sua conservação e uso, e, se a servidão pertencer a mais de um prédio, serão as despesas rateadas entre os respectivos donos.

Art. 1.381. As obras a que se refere o artigo antecedente devem ser feitas pelo dono do prédio dominante, se o contrário não dispuser expressamente o título.

Art. 1.382. Quando a obrigação incumbir ao dono do prédio serviente, este poderá exonerar-se, abandonando, total ou parcialmente, a propriedade ao dono do dominante.

Parágrafo único. Se o proprietário do prédio dominante se recusar a receber a propriedade do serviente, ou parte dela, caber-lhe-á custear as obras.

Art. 1.383. O dono do prédio serviente não poderá embaraçar de modo algum o exercício legítimo da servidão.

Art. 1.384. A servidão pode ser removida, de um local para outro, pelo dono do prédio serviente e à sua custa, se em nada diminuir as vantagens do prédio dominante, ou pelo dono deste e à sua custa, se houver considerável incremento da utilidade e não prejudicar o prédio serviente.

Art. 1.385. Restringir-se-á o exercício da servidão às necessidades do prédio dominante, evitando-se, quanto possível, agravar o encargo ao prédio serviente.

§ 1º Constituída para certo fim, a servidão não se pode ampliar a outro.

§ 2º Nas servidões de trânsito, a de maior inclui a de menor ônus, e a menor exclui a mais onerosa.

§ 3º Se as necessidades da cultura, ou da indústria, do prédio dominante impuserem à servidão maior largueza, o dono do serviente é obrigado a sofrê-la; mas tem direito a ser indenizado pelo excesso.

Art. 1.386. As servidões prediais são indivisíveis, e subsistem, no caso de divisão dos imóveis, em benefício de cada uma das porções do prédio dominante, e continuam a gravar cada uma das do prédio serviente, salvo se, por natureza, ou destino, só se aplicarem a certa parte de um ou de outro.

Veja arts. 87 e 88, CC.

CAPÍTULO III
DA EXTINÇÃO DAS SERVIDÕES

Art. 1.387. Salvo nas desapropriações, a servidão, uma vez registrada, só se extingue, com respeito a terceiros, quando cancelada.

Parágrafo único. Se o prédio dominante estiver hipotecado, e a servidão se mencionar no título hipotecário, será também preciso, para a cancelar, o consentimento do credor.

Veja arts. 256 e 257, LRP, que estabelecem que o cancelamento da servidão, quando o prédio dominante estiver hipotecado, só poderá ser feito com aquiescência do credor, expressamente manifestado.

Art. 1.388. O dono do prédio serviente tem direito, pelos meios judiciais, ao cancelamento do registro, embora o dono do prédio dominante lho impugne:

I – quando o titular houver renunciado a sua servidão;

II – quando tiver cessado, para o prédio dominante, a utilidade ou a comodidade, que determinou a constituição da servidão;

III – quando o dono do prédio serviente resgatar a servidão.

Art. 1.389. Também se extingue a servidão, ficando ao dono do prédio serviente a faculdade de fazê-la cancelar, mediante a prova da extinção:

I – pela reunião dos dois prédios no domínio da mesma pessoa;

II – pela supressão das respectivas obras por efeito de contrato, ou de outro título expresso;

III – pelo não uso, durante dez anos contínuos.

TÍTULO VI
DO USUFRUTO

CAPÍTULO I
DISPOSIÇÕES GERAIS

Art. 1.390. O usufruto pode recair em um ou mais bens, móveis ou imóveis, em um patrimônio inteiro, ou parte deste, abrangendo-lhe, no todo ou em parte, os frutos e utilidades.

Veja arts. 1.225, IV, 1.410, VIII, 1.413, 1.416, 1.689, I, 1.693, 1.816, parágrafo único, 1.921, 1.946 e 1.952, CC.

Veja art. 231, § 2º, CF.

Veja arts. 825, III, e 867 a 869, CPC.

Art. 1.391. O usufruto de imóveis, quando não resulte de usucapião, constituir-se-á mediante registro no Cartório de Registro de Imóveis.

Veja arts. 1.227 e 1.652, I, CC.

Art. 1.392. Salvo disposição em contrário, o usufruto estende-se aos acessórios da coisa e seus acrescidos.

Veja arts. 92, 96, 97 e 1.248, CC.

§ 1º Se, entre os acessórios e os acrescidos, houver coisas consumíveis, terá o usufrutuário o dever de restituir, findo o usufruto, as que ainda houver e, das outras, o equivalente em gênero, qualidade e quantidade, ou, não sendo possível, o seu valor, estimado ao tempo da restituição.

Veja arts. 86, 1.248, V, e 1.254 a 1.257, CC.

§ 2º Se há no prédio em que recai o usufruto florestas ou os recursos minerais a que se refere o art. 1.230, devem o dono e o usufrutuário prefixar-lhe a extensão do gozo e a maneira de exploração.

§ 3º Se o usufruto recai sobre universalidade ou quota-parte de bens, o usufrutuário tem direito à parte do tesouro achado por outrem, e ao preço pago pelo vizinho do prédio usufruído, para obter meação em parede, cerca, muro, vala ou valado.

Veja arts. 90, 91, 1.264 a 1.266, 1.297, § 1º, e 1.328, CC.

Art. 1.393. Não se pode transferir o usufruto por alienação; mas o seu exercício pode ceder-se por título gratuito ou oneroso.

Veja arts. 1.399 e 1.410, VI, CC.

CAPÍTULO II
DOS DIREITOS DO USUFRUTUÁRIO

Art. 1.394. O usufrutuário tem direito à posse, uso, administração e percepção dos frutos.

Veja arts. 1.196, 1.392, 1.395 a 1.410, 1.413 e 1.416, CC.

Art. 1.395. Quando o usufruto recai em títulos de crédito, o usufrutuário tem direito a perceber os frutos e a cobrar as respectivas dívidas.

Veja art. 1.410, VII, CC.

Parágrafo único. Cobradas as dívidas, o usufrutuário aplicará, de imediato, a importância em títulos da mesma natureza, ou em títulos da dívida pública federal, com cláusula de atualização monetária segundo índices oficiais regularmente estabelecidos.

Art. 1.396. Salvo direito adquirido por outrem, o usufrutuário faz seus os frutos naturais, pendentes ao começar o usufruto, sem encargo de pagar as despesas de produção.

Veja art. 1.215, CC.

Parágrafo único. Os frutos naturais, pendentes ao tempo em que cessa o usufruto, pertencem ao dono, também sem compensação das despesas.

Veja art. 1.214, parágrafo único, CC.

Art. 1.397. As crias dos animais pertencem ao usufrutuário, deduzidas quantas bastem para inteirar as cabeças de gado existentes ao começar o usufruto.

Art. 1.398. Os frutos civis, vencidos na data inicial do usufruto, pertencem ao proprietário, e ao usufrutuário os vencidos na data em que cessa o usufruto.

Veja art. 1.215, CC.

Art. 1.399. O usufrutuário pode usufruir em pessoa, ou mediante arrendamento, o prédio, mas não mudar-lhe a destinação econômica, sem expressa autorização do proprietário.

Veja arts. 1.393 e 1.410, VIII, CC.

CAPÍTULO III
DOS DEVERES DO USUFRUTUÁRIO

Art. 1.400. O usufrutuário, antes de assumir o usufruto, inventariará, à sua custa, os bens que receber, determinando o estado em que se acham, e dará caução, fidejussória ou real, se lha exigir o dono, de velar-lhes pela conservação, e entregá-los findo o usufruto.

Veja arts. 538, 1.402, 1.652, I, e 1.689, I, CC.

Parágrafo único. Não é obrigado à caução o doador que se reservar o usufruto da coisa doada.

Art. 1.401. O usufrutuário que não quiser ou não puder dar caução suficiente perderá o direito de administrar o usufruto; e, neste caso, os bens serão administrados pelo proprietário, que ficará obrigado, mediante caução, a entregar ao usufrutuário o rendimento deles, deduzidas as despesas de administração, entre as quais se incluirá a quantia fixada pelo juiz como remuneração do administrador.

Art. 1.402. O usufrutuário não é obrigado a pagar as deteriorações resultantes do exercício regular do usufruto.

Veja arts. 569, IV, e 1.400, CC.

Art. 1.403. Incumbem ao usufrutuário:

I – as despesas ordinárias de conservação dos bens no estado em que os recebeu;

II – as prestações e os tributos devidos pela posse ou rendimento da coisa usufruída.

Art. 1.404. Incumbem ao dono as reparações extraordinárias e as que não forem de custo módico; mas o usufrutuário lhe pagará os juros do capital despendido com as que forem necessárias à conservação, ou aumentarem o rendimento da coisa usufruída.

§ 1º Não se consideram módicas as despesas superiores a dois terços do líquido rendimento em um ano.

§ 2º Se o dono não fizer as reparações a que está obrigado, e que são indispensáveis à conservação da coisa, o usufrutuário pode realizá-las, cobrando daquele a importância despendida.

Art. 1.405. Se o usufruto recair num patrimônio, ou parte deste, será o usufrutuário obrigado aos juros da dívida que onerar o patrimônio ou a parte dele.

Veja arts. 90 e 91, CC.

Art. 1.406. O usufrutuário é obrigado a dar ciência ao dono de qualquer lesão produzida contra a posse da coisa, ou os direitos deste.

Art. 1.407. Se a coisa estiver segurada, incumbe ao usufrutuário pagar, durante o usufruto, as contribuições do seguro.

Veja arts. 1.408 e 1.410, V, CC.

§ 1º Se o usufrutuário fizer o seguro, ao proprietário caberá o direito dele resultante contra o segurador.

§ 2º Em qualquer hipótese, o direito do usufrutuário fica sub-rogado no valor da indenização do seguro.

Art. 1.408. Se um edifício sujeito a usufruto for destruído sem culpa do proprietário, não será este obrigado a reconstruí-lo, nem o usufruto se restabelecerá, se o proprietário reconstruir à sua custa o prédio; mas se a indenização do seguro for aplicada à reconstrução do prédio, restabelecer-se-á o usufruto.

Veja arts. 1.407 e 1.410, V, CC.

Art. 1.409. Também fica sub-rogada no ônus do usufruto, em lugar do prédio, a indenização paga, se ele for desapropriado, ou a importância do dano, ressarcido pelo terceiro responsável no caso de danificação ou perda.

Veja art. 1.410, V, CC.

CAPÍTULO IV
DA EXTINÇÃO DO USUFRUTO

Art. 1.410. O usufruto extingue-se, cancelando-se o registro no Cartório de Registro de Imóveis:

Veja art. 1.393, CC.

Veja art. 725, VI, CPC.

I – pela renúncia ou morte do usufrutuário;

Veja art. 1.921, CC.

II – pelo termo de sua duração;

III – pela extinção da pessoa jurídica, em favor de quem o usufruto foi constituído, ou, se ela perdurar, pelo decurso de trinta anos da data em que se começou a exercer;

IV – pela cessação do motivo de que se origina;

V – pela destruição da coisa, guardadas as disposições dos arts. 1.407, 1.408, 2ª parte, e 1.409;

VI – pela consolidação;

VII – por culpa do usufrutuário, quando aliena, deteriora, ou deixa arruinar os bens, não lhes acudindo com os reparos de conservação, ou quando, no usufruto de títulos de crédito, não dá às importâncias recebidas a aplicação prevista no parágrafo único do art. 1.395;

VIII – pelo não uso, ou não fruição, da coisa em que o usufruto recai (arts. 1.390 e 1.399).

Art. 1.411. Constituído o usufruto em favor de duas ou mais pessoas, extinguir-se-á a parte em relação a cada uma das que falecerem, salvo se, por estipulação expressa, o quinhão desses couber ao sobrevivente.

Veja art. 1.946, CC.

TÍTULO VII
DO USO

Art. 1.412. O usuário usará da coisa e perceberá os seus frutos, quanto o exigirem as necessidades suas e de sua família.

§ 1º Avaliar-se-ão as necessidades pessoais do usuário conforme a sua condição social e o lugar onde viver.

§ 2º As necessidades da família do usuário compreendem as de seu cônjuge, dos filhos solteiros e das pessoas de seu serviço doméstico.

Art. 1.413. São aplicáveis ao uso, no que não for contrário à sua natureza, as disposições relativas ao usufruto.

Veja arts. 1.390 a 1.411, CC.

TÍTULO VIII
DA HABITAÇÃO

Art. 1.414. Quando o uso consistir no direito de habitar gratuitamente casa alheia, o titular deste direito não a pode alugar, nem emprestar, mas simplesmente ocupá-la com sua família.

Veja arts. 1.225, VI, e 1.831, CC.

Art. 1.415. Se o direito real de habitação for conferido a mais de uma pessoa, qualquer delas que sozinha habite a casa não terá de pagar aluguel à outra, ou às outras, mas não as pode inibir de exercerem, querendo, o direito, que também lhes compete, de habitá-la.

Art. 1.416. São aplicáveis à habitação, no que não for contrário à sua natureza, as disposições relativas ao usufruto.

Veja arts. 1.390 a 1.411, CC.

TÍTULO IX
DO DIREITO DO PROMITENTE COMPRADOR

Art. 1.417. Mediante promessa de compra e venda, em que se não pactuou arrependimento, celebrada por instrumento público ou particular, e registrada no Cartório de Registro de Imóveis, adquire o promitente comprador direito real à aquisição do imóvel.

Veja arts. 108, 463 e 1.225, VII, CC.

Art. 1.418. O promitente comprador, titular de direito real, pode exigir do promitente vendedor, ou de terceiros, a quem os direitos deste forem cedidos, a outorga da escritura definitiva de compra e venda, conforme o disposto no instrumento preliminar; e, se houver recusa, requerer ao juiz a adjudicação do imóvel.

Veja art. 464, CC.

TÍTULO X
DO PENHOR, DA HIPOTECA E DA ANTICRESE

CAPÍTULO I
DISPOSIÇÕES GERAIS

Veja art. 1.367, CC.

Art. 1.419. Nas dívidas garantidas por penhor, anticrese ou hipoteca, o bem dado em garantia fica sujeito, por vínculo real, ao cumprimento da obrigação.

Veja arts. 30, 163, 165, parágrafo único, 364, 805, 961 e 1.225, VIII a X, CC.

Veja art. 171, § 2º, II, CP.

Art. 1.420. Só aquele que pode alienar poderá empenhar, hipotecar ou dar em anticrese; só os bens que se podem alienar poderão ser dados em penhor, anticrese ou hipoteca.

Veja arts. 1.647, I, 1.691, 1.717 e 1.848, CC.

§ 1º A propriedade superveniente torna eficaz, desde o registro, as garantias reais estabelecidas por quem não era dono.

Veja arts. 845, parágrafo único, 1.268 e 1.912, CC.

§ 2º A coisa comum a dois ou mais proprietários não pode ser dada em garantia real, na sua totalidade, sem o consentimento de todos; mas cada um pode individualmente dar em garantia real a parte que tiver.

Veja arts. 87 e 1.314, CC.

Art. 1.421. O pagamento de uma ou mais prestações da dívida não importa exoneração correspondente da garantia, ainda que esta compreenda vários bens, salvo disposição expressa no título ou na quitação.

Veja art. 1.367, CC.

Veja art. 66-B, § 5º, Lei n. 4.728, de 14.07.1965.

Art. 1.422. O credor hipotecário e o pignoratício têm o direito de excutir a coisa hipotecada ou empenhada, e preferir, no pagamento, a outros credores, observada, quanto à hipoteca, a prioridade no registro.

Veja arts. 958, 959, 961 e 1.493, parágrafo único, CC.

Veja arts. 784, V, e 842, CPC.

Parágrafo único. Excetuam-se da regra estabelecida neste artigo as dívidas que, em virtude de outras leis, devam ser pagas precipuamente a quaisquer outros créditos.

Veja arts. 960, 964 e 965, CC.

Veja arts. 905, II, e 909, CPC.

Art. 1.423. O credor anticrético tem direito a reter em seu poder o bem, enquanto a dívida não for paga; extingue-se esse direito decorridos quinze anos da data de sua constituição.

Veja arts. 1.507 e 1.509, CC.

Art. 1.424. Os contratos de penhor, anticrese e hipoteca declararão, sob pena de não terem eficácia:

I – o valor do crédito, sua estimação, ou valor máximo;

II – o prazo fixado para pagamento;

III – a taxa dos juros, se houver;

IV – o bem dado em garantia com as suas especificações.

Art. 1.425. A dívida considera-se vencida:

Veja art. 1.367, CC.

Veja art. 66-B, § 5º, Lei n. 4.728, de 14.07.1965.

I – se, deteriorando-se, ou depreciando-se o bem dado em segurança, desfalcar a garantia, e o devedor, intimado, não a reforçar ou substituir;

II – se o devedor cair em insolvência ou falir;

Veja art. 333, II, CC.

III – se as prestações não forem pontualmente pagas, toda vez que deste modo se achar estipulado o pagamento. Neste caso, o recebimento posterior da prestação atrasada importa renúncia do credor ao seu direito de execução imediata;

Veja art. 401, CC.

IV – se perecer o bem dado em garantia, e não for substituído;

V – se se desapropriar o bem dado em garantia, hipótese na qual se depositará a parte do preço que for necessária para o pagamento integral do credor.

Veja art. 959, II, CC.

§ 1º Nos casos de perecimento da coisa dada em garantia, esta se sub-rogará na indenização do seguro, ou no ressarcimento do dano, em benefício do credor, a quem assistirá sobre ela preferência até seu completo reembolso.

Veja art. 959, CC.

§ 2º Nos casos dos incisos IV e V, só se vencerá a hipoteca antes do prazo estipulado, se o perecimento, ou a desapropriação recair sobre o bem dado em garantia, e esta não abranger outras; subsistindo, no caso contrário, a dívida reduzida, com a respectiva garantia sobre os demais bens, não desapropriados ou destruídos.

Art. 1.426. Nas hipóteses do artigo anterior, de vencimento antecipado da dívida, não se compreendem os juros correspondentes ao tempo ainda não decorrido.

Veja art. 1.367, CC.

Veja art. 66-B, § 5º, Lei n. 4.728, de 14.07.1965.

Art. 1.427. Salvo cláusula expressa, o terceiro que presta garantia real por dívida alheia não fica obrigado a substituí-la, ou reforçá-la, quando, sem culpa sua, se perca, deteriore, ou desvalorize.

Veja art. 1.367, CC.

Art. 1.428. É nula a cláusula que autoriza o credor pignoratício, anticrético ou hipotecário a ficar com o objeto da garantia, se a dívida não for paga no vencimento.

Veja arts. 1.365, 1.433, IV, e 1.434, CC.

Parágrafo único. Após o vencimento, poderá o devedor dar a coisa em pagamento da dívida.

Art. 1.429. Os sucessores do devedor não podem remir parcialmente o penhor ou a hipoteca na proporção dos seus quinhões; qualquer deles, porém, pode fazê-lo no todo.

Parágrafo único. O herdeiro ou sucessor que fizer a remição fica sub-rogado nos direitos do credor pelas quotas que houver satisfeito.

Art. 1.430. Quando, excutido o penhor, ou executada a hipoteca, o produto não bastar para pagamento da dívida e despesas judiciais, continuará o devedor obrigado pessoalmente pelo restante.

Veja arts. 957 e 1.488, § 3º, CC.

CAPÍTULO II
DO PENHOR

Seção I
Da Constituição do Penhor

Art. 1.431. Constitui-se o penhor pela transferência efetiva da posse que, em garantia do débito ao credor ou a quem o represente, faz o devedor, ou alguém por ele, de uma coisa móvel, suscetível de alienação.

Veja arts. 30, 364, 1.225, VIII, 1.419 a 1.422 e 1.424 a 1.430, CC.

Veja arts. 784, V, 799, I e II, e 804, CPC.

Veja art. 171, § 2º, III, CP.

Parágrafo único. No penhor rural, industrial, mercantil e de veículos, as coisas empenhadas continuam em poder do devedor, que as deve guardar e conservar.

Veja arts. 1.438 a 1.450 e 1.461 a 1.466, CC.

Art. 1.432. O instrumento do penhor deverá ser levado a registro, por qualquer dos contratantes; o do penhor comum será registrado no Cartório de Títulos e Documentos.

Veja arts. 183, 221, 1.424, 1.438, 1.448, 1.452, 1.453, 1.458 e 1.462, CC.

Seção II
Dos Direitos do Credor Pignoratício

Art. 1.433. O credor pignoratício tem direito:

I – à posse da coisa empenhada;

II – à retenção dela, até que o indenizem das despesas devidamente justificadas, que tiver feito, não sendo ocasionadas por culpa sua;

III – ao ressarcimento do prejuízo que houver sofrido por vício da coisa empenhada;

IV – a promover a execução judicial, ou a venda amigável, se lhe permitir expressamente o contrato, ou lhe autorizar o devedor mediante procuração;

Veja arts. 1.428 e 1.435, V, CC.

V – a apropriar-se dos frutos da coisa empenhada que se encontra em seu poder;

Veja art. 1.435, III, CC.

VI – a promover a venda antecipada, mediante prévia autorização judicial, sempre que haja receio fundado de que a coisa empenhada se perca ou deteriore, devendo o preço ser depositado. O dono da coisa empenhada pode impedir a venda antecipada, substituindo-a, ou oferecendo outra garantia real idônea.

Art. 1.434. O credor não pode ser constrangido a devolver a coisa empenhada, ou uma parte dela, antes de ser integralmente pago, podendo o juiz, a requerimento do proprietário, determinar que seja vendida apenas uma das coisas, ou parte da coisa empenhada, suficiente para o pagamento do credor.

Seção III
Das Obrigações do Credor Pignoratício

Art. 1.435. O credor pignoratício é obrigado:

Veja art. 66-B, § 5º, Lei n. 4.728, de 14.07.1965.

I – à custódia da coisa, como depositário, e a ressarcir ao dono a perda ou deterioração de que for culpado, podendo ser compensada na dívida, até a concorrente quantia, a importância da responsabilidade;

Veja arts. 368 a 380, 627 a 652 e 1.431, parágrafo único, CC.

II – à defesa da posse da coisa empenhada e a dar ciência, ao dono dela, das circunstâncias que tornarem necessário o exercício de ação possessória;

III – a imputar o valor dos frutos, de que se apropriar (art. 1.433, inciso V) nas despesas de guarda e conservação, nos juros e no capital da obrigação garantida, sucessivamente;

IV – a restituí-la, com os respectivos frutos e acessões, uma vez paga a dívida;

Veja arts. 652 e 1.445, CC.

V – a entregar o que sobeje do preço, quando a dívida for paga, no caso do inciso IV do art. 1.433.

Veja arts. 1.428 e 1.436, V, CC.

Veja art. 907, CPC.

Seção IV
Da Extinção do Penhor

Art. 1.436. Extingue-se o penhor:

Veja art. 1.367, CC.

Veja art. 66-B, § 5º, Lei n. 4.728, de 14.07.1965.

I – extinguindo-se a obrigação;

Veja arts. 1.433, 1.434 e 1.435, IV, CC.

II – perecendo a coisa;

Veja art. 1.435, I, CC.

III – renunciando o credor;

Veja art. 1.436, § 1º, CC.

IV – confundindo-se na mesma pessoa as qualidades de credor e de dono da coisa;

Veja arts. 381 a 384 e 1.436, § 2º, CC.

V – dando-se a adjudicação judicial, a remissão ou a venda da coisa empenhada, feita pelo credor ou por ele autorizada.

O correto parece ser "remição" em vez de "remissão".

Veja arts. 1.435, V, e 1.445, CC.

§ 1º Presume-se a renúncia do credor quando consentir na venda particular do penhor sem reserva de preço, quando restituir a sua posse ao devedor, ou quando anuir à sua substituição por outra garantia.

Veja art. 387, CC.

§ 2º Operando-se a confusão tão somente quanto à parte da dívida pignoratícia, subsistirá inteiro o penhor quanto ao resto.

Veja arts. 381 a 384 e 1.421, CC.

Art. 1.437. Produz efeitos a extinção do penhor depois de averbado o cancelamento do registro, à vista da respectiva prova.

Seção V
Do Penhor Rural

Subseção I
Disposições Gerais

Art. 1.438. Constitui-se o penhor rural mediante instrumento público ou particular, registrado no Cartório de Registro de Imóveis da circunscrição em que estiverem situadas as coisas empenhadas.

Veja art. 108, CC.

Parágrafo único. Prometendo pagar em dinheiro a dívida, que garante com penhor rural, o devedor poderá emitir, em favor do credor, cédula rural pignoratícia, na forma determinada em lei especial.

Art. 1.439. O penhor agrícola e o penhor pecuário não podem ser convencionados por prazos superiores aos das obrigações garantidas.

Caput com redação dada pela Lei n. 12.873, de 24.10.2013.

Veja art. 61, *caput*, do DL n. 167, de 14.02.1967, que assim dispõe:

"Art. 61. O prazo do penhor rural, agrícola ou pecuário não excederá o prazo da obrigação garantida e, embora vencido o prazo, permanece a garantia, enquanto subsistirem os bens que a constituem".

§ 1º Embora vencidos os prazos, permanece a garantia, enquanto subsistirem os bens que a constituem.

§ 2º A prorrogação deve ser averbada à margem do registro respectivo, mediante requerimento do credor e do devedor.

Art. 1.440. Se o prédio estiver hipotecado, o penhor rural poderá constituir-se independentemente da anuência do credor hipotecário, mas não lhe prejudica o direito de preferência, nem restringe a extensão da hipoteca, ao ser executada.

Art. 1.441. Tem o credor direito a verificar o estado das coisas empenhadas, inspecionando-as onde se acharem, por si ou por pessoa que credenciar.

Veja arts. 1.450 e 1.464, CC.

Subseção II
Do Penhor Agrícola

Veja art. 61, *caput*, DL n. 167, de 14.02.1967. Veja nota ao art. 1.439, CC.

Art. 1.442. Podem ser objeto de penhor:

I – máquinas e instrumentos de agricultura;

II – colheitas pendentes, ou em via de formação;

Veja art. 1.443, CC.

III – frutos acondicionados ou armazenados;
IV – lenha cortada e carvão vegetal;
V – animais do serviço ordinário de estabelecimento agrícola.

Art. 1.443. O penhor agrícola que recai sobre colheita pendente, ou em via de formação, abrange a imediatamente seguinte, no caso de frustrar-se ou ser insuficiente a que se deu em garantia.

Veja arts. 1.439 e 1.442, II, CC.

Parágrafo único. Se o credor não financiar a nova safra, poderá o devedor constituir com outrem novo penhor, em quantia máxima equivalente à do primeiro; o segundo penhor terá preferência sobre o primeiro, abrangendo este apenas o excesso apurado na colheita seguinte.

Subseção III
Do Penhor Pecuário

Veja art. 61, *caput*, DL n. 167, de 14.02.1967. Veja nota ao art. 1.439, CC.

Art. 1.444. Podem ser objeto de penhor os animais que integram a atividade pastoril, agrícola ou de lacticínios.

Art. 1.445. O devedor não poderá alienar os animais empenhados sem prévio consentimento, por escrito, do credor.

Veja art. 171, § 2º, III, CP.

Parágrafo único. Quando o devedor pretende alienar o gado empenhado ou, por negligência, ameace prejudicar o credor, poderá este requerer se depositem os animais sob a guarda de terceiro, ou exigir que se lhe pague a dívida de imediato.

Art. 1.446. Os animais da mesma espécie, comprados para substituir os mortos, ficam sub-rogados no penhor.

Parágrafo único. Presume-se a substituição prevista neste artigo, mas não terá eficácia contra terceiros, se não constar de menção adicional ao respectivo contrato, a qual deverá ser averbada.

Seção VI
Do Penhor Industrial e Mercantil

Veja art. 61, *caput*, DL n. 167, de 14.02.1967. Veja nota ao art. 1.439, CC.

Art. 1.447. Podem ser objeto de penhor máquinas, aparelhos, materiais, instrumentos, instalados e em funcionamento, com os acessórios ou sem eles; animais, utilizados na indústria; sal e bens destinados à exploração das salinas; produtos de suinocultura, animais destinados à industrialização de carnes e derivados; matérias-primas e produtos industrializados.

Parágrafo único. Regula-se pelas disposições relativas aos armazéns gerais o penhor das mercadorias neles depositadas.

Art. 1.448. Constitui-se o penhor industrial, ou o mercantil, mediante instrumento público ou particular, registrado no Cartório de Registro de Imóveis da circunscrição onde estiverem situadas as coisas empenhadas.

Parágrafo único. Prometendo pagar em dinheiro a dívida, que garante com penhor industrial ou mercantil, o devedor poderá emitir, em favor do credor, cédula do respectivo crédito, na forma e para os fins que a lei especial determinar.

Art. 1.449. O devedor não pode, sem o consentimento por escrito do credor, alterar as coisas empenhadas ou mudar-lhes a situação, nem delas dispor. O devedor que, anuindo o credor, alienar as coisas empenhadas, deverá repor outros bens da mesma natureza, que ficarão sub-rogados no penhor.

Art. 1.450. Tem o credor direito a verificar o estado das coisas empenhadas, inspecionando-as onde se acharem, por si ou por pessoa que credenciar.

Veja arts. 1.431, parágrafo único, 1.441 e 1.464, CC.

Seção VII
Do Penhor de Direitos e Títulos de Crédito

Art. 1.451. Podem ser objeto de penhor direitos, suscetíveis de cessão, sobre coisas móveis.

Veja arts. 83, II, e 1.452, CC.

Art. 1.452. Constitui-se o penhor de direito mediante instrumento público ou particular, registrado no Registro de Títulos e Documentos.

Veja art. 108, CC.

Parágrafo único. O titular de direito empenhado deverá entregar ao credor pignoratício os documentos comprobatórios desse direito, salvo se tiver interesse legítimo em conservá-los.

Art. 1.453. O penhor de crédito não tem eficácia senão quando notificado ao devedor; por notificado tem-se o devedor que, em instrumento público ou particular, declarar-se ciente da existência do penhor.

Veja art. 83, III, CC.

Art. 1.454. O credor pignoratício deve praticar os atos necessários à conservação e defesa do direito empenhado e cobrar os juros e mais prestações acessórias compreendidas na garantia.

Veja art. 1.435, II e III, CC.

Art. 1.455. Deverá o credor pignoratício cobrar o crédito empenhado, assim que se torne exigível. Se este consistir numa prestação pecuniária, depositará a importância recebida, de acordo com o devedor pignoratício, ou onde o juiz determinar; se consistir na entrega da coisa, nesta se sub-rogará o penhor.

Parágrafo único. Estando vencido o crédito pignoratício, tem o credor direito a reter, da quantia recebida, o que lhe é devido, restituindo o restante ao devedor; ou a excutir a coisa a ele entregue.

Art. 1.456. Se o mesmo crédito for objeto de vários penhores, só ao credor pignoratício, cujo direito prefira aos demais, o devedor deve pagar; responde por perdas e danos aos demais credores o credor preferente que, notificado por qualquer um deles, não promover oportunamente a cobrança.

Veja arts. 402 a 405, CC.

Art. 1.457. O titular do crédito empenhado só pode receber o pagamento com a anuência, por escrito, do credor pignoratício, caso em que o penhor se extinguirá.

Veja art. 1.436, CC.

Art. 1.458. O penhor, que recai sobre título de crédito, constitui-se mediante instrumento público ou particular ou endosso pignoratício, com a tradição do título ao credor, regendo-se pelas Disposições Gerais deste Título e, no que couber, pela presente Seção.

Veja arts. 918, 1.419 a 1.422 e 1.424 a 1.430, CC.

Art. 1.459. Ao credor, em penhor de título de crédito, compete o direito de:

Veja art. 1.433, CC.

Veja art. 17, § 2º, Lei n. 9.514, de 20.11.1997.

I – conservar a posse do título e recuperá-la de quem quer que o detenha;

II – usar dos meios judiciais convenientes para assegurar os seus direitos, e os do credor do título empenhado;

III – fazer intimar ao devedor do título que não pague ao seu credor, enquanto durar o penhor;

Veja art. 1.460, CC.

IV – receber a importância consubstanciada no título e os respectivos juros, se exigíveis, restituindo o título ao devedor, quando este solver a obrigação.

Art. 1.460. O devedor do título empenhado que receber a intimação prevista no inciso III do artigo antecedente, ou se der por ciente do penhor, não poderá pagar ao seu credor. Se o fizer, responderá solidariamente por este, por perdas e danos, perante o credor pignoratício.

Veja arts. 264 a 266, 275 a 285 e 402 a 405, CC.

Veja art. 17, § 2º, Lei n. 9.514, de 20.11.1997.

Parágrafo único. Se o credor der quitação ao devedor do título empenhado, deverá saldar imediatamente a dívida, em cuja garantia se constituiu o penhor.

Seção VIII
Do Penhor de Veículos

Art. 1.461. Podem ser objeto de penhor os veículos empregados em qualquer espécie de transporte ou condução.

Art. 1.462. Constitui-se o penhor, a que se refere o artigo antecedente, mediante instrumento público ou particular, registrado no Cartório de Títulos e Documentos do domicílio do devedor, e anotado no certificado de propriedade.

Veja art. 108, CC.

Parágrafo único. Prometendo pagar em dinheiro a dívida garantida com o penhor, poderá o devedor emitir cédula de crédito, na forma e para os fins que a lei especial determinar.

Art. 1.463. (*Revogado pela Lei n. 14.179, de 30.06.2021.*)

Art. 1.464. Tem o credor direito a verificar o estado do veículo empenhado, inspecionando-o onde se achar, por si ou por pessoa que credenciar.

Veja arts. 1.441 e 1.450, CC.

Art. 1.465. A alienação, ou a mudança, do veículo empenhado sem prévia comunicação ao credor importa no vencimento antecipado do crédito pignoratício.

Art. 1.466. O penhor de veículos só se pode convencionar pelo prazo máximo de dois anos, prorrogável até o limite de igual tempo, averbada a prorrogação à margem do registro respectivo.

Seção IX
Do Penhor Legal

Art. 1.467. São credores pignoratícios, independentemente de convenção:

Veja arts. 1.469 e 1.470, CC.

Veja art. 171, § 2º, III, CP.

I – os hospedeiros, ou fornecedores de pousada ou alimento, sobre as bagagens, móveis, joias ou dinheiro que os seus consumidores ou fregueses tiverem consigo nas respectivas casas ou estabelecimentos, pelas despesas ou consumo que aí tiverem feito;

Veja arts. 206, § 1º, I, 649 e 1.468, CC.

II – o dono do prédio rústico ou urbano, sobre os bens móveis que o rendeiro ou inquilino tiver guarnecendo o mesmo prédio, pelos aluguéis ou rendas.

Art. 1.468. A conta das dívidas enumeradas no inciso I do artigo antecedente será extraída conforme a tabela impressa, prévia e ostensivamente exposta na casa, dos preços de hospedagem, da pensão ou dos gêneros fornecidos, sob pena de nulidade do penhor.

Art. 1.469. Em cada um dos casos do art. 1.467, o credor poderá tomar em garantia um ou mais objetos até o valor da dívida.

Art. 1.470. Os credores, compreendidos no art. 1.467, podem fazer efetivo o penhor, antes de recorrerem à autoridade judiciária, sempre que haja perigo na demora, dando aos devedores comprovante dos bens de que se apossarem.

Art. 1.471. Tomado o penhor, requererá o credor, ato contínuo, a sua homologação judicial.

Veja arts. 703 a 706, CPC.

Art. 1.472. Pode o locatário impedir a constituição do penhor mediante caução idônea.

Veja art. 565, CC.

CAPÍTULO III
DA HIPOTECA

Seção I
Disposições Gerais

Art. 1.473. Podem ser objeto de hipoteca:

Veja arts. 165, parágrafo único, 364, 959, 1.225, IX, 1.419 a 1.422, 1.424 a 1.430 e 2.040, CC.
Veja arts. 784, V, 799, I e II, e 804, I, CPC.

I – os imóveis e os acessórios dos imóveis conjuntamente com eles;

Veja arts. 79 a 81, 92, 96, 97 e 1.331, § 1º, CC.

II – o domínio direto;

Veja art. 2.038, CC.

III – o domínio útil;

Veja art. 2.038, CC.

IV – as estradas de ferro;

Veja arts. 1.502 a 1.505, CC.

V – os recursos naturais a que se refere o art. 1.230, independentemente do solo onde se acham;

VI – os navios;

VII – as aeronaves;

VIII – o direito de uso especial para fins de moradia;

Inciso acrescentado pela Lei n. 11.481, de 31.05.2007.

IX – o direito real de uso;

Inciso acrescentado pela Lei n. 11.481, de 31.05.2007.

X – a propriedade superficiária;

Inciso com redação dada pela Lei n. 14.620, de 13.07.2023.

XI – os direitos oriundos da imissão provisória na posse, quando concedida à União, aos Estados, ao Distrito Federal, aos Municípios ou às suas entidades delegadas e a respectiva cessão e promessa de cessão.

Inciso acrescentado pela Lei n. 14.620, de 13.07.2023.

§ 1º A hipoteca dos navios e das aeronaves reger-se-á pelo disposto em lei especial.

Antigo parágrafo único renumerado pela Lei n. 11.481, de 31.05.2007.

§ 2º Os direitos de garantia instituídos nas hipóteses dos incisos IX e X do *caput* deste artigo ficam limitados à duração da concessão ou direito de superfície, caso tenham sido transferidos por período determinado.

Parágrafo acrescentado pela Lei n. 11.481, de 31.05.2007.

Art. 1.474. A hipoteca abrange todas as acessões, melhoramentos ou construções do imóvel. Subsistem os ônus reais constituídos e registrados, anteriormente à hipoteca, sobre o mesmo imóvel.

Veja arts. 94, 96, 97 e 1.248, CC.

Art. 1.475. É nula a cláusula que proíbe ao proprietário alienar imóvel hipotecado.

Veja arts. 303 e 1.479, CC.

Parágrafo único. Pode convencionar-se que vencerá o crédito hipotecário, se o imóvel for alienado.

Veja art. 2.040, CC.

Art. 1.476. O dono do imóvel hipotecado pode constituir outra hipoteca sobre ele, mediante novo título, em favor do mesmo ou de outro credor.

Art. 1.477. Salvo o caso de insolvência do devedor, o credor da segunda hipoteca, embora vencida, não poderá executar o imóvel antes de vencida a primeira.

§ 1º Não se considera insolvente o devedor por faltar ao pagamento das obrigações garantidas por hipotecas posteriores à primeira.

Antigo parágrafo único renumerado pela Lei n. 14.711, de 30.10.2023.

§ 2º O inadimplemento da obrigação garantida por hipoteca faculta ao credor declarar vencidas as demais obrigações de que for titular garantidas pelo mesmo imóvel.

Parágrafo acrescentado pela Lei n. 14.711, de 30.10.2023.

Art. 1.478. O credor hipotecário que efetuar o pagamento, a qualquer tempo, das dívidas garantidas pelas hipotecas anteriores sub-rogar-se-á nos seus direitos, sem prejuízo dos que lhe competirem contra o devedor comum.

Caput com redação dada pela Lei n. 14.711, de 30.10.2023.

Veja art. 346, I, CC.

Parágrafo único. Se o primeiro credor estiver promovendo a execução da hipoteca, o credor da segunda depositará a importância do débito e as despesas judiciais.

Art. 1.479. O adquirente do imóvel hipotecado, desde que não se tenha obrigado pessoalmente a pagar as dívidas aos credores hipotecários, poderá exonerar-se da hipoteca, abandonando-lhes o imóvel.

Veja arts. 303, 831, 1.475 e 1.480, parágrafo único, CC.

Art. 1.480. O adquirente notificará o vendedor e os credores hipotecários, deferindo-lhes, conjuntamente, a posse do imóvel, ou o depositará em juízo.

Veja art. 346, II, CC.

Parágrafo único. Poderá o adquirente exercer a faculdade de abandonar o imóvel hipotecado, até as vinte e quatro horas subsequentes à citação, com que se inicia o procedimento executivo.

Veja art. 1.479, CC.

Art. 1.481. Dentro em trinta dias, contados do registro do título aquisitivo, tem o adquirente do imóvel hipotecado o direito de remi-lo, citando os credores hipotecários e propondo importância não inferior ao preço por que o adquiriu.

§ 1º Se o credor impugnar o preço da aquisição ou a importância oferecida, realizar-se-á licitação, efetuando-se a venda judicial a quem oferecer maior preço, assegurada preferência ao adquirente do imóvel.

§ 2º Não impugnado pelo credor, o preço da aquisição ou o preço proposto pelo adquirente, haver-se-á por definitivamente fixado para a remissão do imóvel, que ficará livre de hipoteca, uma vez pago ou depositado o preço.

O correto parece ser "remição" em vez de "remissão".

Veja art. 1.499, V, CC.

§ 3º Se o adquirente deixar de remir o imóvel, sujeitando-o a execução, ficará obrigado a ressarcir os credores hipotecários da desvalorização que, por sua culpa, o mesmo vier a sofrer, além das despesas judiciais da execução.

Veja arts. 402 a 405, CC.

§ 4º Disporá de ação regressiva contra o vendedor o adquirente que ficar privado do imóvel em consequência de licitação ou penhora, o que pagar a hipoteca, o que, por causa de adjudicação ou licitação, desembolsar com o pagamento da hipoteca importância excedente à da compra e o que suportar custas e despesas judiciais.

Veja art. 346, II, CC.

Veja art. 125, II, CPC.

Arts. 1.482 e 1.483. (*Revogados pela Lei n. 13.105, de 16.03.2015.*)

Art. 1.484. É lícito aos interessados fazer constar das escrituras o valor entre si ajustado dos imóveis hipotecados, o qual, devidamente atualizado, será a base para as arrematações, adjudicações e remições, dispensada a avaliação.

Veja art. 871, I, CPC.

Art. 1.485. Mediante simples averbação, requerida por ambas as partes, poderá prorrogar-se a hipoteca, até 30 (trinta) anos da data do contrato. Desde que perfaça esse prazo, só poderá subsistir o contrato de hipoteca reconstituindo-se por novo título e novo registro; e, nesse caso, lhe será mantida a precedência, que então lhe competir.

Artigo com redação dada pela Lei n. 10.931, de 02.08.2004.

Veja art. 1.498, CC.

Art. 1.486. Podem o credor e o devedor, no ato constitutivo da hipoteca, autorizar a emissão da correspondente cédula hipotecária, na forma e para os fins previstos em lei especial.

Art. 1.487. A hipoteca pode ser constituída para garantia de dívida futura ou condicionada, desde que determinado o valor máximo do crédito a ser garantido.

Veja arts. 121 a 130, CC.

§ 1º Nos casos deste artigo, a execução da hipoteca dependerá de prévia e expressa concordância do devedor quanto à verificação da condição, ou ao montante da dívida.

§ 2º Havendo divergência entre o credor e o devedor, caberá àquele fazer prova de seu crédito. Reconhecido este, o devedor responderá, inclusive, por perdas e danos, em razão da superveniente desvalorização do imóvel.

Veja arts. 402 a 405, CC.

Art. 1.487-A. A hipoteca poderá, por requerimento do proprietário, ser posteriormente estendida para garantir novas obrigações em favor do mesmo credor, mantidos o registro e a publicidade originais, mas respeitada, em relação à extensão, a prioridade de direitos contraditórios ingressos na matrícula do imóvel.

Artigo acrescentado pela Lei n. 14.711, de 30.10.2023.

§ 1º A extensão da hipoteca não poderá exceder ao prazo e ao valor máximo garantido constantes da especialização da garantia original.

§ 2º A extensão da hipoteca será objeto de averbação subsequente na matrícula do imóvel, assegurada a preferência creditória em favor da:

I – obrigação inicial, em relação às obrigações alcançadas pela extensão da hipoteca;

II – obrigação mais antiga, considerando-se o tempo da averbação, no caso de mais de uma extensão de hipoteca.

§ 3º Na hipótese de superveniente multiplicidade de credores garantidos pela mesma hipoteca estendida, apenas o credor titular do crédito mais prioritário, conforme estabelecido no § 2º deste artigo, poderá promover a execução judicial ou extrajudicial da garantia, exceto se convencionado de modo diverso por todos os credores.

Art. 1.488. Se o imóvel, dado em garantia hipotecária, vier a ser loteado, ou se nele se constituir condomínio edilício, poderá o ônus ser dividido, gravando cada lote ou unidade autônoma, se o requererem ao juiz o credor, o devedor ou os donos, obedecida a proporção entre o valor de cada um deles e o crédito.

§ 1º O credor só poderá se opor ao pedido de desmembramento do ônus, provando que o mesmo importa em diminuição de sua garantia.

§ 2º Salvo convenção em contrário, todas as despesas judiciais ou extrajudiciais necessárias ao desmembramento do ônus correm por conta de quem o requerer.

§ 3º O desmembramento do ônus não exonera o devedor originário da responsabilidade a que se refere o art. 1.430, salvo anuência do credor.

Seção II
Da Hipoteca Legal

Art. 1.489. A lei confere hipoteca:

Veja arts. 30, 2.019 e 2.040, CC.

Veja arts. 495 e 759, §§ 1º e 2º, CPC.

I – às pessoas de direito público interno (art. 41) sobre os imóveis pertencentes aos encarregados da cobrança, guarda ou administração dos respectivos fundos e rendas;

II – aos filhos, sobre os imóveis do pai ou da mãe que passar a outras núpcias, antes de fazer o inventário do casal anterior;

Veja arts. 1.523, I, e 1.641, I, CC.

III – ao ofendido, ou aos seus herdeiros, sobre os imóveis do delinquente, para satisfação do dano causado pelo delito e pagamento das despesas judiciais;

Veja arts. 186 a 188 e 927, CC.

IV – ao coerdeiro, para garantia do seu quinhão ou torna da partilha, sobre o imóvel adjudicado ao herdeiro reponente;

Veja arts. 1.322 e 2.019, CC.

V – ao credor sobre o imóvel arrematado, para garantia do pagamento do restante do preço da arrematação.

Art. 1.490. O credor da hipoteca legal, ou quem o represente, poderá, provando a insuficiência dos imóveis especializados, exigir do devedor que seja reforçado com outros.

Art. 1.491. A hipoteca legal pode ser substituída por caução de títulos da dívida pública federal ou estadual, recebidos pelo valor de sua cotação mínima no ano corrente; ou por outra garantia, a critério do juiz, a requerimento do devedor.

Veja art. 1.451, CC.

Seção III
Do Registro da Hipoteca

Art. 1.492. As hipotecas serão registradas no cartório do lugar do imóvel, ou no de cada um deles, se o título se referir a mais de um.

Veja arts. 1.497 e 1.502, CC.

Parágrafo único. Compete aos interessados, exibido o título, requerer o registro da hipoteca.

Art. 1.493. Os registros e averbações seguirão a ordem em que forem requeridos, verificando-se ela pela da sua numeração sucessiva no protocolo.

Parágrafo único. O número de ordem determina a prioridade, e esta a preferência entre as hipotecas.

Veja art. 1.422, CC.

Art. 1.494. (*Revogado pela Lei n. 14.382, de 27.06.2022.*)

Art. 1.495. Quando se apresentar ao oficial do registro título de hipoteca que mencione a constituição de anterior, não registrada, sobrestará ele na inscrição da nova, depois de a prenotar, até trinta dias, aguardando que o interessado inscreva a precedente; esgotado o prazo, sem que se requeira a inscrição desta, a hipoteca ulterior será registrada e obterá preferência.

Veja art. 189, LRP.

Art. 1.496. Se tiver dúvida sobre a legalidade do registro requerido, o oficial fará, ainda assim, a prenotação do pedido. Se a dúvida, dentro em noventa dias, for julgada improcedente, o registro efetuar-se-á com o mesmo número que teria na data da prenotação; no caso contrário, cancelada esta, receberá o registro o número correspondente à data em que se tornar a requerer.

Veja art. 1.495, CC.

Art. 1.497. As hipotecas legais, de qualquer natureza, deverão ser registradas e especializadas.

Veja art. 1.492, CC.

§ 1º O registro e a especialização das hipotecas legais incumbem a quem está obrigado a prestar a garantia, mas os interessados podem promover a inscrição delas, ou solicitar ao Ministério Público que o faça.

Veja art. 1.489, CC.

§ 2º As pessoas, às quais incumbir o registro e a especialização das hipotecas legais, estão sujeitas a perdas e danos pela omissão.

Veja arts. 402 a 405, CC.

Art. 1.498. Vale o registro da hipoteca, enquanto a obrigação perdurar; mas a especialização, em completando vinte anos, deve ser renovada.

Veja art. 1.485, CC.

Seção IV
Da Extinção da Hipoteca

Art. 1.499. A hipoteca extingue-se:

I – pela extinção da obrigação principal;

II – pelo perecimento da coisa;

Veja arts. 1.275, IV, e 1.425, IV e §§ 1º e 2º, CC.

III – pela resolução da propriedade;

Veja arts. 1.359 e 1.360, CC.

IV – pela renúncia do credor;

V – pela remição;

Veja arts. 1.479 e 1.481, CC.

VI – pela arrematação ou adjudicação.

Veja art. 1.501, CC.

Veja arts. 879 a 903, CPC.

Veja art. 31, DL n. 3.365, de 21.06.1941.

Art. 1.500. Extingue-se ainda a hipoteca com a averbação, no Registro de Imóveis, do cancelamento do registro, à vista da respectiva prova.

Art. 1.501. Não extinguirá a hipoteca, devidamente registrada, a arrematação ou adjudicação, sem que tenham sido notificados judicialmente os respectivos credores hipotecários, que não forem de qualquer modo partes na execução.

Veja arts. 297, 300, § 1º, e 922, CPC.

Seção V
Da Hipoteca de Vias Férreas

Art. 1.502. As hipotecas sobre as estradas de ferro serão registradas no Município da estação inicial da respectiva linha.

Veja arts. 1.473, IV, e 1.492, CC.

Art. 1.503. Os credores hipotecários não podem embaraçar a exploração da linha, nem contrariar as modificações, que a administração deliberar, no leito da estrada, em suas dependências, ou no seu material.

Art. 1.504. A hipoteca será circunscrita à linha ou às linhas especificadas na escritura e ao respectivo material de exploração, no estado em que ao tempo da execução estiverem; mas os credores hipotecários poderão opor-se à venda da estrada, à de suas linhas, de seus ramais ou de parte considerável do material de exploração; bem como à fusão com outra empresa, sempre que com isso a garantia do débito enfraquecer.

Art. 1.505. Na execução das hipotecas será intimado o representante da União ou do Estado, para, dentro em quinze dias, remir a estrada de ferro hipotecada, pagando o preço da arrematação ou da adjudicação.

CAPÍTULO IV
DA ANTICRESE

Art. 1.506. Pode o devedor ou outrem por ele, com a entrega do imóvel ao credor, ceder-lhe o direito de perceber, em compensação da dívida, os frutos e rendimentos.

Veja arts. 165, parágrafo único, 364, 1.225, X, 1.419 a 1.421, 1.423 a 1.430 e 1.509, CC.
Veja arts. 784, II a IV, 799, I e II, e 804, CPC.

§ 1º É permitido estipular que os frutos e rendimentos do imóvel sejam percebidos pelo credor à conta de juros, mas se o seu valor ultrapassar a taxa máxima permitida em lei para as operações financeiras, o remanescente será imputado ao capital.

Veja arts. 352, 355, 406 e 407, CC.

§ 2º Quando a anticrese recair sobre bem imóvel, este poderá ser hipotecado pelo devedor ao credor anticrético, ou a terceiros, assim como o imóvel hipotecado poderá ser dado em anticrese.

Art. 1.507. O credor anticrético pode administrar os bens dados em anticrese e fruir seus frutos e utilidades, mas deverá apresentar anualmente balanço, exato e fiel, de sua administração.

Veja arts. 1.423 e 1.509, CC.

§ 1º Se o devedor anticrético não concordar com o que se contém no balanço, por ser inexato, ou ruinosa a administração, poderá impugná-lo, e, se o quiser, requerer a transformação em arrendamento, fixando o juiz o valor mensal do aluguel, o qual poderá ser corrigido anualmente.

§ 2º O credor anticrético pode, salvo pacto em sentido contrário, arrendar os bens dados em anticrese a terceiro, mantendo, até ser pago, direito de retenção do imóvel, embora o aluguel desse arrendamento não seja vinculativo para o devedor.

Art. 1.508. O credor anticrético responde pelas deteriorações que, por culpa sua, o imóvel vier a sofrer, e pelos frutos e rendimentos que, por sua negligência, deixar de perceber.

Veja art. 569, IV, CC.

Art. 1.509. O credor anticrético pode vindicar os seus direitos contra o adquirente dos bens, os credores quirografários e os hipotecários posteriores ao registro da anticrese.

Veja arts. 1.423 e 1.507, CC.

§ 1º Se executar os bens por falta de pagamento da dívida, ou permitir que outro credor o execute, sem opor o seu direito de retenção ao exequente, não terá preferência sobre o preço.

§ 2º O credor anticrético não terá preferência sobre a indenização do seguro, quando o prédio seja destruído, nem, se forem desapropriados os bens, com relação à desapropriação.

Veja art. 1.425, § 1º, CC.

Art. 1.510. O adquirente dos bens dados em anticrese poderá remi-los, antes do vencimento da dívida, pagando a sua totalidade à data do pedido de remição e imitir-se-á, se for o caso, na sua posse.

TÍTULO XI
DA LAJE

Título acrescentado pela Lei n. 13.465, de 11.07.2017.

Art. 1.510-A. O proprietário de uma construção-base poderá ceder a superfície superior ou inferior de sua construção a fim de que o titular da laje mantenha unidade distinta daquela originalmente construída sobre o solo.

Artigo acrescentado pela Lei n. 13.465, de 11.07.2017.

§ 1º O direito real de laje contempla o espaço aéreo ou o subsolo de terrenos públicos ou privados, tomados em projeção vertical, como unidade imobiliária autônoma, não contemplando as demais áreas edificadas ou não pertencentes ao proprietário da construção-base.

§ 2º O titular do direito real de laje responderá pelos encargos e tributos que incidirem sobre a sua unidade.

§ 3º Os titulares da laje, unidade imobiliária autônoma constituída em matrícula própria, poderão dela usar, gozar e dispor.

§ 4º A instituição do direito real de laje não implica a atribuição de fração ideal de terreno ao titular da laje ou a participação proporcional em áreas já edificadas.

§ 5º Os Municípios e o Distrito Federal poderão dispor sobre posturas edilícias e urbanísticas associadas ao direito real de laje.

§ 6º O titular da laje poderá ceder a superfície de sua construção para a instituição de um sucessivo direito real de laje, desde que haja autorização expressa dos titulares da construção-base e das demais lajes, respeitadas as posturas edilícias e urbanísticas vigentes.

Art. 1.510-B. É expressamente vedado ao titular da laje prejudicar com obras novas ou com falta de reparação a segurança, a linha arquitetônica ou o arranjo estético do edifício, observadas as posturas previstas em legislação local.

Artigo acrescentado pela Lei n. 13.465, de 11.07.2017.

Art. 1.510-C. Sem prejuízo, no que couber, das normas aplicáveis aos condomínios edilícios, para fins do direito real de laje, as despesas necessárias à conservação e fruição das partes que sirvam a todo o edifício e ao pagamento de serviços de interesse comum serão partilhadas entre o proprietário da construção-base e o titular da laje, na proporção que venha a ser estipulada em contrato.

Artigo acrescentado pela Lei n. 13.465, de 11.07.2017.

§ 1º São partes que servem a todo o edifício:

I – os alicerces, colunas, pilares, paredes-mestras e todas as partes restantes que constituam a estrutura do prédio;

II – o telhado ou os terraços de cobertura, ainda que destinados ao uso exclusivo do titular da laje;

III – as instalações gerais de água, esgoto, eletricidade, aquecimento, ar condicionado, gás, comunicações e semelhantes que sirvam a todo o edifício; e

IV – em geral, as coisas que sejam afetadas ao uso de todo o edifício.

§ 2º É assegurado, em qualquer caso, o direito de qualquer interessado em promover reparações urgentes na construção na forma do parágrafo único do art. 249 deste Código.

Art. 1.510-D. Em caso de alienação de qualquer das unidades sobrepostas, terão direito de preferência, em igualdade de condições com terceiros, os titulares da construção-base e da laje, nessa ordem, que serão cientificados por escrito para que se manifestem no prazo de trinta dias, salvo se o contrato dispuser de modo diverso.

Artigo acrescentado pela Lei n. 13.465, de 11.07.2017.

§ 1º O titular da construção-base ou da laje a quem não se der conhecimento da alienação poderá, mediante depósito do respectivo preço, haver para si a parte alienada a terceiros, se o requerer no prazo decadencial de cento e oitenta dias, contado da data de alienação.

§ 2º Se houver mais de uma laje, terá preferência, sucessivamente, o titular das lajes ascendentes e o titular das lajes descendentes, assegurada a prioridade para a laje mais próxima à unidade sobreposta a ser alienada.

Art. 1.510-E. A ruína da construção-base implica extinção do direito real de laje, salvo:

Caput acrescentado pela Lei n. 13.465, de 11.07.2017.

I – se este tiver sido instituído sobre o subsolo;

Inciso acrescentado pela Lei n. 13.465, de 11.07.2017.

II – se a construção-base for reconstruída no prazo de 5 (cinco) anos.

Inciso com redação dada pela Lei n. 14.382, de 27.06.2022.

Parágrafo único. O disposto neste artigo não afasta o direito a eventual reparação civil contra o culpado pela ruína.

Parágrafo acrescentado pela Lei n. 13.465, de 11.07.2017.

LIVRO IV
DO DIREITO DE FAMÍLIA

TÍTULO I
DO DIREITO PESSOAL

SUBTÍTULO I
DO CASAMENTO

CAPÍTULO I
DISPOSIÇÕES GERAIS

Art. 1.511. O casamento estabelece comunhão plena de vida, com base na igualdade de direitos e deveres dos cônjuges.

Veja arts. 9º, I, 1.565 a 1.568 e 1.573, CC.

Veja arts. 5º, I, 98, II, 226, §§ 1º a 6º, 227, § 6º, e 239, § 2º, CF.

Veja arts. 53, I, 189, II, 388, parágrafo único, e 731, CPC.

Veja arts. 235 a 239, CP.

Art. 1.512. O casamento é civil e gratuita a sua celebração.

Veja art. 1.515, CC.

Veja art. 226, § 1º, CF.

Parágrafo único. A habilitação para o casamento, o registro e a primeira certidão serão isentos de selos, emolumentos e custas, para as pessoas cuja pobreza for declarada, sob as penas da lei.

Art. 1.513. É defeso a qualquer pessoa, de direito público ou privado, interferir na comunhão de vida instituída pela família.

Veja arts. 41, 44 e 1.565, § 2º, CC.

Veja art. 226, §§ 1º a 4º e 7º, CF.

Art. 1.514. O casamento se realiza no momento em que o homem e a mulher manifestam, perante o juiz, a sua vontade de estabelecer vínculo conjugal, e o juiz os declara casados.

Veja arts. 1.535, 1.538, 1.541, III, e 1.542, CC.

Veja Res. n. 175, de 14.05.2013, CNJ.

Art. 1.515. O casamento religioso, que atender às exigências da lei para a validade do casamento civil, equipara-se a este, desde que registrado no registro próprio, produzindo efeitos a partir da data de sua celebração.

Veja arts. 1.512, 1.516, 1.543, 1.554 e 1.723 a 1.727, CC.

Veja art. 226, § 2º, CF.

Art. 1.516. O registro do casamento religioso submete-se aos mesmos requisitos exigidos para o casamento civil.

Veja arts. 1.515, 1.525 a 1.532, 1.536 e 1.554, CC.

§ 1º O registro civil do casamento religioso deverá ser promovido dentro de noventa dias de sua realização, mediante comunicação do celebrante ao ofício competente, ou por iniciativa de qualquer interessado, desde que haja sido homologada previamente a habilitação regulada neste Código. Após o referido prazo, o registro dependerá de nova habilitação.

Veja art. 73, *caput*, LRP (prazo de 30 dias para o registro civil do casamento religioso).

§ 2º O casamento religioso, celebrado sem as formalidades exigidas neste Código, terá efeitos civis se, a requerimento do casal, for registrado, a qualquer tempo, no registro civil, mediante prévia habilitação perante a autoridade competente e observado o prazo do art. 1.532.

§ 3º Será nulo o registro civil do casamento religioso se, antes dele, qualquer dos consorciados houver contraído com outrem casamento civil.

Veja art. 1.521, VI, CC.

CAPÍTULO II
DA CAPACIDADE PARA O CASAMENTO

Art. 1.517. O homem e a mulher com dezesseis anos podem casar, exigindo-se autorização de ambos os pais, ou de seus representantes legais, enquanto não atingida a maioridade civil.

Veja arts. 4º, I, 5º, 1.520, 1.537, 1.612, 1.631, 1.633, 1.634, III, 1.641, III, 1.690 e 1.747, I, CC.

Veja arts. 5º, I, 226, § 5º, e 227, § 6º, CF.

Veja Decreto n. 66.605, de 20.05.1970.

Parágrafo único. Se houver divergência entre os pais, aplica-se o disposto no parágrafo único do art. 1.631.

Veja arts. 1.551 a 1.560, CC.

Art. 1.518. Até a celebração do casamento podem os pais ou tutores revogar a autorização.

Artigo com redação dada pela Lei n. 13.146, de 06.07.2015.

Veja arts. 1.728 e 1.767, CC.

Art. 1.519. A denegação do consentimento, quando injusta, pode ser suprida pelo juiz.

Veja arts. 719, 724 e 1.009, CPC.

Veja art. 148, parágrafo único, *c*, ECA.

Art. 1.520. Não será permitido, em qualquer caso, o casamento de quem não atingiu a idade núbil, observado o disposto no art. 1.517 deste Código.

Artigo com redação dada pela Lei n. 13.811, de 12.03.2019.

Veja arts. 1.550, I, 1.551 e 1.552, CC.

CAPÍTULO III
DOS IMPEDIMENTOS

Art. 1.521. Não podem casar:

Veja arts. 1.548, I, 1.549, 1.723, § 1º, e 1.727, CC.

Veja art. 236, CP.

I – os ascendentes com os descendentes, seja o parentesco natural ou civil;

Veja arts. 1.591 e 1.593, CC.

Veja art. 227, § 6º, CF.

II – os afins em linha reta;

Veja arts. 1.591 e 1.595, CC.

Veja art. 227, § 6º, CF.

III – o adotante com quem foi cônjuge do adotado e o adotado com quem o foi do adotante;

Veja art. 41, ECA.

IV – os irmãos, unilaterais ou bilaterais, e demais colaterais, até o terceiro grau inclusive;

Veja art. 1.592, CC.

Veja art. 1º, DL n. 3.200, de 19.04.1941.

V – o adotado com o filho do adotante;

Veja arts. 1.618 e 1.619, CC.

Veja art. 41, ECA.

VI – as pessoas casadas;

Veja art. 1.723, § 1º, CC.

VII – o cônjuge sobrevivente com o condenado por homicídio ou tentativa de homicídio contra o seu consorte.

Art. 1.522. Os impedimentos podem ser opostos, até o momento da celebração do casamento, por qualquer pessoa capaz.

Veja arts. 1.518, 1.529 e 1.530, CC.

Veja art. 237, CP.

Veja art. 67, § 5º, LRP.

Parágrafo único. Se o juiz, ou o oficial de registro, tiver conhecimento da existência de algum impedimento, será obrigado a declará-lo.

CAPÍTULO IV
DAS CAUSAS SUSPENSIVAS

Art. 1.523. Não devem casar:

Veja arts. 1.529, 1.641, I, e 1.723, § 2º, CC.

I – o viúvo ou a viúva que tiver filho do cônjuge falecido, enquanto não fizer inventário dos bens do casal e der partilha aos herdeiros;

Veja art. 1.489, II, CC.

II – a viúva, ou a mulher cujo casamento se desfez por ser nulo ou ter sido anulado, até dez meses depois do começo da viuvez, ou da dissolução da sociedade conjugal;

Veja art. 1.598, CC.

III – o divorciado, enquanto não houver sido homologada ou decidida a partilha dos bens do casal;

Veja arts. 1.571, IV, e 1.579 a 1.582, CC.

IV – o tutor ou o curador e os seus descendentes, ascendentes, irmãos, cunhados ou sobrinhos, com a pessoa tutelada ou curatelada, enquanto não cessar a tutela ou curatela, e não estiverem saldadas as respectivas contas.

Veja arts. 1.591 a 1.595, 1.728 e 1.763 a 1.767, CC.

Parágrafo único. É permitido aos nubentes solicitar ao juiz que não lhes sejam aplicadas as causas suspensivas previstas nos incisos I, III e IV deste artigo, provando-se a inexistência de prejuízo, respectivamente, para o herdeiro, para o ex-cônjuge e para a pessoa tutelada ou curatelada; no caso do inciso II, a nubente deverá provar nascimento de filho, ou inexistência de gravidez, na fluência do prazo.

Art. 1.524. As causas suspensivas da celebração do casamento podem ser arguidas pelos parentes em linha reta de um dos nubentes, sejam consanguíneos ou afins, e pelos colaterais em segundo grau, sejam também consanguíneos ou afins.

Veja arts. 1.530 e 1.591 a 1.595, CC.

Veja art. 237, CP.

CAPÍTULO V
DO PROCESSO DE HABILITAÇÃO PARA O CASAMENTO

Art. 1.525. O requerimento de habilitação para o casamento será firmado por ambos os nubentes, de próprio punho, ou, a seu pedido, por procurador, e deve ser instruído com os seguintes documentos:

Veja art. 1.726, CC.
Veja arts. 2º e 4º, Lei n. 1.110, de 23.05.1950.
Veja art. 74, LRP.

I – certidão de nascimento ou documento equivalente;

II – autorização por escrito das pessoas sob cuja dependência legal estiverem, ou ato judicial que a supra;

Veja arts. 1.517 a 1.520, CC.

III – declaração de duas testemunhas maiores, parentes ou não, que atestem conhecê-los e afirmem não existir impedimento que os iniba de casar;

Veja art. 228, CC.

IV – declaração do estado civil, do domicílio e da residência atual dos contraentes e de seus pais, se forem conhecidos;

Veja art. 1.521, VI, CC.

V – certidão de óbito do cônjuge falecido, de sentença declaratória de nulidade ou de anulação de casamento, transitada em julgado, ou do registro da sentença de divórcio.

Veja arts. 1.521, VI, e 1.548 a 1.564, CC.
Veja art. 226, §§ 1º a 4º, CF.

Art. 1.526. A habilitação será feita pessoalmente perante o oficial do Registro Civil, com a audiência do Ministério Público.

Caput com redação dada e parágrafo acrescentado pela Lei n. 12.133, de 17.12.2009.
Veja art. 1.531, CC.

Parágrafo único. Caso haja impugnação do oficial, do Ministério Público ou de terceiro, a habilitação será submetida ao juiz.

Art. 1.527. Estando em ordem a documentação, o oficial extrairá o edital, que se afixará durante quinze dias nas circunscrições do Registro Civil de ambos os nubentes, e, obrigatoriamente, se publicará na imprensa local, se houver.

Veja art. 1.531, CC.
Veja art. 2º, Lei n. 1.110, de 23.05.1950.

Parágrafo único. A autoridade competente, havendo urgência, poderá dispensar a publicação.

Veja arts. 1.539 e 1.540, CC.

Art. 1.528. É dever do oficial do registro esclarecer os nubentes a respeito dos fatos que podem ocasionar a invalidade do casamento, bem como sobre os diversos regimes de bens.

Veja arts. 1.548 a 1.556, 1.559 e 1.639 a 1.722, CC.

Art. 1.529. Tanto os impedimentos quanto as causas suspensivas serão opostos em declaração escrita e assinada, instruída com as provas do fato alegado, ou com a indicação do lugar onde possam ser obtidas.

Veja arts. 1.521 e 1.523, CC.

Art. 1.530. O oficial do registro dará aos nubentes ou a seus representantes nota da oposição, indicando os fundamentos, as provas e o nome de quem a ofereceu.

Veja arts. 1.522 e 1.524, CC.
Veja art. 237, CP.

Parágrafo único. Podem os nubentes requerer prazo razoável para fazer prova contrária aos fatos alegados, e promover as ações civis e criminais contra o oponente de má-fé.

Art. 1.531. Cumpridas as formalidades dos arts. 1.526 e 1.527 e verificada a inexistência de fato obstativo, o oficial do registro extrairá o certificado de habilitação.

Veja art. 1.533, CC.
Veja art. 3º, Lei n. 1.110, de 23.05.1950.

Art. 1.532. A eficácia da habilitação será de noventa dias, a contar da data em que foi extraído o certificado.

Veja art. 1.516, § 2º, CC.
Veja art. 3º, Lei n. 1.110, de 23.05.1950.
Veja art. 67, § 1º, LRP.

CAPÍTULO VI
DA CELEBRAÇÃO DO CASAMENTO

Art. 1.533. Celebrar-se-á o casamento, no dia, hora e lugar previamente designados pela autoridade que houver de presidir o ato, mediante petição dos contraentes, que se mostrem habilitados com a certidão do art. 1.531.

Veja arts. 1.515, 1.542, 1.639, § 1º, e 1.726, CC.
Veja art. 226, §§ 1º a 6º, CF.
Veja art. 238, CP.

Art. 1.534. A solenidade realizar-se-á na sede do cartório, com toda publicidade, a portas abertas, presentes pelo menos duas testemunhas, parentes ou não dos contraentes, ou, querendo as partes e consentindo a autoridade celebrante, noutro edifício público ou particular.

Veja art. 228, CC.

§ 1º Quando o casamento for em edifício particular, ficará este de portas abertas durante o ato.

§ 2º Serão quatro as testemunhas na hipótese do parágrafo anterior e se algum dos contraentes não souber ou não puder escrever.

Art. 1.535. Presentes os contraentes, em pessoa ou por procurador especial, juntamente com as testemunhas e o oficial do registro, o presidente do ato, ouvida aos nubentes a afirmação de que pretendem casar por livre e espontânea vontade, declarará efetuado o casamento, nestes termos: "De acordo com a vontade que ambos acabais de afirmar perante mim, de vos receberdes por marido e mulher, eu, em nome da lei, vos declaro casados".

Veja arts. 1.514, 1.538 e 1.542, CC.

Art. 1.536. Do casamento, logo depois de celebrado, lavrar-se-á o assento no livro de registro. No assento, assinado pelo presidente do ato, pelos cônjuges, as testemunhas, e o oficial do registro, serão exarados:

Veja art. 1.514, CC.
Veja Decreto n. 66.605, de 20.05.1970.
Veja art. 70, LRP.

I – os prenomes, sobrenomes, datas de nascimento, profissão, domicílio e residência atual dos cônjuges;

II – os prenomes, sobrenomes, datas de nascimento ou de morte, domicílio e residência atual dos pais;

Veja art. 1.565, § 1º, CC.

III – o prenome e sobrenome do cônjuge precedente e a data da dissolução do casamento anterior;

IV – a data da publicação dos proclamas e da celebração do casamento;

V – a relação dos documentos apresentados ao oficial do registro;

VI – o prenome, sobrenome, profissão, domicílio e residência atual das testemunhas;

VII – o regime do casamento, com a declaração da data e do cartório em cujas notas foi lavrada a escritura antenupcial, quando o regime não for o da comunhão parcial, ou o obrigatoriamente estabelecido.

Veja arts. 1.641 e 1.657, CC.

Art. 1.537. O instrumento da autorização para casar transcrever-se-á integralmente na escritura antenupcial.

Veja arts. 220, 1.517, 1.520, 1.525, II, 1.634, III, e 1.653, CC.

Art. 1.538. A celebração do casamento será imediatamente suspensa se algum dos contraentes:

Veja art. 1.535, CC.

I – recusar a solene afirmação da sua vontade;

II – declarar que esta não é livre e espontânea;

III – manifestar-se arrependido.

Parágrafo único. O nubente que, por algum dos fatos mencionados neste artigo, der causa à suspensão do ato, não será admitido a retratar-se no mesmo dia.

Art. 1.539. No caso de moléstia grave de um dos nubentes, o presidente do ato irá celebrá-lo onde se encontrar o impedido, sendo urgente, ainda que à noite, perante duas testemunhas que saibam ler e escrever.

Veja arts. 1.527, parágrafo único, 1.534 e 1.542, CC.

§ 1º A falta ou impedimento da autoridade competente para presidir o casamento suprir-se-á por qualquer dos seus substitutos legais, e a do oficial do Registro Civil por outro *ad hoc*, nomeado pelo presidente do ato.

§ 2º O termo avulso, lavrado pelo oficial *ad hoc*, será registrado no respectivo registro dentro em cinco dias, perante duas testemunhas, ficando arquivado.

Art. 1.540. Quando algum dos contraentes estiver em iminente risco de vida, não obtendo a presença da autoridade à qual incumba presidir o ato, nem a de seu substituto, poderá o casamento ser celebrado na presença de seis testemunhas, que com os nubentes não tenham parentesco em linha reta, ou, na colateral, até segundo grau.

Veja arts. 1.527, parágrafo único, 1.541, § 5º, e 1.591 a 1.595, CC.

Art. 1.541. Realizado o casamento, devem as testemunhas comparecer perante a autoridade judicial mais próxima, dentro em dez dias, pedindo que lhes tome por termo a declaração de:

Veja art. 76, LRP.

I – que foram convocadas por parte do enfermo;

II – que este parecia em perigo de vida, mas em seu juízo;

III – que, em sua presença, declararam os contraentes, livre e espontaneamente, receber-se por marido e mulher.

Veja art. 1.535, CC.

§ 1º Autuado o pedido e tomadas as declarações, o juiz procederá às diligências necessárias para verificar se os contraentes podiam ter-se habilitado, na forma ordinária, ouvidos os interessados que o requererem, dentro em quinze dias.

Veja art. 76, § 3º, LRP.

§ 2º Verificada a idoneidade dos cônjuges para o casamento, assim o decidirá a autoridade competente, com recurso voluntário às partes.

Veja art. 76, § 5º, LRP.

§ 3º Se da decisão não se tiver recorrido, ou se ela passar em julgado, apesar dos recursos interpostos, o juiz mandará registrá-la no livro do Registro dos Casamentos.

Veja art. 76, § 5º, LRP.

§ 4º O assento assim lavrado retrotrairá os efeitos do casamento, quanto ao estado dos cônjuges, à data da celebração.

§ 5º Serão dispensadas as formalidades deste e do artigo antecedente, se o enfermo convalescer e puder ratificar o casamento na presença da autoridade competente e do oficial do registro.

Art. 1.542. O casamento pode celebrar-se mediante procuração, por instrumento público, com poderes especiais.

Veja arts. 653, 655, 657, 660, 1.525, 1.539 e 1.540, CC.

Veja Decreto n. 66.605, de 20.05.1970.

§ 1º A revogação do mandato não necessita chegar ao conhecimento do mandatário; mas, celebrado o casamento sem que o mandatário ou o outro contraente tivessem ciência da revogação, responderá o mandante por perdas e danos.

Veja arts. 402 a 405, 682, I, 686, 687 e 1.550, V e parágrafo único, CC.

§ 2º O nubente que não estiver em iminente risco de vida poderá fazer-se representar no casamento nuncupativo.

§ 3º A eficácia do mandato não ultrapassará noventa dias.

§ 4º Só por instrumento público se poderá revogar o mandato.

Veja arts. 109, 682, I, 686 e 687, CC.

CAPÍTULO VII
DAS PROVAS DO CASAMENTO

Art. 1.543. O casamento celebrado no Brasil prova-se pela certidão do registro.

Veja arts. 9º, I, 1.515 e 1.516, CC.

Parágrafo único. Justificada a falta ou perda do registro civil, é admissível qualquer outra espécie de prova.

Art. 1.544. O casamento de brasileiro, celebrado no estrangeiro, perante as respectivas autoridades ou os cônsules brasileiros, deverá ser registrado em cento e oitenta dias, a contar da volta de um ou de ambos os cônjuges ao Brasil, no cartório do respectivo domicílio, ou, em sua falta, no 1º Ofício da Capital do Estado em que passarem a residir.

Veja art. 32, LRP.

Art. 1.545. O casamento de pessoas que, na posse do estado de casadas, não possam manifestar vontade, ou tenham falecido, não se pode contestar em prejuízo da prole comum, salvo mediante certidão do Registro Civil que prove que já era casada alguma delas, quando contraiu o casamento impugnado.

Veja arts. 3º, 4º e 6º, CC.

Veja art. 227, § 6º, CF.

Art. 1.546. Quando a prova da celebração legal do casamento resultar de processo judicial, o registro da sentença no livro do Registro Civil produzirá, tanto no que toca aos cônjuges como no que respeita aos filhos, todos os efeitos civis desde a data do casamento.

Veja art. 1.541, § 4º, CC.

Veja art. 227, § 6º, CF.

Art. 1.547. Na dúvida entre as provas favoráveis e contrárias, julgar-se-á pelo casamento, se os cônjuges, cujo casamento se impugna, viverem ou tiverem vivido na posse do estado de casados.

Veja arts. 1.521 a 1.524, CC.

CAPÍTULO VIII
DA INVALIDADE DO CASAMENTO

Art. 1.548. É nulo o casamento contraído:

Veja arts. 10, 166, IV e VII, 185, 1.549 e 1.561, CC.

Veja art. 226, § 6º, CF.

Veja arts. 235, § 2º, e 236, parágrafo único, CP.

Veja art. 8º, Lei n. 1.110, de 23.05.1950.

I – (*Revogado pela Lei n. 13.146, de 06.07.2015.*)

II – por infringência de impedimento.

Veja arts. 1.521 e 1.522, CC.

Veja art. 8º, Lei n. 1.110, de 23.05.1950.

Art. 1.549. A decretação de nulidade de casamento, pelos motivos previstos no artigo antecedente, pode ser promovida mediante ação direta, por qualquer interessado, ou pelo Ministério Público.

Veja art. 17, CPC.

Art. 1.550. É anulável o casamento:

Veja arts. 10 e 1.561, CC.

Veja art. 8º, Lei n. 1.110, de 23.05.1950.

I – de quem não completou a idade mínima para casar;

Veja arts. 3º, 1.517, 1.520 e 1.551 a 1.553, CC.

II – do menor em idade núbil, quando não autorizado por seu representante legal;

Veja arts. 4º, I, 1.517 a 1.519, 1.551 e 1.555, CC.

III – por vício da vontade, nos termos dos arts. 1.556 a 1.558;

IV – do incapaz de consentir ou manifestar, de modo inequívoco, o consentimento;

Veja arts. 4º, II e III, e 1.560, I, CC.

V – realizado pelo mandatário, sem que ele ou o outro contraente soubesse da revogação do mandato, e não sobrevindo coabitação entre os cônjuges;

Veja arts. 1.542 e 1.560, § 2º, CC.

VI – por incompetência da autoridade celebrante.

Veja arts. 1.554 e 1.560, II, CC.

§ 1º Equipara-se à revogação a invalidade do mandato judicialmente decretada.

Antigo parágrafo único renumerado pela Lei n. 13.146, de 06.07.2015.

§ 2º A pessoa com deficiência mental ou intelectual em idade núbia poderá contrair matrimônio, expressando sua vontade diretamente ou por meio de seu responsável ou curador.

Parágrafo acrescentado pela Lei n. 13.146, de 06.07.2015.

Art. 1.551. Não se anulará, por motivo de idade, o casamento de que resultou gravidez.

Veja arts. 1.517 a 1.520 e 1.550, I e II, CC.

Art. 1.552. A anulação do casamento dos menores de dezesseis anos será requerida:

Veja arts. 3º, I, 1.520, 1.550, I, 1.551 e 1.560, CC.

I – pelo próprio cônjuge menor;

II – por seus representantes legais;

III – por seus ascendentes.

Art. 1.553. O menor que não atingiu a idade núbil poderá, depois de completá-la, confirmar seu casamento, com a autorização de seus representantes legais, se necessária, ou com suprimento judicial.

Veja arts. 1.518 a 1.520 e 1.550, I, CC.

Art. 1.554. Subsiste o casamento celebrado por aquele que, sem possuir a competência exigida na lei, exercer publicamente as funções de juiz de casamentos e, nessa qualidade, tiver registrado o ato no Registro Civil.

Veja arts. 1.515, 1.516 e 1.550, VI, CC.

Art. 1.555. O casamento do menor em idade núbil, quando não autorizado por seu representante legal, só poderá ser anulado se a ação for proposta em cento e oitenta dias, por iniciativa do incapaz, ao deixar de sê-lo, de seus representantes legais ou de seus herdeiros necessários.

Veja arts. 209, 1.550, II, 1.551, 1.634, III, e 1.845, CC.

§ 1º O prazo estabelecido neste artigo será contado do dia em que cessou a incapacidade, no primeiro caso; a partir do casamento, no segundo; e, no terceiro, da morte do incapaz.

§ 2º Não se anulará o casamento quando à sua celebração houverem assistido os representantes legais do incapaz, ou tiverem, por qualquer modo, manifestado sua aprovação.

Veja arts. 1.517 e 1.525, II, CC.

Art. 1.556. O casamento pode ser anulado por vício da vontade, se houve por parte de um dos nubentes, ao consentir, erro essencial quanto à pessoa do outro.

Veja arts. 138, 139, II, 185, 1.550, III, e 1.557, CC.

Art. 1.557. Considera-se erro essencial sobre a pessoa do outro cônjuge:

Veja arts. 138, 139, II, 1.550, III, 1.556 e 1.560, III, CC.

I – o que diz respeito à sua identidade, sua honra e boa fama, sendo esse erro tal que o seu conhecimento ulterior torne insuportável a vida em comum ao cônjuge enganado;

Veja art. 1.560, III, CC.

II – a ignorância de crime, anterior ao casamento, que, por sua natureza, torne insuportável a vida conjugal;

Veja art. 1.560, III, CC.

III – a ignorância, anterior ao casamento, de defeito físico irremediável que não caracterize deficiência ou de moléstia grave e transmissível, por contágio ou por herança, capaz de pôr em risco a saúde do outro cônjuge ou de sua descendência;

Inciso com redação dada pela Lei n. 13.146, de 06.07.2015.

Veja arts. 1.559 e 1.560, III, CC.

IV – (*Revogado pela Lei n. 13.146, de 06.07.2015.*)

Art. 1.558. É anulável o casamento em virtude de coação, quando o consentimento de um ou de ambos os cônjuges houver sido captado mediante fundado temor de mal considerável e iminente para a vida, a saúde e a honra, sua ou de seus familiares.

Veja arts. 151 a 155, 1.550, III, e 1.560, IV, CC.

Art. 1.559. Somente o cônjuge que incidiu em erro, ou sofreu coação, pode demandar a anulação do casamento; mas a coabitação, havendo ciência do vício, valida o ato, ressalvadas as hipóteses dos incisos III e IV do art. 1.557.

Veja arts. 138, 139, 151 a 155 e 1.558, CC.

Art. 1.560. O prazo para ser intentada a ação de anulação do casamento, a contar da data da celebração, é de:

I – cento e oitenta dias, no caso do inciso IV do art. 1.550;

II – dois anos, se incompetente a autoridade celebrante;

Veja arts. 1.550, VI, e 1.554, CC.

III – três anos, nos casos dos incisos I a IV do art. 1.557;

Veja arts. 1.556 e 1.559, CC.

IV – quatro anos, se houver coação.

Veja arts. 1.558 e 1.559, CC.

§ 1º Extingue-se, em cento e oitenta dias, o direito de anular o casamento dos menores de dezesseis anos, contado o prazo para o menor do dia em que perfez essa idade; e da data do casamento, para seus representantes legais ou ascendentes.

Veja art. 1.552, CC.

§ 2º Na hipótese do inciso V do art. 1.550, o prazo para anulação do casamento é de cento e oitenta dias, a partir da data em que o mandante tiver conhecimento da celebração.

Veja art. 1.550, parágrafo único, CC.

Art. 1.561. Embora anulável ou mesmo nulo, se contraído de boa-fé por ambos os cônjuges, o casamento, em relação a estes como aos filhos, produz todos os efeitos até o dia da sentença anulatória.

Veja arts. 1.548, 1.550, 1.596, 1.617 e 1.834, CC.

Veja art. 227, § 6º, CF.

§ 1º Se um dos cônjuges estava de boa-fé ao celebrar o casamento, os seus efeitos civis só a ele e aos filhos aproveitarão.

Veja art. 1.564, CC.

§ 2º Se ambos os cônjuges estavam de má-fé ao celebrar o casamento, os seus efeitos civis só aos filhos aproveitarão.

Art. 1.562. Antes de mover a ação de nulidade do casamento, a de anulação, a de separação judicial, a de divórcio direto ou a de dissolução de união estável, poderá requerer a parte, comprovando sua necessidade, a separação de corpos, que será concedida pelo juiz com a possível brevidade.

Veja arts. 1.549, 1.552, 1.555, 1.559, 1.575, 1.580, 1.585 e 1.723 a 1.727, CC.

Veja EC n. 66, de 13.07.2010.

Art. 1.563. A sentença que decretar a nulidade do casamento retroagirá à data da sua celebração, sem prejudicar a aquisição de direitos, a título oneroso, por terceiros de boa-fé, nem a resultante de sentença transitada em julgado.

Veja art. 5º, XXXVI, CF.

Art. 1.564. Quando o casamento for anulado por culpa de um dos cônjuges, este incorrerá:

I – na perda de todas as vantagens havidas do cônjuge inocente;

Veja art. 1.561, § 1º, CC.

II – na obrigação de cumprir as promessas que lhe fez no contrato antenupcial.

Veja arts. 1.639 e 1.653 a 1.657, CC.

CAPÍTULO IX
DA EFICÁCIA DO CASAMENTO

Art. 1.565. Pelo casamento, homem e mulher assumem mutuamente a condição de consortes, companheiros e responsáveis pelos encargos da família.

Veja arts. 1.511, 1.567 e 1.568, CC.

Veja arts. 5º, I, 226, §§ 1º a 3º e 5º, e 227, § 6º, CF.

§ 1º Qualquer dos nubentes, querendo, poderá acrescer ao seu o sobrenome do outro.

Veja arts. 1.536, I, 1.571, § 2º, e 1.578, CC.

Veja art. 70, § 8º, LRP.

§ 2º O planejamento familiar é de livre decisão do casal, competindo ao Estado propiciar recursos educacionais e financeiros para o exercício desse direito, vedado qualquer tipo de coerção por parte de instituições privadas ou públicas.

Veja art. 1.513, CC.

Veja art. 226, § 7º, CF.

Veja art. 1º, Lei n. 9.263, de 12.01.1996.

Art. 1.566. São deveres de ambos os cônjuges:

Veja arts. 1.511, 1.572 e 1.724, CC.

Veja art. 226, § 5º, CF.

I – fidelidade recíproca;

Veja arts. 1.573, I, e 1.576, CC.

II – vida em comum, no domicílio conjugal;

Veja arts. 1.562, 1.569, 1.573, IV, e 1.576, CC.

III – mútua assistência;

Veja arts. 1.568, 1.694 e 1.695, CC.

Veja art. 26, Lei n. 6.515, de 26.12.1977.

IV – sustento, guarda e educação dos filhos;

Veja arts. 1.568 e 1.630 a 1.638, CC.

Veja arts. 226, § 5º, 227 e 229, CF.

Veja arts. 133 e 136, CP.

Veja arts. 33 a 35, ECA.

V – respeito e consideração mútuos.

Veja art. 1.573, II, III e V, CC.

Art. 1.567. A direção da sociedade conjugal será exercida, em colaboração, pelo marido e pela mulher, sempre no interesse do casal e dos filhos.

Veja arts. 1.642, 1.643, 1.647, 1.651, 1.663 e 1.783, CC.

Veja arts. 5º, I, e 226, § 5º, CF.

Veja art. 73, CPC.

Parágrafo único. Havendo divergência, qualquer dos cônjuges poderá recorrer ao juiz, que decidirá tendo em consideração aqueles interesses.

Veja art. 1.648, CC.

Veja art. 74, CPC.

Art. 1.568. Os cônjuges são obrigados a concorrer, na proporção de seus bens e dos rendimentos do trabalho, para o sustento da família e a educação dos filhos, qualquer que seja o regime patrimonial.

Veja arts. 1.565, 1.566, III e IV, e 1.688, CC.

Veja art. 226, § 5º, CF.

Art. 1.569. O domicílio do casal será escolhido por ambos os cônjuges, mas um e outro podem ausentar-se do domicílio conjugal para atender a encargos públicos, ao exercício de sua profissão, ou a interesses particulares relevantes.

Veja arts. 70 a 74, 76, 77, 1.566, II, e 1.573, IV, CC.

Veja art. 226, § 5º, CF.

Art. 1.570. Se qualquer dos cônjuges estiver em lugar remoto ou não sabido, encarcerado por mais de cento e oitenta dias, interditado judicialmente ou privado, episodicamente, de consciência, em virtude de enfermidade ou de acidente, o outro exercerá com exclusividade a direção da família, cabendo-lhe a administração dos bens.

Veja arts. 25, 1.651, 1.652, 1.775 e 1.783, CC.

CAPÍTULO X
DA DISSOLUÇÃO DA SOCIEDADE E DO VÍNCULO CONJUGAL

Veja EC n. 66, de 13.07.2010.

Art. 1.571. A sociedade conjugal termina:

Veja art. 10, CC.

Veja art. 2º, Lei n. 6.515, de 26.12.1977.

I – pela morte de um dos cônjuges;

Veja art. 6º, CC.

II – pela nulidade ou anulação do casamento;

Veja arts. 1.548 a 1.559, CC.

III – pela separação judicial;

Veja arts. 980, 1.027 e 1.572 a 1.578, CC.

Veja EC n. 66, de 13.07.2010.

IV – pelo divórcio.

Veja arts. 1.579 a 1.582, CC.

Veja EC n. 66, de 13.07.2010.

§ 1º O casamento válido só se dissolve pela morte de um dos cônjuges ou pelo divórcio, aplicando-se a presunção estabelecida neste Código quanto ao ausente.

§ 2º Dissolvido o casamento pelo divórcio direto ou por conversão, o cônjuge poderá manter o nome de casado; salvo, no segundo caso, dispondo em contrário a sentença de separação judicial.

Veja arts. 1.565, § 1º, e 1.578, CC.

Veja EC n. 66, de 13.07.2010.

Veja arts. 17, 18 e 25, parágrafo único, Lei n. 6.515, de 26.12.1977.

Art. 1.572. Qualquer dos cônjuges poderá propor a ação de separação judicial, imputando ao outro qualquer ato que importe grave violação dos deveres do casamento e torne insuportável a vida em comum.

Veja arts. 1.566, 1.571, III, 1.573 e 1.582, CC.

Veja EC n. 66, de 13.07.2010.

Veja art. 5º, Lei n. 6.515, de 26.12.1977.

§ 1º A separação judicial pode também ser pedida se um dos cônjuges provar ruptura da vida em comum há mais de um ano e a impossibilidade de sua reconstituição.

Veja art. 5º, § 1º, Lei n. 6.515, de 26.12.1977.

§ 2º O cônjuge pode ainda pedir a separação judicial quando o outro estiver acometido de doença mental grave, manifestada após o casamento, que torne impossível a continuação da vida em comum, desde que, após uma duração de dois anos, a enfermidade tenha sido reconhecida de cura improvável.

Veja art. 5º, § 2º, Lei n. 6.515, de 26.12.1977.

§ 3º No caso do § 2º, reverterão ao cônjuge enfermo, que não houver pedido a separação judicial, os remanescentes dos bens que levou para o casamento, e se o regime dos bens adotado o permitir, a meação dos adquiridos na constância da sociedade conjugal.

Veja art. 5º, § 3º, Lei n. 6.515, de 26.12.1977.

Art. 1.573. Pode caracterizar a impossibilidade da comunhão de vida a ocorrência de algum dos seguintes motivos:

Veja EC n. 66, de 13.07.2010.

I – adultério;

Veja art. 1.566, I, CC.

II – tentativa de morte;

III – sevícia ou injúria grave;

IV – abandono voluntário do lar conjugal, durante um ano contínuo;

V – condenação por crime infamante;

VI – conduta desonrosa.

Parágrafo único. O juiz poderá considerar outros fatos que tornem evidente a impossibilidade da vida em comum.

Veja art. 1.572, §§ 1º a 3º, CC.

Art. 1.574. Dar-se-á a separação judicial por mútuo consentimento dos cônjuges se forem casados por mais de um ano e o manifestarem perante o juiz, sendo por ele devidamente homologada a convenção.

Veja arts. 731 a 734, CPC.

Veja EC n. 66, de 13.07.2010.

Veja art. 4º, Lei n. 6.515, de 26.12.1977.

Parágrafo único. O juiz pode recusar a homologação e não decretar a separação judicial se apurar que a convenção não preserva suficientemente os interesses dos filhos ou de um dos cônjuges.

Art. 1.575. A sentença de separação judicial importa a separação de corpos e a partilha de bens.

Veja arts. 980, 1.027, 1.562, 1.576, 1.581, 1.585, 1.658 a 1.662, 1.667 a 1.669, 1.671, 1.672 a 1.684 e 1.687, CC.

Veja EC n. 66, de 13.07.2010.

Veja art. 7º, § 2º, Lei n. 6.515, de 26.12.1977.

Parágrafo único. A partilha de bens poderá ser feita mediante proposta dos cônjuges e homologada pelo juiz ou por este decidida.

Art. 1.576. A separação judicial põe termo aos deveres de coabitação e fidelidade recíproca e ao regime de bens.

Veja arts. 1.566, I e II, e 1.639, CC.

Veja EC n. 66, de 13.07.2010.

Veja art. 3º, Lei n. 6.515, de 26.12.1977.

Parágrafo único. O procedimento judicial da separação caberá somente aos cônjuges, e, no caso de incapacidade, serão representados pelo curador, pelo ascendente ou pelo irmão.

Veja arts. 3º, 4º e 1.767, CC.

Veja art. 3º, § 1º, Lei n. 6.515, de 26.12.1977.

Art. 1.577. Seja qual for a causa da separação judicial e o modo como esta se faça, é lícito aos cônjuges restabelecer, a todo tempo, a sociedade conjugal, por ato regular em juízo.

Veja EC n. 66, de 13.07.2010.

Veja art. 46, *caput*, Lei n. 6.515, de 26.12.1977.

Parágrafo único. A reconciliação em nada prejudicará o direito de terceiros, adquirido antes e durante o estado de separado, seja qual for o regime de bens.

Veja art. 980, CC.

Veja art. 5º, XXXVI, CF.

Veja art. 46, parágrafo único, Lei n. 6.515, de 26.12.1977.

Art. 1.578. O cônjuge declarado culpado na ação de separação judicial perde o direito de usar o sobrenome do outro, desde que expressamente requerido pelo cônjuge inocente e se a alteração não acarretar:

Veja arts. 1.565, § 1º, e 1.571, § 2º, CC.

Veja arts. 5º, I, e 226, § 6º, CF.

Veja EC n. 66, de 13.07.2010.

Veja arts. 17, 18 e 25, parágrafo único, Lei n. 6.515, de 26.12.1977.

I – evidente prejuízo para a sua identificação;

II – manifesta distinção entre o seu nome de família e o dos filhos havidos da união dissolvida;

III – dano grave reconhecido na decisão judicial.

§ 1º O cônjuge inocente na ação de separação judicial poderá renunciar, a qualquer momento, ao direito de usar o sobrenome do outro.

§ 2º Nos demais casos caberá a opção pela conservação do nome de casado.

Art. 1.579. O divórcio não modificará os direitos e deveres dos pais em relação aos filhos.

Veja EC n. 66, de 13.07.2010.

Veja art. 27, Lei n. 6.515, de 26.12.1977.

Parágrafo único. Novo casamento de qualquer dos pais, ou de ambos, não poderá importar restrições aos direitos e deveres previstos neste artigo.

Art. 1.580. Decorrido um ano do trânsito em julgado da sentença que houver decretado a separação judicial, ou da decisão concessiva da medida cautelar de separação de corpos, qualquer das partes poderá requerer sua conversão em divórcio.

Veja arts. 1.562, 1.571, IV e § 2º, e 1.575, CC.

Veja EC n. 66, de 13.07.2010.

Veja arts. 731 a 734, CPC.

Veja art. 25, Lei n. 6.515, de 26.12.1977.

§ 1º A conversão em divórcio da separação judicial dos cônjuges será decretada por sentença, da qual não constará referência à causa que a determinou.

§ 2º O divórcio poderá ser requerido, por um ou por ambos os cônjuges, no caso de comprovada separação de fato por mais de dois anos.

Veja arts. 731 a 734, CPC.

Art. 1.581. O divórcio pode ser concedido sem que haja prévia partilha de bens.

Veja arts. 1.523, III e parágrafo único, 1.575 e 1.576, CC.

Veja arts. 731 a 734, CPC.

Veja art. 31, Lei n. 6.515, de 26.12.1977.

Art. 1.582. O pedido de divórcio somente competirá aos cônjuges.

Veja art. 1.572, CC.

Veja art. 24, parágrafo único, Lei n. 6.515, de 26.12.1977.

Parágrafo único. Se o cônjuge for incapaz para propor a ação ou defender-se, poderá fazê-lo o curador, o ascendente ou o irmão.

CAPÍTULO XI
DA PROTEÇÃO DA PESSOA DOS FILHOS

Art. 1.583. A guarda será unilateral ou compartilhada.

Caput com redação dada pela Lei n. 11.698, de 13.06.2008.

§ 1º Compreende-se por guarda unilateral a atribuída a um só dos genitores ou a alguém que o substitua (art. 1.584, § 5º) e, por guarda compartilhada a responsabilização conjunta e o exercício de direitos e deveres do pai e da mãe que não vivam sob o mesmo teto, concernentes ao poder familiar dos filhos comuns.

Parágrafo acrescentado pela Lei n. 11.698, de 13.06.2008.

§ 2º Na guarda compartilhada, o tempo de convívio com os filhos deve ser dividido de forma equilibrada com a mãe e com o pai, sempre tendo em vista as condições fáticas e os interesses dos filhos.

Parágrafo acrescentado pela Lei n. 11.698, de 13.06.2008, e com redação dada pela Lei n. 13.058, de 22.12.2014.

I – (*Revogado pela Lei n. 13.058, de 22.12.2014.*)

II – (*Revogado pela Lei n. 13.058, de 22.12.2014.*)

III – (*Revogado pela Lei n. 13.058, de 22.12.2014.*)

§ 3º Na guarda compartilhada, a cidade considerada base de moradia dos filhos será aquela que melhor atender aos interesses dos filhos.

Parágrafo acrescentado pela Lei n. 11.698, de 13.06.2008, e com redação dada pela Lei n. 13.058, de 22.12.2014.

§ 4º (*Vetado.*)

Parágrafo acrescentado pela Lei n. 11.698, de 13.06.2008.

§ 5º A guarda unilateral obriga o pai ou a mãe que não a detenha a supervisionar os interesses dos filhos, e, para possibilitar tal supervisão, qualquer dos genitores sempre será parte legítima para solicitar informações e/ou prestação de contas, objetivas ou subjetivas, em assuntos ou situações que direta ou indiretamente afetem a saúde física e psicológica e a educação de seus filhos.

Parágrafo acrescentado pela Lei n. 13.058, de 22.12.2014.

Art. 1.584. A guarda, unilateral ou compartilhada, poderá ser:

Caput com redação dada pela Lei n. 11.698, de 13.06.2008.

Veja arts. 1.585 e 1.634, CC.

Veja art. 42, § 5º, ECA.

I – requerida, por consenso, pelo pai e pela mãe, ou por qualquer deles, em ação autônoma de separação, de divórcio, de dissolução de união estável ou em medida cautelar;

Inciso acrescentado pela Lei n. 11.698, de 13.06.2008.

II – decretada pelo juiz, em atenção a necessidades específicas do filho, ou em razão da distribuição de tempo necessário ao convívio deste com o pai e com a mãe.

Inciso acrescentado pela Lei n. 11.698, de 13.06.2008.

§ 1º Na audiência de conciliação, o juiz informará ao pai e à mãe o significado da guarda compartilhada, a sua importância, a similitude de deveres e direitos atribuídos aos genitores e as sanções pelo descumprimento de suas cláusulas.

Parágrafo renumerado e com redação dada pela Lei n. 11.698, de 13.06.2008.

§ 2º Quando não houver acordo entre a mãe e o pai quanto à guarda do filho, encontrando-se ambos os genitores aptos a exercer o poder familiar, será aplicada a guarda compartilhada, salvo se um dos genitores declarar ao magistrado que não deseja a guarda da criança ou do adolescente ou quando houver elementos que evidenciem a probabilidade de risco de violência doméstica ou familiar.

Parágrafo com redação dada pela Lei n. 14.713, de 30.10.2023.

§ 3º Para estabelecer as atribuições do pai e da mãe e os períodos de convivência sob guarda compartilhada, o juiz, de ofício ou a requerimento do

Ministério Público, poderá basear-se em orientação técnico-profissional ou de equipe interdisciplinar, que deverá visar à divisão equilibrada do tempo com o pai e com a mãe.

Parágrafo acrescentado pela Lei n. 11.698, de 13.06.2008, e com redação dada pela Lei n. 13.058, de 22.12.2014.

§ 4º A alteração não autorizada ou o descumprimento imotivado de cláusula de guarda unilateral ou compartilhada poderá implicar a redução de prerrogativas atribuídas ao seu detentor.

Parágrafo acrescentado pela Lei n. 11.698, de 13.06.2008, e com redação dada pela Lei n. 13.058, de 22.12.2014.

§ 5º Se o juiz verificar que o filho não deve permanecer sob a guarda do pai ou da mãe, deferirá a guarda a pessoa que revele compatibilidade com a natureza da medida, considerados, de preferência, o grau de parentesco e as relações de afinidade e afetividade.

Parágrafo acrescentado pela Lei n. 11.698, de 13.06.2008, e com redação dada pela Lei n. 13.058, de 22.12.2014.

Veja art. 1.583, § 1º, CC.

§ 6º Qualquer estabelecimento público ou privado é obrigado a prestar informações a qualquer dos genitores sobre os filhos destes, sob pena de multa de R$ 200,00 (duzentos reais) a R$ 500,00 (quinhentos reais) por dia pelo não atendimento da solicitação.

Parágrafo acrescentado pela Lei n. 13.058, de 22.12.2014.

Art. 1.585. Em sede de medida cautelar de separação de corpos, em sede de medida cautelar de guarda ou em outra sede de fixação liminar de guarda, a decisão sobre guarda de filhos, mesmo que provisória, será proferida preferencialmente após a oitiva de ambas as partes perante o juiz, salvo se a proteção aos interesses dos filhos exigir a concessão de liminar sem a oitiva da outra parte, aplicando-se as disposições do art. 1.584.

Artigo com redação dada pela Lei n. 13.058, de 22.12.2014.

Veja arts. 1.562 e 1.590, CC.

Art. 1.586. Havendo motivos graves, poderá o juiz, em qualquer caso, a bem dos filhos, regular de maneira diferente da estabelecida nos artigos antecedentes a situação deles para com os pais.

Veja arts. 1.587 e 1.590, CC.

Veja art. 226, § 5º, CF.

Veja art. 13, Lei n. 6.515, de 26.12.1977.

Art. 1.587. No caso de invalidade do casamento, havendo filhos comuns, observar-se-á o disposto nos arts. 1.584 e 1.586.

Veja arts. 1.548 a 1.559 e 1.590, CC.

Art. 1.588. O pai ou a mãe que contrair novas núpcias não perde o direito de ter consigo os filhos, que só lhe poderão ser retirados por mandado judicial, provado que não são tratados convenientemente.

Veja arts. 1.590, 1.634, 1.636 e 1.638, CC.

Art. 1.589. O pai ou a mãe, em cuja guarda não estejam os filhos, poderá visitá-los e tê-los em sua companhia, segundo o que acordar com o outro cônjuge, ou for fixado pelo juiz, bem como fiscalizar sua manutenção e educação.

Veja arts. 1.583 e 1.590, CC.

Veja art. 15, Lei n. 6.515, de 26.12.1977.

Parágrafo único. O direito de visita estende-se a qualquer dos avós, a critério do juiz, observados os interesses da criança ou do adolescente.

Parágrafo acrescentado pela Lei n. 12.398, de 28.03.2011.

Art. 1.590. As disposições relativas à guarda e prestação de alimentos aos filhos menores estendem-se aos maiores incapazes.

Veja arts. 3º, 4º e 1.694 a 1.710, CC.

Veja art. 16, Lei n. 6.515, de 26.12.1977.

SUBTÍTULO II
DAS RELAÇÕES DE PARENTESCO

CAPÍTULO I
DISPOSIÇÕES GERAIS

Art. 1.591. São parentes em linha reta as pessoas que estão umas para com as outras na relação de ascendentes e descendentes.

Veja arts. 1.521, I a V, 1.696, 1.697 e 1.829, I e II, CC.

Veja arts. 14, § 7º, 226, § 4º, e 227, § 6º, CF.

Veja arts. 144, III e IV, e 447, § 2º, I, CPC.

Art. 1.592. São parentes em linha colateral ou transversal, até o quarto grau, as pessoas provenientes de um só tronco, sem descenderem uma da outra.

Veja arts. 1.829, IV, e 1.839, CC.

Art. 1.593. O parentesco é natural ou civil, conforme resulte de consanguinidade ou outra origem.

Veja arts. 226, § 4º, e 227, § 6º, CF.

Art. 1.594. Contam-se, na linha reta, os graus de parentesco pelo número de gerações, e, na colateral, também pelo número delas, subindo de um dos parentes até ao ascendente comum, e descendo até encontrar o outro parente.

Art. 1.595. Cada cônjuge ou companheiro é aliado aos parentes do outro pelo vínculo da afinidade.

§ 1º O parentesco por afinidade limita-se aos ascendentes, aos descendentes e aos irmãos do cônjuge ou companheiro.

§ 2º Na linha reta, a afinidade não se extingue com a dissolução do casamento ou da união estável.

Veja arts. 1.521, II, 1.571 a 1.582 e 1.723 a 1.727, CC.

Veja art. 226, § 3º, CF.

CAPÍTULO II
DA FILIAÇÃO

Art. 1.596. Os filhos, havidos ou não da relação de casamento, ou por adoção, terão os mesmos direitos e qualificações, proibidas quaisquer designações discriminatórias relativas à filiação.

Veja art. 1.834, CC.

Veja art. 227, § 6º, CF.

Veja art. 1º, Lei n. 883, de 21.10.1949.

Veja arts. 20 e 28, ECA.

Veja art. 5º, Lei n. 8.560, de 29.12.1992.

Art. 1.597. Presumem-se concebidos na constância do casamento os filhos:

Veja art. 1.607, CC.

Veja art. 227, § 6º, CF.

I – nascidos cento e oitenta dias, pelo menos, depois de estabelecida a convivência conjugal;

Veja art. 1.598, CC.

II – nascidos nos trezentos dias subsequentes à dissolução da sociedade conjugal, por morte, separação judicial, nulidade e anulação do casamento;

Veja arts. 1.523, II, 1.563, 1.571 e 1.723, § 1º, CC.

III – havidos por fecundação artificial homóloga, mesmo que falecido o marido;

IV – havidos, a qualquer tempo, quando se tratar de embriões excedentários, decorrentes de concepção artificial homóloga;

V – havidos por inseminação artificial heteróloga, desde que tenha prévia autorização do marido.

Art. 1.598. Salvo prova em contrário, se, antes de decorrido o prazo previsto no inciso II do art. 1.523, a mulher contrair novas núpcias e lhe nascer algum filho, este se presume do primeiro marido, se nascido dentro dos trezentos dias a contar da data do falecimento deste e, do segundo, se o nascimento ocorrer após esse período e já decorrido o prazo a que se refere o inciso I do art. 1.597.

Art. 1.599. A prova da impotência do cônjuge para gerar, à época da concepção, ilide a presunção da paternidade.

Art. 1.600. Não basta o adultério da mulher, ainda que confessado, para ilidir a presunção legal da paternidade.

Veja arts. 1.601 e 1.602, CC.

Veja art. 227, § 6º, CF.

Art. 1.601. Cabe ao marido o direito de contestar a paternidade dos filhos nascidos de sua mulher, sendo tal ação imprescritível.

Veja arts. 1.600 e 1.602, CC.

Veja art. 227, § 6º, CF.

Parágrafo único. Contestada a filiação, os herdeiros do impugnante têm direito de prosseguir na ação.

Veja art. 1.829, CC.

Art. 1.602. Não basta a confissão materna para excluir a paternidade.

Veja arts. 1.600 e 1.601, CC.
Veja art. 227, § 6º, CF.
Veja art. 392, CPC.

Art. 1.603. A filiação prova-se pela certidão do termo de nascimento registrada no Registro Civil.

Veja art. 9º, I, CC.
Veja art. 227, § 6º, CF.

Art. 1.604. Ninguém pode vindicar estado contrário ao que resulta do registro de nascimento, salvo provando-se erro ou falsidade do registro.

Veja arts. 138 a 144, 185 e 1.608, CC.
Veja art. 227, § 6º, CF.

Art. 1.605. Na falta, ou defeito, do termo de nascimento, poderá provar-se a filiação por qualquer modo admissível em direito:

Veja art. 212, CC.
Veja art. 227, § 6º, CF.

I – quando houver começo de prova por escrito, proveniente dos pais, conjunta ou separadamente;

II – quando existirem veementes presunções resultantes de fatos já certos.

Art. 1.606. A ação de prova de filiação compete ao filho, enquanto viver, passando aos herdeiros, se ele morrer menor ou incapaz.

Veja arts. 3º a 5º, 1.615 e 1.616, CC.
Veja art. 227, § 6º, CF.
Veja art. 27, ECA.

Parágrafo único. Se iniciada a ação pelo filho, os herdeiros poderão continuá-la, salvo se julgado extinto o processo.

Veja art. 485, CPC.

CAPÍTULO III
DO RECONHECIMENTO DOS FILHOS

Art. 1.607. O filho havido fora do casamento pode ser reconhecido pelos pais, conjunta ou separadamente.

Veja arts. 10, II, 1.596, 1.597 e 1.693, I, CC.
Veja art. 227, § 6º, CF.
Veja art. 1º, Lei n. 883, de 21.10.1949.
Veja art. 26, ECA.

Art. 1.608. Quando a maternidade constar do termo do nascimento do filho, a mãe só poderá contestá-la, provando a falsidade do termo, ou das declarações nele contidas.

Veja art. 1.604, CC.
Veja art. 5º, I, CF.

Art. 1.609. O reconhecimento dos filhos havidos fora do casamento é irrevogável e será feito:

Veja arts. 1.596 e 1.763, II, CC.
Veja art. 227, § 6º, CF.
Veja art. 26, ECA.
Veja art. 1º, Lei n. 8.560, de 29.12.1992.

I – no registro do nascimento;

Veja art. 9º, I, CC.

II – por escritura pública ou escrito particular, a ser arquivado em cartório;

Veja arts. 215 e 221, CC.

III – por testamento, ainda que incidentalmente manifestado;

Veja arts. 1.610 e 1.857, § 2º, CC.

IV – por manifestação direta e expressa perante o juiz, ainda que o reconhecimento não haja sido o objeto único e principal do ato que o contém.

Parágrafo único. O reconhecimento pode preceder o nascimento do filho ou ser posterior ao seu falecimento, se ele deixar descendentes.

Veja art. 26, parágrafo único, ECA.

Art. 1.610. O reconhecimento não pode ser revogado, nem mesmo quando feito em testamento.

Veja art. 1.609, III, CC.
Veja art. 1º, Lei n. 8.560, de 29.12.1992.

Art. 1.611. O filho havido fora do casamento, reconhecido por um dos cônjuges, não poderá residir no lar conjugal sem o consentimento do outro.

Veja art. 1.596, CC.
Veja art. 227, § 6º, CF.
Veja art. 15, DL n. 3.200, de 19.04.1941.

Art. 1.612. O filho reconhecido, enquanto menor, ficará sob a guarda do genitor que o reconheceu, e, se ambos o reconheceram e não houver acordo, sob a de quem melhor atender aos interesses do menor.

Veja arts. 1.583, 1.584, 1.586, 1.630, 1.633 e 1.634, CC.
Veja arts. 5º, I, e 226, § 5º, CF.
Veja art. 16, § 2º, DL n. 3.200, de 19.04.1941.

Art. 1.613. São ineficazes a condição e o termo apostos ao ato de reconhecimento do filho.

Veja arts. 121, 135 e 136, CC.

Art. 1.614. O filho maior não pode ser reconhecido sem o seu consentimento, e o menor pode impugnar o reconhecimento, nos quatro anos que se seguirem à maioridade, ou à emancipação.

Veja art. 5º, parágrafo único, CC.
Veja art. 26, ECA.
Veja art. 4º, Lei n. 8.560, de 29.12.1992.

Art. 1.615. Qualquer pessoa, que justo interesse tenha, pode contestar a ação de investigação de paternidade, ou maternidade.

Veja art. 1.606, CC.

Veja art. 2º, § 5º, Lei n. 8.560, de 29.12.1992.

Art. 1.616. A sentença que julgar procedente a ação de investigação produzirá os mesmos efeitos do reconhecimento; mas poderá ordenar que o filho se crie e eduque fora da companhia dos pais ou daquele que lhe contestou essa qualidade.

Veja arts. 1.584, parágrafo único, e 1.586, CC.

Art. 1.617. A filiação materna ou paterna pode resultar de casamento declarado nulo, ainda mesmo sem as condições do putativo.

Veja arts. 1.548 a 1.550, 1.561 e 1.597, CC.

Veja art. 227, § 6º, CF.

CAPÍTULO IV
DA ADOÇÃO

Veja art. 227, § 6º, CF.

Veja Lei n. 12.010, de 03.08.2009.

Veja Res. n. 289, de 14.08.2019, CNJ.

Art. 1.618. A adoção de crianças e adolescentes será deferida na forma prevista pela Lei n. 8.069, de 13 de julho de 1990 – Estatuto da Criança e do Adolescente.

Caput com redação dada pela Lei n. 12.010, de 03.08.2009.

Veja art. 227, § 6º, CF.

Veja arts. 39 a 52-D, ECA.

Veja Lei n. 12.010, de 03.08.2009.

Parágrafo único. (*Revogado pela Lei n. 12.010, de 03.08.2009.*)

Art. 1.619. A adoção de maiores de 18 (dezoito) anos dependerá da assistência efetiva do poder público e de sentença constitutiva, aplicando-se, no que couber, as regras gerais da Lei n. 8.069, de 13 de julho de 1990 – Estatuto da Criança e do Adolescente.

Artigo com redação dada pela Lei n. 12.010, de 03.08.2009.

Veja art. 227, § 6º, CF.

Veja art. 42, § 3º, ECA.

Arts. 1.620 a 1.629. (*Revogados pela Lei n. 12.010, de 03.08.2009.*)

CAPÍTULO V
DO PODER FAMILIAR

Seção I
Disposições Gerais

Art. 1.630. Os filhos estão sujeitos ao poder familiar, enquanto menores.

Veja arts. 3º, I, 4º, I, 5º, 197, II, 1.517 a 1.520, 1.612, 1.633, 1.635 e 1.638, CC.

Veja art. 227, § 6º, CF.

Art. 1.631. Durante o casamento e a união estável, compete o poder familiar aos pais; na falta ou impedimento de um deles, o outro o exercerá com exclusividade.

Veja arts. 1.511, 1.567, 1.588, 1.635, V, 1.637, 1.638, 1.689, 1.690 e 1.723 a 1.727, CC.
Veja art. 226, § 5º, CF.

Parágrafo único. Divergindo os pais quanto ao exercício do poder familiar, é assegurado a qualquer deles recorrer ao juiz para solução do desacordo.

Veja art. 1.517, parágrafo único, CC.

Art. 1.632. A separação judicial, o divórcio e a dissolução da união estável não alteram as relações entre pais e filhos senão quanto ao direito, que aos primeiros cabe, de terem em sua companhia os segundos.

Veja arts. 1.583 a 1.590, CC.
Veja art. 27, Lei n. 6.515, de 26.12.1977.

Art. 1.633. O filho, não reconhecido pelo pai, fica sob poder familiar exclusivo da mãe; se a mãe não for conhecida ou capaz de exercê-lo, dar-se-á tutor ao menor.

Veja arts. 1.612, 1.630, 1.635, V, 1.637, 1.638 e 1.728, CC.
Veja arts. 226, § 5º, e 227, § 6º, CF.

Seção II
Do Exercício do Poder Familiar

Art. 1.634. Compete a ambos os pais, qualquer que seja a sua situação conjugal, o pleno exercício do poder familiar, que consiste em, quanto aos filhos:

Caput com redação dada pela Lei n. 13.058, de 22.12.2014.

I – dirigir-lhes a criação e a educação;

Inciso com redação dada pela Lei n. 13.058, de 22.12.2014.

II – exercer a guarda unilateral ou compartilhada nos termos do art. 1.584;

Inciso com redação dada pela Lei n. 13.058, de 22.12.2014.

III – conceder-lhes ou negar-lhes consentimento para casarem;

Inciso com redação mantida pela Lei n. 13.058, de 22.12.2014.

IV – conceder-lhes ou negar-lhes consentimento para viajarem ao exterior;

Inciso com redação dada pela Lei n. 13.058, de 22.12.2014.

V – conceder-lhes ou negar-lhes consentimento para mudarem sua residência permanente para outro Município;

Inciso com redação dada pela Lei n. 13.058, de 22.12.2014.

VI – nomear-lhes tutor por testamento ou documento autêntico, se o outro dos pais não lhe sobreviver, ou o sobrevivo não puder exercer o poder familiar;

Antigo inciso IV renumerado pela Lei n. 13.058, de 22.12.2014.

VII – representá-los judicial e extrajudicialmente até os 16 (dezesseis) anos, nos atos da vida civil, e assisti-los, após essa idade, nos atos em que forem partes, suprindo-lhes o consentimento;

Inciso com redação dada pela Lei n. 13.058, de 22.12.2014.

VIII – reclamá-los de quem ilegalmente os detenha;

Antigo inciso VI renumerado pela Lei n. 13.058, de 22.12.2014.

IX – exigir que lhes prestem obediência, respeito e os serviços próprios de sua idade e condição.

Antigo inciso VII renumerado pela Lei n. 13.058, de 22.12.2014.

Seção III
Da Suspensão e Extinção do Poder Familiar

Art. 1.635. Extingue-se o poder familiar:

Veja arts. 1.630 e 1.728, CC.

I – pela morte dos pais ou do filho;

Veja art. 6º, CC.

II – pela emancipação, nos termos do art. 5º, parágrafo único;

III – pela maioridade;

Veja art. 5º, CC.

IV – pela adoção;

V – por decisão judicial, na forma do art. 1.638.

Art. 1.636. O pai ou a mãe que contrai novas núpcias, ou estabelece união estável, não perde, quanto aos filhos do relacionamento anterior, os direitos ao poder familiar, exercendo-os sem qualquer interferência do novo cônjuge ou companheiro.

Veja art. 1.588, CC.

Veja art. 226, § 5º, CF.

Parágrafo único. Igual preceito ao estabelecido neste artigo aplica-se ao pai ou à mãe solteiros que casarem ou estabelecerem união estável.

Veja art. 1.723, CC.

Art. 1.637. Se o pai, ou a mãe, abusar de sua autoridade, faltando aos deveres a eles inerentes ou arruinando os bens dos filhos, cabe ao juiz, requerendo algum parente, ou o Ministério Público, adotar a medida que lhe pareça reclamada pela segurança do menor e seus haveres, até suspendendo o poder familiar, quando convenha.

Veja arts. 1.638, IV, 1.689 e 1.691, CC.

Veja art. 92, II, CP.

Veja art. 161, § 1º, ECA.

Parágrafo único. Suspende-se igualmente o exercício do poder familiar ao pai ou à mãe condenados por sentença irrecorrível, em virtude de crime cuja pena exceda a dois anos de prisão.

Art. 1.638. Perderá por ato judicial o poder familiar o pai ou a mãe que:

Veja art. 1.635, V, CC.

Veja art. 161, § 1º, ECA.

I – castigar imoderadamente o filho;

II – deixar o filho em abandono;

III – praticar atos contrários à moral e aos bons costumes;

IV – incidir, reiteradamente, nas faltas previstas no artigo antecedente;

Veja art. 1.637, CC.

V – entregar de forma irregular o filho a terceiros para fins de adoção.

Inciso acrescentado pela Lei n. 13.509, de 22.11.2017.

Parágrafo único. Perderá também por ato judicial o poder familiar aquele que:

Parágrafo acrescentado pela Lei n. 13.715, de 24.09.2018.

I – praticar contra outrem igualmente titular do mesmo poder familiar:

Inciso acrescentado pela Lei n. 13.715, de 24.09.2018.

a) homicídio, feminicídio ou lesão corporal de natureza grave ou seguida de morte, quando se tratar de crime doloso envolvendo violência doméstica e familiar ou menosprezo ou discriminação à condição de mulher;

Alínea acrescentada pela Lei n. 13.715, de 24.09.2018.

b) estupro ou outro crime contra a dignidade sexual sujeito à pena de reclusão;

Alínea acrescentada pela Lei n. 13.715, de 24.09.2018.

II – praticar contra filho, filha ou outro descendente:

Inciso acrescentado pela Lei n. 13.715, de 24.09.2018.

a) homicídio, feminicídio ou lesão corporal de natureza grave ou seguida de morte, quando se tratar de crime doloso envolvendo violência doméstica e familiar ou menosprezo ou discriminação à condição de mulher;

Alínea acrescentada pela Lei n. 13.715, de 24.09.2018.

b) estupro, estupro de vulnerável ou outro crime contra a dignidade sexual sujeito à pena de reclusão.

Alínea acrescentada pela Lei n. 13.715, de 24.09.2018.

TÍTULO II
DO DIREITO PATRIMONIAL

SUBTÍTULO I
DO REGIME DE BENS ENTRE OS CÔNJUGES

CAPÍTULO I
DISPOSIÇÕES GERAIS

Art. 1.639. É lícito aos nubentes, antes de celebrado o casamento, estipular, quanto aos seus bens, o que lhes aprouver.

Veja arts. 1.536, VII, 1.564, II, 1.640, 1.641, 1.653 a 1.657, 1.668, IV, 1.688 e 2.039, CC.

§ 1º O regime de bens entre os cônjuges começa a vigorar desde a data do casamento.

§ 2º É admissível alteração do regime de bens, mediante autorização judicial em pedido motivado de ambos os cônjuges, apurada a procedência das razões invocadas e ressalvados os direitos de terceiros.

Art. 1.640. Não havendo convenção, ou sendo ela nula ou ineficaz, vigorará, quanto aos bens entre os cônjuges, o regime da comunhão parcial.

Veja arts. 1.658 a 1.666, CC.

Parágrafo único. Poderão os nubentes, no processo de habilitação, optar por qualquer dos regimes que este Código regula. Quanto à forma, reduzir-se-á a termo a opção pela comunhão parcial, fazendo-se o pacto antenupcial por escritura pública, nas demais escolhas.

Veja arts. 215, 1.528, 1.639, 1.653 a 1.657, 1.667, 1.672 e 1.687, CC.

Art. 1.641. É obrigatório o regime da separação de bens no casamento:

Veja arts. 977 e 1.536, VII, CC.

Veja art. 5º, I, CF.

I – das pessoas que o contraírem com inobservância das causas suspensivas da celebração do casamento;

Veja arts. 1.523 e 1.524, CC.

II – da pessoa maior de 70 (setenta) anos;

Inciso com redação dada pela Lei n. 12.344, de 09.12.2010.

Veja art. 5º, I, CF.

Veja art. 45, Lei n. 6.515, de 26.12.1977.

III – de todos os que dependerem, para casar, de suprimento judicial.

Veja arts. 1.517, 1.520, 1.634, III, 1.747, I, e 1.781, CC.

Art. 1.642. Qualquer que seja o regime de bens, tanto o marido quanto a mulher podem livremente:

Veja art. 226, § 5º, CF.

Veja arts. 73, 74 e 674, I, CPC.

I – praticar todos os atos de disposição e de administração necessários ao desempenho de sua profissão, com as limitações estabelecidas no inciso I do art. 1.647;

Veja art. 226, § 5º, CF.

II – administrar os bens próprios;

III – desobrigar ou reivindicar os imóveis que tenham sido gravados ou alienados sem o seu consentimento ou sem suprimento judicial;

Veja arts. 1.645 e 1.646, CC.

Veja art. 73, CPC.

IV – demandar a rescisão dos contratos de fiança e doação, ou a invalidação do aval, realizados pelo outro cônjuge com infração do disposto nos incisos III e IV do art. 1.647;

Veja arts. 1.645 e 1.646, CC.

V – reivindicar os bens comuns, móveis ou imóveis, doados ou transferidos pelo outro cônjuge ao concubino, desde que provado que os bens não foram adquiridos pelo esforço comum destes, se o casal estiver separado de fato por mais de cinco anos;

Veja arts. 550 e 1.645, CC.

VI – praticar todos os atos que não lhes forem vedados expressamente.

Veja art. 226, § 5º, CF.

Art. 1.643. Podem os cônjuges, independentemente de autorização um do outro:

Veja arts. 978, 1.567, 1.644, 1.664 e 1.688, CC.

Veja art. 226, § 5º, CF.

I – comprar, ainda a crédito, as coisas necessárias à economia doméstica;

II – obter, por empréstimo, as quantias que a aquisição dessas coisas possa exigir.

Veja art. 226, § 5º, CF.

Art. 1.644. As dívidas contraídas para os fins do artigo antecedente obrigam solidariamente ambos os cônjuges.

Veja arts. 264 a 266 e 275 a 285, CC.

Veja art. 226, § 5º, CF.

Art. 1.645. As ações fundadas nos incisos III, IV e V do art. 1.642 competem ao cônjuge prejudicado e a seus herdeiros.

Veja arts. 1.646 e 1.649, CC.

Veja art. 226, § 5º, CF.

Art. 1.646. No caso dos incisos III e IV do art. 1.642, o terceiro, prejudicado com a sentença favorável ao autor, terá direito regressivo contra o cônjuge, que realizou o negócio jurídico, ou seus herdeiros.

Veja art. 1.645, CC.

Veja art. 226, § 5º, CF.

Veja art. 125, II, CPC.

Art. 1.647. Ressalvado o disposto no art. 1.648, nenhum dos cônjuges pode, sem autorização do outro, exceto no regime da separação absoluta:

Veja arts. 220, 496, 499, 533, II, 1.649, 1.687 a 1.689 e 1.783, CC.

Veja arts. 5º, I, e 226, § 5º, CF.

Veja arts. 73, 74 e 76, § 1º, CPC.

Veja art. 10, Lei n. 14.620, de 13.07.2023.

I – alienar ou gravar de ônus real os bens imóveis;

Veja arts. 108, 978, 1.420, 1.438 e 1.642, I e III, CC.

II – pleitear, como autor ou réu, acerca desses bens ou direitos;

III – prestar fiança ou aval;

Veja arts. 818, 897 a 900 e 1.642, IV, CC.

Veja Súmula n. 332, STJ.

IV – fazer doação, não sendo remuneratória, de bens comuns, ou dos que possam integrar futura meação.

Veja arts. 544, 1.642, IV, e 1.675, CC.

Parágrafo único. São válidas as doações nupciais feitas aos filhos quando casarem ou estabelecerem economia separada.

Veja arts. 5º, I, e 226, § 5º, CF.

Art. 1.648. Cabe ao juiz, nos casos do artigo antecedente, suprir a outorga, quando um dos cônjuges a denegue sem motivo justo, ou lhe seja impossível concedê-la.

Veja arts. 1.567, parágrafo único, 1.570 e 1.647, CC.

Veja art. 226, § 5º, CF.

Veja arts. 74, 719 a 724 e 725, IV e V, CPC.

Veja art. 10, Lei n. 14.620, de 13.07.2023.

Art. 1.649. A falta de autorização, não suprida pelo juiz, quando necessária (art. 1.647), tornará anulável o ato praticado, podendo o outro cônjuge pleitear-lhe a anulação, até dois anos depois de terminada a sociedade conjugal.

Veja art. 1.650, CC.

Veja art. 10, Lei n. 14.620, de 13.07.2023.

Parágrafo único. A aprovação torna válido o ato, desde que feita por instrumento público, ou particular, autenticado.

Veja arts. 215 a 218 e 221, CC.

Veja art. 226, § 5º, CF.

Veja art. 74, CPC.

Art. 1.650. A decretação de invalidade dos atos praticados sem outorga, sem consentimento, ou sem suprimento do juiz, só poderá ser demandada pelo cônjuge a quem cabia concedê-la, ou por seus herdeiros.

Veja art. 1.649, CC.

Veja art. 226, § 5º, CF.

Art. 1.651. Quando um dos cônjuges não puder exercer a administração dos bens que lhe incumbem, segundo o regime de bens, caberá ao outro:

Veja arts. 25, 1.567, 1.570, 1.775 e 1.783, CC.

I – gerir os bens comuns e os do consorte;

II – alienar os bens móveis comuns;

III – alienar os imóveis comuns e os móveis ou imóveis do consorte, mediante autorização judicial.

Art. 1.652. O cônjuge, que estiver na posse dos bens particulares do outro, será para com este e seus herdeiros responsável:

Veja arts. 1.196, 1.651, 1.659, I, II e V a VII, 1.668, I, II, IV e V, e 1.687, CC.

Veja art. 226, § 5º, CF.

I – como usufrutuário, se o rendimento for comum;

Veja arts. 1.400 a 1.409, CC.

II – como procurador, se tiver mandato expresso ou tácito para os administrar;

Veja arts. 656, 663, 665 e 667 a 674, CC.

III – como depositário, se não for usufrutuário, nem administrador.

Veja arts. 647 a 652, CC.

CAPÍTULO II
DO PACTO ANTENUPCIAL

Art. 1.653. É nulo o pacto antenupcial se não for feito por escritura pública, e ineficaz se não lhe seguir o casamento.

Veja arts. 109, 166, IV, V e VII, 185, 215, 1.537, 1.639 e 1.657, CC.

Art. 1.654. A eficácia do pacto antenupcial, realizado por menor, fica condicionada à aprovação de seu representante legal, salvo as hipóteses de regime obrigatório de separação de bens.

Veja arts. 1.517 a 1.520 e 1.641, CC.

Art. 1.655. É nula a convenção ou cláusula dela que contravenha disposição absoluta de lei.

Art. 1.656. No pacto antenupcial, que adotar o regime de participação final nos aquestos, poder-se-á convencionar a livre disposição dos bens imóveis, desde que particulares.

Veja arts. 1.639 e 1.672 a 1.686, CC.

Art. 1.657. As convenções antenupciais não terão efeito perante terceiros senão depois de registradas, em livro especial, pelo oficial do Registro de Imóveis do domicílio dos cônjuges.

Veja arts. 979 e 1.569, CC.

CAPÍTULO III
DO REGIME DE COMUNHÃO PARCIAL

Art. 1.658. No regime de comunhão parcial, comunicam-se os bens que sobrevierem ao casal, na constância do casamento, com as exceções dos artigos seguintes.

Veja arts. 1.640 e 1.725, CC.

Art. 1.659. Excluem-se da comunhão:

Veja art. 226, § 5º, CF.

I – os bens que cada cônjuge possuir ao casar, e os que lhe sobrevierem, na constância do casamento, por doação ou sucessão, e os sub-rogados em seu lugar;

Veja arts. 538 a 546, 1.951, 1.952 e 1.960, CC.

II – os bens adquiridos com valores exclusivamente pertencentes a um dos cônjuges em sub-rogação dos bens particulares;

Veja art. 1.661, CC.

III – as obrigações anteriores ao casamento;

Veja arts. 1.661 e 1.668, III, CC.

IV – as obrigações provenientes de atos ilícitos, salvo reversão em proveito do casal;

Veja arts. 389 a 391 e 942, parágrafo único, CC.

V – os bens de uso pessoal, os livros e instrumentos de profissão;

Veja art. 1.668, V, CC.

VI – os proventos do trabalho pessoal de cada cônjuge;

Veja art. 1.668, V, CC.

VII – as pensões, meios-soldos, montepios e outras rendas semelhantes.

Veja art. 1.668, V, CC.

Art. 1.660. Entram na comunhão:

I – os bens adquiridos na constância do casamento por título oneroso, ainda que só em nome de um dos cônjuges;

II – os bens adquiridos por fato eventual, com ou sem o concurso de trabalho ou despesa anterior;

Veja arts. 1.250 e 1.264 a 1.266, CC.

III – os bens adquiridos por doação, herança ou legado, em favor de ambos os cônjuges;

Veja arts. 546 e 551, CC.

IV – as benfeitorias em bens particulares de cada cônjuge;

Veja arts. 96 e 97, CC.

V – os frutos dos bens comuns, ou dos particulares de cada cônjuge, percebidos na constância do casamento, ou pendentes ao tempo de cessar a comunhão.

Veja art. 1.669, CC.

Art. 1.661. São incomunicáveis os bens cuja aquisição tiver por título uma causa anterior ao casamento.

Veja art. 1.659, II e III, CC.

Art. 1.662. No regime da comunhão parcial, presumem-se adquiridos na constância do casamento os bens móveis, quando não se provar que o foram em data anterior.

Veja arts. 82 a 84, CC.

Art. 1.663. A administração do patrimônio comum compete a qualquer dos cônjuges.

Veja arts. 1.567 e 1.568, CC.

Veja art. 226, § 5º, CF.

§ 1º As dívidas contraídas no exercício da administração obrigam os bens comuns e particulares do cônjuge que os administra, e os do outro na razão do proveito que houver auferido.

Veja arts. 1.642, II, 1.665 e 1.666, CC.

§ 2º A anuência de ambos os cônjuges é necessária para os atos, a título gratuito, que impliquem cessão do uso ou gozo dos bens comuns.

Veja art. 1.647, I, II, IV e parágrafo único, CC.

§ 3º Em caso de malversação dos bens, o juiz poderá atribuir a administração a apenas um dos cônjuges.

Art. 1.664. Os bens da comunhão respondem pelas obrigações contraídas pelo marido ou pela mulher para atender aos encargos da família, às despesas de administração e às decorrentes de imposição legal.

Veja arts. 1.643 e 1.644, CC.

Veja art. 226, § 5º, CF.

Art. 1.665. A administração e a disposição dos bens constitutivos do patrimônio particular competem ao cônjuge proprietário, salvo convenção diversa em pacto antenupcial.

Veja arts. 1.639, 1.642, II, e 1.663, CC.

Art. 1.666. As dívidas, contraídas por qualquer dos cônjuges na administração de seus bens particulares e em benefício destes, não obrigam os bens comuns.

Veja arts. 1.642, II, 1.663 e 1.677, CC.

Veja art. 226, § 5º, CF.

CAPÍTULO IV
DO REGIME DE COMUNHÃO UNIVERSAL

Art. 1.667. O regime de comunhão universal importa a comunicação de todos os bens presentes e futuros dos cônjuges e suas dívidas passivas, com as exceções do artigo seguinte.

Veja arts. 977, 978 e 1.783, CC.

Art. 1.668. São excluídos da comunhão:

Veja arts. 1.652 e 1.669, CC.

I – os bens doados ou herdados com a cláusula de incomunicabilidade e os sub-rogados em seu lugar;

Veja art. 538, CC.

II – os bens gravados de fideicomisso e o direito do herdeiro fideicomissário, antes de realizada a condição suspensiva;

Veja arts. 125, 126, 130 e 1.951 a 1.960, CC.

III – as dívidas anteriores ao casamento, salvo se provierem de despesas com seus aprestos, ou reverterem em proveito comum;

Veja art. 1.659, III, CC.

IV – as doações antenupciais feitas por um dos cônjuges ao outro com a cláusula de incomunicabilidade;

Veja art. 538, CC.

V – os bens referidos nos incisos V a VII do art. 1.659.

Art. 1.669. A incomunicabilidade dos bens enumerados no artigo antecedente não se estende aos frutos, quando se percebam ou vençam durante o casamento.

Art. 1.670. Aplica-se ao regime da comunhão universal o disposto no Capítulo antecedente, quanto à administração dos bens.

Veja arts. 1.567, 1.568 e 1.663 a 1.666, CC.

Veja art. 226, § 5º, CF.

Art. 1.671. Extinta a comunhão, e efetuada a divisão do ativo e do passivo, cessará a responsabilidade de cada um dos cônjuges para com os credores do outro.

Veja art. 1.571, CC.

CAPÍTULO V
DO REGIME DE PARTICIPAÇÃO FINAL NOS AQUESTOS

Art. 1.672. No regime de participação final nos aquestos, cada cônjuge possui patrimônio próprio, consoante disposto no artigo seguinte, e lhe cabe, à época da dissolução da sociedade conjugal, direito à metade dos bens adquiridos pelo casal, a título oneroso, na constância do casamento.

Veja arts. 977, 978, 1.571 e 1.656, CC.

Art. 1.673. Integram o patrimônio próprio os bens que cada cônjuge possuía ao casar e os por ele adquiridos, a qualquer título, na constância do casamento.

Veja arts. 1.647, 1.656, 1.672 e 1.676, CC.

Parágrafo único. A administração desses bens é exclusiva de cada cônjuge, que os poderá livremente alienar, se forem móveis.

Art. 1.674. Sobrevindo a dissolução da sociedade conjugal, apurar-se-á o montante dos aquestos, excluindo-se da soma dos patrimônios próprios:

Veja arts. 1.571 e 1.683, CC.

I – os bens anteriores ao casamento e os que em seu lugar se sub-rogaram;

II – os que sobrevieram a cada cônjuge por sucessão ou liberalidade;

Veja art. 1.659, I, CC.

III – as dívidas relativas a esses bens.

Parágrafo único. Salvo prova em contrário, presumem-se adquiridos durante o casamento os bens móveis.

Veja art. 1.680, CC.

Art. 1.675. Ao determinar-se o montante dos aquestos, computar-se-á o valor das doações feitas por um dos cônjuges, sem a necessária autorização do outro; nesse caso, o bem poderá ser reivindicado pelo cônjuge prejudicado ou por seus herdeiros, ou declarado no monte partilhável, por valor equivalente ao da época da dissolução.

Veja arts. 1.642, IV e V, 1.647, IV, 1.649, parágrafo único, e 1.656, CC.

Art. 1.676. Incorpora-se ao monte o valor dos bens alienados em detrimento da meação, se não houver preferência do cônjuge lesado, ou de seus herdeiros, de os reivindicar.

Veja art. 1.673, CC.

Art. 1.677. Pelas dívidas posteriores ao casamento, contraídas por um dos cônjuges, somente este responderá, salvo prova de terem revertido, parcial ou totalmente, em benefício do outro.

Veja arts. 1.663, § 1º, e 1.666, CC.

Art. 1.678. Se um dos cônjuges solveu uma dívida do outro com bens do seu patrimônio, o valor do pagamento deve ser atualizado e imputado, na data da dissolução, à meação do outro cônjuge.

Veja art. 346, III, CC.

Art. 1.679. No caso de bens adquiridos pelo trabalho conjunto, terá cada um dos cônjuges uma quota igual no condomínio ou no crédito por aquele modo estabelecido.

Veja art. 1.315, parágrafo único, CC.

Art. 1.680. As coisas móveis, em face de terceiros, presumem-se do domínio do cônjuge devedor, salvo se o bem for de uso pessoal do outro.

Veja arts. 82 a 84 e 1.674, parágrafo único, CC.

Art. 1.681. Os bens imóveis são de propriedade do cônjuge cujo nome constar no registro.

Parágrafo único. Impugnada a titularidade, caberá ao cônjuge proprietário provar a aquisição regular dos bens.

Art. 1.682. O direito à meação não é renunciável, cessível ou penhorável na vigência do regime matrimonial.

Art. 1.683. Na dissolução do regime de bens por separação judicial ou por divórcio, verificar-se-á o montante dos aquestos à data em que cessou a convivência.

Veja arts. 1.571, III e IV, e 1.674, CC.

Art. 1.684. Se não for possível nem conveniente a divisão de todos os bens em natureza, calcular-se-á o valor de alguns ou de todos para reposição em dinheiro ao cônjuge não proprietário.

Veja arts. 87 e 88, CC.

Parágrafo único. Não se podendo realizar a reposição em dinheiro, serão avaliados e, mediante autorização judicial, alienados tantos bens quantos bastarem.

Art. 1.685. Na dissolução da sociedade conjugal por morte, verificar-se-á a meação do cônjuge sobrevivente de conformidade com os artigos antecedentes, deferindo-se a herança aos herdeiros na forma estabelecida neste Código.

Veja arts. 1.571, I, e 1.784, CC.

Art. 1.686. As dívidas de um dos cônjuges, quando superiores à sua meação, não obrigam ao outro, ou a seus herdeiros.

Veja art. 1.792, CC.

CAPÍTULO VI
DO REGIME DE SEPARAÇÃO DE BENS

Art. 1.687. Estipulada a separação de bens, estes permanecerão sob a administração exclusiva de cada um dos cônjuges, que os poderá livremente alienar ou gravar de ônus real.

Veja arts. 977, 978, 1.639, 1.641, 1.642, 1.651, 1.652, 1.831 e 1.838, CC.

Art. 1.688. Ambos os cônjuges são obrigados a contribuir para as despesas do casal na proporção dos rendimentos de seu trabalho e de seus bens, salvo estipulação em contrário no pacto antenupcial.

Veja arts. 1.565, 1.567, 1.568, 1.641 e 1.653 a 1.655, CC.

Veja art. 226, § 5º, CF.

Veja art. 2º, Lei n. 4.121, de 27.08.1962.

SUBTÍTULO II
DO USUFRUTO E DA ADMINISTRAÇÃO DOS BENS DE FILHOS MENORES

Art. 1.689. O pai e a mãe, enquanto no exercício do poder familiar:

Veja arts. 3º, I, 4º, I, 1.631 e 1.693, CC.

I – são usufrutuários dos bens dos filhos;

Veja arts. 1.390 a 1.411, CC.

II – têm a administração dos bens dos filhos menores sob sua autoridade.

Veja art. 1.691, CC.

Art. 1.690. Compete aos pais, e na falta de um deles ao outro, com exclusividade, representar os filhos menores de dezesseis anos, bem como assisti-los até completarem a maioridade ou serem emancipados.

Veja arts. 3º, I, 4º, I, 5º, 115 a 120, 1.555, 1.612, 1.632, 1.634 e 1.729, CC.
Veja arts. 226, § 5º, e 229, CF.
Veja art. 71, CPC.

Parágrafo único. Os pais devem decidir em comum as questões relativas aos filhos e a seus bens; havendo divergência, poderá qualquer deles recorrer ao juiz para a solução necessária.

Veja art. 1.631, CC.

Art. 1.691. Não podem os pais alienar, ou gravar de ônus real os imóveis dos filhos, nem contrair, em nome deles, obrigações que ultrapassem os limites da simples administração, salvo por necessidade ou evidente interesse da prole, mediante prévia autorização do juiz.

Veja arts. 1.637 e 1.689, II, CC.

Parágrafo único. Podem pleitear a declaração de nulidade dos atos previstos neste artigo:

I – os filhos;

II – os herdeiros;

III – o representante legal.

Art. 1.692. Sempre que no exercício do poder familiar colidir o interesse dos pais com o do filho, a requerimento deste ou do Ministério Público o juiz lhe dará curador especial.

Veja arts. 142, parágrafo único, e 148, parágrafo único, *f*, ECA.

Art. 1.693. Excluem-se do usufruto e da administração dos pais:

Veja art. 1.689, CC.

I – os bens adquiridos pelo filho havido fora do casamento, antes do reconhecimento;

Veja arts. 1.607 a 1.617, CC.
Veja art. 227, § 6º, CF.

II – os valores auferidos pelo filho maior de dezesseis anos, no exercício de atividade profissional e os bens com tais recursos adquiridos;

Veja arts. 4º, I, e 589, III, CC.

III – os bens deixados ou doados ao filho, sob a condição de não serem usufruídos, ou administrados, pelos pais;

Veja arts. 1.733, § 2º, 1.816, parágrafo único, e 1.848, CC.

IV – os bens que aos filhos couberem na herança, quando os pais forem excluídos da sucessão.

Veja arts. 1.733, § 2º, 1.814, 1.816 e 1.961 a 1.965, CC.

SUBTÍTULO III
DOS ALIMENTOS

Art. 1.694. Podem os parentes, os cônjuges ou companheiros pedir uns aos outros os alimentos de que necessitem para viver de modo compatível com a sua condição social, inclusive para atender às necessidades de sua educação.

Veja arts. 206, § 2º, 373, II, 557, IV, 871, 948, II, 1.590, 1.697, 1.700 a 1.702 e 1.740, I, CC.
Veja arts. 5º, LXVII, 100, § 1º-A, 227 e 229, CF.
Veja arts. 53, II, 189, II, 215, II, 292, VI, 833, II, 834 e 911 a 913, CPC.
Veja art. 1º, Lei n. 8.971, de 29.12.1994.

§ 1º Os alimentos devem ser fixados na proporção das necessidades do reclamante e dos recursos da pessoa obrigada.

Veja arts. 1.698 e 1.699, CC.

§ 2º Os alimentos serão apenas os indispensáveis à subsistência, quando a situação de necessidade resultar de culpa de quem os pleiteia.

Veja art. 1.702, CC.

Art. 1.695. São devidos os alimentos quando quem os pretende não tem bens suficientes, nem pode prover, pelo seu trabalho, à própria mantença, e aquele, de quem se reclamam, pode fornecê-los, sem desfalque do necessário ao seu sustento.

Veja arts. 1.698 e 1.699, CC.
Veja art. 229, CF.

Art. 1.696. O direito à prestação de alimentos é recíproco entre pais e filhos, e extensivo a todos os ascendentes, recaindo a obrigação nos mais próximos em grau, uns em falta de outros.

Veja arts. 871 e 1.698, CC.
Veja art. 229, CF.
Veja Súmula n. 596, STJ.

Art. 1.697. Na falta dos ascendentes cabe a obrigação aos descendentes, guardada a ordem de sucessão e, faltando estes, aos irmãos, assim germanos como unilaterais.

Veja arts. 871 e 1.829, CC.

Art. 1.698. Se o parente, que deve alimentos em primeiro lugar, não estiver em condições de suportar totalmente o encargo, serão chamados a concorrer os de grau imediato; sendo várias as pessoas obrigadas a prestar alimentos, todas devem concorrer na proporção dos respectivos recursos, e, intentada ação contra uma delas, poderão as demais ser chamadas a integrar a lide.

Veja art. 1.694, § 1º, CC.
Veja Súmula n. 596, STJ.

Art. 1.699. Se, fixados os alimentos, sobrevier mudança na situação financeira de quem os supre, ou na de quem os recebe, poderá o interessado reclamar ao juiz, conforme as circunstâncias, exoneração, redução ou majoração do encargo.

Veja art. 1.694, § 1º, CC.
Veja art. 505, I, CPC.

Art. 1.700. A obrigação de prestar alimentos transmite-se aos herdeiros do devedor, na forma do art. 1.694.

Veja arts. 943, 1.845 e 1.997, CC.
Veja art. 23, Lei n. 6.515, de 26.12.1977.

Art. 1.701. A pessoa obrigada a suprir alimentos poderá pensionar o alimentando, ou dar-lhe hospedagem e sustento, sem prejuízo do dever de prestar o necessário à sua educação, quando menor.

Veja arts. 1.635, II, e 1.920, CC.
Veja arts. 911 a 913, CPC.
Veja art. 25, Lei n. 5.478, de 25.07.1968.

Parágrafo único. Compete ao juiz, se as circunstâncias o exigirem, fixar a forma do cumprimento da prestação.

Veja art. 1.928, parágrafo único, CC.
Veja arts. 911 a 913, CPC.

Art. 1.702. Na separação judicial litigiosa, sendo um dos cônjuges inocente e desprovido de recursos, prestar-lhe-á o outro a pensão alimentícia que o juiz fixar, obedecidos os critérios estabelecidos no art. 1.694.

Veja art. 1.572, CC.
Veja art. 19, Lei n. 6.515, de 26.12.1977.

Art. 1.703. Para a manutenção dos filhos, os cônjuges separados judicialmente contribuirão na proporção de seus recursos.

Veja art. 1.579, CC.
Veja art. 20, Lei n. 6.515, de 26.12.1977.

Art. 1.704. Se um dos cônjuges separados judicialmente vier a necessitar de alimentos, será o outro obrigado a prestá-los mediante pensão a ser fixada pelo juiz, caso não tenha sido declarado culpado na ação de separação judicial.

Veja art. 1.572, CC.
Veja art. 19, Lei n. 6.515, de 26.12.1977.

Parágrafo único. Se o cônjuge declarado culpado vier a necessitar de alimentos, e não tiver parentes em condições de prestá-los, nem aptidão para o trabalho, o outro cônjuge será obrigado a assegurá-los, fixando o juiz o valor indispensável à sobrevivência.

Veja art. 1.694, § 2º, CC.

Art. 1.705. Para obter alimentos, o filho havido fora do casamento pode acionar o genitor, sendo facultado ao juiz determinar, a pedido de qualquer das partes, que a ação se processe em segredo de justiça.

Veja art. 227, § 6º, CF.
Veja arts. 189, II, 215, II, e 292, VI, CPC.
Veja art. 4º, Lei n. 883, de 21.10.1949.
Veja art. 7º, Lei n. 8.560, de 29.12.1992.

Art. 1.706. Os alimentos provisionais serão fixados pelo juiz, nos termos da lei processual.

Veja art. 226, § 5º, CF.
Veja art. 7º, Lei n. 8.560, de 29.12.1992.

Art. 1.707. Pode o credor não exercer, porém lhe é vedado renunciar o direito a alimentos, sendo o respectivo crédito insuscetível de cessão, compensação ou penhora.

Veja art. 206, § 2º, CC.
Veja art. 833, II, CPC.

Art. 1.708. Com o casamento, a união estável ou o concubinato do credor, cessa o dever de prestar alimentos.

Veja arts. 1.533, 1.723 e 1.727, CC.

Parágrafo único. Com relação ao credor cessa, também, o direito a alimentos, se tiver procedimento indigno em relação ao devedor.

Art. 1.709. O novo casamento do cônjuge devedor não extingue a obrigação constante da sentença de divórcio.

Art. 1.710. As prestações alimentícias, de qualquer natureza, serão atualizadas segundo índice oficial regularmente estabelecido.

SUBTÍTULO IV
DO BEM DE FAMÍLIA

Veja arts. 19 a 23, DL n. 3.200, de 19.04.1941.
Veja Lei n. 8.009, de 29.03.1990.
Veja Súmulas ns. 205 e 449, STJ.

Art. 1.711. Podem os cônjuges, ou a entidade familiar, mediante escritura pública ou testamento, destinar parte de seu patrimônio para instituir bem de família, desde que não ultrapasse um terço do patrimônio líquido existente ao tempo da instituição, mantidas as regras sobre a impenhorabilidade do imóvel residencial estabelecida em lei especial.

Veja arts. 215 e 1.857, CC.
Veja art. 226, §§ 1º a 4º, CF.
Veja art. 833, I, CPC.

Parágrafo único. O terceiro poderá igualmente instituir bem de família por testamento ou doação, dependendo a eficácia do ato da aceitação expressa de ambos os cônjuges beneficiados ou da entidade familiar beneficiada.

Veja art. 538, CC.
Veja art. 5º, parágrafo único, Lei n. 8.009, de 29.03.1990.

Art. 1.712. O bem de família consistirá em prédio residencial urbano ou rural, com suas pertenças e acessórios, destinando-se em ambos os casos a domicílio familiar, e poderá abranger valores mobiliários, cuja renda será aplicada na conservação do imóvel e no sustento da família.

Veja arts. 92, 93, 1.713 e 1.717, CC.
Veja art. 4º, § 2º, Lei n. 8.009, de 29.03.1990.

Art. 1.713. Os valores mobiliários, destinados aos fins previstos no artigo antecedente, não poderão exceder o valor do prédio instituído em bem de família, à época de sua instituição.

§ 1º Deverão os valores mobiliários ser devidamente individualizados no instrumento de instituição do bem de família.

§ 2º Se se tratar de títulos nominativos, a sua instituição como bem de família deverá constar dos respectivos livros de registro.

Veja arts. 921 a 926, CC.

§ 3º O instituidor poderá determinar que a administração dos valores mobiliários seja confiada a instituição financeira, bem como disciplinar a forma de pagamento da respectiva renda aos beneficiários, caso em que a responsabilidade dos administradores obedecerá às regras do contrato de depósito.

Veja arts. 627 a 652 e 1.718, CC.

Art. 1.714. O bem de família, quer instituído pelos cônjuges ou por terceiro, constitui-se pelo registro de seu título no Registro de Imóveis.

Veja art. 1.711, CC.

Art. 1.715. O bem de família é isento de execução por dívidas posteriores à sua instituição, salvo as que provierem de tributos relativos ao prédio, ou de despesas de condomínio.

Veja art. 1.336, I e § 1º, CC.
Veja art. 833, I, CPC.
Veja art. 5º, parágrafo único, Lei n. 8.009, de 29.03.1990.

Parágrafo único. No caso de execução pelas dívidas referidas neste artigo, o saldo existente será aplicado em outro prédio, como bem de família, ou em títulos da dívida pública, para sustento familiar, salvo se motivos relevantes aconselharem outra solução, a critério do juiz.

Art. 1.716. A isenção de que trata o artigo antecedente durará enquanto viver um dos cônjuges, ou, na falta destes, até que os filhos completem a maioridade.

Veja art. 1.722, CC.
Veja art. 833, I, CPC.
Veja art. 5º, parágrafo único, Lei n. 8.009, de 29.03.1990.

Art. 1.717. O prédio e os valores mobiliários, constituídos como bem da família, não podem ter destino diverso do previsto no art. 1.712 ou serem alienados sem o consentimento dos interessados e seus representantes legais, ouvido o Ministério Público.

Veja art. 1.420, CC.

Art. 1.718. Qualquer forma de liquidação da entidade administradora, a que se refere o § 3º do art. 1.713, não atingirá os valores a ela confiados, ordenando o juiz a sua transferência para outra instituição semelhante, obedecendo-se, no caso de falência, ao disposto sobre pedido de restituição.

Veja arts. 627 a 646, CC.

Art. 1.719. Comprovada a impossibilidade da manutenção do bem de família nas condições em que foi instituído, poderá o juiz, a requerimento dos interessados, extingui-lo ou autorizar a sub-rogação dos bens que o constituem em outros, ouvidos o instituidor e o Ministério Público.

Veja art. 1.712, CC.

Art. 1.720. Salvo disposição em contrário do ato de instituição, a administração do bem de família compete a ambos os cônjuges, resolvendo o juiz em caso de divergência.

Veja art. 1.567, CC.

Parágrafo único. Com o falecimento de ambos os cônjuges, a administração passará ao filho mais velho, se for maior, e, do contrário, a seu tutor.

Veja arts. 1.728, I, e 1.741, CC.

Veja art. 229, CF.

Art. 1.721. A dissolução da sociedade conjugal não extingue o bem de família.

Veja art. 1.571, CC.

Parágrafo único. Dissolvida a sociedade conjugal pela morte de um dos cônjuges, o sobrevivente poderá pedir a extinção do bem de família, se for o único bem do casal.

Veja arts. 1.571, I, e 1.716, CC.

Art. 1.722. Extingue-se, igualmente, o bem de família com a morte de ambos os cônjuges e a maioridade dos filhos, desde que não sujeitos a curatela.

Veja arts. 1.716 e 1.767, CC.

TÍTULO III
DA UNIÃO ESTÁVEL

Veja Lei n. 8.971, de 29.12.1994.

Veja Lei n. 9.278, de 10.05.1996.

Art. 1.723. É reconhecida como entidade familiar a união estável entre o homem e a mulher, configurada na convivência pública, contínua e duradoura e estabelecida com o objetivo de constituição de família.

Veja ADIn n. 4.277 e ADPF n. 132.

Veja arts. 793 e 1.790, CC.

Veja art. 226, § 3º, CF.

Veja art. 1º, Lei n. 9.278, de 10.05.1996.

§ 1º A união estável não se constituirá se ocorrerem os impedimentos do art. 1.521; não se aplicando a incidência do inciso VI no caso de a pessoa casada se achar separada de fato ou judicialmente.

Veja art. 1.727, CC.

§ 2º As causas suspensivas do art. 1.523 não impedirão a caracterização da união estável.

Art. 1.724. As relações pessoais entre os companheiros obedecerão aos deveres de lealdade, respeito e assistência, e de guarda, sustento e educação dos filhos.

Veja arts. 1.562, 1.566, I e III a V, 1.572 e 1.573, CC.

Veja arts. 226, § 3º, e 229, CF.

Veja art. 2º, Lei n. 9.278, de 10.05.1996.

Art. 1.725. Na união estável, salvo contrato escrito entre os companheiros, aplica-se às relações patrimoniais, no que couber, o regime da comunhão parcial de bens.

Veja arts. 1.658 a 1.666, CC.

Veja art. 5º, Lei n. 9.278, de 10.05.1996.

Art. 1.726. A união estável poderá converter-se em casamento, mediante pedido dos companheiros ao juiz e assento no Registro Civil.

Veja art. 1.526, CC.

Veja art. 226, § 3º, CF.

Veja art. 8º, Lei n. 9.278, de 10.05.1996.

Veja Res. n. 175, de 14.05.2013, CNJ.

Art. 1.727. As relações não eventuais entre o homem e a mulher, impedidos de casar, constituem concubinato.

Veja arts. 550, 1.521, 1.723, § 1º, e 1.801, III, CC.

TÍTULO IV
DA TUTELA, DA CURATELA E DA TOMADA DE DECISÃO APOIADA

Título com denominação dada pela Lei n. 13.146, de 06.07.2015.

CAPÍTULO I
DA TUTELA

Seção I
Dos Tutores

Art. 1.728. Os filhos menores são postos em tutela:

Veja arts. 3º, I, 4º, I, 5º, parágrafo único, e 197, III, CC.

Veja arts. 759 a 763, CPC.

Veja art. 168, § 1º, II, CP.

I – com o falecimento dos pais, ou sendo estes julgados ausentes;

Veja arts. 22, 23, 1.635, I, e 1.720, parágrafo único, CC.

II – em caso de os pais decaírem do poder familiar.

Veja arts. 1.637 e 1.638, CC.

Veja arts. 759 a 763, CPC.

Art. 1.729. O direito de nomear tutor compete aos pais, em conjunto.

Veja art. 1.730, CC.

Veja arts. 5º, I, e 226, § 5º, CF.

Veja art. 37, *caput*, ECA.

Parágrafo único. A nomeação deve constar de testamento ou de qualquer outro documento autêntico.

Veja arts. 212, II, 1.634, VI, e 1.857 a 1.859, CC.

Art. 1.730. É nula a nomeação de tutor pelo pai ou pela mãe que, ao tempo de sua morte, não tinha o poder familiar.

Veja arts. 1.635, 1.638 e 1.729, parágrafo único, CC.

Veja arts. 5º, I, e 226, § 5º, CF.

Art. 1.731. Em falta de tutor nomeado pelos pais incumbe a tutela aos parentes consanguíneos do menor, por esta ordem:

Veja arts. 1.735 a 1.739, CC.

Veja art. 5º, I, CF.

I – aos ascendentes, preferindo o de grau mais próximo ao mais remoto;

Veja arts. 1.591 e 1.594, CC.

II – aos colaterais até o terceiro grau, preferindo os mais próximos aos mais remotos, e, no mesmo grau, os mais velhos aos mais moços; em qualquer dos casos, o juiz escolherá entre eles o mais apto a exercer a tutela em benefício do menor.

Veja arts. 1.592 e 1.594, CC.

Art. 1.732. O juiz nomeará tutor idôneo e residente no domicílio do menor:

Veja arts. 759 a 763, CPC.

I – na falta de tutor testamentário ou legítimo;

Veja arts. 1.729, parágrafo único, e 1.731, CC.

II – quando estes forem excluídos ou escusados da tutela;

Veja arts. 1.736 a 1.739, 1.764, II, e 1.766, CC.

III – quando removidos por não idôneos o tutor legítimo e o testamentário.

Veja arts. 1.729, parágrafo único, 1.735, III a V, 1.764, III, e 1.766, CC.

Veja arts. 761, 762 e 763, § 1º, CPC.

Art. 1.733. Aos irmãos órfãos dar-se-á um só tutor.

§ 1º No caso de ser nomeado mais de um tutor por disposição testamentária sem indicação de precedência, entende-se que a tutela foi cometida ao primeiro, e que os outros lhe sucederão pela ordem de nomeação, se ocorrer morte, incapacidade, escusa ou qualquer outro impedimento.

Veja arts. 1.735 a 1.737, CC.

§ 2º Quem institui um menor herdeiro, ou legatário seu, poderá nomear-lhe curador especial para os bens deixados, ainda que o beneficiário se encontre sob o poder familiar, ou tutela.

Veja art. 1.897, CC.

Art. 1.734. As crianças e os adolescentes cujos pais forem desconhecidos, falecidos ou que tiverem sido suspensos ou destituídos do poder familiar terão tutores nomeados pelo Juiz ou serão incluídos em programa de colocação familiar, na forma prevista pela Lei n. 8.069, de 13 de julho de 1990 – Estatuto da Criança e do Adolescente.

Artigo com redação dada pela Lei n. 12.010, de 03.08.2009.

Veja art. 1.752, CC.

Seção II
Dos Incapazes de Exercer a Tutela

Art. 1.735. Não podem ser tutores e serão exonerados da tutela, caso a exerçam:

Veja arts. 1.732, 1.764, III, e 1.766, CC.

Veja arts. 759 a 763, CPC.

I – aqueles que não tiverem a livre administração de seus bens;

Veja arts. 3º, 4º e 1.767, CC.

II – aqueles que, no momento de lhes ser deferida a tutela, se acharem constituídos em obrigação para com o menor, ou tiverem que fazer valer direitos contra este, e aqueles cujos pais, filhos ou cônjuges tiverem demanda contra o menor;

Veja art. 1.751, CC.

III – os inimigos do menor, ou de seus pais, ou que tiverem sido por estes expressamente excluídos da tutela;

IV – os condenados por crime de furto, roubo, estelionato, falsidade, contra a família ou os costumes, tenham ou não cumprido pena;

V – as pessoas de mau procedimento, ou falhas em probidade, e as culpadas de abuso em tutorias anteriores;

VI – aqueles que exercerem função pública incompatível com a boa administração da tutela.

Veja arts. 759 a 763, CPC.

Seção III
Da Escusa dos Tutores

Art. 1.736. Podem escusar-se da tutela:

I – mulheres casadas;

Veja art. 5º, I, CF.

II – maiores de sessenta anos;

III – aqueles que tiverem sob sua autoridade mais de três filhos;

IV – os impossibilitados por enfermidade;

V – aqueles que habitarem longe do lugar onde se haja de exercer a tutela;

VI – aqueles que já exercerem tutela ou curatela;

VII – militares em serviço.

Art. 1.737. Quem não for parente do menor não poderá ser obrigado a aceitar a tutela, se houver no lugar parente idôneo, consanguíneo ou afim, em condições de exercê-la.

Veja arts. 1.591 a 1.595 e 1.764, II, CC.

Art. 1.738. A escusa apresentar-se-á nos dez dias subsequentes à designação, sob pena de entender-se renunciado o direito de alegá-la; se o motivo escusatório ocorrer depois de aceita a tutela, os dez dias contar-se-ão do em que ele sobrevier.

Veja art. 760, CPC, que estabelece prazo de 5 (cinco) dias para a escusa.

Veja art. 1.764, II, CC.

Veja art. 224, CPC.

Art. 1.739. Se o juiz não admitir a escusa, exercerá o nomeado a tutela, enquanto o recurso interposto não tiver provimento, e responderá desde logo pelas perdas e danos que o menor venha a sofrer.

Veja arts. 402 a 405, CC.

Veja art. 760, § 2º, CPC.

Seção IV
Do Exercício da Tutela

Art. 1.740. Incumbe ao tutor, quanto à pessoa do menor:

Veja arts. 116, 932, II, e 1.634, CC.

I – dirigir-lhe a educação, defendê-lo e prestar-lhe alimentos, conforme os seus haveres e condição;

Veja art. 1.695, CC.

II – reclamar do juiz que providencie, como houver por bem, quando o menor haja mister correção;

III – adimplir os demais deveres que normalmente cabem aos pais, ouvida a opinião do menor, se este já contar doze anos de idade.

Art. 1.741. Incumbe ao tutor, sob a inspeção do juiz, administrar os bens do tutelado, em proveito deste, cumprindo seus deveres com zelo e boa-fé.

Veja arts. 1.742, 1.745, 1.746, 1.752 e 1.756, CC.

Veja arts. 133 e 136, CP.

Art. 1.742. Para fiscalização dos atos do tutor, pode o juiz nomear um protutor.

Veja art. 1.752, CC.

Art. 1.743. Se os bens e interesses administrativos exigirem conhecimentos técnicos, forem complexos, ou realizados em lugares distantes do domicílio do tutor, poderá este, mediante aprovação judicial, delegar a outras pessoas físicas ou jurídicas o exercício parcial da tutela.

Veja arts. 40 a 44, CC.

Art. 1.744. A responsabilidade do juiz será:

Veja art. 143, II, CPC.

Veja arts. 133 e 136, CP.

I – direta e pessoal, quando não tiver nomeado o tutor, ou não o houver feito oportunamente;

II – subsidiária, quando não tiver exigido garantia legal do tutor, nem o removido, tanto que se tornou suspeito.

Veja art. 1.745, parágrafo único, CC.

Art. 1.745. Os bens do menor serão entregues ao tutor mediante termo especificado deles e seus valores, ainda que os pais o tenham dispensado.

Veja art. 759, §§ 1º e 2º, CPC.

Parágrafo único. Se o patrimônio do menor for de valor considerável, poderá o juiz condicionar o exercício da tutela à prestação de caução bastante, podendo dispensá-la se o tutor for de reconhecida idoneidade.

Veja arts. 1.744 e 2.040, CC.

Art. 1.746. Se o menor possuir bens, será sustentado e educado a expensas deles, arbitrando o juiz para tal fim as quantias que lhe pareçam necessárias, considerado o rendimento da fortuna do pupilo quando o pai ou a mãe não as houver fixado.

Veja arts. 1.695, 1.740, I, 1.743 e 1.753, CC.

Art. 1.747. Compete mais ao tutor:

I – representar o menor, até os dezesseis anos, nos atos da vida civil, e assisti-lo, após essa idade, nos atos em que for parte;

Veja arts. 3º, 4º, I, 115 a 120 e 1.634, VII, CC.

II – receber as rendas e pensões do menor, e as quantias a ele devidas;

Veja art. 1.753, §§ 1º e 2º, CC.

III – fazer-lhe as despesas de subsistência e educação, bem como as de administração, conservação e melhoramentos de seus bens;

Veja art. 1.754, I e II, CC.

IV – alienar os bens do menor destinados a venda;

V – promover-lhe, mediante preço conveniente, o arrendamento de bens de raiz.

Art. 1.748. Compete também ao tutor, com autorização do juiz:

I – pagar as dívidas do menor;

II – aceitar por ele heranças, legados ou doações, ainda que com encargos;

Veja art. 539, CC.

III – transigir;

IV – vender-lhe os bens móveis, cuja conservação não convier, e os imóveis nos casos em que for permitido;

Veja art. 1.750, CC.

V – propor em juízo as ações, ou nelas assistir o menor, e promover todas as diligências a bem deste, assim como defendê-lo nos pleitos contra ele movidos.

Parágrafo único. No caso de falta de autorização, a eficácia de ato do tutor depende da aprovação ulterior do juiz.

Art. 1.749. Ainda com a autorização judicial, não pode o tutor, sob pena de nulidade:

Veja art. 1.523, IV, CC.

I – adquirir por si, ou por interposta pessoa, mediante contrato particular, bens móveis ou imóveis pertencentes ao menor;

Veja arts. 79 a 84 e 497, I, CC.

II – dispor dos bens do menor a título gratuito;

Veja art. 580, CC.

III – constituir-se cessionário de crédito ou de direito, contra o menor.

Veja arts. 286 a 298, CC.

Art. 1.750. Os imóveis pertencentes aos menores sob tutela somente podem ser vendidos quando houver manifesta vantagem, mediante prévia avaliação judicial e aprovação do juiz.

Veja art. 1.748, IV, CC.

Veja arts. 725, III, e 730, CPC.

Art. 1.751. Antes de assumir a tutela, o tutor declarará tudo o que o menor lhe deva, sob pena de não lhe poder cobrar, enquanto exerça a tutoria, salvo provando que não conhecia o débito quando a assumiu.

Veja art. 1.735, II, CC.

Art. 1.752. O tutor responde pelos prejuízos que, por culpa, ou dolo, causar ao tutelado; mas tem direito a ser pago pelo que realmente despender no exercício da tutela, salvo no caso do art. 1.734, e a perceber remuneração proporcional à importância dos bens administrados.

Veja arts. 186, 197, III, 402 a 405, 1.741 e 1.760, CC.

§ 1º Ao protutor será arbitrada uma gratificação módica pela fiscalização efetuada.

Veja art. 1.742, CC.

§ 2º São solidariamente responsáveis pelos prejuízos as pessoas às quais competia fiscalizar a atividade do tutor, e as que concorreram para o dano.

Veja arts. 264 a 266, 275 a 285, 1.742 e 1.744, CC.

Seção V
Dos Bens do Tutelado

Art. 1.753. Os tutores não podem conservar em seu poder dinheiro dos tutelados, além do necessário para as despesas ordinárias com o seu sustento, a sua educação e a administração de seus bens.

Veja arts. 1.746 e 1.754, CC.

Veja arts. 725, III, e 730, CPC.

§ 1º Se houver necessidade, os objetos de ouro e prata, pedras preciosas e móveis serão avaliados por pessoa idônea e, após autorização judicial, alienados, e o seu produto convertido em títulos, obrigações e letras de responsabilidade direta ou indireta da União ou dos Estados, atendendo-se preferentemente à rentabilidade, e recolhidos ao estabelecimento bancário oficial ou aplicado na aquisição de imóveis, conforme for determinado pelo juiz.

Veja arts. 887 a 926, 1.754, II, e 1.757, parágrafo único, CC.

Veja arts. 725, III, 730 e 840, I, CPC.

§ 2º O mesmo destino previsto no parágrafo antecedente terá o dinheiro proveniente de qualquer outra procedência.

§ 3º Os tutores respondem pela demora na aplicação dos valores acima referidos, pagando os juros legais desde o dia em que deveriam dar esse destino, o que não os exime da obrigação, que o juiz fará efetiva, da referida aplicação.

Veja arts. 406 e 407, CC.

Art. 1.754. Os valores que existirem em estabelecimento bancário oficial, na forma do artigo antecedente, não se poderão retirar, senão mediante ordem do juiz, e somente:

I – para as despesas com o sustento e educação do tutelado, ou a administração de seus bens;

Veja art. 1.747, III, CC.

II – para se comprarem bens imóveis e títulos, obrigações ou letras, nas condições previstas no § 1º do artigo antecedente;

Veja arts. 79 a 81 e 887 a 926, CC.

III – para se empregarem em conformidade com o disposto por quem os houver doado, ou deixado;

IV – para se entregarem aos órfãos, quando emancipados, ou maiores, ou, mortos eles, aos seus herdeiros.

Veja arts. 5º, parágrafo único, e 1.784, CC.

Seção VI
Da Prestação de Contas

Art. 1.755. Os tutores, embora o contrário tivessem disposto os pais dos tutelados, são obrigados a prestar contas da sua administração.

Art. 1.756. No fim de cada ano de administração, os tutores submeterão ao juiz o balanço respectivo, que, depois de aprovado, se anexará aos autos do inventário.

Veja arts. 1.781 e 1.783, CC.

Art. 1.757. Os tutores prestarão contas de dois em dois anos, e também quando, por qualquer motivo, deixarem o exercício da tutela ou toda vez que o juiz achar conveniente.

Veja art. 553, parágrafo único, CPC.

Parágrafo único. As contas serão prestadas em juízo, e julgadas depois da audiência dos interessados, recolhendo o tutor imediatamente a estabelecimento bancário oficial os saldos, ou adquirindo bens imóveis, ou títulos, obrigações ou letras, na forma do § 1º do art. 1.753.

Veja arts. 550 a 553, CPC.

Art. 1.758. Finda a tutela pela emancipação ou maioridade, a quitação do menor não produzirá efeito antes de aprovadas as contas pelo juiz, subsistindo inteira, até então, a responsabilidade do tutor.

Veja arts. 5º, parágrafo único, e 206, § 4º, CC.

Art. 1.759. Nos casos de morte, ausência, ou interdição do tutor, as contas serão prestadas por seus herdeiros ou representantes.

Veja arts. 22, 23 e 1.767, CC.

Art. 1.760. Serão levadas a crédito do tutor todas as despesas justificadas e reconhecidamente proveitosas ao menor.

Veja art. 1.752, CC.

Art. 1.761. As despesas com a prestação das contas serão pagas pelo tutelado.

Veja arts. 1.752 e 1.760, CC.

Art. 1.762. O alcance do tutor, bem como o saldo contra o tutelado, são dívidas de valor e vencem juros desde o julgamento definitivo das contas.

Veja arts. 405 a 407, CC.

Seção VII
Da Cessação da Tutela

Art. 1.763. Cessa a condição de tutelado:

I – com a maioridade ou a emancipação do menor;

Veja art. 5º, parágrafo único, CC.

II – ao cair o menor sob o poder familiar, no caso de reconhecimento ou adoção.

Veja arts. 1.607, 1.609 e 1.618 a 1.630, CC.

Veja art. 227, § 6º, CF.

Art. 1.764. Cessam as funções do tutor:

Veja arts. 761, 762 e 763, § 1º, CPC.

I – ao expirar o termo, em que era obrigado a servir;

Veja art. 1.765, CC.

Veja art. 763, § 1º, CPC.

II – ao sobrevir escusa legítima;

Veja arts. 1.736 a 1.739, CC.

III – ao ser removido.

Veja arts. 1.735, 1.744 e 1.766, CC.

Veja arts. 761, 762 e 763, § 1º, CPC.

Art. 1.765. O tutor é obrigado a servir por espaço de dois anos.

Veja art. 763, § 1º, CPC.

Parágrafo único. Pode o tutor continuar no exercício da tutela, além do prazo previsto neste artigo, se o quiser e o juiz julgar conveniente ao menor.

Veja art. 763, § 1º, CPC.

Art. 1.766. Será destituído o tutor, quando negligente, prevaricador ou incurso em incapacidade.

Veja arts. 1.735 e 1.764, III, CC.

Veja arts. 761, 762 e 763, § 1º, CPC.

CAPÍTULO II
DA CURATELA

Seção I
Dos Interditos

Art. 1.767. Estão sujeitos a curatela:

Veja arts. 1.800 e 1.860, CC.

Veja arts. 747 a 758, CPC.

I – aqueles que, por causa transitória ou permanente, não puderem exprimir sua vontade;

Inciso com redação dada pela Lei n. 13.146, de 06.07.2015.

Veja art. 1.777, CC.

Veja art. 447, § 1º, I e II, CPC.

II – (*Revogado pela Lei n. 13.146, de 06.07.2015.*)

III – os ébrios habituais e os viciados em tóxico;

Inciso com redação dada pela Lei n. 13.146, de 06.07.2015.

Veja arts. 4º, II, e 1.777, CC.

IV – (*Revogado pela Lei n. 13.146, de 06.07.2015.*)

V – os pródigos.

Veja arts. 4º, IV, e 1.782, CC.

Arts. 1.768 a 1.773. (*Revogados pela Lei n. 13.105, de 16.03.2015.*)

Art. 1.774. Aplicam-se à curatela as disposições concernentes à tutela, com as modificações dos artigos seguintes.

Veja arts. 24, 497, 1.641, I e III, e 1.728 a 1.766, CC.

Veja arts. 759 a 763, CPC.

Art. 1.775. O cônjuge ou companheiro, não separado judicialmente ou de fato, é, de direito, curador do outro, quando interdito.

Veja arts. 25, 932, II, 1.570, 1.593, 1.595, 1.651, 1.783 e 1.800, § 1º, CC.

Veja arts. 5º, I, e 226, § 5º, CF.

§ 1º Na falta do cônjuge ou companheiro, é curador legítimo o pai ou a mãe; na falta destes, o descendente que se demonstrar mais apto.

Veja art. 1.591, CC.

Veja arts. 5º, I, e 226, § 5º, CF.

§ 2º Entre os descendentes, os mais próximos precedem aos mais remotos.

Veja art. 1.594, CC.

§ 3º Na falta das pessoas mencionadas neste artigo, compete ao juiz a escolha do curador.

Veja art. 206, § 5º, II, CC.

Veja arts. 753 e 754, CPC.

Art. 1.775-A. Na nomeação de curador para a pessoa com deficiência, o juiz poderá estabelecer curatela compartilhada a mais de uma pessoa.

Artigo acrescentado pela Lei n. 13.146, de 06.07.2015.

Art. 1.776. (*Revogado pela Lei n. 13.146, de 06.07.2015.*)

Art. 1.777. As pessoas referidas no inciso I do art. 1.767 receberão todo o apoio necessário para ter preservado o direito à convivência familiar e comunitária, sendo evitado o seu recolhimento em estabelecimento que os afaste desse convívio.

Artigo com redação dada pela Lei n. 13.146, de 06.07.2015.

Art. 1.778. A autoridade do curador estende-se à pessoa e aos bens dos filhos do curatelado, observado o art. 5º.

Veja art. 1.779, parágrafo único, CC.

Seção II
Da Curatela do Nascituro e do Enfermo ou Portador de Deficiência Física

Art. 1.779. Dar-se-á curador ao nascituro, se o pai falecer estando grávida a mulher, e não tendo o poder familiar.

Veja arts. 2º, 1.635, 1.637 e 1.638, CC.

Parágrafo único. Se a mulher estiver interdita, seu curador será o do nascituro.

Veja art. 1.778, CC.

Art. 1.780. (*Revogado pela Lei n. 13.146, de 06.07.2015.*)

Seção III
Do Exercício da Curatela

Art. 1.781. As regras a respeito do exercício da tutela aplicam-se ao da curatela, com a restrição do art. 1.772 e as desta Seção.

Veja arts. 1.740 a 1.752, CC.

Veja arts. 133 e 136, CP.

Art. 1.782. A interdição do pródigo só o privará de, sem curador, emprestar, transigir, dar quitação, alienar, hipotecar, demandar ou ser demandado, e praticar, em geral, os atos que não sejam de mera administração.

Veja arts. 4º, IV, e 1.767, V, CC.

Art. 1.783. Quando o curador for o cônjuge e o regime de bens do casamento for de comunhão universal, não será obrigado à prestação de contas, salvo determinação judicial.

Veja arts. 25, 1.567, 1.651, 1.652, 1.667 a 1.671 e 1.775, CC.

Veja art. 226, § 5º, CF.

CAPÍTULO III
DA TOMADA DE DECISÃO APOIADA

Capítulo acrescentado pela Lei n. 13.146, de 06.07.2015.

Art. 1.783-A. A tomada de decisão apoiada é o processo pelo qual a pessoa com deficiência elege pelo menos 2 (duas) pessoas idôneas, com as quais mantenha vínculos e que gozem de sua confiança, para prestar-lhe apoio na tomada de decisão sobre atos da vida civil, fornecendo-lhes os elementos e informações necessários para que possa exercer sua capacidade.

Artigo acrescentado pela Lei n. 13.146, de 06.07.2015.

§ 1º Para formular pedido de tomada de decisão apoiada, a pessoa com deficiência e os apoiadores devem apresentar termo em que constem os limites do apoio a ser oferecido e os compromissos dos apoiadores, inclusive o prazo de vigência do acordo e o respeito à vontade, aos direitos e aos interesses da pessoa que devem apoiar.

§ 2º O pedido de tomada de decisão apoiada será requerido pela pessoa a ser apoiada, com indicação expressa das pessoas aptas a prestarem o apoio previsto no *caput* deste artigo.

§ 3º Antes de se pronunciar sobre o pedido de tomada de decisão apoiada, o juiz, assistido por equipe multidisciplinar, após oitiva do Ministério Público, ouvirá pessoalmente o requerente e as pessoas que lhe prestarão apoio.

§ 4º A decisão tomada por pessoa apoiada terá validade e efeitos sobre terceiros, sem restrições, desde que esteja inserida nos limites do apoio acordado.

§ 5º Terceiro com quem a pessoa apoiada mantenha relação negocial pode solicitar que os apoiadores contra-assinem o contrato ou acordo, especificando, por escrito, sua função em relação ao apoiado.

§ 6º Em caso de negócio jurídico que possa trazer risco ou prejuízo relevante, havendo divergência de opiniões entre a pessoa apoiada e um dos apoiadores, deverá o juiz, ouvido o Ministério Público, decidir sobre a questão.

§ 7º Se o apoiador agir com negligência, exercer pressão indevida ou não adimplir as obrigações assumidas, poderá a pessoa apoiada ou qualquer pessoa apresentar denúncia ao Ministério Público ou ao juiz.

§ 8º Se procedente a denúncia, o juiz destituirá o apoiador e nomeará, ouvida a pessoa apoiada e se for de seu interesse, outra pessoa para prestação de apoio.

§ 9º A pessoa apoiada pode, a qualquer tempo, solicitar o término de acordo firmado em processo de tomada de decisão apoiada.

§ 10. O apoiador pode solicitar ao juiz a exclusão de sua participação do processo de tomada de decisão apoiada, sendo seu desligamento condicionado à manifestação do juiz sobre a matéria.

§ 11. Aplicam-se à tomada de decisão apoiada, no que couber, as disposições referentes à prestação de contas na curatela.

LIVRO V
DO DIREITO DAS SUCESSÕES

TÍTULO I
DA SUCESSÃO EM GERAL

CAPÍTULO I
DISPOSIÇÕES GERAIS

Art. 1.784. Aberta a sucessão, a herança transmite-se, desde logo, aos herdeiros legítimos e testamentários.

Veja arts. 6º, 26, 35, 80, II, 91, 1.206, 1.207, 1.788, 1.789, 1.829 a 1.990 e 1.997, CC.

Veja art. 5º, XXX e XXXI, CF.

Art. 1.785. A sucessão abre-se no lugar do último domicílio do falecido.

Veja arts. 70 a 78, CC.

Veja art. 5º, XXVII, XXX e XXXI, CF.

Art. 1.786. A sucessão dá-se por lei ou por disposição de última vontade.

Veja arts. 426, 1.788, 1.789, 1.829 e 1.857 a 1.859, CC.

Veja art. 5º, XXXI, CF.

Art. 1.787. Regula a sucessão e a legitimação para suceder a lei vigente ao tempo da abertura daquela.

Veja art. 2.042, CC.

Veja art. 5º, XXXI, CF.

Veja art. 48, CPC.

Art. 1.788. Morrendo a pessoa sem testamento, transmite a herança aos herdeiros legítimos; o mesmo ocorrerá quanto aos bens que não forem compreendidos no testamento; e subsiste a sucessão legítima se o testamento caducar, ou for julgado nulo.

Veja arts. 1.786, 1.829, 1.850, 1.906, 1.908, 1.939, 1.940, 1.944, 1.955, 1.966 e 1.969 a 1.975, CC.

Art. 1.789. Havendo herdeiros necessários, o testador só poderá dispor da metade da herança.

Veja arts. 544, 549, 1.845 a 1.850, 1.961, 1.973 a 1.975 e 2.018, CC.

Art. 1.790. A companheira ou o companheiro participará da sucessão do outro, quanto aos bens adquiridos onerosamente na vigência da união estável, nas condições seguintes:

Veja RE ns. 646.721 e 878.694, STF.

Veja arts. 1.723 a 1.727, CC.

Veja art. 2º, Lei n. 8.971, de 29.12.1994.

Veja art. 7º, Lei n. 9.278, de 10.05.1996.

I – se concorrer com filhos comuns, terá direito a uma quota equivalente à que por lei for atribuída ao filho;

II – se concorrer com descendentes só do autor da herança, tocar-lhe-á a metade do que couber a cada um daqueles;

III – se concorrer com outros parentes sucessíveis, terá direito a um terço da herança;

IV – não havendo parentes sucessíveis, terá direito à totalidade da herança.

Veja art. 1.844, CC.

CAPÍTULO II
DA HERANÇA E DE SUA ADMINISTRAÇÃO

Art. 1.791. A herança defere-se como um todo unitário, ainda que vários sejam os herdeiros.

Veja arts. 88, 91 e 1.199, CC.

Parágrafo único. Até a partilha, o direito dos coerdeiros, quanto à propriedade e posse da herança, será indivisível, e regular-se-á pelas normas relativas ao condomínio.

Veja arts. 1.314 a 1.326 e 2.013 a 2.022, CC.

Veja arts. 610 a 673, CPC.

Art. 1.792. O herdeiro não responde por encargos superiores às forças da herança; incumbe-lhe, porém, a prova do excesso, salvo se houver inventário que a escuse, demonstrando o valor dos bens herdados.

Veja arts. 637, 836, 943, 1.821 e 1.997, CC.

Veja art. 796, CPC.

Veja art. 8º, Lei n. 8.429, de 02.06.1992.

Art. 1.793. O direito à sucessão aberta, bem como o quinhão de que disponha o coerdeiro, pode ser objeto de cessão por escritura pública.

Veja arts. 80, II, 166, IV, 215, 426, 1.649 e 1.794, CC.

§ 1º Os direitos, conferidos ao herdeiro em consequência de substituição ou de direito de acrescer, presumem-se não abrangidos pela cessão feita anteriormente.

Veja arts. 1.941 a 1.960, CC.

§ 2º É ineficaz a cessão, pelo coerdeiro, de seu direito hereditário sobre qualquer bem da herança considerado singularmente.

Veja arts. 89, 91 e 1.791, CC.

§ 3º Ineficaz é a disposição, sem prévia autorização do juiz da sucessão, por qualquer herdeiro, de bem componente do acervo hereditário, pendente a indivisibilidade.

Veja arts. 88 e 1.791, parágrafo único, CC.

Veja art. 619, I, CPC.

Art. 1.794. O coerdeiro não poderá ceder a sua quota hereditária a pessoa estranha à sucessão, se outro coerdeiro a quiser, tanto por tanto.

Veja arts. 504, 1.791 e 1.795, parágrafo único, CC.

Art. 1.795. O coerdeiro, a quem não se der conhecimento da cessão, poderá, depositado o preço, haver para si a quota cedida a estranho, se o requerer até cento e oitenta dias após a transmissão.

Parágrafo único. Sendo vários os coerdeiros a exercer a preferência, entre eles se distribuirá o quinhão cedido, na proporção das respectivas quotas hereditárias.

Veja arts. 504 e 1.794, CC.

Art. 1.796. No prazo de trinta dias, a contar da abertura da sucessão, instaurar-se-á inventário do patrimônio hereditário, perante o juízo competente no lugar da sucessão, para fins de liquidação e, quando for o caso, de partilha da herança.

Veja art. 611, CPC (prazo de 2 meses para requerer inventário).

Veja arts. 70 a 73, 1.191, 1.192, 1.785 e 2.013 a 2.022, CC.

Veja arts. 48 e 610 a 673, CPC.

Art. 1.797. Até o compromisso do inventariante, a administração da herança caberá, sucessivamente:

Veja art. 1.991, CC.

Veja art. 75, § 1º, CPC.

I – ao cônjuge ou companheiro, se com o outro convivia ao tempo da abertura da sucessão;

Veja art. 1.723, CC.

II – ao herdeiro que estiver na posse e administração dos bens, e, se houver mais de um nessas condições, ao mais velho;

III – ao testamenteiro;

Veja arts. 1.976 a 1.990, CC.

IV – a pessoa de confiança do juiz, na falta ou escusa das indicadas nos incisos antecedentes, ou quando tiverem de ser afastadas por motivo grave levado ao conhecimento do juiz.

Veja arts. 613 e 614, CPC.

CAPÍTULO III
DA VOCAÇÃO HEREDITÁRIA

Art. 1.798. Legitimam-se a suceder as pessoas nascidas ou já concebidas no momento da abertura da sucessão.

Veja arts. 2º, 1.784, 1.906 e 1.908, CC.

Art. 1.799. Na sucessão testamentária podem ainda ser chamados a suceder:

Veja arts. 1.947 a 1.950, CC.

I – os filhos, ainda não concebidos, de pessoas indicadas pelo testador, desde que vivas estas ao abrir-se a sucessão;

Veja arts. 1.800 e 1.952, CC.

II – as pessoas jurídicas;

Veja arts. 40 a 69, CC.

III – as pessoas jurídicas, cuja organização for determinada pelo testador sob a forma de fundação.

Veja arts. 62 a 69, CC.

Art. 1.800. No caso do inciso I do artigo antecedente, os bens da herança serão confiados, após a liquidação ou partilha, a curador nomeado pelo juiz.

§ 1º Salvo disposição testamentária em contrário, a curatela caberá à pessoa cujo filho o testador esperava ter por herdeiro, e, sucessivamente, às pessoas indicadas no art. 1.775.

O correto seria art. 1.797 em vez de art. 1.775.

§ 2º Os poderes, deveres e responsabilidades do curador, assim nomeado, regem-se pelas disposições concernentes à curatela dos incapazes, no que couber.

Veja arts. 1.767 a 1.783, CC.

§ 3º Nascendo com vida o herdeiro esperado, ser-lhe-á deferida a sucessão, com os frutos e rendimentos relativos à deixa, a partir da morte do testador.

§ 4º Se, decorridos dois anos após a abertura da sucessão, não for concebido o herdeiro esperado, os bens reservados, salvo disposição em contrário do testador, caberão aos herdeiros legítimos.

Veja art. 1.829, CC.

Art. 1.801. Não podem ser nomeados herdeiros nem legatários:

Veja art. 1.900, V, CC.

I – a pessoa que, a rogo, escreveu o testamento, nem o seu cônjuge ou companheiro, ou os seus ascendentes e irmãos;

Veja arts. 1.802, 1.865, 1.868, 1.870, 1.888 e 1.893, CC.

II – as testemunhas do testamento;

Veja arts. 228, 1.864, II, 1.868, III, 1.876, 1.888, 1.893, 1.894 e 1.896, CC.

III – o concubino do testador casado, salvo se este, sem culpa sua, estiver separado de fato do cônjuge há mais de cinco anos;

Veja arts. 1.723, § 1º, e 1.727, CC.

IV – o tabelião, civil ou militar, ou o comandante ou escrivão, perante quem se fizer, assim como o que fizer ou aprovar o testamento.

Veja arts. 1.864, I, 1.868, III, 1.869, 1.870, 1.874, 1.888, 1.889, 1.893 e 1.894, CC.

Art. 1.802. São nulas as disposições testamentárias em favor de pessoas não legitimadas a suceder, ainda quando simuladas sob a forma de contrato oneroso, ou feitas mediante interposta pessoa.

Veja arts. 1.799, 1.801 e 1.900, V, CC.

Parágrafo único. Presumem-se pessoas interpostas os ascendentes, os descendentes, os irmãos e o cônjuge ou companheiro do não legitimado a suceder.

Veja arts. 5º, I, e 226, § 5º, CF.

Art. 1.803. É lícita a deixa ao filho do concubino, quando também o for do testador.

CAPÍTULO IV
DA ACEITAÇÃO E RENÚNCIA DA HERANÇA

Art. 1.804. Aceita a herança, torna-se definitiva a sua transmissão ao herdeiro, desde a abertura da sucessão.

Veja arts. 6º e 1.784, CC.

Parágrafo único. A transmissão tem-se por não verificada quando o herdeiro renunciar à herança.

Art. 1.805. A aceitação da herança, quando expressa, faz-se por declaração escrita; quando tácita, há de resultar tão somente de atos próprios da qualidade de herdeiro.

Veja arts. 80, II, 108, 1.806, 1.807 e 2.008, CC.

§ 1º Não exprimem aceitação de herança os atos oficiosos, como o funeral do finado, os meramente conservatórios, ou os de administração e guarda provisória.

§ 2º Não importa igualmente aceitação a cessão gratuita, pura e simples, da herança, aos demais coerdeiros.

Art. 1.806. A renúncia da herança deve constar expressamente de instrumento público ou termo judicial.

Veja arts. 80, II, 104, III, 107, 166, IV, 215 a 218, 1.647, 1.807 e 1.954, CC.

Art. 1.807. O interessado em que o herdeiro declare se aceita, ou não, a herança, poderá, vinte dias após aberta a sucessão, requerer ao juiz prazo razoável, não maior de trinta dias, para, nele, se pronunciar o herdeiro, sob pena de se haver a herança por aceita.

Veja arts. 1.805 e 1.806, CC.

Art. 1.808. Não se pode aceitar ou renunciar a herança em parte, sob condição ou a termo.

Veja arts. 121 e 135, CC.

§ 1º O herdeiro, a quem se testarem legados, pode aceitá-los, renunciando a herança; ou, aceitando-a, repudiá-los.

Veja arts. 1.912 a 1.940, CC.

§ 2º O herdeiro, chamado, na mesma sucessão, a mais de um quinhão hereditário, sob títulos sucessórios diversos, pode livremente deliberar quanto aos quinhões que aceita e aos que renuncia.

Art. 1.809. Falecendo o herdeiro antes de declarar se aceita a herança, o poder de aceitar passa-lhe aos herdeiros, a menos que se trate de vocação adstrita a uma condição suspensiva, ainda não verificada.

Veja arts. 125, 1.897 e 1.933, CC.

Parágrafo único. Os chamados à sucessão do herdeiro falecido antes da aceitação, desde que concordem em receber a segunda herança, poderão aceitar ou renunciar a primeira.

Art. 1.810. Na sucessão legítima, a parte do renunciante acresce à dos outros herdeiros da mesma classe e, sendo ele o único desta, devolve-se aos da subsequente.

Veja arts. 1.829 e 1.856, CC.

Art. 1.811. Ninguém pode suceder, representando herdeiro renunciante. Se, porém, ele for o único legítimo da sua classe, ou se todos os outros da mesma classe renunciarem a herança, poderão os filhos vir à sucessão, por direito próprio, e por cabeça.

Veja arts. 1.829, 1.835 e 1.851, CC.

Art. 1.812. São irrevogáveis os atos de aceitação ou de renúncia da herança.

Veja arts. 138 a 155, CC.

Art. 1.813. Quando o herdeiro prejudicar os seus credores, renunciando à herança, poderão eles, com autorização do juiz, aceitá-la em nome do renunciante.

Veja arts. 158 a 165 e 391, CC.

Veja art. 789, CPC.

§ 1º A habilitação dos credores se fará no prazo de trinta dias seguintes ao conhecimento do fato.

§ 2º Pagas as dívidas do renunciante, prevalece a renúncia quanto ao remanescente, que será devolvido aos demais herdeiros.

CAPÍTULO V
DOS EXCLUÍDOS DA SUCESSÃO

Art. 1.814. São excluídos da sucessão os herdeiros ou legatários:

Veja arts. 557, 935, 1.815-A, 1.818, 1.939, IV, e 1.961 a 1.965, CC.

Veja art. 9º, Lei n. 883, de 21.10.1949.

I – que houverem sido autores, coautores ou partícipes de homicídio doloso, ou tentativa deste, contra a pessoa de cuja sucessão se tratar, seu cônjuge, companheiro, ascendente ou descendente;

II – que houverem acusado caluniosamente em juízo o autor da herança ou incorrerem em crime contra a sua honra, ou de seu cônjuge ou companheiro;

III – que, por violência ou meios fraudulentos, inibirem ou obstarem o autor da herança de dispor livremente de seus bens por ato de última vontade.

Art. 1.815. A exclusão do herdeiro ou legatário, em qualquer desses casos de indignidade, será declarada por sentença.

Veja arts. 1.939, IV, e 1.815-A, CC.

§ 1º O direito de demandar a exclusão do herdeiro ou legatário extingue-se em quatro anos, contados da abertura da sucessão.

Parágrafo renumerado pela Lei n. 13.532, de 07.12.2017.

Veja art. 1.965, parágrafo único, CC.

§ 2º Na hipótese do inciso I do art. 1.814, o Ministério Público tem legitimidade para demandar a exclusão do herdeiro ou legatário.

Parágrafo acrescentado pela Lei n. 13.532, de 07.12.2017.

Art. 1.815-A. Em qualquer dos casos de indignidade previstos no art. 1.814, o trânsito em julgado da sentença penal condenatória acarretará a imediata exclusão do herdeiro ou legatário indigno, independentemente da sentença prevista no *caput* do art. 1.815 deste Código.

Artigo acrescentado pela Lei n. 14.661, de 23.08.2023.

Art. 1.816. São pessoais os efeitos da exclusão; os descendentes do herdeiro excluído sucedem, como se ele morto fosse antes da abertura da sucessão.

Veja arts. 1.835 e 1.961, CC.

Veja art. 5º, XXX, CF.

Parágrafo único. O excluído da sucessão não terá direito ao usufruto ou à administração dos bens que a seus sucessores couberem na herança, nem à sucessão eventual desses bens.

Veja arts. 1.689 e 1.693, IV, CC.

Art. 1.817. São válidas as alienações onerosas de bens hereditários a terceiros de boa-fé, e os atos de administração legalmente praticados pelo herdeiro, antes da sentença de exclusão; mas aos herdeiros subsiste, quando prejudicados, o direito de demandar-lhe perdas e danos.

Veja arts. 402 a 405, 1.359, 1.360 e 1.827, parágrafo único, CC.

Parágrafo único. O excluído da sucessão é obrigado a restituir os frutos e rendimentos que dos bens da herança houver percebido, mas tem direito a ser indenizado das despesas com a conservação deles.

Veja art. 884, CC.

Art. 1.818. Aquele que incorreu em atos que determinem a exclusão da herança será admitido a suceder, se o ofendido o tiver expressamente reabilitado em testamento, ou em outro ato autêntico.

Veja art. 1.814, CC.

Parágrafo único. Não havendo reabilitação expressa, o indigno, contemplado em testamento do ofendido, quando o testador, ao testar, já conhecia a causa da indignidade, pode suceder no limite da disposição testamentária.

CAPÍTULO VI
DA HERANÇA JACENTE

Art. 1.819. Falecendo alguém sem deixar testamento nem herdeiro legítimo notoriamente conhecido, os bens da herança, depois de arrecadados, ficarão sob a guarda e administração de um curador, até a sua entrega ao sucessor devidamente habilitado ou à declaração de sua vacância.

Veja arts. 26, 28, § 2º, 1.275 e 1.276, CC.
Veja arts. 48, 75, VI, e 738 a 743, CPC.

Art. 1.820. Praticadas as diligências de arrecadação e ultimado o inventário, serão expedidos editais na forma da lei processual, e, decorrido um ano de sua primeira publicação, sem que haja herdeiro habilitado, ou penda habilitação, será a herança declarada vacante.

Veja art. 28, § 2º, CC.
Veja arts. 687 a 692 e 738 a 743, CPC.

Art. 1.821. É assegurado aos credores o direito de pedir o pagamento das dívidas reconhecidas, nos limites das forças da herança.

Veja arts. 28, § 2º, 836, 1.792 e 1.997, CC.
Veja art. 741, § 4º, CPC.
Veja art. 8º, Lei n. 8.429, de 02.06.1992.

Art. 1.822. A declaração de vacância da herança não prejudicará os herdeiros que legalmente se habilitarem; mas, decorridos cinco anos da abertura da sucessão, os bens arrecadados passarão ao domínio do Município ou do Distrito Federal, se localizados nas respectivas circunscrições, incorporando-se ao domínio da União quando situados em território federal.

Veja arts. 28, § 2º, 39, 98 e 1.844, CC.
Veja arts. 738 a 743, CPC.

Parágrafo único. Não se habilitando até a declaração de vacância, os colaterais ficarão excluídos da sucessão.

Art. 1.823. Quando todos os chamados a suceder renunciarem à herança, será esta desde logo declarada vacante.

Veja arts. 28, § 2º, 1.804 a 1.806, 1.812 e 1.822, CC.
Veja art. 48, CPC.

CAPÍTULO VII
DA PETIÇÃO DE HERANÇA

Art. 1.824. O herdeiro pode, em ação de petição de herança, demandar o reconhecimento de seu direito sucessório, para obter a restituição da herança, ou de parte dela, contra quem, na qualidade de herdeiro, ou mesmo sem título, a possua.

Veja art. 205, CC.
Veja art. 628, §§ 1º e 2º, CPC.

Art. 1.825. A ação de petição de herança, ainda que exercida por um só dos herdeiros, poderá compreender todos os bens hereditários.

Veja art. 1.791, CC.

Art. 1.826. O possuidor da herança está obrigado à restituição dos bens do acervo, fixando-se-lhe a responsabilidade segundo a sua posse, observado o disposto nos arts. 1.214 a 1.222.

Parágrafo único. A partir da citação, a responsabilidade do possuidor se há de aferir pelas regras concernentes à posse de má-fé e à mora.

Veja arts. 394 a 401, CC.

Art. 1.827. O herdeiro pode demandar os bens da herança, mesmo em poder de terceiros, sem prejuízo da responsabilidade do possuidor originário pelo valor dos bens alienados.

Veja art. 1.817, CC.

Parágrafo único. São eficazes as alienações feitas, a título oneroso, pelo herdeiro aparente a terceiro de boa-fé.

Art. 1.828. O herdeiro aparente, que de boa-fé houver pago um legado, não está obrigado a prestar o equivalente ao verdadeiro sucessor, ressalvado a este o direito de proceder contra quem o recebeu.

Veja art. 1.934, CC.

TÍTULO II
DA SUCESSÃO LEGÍTIMA

CAPÍTULO I
DA ORDEM DA VOCAÇÃO HEREDITÁRIA

Veja art. 2.041, CC.

Art. 1.829. A sucessão legítima defere-se na ordem seguinte:

Veja RE ns. 646.721 e 878.694, STF.

Veja arts. 1.784 a 1.790, 1.810, 1.811, 1.851, 1.951 a 1.965 e 2.041, CC.

Veja art. 5º, XXX, CF.

Veja Súmula n. 642, STJ.

I – aos descendentes, em concorrência com o cônjuge sobrevivente, salvo se casado este com o falecido no regime da comunhão universal, ou no da separação obrigatória de bens (art. 1.640, parágrafo único); ou se, no regime da comunhão parcial, o autor da herança não houver deixado bens particulares;

Veja arts. 1.594, 1.641, 1.667 a 1.671, 1.687, 1.688, 1.832 a 1.835, 1.845 e 1.852, CC.

Veja art. 227, § 6º, CF.

II – aos ascendentes, em concorrência com o cônjuge;

Veja arts. 1.591, 1.594, 1.595, 1.836 e 1.837, CC.

III – ao cônjuge sobrevivente;

Veja arts. 1.790, 1.830, 1.832, 1.836 e 1.838, CC.

Veja art. 2º, III, Lei n. 8.971, de 29.12.1994.

IV – aos colaterais.

Veja arts. 1.592, 1.594 e 1.839 a 1.843, CC.

Art. 1.830. Somente é reconhecido direito sucessório ao cônjuge sobrevivente se, ao tempo da morte do outro, não estavam separados judicialmente, nem separados de fato há mais de dois anos, salvo prova, neste caso, de que essa convivência se tornara impossível sem culpa do sobrevivente.

Veja arts. 1.839 e 2.041, CC.

Art. 1.831. Ao cônjuge sobrevivente, qualquer que seja o regime de bens, será assegurado, sem prejuízo da participação que lhe caiba na herança, o direito real de habitação relativamente ao imóvel destinado à residência da família, desde que seja o único daquela natureza a inventariar.

Veja arts. 1.225, VI, 1.414 a 1.416 e 2.041, CC.

Veja art. 7º, parágrafo único, Lei n. 9.278, de 10.05.1996.

Art. 1.832. Em concorrência com os descendentes (art. 1.829, I) caberá ao cônjuge quinhão igual ao dos que sucederem por cabeça, não podendo a sua quota ser inferior à quarta parte da herança, se for ascendente dos herdeiros com que concorrer.

Veja arts. 1.830, 1.847 e 2.041, CC.

Veja art. 227, § 6º, CF.

Art. 1.833. Entre os descendentes, os em grau mais próximo excluem os mais remotos, salvo o direito de representação.

Veja arts. 1.594, 1.816, 1.851 a 1.856 e 2.041, CC.

Art. 1.834. Os descendentes da mesma classe têm os mesmos direitos à sucessão de seus ascendentes.

Veja arts. 1.561, 1.591 a 1.595, 1.607, 1.609 e 2.041, CC.

Veja art. 227, § 6º, CF.

Art. 1.835. Na linha descendente, os filhos sucedem por cabeça, e os outros descendentes, por cabeça ou por estirpe, conforme se achem ou não no mesmo grau.

Veja arts. 1.596, 1.810, 1.811, 1.816, 1.833, 1.835, 1.852 e 2.041, CC.

Veja art. 227, § 6º, CF.

Art. 1.836. Na falta de descendentes, são chamados à sucessão os ascendentes, em concorrência com o cônjuge sobrevivente.

Veja arts. 1.829, II, 1.837 e 2.041, CC.

§ 1º Na classe dos ascendentes, o grau mais próximo exclui o mais remoto, sem distinção de linhas.

Veja art. 1.594, CC.

§ 2º Havendo igualdade em grau e diversidade em linha, os ascendentes da linha paterna herdam a metade, cabendo a outra aos da linha materna.

Art. 1.837. Concorrendo com ascendente em primeiro grau, ao cônjuge tocará um terço da herança; caber-lhe-á a metade desta se houver um só ascendente, ou se maior for aquele grau.

Veja arts. 1.829 e 2.041, CC.

Art. 1.838. Em falta de descendentes e ascendentes, será deferida a sucessão por inteiro ao cônjuge sobrevivente.

Veja arts. 1.830 e 2.041, CC.

Veja art. 2º, III, Lei n. 8.971, de 29.12.1994.

Art. 1.839. Se não houver cônjuge sobrevivente, nas condições estabelecidas no art. 1.830, serão chamados a suceder os colaterais até o quarto grau.

Veja arts. 1.592, 1.594, 1.840, 1.850 e 2.041, CC.

Veja Súmula n. 642, STJ.

Art. 1.840. Na classe dos colaterais, os mais próximos excluem os mais remotos, salvo o direito de representação concedido aos filhos de irmãos.

Veja arts. 1.592, 1.594, 1.810, 1.811, 1.816, 1.841, 1.843, 1.850 a 1.856 e 2.041, CC.

Art. 1.841. Concorrendo à herança do falecido irmãos bilaterais com irmãos unilaterais, cada um destes herdará metade do que cada um daqueles herdar.

Veja art. 2.041, CC.

Art. 1.842. Não concorrendo à herança irmão bilateral, herdarão, em partes iguais, os unilaterais.

Veja arts. 1.843, § 3º, e 2.041, CC.

Art. 1.843. Na falta de irmãos, herdarão os filhos destes e, não os havendo, os tios.

Veja art. 2.041, CC.

§ 1º Se concorrerem à herança somente filhos de irmãos falecidos, herdarão por cabeça.

Veja art. 1.853, CC.

§ 2º Se concorrem filhos de irmãos bilaterais com filhos de irmãos unilaterais, cada um destes herdará a metade do que herdar cada um daqueles.

§ 3º Se todos forem filhos de irmãos bilaterais, ou todos de irmãos unilaterais, herdarão por igual.

Veja art. 1.842, CC.

Art. 1.844. Não sobrevivendo cônjuge, ou companheiro, nem parente algum sucessível, ou tendo eles renunciado a herança, esta se devolve ao Município ou ao Distrito Federal, se localizada nas respectivas circunscrições, ou à União, quando situada em território federal.

Veja arts. 1.822 e 2.041, CC.

CAPÍTULO II
DOS HERDEIROS NECESSÁRIOS

Art. 1.845. São herdeiros necessários os descendentes, os ascendentes e o cônjuge.

Veja arts. 1.829, I a III, 1.830, 1.961 e 2.018, CC.

Art. 1.846. Pertence aos herdeiros necessários, de pleno direito, a metade dos bens da herança, constituindo a legítima.

Veja arts. 544, 1.789, 1.847, 1.857, § 1º, 1.961 e 2.003, CC.

Art. 1.847. Calcula-se a legítima sobre o valor dos bens existentes na abertura da sucessão, abatidas as dívidas e as despesas do funeral, adicionando-se, em seguida, o valor dos bens sujeitos a colação.

Veja arts. 544, 1.789, 1.846, 1.967, 1.997, 1.998 e 2.002 a 2.012, CC.

Art. 1.848. Salvo se houver justa causa, declarada no testamento, não pode o testador estabelecer cláusula de inalienabilidade, impenhorabilidade, e de incomunicabilidade, sobre os bens da legítima.

Veja arts. 1.420, 1.693, 1.911 e 2.042, CC.

Veja art. 833, CPC.

§ 1º Não é permitido ao testador estabelecer a conversão dos bens da legítima em outros de espécie diversa.

§ 2º Mediante autorização judicial e havendo justa causa, podem ser alienados os bens gravados, convertendo-se o produto em outros bens, que ficarão sub-rogados nos ônus dos primeiros.

Art. 1.849. O herdeiro necessário, a quem o testador deixar a sua parte disponível, ou algum legado, não perderá o direito à legítima.

Veja art. 1.789, CC.

Art. 1.850. Para excluir da sucessão os herdeiros colaterais, basta que o testador disponha de seu patrimônio sem os contemplar.

Veja arts. 1.788, 1.829, IV, 1.839, 1.906 e 1.908, CC.

CAPÍTULO III
DO DIREITO DE REPRESENTAÇÃO

Art. 1.851. Dá-se o direito de representação, quando a lei chama certos parentes do falecido a suceder em todos os direitos, em que ele sucederia, se vivo fosse.

Veja arts. 1.811, 1.833 e 1.854 a 1.856, CC.

Art. 1.852. O direito de representação dá-se na linha reta descendente, mas nunca na ascendente.

Veja arts. 1.591 e 1.835, CC.

Art. 1.853. Na linha transversal, somente se dá o direito de representação em favor dos filhos de irmãos do falecido, quando com irmãos deste concorrerem.

Veja arts. 1.592, 1.840 e 1.843, § 1º, CC.

Art. 1.854. Os representantes só podem herdar, como tais, o que herdaria o representado, se vivo fosse.

Art. 1.855. O quinhão do representado partir-se-á por igual entre os representantes.

Art. 1.856. O renunciante à herança de uma pessoa poderá representá-la na sucessão de outra.

Veja arts. 1.811 e 1.851, CC.

TÍTULO III
DA SUCESSÃO TESTAMENTÁRIA

CAPÍTULO I
DO TESTAMENTO EM GERAL

Art. 1.857. Toda pessoa capaz pode dispor, por testamento, da totalidade dos seus bens, ou de parte deles, para depois de sua morte.

Veja arts. 62, 1.711, 1.862, 1.881 a 1.886 e 1.969 a 1.975, CC.

§ 1º A legítima dos herdeiros necessários não poderá ser incluída no testamento.

Veja arts. 1.846 a 1.849, 1.961 e 1.966 a 1.968, CC.

§ 2º São válidas as disposições testamentárias de caráter não patrimonial, ainda que o testador somente a elas se tenha limitado.

Veja arts. 791, 792, 1.332, 1.378, 1.609, III, 1.610, 1.634, VI, 1.729, parágrafo único, 1.818, 1.848 e 1.881, CC.

Art. 1.858. O testamento é ato personalíssimo, podendo ser mudado a qualquer tempo.

Veja arts. 1.863, 1.969, 1.970 e 1.973 a 1.975, CC.

Art. 1.859. Extingue-se em cinco anos o direito de impugnar a validade do testamento, contado o prazo da data do seu registro.

Veja arts. 1.900, 1.903 e 1.909, CC.

Veja arts. 735 a 737, CPC.

CAPÍTULO II
DA CAPACIDADE DE TESTAR

Art. 1.860. Além dos incapazes, não podem testar os que, no ato de fazê-lo, não tiverem pleno discernimento.

Veja arts. 3º, 4º, II e III, 1.782, 1.866, 1.867, 1.872, 1.873 e 1.881, CC.

Parágrafo único. Podem testar os maiores de dezesseis anos.

Art. 1.861. A incapacidade superveniente do testador não invalida o testamento, nem o testamento do incapaz se valida com a superveniência da capacidade.

CAPÍTULO III
DAS FORMAS ORDINÁRIAS DO TESTAMENTO

Seção I
Disposições Gerais

Art. 1.862. São testamentos ordinários:

I – o público;

Veja arts. 1.864 a 1.867, CC.

II – o cerrado;

Veja arts. 1.868 a 1.875, CC.

III – o particular.

Veja arts. 1.876 a 1.880, CC.

Art. 1.863. É proibido o testamento conjuntivo, seja simultâneo, recíproco ou correspectivo.

Veja art. 1.858, CC.

Seção II
Do Testamento Público

Art. 1.864. São requisitos essenciais do testamento público:

Veja art. 736, CPC.

I – ser escrito por tabelião ou por seu substituto legal em seu livro de notas, de acordo com as declarações do testador, podendo este servir-se de minuta, notas ou apontamentos;

II – lavrado o instrumento, ser lido em voz alta pelo tabelião ao testador e a duas testemunhas, a um só tempo; ou pelo testador, se o quiser, na presença destas e do oficial;

Veja art. 228, CC.

III – ser o instrumento, em seguida à leitura, assinado pelo testador, pelas testemunhas e pelo tabelião.

Veja art. 1.865, CC.

Parágrafo único. O testamento público pode ser escrito manualmente ou mecanicamente, bem como ser feito pela inserção da declaração de vontade em partes impressas de livro de notas, desde que rubricadas todas as páginas pelo testador, se mais de uma.

Veja art. 1.865, CC.

Art. 1.865. Se o testador não souber, ou não puder assinar, o tabelião ou seu substituto legal assim o declarará, assinando, neste caso, pelo testador, e, a seu rogo, uma das testemunhas instrumentárias.

Art. 1.866. O indivíduo inteiramente surdo, sabendo ler, lerá o seu testamento, e, se não o souber, designará quem o leia em seu lugar, presentes as testemunhas.

Art. 1.867. Ao cego só se permite o testamento público, que lhe será lido, em voz alta, duas vezes, uma pelo tabelião ou por seu substituto legal, e a outra por uma das testemunhas, designada pelo testador, fazendo-se de tudo circunstanciada menção no testamento.

Seção III
Do Testamento Cerrado

Art. 1.868. O testamento escrito pelo testador, ou por outra pessoa, a seu rogo, e por aquele assinado, será válido se aprovado pelo tabelião ou seu substituto legal, observadas as seguintes formalidades:

Veja arts. 1.801, 1.857 a 1.859, 1.870, 1.871 e 1.998, CC.

Veja arts. 735 a 737, CPC.

I – que o testador o entregue ao tabelião em presença de duas testemunhas;

Veja art. 228, CC.

II – que o testador declare que aquele é o seu testamento e quer que seja aprovado;

III – que o tabelião lavre, desde logo, o auto de aprovação, na presença de duas testemunhas, e o leia, em seguida, ao testador e testemunhas;

IV – que o auto de aprovação seja assinado pelo tabelião, pelas testemunhas e pelo testador.

Veja art. 736, CPC.

Parágrafo único. O testamento cerrado pode ser escrito mecanicamente, desde que seu subscritor numere e autentique, com a sua assinatura, todas as páginas.

Art. 1.869. O tabelião deve começar o auto de aprovação imediatamente depois da última palavra do testador, declarando, sob sua fé, que o testador lhe entregou para ser aprovado na presença das testemunhas; passando a cerrar e coser o instrumento aprovado.

Veja arts. 1.870 e 1.871, CC.

Parágrafo único. Se não houver espaço na última folha do testamento, para início da aprovação, o tabelião aporá nele o seu sinal público, mencionando a circunstância no auto.

Art. 1.870. Se o tabelião tiver escrito o testamento a rogo do testador, poderá, não obstante, aprová-lo.

Art. 1.871. O testamento pode ser escrito em língua nacional ou estrangeira, pelo próprio testador, ou por outrem, a seu rogo.

Art. 1.872. Não pode dispor de seus bens em testamento cerrado quem não saiba ou não possa ler.

Art. 1.873. Pode fazer testamento cerrado o surdo-mudo, contanto que o escreva todo, e o assine de sua mão, e que, ao entregá-lo ao oficial público, ante as duas testemunhas, escreva, na face externa do papel ou do envoltório, que aquele é o seu testamento, cuja aprovação lhe pede.

Art. 1.874. Depois de aprovado e cerrado, será o testamento entregue ao testador, e o tabelião lançará, no seu livro, nota do lugar, dia, mês e ano em que o testamento foi aprovado e entregue.

Art. 1.875. Falecido o testador, o testamento será apresentado ao juiz, que o abrirá e o fará registrar, ordenando seja cumprido, se não achar vício externo que o torne eivado de nulidade ou suspeito de falsidade.

Veja art. 1.972, CC.

Veja arts. 735 a 737, CPC.

Seção IV
Do Testamento Particular

Art. 1.876. O testamento particular pode ser escrito de próprio punho ou mediante processo mecânico.

§ 1º Se escrito de próprio punho, são requisitos essenciais à sua validade seja lido e assinado por quem o escreveu, na presença de pelo menos três testemunhas, que o devem subscrever.

Veja arts. 228 e 1.880, CC.

§ 2º Se elaborado por processo mecânico, não pode conter rasuras ou espaços em branco, devendo ser assinado pelo testador, depois de o ter lido na presença de pelo menos três testemunhas, que o subscreverão.

Art. 1.877. Morto o testador, publicar-se-á em juízo o testamento, com citação dos herdeiros legítimos.

Veja art. 1.829, CC.

Veja art. 737, CPC.

Art. 1.878. Se as testemunhas forem contestes sobre o fato da disposição, ou, ao menos, sobre a sua leitura perante elas, e se reconhecerem as próprias assinaturas, assim como a do testador, o testamento será confirmado.

Veja art. 737, CPC.

Parágrafo único. Se faltarem testemunhas, por morte ou ausência, e se pelo menos uma delas o reconhecer, o testamento poderá ser confirmado, se, a critério do juiz, houver prova suficiente de sua veracidade.

Art. 1.879. Em circunstâncias excepcionais declaradas na cédula, o testamento particular de próprio punho e assinado pelo testador, sem testemunhas, poderá ser confirmado, a critério do juiz.

Art. 1.880. O testamento particular pode ser escrito em língua estrangeira, contanto que as testemunhas a compreendam.

Veja art. 1.876, § 1º, CC.

CAPÍTULO IV
DOS CODICILOS

Art. 1.881. Toda pessoa capaz de testar poderá, mediante escrito particular seu, datado e assinado, fazer disposições especiais sobre o seu enterro, sobre esmolas de pouca monta a certas e determinadas pessoas, ou, indeterminadamente, aos pobres de certo lugar, assim como legar móveis, roupas ou joias, de pouco valor, de seu uso pessoal.

Veja arts. 1.857, 1.860, 1.883 e 1.902, CC.

Veja art. 737, § 3º, CPC.

Art. 1.882. Os atos a que se refere o artigo antecedente, salvo direito de terceiro, valerão como codicilos, deixe ou não testamento o autor.

Art. 1.883. Pelo modo estabelecido no art. 1.881, poder-se-ão nomear ou substituir testamenteiros.

Veja art. 1.976, CC.

Art. 1.884. Os atos previstos nos artigos antecedentes revogam-se por atos iguais, e consideram-se revogados, se, havendo testamento posterior, de qualquer natureza, este os não confirmar ou modificar.

Veja arts. 1.969 a 1.971, CC.

Art. 1.885. Se estiver fechado o codicilo, abrir-se-á do mesmo modo que o testamento cerrado.

Veja art. 1.875, CC.

Veja art. 735, CPC.

CAPÍTULO V
DOS TESTAMENTOS ESPECIAIS

Seção I
Disposições Gerais

Art. 1.886. São testamentos especiais:

Veja art. 1.887, CC.

Veja art. 737, § 3º, CPC.

I – o marítimo;

Veja arts. 1.888 a 1.892, CC.

II – o aeronáutico;

Veja arts. 1.888 a 1.892, CC.

III – o militar.

Veja arts. 1.893 a 1.896, CC.

Art. 1.887. Não se admitem outros testamentos especiais além dos contemplados neste Código.

Veja art. 1.886, CC.

Seção II
Do Testamento Marítimo e do Testamento Aeronáutico

Art. 1.888. Quem estiver em viagem, a bordo de navio nacional, de guerra ou mercante, pode testar perante o comandante, em presença de duas testemunhas, por forma que corresponda ao testamento público ou ao cerrado.

Veja arts. 1.788, 1.801, I e IV, 1.864 a 1.875 e 1.886, I e II, CC.

Veja art. 737, § 3º, CPC.

Parágrafo único. O registro do testamento será feito no diário de bordo.

Art. 1.889. Quem estiver em viagem, a bordo de aeronave militar ou comercial, pode testar perante pessoa designada pelo comandante, observado o disposto no artigo antecedente.

Art. 1.890. O testamento marítimo ou aeronáutico ficará sob a guarda do comandante, que o entregará às autoridades administrativas do primeiro porto ou aeroporto nacional, contra recibo averbado no diário de bordo.

Art. 1.891. Caducará o testamento marítimo, ou aeronáutico, se o testador não morrer na viagem, nem nos noventa dias subsequentes ao seu desembarque em terra, onde possa fazer, na forma ordinária, outro testamento.

Art. 1.892. Não valerá o testamento marítimo, ainda que feito no curso de uma viagem, se, ao tempo em que se fez, o navio estava em porto onde o testador pudesse desembarcar e testar na forma ordinária.

Seção III
Do Testamento Militar

Art. 1.893. O testamento dos militares e demais pessoas a serviço das Forças Armadas em campanha, dentro do País ou fora dele, assim como em praça sitiada, ou que esteja de comunicações interrompidas, poderá fazer-se, não havendo tabelião ou seu substituto legal, ante duas, ou três testemunhas, se o testador não puder, ou não souber assinar, caso em que assinará por ele uma delas.

Veja arts. 1.788, 1.801, I e IV, 1.886, III, e 1.896, CC.

Veja art. 142, CF.

Veja art. 737, § 3º, CPC.

§ 1º Se o testador pertencer a corpo ou seção de corpo destacado, o testamento será escrito pelo respectivo comandante, ainda que de graduação ou posto inferior.

§ 2º Se o testador estiver em tratamento em hospital, o testamento será escrito pelo respectivo oficial de saúde, ou pelo diretor do estabelecimento.

§ 3º Se o testador for o oficial mais graduado, o testamento será escrito por aquele que o substituir.

Art. 1.894. Se o testador souber escrever, poderá fazer o testamento de seu punho, contanto que o date e assine por extenso, e o apresente aberto ou cerrado, na presença de duas testemunhas ao auditor, ou ao oficial de patente, que lhe faça as vezes neste mister.

Parágrafo único. O auditor, ou o oficial a quem o testamento se apresente notará, em qualquer parte dele, lugar, dia, mês e ano, em que lhe for apresentado, nota esta que será assinada por ele e pelas testemunhas.

Art. 1.895. Caduca o testamento militar, desde que, depois dele, o testador esteja, noventa dias seguidos, em lugar onde possa testar na forma ordinária, salvo se esse testamento apresentar as solenidades prescritas no parágrafo único do artigo antecedente.

Art. 1.896. As pessoas designadas no art. 1.893, estando empenhadas em combate, ou feridas, podem testar oralmente, confiando a sua última vontade a duas testemunhas.

Veja art. 1.801, II, CC.

Veja arts. 735 a 737, CPC.

Parágrafo único. Não terá efeito o testamento se o testador não morrer na guerra ou convalescer do ferimento.

CAPÍTULO VI
DAS DISPOSIÇÕES TESTAMENTÁRIAS

Art. 1.897. A nomeação de herdeiro, ou legatário, pode fazer-se pura e simplesmente, sob condição, para certo fim ou modo, ou por certo motivo.

Veja arts. 62, 80, II, 121, 137, 1.693, III e IV, e 1.733, § 2º, CC.

Art. 1.898. A designação do tempo em que deva começar ou cessar o direito do herdeiro, salvo nas disposições fideicomissárias, ter-se-á por não escrita.

Veja arts. 131, 133, 135, 1.924, 1.928 e 1.951 a 1.960, CC.

Art. 1.899. Quando a cláusula testamentária for suscetível de interpretações diferentes, prevalecerá a que melhor assegure a observância da vontade do testador.

Veja arts. 112, 113 e 133, CC.

Art. 1.900. É nula a disposição:

Veja arts. 166, 1.859 e 1.909, CC.

I – que institua herdeiro ou legatário sob a condição captatória de que este disponha, também por testamento, em benefício do testador, ou de terceiro;

II – que se refira a pessoa incerta, cuja identidade não se possa averiguar;

Veja art. 1.903, CC.

III – que favoreça a pessoa incerta, cometendo a determinação de sua identidade a terceiro;

Veja arts. 1.901, I, e 1.903, CC.

IV – que deixe a arbítrio do herdeiro, ou de outrem, fixar o valor do legado;

Veja arts. 1.901, II, e 1.903, CC.

V – que favoreça as pessoas a que se referem os arts. 1.801 e 1.802.

Art. 1.901. Valerá a disposição:

I – em favor de pessoa incerta que deva ser determinada por terceiro, dentre duas ou mais pessoas mencionadas pelo testador, ou pertencentes a uma família, ou a um corpo coletivo, ou a um estabelecimento por ele designado;

Veja art. 1.900, III, CC.

II – em remuneração de serviços prestados ao testador, por ocasião da moléstia de que faleceu, ainda que fique ao arbítrio do herdeiro ou de outrem determinar o valor do legado.

Veja art. 1.900, IV, CC.

Art. 1.902. A disposição geral em favor dos pobres, dos estabelecimentos particulares de caridade, ou dos de assistência pública, entender-se-á relativa aos pobres do lugar do domicílio do testador ao tempo de sua morte, ou dos estabelecimentos aí sitos, salvo se manifestamente constar que tinha em mente beneficiar os de outra localidade.

Veja art. 1.881, CC.

Parágrafo único. Nos casos deste artigo, as instituições particulares preferirão sempre às públicas.

Art. 1.903. O erro na designação da pessoa do herdeiro, do legatário, ou da coisa legada anula a disposição, salvo se, pelo contexto do testamento, por outros documentos, ou por fatos inequívocos, se puder identificar a pessoa ou coisa a que o testador queria referir-se.

Veja arts. 142, 1.859, 1.899, 1.900 e 1.909, CC.

Art. 1.904. Se o testamento nomear dois ou mais herdeiros, sem discriminar a parte de cada um, partilhar-se-á por igual, entre todos, a porção disponível do testador.

Veja art. 1.789, CC.

Art. 1.905. Se o testador nomear certos herdeiros individualmente e outros coletivamente, a herança será dividida em tantas quotas quantos forem os indivíduos e os grupos designados.

Art. 1.906. Se forem determinadas as quotas de cada herdeiro, e não absorverem toda a herança, o remanescente pertencerá aos herdeiros legítimos, segundo a ordem da vocação hereditária.

Veja arts. 1.829, 1.850 e 1.966, CC.

Art. 1.907. Se forem determinados os quinhões de uns e não os de outros herdeiros, distribuir-se-á por igual a estes últimos o que restar, depois de completas as porções hereditárias dos primeiros.

Art. 1.908. Dispondo o testador que não caiba ao herdeiro instituído certo e determinado objeto, dentre os da herança, tocará ele aos herdeiros legítimos.

Art. 1.909. São anuláveis as disposições testamentárias inquinadas de erro, dolo ou coação.

Veja arts. 138 a 155, 171 a 185, 1.788, 1.859, 1.900 e 1.903, CC.

Parágrafo único. Extingue-se em quatro anos o direito de anular a disposição, contados de quando o interessado tiver conhecimento do vício.

Art. 1.910. A ineficácia de uma disposição testamentária importa a das outras que, sem aquela, não teriam sido determinadas pelo testador.

Veja arts. 184 e 185, CC.

Art. 1.911. A cláusula de inalienabilidade, imposta aos bens por ato de liberalidade, implica impenhorabilidade e incomunicabilidade.

Veja arts. 1.693, III, 1.733, § 2º, e 1.848, CC.

Veja arts. 833 e 834, CPC.

Veja art. 171, § 2º, II, CP.

Parágrafo único. No caso de desapropriação de bens clausulados, ou de sua alienação, por conveniência econômica do donatário ou do herdeiro, mediante autorização judicial, o produto da venda converter-se-á em outros bens, sobre os quais incidirão as restrições apostas aos primeiros.

Veja arts. 723, parágrafo único, e 725, II, CPC.

CAPÍTULO VII
DOS LEGADOS

Seção I
Disposições Gerais

Art. 1.912. É ineficaz o legado de coisa certa que não pertença ao testador no momento da abertura da sucessão.

Veja arts. 166, VII, 185, 1.268, 1.420, § 1º, 1.914 a 1.916 e 1.939, II, CC.

Art. 1.913. Se o testador ordenar que o herdeiro ou legatário entregue coisa de sua propriedade a outrem, não o cumprindo ele, entender-se-á que renunciou à herança ou ao legado.

Veja arts. 1.914 e 1.935, CC.

Art. 1.914. Se tão somente em parte a coisa legada pertencer ao testador, ou, no caso do artigo antecedente, ao herdeiro ou ao legatário, só quanto a essa parte valerá o legado.

Veja art. 1.939, II, CC.

Art. 1.915. Se o legado for de coisa que se determine pelo gênero, será o mesmo cumprido, ainda que tal coisa não exista entre os bens deixados pelo testador.

Veja arts. 85 e 1.929 a 1.931, CC.

Art. 1.916. Se o testador legar coisa sua, singularizando-a, só terá eficácia o legado se, ao tempo do seu falecimento, ela se achava entre os bens da herança; se a coisa legada existir entre os bens do testador, mas em quantidade inferior à do legado, este será eficaz apenas quanto à existente.

Veja art. 1.939, II, CC.

Art. 1.917. O legado de coisa que deva encontrar-se em determinado lugar só terá eficácia se nele for achada, salvo se removida a título transitório.

Art. 1.918. O legado de crédito, ou de quitação de dívida, terá eficácia somente até a importância desta, ou daquele, ao tempo da morte do testador.

§ 1º Cumpre-se o legado, entregando o herdeiro ao legatário o título respectivo.

§ 2º Este legado não compreende as dívidas posteriores à data do testamento.

Art. 1.919. Não o declarando expressamente o testador, não se reputará compensação da sua dívida o legado que ele faça ao credor.

Veja arts. 368 a 380, CC.

Parágrafo único. Subsistirá integralmente o legado, se a dívida lhe foi posterior, e o testador a solveu antes de morrer.

Art. 1.920. O legado de alimentos abrange o sustento, a cura, o vestuário e a casa, enquanto o legatário viver, além da educação, se ele for menor.

Veja art. 1.928, parágrafo único, CC.

Art. 1.921. O legado de usufruto, sem fixação de tempo, entende-se deixado ao legatário por toda a sua vida.

Veja art. 1.410, I, CC.

Art. 1.922. Se aquele que legar um imóvel lhe ajuntar depois novas aquisições, estas, ainda que contíguas, não se compreendem no legado, salvo expressa declaração em contrário do testador.

Veja arts. 92 e 1.937, CC.

Parágrafo único. Não se aplica o disposto neste artigo às benfeitorias necessárias, úteis ou voluptuárias feitas no prédio legado.

Veja art. 96, CC.

Seção II
Dos Efeitos do Legado e do seu Pagamento

Art. 1.923. Desde a abertura da sucessão, pertence ao legatário a coisa certa, existente no acervo, salvo se o legado estiver sob condição suspensiva.

Veja arts. 121, 125, 131, 135, 1.784, 1.900, I, e 1.937, CC.

§ 1º Não se defere de imediato a posse da coisa, nem nela pode o legatário entrar por autoridade própria.

§ 2º O legado de coisa certa existente na herança transfere também ao legatário os frutos que produzir, desde a morte do testador, exceto se dependente de condição suspensiva, ou de termo inicial.

Art. 1.924. O direito de pedir o legado não se exercerá, enquanto se litigue sobre a validade do testamento, e, nos legados condicionais, ou a prazo, enquanto esteja pendente a condição ou o prazo não se vença.

Veja arts. 121 a 135 e 1.923, CC.

Art. 1.925. O legado em dinheiro só vence juros desde o dia em que se constituir em mora a pessoa obrigada a prestá-lo.

Veja arts. 394, 397, 406, 407 e 1.923, § 2º, CC.

Art. 1.926. Se o legado consistir em renda vitalícia ou pensão periódica, esta ou aquela correrá da morte do testador.

Veja arts. 1.920 e 1.928, CC.

Art. 1.927. Se o legado for de quantidades certas, em prestações periódicas, datará da morte do testador o primeiro período, e o legatário terá direito a cada prestação, uma vez encetado cada um dos períodos sucessivos, ainda que venha a falecer antes do termo dele.

Art. 1.928. Sendo periódicas as prestações, só no termo de cada período se poderão exigir.

Parágrafo único. Se as prestações forem deixadas a título de alimentos, pagar-se-ão no começo de cada período, sempre que outra coisa não tenha disposto o testador.

Veja art. 1.920, CC.

Art. 1.929. Se o legado consiste em coisa determinada pelo gênero, ao herdeiro tocará escolhê-la, guardando o meio-termo entre as congêneres da melhor e pior qualidade.

Veja arts. 244, 1.915, 1.930 e 1.931, CC.

Art. 1.930. O estabelecido no artigo antecedente será observado, quando a escolha for deixada a arbítrio de terceiro; e, se este não a quiser ou não a puder exercer, ao juiz competirá fazê-la, guardado o disposto na última parte do artigo antecedente.

Veja arts. 252, § 4º, e 1.931, CC.

Art. 1.931. Se a opção foi deixada ao legatário, este poderá escolher, do gênero determinado, a melhor coisa que houver na herança; e, se nesta não existir coisa de tal gênero, dar-lhe-á de outra congênere o herdeiro, observada a disposição na última parte do art. 1.929.

Veja arts. 244, 252 e 1.930, CC.

Art. 1.932. No legado alternativo, presume-se deixada ao herdeiro a opção.

Veja arts. 252 a 256 e 1.940, CC.

Art. 1.933. Se o herdeiro ou legatário a quem couber a opção falecer antes de exercê-la, passará este poder aos seus herdeiros.

Veja arts. 252 e 1.809, CC.

Art. 1.934. No silêncio do testamento, o cumprimento dos legados incumbe aos herdeiros e, não os havendo, aos legatários, na proporção do que herdaram.

Parágrafo único. O encargo estabelecido neste artigo, não havendo disposição testamentária em contrário, caberá ao herdeiro ou legatário incumbido pelo testador da execução do legado; quando indicados mais de um, os onerados dividirão entre si o ônus, na proporção do que recebam da herança.

Art. 1.935. Se algum legado consistir em coisa pertencente a herdeiro ou legatário (art. 1.913), só a ele incumbirá cumpri-lo, com regresso contra os coerdeiros, pela quota de cada um, salvo se o contrário expressamente dispôs o testador.

Veja art. 125, II, CPC.

Art. 1.936. As despesas e os riscos da entrega do legado correm à conta do legatário, se não dispuser diversamente o testador.

Art. 1.937. A coisa legada entregar-se-á, com seus acessórios, no lugar e estado em que se achava ao falecer o testador, passando ao legatário com todos os encargos que a onerarem.

Veja arts. 92, 1.922, parágrafo único, e 1.923, CC.

Art. 1.938. Nos legados com encargo, aplica-se ao legatário o disposto neste Código quanto às doações de igual natureza.

Veja arts. 136, 553, 555 e 562, CC.

Seção III
Da Caducidade dos Legados

Art. 1.939. Caducará o legado:

I – se, depois do testamento, o testador modificar a coisa legada, ao ponto de já não ter a forma nem lhe caber a denominação que possuía;

II – se o testador, por qualquer título, alienar no todo ou em parte a coisa legada; nesse caso, caducará até onde ela deixou de pertencer ao testador;

Veja arts. 1.912, 1.914 e 1.916, CC.

III – se a coisa perecer ou for evicta, vivo ou morto o testador, sem culpa do herdeiro ou legatário incumbido do seu cumprimento;

Veja arts. 447 a 457 e 552, CC.

IV – se o legatário for excluído da sucessão, nos termos do art. 1.815;

V – se o legatário falecer antes do testador.

Art. 1.940. Se o legado for de duas ou mais coisas alternativamente, e algumas delas perecerem, subsistirá quanto às restantes; perecendo parte de uma, valerá, quanto ao seu remanescente, o legado.

Veja arts. 253, 1.932 e 1.939, III, CC.

CAPÍTULO VIII
DO DIREITO DE ACRESCER ENTRE HERDEIROS E LEGATÁRIOS

Art. 1.941. Quando vários herdeiros, pela mesma disposição testamentária, forem conjuntamente chamados à herança em quinhões não determinados, e qualquer deles não puder ou não quiser aceitá-la, a sua parte acrescerá à dos coerdeiros, salvo o direito do substituto.

Veja arts. 1.943 e 1.947, CC.

Art. 1.942. O direito de acrescer competirá aos colegatários, quando nomeados conjuntamente a respeito de uma só coisa, determinada e certa, ou quando o objeto do legado não puder ser dividido sem risco de desvalorização.

Veja arts. 87, 88 e 1.943, CC.

Art. 1.943. Se um dos coerdeiros ou colegatários, nas condições do artigo antecedente, morrer antes do testador; se renunciar a herança ou legado, ou destes for excluído, e, se a condição sob a qual foi instituído não se verificar, acrescerá o seu quinhão, salvo o direito do substituto, à parte dos coerdeiros ou colegatários conjuntos.

Veja arts. 121, 125, 127, 1.788, 1.809, 1.810, 1.814, 1.941, 1.942 e 1.947, CC.

Parágrafo único. Os coerdeiros ou colegatários, aos quais acresceu o quinhão daquele que não quis ou não pôde suceder, ficam sujeitos às obrigações ou encargos que o oneravam.

Veja art. 136, CC.

Art. 1.944. Quando não se efetua o direito de acrescer, transmite-se aos herdeiros legítimos a quota vaga do nomeado.

Veja arts. 1.784, 1.906 e 1.908, CC.

Parágrafo único. Não existindo o direito de acrescer entre os colegatários, a quota do que faltar acresce ao herdeiro ou ao legatário incumbido de satisfazer esse legado, ou a todos os herdeiros, na proporção dos seus quinhões, se o legado se deduziu da herança.

Art. 1.945. Não pode o beneficiário do acréscimo repudiá-lo separadamente da herança ou legado que lhe caiba, salvo se o acréscimo comportar encargos especiais impostos pelo testador; nesse caso, uma vez repudiado, reverte o acréscimo para a pessoa a favor de quem os encargos foram instituídos.

Art. 1.946. Legado um só usufruto conjuntamente a duas ou mais pessoas, a parte da que faltar acresce aos colegatários.

Veja art. 1.411, CC.

Parágrafo único. Se não houver conjunção entre os colegatários, ou se, apesar de conjuntos, só lhes foi legada certa parte do usufruto, consolidar-se-ão na propriedade as quotas dos que faltarem, à medida que eles forem faltando.

CAPÍTULO IX
DAS SUBSTITUIÇÕES

Seção I
Da Substituição Vulgar e da Recíproca

Art. 1.947. O testador pode substituir outra pessoa ao herdeiro ou ao legatário nomeado, para o caso de um ou outro não querer ou não poder aceitar a herança ou o legado, presumindo-se que a substituição foi determinada para as duas alternativas, ainda que o testador só a uma se refira.

Veja art. 1.799, CC.

Art. 1.948. Também é lícito ao testador substituir muitas pessoas por uma só, ou vice-versa, e ainda substituir com reciprocidade ou sem ela.

Art. 1.949. O substituto fica sujeito à condição ou encargo imposto ao substituído, quando não for diversa a intenção manifestada pelo testador, ou não resultar outra coisa da natureza da condição ou do encargo.

Veja arts. 121 e 136, CC.

Art. 1.950. Se, entre muitos coerdeiros ou legatários de partes desiguais, for estabelecida substituição recíproca, a proporção dos quinhões fixada na primeira disposição entender-se-á mantida na segunda; se, com as outras anteriormente nomeadas, for incluída mais alguma pessoa na substituição, o quinhão vago pertencerá em partes iguais aos substitutos.

Seção II
Da Substituição Fideicomissária

Art. 1.951. Pode o testador instituir herdeiros ou legatários, estabelecendo que, por ocasião de sua morte, a herança ou o legado se transmita ao fiduciário, resolvendo-se o direito deste, por sua morte, a certo tempo ou sob certa condição, em favor de outrem, que se qualifica de fideicomissário.

Veja arts. 27, III, 1.668, II, e 1.898, CC.

Art. 1.952. A substituição fideicomissária somente se permite em favor dos não concebidos ao tempo da morte do testador.

Veja arts. 2º, 1.799, I, e 1.959, CC.

Parágrafo único. Se, ao tempo da morte do testador, já houver nascido o fideicomissário, adquirirá este a propriedade dos bens fideicometidos, convertendo-se em usufruto o direito do fiduciário.

Veja arts. 1.390 a 1.411, CC.

Art. 1.953. O fiduciário tem a propriedade da herança ou legado, mas restrita e resolúvel.

Veja arts. 1.231, 1.359 e 1.360, CC.

Parágrafo único. O fiduciário é obrigado a proceder ao inventário dos bens gravados, e a prestar caução de restituí-los se o exigir o fideicomissário.

Art. 1.954. Salvo disposição em contrário do testador, se o fiduciário renunciar a herança ou o legado, defere-se ao fideicomissário o poder de aceitar.

Veja arts. 1.806, 1.808, 1.943 e 1.944, CC.

Art. 1.955. O fideicomissário pode renunciar a herança ou o legado, e, neste caso, o fideicomisso caduca, deixando de ser resolúvel a propriedade do fiduciário, se não houver disposição contrária do testador.

Veja arts. 1.806, 1.808, 1.813 e 1.958, CC.

Art. 1.956. Se o fideicomissário aceitar a herança ou o legado, terá direito à parte que, ao fiduciário, em qualquer tempo acrescer.

Art. 1.957. Ao sobrevir a sucessão, o fideicomissário responde pelos encargos da herança que ainda restarem.

Art. 1.958. Caduca o fideicomisso se o fideicomissário morrer antes do fiduciário, ou antes de realizar-se a condição resolutória do direito deste último; nesse caso, a propriedade consolida-se no fiduciário, nos termos do art. 1.955.

Art. 1.959. São nulos os fideicomissos além do segundo grau.

Art. 1.960. A nulidade da substituição ilegal não prejudica a instituição, que valerá sem o encargo resolutório.

Veja art. 1.959, CC.

CAPÍTULO X
DA DESERDAÇÃO

Art. 1.961. Os herdeiros necessários podem ser privados de sua legítima, ou deserdados, em todos os casos em que podem ser excluídos da sucessão.

Veja arts. 1.789, 1.814 a 1.818 e 1.846, CC.

Art. 1.962. Além das causas mencionadas no art. 1.814, autorizam a deserdação dos descendentes por seus ascendentes:

Veja art. 557, CC.

Veja arts. 5º, I, e 227, § 6º, CF.

Veja art. 9º, Lei n. 883, de 21.10.1949.

I – ofensa física;

II – injúria grave;

III – relações ilícitas com a madrasta ou com o padrasto;

IV – desamparo do ascendente em alienação mental ou grave enfermidade.

Art. 1.963. Além das causas enumeradas no art. 1.814, autorizam a deserdação dos ascendentes pelos descendentes:

I – ofensa física;

II – injúria grave;

III – relações ilícitas com a mulher ou companheira do filho ou a do neto, ou com o marido ou companheiro da filha ou o da neta;

IV – desamparo do filho ou neto com deficiência mental ou grave enfermidade.

Art. 1.964. Somente com expressa declaração de causa pode a deserdação ser ordenada em testamento.

Veja arts. 1.814 e 1.975, CC.

Art. 1.965. Ao herdeiro instituído, ou àquele a quem aproveite a deserdação, incumbe provar a veracidade da causa alegada pelo testador.

Veja arts. 1.816 e 1.964, CC.

Parágrafo único. O direito de provar a causa da deserdação extingue-se no prazo de quatro anos, a contar da data da abertura do testamento.

Veja art. 1.815, parágrafo único, CC.

CAPÍTULO XI
DA REDUÇÃO DAS DISPOSIÇÕES TESTAMENTÁRIAS

Art. 1.966. O remanescente pertencerá aos herdeiros legítimos, quando o testador só em parte dispuser da quota hereditária disponível.

Veja arts. 1.829, 1.845, 1.906, 1.908 e 1.975, CC.

Art. 1.967. As disposições que excederem a parte disponível reduzir-se-ão aos limites dela, de conformidade com o disposto nos parágrafos seguintes.

Veja arts. 549, 1.846, 1.847 e 2.007, CC.

§ 1º Em se verificando excederem as disposições testamentárias a porção disponível, serão proporcionalmente reduzidas as quotas do herdeiro ou herdeiros instituídos, até onde baste, e, não bastando, também os legados, na proporção do seu valor.

§ 2º Se o testador, prevenindo o caso, dispuser que se inteirem, de preferência, certos herdeiros e legatários, a redução far-se-á nos outros quinhões ou legados, observando-se a seu respeito a ordem estabelecida no parágrafo antecedente.

Art. 1.968. Quando consistir em prédio divisível o legado sujeito a redução, far-se-á esta dividindo-o proporcionalmente.

Veja arts. 87 e 1.904 a 1.908, CC.

§ 1º Se não for possível a divisão, e o excesso do legado montar a mais de um quarto do valor do prédio, o legatário deixará inteiro na herança o imóvel legado, ficando com o direito de pedir aos herdeiros o valor que couber na parte disponível; se o excesso não for de mais de um quarto, aos herdeiros fará tornar em dinheiro o legatário, que ficará com o prédio.

§ 2º Se o legatário for ao mesmo tempo herdeiro necessário, poderá inteirar sua legítima no mesmo imóvel, de preferência aos outros, sempre que ela e a parte subsistente do legado lhe absorverem o valor.

Veja arts. 1.845 a 1.849, CC.

CAPÍTULO XII
DA REVOGAÇÃO DO TESTAMENTO

Art. 1.969. O testamento pode ser revogado pelo mesmo modo e forma como pode ser feito.

Veja art. 1º, III, Lei n. 8.560, de 29.12.1992.

Art. 1.970. A revogação do testamento pode ser total ou parcial.

Parágrafo único. Se parcial, ou se o testamento posterior não contiver cláusula revogatória expressa, o anterior subsiste em tudo que não for contrário ao posterior.

Art. 1.971. A revogação produzirá seus efeitos, ainda quando o testamento, que a encerra, vier a caducar por exclusão, incapacidade ou renúncia do herdeiro nele nomeado; não valerá, se o testamento revogatório for anulado por omissão ou infração de solenidades essenciais ou por vícios intrínsecos.

Veja arts. 1.864, 1.868, 1.891 e 1.895, CC.

Art. 1.972. O testamento cerrado que o testador abrir ou dilacerar, ou for aberto ou dilacerado com seu consentimento, haver-se-á como revogado.

Veja arts. 1.868 a 1.875, CC.

CAPÍTULO XIII
DO ROMPIMENTO DO TESTAMENTO

Art. 1.973. Sobrevindo descendente sucessível ao testador, que não o tinha ou não o conhecia quando testou, rompe-se o testamento em todas as suas disposições, se esse descendente sobreviver ao testador.

Veja arts. 1.609, 1.610, 1.788, 1.789, 1.845, 1.846, 1.939 e 1.940, CC.

Art. 1.974. Rompe-se também o testamento feito na ignorância de existirem outros herdeiros necessários.

Veja arts. 1.789, 1.845 a 1.847, 1.939 e 1.940, CC.

Art. 1.975. Não se rompe o testamento, se o testador dispuser da sua metade, não contemplando os herdeiros necessários de cuja existência saiba, ou quando os exclua dessa parte.

Veja arts. 1.789, 1.845 a 1.847, 1.850, 1.939, 1.940 e 1.961 a 1.965, CC.

CAPÍTULO XIV
DO TESTAMENTEIRO

Art. 1.976. O testador pode nomear um ou mais testamenteiros, conjuntos ou separados, para lhe darem cumprimento às disposições de última vontade.

Veja arts. 1.883 e 1.986, CC.

Veja art. 168, § 1º, II, CP.

Art. 1.977. O testador pode conceder ao testamenteiro a posse e a administração da herança, ou de parte dela, não havendo cônjuge ou herdeiros necessários.

Veja arts. 1.797, III, e 1.845, CC.

Veja art. 617, V, CPC.

Parágrafo único. Qualquer herdeiro pode requerer partilha imediata, ou devolução da herança, habilitando o testamenteiro com os meios necessários para o cumprimento dos legados, ou dando caução de prestá-los.

Veja art. 2.013, CC.

Art. 1.978. Tendo o testamenteiro a posse e a administração dos bens, incumbe-lhe requerer inventário e cumprir o testamento.

Veja arts. 615 e 616, IV, CPC.

Art. 1.979. O testamenteiro nomeado, ou qualquer parte interessada, pode requerer, assim como o juiz pode ordenar, de ofício, ao detentor do testamento, que o leve a registro.

Veja art. 735, §§ 3º e 4º, CPC.

Art. 1.980. O testamenteiro é obrigado a cumprir as disposições testamentárias, no prazo marcado pelo testador, e a dar contas do que recebeu e despendeu, subsistindo sua responsabilidade enquanto durar a execução do testamento.

Veja art. 1.983, CC.

Art. 1.981. Compete ao testamenteiro, com ou sem o concurso do inventariante e dos herdeiros instituídos, defender a validade do testamento.

Art. 1.982. Além das atribuições exaradas nos artigos antecedentes, terá o testamenteiro as que lhe conferir o testador, nos limites da lei.

Art. 1.983. Não concedendo o testador prazo maior, cumprirá o testamenteiro o testamento e prestará contas em cento e oitenta dias, contados da aceitação da testamentaria.

Parágrafo único. Pode esse prazo ser prorrogado se houver motivo suficiente.

Art. 1.984. Na falta de testamenteiro nomeado pelo testador, a execução testamentária compete a um dos cônjuges, e, em falta destes, ao herdeiro nomeado pelo juiz.

Veja art. 1.797, CC.

Veja art. 617, CPC.

Art. 1.985. O encargo da testamentaria não se transmite aos herdeiros do testamenteiro, nem é delegável; mas o testamenteiro pode fazer-se representar em juízo e fora dele, mediante mandatário com poderes especiais.

Veja arts. 653, 660 e 692, CC.

Art. 1.986. Havendo simultaneamente mais de um testamenteiro, que tenha aceitado o cargo, poderá cada qual exercê-lo, em falta dos outros; mas todos ficam solidariamente obrigados a dar conta dos bens que lhes forem confiados, salvo se cada um tiver, pelo testamento, funções distintas, e a elas se limitar.

Veja arts. 275 a 285 e 1.976, CC.

Art. 1.987. Salvo disposição testamentária em contrário, o testamenteiro, que não seja herdeiro ou legatário, terá direito a um prêmio, que, se o testador não o houver fixado, será de um a cinco por cento, arbitrado pelo juiz, sobre a herança líquida, conforme a importância dela e maior ou menor dificuldade na execução do testamento.

Veja art. 1.989, CC.

Parágrafo único. O prêmio arbitrado será pago à conta da parte disponível, quando houver herdeiro necessário.

Veja arts. 1.845 a 1.849, CC.

Art. 1.988. O herdeiro ou o legatário nomeado testamenteiro poderá preferir o prêmio à herança ou ao legado.

Art. 1.989. Reverterá à herança o prêmio que o testamenteiro perder, por ser removido ou por não ter cumprido o testamento.

Veja arts. 1.796, 1.978 e 1.987, CC.

Art. 1.990. Se o testador tiver distribuído toda a herança em legados, exercerá o testamenteiro as funções de inventariante.

Veja arts. 1.797, III, 1.912 a 1.938 e 1.991, CC.

Veja arts. 617 a 619, CPC.

TÍTULO IV
DO INVENTÁRIO E DA PARTILHA

CAPÍTULO I
DO INVENTÁRIO

Veja art. 610, CPC.

Art. 1.991. Desde a assinatura do compromisso até a homologação da partilha, a administração da herança será exercida pelo inventariante.

Veja arts. 1.314, 1.784, 1.791, 1.796, 1.797, 1.977, 1.978, 1.981, 1.990 e 2.013, CC.

Veja arts. 48, 75, VII, § 1º, e 610 a 625, CPC.

CAPÍTULO II
DOS SONEGADOS

Art. 1.992. O herdeiro que sonegar bens da herança, não os descrevendo no inventário quando estejam em seu poder, ou, com o seu conhecimento, no de outrem, ou que os omitir na colação, a que os deva levar, ou que deixar de restituí-los, perderá o direito que sobre eles lhe cabia.

Veja arts. 2.003 e 2.022, CC.

Veja arts. 621 e 669, I, CPC.

Art. 1.993. Além da pena cominada no artigo antecedente, se o sonegador for o próprio inventariante, remover-se-á, em se provando a sonegação, ou negando ele a existência dos bens, quando indicados.

Veja arts. 621 e 622, VI, CPC.

Art. 1.994. A pena de sonegados só se pode requerer e impor em ação movida pelos herdeiros ou pelos credores da herança.

Veja arts. 205 e 2.022, CC.

Parágrafo único. A sentença que se proferir na ação de sonegados, movida por qualquer dos herdeiros ou credores, aproveita aos demais interessados.

Art. 1.995. Se não se restituírem os bens sonegados, por já não os ter o sonegador em seu poder, pagará ele a importância dos valores que ocultou, mais as perdas e danos.

Veja arts. 402 a 405, CC.

Veja art. 641, § 2º, CPC.

Art. 1.996. Só se pode arguir de sonegação o inventariante depois de encerrada a descrição dos bens, com a declaração, por ele feita, de não existirem outros por inventariar e partir, assim como arguir o herdeiro, depois de declarar-se no inventário que não os possui.

Veja art. 621, CPC.

CAPÍTULO III
DO PAGAMENTO DAS DÍVIDAS

Art. 1.997. A herança responde pelo pagamento das dívidas do falecido; mas, feita a partilha, só respondem os herdeiros, cada qual em proporção da parte que na herança lhe coube.

Veja arts. 91, 276, 391, 836, 943, 1.700, 1.792 e 1.821, CC.
Veja arts. 642 a 646, 659 a 667, 789 e 796, CPC.
Veja art. 23, Lei n. 6.515, de 26.12.1977.

§ 1º Quando, antes da partilha, for requerido no inventário o pagamento de dívidas constantes de documentos, revestidos de formalidades legais, constituindo prova bastante da obrigação, e houver impugnação, que não se funde na alegação de pagamento, acompanhada de prova valiosa, o juiz mandará reservar, em poder do inventariante, bens suficientes para solução do débito, sobre os quais venha a recair oportunamente a execução.

Veja arts. 643, parágrafo único, e 651, CPC.

§ 2º No caso previsto no parágrafo antecedente, o credor será obrigado a iniciar a ação de cobrança no prazo de trinta dias, sob pena de se tornar de nenhum efeito a providência indicada.

Veja arts. 642 a 646 e 668, I, CPC.

Art. 1.998. As despesas funerárias, haja ou não herdeiros legítimos, sairão do monte da herança; mas as de sufrágios por alma do falecido só obrigarão a herança quando ordenadas em testamento ou codicilo.

Veja arts. 965, I, 1.847 e 1.881, CC.

Art. 1.999. Sempre que houver ação regressiva de uns contra outros herdeiros, a parte do coerdeiro insolvente dividir-se-á em proporção entre os demais.

Veja art. 125, II, CPC.

Art. 2.000. Os legatários e credores da herança podem exigir que do patrimônio do falecido se discrimine o do herdeiro, e, em concurso com os credores deste, ser-lhes-ão preferidos no pagamento.

Art. 2.001. Se o herdeiro for devedor ao espólio, sua dívida será partilhada igualmente entre todos, salvo se a maioria consentir que o débito seja imputado inteiramente no quinhão do devedor.

CAPÍTULO IV
DA COLAÇÃO

Art. 2.002. Os descendentes que concorrerem à sucessão do ascendente comum são obrigados, para igualar as legítimas, a conferir o valor das doações que dele em vida receberam, sob pena de sonegação.

Veja arts. 1.829, I, 1.992, 2.010 e 2.011, CC.
Veja arts. 411, III, 412 a 418 e 639 a 641, CPC.

Parágrafo único. Para cálculo da legítima, o valor dos bens conferidos será computado na parte indisponível, sem aumentar a disponível.

Veja arts. 544, 549, 1.846 e 1.847, CC.

Art. 2.003. A colação tem por fim igualar, na proporção estabelecida neste Código, as legítimas dos descendentes e do cônjuge sobrevivente, obrigando também os donatários que, ao tempo do falecimento do doador, já não possuírem os bens doados.

Veja arts. 544 e 2.009, CC.

Veja arts. 305 a 307, CPC.

Parágrafo único. Se, computados os valores das doações feitas em adiantamento de legítima, não houver no acervo bens suficientes para igualar as legítimas dos descendentes e do cônjuge, os bens assim doados serão conferidos em espécie, ou, quando deles já não disponha o donatário, pelo seu valor ao tempo da liberalidade.

Veja art. 2.004, CC.

Art. 2.004. O valor de colação dos bens doados será aquele, certo ou estimativo, que lhes atribuir o ato de liberalidade.

Veja art. 639, parágrafo único, CPC.

§ 1º Se do ato de doação não constar valor certo, nem houver estimação feita naquela época, os bens serão conferidos na partilha pelo que então se calcular valessem ao tempo da liberalidade.

§ 2º Só o valor dos bens doados entrará em colação; não assim o das benfeitorias acrescidas, as quais pertencerão ao herdeiro donatário, correndo também à conta deste os rendimentos ou lucros, assim como os danos e perdas que eles sofrerem.

Veja arts. 96 e 402 a 405, CC.

Art. 2.005. São dispensadas da colação as doações que o doador determinar saiam da parte disponível, contanto que não a excedam, computado o seu valor ao tempo da doação.

Veja arts. 549 e 1.857, § 1º, CC.

Parágrafo único. Presume-se imputada na parte disponível a liberalidade feita a descendente que, ao tempo do ato, não seria chamado à sucessão na qualidade de herdeiro necessário.

Art. 2.006. A dispensa da colação pode ser outorgada pelo doador em testamento, ou no próprio título de liberalidade.

Art. 2.007. São sujeitas à redução as doações em que se apurar excesso quanto ao que o doador poderia dispor, no momento da liberalidade.

Veja arts. 549, 1.967, 2.003, parágrafo único, e 2.005, CC.

Veja art. 640, CPC.

§ 1º O excesso será apurado com base no valor que os bens doados tinham, no momento da liberalidade.

Veja art. 2.004, CC.

§ 2º A redução da liberalidade far-se-á pela restituição ao monte do excesso assim apurado; a restituição será em espécie, ou, se não mais existir o bem em poder do donatário, em dinheiro, segundo o seu valor ao tempo da abertura da sucessão, observadas, no que forem aplicáveis, as regras deste Código sobre a redução das disposições testamentárias.

§ 3º Sujeita-se a redução, nos termos do parágrafo antecedente, a parte da doação feita a herdeiros necessários que exceder a legítima e mais a quota disponível.

§ 4º Sendo várias as doações a herdeiros necessários, feitas em diferentes datas, serão elas reduzidas a partir da última, até a eliminação do excesso.

Art. 2.008. Aquele que renunciou a herança ou dela foi excluído, deve, não obstante, conferir as doações recebidas, para o fim de repor o que exceder o disponível.

Veja arts. 549, 1.806, 1.808, 1.810 a 1.812, 1.814 a 1.818, 1.961 a 1.963 e 1.967, CC.

Veja arts. 618, I, e 640, CPC.

Art. 2.009. Quando os netos, representando os seus pais, sucederem aos avós, serão obrigados a trazer à colação, ainda que não o hajam herdado, o que os pais teriam de conferir.

Veja arts. 1.835, 1.851 e 1.852, CC.

Art. 2.010. Não virão à colação os gastos ordinários do ascendente com o descendente, enquanto menor, na sua educação, estudos, sustento, vestuário, tratamento nas enfermidades, enxoval, assim como as despesas de casamento, ou as feitas no interesse de sua defesa em processo-crime.

Veja art. 1.694, CC.

Art. 2.011. As doações remuneratórias de serviços feitos ao ascendente também não estão sujeitas a colação.

Art. 2.012. Sendo feita a doação por ambos os cônjuges, no inventário de cada um se conferirá por metade.

CAPÍTULO V
DA PARTILHA

Art. 2.013. O herdeiro pode sempre requerer a partilha, ainda que o testador o proíba, cabendo igual faculdade aos seus cessionários e credores.

Veja arts. 349, 1.321 e 2.023, CC.

Veja arts. 616 e 647 a 658, CPC.

Art. 2.014. Pode o testador indicar os bens e valores que devem compor os quinhões hereditários, deliberando ele próprio a partilha, que prevalecerá, salvo se o valor dos bens não corresponder às quotas estabelecidas.

Veja arts. 1.321 e 2.018, CC.

Art. 2.015. Se os herdeiros forem capazes, poderão fazer partilha amigável, por escritura pública, termo nos autos do inventário, ou escrito particular, homologado pelo juiz.

Veja art. 1.321, CC.

Veja arts. 657 e 659 a 667, CPC.

Art. 2.016. Será sempre judicial a partilha, se os herdeiros divergirem, assim como se algum deles for incapaz.

Veja arts. 3º, 4º e 1.321, CC.

Veja arts. 647 e 658, CPC.

Art. 2.017. No partilhar os bens, observar-se-á, quanto ao seu valor, natureza e qualidade, a maior igualdade possível.

Veja art. 1.321, CC.

Art. 2.018. É válida a partilha feita por ascendente, por ato entre vivos ou de última vontade, contanto que não prejudique a legítima dos herdeiros necessários.

Veja arts. 426, 544, 1.321, 1.789, 1.845 a 1.847 e 2.014, CC.

Art. 2.019. Os bens insuscetíveis de divisão cômoda, que não couberem na meação do cônjuge sobrevivente ou no quinhão de um só herdeiro, serão vendidos judicialmente, partilhando-se o valor apurado, a não ser que haja acordo para serem adjudicados a todos.

Veja arts. 1.321, 1.322 e 1.489, IV, CC.

§ 1º Não se fará a venda judicial se o cônjuge sobrevivente ou um ou mais herdeiros requererem lhes seja adjudicado o bem, repondo aos outros, em dinheiro, a diferença, após avaliação atualizada.

§ 2º Se a adjudicação for requerida por mais de um herdeiro, observar-se-á o processo da licitação.

Art. 2.020. Os herdeiros em posse dos bens da herança, o cônjuge sobrevivente e o inventariante são obrigados a trazer ao acervo os frutos que perceberam, desde a abertura da sucessão; têm direito ao reembolso das despesas necessárias e úteis que fizeram, e respondem pelo dano a que, por dolo ou culpa, deram causa.

Veja art. 1.321, CC.

Veja art. 614, CPC.

Art. 2.021. Quando parte da herança consistir em bens remotos do lugar do inventário, litigiosos, ou de liquidação morosa ou difícil, poderá proceder-se, no prazo legal, à partilha dos outros, reservando-se aqueles para uma ou mais sobrepartilhas, sob a guarda e a administração do mesmo ou diverso inventariante, e consentimento da maioria dos herdeiros.

Veja art. 1.321, CC.

Veja arts. 669, III e IV, parágrafo único, e 670, CPC.

Art. 2.022. Ficam sujeitos a sobrepartilha os bens sonegados e quaisquer outros bens da herança de que se tiver ciência após a partilha.

Veja arts. 1.321 e 1.992 a 1.996, CC.

Veja art. 669, I e II, CPC.

CAPÍTULO VI
DA GARANTIA DOS QUINHÕES HEREDITÁRIOS

Art. 2.023. Julgada a partilha, fica o direito de cada um dos herdeiros circunscrito aos bens do seu quinhão.

Veja art. 2.013, CC.

Art. 2.024. Os coerdeiros são reciprocamente obrigados a indenizar-se no caso de evicção dos bens aquinhoados.

Veja arts. 447 a 457, 2.025 e 2.027, CC.

Art. 2.025. Cessa a obrigação mútua estabelecida no artigo antecedente, havendo convenção em contrário, e bem assim dando-se a evicção por culpa do evicto, ou por fato posterior à partilha.

Veja arts. 447 a 457, CC.

Art. 2.026. O evicto será indenizado pelos coerdeiros na proporção de suas quotas hereditárias, mas, se algum deles se achar insolvente, responderão os demais na mesma proporção, pela parte desse, menos a quota que corresponderia ao indenizado.

Veja arts. 447 a 457 e 2.024, CC.

CAPÍTULO VII
DA ANULAÇÃO DA PARTILHA

Art. 2.027. A partilha é anulável pelos vícios e defeitos que invalidam, em geral, os negócios jurídicos.

Caput com redação dada pela Lei n. 13.105, de 16.03.2015.

Veja arts. 104, 138 a 155, 171 a 180, 185 e 441 a 446, CC.

Veja arts. 657 e 966, § 4º, CPC.

Parágrafo único. Extingue-se em um ano o direito de anular a partilha.

Veja arts. 657, parágrafo único, 658 e 975, CPC.

LIVRO COMPLEMENTAR
DAS DISPOSIÇÕES FINAIS E TRANSITÓRIAS

Art. 2.028. Serão os da lei anterior os prazos, quando reduzidos por este Código, e se, na data de sua entrada em vigor, já houver transcorrido mais da metade do tempo estabelecido na lei revogada.

Veja Súmula n. 371, STJ.

Art. 2.029. Até dois anos após a entrada em vigor deste Código, os prazos estabelecidos no parágrafo único do art. 1.238 e no parágrafo único do art. 1.242 serão acrescidos de dois anos, qualquer que seja o tempo transcorrido na vigência do anterior, Lei n. 3.071, de 1º de janeiro de 1916.

Veja art. 2.030, CC.

Art. 2.030. O acréscimo de que trata o artigo antecedente, será feito nos casos a que se refere o § 4º do art. 1.228.

Art. 2.031. As associações, sociedades e fundações, constituídas na forma das leis anteriores, bem como os empresários, deverão se adaptar às disposições deste Código até 11 de janeiro de 2007.

Caput com redação dada pela Lei n. 11.127, de 28.06.2005.

Veja arts. 44, I a III, 46, 53 a 69, 966 a 1.141, 1.150 a 1.154 e 1.156 a 1.168, CC.

Parágrafo único. O disposto neste artigo não se aplica às organizações religiosas nem aos partidos políticos.

Parágrafo acrescentado pela Lei n. 10.825, de 22.12.2003.

Veja art. 44, IV e V, CC.

Art. 2.032. As fundações, instituídas segundo a legislação anterior, inclusive as de fins diversos dos previstos no parágrafo único do art. 62, subordinam-se, quanto ao seu funcionamento, ao disposto neste Código.

Veja arts. 44, III, e 62 a 69, CC.

Art. 2.033. Salvo o disposto em lei especial, as modificações dos atos constitutivos das pessoas jurídicas referidas no art. 44, bem como a sua transformação, incorporação, cisão ou fusão, regem-se desde logo por este Código.

Veja arts. 59, IV e parágrafo único, 67, 68, 1.071, V e VI, 1.113 a 1.122 e 2.034, CC.

Art. 2.034. A dissolução e a liquidação das pessoas jurídicas referidas no artigo antecedente, quando iniciadas antes da vigência deste Código, obedecerão ao disposto nas leis anteriores.

Veja arts. 1.033 a 1.038 e 1.102 a 1.112, CC.

Art. 2.035. A validade dos negócios e demais atos jurídicos, constituídos antes da entrada em vigor deste Código, obedece ao disposto nas leis anteriores, referidas no art. 2.045, mas os seus efeitos, produzidos após a vigência deste Código, aos preceitos dele se subordinam, salvo se houver sido prevista pelas partes determinada forma de execução.

Veja arts. 104 a 114, 138 a 185 e 2.044, CC.

Veja art. 5º, XXXVI, CF.

Parágrafo único. Nenhuma convenção prevalecerá se contrariar preceitos de ordem pública, tais como os estabelecidos por este Código para assegurar a função social da propriedade e dos contratos.

Art. 2.036. A locação de prédio urbano, que esteja sujeita à lei especial, por esta continua a ser regida.

Veja arts. 1º e 79, Lei n. 8.245, de 18.10.1991.

Art. 2.037. Salvo disposição em contrário, aplicam-se aos empresários e sociedades empresárias as disposições de lei não revogadas por este Código, referentes a comerciantes, ou a sociedades comerciais, bem como a atividades mercantis.

Veja arts. 966, 981 e 982, CC.

Art. 2.038. Fica proibida a constituição de enfiteuses e subenfiteuses, subordinando-se as existentes, até sua extinção, às disposições do Código Civil anterior, Lei n. 3.071, de 1º de janeiro de 1916, e leis posteriores.

Veja art. 549, CPC.

§ 1º Nos aforamentos a que se refere este artigo é defeso:

I – cobrar laudêmio ou prestação análoga nas transmissões de bem aforado, sobre o valor das construções ou plantações;

II – constituir subenfiteuse.

§ 2º A enfiteuse dos terrenos de marinha e acrescidos regula-se por lei especial.

Art. 2.039. O regime de bens nos casamentos celebrados na vigência do Código Civil anterior, Lei n. 3.071, de 1º de janeiro de 1916, é o por ele estabelecido.

Veja art. 5º, XXXVI, CF.

Art. 2.040. A hipoteca legal dos bens do tutor ou curador, inscrita em conformidade com o inciso IV do art. 827 do Código Civil anterior, Lei n. 3.071, de 1º de janeiro de 1916, poderá ser cancelada, obedecido o disposto no parágrafo único do art. 1.745 deste Código.

Art. 2.041. As disposições deste Código relativas à ordem da vocação hereditária (arts. 1.829 a 1.844) não se aplicam à sucessão aberta antes de sua vigência, prevalecendo o disposto na lei anterior (Lei n. 3.071, de 1º de janeiro de 1916).

Art. 2.042. Aplica-se o disposto no *caput* do art. 1.848, quando aberta a sucessão no prazo de um ano após a entrada em vigor deste Código, ainda que o testamento tenha sido feito na vigência do anterior, Lei n. 3.071, de 1º de janeiro de 1916; se, no prazo, o testador não aditar o testamento para declarar a justa causa de cláusula aposta à legítima, não subsistirá a restrição.

Art. 2.043. Até que por outra forma se disciplinem, continuam em vigor as disposições de natureza processual, administrativa ou penal, constantes de leis cujos preceitos de natureza civil hajam sido incorporados a este Código.

Art. 2.044. Este Código entrará em vigor um ano após a sua publicação.

Art. 2.045. Revogam-se a Lei n. 3.071, de 1º de janeiro de 1916 – Código Civil e a Parte Primeira do Código Comercial, Lei n. 556, de 25 de junho de 1850.

Veja art. 2.035, CC.

Art. 2.046. Todas as remissões, em diplomas legislativos, aos Códigos referidos no artigo antecedente, consideram-se feitas às disposições correspondentes deste Código.

Brasília, 10 de janeiro de 2002;
181º da Independência e 114º da República.

FERNANDO HENRIQUE CARDOSO

ÍNDICE ALFABÉTICO-REMISSIVO DO CÓDIGO CIVIL

ANOTAÇÕES

ANOTAÇÕES

ANOTAÇÕES

ANOTAÇÕES

ANOTAÇÕES